해양경찰학 개론

저자 김종선, 정초영

해광출판사

제1편 해양경찰학 개관

제2편 해양경찰의 역사

제3편 해양경찰 법령과 제도

제4편 해양경찰 행정관리론

제5편 해양경찰 경비론

제6편 해양경찰 수색구조론

제7편 해양경찰 안전관리론

제8편 해양경찰 정보수사론

제9편 해양경찰 국제외사론

제10편 해양경찰 오염방제론

머리말

일찍이 고대 그리스의 장군이자 정치가였던 테미스토클레스(Themistocles)는 바다를 다스리는 자가 세계를 지배한다고 갈파했다. 실제로 바다는 인류에게 있어서 중요한 물자 수송로이자 부의 원천이었다. 21세기 들어 해양자원을 둘러싼 국가들의 이해 대립이 점차 심화되고 있는 한편, 1996년 유엔해양법협약 발효 이후 국내외적 해양환경 변화에 따른 해양 관할권 문제 등 해양치안과 국민의 생명과 재산을 지키는 해양경찰의 역할이 크게 부각되면서 해양경찰에 대한 연구가 본격적으로 시작되었고 중요성이 새롭게 대두되었다.

그동안 해양경찰이라는 고유적인 업무와 기능이 존재하고 태생까지도 육상의 일반경찰과 차이가 있지만 65년 동안 법과 제도적인 뒷받침이 없어 정체성이 불분명한 상태로 육상 일반경찰 제도와 학문적 이론을 바탕으로 이어져 왔다. 그러나 해양안보를 수호하고 해양자원을 보호하기 위한 국민의 여망과 신뢰를 바탕으로 해양경찰은 2012. 2. 22. 「해양경비법」이 제정되어 해양경비 업무수행에 관한 법적인 근거를 마련함과 동시에 해양에서 사람의 생명·신체 및 재산을 보호하고, 해양사고에 효율적으로 대응하며 해양영토 수호와 해양치안 질서유지를 위하여 「해양경찰법」이 2019. 8. 20. 제정되어 명실상부하게 법적인 제도가 마련되었다.

특히 「해양경찰학」은 해양경찰에 대한 입문서로서 대학의 해양경찰학과 전공과목이면서 해양경찰채용시험에 필수과목이며, 해양경찰공무원은 승진시험의 과목이기도 하여 광범위하게 이용되고 있다. 이렇게 해양경찰학의 중요성이 새롭게 부각되면서 다양한 교재들이 출판되고 있어 해양경찰학의 학문적 발전을 위해서는 매우 바람직한 현상이라고 할 수 있다. 그러나 아직까지 이론적으로 미미하고 학문적 연구가 더욱 필요하다는 숙제를 안고 있다. 우리나라 대학들 중 10여개 대학을 중심으로 해양경찰학과가 설치되어 매년 250여명 정도 해양경찰학과 학생들이 배출되고, 해양경찰학회도 13여 년 동안 각 대학 해양경찰학과, 경찰학과 교수들뿐만 아니라 해양학자, 해양경찰 직원 모두 참여하여 학문적 연구를 공유하며 해양경찰에 대한 연구가 심층적으로 이루어지고 활동을 계속하고 있다. 해양경찰의 업무가 해양이라는 특수한 공간에서 이루어지고 법적 집행보다 대국민 서비스 업무가 차지하는 비중이 높아 이론보다 실무중심적인 업무가 광범위하여 학자들 마다 접근하기가 곤란하고 방대하다는 이야기를 많이 듣게 된다.

이 책에서는 저자의 실무경험, 해양경찰교육원에서 경찰직원들 그리고 대학교 해양경찰학과 학생들을 가르친 교수경력을 바탕으로 해양경찰의 업무영역을 총체적으로 접근하여 다양하게 구성된 해양경찰 업무를 운영하고 관리하는 세부내용까지 첨부하였다.

이 책은 해양경찰학 전공자와 수험자를 위한 기초적인 교재로 집필하였기 때문에 해양경찰의 업무를 이해하고 접근이 쉽도록 구성하였지만 구체적인 모든 내용을 담는 데는 한계가 있다. 미래 해양경찰이 어떠한 방향성과 가치를 지향해야 하는지에 대한 문제인식을 가질 수 있도록 내용을 보강하는 것이 해양경찰 학문을 연구하는 연구자들의 숙제다.

이번 출간한 「해양경찰학 개론」은 2020년에 출간되었던 「해양경찰학Ⅰ, Ⅱ」의 범위가 너무 방대하고 총론과 각론 2권으로 나누어지다 보니 불편함이 있어 이를 보강하고 학문적으로 접근하기 쉽고 대학생활에서 필요한 내용만 간추려 한권으로 묶었다. 내용으로는 해양경찰의 개념과 역사, 비교 해양경찰, 해양경찰관계 법령과 제도, 해양경찰 행정관리, 그리고 해양경찰 실무적 업무인 해양경비, 수색구조, 해양안전관리, 정보수사, 국제외사, 해양환경오염에 대한 내용을 수록하였다. 그리고 2023년 8월을 기준으로 그동안 신규 법령제정과 개정들의 내용을 확인하고 향후 법령 시행까지 감안하여 모두 수정하고 첨부하였다.

교재를 완성한다는 것 자체가 어려운 일이고 부족한 면이 많다. 전공 이외의 다른 영역까지 모두 이해하고 정리하는 것이 만만치 않다. 그러다 보니 보이지 않게 비전공 영역에 대한 이해와 체계성이 떨어질 수 있음을 솔직히 시인하지 않을 수 없다. 이런 부분에 대한 이해와 정리가 가능했던 것은 무엇보다도 해양경찰에 다년간 실무경험을 하고 국립군산대학교로 가신 정초영 교수가 여러 업무에 바쁘고 힘든 와중에도 해양경찰학 교재의 중요성을 인식하고 공동집필해 주신 노고에 진심어린 감사의 말씀을 전하고 싶다. 그리고 동료 교수이자 항상 도움을 주신 국립목포해양대학교 해사대학 해양경찰학부 교수들에게도 감사를 드린다. 이 책이 나오기까지 물심양면으로 지원해 주신 해광출판사 조준형 대표와 책의 표지 사진을 제공해 준 군산해양경찰서 홍보실과 정리를 도와 준 국립군산대학교 문유정, 이도연 학생에게 진심으로 감사드린다.

2024. 1.

김종선 · 정초영

제 1 편

해양경찰학

개 관

제1장 해양경찰의 개념

제1절 해양경찰의 의의

1. 해양경찰의 정의

해양경찰청(KCG: Korea Coast Guard)은 해양에서 공공의 안녕과 질서를 유지하고 해양자원과 환경을 보호하기 위해 정부조직법 제44조제2항 "해양에서의 경찰 및 오염방제에 관한 사무를 관장하기 위하여 해양수산부장관 소속으로 해양경찰청을 둔다."에 근거하여 해양수산부 독립 외청으로 설치·운영되고 있는 중앙행정기관이다.

일반적으로 경찰(Police)이라는 것은 어느 시대 어느 사회에서나 존재하는 보편적인 사회적 기능이었으며, 물리적인 제재의 적용이 공동체에 의해 정당하다고 인정될 때 어디서나 존재하였다. 국민의 생명과 신체 및 재산을 보호하고 위험방지와 질서유지를 위한 기능을 담당했던 기관들은 동서양을 막론하고 과거에는 군대가 그 기능을 주로 하였다. 경찰은 시대에 따라 변화되어 왔으며, 각국의 역사와 전통 그리고 경제적·사회적 환경의 영향을 받아서 서로 다른 모습으로 발전했다. 과거에는 경찰권(police power)이라는 것이 국가의 공권력 전체를 의미하지만 오늘날에는 경찰행정에 관련되는 권한만을 의미하는 것으로 변천하였다. 프랑스·독일 등과 같은 대륙법계 경찰은 국왕의 통치권 보호와 국민에 대한 통제를 주 임무로 하였다. 반면에 영국·미국과 같은 영미법계 경찰은 주민의 자치권 보호와 대민서비스를 주 임무로 하면서 발전하였다.

특히 프랑스의 죄와 형벌 법전(Code des delits et des peines, 1795) 제16조의 규정이 일본의 행정경찰규칙(1875)의 모범이 되었고, 이것이 1894년 갑오개혁을 통해서 행정경찰장정에 그대로 이식됨으로써 프랑스법의 경찰개념이 한국의 경찰개념의 형성에 있어서 중요한 역할을 하였다. 즉, 프랑스에서 유래한 행정경찰의 개념이 일본을 통해서 한국에 전수된 것으로 볼 수 있다(김창윤 외, 2015: 5-6).

영미법계에서는 경찰의 개념을 국민의 생명과 신체 및 재산의 보호를 궁극적 임무로 하며, 범죄예방, 대민서비스, 권리보호, 법집행, 질서유지 등과 같은 5개의 기본적인 임무를 수행하는 기관을 말한다. 반면에 대륙법계에서는 공공의 안녕과 질서유지를 궁극적 임무로 하며, 공공의 안녕과 질서에 대한 위험의 방지 및 이미 발생한 장애를 제거하는 모든 국가적 활동을 말한다. 이와 같은 영미법계와 대륙법계 경찰개념에 영향을 받은 우리나라는 국가경찰과 자치경찰의 조직 및 운영에 관한 법률(구 경찰법) 제1조(목적)[1], 해양경찰법 제1조

(목적)[2]와 경찰관 직무집행법 제1조(목적)[3], 해양경비법 제1조(목적)[4]에 양자의 경찰개념이 모두 절충되어 있다. 즉 국가경찰과 자치경찰의 조직 및 운영에 관한 법률(구 경찰법)이나 해양경찰법에는 경찰의 '민주적이고 효율적인 운영'을 강조하고 있으며, 경찰관 직무집행법, 해양경비법은 '국민의 자유와 권리의 보호 및 사회공공의 안녕과 질서유지'를 강조하고 있다. 이와 같은 경찰의 개념은 시대적 변천과 각국의 역사적 배경 등에 따라서 변화하였지만 국민의 생명·신체 및 재산의 보호기능과 공공의 안녕과 질서유지 기능을 가장 중요한 근본기능으로 삼으면서 발전해 왔다고 할 수 있다.

하지만, 해양경찰에 대한 개념 정의는 실정법이나 학문적으로 아직까지 명확하게 연구되거나 규정되어있지 않고 법률적으로 해양 주권이라는 공간적인 요소를 가미하여 해양경찰의 역할을 나타내고 있다. 이에 따라 앞에서 살펴본 정부조직법 제44조제2항의 내용과 더불어 경찰관 직무집행법 제2조(경찰관의 직무범위)[5], 해양경찰법 제14조(직무)[6], 해양경비법 제7조(경비활동의 범위)[7]의 경찰공무원의 직무범위 규정에 대한 해석을 통하여 구체화할 수밖

---

1) 국가경찰과 자치경찰의 조직 및 운영에 관한 법률(구 경찰법) 제1조(목적) 이 법은 국가경찰의 민주적인 관리 · 운영과 효율적인 임무수행을 위하여 국가경찰의 기본조직 및 직무 범위와 그 밖에 필요한 사항을 규정함을 목적으로 한다.

2) 해양경찰법 제1조(목적) 이 법은 해양주권을 수호하고 해양 안전과 치안 확립을 위하여 해양경찰의 직무와 민주적이고 효율적인 운영에 필요한 사항을 규정함을 목적으로 한다.

3) 경찰관 직무집행법 제1조(목적) ① 이 법은 국민의 자유와 권리를 보호하고 사회공공의 질서를 유지하기 위한 경찰관(경찰공무원만 해당한다. 이하 같다)의 직무 수행에 필요한 사항을 규정함을 목적으로 한다. ② 이 법에 규정된 경찰관의 직권은 그 직무 수행에 필요한 최소한도에서 행사되어야 하며 남용되어서는 아니 된다.

4) 해양경비법 제1조(목적) 이 법은 경비수역에서의 해양안보 확보, 치안질서 유지, 해양수산자원 및 해양시설 보호를 위하여 해양경비에 관한 사항을 규정함으로써 국민의 안전과 공공질서의 유지에 이바지함을 목적으로 한다.

5) 제2조(직무의 범위) 경찰관은 다음 각 호의 직무를 수행한다.
   1. 국민의 생명 · 신체 및 재산의 보호
   2. 범죄의 예방 · 진압 및 수사
      2의2. 범죄피해자 보호
   3. 경비, 주요 인사(人士) 경호 및 대간첩 · 대테러 작전 수행
   4. 공공안녕에 대한 위험의 예방과 대응을 위한 정보의 수집 · 작성 및 배포
   5. 교통 단속과 교통 위해(危害)의 방지
   6. 외국 정부기관 및 국제기구와의 국제협력
   7. 그 밖에 공공의 안녕과 질서 유지

6) 제14조(직무) ① 해양경찰은 해양에서의 수색·구조·연안안전관리 및 선박교통관제와 경호·경비·대테러작전에 관한 직무를 수행한다. ② 해양경찰은 해양에서 공공의 안녕과 질서유지를 위하여 해양관련 범죄의 예방·진압·수사와 피해자 보호에 관한 직무를 수행한다. ③ 해양경찰은 해양에서 공공안녕에 대한 위험의 예방과 대응을 위한 정보의 수집 · 작성 · 배포에 관한 직무를 수행한다. ④ 해양경찰은 해양오염 방제 및 예방활동에 관한 직무를 수행한다. ⑤ 해양경찰은 직무와 관련된 외국 정부기관 및 국제기구와 협력하여야 한다.

7) 제7조(해양경비 활동의 범위) 해양경찰청 소속 경찰공무원(이하 "해양경찰관"이라 한다)은 다음 각 호의 어느 하나에 해당하는 해양경비 활동을 수행한다.
   1. 해양 관련 범죄에 대한 예방
   2. 해양오염 방제 및 해양수산자원 보호에 관한 조치
   3. 해상경호, 대(對)테러 및 대간첩작전 수행
   4. 해양시설의 보호에 관한 조치
   5. 해상항행 보호에 관한 조치
   6. 그 밖에 경비수역에서 해양경비를 위한 공공의 안녕과 질서유지

에 없으며, 이 경우 일반적으로 정립된 경찰개념에 근거할 수밖에 없다. 해양경찰 개념은 실질적 의미의 해양경찰과 형식적 의미의 해양경찰로 구분하여 살펴볼 수 있다.

2. 실질적 의미의 해양경찰

실질적 의미의 해양경찰은 해양에서 공공의 안녕과 질서에 대한 위험을 방지하기 위하여 일반통치권에 의거하여 국민에게 명령·강제함으로써 국민의 자연적 자유를 제한하는 작용이라고 정의할 수 있다(박상희, 2007: 82).

법규에서는 해양경찰이 위험·위해를 예방하고 제거하기 위한 수단으로서 타인에게 명령·강제할 수 있는 권한을 부여하고 있다. 해양경찰권이 발동되는 위험·위해는 추상적이라기보다는 구체적·직접적이며, 긴박성을 가지고 있을 때 가능한 것이다. 즉, 해양경찰에게 불확실한 장래에 발생할 위험·위해까지 적극적으로 예방·제거할 수 있는 권한까지 부여한다면, 해양경찰 권한의 오·남용 문제가 제기될 수 있으며, 비례원칙에도 위배가 될 것이다. 따라서 해양경찰은 소극적 위험·위해의 방지 및 제거에 개입하게 되며, 그 수단으로 명령·강제할 수 있는 권력적 작용을 기본적으로 갖는다고 보는 것이다(홍정선, 2007: 4).

여기에서 특히 타인에 대하여 명령·강제할 수 있는 물리적 강제력은 실질적 의미의 경찰을 이해하는데 매우 중요한 의미를 갖는다. 즉, 실질적 의미의 해양경찰이라는 것은 수많은 국가작용들 중에서, 해양경찰이라는 명칭으로 불리는 것과는 관계없이 위해의 방지 및 제거라는 국가목적 달성을 위하여 타인에게 명령·강제 할 수 있는 물리적 강제력을 행사하는 모든 활동을 실질적 의미의 경찰활동으로 보는 것이다(최선우, 2013: 31). 따라서 여기에서는 세관공무원, 어업감독공무원, 선장 및 해원, 선원근로감독관 등과 같이 제반 국가활동 중에서 위해의 방지를 위한 권력작용을 실질적 의미의 해양경찰로 볼 수 있다.

3. 형식적 의미의 해양경찰

형식적 의미의 해양경찰은 앞서 살펴본 실질적 의미의 성질 또는 수단을 불문하고, 제도적 의미의 해양경찰기관이 관장하는 모든 사무와 관련이 있다. 즉, 해양경찰기관에 분배되어 있는 임무를 달성하기 위해 행해지는 모든 해양경찰의 활동을 의미한다. 이와 같은 점에서 형식적 의미의 해양경찰은 제도적 의미의 해양경찰과 같은 의미를 가진다고 볼 수 있다. 즉, 형식적 의미의 해양경찰은 법적으로 제도화된 해양경찰기관이 수행하는 업무와 관련된 것으로서, 그 내용이 무엇인가를 가리지는 않는다. 실질적 의미의 해양경찰에서 말하는 위험방지와 관련된 권력작용 이외에도 법에서 규정하고 있는 다른 해양경찰활동도 형식적 의미의 해양경찰에 포함 된다(최선우, 2013: 73).

따라서 현재 법에서 규정하고 있는 해양경비, 해양안전, 범죄수사, 정보활동, 해양경찰의 대국민 서비스 등의 사항들도 그 성질을 불문하고 모두 형식적 의미의 해양경찰활동으로 볼 수 있다.

제2절 해양경찰의 종류

1. 해양경찰과 육상경찰

해양경찰과 육상경찰은 관할에 따라 구분되는 개념이다. 해양경찰청은 해양에서 경찰에 관한 사무를 관장하며, 경찰청은 육상에서 경찰에 관한 사무를 관장하고 있다. 이는 1991년 이전 해양경찰청이 경찰청에 속해 있을 때에는 문제가 없었으나, 1996년 해양수산부가 신설됨에 따라 해양경찰청이 해양수산부장관 소속으로 이관됨에 따라 관할에 대한 범위를 명확히 할 필요성이 생겼다.

해양경찰청도 경찰청과 마찬가지로 보통경찰관청으로서, 경찰청이 육상에서 모든 경찰사무를 관장하는 것과 같이 해양경찰청도 해양 관련 행정기관이 관장하는 행정작용에 부수하여 일어나는 질서유지에 관한 사무만을 담당하는 것이 아닌, 해양에서의 경찰 및 오염방제에 대한 업무를 담당하고 있다(김경락, 2013: 295-296).

2. 행정해양경찰과 사법해양경찰

행정해양경찰과 사법해양경찰은 해양경찰공무원의 직무를 수행하는 목적에 따라 구분되는 개념이다. 즉, 해양경찰은 해양에서의 공공의 안녕과 질서를 유지하는 권력적 작용으로서 실질적 의미의 해양경찰을 의미한다. 이에 반하여 사법해양경찰은 해양에서 범죄를 일으킨 범죄자를 체포해서 처벌하는 권력적 작용으로서 형식적 의미의 해양경찰을 의미한다. 우리나라의 경우는 이론상 행정해양경찰과 사법해양경찰을 구분하지만, 조직상으로는 양자를 구별하지 않고 일반해양경찰기관이 모두 관장하고 있다. 행정해양경찰은 해양경찰작용이기 때문에 행정법규의 적용을 받으며, 사법해양경찰은 형벌권의 작용이므로 형사법의 적용을 받는다.

3. 일반사법해양경찰과 특별사법해양경찰

일반사법해양경찰과 특별사법해양경찰은 직무범위의 차이에 따라 구분되는 개념이다. 해양범죄에 대한 수사기관은 일반사법해양경찰관리와 특별사법해양경찰관리로 구분된다. 해양범죄에 대한 일반사법해양경찰관리는 해양경찰과 검사가 있으며, 특별사법해양경찰관리는 세관공무원, 어업감독공무원, 선장과 해원, 선원근로감독관, 등대에서 근무하는 국가공무원 등이 있다. 해양경찰은 해양에서 발생하는 모든 범죄에 대한 사법경찰권이 있으며, 해양에서의 특별사법경찰관리는 개별법령이 정한 한정된 분야에서 사법 경찰권을 갖는다.

4. 보안해양경찰과 협의의 행정해양경찰

보안해양경찰과 협의의 행정해양경찰은 해양경찰업무의 독자성을 기준으로 구분되는 개념이다. 보안해양경찰은 사회공공의 안녕·질서를 유지하기 위하여 다른 종류의 행정작용에 부수되지 아니하고 오직 경찰작용만이 독립하여 행정의 일부분을 구성하고 있는 것을 의미한다. 예를 들어, 해양경찰, 교통경찰, 풍속경찰, 방범경찰, 소방경찰 등이 있으며, 해양경찰청장, 경찰청장, 광역자치단체장(소방)의 소관 사무들이 여기에 속한다. 협의의 행정해양경찰은 다른 행정작용에 부수하여 그 다른 행정분야에서 생길 수 있는 사회공공의 안녕과 질서를 유지하기 위하여 행하여지는 작용을 의미한다. 예를 들어 위생경찰, 산업경찰, 관세경찰 등을 들 수 있다.

5. 예방해양경찰과 진압해양경찰

예방해양경찰과 진압해양경찰은 경찰권 발동 시점을 기준으로 하여 분류한 것이다. 예방해양경찰은 사전에 경찰상의 위해의 발생을 방지하기 위한 작용으로 행정해양경찰 보다는 좁은 개념이다. 진압해양경찰은 이미 발생한 경찰상의 위해를 제거하기 위한 권력적 작용을 의미한다.

6. 질서해양경찰과 봉사해양경찰

질서해양경찰과 봉사해양경찰은 경찰활동의 질과 내용을 기준으로 분류한 것이다. 질서해양경찰은 강제력을 수단으로 사회공공의 안녕과 질서유지를 위하여 법집행을 주로 하는 해양경찰활동을 말한다. 봉사해양경찰은 강제력이 아닌 서비스·계몽·지도 등을 통하여 해양경찰 직무를 수행하는 경찰활동을 의미한다. 예를 들어 수색구조, 선박교통정보의 제공, 항·포구의 순찰활동 등이 이에 해당한다.

7. 평시해양경찰과 비상해양경찰

평시해양경찰과 비상해양경찰은 공공의 안녕과 질서에 대한 위해의 정도, 적용법규, 위해를 제거할 담당기관을 기준으로 분류한 것이다. 평시해양경찰은 일상적 상태에서 해양경찰기관이 일반경찰법규에 의하여 평시에 행하는 경찰작용을 의미한다. 비상해양경찰은 전국 또는 특정지역에 비상사태가 발생하여 계엄령[8] 또는 위수령[9]이 선포될 경우에 군대가 병력으로 공공의 안녕과 질서를 유지하기 위하여 행정사무의 일환으로 경찰사무를 관장하는 경우를 의미한다. 특정경비해역 및 일반경비해역에서의 통합방위법에 의한 통합방위작전은 함대사령관이 수행한다고 규정되어 있고(통합방위법 제15조),[10] 통합방위법 시행령은 특정경비해역 및 일반경비해역에서 함대사령관이 관할해역의 해양경찰공무원을 작전 통제하여 군·경합동작전을 수행하며, 해안경계 부대의 장은 선박의 입항·출항 신고기관에 근무하는 해양경찰공무원을 작전 통제하여 임무를 수행한다(통합방위법시행령 제23조)[11]고 규정하고 있다.

---

8) 계엄령은 전시, 사변 또는 이에 준하는 국가 비상사태 시에 병력으로써 군사상의 필요에 대응하거나 공공의 안녕질서를 유지할 필요가 있을 때 국가 최고 통수권자인 대통령이 헌법을 근거로 제정된 계엄법에 따라 발동하는 국가 긴급명령의 일종이다.

9) 육군 부대가 계속 한 지역에 주둔하며 그 지역의 경비와 질서 유지, 군기(軍紀)의 감시와 군에 딸린 건축물이나 시설물 따위를 보호할 것을 규정한 대통령령. 1970년 제정되었다.

10) 제15조(통합방위작전) ① 통합방위작전의 관할구역은 다음 각 호와 같이 구분한다.
 1. 지상 관할구역: 특정경비지역, 군관할지역 및 경찰관할지역
 2. 해상 관할구역: 특정경비해역 및 일반경비해역
 3. 공중 관할구역: 비행금지공역(空域) 및 일반공역
 ② 시 · 도경찰청장, 지역군사령관 또는 함대사령관은 통합방위사태가 선포된 때에는 즉시 다음 각 호의 구분에 따라 통합방위작전(공군작전사령관의 경우에는 통합방위 지원작전)을 신속하게 수행하여야 한다. 다만, 을종사태가 선포된 경우에는 지역군사령관이 통합방위작전을 수행하고, 갑종사태가 선포된 경우에는 통합방위본부장 또는 지역군사령관이 통합방위작전을 수행한다.
 1. 경찰관할지역: 시 · 도경찰청장
 2. 특정경비지역 및 군관할지역: 지역군사령관
 3. 특정경비해역 및 일반경비해역: 함대사령관
 4. 비행금지공역 및 일반공역: 공군작전사령관
 ③ 통합방위사태가 선포된 때에는 해당 지역의 모든 국가방위요소는 대통령령으로 정하는 바에 따라 통합방위작전을 효율적으로 수행하기 위하여 필요한 지휘 · 협조체계를 구축하여야 한다.
 ④ 제1항부터 제3항까지에서 규정한 사항 외에 통합방위작전 관할구역의 세부 범위 및 통합방위작전의 시행 등에 필요한 사항은 실무위원회의 심의를 거쳐 통합방위본부장이 정한다.
 ⑤ 통합방위작전의 임무를 수행하는 사람은 그 작전지역에서 대통령령으로 정하는 바에 따라 임무 수행에 필요한 검문을 할 수 있다.

11) 제23조(경계태세 발령 시의 지휘 및 협조 관계) ① 법 제11조제1항 및 이 영 제22조제1항에 따라 경계태세 1급 발령 시 국가방위요소 간 지휘 및 협조 관계는 다음 각 호의 구분에 따른다.
 1. 경찰관할지역: 시 · 도경찰청장이 지역군사령관으로부터 위임받은 군 작전요소를 작전통제(지휘를 받는 부대, 부서 또는 기관에 통합방위를 위한 작전임무를 부여하고 지시하는 것을 말한다. 이하 같다)하여 군 · 경 합동작전을 수행한다.
 2. 군관할지역: 지역군사령관이 시 · 도경찰청장으로부터 위임받은 경찰 작전요소를 작전통제하여 군 · 경 합동작전을 수행한다.
 3. 특정경비지역: 지역군사령관이 해당 지역의 모든 국가방위요소를 작전통제하여 작전을 수행한다.
 4. 특정경비해역 및 일반경비해역: 함대사령관이 관할해역의 해양경찰을 작전 통제하여 군 · 경 합동작전을 수행한다.
 5. 해안경계 부대의 장은 선박의 입항 · 출항 신고기관에 근무하는 해양경찰을 작전 통제하여 임무를 수행한다.
 6. 지방자치단체의 장 및 읍 · 면 · 동장은 각 통합방위 지원본부를 통하여 작전을 지원한다.
 ② 법 제11조제1항 및 이 영 제22조제1항에 따라 경계태세 2급 또는 3급 발령 시 국가방위요소는 상호 협조하여 적의 침투 · 노발에 대비한다.

제3절 해양경찰의 임무 및 수단

1. 임무

해양경찰의 임무는 정부조직법 제44조[12], 경찰관 직무집행법 제2조[13], 해양경찰법 제2조[14]와 제14조[15], 해양경비법 제7조[16]에 규정되어 있다. 해양경찰의 기본임무에서 궁극적인 임무는 공공의 안녕과 질서유지(그 속에 국민의 생명·신체·재산의 보호가 포함)이다.

---

③ 지역군사령관, 시 · 도경찰청장, 함대사령관, 지방해양경찰청장은 평시(平時)부터 적의 침투 · 도발에 대비하여 상호 연계된 각각의 작전계획을 수립하여야 한다.

12) 제44조(해양수산부) ① 해양수산부장관은 해양정책, 수산, 어촌개발 및 수산물 유통, 해운 · 항만, 해양환경, 해양조사, 해양수산자원개발, 해양과학기술연구 · 개발 및 해양안전심판에 관한 사무를 관장한다. ② 해양에서의 경찰 및 오염방제에 관한 사무를 관장하기 위하여 해양수산부장관 소속으로 해양경찰청을 둔다. ③ 해양경찰청에 청장 1명과 차장 1명을 두되, 청장 및 차장은 경찰공무원으로 보한다.

13) 제2조(직무의 범위) 경찰관은 다음 각 호의 직무를 수행한다.
1. 국민의 생명 · 신체 및 재산의 보호
2. 범죄의 예방 · 진압 및 수사
2의2. 범죄피해자 보호
3. 경비, 주요 인사(人士) 경호 및 대간첩 · 대테러 작전 수행
4. 공공안녕에 대한 위험의 예방과 대응을 위한 정보의 수집 · 작성 및 배포
5. 교통 단속과 교통 위해(危害)의 방지
6. 외국 정부기관 및 국제기구와의 국제협력
7. 그 밖에 공공의 안녕과 질서 유지

14) 제2조(해양경찰의 책무) ① 해양경찰은 해양에서 사람의 생명·신체 및 재산을 보호하고, 해양사고에 효율적으로 대응하기 위한 시책을 추진하여야 한다. ② 해양경찰은 대한민국의 국익을 보호하고 해양영토를 수호하며 해양치안질서 유지를 위하여 필요한 조치와 제도를 마련하여야 한다. ③ 해양경찰은 해양경찰의 정책에 대한 국민의 의견을 존중하고, 민주적이고 투명한 조직운영을 위하여 노력하여야 한다.

15) 제14조(직무) ① 해양경찰은 해양에서의 수색 · 구조 · 연안안전관리 및 선박교통관제와 경호 · 경비 · 대간첩 · 대테러작전에 관한 직무를 수행한다. ② 해양경찰은 해양에서 공공의 안녕과 질서유지를 위하여 해양관련 범죄의 예방 · 진압 · 수사와 피해자 보호에 관한 직무를 수행한다. ③ 해양경찰은 해양에서 공공안녕에 대한 위험의 예방과 대응을 위한 정보의 수집 · 작성 · 배포에 관한 직무를 수행한다. ④ 해양경찰은 해양오염 방제 및 예방활동에 관한 직무를 수행한다. ⑤ 해양경찰은 직무와 관련된 외국 정부기관 및 국제기구와 협력하여야 한다.

16) 제7조(해양경비 활동의 범위) 해양경찰청 소속 경찰공무원(이하 "해양경찰관"이라 한다)은 다음 각 호의 어느 하나에 해당하는 해양경비 활동을 수행한다.
1. 해양 관련 범죄에 대한 예방
2. 해양오염 방제 및 해양수산자원 보호에 관한 조치
3. 해상경호, 대(對)테러 및 대간첩작전 수행
4. 해양시설의 보호에 관한 조치
5. 해상항행 보호에 관한 조치
6. 그 밖에 경비수역에서 해양경비를 위한 공공의 안녕과 질서유지

〈표 1-1〉 공공의 안녕과 공공의 질서

공공의 안녕	의의	법질서, 권리, 각 개인의 법익, 국가 또는 기타 공권력 주체의 기관과 집행의 불가침성을 의미 (성문의 법규범) ⇒ 개인과 국가의 이중적 개념으로 구성
	구성 요소	(1) 법질서의 불가침성 ⇒ 공공의 안녕 제1의 요소 ▶공법규범 위반 : 원칙적으로 공공의 안녕에 대한 위험으로 취급 ▶사법규범 위반 : 보충성의 원칙상 경찰의 개입은 최후 · 최소의 수단이 되어야 함
		(2) 국가의 존립과 국가기관의 불가침성 ▶군은 적국과의 관계에서, 경찰은 사회공공과의 관계에서 국가존립을 보호 ▶정보 · 보안 · 외사경찰의 중요성 ⇒ 국가 목적적 치안유지 작용
		(3) 개인의 권리 및 법익의 불가침성 ▶공공의 안녕과 관련된 개인법익의 경우 경찰의 원칙적인 임무사항 ▶사법적 개인법익의 침해의 경우 개인은 효과적인 보호 시기를 놓쳐 권리가 무효화되거나 사실상 어려워질 때만 경찰에 원조요청을 할 수 있으며, 이 경우에도 경찰원조는 잠정적 보호에 국한되어야 한다. (보충성의 원칙)
공공의 질서	의의	당시의 지배적 윤리와 가치관을 기준으로 판단할 때, 원만한 공동체 생활을 위한 불가결의 전제조건이 되는 각 개인의 행동에 대한 불문규범의 총체
	내용	(1) 유동적 개념으로서 제한적 사용과 엄격한 통제를 요한다. (2) 오늘날 규범의 성문화의 요청으로 인해 공공질서 개념의 사용범위는 점차 축소되는 경향이 있다.

해양경찰은 해양에서 공공의 안녕과 질서를 유지하고 해양자원과 환경을 보호하는 중앙행정기관이다. 초기 해양경찰은 해양경비와 어로보호를 주요 임무로 담당하였으나, 점차 그 영역이 확대되어 오늘날에는 해양안전, 범죄수사, 해양교통안전, 수상레저, 해양오염방지, 환경자원보호, 대민서비스 등에 이르는 매우 다양한 업무를 수행하고 있다. 현재 해양경찰이 수행하고 있는 업무들을 영역별로 구분하여 살펴보면 다음과 같다.[17]

가. 해양주권 수호

독도, 이어도 등 해양 영토·주권 수호를 위한 경비활동과 국민 권익과 수산자원 보호를 위한 불법조업 외국어선 단속, 해양대테러 및 대량살상무기 확산 방지 활동을 하고 있다.

나. 해양 수색 · 구조 · 연안안전관리

각종 선박사고 및 연안해역 안전사고 발생 시 구조 대응뿐만 아니라 태풍, 지진해일 등 해양재난에 대한 대비 · 대응하고, 해양사고 예방 및 해양 레저활동에 대한 안전관리 활동을 하고 있다.

---

17) 해양경찰청 홈페이지(기관소개), 2023년 08월 기준.

다. 해상교통관제(VTS) 및 해상질서유지

해상교통관제(VTS) 및 선박 출·입항 관리, 유·도선, 낚싯배 등 다중이용선박 안전관리와 유조선, 유해물질(HNS) 운반선 등 위험물질을 운송하는 선박의 안전관리업무를 수행하고 있다.

라. 해양관련 범죄 예방·진압·수사

해양범죄에 대한 수사·정보활동과 해양·수산 관련 민생침해범죄 수사를 비롯하여 밀입·출국, 밀수, 해적 등 국제성 범죄 단속업무를 수행하고 있다.

마. 해양오염 예방·방제

국가 해양오염방제정책 수립·운영과 해양오염 예방·점검, 해양오염 조사 그리고 해양오염 방제 총괄지휘 등 해양오염사고에 대하여 신속하게 방제하고 대응하며 기름, 폐기물 투기 등의 해양오염사범을 단속하는 제반활동을 하고 있다.

2. 수단

인간의 존엄성과 인권은 누구에게나 중요하다. 따라서 누군가의 고의나 부주의로 공공의 안녕 혹은 질서에 위해가 발생하면 당연히 국가(해양경찰)가 개입하여 제거해야 할 것이다. 이처럼 공공의 안녕, 질서에 위험이 발생하였거나 발생하려는 상황을 “경찰상태”라고 하며, 그러한 상태를 야기한 당사자를 “경찰책임자”라고 한다. 이런 상황에서 경찰이 지향하는 공공의 안녕·질서의 회복 또는 공공의 안녕·질서에 대한 위해의 방지를 경찰목적이라고 한다. 경찰목적을 위하여 법률 또는 명령이나 처분을 통하여 개인에게 부과하는 의무를 경찰의무라고 한다. 경찰목적을 위해 경찰의무를 부과하려면 이를 위한 행정적 조치가 필요하게 된다. 이때 요구되는 행정절차를 경찰수단이라고 총칭한다.

가. 권력적 수단

1) 경찰하명

경찰의 하명이 발하게 되면 상대방에게는 경찰의무(작위, 부작위, 수인, 급부의무)가 발생하고 경찰의무의 실현을 통하여 공공의 안녕과 질서에 대한 위험 또는 경찰위반의 상태를 방지하고 제거하게 된다. 요트조종면허가 없는 자가 요트를 운전해서는 안 된다는 부작위의무(경찰상 금지)를 통하여 해상교통질서를 유지할 수 있다.

2) 경찰강제

경찰강제의 종류에는 경찰상의 강제집행과 즉시강제가 있다. 강제집행은 경찰의무의 불이행에 대하여 강제적으로 의무를 이행시키거나 의무의 이행이 있었던 것과 동일한 상태를 실현하는 작용이다. 즉시강제는 목전의 급박한 장애를 제거해야 할 필요가 있으나 미리 의무를 명할 여유가 없는 때, 또는 그 성질상 의무를 명해서는 목적을 달성하기 어려운 때에 직접 국민의 신체 또는 재산에 실력을 가해 경찰상 필요한 상태를 실현하는 작용을 말한다.

나. 비권력적 수단

오늘날 해양경찰활동 중에는 개인의 자유와 권리에 개입하지 않으면서 구체적 수권조항이 없어도 임무에 관한 일반적 수권조항만으로도 행할 수 있는 광범위한 위험방지활동이 관심의 대상이 되고 있다. 서비스 지향적 활동에 속하는 다양한 해양순찰, 일상적인 해상교통의 관리, 정보의 제공, 지리 안내, 행정지도와 해양범죄를 예방하는 활동 등이 있다. 또한 정보경찰이 수행하는 정보의 수집이나 작성·배포활동도 비권력적 활동에 속한다.

다. 범죄수사를 위한 수단

범죄수사와 관련하여 여러 가지 수단을 마련해 놓고 있다. 실제적 진실의 발견과 인권보장의 조화를 위하여 임의수사를 원칙으로 하고, 강제수사는 예외적으로 허용되고 있다. 또한 임의수사 또는 강제수사를 할 경우에도 해양경찰공무원은 피의자 또는 다른 사람의 인권을 존중해야 한다. 그리고 범죄수사에 있어서는 형법 및 형사소송법에 규정된 법령을 충분히 숙지하고 이를 철저하게 준수하는 법정주의의 원칙이 있다.

3. 관할

해양경찰관청이 법률상 유효하게 국가행위를 할 수 있는 범위를 해양경찰의 관할이라 한다.

가. 사물관할

해양경찰이 처리할 수 있고 또 처리해야 하는 사무내용의 범위를 의미한다. 광의의 해양경찰이 발동될 수 있는 범위를 설정함으로써 그 범위를 넘는 것에 대해서는 해양경찰권이 개입될 수 없다는 것을 의미한다. 우리나라의 경우 정부조직법 제44조제2항, 경찰관 직무집행법 제2조, 해양경비법 제7조, 해양경찰법 제14조에 규정되어 있는 임무가 해양경찰의 사물관할에 속한다. 즉, 해양에서 공공의 안녕과 질서유지 그리고 위험방지 및 수난구호 등과 같은 서비스 영역도 포함된다.

나. 인적관할

광의의 해양경찰권이 발동될 수 있는 인적범위로서 해양경찰권은 원칙적으로 대한민국 내의 모든 사람에게 적용된다. 다만, 국내법으로는 대통령, 국회의원, 국제법적으로는 외국의 원수, 외교사절과 주한미군에 대해서는 일정한 제한이 있다.

다. 지역관할

해양경찰권이 대한민국의 영역 내에 모두 적용됨이 원칙이다. 해양경찰의 지역관할은 영해, 접속수역, 배타적경제수역, 대륙붕까지이며 우리나라 국토의 4.5배에 이르는 매우 광범위한 관할을 가지고 있다. 또한, 수상레저안전법에 따라 내수면도 해양경찰의 지역관할에 포함된다.

제2장 해양경찰의 정체성

제1절 해양경찰 미션과 비전

1. 해양경찰 조직의 정체성

정체성(正體性, identity)은 존재의 본질 또는 이를 규명하는 성질이다. 조직정체성은 조직의 핵심가치나 이념을 담고 있어 조직을 구분 짓는 특징이 되고 일정 기간 동안 지속적으로 나타난다(Albert and Whetten 1985). 조직정체성은 조직의 재구조화, 전략 재정립, 새로운 제도도입, 조직문화의 문제점 해결, 조직통폐합을 하는 경우 면밀하게 고려되어야 한다(Hatch and Schultz 2004). 따라서 조직정체성 관리는 조직 리더의(최고지도자)의 중요한 역할이라는 인식이 확산되고 있어 조직정체성(Organizational Identity)은 구별되고, 중심적이며, 지속적인 조직 특성들의 집합이라고 정의된다(Albert and Whetten, 1985).

조직정체성의 특성은 자기 조직 자체를 다른 조직과 다르다고 확인시켜 주는 내·외적 요인으로 구성되어 있다. 해양경찰이라는 정체성은 해양이라는 특수한 환경에서 활동하고 있는 국민의 생명, 신체, 재산을 보호하고 범죄를 예방, 진압, 수사하여 사회공공의 안녕과 질서를 유지하는 치안활동 뿐만 아니라 불법조업 단속, 수색구조, 해양환경오염 방지까지 전문가로서 지식, 기술, 가치, 역할, 태도 등을 내면화 시키고 자율적으로 윤리강령을 준수하며 치안활동을 실천하는 과정에 대한 자기인식이라고 정의할 수 있다.

그러면 이러한 해양경찰의 조직 구성원이 조직의 가치관과 정체성을 함께 공유하기 위해서는 '미션과 비전'을 수립하는 작업이 필요하다. 미션은 조직의 '존재 이유'를 설명해주고, 비전은 조직의 구체적인 미래를 설명하기 때문에 이 둘은 일반적으로 조직과 운명을 함께한다고 볼 수 있다. 단지 두 개념의 차이라면 조직의 앞날에 일정 부분 변화가 생겼을 경우 비전은 재정립이 불가피한 반면, 미션은 조직의 존재 이유를 밝히고 조직이 가지는 정체성을 드러내 준다는 측면에서 바뀌지 않는다는 것이다.

2. 해양경찰의 미션과 비전

미션(Mission)은 '우리는 왜 존재하는가?', '우리는 누구를 위해 존재하는가?', '우리는 무엇을 제공하기 위해 존재하는가?' '우리는 어디로 가고 있는가?'에 대한 본질적인 질문에 대한 답이라면, 비전(Vision)은 조직 공동체 내부 구성원들이 생각할 때 미래 해양경찰조직의 기대하는 모습, 즉 전망을 의미한다. 중장기적인 미래상을 구체적으로 진술하는 것이다. 물론 비전 역시 조직의 존재 이유를 반영해야 한다. 아울러 비전은 조직이 달성하려는 바를 구체적으로 표현할 수 있어야 한다. 해양경찰은 재도약을 위하여 미션은"안전하고 깨끗한 희망의 바다"로 선포하고, 비전은"기본에 충실하고 현장에 강한, 국민의 해양경찰"[18], 그리고 이러한 기관목표인 미션과 비전 즉 조직의 목적을 달성하기 위한 수단인 전략(strategy)으로는 다음과 같이 5가지로 결정하였다.

① 전략적 경비로 주권을 수호하고 해양권익을 확대한다
② 세계 최고의 구조안전역량으로 안전한 바다를 창조한다
③ 해양 특화된 글로벌 치안역량을 확보한다
④ 해양환경재난 전문기관으로 도약한다
⑤ 국민이 체감할 수 있는 현장·성과 중심 혁신을 추진한다

제2절 해양경찰 헌장과 상징

1. 해양경찰 헌장

해양경찰 헌장은 1998년 제정됐으나 변화된 시대상과 국민의 눈높이에 맞춰 헌장을 2021년 새롭게 개정하였다. 이에 따라 해양경찰의 이념과 정신을 강조하고 현재뿐만 아니라 미래 세대까지도 아우를 수 있도록 하였다. 기존 헌장이 해양경찰로서의 사명감을 중시했다면 개정된 헌장은 공직자이자 해양경찰로서 올바른 공직가치와 함께 실천의지를 강조하고 있다.

헌장 전문은 국가에 헌신하고 국민에 봉사하는 공무원 본연의 자세와 해양경찰의 임무와 역할을 명시했다. 본문에서는 조직의 독자적 특성을 반영해 '바다의 수호자', '정의의 실현자', '국민의 봉사자', '해양의 전문가'로서 해양경찰 구성원이 지켜야 할 4가지 실천 목표를 제시했다. 이렇게 해양경찰이 추구해야 할 목표와 태도를 보다 더 명확하고 쉽게, 구체적으로 제시함으로써 일선 현장에서 행동지침으로도 활용할 수 있도록 했다.

18) 미션(mission)은 조직이 존재하는 한 변하지 않지만 비전(vision)과 전략은 청장이 교체될 때마다 새로운 청장이 조직의 생존과 성장을 위해 추구하는 목표나 전략이 있으므로 변경될 수 있다. 본문의 해양경찰 비전은 2023년 8월 기준이다.

해 양 경 찰 헌 장(2021. 1. 1. 시행)

우리는 자랑스러운 대한민국 해양경찰이다.
우리는 헌법을 준수하며 국가에 헌신하고 국민에게 봉사한다.
우리는 **해양주권 수호**와 **해상치안 확립**에 힘쓰며
안전하고 깨끗한 바다를 만들기 위해 최선을 다한다.

이에 굳은 각오로 다음을 실천한다.

1. **'바다의 수호자'**로서 국민의 생명과 안전을 지키며
   인류의 미래 자산인 해양 보전에 맡은 바 책임을 다한다.
1. **'정의의 실현자'**로서 청렴과 공정을 생활화하며
   원칙과 규범을 준수하고 올바르게 법을 집행한다.
1. **'국민의 봉사자'**로서 소통과 배려를 바탕으로
   국민이 만족하고 신뢰하는 해양서비스를 제공한다.
1. **'해양의 전문가'**로서 창의적 자세와 도전정신으로
   어떠한 어려움도 극복하며 임무를 완수한다.

2. 해양경찰 상징

가. 해양경찰 캐릭터

해양경찰 캐릭터는 해양경찰 창설 50주년을 기념해 2003년 최초 개발된 후 해양경찰 창설 60주년을 맞아 2013년에 1차 개선된 바 있다. 2021에 재탄생한 캐릭터는 새롭게 바뀐 해양경찰의 복장을 반영해 현장에 강한 신뢰받는 해양경찰을 표현하는 동시에 최신 캐릭터 흐름에 발맞춰 개발됐다. 개선된 캐릭터는 큰 귀와 눈으로 국민과 바다 가족의 목소리를 듣고 어떤 어려움에도 신속히 출동해 해양안전을 수호하겠다는 굳건한 의지를 보였으며, 밝은 미소로 모두가 편안하고 친구 같은 친근감을 느낄 수 있도록 디자인됐다.

한편, 남성 경찰관의 이름인 '해우리'는 바다 '해(海)'와 '우리'의 합성어로 해양경찰이 바다의 가족이라는 뜻으로 친구로서 봉사한다는 의미이다. 여성 경찰관 이름인 '해누리'는 바다 '해(海)'와 세상(世上)을 높여 부르는 우리말인 '누리'의 합성어로 국제 해양경찰로서 모든 해양 종사자들의 번영과 안전한 바다를 기원하는 폭넓은 의미를 담고 있다.

	▲ (얼굴) 둥근 얼굴과 편안하고 활짝 웃는 미소로 친근한 해양경찰 ▲ (큰 눈·귀) 깊은 바다처럼 커다란 눈과 큰 귀로 우리나라 3면의 전국 바다 곳곳을 두루 살펴 해양안전 사고 예방과 신속한 구조를 하겠다는 굳은 의지 표현 ▲ (몸통) 누구보다 먼저 상황을 파악하며, 날렵한 몸으로 언제든지 빠르게 대응 가능한 모습과 정의로움을 상징하는 흉장을 표현 ▲ (동작) 국민과 바다가족의 봉사자로서 손을 뻗어 국민들과 함께하고자 하는 해양경찰청의 의지를 담고 있는 동작

나. 상징 표시

오늘날 대한민국 해양의 수호자로서의 역할을 다하고 있는 해양경찰의 모습을 천연기념물 제243호 흰꼬리수리와 전통 원형 방패로 형상화하였다. 전통 방패와 흰꼬리수리의 넓은 날개는 대한민국의 해양과 국민을 보호하는 의미를 담고 있으며 역동적으로 비상하는 흰꼬리수리를 통해 보다 적극적으로 국민에게 봉사하겠다는 해양경찰의 다짐을 표명하였다.

<해양경찰 로고 이미지>

1. 흰꼬리수리는 몸길이의 2배가 넘는 큰 길이의 날개를 가진 독수리로 신속한 구조로 대한민국 해상을 관할한다는 점, 오랜 비행은 오랜 시간 떠 있는 함정, 또는 우리나라 해안가에서 서식하는 텃새로 해경의 역할을 대변하는 독수리
2. 전통 방패 안의 삼태극 문양은 대한민국과 국민을 상징하며, 이를 감싸고 있는 팔괘는 충(忠), 신(信), 용(勇), 인(仁), 의(義), 예(禮), 지(知), 덕(德)의 해양경찰이 지향하는 가치 개념을 상징
3. 독수리 꼬리의 나누어진 6면은 해양경찰의 주요업무인 해양주권 수호와 해양자원 보호, 해상안전망 개선으로 안전한 해양활동의 강화, 범죄 없는 바다를 위한 해양치안 확보, 깨끗한 바다를 위한 해양보호 활동, 창의적 업무수행으로 선도하는 해양경찰 구현, 효율적 운영자원으로 해양경찰 역량 강화 등을 의미
4. 꼬리와 선체 사이에는 해양을 상징하는 닻을 간접적으로 표현
5. 독수리 꼬리 부분의 삼각형은 3면의 바다로 둘러싸여 있는 대한민국 해양을 힘차게 전진하는 함정의 선수를 나타내고 있음.

전용 색상은 기존 이미지를 계승하면서 좀 더 새로운 비전과 미션에 맞추어 미래지향적이면서 전통성 계승을 고려하여 태극에 쓰이는 컬러와 기존 독수리에 사용하던 옐로 컬러를 현대적인 시각에 맞추어 재조정하였으며, 해양안전의 수호자를 의미할 수 있는 해양을 상징하는 블루를 조화시켜 완성하였다.

1) 3개의 사선

3면이 바다인 우리나라의 해양을 누비는 함선의 앞부분 속도감 있는 서로 다른 사선의 결합이 은유적으로 숫자 '1'을 담고 있어서 일류 해양선진국으로써의 해양경찰의 의지를 표현한다.

2) 색상

블루는 경찰에 대한 신뢰와 권위, 레드는 인진한 해양활동을 책임지겠다는 해경의 의지, 옐로는 해양에서의 든든한 동반자를 표시한다.

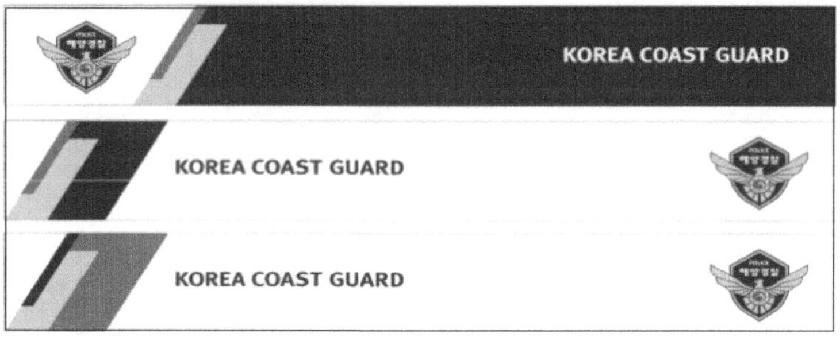

제3절 해양경찰의 기본이념

해양경찰의 기본이념이란 조직에서 해양경찰이 추구해야 할 기본가치·방향·규범 및 정신 등을 의미한다. 해양경찰의 기본이념에는 민주주의, 법치주의, 인권존중주의, 정치적 중립주의, 경영주의 등이 있다. 더불어 해양경찰의 본질적 이념으로서 자유와 정의가 주장되고 있으며, 해양경찰의 수단적 이념으로는 민주성, 능률성, 합법성, 인권존중주의, 정치적 중립주의 등이 있다.

1. 민주주의

해양경찰권은 국민에게 있고 모든 해양경찰권은 국민으로부터 나온 것이므로 해양경찰은 국민을 위하여 해양경찰권을 행사하여야 한다(헌법 제1조). 또한 해양경찰공무원은 국민 전체에 대한 봉사자로서 국민에게 책임을 져야 한다(헌법 제7조). 그러므로 해양경찰은 민주성을 확보하기 위한 방안으로는 다음과 같다(윤성현·박주상·김경락, 2018: 19).

해양경찰의 민주성 확보 방안
첫째, 해양경찰조직 내부의 민주화이다. 해양경찰은 민주적으로 조직되고 관리·운영되어야 한다. 둘째, 해양경찰에 대한 민주적 통제와 참여 장치이다. 해양경찰이 민주적이기 위해서는 해양경찰에 대한 민주적 통제와 참여 장치가 마련되어야 한다. 이를 위한 장치로써 행정절차법[19]이 제정되어 있다. 셋째, 해양경찰활동의 공개이다. 해양경찰의 민주화가 촉진되기 위해서는 해양경찰활동이 폐쇄적이어서는 안 되며, 공개적이어야 한다. 이를 보장하기 위한 제도적 장치로서 공공기관의 정보공개에 관한 법률이 제정되어 있다. 넷째, 권한의 적절한 분배이다. 해양경찰공무원 개개인에게 책임에 걸맞은 권한이 주어져야 하고, 중앙과 지방간 그리고 상·하간에 권한의 분배가 적절히 이루어져야 한다. 다섯째, 개개 해양경찰공무원의 민주의식 확립이다. 해양경찰공무원의 민주의식이 확립되어야 하고, 특히 해양경찰 간부에게는 해양경찰조직 전체를 민주적으로 관리·운영하고 통합적 민주적 리더십이 요청된다.

2. 법치주의

법치주의란 의회에서 제정한 법률에 의거해서 행정이 이루어져야 한다는 원칙이다. 즉, 국민의 자유와 권리를 보호하기 위하여 국가권력의 발동을 법률로 규제함으로써 자의를 막으려는 것에 근본적인 취지가 있다. 따라서 해양경찰권의 발동은 사전적으로 법률에 근거하여 법률의 내용에 적합하게 행사되어야 한다. 사후적으로는 해양경찰권의 발동이 법률에 적합했는지를 통제할 수 있는 제도적 장치의 보장이 중요하다(김상호 외, 2006: 300).

해양경찰의 법치주의
첫째, 법률유보의 원칙이다. 해양경찰권의 발동은 법률의 수권, 즉 법적 근거가 있어야 한다. 해양경찰기관은 수권 규정 없는 상태에서 자기의 판단에 따라 독창적으로 행위 할 수 없다. 국민의 자유와 권리를 제한하고 의무를 부과하는 권력적 해양경찰작용은 법치주의의 원리가 강하게 요구된다. 그러나 국민의 자유와 권리를 제한하지 아니하고, 국민에게 의무를 과하지 아니하는 비권력적 해양경찰작용은 해양경찰직무 범위 내에서라면 법률의 개별적 수권규정이 없더라도 행할 수 있다. 둘째, 법률우위의 원칙이다. 해양경찰작용은 법률규정에 위반, 즉 모순·저촉되어서는 안 된다. 법률은 해양경찰기관이 국민에게 법률의 취지에 저촉되는 명령을 할 수 없도록 하는 제약규범으로써의 역할을 한다(허경미, 2003: 22).

19) 행정절차법은 행정절차에 관한 공통적인 사항을 규정하여 국민의 행정 참여를 도모함으로써 행정의 공정성·투명성 및 신뢰성을 확보하고 국민의 권익을 보호함을 목적으로 한다(행정절차법 제1조).

해양경찰 소관 법률
해양경찰 소관 법률(8개) ① 수상에서의 수색·구조 등에 관한 법률(수난구호법 제정 및 시행(1961. 11. 1) ② 수상레저안전법(제정 1999. 2. 8. / 시행 2000. 2. 9.) ③ 해양경비법(제정 2012. 2. 22. / 시행 2012. 8. 23.) ④ 연안사고 예방에 관한 법률(제정 2014. 5. 21. / 시행 2014. 8. 22.) ⑤ 해양경찰법(제정 2019. 8. 20. / 시행 2020. 2. 21.) ⑥ 선박교통관제에 관한 법률(제정 2019. 12. 3. / 시행 2020. 6. 4.) ⑦ 해양경찰장비 도입 및 관리에 관한 법률(제정 2021. 4. 13. / 시행 2022. 4. 14.) ⑧ 수상레저기구의 등록 및 검사에 관한 법률(제정 2022. 6. 10. /시행 2023. 6. 11.)

3. 인권 존중주의

해양경찰은 국민 개개인 인권의 불가침성을 보호해야 할 의무가 있을 뿐만 아니라 해양경찰 자신의 직무수행으로 인한 인권의 침해가 없도록 하여야 한다(헌법 제10조). 특히 인권존중주의는 수사경찰이 피의자 등을 대면하는 과정에서 가장 중요시된다. 형사소송법은 임의수사를 원칙으로 하고, 강제처분 법정주의를 채택하는 등 인권보장을 위한 다양한 장치를 규정하고 있다.

해양경찰의 인권존중주의
첫째, 국가의 기본권 보장의무이다. 국가는 개인이 가지는 불가침의 기본적 인권을 확인하고 보장할 의무를 진다(헌법 제10조). 둘째, 해양경찰은 국민의 자유와 권리를 존중해야 한다. 셋째, 자유·권리의 본질적 내용에 침해금지이다. 국민의 모든 자유와 권리는 국가의 안전보장·질서유지 또는 공공복리를 위하여 필요한 경우에 한하여 법률로써만 제한할 수 있다. 다만 이 경우에도 자유와 권리의 본질적 내용은 침해할 수 없다(헌법 제7조). 넷째, 해양경찰의 권한남용 금지이다. 해양경찰은 법률의 규정에 의하여 그 권한을 행사함에 있어, 직무수행에 필요한 최소한도의 범위 내에서 행사하여야 하며 이를 남용하여서는 안 된다(해양경찰법 제3조[20], 경찰관 직무집행법 제1조제2항).

4. 정치적 중립주의

해양경찰권은 국민에게 있고 모든 해양경찰 권력은 국민으로부터 나온 것이므로 해양경찰은 국민을 위하여 해양경찰권을 행사하여야 하고, 해양경찰공무원은 국민 전체에 대한 봉사자로서 국민에게 책임을 져야 한다. 따라서 해양경찰은 특정 정당이나 정치단체를 위해 활동하여서는 아니 되며, 오로지 주권자인 전체 국민과 국가의 이익을 위하여 활동하여야 한다(헌법 제7조).

---

20) 해양경찰법 3조(권한남용의 금지 등) 해양경찰은 그 직무를 수행할 때 국민 전체에 대한 봉사자로서 공정·중립을 지켜야 하고, 헌법과 법률에 따라 국민의 자유와 권리를 존중하며, 부여된 권한을 남용하여서는 아니 된다.

> **해양경찰의 정치적 중립주의 확보방안**
>
> 첫째, 정치운동의 금지이다. 공무원은 정당이나 그 밖의 정치단체에 가입할 수 없고, 또한 선거에 있어서 특정 정당 또는 특정인의 지지나 반대를 위한 행위를 해서는 안 된다(국가공무원법 第65조).
>
> 둘째, 해양경찰공무원의 신분보장에 의한 뒷받침으로 공무원은 형의 선고·징계처분 또는 법정사유에 의하지 아니하고는 그 의사에 반하여 휴직·강임 또는 면직을 당하지 아니한다(국가공무원법 第68조).

5. 경영주의

오늘날 해양경찰은 기존의 능률성이나 효과성의 차원을 넘어 해양경찰경영 차원에서 고객만족을 목표로 고객인 국민의 요구에 대한 대응성과 서비스의 질을 향상시킬 수 있도록 조직을 관리·운영해 나가야 할 것을 강하게 요구받고 있다. 우리 해양경찰이 치안서비스의 제공자로서 조직구조가 합당한 서비스 요구수준에 부합되는지, 인력과 예산 및 장비를 적정한 배분은 이루어지고 있는지, 해양경찰의 임무를 달성하기 위하여 생산성 개념을 공유하고 있는지 등을 분석·평가하고 이를 토대로 개혁에 나가야만 한다(우정열, 2004: 275). 경영주의의 내용으로 불필요한 부서의 폐지·통합·축소 등 조직의 슬림화, 인력의 재배치, 예산의 적재적소에의 사용, 구성원의 구태의연한 관행과 형태척결 등이 있다.

제3장 비교 해양경찰

제1절 해양경찰과 육상경찰의 비교

1. 유사성

가. 유사한 조직구조

해양경찰청은 해양수산부의 독립 외청으로 되어 있으며, 경찰청은 행정안전부의 독립외청으로 되어 있어 조직편제에 유상성이 있다(윤성현·박주상·김경락, 2018: 29-31). 토지관할 측면에서 보면, 해상과 육상이라는 공간적 차이가 있으며, 사물관할 측면에서 보면, 해양오염방제라는 업무를 제외하고 유사한 구조를 가지고 있다. 해양경찰청장과 경찰청장은 경찰공무원 신분이며 차장도 동일하다. 조직의 부서편성은 해양경찰청은 1관(기획조정관), 6국(경비국, 구조안전국, 수사국, 국제정보국, 해양오염방제국, 장비기술국), 32과(담당관, 단, 팀 포함)를 두고 있으며, 부속기관으로는 해양경찰교육원, 해양경찰정비창, 중앙해양특수구조단이 있다. 지방행정기관으로는 5개의 지방해양경찰청과 20개의 해양경찰서 및 서해5도특별경비단을 두고 있다. 해양경찰서 예하에 95개소의 파출소와 235개의 출장소를 설치·운용하고 있다(2023년 8월 기준, 해양경찰청 홈페이지 참조).

경찰청은 청장을 중심으로 1차장 1본부 10국 9관 36과 19담당관 3팀으로 구성되어 있다. 구체적으로 생활안전국·교통국이 민생치안을, 수사기획조정관·과학수사관리관·수사국·형사국·사이버수사국·안보수사국이 소속된 국가수사본부가 수사를 담당하고, 경비국·공공안녕정보국·외사국이 사회질서 유지를, 대변인·감사관·기획조정관·경무인사기획관·미래치안정책국이 행정지원을 각각 담당하고 있고, 부속기관으로는 경찰대학·경찰인재개발원·중앙경찰학교·경찰수사연수원 등 4개의 교육기관과 책임운영기관인 경찰병원이 있다. 또한 치안사무를 지역적으로 분담 수행하기 위하여 전국 특별시·광역시·도에 18개 시·도경찰청을 두고 있으며 시·도경찰청장 소속 하에 경찰서 258개, 지구대 626개, 파출소 1,417개를 운영하고 있다(2023년 8월 기준, 경찰청 홈페이지 참조).

나. 신분의 동일성

해양경찰과 육상경찰은 동일하게 경찰공무원법의 적용을 받는 국가직 경찰공무원으로 특정직 공무원에 속한다. 또한 경찰공무원법임용령, 경찰공무원징계령이 적용되어 채용, 교육훈련, 승진, 포상, 징계, 전보, 전직, 퇴직 등에 관한 내용의 대부분이 동일하게 적용되고 있다(김종선 외, 2016: 28). 해양경찰과 육상경찰은 동일하게 경찰공제회법에 의해 공제회원으로서의 권리를 가지며, 퇴직 후에는 대한민국 재향경우회법에 의해 경우회 회원으로 활동을 할 수 있다. 또한 해양경찰 및 육상경찰은 공·사상 시 국가를 위해 국가유공자와 그 유족에게 합당한 예우를 하고 국가유공자에 준해 군·경 지원 혜택을 받을 수 있는 국가유공자 등 예우 및 지원에 관한 법률의 적용을 받는다.

다. 작용법의 동일성

해양경찰은 해양경비법 뿐만 아니라 일부는 육상경찰과 동일하게 경찰관 직무집행법을 작용법으로 사용하며 규정하고 있는 직무범위와 개별적 수권조항 및 일반적 수권조항에 따라 업무를 수행하고 있다. 이에 따라 범죄의 예방, 위험발생의 방지, 사실의 확인, 장구의 사용, 무기의 사용, 유치장의 설치 등이 동일하게 적용받고 있다. 다만, 경찰관 직무집행법이 해양의 특수성을 반영하지 못하였다는 지적에 따라 해양경비법이 2012년 8월 23일에 제정되었다.[21)]

라. 일반사법경찰권 수행

형사소송법 제197조(사법경찰관리)는 '경무관, 총경, 경정, 경감, 경위는 사법경찰관으로서 범죄의 혐의가 있다고 사료하는 때에는 범인, 범죄사실과 증거를 수사한다. 그리고 경사, 경장, 순경은 사법경찰리로서 수사의 보조를 하여야 한다.'라고 규정하고 있어 해양경찰도 동일한 일반사법경찰권을 보유하여 범죄에 대한 수사와 범인을 체포할 수 있다. 해양경찰공무원은 순경에서 치안총감까지 보통경찰기관으로서 임무를 수행한다.

형사소송법 개정 이전에는 검사의 지휘를 받아 수사를 하도록 되어 있는데 개정된 형사소송법 제195조는 '검사와 사법경찰관은 수사, 공소제기 및 공소유지에 관하여 서로 협력하여야 하고, 수사를 위하여 준수하여야 하는 일반적 수사준칙에 관한 사항은 대통령령으로 정한다.'라고 규정하고 있어 검찰과 경찰로 하여금 국민의 안전과 인권 수호를 위하여 서로 협력하게 하고, 수사권이 국민을 위해 민주적이고 효율적으로 행사되도록 하였다.

마. 제복의 착용과 무기의 휴대

해양경찰과 육상경찰은 동일하게 경찰공무원법 제26조에 의해 제복을 착용할 의무가 있으며, 복제에 관한 사항은 해양수산부령과 행정안전부령에 명시되어 있다. 또한, 양 경찰은 직무수행을 위하여 필요하면 무기를 휴대할 수 있다.

---

21) 해양경비법은 경비수역에서의 해양안보 확보, 치안질서 유지, 해양수산자원 및 해양시설 보호를 위하여 해양경비에 관한 사항을 규정함으로써 국민의 안전과 공공질서의 유지에 이바지함을 목적으로 한다.

바. 장기간 동일한 조직 소속

육상경찰은 1945년 10월 21일 미군정청에 경무국과 각 도에 경찰부로 창설되었으며, 해양경찰은 1953년 12월 23일 창설 당시 내무부 치안국 소속으로 창설되었다. 해양경찰이 상공부 해무청 소속으로 있었던 약 7년을 제외하고, 1996년까지 동일한 조직에 소속되어 있었다. 또한 해양경찰 주요 임무가 불법어선 단속, 대간첩작전 수행 등 권력적 작용을 중심으로 육상경찰과 동일한 임무를 수행함에 따라 정서적·문화적으로 동질성을 가지고 있다.

사. 관할구역의 획정

해양경찰은 지방해양경찰청, 해양경찰서의 관할도 내수면과 해수면으로 설정하고 있다. 내수면의 관할구역은 수상레저안전법에 명시되어 있다.[22] 육상경찰도 소속기관에 대한 관할구역을 지방경찰청, 경찰서 관할 등으로 설정하고 있다.

2. 차별성

가. 해양이라는 환경적 특수성

우리나라의 영해와 배타적 경제수역을 포함한 주권해역은 국토면적의 4.5배에 달하며, 총연장 11,542km의 긴 해안선과 3,153개의 도서지역을 보유하고 있다. 해상은 기상의 가변성이 커 사고와 사건 발생 시 대응에 많은 시간이 소요되고 현장보존이 불가능하여 수색과 구조가 어려운 특성이 있다. 선박의 속력은 육상과 비교할 수 없지만 해상이라는 특수성으로 태풍·바람·파도 등의 영향을 받아 그 속도를 낼 수 없고, 또한 해상의 사고는 다수·다량의 인명·재산·화물·오염피해를 동반한다. 그리고 사고 현장의 보존이 바람, 조류, 파도, 해류 등의 영향을 받아 빠르게 확산되어 광범위하게 퍼지게 된다.

나. 인접국과의 외교적 분쟁 가능성

UN해양법은 국제적인 협약이지만 국가 간에 해양에 관한 관할 문제에서 완벽한 합의가 이루어지지 않았기 때문에 해석이 다를 수 있다. 해양경찰이 관할하는 수역은 영해뿐만 아니라 배타적 경제수역 등 공해까지 관장하고 있다. 이러한 수역은 외국적 선박이 자유로이 통항할 수 있으며, 해양경찰의 법집행에 따라서 외교적 문제로 비화될 수 있다. 더불어, 밀입국, 해상강도, 해적행위, 불법조업, 해양오염, 인명구조 등과 관련하여 국제적인 분쟁이 발생 가능하다.

---

22) 해양경찰청과 그 소속기관 직제 시행규칙 제19조〈별표 2〉 지방해양경찰관서의 관할구역, 수상레저안전법 시행규칙 제16조제1항에 따르면 동력수상레저기구 조종면허증 재발급 신청서를 관할해양경찰서장에게 제출하여야 한다.

다. 해양오염방제 업무수행

해양경찰은 정부조직법에 근거해 해양에서 발생한 오염의 사전예방 및 방제에 관한 국가 긴급방제계획을 수립하여 시행하고 있다. 그리고 해양오염사고로 인하여 긴급방제 그 밖의 조치를 수행하기 위해 해양경찰청에 방제대책본부를, 해양경찰서에 지역방제대책본부를 각각 설치할 수 있다. 이는 순수한 경찰업무라기보다 행정경찰에 가까우며 이 업무를 수행하기 위해 신분상 경찰공무원이 아닌 일반직 공무원이 직제에 편성되어있다.

라. 법집행 서비스의 수단으로서 장비 의존성

해양경찰은 육상과 달리 바다에서 법집행을 한다. 이에 따라 육상과 달리 바다에서는 함정이라는 수단이 없다면 업무집행이 어렵다. 해양경찰은 함정을 비롯하여 인명구조정, 항공기 등 장비가 필수적이다. 특히, 함정을 활용하여 법집행을 하기 때문에 자연적 제약을 많이 받을 수 있다.

마. 기술적 전문성

해양경찰은 업무집행에 함정, 항공기 등 장비에 많이 의존하고 있기 때문에 이러한 장비를 운용하기 위해 항해, 기관, 통신 등 특수 분야의 전문성을 필요로 한다. 이와 같은 이유로 직제상 국 단위의 해양장비기술국이 편제되어 있으며, 해양경찰청의 부속기관으로 책임운영기관인 해양경찰정비창이 있다.

바. 국가경찰기관

해양경찰은 육상경찰과 달리 국가경찰기관으로서 자치경찰로 변화될 가능성이 없다. 육상경찰은 2021부터 국가경찰과 자치경찰로 이원화 되어 자치경찰은 지방자치제도와 연계하여 지역 실정에 부합한 업무집행이 이루어지고 있지만, 해양경찰은 국가안보 및 경비기능의 비중이 크기 때문에 자치경찰의 기능이 요구되지 않는다. 미국의 코스트 가드, 일본 해상보안청 등 선진국의 해상치안기관도 자치경찰 기능이 없다.

제2절 국내외 관련 비교

해상치안기관들이 성립되는 것은 비교적 최근의 일이다. 미국의 경우 처음에는 밀수를 방지하기 위하여 1790년에 세관감시기관(Revenue Cutter Service)이 설치되고, 1874년에 설치된 인명구조기관(Life Saving Service)와 통합되어 1915년에 Coast Guard라는 공식

명칭이 성립되었으며, 일본의 해상보안청은 밀항과 밀수를 방지하기 위하여 US Coast Guard를 모델로 해상보안청이 1948년에 창설되었다(노호래, 2012: 107-112).

1. 미국의 해안경비대(USCG)

미국 해안경비대(United States Coast Guard, USCG)은 미국 국토안보부 산하의 해안경비 및 구난을 목적으로 하는 군사 조직으로, 미군을 구성하는 6군(육군, 해군, 공군, 해병대, 우주군, 해안경비대로 구성, 6군 중 해안경비대는 평시 때 국토안보부 소속, 전시 때 해군의 지휘를 받음) 중 가장 작은 군으로, 해양에서의 인명구조부터 환자수송과 국경지역, 해양에서의 밀입국자 수색과 체포, 범죄자 추적, 마약단속, 밀수단속등의 상당히 위험한 고강도의 임무를 수행한다.

설립근거는 1790년에 밀무역의 단속과 관세징수 임무를 띠는 관세밀수감시청(U.S. Revenue Cutter service)라는 명칭으로 창설되었다가 1799년 미국과 프랑스가 상호 간 준 전쟁(Quasi-War of 1798~1801) 상태에 돌입하자 세관 감시선을 미국 해군과 협력하도록 입법화하였으며 이것이 해안경비대가 해군 기능을 가지게 된 최초의 입법조치이다.

해안경비대는 평상시 국토안보부(Department of Homeland Security)에 소속이지만 미 대통령에 의하여 또는 전시 상황에서 의회에 의하여 해군(Department of the Navy)으로 이전될 수 있다. 해안경비대는 해안의 수호와 연방 해사법(maritime law)의 집행을 맡고 있다는 점에서 미국의 다른 네 개의 군조직과도 차별화된다. 해안경비대는 평시와 전시를 막론하고 해상안전, 선박검사, 해상교통관리 및 관련 법률 집행 등의 업무를 담당하고 있으며 전시에는 해군의 기능을 부여한다.

표어 : Semper Paratus! (언제나 준비되어 있다!)

가. 주요 수행 임무

1) 비권력적 작용 임무

가) 해상안전(Marine safety)
나) 수색과 구조(Search and rescue)
다) 항해지원(Aid to navigation)
라) 내국어업과 관련된 해양생물자원(Living marine resources(fisheries law enforcement))
마) 해상환경보호(Marine environmental protection)
바) 쇄빙 삭업(Ice operations)

2) 권력적 작용 임무

가) 항만, 수로 및 연안경비(Ports, waterways and coastal security)
나) 마약 차단(Drug interdiction)
다) 밀입국 차단(Migrant interdiction)
라) 국가방어 준비(Defense readiness)
마) 외국인의 어업에 대한 기타 법집행(Other law enforcement(foreign fisheries))

나. 임무관련 세부내용

1) 미국 관할권 내 해상, 해저, 공중에 적용되는 모든 연방법령 집행 및 지원
2) 해상항공감시활동(maritime air surveillance) 또는 금지활동(interdiction)
3) 행정규칙 제정 및 집행
4) 해상운항 지원활동
5) 쇄빙설비 및 구조설비 개발, 구축, 유지, 운용
6) 임해 중요시설 보호
7) 선박검사 업무 수행
8) 해기사 면허관리 업무 담당

다. 미국 해안경비대와 우리나라 해안경찰청과 임무 차이점

1) 선박검사 업무 수행(CFR Title 46 Part 2에서 규정)
2) 해기사 면허관리 업무 담당(U.S.C Title 33 §2.36 및 §2.38에서 규정)

2. 일본의 해상보안청

해상보안청(海上保安庁, Japan Coast Guard, 약칭: JCG)[23]은 일본 국토교통성 산하의 행정기관이다. 업무는 영해의 경비, 치안유지, 해난 시의 구조, 해상교통의 안전보장 등이다.

설립근거는 1945년 제2차 세계대전 패전 후 주변 행사에서 잦은 해난사고, 밀수, 밀항 등의 불법행위가 증가함에 따라 일본 또한 미국의 해안경비대(USCG)와 같은 제도 확립의 필요성을 논하게 되었고. 1946년 7월 1일 운수성 해운총국에 불법입국선박감시본부를 설치하였다. 1947년 5월 22일 차관회의에서 운수성(현, 국토교통성)에 해상보안기관을 설치하는 결정을 내리고 이후 1948년 4월 27일 「해상보안청법」(법률 제 28호)이 제정되었으며, 같은 해 5월 1일에 동법을 근거로 해상에서의 인명 및 재산 보호, 치안유지, 해상교통을 담당할 목적으로 당시 운수성 외국에 해상보안청을 발족하였다. 해상보안청은 1948년 맥아더 군정

23) https://namu.wiki/w/일본해상보안청(2020. 5. 23.)

에 의한 군사력 보유를 금지한 헌법정신 및 일본제국주의 폐해를 교훈 삼아 평화체계를 지향하는 국가목표에 부합하도록 군사전력을 제외한 순수 해상안보(범죄 단속 등), 수색·구조, 해양 오염방제 등 해양에서의 안전업무 기능을 수행하는 중심기관으로 창설되었다.

가. 주요 소관 업무

1) 해상 여행, 해난구조, 해양오염 등의 방지
2) 선박 항행의 질서 유지
3) 해상 범죄 예방 및 진압
4) 해상 범인의 수사 및 체포
5) 선바 교통에 관한 규제
6) 수로, 항로 표식에 관한 사무
7) 기타 해상의 안전의 확보에 관한 사무
8) 해상의 안전 및 치안의 확보

나. 경찰권 행사

「해상보안청법」 제1조제1항에서는 해상보안청을 두는 목적이 해상에서의 인명 및 재산을 보호하고 법률위반에 대한 예상·수사 및 진압을 하기 위한 것이라고 명시하고 있다. 일본 해상보안청은 자국 영해 내 해상보안업무에 있어 영해는 영토에 준하고, 일본의 주권 또는 관할권이 당연히 미치므로 일본의 국내법에서 불법으로 명시하고 있는 행위에 대해 원칙적으로 모든 선박에 대해 경찰권을 행사할 수 있다는 것에 이견이 없지만 예외적으로 다음과 같은 경우 경찰권 행사에 있어 제한적으로 허용하고 있다.

1) 외국 군함에 대해서는 통상 치외법권과 불가침권이 인정되므로 직접 그 권한은 행사할 수 없으나, 승무원이 군함을 본래의 목적에 맞지 않게 사용함에 따라 군함으로써 신분을 상실한 경우에는 예외로 한다.
2) 외국 공선에 대한 불가침권은 원칙적으로 인정되지 않지만, 통상 치외법권이 인정되므로 공용(公用)으로서의 선박 신분을 벗어난 경우 치외법권은 인정되지 않는다.
3) 외국 상선에 대해 기본적으로 무해통항권이 인정되나, 연안국의 법률을 위반한 불법행위에 대해서는 일본의 선박과 같은 권한을 행사할 수 있다. 단 상선 내부에서 발생한 범죄로 그것이 전혀 외부에 영향을 미치지 않는 것에 대해서는 「영해 및 접속수역에 관한 조약」 제19조에 의해 범죄가 전혀 외부에 영향이 없고, 선장 또는 선적국의 영사에 의해 요청이 없을 경우 연안국은 이에 대해 관할권이 없으므로 해상보안 업무 또한 이에 따라 운영하는 것이 합당하다.

다. 특성

해상보안청은 육·해·공·해병대를 이어 제5군의 역할을 하고 있는 미국해안경비대를 모델로 삼았다. 그에 따라 해상보안청은 현재 해상자위대 호위함급에 버금가는 레이더 등 장비를 갖춘 순시선과 각종 항공기를 보유하고 있으며 중소국가 해군력 수준에 근접하고 있다. 이에 따라 예산도 계속 오르고 있는 추세인데 그 이유는 해상자위대보다 주변국 의심을 받지 않고 해양안보를 강화할 수 있는 방법이기 때문이다. 해상보안청이 오히려 군대 위치에 해당하는 자위대보다 해외 및 국내의 실력행사에 있어서 자유로운 이유는 평화헌법은 해상보안청에 해당 사항이 없다. 그러기 때문에 89식 소총도 자위대와 다르게 법적 제한 없이 도입 가능했고, 자국민이 관련된 해상 관련 사태에도 순조롭게 파견 가능하며 특수부대 역시 간사이국제공항 해상경비대라는 타이틀을 달고 있던 시절에도 해외파견 경호임무를 맡았던 것이다. 법적 제한이 자위대에 비해 적은 것뿐만 아니라 해상보안청이라는 조직 자체가 가진 권한도 크기 때문이다. 이들은 조직 자체가 엄연한 “행정기관”으로써 국토교통성 산하의 외국(外局)으로 특수한 사무와 독립성이 강한 사무를 관장하는 "독립청" 지위를 가진 조직이다.

해상보안청 업무를 보면 해양경찰 업무만이 아니고 항만관리, 수산물관리 및 감독, 심지어 기상 업무까지 담당하고 있다. 또한 다른 국가의 영토 문제로 대립하는 경우가 잦다. 한국의 해양경찰청과는 독도문제, 중국의 해양경찰과는 센카쿠 열도에 관한 문제로 대립하고 있다.

라. 한국 해양경찰청과의 관계 및 차이점

한국과는 영토 문제 등으로 대립하는 상태이나 합동수색구조훈련 등을 실시하고 있다. 한국 해양경찰은 경찰청 산하 해양경찰대에서 출발하여 해양경찰청 체제로 거쳐 왔지만, 일본 해상보안청은 일본 해군에서 출발하여 사실상 계승하여 이어 오고 있다. 우선 해상보안청의 소해부대는 과거 일본 해군 소해부대였고 해상자위대 창설 후 자위대로 인수된다. 해상보안청의 순시선은 "선"이라는 민간 선박의 명칭을 쓰지만 해양경찰청은 "함정"이라는 군함 이름을 쓰고 실제로도 전투함으로도 포함된다. 즉, 비공식적으로 해군 예비군으로 보는 셈이다. 실제 수행 임무부터 전방 해역은 간첩선 격침 및 나포, 해안선 경계 등이며 현재도 후방 해안선은 해경이 주력으로 경계한다. 일본은 북한 공작선을 격파하는 건 해상자위대 함정이 아니라 해상보안청 순시선이다.

3. 중국 해양경비대

중화인민공화국의 해안경비대((中國海警 : China Coast Guard)이다. 홍콩이나 마카오가 아닌 중국 본토의 해경이다. 똑같이 중화인민공화국의 주권이 미치지만 행정권이 없는 간접통치지대인 홍콩특별행정구 및 마카오 특별행정구는 사실상 독립국이기 때문에, 특별행정구

정부가 해상치안과 안전을 책임진다. 홍콩은 홍콩 경찰과 홍콩 소방처, 마카오는 마카오 경찰과 마카오 소방국이 담당한다. 중국의 해양조직은 국가해양국 산하의 중국해감, 공안부 산하의 변방해경, 농림부 중국어업국, 세관총서 산하의 해상 밀수 단속경찰, 교통 운수부 산하 해사국이 있었다. 중국은 2013년 3월 해상 법집행을 통합하고, 법집행의 효율성을 높이기 위하여 다음 부서들을 국가해양국 산하로 통폐합하여 중국 해경을 창설하였다. 지휘는 국가해사국에서 지휘하며 소속은 여전히 중국 인민무장경찰부대로 되어 있다.

한·중 관계에서 불법조업 문제에서 중국 어민들이 이들의 통제를 받는다는 의혹이 있다. 어민들로 구성된 해상민병대가 준군사조직의 존재로 이미 확인되었으며 중국 정부의 통제에 따라 영유권 주장 시위와 암초 매립, 순찰 및 정보수집 등을 수행한다고 한다. 한국도 이들로부터 자유롭지 않으며 중국 정부가 자국 어민 단속에 미온적인 태도를 보이는 것도 이러한 이유라고 한다. 미 해군도 이 어민들이 중국 정부의 통제를 따른다는 것을 예의주시하고 있다.

미 해군은 '2014년부터 해상에서의 우발적 충돌방지 기준'(CUES, Code for Unplanned Encounters at Sea)을 마련하고 중국에 참여를 요구했으나, 중국 해경은 거부했으며 단순한 해안경비대가 아니라 중국의 패권주의, 팽창주의를 위한 기구로 발전하고 있다. 조직구성은 11개 총대(总队)로 구성된다. 조직은 국가해양국(国家海洋局) 소속이며 실질적인 운용은 중화인민공화국 공안부에서 담당한다.

4. 영국 해안경비대

Her(His) Majesty's Coast Guard라고 부른다. 해군식의 수장을 달지만 계급명은 해군과 완전히 다르다. 과거에는 Inspector, District Officer 같은 경찰계급을 사용하여 한국의 해양경찰청과 비슷한 역할이었으나, 현재는 해상구조 및 선박안전 업무에 전념하기 때문에 경찰권은 없어진 지 오래이다. 미국 해안경비대에 해당하는 준군사조직은 영국에 존재하지 않고 해안치안조직에 근접한 기관은 영국의 해상순찰 및 감시를 담당하는 내무부 국경통제국(Border Force)이다. 세관 업무와 출입국관리사무소의 심사업무도 담당하기 때문에 사전적인 의미의 해안경비대라고 보기는 힘들다. 하지만 영국의 해안경비대가 주로 해사관리감독 및 해양구조 같은 관청 역할을 하지만, 국경통제국은 함선에 함포도 달고 있고 함선 옵션도 해경의 커터함들이 주류이기에 해안치안조직에 더 가깝다고 볼 수 있다.

함정이나 항공기의 도색은 흰색과 붉은색으로 세계적으로 많이 쓰이는 색상을 따르고 있다. 한편 사고가 빈번한 지역마다 지구대를 설치하는 점은 타국과 비슷하지만 시설을 해·공군기지와 많이 공유한다. 해안경비대 작전센터(Coast guard Operations Centre)라는 별도의 기지를 운영하며 군과의 접점은 군 기지가 해안경비대보다 사고 현장과 가까울 때 초동조치를 대신해 줄 것을 요청하는 게 전부다. 공공서비스를 대폭 민영화하여 해안경비 업무도 상당부분 민간업체와의 계약으로 수행한다. 대표적인 것이 해안경비대 항공대로 2015년 고정익 항공기는 RVL 그룹으로 부터, 헬리콥터는 브리스토 헬리콥터라는 업체가 정부와 계약을 맺고 지원하고 있다.[24]

5. 독일 해안경비대

독일은 다른 국가들과 달리 전담 부처가 따로 없고 연방정부 산하 여러 기관들이 합동으로 해안경비대를 구성하는 방식을 채택하고 있다. 연방경찰청과 연방관세청(Bundeszollverwaltung), 연방항만청(Wasserstraßen-und Schifffahrtsverwaltung des Bundes) 등이 주요 구성원이다. 그렇기 때문에 경비함의 도색도 소속기관마다 다른데 연방경찰은 파란색, 관세청은 초록색, 항만청은 검정색 등이며, 해안경비대(Küstenwache)라는 문구와 식별마크를 통해 해안경비대에 배속된 함정이라는 걸 알 수 있다.

함정에 함포를 장착하지 않는 것은 영국 국경통제국처럼 독일 해안경비대는 군대가 아니기 때문이다. 따라서 함정에 무기가 장착되지 않으며 국제법상 전투원으로 인정받지도 못한다. 하지만 해경에 배속된다고 해도 기존 조직에서 부여하던 권한은 그대로 가지고 있기 때문에 연방경찰관들은 총기를 휴대할 수 있다.[25]

---

24) https://namu.wiki/w/영국연안경비대

25) https://namu.wiki/w/독일 해안경비대(2020. 5. 23.)

제 2 편

해양경찰의 역사

제1장 해양경찰 설립역사

제1절 시대별 해양경찰 역사

1. 고대

경찰의 개념은 근현대에 들어 성립되고 확대되었다. 초기에는 치안질서 유지를 위한 소극적 보안작용에 한정되었지만, 점차 공공복리 증진을 위한 적극적 권력작용까지 확대되었다. 해양경찰도 마찬가지다. 이렇듯 경찰은 근대에 이르러 성립된 제도이므로 전근대 시대의 자료에서 오늘날의 경찰과 직접 관련된 자료를 찾아보기는 어렵다. 일반경찰보다 뒤늦게 출발한 해양경찰의 경우 더욱 그렇다. 또한 전근대의 시대에는 군대와 경찰, 육경과 해경, 해군과 육경이 분화되지 못했다는 점도 유의할 것이다. 물론 해양경찰에서는 전근대의 시대 뿌리 찾기를 시도하고 자료조사와 적극적인 해석을 연구하고 있다.

이러한 연구를 바탕으로 해양경찰의 뿌리는 신라와 중국 당나라(나당)전쟁 종식(676년) 직후 신라 문무왕 18년(678년)에 선부(船府) 설치를 통해 해양진출을 위한 선박 건조기술의 혁신을 도모하여 동아시아 해상무역을 주도할 수 있도록 하였고, 장보고가 해적소탕을 명분으로 828년(흥덕왕 3)에 완도에 청해진(수군기지)을 설치하여 청해진 대사로 임명되어 1만명의 군대를 거느리며 서·남해 해적을 소탕하면서 동아시아의 해상무역을 주도하였다. 829년(흥덕왕 4)에는 해양질서유지를 위해 당성진을 남양만에 설치하였고, 강화도 해역을 지키기 위해 844년(문성왕 6)에는 혈구진을 설치하기도 하였다.

고려시대 이후 서해상에서는 요소에 순검군(巡檢軍)을 배치하여 순찰과 검색을 하고, 서·남해상에 있어서는 특히 당시 성황을 이루던 송나라 상선의 왕래에 대해 검찰(檢察)하고, 송·왜 등 해적선의 순포(巡捕)에 중점을 두었다. 특히 선종 10년(1093) 연평도 일대에 순찰과 치안유지 임무를 띤 순검군이 송나라와 일본이 공모하여 우리 영해를 침략한 불법 선박을 나포하고 선적된 병장기와 물품을 관청에 납부하고 해적들은 영외로 유배시켰고, 원종 4년(1263년)에는 전라도 안찰사는 송나라에서 일본으로 가는 도중 표류한 선박의 선원에게 양식과 선박을 지급하고 일본으로 호송하기도 하였다.

충렬왕 15년(1289) 10월에 군량 수송선의 해난사고를 구조하고 해난사고에 대한 수사도 하였다는 여러 사건의 기록들이 현대의 해양경찰 업무와 동일하다고 볼 수 있으며, 조선시대에는 수군 방어영(防禦營)을 설치하여 해적의 침공을 막기 위해 바다와 연안 해역을 방비하였다. 그리고 도서지역에 무단으로 출입하는 외국선박 적발과 왜구 등을 수색하여 토벌하기 위해 수토군(搜討軍)을 파견하여 치안유지를 하였다. 조선 중종 때 일본의 어선과 상선이 전라도 서남해역에 들어와 노략질을 하여 1587년(선조 20) 녹도만호 이대원은 해양주권 수호를 위해 손죽도에서 왜적과 싸우다 전사하였다는 기록도 있다.

2. 근대(개항기)

개항기인 1893년 해군장교를 양성하기 위해 조선수사해방학당을 강화도에 설치하고 1891년에는 연안경비용 군함을 영국에서 도입하였다. 1876년 개항 이후 개항장 행정업무를 전담하는 감리서는 개항장 관리, 사공 관리, 해적소탕 시도, 표류선 보호를 담당하였고, 치안유지를 담당하는 경무서는 항구치안, 부두 노동 관리, 표류민 구조관리, 도서 치안을 담당하였다. 그리고 개항장 출입하는 선박과 물류에 관세를 부과하는 해관은 관세징수, 선박 관리, 밀수 방지, 전염병 검역 등을 담당하였다. 일제 강점기에는 경찰업무 중 교통경찰을 세분화하여 그 안에 해양경찰업무 일부를 포함하여 1910년 9월 목포와 여수 등 항구에 수상경비소를 두어 5척의 경비선을 배치하여 연안과 도서 단속 등 해양경찰 경비업무를 수행하였다.[26]

3. 현대(해방 이후)

일제 강점기를 거치고 해방 이후 태동기(1945. 8. 15 - 1955. 2. 6)에는 해군에서 차출된 장병을 경찰관으로 임명하기도 하고, 해양경찰대 초대대장을 해군 대령 출신을 임명하였다. 해양경찰대기구의 조직구성과 부서편성 등을 살펴보면 해군의 성격이 강하였다. 해무청 시기(1955. 2. 7-1962. 5. 4)에는 「해무청직제」에 의하여 수산국 내에 해양경비과를 두고 어업자원보호법에 관련되는 해양경비와 항로표지보호에 관한 사항을 분장하게 하고 해양경비원이란 명칭을 사용하였고, 해양경비원은 어업자원보호법 제4조(범죄의 수사)에 규정한 사법경찰관의 직무를 행하였다.

또한 태동기와 해무청 시기에 수상경찰서가 존재하였다. 일제강점기에 신설되어 1945년부터 1957년까지 존치했던 부산수상경찰서가 있었고, 인천수상경찰서는 1949년에 신설되어 1961년까지 유지되었고, 인천과 경기도 일대의 도서지역을 관할하였다. 부산수상경찰서는 해양경찰대가 발족 되어 해무청 소속으로 변경되었던 시기에도 있었고 1957년에 영도경찰서로 변경되었다. 그리고 인천수상경찰서는 1961년 인천경찰서에 편입된다. 적어도 1957년까지는 2개의 수상경찰서와 해양경찰대 또는 해양경비대가 병존한 시기이다.

---

26) 해양경찰 뿌리 찾기 학술연구용역 중간 보고자료. 2019. 10. 01. 목포대학교 도서문화연구원.

▶ **어업자원보호법 제정(1953. 12. 12)**

「어업자원보호법」[27]은 평화선을 침범하는 외국어선을 단속하기 위해서 제정된 법이다. 한반도와 그 부속도서의 해안과 좌의 제선을 연결함으로써 조성되는 경계선 간의 해양을 어업자원을 보호하기 위한 관할수역으로 한다(동법 제1조). 그리고 관할수역내에서 어업을 하려고 하는 자는 주무부장관의 허가를 받아야 한다(동법 제2조).

▶ **수상경찰서의 존재**

해양경찰기능을 수행하면 해양경찰의 역사라고 볼 수 있으므로 해방된 후에 일본의 영향으로 부산수상경찰서가 존재하였으므로 이도 또한 해양경찰의 역사에 포함되어야 하고, 따라서 현대의 해양경찰사의 시작은 1953년 해양경찰대 창설 때부터 구분하는 것이 아니라 1945년 해방 때까지 거슬러 올라가야 한다고 생각된다. 그리고 1949년 5월에는 인천수상경찰서가 신설된 것도 해양경찰의 역사라고 보아야 한다. 그 이유는 해상에서 불법어업 단속 등의 해양경찰업무를 수행하였기 때문이다. 1953년 해양경찰대 신설된 이후에도 한동안 해양경찰대와 수상경찰서가 병존한 시기가 있었다. 그 시기는 1953년부터 1961년 7월까지이다 (노호래, 2011: 96-98).

1) 부산수상경찰서

1924년 3월 3일에는 부산수상경찰서가 총독부령 제8호로 신설되었다. 주 업무는 부산부 해상(수면) 일원을 관할구역으로 하고 수상에서의 경찰 및 위생사무 관리, 사법 행정업무를 맡았다. 수척의 경비선을 보유하고 있었으며, 경북 연안 및 경남, 전남 연안 부정어업규제도 하였다. 즉 부산과 일본 시모노세키 사이를 왕래하던 관부연락선을 비롯한 부산항에 출입하는 모든 배와 사람들을 통제하는 기관이었다.

부산수상경찰서는 1924년 3월 3일 창설(현재의 부산시 중구 대교동)하면서 영도주재소(현재 대교파출소), 남항주재소(현재 남항파출소), 대풍포주재소(구 대평파출소) 3개소를 두고 영도구 행정구역과 부산해안 전역 치안을 담당하였고, 1947년 10월 8일 부산시 영도구 대교도 4가 63번지로 청사를 이전하여 1957년 7월 26일 영도경찰서로 개칭(대통령령 1298호)되면서 청사가 노후하여 1957년 12월 31일 부산시 영도구 대교동 4가 3번지로 청사를 이전하였다[28].

2) 인천수상경찰서

인천 수상경찰서는 1949년 5월 7일에 신설되었다. 그 관할 지역은 인천시 월미도, 사도 및 부천군 6개 도서이었고, 1961년 7월 9일 인천수상경찰서가 폐지되었다는 인천중부경찰서 연혁에 나타나고, 신문기사에는 1962년에 「경찰서직제중 개정 건」에서 인천수상경찰서를 폐지하고 인천경찰서에 병합한다는 기사가 있다[29].

1949년에 인천수상경찰서 신설의 법적 근거는 「경찰서의 명칭·위치 및 관할구역변경에 관한 건」(대통령령 제101호, 1949. 5. 7)이고, 이 법규에 의해 경기도에 인천수상경찰서와 동인천 경찰서를 신설하고 관할구역을 설정하였다.

---

27) 어업자원보호법[시행 1953.12.12] [법률 제298호, 1953.12.12, 제정]
제1조 (관할수역) 한반도와 그 부속도서의 해안과 좌의 제선을 연결함으로써 조성되는 경계선 간의 해양을 어업자원을 보호하기 위한 관할수역(이하 관할수역이라 칭함)으로 한다.
제2조 (관할수역내의 어업허가) 관할수역 내에서 어업을 하려고 하는 자는 주무부장관의 허가를 받아야 한다.
제3조 (벌칙) 전조에 위반한 자는 3년 이하의 징역, 금고 또는 50만환 이하의 벌금에 처하고 그 소유 또는 소지하고 있는 어선, 어구, 채포물, 양식물 및 그 제품은 이를 몰수한다.
제4조 (범죄의 수사) 전조의 범죄수사에 있어서는 해군함정의 승무장교, 사병 기타 대통령령으로 정하는 공무원이 사법경찰관리의 직무를 행한다. 전항의 수사에 있어서 필요하다고 인정한 때에는 범칙선박의 회항을 명할 수 있다. 제2조위반의 혐의가 있다고 인정한 때에는 단순한 통과선박일지라도 이를 정지시키고 임

新해양경찰대 시기(1962. 5. 5 - 1991. 7. 22)는 4개의 정부 박정희, 최규하, 전두환, 노태우 등의 4개의 정부가 이어져 왔던 기간으로 30여년의 기간이다. 국가 경제가 급격히 성장하는 시기로서 1961년 해양경찰대설치법의 제정, 1965년 한·일 어업협정 체결, 1986년 아시안 게임, 1988년 88올림픽, 우리 어선이 북한에 피랍되는 것을 방지하기 위한 어로보호본부의 설치, 1977년 12월 31일 해양오염방지법 제정에 따른 본대에 해양오염관리관실의 신설, 1986년부터 1989년까지 3차례에 걸쳐 선박출입항신고기관 368개소를 연안경찰서로부터의 인수 등의 변화가 있었다.

해양경찰청시기(1991. 7. 23 - 1996. 8. 7)는 1991년 5월 31일의 경찰법제정에 따라 경찰청 소속의 해양경찰청시기를 말한다. 이 시기는 경찰청 산하 해양경찰청 체제를 유지하면서 경찰기관으로서 지속적인 발전을 도모하였던 시기이다. 인력·장비 면에서 보강이 계속되었고, 조직편제도 지방청 단위로써 필요한 조직을 갖추기 시작하였다. 1996년 해양수산부가 발족 되기까지 안정된 토대 위에 발전을 도모하였고 해상에서 경찰기능, 안전관리, 그리고 해양오염관리를 수행하는 중앙행정기관으로 인프라를 형성하는 시기였다.

新해양경찰청 시기(1996. 8. 8 - 2014 11. 18)는 국제적으로 유엔해양법협약이 발효되고, 정부는 우리나라의 권리를 확보하고 국제해양질서에 동참하기 위해 「배타적경제수역법」 등 9가지 국내법령을 제·개정하였으며, 1996년 8월 8일에는 해양경찰청의 소속이 경찰청에서 해양수산부의 외청으로 되어, 신 해양경찰청 시기를 맞이하게 되었다. 2008년 2월 29일에는 이명박 정부의 정부조직개편에 따라 해양경찰청의 소속이 해양수산부에서 국토해양부의 외청으로 개편되었다. 2013년 3월 23일에는 박근혜 정부의 공약 이행을 위한 정부조직법 개정에 따라 다시 해양경찰청의 소속이 국토해양부에서 해양수산부의 외청으로 다시 환원되었다.

국민안전처 해양경비안전본부시기(2014. 11. 19 - 2017. 07. 25)는 2014년 세월호 사건 이후 박근혜 정부의 정부조직개편에 의하여 해양경찰은 중앙행정관청으로서의 지위가 없어지고 국민안전처로 소속부서가 변경되었다. 이 시기에는 해양재난에 대한 관심이 증대되어 해양특수구조대가 신설되기도 했다. 해양수산부에서 관장하던 해상교통관제업무(VTS)가 국민안전처로 이관되어 중앙의 해양경비안전본부에 해상교통관제과가 신설되었으며, 해양경찰이 해상교통관제업무를 총괄하게 되었다. 新해양경찰청 시기(2017. 07. 26 - 현재)는 문재인 정부가 들어서면서 2017년 7월 26일 정부조직법 개정안이 통과되었다. 이에 따라 해양에서의 경찰 및 오염방제에 관한 사무를 관장하기 위하여 '해양경찰청'을 해양수산부 산하의 독립 외청으로 부활시켰다. 이로써 세월호 사고 이후 국민안전처 해양경비안전본부에서 2년 8개월 만에 다시 '해양경찰청'이 출범하게 되었다. 그리고 해양경찰이 해양주권을 수호하고 해양 안전과 치안 확립에 필요한 책임을 다할 수 있도록 해양경찰의 특수하고 다양한 직무를 제도적으로 뒷받침할 필요가 있어 해양경찰법이 2019년 8월 20일 제정되어 시행은 2020년 2월 21일부터이다.

검, 수색 기타 필요한 처분을 할 수 있다.

28) 부산지방경찰청, 「부산경찰사」, 2000, 100면.

29) 경향신문, 1962. 1. 27.

〈표 2-1〉 현대 해양경찰사 시대구분

구 분	정 부	기 간	소속기관	비 고
태동기	이승만 정부	1945 ~ 1955	내무부 치안국 해양경찰대	·부산수상경찰서(1924. 3. 3. 창설), ·인천수상경찰서(1949. 5. 7. 신설) ·어업자원보호법제정(1953.12. 12) ·일반사법경찰관리 신분
해무청 시기	이승만 ~ 윤보선 정부	1955 ~ 1962	상공부 해무청 해양경비대 (1955. 2. 7)	·부산수상경찰서(1957. 7. 26. 영도경찰서로 개칭) ·인천수상경찰서폐지(1961.07. 19) ·특별사법경찰관리 신분 ·항로표지업무 수행 ·해양경찰대설치법제정(1961.10. 2)
新해양 경찰대 시기	박정희 ~ 최규하 ~ 전두환 ~ 노태우 정부	1962 ~ 1991	내무부 치안국 해양경찰대 (1962. 5. 5) 내무부 해양경찰대 (1978. 8. 9)	·한·일 어업협정 체결(1965.12. 18) ·1978년 해양오염 감시·방제기능 추가 ·일반사법경찰관리 신분 **·어로보호본부 설치(1969)** **·해양경찰대본대 이전(부산→인천, 1979)** **·1000톤급경비함정 취역** **·해양경찰대훈과 대가 제정(1985)** **·선박출입항신고업무 인수**
해양 경찰청 시기	노태우 ~ 김영삼 정부	1991 ~ 1996	경찰청소속 해양경찰청 (1991. 7. 23)	·경찰법제정(1991. 5. 31) ·1994년 해수면 유·도선사업 및 구조업무 관장 ·일반사법경찰관리 신분 **·SAR협약가입(1995.10.4.)**
新해양 경찰청 시기	김대중 ~ 노무현 ~ 이명박 ~ 박근혜 정부	1996 ~ 2014. 11.	해양수산부 소속 해양경찰청 (1996. 8. 8) 국토해양부 소속 해양경찰청 (2008. 2. 29) 해양수산부 소속 해양경찰청 (2013. 3. 23)	·정부조직법개정(1996. 8. 8), **경찰청→해양수산부 외청으로 독립** ·배타적경제수역법 제정(1996. 8. 8) ·한·일 어업협정 개정(1999. 1. 22) ·수상레저안전법 제정(1999. 2. 8) ·한·중 어업협정 체결(2001. 6. 30) ·일반사법경찰관리 신분 ·연안사고 예방에 관한 법률 제정(2014.5.21)
국민안전처 해양경비안전본부	박근혜 정부	2014. 11. ~ 2017. 07	국무총리 소속 국민안전처 (2014. 11. 19)	·정부조직법 개정**(해양경찰청→해양경비안전본부로 변경), (본부를 인천→세종특별자치시로 이전. 2016.8.29.)** ·해양경비법 제정 ·수난구호법을 수상에서의 수색 · 구조 등에 관한 법률(수상구조법)개정(2015.7.24.) ·해양에서의 경비·안전·오염방제 및 해상에서 발생한 사건의 수사 ·해상교통관제업무 총괄
新해양 경찰청 시기	문재인 정부 ~윤석열 정부	2017. 07. ~현재	해양수산 소속 해양경찰청 (2017. 07. 26)	·정부조직법 개정 ·해양경찰법 제정(2019. 8. 20) **·선박교통관제에 관한 법률 제정(2019.12.3.)** ·해양에서의 경찰 및 오염방제 ·해양경찰장비 도입 및 관리에 관한 법률 제정(2021.4.13) ·수상레저기구의 등록 및 검사에 관한 법률 제정(2022.6.10.)

제2절 해양경찰 설립 배경

1. 맥아더 라인

1945년 8월 15일 조국 광복 이후 혼란 속에서 해양경비의 허술한 틈을 타 제주도와 흑산도 등을 중심으로 서·남해의 주요 어장에서 일본의 불법조업이 만연하였다. 이를 미국 제5함대사령관의 명의로 일본 어선의 어로제한수역을 각서 제80호로 일본 정부에 전달함으로써 군사상 통제뿐만 아니라 어자원 남획에 제동을 걸었다. 이 제한선을 당시 연합군 총사령관이었던 맥아더(McArthur Douglas)원수의 이름을 따서 「맥아더 라인(McArthur Line)」이라 부르게 되었다. 타격을 받은 일본 수산업계는 「맥아더 라인」의 철회를 요구하였고, 일본 어선들은 「맥아더 라인」을 월선(越線)하여 제주도와 흑산도를 중심으로 한 서해 해역의 주요 어장에 대거 침입하여 남획하기에 이르렀다. 이러한 불법어업에 대해 정부수립 초기의 우리 해군함정은 「맥아더 라인」을 월선한 일본 어선들을 발견하고도 나포하지 않고 퇴거하도록 경고만 했다. 그러나 일본 수산청 소속의 순찰선들이 이러한 행위를 묵인 비호하는 상황에서 계속적인 일본 어선들의 침범에 우리 국민들의 분노가 날로 고조되자 당시 이승만 대통령이 해군참모총장에게 "향후 맥아더라인을 월선 침범하는 일본 어선들을 모조리 나포하라"는 특명을 하달함으로써 우리나라 남·서해역에 침범하여 조업 중인 일본 어선들을 나포하기에 이른다. 이러한 정부의 강경한 조치는 한·일 간 논란의 쟁점이 되었다.

2. 평화선

1950년 6월 25일 북한의 불법 남침으로 인한 피비린내 나는 동족상잔의 와중에 일본 어선들의 맥아더라인 월선조업은 더욱 심해졌으며, 1951년 9월 8일 샌프란시스코에서 미국과 일본의 평화조약이 조인됨으로써 자동적으로 「맥아더 라인」도 철폐될 단계에 이르렀다. 이에 정부는 우리 해양의 천연자원 개발과 어업자원을 보존하기 위하여 1952년 1월 18일 국무원 고시 제14호로 「인접해양의 주권에 대한 대통령선언」을 내외에 선포하였다.[30] 이에 의한 주권선을 우리 국민들은 「평화선」으로 불렀으며, 일본인들은 당시 대통령의 이름을 따서 「이승만 라인」 또는 「李라인」이라 호칭하였다. 이러한 우리 정부의 주권선 선포에 일본은 공해자유의 원칙을 주장하였지만, 우리 정부는 국제선례(國際先例)인 1945년 「트루먼선언」과 1953년 국제법 위원회에서 채택된 9개 조문, 그리고 1955년 로마에서 개최된 「해양자원의 보존에 관한 기술위원회」등에서 명시한 바와 같이 국제기구가 현 실정 하에서 모든 보존수역을 규제하고 관리하기가 불가능하기 때문에 연안국의 보존수역 설정은 필연적이며 연안국

30) 해양경찰청, 「해양경찰50년사」, 2003, 5면.

이 취한 일방적 조치가 타국에서도 적용된다는 근거에 의하여 일본 측의 주장을 단호히 거절하였다. 이 평화선은 한·일 어업협정이 체결된 1965년 6월까지 우리나라의 해양주권선으로 사용되었다.

3. 클라크라인

평화선이 설정되고 3개월이 지난 1952년 4월 25일 「맥아더라인」이 철폐되었고, 그 후 1952년 9월 27일 당시 연합군 총사령관인 클라크 장군이 공산불순분자의 해상침투를 봉쇄하기 위하여 한반도 주변에 해상방위수역을 설정하였는데, 이것이 「클라크라인; Clark Line」이다. 1952년 10월 4일 대통령 긴급명령 제12호로 「포획심판령」[31)]을 제정·공포하고 포획심판소 및 고등포획심판소를 개설하여 「클라크라인」은 물론 평화선을 침범하는 일본 어선은 모두 나포하여 포획심판령과 관계법령을 적용 처벌하게 되었다.

1953년 7월 27일 6.25 전쟁이 휴전되면서 「클라크라인」도 철폐되자, 일본 어선들은 끊임없이 평화선을 침범하여 그들의 축출과 나포, 적색불순분자 침입 및 경제교란방지 등 해양경비의 필요성이 절실히 요구되었다. 이때 우리나라 해군은 본연의 의무인 군작전과 해양주권선 수호의 이중의 임무를 담당함으로써 군 작전 수행에 지장이 많을 뿐만 아니라 해군의 본래 업무를 벗어나 민간어선을 나포한다는 것은 국제법상의 질서에 위배된다는 문제가 있어 이승만 대통령은 유시(諭示)를 통해 해양주권선 경비임무를 경찰이 수행하라는 지시를 내렸다. 이에 정부는 1953년 10월 5일 해양경찰대 설치계획을 수립하고, 조직편성 및 예산조치 등을 추진하게 되었다.

31) 포획심판령[시행 1952.10.4] [대통령긴급명령 제12호, 1952.10.4, 제정]
제1조 본령은 포획사건을 조약과 일반적으로 승인된 국제법규에 의거하여 심판함을 목적으로 한다.
제2조 포획사건은 제1차는 포획심판소, 제2차는 고등포획심판소에서 심판한다.
제3조 포획심판소에는 소장 1인 및 심판관 6인을 둔다.
소장은 5년 이상 판사, 검사, 변호사의 직에 있던 자 중에서 임용한다. 심판관은 3년 이상 좌의 각호 1에 해당하는 직에 있던 자 중에서 임용한다. 1. 판사, 검사, 변호사, 2. 해군장교, 3. 3급 이상의 외무부의 직원.

제2장 해양경찰 창설

제1절 해양경찰 태동(1953. 12. 23)

1. 내무부 치안국 해양경찰대 설치(1953-1955)

1953년 10월 5일 해양경찰대 설치계획을 수립하고 조직편성 및 예산조치 등을 추신하여, 1953년 12월 12일 평화선을 침범하는 외국어선 단속과 어업자원을 보호하기 위하여 「어업자원보호법」을 제정하고 관할수역의 경비를 담당하기 위하여 내무부 치안국 산하에 해양경찰대를 설치하게 되었으며 해군으로부터 180톤급 경비정 6척을 인수하여 1953년 12월 23일 부산에서 "해양경찰대"를 창설하였다(김종선, 2011: 35).

1953년 12월 14일 해양주권선 내의 해양경비를 담당하기 위하여 대통령령 제844호로 「해양경찰대편성령」[32]이 공포되고 동년 12월 16일 내무부 내훈 제11호로 「해양경찰대편성령시행규칙」이 제정됨으로써 내무부 치안국 경비과장 산하에 해양경찰대가 편성되었다. 해양경찰대장은 경무관으로 보하고 해양경찰대의 업무를 분장하기 위하여 참모장과 4개 참모(행정참모, 작전참모, 정비참모, 보급참모)를 두었으며, 참모장과 각 참모는 총경으로 보하고, 부산, 인천, 군산, 목포, 제주, 포항, 묵호 등 7개 기지대와 해양순찰반이 편성되었다.[33]

2. 관할수역 변경(1954)

1954년 6월 26일 내무부 내훈 제12호에 의거 「해양경찰대편성령시행규칙」이 개정되어, 관할구역이 인근 해양주권선 내의 해양에서 연안 3마일 외부로부터 인접 해양주권 선까지의

---

32) 「해양경찰대편성령(1953. 12. 14, 대통령령 제844호)

제1조 인접해양주권내의 해양경비에 당하게 하기 위하여 내무부 치안국 경비과에 경찰관으로써 동 경비과장 소속 하에 해양경찰대를 편성한다.

제2조 대에 대장을 두되 경무관 중에서 내무부장관이 명한다. 대장은 상사의 명을 받아 직무를 담당하며 부하직원을 지휘 감독한다.

제3조 대의 기지는 경상남도 부산시에 둔다. 단, 내무부장관은 필요에 따라 이를 다른 지역에 이동시킬 수 있다. 대의 임무를 분담하기 위하여 해양순찰반을 편성한다.

제5조 반의 기지는 다음 지역에 둔다. 경기도 인천시, 전라북도 군산시, 전라남도 목포시, 경상북도 포항시, 강원도 강릉군 묵호읍, 제주도 북제주군 제주읍.

제6조 해면연안을 관할하는 경찰서장은 대의 경비업무에 적극 협력하여야 한다.

제7조 대운영에 필요한 사항은 내무부장관이 정한다."...이하 생략.

33) 해양경찰정, 「해양경찰 50년사」, 2003, 8면.

해역으로 변경되었다(3마일 이내의 해역은 육상경찰 관할). 또한 기구 중 참모장 제도를 폐지하고, 통신참모를 신설하였으며, 7개 기지감을 기지대장으로 개칭하고 각 지구대의 경비구역을 설정하였다.

제2절 상공부 해무청 산하 해양경비대(1955-1962)

1. 조직축소 및 신분변화

우리나라는 3면이 바다로 지정학적 특성상 해양경비 외에도 수산자원과 항만, 해운관련 사항 등 해양관련 업무가 산적해 있었다. 정부는 이러한 해양업무가 여러 부처에 분산되어 있는 업무를 효과적으로 관리가 어려워 범정부 차원에서 유사기능 통폐합 방침에 따라 해양관련 업무를 통합 일원화하였다. 이에 따라 1955년 2월 7일 정부조직법을 개정하여 해양관련 업무를 담당할 전담조직으로 상공부 산하에 '해무청'을 신설하였다.

해무청 해양경비대 시기는 내무부 소속의 해양경찰대에서 상공부의 해무청으로 변경되는 시기를 말한다. 이 시기는 구성원들이 경찰관 신분에서 특별사법경찰관리 신분으로 전환되었다.

법률 제354호에 의한 정부조직법 개정으로 수산, 해양경비, 조선, 항만공사에 관한 사무와 일반항만 및 해운행정을 일괄 관장하기 위하여 상공부 소속 하에 해무청을 신설하고 해무청 내에 수산국, 해운국, 시설국을 두었다.

2. 정부조직법 개정 및 직무권환

이에 따라 1955년 2월 17일 대통령령 제1010호의 해무청 직제에 의하여 수산국 내에 해양경비과를 두고 어업자원보호법에 관련되는 해양경비와 항로표지[34]보호에 관한 사항을 분장하게 하고, 동년 8월 19일 대통령령 제1083호로 「해양경비에 종사하는 공무원의 직종, 정원 및 직무권한에 관한 건」이 공포되었다. 이 대통령령에서 해양경비원은 어업자원보호법 제4조(범죄의 수사)에 규정한 사법경찰관의 직무를 행하게 하고 계급은 총경, 경감, 경위를 각각 경령, 경정, 경위로, 경사를 경조장, 일등경조, 이등경조로 순경은 삼등경조, 일등경수, 이등경수로 분류하였다. 또한 해양경비과장이 그 과원으로써 해양경비대를 편성하고 필요한 곳에 해양순찰반을 두게 하였고, 서기관인 해양경비과장이 해양경비대장을 겸임하도록 하였으며 정원은 대장을 포함 572명으로 정하였다.[35]

34) 항로표지란 등대, 등표, 입표, 부표, 안개신호, 전파표지, 특수신호 표지를 말한다.

제3절 해양경비사령부로 개칭

1. 해무청 해양경비사령부 개칭(1956)

1956년 7월 23일 해무청 훈령 제12호로 해양경비대의 업무를 원활히 수행하기 위하여 '해양경비대'를 '해양경비사령부'로 개칭하고, 사령관은 이사관으로 참모장은 서기관으로 각각 보하였다. 하급조직으로서는 사령부내에 행정선임참모, 작전선임참모, 후방선임참모, 감찰관실, 본부사령실, 본부통신대, 제1정대사령, 제2정대사령, 해안구조대사령, 항공대사령, 기존의 7개 기지 가운데 부산기지대를 폐지하고 나머지 6개 기지는 기지사령으로 개칭하였다. 이는 1955년 12월에 경비 임무수행 중이던 866정의 대원 4명이 중국 무장 어선과 교전하다 피랍된 사건을 계기로, 해양경비대 전력을 강화하려는 목적에서 취해진 조치였다.

2. 해무청 해양경비대로 전환(1957)

1957년 들어 재정이 부족해진 정부가 범정부 차원에서 대대적인 예산절감 시책을 전개함에 따라, 해양경비사령부 역시 조직을 축소하고 인원을 감축하는 등 조직의 외형을 크게 줄여야 했다. 결국 1957년 11월 6일에는 '해양경비대'로 변경하고 인천, 군산, 포항, 묵호 기지대를 폐지하고 목포, 제주 등 2곳에만 기지대를 남겨두었다.

제4절 내무부 해양경찰대 시기(1962-1991)

1. 내무부 치안국 해양경찰대 복원(1962)

1960년 들어서면서 정부는 행정간소화 및 합리화 정책 등을 통해 강력한 예선절감 시책을 시작하였다. 이에 따라 1961년 10월 2일 정부조직법을 개정하여, 해무청을 해체하고 해양경비대를 내무부 치안국 소속으로 다시 이관하고 명칭도 '해양경찰대'로 복원하였다.

이와 같은 예산절감 시책에도 해상치안에 대한 문제는 더욱 중요한 현안으로 인식되어 그 기능을 강화하게 되었으며, 마침내 1962년 4월 3일 법률 제1048호로 「해양경찰대설치법」을 제정·공포하여 내무부장관 소속 하에 해양경찰대를 두고 어업자원보호법에 의한 관할수역 내의 범죄수사와 기타 해상에 있어서의 경찰에 관한 사무를 관장하게 하였다. 대장은 행

35) 해양경찰청, 「해양경찰 50년사」, 2003, 11-12면.

정부이사관, 부대장은 경무관으로 격상하여 보하도록 하는 한편 하부조직에 관한 해양경찰대의 직제, 공무원의 직종과 정원에 관한 사항을 각령으로 정하게 하였다. 따라서 1962년 5월 1일 이 법의 시행으로 1955년 대통령령 제1083호에 의한 해양경비에 종사하는 공무원의 직종, 직무권한에 관한 건은 폐지되었다.[36)]

이 「해양경찰대설치법」[37)]은 1961년 10월 2일 법률 제724호 정부조직법 개정(제20조)이 기반이 되었고, 상공부 해무청 산하에 있던 해양경비대가 내무부 산하의 해양경찰대로 이관되는 근거가 된 것이다. 각령 제730호로 해양경찰대직제를 공포하고, 해양경찰대설치법의 목적에 따른 직무를 관장하도록 하였다. 해양경찰대의 대장·부대장·총경·경감·경위·경사·순경의 공무원을 두고, 하부조직으로서 경무과·경비과·정비과·통신과·기지대 및 항공대를 두었으며, 과장과 기지대 및 항공대의 장은 총경으로 보하도록 하였다. 그러나 당시 7개 기지대장과 항공대장은 주로 경감 또는 경위로 보해졌다.

2. 한·일어업협정 체결(1965)

1951년 10월부터 시작되었던 일본과의 국교 정상화를 위한 외교교섭이 숱한 파국과 우여곡절 끝에 타결을 보게 되어, 1965년 12월 18일 「한·일 어업협정」이 체결됨에 따라 시련과 고난 속에 평화선 경비는 어업전관수역 경비에 중점을 두게 되었다. 이 협정의 내용은 연안 또는 직선기선으로부터 12마일 이내는 한국전관수역으로하고, 전관수역선으로부터 평화선까지는 우리 어선과 일본 어선이 공동으로 조업할 수 있는 공동규제수역과 공동어자원조사수역으로 구분하여 일본 어선의 조업척수와 어획량 등을 규제하는 것이었다. 이로써 한·일 간의 조업질서는 새로운 질서를 맞이하게 되었다.

3. 어로보호본부 설치(1969)

우리 어선이 북한에 피랍되는 것을 방지하기 위하여 어로보호경비를 강화하게 되었다. 처음에는 해군이 담당하던 어로보호업무를 수산청으로 이관되었다가 1969년부터 해군, 수산청 등 관계기관의 협조 하에 해양경찰대가 주관하게 되었다.

따라서 1969년 3월 15일 경기도의 덕적도에 서해어로보호본부를 설치하였고, 동년 11월 1일에는 강원도 속초에 속초어로보호본부를 설치하게 되었다. 또한 속초기지대를 신설하여 동해어로보호업무를 지원하게 됨으로써 7개 기지대에서 8개 기지대로 기구가 증설되었다.

---

36) 해양경찰청, 「해양경찰 50년사」, 2003, 16-159면. 1955년 8월 19일 대통령령 제1083호 「해양경비에 종사하는 공무원의 직종, 정원 및 직무권한에 관한 건」이 공포.

37) 해양경찰대설치법은 1973년 1월 15일 폐지되었다. 법률 제2437호의 정부조직법 개정으로 1962년 4월 3일 제정되었던 해양경찰대설치법을 폐지하고, 정부조직법 제3조제1항에 근거하여 대통령령으로 제정된 해양경찰대직제(1969년 9월 20일 전면개정, 1971년 7월 14일 및 1972년 5월 6일 일부개정)에 의한 조직기구가 되었다.

동·서해 어로보호본부는 1972년까지 서해의 조기 성어기와 동해의 명태 성어기에 한하여 해양경찰, 해군, 수산청의 파견요원으로 구성·운영되어 오다가 1972년 4월 17일 합동부령으로 「선박안전조업규칙」이 제정되면서 속초 및 인천지구대에 '어로보호본부'를 상설하고 지구해양경찰대장이 어로보호본부장을 겸하게 되었다.

4. 직제 신설과 개정(1969-1991)

1969년 9월 20일에 해양경찰대 본부에 정보수사과를 신설하여 종전 경비과에 속해 있던 정보수사기능을 강화하여 늘어나는 해상범죄의 수사와 해상관계 정보활동을 보강하게 되었고, 해상직무교육의 충실을 기하기 위하여 1971년 7월 해양경찰대교육대가 발족되었다.

1972년 5월 6일에는 해양경찰대 직제를 개정하여 부산지구해양경찰대를 신설하는 한편 기지대를 '지구해양경찰대'로 개칭함으로써 경찰기관으로서의 지위를 향상시켰다. 이리하여 하부조직으로 본대에 5개과와 9개 지구해양경찰대를 두었으며, 지구대에 함정을 배치하여 경비함정 운용체제를 종전의 본대 중심체제에서 지구대 중심체제로 전환하여 관할구역 내에서 독자적인 지휘권을 가지고 책임경비를 하게 되었다.

해상범죄수사, 해양오염감시 등 민생치안 질서 확립을 위해 1989년에 대공계, 형사계를 신설하고, 1990년 해난구조대 신설 및 해양오염관리관실을 해양오염관리부로 변경하였다.

제5절 치안본부 소속으로 변경

1. 치안본부 소속으로 변경(1974)

1974년 8월 15일 광복절 기념행사에서 육영수 여사 저격사건이 있었고, 이에 따라 경찰력을 강화할 필요성이 있었으므로 1974년 12월 24일 내무부 치안국을 치안본부(차관급)로 격상시켰다.

2. 오염방제업무 신설(1977)

산업발전으로 국가경제가 크게 성장하면서 환경보전의 필요성이 날로 증가하자 1977년 12월 31일 「해양오염방지법」을 제정하고, 해양오염방지업무를 담당하게 되는 등 업무량이 증가하자 해양경찰대 직제를 개정하여 조직을 개편하였다.

1978년 8월 9일 해양경찰대 직제에 의하면 본대에 관리부와 경비부, 해양오염관리관실을 신설하였고, 오염관리관 아래에 감시과, 방제과, 시험연구과를 두었으며, 지구대에 해상공해과를 둠으로써 본대에 2부 1실 9개과 지구대에 4개과를 두어 새로운 조직면모를 갖추었다.

3. 해양경찰대 본대 청사이전(1979)

1953년 부산에서 창설된 해양경찰대는 해상경비 전반의 업무를 보다 효율적으로 수행하는 한편, 내무부, 국방부, 수산청 등 관련 중앙기관과 긴밀하고 원활하게 업무협조 체계를 구축하기 위해, 1979년 10월12일 인천청사로 이전하였다.

4. 1000톤급 경비함정 취역(1982)

1982년 2월 16일 1000톤급의 신조 경비함 낙동강호(1001함)가 첫 취역을 하였다. 당시 44억 4,150만원의 예산이 투입된 1000톤급은 기존에 해양경찰대가 보유하고 있던 경비함보다 월등히 큰 대형함정으로, 해양경찰대에는 최초로 도입되는 대형 신조 함정이었다.

5. 대장 직급 변화(1984-1991)

1984년에서 1991년의 기간에는 조직의 위상제고를 위해 대장의 직급을 치안감에서 치안정감으로 경정급 지구대장의 직급을 총경으로 격상하였다.

6. 해양경찰대훈과 해양경찰대가 제정(1985)

해양경찰대는 해양경찰대원 모두가 공유하는 공통의 가치관을 정립하고 이를 바탕으로 고유의 조직문화를 구축하기 위하여 1985년 5월 13일에 '해양경찰대훈'과 '해양경찰대가(歌)'[38]를 제정하여 공포되었다(윤성현·박주상·김경락, 2018: 46).

7. 선박입출항 신고업무 인수(1986-1989)

선박에 대한 안전조업·운항지도와 월선, 피랍방지 등 해양경찰 업무를 효율적으로 수행하

---

38) '해양경찰 대훈은 해양경찰대원의 사고와 행동의 기준이 될 통일된 가치관을 상징하는 것으로, "굳센 체력과 강인한 정신력으로 조국수호에 신명을 다하는 역사적인 해양경찰이 되자"로 설정되었다. 해양경찰대가(歌)는 미당 서정주 시인이 작사를 맡고 작곡가 김동진 교수가 작곡하였으며, 역동적인 음률이 대원들의 사기를 북돋우고 해양경찰의 역동성을 부각하는 역할을 하였다.'

기 위하여 1986년부터 1989년까지 3차례에 걸쳐 선박출입항신고기관 368개소를 연안경찰서로부터 인수하였다.39)

제6절 경찰청 소속 해양경찰청 시기(1991-1996)

1. 경찰청 산하 해양경찰청으로 개편 시기(1991)

1991년 5월 3일의 「경찰법」 제정에 따라 경찰청 소속의 해양경찰청 시기를 말한다. 이 시기는 경찰청 산하 해양경찰청 체제를 유지하면서 경찰기관으로서 지속적인 발전을 도모하였던 시기이다. 인력과 장비 면에서 보강이 계속되었고, 조직편제도 지방청 단위로써 필요한 조직들을 갖추기 시작하였다. 1996년 해양수산부가 발족 되기까지 안정된 토대 위에 발전을 도모하였고 해상에서 경찰기능, 안전관리, 그리고 해양오염관리를 수행하는 중앙행정기관으로 인프라를 형성하는 시기였다. 이 시기의 해양경찰 조직의 변화는 다음과 같다40). 1991년 5월 31일 경찰법(법률 제4369호)이 제정되어 경찰청장 소속 하에 해양경찰청으로 승격하여 최초의 청단위로 발전하게 되고, 지구해양경찰대가 해양경찰서로 승격하게 된다. 동년 7월 23일 「경찰청과 그 소속기관 등 직제」가 제정되어 본청은 4부 11과 1창 1담당관과 11개 해양경찰서로 편제된다.

2. 소속명칭 변경과 직제 및 인원 변화

조직면에서도 1991년 5월 3일 「경찰법」 제정으로 해양경찰대는 경찰청 소속기관인 "해양경찰청"으로, 지구해양경찰대는 "해양경찰서"로 변경되었다. 청장의 하부조직으로는 경무부

39) 선박출입항통제업무 인수는 3차례에 걸쳐 있었다. 이는 선박의 출입항 통제와 해상조업 통제에 관한 업무관장 기능을 일원화하고 해양경찰대의 기능강화 및 대원 사기진작을 목적이었다. 1차는 1986년 1월 1일 연안경찰서 관장 선박통제업무 해경 이관 지시(치안본부 작전 02643-12371호)에 의거 인천, 화수, 동해, 속초 등 통제소 4개소, 부산, 다대포, 중동, 해망, 동명, 서산, 중앙, 봉산, 포항, 충무, 제주 등 합동신고소 11개소, 부산 남항, 전북 군산시 해상검문소 2개소, 여객선안전승무원 12개 노선 12척 등을 인수하였고, 1986년 3월 1일 부산 북항 검문소를 인수하였다.
2차는 치안본부 작전 02643-5926(87. 4. 17)호 "선박통제업무 이관지시"에 의거 연안경찰서에서 관장하고 있는 출입항신고기관 중 소재지 행정구역내에 위치하고 지·파출소에서 겸하지 않는 통제소 8개소, 합동신고소 12개소, 신고소 48개소 등 선박출입항 신고기관 68개소를 1987년 5월 4일 인수하였다.
3차는 1989년 1월 21일 치안본부 작전 02643-19862(88. 12. 31)호 "선박통제업무 이관지시"에 의거 연안경찰서에서 관장하고 있는 출입항신고기관 중 울릉도를 제외한 통제업무를 기본임무로 하는 제주한림합동신고소와 신고소 288개소를 인수하였다.
40) 해양경찰청, 「해양경찰 50년사」, 2003, 160-184면.

(경무과, 기획감사과, 정비보급과, 전산담당관), 경비부(경비과, 구난과, 통신과), 정보수사부(수사과, 정보과), 해양오염관리부(감시과, 방제과, 시험연구과)와 정비창을 두었으며, 11개 해양경찰서에는 경무과, 경비통신과, 정비보급과, 정보수사과, 해양오염관리과를 기본으로 두도록 했다.

1993년 「경찰청과 그 소속기관 직제」를 개정하여 일반직공무원 직급별 명칭을 변경하였다. 이때의 정원은 경찰공무원 3,815명, 일반직 156명, 기능직 207명 등 총 4,178명으로 1982년에 비하면 2.2배, 1971년에 비하면 4.3배가 증가하였다.

1994년에는 「유선 및 도선사업법」이 개정되어 해수면의 유·도선 통제업무를 관장하게 되고 정원이 일부 증원되어 총 4,202명(경찰공무원 3,825명, 일반직 161명, 기능직 216명)으로 늘어났다.

1995년 10월 4일에는 「SAR협약」에 가입하여 동 협약 이행 기관으로서 역할을 담당하게 되었다. 유·도선 업무와 신조함정 5척, 헬기 3대 도입, 울릉도 선박출입항신고소 9개소 이관, 정비창 기능인력 등의 수요에 의하여 정원이 103명 증원되어 총 4,305명(경찰공무원 3,865명, 일반직 176명, 기능직 264명)이 되었다.

3. 주변 환경변화

대외적으로는 1991년 9월 17일 남·북한 유엔 동시가입 및 1992년 '남북 사이의 화해와 불가침 및 교류협력에 관한 합의서'와 '한반도 비핵화 공동선언' 합의 및 한·러, 한·중 국교 정상화를 연달아 이루어 냄으로써 한반도에서도 불안하나마 평화체제가 서서히 터전을 굳히게 되었다. 이렇듯 육지에서 변화뿐만 아니라 해양은 1994년 「바다의 마그나카르타」인 「유엔해양법협약」의 발효와 함께 연안국들은 200해리 배타적경제수역(EEZ)을 설정하고, 자국 EEZ 내에서 외국어선에 대한 조업규제를 강화하는 등 해양은 국경 없는 바다에서 국경 있는 바다로 변화되었다.

국내적으로는 선복량[41]의 증가와 안전 불감증으로 인해 1993년 292명이 희생된 서해훼리호 침몰사고[42], 1995년 씨프린스 좌초사고[43] 등의 대형 해양사고는 우리나라가 국내·외

41) 선복량(船腹量): 선박의 크기를 나타내는 단위로는 톤수가 사용되고 있는데 여기에는 여러 가지 종류가 있다. 가장 표준적인 것이 총톤수(gross tonnage)로 선박의 갑판 아래의 적재량과 갑판 위의 객실, 선원용 시설 등을 추가한 용적을 100입방피트=1톤으로 해서 계산한다. 이는 조선량과 함께 각종 선박의 합계량을 나타내는 데 이용된다. 또한 화물선과 탱커 등의 선복량을 나타내는 데 이용되는 것이 중량톤수(dead weight)로, 적재할 수 있는 총중량을 나타낸다. 일반 화물선과 탱커의 경우 총톤수의 1.5배 정도가 중량톤수이다. 이밖에 총톤수에서 기관실, 선박 조종실, 선원실 등 운항에 필요한 용적을 뺀 순톤수(net tonnage), 선체의 무게에 의해 배출되는 무게를 계산해서 산정한 배수톤수 (displacement tonnage) 등이 있다(네이버 용어사전).

42) 서해훼리호 침몰사고는 1993년 10월 10일 09:40경 전북 부안군 위도면 파장금항을 출항하여 격포항으로 항해 중이던 여객선 서해훼리호(110톤, 정원 221명)가 10:00경 위도 동방 4.6km해상 임수도 근해에서 심한 풍파로 인하여 항해가 불가능해지자 위도로 회항하려고 선수를 돌리는 순간 파도에 기울여 과승, 과적된 승객과 화물이 한쪽으로 쏠리면서 전복·침몰하여 승선한 362명(승객 355, 선원 7)중 79명이 구조되고 나머지 292명이

적으로 해양사고 다발국으로 인식되는 불명예를 가져왔고 우리 사회에서 안전에 대한 각성의 소리가 드높아지기 시작했으며, 한·중 수교로 인한 중국과의 관계 개선에 따라 중국어선의 우리수역 침범 불법조업과 해상 밀입국 사건이 일간지 사회면의 중요 기사로 다루어질 정도로 심각한 사회문제로 대두되어 우리나라 해역을 실질적으로 확보하고 지킬 수 있는 해양경찰의 역할이 그 어느 때보다 요구되는 중요한 시기였다.

4. 특수해난구조단 발족

1991년 6월 28일 함정에 의한 기존의 인명구조체계로는 구조가 어려운 악천후의 사고나 화재, 폭발, 전복 등 위험성이 높은 사고 발생 시 구조를 전담하기 위해 잠수요원 29명으로 구성된 특수해난구조단을 발대하였다.

5. 울산해양경찰서 신설(1992)

1992년 10월 17일 울산해양경찰서를 신설하여 경남 북부지역의 해상치안과 어민들의 안전조업에 기여하게 되었다, 특히 울산 지역은 다수의 정유공장과 석유화학공업단지, 대형 조선소 등이 입주해 있어 대형선박의 통행량이 많은 곳으로 이들 임해 중요시설의 보호경비에도 일익을 담당하였다.

6. 즉결심판 청구권(1992)

1992년에는 「즉결심판에관한절차법[44]」이 개정되어 해양경찰서장이 해상 관련 경미한 사

사망하였다. 이 사고는 해양경찰에도 큰 변화를 가져오는 촉매가 되어 일관된 지휘체제를 갖지 못했던 해상구난체계를 정립하는 계기로 1994년 수난구호법을 개정하고, 해양경찰청장을 중앙구조조정본부장으로 하는 구난체제 일원화와 신속한 사고 접수 및 전파를 위해 5개 구난무선국과 위성 조기경보 수신체제를 구축 운영하게 되었다. 특히, 대형 인명사고 예방을 위하여 1996년도에 내무부로부터 여객선 및 유도선 안전관리 업무를 인수받았다.

43) 씨프린스호 좌초·오염사건(1995년 7월 23일)
씨프린스호(140,587톤, 승선원 20명, 선종: 원유운반선)는 1995년 7월 23일 14시 10분경 전남 여천군 남면 소리도 동쪽 8km 지점에 위치한 작도와 부딪치는 사고가 발생하였다. 이날 사고는 태풍 "페이"로부터 피항하던 중 일어났으며 기관 연료유(방카C유) 1,400톤 중 약 700톤 정도 추정(700톤은 화재로 손실)하고 있으며, 좌초지점으로부터 남북으로 30km, 동서로 15km 범위 내에 위치한 여천군 남면 연도, 안도, 금오도 영안해상 및 돌산읍 성두, 임포 무술목 연안까지 부유, 일부 기름띠는 경남 남해군까지 이어진 사고로 전체 승선 인원 20명 중 1명이 실종되었다. 이 사고는 외국의 사례로만 생각하였던 대규모 기름유출사고가 우리나라에서도 발생할 수 있음을 입증시켜준 사고였으며 온 국민에게 기름오염의 심각성을 일깨워 준 계기가 되었다. 이에 따라 정부에서는 방제정책의 중요성을 인식하고 좀 더 빨리 추진할 수 있었으며, 주요내용을 보면 방제업무를 해양경찰청으로 일원화, 국가·지역 방제실행계획 수립, 과학지원단 제도 도입, 해양경찰 방제능력 확충 및 방제조합 설립, 민간방제능력 확충, 국제협력 체제 구축 등 많은 발전을 가능하게 하는 전환점이 되었다(해양경찰청(2003). 해양경찰50년사, 208면).

범에 대하여 관할법원에 「경범죄 처벌법」에 의한 즉결심판을 청구할 수 있게 되었다.

7. 수난구호법 개정(1994) 및 SAR협약 가입(1995)

해양경찰은 이러한 시대적 과제에 적극적으로 대응하기 위해 1993년 서해훼리호 사고 이후 1994년부터 해수면 유·도선의 안전관리업무를 일선 시·도지사로부터 이관 받고, 범국가적인 수난구호체제 구축을 위하여 1994년 12월 SAR 협약을 수용하기 위한 국내입법으로 「수난구호법」을 개정하고 이어서 1995년 10월 SAR협약에 가입하여 국제적 구난협력체제에 동참하는 등 국제적인 해양경찰로 도약하는 계기가 되었다.

또한 SAR(Search and Rescue)통신망 구축사업은 해난사고 발생 시 신속하고 체계적인 조난신호 처리를 위하여 국제해사기구(IMO)에서 채택하여 시행하는 세계 해상조난 및 안전제도(GMDSS: Global Maritime Distress And Safety System)[45]에 규정한 선박조난신호 청취를 위한 '통신장치 설치' 및 해양경찰청과 예하 해양경찰서에 '수색구조용 전산망 구축' 사업으로 1995년부터 1998년까지 3단계로 나누어 해양경찰청을 '중앙구조본부'로, 부산, 인천, 동해, 목포, 제주해양경찰서를 5개 '구조조정본부'로 선정하여 추진하였다.

8. 낚시어선어법 제정(1995)

1995년 12월 29일 낚시어선을 이용하는 승객의 안전을 도모하고 낚시어선업의 건전한 발전과 어가(漁家)의 소득증대를 위해 법률 제5078호로 「낚시어선업법」을 제정하였다. 낚시어선업은 어선법에 의하여 등록된 어선에 수산동식물을 포획하거나 채취하고자 하는 자를 승선시켜 하천·호소(湖沼) 또는 바다의 낚시 장소에 안내하거나 당해 어선의 선상(船上)에서 수산동식물을 포획·채취토록 하는 것을 영업으로 하는 사업을 지칭하며 일반 국민의 레저욕구를 만족시키고 어가(漁家)의 소득증대를 도모하기 위해 고안된 제도로서 일정한 내수면을 구획하여 시설을 갖춘 낚시터를 경영하는 「내수면어업법」에 따른 낚시업과는 구별되며, 「유

---

44) 「즉결심판에 관한 절차법」은 수차례 개정되어 시행되고 있는 이 법의 목적은 범증이 명백하고 죄질이 경미한 범죄사건을 신속·적정한 절차로 심판하기 위하여 즉결심판에 관한 절차를 정하기 위한 것이다. 동법 제2조의 즉결심판의 대상은 "지방법원, 지원 또는 시·군법원의 판사는 즉결심판절차에 의하여 피고인에게 20만원 이하의 벌금, 구류 또는 과료에 처할 수 있다"라고 규정하고 있고, 동법 제3조는 "즉결심판은 관할경찰서장 또는 관할해양경찰서장이 관할법원에 이를 청구한다."라고 규정하고 있다.

45) IMO(국제해사기구)의 SAR협약(International Convention on Maritime Search and Rescue, 1979): 해양경찰청은 SAR협약의 국내 이행 기관으로서 해상에서의 조난선박 및 인명에 대한 수색구조 업무를 수행하고 있다. SAR협약은 1979년 4월 27일 독일 함부르크에서 체결되어 1985년 6월 22일 발효되었으며, 우리나라에서는 1995년 10월 4일 발효되었다. SAR협약은 해상에서 조난자를 신속하고 효과적으로 구조하기 위해 연안국이 자국 주변의 일정 해역에 대해 수색구조의 책임을 분담하고 적절한 수색구조업무를 수행하기 위해 국내제도를 확립함과 동시에 관계국 간의 수색구조 활동의 조정 등의 협력을 행할 수 있도록 세계적인 수색구조 협력체제를 창설하는 것을 목표로 제정되었다[해양경찰청(2009). 해양경찰백서, 96면].

선 및 도선사업법」의 적용이 배제되는 것이 특징이다.

9. 해양오염방지법 개정(1995)

선복량 증가에 따른 1995년 씨프린호 좌초사고 등의 대형 오염사고가 빈발하고, 연안 해안의 적조현상 등으로 해양오염이 사회적인 문제로 대두됨에 따라 1995년 12월 29일 신속하고 체계적인 방제를 위하여 해양오염방지법을 개정하였다. 이때 정부는 해양경찰청, 수산청, 해운항만청 및 각 시·도에 분산되어 있던 해양오염방제업무의 책임기관을 해양경찰청으로 일원화하는 특단의 조치를 취하였다.

제7절 해양경찰청 독립외청 시기(1996-2014)

1996년 1월 29일 유엔해양법협약을 비준(1996년 2월 28일 발효)함에 따라 해양경찰의 관할해역은 영해에서 배타적 경제수역으로 약 5.2배 넓어짐에 따라 광역해역의 경비 및 해양자원 확보가 최우선 과제로 대두되어 1996년 8월 8일 「정부조직법」 개정으로 경찰청 소속기관에서 해양수산부의 외청으로 독립함으로써 '해양경찰청 시대'를 열었다.

1. 해양수산부 외청 해양경찰청 시기(1996-2008)

유엔해양법협약이 1994년 11월 16일 발효하였으나, 우리나라는 1995년 12월 국회의 비준을 거쳐 1996년 1월 29일 유엔에 비준서를 기탁하여 1996년 2월 28일 발효하게 되었다. 유엔해양법협약이 국내적으로 발효하게 됨에 따라 정부는 우리나라의 권리를 확보하고 국제해양질서에 동참하기 위해 배타적경제수역법[46] 등 9가지 국내법령을 제·개정하여 1996년 8월 8일부터 시행하게 됨에 따라 해양경찰청은 관할해역을 어업자원보호선 내측해역으로 한정되어 있던 것을 관할해역 외측범위를 두지 않도록 개정하였다. 그 결과 해양경찰의 관할해역은 영해에서 배타적 경제수역으로 약 5.2배 넓어짐에 따라 광역해역의 경비 및 해양자원 확보가 최우선 과제로 대두되었다[47].

이러한 배타적경제수역 선포에 따라 수역의 범위는 확대되었으나, 우리나라 「배타적 경제

---

46) 우리나라가 1996년 1월 29일 유엔해양법협약을 비준(1996년 2월 28일 발효)함에 따라 동 협약에서 인정하고 있는 배타적 경제수역의 범위를 설정하고, 배타적 경제수역 안에서 우리나라의 권리와 외국인에게 허용되는 해양이용에 관한 자유 등을 정함으로써 국제적으로 중요성이 증대되고 있는 새로운 국제해양질서에 적극적으로 동참하기 위해 '배타적 경제수역법'이 제정되었다.

47) 해양경찰청, 「해양경찰백서」, 2009, 217-218면.

수역에서의 외국인어업 등에 대한 주권적 권리의 행사에 관한 법률」 제3조제2항은 외국과의 협정에 따라 정하는 경우에는 그 협정을 따르도록 되어 있어 외국어선의 불법조업 방지와 단속을 위해서는 어업협정을 체결할 필요가 있어, 1999년 1월 22일 한·일어업협정을 개정하고, 2001년 6월 30일 한·중어업협정이 발표되어 어업협정선을 침범하는 외국어선의 불법조업 단속 등 해상치안수요가 급증하였다.

이와 같이 격변하는 국내외 정세와 해양환경의 소용돌이 속에서 해양경찰은 1953년의 12월 23일 창설 이래 45년 만에 해양경찰 고유의 위상을 확보하지 못하다가 1994년 유엔해양법협약 발효 등 국제적으로 해양에 대한 중요성이 크게 부각되고, 해상교역량의 99.7%를 해상수송에 의존하고 있는 우리나라의 경제적 입지를 고려하여 정부의 해양 정책강화에 따라 1996년 8월 8일 「정부조직법」 개정으로 경찰청 소속기관에서 해양수산부의 외청으로 독립함으로써 '해양경찰청 시대'를 열었다.

가. 직제개정과 조직변화

해양경찰청으로 독립됨에 따라 정부조직법에 의거 해양에서의 경찰 및 오염방제에 관한 사무가 신설되었으며, 해양경찰청은 종전 4부 1창 1담당관 11과에서 4국 1관 3담당관 12과로 확대 개편하고, 해양경찰서는 6 - 8과(1대) 17계 1실, 정비창은 7과 1단 8계로 개편되는 등 조직발전의 전기가 되었다. 1999년 5월 24일에는 21세기 신지식·정보화 시대에 대비하여 정부기능을 핵심역량 위주로 재편하고 일부 부처 간 기능을 재조정을 통하여 효율적인 국정운영체제를 구축하기 위하여 정부조직법이 개정됨에 따라 대통령령 제16363호로 「해양경찰청과 그 소속기관 직제」를 개정하여 청장의 업무대행체제 확립을 위해 차장을 신설하고, 경무과를 독립시켜 총무과로 신설하며, 기동방제관을 폐지하고 그 사무를 경비구난국과 해양오염관리국으로 분장 이관시키고, 수상레저업무 해상교통문자방송업무를 신설하며, 정원 31인(본청 12인, 소속기관 19인)을 감축하였다.

1999년 11월 9일 OPRC(International Convention on Oil Pollution Preparedness, Response and Co-operation, 1990)협약에 가입했다. 국가방제능력을 초과하는 재난적인 대형 유류오염사고를 대비하여 각 국가별로 대응태세를 구축하기에는 경제적인 부담이 크고 유출된 기름이 인접국까지 확산되어 해양환경의 피해를 가중시키는 등 국제적인 협력의 필요성이 대두되어 1990년 11월 유류오염 대비·대응 및 협력에 관한 국제협약(OPRC 협약)을 채택하여 1995년 5월 13일 발표되었다. 우리나라도 1999년 11월 9일에 이 협약에 가입하여 2000년 2월 9일 국내에 발표됨에 따라 국제협력체제 구축을 위한 기반을 갖추게 되었다. 한편, 1999년 1월 22일 한·일 어업협정과 2001년 6월 30일 체결한 한·중 어업협정으로 해양경찰은 영해구역 경비체제에서 배타적 경제수역 경비체제로 전환하였다.

나. 수상레저활동의 안전 확보 및 위성조난통신소 설치

1999년 2월 8일에는 수상레저안전법[48]이 공포되었다. 국민소득의 향상과 수상레저활동의 다양화로 수상레저 인구가 급속히 증대됨에 따라 수상레저기구 조종자에 대한 면허제도, 수상레저 활동자의 안전준수의무, 수상레저기구사업자의 등록제도 등을 도입함으로써 수상레저 활동의 안전과 질서를 확보하고 수상레저사업의 건전한 발전을 도모하기 위한 것이었다. 1999년 2월부터 국제해사기구(IMO)의 권고에 따라 세계 해상조난 및 안전제도(GMDSS)의 시행으로 국제항로에 취항하는 모든 선박과 일정 규모 이상의 선박·어선들은 조난 및 안전통신장비를 설치하였고, 해상에서의 선박 조난사실을 청취하기 위해 해양경찰청은 '중앙구조본부'로 하여 '위성조난통신소(Cospas-Sarsat System)'을 설치 운용하고, 부산·인천·동해·목포·제주해양경찰서를 '구조조정본부'로 구성하여 '구난무선국'을 운용하였다.

다. 해양경찰 로고와 캐릭터 개발(2003)

2003년 1월 해양경찰에 대한 국민들의 인지도와 친근감을 제고하고자 해양경찰을 상징하는 로고마크와 캐릭터를 처음으로 개발하여 선포하였다. 특히 캐릭터에는 해우리와 해누리라는 이름을 붙여 누구에게나 쉽고 친근하게 통용될 수 있도록 하였다.

라. BSC 성과평가 도입(2004)

해양경찰은 2004년 1월 공공기관 최초로 성과관리를 BSC 지표화하여 계량화·구체화하는 혁신적인 변화를 추진하였다. 성과관리와 BSC시스템은 해양경찰의 혁신활동의 상징이자 기본적인 틀이라고 할 수 있지만 평가방법과 운용에 많은 문제점이 도출되어 세월호 사고 이후 폐지되었다.

마. 차관급 외청으로 승격과 해양경찰연구소 설립(2005)

2005년 7월 22일 해양경찰청장의 직급을 치안정감에서 치안총감으로, 차장의 직급을 치안감에서 치안정감으로 상향조정하고, 정책홍보관리관 및 국제협력관을 신설하며, 경무기획국을 장비기술국으로 개편[차장 6국(관) 16과 3담당관 1단]하였다. 또한 해양경찰청은 21세기 새로운 해양국가시대를 맞아 해양전문기관으로 역량과 전문성을 확보하기 위해 독자적인 연구기관이 필요하다고 생각하였다. 이에 2005년 12월 22일 기존의 해양환경 시험·연구 기능에 경찰장비 개발 및 해상과학수사·정보지원 기능의 업무를 확대·보강하여 '해양경찰연구개발센터'를 설립하였다.

---

48) 수상레저안전법의 제정은 해양경찰청의 기능이 육상의 내수면까지 확장될 수 있는 계기가 되어 수상레저활동의 안전관리에 대하여 총체적 책임기관으로 확대되었다.

바. 지방해양경찰청으로 확대개편 및 신설

2006년 11월 9일에는 동해·목포·부산지방해양경찰본부를 각각 동해·서해·남해지방해양경찰청으로 확대 개편과 인천지방해양경찰본부를 폐지하고 인천해양경찰서를 본청 직할서로 개편하였다. 지방청 신설에 필요한 소요인력 확보를 위해 본청 인력 25인(총경2, 경정4, 경감6, 경위4, 경장5, 순경4)을 소속기관으로 이체하였고, 지방청 신설 및 연안인명구조장비 도입 등에 따른 운용인력 71인(경무관3, 총경7, 경정4, 경감19, 경사4, 순경3, 4급2, 5급1)을 소속기관에 증원하였다.

2012년 6월 1일에는 제주지방해양경찰청이 신설되고, 동년 6월 25일에는 서해지방해양경찰청장의 직급이 경무관에서 치안감으로 격상되었으며, 2012년 12월 4일에는 창원해양경찰서가 신설되었다. 2013년 11월 5일에는「해양경찰청과 그 소속기관 직제」제26조에 의해 남해지방해양경찰청장의 직급이 치안감으로 격상되었고, 서해지방해양경찰청에 안전총괄부가 신설되었다. 안전총괄부에 부장은 경무관으로 보하고 관장업무로는 해상경비에 관한 계획의 수립 및 지도, 해양에서의 수색·구조업무에 관한 사항, 파출소·출장소 운영 및 외근업무의 기획·지도, 수상레저의 안전관리, 수사업무와 그 지도 및 조정, 정보업무에 관한 지도 및 조정, 국제적 범죄 또는 외국인 관련 범죄의 수사지도, 해양오염 방제조치에 관한 사항, 해양오염예방을 위한 지도·점검 및 감시·단속에 관한 사항, 오염물질의 감식 및 분석에 관한 사항 등이다.

사. 122 해양경찰구조대 운영 및 해양경찰학교(교육원) 이전

2007년 1월에는 전문적인 해양구조활동 및 응급구조서비스를 제공하기 위해 전국의 해양경찰서에 전문잠수요원 및 응급구조요원으로 구성된 '122해양경찰구조대'를 설치하여 연안해역 사고에 대응하였고, 2007년 12월 12월 28일에는 차관급 외청에 걸맞은 인프라를 구축하고 미래지향적인 해양경찰교육 설립의 기반을 조성하기 위해 충남 천안시 동남구 병천면으로 새 캠퍼스를 마련하여 해양경찰학교를 인천 영종도에서 이전하였다. 이후 국가균형발전을 위한 공공기관 지방 이전 정책에 따라 2013년 11월 12일에 전남 여수에 해양경찰 전문 교육기관을 신축하여 최첨단 훈련시설과 4,200톤급 실습훈련함을 보유하는 '해양경찰교육원'으로 이전하였다.

2. 다시 국토해양부 소속으로 변경(2008-2014)

2008년 출범한 이명박 정부에서는 급변하는 국내·외 환경에 신속하고 능동적으로 대처할 수 있는 작고 유능한 정부를 구현하여 공공부문의 효율성을 높인다는 취지에서 대통령 취임과 동시에 부처 통·폐합 등 정부조직을 대대적으로 개편하였다. 이 과정에서 해양수산부가 폐지되고 그 기능이 신설되는 국토해양부로 통합되었다. 이에 따라 해양경찰청도 국토해양부 외청으로 개편되었다.

가. 해양경찰 복제 개정 및 상징표지 도입(2008-2009)

해양경찰청은 오랫동안 경찰청과 동일한 복제를 사용하여 왔다. 그러나 외청 독립 이후 해양경찰 고유의 복제가 필요하다는 의견에 따라 2008년부터 새 제복을 도입하였고, 2009년에는 해양경찰은 상징하는 모든 시각물에서 해양경찰의 이미지를 통합하고 심벌, 전용 색상, 로고 타입 등의 통일된 디자인체계를 확립하였다.

나. 해양경찰의 날 변경 및 여경의 날 제정

해양경찰은 1998년 이후(이전은 경찰의 날) 해양경찰 창설기념일인 12월 23일을 해양경찰의 날로 지정하여 운용해 왔으나, 2011년부터 배타적경제수역 발효일인 9월 10일로 변경하여 행사를 진행하고 있다. 이후 2013년에는 해양경찰의 날이 법정기념일로 발전하였다. 또한 2013년 7월 해양경찰청은 1986년 해양경찰 최초로 여경 2명이 임용되었던 5월 1일을 '해양경찰 여경의 날'로 제정하였다.

다. 해양경비법 제정 (2012)

기존에 제정된 경찰관 직무집행법에 해양경찰의 업무특성을 반영한 특별법 형태로 만들어진 해양경비법이 2012년 2월 22일 공포되었다. 이를 통해 해양경찰공무원의 활동에 필요한 권한을 명문화하고, 해상검문검색제도 도입, 선박 추적·나포, 해상항행 보호조치 등의 내용을 신설하였다. 또한 무기사용에 대한 요건 등을 마련하였으며, 사용 가능한 장비·장구를 명시해 해양경찰활동이 엄격한 법적 절차에 따라 집행되도록 하였다.

제3장 세월호 사고와 해양경찰 조직변화

제1절 세월호 사고와 조직개편

조직개편의 배경은 2014년 4월 16일 세월호 사고가 발생하여 무고한 생명 304명이 사망하거나 실종되었다. 이 사건에 대한 대응에서 해양수산부, 안전행정부, 해양경찰청의 대응이 부실하였다고 지적하였다. 이에 따라 2014년 5월 19일 박근혜 대통령은 대한민국이 다시 태어나는 계기를 반드시 만들겠다고 담화문을 발표하면서 조직개편안을 제시하였다. 그 내용은 2014년 11월 19일부로 정부조직법을 개정하여 해양경찰청을 해체하고 해양경찰의 업무를 신설되는 '국민안전처' 소속의 '해양경비안전본부'에서 맡게 한다는 것이다. 2014년 조직개편안의 주요 내용은 다음과 같다.

첫째, 안전행정부의 재난안전 총괄·조정 기능 등과 소방방제청의 기능, 해양경찰청의 해양경비 · 안전 및 오염방제 기능을 통합하여 국무총리 소속으로 '국민안전처'를 설치한다. 둘째, 해양경찰청은 수사·정보 기능을 경찰청으로 이관하고, 해양에서의 경비 · 안전 및 오염방제 기능을 국민안전처로 이관하고 폐지한다.

제2절 국민안전처 해양경비안전본부 체제(2014-2017)

2014년 11월 19일 정부조직법이 시행되어 국민안전처 해양경비안전본부는 기존의 6국 체제에서 3국 체제로 변화되었다. 그 3국은 해양경비안전국, 해양장비기술국, 해양오염방제국으로 변화되었다. 그 사무 범위는 해양에서의 경비안전오염방제 및 해상발생사건의 수사로 다소 축소되었으며, 조직개편에 의하여 정보수사국, 기획조정관, 국제협력관 등의 직제가 폐지되고, 그 업무는 해양경비안전국으로 통합되었다. 해양경찰청 소속 경찰공무원에서 국민안전처 소속 경찰공무원으로 신분이 변화되었고, 기존의 정보·수사 부서에서 근무하는 경찰관 250여명이 경찰청으로 소속이 변경되어 육지에서의 해양관련 업무를 담당하게 되었다.

1. 중앙해양특수구조단 신설

세월호 참사 이후 동년 12월에 해양경찰의 구조·방재 전문인력 62명을 선발하여 중앙해양특수구조단을 신설하였다. 주요 임무로는 대형·특수 해양사고의 구조 및 수중수색과 현장

지휘, 중·대형 해양오염사고 발생 시 응급방제조치 등이 있다.

2. VTS 이관

2014년 11월 19일 정부조직법이 개정되면서 국민안전처가 신설되었고, 기존 해양수산부와 해양경찰청으로 이원화되었던 해상교통관제센터(VTS : Vessel Traffic Services)가 국민안전처 해양경비안전본부로 소속이 변경되었다. VTS는 1993년 포항에 해상교통관제시스템 최초 도입 이후 부산 등 15개 항만 및 진도, 여수연안, 통영연안 등 총 18개소에 설치되어 있다.

3. 수사·정보업무 일부 경찰청 이관

해양경찰 조직체계는 외형적으로는 본부의 국, 과의 감소로 축소되었고 특히, 정보와 수사의 경찰청 이관으로 정보수사국이 '과'단위로 축소되어 임력 감소를 가져왔다.

4. 중부해양경비안전본부 신설

2014년 11월 28일 '중부해양경비안전본부'가 신설되어 서해 중부권 해역인, 평택, 태안, 보령까지 4개 지역 해양경비안전서를 관할하였다. 산하에는 해양경비안전센터 24개, 출장소 46개를 운영하여, 해양경찰관 1,717명, 일반직 153명, 의경 501명 등 2,371명이 배치되었다. 보유장비는 1000톤급 이상 경비함 4척 등 함정 68척, 항공기 6대 등이 있다. 이에 따라 해양경비안전본부는 중부해경본부를 포함해 모두 5개의 지방본부를 구축하게 되었다.

5. 복수 치안정감 신설

해양경비안전본부에서는 해양경비안전조정관 1명만이 치안정감 계급을 보유하고 있었으나, 2016년 4월 중부해양경비안전본부장의 계급이 치안감에서 치안정감으로 격상됨에 따라 해양경찰은 63년 만에 복수 치안정감 시대를 맞게 됐다.

6. 세종특별자치시로 본부 이전

국민안전처 해양경비안전본부가 37년간의 인천 시대를 뒤로하고, 2016년 8월 29일 세종특별자치시로 이전하였다. 동년 4월 22일부터 단계별로 이전하여 해경본부는 세종으로 완전히 떠나게 되었다.

제4장 해양경찰청 재출범

제1절 해양수산부 외청 새로운 해양경찰청

1. 조직개편 배경

문재인 정부 들어오면서 2017년 7월 26일 '정부조직법' 개정안이 통과 되었다. 이에 따라 행정자치부와 국민안전처를 통합하여 '행정안전부'가 신설하였다. 또한 해양에서의 경찰 및 오염방제에 관한 사무를 관장하기 위하여 '해양경찰청'을 해양수산부 산하의 독립 외청으로 부활시켰다. 이로써 세월호 사고 이후 국민안전처 해양경비안전본부에서 2년 8개월 만에 다시 '해양경찰청'이 출범하게 되었다.

2. 수사·정보기능 회복

해양경찰청 조직 해체 이후 정보수사국은 해양경비안전국 내 해상수사정보과로 축소되었다가 2017년 7월 26일 다시 해양경찰청이 출발하면서 수사정보국으로 복원되었다. 이 과정에서 경찰청으로 이관되었던 정보·수사기능의 정원과 수사·정보 담당 해양경찰공무원을 다시 이관 받았다. 수사·정보가 '국'단위에서 '과'단위로 축소된 2년 8개월 동안 해양범죄의 검거실적은 많이 감소하였다.

3. 해양경찰 혁신

해양경찰은 2017년 7월 26일 개청과 동시에 "내일보다 오늘이 더 안전한 바다"를 비전으로 하고, 또한 '든든한 안전, 당당한 주권, 공정한 치안, 깨끗한 바다, 탄탄한 해양경찰'의 5대 전략목표와 79개 세부과제로 이루어진 '해양경찰 혁신 100일 프로젝트'를 추진하였다.

제2절 해양경찰법 제정

1. 해양경찰법 제정(2019. 8. 20)

해양경찰이 해양주권을 수호하고 해양 안전과 치안 확립에 필요한 책임을 다할 수 있도록 해양경찰의 특수하고 다양한 직무를 제도적으로 뒷받침할 필요가 있어, 국가 해양관리 정책 환경의 변화를 수용하고 미래의 직무수행에 대비할 수 있도록 해양경찰의 책무, 해양경찰위원회의 설치, 해양경찰청의 조직과 직무, 해양안전 확보를 위한 협력과 참여, 해양경찰 직무수행의 기반 조성 등에 관한 법제도적 기반을 마련하려는 것으로, 시행은 2020년 2월 21일부터이다.

2. 해양경찰법 주요내용

1) 해양에서 사람의 생명·신체 및 재산 보호, 대한민국의 국익 보호 및 해양영토 수호 등 해양경찰의 책무를 규정함(제2조).
2) 해양경찰은 직무를 수행할 때 국민 전체에 대한 봉사자로서 공정·중립을 지켜야 하고, 국민의 자유와 권리를 존중하며, 권한을 남용해서는 아니 됨(제3조).
3) 해양경찰청 소관 법령의 제정·개정·폐지, 기본계획 등의 수립, 해양경찰청 인사운영 기준 등에 관한 사항을 심의·의결하기 위하여 해양수산부에 해양경찰위원회를 둠(제5조).
4) 해양경찰청장은 치안총감으로 보하고, 해양경찰에서 15년 이상 경찰공무원으로 재직한 자로서 치안감 이상 경찰공무원으로 재직 중이거나 재직했던 사람 중에서 임명함(제11조 및 제12조).
5) 해양경찰청장은 해양안전 확보를 위하여 적절한 교육·훈련 체계를 마련하고, 해양사고 등 관련 상황을 파악하고 전파할 수 있는 지휘·통신체계를 마련하도록 함(제16조).
6) 해양경찰청장은 해양재난 또는 해양사고의 대응에 필요한 경우 관계 기관에 협력을 요청할 수 있음(제17조).
7) 해양경찰청장은 해양경찰행정에 국민이 참여할 수 있도록 다양한 참여방법과 협력의 기회를 제공하도록 노력하여야 함(제18조).
8) 해양경찰청장은 우수한 인적자원을 양성하는 등 직무수행의 전문성 확보를 위하여 노력하고, 직무수행에 필요한 함정·항공기 등의 도입 및 관리계획을 시행하며, 해양경찰 업무에 필요한 연구개발 지원 등을 위한 시책을 마련하여 추진하여야 함(제19조부터 제21조).
9) 경·검 수사권 조정에 따라 과도하게 권한이 집중되는 것을 방지하고, 수사의 공정성을 확보하기 위하여 해양경찰청장의 개별 사건에 대한 구체적 수사 지휘·감독권을 제한하고, 예외적으로 개입을 허용하는 경우에도 그에 대한 사후통제 수단을 마련함과 동시에

해양경찰청 수사업무를 총괄 지휘 · 감독하는 부서의 장이 해양경찰의 수사를 지휘 · 감독하도록 명시함으로써 수사와 관련된 지휘 · 감독권을 명확히 하려는 것임.

제 3 편

해양경찰

법령과 제도

제1장 해양경찰 법치행정

제1절 법치주의

법치주의란 '인(人)의 지배가 아닌 법(法)의 지배'를 말하는 것으로, 모든 국가적 활동과 국민의 대표기관인 국회가 제정한 법률에 따라 이루어져야 한다는 원칙을 말한다. 이러한 법치주의가 행정 영역에 구현된 것을 법치행정이라고 한다. 해양경찰의 행정작용도 당연히 법치행정의 범위 내에서 이루어져야 한다.

1. 해양경찰과 법치행정

행정의 한 분야인 해양경찰작용은 국민의 권리와 자유를 침해하는 가장 전형적인 권력작용이므로 법치행정의 원칙이 특히 엄격하게 요청된다. 민주주의 사회에서 경찰권의 발동에는 민주성과 정당성이 요청되므로 해양경찰 행정이 국민의 권리·의무에 관계되는 작용을 할 경우에는 반드시 국민의 대표기관인 국회가 제정한 법률에 따라야 하고, 경찰관은 국가와 국민 모두에게 법을 준수할 책임을 지게 된다(허경미, 2013: 19).

2. 법치주의 내용

가. 실질적 법치주의

실질적 법치주의란 법적 안정성 유지와 더불어 인간의 존엄이라든가 실질적 평등과 같은 정의의 실천을 내용으로 하는 법에 의한 통치의 원리를 말한다.

오늘날 법치주의는 국민의 권리·의무에 관한 사항을 법률로써 정해야 한다는 형식적 법치주의에 그치는 것이 아니라, 그 법률의 목적과 내용 또한 기본권 보장의 헌법 이념에 부합되어야 한다는 실질적 적법 절차를 요구하는 법치주의를 의미한다. 이것은 영·미의 '법의 지배' 원리와 상통하는 것으로 실질적 법치주의를 의미한다. 오늘날 경찰행정 등 국민의 권리를 침해하는 행정 분야에서는 사전 절차의 준수 등 절차적 권리가 강조되고 있다. 실질적 법치주의가 확립되려면 최소한 국민이 참여하는 행정통제와 사법적 권리구제제도가 완비되어야 한다.

나. 형식적 법치주의

형식적 법치주의는 행정과 재판이 의회가 제정한 법률에 적합하도록 행해질 것을 요청할 뿐 법률의 목적이나 내용을 문제로 삼지 않는 형식적 합법주의를 의미하는 것이다. 형식적 법치주의는 법치주의에 대한 치명적인 위기를 의미하는 독재체제가 출현하자 법률을 개인의 권익보호를 위한 수단에서 억압의 수단으로 악용하게 되고, 이때 법치주의는 법의 지배가 아니라 법률을 도구로 이용한 합법적 지배를 의미할 뿐이었다.

다. 법치주의의 내용

법에 의한 통치를 의미하는 법치주의는 구체적으로 법률의 법규창조력, 우위(優位), 유보(留保)를 뜻하며 구체적인 내용은 다음과 같다(남재성·이정덕, 2013: 108).

〈표 3-1〉 법치주의 내용

법률의 법규창조력	-국민의 대표기관인 의회만이 국민을 구속하는 규범인 법규를 제정할 수 있다는 것을 말한다. 즉, 국민의 자유와 권리를 제한하거나 새로운 의무를 부과하는 것은 의회의 전권에 속하고, 의회가 정립하는 법률만이 법규로서의 구속력을 가진다는 것을 말한다
법률의 우위(優位)	-법률은 모든 국가 의사 중에서 가장 우월적 지위에 있으며, 행정이나 사법은 법률에 저촉될 수 없다는 것을 말한다. 따라서 해양경찰관청은 국민에게 법의 취지에 저촉되는 명령을 발할 수 없다.
법률의 유보(留保)	-행정권은 법률의 수권이 있는 때, 즉 법률에 근거가 있는 때에만 발동될 수 있다는 원칙을 말한다. 그러나 모든 행정작용에 법률의 근거를 요구하는 것은 아니고 비권력적 작용(예: 해상안전정보제공 등과 같은 비권력적 경찰작용)은 이를 요하지 않는다. 만약 모든 행정작용에 법률의 근거를 요구한다면 과거보다 훨씬 복잡하고 정교한 현대 행정이 제대로 작동하기 어렵게 된다. 따라서 비권력적 작용은 법률의 수권이 없더라도 가능하다.

제2절 해양경찰활동에서의 법치주의

법치주의의 내용을 해양경찰 활동과 연관시켜 보면 다음과 같다.

1. 조직법적 근거(조직 규범)

해양경찰관의 행위는 해양경찰의 존립근거, 해양경찰기관의 권한 등을 규정한 조직법에 그 근거가 있어야 하고, 또한 정해진 권한의 범위 내에서만 행위를 할 수 있다. 따라서 해양경찰의 조직 규범인 해양경찰법 제14조에서 정한 직무범위 외의 행위를 하더라도 그것은 직무행위로 볼 수 없으며 그 효과는 국가에 귀속되지 않는다.

2. 법률의 우위(제약 규범)

법률은 행정보다 우월적 지위에 있으므로 해양경찰 활동도 법률의 실체적·절차적 규정에 위배되어서는 안 된다. 어떠한 해양경찰활동도 해양경찰활동을 제약하는 법률의 규정, 즉 '제약 규범'에 위반해서는 안 된다.

3. 법률의 유보(근거 규범)

해양경찰기관은 자기의 판단에 따라 독창적으로 행위를 할 수 없고 법률에 일정한 행위를 수행하도록 수권하는 '근거 규범'이 있어야만 행위를 할 수 있다. 다만 해양경찰행정의 경우는 해양경찰기관이 권력적 수단으로 활동하는 경우에만 법률의 수권이 필요하고, 비권력적 수단이나 순수한 서비스 활동의 경우는 법률의 근거를 요하지 않는다고 보는 것이 타당하다.

제3절 경찰공무원법

1. 경찰공무원법 제정

초기 경찰공무원법이 제정하려는 목적은 경찰직무의 특수성에 비추어 경찰질서의 확립과 경찰인사의 합리화를 위하여 현행 국가공무원법에 포함되어 있는 경찰인사에 관한 규정을 분리하여 별도로 독립된 경찰공무원법을 법률 제2077호로 1969년 1월 7일 제정하여 그동안 수회(37회) 개정을 통해 현재에 이르고 있다. 최근에는 공직사회 내 성 관련 비위로 인해 공직에 대한 국민 신뢰가 심각하게 훼손되고 있는 점과 경찰공무원은 범죄의 예방 및 수사 등의 직무를 담당하므로 매우 높은 도덕적 기준에 의하여 임용될 필요가 있는 점 등을 고려하여 경찰공무원의 결격사유에 성범죄 관련 임용결격 사유를 추가하고, 파산선고를 받은 사람 등에 대한 당연퇴직 사유를 정비하는 등 현행 제도의 운영상 나타난 일부 미비점을 개선 · 보완하였다.

이 법은 경찰공무원의 책임 및 직무의 중요성과 신분 및 근무 조건의 특수성에 비추어 그 임용, 교육훈련, 복무(服務), 신분보장 등에 관하여 「국가공무원법」에 대한 특례를 규정함을 목적으로 한다.

가. 용어의 정의

1) "임용"이란 신규채용 · 승진 · 전보 · 파견 · 휴직 · 직위해제 · 정직 · 강등 · 복직 · 면직 · 해임 및 파면을 말한다.
2) "전보"란 경찰공무원의 동일 직위 및 자격 내에서의 근무기관이나 부서를 달리하는 임용을 말한다.
3) "복직"이란 휴직 · 직위해제 또는 정직(강등에 따른 정직을 포함한다) 중에 있는 경찰공무원을 직위에 복귀시키는 것을 말한다.

나. 계급 구분

경찰공무원(이하 "경찰공무원"이라 한다)의 계급은 다음과 같이 구분한다.

1) 치안총감(治安總監)
2) 치안정감(治安正監)
3) 치안감(治安監)
4) 경무관(警務官)
5) 총경(總警)
6) 경정(警正)
7) 경감(警監)
8) 경위(警衛)
9) 경사(警査)
10) 경장(警長)
11) 순경(巡警)

다. 경과 구분

경찰공무원은 그 직무의 종류에 따라 경과(警科)에 의하여 구분할 수 있고, 경과의 구분에 필요한 사항은 대통령령으로 정한다.

2. 경찰공무원인사위원회의 설치

경찰공무원의 인사(人事)에 관한 중요 사항에 대하여 경찰청장 또는 해양경찰청장의 자문에 응하게 하기 위하여 경찰청과 해양경찰청에 경찰공무원인사위원회(이하 "인사위원회"라 한다)를 두고, 인사위원회의 구성 및 운영에 필요한 사항은 대통령령으로 정한다.

인사위원회는 다음 각 호의 사항을 심의한다.

1) 경찰공무원의 인사행정에 관한 방침과 기준 및 기본계획
2) 경찰공무원의 인사에 관한 법령의 제정·개정 또는 폐지에 관한 사항
3) 그 밖에 경찰청장 또는 해양경찰청장이 인사위원회의 회의에 부치는 사항

3. 임용

가. 임용권자

1) 총경 이상 경찰공무원은 경찰청장 또는 해양경찰청장의 추천을 받아 행정안전부장관 또는 해양수산부장관의 제청으로 국무총리를 거쳐 대통령이 임용한다. 다만, 총경의 전보, 휴직, 직위해제, 강등, 정직 및 복직은 경찰청장 또는 해양경찰청장이 한다.

2) 경정 이하의 경찰공무원은 경찰청장 또는 해양경찰청장이 임용한다. 다만, 경정으로의 신규채용, 승진임용 및 면직은 경찰청장 또는 해양경찰청장의 제청으로 국무총리를 거쳐 대통령이 한다.

3) 해양경찰청장은 대통령령으로 정하는 바에 따라 경찰공무원의 임용에 관한 권한의 일부를 소속 기관의 장, 지방해양경찰관서의 장에게 위임할 수 있다.

4) 경찰청장, 해양경찰청장 또는 제3항에 따라 임용권을 위임받은 자는 행정안전부령 또는 해양수산부령으로 정하는 바에 따라 소속 경찰공무원의 인사기록을 작성·보관하여야 한다.

나. 임용자격 및 결격사유

경찰공무원은 신체 및 사상이 건전하고 품행이 방정(方正)한 사람 중에서 임용한다. 다음 각 호의 어느 하나에 해당하는 사람은 경찰공무원으로 임용될 수 없다.

1) 대한민국 국적을 가지지 아니한 사람
2) 「국적법」 제11조의2제1항에 따른 복수국적자
3) 피성년후견인 또는 피한정후견인
4) 파산선고를 받고 복권되지 아니한 사람
5) 자격정지 이상의 형(刑)을 선고받은 사람
6) 자격정지 이상의 형의 선고유예를 선고받고 그 유예기간 중에 있는 사람
7) 공무원으로 재직기간 중 직무와 관련하여 「형법」 제355조 및 제356조에 규정된 죄를 범한 사람으로서 300만원 이상의 벌금형을 선고받고 그 형이 확정된 후 2년이 지나지 아니한 사람
8) 「성폭력범죄의 처벌 등에 관한 특례법」 제2조에 규정된 죄를 범한 사람으로서 100만원 이상의 벌금형을 선고받고 그 형이 확정된 후 3년이 지나지 아니한 사람

9) 미성년자에 대한 다음 각 목의 어느 하나에 해당하는 죄를 저질러 형 또는 치료감호가 확정된 사람(집행유예를 선고받은 후 그 집행유예기간이 경과한 사람을 포함한다)

가) 「성폭력범죄의 처벌 등에 관한 특례법」 제2조에 따른 성폭력범죄

나) 「아동·청소년의 성보호에 관한 법률」 제2조제2호에 따른 아동·청소년대상 성범죄

10) 징계에 의하여 파면 또는 해임처분을 받은 사람

다. 신규채용

1) 경정 및 순경의 신규채용은 공개경쟁시험으로 한다.

2) 경위의 신규채용은 경찰대학을 졸업한 사람 및 대통령령으로 정하는 자격을 갖추고 공개경쟁시험으로 선발된 사람(이하 "경찰간부후보생"이라 한다)으로서 교육훈련을 마치고 정하여진 시험에 합격한 사람 중에서 한다.

3) 다음 각 호의 어느 하나에 해당하는 경우에는 경력 등 응시요건을 정하여 같은 사유에 해당하는 다수인을 대상으로 경쟁의 방법으로 채용하는 시험(이하 "경력경쟁채용시험"이라 한다)으로 경찰공무원을 신규채용할 수 있다. 다만, 다수인을 대상으로 시험을 실시하는 것이 적당하지 아니하여 대통령령으로 정하는 경우에는 다수인을 대상으로 하지 아니한 시험으로 경찰공무원을 채용할 수 있다.

가) 「국가공무원법」 제70조제1항제3호의 사유로 퇴직하거나 같은 법 제71조제1항제1호의 휴직 기간 만료로 퇴직한 경찰공무원을 퇴직한 날부터 3년(「공무원 재해보상법」에 따른 공무상 부상 또는 질병으로 인한 휴직의 경우에는 5년) 이내에 퇴직 시에 재직한 계급의 경찰공무원으로 재임용하는 경우

나) 공개경쟁시험으로 임용하는 것이 부적당한 경우에 임용예정 직무에 관련된 자격증 소지자를 임용하는 경우

다) 임용예정직에 상응하는 근무실적 또는 연구실적이 있거나 전문지식을 가진 사람을 임용하는 경우

라) 「국가공무원법」에 따른 5급 공무원의 공개경쟁채용시험이나 「사법시험법」에 따른 사법시험에 합격한 사람을 경정 이하의 경찰공무원으로 임용하는 경우

마) 섬, 외딴곳 등 특수지역에서 근무할 사람을 임용하는 경우

바) 외국어에 능통한 사람을 임용하는 경우

사) 제주특별자치도의 자치경찰공무원(이하 "자치경찰공무원"이라 한다)을 그 계급에 상응하는 경찰공무원으로 임용하는 경우

아) 「국가경찰과 자치경찰의 조직 및 운영에 관한 법률」 제16조에 따라 경찰청 외부를 대상으로 모집하여 국가수사본부장을 임용하는 경우

4) 제2항에 따른 경찰간부후보생의 교육훈련, 경력경쟁채용시험 및 제3항 각 호 외의 부분 단서에 따른 채용시험(이하 "경력경쟁채용시험등"이라 한다)을 통하여 채용할 수 있는 경찰공무원의 계급, 임용예정직에 관련된 자격증의 구분, 근무실적 또는 연구실적, 선보 제한

등에 관한 사항은 대통령령으로 정한다.

라. 부정행위자에 대한 제재

경찰청장 또는 해양경찰청장은 경찰공무원의 채용시험 또는 경찰간부후보생 공개경쟁선발시험에서 부정행위를 한 응시자에 대하여는 해당 시험을 정지 또는 무효로 하고, 그 처분이 있은 날부터 5년간 시험응시 자격을 정지한다.

마. 시보임용

1) 경정 이하의 경찰공무원을 신규 채용할 때에는 1년간 시보(試補)로 임용하고, 그 기간이 만료된 다음 날에 정규 경찰공무원으로 임용한다.

2) 휴직기간, 직위해제기간 및 징계에 의한 정직처분 또는 감봉처분을 받은 기간은 제1항에 따른 시보임용기간에 산입하지 아니한다.

3) 시보임용기간 중에 있는 경찰공무원이 근무성적 또는 교육훈련성적이 불량할 때에는 「국가공무원법」 제68조 및 이 법 제28조에도 불구하고 면직시키거나 면직을 제청할 수 있다.

4) 다음 각 호의 어느 하나에 해당하는 경우에는 시보임용을 거치지 아니한다.

가) 경찰대학을 졸업한 사람 또는 경찰간부후보생으로서 정하여진 교육을 마친 사람을 경위로 임용하는 경우

나) 경찰공무원으로서 대통령령으로 정하는 상위계급으로의 승진에 필요한 자격 요건을 갖추고 임용예정 계급에 상응하는 공개경쟁 채용시험에 합격한 사람을 해당 계급의 경찰공무원으로 임용하는 경우

다) 퇴직한 경찰공무원으로서 퇴직 시에 재직하였던 계급의 채용시험에 합격한 사람을 재임용하는 경우

라) 자치경찰공무원을 그 계급에 상응하는 경찰공무원으로 임용하는 경우

바. 경찰공무원과 자치경찰공무원 간의 인사 교류

경찰청장은 경찰공무원의 능력을 발전시키고 국가경찰과 자치경찰 사무의 연계성을 높이기 위하여 국가경찰과 자치경찰 간에 긴밀한 인사 교류가 될 수 있도록 노력하여야 하고, 자치경찰공무원을 경찰공무원으로 채용할 때에는 경력경쟁채용시험등을 거치지 아니할 수 있다.

4. 승진

가. 승진

1) 경찰공무원은 바로 아래 하위계급에 있는 경찰공무원 중에서 근무성적평정, 경력평정,

그 밖의 능력을 실증(實證)하여 승진 임용한다. 다만, 해양경찰청장을 보하는 경우 치안감을 치안총감으로 승진임용할 수 있다.

2) 경무관 이하 계급으로의 승진은 승진심사에 의하여 한다. 다만, 경정 이하 계급으로의 승진은 대통령령으로 정하는 비율에 따라 승진시험과 승진심사를 병행할 수 있다.

3) 총경 이하의 경찰공무원에 대하여는 대통령령으로 정하는 바에 따라 계급별로 승진대상자 명부를 작성하여야 한다.

4) 경찰공무원의 승진에 필요한 계급별 최저근무연수, 승진 제한에 관한 사항, 그 밖에 승진에 관하여 필요한 사항은 대통령령으로 정한다.

> 해양경찰청 소속 경찰공무원 임용에 관한 규정 제53조(승진소요 최저근무연수) ① 경찰공무원이 승진하려면 다음 각 호의 구분에 따른 기간 동안 해당 계급에 재직해야 한다.
> 1. 총경: 3년 이상
> 2. 경정 및 경감: 2년 이상
> 3. 경위, 경사, 경장 및 순경: 1년 이상

나. 근속승진

1) 경찰청장 또는 해양경찰청장은 제15조제2항에도 불구하고 해당 계급에서 다음 각 호의 기간 동안 재직한 사람을 경장, 경사, 경위, 경감으로 각각 근속승진임용 할 수 있다.
   가) 순경을 경장으로 근속승진임용하려는 경우: 해당 계급에서 4년 이상 근속자
   나) 경장을 경사로 근속승진임용하려는 경우: 해당 계급에서 5년 이상 근속자
   다) 경사를 경위로 근속승진임용하려는 경우: 해당 계급에서 6년 6개월 이상 근속자
   라) 경위를 경감으로 근속승진임용하려는 경우: 해당 계급에서 8년 이상 근속자
2) 근속 승진한 경찰공무원이 근무하는 기간에는 그에 해당하는 직급의 정원이 따로 있는 것으로 보고, 종전 직급의 정원은 감축된 것으로 본다.
3) 근속승진임용의 기준, 절차 등에 관하여 필요한 사항은 대통령령으로 정한다.

다. 승진심사위원회

1) 승진심사를 위하여 경찰청과 해양경찰청에 중앙승진심사위원회를 두고, 경찰청 · 해양경찰청 · 시 · 도경찰청과 대통령령으로 정하는 경찰기관 · 지방해양경찰관서에 보통승진심사위원회를 둔다.
2) 승진심사위원회는 작성된 승진대상자 명부의 선순위자(같은 조 제2항 단서에 따른 승진시험에 합격된 승진후보자는 제외한다) 순으로 승진시키려는 결원의 5배수의 범위에 있는 사람 중에서 승진후보자를 심사 · 선발한다.
3) 승진심사위원회의 구성 · 관할 및 운영에 필요한 사항은 대통령령으로 정한다.

라. 승진후보자 명부 등

1) 경찰청장 또는 해양경찰청장은 승진시험에 합격한 사람과 승진후보자로 선발된 사람을 대통령령으로 정하는 바에 따라 승진후보자 명부에 등재하여야 한다.
2) 경무관 이하 계급으로의 승진은 1)항에 따른 승진후보자 명부의 등재 순위에 따른다.
3) 승진후보자 명부의 유효기간과 작성 및 운영에 관하여는 제12조를 준용한다.

마. 특별유공자 등의 특별승진

1) 경찰공무원으로서 다음 각 호의 어느 하나에 해당되는 사람에 대하여는 제15조에도 불구하고 1계급 특별승진시킬 수 있다. 다만, 경위 이하의 경찰공무원으로서 모든 경찰공무원의 귀감이 되는 공을 세우고 전사하거나 순직한 사람에 대하여는 2계급 특별승진시킬 수 있다.
   가) 「국가공무원법」 제40조의4제1항제1호부터 제4호까지의 규정 중 어느 하나에 해당되는 사람

1. 청렴하고 투철한 봉사 정신으로 직무에 모든 힘을 다하여 공무 집행의 공정성을 유지하고 깨끗한 공직 사회를 구현하는 데에 다른 공무원의 귀감(龜鑑)이 되는 자 2. 직무수행 능력이 탁월하여 행정 발전에 큰 공헌을 한 자 3. 제53조에 따른 제안의 채택·시행으로 국가 예산을 절감하는 등 행정 운영 발전에 뚜렷한 실적이 있는 자 4. 재직 중 공적이 특히 뚜렷한 자가 제74조의2에 따라 명예퇴직 할 때

   나) 전사하거나 순직한 사람
   다) 직무 수행 중 현저한 공적을 세운 사람
2) 특별승진의 요건과 그 밖에 필요한 사항은 대통령령으로 정한다.

5. 보훈

경찰공무원으로서 전투나 그 밖의 직무 수행 또는 교육훈련 중 사망한 사람(공무상 질병으로 사망한 사람을 포함한다) 및 부상(공무상의 질병을 포함한다)을 입고 퇴직한 사람과 그 유족 또는 가족은 「국가유공자 등 예우 및 지원에 관한 법률」 또는 「보훈보상대상자 지원에 관한 법률」에 따라 예우 또는 지원을 받는다.

6. 교육훈련

1) 경찰청장 또는 해양경찰청장은 모든 경찰공무원에게 균등한 교육훈련의 기회가 주어지

도록 교육훈련에 관한 종합적인 기획 및 조정을 하여야 한다.

2) 경찰청장 또는 해양경찰청장은 경찰공무원의 교육훈련을 위한 교육훈련기관을 설치·운영할 수 있다.

3) 경찰청장 또는 해양경찰청장은 교육훈련을 위하여 필요하면 대통령령으로 정하는 바에 따라 경찰공무원을 국내외의 교육기관에 위탁하여 일정 기간 교육훈련을 받게 할 수 있다.

4) 경찰공무원 교육훈련기관의 설치 및 운영에 필요한 사항과 제3항에 따라 교육훈련을 받은 경찰공무원의 복무에 관한 사항은 대통령령으로 정한다.

5) 1년 이상의 교육훈련을 받은 경찰공무원은 특별한 사정이 없으면 그 교육훈련내용과 관련되는 직위에 보직해야 한다.

6) 2년 이상 교육훈련을 받은 경찰공무원은 법 제22조제2항에 따른 교육훈련기관의 인력 현황을 고려하여 교수요원으로 보직할 수 있다.

7. 정치 관여 및 거짓 보고 등의 금지

1) 경찰공무원은 정당이나 정치단체에 가입하거나 정치활동에 관여하는 행위를 하여서는 아니 된다.

2) 경찰공무원은 직무에 관하여 거짓으로 보고나 통보를 하여서는 아니 되고, 직무를 게을리하거나 유기(遺棄)해서는 아니 된다.

8. 지휘권 남용 등의 금지

전시·사변, 그 밖에 이에 준하는 비상사태이거나 작전수행 중인 경우 또는 많은 인명 손상이나 국가재산 손실의 우려가 있는 위급한 사태가 발생한 경우, 경찰공무원을 지휘·감독하는 사람은 정당한 사유 없이 그 직무 수행을 거부 또는 유기하거나 경찰공무원을 지정된 근무지에서 진출·퇴각 또는 이탈하게 하여서는 아니 된다.

9. 복제 및 무기 휴대

경찰공무원은 제복을 착용하여야 하고, 직무 수행을 위하여 필요하면 무기를 휴대할 수 있다. 복제(服制)에 관한 사항은 행정안전부령 또는 해양수산부령으로 정한다.

10. 당연퇴직

경찰공무원이 제8조제2항 각 호의 어느 하나에 해당하게 된 경우에는 당연히 퇴직한다. 다만, 같은 항 제4호는 파산선고를 받은 사람으로서 「채무자 회생 및 파산에 관한 법률」에 따라 신청기한 내에 면책신청을 하지 아니하였거나 면책불허가 결정 또는 면책취소가 확정된 경우만 해당하고, 같은 항 제6호는 「형법」 제129조부터 제132조까지, 「성폭력범죄의 처벌 등에 관한 특례법」 제2조, 「아동 · 청소년의 성보호에 관한 법률」 제2조제2호 및 직무와 관련하여 「형법」 제355조 또는 제356조에 규정된 죄를 범한 사람으로서 자격정지 이상의 형의 선고유예를 받은 경우만 해당한다.

11. 직권면직

임용권자는 경찰공무원이 다음 각 호의 어느 하나에 해당될 때에는 직권으로 면직시킬 수 있다.

1) 「국가공무원법」 제70조제1항제3호부터 제5호까지의 규정 중 어느 하나에 해당될 때
2) 경찰공무원으로는 부적합할 정도로 직무 수행능력이나 성실성이 현저하게 결여된 사람으로서 대통령령으로 정하는 사유에 해당된다고 인정될 때
3) 직무를 수행하는 데에 위험을 일으킬 우려가 있을 정도의 성격적 또는 도덕적 결함이 있는 사람으로서 대통령령으로 정하는 사유에 해당된다고 인정될 때
4) 해당 경과에서 직무를 수행하는 데 필요한 자격증의 효력이 상실되거나 면허가 취소되어 담당 직무를 수행할 수 없게 되었을 때

제1항제2호 · 제3호 또는 「국가공무원법」 제70조제1항제5호의 사유로 면직시키는 경우에는 제32조에 따른 징계위원회의 동의를 받아야 한다.

「국가공무원법」 제70조제1항제4호의 사유로 인한 직권면직일은 휴직기간의 만료일이나 휴직 사유의 소멸일로 한다.

12. 실종된 경찰공무원의 휴직기간 등

「국가공무원법」 제71조제1항제4호의 사유로 인한 경찰공무원의 휴직기간은 같은 법 제72조제3호에도 불구하고 법원의 실종선고를 받는 날까지로 한다. 휴직자가 있는 경우에는 그 휴직자의 계급에 해당하는 정원이 따로 있는 것으로 보고, 결원을 보충할 수 있다.

13. 정년

1) 경찰공무원의 정년은 다음과 같다.

가) 연령정년: 60세

나) 계급정년

① 치안감: 4년

② 경무관: 6년

③ 총경: 11년

④ 경정: 14년

2) 징계로 인하여 강등(경감으로 강등된 경우를 포함한다)된 경찰공무원의 계급정년은 제1항제2호에도 불구하고 다음 각 호에 따른다.

가) 강등된 계급의 계급정년은 강등되기 전 계급 중 가장 높은 계급의 계급정년으로 한다.

나) 계급정년을 산정할 때에는 강등되기 전 계급의 근무연수와 강등 이후의 근무연수를 합산한다.

3) 수사, 정보, 외사(外事), 보안, 자치경찰 사무 등 특수 부문에 근무하는 경찰공무원으로서 대통령령으로 정하는 바에 따라 지정을 받은 사람은 총경 및 경정의 경우에는 4년의 범위에서 대통령령으로 정하는 바에 따라 제1항제2호에 따른 계급정년을 연장할 수 있다.

4) 경찰청장 또는 해양경찰청장은 전시·사변이나 그 밖에 이에 준하는 비상사태에서는 2년의 범위에서 제1항제2호에 따른 계급정년을 연장할 수 있다. 이 경우 경무관 이상의 경찰공무원에 대하여는 행정안전부장관 또는 해양수산부장관과 국무총리를 거쳐 대통령의 승인을 받아야 하고, 총경·경정의 경찰공무원에 대하여는 국무총리를 거쳐 대통령의 승인을 받아야 한다.

5) 경찰공무원은 그 정년이 된 날이 1월에서 6월 사이에 있으면 6월 30일에 당연퇴직하고, 7월에서 12월 사이에 있으면 12월 31일에 당연퇴직 한다.

6) 계급정년을 산정할 때 제주특별자치도의 자치경찰공무원으로 근무한 경력이 있는 경찰공무원의 경우에는 그 계급에 상응하는 자치경찰공무원으로 근무한 연수(年數)를 산입한다.

14. 고충심사위원회

1) 경찰공무원의 인사상담 및 고충을 심사하기 위하여 경찰청, 해양경찰청, 지방경찰청, 대통령령으로 정하는 경찰기관 및 지방해양경찰관서에 경찰공무원 고충심사위원회를 둔다.

2) 경찰공무원 고충심사위원회의 심사를 거친 재심청구와 경정 이상의 경찰공무원의 인사상담 및 고충심사는 「국가공무원법」에 따라 설치된 중앙고충심사위원회에서 한다.

3) 경찰공무원 고충심사위원회의 구성, 심사 절차 및 운영에 필요한 사항은 대통령령으로 정한다.

15. 징계위원회

1) 경무관 이상의 경찰공무원에 대한 징계의결은 「국가공무원법」에 따라 국무총리 소속으로 설치된 징계위원회에서 한다.
2) 총경 이하의 경찰공무원에 대한 징계의결을 하기 위하여 대통령령으로 정하는 경찰기관 및 해양경찰관서에 경찰공무원 징계위원회를 둔다.
3) 경찰공무원 징계위원회의 구성 · 관할 · 운영, 징계의결의 요구 절차, 그 밖에 필요한 사항은 대통령령으로 정한다.

가. 징계의 절차

경찰공무원의 징계는 징계위원회의 의결을 거쳐 징계위원회가 설치된 소속 기관의 장이 하되, 「국가공무원법」에 따라 국무총리 소속으로 설치된 징계위원회에서 의결한 징계는 경찰청장 또는 해양경찰청장이 한다. 다만, 파면 · 해임 · 강등 및 정직은 징계위원회의 의결을 거쳐 해당 경찰공무원의 임용권자가 하되, 경무관 이상의 강등 및 정직과 경정 이상의 파면 및 해임은 경찰청장 또는 해양경찰청장의 제청으로 행정안전부장관 또는 해양수산부장관과 국무총리를 거쳐 대통령이 하고, 총경 및 경정의 강등 및 정직은 경찰청장 또는 해양경찰청장이 한다.

나. 행정소송의 피고

징계처분, 휴직처분, 면직처분, 그 밖에 의사에 반하는 불리한 처분에 대한 행정소송의 경우에는 경찰청장 또는 해양경찰청장을 피고로 한다. 다만, 제7조제3항 및 제4항에 따라 임용권을 위임한 경우에는 그 위임을 받은 자를 피고로 한다.

16. 「국가공무원법」과의 관계

1) 경찰공무원에 대하여는 「국가공무원법」 제73조의4, 제76조제2항부터 제5항까지의 규정을 적용하지 아니하며, 치안총감과 치안정감에 대하여는 「국가공무원법」 제68조 본문을 적용하지 아니한다.
2) 「국가공무원법」을 경찰공무원에게 적용할 때에는 다음 각 호에 따른다.
가) 「국가공무원법」 제32조의5 및 제43조 중 "직급"은 "계급"으로 본다.
나) 「국가공무원법」 제42조제2항, 제85조제1항 및 제2항 중 "인사혁신처장"은 "경찰청장 또는 해양경찰청장"으로 본다.
다) 「국가공무원법」 제67조, 제68조, 제78조제1항제1호 및 제2항, 제80조제7항 및 제8항 중 "이 법"은 "이 법 및 「국가공무원법」"으로 본다.

라) 「국가공무원법」 제71조제2항제3호 중 "중앙인사관장기관의 장"은 "경찰청장 또는 해양경찰청장"으로 본다.

17. 벌칙

1) 경찰공무원으로서 전시·사변, 그 밖에 이에 준하는 비상사태이거나 작전 수행 중인 경우에 제24조제2항 또는 제25조, 「국가공무원법」 제58조제1항을 위반한 사람은 3년 이상의 징역이나 금고에 처하며, 제24조제1항, 「국가공무원법」 제57조를 위반한 사람은 7년 이하의 징역이나 금고에 처한다.

2) 제1항의 경우 외에 집단 살상의 위급 사태가 발생한 경우에 제24조 또는 제25조, 「국가공무원법」 제57조 및 제58조제1항을 위반한 사람은 7년 이하의 징역이나 금고에 처한다.

3) 경찰공무원으로서 제23조를 위반하여 정당이나 정치단체에 가입하거나 정치활동에 관여하는 행위를 한 사람은 5년 이하의 징역과 5년 이하의 자격정지에 처하고, 그 죄에 대한 공소시효의 기간은 「형사소송법」 제249조제1항에도 불구하고 10년으로 한다.

4) 경찰공무원으로서 「국가공무원법」 제44조 또는 제45조를 위반한 사람은 1년 이하의 징역 또는 100만원 이하의 벌금에 처하고, 같은 법 제66조를 위반한 사람은 2년 이하의 징역 또는 200만원 이하의 벌금에 처한다.

제2장 해양경찰 조직법

제1절 해양경찰 조직과 법률근거

1. 해양경찰 조직 법제화 현황

가. 해양경찰조직 법적 기반

행정조직은 그 자체가 국민의 권리·의무와 직접적 관계가 없다고 하더라도 행정조직의 목적은 국민을 대상으로 하는 행정권의 행사에 있으며, 어떠한 행정기관이 설치되고 어떠한 행정권한을 행사하는가는 국민생활에 중대한 영향을 미치고 있다. 뿐만 아니라 행정기관의 설치·운영은 국민에게 적지 않은 경제적 부담을 줄 수 있기 때문에 행정조직의 문제는 국가생활에 있어서 중요하고도 본질적인 사항으로 인식되어 원칙적으로 법률에 의하여 규율되어야 한다는 관념이 오늘날 일반적으로 받아들여지고 있다.

법률에 근거하여 설치되는 행정기관이 담당하는 직무와 관련하여서는, 특히 그것이 국민의 권리와 자유를 제한하는 내용과 관계되는 침익적(侵益的) 행정이라면 '법률유보의 원칙'[49]에 따라 반드시 국회에서 제정된 법률적 근거가 마련되어야 한다. 앞서 살펴본 것과 같이 해양경찰이 담당하는 기능과 직무 중에는 국민의 권리 및 자유를 제한하는 것과 관련된 내용이 많고, 해양산업의 발전과 해양행정 영역의 확대에 따라 해양경찰이 담당하여야 할 직무는 점점 더 다양해지고 있어 해양경찰의 담당 직무와 해양경찰권의 행사에 대해서는 견실한 법적 기반의 마련이 필요하고 해양경찰 조직의 계속적인 진화에 따른 세심한 법률적 보완이 수반되어야 할 것이다.

현재 해양경찰이 담당하는 직무에 대한 법적 기반은 국회에서 제정한 '법률' 및 이 법률의 위임에 따른 '법규명령'으로 구성되어 있다. 일반적으로 헌법상의 입법절차에 따라 나타나는 입법기관의 의사, 즉 국회의 의결에 의하여 제정되는 법의 형식을 '법률'이라고 하고, 국민의 대표기관인 국회가 만든 법률이라는 명칭을 가진 국가의 의사만이 국민의 자유와 권리를 제한하거나, 국민에게 새로운 의무를 부과할 수 있다(헌법 제40조).

이에 반해 '법규명령'은 행정기관이 정립한 일반적 · 추상적 명령 중에서 법규의 성질을 가지는 것으로서 국가기관은 물론 국민에 대해서도 직접 구속력을 가지는 법규범이고, 실무적으로는 시행령(대통령령)과 시행규칙(총리령, 부령)을 의미한다.

---

49) 법률유보의 원칙이란 행정활동은 법률에 근거하여 행하여져야만 한다는 것, 즉 행정권의 발동에 있어서는 조직규범 이외에 '작용규범'의 근거가 필요하다는 것을 의미한다.

나. 해양경찰 조직의 기본법제

국가의 행정조직에 관한 기본법은 정부조직법이다. 행정조직법정주의에 따라 육상경찰의 경우에는 헌법 제96조에 근거한 국가중앙행정조직에 관한 기본법인 정부조직법 이외에 정부조직법 34조제6항에 근거한 경찰조직에 관한 기본법인 경찰법이 제정되어있다.

해양경찰도 해양경찰법이 2019년 8월 20일 제정되었지만 육상경찰의 경찰법과 같은 해양경찰조직에 관한 기본법이 제정되어 있지 않다. 현재 해양경찰의 조직에 관한 법률로는 헌법 제96조에 근거한 국가중앙행정조직에 관한 기본법인 정부조직법 제44조제2항(해양에서의 경찰 및 오염방제에 관한 사무를 관장하기 위하여 해양수산부장관 소속으로 해양경찰청을 둔다)이 유일한 실정이다.

다만 법률인 정부조직법 이외에 헌법 제75조(대통령은 법률에서 구체적으로 범위를 정하여 위임받은 사항과 법률을 집행하기 위하여 필요한 사항에 관하여 대통령령을 발 할 수 있다)에 근거한 대통령령인 「해양경찰청과 그 소속기관 직제」와 헌법 제95조(국무총리 또는 행정각부의 장은 소관사무에 관하여 법률이나 대통령령의 위임 또는 직권으로 총리령 또는 부령을 발할 수 있다)에 근거한 해양수산부령인 「해양경찰청과 그 소속기관 직제 시행규칙」에서 해양경찰조직에 관하여 상세히 규정하고 있다.

헌법에 따른 중앙행정조직에 관한 기본법인 정부조직법 제3조제1항이 조직상 구체적인 사항의 상당 부분을 대통령령으로 규정함으로 인해, 사실상 행정조직법정주의의 의미는 상당히 퇴색되고 있다(홍정선, 2007: 96). 해양경찰과 관련한 법제를 살펴보면 다음과 같다.

〈표 3-2〉 해양경찰 관련 법제

법률	시행령(대통령령)	시행규칙(부령)
-정부조직법		
-국가공무원법		
-경찰공무원법(경찰청)		
-해양경찰법	-해양경찰법 제11조제5항 단서에 따른 긴급하고 중요한 사건의 범위 등에 관한 규정	
-해양경비법	-해양경비법 시행령	-해양경비법 시행규칙
-수상에서의 수색·구조 등에 관한 법률	-수상에서의 수색·구조 등에 관한 법률 시행령	-수상에서의 수색·구조 등에 관한 법률 시행규칙
-수상레저안전법	-수상레저안전법 시행령	-수상레저안전법 시행규칙
-연안사고 예방에 관한 법률	-연안사고 예방에 관한 법률 시행령	-연안사고 예방에 관한 법률 시행규칙
-선박교통관제에 관한 법률	-선박교통관제에 관한 법률 시행령	-선박교통관제의 시행 등에 관한 규칙
-해양경찰 장비도입 및 관리에 관한 법률	-해양경찰 장비도입 및 관리에 관한 법률 시행령	-해양경찰 장비도입 및 관리에 관한 법률 시행규칙
-재난 및 안전관리 기본법 (행안부, 소방청)	-재난 및 안전관리 기본법 시행령 (행안부, 소방청)	-재난 및 안전관리 기본법 시행규칙 (행안부, 소방청)

-경찰관 직무집행법 (경찰청)	-경찰관 직무집행법 시행령(경찰청)	
-경범죄 처벌법 (경찰청)	-경범죄 처벌법 시행령(경찰청)	-경범죄 처벌법 시행규칙(경찰청)
-밀항단속법(법무부)		
-자동차등 특정동산저당법 (국토부, 법무부, 해수부)	-자동차등 특정동산 저당법시행령 (국토부, 법무부, 해수부)	
-경찰공무원보건안전 및 복지기본법 (경찰청)	-경찰공무원 보건안전 및 복지 기본법 시행령(경찰청)	
	-해양경찰청과 그 소속기관 직제 (행안부)	-해양경찰청과 그 소속기관 직제 시행규칙
	-해양경찰청 소속 경찰공무원 임용에 관한 규정	-해양경찰청 소속 경찰공무원 임용에 관한 규정 시행규칙
	-해양경찰위원회규정	
	-해양경찰분야 과학기술진흥에 관한 규정	
	-해양경찰청 소속 경찰공무원 교육훈련 규정	
		-해양경찰청 소속 경찰공무원 특수지 근무수당 지급규칙
		-해양경찰청 소속 경찰공무원 복제에 관한 규칙
		-해양경찰청 수사규칙
		-경찰공무원 지급품에 관한 규칙 (경찰청 공동)

(출처 : 해양경찰청 홈페이지, 법령정보 참조, 2023년 8월 기준)

2. 해양경찰 조직에 관한 법률

가. 해양경찰의 공무원법

해양경찰 조직 구성원의 신분은 1953년 경찰공무원으로 출발하였다. 출범 2년 후 상공부 해무청 소속의 해양경비대로 그 소속이 변경되면서 공안직으로 전환되었다가, 1961년 『해양경찰대설치법』이 제정되어 해양경찰대로 개칭됨에 따라 내무부 소속의 경찰기관으로 발전하면서 정보·수사기능, 경범죄처벌 및 즉결심판업무, 해양오염관리, 수상레저 등 안전업무를 담당하게 되었고, 그 신분은 다시 경찰공무원으로 환원되었다. 그리고 1996년 경찰청 소속으로부터 해양수산부의 외청으로 전환되면서 해양경찰청 소속 공무원의 신분에 관하여 논의되었다.

그러나 2019년 해양경찰법이 제정되어 제13조에 '해양경찰청 소속 공무원은 ① 해양경찰청 소속 공무원은 경찰공무원과 일반직공무원으로 구성한다. ② 해양경찰청 소속 경찰공무원의 계급은 치안총감·치안정감·치안감·경무관·총경·경정·경감·경위·경사·경장·순경으로 한다. ③ 해양경찰청 소속 공무원의 임용·교육훈련·복무·신분보장 등에 관하여는 이 법에서 특별히 정한 것을 제외하고는 「국가공무원법」과 「경찰공무원법」에서 정하는 바에 따른다.'라고 규정되어 해양경찰 공무원의 신분과 관련된 내용은 경찰청의 『경찰공무원법』을 그대로 준용하고 있다.

다른 나라의 해양경찰 조직과 달리 우리나라 해양경찰 조직 탄생의 역사적 배경을 고려해 볼 때 특별하게 적용되는 부분이라고 할 수 있을 것이다. 일반 경찰공무원과 달리 해양경찰 공무원에게는 대통령령인 『해양경찰청과 소속 소속기관 직제』, 『해양경찰청 소속 경찰공무원 임용에 관한 규정』, 『해양경찰청 소속 경찰공무원 교육훈련 규정』 등과 이에 따른 해양수산부령인 『해양경찰청과 소속 소속기관 직제 시행규칙』, 『해양경찰청 소속 경찰공무원 임용에 관한 규정 시행규칙』, 『해양경찰청 소속 경찰공무원 특수지근무수당 지급규칙』, 『해양경찰청 소속 경찰공무원 복제에 관한 규칙』, 『해양경찰청 수사규칙』, 경찰청과 공동으로 『경찰공무원 지급품에 관한 규칙』 등 소수의 시행규칙과 해양경찰청 자체의 훈령이 특별히 적용되고 있다.

나. 해양경찰의 조직법

현재 해양경찰 조직에 관한 일반법은 없고, 『정부조직법』 제44조제2항에서 "해양에서의 경찰 및 오염방제에 관한 사무를 관장하기 위하여 해양수산부장관 소속으로 해양경찰청을 둔다."그리고 동조 제3항에서 "해양경찰청에 청장 1명과 차장 1명을 두되, 청장 및 차장은 경찰공무원으로 보한다."라고 규정하고 있다.

「해양경찰법」 제14조 직무에서 "① 해양경찰은 해양에서의 수색 · 구조 · 연안안전관리 및 선박교통관제와 경호 · 경비 · 대간첩 · 대테러작전에 관한 직무를 수행한다. ② 해양경찰은 해양에서 공공의 안녕과 질서유지를 위하여 해양관련 범죄의 예방 · 진압 · 수사와 피해자 보호에 관한 직무를 수행한다. ③ 해양경찰은 해양에서 공공안녕에 대한 위험의 예방과 대응을 위한 정보의 수집 · 작성 · 배포에 관한 직무를 수행한다. ④ 해양경찰은 해양오염 방제 및 예방활동에 관한 직무를 수행한다. ⑤ 해양경찰은 직무와 관련된 외국 정부기관 및 국제기구와 협력하여야 한다."

그리고 제11조에서 "① 해양경찰청에 해양경찰청장을 두며, 해양경찰청장은 치안총감으로 보한다. ② 해양경찰청장은 해양경찰위원회의 동의를 받아 해양수산부장관의 제청으로 국무총리를 거쳐 대통령이 임명한다. ③ 해양경찰청장은 해양경찰에 관한 사무를 총괄하고 소속 공무원 및 각급 해양경찰기관의 장을 지휘·감독한다. ④ 해양경찰청장의 임기는 2년으로 하고, 중임할 수 없다."

제12조에서는 "해양경찰청장은 해양경찰에서 15년 이상 경찰공무원으로 재직한 자로서 치안감 이상 경찰공무원으로 재직 중이거나 재직했던 사람 중에서 임명한다."라고 제정되어 해양경찰이 해양주권을 수호하고 해양 안전과 치안 확립에 필요한 책임을 다할 수 있도록 해양경찰의 특수하고 다양한 직무를 제도적으로 뒷받침하고, 국가 해양관리 정책 환경의 변화 수용과 미래의 직무수행에 대비할 수 있도록 해양경찰의 책무, 해양경찰청의 조직과 직무, 해양안전 확보를 위한 협력과 참여, 해양경찰 직무수행의 기반 조성 등에 관한 법제도적 기반을 마련하였다.

제2절 해양경찰청과 그 소속기관

1. 서설

현재 해양경찰의 조직에 관한 법률로는 헌법 제96조에 근거한 국가중앙행정조직에 관한 기본법인 정부조직법 제44조제2항(해양에서의 경찰 및 오염방제에 관한 사무를 관장하기 위하여 해양수산부장관 소속으로 해양경찰청을 둔다)이 유일한 실정이고, 정부조직법 이외에 헌법 제75조(대통령은 법률에서 구체적으로 범위를 정하여 위임받은 사항과 법률을 집행하기 위하여 필요한 사항에 관하여 대통령령을 발할 수 있다)에 근거한 대통령령인 「해양경찰청과 그 소속기관 직제」[50]가 있다.

2. 소속기관

1) 해양경찰청장의 관장사무를 지원하기 위하여 해양경찰청장 소속으로 해양경찰교육원 및 중앙해양특수구조단을 둔다.
2) 해양경찰청장의 관장사무를 분장하기 위하여 해양경찰청장 소속으로 지방해양경찰청을 두고, 지방해양경찰청장 소속으로 해양경찰서를 둔다.
3) 해양경찰청장의 관장사무를 지원하기 위하여 「책임운영기관의 설치·운영에 관한 법률」 제4조제1항, 같은 법 시행령 제2조제1항 및 별표 1에 따라 해양경찰청장 소속의 책임운영기관으로 해양경찰정비창을 둔다.

3. 해양경찰청

1) 직무 : 해양경찰청은 해양에서의 경찰 및 오염방제에 관한 사무를 관장한다.
2) 청장 : 해양경찰청장은 치안총감으로 보한다.
3) 차장 : 해양경찰청 차장은 치안정감으로 보한다.

4. 하부조직

1) 해양경찰청에 운영지원과·경비국·구조안전국·수사국·국제정보국·해양오염방제국 및 장비기술국을 둔다.

---

50) 해양경찰청과 그 소속기관 직제[시행 2023. 2. 28.] [대통령령 제33303호, 2023. 2. 28., 일부개정]

2) 청장 밑에 대변인 1명을 두고, 차장 밑에 기획조정관 및 감사담당관 각 1명을 둔다.

5. 대변인

대변인은 서기관(4급) 또는 총경으로 보하고 다음 사항에 관하여 청장을 보좌한다.

1) 주요정책에 관한 대언론 홍보 계획의 수립 · 조정 및 소속기관의 대언론 정책홍보 지원 · 조정
2) 보도계획의 수립, 보도자료 작성 · 배포
3) 인터뷰 등 언론과 관련된 업무
4) 온라인대변인 지정 · 운영 등 소셜 미디어 정책소통 총괄 · 점검 및 평가

6. 기획조정관

기획조정관은 치안감으로 보한다. 기획조정관 밑에 기획재정담당관 · 혁신행정법무담당관 · 인사담당관 · 교육훈련담당관 및 해양치안빅데이터팀장을 두며, 기획재정담당관 · 혁신행정법무담당관 및 인사담당관은 총경으로, 교육훈련담당관은 서기관 또는 총경으로, 해양치안빅데이터팀장은 전산사무관으로 보한다. 기획조정관은 다음 사항에 관하여 차장을 보좌한다.

1) 주요정책과 업무계획의 수립 및 종합 · 조정
2) 각종 지시사항 및 국정과제의 점검 · 관리
3) 청 내 정부혁신 관련 과제 발굴 · 선정, 추진상황 확인 · 점검 및 관리
4) 예산 편성 · 집행 조정 및 재정성과 관리
5) 국유재산관리계획 수립 및 집행
6) 국회 관련 업무의 총괄 · 조정
6의2) 해양경찰위원회의 간사업무에 관한 사항
7) 행정관리 업무의 총괄 · 조정
8) 조직진단 및 평가를 통한 조직과 정원의 관리
9) 소관 법제 업무 총괄
10) 소관 행정심판 및 소송 업무, 규제개혁업무 총괄
11) 성과관리 및 행정개선의 총괄 · 지원
12) 소속 공무원의 임용 · 상훈 및 그 밖의 인사
13) 소속 공무원의 교육 · 훈련
14) 청 내 공공데이터의 제공 및 이용 활성화에 관한 사항
15) 청 내 데이터기반행정 활성화에 관한 사항

7. 감사담당관

감사담당관은 서기관 또는 총경으로 보하고 다음 사항에 관하여 차장을 보좌한다.

1) 행정감사제도의 운영 및 행정감사계획 · 부패방지종합대책의 수립 · 조정
2) 해양경찰청 및 그 소속기관에 대한 감사
3) 해양경찰청 및 그 소속기관에 대한 다른 기관의 감사결과 처리
4) 소속 공무원의 재산등록 · 선물 신고 및 취업제한에 관한 업무
5) 사정업무 및 징계위원회의 운영
6) 진정 · 민원 및 비위사실의 조사 · 처리
7) 해양수색구조 안전성 등에 대한 감사

8. 양성평등 지원팀

「행정기관의 조직과 정원에 관한 통칙」 제29조제3항 및 제4항에 따라 차장 밑에 양성평등정책팀을 둔다. 양성평등정책팀에 팀장 1명을 두며, 팀장은 경정으로 보한다. 양성평등정책팀장은 다음 사항에 관하여 차장을 보좌한다.

1) 해양경찰 분야 양성평등 관련 정책의 수립 및 이행 관리
2) 해양경찰 분야 성 주류화(性 主流化) 제도 운영 및 지도
3) 해양경찰청과 그 소속기관 내 성희롱 · 성폭력 예방 대책 수립
4) 해양경찰청과 그 소속기관 내 양성평등 관련 제도 및 문화의 개선 방안 수립 · 조정

9. 운영지원과

운영지원과장은 총경으로 보하고 다음 사항을 분장한다.

1) 보안 · 당직 · 청내안전 및 관인의 관리
2) 소속 공무원의 복무 · 연금 · 급여 및 복리후생에 관한 사무
3) 문서의 분류 · 접수 · 발송 · 보존 및 관리, 기록관의 운영 · 관리
4) 물품의 구매 및 조달
5) 자금의 운용 및 회계
6) 의무경찰의 운영 및 관리
7) 민원의 접수 · 관리 및 정보공개제도 업무
8) 청 내 중대재해 관련 안전 · 보건에 관한 업무의 총괄 · 관리
9) 그 밖에 다른 국 및 담당관의 주관에 속하지 아니하는 업무

10. 경비국

경비국에 국장 1명을 두며 치안감 또는 경무관으로 보한다. 경비국에 경비과 · 종합상황실 · 해상교통관제과 및 해양경비기획팀을 두되, 경비과장 · 종합상황실장은 총경으로 보하고, 해상교통관제과장은 서기관 또는 기술서기관으로, 해양경비기획팀장은 경정으로 보한다. 경비국장은 다음 사항을 분장한다.

1) 해양경비에 관한 계획의 수립 · 조정 및 지도
2) 경비함정 · 항공기 등의 운용 및 지도 · 감독
3) 동 · 서해 특정해역에서의 조업 경비
4) 해양에서의 경호, 대테러 예방 · 진압
5) 통합방위 및 비상대비 업무의 기획 및 지도 · 감독
6) 해양상황의 처리와 관련된 주요업무계획의 수립 · 조정 및 지도
7) 해양상황의 접수 · 처리 · 전파 및 보고
8) 해상교통관제(VTS) 정책 수립 및 기술개발
9) 해상교통관제센터의 설치 · 운영
10) 해상교통관제센터의 항만운영 정보 제공
11) 해상교통관제 관련 국제교류 · 협력

11. 구조안전국

구조안전국에 국장 1명을 두며 치안감 또는 경무관으로 보한다. 구조안전국에 해양안전과 · 수색구조과 및 수상레저과를 두며, 각 과장은 총경으로 보한다. 구조안전국장은 다음 사항을 분장한다.

1) 연안해역 안전관리에 관한 정책의 수립 · 조정 및 지도
2) 연안해역 안전 관련 법령 · 제도의 연구 · 개선
3) 파출소 및 출장소 운영
4) 해수면 유선 및 도선 사업 관련 제도 운영
5) 해수면 유선 및 도선 사업의 면허 · 신고 및 안전관리
6) 해수욕장 안전관리
7) 어선출입항 신고업무
8) 해양사고 재난 대비 · 대응
9) 해양에서의 구조 · 구급 업무
10) 중앙해양특수구조단 운영 지원 및 해양경찰구조대 등 해양구조대 운영 관련 업무
11) 해양안전 관련 민 · 관 · 군 구조협력 및 합동 구조 훈련

12) 해양수색구조 관련 국제협력 및 협약 이행
13) 수상레저 안전관리에 관한 정책의 수립 · 조정 및 지도
14) 수상레저 안전 관련 법령 · 제도의 연구 · 개선
15) 수상레저 안전문화의 조성 및 진흥
16) 수상레저 관련 조종면허 및 기구 안전검사 · 등록 등에 관한 업무
17) 수상레저 사업의 등록 및 안전관리의 감독 · 지도
18) 수상레저 안전 관련 단체 관리 및 민관 협업체계 구성

12. 수사국

수사국에 국장 1명을 두며 국장은 치안감 또는 경무관으로 보한다. 수사국에 수사기획과 · 수사심사과 · 형사과 및 과학수사팀을 두며, 수사기획과장 · 수사심사과장 · 형사과장은 총경으로, 과학수사팀장은 경정으로 보한다. 수사국장은 다음 사항을 분장한다.

1) 수사업무 및 범죄첩보에 관한 기획 · 지도 및 조정
2) 범죄통계 및 수사 자료의 분석
3) 해양과학수사업무에 관한 기획 · 지도 및 조정
4) 범죄의 수사

13. 국제정보국

국제정보국에 국장 1명을 둔다. 국장은 치안감 또는 경무관으로 보한다. 국제정보국에 정보과 · 외사과 · 보안과 및 국제협력과를 두며, 정보과장 · 외사과장 · 보안과장 및 국제협력과장은 총경으로 보한다. 국제정보국장은 다음 사항을 분장한다.

1) 정보업무의 기획 · 지도 및 조정
2) 정보의 수집 · 분석 및 배포
3) 보안경찰업무의 기획 · 지도 및 조정
4) 외사경찰업무의 기획 · 지도 및 조정
5) 국제사법공조 관련 업무
6) 해양경찰 직무와 관련된 국제협력업무의 기획 · 지도 및 조정

14. 해양오염방제국

해양오염방제국에 국장 1명을 둔다. 해양오염방제국장은 고위공무원단에 속하는 일반직공

무원으로 보하되, 그 직위의 직무등급은 나등급으로 한다. 해양오염방제국에 방제기획과 · 기동방제과 및 해양오염예방과를 두며, 방제기획과장은 부이사관 또는 기술서기관으로, 기동방제과장 및 해양오염예방과장은 기술서기관으로 보한다. 해양오염방제국장은 다음 사항을 분장한다.

1) 해양오염 방제 조치
2) 국가긴급방제계획의 수립 및 시행
3) 해양오염 방제자원 확보 및 운영
4) 해양오염 방제를 위한 관계기관 협조
5) 국제기구 및 국가 간 방제지원 협력
6) 해양오염 방제 관련 조사 · 연구 및 기술개발
7) 방제대책본부의 구성 · 운영 및 긴급방제 총괄지휘
8) 해양오염 방제매뉴얼 수립 및 조정
9) 방제훈련 계획의 수립 및 조정
10) 기름 및 유해화학물질 사고 대비 · 대응
11) 오염물질 해양배출신고 처리
12) 방제비용 부담 등에 관한 업무
13) 방제조치에 필요한 전산시스템 구축 · 운용
14) 지방자치단체의 해안 방제조치 지원에 관한 업무
15) 해양오염 방지를 위한 예방활동 및 지도 · 점검
16) 선박해양오염 · 해양시설오염 비상계획서 검인 등에 관한 업무
17) 방제자재 · 약제 형식승인
18) 오염물질 해양배출행위 조사 및 오염물질의 감식 · 분석 등에 관한 업무
19) 해양환경공단의 방제사업 중 긴급방제조치에 대한 지도 · 감독
20) 해양오염방지를 위한 구난조치

15. 장비기술국

장비기술국에 국장 1명을 둔다. 국장은 치안감 또는 경무관으로 보한다. 장비기술국에 장비기획과 · 장비관리과 · 항공과 및 정보통신과를 두되, 장비기획과장 · 장비관리과장 · 항공과장은 총경으로, 정보통신과장은 서기관 · 기술서기관 또는 총경으로 보한다. 장비기술국장은 다음 사항을 분장한다.

1) 해양경찰장비(함정, 항공기, 차량, 무기 등)의 개선 및 획득
2) 해양경찰장비의 정비 및 유지 관리
3) 해양경찰정비창에 대한 지도 · 감독

4) 물품 · 무기 · 탄약 · 화학 장비 수급관리 및 출납 · 통제
5) 경찰제복 및 의복의 보급 · 개선
6) 해양항공 업무 관련 계획의 수립 · 조정 등에 관한 업무
7) 해양에서의 항공기 사고조사 및 원인분석
8) 정보통신 업무계획의 수립 · 조정 등에 관한 업무
9) 정보통신 보안업무

16. 위임규정

「행정기관의 조직과 정원에 관한 통칙」 제12조제3항 및 제14조제4항에 따라 해양경찰청에 두는 보좌기관 또는 보조기관은 해양경찰청에 두는 정원의 범위에서 해양수산부령으로 정한다.

17. 해양경찰교육원

가. 직무

해양경찰교육원(이하 이 장에서 "교육원"이라 한다)은 다음 사무를 관장한다.
1) 소속 공무원(의무경찰을 포함한다. 이하 이 장에서 같다)의 교육 및 훈련
2) 해양에서의 경찰 및 오염방제 업무와 관련된 기관 · 단체가 위탁하는 교육 및 훈련
3) 해양에서의 경찰 및 오염방제 업무에 관한 연구 · 분석 및 장비 · 기술 개발

나. 원장

1) 교육원에 원장 1명을 두며, 원장은 경무관으로 보한다.
2) 원장은 해양경찰청장의 명을 받아 소관 사무를 총괄하고, 소속 공무원을 지휘 · 감독한다.

다. 하부조직

「행정기관의 조직과 정원에 관한 통칙」 제12조제3항 및 제14조제4항에 따라 해양경찰교육원에 두는 보좌기관 또는 보조기관은 해양경찰청의 소속기관(해양경찰정비창은 제외한다)에 두는 정원의 범위에서 해양수산부령으로 정한다. 해양경찰교육원에 운영지원과 · 교무과 · 교수과 · 직무교육훈련센터 및 학생과를 두며, 운영지원과장 · 교무과장 · 교수과장 및 직무교육훈련센터장은 총경으로, 학생과장은 경정으로 보한다.

직무교육훈련센터장은 기본과정 · 전문과정 교육훈련에 관한 다음 사항을 분장한다. 1. 교육훈련 계획의 수립 2. 교육훈련 성과의 분석 및 평가 3. 교육생의 성적 평가 및 학적 관리 4. 교육과정의 편성 및 교육훈련 운영에 관한 업무 5. 교육훈련에 관한 연구 · 개발 업무 6. 교육생 관리 및 생활지도에 관한 사항

라. 해양경찰연구센터

1) 해양에서의 경찰 및 오염방제 업무에 관한 연구 · 분석 · 장비개발 등에 관한 사무를 관장하기 위하여 해양경찰교육원장 소속으로 해양경찰연구센터를 둔다.
2) 연구센터에 센터장 1명을 두며, 센터장은 4급으로 보한다.
3) 센터장은 해양경찰교육원장의 명을 받아 소관사무를 총괄하고, 소속 공무원을 지휘 · 감독한다.
4) 「행정기관의 조직과 정원에 관한 통칙」 제12조제3항 및 제14조제4항에 따라 연구센터에 두는 보좌기관 또는 보조기관은 해양경찰청의 소속기관(해양경찰정비창은 제외한다)에 두는 정원의 범위에서 해양수산부령으로 정한다.

해양경찰연구센터장은 기술서기관으로 보한다. 해양경찰연구센터에 운영지원팀 · 장비연구팀 · 화학분석연구팀 및 정책연구팀을 두며, 각 팀장은 공업사무관 · 보건사무관 · 환경사무관 · 해양수산사무관 · 방재안전사무관 · 공업연구관 · 환경연구관 · 경정 또는 경감으로 보한다.

18. 중앙해양특수구조단

가. 직무

중앙해양특수구조단(이하 "특수구조단"이라 한다)은 다음 사무를 관장한다.
1) 대형 · 특수 해양사고의 구조 · 수중수색 및 현장지휘
2) 잠수 · 구조 기법개발 · 교육 · 훈련 및 장비관리 등에 관한 업무
3) 인명구조 등 관련 국내외 기관과의 교류 협력
4) 중 · 대형 해양오염사고 발생 시 현장출동 · 상황파악 및 응급방제조치
5) 오염물질에 대한 방제기술 습득 및 훈련

나. 단장

1) 특수구조단에 단장 1명을 두며, 단장은 총경으로 보한다.
2) 단장은 해양경찰청장의 명을 받아 소관사무를 총괄하고, 소속 공무원을 지휘 · 감독한다.

다. 해양특수구조대

1) 특수구조단의 소관 사무를 분장하기 위하여 특수구조단장 소속으로 서해해양특수구조대 및 동해해양특수구조대를 둔다.

2) 특수구조단 및 해양특수구조대의 위치는 〈표 3-3〉과 같고, 그 관할구역은 해양수산부령으로 정한다.

〈표 3-3〉 중앙해양특수구조단 및 해양특수구조대의 위치와 관할구역

■ 해양경찰청과 그 소속기관 직제 시행규칙 [별표 1]
중앙해양특수구조단 및 해양특수구조대의 위치 및 관할구역(제18조제1항 관련)

명칭	위치	관할구역
중앙해양 특수구조단	부산광역시 영도구	남해 · 제주지방해양경찰청의 관할구역
서해해양 특수구조대	전라남도 목포시	서해 · 중부지방해양경찰청의 관할구역
동해해양 특수구조대	강원도 동해시	동해지방해양경찰청의 관할구역

3) 서해해양특수구조대 및 동해해양특수구조대에 각각 대장 1명을 두며, 각 대장은 경정으로 보한다.

4) 서해해양특수구조대장 및 동해해양특수구조대장은 특수구조단장의 명을 받아 소관 사무를 총괄하고, 소속 공무원을 지휘 · 감독한다.

② 해양특수구조대장은 다음 사항을 분장한다.
1. 관할구역 내 대형 · 특수 해양사고의 구조 · 수중수색 및 현장지휘에 관한 사항
2. 소속 인력 · 특수구조장비의 운용 · 관리 및 유지에 관한 사항
3. 인명구조 등 관할구역 내 관련 기관과의 교류 협력에 관한 사항
4. 중 · 대형 해양오염사고 발생 시 현장출동 · 상황파악 및 응급방제 조치에 관한 사항
5. 오염물질에 대한 방제기술 습득 및 훈련에 관한 사항

19. 지방해양경찰관서

지방해양경찰관서는 관할 해양에서의 경찰 및 오염방제에 관한 사무를 수행한다. 지방해양경찰관서는 다음과 같다.

〈표 3-4〉 지방해양경찰관서 명칭

지방해양경찰관서의 명칭	
지방해양경찰청	해양경찰서
중부지방해양경찰청	인천, 평택, 태안, 보령해양경찰서, 서해5도특별경비단

서해지방해양경찰청	군산, 부안, 목포, 완도, 여수해양경찰서
남해지방해양경찰청	통영, 창원, 부산, 울산, 사천해양경찰서
동해지방해양경찰청	포항, 울진, 동해, 속초해양경찰서
제주지방해양경찰청	제주, 서귀포해양경찰서

가. 지방해양경찰청

1) 지방해양경찰청에 청장 1명을 둔다.

2) 중부지방해양경찰청장은 치안정감으로, 서해지방해양경찰청장 · 남해지방해양경찰청장 및 동해지방해양경찰청장은 치안감으로, 제주지방해양경찰청장은 경무관으로 보한다.

3) 지방해양경찰청장은 해양경찰청장의 명을 받아 소관사무를 총괄하고, 소속 공무원을 지휘 · 감독한다.

4) 중부지방해양경찰청, 서해지방해양경찰청 및 남해지방해양경찰청에 각각 안전총괄부를 둔다.

5) 지방해양경찰청에 다음 각 호의 구분에 따라 부 및 과를 두고, 지방해양경찰청장 밑에 청문감사담당관 및 종합상황실장을 둔다. 다만, 중부 · 서해 및 남해지방해양경찰청은 안전총괄부장 밑에 종합상황실장을 둔다.

가) 중부 · 서해 및 남해지방해양경찰청: 안전총괄부 및 기획운영과. 이 경우 안전총괄부에 경비과 · 구조안전과 · 수사과 · 정보외사과 및 해양오염방제과를 둔다.

나) 동해 및 제주지방해양경찰청: 기획운영과 · 경비안전과 · 수사과 · 정보외사과 및 해양오염방제과

6) 기획운영과장 · 경비과장 · 구조안전과장 · 경비안전과장 및 수사과장은 총경으로, 정보외사과장은 총경 또는 경정으로, 해양오염방제과장은 기술서기관 · 공업사무관 · 보건사무관 · 환경사무관 · 해양수산사무관 또는 방재안전사무관으로, 청문감사담당관은 총경 또는 경정으로, 종합상황실장은 경정으로 보한다.

7) 지방해양경찰청장 밑에 항공단을 직할단으로 두고, 특공대를 직할대로 둔다. 다만, 중부지방해양경찰청장 밑에는 서해5도 특별경비단 및 항공단을 직할단으로 두고, 특공대를 직할대로 둔다.

8) 서해5도 특별경비단장은 총경으로, 항공단장은 총경 또는 경정으로, 특공대장은 경정 또는 경감으로 보한다.

<서해5도 특별경비단>
서해5도 특별경비단장은 다음 사항에 관하여 **중부지방해양경찰청장**을 보좌한다. 1. 불법외국어선 단속, 수사 및 사후처리에 관한 사항 2. 서해5도 해역에서의 경비 및 작전 업무에 관한 사항 3. 서해5도 해역에서의 경비・작전 관련 위기관리 업무에 관한 사항 4. 서해5도 해역에서의 수색 및 구조 업무에 관한 사항

9) 각 직할단(서해5도 특별경비단은 제외한다)의 장 및 직할대의 장의 보좌사무는 해양경찰청장이 정하는 기준에 따라 지방해양경찰청장이 정한다.

나. 지방해양경찰청 안전총괄부

중부지방해양경찰청 안전총괄부, 서해지방해양경찰청 안전총괄부 및 남해지방해양경찰청 안전총괄부에 부장 각 1명을 둔다. 부장은 경무관으로 보한다. 부장은 다음 사항을 분장한다.

1. 해상경비에 관한 계획의 수립 및 지도 2. 해양에서의 수색・구조업무 3. 파출소・출장소 운영 및 외근업무의 기획・지도 4. 해상교통관제센터 운영 및 관제업무의 지도・감독 5. 수상레저 안전관리 6. 항만 운영 정보 제공 및 연안해역 안전 관리 7. 수사업무와 그 지도 및 조정 8. 정보업무에 관한 지도 및 조정 9. 국제적 범죄 또는 외국인 관련 범죄의 수사지도 10. 해양오염 방제조치 관련 업무 11. 해양오염예방을 위한 지도・점검 및 감시・단속 12. 오염물질 감식 및 분석 13. 해양상황의 접수・처리・전파 및 보고

다. 직할단・직할대

1) 지방해양경찰청장은 해양수산부령으로 정하는 범위에서 그 밑에 각각 직할단과 직할대를 둘 수 있다.

2) 직할단의 장과 직할대의 장은 특정한 해양경찰사무에 관하여 각각 지방해양경찰청장을 보좌한다.

라. 청문감사담당관

청문감사담당관은 다음 사항에 관하여 지방해양경찰청장을 보좌한다.

1) 지방해양경찰청과 그 소속기관에 대한 감사
2) 지방해양경찰청과 그 소속기관에 대한 다른 기관의 감사결과의 처리
3) 진정 및 비위사항의 조사·처리 등 사정업무에 관한 사항
4) 징계위원회 운영에 관한 사항
5) 청렴도 향상, 부패방지시책, 공무원 행동강령 운영에 관한 사항
6) 소속 공무원의 재산등록 및 심사에 관한 업무
7) 민원실 운영에 관한 사항
8) 그 밖에 지방해양경찰청장이 감사에 관하여 지시한 사항의 처리

마. 종합상황실

종합상황실장은 다음 사항에 관하여 지방해양경찰청장을 보좌한다. 다만, 중부·서해 및 남해지방해양경찰청 종합상황실장은 안전총괄부장을 보좌한다.

1) 해양 경비·재난·치안·오염 상황 등(이하 이 항에서 "해양상황 등"이라 한다)에 대한 접수·처리·전파 및 보고 등 초동조치에 관한 사항
2) 해양상황 등의 피해, 구조 및 대응 현황 등에 대한 파악·기록·통계관리 및 정보 분석에 관한 사항
3) 상황관리시스템 구축·운영 및 보안관리에 관한 사항
4) 함정, 항공기 출동상황 관리 및 안전 정보 제공에 관한 사항
5) 소속 해양경찰서의 상황관련 업무조정 등에 관한 사항

바. 서해5도 특별경비단

서해5도 특별경비단장은 다음 사항에 관하여 중부지방해양경찰청장을 보좌한다.

1) 불법외국어선 단속, 수사 및 사후처리에 관한 사항
2) 서해5도 해역에서의 경비 및 작전 업무에 관한 사항
3) 서해5도 해역에서의 경비·작전 관련 위기관리 업무에 관한 사항
4) 서해5도 해역에서의 수색 및 구조 업무에 관한 사항

사. 기획운영과

기획운영과장은 다음 사항을 분장한다. 〈개정 2022. 1. 18〉

1. 보안업무에 관한 사항
2. 관인 및 관인대장의 관리
3. 기록관 운영 및 기록물 관리에 관한 사항
4. 문서의 분류·접수·발송 등 문서처리
5. 소속 공무원의 복무·인사·교육·상훈 및 복지에 관한 사항
6. 주요 정책과 계획의 수립·조정 및 집행
7. 조직 및 정원의 관리에 관한 사항
8. 혁신 및 성과의 관리에 관한 사항

9. 법제 및 송무 업무
10. 예산의 재배정・집행・회계 및 국유재산 관리에 관한 사항
11. 해양경찰 정책의 홍보에 관한 사항
12. 소속 해양경찰서의 교육・훈련 집행 및 평가에 관한 사무
13. 통신 및 전산장비의 관리에 관한 사항
14. 그 밖에 지방해양경찰청 내의 다른 과 또는 담당관의 사무에 속하지 아니하는 사항

아. 경비과

경비과장은 다음 사항을 분장한다.

1. 해양경비업무의 총괄・조정 및 지휘
2. 소속 해양경찰서 함정의 배치 및 조정에 관한 사항
3. 해상에서의 경비・작전 관련 위기관리 업무에 관한 사항
4. 해상에서의 작전・경호 및 해적대응에 관한 사항
5. 해양에서의 대테러 업무에 관한 사항
6. 대량살상무기 확산방지구상(PSI)에 따른 해상 승선 및 검색에 관한 사항
7. 특수기동대 운영에 관한 지도 및 감독
8. 해상집회・시위 등 집단사태의 대응에 관한 사항
9. 특공대의 운영에 관한 지도 및 감독
10. 소속 해상교통관제센터 운영 및 관제업무의 지도・감독
11. 소속 해상교통관제 제도개선 및 지도・감독
12. 소속 해상교통관제 시설의 설계, 구축 및 시설물 관리・운영에 관한 사항
13. 소속 해상교통관제 교육・훈련에 관한 업무
14. 함정 및 차량의 정비・보급에 관한 사항
15. 물품의 수급・보관・출납 및 관리

자. 구조안전과

구조안전과장은 다음 사항을 분장한다.

1) 해양재난의 대비・대응에 관한 사항
2) 해양사고에 따른 수색・구조업무에 관한 사항
3) 해양경찰구조대 운영 등 해양구조대 관련 업무
4) 파출소・출장소 운영 및 방범업무의 지도・감독
5) 선박 입・출항 신고기관의 운영 및 지도에 관한 사항
6) 해수면 유선 및 도선의 안전관리에 관한 사항
7) 「해상교통안전법」 제11조부터 제13조까지의 규정에 따른 교통안전특정해역의 설정 협의 및 관리에 관한 사항
8) 연안해역 안전점검 및 사고예방 활동
9) 수상레저의 안전관리에 관한 사항
10) 수상레저 안전문화의 조성 및 진흥에 관한 사항
11)해양안전 관련 민・관・군 구조 협력에 관한 사항

차. 경비안전과

경비안전과장은 다음 사항을 분장한다.

1. 해상경비업무의 총괄·조정 및 지휘
2. 소속 해양경찰서 함정의 배치 및 조정에 관한 사항
3. 해양재난의 대비·대응에 관한 사항
4. 해양사고에 따른 수색·구조업무에 관한 사항
5. 해양경찰구조대 운영 등 해양구조대 관련 업무
6. 해상에서의 경비·작전 관련 위기관리 업무에 관한 사항
7. 해상에서의 작전·경호 및 해적대응에 관한 사항
8. 해양에서의 대테러 업무에 관한 사항
9. 대량살상무기 확산방지구상(PSI)에 따른 해상 승선 및 검색에 관한 사항
10. 특수기동대 운영에 관한 지도 및 감독
11. 해상집회·시위 등 집단사태의 대응에 관한 사항
12. 파출소·출장소 운영 및 방범업무의 지도·감독
13. 선박 출·입항 신고기관의 운영 및 지도에 관한 사항
14. 해수면 유선 및 도선의 안전관리에 관한 사항
15. 「해상교통안전법」 제11조부터 제13조까지의 규정에 따른 교통안전특정해역의 설정 협의 및 관리에 관한 사항
16. 소속 해상교통관제센터 운영 및 관제업무의 지도·감독
17. 소속 해상교통관제 제도개선 및 지도·감독
18. 소속 해상교통관제 시설의 설계, 구축 및 시설물 관리·운영에 관한 사항
19. 소속 해상교통관제 교육·훈련에 관한 업무
20. 해수욕장 안전관리
21. 연안해역 안전점검 및 사고예방 활동
22. 수상레저의 안전관리에 관한 사항
23. 수상레저안전문화의 조성 및 진흥에 관한 사항
24. 해양안전 관련 민·관·군 구조 협력에 관한 사항
25. 특공대의 운영에 관한 지도 및 감독
26. 함정 및 차량의 정비·보급에 관한 사항
27. 물품의 수급·보관·출납 및 관리

카. 수사과

수사과장은 다음 사항을 분장한다. 〈개정 2021. 1. 14.〉

1) 범죄수사의 지도
2) 수사에 관한 민원의 처리
3) 범죄 통계 및 수사자료의 분석
4) 유치장 관리의 지도 및 감독
5) 형사업무와 관련된 사항
6) 광역수사업무와 그 지도 및 조정
7) 형사기동정의 운영에 관한 사항
8) 소속 해양경찰서의 수사 업무에 관한 사항

타. 정보외사과

정보외사과장은 다음 사항을 분장한다.

1) 정보업무에 관한 지도 및 조정 2) 공공안녕에 대한 위험의 예방과 대응을 위한 정보의 수집 · 종합 · 분석 · 작성 및 배포 3) 정책정보의 수집 · 종합 · 분석 · 작성 및 배포 4) 해상 집회 · 시위 등 집단사태의 관리에 관한 지도 · 조정 5) 외사업무에 관한 지도 및 조정 6) 외사정보의 수집 · 종합 · 분석 · 작성 및 배포 7) 해양치안 관련 국제교류 · 협력에 관한 사항 8) 보안업무에 관한 지도 및 조정 9) 보안정보의 수집 · 종합 · 분석 · 작성 및 배포 10) 소속 해양경찰서의 정보 · 외사 · 보안 업무에 관한 사항

파. 해양오염방제과

해양오염방제과장은 다음 사항을 분장한다.

1) 해양오염 방제조치에 관한 사항 2) 지역방제대책본부의 설치 · 운영 3) 해양오염방제업 · 유창청소업의 등록 및 지도에 관한 사항 4) 해양시설오염비상계획서 검인 및 안전점검의 지도 5) 지역해양오염방제대책협의회의 구성 · 운영 6) 지역긴급방제실행계획의 수립 및 실행 7) 오염물질 해양배출신고의 처리에 관한 사항 8) 방제비용에 관한 사항 9) 해양오염방지 및 방제 교육 · 훈련에 관한 사항 10) 방제장비 · 자재 및 약제의 긴급동원 및 보급 · 지원에 관한 사항 11) 기름 및 유해화학물질 사고 대비 · 대응에 관한 사항 12) 방제 관련 관할해역의 특성정보 · 자료 수집 및 관리에 관한 사항 13) 해양오염방지를 위한 예방활동 및 지도 · 점검 14) 오염물질의 해양배출 행위에 대한 조사에 관한 사항 15) 해양오염 예방 및 방제관련 전산시스템 운용 16) 해양환경감시원의 직무에 관한 사항 17) 선박해체 해양오염방지작업계획의 신고에 관한 사항 18) 오염물질의 감식 · 분석 등에 관한 사항 19) 해양오염방지를 위한 구난조치에 관한 사항

하. 해양경찰서

1) 해양경찰서에 서장 1명을 둔다. 서장은 총경으로 보한다. 서장은 지방해양경찰청장의 명을 받아 소관사무를 총괄하고, 소속 공무원을 지휘 · 감독한다.

2) 지방해양경찰청에 두는 해양경찰서의 명칭 및 위치는 별표 3과 같고, 해양경찰서의 하

부조직·관할구역, 그 밖에 필요한 사항은 해양수산부령으로 정한다.

3) 해양경찰서에 기획운영과·경비구조과·해양안전과·수사과·정보외사과·해양오염방제과 및 장비관리과를 둔다. 다만, 인천해양경찰서 및 동해해양경찰서에는 기획운영과·경비구조과·해양안전과·수사과·정보외사과·해양오염방제과·장비관리과 및 보안팀을 두고, 태안해양경찰서·완도해양경찰서·울산해양경찰서·포항해양경찰서·속초해양경찰서·보령해양경찰서·부안해양경찰서·울진해양경찰서 및 사천해양경찰서에는 기획운영과·경비구조과·해양안전과·수사과·정보외사과·해양오염방제과 및 장비관리운영팀을 둔다.

4) 각 과장 및 팀장은 경정 또는 경감으로 보한다. 다만, 해양오염방제과장은 공업사무관·보건사무관·환경사무관·해양수산사무관·방재안전사무관으로 보한다.

5) 각 과장 및 팀장의 분장사무는 해양경찰청장이 정하는 기준에 따라 지방해양경찰청장이 정한다.

거. 파출소 등

1) 파출소

가) 지방해양경찰청장은 해양경찰서장의 소관 사무를 분장하기 위하여 해양수산부령으로 정하는 바에 따라 해양경찰서장 소속으로 파출소를 둘 수 있다.

나) 지방해양경찰청장은 필요한 경우에는 해양수산부령으로 정하는 바에 따라 해양경찰서장 소속으로 출장소를 둘 수 있다.

다) 파출소 및 출장소의 명칭·위치와 관할구역, 그 밖에 필요한 사항은 지방해양경찰청장이 정한다.

2) 파출소 및 출장소의 설치기준

해양경찰서장의 소관 사무를 분장하기 위하여 해양경찰서장 소속으로 파출소를 두되, 다음 각 호의 어느 하나에 해당하는 경우에는 출장소를 둘 수 있다.

가) 도서, 농·어촌 벽지 등 교통·지리적 원격지로 인접 해양경찰관서에서의 출동이 용이하지 아니한 경우

나) 관할구역에 국가중요시설 등 특별한 경계가 요구되는 경우

다) 휴전선 인근 등 보안상 취약지역을 관할하는 경우

라) 제1호부터 제3호까지에서 규정한 사항 외에 치안수요가 특수하여 파출소를 운영하는 것이 적당하지 아니한 경우

너. 해상교통관제센터

1) 지방해양경찰청의 소관 사무를 분장하기 위하여 지방해양경찰청장 소속으로 해상교통관제센터를 둔다.

2) 해상교통관제센터는 광역해상교통관제센터, 항만해상교통관제센터 및 연안해상교통관제센터로 구분한다.
3) 해상교통관제센터의 명칭 및 위치는 해양수산부령으로 정하고, 관할구역 등 그 밖에 필요한 사항은 지방해양경찰청장이 정한다.
4) 해상교통관제센터장은 기술서기관·방송통신사무관·해양수산사무관 또는 경정으로 보한다.
5) 해상교통관제센터에 센터장 1명을 두며, 광역해상교통관제센터장 및 항만해상교통관제센터장은 4급 또는 5급으로, 연안해상교통관제센터장은 5급 또는 경정으로 보한다.
6) 지방해양경찰청장 소속하에 두는 해상교통관제센터의 명칭 및 위치는 〈표 3-5〉와 같다.

〈표 3-5〉 연안교통관제센터 및 항만교통관제센터의 명칭 및 위치

■ **해양경찰청과 그 소속기관 직제 시행규칙 [별표 3] 〈개정 2022. 12. 29.〉**

해상교통관제센터의 명칭 및 위치(제32조제1항 관련)

구분	소속	명칭	위치
광역해상교통관제센터	서해지방 해양경찰청	군산광역해상교통관제센터	전라북도 군산시
		목포광역해상교통관제센터	전라남도 목포시
항만해상교통관제센터	중부지방 해양경찰청	대산항해상교통관제센터	충청남도 서산시
		평택항해상교통관제센터	경기도 평택시
		인천항해상교통관제센터	인천광역시 중구
		경인항해상교통관제센터	인천광역시 서구
	서해지방 해양경찰청	여수항해상교통관제센터	전라남도 여수시
		완도항해상교통관제센터	전라남도 완도군
	남해지방 해양경찰청	울산항해상교통관제센터	울산광역시 남구
		부산항해상교통관제센터	부산광역시 영도구
		부산신항해상교통관제센터	경상남도 창원시
		마산항해상교통관제센터	경상남도 창원시
	동해지방 해양경찰청	동해항해상교통관제센터	강원도 동해시
		포항항해상교통관제센터	경상북도 포항시
	제주지방 해양경찰청	제주항해상교통관제센터	제주특별자치도 제주시

연안해상교통 관제센터	중부지방 해양경찰청	경인연안해상교통관제센터	인천광역시 중구
		태안연안해상교통관제센터	충청남도 서산시
	서해지방 해양경찰청	여수연안해상교통관제센터	전라남도 여수시
	남해지방 해양경찰청	통영연안해상교통관제센터	경상남도 통영시

7) 해상교통관제센터장은 다음 사항을 분장한다.

> ① 해상교통관제센터의 설치 · 운영에 관한 사항
> ② 해상교통관제 시설 설치 및 관리 · 운영에 관한 사항
> ③ 해상교통관제절차 위반사항의 처리에 관한 사항
> ④ 항만운영에 관한 정보 제공에 관한 사항
> ⑤ 해상교통관제센터 직원 복무에 관한 사항
> ⑥ 해상교통관제업무 절차 홍보 · 안전교육 및 지도 · 점검에 관한 사항
> ⑦ 해상교통관제센터의 대내외 협력에 관한 사항

20. 해양경찰정비창

가. 직무

해양경찰정비창은 함정의 정비 및 수리에 관한 사무를 관장한다.

1) 해양경찰정비창(이하 "정비창"이라 한다)에 창장 1인을 두되, 창장은 임기제공무원으로 보한다.

2) 창장은 해양경찰정비창의 사무를 총괄하고, 소속 공무원을 지휘 감독한다.

나. 하부조직의 설치 등

1) 해양경찰정비창의 하부조직의 설치와 분장사무는 「책임운영기관의 설치 · 운영에 관한 법률」 제15조제2항에 따라 같은 법 제10조에 따른 기본운영규정으로 정한다.

2) 「책임운영기관의 설치 · 운영에 관한 법률」 제16조제1항 후단에 따라 해양경찰정비창에 두는 공무원의 종류별 · 계급별 정원은 이를 종류별 정원으로 통합하여 해양수산부령으로 정하고, 직급별 정원은 같은 법 시행령 제16조제2항에 따라 같은 법 제10조에 따른 기본운영규정으로 정한다.

제3절 해양경찰법

1. 해양경찰법의 역사

가. 초기의 해양경찰법

1953년 12월 23일 해양주권선 경비임무 담당을 위해 내무부 치안국 소속으로 창설된 해양경찰대는 1962년 4월 3일 해상치안 수요가 증가함에 따라 「해양경찰대설치법(법률1048호)」이 제정되면서 사법권이 강화되고 장비와 인력이 강화되었다. 이 법에서는 해양경찰대가 「어업자원보호법」에 의한 '관할수역 내의 범죄수사와 기타 해상에 있어서의경찰에 관한 사무를 관장'하도록 규정하였는데 이는 매우 큰 의미를 갖는다.

어업자원 보호 등에 한정하여 제한된 사법경찰권이 부여되었던 종전과는 달리, 어업자원 보호는 물론 간첩의 해상침투방지, 밀수·밀항자 단속, 평화선상의 관할수역 경비와 조난선박의 구조, 항로표지의 보호 등 거의 모든 해상사법경찰권이 부여된 것이었다. 창설 이후 10년 정도 열악한 시설과 장비 그리고 소속기관마저 오락가락하며 운영되던 해양경찰대가 「해양경찰대설치법」을 근거로 비로소 뿌리를 내리고 안정적으로 임무를 수행하는 계기가 되었다. 하지만 1973년 1월 15일 박정희 정부가 들어서면서, 「정부조직법」 개정으로 「해양경찰대설치법」은 폐지되었고 해양경찰조직에 관한 규정은 대통령령으로 정하게 되었다.

나. 「경찰법」 제정과 해양경찰청이 경찰청 소속으로 이관

1991년 5월 31일 정부는 법률 제4369호로 「경찰법」을 제정하였다. 기존 내무부장관 소속의 해양경찰대는 경찰청장 소속의 해양경찰청으로 승격되고, 대통령령에 규정되어있던 조직은 「경찰법」에 명시되었다. 해양경찰의 조직이 비록 경찰법 내에 근거를 두게 된 것이지만, 기존의 대통령령에서 경찰법이라고 하는 법률로 규정된 것에 의의가 있다.

한편, 경찰법에서는 경찰청장 소속 하에 해양경찰청을 두고, 해양경찰청 산하에는 해양경찰서를 둔다고 규정함에 따라 해양경찰청은 경찰청 소속기관이 되었다. 해양경찰의 임무는 경찰법 제3조가 규정한 경찰의 직무, 즉 '국민의 생명·신체 및 재산의 보호와 범죄의 예방·진압 및 수사, 치안 정보의 수집·작성 및 배포, 교통의 단속과 기타 공공의 안녕과 질서유지 등'을 그대로 따르게 되었다.

다. 해양수산부 소속의 독립외청으로 승격, 별도의 조직법 제정은 좌절

1996년 8월8일 정부가 「정부조직법」을 개정하여 해양수산부를 신설하고, 해양경찰청을 해양수산부 외청으로 분리시킴에 따라, 해양경찰청은 창설 이후 43년 만에 독립적 지위를 가진 중앙행정기관으로 그 지위가 격상되었다. 하지만 「경찰법」에 기재된 '해양경찰청의 설치·조직'에 관한 법적 근거가 삭제되었고, 독립외청으로 지위가 격상됨과 동시에 별도의 조직법이 제정되었어야 했으나, 제반여건이 갖춰지지 않아 대통령령으로 제정된 「해양경찰청과 그 소속기관 직제」가 해양경찰의 조직법을 대체하게 되었다.

라. 「해양경찰법」 제정

해양경찰은 법 제정을 위해 노력해 왔으나 내부적으로는 법 제정의 공감대를 형성하지 못하였고, 외부적으로는 국회대응과 관계기관과의 협의도 원만하지 못해 실패를 거듭하였다. 그러나 세월호 사고 이후 해양안전정책이 더욱 강화되고, 바다에서 일어난 재난과 재해는 해양경찰이 완벽하게 책임을 질수 있는 법 제정을 추진한 결과 2019년 8월 20일 오랜 숙원이던 「해양경찰법」이 법률 제16515호로 재정·공포되었다.

2. 해양경찰법의 법원

해양경찰법의 법원(法源)이란 해양경찰 행정에 관한 법이 어떻게 성립되고 어떠한 형식으로 존재하는가의 문제, 즉 해양경찰법의 존재 형식 또는 인식근거를 말한다, 이러한 해양경찰법의 법원에는 성문 법원(헌법, 법률, 명령, 국제조약, 자치법규)과 불문 법원(관습법, 판례법, 조리)이 있다. 다만 행정처분은 구체적 사실에 대한 행정청의 권력적 법집행 작용으로서 법원이 될 수 없다.

3. 해양경찰법 구성 체계

해양경찰법은 총 5개의 장과 21개 조문 그리고 부칙으로 이루어졌으며, 세부적으로는 다음과 같이 구성되어 있다.

〈표 3-6〉 해양경찰법 구성체계

장	내용
제1장 총칙 (제1조 - 제4조)	목적, 해양경찰의 책무, 권한남용의 금지 등, 해양경찰의 날
제2장 해양경찰위원회 (제5조 - 제10조)	해양경찰위원회 설치 등, 위원회의 구성 및 위원의 임명, 위원의 임기 및 신분보장, 재의요구, 의견 청취 등, 위원회의 운영 등
제3장 해양경찰청 (제11조 - 제15조)	해양경찰청장, 해양경찰청장 임명자격, 해양경찰청소속 공무원, 직무, 직무수행, 수사의 지휘·감독
제4장 해양안전 확보 등 (제16조 - 제18조)	해양안전 확보노력, 협력, 국민참여의 확대

제5장 해양경찰 직무수행의 기반조성 (제19조 - 제21조)	직무수행의 전문성 확보, 해양경찰 장비의 관리 등, 연구개발의 지원 등
부칙	시행일, 다른 법률의 개정

4. 해양경찰법의 내용51)

가. 목적(제1조)

> 이 법은 해양주권을 수호하고 해양 안전과 치안 확립을 위하여 해양경찰의 직무와 민주적이고 효율적인 운영에 필요한 사항을 규정함을 목적으로 한다.

'해양주권 수호'라는 개념은 해양경찰의 중요성이 증대되고 있는 오늘날의 신해양시대에 발맞춘 해양경찰 직무의 확장성을 고려할 때 가장 포괄적인 표현이다. '해양안전'을 별도로 규정한 이유는 시대적 상황에 따라 해양안전 확보가 국민의 염원임을 더욱 강조하기 위함이다. '치안확립'은 해양에서 일반사법경찰권을 행사하는 기관으로서 달성해야 할 목적을 표현한 것이다.

> **► 해양의 정의**
>
> 「해양수산발전 기본법」 제3조1호에서는 '"해양"이라 함은 대한민국의 내수・영해・배타적경제수역・대륙붕 등 대한민국의 주권・주권적권리 또는 관할권이 미치는 해역과 헌법에 의하여 체결・공포된 조약 또는 일반적으로 승인된 국제법규에 의하여 대한민국의 정부 또는 국민이 개발・이용・보전에 참여할 수 있는 해역을 말한다.'라고 규정하고 있다.
>
> 다만, '내수면'이 '해양'에 포함되는지는 법률마다 상이하게 해석되고 있다. 「해양경찰법」 에서 해양의 범위를 명확하게 규정하지 않은 이유는 해양환경 변화에 따라, 해양경찰의 직무범위가 변동될 경우 유연하게 대처하기 위함이다.
>
> **►'해양주권 수호'의 의미**
>
> '해양주권 수호'는 해양경찰의 독창적이고 고유한 직무이다. 사전적 의미로는 '해양에서 가장 주요한 권리를 지키고 보호 한다'는 뜻을 가지고 있다. 독도에서의 한·일 간 충돌, 불법조업 중국어선 흉포화, 북한과 NLL 대치 등은 '해양주권 수호'를 위한 해양경찰의 중요한 직무로 인식되고 있다.
>
> ① 독도 및 이어도의 주권적 권리보호
> ② 영토 및 영해에서 관세·재정·출입국관리·보건·위생에 관한 위법행위 방지·제재(영해 및 접속수역법)
> ③ 관할수역에서 국내·외국선박의 권리 보장 및 불법행위의 억제(배타적경제수역 및 대륙붕에 관한 법률, 선박 및 해상구조물에 대한 위해행위의 처벌 등에 관한 법률)
> ④ 배타적경제수역의 자원보호를 위한 불법어로행위 단속활동(배타적경제수역에서의 외국인어업 등에 대한 주권적 권리의 행사에 관한 법률)

51) 해양경찰청, 「해양경찰법해설서」, 2019. 36-108면.

⑤ 공해 또는 국가관할권 밖에서 발생한 해적행위 등에 대한 단속과 해적선의 나포 및 수사 (국제항해선박 등에 대한 해적행위 피해예방 관한 법률)
⑥ 그 밖에 해양에서 우리 국민의 권익을 보장하기 위한 보호활동

► **「해양경찰법」을 해양경찰의 조직법으로 볼 수 있는지?**

-해양경찰법은 해양경찰의 조직 및 직무뿐만 아니라 해양경찰의 운영, 직무수행의 기반이 되는 사항을 규정하고 직무수행의 방향성을 제시한 해양경찰의 조직법이자 기본법이다.
-제3장 해양경찰청과 해양경찰의 직무, 경찰공무원으로서 신분 등은 대표적인 조직법적 규정이라고 볼 수 있다.
-그러나 「해양경찰법」은 청장 및 직무 등을 규정하는 조직법적 규정이 포함되어 있지만 차장, 하부조직 등에 대한 구체적인 조직규정을 두지 못하여 조직법적 색채는 상대적으로 옅다. 반면에 해양경찰위원회, 해양안전 확보노력·협력·국민참여의 확대, 해양경찰 직무수행의 전문성 확보·장비관리 및 연구개발의 지원 등 해양경찰 만의 특색을 나타내는 기본법적 규정들이 다수 포함되어 있다.

나. 해양경찰의 책무(제2조)

① 해양경찰은 해양에서 사람의 생명·신체 및 재산을 보호하고, 해양사고에 효율적으로 대응하기 위한 시책을 추진하여야 한다.
② 해양경찰은 대한민국의 국익을 보호하고 해양영토를 수호하며 해양치안질서 유지를 위하여 필요한 조치와 제도를 마련하여야 한다.
③ 해양경찰은 해양경찰의 정책에 대한 국민의 의견을 존중하고, 민주적이고 투명한 조직운영을 위하여 노력하여야 한다.

직무규정은 해양경찰의 구체적인 업무의 범위를 나타내는 규정이며, 책무규정은 해양경찰의 선언적이고 포괄적인 업무 방향성이라고 할 수 있다. 해양경찰의 직무 중에서 최우선적인 가치를 부여해야 할 것은 책무로 규정하였으며, 이와 관련된 정책수립과 집행 의무를 명시적으로 부여하였다. 이 법의 목적을 달성하도록 강제하는 효과가 있으며, 국가발전과 국민복지 향상을 위해 해양경찰의 적극적인 직무집행을 유도하기 위한 규정이다. 책무규정은 의무적 성격을 가지고 있지만 사실상 권한으로서의 성격도 갖고 있다. 이 규정은 다른 부처·기관의 권한과 직무를 침해하는 것이 아니라, 현재 다수의 타 부처 소관 법률에 분포되어 업무경계가 명확하지 않은 상태로 수행되고 있는 해양경찰의 업무범위를 간접적으로 확정하는 기능을 한다.

일반적으로 책무는 '국가 및 지방자치단체의 책무'에 부여하고 있으며, 특정 정부부처의 책무를 선언적으로 규정한 입법례는 거의 찾아보기 어렵다. 그럼에도, 조직법이자 기본법인 「해양경찰법」에 '책무'규정을 둔 이유는, 해양 안전관리, 국익 보호, 해양영토 수호 및 치안질서 유지 등 해양경찰의 소관 직무의 중요성을 다시 한번 강조함으로써, 이 법의 목적을 보다 효과적으로 달성하기 위함이다.

> ►'해양영토'의 의미
> 영해, 접속수역 및 배타적경제수역 등 대한민국 법령과 국제법에 따라 대한민국의 권리와 관할권이 인정되는 해역을 의미하는 용어로 사용되고 있다.
> ► 해양영토 수호
> 해군에서 수행하는 '해양영토 수호'는 군사력에 대한 대응에 한정된다. 해양경찰에서 수행하는 '해양영토 수호'는 이보다 넓은 개념으로, 국제법상 대한민국의 관할권이 인정되는 해양에서 주권을 보전하려는 비군사적 대응을 말한다. 대표적으로 해양경찰이 수행하는 '해양영토 수호'업무로는 일본과 중국의 독도·이어도 인근해역에서의 과학조사 차단, 중국 불법조업 어선 단속 등이 있다.

다. 권한남용의 금지 등(제3조)

> 해양경찰은 그 직무를 수행할 때 국민 전체에 대한 봉사자로서 공정・중립을 지켜야 하고, 헌법과 법률에 따라 국민의 자유와 권리를 존중하며, 부여된 권한을 남용하여서는 아니 된다.

국민의 기본권을 직접적으로 제한하는 공권력 행사기관인 해양경찰이 직무를 수행함에 있어 가장 지켜야 할 원칙을 규정한 조문이다. 헌법상 법률유보 및 과잉금지의 원칙과 함께 '공무원은 국민 전체의 봉사자'라는 헌법 제7조제1항의 취지가 반영되어 국민의 봉사자로서 공정하고, 정치적으로 중립성을 유지해야 한다는 점과 공권력 행사의 제한점을 천명한 것이다.

라. 해양경찰의 날(제4조)

> 국민에게 해양주권 수호의 중요성을 널리 알리고 해양안전 의식을 높이기 위하여 매년 9월 10일을 해양경찰의 날로 하고, 기념행사를 한다.

「해양경비법」은 해양경찰 직무 중 일부를 개별적으로 규정하는 작용법이지만, 그간 '해양경찰의 날'을 수용할 수 있는 기본법이 없어 동법 제5조의2에 '해양경찰의 날'을 규정해 오다가 해양경찰 조직과 직무를 포괄하는 「해양경찰법」이 제정됨에 따라 이관하여 규정하였다. 행정안전부에서는 정부가 주관하는 각종 기념일과 기념일에 거행되는 각종 행사를 대통령령인 「각종 기념일 등에 관한 규정」에 명시하고 있다. 그러나 '해양경찰의 날'은 개별 법률을 통해 별도로 정하고 있다. 행정안전부 소관 기념일 행사는 정부가 주관하지만, 개별 법률에 지정된 기념일은 사전에 국무회의에 보고를 한 후 행사를 시행한다는 점과 해당 중앙행정기관의 장이 주관하는 차이점이 있다.

국민에게 해양주권의 수호의 중요성을 널리 알리고 해양안전 의식을 고양하기 위하여 「배타적 경제수역 및 대륙붕에 관한 법률」 시행일인 9월 10일을 '해양경찰의 날'로 정하고 이를 기념하는 행사를 개최하고 있다.

마. 해양경찰위원회의 설치 등(제5조)

> ① 해양경찰행정에 관하여 다음 각 호의 사항을 심의・의결하기 위하여 해양수산부에 해양경찰위원회(이하 "위원회"라 한다)를 둔다.
> 1. 해양경찰청 소관 법령 또는 행정규칙의 제정・개정・폐지, 소관 법령에 따른 기본계획・관리계획 등의 수립 및 이와 관련된 사항
> 2. 인권보호와 부패방지 및 청렴도 향상에 관한 주요 정책사항
> 3. 해양경찰청 소속 공무원의 채용・승진 등 인사운영 기준과 교육 및 복지증진에 관한 사항
> 4. 해양경찰장비・시설의 도입・운영에 관한 사항
> 5. 그 밖에 주요 정책과 제도 개선 및 업무발전에 관하여 필요하다고 인정되어 위원회 의결로 회의에 부치는 사항
>
> ② 제1항에도 불구하고 해양수산부장관 또는 해양경찰청장은 중요하다고 인정되어 위원회의 심의・의결이 필요한 사항은 회의에 부칠 수 있다.
> ③ 해양수산부장관은 제1항 또는 제2항에 따라 심의・의결된 내용이 적정하지 아니하다고 판단할 때에는 재의를 요구할 수 있다.

해양경찰위원회는 해양경찰 정책의 민주성과 투명성 제고를 위한 통제장치이다. 해양경찰위원회는 해양경찰의 주요정책에 관한 심의·의결기구로서 국민의 권익을 보호하는 독립적인 외부 통제장치의 역할을 수행함으로써, 해양경찰이 '국민의 해양경찰'로 거듭나는데 이바지할 것이다. 해양수산부소속으로 해양경찰위원회를 두고 해양경찰의 주요 법령, 인사, 장비 등 주요 정책과 인권보호와 같은 주요사항에 대해 심의·의결을 수행하도록 규정하였다. 해양경찰청 단독 및 공동소관 법령은 「해양경찰법」을 포함 총 48개이며(2023년 8월 기준. 해양경찰청 홈페이지 법령정보 참조), 이중 법률은 15개, 대통령령은 18개, 부령은 15개가 있다.

〈표 3-7〉 해양경찰 단독 및 공동소관 법령

〈단독 소관법령〉		
법률	**대통령령**	**부령**
「해양경찰법」	해양경찰법 제11조제5항 단서에 따른 긴급하고 중요한 사건의 범위 등에 관한 규정	
「수상에서의 수색·구조 등에 관한 법률」	「수상에서의 수색·구조 등에 관한 법률 시행령」	「수상에서의 수색·구조 등에 관한 법률 시행규칙」
「연안사고 예방에 관한 법률」	「연안사고 예방에 관한 법률 시행령」	「연안사고 예방에 관한 법률 시행규칙」
「수상레저안전법」	「수상레저안전법 시행령」	「수상레저안전법 시행규칙」
「해양경비법」	「해양경비법 시행령」	「해양경비법 시행규칙」
「선박교통관제에 관한 법률」	「선박교통관제에 관한 법률 시행령」	「선박교통관제의 시행 등에 관한 규칙」
수상레저기구 등록 및 검사에 관한 법률	수상레저기구 등록 및 검사에 관한 법률 시행령	수상레저기구 등록 및 검사에 관한 법률 시행규칙

경찰장비 도입 및 관리에 관한 법률	경찰장비 도입 및 관리에 관한 법률 시향령	경찰장비 도입 및 관리에 관한 법률 시행규칙
	「해양경찰청 소속 경찰공무원 임용에 관한 규정」	해양경찰청 소속 경찰공무원 임용에 관한 규정 시행규칙
		「해양경찰청 소속 경찰공무원 복제에 관한 규칙」
		「해양경찰청 소속 경찰공무원 특수지 근무수당 지급규칙」
		「해양경찰청과 그 소속기관 직제 시행규칙」
		해양경찰수사규칙
	「해양경찰 분야 과학기술진흥에 관한 규정」	
	「해양경찰위원회 규정」	
	해양경찰청 소속 경찰공무원 교육훈련규정	
〈공동 소관법령〉		
「경찰공무원법」 (경찰청)		
「경찰관 직무집행법」(경찰청)	「경찰관 직무집행법 시행령」 (경찰청)	
「밀항단속법」 (법무부)		
	「해양경찰청과 그 소속기관 직제」(행정안전부)	
		경찰공무원 지급품에 관한 규칙(경찰청)
「경범죄 처벌법」 (경찰청)	「경범죄 처벌법 시행령」(경찰청)	「경범죄 처벌법 시행규칙」 (경찰청)
「자동차 등 특정동산 저당법」 (국토부, 법무부, 해수부)	「자동차 등 특정동산 저당법 시행령」 (국토부, 법무부, 해수부)	
「경찰공무원 보건안전 및 복지기본법」 (경찰청)	「경찰공무원 보건안전 및 복지기본법 시행령」(경찰청)	
「재난 및 안전관리 기본법」 (소방청, 행정안전부)	「재난 및 안전관리 기본법 시행령」(소방청, 행정안전부)	「재난 및 안전관리 기본법 시행규칙」(소방청,행정안전부)

〈자료: 법제처 국가법령정보센터 및 해양경찰청 홈페이지. 2023. 8.〉

법령과 행정규칙은 제정·개정·폐지를 위해서는 위원회의 안건으로 상정해야 한다. 상정 시기는 제·개정 등 계획보고가 지휘부 결재를 득한 후이다.

그리고 법령에 따른 기본 및 관리계획은 총 16건으로 이 중 매년 수립해야 하는 계획은 8건이다(2023. 8월 기준).

〈표 3-8〉 법령에 따른 기본·관리계획

연번	기본계획, 관리계획 등	근거법령	주기
1	경찰공무원 보건안전 및 복지증진 기본/시행계획	경찰복지법 제5조	5년/1년
2	수난대비 기본/집행계획	수상구조법 제4조	5년/1년
3	연안사고 예방 기본/시행계획	연안사고예방법 제5조	5년/1년
4	해양경비 기본계획/해양경비계획	해양경비법 제6조	5년/1년
5	수상레저안전관리계획/시행계획	수상레저안전법 제29조의2	5년/1년
6	선박교통관제 기본계획/시행계획	선박교통관제에 관한 법률제8조	5년/1년
7	해양경찰 분야 과학기술진흥 종합계획/시행계획	해양경찰 분야 과학기술진흥에 관한 규정 제3조	5년/1년
8	해양경찰장비 도입 및 관리에 관한 기본계획/시행계획	해양경찰장비 도입 및 관리에 관한 법률 제4조	5년/1년

그리고 이법 제3항의 재의요구권은 해양수산부장관에게만 부여된 권한으로, 심의·의결된 내용이 적정하지 아니하다고 판단될 때에는 재의를 요구할 수 있도록 하여 해양경찰위원회의 심의·의결 권한에 대해 최소한의 견제장치를 두었다.

바. 위원회 구성 및 위원의 임명(제6조)

제6조(위원회의 구성 및 위원의 임명) ① 위원회는 위원장 1명을 포함한 7명의 위원으로 구성하되, 위원장 및 위원은 비상임으로 한다.
② 위원 중 2명은 법관의 자격이 있는 사람이어야 한다.
③ 위원은 해양수산부장관의 제청으로 국무총리를 거쳐 대통령이 임명한다. 이 경우 해양수산부장관은 위원 임명을 제청할 때 해양경찰의 정치적 중립이 보장되도록 하여야 한다.
④ 다음 각 호의 어느 하나에 해당하는 사람은 위원이 될 수 없다.
1. 당적을 이탈한 날부터 3년이 지나지 아니한 사람
2. 선거에 의하여 취임하는 공직에서 퇴직한 날부터 3년이 지나지 아니한 사람
3. 경찰, 검찰, 국가정보원 직원 또는 군인의 직에서 퇴직한 날부터 3년이 지나지 아니한 사람
4. 「국가공무원법」 제33조 각 호의 어느 하나에 해당하는 사람

해양경찰위원회는 「정부조직법」 제5조[52]에 근거한 대외적으로 법적구속력을 갖는 의사결정을 할 수 있는 합의제행정청(행정위원회)의 성격을 갖는 것은 아니다. 「행정기관 소속 위원회의 설치·운영에 관한 법률」 제5조제2항에 따른 자문위원회 등으로 전원 비상임위원으로 구성되었다. 즉 의결권한은 가지나 정해진 의사를 대외적으로 표시하는 권한은 없는 '의결기관의 성격을 갖는 위원회'로 볼 수 있다. 따라서 위원장 1명을 포함한 7명의 위원 전원을 비상임으로 구성하였다.

52) 정부조직법 재5조(합의제행정기관의 설치) 행정기관에는 그 소관사무의 일부를 독립하여 수행할 필요가 있는 때에는 법률로 정하는 바에 따라 행정위원회 등 합의제행정기관을 둘 수 있다.

사. 위원의 임기 및 신분보장(제7조)

> 제7조(위원의 임기 및 신분보장) ① 위원의 임기는 3년으로 하며, 연임할 수 없다. 이 경우 보궐위원의 임기는 전임자 임기의 남은 기간으로 한다.
> ② 위원은 정당에 가입하거나 제6조제4항제2호 또는 제3호의 직에 취임 또는 임용되거나 제4호에 해당하게 된 때에는 당연히 퇴직된다.
> ③ 위원은 중대한 신체상 또는 정신상의 장애로 직무를 수행할 수 없게 된 경우를 제외하고는 그 의사에 반하여 면직되지 아니한다.
> ④ 위원에 대하여는 「국가공무원법」 제60조 및 제65조를 준용한다.

위원의 임기와 신분보장에 대해 법률로 규정하여 위원회의 독립성을 강화하고, 또한 당연퇴직과 면직 사유를 규정하여 위원에 대한 신분을 보장하였다. 위원의 임기는 「행정기관 소속 위원회의 설치·운영에 관한 법률(제8조제2항)」에 따라 3년으로 정하였고, 연임금지[53]와 보궐위원의 임기도 규정하였다. 그리고 위원에 대해서는 「국가공무원법」상의 비밀엄수의 의무(제60조)와 정치운동금지의 의무(제65조)를 준용하도록 하였다.

아. 재의요구(제8조)

> 제8조(재의요구) ① 제5조제3항에 따라 해양수산부장관이 재의를 요구하려고 하는 경우에는 의결한 날부터 10일 이내에 재의요구서를 위원회에 제출하여야 한다.
> ② 위원장은 재의요구가 있으면, 그 요구를 받은 날부터 7일 이내에 회의를 소집하여 다시 의결하여야 한다.

해양경찰 주요 정책에 대한 심의·의결권을 가지고 있는 해양경찰위원회의 권한을 견제하기 위해 해양수산부장관에게 재의요구권을 부여한 것은 법률의 자기완결성과 명확성을 제고하고자 함이다. 심의·의결한 내용이 적절하지 않다고 판단할 경우 의결한 날부터 10일 이내로 할 수 있는데 10일의 기산점은 「민법」 제157조 본문(초일불산입의 원칙)에 따라 의결한 날의 다음날부터이다. 7일 이내 회의 소집도 기산점은 마찬가지이다.

자. 의견청취 등(제9조)

> 제9조(의견 청취 등) ① 위원장은 위원회의 심의를 위하여 필요한 경우에는 관계 공무원에게 필요한 사항의 보고 또는 자료의 제출을 요구하거나 관계 전문가로부터 의견을 청취할 수 있다.
> ② 제1항에 따라 보고 또는 자료의 제출을 요구받은 관계 공무원은 성실히 이에 응하여야 한다.

의견청취를 통해 안건에 대한 위원들의 이해도를 높여 실질적이고 원활한 심의·의결이 되도록 위원장의 권한으로 관계공무원[54]으로 하여금 보고 또는 자료를 받거나, 관계 전문가로

---

53) 연임금지란 정해진 임기를 마친 후에는 거듭하여 연속적으로 그 위원의 직에 머무르는 일을 금한다는 뜻이다.
54) 해양경찰청 소속 공무원에는 경찰공무원, 그리고 해양오염방제국과 해상교통관제과(VTS) 등에서 근무하는 일반

부터 의견을 청취할 수 있도록 하였다. 이것은 공무원의 불성실함으로 인해 위원회가 형식적인 심의·의결을 방지하고, 위원들이 안건에 대한 객관성 및 전문성을 보충함으로써 실질적인 심의가 가능하도록 한 것이다.

차. 위원회 운영 등(제10조)

제10조(위원회의 운영 등) ① 위원회의 사무는 해양경찰청에서 수행한다. ② 위원회의 회의는 재적위원 과반수의 출석과 출석위원 과반수의 찬성으로 의결한다. ③ 이 법에 규정된 것 외에 위원회의 운영 등에 필요한 사항은 대통령령으로 정한다.

위원회는 해양수산부소속으로 설치되었지만, 실질적인 심의사항은 해양경찰과 관련된 내용이므로, 일반적인 입법례에 따라 해양경찰청이 위원회의 사무를 관장·수행하도록 규정하고, 간사업무도 해양경찰청 혁신기획재정담당관이 수행하도록 「해양경찰위원회 규정」에 명시하였다. 그리고 안건을 의결하려면 위원회 소속 위원 7인중 4인 이상이 해당회의에 출석하여야 하며, 출석한 위원 중 절반 이상의 찬성이 필요하다. 「해양경찰법」에는 위원회에 관한 기본적인 입법사항만을 규정하고, 운영에 필요한 구체적인 사항은 대통령령으로 위임하였는데, 이는 「해양경찰위원회 규정」 제정의 입법적 근거가 된다.

카. 해양경찰청장(제11조)과 해양경찰청장 임명자격(제12조)

제11조(해양경찰청장) ① 해양경찰청에 해양경찰청장을 두며, 해양경찰청장은 치안총감으로 보한다. ② 해양경찰청장은 해양경찰위원회의 동의를 받아 해양수산부장관의 제청으로 국무총리를 거쳐 대통령이 임명한다. ③ 해양경찰청장은 해양경찰에 관한 사무를 총괄하고 소속 공무원 및 각급 해양경찰기관의 장을 지휘・감독한다. ④ 해양경찰청장의 임기는 2년으로 하고, 중임할 수 없다. ⑤ 해양경찰청장은 해양경찰의 수사에 관한 사무의 경우에는 개별 사건의 수사에 대하여 구체적으로 지휘・감독할 수 없다. 다만, 해양주권을 침해하거나 대형재난의 발생 등 국민의 생명・신체・재산 또는 공공의 안전에 중대한 위험을 초래하는 긴급하고 중요한 사건의 수사에 있어서 해양경찰의 자원을 대규모로 동원하는 등 통합적으로 현장 대응할 필요가 있다고 판단할 만한 상당한 이유가 있는 때에는 대통령령으로 정하는 해양경찰청 수사업무를 총괄 지휘・감독하는 부서의 장(이하 “수사부서의 장”이라 한다)을 통하여 개별 사건의 수사에 대하여 구체적으로 지휘・감독할 수 있다. ⑥ 해양경찰청장은 제5항 단서에 따라 개별 사건의 수사에 대한 구체적 지휘・감독을 개시한 때에는 이를 지체 없이 위원회에 보고하여야 한다. ⑦ 해양경찰청장은 제5항 단서의 사유가 해소된 경우에는 개별 사건의 수사에 대한 구체적 지휘・감독을 중단하여야 한다. ⑧ 해양경찰청장은 수사부서의 장이 제5항 단서의 사유가 해소되었다고 판단하여 개별 사건의 수사에 대한 구체적 지휘・감독의 중단을 건의하는 경우 특별한 이유가 없으면 이를 승인하여야 한다. ⑨ 제5항 단서에서 규정하는 긴급하고 중요한 사건의 범위 등 필요한 사항은 대통령령으로 정

직공무원이 있어, ‘관계공무원’은 양자를 포함하는 개념이다.

한다.
第12조(해양경찰청장 임명자격) 해양경찰청장은 해양경찰에서 15년 이상 경찰공무원으로 재직한 자로서 치안감 이상 경찰공무원으로 재직 중이거나 재직했던 사람 중에서 임명한다.

해양경찰은 해양과 함정이라는 장소와 수단의 특수성으로, 상황에 따른 신속·정확한 지휘판단을 위해서는 장기간의 직무경험으로 축적된 전문성이 필수적이다. 그동안 독립외청(1996년) 출범 후 16명의 해양경찰청장 중 14명이 경찰청 출신으로, 자체 청장은 2명에 불과하였다. 해양경찰청장은 종합적 해양전문 지식과 위기 대처경험이 많은 자가 필요하여, 이 법에서 해양경찰청장 임명자격을 해양경찰에서 15년 이상 재직한 전·현직 치안감 이상 경찰공무원으로 제한하였다. 그러나 해양경찰청 치안정감이 2명인 체제하에서 청장 후보군이 협소하다는 현실적인 문제점이 있어 후보군을 치안정감(2인), 치안감(5인)까지 확대하였으며, 무엇보다도 해양경찰청장에 대한 전문성 요구에 전직 치안감 이상까지 후보군을 넓히게 되었지만, 전직 치안감 이상으로 후보군을 확대하더라도 만 60세 미만자 중 임기 2년을 충족할 수 있는 자는 소수에 불과할 것으로 보인다.

우리나라 육·해·공군 참모총장의 임명은 「군 인사법」에 따라 해당 군의 장성급 장교[55] 중에서 임명하도록 하여 각 군의 전문성을 확보하고 있다. 미국해안경비대 대장은 4성 제독으로 10년 이상 현역으로 복무한 연안경비대 준장 이상의 장교 중에서 임명한다.[56] 해양경찰청장 후보군을 치안감까지 확대(2계급 승진)하는 법적 근거로는 「경찰공무원법」으로는 바로 아래 하위계급에서만 승진임용이 가능하나, 「해양경찰법」 부칙 제2조 타법 개정을 통해 「경찰공무원법」 제15조 단서 조항을 신설하여 근거를 마련하였다.[57] 해양경찰법 제11조에 제5항부터 제9항까지를 2021. 1. 13. 신설한 이유는 경 · 검 수사권 조정에 따라 과도하게 권한이 집중되는 것을 방지하고, 수사의 공정성을 확보하기 위하여 해양경찰청장의 개별 사건에 대한 구체적 수사 지휘 · 감독권을 제한하고, 예외적으로 개입을 허용하는 경우에도 그에 대한 사후통제 수단을 마련함과 동시에 해양경찰청 수사업무를 총괄 지휘 · 감독하는 부서의 장이 해양경찰의 수사를 지휘 · 감독하도록 명시함으로써 수사와 관련된 지휘 · 감독권을 명확히 하려는 것이다.

---

55) 장성에 해당하는 계급, 즉 대장, 중장, 소장, 준장을 이른다.

56) 연안경비대 계급체계는 대장, 중장, 소장, 준장, 대령, 중령, 소령, 대위, 중위, 소위, 주임준위, 사관생도, 준위 및 사병으로 구성된다. 사령관도 10년 이상 현역으로 복무한 연안경비대 장교로서 현역 진급예정자 명단에 등재된 준장 이상의 장교 중에서 임명한다.

57) 경찰공무원법 제15조(승진) ① 경찰공무원은 바로 아래 하위계급에 있는 경찰공무원 중에서 근무성적평정, 경력평정, 그 밖의 능력을 실증(實證)하여 승진임용한다. 다만, 해양경찰청장을 보하는 경우 치안감을 치안총감으로 승진임용할 수 있다.

타. 해양경찰 소속 공무원(제13조)

第13条(해양경찰청 소속 공무원) ① 해양경찰청 소속 공무원은 경찰공무원과 일반직공무원으로 구성한다. ② 해양경찰청 소속 경찰공무원의 계급은 치안총감 · 치안정감 · 치안감 · 경무관 · 총경 · 경정 · 경감 · 경위 · 경사 · 경장 · 순경으로 한다. ③ 해양경찰청 소속 공무원의 임용 · 교육훈련 · 복무 · 신분보장 등에 관하여는 이 법에서 특별히 정한 것을 제외하고는 「국가공무원법」 과 「경찰공무원법」 에서 정하는 바에 따른다.

「경찰공원법」 제2조(계급 구분)에서도 경찰공무원의 계급을 정하고 있으나 「해양경찰법」이 조직법인 관계로 해양경찰의 계급체계를 재차 법률로 규정한 것이다. 해양경찰청 소속 공무원의 임용 · 교육훈련 · 복무 · 신분보장 등에 관하여는 이 법에서 특별히 정한 것을 제외하고는 「국가공무원법」과 「경찰공무원법」에서 정하는 바에 따르도록 함으로써 「국가공무원법」과 「경찰공무원법」의 적용을 유지하도록 하였다. 이것은 '해양경찰 소속 공무원'이라는 새로운 공무원 신분이 창설된 것이 아니라는 점을 명확히 한 것이다.

파. 직무(제14조)

第14条(직무) ① 해양경찰은 해양에서의 수색 · 구조 · 연안안전관리 및 선박교통관제와 경호 · 경비 · 대간첩 · 대테러작전에 관한 직무를 수행한다. ② 해양경찰은 해양에서 공공의 안녕과 질서유지를 위하여 해양관련 범죄의 예방 · 진압 · 수사와 피해자 보호에 관한 직무를 수행한다. ③ 해양경찰은 해양에서 공공안녕에 대한 위험의 예방과 대응을 위한 정보의 수집 · 작성 · 배포에 관한 직무를 수행한다. ④ 해양경찰은 해양오염 방제 및 예방활동에 관한 직무를 수행한다. ⑤ 해양경찰은 직무와 관련된 외국 정부기관 및 국제기구와 협력하여야 한다.

국민의 기본권에 관련되는 경찰작용의 행사는 대통령령인 직제규정만으로는 부족하고 법률상 직무수행의 근거를 마련해야 한다. 다만, 다른 조직법과 달리 직무조항을 각 호로 나열하지 않고 서술형으로 한 이유는, 「해양경찰법」에는 포괄적인 직무를 규정하고, 개별적이고 구체적인 직무는 직제를 따름으로써 향후 업무환경변화에 대응하기 위한 정책적 판단으로 보인다.

제1항에서 '해양에서의 수색 · 구조 · 연안안전관리 및 교통관제'를 해양경찰의 첫 번째 직무로 규정함으로써 현 시대적 상황에 맞추어 해양에서의 안전을 중시하고 있음을 나타내고 있다. 이 직무들의 수행과 관련된 개별법으로는 「수상레저안전법」, 「수상에서의 수색·구조 등에 관한 법률」, 「연안사고 예방에 관한 법률」이 있다. '선박교통관제'도 통항안전 등과 관련하여 해양경찰이 수행하고 있는 중요한 직무로서, 이 직무수행과 관련된 개별법 규정들은 현재 「해상교통안전법」, 「선박의 입항 및 출항 등에 관한 법률」 등에 산재되어 있다. 이 법들은 타 부처 소관으로 되어 해양경찰의 직무임에도 불구하고 개정하는데 어려움에 있다.

「해양경찰법」에서는 '선박교통관제'에 대한 기본적 직무만 담고 법률은 2019. 12. 3. 제정, 2020. 6. 4.부터 시행하였다. 제정 목적은 선박의 위치를 탐지하고 선박과 통신할 수 있는 장비를 설치 · 운영함으로써 선박에 대하여 안전에 관한 정보 및 항만운영정보를 제공하는 것으로서 선박교통의 안전과 항만운영의 효율성을 확보하기 위한 것이다.

'해양에서의 경호·경비·대간첩·대테러작전'은 해양경찰의 고유 업무로서, 그 구체적인 내용은 「해양경비법」에 규정되어 있다.

제2항과 제3항의 수사와 정보에 관련된 사항은 국민의 기본권 제한과 의무의 부담을 필연적으로 전제하고 이루어지는 공법적 행위로써 반드시 법률의 근거를 필요로 한다. 수사에 관해서는 「형사소송법」 및 「경찰관 직무집행법」에, 정보에 관해서는 「경찰관 직무집행법」 등에 그 근거를 두고 있었지만, 헌법상 법률유보의 원칙에 비추어 해양경찰의 수사·정보 직무에 대한 명확한 근거가 있어야 한다. 육상 경찰의 경우 조직법인 「경찰법」과 작용법인 「경찰관 직무집행법」 등을 통해 공권력 행사에 대한 확실한 법적근거를 마련하고 있는 반면, 해양경찰의 경우 조직법 부재에 따라 법적 공백 상태에 있었지만 이번 「해양경찰법」이 제정되면서 '해양관련 범죄의 예방·진압·수사'를 직무로 명확히 규정함으로써 이러한 문제점을 해소하였고, 2021. 1. 13. 개정으로 피해자 보호에 관한 직무가 추가되었다.

한편, '해양관련 범죄'라 함은 ① 해양에서 발생한 범죄, ② 해양에서 발생하여 육상으로 이어지는 범죄, ③ 육상에서 발생하여 해양으로 이어지는 범죄 중 해양관련성이 높거나 해양에 중대한 영향을 미치는 범죄, ④ 어민 등 해양관련 조사자의 해양관련 범죄, ⑤선박, 조선소, 해양플랜트, 물양장 등 해양과 관련된 장소에서의 해양관련 범죄를 의미한다.[58]

범죄의 예방이란 경찰관이 범죄행위가 발생하기 전에 대처하기 위해 관계인에게 필요한 경고를 하거나 그 행위를 제지하는 것을 말한다.

범죄의 진압이란 집단적 범죄가 막 일어나려고 하는 것을 미연에 방지하거나, 또는 집단적 범죄가 이미 발생한 뒤에도 그 확산을 방지하고 이를 종식시키는 활동을 말한다. 따라서 그 활동의 내용은 범죄의 예방뿐만 아니라, 수사에도 관련된다. 특히 집단적 범죄의 경우에는 예방과 수사 양자를 합쳐서 진압이라는 용어를 사용하기도 한다.

범죄의 수사란 사건에 관한 공소제기 여부의 결정 또는 공소 제기 및 이를 유지, 수행하기 위한 준비로서 범죄 사실을 조사하고 범인 및 증거를 발견, 수집, 보전하는 수사기관의 일련의 활동을 말한다. 더불어 이 법의 제정으로 해양수사기관으로서의 직무에 대한 법률적 기반을 마련하였다.

제3항 '해양에서 공공안녕에 대한 위험의 예방과 대응을 위한 정보의 수집·작성·배포'는 해양경찰 정보활동 업무의 법적 기반을 제고하고, 공권력 행사의 법률적 근거 마련이라는 원칙적이고 근본적인 사항에 대해 규정된 조문이다.

제4항의 '해양오염 및 예방활동'은 해양경찰의 독자적이고 고유한 직무로서, 이와 관련된

---

58) 2017. 7. 26. 국무조정실 국무1차장 주재로 「해양경찰청과 경찰청 간 수사 관할 양해각서」가 체결하고, 양해각서 제4조(수사 관할)에서 해양경찰 수사 관할 5가지를 결정하였다.

개별법으로는 「해양환경관리법」 등이 있다. 해양오염 예방활동의 사무는 대통령령인 「해양경찰청 그 소속기관 직제」에 규정되어 있었으나, 직무로써 법적 근거를 마련한 만큼 향후 주도적으로 직무를 수행할 수 있게 되었다.

제5항에서 해양경찰은 필연적으로 국제 업무를 수반할 수밖에 없는 특징을 갖고 있으므로 외국 정부기관 및 국제기구와의 협력사항은 해양경찰의 중요한 직무에 해당한다. '국제기구'란 조약에 입각하여 복수의 주권국가(정부)로 구성되기 때문에 '정부간 기구'라고도 불린다. 국제기구는 일정한 목적 하에 국제법상 독자적으로 존재하면서 행동하는 조직체로서, 그 종류로는 그 구성원이 세계 여러 나라를 포함하는 일반적 국제기구(국제연합, 국제노동기구 등)와 지역적으로 한정되어 있는 지역적 국제기구(북대서양조약기구, 유럽연합 등)가 있다. 해양경찰은 업무 연관성이 있는 경우 국제기구와도 협력하여야 하며, 해양경찰의 국제협력 직무는 「경찰관 직무집행법」상 직무의 범위(제2조) 및 국제협약(제8조의2)의 규정에도 명시되어 있다.

하. 직무수행(제15조)

> 제15조(직무수행) ① 해양경찰청 소속 공무원은 상관의 지휘・감독을 받아 직무를 수행하고, 그 직무수행에 관하여 서로 협력하여야 한다.
> ② 해양경찰청6 소속 공무원은 구체적 수사와 관련된 제1항의 지휘・감독의 적법성 또는 정당성 여부에 대하여 이견이 있는 경우에는 이의를 제기할 수 있다.
> ③ 해양경찰청 소속 공무원의 직무수행에 필요한 사항은 따로 법률로 정한다.

해양경찰의 직무수행의 기본적 원칙과 부당한 지휘·감독에 대한 이의 제기의 근거를 마련함으로써 해양경찰의 민주적 직무수행과 절차에 관한 근거를 입법적으로 마련하였다. 제1항에서는 상관의 지휘·감독을 받는 직무수행과 상호간 협력의무를 규정하여 기본적인 직무수행의 원칙을 세웠고, 여기서 상관이란 자신이 직접 속한 부서의 직속상관을 말하는 것으로 자신이 속한 곳이 팀이라면 '팀장' 계라면 '계장', 과라면 '과장'이 될 것이다.

제2항에서는 구체적 수사와 관련하여 이견이 있는 경우 이의를 제기할 수 있도록 규정하였다. '구체적 수사'라 함은 개별사건의 수사 개시·진행·송치, 수사대상·범위의 설정, 체포·구속 등의 수사방식과 법률 적용 등 사건 수사의 세부사항을 뜻한다.

구체적 수사에 관하여만 이의를 제기할 수 있도록 규정한 이유는 일반적인 업무에 대한 지휘·감독의 적법성 또는 정당성 여부는 사후판단으로 시정되거나 개선될 수 있으나, 수사업무의 경우 상관의 부당한 개입이 발생하면 원상회복이 곤란하고, 국민의 인권과 직결되기 때문이다.

제3항에는 해양경찰청 소속 공무원의 직무수행에 필요한 사항은 따로 법률에 정하도록 하였다. 여기서 '법률'이란, 현재 기본적인 경찰관 직무수행에 대해 규정한 「경찰관 직무집행법」과 그 밖에 해양경찰의 직무수행과 관련된 「해양경비법」, 「수상레저안전법」, 「수상에서의 수색·구조 등에 관한 법률」, 「연안사고 예방에 관한 법률」, 「밀항단속법」 등을 의미한다. 또

한 이 조항은 향후 해양경찰의 직무가 확대되어 추가적인 법적 근거가 필요하게 된 경우 새로운 법률을 제정하거나 개정하는 입법적 근거가 된다.

거. 수사의 지휘·감독(제15조의2)

제15조의2(수사의 지휘·감독) ① 수사부서의 장은 「형사소송법」에 따른 해양경찰의 수사에 관하여 대통령령으로 정하는 바에 따라 해양경찰청 소속 공무원을 지휘·감독한다.
② 수사부서의 장은 「경찰공무원법」 제10조제3항에도 불구하고 해양경찰청 외부를 대상으로 모집하여 임용할 수 있다. 이 경우 다음 각 호의 자격을 갖춘 사람 중에서 임용한다.
1. 10년 이상 해양수사업무에 종사한 사람 중에서 「국가공무원법」 제2조의2에 따른 고위공무원단에 속하는 공무원, 3급 이상 공무원 또는 총경 이상 경찰공무원으로 재직한 경력이 있는 사람
2. 판사·검사 또는 변호사의 직에 10년 이상 있었던 사람
3. 변호사 자격이 있는 사람으로서 국가기관, 지방자치단체, 「공공기관의 운영에 관한 법률」 제4조에 따른 공공기관(이하 "국가기관등"이라 한다)에서 법률에 관한 사무에 10년 이상 종사한 경력이 있는 사람
4. 대학이나 공인된 연구기관에서 법률학·경찰학·해양경찰학 분야에서 조교수 이상의 직이나 이에 상당하는 직에 10년 이상 있었던 사람
5. 제1호부터 제4호까지의 경력 기간의 합산이 15년 이상인 사람

③ 수사부서의 장을 해양경찰청 외부를 대상으로 모집하여 임용하는 경우 다음 각 호의 어느 하나에 해당하는 사람은 수사부서의 장이 될 수 없다.
1. 「경찰공무원법」 제8조제2항 각 호의 결격사유에 해당하는 사람
2. 정당의 당원이거나 당적을 이탈한 날부터 3년이 지나지 아니한 사람
3. 선거에 의하여 취임하는 공직에 있거나 그 공직에서 퇴직한 날부터 3년이 지나지 아니한 사람
4. 제2항제1호에 해당하는 공무원 또는 제2항제2호의 판사·검사의 직에서 퇴직한 날부터 1년이 지나지 아니한 사람
5. 제2항제3호에 해당하는 사람으로서 국가기관등에서 퇴직한 날부터 1년이 지나지 아니한 사람

④ 수사부서의 장을 해양경찰청 외부를 대상으로 모집하여 임용하는 경우 「경찰공무원법」 제30조에도 불구하고 수사부서의 장의 임기는 2년으로 하고 중임할 수 없다. 이 경우 수사부서의 장은 임기가 끝나면 당연히 퇴직한다.
⑤ 수사부서의 장을 해양경찰청 내부를 대상으로 임명하는 경우 수사부서의 장의 임기는 2년으로 한다.

너. 해양안전 확보 노력(제16조)

제16조(해양안전 확보 노력) ① 해양경찰청장은 해운·어로·자원개발·해양과학조사·관광 및 레저 활동 등을 통해 해양을 이용하는 사람의 안전을 보장하고 사고발생에 원활히 대응하기 위하여 적절한 교육·훈련 체계를 마련하여야 한다.
② 해양경찰청장은 해양안전 확보와 해양사고 대응을 위하여 관련 상황을 파악하고 전파할 수 있도록 지휘·통신체계를 마련하여야 한다.
③ 해양경찰청장은 제1항에 따른 해양안전보장 및 사고대응을 위하여 관련 기술, 해양구조방식

등의 연구개발 및 제도개선을 위한 시책을 시행하여야 한다.

제1항은 해양을 이용하는 사람의 안전을 보장하고, 사고 발생에 원활히 대응하기 위한 적절한 교육·훈련체계 마련 의무를 해양경찰청장에게 부여하였다.

또한 해양안전보장과 사고 대응을 위한 기반조성의 중요성을 명시하였다. 해운·어로·자원개발·해양과학조사·관광 및 레저활동[59] 등은 해양을 이용하는 형태를 예시한 것으로, 합법적으로 해양을 이용하는 모든 사람의 안전을 보장하되, 적대적 군사행위와 해적·해상강도 및 해양테러 행위 등 반인륜적 불법행위는 해양안전 책임의 대상에서 제외한다.

제2항은 해양안전 확보와 사고 대응을 위하여 신속·정확한 상황파악과 지휘·통신체계를 마련하도록 하였다. 해양안전 확보에 만전을 기할 수 있는 5세대 이동통신, 초고속 위성통신망을 활용한 지휘·통신체계를 적절한 시기에 마련하고, 현대화된 해상 조난·안전통신체계를 수립하는 등 기반을 조성하여야 한다. 제3항은 해양안전을 보장하고, 사고대응을 위해 관련 기술, 해양구조방식 등의 상시적인 연구개발과 제도개선을 위한 시책을 시행할 의무를 부여하였다.

더. 협력(제17조)

제17조(협력) ① 해양경찰청장은 국민의 안전을 위협하는 해양재난 또는 해양사고의 대응을 위하여 필요한 경우 관계 행정기관의 장 또는 지방자치단체의 장에게 필요한 협력을 요청할 수 있다.
② 해양경찰청장은 해양안전의 확보와 수색・구조 장비 및 기술의 보강을 위하여 민간단체・기관과의 협력관계를 증진하고 이에 필요한 계획과 시책을 마련하여 추진할 수 있다.

제1항은 해양재난 또는 사고 대응을 위해 필요한 경우 관계 행정기관의 장 또는 지방자치단체의 장에게 필요한 협력을 요청할 수 있도록 함으로써 해양재난에 대응하기 위한 규정이다. 한편, 「수상에서의 수색·구조 등에 관한 법률」상 수난구호협력기관과의 협조 등(제14조)과 「재난 및 안전관리 기본법」 응원(재44조)에 해당하는 경우에는 요청받은 행정기관의 장 등에게 법적인 협력의무가 부과되어 있다. 제2항에서 해양안전의 확보와 수색·구조 장비 및 기술 보강을 위해서는 공공부문뿐만 아니라 민간부문의 협력 또한 필요하므로, 해양경찰청장에게 민간단체·기관과의 협력관계 구축의 시책마련 및 계획수립 의무를 입법적으로 부여하였다. 해양경찰은 민·관 협업[60]을 통해 안전문화 네트워크를 조성하고, 관리체계를 구축해 나가는 등 해양안전 인프라를 적극적으로 보강해야 할 것이다.

59) 합법적으로 해양을 이용하는 형태에 대해 구체적 예시이고, 조문 상 예시되지 않은 체육활동, 단순 항해선박 등 합법적 이용자를 모두 포함한다.

60) 현재 해양경찰의 민·관 협업의 주요 정책으로는 수상구조사 자격제도 개선, 구조협회 자립도 향상, 민간해양구조대원 임무 확대 및 동원 체계 정립 등이 있지만 향후 다양한 방안이 도출되어야 할 것이다.

러. 국민참여의 확대(제18조)

> 제18조(국민참여의 확대) ① 해양경찰청장은 해양경찰행정에 국민의 참여를 확대하기 위하여 다양한 참여방법과 협력의 기회를 제공하도록 노력하여야 한다.
> ② 해양경찰청장은 제1항에 따른 국민참여를 통해 수렴된 국민과 관계 전문가의 의견을 검토하여, 해양경찰의 직무수행에 필요할 경우 반영하여야 한다.

제1항은 국민과의 소통이 강조되는 시대정신에 부합하여 해양경찰행정에 대해 국민에게 다양한 참여방법과 협력의 기회를 제공하도록 노력할 것을 규정하고 있다. 해양경찰 내부의 의견 조정과 협의 아닌, 국민을 비롯한 행정 수요자들과의 직접적인 의견개진과 소통을 위한 장치로써, 국민이 직접 해양경찰 정책에 참여할 수 있는 입법적 근거이다. 법률에 근거를 둠으로써 해양경찰의 항구적인 민간의견 개진제도를 운영하기 위함이며, 이는 단순한 정책 근거 뿐만 아니라 해양경찰임무의 기본적인 방향과 대국민 치안서비스의 기초적인 시작을 법률로 천명한 것이다.

제2항에서는 국민 참여를 통해 수렴된 국민과 관계 전문가의 의견을 검토하여,[61] 해양경찰의 직무수행에 필요한 경우[62] 반영하도록 규정하고 있다. 이는 형식적인 국민 소통과 참여확대를 위한 조치가 아니라, 수렴된 의견과 결과를 적극적 행정의 측면에서 해양경찰의 임무수행과 직무활동에 반영할 수 있도록 규정한 것이다.

많은 입법례에서 의견 청취절차는 반드시 거쳐야 하는 것으로 규정되어있고, 의견 청취의 필요성과 타당성이 인정되는 경우에 의무적으로 수용·반영하는 것이 일반적이므로, 이 법에서도 같은 취지로 규정되었다. 「행정절차법」 제52조에서 행정청으로 하여금 행정과정에 국민의 참여를 확대하기 위하여 다양한 참여방법과 협력의 기회를 제공하도록 노력할 것을 규정하고 있다.

머. 직무수행의 전문성 확보(제19조)

> 제19조(직무수행의 전문성 확보) ① 해양경찰청장은 직무수행의 전문성을 확보하기 위하여 교육·훈련체계를 발전시키고, 우수한 인적자원을 양성하기 위한 노력을 지속하여야 한다.
> ② 해양경찰청장은 외부 전문가 영입을 위하여 「경찰공무원법」에 따른 경력경쟁채용시험 또는 「국가공무원법」에 따른 개방형직위 등을 활용한 경력경쟁채용시험 등을 실시할 수 있다.

제1항은 해양경찰의 직무수행에 대한 전문성 확보를 위하여 교육·훈련 체계를 발전시키고, 내부의 우수한 인적자원을 양성하기 위한 근거를 마련한 규정이다. 이는 민·관·군 합동 인명구조훈련이나 현장 근무자의 전문성을 극대화하기 위한 현장 분야별 교육은 물론 외부 전문기관에 대한 위탁교육, 상황지휘 역량교육 등 해양경찰 역량강화를 위한 입법적 근거가

---

61) '검토하여'라는 의미는 우선적으로 의견을 모두 접수한다는 취지를 전제한다.

62) '필요한 경우'의 의미는 수렴된 모든 의견 중에서 검토하여 타당하거나 필요하다고 인정 되는 등 정책적 판단을 하게 되면, 의견을 의무적으로 반영하여야 한다.

된다. 제2항은 해양경찰에서 집행업무 분야는 해양주권수호, 해양안전관리, 치안질서 확립, 해양오염방제, 안보, 그리고 소방업무에 이르기까지 외청(17개) 기관 중에서도 가장 분야가 다양하다. 따라서 민간영역에서 전문적인 지식과 기술에 대한 수요는 꾸준히 발생된다. 이러한 수요를 충족시키기 위해 우수한 외부 전문가를 영입함으로써, 해양경찰의 다양하고 특수한 직무수행이 가지는 특성에 부합하여 풍부한 인적자원을 확보하는 근거가 된다.

「해양경찰법」에서 규정하고 있는 직무수행의 전문성 확보는 '해양경찰 직무수행 기반 조성의 실천방안'으로 거시적 관점에서 내부인재 육성과 외부전문가 영입을 규정하였다. 따라서 직무수행의 전문성 확보를 위한 해양경찰의 의무를 「해양경찰법」에서 규정하고, 구체적인 집행방법은 「경찰공무원법」에 규정하고 있다.[63]

버. 해양경찰의 장비관리 등(제20조)

> 제20조(해양경찰장비의 관리 등) ① 해양경찰청장은 해양경찰의 직무수행에 필요한 함정·항공기 및 공용 또는 개인용 무기·경찰장구와 각종 장비·시설(구조·구난·오염방제장비를 포함한다. 이하 "해양경찰장비등"이라 한다)의 도입 및 관리계획을 시행하여야 한다.
> ② 해양경찰청장은 해양경찰장비등의 도입 및 관리·운영계획을 효과적으로 추진하기 위하여 필요한 재원을 지속적이고 안정적으로 확보할 수 있는 방안을 마련하여야 한다.

해양경찰직무의 특수성으로 인하여 함정, 항공기, 공용 또는 개인용 무기, 경찰장구 및 각종 장비와 시설 등의 해양경찰장비를 지속적으로 확보하는 것은 매우 중요하다. 이 조항에서는 해양경찰장비에 대한 도입 및 관리에 관한 의무를 입법적으로 마련하였다. 이러한 장비들이 적기에 마련되어 '보다 안전하고 신속하게'직무수행으로 바다의 안전과 주권수호, 치안확립에 밑바탕이 될 것이다. 해양경찰장비 등의 도입 및 관리·운영 계획을 효과적으로 추진하기 위해서는 무엇보다도 필요한 재원을 지속적이고 안정적으로 확보할 수 있는 방안이 중요하다.

서. 연구개발의 지원 등(제21조)

> 제21조(연구개발의 지원 등) ① 해양경찰청장은 해양경찰 업무에 필요한 연구·실험·조사·기술개발(이하 "연구개발사업"이라 한다) 및 전문인력 양성 등 소관 분야의 과학기술진흥을 위한 시책을 마련하여 추진하여야 한다.
> ② 해양경찰청장은 연구개발사업을 효율적으로 추진하기 위하여 다음 각 호의 어느 하나에 해당하는 기관 또는 단체 등과 협약에 의하여 연구개발사업을 수행하게 할 수 있다.
> 1. 국공립 연구기관
> 2. 「특정연구기관 육성법」 제2조에 따른 특정연구기관
> 3. 「과학기술분야 정부출연연구기관 등의 설립·운영 및 육성에 관한 법률」에 따라 설립된

63) 경찰공무원법 제10조(신규채용) ③다음 각 호의 어느 하나에 해당하는 경우에는 경력 등 응시요건을 정하여 같은 사유에 해당하는 다수인을 대상으로 경쟁의 방법으로 채용하는 시험(이하 "경력경쟁채용시험"이라 한다)으로 경찰공무원을 신규채용할 수 있다.

과학기술분야 정부출연연구기관
4. 「고등교육법」 에 따른 대학 · 산업대학 · 전문대학 및 기술대학
5. 「민법」 또는 다른 법률에 따라 설립된 법인으로서 치안분야 연구기관 또는 법인 부설 연구소
6. 「기초연구진흥 및 기술개발지원에 관한 법률」 제14조의2제1항에 따라 인정받은 기업부설 연구소 또는 기업의 연구개발전담부서
7. 그 밖에 대통령령으로 정하는 소관 분야 관련 연구 · 조사 · 기술개발 등을 수행하는 기관 또는 단체

③ 해양경찰청장은 제2항 각 호의 기관 또는 단체 등이 연구개발사업을 수행하는 데 필요한 경비의 전부 또는 일부를 지원할 수 있다.

연구개발사업은 과학기술 발전에 따라 끊임없이 개선·발전되어야 할 분야로 해양경찰청장은 효과적인 연구개발사업을 통해 안정적이고 지속적인 정책을 발굴하여야 하며, 이는 미래의 해양경찰 직무수행의 기반이 될 것이다.

5. 해양경찰법 제11조제5항 단서에 따른 긴급하고 중요한 사건의 범위 등에 관한 규정 [대통령령 제31432호, 2021. 2. 3., 제정]

가. 목적(제1조)

이 영은 「해양경찰법」 제11조제5항 단서에 따라 해양경찰청장이 구체적으로 지휘 · 감독할 수 있는 긴급하고 중요한 사건의 범위 및 그 수사지휘의 방식과 같은 법 제15조의2제1항에 따른 수사부서의 장의 수사지휘 · 감독에 관한 사항을 규정함을 목적으로 한다.

나. 긴급하고 중요한 사건의 범위(제2조)

1) 「해양경찰법」(이하 "법"이라 한다) 제11조제5항 단서에 따른 긴급하고 중요한 사건은 다음 각 호의 어느 하나에 해당하는 사건 및 이와 직접적인 관련이 있는 사건으로 한다.

가) 전시 · 사변 또는 이에 준하는 국가 비상사태가 발생하거나 발생이 임박하여 전국적인 해양치안 유지가 필요한 사건

나) 해양에서 재난 · 테러 등이 발생하여 공공의 안전에 대한 급박한 위해(危害)나 범죄로 인한 피해의 급속한 확산을 방지하기 위해 신속한 조치가 필요한 사건

다) 국가중요시설의 파괴 · 기능마비, 대규모 집단의 폭행 · 협박 · 손괴 · 방화 등에 대하여 해양경찰의 자원을 대규모로 동원할 필요가 있는 사건

라) 해양에서 연쇄적 · 동시다발적으로 발생하거나 광역화된 범죄에 대하여 경찰력의 집중적인 배치, 해양경찰 각 기능의 종합적 대응 또는 국가기관 · 지방자치단체 · 공공기관과의 공조가 필요한 사건

2) 해양경찰청장은 법 제11조제5항 단서에 따라 개별 사건의 수사에 대해 구체적으로 지

휘 · 감독을 하려는 경우에는 그 필요성 등을 신중하게 판단해야 한다.

다. 수사부서의 장(제3조)

법 제11조제5항 단서에서 "대통령령으로 정하는 해양경찰청 수사업무를 총괄 지휘 · 감독하는 부서의 장"이란 「해양경찰청과 그 소속기관 직제」 제13조제1항에 따른 수사국장(이하 "수사국장"이라 한다)을 말한다.

라. 수사의 방식(제4조)

1) 해양경찰청장은 법 제11조제5항 단서에 따라 수사국장에게 개별 사건의 수사에 대해 구체적으로 지휘를 하는 경우에는 서면으로 해야 한다.

2) 해양경찰청장은 제1항에도 불구하고 서면 지휘가 불가능하거나 현저히 곤란한 때에는 구두나 전화 등 서면 외의 방식으로 지휘할 수 있다. 이 경우 사후에 신속하게 서면으로 그 지휘내용을 송부해야 한다.

마. 수사국장의 수사지휘·감독(제5조)

1) 수사국장은 법 제15조의2제1항에 따라 「형사소송법」에 따른 해양경찰의 수사에 관하여 각 지방해양경찰청장과 해양경찰서장 및 수사부서 소속 공무원을 지휘 · 감독한다.

2) 수사국장은 법 제15조의2제1항에 따라 수사지휘를 하는 경우에는 서면으로 해야 한다.

3) 수사국장은 제2항에도 불구하고 서면 지휘가 불가능하거나 현저히 곤란한 때에는 구두나 전화 등 서면 외의 방식으로 지휘할 수 있다. 이 경우 사후에 신속하게 서면으로 그 지휘내용을 송부해야 한다.

제3장 해양경찰 작용법

제1절 해양경찰 작용법

1. 해양경찰 작용에 관한 법

가. 해양경찰 작용법의 의의

해양경찰 작용법은 해양경찰 행정의 내용을 규율하는 법규로서 해양경찰행정상의 법률관계 성립·변경·소멸에 관련된 모든 법규를 말한다. 이러한 해양경찰 작용법은 해양경찰의 임무, 해양경찰권 발동의 근거와 한계, 해양경찰행정의 유형, 해양경찰상 처분의 법적효력, 해양경찰강제 등에 관한 규율을 내용으로 한다. 일반적으로 경찰작용은 국민의 자유와 권리에 긴장관계를 일으킬 가능성이 큰 작용이므로 법치주의가 요구된다. 따라서 경찰작용의 근거, 요건, 한계 등에 관해 가능한 한 명백히 법률로 규정해야 한다. 그러나 경찰작용은 목전의 급박한 위험방지를 임무로 할 뿐만 아니라 변화하는 사회 사정이나 인간 활동 형태의 다양성으로 인해 입법기관이 미리 모든 경찰권 발동의 상태를 상정해서 그 요건을 법률에 규정하는 것은 불가능하다. 또한 경찰작용법은 체계적 통합성과 법적 명확성을 가지고 있지 못하다는 한계를 지니고 있다(이정덕·남재성, 2013: 166).

나. 현행 해양경찰 작용에 관한 법

해양경찰의 작용과 관련한 일반적인 근거 법률이 없어 육상경찰과 마찬가지로 「경찰관 직무집행법」을 해양경찰 작용의 일반법적 근거로 삼았지만 이 법은 육상에서 경찰의 직무활동을 전제로 하여 해양경찰 작용에 적용하기 문제가 많아, 2012년 2월 「해양경비법」이 제정되었다. 이 법도 해양경찰 활동 전반을 아우르기에는 아직까지 미흡한 수준이다.

현재 해양경찰청의 소관으로 해양경찰의 직무작용에 근간이 되고 직무수행과 가장 밀접한 관련을 가지고 있는 법령으로는 해양경비 전반에 「해양경비법」, 안전관리 부분에 대해 「수상에서의 수색 · 구조 등에 관한 법률」, 「수상레저안전법」, 「연안사고 예방에 관한 법률」, 「선박교통관제에 관한 법률」 및 각 법률의 시행령과 시행규칙, 그리고 행정안전부와 소방청 공통인 「재난 및 안전관리 기본법(재난안전법)」, 법무부와 공통 소관으로 하고 있는 「밀항단속법」, 국토교통부, 법무부, 해양수산부와 공동인 「자동차등 특정동산 저당법」을 들 수 있다.

그리고 해양이라는 장소적 여건만 다르게 적용될 뿐 해양에서의 경찰작용은 일반 경찰작용과 같은 법제의 적용을 받는다. 「경찰관 직무집행법」 등 일반적인 경찰법제를 기본적으로 포함하며, 경찰청과 공통 소관으로 「경범죄 처벌법」과 그 시행령 및 시행규칙 등을 해양경찰 작용에도 적용할 수 있다. 해상에서 해양경찰의 수사 활동은 다른 수사기관의 활동과 동일하므로 「형사소송법」을 그대로 적용하며, 해양의 오염방제와 관련하여 「해양환경관리법」의 내용을 수행한다.

또한 해양경찰청 소관의 법령은 아니지만 다른 중앙행정기관의 소관법령 중에서 해양경찰의 직무와 관련된 법령은 매우 광범위하다. 외교부 소관법령 중에서 「배타적 경제수역법」, 「영해 및 접속수역법」, 해양수산부 소관법령 중에서 「배타적 경제수역에서의 외국인 어업 등에 대한 주권적 권리의 행사에 관한 법률」, 「수산업법」, 「수산자원관리법」, 「어업자원보호법」, 「해상교통안전법」, 「선박의 입항 및 출항 등에 관한 법률」, 「공간정보의 구축 및 관리 등에 관한 법률」(국토교통부 공동운영), 「항로표지법」, 「국제항해선박 및 항만시설의 보안에 관한 법률」 등이 있다(손영태, 2013: 317-318).

다. 해양경찰 작용법의 필요성과 한계

해양경찰이 기본적 임무에 충실하여 개인의 기본권을 보장하면서도 공공의 안녕과 질서에 대한 위험의 방지와 제거라는 양 이념의 조화를 이룰 수 있도록 법적 근거가 필요하다. 그러나 모든 경찰 상황을 법규화한다는 것은 입법기술상으로나 사실상으로도 불가능하다. 그리고 개별적인 해양경찰작용에 대한 근거규정을 둔다 하더라도 해양경찰권 발동에 대한 제한은 불가피하다. 이러한 이유로 해양경찰작용에 관한 일반조항의 필요성이 논의되고 있고, 법적 근거가 있는 경우에도 해양경찰권 발동에 관한 한계 이론이 논의되고 있는 것이다.

2. 해양경찰권 근거와 한계

<근거>

▶의의 : 해양경찰권은 개인에게 명령·강제하는 작용으로 그 발동에 법적 근거 필요
▶근거
1) 법률 : 국회가 제정하는 형식적 의미의 법률을 의미
2) 행정입법
가) 독립명령 : 대통령의 긴급명령, 긴급재정, 경제처분
나) 위임명령 : 위임명령도 경찰권의 근거 가능
다) 집행명령 : 법규를 집행하기 위한 집행명령도 가능
3) 관습법 : 국민 사이에 동일한 사실이 관행으로 반복된 관습법은 제한
4) 조약 : 조약도 경찰권의 근거
5) 조리법 : 학설의 다툼이 있으나 근거 가능

<한계>

▶서설 : 경찰법규는 경찰기관에게 광범한 재량권을 인정하나 그 재량은 기속재량으로서 경찰기관이 준수한 일정한 법규상 또는 조리상의 한계가 있다.

가. 법규상의 한계 : 경찰법규는 경찰권의 근거인 동시에 한계
나. 조리상의 한계
1) 경찰소극목적의 원칙 : 경찰권은 소극적인 질서유지를 위해서만 발동된다는 원칙
2) 경찰공공의 원칙 : 경찰권은 사회공공의 질서유지를 위해서만 발동된다는 원칙, 그 외 4개의 파생원칙(사생활 불가침 원칙, 사주소 불가침 원칙, 사경제 자유의 원칙, 민사관계 불간섭의 원칙)
3) 경찰비례의 원칙 : 경찰권은 필요한 최소한도에 있어서만 발동된다는 원칙
4) 경찰평등의 원칙 : 모든 국민에게 평등하게 발동된다는 원칙
▶한계이탈의 효과 및 구제 : 무효 또는 취소가 가능하며 행정소송 등 통상의 구제방법 적용

가. 해양경찰권의 의의와 근거

1) 해양경찰권의 의의

해양경찰권이란 사회 공공의 안녕·질서를 유지하기 위해 일반통치권에 의거하여 국민의 재산·신체에 대해 일방적으로 명령하고 강제할 수 있는 경찰작용상의 권한을 말하며, 해양경찰권은 해양경찰작용의 기초가 된다.

2) 해양경찰권의 근거

경찰은 공공의 안녕과 질서에 대한 위험의 방지를 그 임무로 하는데. 이러한 임무의 수행을 위해서는 국민의 자유와 권리를 침해하는 명령적이고 부담적인 행정행위를 그 수단으로 사용하는 것이 보통이고, 이러한 국민에게 명령·강제 등을 하는 권력적·침익적 작용이므로 경찰권의 발동에는 반드시 법률의 근거가 있어야 한다(법률유보원칙). 따라서 국민의 자유와 권리를 제한하는 경찰권의 근거는 원칙적으로 국민의 대표기관인 국회에서 제정한 법률에 의하여 마련되어야 하고, 여기에 대해 예외적으로 행정입법에 의하여 경찰권 발동의 근거가 될 수 있다. 그러나 법률에서 경찰권 발동의 근거를 명령에서 정하도록 위임의 경우에도 그 수권은 구체적으로 범위를 정하여 행하여야 한다(헌법 제75조, 제98조).

경찰권은 조약이나 자치법규에 근거하여서도 발동될 수 있다. 현행 헌법질서에 따르면 경찰권의 발동은 반드시 법률에 그 근거를 두어야 한다. 여기서 근거 법규범의 성격이 문제된다. 오늘날과 같이 법치주의원칙이 발달된 상황에서는 이른바 임무규범과 권한규범이 엄격하게 분리되어야 한다. 임무와 권한은 상이한 권한이지만, 양자는 목적과 수단의 관계에 있으며 권한 및 권한규정들은 임무의 내용을 반영한다. 따라서 경찰법상의 권한 발동을 위해서는 권한규범에 의한 수권을 요하며, 임무규범만을 근거로 하여 경찰권을 발동할 수 없다고 보아야 할 것이다.

그러므로 경찰권의 발동은 이를 위한 개별적인 수권규범에 근거하여야 한다는 기본원칙에 도달하게 된다. 이와 관련하여 개별적 수권규범이 존재하지 아니하는 예외적인 경우에 공공의 안녕 혹은 공공의 질서에 대한 위험을 방지 또는 제거하기 위하여 경찰권을 발동할 수

있도록 일반조항(개괄조항)을 규정하는 것이 허용되는가, 또한 그것이 허용된다고 할 때 현행법상 그러한 일반조항(개괄조항)이 존재하는가 등의 문제가 제기된다. 이하에서 개별적 수권조항과 일반적(개괄적) 수건조항의 문제를 살펴보기로 한다.

가) 개별적 수권조항에 근거한 경찰권

개별적 수권조항(Spezialklausel)은 개별적·구체적 사안에 관하여 특정한 종류·내용의 조치에 관한 법적 근거를 마련하는 경우를 말한다(특별 수권조항 또는 특별조항이라고도 한다). 경찰기관은 일반적인 위험방지라는 자신의 임무수행을 위해 여러 방식으로 개인의 자유와 재산을 침해한다. 경찰관 직무집행법은 공적 안전과 질서를 유지하기 위하여 빈번히 이루어지는, 특히 개인의 자유영역에 대하여 침해를 가져오는 특별구성요건을 갖고 있다. 이를 소위 표준처분(StandardmaBnahmen)이라 부른다. 표준처분은 개인의 자유에 대한 전형적·유형적 침해를 의미한다. 표준처분(표준조치)들은 대체로 행정행위로서의 성질을 갖는다. 그 처분은 관계자에게 작위·부작위·수인의 의무를 부과한다.

경찰관 직무집행법상 인정되고 있는 표준처분으로는 불심검문, 보호조치, 위험발생의 방지, 범죄의 예방과 제지, 위험방지를 위한 출입, 확인을 위한 출석요구 등이 있다(경찰관 직무집행법 제3조, 제8조). 위험방지 및 장애의 제거라는 경찰법상의 목적달성을 위한 행정권한의 발동은 일반경찰법 이외에도 수많은 특별법령에 근거하여 행하여진다. ① 도로교통법, 자동차관리법, 선박법, 항공법 등 교통상의 안전 및 질서유지를 위한 법령, ② 식품위생법, 공중위생관리법, 직업안정법 등 영업경찰법령 ③ 건축법 ④ 의료법, 약사법, 전염예방법 등 보건관계법, ⑤ 폐기물관리법, 자연환경보전법, 수질환경보전법, 해양오염방지법, 대기환경보전법 등 환경상의 위험방지를 위한 법령 등이 특별행정법의 모든 영역에서 경찰권발동의 근거를 개별적으로 부여하고 있다.

나) 일반적 수권조항(일반조항)에 근거한 경찰권

일반적 수권조항이란 경찰권의 권한을 규정하면서 개별적인 권한 내용을 구체화하지 않고 일반적인 위해 방지를 위한 추상적인 내용으로 규정되어 있는 것을 말한다. 다시 말해서 그 위험의 예방·진압을 위한 법적근거가 특별경찰법에도 없을 뿐만 아니라 일반경찰법에도 특별한 규정으로 존재하지 않은 경우에 최종적으로 그 위험의 예방·진압을 위한 법적근거로서 적용되는 일반경찰법상 개괄적인 조항을 일반조항이라 한다. 즉, 경찰권의 발동권한을 포괄적으로 수권하는 규정을 말한다(개괄적 수권조항 또는 일반조항이라고도 한다). 일반적 수권조항(일반조항)을 긍정하는 입장에서는 기술수준의 변화, 사회적 사정의 변화 등으로 인해 입법자가 예상할 수 없는 경찰상의 위해가 발생하는 경우에 미리 규정된 개별적인 수권규정에 의하여 해결되지 못하는 경우가 존재하므로 이러한 경우에 대비하기 위해서 일반적 수권조항이 필요하다고 주장한다. 그리고 일반적 수권조항은 개별적 규정이 없는 때에 한하여 보충적으로 적용되며, 사회사정과 관념이 부단히 변하기 때문에 경찰권 발동의 요건이나 효과를 상세히 정한다는 것이 기술적으로 불가능하고, 일반적 수권조항에 의거한 경찰권 발동에 관련된 법원칙(조리상의 한계)이 충분히 발달되어 있으며, 일반조항의 확대해석, 그에 근거한 권한의 남용 등은 법원의 심판을 받는다는 이유를 들어 일반적 수권조항(일반조항)의 필요성을 긍정하는 견해도 있다.

우리나라에서는 일반적 수권조항의 인정여부에 대해서는 경찰관 직무집행법 제2조제7호의 "기타 공공의 안녕과 질서유지"규정을 일반적 수권조항(일반조항, 개괄적 수권조항)으로 보고 이에 근거하여 경찰권을 발동할 수 있는지에 대하여 견해가 대립되어 있다.

〈표 3-9〉 우리나라에서의 일반적 수권조항 인정여부

긍정설	긍정설은 경찰관 직무집행법 제2조7호의 규정(그 밖에 공공의 안녕과 질서유지)을 일반적 수권조항으로 보고 개별적 근거규정이 없을 때는 이를 근거로 경찰권을 발동할 수 있다고 한다. ① 공공의 안녕과 질서를 유지하는 경찰의 고유의 직무이고, 모든 위해의 사항을 법률에 규정할 수 없기 때문에, 개별적인 수권규정이 없는 경우에도 경찰의 임무수행을 위해서는 일반규정이 필요하다는 점. ② 일반적 수권조항은 개별적 규정이 없을 때 한하여 보충적으로 적용된다는 점. ③ 일반적 수권조항에 의한 경찰권 남용의 가능성은 조리상의 한계 등으로 통제가 가능하다는 점 등을 논거로 한다.
부정설	경찰권을 포함한 모든 권력적 작용에는 법률의 근거가 있어야 하는데 이 경우의 법률은 당연히 개별적·구체적인 경찰 작용법이어야 하고, 포괄적·일반적 수권법은 허용되지 아니하므로 일반조항을 인정할 수 없다고 한다. 경찰관 직무집행법 제2조7호는 경찰권의 발동근거에 관한 일반조항이 아니라 경찰의 직무범위만을 정한 것으로서 조직법적 성질의 규정이라고 본다.
절충설 (입법필요성)	이 견해는 실정법상 일반조항의 필요성과 허용성을 인정하면서도, 아직 우리나라 현행법은 수용하지 않고 있어 경찰법의 개정을 통해 일반조항이 규정되어야 한다고 주장한다.
판례입장	경찰관 직무집행법 제2조제7호가 일반적 수권조항인지 여부를 명시적으로 밝힌 판례는 없으나, 대법원은 청원경찰이 무허가 개축행위를 단속한 행위가 정당한 공무집행에 속한다고 판시함으로써 동 조항의 일반조항을 긍정하는 것으로 해석된다.
결론	일반조항을 부정하는 견해에 따르게 되면 개별적 수권 조항이 없는 경우에는 경찰권 발동이 불가능하게 된다. 따라서 긍정설의 입장에서 개별적 수권조항이 없을 때 경찰관 직무집행법 제2조제7호를 권한규범으로써 일반조항으로 인정하여 경찰권 발동이 가능하다고 할 것이다. 다만 이를 인정한다고 하여도 개괄적 수권조항은 개별적인 규정이 없는 경우에 보충적으로 적용되어야 하며, 일반적인 경찰권 행사의 조리상의 한계를 준수해야 할 것이다.

나. 해양경찰권의 한계

경찰권의 발동은 국민의 자유와 권리를 제한하는 권력적 작용이므로 법치행정의 원칙이 특히 엄격하게 요청된다. 따라서 경찰권은 반드시 법규(법규와 법규명령)의 근거가 있을 때에만 발동할 수 있는 동시에 법규에 의해 허용된 한도 안에서만 발동되어야 한다. 이를 법규상의 한계 및 조리상의 한계로 구분할 수 있다.

1) 법규상의 한계

경찰작용은 국민의 권리와 자유를 침해하는 가장 전형적인 권력작용이므로 법치행정의 원칙이 특히 엄격하게 요청된다. 따라서 경찰권은 반드시 법규(법률과 법규명령)의 근거가 있을 때에만 발동할 수 있는 동시에 법규에 의해 허용된 한도 안에서만 발동되어야 한다. 즉, 경찰법규는 경찰권의 근거인 동시에 경찰권의 제1단계적 한계이기도 하다.

2) 조리상의 한계(소극적 한계)

경찰권 행사의 법규상의 한계는 경찰법규가 경찰권 발동의 요건을 불확정 개념으로 규정하고 있기 때문에 그 요건이 충족된 경우에도 경찰권의 행사와 관련해서는 행정편의주의가 적용되어 법규적 제약이 형식적인 것에 불과한 경우가 많게 된다. 따라서 경찰권 발동에 대한 제2단계적 제약으로 조리상의 한계는 매우 중요하다. 경찰권의 조리상 한계로는 주로 일반조항과 관련하여 전개된 것이다.

가) 경찰 소극 목적의 원칙(경찰권 발동의 목적)

경찰의 본질과 목적은 사회 공공의 안녕과 질서유지에 있으므로 적극적으로 사회 공공의 복리를 증진하기 위해 경찰권을 발동할 수 없고, 사회공공의 안녕과 질서유지에 위해가 되는 것을 예방하고 제거하기 위한 소극목적을 위해서만 발동될 수 있다.

나) 경찰공공의 원칙(경찰권 발동의 영역)

경찰권은 사회 공공의 질서를 유지하기 위해서만 발동될 수 있고 사회 공공의 질서에 직접 관계되지 않은 사항(사생활, 사주소, 민사관계)은 경찰권 발동의 대상이 되지 않는다는 원칙이다.

① 사생활 불간섭의 원칙

사회 공공의 질서와 관계가 없는 개인의 사적생활 영역에 경찰권이 개입해서는 안 된다는 원칙을 말한다. 사생활의 개념은 사회의 통념에 따라 정해질 수밖에 없다. 다만 개인의 사생활이라도 그것이 사회 질서에 직접적인 영향을 줄 때는 경찰권의 대상이 된다. 전염병 환자에 대한 강제 격리, 청소년의 음주·흡연금지 등이 그 예이다.

② 사주소 불가침의 원칙

경찰은 직접 공중과 접촉되지 않는 개인의 사주소 내에서 일어나는 행위에 대해서는 관여할 수 없다는 원칙이다. 사주소의 개념은 사회 통념에 따라 정해질 수밖에 없다. 그러나 사주소 내의 행위가 사회 공공의 안녕과 질서에 직접 중대한 장애를 가져오는 경우(지나친 소음, 악취, 음향의 발생, 외부에서 보이는 사주소 내의 나체 등)에는 경찰의 개입이 가능하게 된다.

③ 민사관계불간섭의 원칙

사회 공공의 질서에 영향을 미치지 않는 채권·채무관계와 같은 민사상의 법률관계 내지 권리관계에 경찰이 개입할 수 없다는 원칙을 말한다. 따라서 경찰관은 사인 간의 임대차 관계나 채무이행 관계 등에 개입할 수 없다.

④ 사경제 불간섭의 원칙

사경제적 거래는 원칙적으로 사유재산제도 및 계약자유의 원칙에 의해 개인의 자유에 속하고 경찰권은 원칙적으로 관여할 수 없다(예외: 암표상, 총포·도검의 거래, 청소년에의 술·담배 판매 등).

다) 경찰비례의 원칙(경찰권 발동의 조건과 정도) - 과잉금지의 원칙

① 의의 : 경찰권 행사에서 사회공공의 안녕과 질서에 대해 위해를 방지할 필요성과 그에 따른 당사자의 자유·권리의 제한 사이에는 사회통념상 적당하다고 인정되는 비례가 유지되어야 한다는 원칙을 말한다. 과잉금지의 원칙이라고도 한다. 일반적으로 행정작용에 있어 목적 실현을 위한 수단과 당해 목적 사이에 합리적인 비례관계가 있어야 한다는 원칙이다. 경찰비례의 원칙은 일반조항에 근거하여 경찰권을 발동하는 경우는 물론 개별적 수권 조항에 근거하여 경찰권을 발동하는 경우에도 적용된다.

② 법적근거 : 헌법 제37조제2항[64]과 경찰관 직무집행법 제1조2항의 '경찰관의 직권은 그 직무수행에 필요한 최소한도 내에서 행사되어야 하며 이를 남용하여서는 아니 된다.', 해양경비법 '제8조(권한남용의 금지) 해양경찰관은 이 법에 따른 직무를 수행할 때 권한을 남용하여 개인의 권리 및 자유를 침해하여서는 아니된다.'는 규정이 실정법적 근거이다.

③ 내용

ⓐ 경찰권 발동의 조건 : 경찰권은 사회질서 유지상 묵과할 수 없는 장애를 제거하기 위해서만 발동할 수 있다. 여기서 묵과할 수 없는 장애란 그 장애를 방치함으로써 생기는 사회적 불이익의 정도가 그 장애를 제거함으로써 생기는 사회적 불이익의 정도보다 크다고 평가되는 장애를 말한다.

ⓑ 경찰권 발동 수단 : 경찰권 발동의 수단은 위해 방지를 위한 적합한 수단이어야 하고(적합성의 원칙), 그 적합한 수단 중에서도 최소한의 침해를 주는 수단을 선택해야 한다(필요성의 원칙).

ⓒ 경찰권 발동의 정도(상당성의 원칙) : 당해 경찰수단의 행사 필요성과 이로 인한 당사자의 자유제한 사이에는 적당한 비례가 있어야 한다는 원칙이다. 이를 협의의 비례의 원칙이라고 한다. 이것은 경미한 위해의 제거를 위해 과도하게 개인의 자유를 제한해서는 안 된다는 것을 의미한다. 예를 들면 '해양경찰권이 범인을 제압하는 도중 상대방과 근접한 거리에서 얼굴을 향해 가스총을 발사하여 상대방 눈 한쪽이 실명된 경우 비례의 원칙을 준수했다고 보기 힘들다.' 이 원칙은 '참새를 잡기 위해 대포를 쏘아서는 안 된다'라는 말로 비유된다.

---

64) 헌법 제37조2항 국민의 모든 자유와 권리는 국가안전보장·질서유지 또는 공공복리를 위하여 필요한 경우에 한하여 법률로써 제한할 수 있으며, 제한하는 경우에도 자유와 권리의 본질적인 내용을 침해할 수 없다.

라) 경찰책임의 원칙(경찰권 발동의 대상)

① 의의 : 경찰권 발동은 원칙적으로 경찰 위반의 행위 또는 상태에 대해 직접적인 책임이 있는 자(경찰책임자)에 대해서만 행해져야 한다는 원칙을 말한다.

② 경찰책임의 요건 : 경찰책임을 인정하려는 이유는 사회 공공의 질서유지에 위해가 되는 행위 또는 상태를 제거하려는 데 있으므로 어떤 자의 생활 범위로부터 사회적 장애가 발생했다는 외면적·객관적 표상만 있으면 그 자에게 경찰책임이 인정된다. 따라서 경찰책임은 형사책임과 달리 책임자가 자연인·법인인지의 여부, 고의·과실과 같은 주관적 요건 등을 불문한다(남재성·이정덕, 2013: 171-172).

③ 경찰책임의 유형

〈표 3-10〉 경찰책임 유형

구분	내용
행위책임	-자기 또는 자기의 지배에 속하는 사람의 행위로 인해 사회 공공의 질서에 대한 위해를 발생케 한 경우에 지는 책임이다. -타인을 보호 감독할 지위에 있는 자는 그 범위 안에서 지배자로서 그 피지배자의 행위로 인해 발생하는 경찰위반에 대해 책임을 진다. 자녀의 행위에 대해서는 친권자가, 사용인의 행위에 대해서는 사용주가 책임을 진다. 이 경우 책임은 대위책임이 아니라 자기의 지배권 내에서 경찰 위반 상태가 발생한 데 대한 책임인 자기 책임이다. -행위책임은 경찰 위해에 대한 직접적인 원인을 야기한 자에게 귀속한다. -예: 상점의 TV에서 하는 스포츠 중계를 보려고 군중이 모여 도로 통행에 방해를 준 경우 →책임을 져야 하는 자는 TV를 설치한 상점주인이 아니라 군중이다.
상태책임	-물건의 소유자, 점유자 또는 사실상의 지배권을 행사하는 사람이 자기가 점유 또는 소유하는 당해 물건의 상태나 동물의 행위로부터 야기된 경찰상의 장해에 대해 지는 책임이다. -물건에 대한 권원(權原)의 정당성을 묻지 않으므로 경찰기관은 당해 물건의 소유관계와는 관계없이 당해 물건을 현실적으로 지배하고 있는 당사자에게 경찰권을 발동할 수 있다. -예: 도심지에 광견을 방치한 자
경합책임	-행위책임과 상태책임이 경합하는 경우에는 일반적으로 행위책임이 우선한다.
혼합책임	-다수인의 행위 또는 다수인이 지배하는 물건의 상태로 인해 하나의 질서위반 상태가 발생했거나 행위책임과 상태책임이 중복하여 질서 위반 상태가 발생한 경우이다. -이 경우 누가 경찰책임을 질 것인지가 문제 되는데 다수설은 경찰책임자와 책임 정도의 결정은 경찰기관의 성실한 재량에 맡길 수밖에 없다고 한다.

④ 경찰책임의 예외

경찰권은 원칙적으로 질서 위반 상태를 발생케 한 직접 책임자에 대해서만 발동해야 하지만 예외적으로 긴급한 경찰상의 위해 방지나 장애 제거를 위해 질서 위반과 관계가 없는 제3자에게 경찰권을 발동하는 경우가 인정된다. 이는 형법상의 긴급피난과 동일한 법리에 의한 것이다. 따라서 비책임자에 대한 경찰권 발동은 경찰 위반의 상태가 현존·급박하고, 제1차적 경찰책임자에 대한 경찰권의 발동으로는 위해의 제거를 기대할 수 없고, 원칙적으로 법령에 근거가 있고, 피해에 대한 손실보상을 할 것 등의 요건을 충족해야 한다. 예를 들면 「수상에서의 수색 · 구조 등에 관한 법률」 제16조제1항 '조난사실을 신고 또는 통보받거나 인지한 관할 구조본부의 장이나 소방관서의 장은 구조대에 구조를 지시 또는 요청하거나 조난현장의 부근에 있는 선박 등에게 구조를 요청하는 등 수난구호에 필요한 조치를 취하여야 한다.' 제29조제1항 '구조본부의 장 및 소방관서의 장은 수난구호를 위하여 부득이하다고 인정할 때에는 필요한 범위에서 사람 또는 단체를 수난구호업무에 종사하게 하거나 선박, 자동차, 항공기, 다른 사람의 토지 · 건물 또는 그 밖의 물건 등을 일시적으로 사용할 수 있다.'등이 있다.

마) 경찰평등의 원칙

경찰평등의 원칙이란 경찰권의 행사에서 불합리한 근거, 즉 성별·종교·사회적 신분 등을 이유로 차별을 해서는 안 된다는 원칙을 말한다.

3) 적극적 한계(경찰개입 청구권)

가) 경찰개입 청구권의 의의

자기의 이익을 위해 타인에 대한 경찰권의 발동을 청구할 수 있는 권리이다.

나) 인정논거

① 반사적 이익의 보호 법익화

종래의 자유주의적 법치국가에서는 행정권의 발동은 공익실현을 위한 것이며, 특정 개인을 위한 것이 아니기 때문에 행정권의 발동으로 특정 개인이 이익을 받더라도 그것을 반사적 이익에 불과하고, 따라서 개인은 자기의 이익을 위해 타인에 대한 일정한 행정권의 발동을 청구하는 것은 인정되지 않는다고 보았다. 그러나 오늘날의 사회적 법치국가에서는 대폭적으로 반사적 이익의 보호 법익화가 실현되어 종래에는 반사적 이익으로 보았던 것도 관계 법규가 공익과 동시에 개인적 이익도 보호하는 것으로 해석함으로써 행정개입청구권 또는 경찰개입청구권을 인정할 수 있는 근거가 마련되었다.

독일 판례의 경우 눈썰매 사건, 별장 점탈 사건, 혼잡교차로 교통정리 미실시 사건, 지뢰 사건 등의 판결을 통해서 경찰권 불행사를 이유로 손해배상책임을 인정하였고, 나아가 띠톱판결[65]에서는 경찰개입청구권을 인정하기에 이르렀다. 특히

65) 무하자재량행사 청구권의 법리를 기초로 하여 독일에서 학설·판례를 통해 발전된 개념으로서(1960 Bandsageurteil-띠톱판결), 행정청의 위법한 부작위 등으로 인하여 권익을 침해당한 자가 당해 행정청에 대하여 (제3자에 대한)일정한 법에 규정된 행정권의 발동을 청구하는 권리이다. 이러한 행정개입청구권의 법리는 1960. 8. 18. 독일 연방행정재판소의 띠톱판결(Bandsägeurteil, BVerwGE 11, 95)에서 정립되었다. 이 사안은, 주거지역에 설치된 석탄제조업체에서 사용하는 띠톱에서 배출되는 먼지와 소음 등으로 피해를 받고 있던 인근주민이 행정청에게 건축경찰상의 금지처분을 발할 것을 청구하자, 행정청은 이 업소의 조업은 건축관계 법규에 위반되지 않는 것이라 하여 기각하였고, 이에 인근주민들이 기각처분에 대한 취소소송을 제기한 것이다.

띠톱판결은 반사적 이익론의 극복과 재량권의 영으로의 수축법리를 모두 채용하고 있다(김창윤 외, 2015: 477).

② 재량권 0으로의 수축

ⓐ 행정편의주의 : 종래에는 행정편의주의에 의해 행정청에 재량이 인정되어 있는 경우에 행정권을 발동할 것인지의 여부는 행정청이 편의적으로 결정할 수 있기 때문에 행정개입청구권이 인정되지 않았다.

ⓑ 경찰권 행사의 편의주의의 원칙 : 경찰 위반의 상태가 있는 경우에도 반드시 경찰권을 발동해야 하는 것은 아니며 발동의 여부(결정재량) 또는 경찰권 발동이 전제된 상황에서 어떠한 종류의 조치를 취할 것인가의 여부(선택재량)는 경찰기관의 재량에 맡겨져 있었다.

ⓒ 재량권 0으로의 수축 : 행정청 또는 경찰기관에 재량이 인정되어 있는 경우라도 개인의 생명·신체·재산에 대한 목전의 급박한 위해를 예방 또는 제거하기 위해 긴급한 필요가 있는 경우에는 그 재량의 폭이 감소되어 마침내는 0에 도달함으로써 행정청은 오직 일정한 조치를 취해야만 의무에 합당한 재량권행사로 인정되는데 이를 '재량권의 0으로의 수축'이라고 한다.

ⓓ 재량권이 영으로 수축되면 경찰행정청은 일정한 행위를 해야 할 개입 의무를 지게 되며(재량행위의 기속행위화), 따라서 개인은 경찰 개입청구권을 가지게 되는 것이다.

③ 구제

경찰권 발동의무가 발생했음에도 불구하고 경찰기관이 부작위, 즉 경찰권을 발동하지 않으면 의무이행심판 및 부작위 위법확인소송이 가능하며 그로 인해 손해가 발생한 경우에는 손해배상소송을 제기하여 구제받을 수 있다(남재성·이정덕, 2013: 174).

제2절 해양경찰 작용의 유형

<경찰작용의 성질 및 종류>

▶의의 : 국민에게 명령·강제하는 권력적 작용
▶성질 : 법치행정의 원칙상 법규의 근거를 요하며 재량권을 인정한다 해도 기속재량이 원칙
▶종류
1) 경찰명령
가) 의의 : 형식상 직접하명과 경찰처분이 있고 내용상은 경찰하명, 경찰허가, 경찰면제, 경찰벌
나) 내용
① 경찰하명 : 국민에게 작위·부작위·수인·급부를 명하는 행위
② 경찰허가 : 자연적 자유를 회복시키는 경찰처분
③ 경찰면제 : 작위·수인 지급의무를 해제하는 행정행위
2) 경찰강제

가) 의의 : 경찰상 필요한 상태를 실현하는 사실상의 작용
나) 내용
① 경찰상 강제집행 : 의무의 불이행에 대하여 강제실현 하는 작용
② 경찰상 즉시강제 : 급박한 장애 제거를 실력으로 필요한 상태실현
▶한계
1) 법규상의 한계 : 경찰권의 근거인 동시에 한계
2) 조리상의 한계 : 경찰소극목적의 원칙· 경찰공공의 원칙· 경찰비례의 원칙· 경찰책임의 원칙· 경찰평등의 원칙

1. 경찰하명

가. 하명의 의의

경찰하명이란 국가의 일반통치권에 기하여 경찰상의 목적, 즉 사회 공공의 안녕질서 유지를 위하여 국민에게 작위·부작위·수인·급부 등의 의무를 명하는 경찰작용을 말한다. 부작위 의무를 과하는 것을 금지라고 하고, 작위·급부·수인의무를 과하는 것을 명령이라고 한다. 경찰하명의 법적 성격은 개인에게 특정의 의무를 명하는 명령적 행위로서 법률행위적 행정행위에 속한다. 그러므로 경찰하명은 개인의 자유와 권리를 제한하는 권력적 작용이므로 반드시 법적 근거를 두어야 한다.

나. 하명의 형식

1) 법규하명

법규하명이란 별도의 행정행위를 요하지 아니하고 법령에 의해 직접 일정한 경찰의무를 발생케 하는 경우의 경찰하명을 말한다(도로교통법상 음주운전금지, 청소년보호법에 의한 술·담배판매금지, 성매매금지 등). 법규의 재정 후 공포에 의하여 구 효력이 발생한다.

2) 경찰처분

경찰처분이란 법령에 의거하여 경찰이 특정한 의무를 명하는 경우에 발생하는 구체적 행정행위를 말한다(유흥업소에 대한 영업정지, 전염병발생지역의 통행금지 등). 이는 법령의 수건범위 내에서 경찰권 한계에 관한 원칙의 구속을 받는다. 구두 또는 문서에 의하여 상대방에게 고지되어야 효과가 발생한다. 경찰처분은 개별적으로 행하여지는 것이 원칙이나, 불특정다수인에게 일반적으로 행하여지는 경우도 있다.

다. 하명의 종류

1) 내용에 의한 구분

〈표 3-11〉 경찰하명 내용에 의한 구분

작위하명	적극적으로 어떤 행위를 행할 의무를 명하는 행위이다. 예) 교통법규 준수, 위험물 표시 등, 사체에 대한 신고의무, 화재발견 시 소방서 또는 경찰서에 신속히 통지할 의무 등
부작위하명	-소극적으로 어떤 행위를 하지 말 것을 명하는 행위이다(경찰금지). -무면허 운전금지, 통행금지, 부패식품 판매금지, 청소년의 흡연·음주금지 등과 같이 절대적으로 해제할 수 없는 절대적 금지, 설치제한 구역 내 사격장 설치금지와 같이 허가를 유보한 상대적금지로 구분할 수 있다.
수인하명	-자기의 신체·재산·가택 등에 가하여지는 사실상의 침해, 즉 경찰강제에 대하여 저항하지 말고 이를 참아야 할 의무를 명하는 것을 말한다. -경찰강제 그 자체는 사실상의 작용이지만 그것이 적법하게 수행되기 위해서는 수인하명이 수반되어야 한다. 예) 경찰조사, 즉시강제, 경찰관이 범죄의 예방·제지를 위하여 극장에 출입하거나 극장내 손님을 조사할 때 극장주가 출입을 허용하고 조사에 응하는 것 등
급부하명	-금전 또는 물품의 급부의무를 명하는 것이다. -이는 경찰처분이 특정인을 위하여 행하여지거나 또는 특정인을 위하여 필요하게 된 때에는 그 비용 충당을 위하여 수수료, 기타의 급부를 명하는 것이 공평의 원칙상 인정된다. 예) 수수료, 통행료 등의 납부의무, 면허시험의 수수료 납부, 식품 등의 무상 수거 등

2) 대상에 의한 구분

경찰하명의 대상자가 불특정다수인인가, 특정인인가에 따라 일반하명과 개별하명으로 구분되기도 하며, 하명의 대상에 따라 대인적·대물적·혼합적 하명으로 구분된다. 사람의 행위에 중점을 둔 경우는 대인적 하명, 물적 상대에 중점을 둔 경우는 대물적 하명, 인적·물적 요소가 혼합된 경우는 혼합적 하명이라고 한다.

라. 하명의 효과

경찰하명의 효과는 하명의 내용에 따라 수명자가 일정한 행위를 해야 할 또는 하지 않아야 할 공법상 의무를 지는 데 있다. 경찰하명이 있는 경우에 상대방(수명자)은 행정주체에 대해서만 의무를 이행할 책임이 있고, 그 이외의 제3자에 대하여 법상 의무를 부담하는 것은 아니다. 따라서 의무불이행에 대해서는 경찰행정 주체만이 그 이행을 강제하거나 처벌하는 데 그치며, 제3자가 의무이행을 강제할 수 없다. 또한 경찰하명 자체의 효력으로서 하명에 위반한 법률행위의 효과까지 부인되는 것은 아니다. 예를 들면, 영업정지명령에 위반하여 영업을 계속하였을 경우 당해 영업에 대한 거래행위의 효력까지 부인되지는 않는다 (하상군·김종길·조성택, 2013: 185).

하명의 위반은 처벌의 대상이 되나 그 자체가 사법상 무효인 것은 아니다. 경찰하명의 효과로 제3자가 이익을 얻는 경우에는 반사적 이익에 불과하므로 손해배상이나 행정쟁송의 대상이 되지 않는다. 예를 들어 의사의 의료법상 환자진료의무는 행정주체에 대한 의무일 뿐,

환자에 대한 의무가 아니므로 의사가 진료를 거부한 경우 이를 이유로 손해배상 등을 청구할 수 없다(홍정선, 2012: 1063).

마. 하명 위반의 효과

경찰하명에 대한 위반에는 경찰의무의 불이행과 경찰의무 위반의 두 가지 형태가 있다. 먼저, 경찰의무불이행의 경우에는 경찰상 강제집행이 행하여지고, 경찰의무 위반의 경우에는 경찰벌이 과하여진다. 현행법상 경찰상 강제집행의 수단으로는 대체적 작위의무에 대해서는 대집행이 일반적으로 인정되고, 금전납부의무에는 국세징수법의 규정에 의하여 체납처분이 그밖에 극히 예외적으로 직접강제가 인정되고 있다.

바. 하명에 대한 구제

경찰하명의 하자가 중대하고도 명백한 법규 위반인 경우 무효의 대상이 된다. 또한 경찰하명의 하자가 단순한 위법사실이거나 경찰권의 한계를 일탈한 경우 등에는 취소사유에 해당한다.

〈표 3-12〉 경찰하명 구제

적법한 경우	-경찰하명의 수명자는 수인의무를 지므로 적법한 경찰하명으로 인하여 어느 정도 손실이 발생하였다 하더라도 국가에 대하여 그 손실의 보상을 청구할 수 없다는 것이 원칙이다. -그러나 예외적으로 경찰상 적법한 행위로 수명자 또는 책임 없는 제3자에게 '특별한 희생'을 가한 경우에 사유재산권 보장과 공평이념에 배치될 때에는 그에 대한 보상청구가 인정되며 이것이 경찰상 손실보상청구이다.
위법·부당한 경우	-위법·부당한 경찰하명으로 인하여 권익을 침해당한 자는 행정심판을 제기하여 취소·변경을 청구할 수 있다. -또한 위법한 경찰하명으로 권익을 침해당한 자는 행정심판을 거쳐 행정법원에 행정소송을 제기할 수 있다. -국가배상법에 의한 손해배상청구를 할 수 있다.

위법 또는 부당한 경찰하명에 대한 구제는 행정상 구제, 민사상 구제, 형사상 구제 등의 방법이 있다. 행정상 구제에는 당해 경찰기관 또는 상급기관에 직권취소·정비, 해당 공무원에 대한 징계, 행정쟁송 제기 등이 있다.

민사상 구제에는 국가배상법에 따라 행정상 손해배상을 청구할 수 있다. 형사상 구제에는 당해 경찰관에 대한 정당방위, 고소·고발 등이 있다. 이 밖에도 헌법소원 및 청원제도가 있다. 한편 경찰기관의 적법한 경찰하명에 의한 손실은 보상하지 않은 것이 원칙이다. 그러나 경찰하명으로 인해 수인할 수 없는 정도의 특별한 손실이 발생한 경우에는 손실보상청구가 인정된다.

2. 경찰허가

가. 허가의 의의

경찰허가란 법규상 일반적·상대적 금지를 특정한 경우 해제함으로써 일정한 행위를 적법하게 행할 수 있게 하는 경찰처분을 말한다(음식점 영업허가, 운전면허, 특수경비법 허가 등). 경찰허가는 면허·특허·인가·승인 등의 용어로도 사용된다.

경찰허가는 경찰목적을 위하여 상대적으로 제한하였던 국민의 자연적 자유를 일정한 경우 회복시켜 그 행위를 적법하게 행할 수 있도록 하는 특별경찰작용이라고 할 수 있다.

나. 경찰허가의 법적성질

경찰허가는 명령적 행위이며, 동시에 기속재량행위적 성격을 가진다. 경찰허가는 일반적·상대적으로 금지된 행위를 해제하여 적법하게 행위 할 수 있도록 하는 명령적 행위로서 새로운 권리·능력을 설정하는 형성적 행위와 구별된다. 경찰허가는 원칙적으로 기속행위로서 경찰법규에 경찰허가의 여부에 대한 기준이 없는 경우에도 그 재량처분은 자유재량이 아니고 기속재량행위라고 본다.

따라서 경찰관청은 허가신청 대상이 공공의 안녕질서 유지에 위배되지 않는 한 재량권의 유무를 묻지 않고 허가하여야 한다(박균성, 2012: 243-244). 다만 경찰법규에 허가 제한이 없는 경우에 불허가처분을 내린 사안에 대하여 이를 적법하다고 본 경우도 있다.

다. 경찰허가의 형식

경찰허가는 일반적·상대적 금지를 특정한 경우에 해제하는 것이므로 언제나 구체적인 경찰처분의 형식으로 행해진다. 경찰허가는 원칙적으로 상대방의 신청을 요하는 쌍방적 행정행위이다.

라. 경찰허가의 요건

1) 요건(출원)

경찰허가는 원칙적으로 당사자의 신청을 요하는 쌍방적 행정행위이므로 신청 없는 허가는 무효라는 것이 다수설이다. 그러나 출원은 법령에 특별한 규정이 없는 한 경찰허가의 필요적 요건이 아니고 허가를 희망하는 의사표시로 허가의 유인행위라고 보고, 출원이 없는 허가도 법령에 특별한 규정이 있거나 상대방이 명백하게 그 이익을 거부하지 아니하는 한 당연무효가 아니라는 견해도 있다.

2) 시험

일정한 시험에 합격하거나 물품이나 시설 등의 검사 등에 합격한 자에 대해서만 경찰허가를 부여하는 경우가 있다(운전면허, 허가대상시설·물품검사 등).

3) 수수료·세금 등의 납부

경찰기관이 경찰허가 행위 시 허가에 필요한 일정한 수수료를 허가 대상자에게 납부하게 하거나(운전면허 발급 시, 개인택시 면허증 발급 시 수수료 등), 일정한 조세를 납부(의사면허세 등)하도록 하는 경우가 있다. 수수료나 조세의 납부는 경찰행위 자체는 아니며, 허가행위에 따른 부수적 행위라고 볼 수 있다.

4) 공증

경찰허가는 일정한 형식에 의한 공증행위를 허가의 효력발생요건으로 하는 경우가 있다. 시험합격증·운전면허증·감찰증의 교부나, 장부 기재, 영업허가증의 교부 등을 허가의 효력발생요건으로 법령에 정하는 경우를 말한다.

5) 다른 행정기관의 동의

경찰법령에는 경찰허가 시 다른 행정기관의 사전동의를 받거나 협의를 거칠 것을 요구하고 있는 경우가 있다. 이 경우 다른 행정기관의 동의를 얻지 못한 때에는 관할경찰관청은 허가를 내줄 수 없다.

6) 인근 주민의 동의

경찰법령에 경찰관청이 경찰허가를 함에 있어 허가신청 장소의 인근 주민의 동의를 요구하고 있는 경우에 허가신청자가 동의서를 제출하지 못한 경우 이를 이유로 허가를 거부할 수 있다(대법원 1991.4.9.선고 90누 4112판결).

마. 경찰허가의 상대방

허가의 상대방은 원칙적으로 특정인 또는 특정 다수인을 대상으로 한다. 그러나 예외적으로 불특정 다수인에 대해 행해지는 경우도 있다(예: 야간통행금지 해제, 도로통행금지 해제, 입산금지 해제, 교통신호기의 파란색 신호등).

바. 경찰허가의 종류

〈표 3-13〉 경찰허가의 종류

대인적 허가	사람의 주관적 요소를 심사 대상으로 하는 허가	이전 불가능	예) 자동차운전면허, 의사면허, 약사면허, 위험물취급면허 등
대물적 허가	물건의 객관적 사정에 착안하여 행하는 허가	이전 가능	예) 차량검사 합격처분, 건축물 승인 등
혼합적 허가	사람과 물건을 모두 심사 대상으로 하는 허가	이전 제한	예) 총포·도검·화약류 등 제조영업소허가

사. 경찰허가의 효과

경찰허가의 효과는 상대적인 것으로서 당해 허가가 정하고 있는 경찰금지만을 해제하여 줄 뿐 다른 모든 경찰금지를 해제하는 것은 아니다. 예를 들면, 무허가 음식영업의 경우 음식 거래행위까지 무효로 되는 것은 아니며, 공무원이 음식점 영업허가를 받은 경우 식품위생법상의 금지만을 해제한 것이고 공무원법상의 영리업무금지까지 해제해 주는 것은 아니다.

허가의 효과로서 누리는 자연적 자유는 언제나 반사적 이익에 불과하다고 할 수 없다. 판례도 경업자(競業者) 소송에서 기존 영업허가가 행정청의 신규허가에 대해 제기한 취소소송에서 손익을 인정함으로써 반사적 이익이 아닌 권리로 보는 경우가 있다.

아. 경찰허가의 하자

〈표 3-14〉 경찰허가의 하자

무효인 경찰허가의 효과	-처음부터 그 효과가 무효이므로 허가된 행위를 한 자는 경찰금지를 위반한 것이 되어 경찰벌의 대상이 된다. -다만, 본인에게 책임 없는 사유로 그 효과가 무효임을 알지 못한 때는 제외된다.
취소원인이 있는 경찰허가의 효과	-권한 있는 기관에 의하여 취소될 때까지는 공정력이 인정되어 그 효과가 인정된다. -따라서 관계인을 구속하는 힘을 갖는다.

3. 경찰면제

가. 면제의 의의

경찰면제란 경찰 목적상 과해진 작위·급부·수인의 의무를 특정한 경우에 해제하여 주는 경찰상의 행정행위를 말한다. 이는 경찰상의 의무를 해제하여 사연의 자유를 회복시켜주는 행위로서 명령적 행정행위에 속하며, 경찰면제의 발급여부를 결정하는 것은 원칙적으로 기속재량행위에 속한다.

나. 경찰허가와의 구별

경찰의무를 면제한다는 면에서는 경찰허가와 성질이 같지만, 경찰허가는 부작위의무를 해제하고, 경찰면제는 작위·급부·수인의무를 해제한다.

4. 경찰부관

가. 의의

경찰부관은 경찰처분의 효과를 일부 제한하기 위하여 주된 의사표시의 내용에 붙여진 종된 의사표시를 말한다. 부관에는 법규에 의하여 처분의 효과를 직접 제한하는 법정 부관도 있으나 여기서 말하는 부관에는 포함되지 않는다(하상군·김종길·조성택, 2013: 188-189).

경찰부관은 법규에 명문규정이 있는 경우는 물론 명문규정이 없을 지라도 법이 경찰기관에 대하여 재량을 인정하고 있는 경우에는 그 재량의 범위 내에서 경찰기관의 자주적인 판단으로 부관을 붙일 수 있다. 부관의 내용은 비례의 원칙에 반할 수 없으며, 행정행위의 일부이기 때문에 원칙적으로 독립하여 쟁송 대상으로 할 수 없다.

부관을 붙일 수 있는 경우는 법률행위적 행정행위이어야 한다. 사후부관의 인정여부에 대하여 판례는 제한적으로 인정하고 있다. 행정처분에 이미 부담이 부가되어 있는 상태에서 그 의무의 범위 또는 내용 등을 변경하는 부관의 사후변경은 법률에 명문의 규정이 있거나 그 변경이 미리 유보되어 있는 경우 또는 상대방의 동의가 있는 경우에 한하여 허용되는 것이 원칙이지만, 사정변경으로 인하여 당초에 부담을 부가한 목적을 달성할 수 없게 된 경우에도 그 목적 달성에 필요한 범위 내에서 예외적으로 허용된다(대판 1997.5.30. 97누2627).

나. 종류

〈표 3-15〉 경찰부관의 종류

조건	-경찰처분 효과를 장래의 발생이 **불확실한** 사실에 의존하게 하는 의사표시를 말한다. 예) 행진하지 아니할 것을 조건으로 하는 옥외집회장소 허가 -'정지조건부'의 경우 장래에 일정한 사실이 발생하면 그때 비로소 처분의 효력이 발생하고, '해제조건부'의 경우 장래에 일정한 사실이 발생하면 그때부터 처분의 효력이 소멸된다. -조건인 장래의 사실이란 그 발생여부가 불확정적이어야 하며, 발생이 확실한 사실인 경우에는 기한이지 조건은 아니다.
기한	-경찰처분의 효력을 장래에 발생할 것이 **확실한** 사실에 의존하게 하는 의사표시를 말한다. -이때의 기한은 장래 도래하는 시기가 명확한 확정기한(예: 2020.10.31.)과 장래 도래할 것은 확실하나 그 시기가 정해지지 않은 불확정기한(예: 네가 사망하면)으로 구분된다 -기한은 사건의 발생이 확실하다는 점에서 사건의 발생 자체가 불확실한 조건과 구별된다.
부담	-경찰처분의 주된 의사표시에 부수하여 상대방에게 작위·부작위·급부 또는 수인의무를 부과하는 부관이다. 예) 유흥음식점 영업허가를 하면서 일정한 신고의무를 부여하는 것 -부담의 경우 조건이나 기한과는 달리 처분의 효력은 처음부터 발생하고 의무불이행의 경우에도 당연히 효력이 소멸하지 않는다. -다만, 의무불이행의 경우 처분의 취소·철회 등 불이익을 가할 수 있다. -부담은 다른 부관과 달리 그 자체가 행정행위이므로 부담만이 항고소송의 대상이 될 수 있다. -부담만을 대상으로 하는 취소소송이 가능하다. -부담은 사후부관의 형태로 부가할 수 있다(판례). -부담은 주된 행정행위와 독립된 행위로서 부담을 이행하지 않는 경우 행정청은 부담의 내용을 강제집행 할 수 있다.
철회권 (취소권) 유보	-경찰처분의 주된 의사표시에 부가하여 일정한 경우에 그 처분을 철회할 수 있는 권리를 유보하는 의사표시이다. 예) 주류도매 면허를 주면서 소속 가맹점에 한해 주류를 중개해야 하며 이를 위반할 경우 그 면허를 취소한다는 부관 -철회권의 유보에는 조리상 일정한 한계가 인정된다. -따라서 철회를 해야 할 공익상의 필요가 있고 또한 당해 처분의 목적에 비추어 합리적인 이유가 있는 경우에만 유효하다. -철회권의 유보에 의한 철회권 행사는 상대방의 권익보호 견지에서 제한 받는다.
법률효과의 일부배제	-처분의 주된 의사표시에 부가하여 그 처분의 일반적 효과의 발생을 일부 제한하는 의사표시를 말한다. 예) 총포사용허가를 주면서 수렵지역을 제한하는 경우, 도로사용을 허가하면서 사용기간을 제한하는 경우, 택시영업허가를 해주면서 격일제 운행으로 제한하는 경우 등
수정부담	-행정행위에 부가하여 새로운 의무를 부과하는 것이 아니라, 행정행위의 상대방이 신청한 것과는 다르게 경찰처분의 내용을 정하는 부관이다. 예) 유흥주점 허가신청에 대하여 대중음식점허가를 하는 경우, 5층 건물 건축허가신청에 대하여 4층 건물의 허가를 하는 경우

다. 부관의 하자와 쟁송

부관은 재량행위에만 붙일 수 있고, 기속행위에는 붙일 수 없다(통설·판례). 부관도 행정행위의 일부로서 위법이나 부당이라는 하자를 가질 수 있고, 하자 있는 부관은 경우에 따라 무효되거나 취소할 수 있는 부관이 된다. 어느 경우에 무효가 되고 어느 경우에 취소할 수 있는 부관이 되는가는 행정행위의 무효·취소의 구별기준에 준한다. 부관이 무효인 경우에 주된 행정행위는 원칙적으로 부관 없는 행정행위가 되나, 부관이 행정행위의 본질적 요소인 경우는 행정행위 전체가 무효로 된다는 것이 통설과 판례의 입장이다. 취소할 수 있는 부관이 취소되기 전에는 부관부 행정행위 전체가 효력을 가지며, 부관만이 취소된 경우에 주된 행정행위 효력은 부관이 무효인 경우와 같다.

제3절 경찰강제와 경찰벌

1. 경찰강제

가. 의의

1) 개념

경찰강제란 경찰상의 목적 달성을 위해 개인의 신체·재산 또는 가택에 실력을 가해 경찰상 필요한 상태를 실현시키는 작용을 말한다.

2) 특성

가) 자력 집행 : 경찰강제는 경찰법상의 의무이행을 행정권이 자력으로 강제시키는 점에서 법원의 개입을 필요로 하는 민사상의 강제집행과 다르다.

나) 상대의 수인의무 발생 : 경찰강제에는 그 속에 수인의무가 내포되어 있으므로 상대방이 이에 저항할 수 없으며, 저항할 경우 공무집행방해죄가 성립한다.

다) 구별개념

① 경찰하명, 경찰허가와의 구별 : 경찰강제는 권력적 실력행사로써 경찰상 필요한 상태를 실현시키는 사실행위인 점에서 경찰의무를 명하거나 해제하는 법적 행위인 경찰하명, 경찰허가와 구별된다.

② 경찰벌과의 구별 : 경찰강제는 직접 경찰목적을 실현하기 위해 실력행사를 하는 점에서 과거의 의무위반에 대해 제재를 가해 심리적 강제를 함으로써 간접적으로 의무이행을 확보하는 경찰벌과 구별된다.

나. 종류

1) 경찰상 강제집행

가) 의의 : 경찰상 강제집행이란 경찰상의 의무 불이행에 대해 경찰 목적달성을 위해 개인의 신체 또는 재산에 실력을 가해 경찰상 필요한 상태, 즉 의무가 이행된 것과 동일한 상태를 실현하는 권력적 작용이다.

나) 구별 개념

〈표 3-16〉 경찰상 즉시강제와 경찰벌 비교

경찰상 즉시강제	-같은 점 : 양자 모두 직접 국민의 신체·재산에 실력을 행사하는 점에서 동일함. -차이점 : 경찰상 강제집행은 의무의 부과와 그 불이행을 전제로 하지만, 경찰상 즉시강제는 의무를 전제로 하지 않고 즉시 실력으로 경찰상 필요한 상태를 시현시킴.
경찰벌	-같은 점 : 경찰 목적의 실현을 확보하기 위한 수단 -차이점 : 경찰상 강제집행은 장래에 향해 의무이행을 강제하는 것을 직접 목적으로 하고, 경찰벌은 과거의 의무위반에 대한 제재를 직접 목적으로 함.

다) 근거

① 국민의 신체·재산에 실력을 행사하여 경찰상 필요한 상태를 실현하는 권력적 작용이므로 법치행정의 원칙상 법적 근거가 있어야 한다.

② 경찰상 강제집행에 관한 일반법으로 행정대집행법과 국세징수법이 있으며, 그 외 도로 교통법, 출입국관리법 등의 많은 개별법이 있다.

라) 수단

① 대집행 : 의무자가 대체적 작위의무를 이행하지 않는 경우에 경찰행정청이 그 작위의무를 스스로 행하거나 또는 제3자로 하여금 이를 행하게 하여 의무의 이행이 있었던 것과 동일한 상태를 실현시킨 후 그에 관한 비용을 의무자로부터 징수하는 것을 말한다(예 : 도로교통법 제31조의 주·정차 위반차량에 대한 대집행). 일반법으로 행정대집행법이 있다. 대집행의 절차는 계고→대집행 영장의 통지→실행→비용징수이다.

② 집행벌 : 비대체적 작위의무 또는 부작위의무를 이행하지 아니하는 경우 일정한 기한까지 의무를 이행하지 않을 때에는 일정한 과태료를 과할 뜻을 미리 예고하고 기한 안에 의무이행이 없는 경우 과태료를 과함으로써 의무자에게 심리적인 압박을 주어 간접적으로 의무이행을 강제하는 것이다(예: 도로교통법상의 범칙금 1차 납부 기간 초과시 범칙금의 100분의 20을 더한 금액 부담). 의무 불이행의 상태가 계속되는 한 경찰행정청은 반복 부과할 수 있다.

③ 직접강제 : 경찰상의 의무의 불이행이 있는 경우에 직접 의무자의 신체나 재산에

실력을 가해 의무의 이행이 있었던 것과 같은 상태를 실현하는 작용을 말한다(예 : 집회 및 시위에 관한 법률 제20조에 따른 해산명령 불이행에 대한 해산 조치). 불이행하고 있는 의무의 종류를 가리지 않는다. 따라서 대체적 작위의무뿐만 아니라 비대체적 작위의무, 부작위의무, 수인 의무 등에 대해 그 이행을 강제할 수 있다.

④ 강제징수 : 경찰상의 금전급부 의무를 이행하지 않는 경우에 경찰행정청이 의무자의 재산에 실력을 가하여 의무이행이 있었던 것과 동일한 상태를 실현하는 작용을 말한다(예: 도로교통법 제32조의 주·정차 위반차량에 대한 대집행에 따른 비용의 강제징수). 일반법으로 국세징수법이 있다. 강제징수의 절차는 독촉→체납처분(압류→매각→청산)이다.

2) 경찰상 즉시강제

가) 의의 : 목전의 급박한 경찰상의 장애를 제거하기 위해 필요한 경우 또는 그 성질상 미리 의무를 명해서는 목적 달성이 불가능한 경우에, 직접 개인의 신체·재산에 실력을 가해 경찰상 필요한 상태를 실현하는 경찰작용을 말한다.

경찰상의 의무의 부과 및 그의 불이행을 전제로 하지 않는다. 경찰상 즉시강제는 국민의 의무와는 상관없이 경찰기관이 실력을 행사하여 경찰 목적을 도모하는 경우이므로 인권침해의 소지가 많다.

나) 근거 : 즉시강제에 대한 일반법은 없지만, 경찰관 직무집행법, 소방기본법, 마약류관리에 관한 법률, 식품위생법, 감염병의 예방 및 관리에 관한 법률, 가축전염병 예방법 등의 개별법에서 규정되고 있다.

다) 수단 : 즉시강제의 수단은 그 대상에 따라 다시 대인적 강제, 대물적 강제 및 대가택 강제로 구별된다.

〈표 3-17〉 경찰상 즉시강제 수단

구분	내용
대인적 즉시강제	-경찰관 직무집행법 : 불심검문, 보호조치 경고·억류·피난 등 위험발생 방지조치, 범죄의 예방·제지 조치, 장구·무기사용 -각 단행법 : 강제건강진단·강제격리·교통차단(전염병예방법), 강제수용(마약법), 원조강제(수상구조법, 소방법)
대물적 즉시강제	-경찰관 직무집행법 : 무기·흉기·위험물의 임시 영치, 위험발생 방지조치 -각 단행법 : 물건의 폐기·압류·수거(검역법), 물건의 영치(행형법), 물건의 파괴(소방법) 등
대가택적 즉시강제	-경찰관 직무집행법 : 위험방지를 위한 건물·선박·여관·음식점 등에의 출입 -각 단행법 : 임검·검사·수색 등(조세범처벌법, 총포도검화약류단속법)

라) 한계

① 필요성 : 경찰목적 달성을 위해 즉시강제가 필요한 경우라야 한다.

② 급박성 : 위해의 발생이 목전에 급박해야 한다.

③ 보충성 : 경찰상 즉시강제 이외의 다른 수단으로는 행정 목적을 달성할 수 없어야

한다.

④ 비례성 : 즉시강제의 수단은 목전에 급박한 위해를 제거하는 데 적합하고 최소한의 침해를 가져오는 수단을 선택해야 하며, 즉시강제 조치로 인한 불이익이 그것에 의해 초래되는 이익보다 커서는 안된다.

⑤ 소극성 : 경찰상 즉시강제는 소극적으로 공공의 질서유지를 위한 필요한 범위 내에서 그쳐야 한다.

마) 경찰상 즉시강제의 영장주의 : 헌법상 영장주의는 국민의 기본권을 보장하기 위해 경찰상의 즉시강제에도 동일하게 적용되어야 하나, 다만 즉시강제의 특수성으로 보아 경찰목적 달성을 위해 불가피하다고 인정할 만한 합리적 이유가 있는 특수한 경우에 한해 영장주의에 대한 예외를 인정할 수 있다는 견해가 통설(절충설)이다.

바) 경찰상 즉시강제에 대한 구제

① 적법한 즉시강제에 대한 구제 : 즉시강제가 적법할지라도 대상자가 귀책사유 없이 수인의 정도를 넘는 특별한 희생을 받는 경우에는 손실보상청구권이 인정된다.

② 위법한 즉시강제에 대한 구제 : 공무원의 위법한 즉시강제에 대해 정당방위가 가능하다.

* 위법한 직무행위에 대한 항거는 폭행죄가 성립할 수는 있으나, 공무집행방해죄는 성립할 수 없다.(대판 91도2797)

또한 즉시강제는 사실행위이지만 행정소송의 대상이 된다. 그러나 즉시강제의 성질상 쟁송을 제기할 이익이 없는 경우가 보통이며 따라서 손해배상·원상회복을 청구할 수밖에 없다. 다만 권리침해 상태가 계속 중에 있거나 즉시강제의 취소로 인해 회복되는 법률상의 이익이 있는 때에는 취소할 수 있다. 만약 위법한 경찰상 즉시강제로 인해 생명·신체 또는 재산상의 손해를 입었을 때 국가배상법에 의해 국가에 손해배상을 청구할 수 있다.

3) 경찰조사

경찰조사란 경찰기관이 경찰상 필요한 자료나 정보를 얻기 위해 영업소에 출입하는 등의 조사 작용을 말한다. 경찰조사는 종래 경찰상 즉시강제에 포함되어 논의 되었으나 지금은 분리하여 다루는 것이 일반적이다. 불심검문, 총포·화약류 제작소의 임검, 영업장소 등에의 출입·검사 등이 여기에 해당한다.

2. 경찰벌

가. 경찰벌의 의의

경찰벌이란 경찰법규상의 의무위반, 즉 경찰법규에 의한 명령 또는 금지위반에 대한 제재로서 일반통치권에 의거하여 사후적으로 과하는 처벌을 말한다. 직접적 기능은 과거의 의무 위반에 대한 제재를 가함으로써 경찰법규의 실효성을 확보하고, 간접적 기능으로는 의무자에게 심리적 압박을 가해 의무이행을 확보하는 기능을 갖는다.

나. 경찰벌의 성질

경찰벌은 일반통치권에 의거하여 일반 사인의 의무 위반에 대하여 과하는 제재인 반면, 징계벌은 특별권력관계에 기초하여 특별권력관계 내부 질서유지를 위하여 내부자에게 과하는 제재이다. 경찰벌은 과거의 의무위반에 대한 제재인 반면(일시적·과거적 성격), 집행벌은 의무불이행이 있는 경우 장래의 의무이행을 확보하기 위한 제재이다(계속적·장래적).

경찰벌은 경찰목적 달성을 위하여 경찰법규가 정한 명령·금지를 위반한 제재인 반면, 형사벌은 반사회성이 인정되는 자연범에 대한 비난 또는 응보로서의 제재이다. 경찰벌과 징계벌은 목적·대상·법률관계의 기초 등에 있어서 차이가 있기 때문에 양자의 병과가 가능하고, 일사부재리의 원칙에 반하지 않는다(남재성·이정덕, 2013: 187).

1) 징계벌과의 구별

〈표 3-18〉 경찰벌과 징계벌 구분

구분	경찰벌	징계벌
목적	경찰법규의 실효성 확보	특별권력 관계의 내부 질서 유지
권력적 기초	일반통치권	특별권력
대상	경찰법상의 의무 위반자	특별권력 관계 내부의 질서 문란자
경찰벌과 징계벌은 그 목적 대상, 처벌의 권력적 기초가 다르므로 병과할 수 있다(일사부재리의 원칙이 적용되지 않는다).		

2) 집행벌과의 구별

〈표 3-16〉 경찰벌과 집행벌 구분

구분	경찰벌	집행벌
차이점	경찰법상의 의무 위반이라는 과거의 비행에 대해 과하는 제재	경찰법상의 의무 불이행이 있는 경우에 장래의 이행을 강제하기 위한 금전벌
같은 점	양자 모두 경찰법상 의무이행을 확보하기 위한 간접적 수단	

3) 형사벌과의 구별

경찰벌은 경찰목적의 실현을 위한 국가의 명령·금지를 위반한 경우에 범죄로 되는, 즉 법이 범죄로 규정했기 때문에 반사회성이 인정되는 행위(법정범)을 제재하는 것임에 반해, 형사벌은 법규에 범죄라고 규정하지 않더라도 행위 그 자체가 반사회적·반도덕성을 가졌기 때문에 행위(자연범)에 처벌하는 제재를 뜻한다.

다. 경찰벌의 근거

1) 법률

경찰벌에도 죄형법정주의가 적용되므로 법률에 의하지 않고는 경찰벌을 과할 수 없다. 우리나라에서는 경찰벌에 대한 통칙적 규정은 없고, 각 단행법에서 개별적 규정을 두고 있다.

2) 법규명령

법률은 벌칙제정권을 개별적으로 법규명령에 위임할 수 있는데 명령으로써 경찰법 법규를 제정할 때에는 법률에서 처벌 대상인 행위, 그 구성요건 및 처벌의 최고한도를 구체적으로 위임받아 그 한도 내에서 규정하는 데 그쳐야 한다.

3) 조례

지방자치단체는 조례로써 1,000만원 이하의 과태료의 벌칙을 정할 수 있다(지방자치법 제34조).

라. 경찰벌의 종류

1) 경찰형벌

경찰형벌은 경찰법상의 의무위반에 대한 제재로서 형법 제41조에 규정된 형을 과하는 경찰벌을 말한다. 그 예로는 사형, 징역, 금고, 자격상실, 자격정지, 벌금, 구류, 과료, 몰수 등이 있다.

2) 경찰질서벌

경찰상의 질서에 장애를 줄 우려가 있는 의무위반에 대하여 과하는 제재이다. 그 예로는 주차위반, 신호위반, 경범죄 처벌법 위반, 식품위생법 위반 등이 있다.

마. 경찰벌의 절차적 특수성

1) 경찰형벌

가) 원칙 : 형사소송법이 정하는 절차

나) 예외

〈표 3-19〉 즉결심판절차와 통고처분

즉결심판절차	-20만원 이하의 벌금, 구류 또는 과료에 해당하는 경찰형벌은 즉결심판절차에 의해 과하고 경찰서장이 집행한다. -만일 불복 시에는 7일 이내에 정식재판을 청구할 수 있다.
통고처분	정식재판에 갈음하여 경찰서장이 벌금 또는 과료에 상당하는 금액의 납부를 명하는 행정처분이다.

2) 경찰질서벌

가) 원칙 : 과태료에 처할 자의 주소지를 관할하는 지방법원의 결정으로 비송사건절차법에 따라 과한다.

나) 예외 : 최근에 과태료부과 절차의 번잡을 피하기 위하여 경찰기관이 직접 부과·징수하는 경우가 있다.

3) 경찰벌의 과벌 절차

〈표 3-20〉 경찰과벌 절차

경찰형벌의 과벌절차	원칙	경찰형벌도 형사소송법이 정하는 바에 따라 법원의 선고에 의해 과하는 것이 원칙이다.
	예외적 절차	-통고처분 : 정식재판에 갈음하여 절차의 간이·신속을 주안으로 하여 행정청이 일정한 벌금 또는 과료에 상당한 금액의 납부를 명하는 준사법적 행정행위이다. 조세범·관세범·출입국관리사범·교통사범 등에 대해 인정되고 있다. 만약 통고처분을 받은 자가 법정기간 내에 통고한 내용에 따라 이행한 때에는 일사부재리의 원칙의 적용을 받아 다시 소추할 수 없다. 법정기간 내에 통고된 내용을 이행하지 않으면 통고처분은 당연히 효력을 상실하고 통고처분권자가 고발을 하면 형사소송법의 절차에 따라 수사·공소 제기를 한다.
	-즉결심판 : 20만원 이하의 벌금·구류 또는 과료에 해당하는 경찰벌은 「즉결심판에 관한 절차법」이 정하는 바에 따라 즉결심판에 의해 과해지며, 그 형은 경찰서장에 의해 집행된다. 즉결심판에 불복이 있는 자는 고지를 받은 날로 부터 7일 이내에 정식재판을 청구할 수 있다.	
경찰질서벌의 과벌절차	-국가의 법령에 근거한 과태료 : 다른 법률에 특별한 규정이 있는 경우를 제외하고는 과태료에 처할 자의 주소지를 관할하는 지방법원이 비송사건절차법상의 재판절차에 의한다. -조례에 의한 과태료 : 조례에 의한 과태료의 징수는 지방세 징수의 예에 따라 징수한다. 그 밖에 과태료의 부과·징수는 관할구역 안의 지방자치단체장이 한다.	

제4절 경찰관 직무집행법

1. 경찰관 직무집행법 일반

가. 경찰관 직무집행법의 제정

우리나라 최초의 경찰작용법은 1894년 「행정경찰장전」(일본의 행정경찰규칙 모방)이다. 이후 1914년 제정된 「행정집행령」이 1948년까지 존속(일본 행정집행법 모방)되었다. 6.25 전쟁이 끝난 직후인 1953년 12월 14일 경찰작용법인 「경찰관 직무집행법」이 제정(프랑스법과 독일법 이외에 일부 영미법을 반영)되었다.

나. 경찰관 직무집행법의 목적

경찰관 직무집행법 목적은 국민의 자유와 권리 및 모든 개인이 가지는 불가침의 기본적 인권을 보호하고 사회공공의 질서를 유지하기 위한 경찰관 직무수행에 필요한 사항을 규정한 것이고 또한 경찰법이 규정하는 국민의 생명·신체·재산의 보호와 공공의 인녕과 질서유지라고 하는 경찰의 기본적 임무수행을 위해서 필요한 즉시강제 수단 등을 규정한 것이다. 그러나 즉시강제 등 경찰관의 직권은 그 직무수행에 필요한 최소한도 내에서 행사되어야 하며 이를 남용해서는 안 된다(제1조제2항). 경찰관이 이를 남용하면 1년 이하의 징역이나 금고에 처하는 등 벌칙조항을 두고 있다(제12조).

다. 경찰관 직무집행법의 적용 범위

1) 경찰관 직무집행법은 경찰공무원법상의 경찰공무원과 「의무경찰대 설치 및 운영에 관한 법률」상 의무경찰[66]의 직무수행에 적용된다.

2) 해양경찰은 국가경찰과 자치경찰의 조직 및 운영에 관한 법률(구 경찰법)의 적용 대상은 아니고 경찰공무원법의 적용대상이며, 해양에서는 해양경비에 관하여 「해양경비법」이 규정한 것을 제외하고는 경찰관 직무집행법에 의해 직무를 수행한다.[67]

3) 청원경찰은 그 경비구역 내에 한하여 경비임무를 수행하기 위해 경찰관 직무집행법에 의한 직무를 수행하도록 되어 있다(청원경찰법 제3조).

---

66) 제1조제1항 간첩(무장공비를 포함한다)의 침투거부(浸透拒否), 포착(捕捉), 섬멸(殲滅), 그 밖의 대(對)간첩작전을 수행하고 치안업무를 보조하기 위하여 시·도경찰청장 및 대통령령으로 정하는 국가경찰기관의 장 또는 해양경찰기관의 장 소속으로 의무경찰대를 둔다.

67) 해양경비법 제5조(다른 법률과의 관계)

라. 경찰관 직무집행법의 직무범위(제2조)

1) 국민의 생명 · 신체 및 재산의 보호
2) 범죄의 예방 · 진압 및 수사
2의2) 범죄피해자 보호
3) 경비, 주요 인사(人士) 경호 및 대간첩 · 대테러 작전 수행
4) 공공안녕에 대한 위험의 예방과 대응을 위한 정보의 수집 · 작성 및 배포
5) 교통 단속과 교통 위해(危害)의 방지
6) 외국 정부기관 및 국제기구와의 국제협력
7) 그 밖에 공공의 안녕과 질서유지

마. 경찰관 직무집행법상의 기본원칙

1) 협의의 비례 원칙

경찰관 직무집행법에 규정된 직권은 직무 수행을 위한 필요 최소한도의 범위 내에서 행사해야 한다. 이것은 즉시강제, 즉 상대방에게 사전에 의무를 과함이 없이 목전의 급박한 위험을 방지 또는 제거하는 작용을 행함에 있어 특히 인권침해의 소지가 많으므로 이를 방지하고자 하는 데 있는 것이다. 따라서 경찰관은 직권을 남용하지 않도록 주의해야 한다(제1조 제2항, 제7조, 제10조, 제11조).

2) 상당성의 원칙

경찰관은 불심검문(제3조), 보호조치(제4조), 사실의 확인(제8조), 장구의 사용(제10조의2) 등의 경우에, 그러한 조치를 취해야 할 상당한 이유가 있어야 즉시강제가 가능하며, 상당한 이유가 없는데도 직권을 행사해서는 안 된다.

3) 필요성의 원칙

경찰관은 사실의 확인(제8조), 장구의 사용(제10조의2), 분사기 등의 사용(제10조의3), 무기의 사용(제10조의4) 등의 경우 그러한 조치를 취해야 할 필요 또는 부득이한 경우에 한해 직권의 행사가 가능하다.

4) 보충성의 원칙

경찰관이 무기를 사용할 때에는 무기를 사용하지 않고는 도저히 다른 수단이 없을 때에 한해 사용이 가능하다(제10조의4제1항제1·2·3호). 다만 대간첩작전의 수행시 무장간첩이 경찰관의 투항명령을 받고도 이에 불응하는 경우에는 보충성을 요하지 않는다. 무기사용은 최후 수단이며, 이로 인한 생명의 살상 등 위해를 미칠 수 있으므로, 이를 엄격히 제한하고자 하는 데 의미가 있다. 따라서 경찰은 장구로 해결할 수 있는 문제를 무기로 해결하고자 해서는 안 된다.

2. 경찰관 직무집행법의 주요내용

가. 대인적 즉시강제 수단

1) 불심검문(제3조)

가) 의의 : 불심검문이란 경찰관이 거동이 수상한 자를 발견한 때에 이를 정지시켜 질문하는 것을 말한다.

나) 대상 : 어떠한 죄를 범하였거나 범하려 하고 있다고 의심할 만한 상당한 이유가 있는 자 또는 이미 행해진 범죄나 행하여지려고 하는 범죄행위에 관해 그 사실을 안다고 인정되는 자를 대상으로 한다.

다) 불심검문의 수단

① 정지와 질문 : 경찰관이 주위의 사정을 합리적으로 판단하여 거동 수상한 사람이라고 인정되는 때에는 그를 정지시켜 질문할 수 있다. 질문은 어디까지나 임의 수단이므로 질문에 대해 상대방은 답변을 강요당하지 않는다. 또한 질문은 수사의 단서를 얻기 위한 것이고 피의자 신문이 아니므로 진술거부권을 고지할 필요가 없다.

② 동행 요구(임의동행) : 그 장소에서 질문하는 것이 본인에게 불리하거나 교통에 방해가 된다고 인정되는 때에는 가까운 경찰서 · 지구대 · 파출소 또는 출장소(지방해양경찰관서를 포함하며, 이하 "경찰관서"라 한다)로 동행할 것을 요구할 수 있다.

이 동행은 임의적인 것이므로 당해인은 경찰관의 동행 요구를 거절할 수 있고 경찰관은 강요해서는 안 된다. 동행을 요구할 경우 경찰관은 자신의 신분을 표시하는 증표를 제시하면서 소속과 성명을 밝히고, 그 목적·이유를 설명해야 하며, 동행장소를 밝혀야 한다. 동행한 경우 경찰관은 당해인의 가족 또는 친지 등에게 동행한 경찰관의 신분, 동행장소, 동행목적과 이유를 고지하거나 본인에게 즉시 연락기회를 부여해야 하며, 변호인의 조력을 받을 권리가 있음을 고지해야 한다. 질문, 동행, 흉기 조사의 경우에 당해인은 형사소송에 관한 법률에 의하지 아니하고는 신체를 구속당하지 아니하며, 그 의사에 반해 답변을 강요당하지 않는다. 경찰관은 당해인을 6시간을 초과하여 경찰관서에 머물게 할 수 없다.

③ 흉기조사 : 불심검문에 수반하여 흉기 등의 소지여부를 밝히기 위해 거동이 수상한 자의 옷이나 휴대품을 조사할 수 있다.

2) 보호조치(제4조)

가) 의의 : 경찰관이 수상한 거동 기타 주위의 사정을 합리적으로 판단하여 긴급구호를 요하는 자를 발견한 때에 관계 기관에 긴급구호를 요청하거나 경찰관서에 일시적으

로 보호하여 구호의 방법을 강구하는 조치를 말한다.

나) 보호조치의 대상자

① 강제보호 대상자 : 정신착란 또는 술에 취한 상태로 인해 자기 또는 타인의 생명·신체와 재산에 위해를 미칠 우려가 있는 자와 자살을 기도하는 자는 본인의 의사와 관계없이 강제 보호할 수 있나.

② 임의보호 대상자 : 미아, 병자, 부상자 등으로서 적당한 보호자가 없으며 응급의 구호를 요한다고 인정되는 자이다. 다만 당해인이 이를 거절하는 경우에는 보호할 수 없다.

다) 보호조치의 방법

① 긴급구호의 요청 : 경찰관이 긴급구호를 요하는 사람을 발견한 때에는 보건의료기관이나 공공구호기관에 긴급구호를 요청할 수 있다. 경찰관의 긴급구호 요청을 받은 보건의료기관이나 공공구호기관은 정당한 이유 없이 구호를 거절할 수 없다.

② 경찰관서의 일시보호 : 피구호자를 보호자나 관계 기관에 인계할 때까지 일시보호하거나 보호조치 사유가 해제될 때까지 일시 보호하는 것을 말한다. 경찰관서에서의 보호는 24시간을 초과할 수 없다.

라) 사후조치 : 경찰관이 보호조치를 한 때에는 지체 없이 피보호자의 가족, 친지, 기타의 연고자에게 통지해야 한다. 가족 등이 없을 경우 적당한 공공구호기관이나 의료 기관에 즉시 인계한다. 이 경우 즉시 그 사실을 소속 경찰서장에게 보고해야 한다.

3) 위험 발생의 방지 조치(제5조) - 대인적, 대물적, 대가택적 강제수단

가) 의의 : 사람의 생명 또는 신체에 위해를 미치거나 재산에 중대한 손해를 끼칠 우려가 있는 위험한 사태가 발생할 경우에 이를 방지하기 위해 취하는 조치를 말한다.

나) 요건 : 천재·사변, 공작물의 손괴, 교통사고, 위험물의 폭파, 광견·분마류 등의 출현, 극단의 혼란 기타 위험한 사태가 발생한 때이다.

다) 구체적 수단

① 경고 : 천재·사변, 공작물의 손괴, 교통사고, 위험물의 폭파, 광견·분마류 등의 출현, 극단의 혼란 기타 위험한 사태가 발생한 때이다.

② 억류 또는 피난조치 : 경찰관은 특히 긴급을 요할 때에는 위해를 받을 우려가 있는 자에 대해 필요한 한도에서 이를 억류하거나 피난시킬 수 있다.

③ 위험방지조치 : 경찰관은 위험사태의 발생장소에 있는 자, 사물의 관리자, 기타 관계자에 대해 위험방지상 필요하다고 인정되는 조치를 취하게 하거나, 또는 스스로 그 조치를 취할 수 있다.

④ 접근 또는 통행의 제한 및 금지 : 경찰관서의 장은 대간첩작전 수행 또는 소요사태에 진압을 위해 필요하다고 인정되는 상당한 이유가 있을 때에는 대간첩작전지역 또는 경찰관서·무기고 등 국가 중요시설에 접근 또는 통행을 제한하거나 금지

할 수 있다.

4) 범죄의 예방과 제지 조치(제6조)

경찰관은 범죄행위가 목전에 행해지려 하고 있다고 인정될 때에는 이를 예방하기 위해 관계자에게 필요한 경고를 발하고, 그 행위로 인해 생명·신체에 위해를 미치거나 재산상의 중대한 손해를 끼칠 우려가 있어 긴급을 요하는 경우에는 그 행위를 제지할 수 있다.

5) 경찰장비의 사용(제10조)

가) 의의 : 경찰관은 직무수행 중 경찰장비를 사용할 수 있다. 다만 인명 또는 신체에 위해를 가할 수 있는 경찰장비에 대해서는 필요한 안전교육과 안전검사를 실시해야 한다.

나) 개념 : 무기, 경찰장구, 최루제 및 그 발사장치, 감식기구, 해안감시기구, 통신기기, 차량, 선박, 항공기 등 경찰의 직무수행을 위해 필요한 장치와 기구를 말한다.

다) 사용기준 : 경찰장비는 통상의 용법에 따라 필요한 최소한의 범위 내에서 이를 사용해야 한다. 또한 경찰장비는 임의로 개조하거나 임의의 장비를 부착하여 통상의 용법과 달리 사용함으로써 타인의 생명·신체에 위해를 주어서는 아니 된다.

6) 경찰장구의 사용(제10조의2)

가) 의의 : 경찰관은 현행범인인 경우와 사형·무기 또는 장기 3년 이상의 징역이나 금고에 해당되는 죄를 범한 범인의 체포·도주의 방지, 자기 또는 타인의 생명·신체에 대한 방호, 공무집행에 대한 항거의 억제를 위해 필요하다고 인정되는 상당한 이유가 있는 때에는 그 사태를 합리적으로 판단하여 필요한 한도 내에서 경찰장구를 사용할 수 있다.

나) 개념 : 경찰장구란 경차관이 휴대하여 범인검거와 범죄 진압 등 직무수행에 사용하는 수갑·포승·경찰봉·방패 등을 말한다. 그 밖에 법에는 규정이 없지만 경적·호신용구·진압장구 등도 포함된다.

7) 분사기 등의 사용(제10조의3)

가) 의의 : 경찰관이 범인의 체포·도주의 방지 또는 불법시위로 인한 현저한 위해발생을 억제하기 위해 분사기 또는 최루탄을 사용하는 조치를 말한다.

나) 요건과 한계 : 경찰관은 범인의 체포·도주의 방지 또는 불법집회·시위로 인해 자기 또는 타인의 생명·신체와 재산 및 공공시설 안전에 대한 현저한 위해의 발생을 억제하기 위해 부득이한 경우 현장 책임자의 판단으로 필요한 최소한의 범위 안에서 분사기(총포, 도검, 화약류 등 단속법의 규정에 의한 분사기와 최루 등의 작용제) 또는

최루탄을 사용할 수 있다.

다) 기록 보관 : 분사기나 최루탄의 사용 시 책임자는 사용 일시, 장소, 대상, 현장 책임자, 종류, 수량 등을 기록·보관해야 한다.

8) 무기의 사용 (제10조의4)

가) 의의 : 경찰관은 직무를 수행하기 위해 필요하다고 인정되는 범위 내에서 무기를 사용할 수 있다.

나) 개념 : 무기란 인명 또는 신체에 위해를 가할 수 있도록 제작된 권총, 소총, 도검 등을 말한다. 대간첩·대테러 작전 등 국가 안전에 관련되는 작전을 수행할 때에는 개인화기 외에 공용화기를 사용할 수 있다.

다) 사용의 요건 : 위해를 수반하지 않는 무기의 사용은 범인의 체포·도주 방지를 위해 필요한 때, 자기 또는 타인의 생명·신체에 대한 방호를 위해 필요한 때, 공무집행에 대한 항거를 억제하기 위해 필요한 때에 가능하다. 반면 위해를 수반하는 무기의 사용은 형법에 규정한 정당방위와 긴급피난에 해당하는 때, 사형·무기 또는 장기 3년 이상의 징역이나 금고에 해당하는 범인을 체포하는 경우 또는 제3자가 범인을 도주시키려고 경찰관에게 항거하는 경우에 항거·도주방지를 위해 무기를 사용하지 않고는 다른 수단이 없다고 인정되는 상당한 이유가 있는 때, 구속영장과 압수·수색영장 집행 시 항거·도주의 방지를 위해 필요한 때, 무기·흉기 등 위험한 물건을 소지한 범인·소요행위자가 경찰관으로부터 3회 이상의 투기명령·투항명령을 받고도 불응하면서 계속 항거할 때, 대간첩작전 중 무장간첩이 경찰관의 투항명령을 받고도 이에 불응할 때에 가능하다.

라) 사용한계 : 사태를 합리적으로 판단하여 무기사용이 필요하다고 인정되는 상당한 이유가 있을 때 필요한 한도 내에서 사용해야 한다는 경찰 비례의 원칙과 무기를 사용하지 아니하고는 다른 수단이 없다고 인정되는 상당한 이유가 있을 때에 사용해야 한다는 보충성의 원칙이 있다.

나. 대물적 즉시강제 수단 : 임시영치(제4조제3항)

임시영치란 경찰관이 「경찰관 직무집행법」 제4조1항에 따라 피구호자를 보호 조치하면서 휴대하고 있던 무기·흉기 등의 물건을 경찰관서에 10일 이내 임시로 영치하는 조치이다.

다. 대가택적 즉시강제 수단 : 위험방지를 위한 출입(제7조)

〈표 3-21〉 대가택적 즉시강제 수단

<table>
<tr><td>의의</td><td colspan="2">위험한 사태가 발생하여 인명·신체 또는 재산에 대한 위해가 절박한 때에 그 위해를 방지하거나 피해자를 구조하기 위해 부득이하다고 인정되는 경우 경찰관이 타인의 건물 등에 출입하는 조치를 말한다.</td></tr>
<tr><td rowspan="2">일반
위험방지를
위한 출입
(긴급출입)</td><td>위험사태의
발생</td><td>-인명 또는 신체에 위해를 미치거나 재산에 중대한 손해를 끼칠 수 있는 천재·사변·공작물의 손괴·교통사고·위험물의 폭발·광견 등의 출현 및 극단의 혼잡, 기타 위험한 사태가 있을 때(법 제5조제1항의 사태)
-대간첩작전 수행 중이거나 소요사태가 발생한 경우(제5조제2항의 사태)
-범죄행위가 목전에 행해지려하고 있다고 인정될 때
-위해의 절박 : 인명·신체 또는 재산에 대한 위해가 절박할 것.
-위해방지나 피해자를 구조하기 위해 부득이하다고 인정될 것.</td></tr>
<tr><td>출입의 객체</td><td>-타인의 토지·건물, 배 또는 차에 출입할 수 있다. 그 이외의 장소, 예컨대 항공기, 광갱(鑛坑)등도 이에 포함된다고 볼 것이다.</td></tr>
<tr><td>공개된
장소에 대한
출입</td><td colspan="2">-흥행장·여관·음식점·역 기타 다수인이 출입하는 장소의 관리자 또는 이에 준하는 관계인은 그 영업 또는 공개 시간 내에 경찰관이 범죄의 예방 및 인명·신체와 재산에 대한 위해 예방의 목적으로 그 장소에 출입할 것을 요구한 때에는 정당한 이유 없이 이를 거절할 수 없다.</td></tr>
<tr><td>출입 시
주의사항</td><td colspan="2">-경찰관이 위험방지를 위해 필요한 장소에 출입할 때에는 그 신분을 표시하는 증표를 제시해야 하며, 함부로 관계인의 정당한 업무를 방해해서는 아니 된다.</td></tr>
<tr><td>사후 조치</td><td colspan="2">-위험방지를 위한 출입 시에는 출입 보고서를 작성하여 소속 경찰서장에 보고해야 한다.</td></tr>
</table>

라. 직무수행을 위한 임의적 사실행위-사실 확인과 출석요구(제8조)

경찰관서의 장은 직무수행에 필요하다고 인정되는 상당한 이유가 있을 때에는 국가기관 또는 공사단체 등에 대해 사실을 조회할 수 있다. 또한 경찰관서의 장은 직무수행에 필요하다고 인정되며, 긴급을 요할 때에는 소속 경찰관으로 하여금 현장에 출동하여 당해 기관 또는 단체의 장의 협조를 얻어 그 사실을 확인하게 할 수 있다. 아울러 경찰관은 미아를 인수할 보호자의 여부 확인, 유실물을 인수할 권리자의 여부 확인, 사고로 인한 사상자의 확인, 행정처분을 위한 교통사고 조사상의 사실 확인을 위해 필요한 때에는 관계인에게 경찰관서에 출석할 것을 요구할 수 있다. 관계인의 출석을 요구하는 경우에는 출석을 요하는 사유·일시 및 장소를 명확히 한 출석요구서에 의한다. 이 경우 출석을 강제할 수는 없다.

마. 유치장(제9조)

경찰서 및 해양경찰서에 법률이 정한 절차에 따라 체포·구속되거나 신체의 자유를 제한하는 판결 또는 처분을 받은 자를 수용하기 위해 유치장을 둔다(유치장의 설치 근거 : 경찰관 직무집행법 제9조).

바. 손실보상(제11조의2)

국가는 경찰관의 적법한 직무집행으로 인하여 다음 각 호의 어느 하나에 해당하는 손실을 입은 자에 대하여 정당한 보상을 하여야 한다.

1) 손실발생의 원인에 대하여 책임이 없는 자가 생명·신체 또는 재산상의 손실을 입은 경우(손실발생의 원인에 대하여 책임이 없는 자가 경찰관의 직무집행에 자발적으로 협조하거나 물건을 제공하여 생명·신체 또는 재산상의 손실을 입은 경우를 포함한다)
2) 손실발생의 원인에 대하여 책임이 있는 자가 자신의 책임에 상응하는 정도를 초과하는 생명·신체 또는 재산상의 손실을 입은 경우

보상을 청구할 수 있는 권리는 손실이 있음을 안 날부터 3년, 손실이 발생한 날부터 5년간 행사하지 아니하면 시효의 완성으로 소멸한다. 손실보상신청 사건을 심의하기 위하여 손실보상심의위원회를 두며 경찰청장 또는 시·도경찰청장은 손실보상심의위원회의 심의·의결에 따라 보상금을 지급하고, 거짓 또는 부정한 방법으로 보상금을 받은 사람에 대하여는 해당 보상금을 환수하여야 한다.

사. 범인검거 등 공로자 보상(제11조의3)

경찰청장, 시·도경찰청장 또는 경찰서장은 다음 각 호의 어느 하나에 해당하는 사람에게 보상금을 지급할 수 있다.

1) 범인 또는 범인의 소재를 신고하여 검거하게 한 사람
2) 범인을 검거하여 경찰공무원에게 인도한 사람
3) 테러범죄의 예방활동에 현저한 공로가 있는 사람
4) 그 밖에 제1호부터 제3호까지의 규정에 준하는 사람으로서 대통령령으로 정하는 사람

아. 소송지원(제11조의4)

경찰청장과 해양경찰청장은 경찰관이 제2조 각 호에 따른 직무의 수행으로 인하여 민·형사상 책임과 관련된 소송을 수행할 경우 변호인 선임 등 소송 수행에 필요한 지원을 할 수 있다.

자. 직무 수행으로 인한 형의 감면(제11조의5)

다음 각 호의 범죄가 행하여지려고 하거나 행하여지고 있어 타인의 생명·신체에 대한 위

해 발생의 우려가 명백하고 긴급한 상황에서, 경찰관이 그 위해를 예방하거나 진압하기 위한 행위 또는 범인의 검거 과정에서 경찰관을 향한 직접적인 유형력 행사에 대응하는 행위를 하여 그로 인하여 타인에게 피해가 발생한 경우, 그 경찰관의 직무수행이 불가피한 것이고 필요한 최소한의 범위에서 이루어졌으며 해당 경찰관에게 고의 또는 중대한 과실이 없는 때에는 그 정상을 참작하여 형을 감경하거나 면제할 수 있다.

1) 「형법」 제2편제24장 살인의 죄, 제25장 상해와 폭행의 죄, 제32장 강간과 추행의 죄 중 강간에 관한 범죄, 제38장 절도와 강도의 죄 중 강도에 관한 범죄 및 이에 대하여 다른 법률에 따라 가중처벌하는 범죄
2) 「가정폭력범죄의 처벌 등에 관한 특례법」에 따른 가정폭력범죄, 「아동학대범죄의 처벌 등에 관한 특례법」에 따른 아동학대범죄

차. 경찰관의 직권남용 시의 처벌(제12조)

경찰관이 의무를 위반하거나 직권을 남용하여 다른 사람에게 해를 끼친 사람은 1년 이하의 징역이나 금고에 처한다.

제5절 해양경비법

1. 해양경비법 일반

가. 목적

이 법은 경비수역에서의 해양안보 확보, 치안질서 유지, 해양수산자원 및 해양시설 보호를 위하여 해양경비에 관한 사항을 규정함으로써 국민의 안전과 공공질서의 유지에 이바지함을 목적으로 한다.

나. 국가책무

국가는 경비수역에서의 해양안보 및 해양치안을 확보하고 해양수산자원 및 해양시설을 보호하기 위하여 해양경비에 필요한 제도와 여건을 확립하고 이를 위한 시책을 마련하여 추진하여야 한다.

다. 적용범위

1) 경비수역에 있는 선박등이나 해양시설

2) 경비수역을 제외한 수역에 있는 「선박법」 제2조에 따른 대한민국 선박

라. 권한남용의 금지와 국제협력

해양경찰관은 이 법에 따른 직무를 수행할 때 권한을 남용하여 개인의 권리 및 자유를 침해하여서는 아니 된다. 그리고 해양경찰청장은 국제협력을 위한 국가 간 합동훈련 및 구호활동을 위하여 대통령령으로 정하는 바에 따라 경비세력의 일부를 외국에 파견할 수 있다. 국제협력 증진을 위하여 용도폐지 된 함정을 「국제개발협력기본법」 제2조제2호에 따른 개발도상국에 무상으로 양여할 수 있다.

2. 해양경비법의 주요내용

가. 해상검문검색(제12조)

해양경찰관은 해양경비 활동 중 다음 각 호의 어느 하나에 해당하는 선박등에 대하여 주위의 사정을 합리적으로 판단하여 상당한 이유가 있는 경우 해상검문검색을 실시할 수 있다. 다만, 외국선박에 대한 해상검문검색은 대한민국이 체결·비준한 조약 또는 일반적으로 승인된 국제법규에 따라 실시한다.

1) 다른 선박의 항행 안전에 지장을 주거나 진로 등 항행상태가 일정하지 아니하고 정상적인 항법을 일탈하여 운항되는 선박등

2) 대량파괴 무기 및 그 밖의 무기, 관련 물자의 수송이 의심되는 선박등

3) 국내법령 및 대한민국이 체결, 비준한 조약을 위반하거나 위반이 의심되는 선박등

해양경찰관은 해상검문검색을 목적으로 선박등에 승선하는 경우 선장(선박등을 운용하는 자를 포함한다. 이하 같다)에게 소속, 성명, 해상검문검색의 목적과 이유를 고지하여야 한다.

나. 추적·나포(제13조)

해양경찰관은 다음 각 호의 어느 하나에 해당하는 선박등에 대하여 추적·나포(拿捕)할 수 있다. 다만, 외국선박에 대한 추적권의 행사는 「해양법에 관한 국제연합 협약」 제111조에 따른다.

1) 제12조에 따른 해상검문검색에 따르지 아니하고 도주하는 선박등

2) 해당 경비수역에서 적용되는 국내법령 및 대한민국이 체결 · 비준한 조약을 위반하거나 위반행위가 발생하려 하고 있다고 확실시되는 상당한 이유가 있는 선박등

다. 해상항행 보호조치(제14조)

1) 해양경찰관은 경비수역에서 다음 각 호의 어느 하나에 해당하는 행위를 하는 선박등의 선장에 대하여 경고, 이동·해산 명령 등 해상항행 보호조치를 할 수 있다. 다만, 외국선박에 대한 해상항행 보호조치는 연안수역에서만 실시한다.

가) 선박등이 본래의 목적을 벗어나 다른 선박등의 항행 또는 입항·출항 등에 현저히 지장을 주는 행위

나) 선박등이 항구·포구 내외의 수역과 지정된 항로에서 무리를 지어 장시간 점거하거나 항법상 정상적인 횡단방법을 일탈하여 다른 선박등의 항행에 지장을 주는 행위

다) 임해 중요시설 경계 바깥쪽으로부터 1킬로미터 이내 경비수역에서 선박등이 무리를 지어 위력적인 방법으로 항행 또는 점거함으로써 안전사고가 발생할 우려가 높은 행위

2) 해양경찰관은 경비수역(이 항에서 「선박의 입항 및 출항 등에 관한 법률」에 따른 무역항의 수상구역등의 수역은 제외한다)에서 다음 각 호의 어느 하나에 해당하는 사유로 선박등이 좌초·충돌·침몰·파손 등의 위험에 처하여 인명·신체에 대한 위해나 중대한 재산상 손해의 발생 또는 해양오염의 우려가 현저한 경우에는 그 선박등의 선장에 대하여 경고, 이동·피난 명령 등 안전조치를 할 수 있다. 다만, 외국선박에 대한 안전조치는 연안 수역에서만 실시한다.

가) 태풍, 해일 등 천재(天災)

나) 위험물의 폭발 또는 선박의 화재

다) 해상구조물의 파손

3) 해양경찰관은 선박등의 통신장치 고장 등의 사유로 제2항에 따른 명령을 할 수 없거나 선박등의 선장이 제2항에 따른 명령에 불응하는 경우로서 인명·신체에 대한 위해, 중대한 재산상 손해 또는 해양오염을 방지하기 위하여 긴급하거나 불가피하다고 인정할 때에는 합리적으로 판단하여 필요한 한도에서 다음 각 호의 조치를 할 수 있다.

1. 선박등을 안전한 곳으로 이동시키는 조치 2. 선박등의 선장, 해원(海員) 또는 승객을 하선하게 하여 안전한 곳으로 피난시키는 조치 3. 그 밖에 대통령령으로 정하는 조치

4) 해양경찰관은 제3항에 따른 조치를 하려는 경우에는 선박등의 선장에게 자신의 신분을 표시하는 증표를 제시하고 조치의 목적·이유 및 이동·피난 장소를 알려야 한다. 다만, 기상상황 등으로 선박에 승선할 수 없는 경우에는 무선통신 등을 이용하여 자신의 신분 고지 등을 할 수 있다.

5) 해양경찰서장은 제3항제1호에 따른 이동조치와 관련하여 발생한 비용을 대통령령으로 정하는 선박등의 소유자에게 부담하게 할 수 있다.

라. 지원요청(제15조)

해양경찰관서의 장은 해양경비 활동 중 긴급하게 지원이 필요한 경우에는 인근에 있는 행정기관에 선박 및 항공기 등의 지원을 요청할 수 있다. 지원요청을 받은 행정기관의 장은 정당한 사유가 없는 한 이에 따라야 한다.

마. 무기사용(제17조)

1) 해양경찰관은 해양경비 활동 중 다음 각 호의 어느 하나에 해당하는 경우에는 무기를 사용할 수 있다. 이 경우 무기사용의 기준은 「경찰관 직무집행법」 제10조의4에 따른다.

가) 선박등의 나포와 범인을 체포하기 위한 경우
나) 선박등과 범인의 도주를 방지하기 위한 경우
다) 자기 또는 다른 사람의 생명 · 신체에 대한 위해(危害)를 방지하기 위한 경우
라) 공무집행에 대한 저항을 억제하기 위한 경우

2) 다음 각 호의 어느 하나에 해당하는 경우에는 개인화기(個人火器) 외에 공용화기를 사용할 수 있다.

가) 대간첩 · 대테러 작전 등 국가안보와 관련되는 작전을 수행하는 경우
나) 제1항 각 호의 어느 하나에 해당하는 경우로서 선박등과 범인이 선체나 무기 · 흉기 등 위험한 물건을 사용하여 경비세력을 공격하거나 공격하려는 경우
다) 선박등이 3회 이상 정선 또는 이동 명령에 따르지 아니하고 경비세력에게 집단으로 위해를 끼치거나 끼치려는 경우

바. 해양경찰장비 및 장구의 사용(제18조)

1) 해양경찰관은 「경찰관 직무집행법」 제10조제2항 및 제10조의2제2항에 따른 경찰장비 및 경찰장구 외에 다음 각 호의 어느 하나에 따른 경찰장비 및 경찰장구를 사용할 수 있다.

가) 해상검문검색 및 추적 · 나포 시 선박 등을 강제 정선, 차단 또는 검색하는 경우 경비세력에 부수되어 운용하는 경찰장비 및 경찰장구
나) 선박등에 대한 이동 · 해산 명령 등 해상항행 보호조치에 필요한 경찰장비 및 경찰장구
다) 제1호 및 제2호에 따른 경찰장비 및 경찰장구 외에 정당한 직무수행 중 경비세력에 부당하게 저항하거나 위해를 가하려 하는 경우 경비세력의 자체 방호를 위한 경찰장비 및 경찰장구

2) 제1항에 따른 경찰장비 및 경찰장구의 종류 및 사용기준은 대통령령으로 정한다.

제6절 연안사고 예방에 관한 법률

1. 연안사고 예방법 일반

가. 목적

이 법은 연안해역에서 발생하는 연안사고의 예방에 필요한 사항을 규정함으로써 국민의 생명·신체 및 재산을 보호하고 공공의 안전을 도모함을 목적으로 한다.

나. 국가의 책무

1) 국가와 지방자치단체는 연안사고로부터 국민의 생명·신체 및 재산을 보호하기 위하여 필요한 시책을 강구하고 추진하여야 한다.

2) 국가와 지방자치단체는 연안사고를 효과적으로 예방하기 위한 안전체계 구축 및 기반 조성에 노력하여야 한다.

3) 국가와 지방자치단체는 연안사고의 예방을 위하여 필요한 안전교육이 실시될 수 있도록 노력하여야 한다.

2. 연안사고 예방법 주요내용

가. 출입통제(제10조)

1) 해양경찰청장은 연안사고 예방을 위하여 특별자치도지사·시장·군수·구청장, 소방서장 및 항만에 관한 업무를 관장하는 해양수산부 소속 기관의 장의 의견을 들어 인명사고가 자주 발생하거나 발생할 우려가 높은 다음 각 호의 장소에 대하여 출입통제를 할 수 있다.

가) 너울성 파도가 잦은 해안가 또는 방파제
나) 물살이 빠르고 갯골이 깊은 갯벌 지역
다) 사고발생이 빈번하고 구조활동이 용이하지 아니한 섬 또는 갯바위
라) 연안절벽 등 해상추락이 우려되는 지역
마) 그 밖에 연안사고가 자주 발생하는 장소

2) 해양경찰청장은 출입통제를 하려는 경우에는 그 사유와 기간 등 해양수산부령으로 정하는 사항을 포함하여 공고하고, 정보통신매체를 통하여 이를 적극 알려야 한다. 또한 출입통제 사유가 없어졌거나 필요가 없다고 인정하는 경우에는 즉시 출입통제 조치를 해제하고 공고 등을 하여야 한다.

나. 연안체험활동 신고(제12조)

1) 연안체험활동 운영자는 해양수산부령으로 정하는 절차와 방법에 따라 해양경찰서장에게 연안체험활동 안전관리 계획서를 작성하여 신고하여야 한다. 다만, 다음 각 호의 경우는 제외한다.

가) 「수상레저안전법」, 「유선 및 도선 사업법」, 「낚시 관리 및 육성법」, 「수중레저활동의 안전 및 활성화 등에 관한 법률」, 「청소년활동 진흥법」, 「체육시설의 설치 · 이용에 관한 법률」, 「도시와 농어촌 간의 교류촉진에 관한 법률」, 「수산업법」, 「양식산업발전법」 등 다른 법률에서 지도 · 감독 등을 받는 법인 또는 단체가 운영하는 경우

나) 연안체험활동 참가자 수가 해양수산부령으로 정하는 규모 이하인 경우

> "해양수산부령으로 정하는 규모 이하인 경우"란 다음 각 호의 어느 하나에 해당되는 연안체험활동을 말한다.
> 1. 연안체험활동 참가자가 10명 미만인 수상형 체험활동
> 2. 연안체험활동 참가자가 5명 미만인 수중형 체험활동
> 3. 연안체험활동 참가자가 20명 미만인 일반형 체험활동

2) 연안체험활동 운영자는 계획서의 신고가 수리되기 전에는 연안체험활동 참가자의 모집을 하여서는 아니 된다.

3) 해양경찰서장은 신고를 받은 날부터 7일 이내에 신고수리 여부를 신고인에게 통지하여야 한다.

4) 해양경찰서장이 정한 기간 내에 신고수리 여부 또는 민원 처리 관련 법령에 따른 처리기간의 연장을 신고인에게 통지하지 아니하면 그 기간(민원 처리 관련 법령에 따라 처리기간이 연장 또는 재연장된 경우에는 해당 처리기간을 말한다)이 끝난 날의 다음 날에 신고를 수리한 것으로 본다.

5) 해양경찰서장은 계획서의 신고를 수리한 경우(제5항에 따라 신고를 수리한 것으로 보는 경우를 포함한다)에는 그 사실을 특별자치도지사 · 시장 · 군수 · 구청장에게 통보하여야 한다.

6) 연안체험활동 운영자 또는 안전관리요원은 연안체험활동 관련 사고로 사람이 사망하거나 실종된 경우 또는 중상을 입은 경우에는 해양수산부령으로 정하는 바에 따라 지체 없이 해양경찰관서나 소방관서 또는 경찰관서 등 관계 행정기관에 신고하여야 한다. 그리고 연안체험활동 참가자 및 안전관리요원에게 발생한 생명 · 신체의 손해를 배상하기 위하여 보험등에 가입하여야 한다.

다. 연안체험활동 제한(제14조)

1) 관할 해양경찰서장은 다음 각 호의 어느 하나에 해당하는 경우로서 연안체험활동이 곤란하거나 연안체험활동 참가자의 안전에 위해를 끼칠 우려가 있다고 인정하는 때에는 연안체험활동의 전부 또는 일부를 금지하거나 제한할 수 있다.

가) 자연재해의 예보 · 경보 등이 발령된 경우
나) 유류오염 · 적조 · 부유물질 · 유해생물이 발생하거나 출현하는 경우
다) 어망 등 해상장애물이 많은 경우
라) 그 밖에 연안사고 예방을 위하여 대통령령으로 정하는 경우

> "대통령령으로 정하는 경우"란 다음 각 호의 어느 하나에 해당하는 경우를 말한다.
> 1. 연안체험활동 중 사망자나 실종자가 발생한 경우
> 2. 연안체험활동이 이루어지는 연안해역의 인근 해상에서 「수상에서의 수색 · 구조 등에 관한 법률」 제2조제5호에 따른 조난사고 또는 「해양사고의 조사 및 심판에 관한 법률」 제2조제1호에 따른 해양사고가 발생하여 이를 수습하기 위하여 필요한 경우

> 3. 연안체험활동이 이루어지는 연안해역에 해상교통량이 많은 경우
> 4. 그 밖에 해양경찰서장이 연안사고 예방을 위하여 연안체험활동을 제한할 필요가 있다고 인정하는 경우

2) 관할 해양경찰서장은 연안체험활동의 금지 또는 제한의 원인이 되는 사유가 소멸되거나 완화된 경우 연안체험활동의 금지 또는 제한의 전부 또는 일부를 해제할 수 있다.

3) 관할 해양경찰서장은 제1항 및 제2항에 따라 연안체험활동의 금지 · 제한 또는 금지 · 제한을 해제한 경우 지체 없이 특별자치도지사 · 시장 · 군수 · 구청장에게 알리고, 정보통신매체 등을 통하여 공고하여야 한다.

제7절 수상에서의 수색·구조 등에 관한 법률

1. 수상에서의 수색·구조법 일반

가. 목적

이 법은 수상에서 조난된 사람, 선박, 항공기, 수상레저기구 등의 수색 · 구조 · 구난 및 보호에 필요한 사항을 규정함으로써 조난사고로부터 국민의 생명과 신체 및 재산을 보호하고 공공의 복리증진에 이바지하는 것을 목적으로 한다.

나. 적용범위

이 법 또는 이 법에 따른 명령 중 선박소유자에 관한 규정은 선박을 공유하는 경우로서 선박관리인을 임명하였을 때에는 그 선박관리인에게 적용하고, 선박을 임차하였을 때에는 그 선박임차인에게 적용하며, 선장에 관한 규정은 선장을 대신하여 그 직무를 수행하는 사

람이 있는 경우 그 사람에게 적용한다.

2. 수상에서의 수색·구조법 주요내용

가. 여객선비상수색구조계획서 작성

국제항해에 취항하는 여객선(「해운법」 제6조제1항에 따라 승인을 받은 외국의 해상여객운송사업자가 운영하는 여객선을 포함한다. 이하 "여객선"이라 한다) 소유자는 비상시 여객선의 수색구조를 위하여 구조본부의 비상연락망, 비상훈련계획 및 구명설비배치도 등이 기재된 계획서(이하 "여객선비상수색구조계획서"라 한다)를 작성하여 관할 해양경찰서장에게 신고하고 확인을 받아 해당 여객선 및 선박 소유자의 주된 사무실에 비치하여야 한다. 여객선 소유자는 여객선비상수색구조계획서의 내용에 변경이 있는 경우 지체 없이 변경된 내용을 관할 해양경찰서장에게 신고하여야 한다.

나. 선박이동·대피명령 및 긴급피난

구조본부의 장은 다음 각 호의 어느 하나에 해당하는 선박의 경우에는 해양수산부령으로 정하는 바에 따라 해당 선박의 이동 및 대피를 명할 수 있다. 다만, 외국선박에 대한 이동 및 대피명령은 「영해 및 접속수역법」 제1조 및 제3조에 따른 영해 및 내수(「내수면어업법」 제2조제1호에 따른 내수면은 제외한다)에서만 실시한다.

1) 태풍, 풍랑 등 해상기상의 악화로 조난이 우려되는 선박
2) 선박구난현장에서 구난작업에 방해가 되는 선박

인명이나 해양환경에 손상을 초래할 수 있는 조난된 선박의 선장 또는 소유자는 계속 항해 시의 위험을 줄이기 위하여 긴급피난을 할 수 있다.

다. 조난사실 신고

1) 수상에서 조난사고가 발생한 때에는 다음 각 호의 어느 하나에 해당하는 자는 즉시 가까운 구조본부의 장이나 소방관서의 장에게 조난사실을 신고하여야 한다.

가) 조난된 선박등의 선장·기장 또는 소유자
나) 수상에서 조난사실을 발견한 자
다) 조난된 선박등으로부터 조난신호나 조난통신을 수신한 자
라) 조난사고 원인을 제공한 선박의 선장 및 승무원

2) 선박등의 소재가 불명하고 통신이 두절되어 실종의 위험이 있다고 인정되는 경우에는 그 선박등의 소유자·운항자 또는 관리자는 지체 없이 그 사실을 구조본부의 장이나 소방관

서의 장에게 신고하여야 한다. 조난사실을 신고받거나 인지한 구조본부의 장 또는 소방관서의 장은 그 사실을 지체 없이 조난지역을 관할하는 구조본부의 장이나 소방관서의 장에게 통보하여야 한다.

라. 인근 선박 등의 구조지원 요청

1) 조난현장의 부근에 있는 선박등의 선장·기장 등은 조난된 선박등이나 구조본부의 장 또는 소방관서의 장으로부터 구조요청을 받은 때에는 가능한 한 조난된 사람을 신속히 구조할 수 있도록 최대한 지원을 제공하여야 한다. 다만, 조난된 선박 또는 조난사고의 원인을 제공한 선박의 선장 및 승무원은 요청이 없더라도 조난된 사람을 신속히 구조하는 데 필요한 조치를 하여야 한다.

2) 구조본부의 장 또는 소방관서의 장으로부터 구조요청을 받은 선박등의 선장·기장 등은 구조에 착수하지 못할 경우에는 지체 없이 그 사유를 구조본부의 장 또는 소방관서의 장에게 통보하여야 한다.

마. 조난된 선박등의 구난작업 신고

1) 누구든지 다음 각 호의 장소에서 조난된 선박등을 구난하려는 자는 구난작업을 시작하기 전에 구조본부의 장 또는 소방관서의 장에게 그 사실을 신고하여야 한다. 다만, 대통령령으로 정하는 소형선박을 구난하려는 경우, 제16조제3항에 따른 구조본부의 장 또는 소방관서의 장의 요청으로 구난을 하려는 경우에는 그러하지 아니하며, 긴급구난을 하려는 경우에는 구난작업을 시작한 후 지체 없이 구조본부의 장 또는 소방관서의 장에게 알려야 한다.

가) 「영해 및 접속수역법」 제1조 및 제3조에 따른 영해 및 내수

나) 「배타적 경제수역 및 대륙붕에 관한 법률」에 따른 배타적 경제수역

2) 구조본부의 장 또는 소방관서의 장은 제1항에 따른 신고를 받은 경우 그 내용을 검토하여 구난작업을 실시하는 데 적합하다고 인정할 때에는 신고를 수리하여야 한다. 이 경우 신고된 내용이 미흡하다고 인정할 때에는 필요한 사항을 보완한 후 다시 신고하게 할 수 있다.

바. 구난작업 현장 안전관리

구조본부의 장 또는 소방관서의 장은 구난작업 현장의 안전관리와 환경오염 방지를 위하여 필요한 경우 구난작업 관계자에게 인력 및 장비의 보강, 인근 선박의 항행안전을 위한 조치 등을 할 것을 명할 수 있다.

사. 조난된 선박등의 구난작업 시 보험가입

누구든지 조난된 선박등을 구난하려는 자는 안전사고 및 해양오염 발생에 대비하여 구난

작업을 시작하기 전에 보험에 가입하여야 한다. 다만, 제19조제1항의 단서에 따른 구난작업의 경우에는 그러하지 아니하다.

아. 조난된 선박등의 예인 시 책임

조난된 선박등을 예인하는 자는 다음 각 호의 어느 하나에 해당하는 예인으로 인하여 조난된 선박등이 파손되거나 멸실되더라도 고의 또는 중대한 과실이 없는 경우에는 민사상·형사상 책임을 지지 아니한다. 이 경우 조난된 선박등을 예인하는 자는 피예인선의 선장이나 소유자에게 그 뜻을 미리 알려주어야 한다.

1) 수난구호민간단체에 소속된 선박이 제16조제3항에 따른 구조본부의 장 또는 소방관서의 장의 요청을 받고 예인하는 경우

2) 민간에 소속된 선박이 보수(실비의 지급은 보수로 보지 아니한다)를 받지 아니하고 예인하는 경우. 이 경우 실비의 범위는 대통령령으로 한다.

3) 국가기관에 소속된 선박이 조난된 선박등을 긴급히 구난하기 위하여 예인하는 경우

자. 구조활동의 종료 또는 중지

구조본부의 장은 다음 각 호의 어느 하나에 해당하는 경우에는 구조활동을 종료 또는 중지할 수 있다.

1) 구조활동을 완료한 경우

2) 생존자를 구조할 모든 가능성이 사라지는 등 더 이상 구조활동을 계속할 필요가 없다고 인정되는 경우

차. 수난구호 종사명령

1) 구조본부의 장 및 소방관서의 장은 수난구호를 위하여 부득이하다고 인정할 때에는 필요한 범위에서 사람 또는 단체를 수난구호업무에 종사하게 하거나 선박, 자동차, 항공기, 다른 사람의 토지·건물 또는 그 밖의 물건 등을 일시적으로 사용할 수 있다. 다만, 노약자, 정신적 장애인, 신체장애인, 그 밖에 대통령령으로 정하는 사람에 대하여는 제외한다.

2) 민간해양구조대원은 해양경찰의 해상구조 및 조난사고 예방·대응 활동을 지원할 수 있다.

제8절 수상레저안전법

1. 수상레저안전법 일반

가. 목적

이 법은 수상레저활동의 안전과 질서를 확보하고 수상레저사업의 건전한 발전을 도모함을 목적으로 한다.

나. 조종면허

1) 동력수상레저기구를 조종하는 사람은 제8조에 따른 면허시험에 합격한 후 해양경찰청장의 동력수상레저기구 조종면허(이하 "조종면허"라 한다)를 받아야 한다. 조종면허는 다음 각 호와 같이 구분한다.

가) 일반조종면허 : 제1급 조종면허, 제2급 조종면허

나) 요트조종면허

2) 일반조종면허의 경우 제2급 조종면허를 받은 사람이 제1급 조종면허를 받은 때에는 제2급 조종면허의 효력은 상실된다.

3) 수상레저활동을 하려는 외국인이 국내에서 개최되는 국제경기대회에 참가하여 수상레저기구를 조종하는 경우에는 제5조제1항 및 제25조를 적용하지 아니한다. 외국인이 수상레저기구를 조종하는 경우 수상레저기구의 종류·조종기간 및 지역, 국제경기대회의 종류와 규모 등에 필요한 사항은 해양수산부령으로 정한다.

다. 면허시험

1) 조종면허를 받으려는 사람은 해양경찰청장이 실시하는 시험(이하 "면허시험"이라 한다)에 합격하여야 한다.

2) 해양경찰청장은 면허시험에서 부정행위를 한 사람에 대하여 그 시험을 중지하게 하거나 무효로 할 수 있다. 해당 시험의 중지 또는 무효의 처분을 받은 사람은 그 처분이 있는 날부터 2년간 면허시험에 응시할 수 없다.

라. 조종면허의 취소·정지

1) 해양경찰청장은 조종면허를 받은 사람이 다음 각 호의 어느 하나에 해당하는 경우에는 해양수산부령으로 정하는 바에 따라 조종면허를 취소하거나 1년의 범위에서 기간을 정하여 그 조종면허의 효력을 정지할 수 있다. 다만, 제1호, 제2호 또는 제4호부터 제6호까지에 해

당하면 조종면허를 취소하여야 한다.

가) 거짓이나 그 밖의 부정한 방법으로 조종면허를 받은 경우

나) 조종면허 효력정지 기간에 조종을 한 경우

다) 조종면허를 받은 사람이 동력수상레저기구를 사용하여 살인 또는 강도 등 해양수산부령으로 정하는 범죄행위를 한 경우

라) 제7조제1항제2호 또는 제3호에 따라 조종면허를 받을 수 없는 사람에 해당된 경우

마) 제7조제1항에 따라 조종면허를 받을 수 없는 사람이 조종면허를 받은 경우

바) 제27조제1항 또는 제2항을 위반하여 술에 취한 상태에서 조종을 하거나 술에 취한 상태라고 인정할 만한 상당한 이유가 있음에도 불구하고 관계공무원의 측정에 따르지 아니한 경우

사) 조종 중 고의 또는 과실로 사람을 사상하거나 다른 사람의 재산에 중대한 손해를 입힌 경우

아) 면허증을 다른 사람에게 빌려주어 조종하게 한 경우

자) 제28조를 위반하여 약물의 영향으로 인하여 정상적으로 조종하지 못할 염려가 있는 상태에서 동력수상레저기구를 조종한 경우

차) 그 밖에 이 법 또는 이 법에 따른 수상레저활동의 안전과 질서 유지를 위한 명령을 위반한 경우

2) 조종면허가 취소되거나 그 효력이 정지된 사람은 조종면허가 취소되거나 그 효력이 정지된 날부터 7일 이내에 해양경찰청장에게 면허증을 반납하여야 한다.

2. 수상레저안전법 주요내용

가. 안전장비 착용

수상레저활동을 하는 사람은 구명조끼 등 인명안전에 필요한 장비를 해양수산부령으로 정하는 바에 따라 착용하여야 한다.

나. 운항규칙 준수

수상레저활동을 하는 사람은 대통령령으로 정하는 바에 따라 운항방법, 기구의 속도 및 「수상레저기구의 등록 및 검사에 관한 법률」 제16조제2항에 따른 운항구역 등에 관한 사항을 준수하여야 한다.

다. 기상에 따른 수상레저활동 제한

누구든지 수상레저활동을 하려는 구역이 다음 각 호의 어느 하나에 해당하는 경우에는 수

상레저활동을 하여서는 아니 된다. 다만, 파도 또는 바람만을 이용하는 수상레저기구의 특성을 고려하여 대통령령으로 정하는 경우에는 그러하지 아니하다.

1) 태풍 · 풍랑 · 폭풍해일 · 호우 · 대설 · 강풍과 관련된 주의보 이상의 기상특보가 발효된 경우

2) 안개 등으로 가시거리가 0.5킬로미터 이내로 제한되는 경우

라. 원거리 수상레저활동 신고

1) 출발항으로부터 10해리 이상 떨어진 곳에서 수상레저활동을 하려는 사람은 해양수산부령으로 정하는 바에 따라 해양경찰관서나 경찰관서에 신고하여야 한다. 다만, 「선박의 입항 및 출항 등에 관한 법률」 제4조에 따른 출입 신고를 하거나 「선박안전 조업규칙」 제15조에 따른 출항 · 입항 신고를 한 선박인 경우에는 그러하지 아니하다.

2) 제1항에도 불구하고 「수상레저기구의 등록 및 검사에 관한 법률」 제3조에 따른 동력수상레저기구(이하 "등록 대상 동력수상레저기구"라 한다)가 아닌 수상레저기구로 수상레저활동을 하려는 사람은 출발항으로부터 10해리 이상 떨어진 곳에서 수상레저활동을 하여서는 아니 된다. 다만, 안전관리 선박의 동행, 선단의 구성 등 해양수산부령으로 정하는 경우에는 그러하지 아니하다.

마. 사고의 신고

1) 수상레저활동을 하는 사람은 다음 각 호의 어느 하나에 해당할 때에는 해양수산부령으로 정하는 바에 따라 지체 없이 해양경찰관서, 경찰관서 또는 소방관서 등 관계 행정기관에 신고하여야 한다.

가) 수상레저기구에 동승한 사람이 사고로 사망 · 실종 또는 중상을 입은 경우

나) 충돌, 좌초 또는 그 밖에 수상레저기구의 안전운항에 영향을 미치거나 미칠 우려가 있는 사고가 발생하였을 경우

2) 제1항에 따른 신고를 받은 관계 행정기관의 장은 인명구조, 사고 수습 등을 위하여 필요한 조치를 하여야 한다.

3) 제1항에 따른 신고를 받은 경찰서장 또는 소방서장은 제2항에 따른 필요한 조치 후에 사고 장소가 해수면인 경우에는 관할 해양경찰서장에게, 내수면인 경우에는 관할 특별자치시장 · 특별자치도지사 · 시장 · 군수 및 구청장(구청장은 자치구의 구청장을, 서울특별시의 관할구역에 있는 한강의 경우에는 서울특별시의 한강 관리에 관한 업무를 관장하는 기관의 장을 말한다. 이하 "시장 · 군수 · 구청장"이라 한다)에게 그 결과를 통보하여야 한다.

바. 무면허조종 금지

누구든지 조종면허를 받아야 조종할 수 있는 동력수상레저기구를 조종면허를 받지 아니하

고(조종면허의 효력이 정지된 경우를 포함한다) 조종하여서는 아니 된다. 다만, 다음 각 호의 어느 하나에 해당하는 경우에는 그러하지 아니하다.

1) 제1급 조종면허를 가진 사람의 감독하에 수상레저활동을 하는 경우로서 해양수산부령으로 정하는 경우

2) 조종면허를 가진 사람과 동승하여 조종하는 경우로서 해양수산부령으로 정하는 경우

사. 야간 레저활동 금지

누구든지 해진 후 30분부터 해뜨기 전 30분까지는 수상레저활동을 하여서는 아니 된다. 다만, 해양수산부령으로 정하는 바에 따라 야간 운항장비를 갖춘 수상레저기구를 사용하는 경우에는 그러하지 아니하다. 해양경찰서장이나 시장·군수·구청장은 필요하다고 인정하면 일정한 구역에 대하여 해양수산부령으로 정하는 바에 따라 시간을 조정할 수 있다. 시간을 조정한 경우에는 수상레저활동을 하는 사람이 보기 쉬운 장소에 그 사실을 공고하여야 한다.

아. 주취 중 조종 금지

1) 누구든지 술에 취한 상태(「해상교통안전법」 제39조제4항에 따른 술에 취한 상태를 말한다. 이하 같다)에서 동력수상레저기구를 조종하여서는 아니 된다.

2) 다음 각 호에 해당하는 사람(이하 "관계공무원"이라 한다)은 동력수상레저기구를 조종한 사람이 제1항을 위반하였다고 인정할 만한 상당한 이유가 있는 경우에는 술에 취하였는지를 측정할 수 있다. 이 경우 동력수상레저기구를 조종한 사람은 그 측정에 따라야 한다.

가) 경찰공무원

나) 시·군·구 소속 공무원 중 수상레저안전업무에 종사하는 사람

3) 관계공무원(근무복을 착용한 경찰공무원은 제외한다)이 술에 취하였는지 여부를 측정하는 때에는 그 권한을 표시하는 증표를 지니고 이를 해당 동력수상레저기구를 조종한 사람에게 제시하여야 한다. 술에 취하였는지 여부를 측정한 결과에 불복하는 사람에 대해서는 본인의 동의를 받아 혈액채취 등의 방법으로 다시 측정할 수 있다.

자. 약물복용 등의 상태에서 조종 금지

누구든지 「마약류 관리에 관한 법률」 제2조에 따른 마약·향정신성의약품·대마의 영향, 「화학물질관리법」 제22조에 따른 환각물질의 영향, 그 밖의 사유로 인하여 정상적으로 조종하지 못할 우려가 있는 상태에서 동력수상레저기구를 조종하여서는 아니 된다.

차. 정원 초과 금지

누구든지 대통령령으로 정하는 바에 따라 그 수상레저기구의 정원을 초과하여 사람을 태

우고 운항하여서는 아니 된다.

카. 안전관리

1) 수상레저활동 금지구역의 지정

해양경찰서장 또는 시장 · 군수 · 구청장은 수상레저활동의 안전을 위하여 필요하다고 인정하면 수상레저활동 금지구역(수상레저기구별 수상레저활동 금지구역을 포함한다)을 지정할 수 있다. 누구든지 지정된 금지구역에서 수상레저활동을 하여서는 아니 된다.

2) 시정명령

해양경찰서장 또는 시장 · 군수 · 구청장은 수상레저활동의 안전을 위하여 필요하다고 인정하면 수상레저활동을 하는 사람 또는 수상레저활동을 하려는 사람에게 다음 각 호의 사항을 명할 수 있다. 다만, 수상레저활동을 하려는 사람에 대한 시정명령은 사고의 발생이 명백히 예견되는 경우로 한정한다.

가) 수상레저기구의 탑승(수상레저기구에 의하여 밀리거나 끌리는 경우를 포함한다. 이하 같다) 인원의 제한 또는 조종자의 교체

나) 수상레저활동의 일시정지

다) 수상레저기구의 개선 및 교체

3) 일시정지 및 확인

관계공무원은 수상레저기구를 타고 있는 사람이 이 법 또는 이 법에 따른 명령을 위반하였다고 인정하는 경우에는 수상레저기구를 멈추게 하고 이를 확인하거나 그 수상레저활동을 하는 사람에게 면허증이나 신분증의 제시를 요구할 수 있다. 관계공무원은 수상레저기구를 멈추게 하고 면허증 등의 제시를 요구하는 경우에는 그 권한을 표시하는 증표를 지니고 이를 관계인에게 내보여야 한다.

타. 수상레저사업

1) 영업제한

해양경찰서장 또는 시장 · 군수 · 구청장은 다음 각 호의 어느 하나에 해당하는 경우에는 수상레저사업자에게 영업구역이나 시간의 제한 또는 영업의 일시정지를 명할 수 있다. 다만, 제3호부터 제5호까지에 해당하는 경우에는 이용자의 신체가 직접 수면에 닿는 수상레저기구 등 대통령령으로 정하는 수상레저기구를 이용한 영업행위에 대해서만 이를 명할 수 있다.

가) 기상 · 수상 상태가 악화된 경우

나) 수상사고가 발생한 경우

다) 유류 · 화학물질 등의 유출 또는 녹조 · 적조 등의 발생으로 수질이 오염된 경우

라) 부유물질 등 장애물이 발생한 경우

마) 사람의 신체나 생명에 피해를 줄 수 있는 유해생물이 발생한 경우

바) 그 밖에 대통령령으로 정하는 사유가 발생한 경우

해양경찰서장 또는 시장 · 군수 · 구청장은 제1항 각 호의 사유가 소멸되거나 완화되었다고 판단되는 경우 영업구역이나 시간의 제한 또는 영업의 일시정지를 해제하여야 한다.

2) 자료 제출 등

해양경찰서장 또는 시장 · 군수 · 구청장은 수상레저활동의 안전을 위하여 필요하다고 인정하면 대통령령으로 정하는 바에 따라 수상레저사업자에게 관련 서류나 자료를 제출하게 할 수 있다.

3) 수상레저사업의 등록취소

해양경찰서장 또는 시장 · 군수 · 구청장은 수상레저사업자가 다음 각 호의 어느 하나에 해당하는 경우에는 해양수산부령으로 정하는 바에 따라 수상레저사업의 등록을 취소하거나 3개월의 범위에서 영업의 전부 또는 일부의 정지를 명할 수 있다. 다만, 제1호부터 제3호까지에 해당하면 수상레저사업의 등록을 취소하여야 한다.

가) 거짓이나 그 밖의 부정한 방법으로 등록을 한 경우

나) 제39조 각 호의 어느 하나에 해당하게 된 경우

다) 공유수면의 점용 또는 사용 허가기간 만료 이후에도 사업을 계속하는 경우

라) 수상레저사업자 또는 그 종사자의 고의 또는 과실로 사람을 사상한 경우

마) 수상레저사업자가 「수상레저기구의 등록 및 검사에 관한 법률」 제6조, 제9조, 제10조, 제13조, 제15조, 제17조의 규정을 위반한 수상레저기구를 수상레저사업에 이용한 경우

바) 제37조제2항에 따라 변경등록을 하지 아니한 경우

4) 보험가입

등록 대상 동력수상레저기구의 소유자는 동력수상레저기구의 사용으로 다른 사람이 사망하거나 부상한 경우에 피해자(피해자가 사망한 경우에는 손해배상을 받을 권리를 가진 자를 말한다)에 대한 보상을 위하여 소유한 날로부터 1개월 이내에 대통령령으로 정하는 바에 따라 보험이나 공제(이하 "보험등"이라 한다)에 가입하여야 한다.

제9절 선박교통관제에 관한 법률

1. 선박교통관제법 일반

가. 목적

이 법은 선박교통관제에 필요한 사항을 규정함으로써 선박교통의 안전 및 항만운영의 효율성을 높이고 해양환경을 보호하는 데 이바지함을 목적으로 한다.

나. 적용범위

이 법은 대한민국의 「영해 및 접속수역법」 제1조 및 제3조에 따른 영해 및 내수(해상항행선박이 항행을 계속할 수 없는 하천 · 호수 · 늪 등은 제외한다)에 있는 선박 중에서 제13조에 따른 관제대상선박에 대하여 적용한다.

다. 관제대상 선박

선박교통관제를 실시하는 대상 선박(이하 “관제대상선박”이라 한다)은 다음 각 호와 같다.

1) 국제항해에 취항하는 선박

2) 총톤수 300톤 이상의 선박(다만, 「어선법」 제2조제1호에 따른 어선 중 국내항 사이만을 항행하는 내항어선은 제외한다)

3) 「해상교통안전법」 제2조제4호에 따른 위험화물운반선

4) 그 밖에 관할 선박교통관제구역에서 이동하는 선박의 특성 등에 따라 해양경찰청장이 고시하는 선박

2. 선박교통관제법 주요내용

가. 선장의 의무

1) 관제대상선박의 선장은 선박교통관제에 따라야 한다. 다만, 선박교통관제에 따를 경우 선박을 안전하게 운항할 수 없는 명백한 사유가 있는 경우에는 선박교통관제에 따르지 아니할 수 있다.

2) 관제대상선박의 선장은 선박교통관제사의 관제에도 불구하고 그 선박의 안전운항에 대한 책임을 면제받지 아니한다.

3) 관제대상선박의 선장은 선박교통관제구역을 출입하려는 때에는 해당 선박교통관제구역을 관할하는 선박교통관제관서에 신고하여야 한다.

4) 관제대상선박의 선장은 선박교통관제구역을 출입 · 이동하는 경우 해양수산부령으로 정하는 무선설비와 관제통신 주파수를 갖추고 관제통신을 항상 청취 · 응답하여야 한다. 다만, 통신의 장애로 인하여 선박교통관제사와 지정된 주파수로 통화가 불가능할 때에는 휴대전화 등 다른 통신주파수를 이용하여 보고할 수 있다.

5) 선박교통관제구역 내에서 항행 중인 관제대상선박의 선장은 항로상의 장애물이나 해양

사고 발생 등으로 선박교통의 안전을 해치거나 해칠 우려가 있다고 인지한 경우에는 지체 없이 이를 선박교통관제관서에 신고하여야 한다.

나. 관제통신의 녹음

선박교통관제관서와 대통령령으로 정하는 선박의 선장은 제14조제4항에 따른 관제통신을 녹음하여 보존하여야 한다.

제10절 해양경찰권 행사 국제법규

1. 배경

해양에서의 경비 및 경찰 사무 등을 수행하는 국가기관은 국제성을 띠는 해양에 관한 국제법규를 이해해야 할 필요성이 있다. 해양주권을 수호하고 해양에서의 공공안녕 및 질서 유지를 위해 필요한 해양경찰권의 행사가 국내법과 국제법에 따라 적법하게 이루어지도록 하는 것은 매우 중요하다. 따라서 해양경찰권의 행사와 관련되는 법적 근거인 해양경찰 법령과 밀접히 결부되는 국제법규에 대하여 살펴보고자 한다.

정부조직법 제44조 '해양에서의 경찰 및 오염방제에 관한 사무를 관장하기 위하여 해양수산부장관 소속으로 해양경찰청을 둔다.'라고 되어 있어 이러한 사무를 원활히 수행할 수 있도록 해양경찰의 권능 행사를 가능하게 해주는 해양경찰 작용의 근거 법령이 존재해야 한다. 주로 살펴보는 내용은 해양에서의 경비를 포괄하는 경찰권의 법적 근거와 관련된 국제법규, 해양에서의 수색·구조와 관련된 국제법규 그리고 해양오염에 대한 규제와 관련되는 국제법규이다.

2. 해양에서의 경찰과 국제법규

가. 해양경찰권의 법적 근거와 국제법규

해양에서의 경찰은 다양한 유형의 경비 활동을 포괄할 수 있는데, 실제적인 적대세력이 존재하는 정세에 따라 간첩 등의 침투를 방지하고, 연안국의 영해 및 배타적 경제수역(EEZ) 내에서 외국선박 등의 불법행위를 단속하는 등 주권 수호를 위한 국가 목적적 경비 활동과 해상시위 진압, 해상대테러 활동, 여객선 호송, 해상범죄 진압 등 사회 목적적 치안활동 및 대국민 서비스 활동을 동시에 수행하는 특성을 지닌다. 순수 해양경비는 국민에게 명령·강제하는 권력적 행정행위로서 국가 목적적 행정행위 및 사회 목적적 행정행위로 국한될 수 있다. 그러한 측면에서 해양에서의 수색 및 구조는 순수 경비 활동과 구분되는 관리 행위적 서비스 활동이라는 점에서 해양경비와 구별된다고 볼 수 있다(박영하 외, 2011: 136).

해양경찰이 해양경찰 권능을 행사하고 해양경비를 수행함에 있어 근거가 되는 법령인 "해양경비법"과 밀접히 결부되는 국제법규는 대표적으로 유엔해양법협약(UNCLOS)이다. 아울러 한·중·일 어업협정, 항해의 안전에 대한 불법행위 억제를 위한 협약(SUA협약), 대량살상무기 확산방지 구상(PSI) 및 국제선박 및 항만시설 보안규칙 (ISPS 코드)도 매우 밀접히 결부되는 국제법규라고 할 수 있다.

1) 유엔해양법협약

유엔해양법협약은 해양에 관한 법질서를 확립할 목적으로 1973년부터 시작하여 1982년 마무리된 제3차 유엔해양법회의(The Third United Nations Conference on the Law of the Sea, "UNCLOS III")에서 1982년 12월 10일에 채택되었으며, 바다에 대한 이용 전반을 규율하는 국제법 질서를 담고 있다. 유엔해양법협약은 해양에 관한 문제는 전 세계 모든 나라와 밀접히 연관되어 있기 때문에 함께 고려되어야 한다는 인식에서 시작되었다. 이 협약은 1994년 11월 16일에 발효하였다. 우리나라는 동 협약을 1996년에 비준한 바 있다. 우리나라는 일원론(monism)의 입장을 취하여 헌법에 따라 체결·공포된 조약은 국내법과 동일한 효력을 부여한다고 해석 가능하다.[68] 따라서 법리적으로 유엔해양법협약은 국내법과 같은 지위를 가지고 있으며 국내 법원에서 원용 가능하기도 한 셈이다.

가) 영해와 해양경찰권

유엔해양법협약은 영해기선 (또는 기선이라고도 함, baseline)으로부터 최대 12해리까지 영해의 폭을 설정할 수 있는 권리를 각국에게 부여하고 있다(유엔해양법협약 제3조). 영해에서의 각국의 주권(sovereignty)은 육지와 내수를 넘어 영공과 영해의 해저 및 하층토까지 미친다(유엔해양법협약 제2조). 본조에 따라 각국은 영해를 관할하는 국내법을 제정할 수 있는 권능을 지니며 그 제정된 법에 따라 집행할 수 있는 권한도 갖는다. 이는 국제법에서 말하는 입법관할권과 집행관할권을 연안국이 행사할 수 있다는 의미이고 집행관할권에는 체포관할권과 사법관할권이 포함된다고 할 수 있다. 따라서 우리나라를 포함하는 연안국의 경우에는 유엔해양법협약 제2조 및 제19조에 따라 해양경찰권이 영해에서 행사될 수 있다. 하지만 영해에서의 주권은 육지와 내수와 같이 완전하지는 않고 이 협약과 다른 국제법에 의해 제한되고 있다(유엔해양법협약 제2조제3항).

대표적으로 국제법상 영해에서의 무해통항권에 따라 연안국의 주권은 제한을 받게 된다. 유엔해양법협약 제17조는 연안국가이든 육지로 둘러싸인 국가이든 관계없이 모든 국

68) 대한민국헌법 제6조제1항은 "헌법에 의하여 체결·공포된 조약과 일반적으로 승인된 국제법규는 국내법과 같은 효력을 가진다."라고 규정하고 있다.

가의 선박은 영해에서의 무해통항권을 향유한다고 한다. 여기서 '통항'이란 연안국의 내수 밖에 있는 항만시설 또는 정박지를 기항하지 않거나 또는 내수에 들어오지 않고 영해를 지나가는 것을 말하거나 연안국의 내수에 진입하거나 벗어나기 위해 또는 내수 밖에 존재하는 정박지나 항만시설에 기항하기 위해 영해를 통과하는 항해를 의미한다. 그리고 통항은 계속되어야 하고 신속해야 한다. 하지만 통항은 정선(stopping) 및 정박(anchoring)을 포함하는데 이 경우에는 오로지 통상적인 항해에 부수하는 것이거나 불가항력적인 경우, 조난 또는 위험 또는 조난 중인 선박, 사람을 구조하기 위해 필요한 경우에 한한다. 통항의 의미가 위와 같다면 이제는 어떠한 통항이 무해한 것이지를 밝혀야 한다.

유엔해양법협약 제19조는 선박의 통항이 연안국의 평화, 질서 또는 안보에 해를 가하는 것이 아닌 한 무해하다고 말하고 있다. 유엔해양법협약 제19조제2항은 더욱 자세히 유해한 행위에 대하여 규정하고 있는데, 영해에서 외국적 선박이 특정한 행위에 종사하게 된다면 연안국의 평화, 질서 또는 안보에 해를 가하게 되는 것으로 간주해야 한다고 명시하고 있다. 그러한 행위를 나열하자면

① 연안국의 주권, 영토 보전 또는 정치적 독립에 반하거나, 또는 국제연합헌장에 구현된 국제법의 원칙에 위반되는 그 밖의 방식에 의한 무력의 위협이나 무력의 행사.
② 무기를 사용하는 훈련이나 연습
③ 연안국의 국방이나 안전에 해가 되는 정보 수집을 목적으로 하는 행위.
④ 연안국의 국방이나 안전에 해로운 영향을 미칠 것을 목적으로 하는 선전행위
⑤ 항공기의 선상 발진·착륙 또는 탑재
⑥ 군사기기의 선상 발진·착륙 또는 탑재
⑦ 연안국의 관세·재정·출입국관리 또는 위생에 관한 법령에 위반되는 물품이나 통화를 싣고 내리는 행위 또는 사람의 승선이나 하선
⑧ 이 협약에 위배되는 고의적이고도 중대한 오염행위
⑨ 어로활동
⑩ 조사활동이나 측량활동의 수행
⑪ 연안국의 통신체계 또는 그 밖의 설비·시설물에 대한 방해를 목적으로 하는 행위
⑫ 그리고 통항과 직접 관련이 없는 그 밖의 활동으로 규정되어 있다 (유엔해양법협약 제19조제2항).

잠수함 및 기타 잠수항행기기는 영해에서는 수면 위로 부상하여 국기를 내보이면서 통항하도록 규정되어 있다(유엔해양법협약 제20조). 그런데 잠수함은 통상적으로 군함이므로 이 규정은 해양경찰 작용의 대상이라고 보기보다 해군의 통제 대상이 된다고 봄이 타당할 것이다. 만일 군함이 영해통항에 관한 연안국의 법령을 준수하지 아니하고 그 군함에 대한 연안국의 법령준수 요구를 무시하는 경우, 연안국은 당해 군함에 대하여 영해에서 즉시 퇴거할 것을 요구할 수 있다(제30조). 기국은 자국의 군함이나 그 밖의 비상업용 정부선박이 영해

통항에 관한 특정 연안국의 법령 또는 이 협약이나 기타 국제법 규칙을 준수하지 아니하여 특정 연안국에게 입힌 어떠한 손실이나 손해에 대하여도 국제책임을 진다(제31조). 제30조와 제31조에 규정된 경우를 제외하고는 이 협약의 어떠한 규정도 군함과 그 밖의 비상업용 정부선박의 면제에 영향을 미치지 않는다(제32조).

영해에서의 연안국의 경찰권 행사와 관련하여 해상교통분리제도에 대하여 주목할 필요가 있다. 이는 유엔해양법협약 제22조에 규정되어 있는데, 연안국은 항행의 안전을 위하여 필요한 경우 자국의 영해에서 무해통항권을 행사하는 외국선박에 대하여 선박통항을 규제하기 위하여 지정된 항로대와 규정된 해상교통분리제도를 이용하도록 요구할 수 있다. 특히 유조선, 핵추진선박 및 핵물질 또는 본래 위험하거나 유독한 그 밖의 물질이나 재료를 운반 중인 선박에 대하여서는 이러한 항로대만을 통항하도록 요구할 수 있다. 다만, 연안국은 항로대를 지정하고 통항분리방식을 규정함에 있어서 권한 있는 국제기구의 권고, 국제항행에 관습적으로 이용되고 있는 수로, 특정한 선박과 수로의 특성 및 선박교통량을 고려해야 하는 국제법상 의무를 부담한다. 아울러 연안국은 이러한 항로대와 통항분리방식을 해도에 명시하고 이를 적절히 공표해야 한다(제22조제4항).

우리가 주목해야 할 부분은, 외국의 핵추진선박과 핵물질 또는 본래 위험하거나 유독한 그 밖의 물질을 운반 중인 선박이 영해에서 무해통항권을 행사할 경우, 이러한 선박에 대하여 국제협정이 정한 서류를 휴대하고 또한 국제협정에 의하여 확립된 특별예방조치를 준수해야 한다는 점이다(유엔해양법협약 제23조).

다음으로 합당한 해양경찰 작용을 위해 필요한 연안국의 의무를 살펴보아야 한다. 연안국은 유엔해양법협약에 의하지 아니하고는 영해에서 외국선박의 무해통항을 방해하지 말아야 한다. 특히, 연안국은 이 협약이나 이 협약에 따라 제정된 법령을 적용함에 있어서는 외국선박에 대하여 실질적으로 무해통항권을 부인하거나 침해하는 효과를 가져오는 요건의 부과나 특정국의 선박, 또는 특정국으로 화물을 반입·반출하거나 특정국을 위하여 화물을 운반하는 선박에 대한 형식상 또는 실질상의 차별을 해서는 안 된다. 또한 연안국은 자국이 인지하고 있는 자국 영해에서의 통항에 관한 위험을 적절히 공표해야 하는 의무도 부담한다(유엔해양법협약 제24조). 연안국은 본 유엔해양법협약에 따라 자국을 보호할 권리도 갖는데, 이 권리에 따라 연안국은 무해하지 아니한 통항을 방지하기 위하여 필요한 조치를 자국 영해에서 취할 수 있다. 연안국은 선박이 내수를 향하여 항행하거나 내수 밖의 항구시설에 기항하고자 하는 경우, 그 선박이 내수로 들어가기 위하여 또는 그러한 항구시설에 기항하기 위하여 따라야 할 허가조건을 위반하는 것을 방지하기 위하여 필요한 조치를 취할 권리도 가진다. 연안국은 무기를 사용하는 훈련을 포함하여 자국의 안전보호상 긴급한 경우에는 영해의 지정된 수역에서 외국선박을 형식상 또는 실질상 차별하지 아니하고 무해통항을 일시적으로 정지시킬 수 있다. 이러한 정지 조치는 적절히 공표한 후에만 효력을 가지도록 되어 있다(유엔해양법협약 제24조).

영해에서의 해양경찰권의 행사와 관련하여 유념해야 할 부분은 외국적 선박에 대한 형사

관할권(criminal jurisdiction)에 관한 내용이다. 즉, 유엔해양법협약 제27조는 외국적 선박의 영해 통항 중 발생하는 범죄의 수사와 관련한 내용을 포함하고 있으므로 해양경찰의 사법경찰의 모습을 다루고 있다고 볼 수 있다. 유엔해양법협약 제27조는 이에 대하여 비교적 상세히 규정하고 있다. 본 조의 내용은 상선과 상업용 정부선박에 적용되는 규칙임을 유념해야 한다. 연안국의 형사관할권은 범죄의 결과가 연안국의 공공안녕과 공공질서에 (악영향을) 미치는 경우, 범죄가 연안국의 평화나 영해의 공공질서를 교란하는 종류인 경우, 당해 선박의 선장이나 당해 선박의 기국의 외교관 또는 영사가 현지 당국에 지원을 요청한 경우, 마약이나 향정신성물질의 불법거래를 진압하기 위하여 필요한 경우를 제외하고는 영해를 통항하고 있는 외국선박의 선박 내에서 통항 중에 발생한 어떠한 범죄와 관련하여 사람을 체포하거나 수사를 수행하기 위하여 그 선박 내에서 행사될 수 없다(제27조제1항). 그런데 본 규정은 내수를 떠나 영해를 통항 중인 외국선박 내에서의 체포나 수사를 목적으로 자국법이 허용한 조치를 취할 수 있는 연안국의 권리에 영향을 미치지 않는다는 점을 알아야 한다. 본조 제1항 및 제2항에 규정된 경우, 연안국은 선장이 요청하면 어떠한 조치라도 이를 취하기 전에 선박 기국의 외교관이나 영사에게 통고하고, 이들과 승무원 간의 연락이 용이하도록 해야만 한다. 긴급한 경우 이러한 통고는 조치를 취하는 동안에 이루어질 수도 있다. 현지당국은 체포여부나 체포방식을 고려함에 있어 통항의 이익을 적절히 고려한다. 해양환경의 보호와 보전의 경우나 배타적 경제수역에 따라 제정된 법령위반의 경우를 제외하고는, 연안국은 외국선박이 외국의 항구로부터 내수에 들어오지 아니하고 단순히 영해를 통과하는 경우에는 당해 선박이 영해에 들어오기 전에 발생한 범죄와 관련하여 사람을 체포하거나 수사를 하기 위하여 영해를 통항 중인 외국선박 내에서 어떠한 조치도 취할 수 없다는 점에 유의해야 한다.

나) 접속수역과 해양경찰권

유엔해양법 제33조는 영해 외측에 접속수역을 설정하여 연안국의 관할권을 행사할 수 있도록 하고 있고 그 범위에 대하여도 규정하고 있다. 동 조항에 따라, 연안국은 영해에 접속해 있는 수역으로서 접속수역이라고 불리는 수역에서 연안국의 영토나 영해에서의 관세·재정·출입국관리 또는 위생에 관한 법령의 위반 방지 및 연안국의 영토나 영해에서 발생한 위의 법령 위반에 대한 처벌을 위하여 필요한 통제를 할 수 있음이다(유엔해양법협약 제33조 제1항).

동 조항에 연안국의 안보(security)와 관련된 법령이 포함될 수 있는지에 대하여 논란이 있다. 접속수역에서 집행할 수 있는 국내법은 당해 조문의 규정과 같이 "관세·재정·출입국관리 또는 위생에 관한 법령"으로 엄격히 해석되어야 한다. 가령 중국의 「1992 영해 및 접속수역법」은 접속수역에서 자국의 안보와 관련된 법규를 방지하거나 처벌할 수 있는 권능을 부여하고 있는데, 이와 같은 관할권 주장은 유엔해양법과 일치된다고 보기 어렵다 (Rothwell, R., & Stephens, T., 2010: 80). 접속수역에서의 안보와 관련 법규의 집행과 관련한 관할권 주장에 대해 미국은 반대 입장이다 (Roach, J., & Smith, R., 1996: 172).

접속수역의 범위는 영해기선으로부터 24해리 밖으로 확장될 수는 없다(유엔해양법협약 제33조제2항).

다) 배타적 경제수역과 해양경찰권

유엔해양법의 발효에 따라 세계 각국은 앞다투어 배타적 경제수역(EEZ)을 선포하고 해양자원을 자국의 주권 하에 종속시키기 위한 무한경쟁을 가속화하고 있는 가운에, 우리나라도 유엔해양법에 따른 「배타적 경제수역법」을 제정·공포하였다. 각국의 관할권 확장 의도에 따른 결과 첨예한 갈등을 빚고 있는 수역이 배타적 경제수역이다. 그 원인으로 배타적 경제수역과 관련하여 연안국은 국제법상 천연자원에 대한 주권을 배타적으로 향유할 수 있게 되었을 뿐만 아니라 사실상 자국의 안보와 관련하여 이익을 향유하고자 하고 지정학적으로 국익을 안정적으로 확보하고자 하기 때문인 것으로 해석 가능하다. 남중국해에서는 중국의 소위 '구단선(Nine-dash Line)'[69]이라는 특유의 주권 주장이 전개됨으로써 주변국들과의 일촉즉발의 상황이 그 한 예이며, 동중국해에서의 센카쿠열도 (중국명 댜오위댜오)를 둘러싼 중·일간 첨예한 분쟁 및 이어도 해역에 대한 한·중 간의 갈등도 그러한 예이다. 배타적 경제수역의 선포에 대하여는 유엔해양법협약 제55조, 56조 및 57조에 규정되어 있다. 제55조에 따르면 배타적 경제수역은 영해 밖에 인접한 수역으로서 연안국의 권리와 관할권 및 다른 국가의 권리와 자유가 이 협약의 관련규정에 의하여 규율되도록 수립된 특별한 법제도에 따른다고 되어 있어서 국제법상 배타적 경제수역의 존재를 확인하여 주고 있다.

해양경찰권 행사와 관련하여 주목할 점은 그와 같은 기능적 수역인 배타적 경제수역에서의 연안국의 권리와 의무를 확인하는 것이다. 배타적 경제수역에서의 연안국의 권리의 확보는 해양경찰권의 행사로 실현될 것이기 때문이다. 이는 협약 제56조에서 다음과 같이 규정한다.

> 1. 배타적 경제수역에서 연안국은 다음의 권리와 의무를 갖는다.
> 가) 해저의 상부수역, 해저 및 그 하층토의 생물이나 무생물 등 천연자원의 탐사, 개발, 보존 및 관리를 목적으로 하는 주권적 권리와, 해수·해류 및 해풍을 이용한 에너지 생산과 같은 이 수역의 경제적 개발과 탐사를 위한 그 밖의 활동에 관한 주권적 권리
> 나) 이 협약의 관련 규정에 규정된 다음 사항에 관한 관할권
> ① 인공섬, 시설 및 구조물의 설치와 사용
> ② 해양과학조사
> ③ 해양환경의 보호와 보전
> 다) 이 협약에 규정된 그 밖의 권리와 의무
> 2. 이 협약상 배타적 경제수역에서의 권리행사와 의무이행에 있어서 연안국은 다른 국가의 권리와 의무를 적절히 고려하고, 이 협약의 규정에 따르는 방식으로 행동한다.
> 3. 해저와 하층토에 관하여 이 조에 규정된 권리는 제6부에 따라 행사된다.

69) 남해 9단선(南海九段線·nine dash line. 이하 9단선)은 중국이 남중국해에 설정한 가상의 선으로, 국민당 정부 시절인 1947년 11단선을 담은 공식 지도를 제작·출판하면서 만들어졌다. 1949년 수립된 중화인민공화국 역시 1953년 새 지도를 반포하면서 이를 계승했다. 다만 기존의 11단선을 지금의 9단선으로 변경했다. 이 9단선 안에는 남중국해의 80% 이상이 포함된다. 중국이 영유권을 주장하는 스프래틀리 제도(중국명 난사군도〈南沙群島〉·필리핀명 칼라얀 군도, 베트남명 쯔엉사군도) 등이 모두 들어가 있다. 중국과 영유권 갈등을 벌이는 국가들은 이 9단선을 근거로 중국이 남중국해 전체를 '내해'로 만들려 한다고 비판해왔다.

위 유엔해양법협약 제56조는 각국에 의해 설정된 배타적 경제수역의 해저의 상부수역의 천연자원에 대한 주권적 권리와 에너지 생산 및 경제적 탐사 및 개발과 관련한 권리를 규정하고 있음을 알 수 있다. 왜냐하면 연안국의 해저와 하층토에 대한 주권적 권리는 결국 대륙붕 제도에 따라 행사되게 되어 있기 때문이다.

따라서 동 조항은 주로 어족자원에 대한 주권적 권리를 연안국에게 부여하고 있음을 알 수 있으며 이와 같은 주권적 권리를 행사하는 것이 해양경찰권의 행사로 볼 수 있다. 본 조는 배타적 경제수역에서의 연안국의 권리행사와 의무이행은 타국의 권리와 의무를 고려하라고 규정하고 있다. 타국의 권리와 의무와 관련하여, 협약 제58조제1항은 연안국이거나 내륙국이거나 관계없이, 모든 국가는 이 협약의 관련 규정에 따를 것을 조건으로, 배타적 경제수역에서 제87조에 규정된 항해·상공비행의 자유, 해저전선·관선 부설의 자유 및 선박·항공기·해저전선·관선의 운용 등과 관련되는 것으로서 이 협약의 다른 규정과 양립하는 기타 국제적으로 적법한 해양 이용의 자유를 누린다고 규정하고 있다.

또한 배타적 경제수역에서의 해양경찰권의 근거가 되는 유엔해양법협약 제73조는 배타적 경제수역에서의 생물자원을 탐사·개발·보존 및 관리하기 위해 하는 주권적 권리의 행사와 관련하여 연안국이 유엔해양법협약과 일치하는 자국의 법령을 준수하도록 하는데 필요한 승선, 검색, 나포 및 사법 절차를 포함하는 조치를 취할 수 있다고 규정하고 있다.

이와 같은 연안국의 권리행사에 따라 나포된 선박과 승무원은 적절한 보석금이나 그 밖의 보증금을 예치한 뒤에는 즉시 풀려나야 한다. 배타적 경제수역에서의 불법어업에 대한 연안국의 처벌은 관련 당사국과 합의가 없으면, 금고 또는 다른 형태의 체형이 포함될 수 없다. 아울러 외국선박을 나포하거나 억류한 경우, 당해 연안국은 적절한 경로를 통하여 그와 같은 조치와 이후에 부과된 처벌에 관해 기국에 신속히 통고할 법적 의무를 진다(유엔해양법협약 제73조제4항).

라) 대륙붕 제도와 해양경찰권

대륙붕 제도와 관련하여 유엔해양법협약 제77조는 연안국에게 대륙붕에 대한 배타적 주권을 부여하고 있으며, 이를 수호하기 위해 해양경찰권의 행사가 가능하다. 연안국에 의해 합법적으로 설정된 대륙붕과 관련하여 연안국은 대륙붕에 존재한 천연자원을 탐사하고 개발하기 위한 목적으로 주권적 권리를 행사할 수 있다(유엔해양법협약 제77조제1항). 연안국의 권리는 당해 연안국이 대륙붕을 탐사하지 않거나 존재한 천연자원을 개발하지 않더라도 타국은 당해 연안국의 명시적인 동의 없이 대륙붕 탐사 및 개발 활동을 할 수 없다는 면에서 배타적이다(동조 제2항). 대륙붕에 대한 연안국의 권리는(배타적 경제수역의 선포와는 달리) 실효적이거나 관념적인 점유 또는 명시적 선언에 의하지 않고도 획득되는 것임을 이해할 필요가 있다(동조 제3항). 또한 대륙붕 제도에 따라 규정되는 천연자원은 해저와 하층토의 광물, 그 밖의 무생물자원 및 정착성 어종에 속하는 생물체, 즉 수확가능단계에서 해저 표면 또는 그 아래에서 움직이지 아니하거나 또는 해저나 하층토에 항상 밀착하지 아니하고는 움직일 수 없는 생물체로 구성된다(동조 제4항). 즉, 바다 가재 등은 대륙붕의 정착성 어종으로 연안국의 배타적 권리에 속하여 타국은 함부로 채취할 수 없다는 의미이다.

「배타적 경제수역 및 대륙붕에 관한 법률」 제3조에서 대한민국은 협약에 따라 대륙붕에서 다음 각 호의 권리를 가진다.

① 대륙붕의 탐사를 위한 주권적 권리

② 해저와 하층토의 광물, 그 밖의 무생물자원 및 정착성 어종에 속하는 생물체(협약 제77조제4항에 규정된 정착성 어종에 속하는 생물체를 말한다)의 개발을 위한 주권적 권리

③ 협약에 규정된 그 밖의 권리

마) 공해 해양경찰권

국제사회는 조선 기술 및 해양과학 기술의 발달로 인하여 원해(遠海) 경찰활동이 가능해짐에 따라 공해에서의 경찰권의 행사에 대하여 관심이 고조되어 왔다. 오늘날 국제사회는 해적 등을 퇴치하기 위해 군사작전을 방불케 하는 유엔과 연안국의 개입을 하고 있는 실정이다. 먼저 공해에서 규율되는 근원적인 국제법 원칙으로 유엔해양법 제87조제1항은 공해 자유에 대하여 다음과 같이 규정하고 있다.

1. 공해는 연안국이거나 내륙국이거나 관계없이 모든 국가에 개방된다. 공해의 자유는 이 협약과 그 밖의 국제법 규칙이 정하는 조건에 따라 행사된다. 연안국과 내륙국이 향유하는 공해의 자유는 특히 다음의 자유를 포함한다. (a) 항행의 자유 (b) 상공비행의 자유 (c) 제6부에 따른 해저전선과 관선 부설의 자유 (d) 제6부에 따라 국제법상 허용되는 인공섬과 그 밖의 시설 건설의 자유 (e) 제2절에 정하여진 조건에 따른 어로의 자유 (f) 제6부와 제13부에 따른 과학조사의 자유

하지만 모든 국가는 위와 같은 공해의 자유를 행사함에 있어서 당해 자유를 누리는 타국의 이익과 더불어 심해저 활동과 관련된 이 협약상의 타국의 권리도 적절히 고려하여야 한다(유엔해양법협약 제87조제2항). 공해는 평화적 목적을 위해 보존되어야 한다(유엔해양법협약 제88조). 또한 어떠한 국가라도 공해의 어느 부분을 자국의 주권 아래 둘 수는 없다(유엔해양법협약 제89조). 모든 국가는 연안국이거나 내륙국이거나 관계없이 공해에서 자국의 국기를 게양한 선박을 항해하도록 할 권리를 가진다(유엔해양법협약 제90조). 아울러 모든 국가는 선박에 대한 자국 국적의 부여, 자국 영토에서의 선박의 등록 및 자국의 국기를 게양할 권리에 관한 조건을 정해야 하며 어느 국기를 게양할 자격이 있는 선박은 당해 국가의 국적을 가진다. 그 국가와 선박 간에는 진정한 관련이 있어야 한다(유엔해양법협약 제91조제1항). 모든 국가는 그 국기를 게양할 권리를 부여한 선박에 대하여 그러한 취지의 서류를 발급해야 한다(제91조제2항). 국제조약이나 이 협약에 명시적으로 규정된 예외적인 경우를 제외하고는 선박은 어느 한 국가의 국기만을 게양하고 항행하며 공해에서 그 국가의 배타적인 관할권에 속한다. 선박은 진정한 소유권 이전 또는 등록변경의 경우를 제외하고는 항행

중이나 기항 중에 그 국기를 바꿀 수 없다. 2개국 이상의 국기를 편의에 따라 게양하고 항행하는 선박은 다른 국가에 대하여 그 어느 국적도 주장할 수 없으며 무국적선으로 취급될 수 있기 때문에 공해에서의 단속 국가에 의해 몰수될 수 있다(유엔해양법협약 제92조).

공해 해양경찰권의 행사와 관련하여 주목해야 하는 부분은 임검권(right of visit)을 규정하고 있는 유엔해양법협약 제110조와 추적권(right of hot pursuit)에 대한 동 협약 제111조이다. 먼저 임검권은 군함 또는 경찰함정 및 관공선은 외국선박을 공해에서 만날 경우, 특정 혐의가 있다는 합리적 근거(reasonable doubt)가 없는 한 당해 외국적 선박을 임검하는 것은 정당화되지 않는다. 다만, 해당 간섭행위가 특정한 조약에 따라 부여된 권한에 의한 경우는 제외한다. 여기서 의미하는 특정 혐의란 그 선박의 해적행위에의 종사, 그 선박의 노예거래에의 종사, 그 선박의 무허가방송에의 종사 및 군함 기국이 제109조에 따른 관할권 보유, 무국적선, 선박이 외국기를 게양하고 있거나 국기 제시를 거절하였음에도 불구하고 실질적으로 군함과 같은 국적을 보유한 경우를 일컫는다. 이와 같은 혐의들에 대하여 군함은 그 선박이 그 국기를 게양할 권리를 가지는가를 확인할 수 있다. 이러한 목적을 위하여 군함은 혐의선박에 대하여 장교의 지휘 아래 보조선을 파견할 수 있다. 서류를 검열한 후에도 혐의가 남아있는 경우, 가능한 한 신중하게 그 선박 내에서 계속하여 검사를 진행할 수 있다. 혐의가 근거 없는 것으로 밝혀지고 또한 피임검선박이 그 혐의를 입증할 어떠한 행위도 행하지 아니한 경우에는 그 선박이 입은 모든 손실이나 피해에 대하여 보상을 받는다. 이러한 규정은 군용항공기에 준용한다. 이러한 규정은 또한 정부 업무에 사용 중인 것으로 명백히 표시되어 식별이 가능하며 정당하게 권한이 부여된 경찰용 선박이나 항공기에도 해당된다. 다음으로 합당한 해양경찰권의 행사에 있어서 매우 중요한 추적권은 유엔해양법협약 제111조에 규정되어 외국선박에 대한 추적은 연안국의 권한 있는 당국이 그 선박이 자국의 법령을 위반한 것으로 믿을 만한 충분한 이유가 있을 때 행사할 수 있다. 이러한 추적은 외국선박이나 그 선박의 보조선이 추적국의 내수·군도수역·영해 또는 접속수역에 있을 때 시작되고 또한 추적이 중단되지 아니한 경우에 한하여 영해나 접속수역 밖으로 계속될 수 있다. 영해나 접속수역에 있는 외국선박이 정선명령을 받았을 때 정선명령을 한 선박은 반드시 영해나 접속수역에 있어야 할 필요는 없다. 외국선박이 제33조에 정의된 접속수역에 있을 경우 추적은 그 수역을 설정함으로써 보호하려는 권리가 침해되는 경우에 한하여 행할 수 있다(제1항). 추적권은 배타적 경제수역이나 대륙붕(대륙붕시설 주변의 안전수역 포함)에서 이 협약에 따라 배타적 경제수역이나 대륙붕(이러한 안전수역 포함)에 적용될 수 있는 연안국의 법령을 위반한 경우에 준용한다(제2항). 추적권은 추적당하는 선박이 그 국적국 또는 제3국의 영해에 들어감과 동시에 소멸한다(제3항).

추적은 시각이나 음향 정선신호가 외국선박이 보거나 들을 수 있는 거리에서 발신된 후 비로소 이를 시작할 수 있다(제4항). 추적권은 군함·군용항공기 또는 정부업무에 사용 중인 것으로 명백히 표시되어 식별이 가능하며 그러한 권한이 부여된 그 밖의 선박이나 항공기에 의하여서만 행사될 수 있다(제5항).

2) 한·중·일 어업협정

한·중·일 어업협정은 한국이 대향국인 중국 및 일본과 유엔해양법협약 정신에 입각한 해양경계획정이 합의되지 않는 관계로 탄생되게 된 것이다. 이는 한국을 포함한 주변국들이 해양력[70]의 신장의 일환으로 해양생물자원에 대한 자국의 이익의 극대화를 염두에 두고 체결한 조약이다.

해양경찰권 행사의 근거가 되는 법령은 유엔해양법협약의 관계 규정을 국내법으로 입법한 「배타적 경제수역에서의 외국인어업 등에 대한 주권적 권리의 행사에 관한 법률」이다. 이 법률은 한국의 배타적 경제수역에서 이루어지는 외국인의 어업활동에 관한 한국의 주권적 권리의 행사 등에 필요한 사항을 규정하여 해양생물자원의 적정한 보존, 관리 및 이용을 하고자 제정된 것이다. 이 법 제3조는 적용범위에 관하여 규정하고 있는데, 이 법에서 규정하는 사항에 관하여 외국과의 협정에서 따라 정하는 것이 있을 때에는 그 협정에서 정하는 바에 따른다고 하여 어업관련 협정의 우위를 인정하고 있다. 또한 이 법 제6조의2를 두어 우리나라의 배타적 경제수역에서 이 법, 이 법에 따른 명령 또는 제한이나 조건을 위반한 혐의가 있다고 인정되는 경우와 대한민국과 어업에 관한 협정을 체결한 국가의 선박이 그 협정, 그 협정에 따른 명령 또는 제한이나 조건을 위반한 혐의가 있다고 인정되는 경우에는 검사나 사법경찰관 또는 7급 이상의 어업감독공무원은 불법 어업 혐의가 있는 외국선박에 정선명령을 할 수 있다고 되어 있다.

또한 이 법 제23조제1항에 따르면 검사나 사법경찰관은 이 법, 이 법에 따른 명령 또는 제한이나 조건을 위반한 선박 또는 그 선박의 선장이나 그 밖의 위반자에 대하여 정선, 승선, 검색, 나포 등의 필요한 조치를 할 수 있다. 동조 제2항에 따르면, 사법경찰관은 제1항의 조치를 하였을 때에는 그 결과를 검사에게 보고하되, 사정이 급하여 미리 지휘를 받을 수 없는 경우를 제외하고는 검사의 지휘를 받아 제1항의 조치를 하여야 한다. 동조 제3항에 따르면, 검사는 제1항의 조치를 하였거나 제2항에 따른 보고를 받았을 때에는 선장이나 그 밖의 위반자에게 지체 없이 담보금이나 담보금 제공을 보증하는 서류가 검사에게 제출되었을 때에는 선장이나 그 밖의 위반자를 석방하고 선박을 반환한다는 취지 및 담보금의 금액을 알려야 한다. 검사는 제3항에 따라 고지된 담보금 또는 그 제공을 보증하는 서류를 받았을 때에는 지체 없이 선장이나 그 밖의 위반자를 석방하고 선박을 반환하여야 한다. 담보금의 금액은 검사가 위반 사항의 내용과 위반 횟수, 그 밖의 사정을 고려하여 정한다. 이 법 제6조의2 및 제23조는 대한민국의 해양경찰권 행사의 근거 규정으로 볼 수 있으며, 아울러 한·중·일 어업협정의 규정을 원용할 수 있음을 확인하고 있다. 이는 우리 헌법 제6조제1항의 입장이기도 하다.

---

70) 해양력(Sea Power 또는 Maritime Power)이란 국익을 증진시키기 위하여 해양을 통제하고 사용·수익함으로써 창출할 수 있는 국가의 능력을 말한다. 해양경찰력·해군력뿐만 아니라 해운, 해양자원 개발, 해양기지 및 기관의 능력을 포함하는 개념이다. 해양력의 신장은 삼면이 바다로 둘러싸인 우리나라에게는 정치·경제·군사력 등 국력의 신장으로 전환될 수 있기 때문에 그 중요성이 매우 크다.

가) 한·중 어업협정

대한민국 정부와 중화인민공화국 정부 간의 어업에 관한 협정(이하 '한·중 어업협정')의 제5조는 한국과 중국은 자국의 관계법령에 규정된 해양생물자원의 보존조치와 기타 조건을 타방의 국민 및 어선이 준수하도록 국제법에 따라 자국의 배타적 경제수역에서 필요한 조치를 취할 수 있다고 하여 위 배타적 경제수역에서의 외국인어업 등에 대한 주권적 권리의 행사에 관한 법률이 관련 내용을 국내법으로 변형하고 있다. 한·중 어업협정 제5조는 또한 나포되거나 억류된 어선 또는 승무원은 적절한 보증금이나 기타 담보를 제공한 후에는 즉시 석방되어야 한다고 규정하여 불법어업 혐의 선박에 대한 나포국에게 일종의 의무를 부과하고 있다고 할 수 있다. 이 협정 제5조는 일방은 타방의 어선 또는 승무원을 나포하거나 억류한 경우에는 취하여진 조치와 그 후에 부과된 처벌에 관하여 타방에게 적절한 경로를 통하여 신속하게 통보하여야 한다고 규정하고 있다. 이는 나포 또는 억류하는 국가에게 조치통보의무를 부과하고 있음을 알 수 있다. 이와 같은 협정 규정은 대한민국의 국내법인 배타적 경제수역에서의 외국인어업 등에 대한 주권적 권리의 행사에 관한 법률 제23조에 모두 수용되어 있다.

나) 한·일 어업협정

대한민국과 일본국 간의 어업에 관한 협정(이하 '한·일 어업협정') 제6조제1항은 각 체약국은 타방체약국의 국민 및 어선이 자국의 배타적 경제수역에서 어획할 때에는 제3조의 규정에 따라 자국이 결정하는 자국의 배타적 경제수역에서의 조업에 관한 구체적인 조건과 이 협정의 규정을 준수하도록 국제법에 따라 자국의 배타적 경제수역에서 필요한 조치를 취할 수 있다고 규정하고 있다. 또한 제6조는 각 체약국의 권한 있는 당국은 제1항의 조치로서 타방체약국의 어선 및 그 승무원을 나포 또는 억류한 경우에는 취하여진 조치 및 그 후 부과된 벌에 관하여 외교 경로를 통하여 타방체약국에 신속히 통보하도록 되어 있다. 제3항은 나포 또는 억류된 어선 및 그 승무원은 적절한 담보금 또는 그 제공을 보증하는 서류를 제출한 후에는 신속히 석방된다고 규정하고 있으며 제4항은 각 체약국은 어업에 관한 자국의 관계법령에서 정하는 해양생물자원의 보존 조치 및 기타 조건을 타방체약국에 지체 없이 통보한다고 규정하고 있음이다.

3) 항해의 안전에 대한 불법행위 억제를 위한 협약

항해의 안전에 대한 불법행위 억제를 위한 협약(이하 '항해안전협약')은 국제범죄 중 테러리즘에 대하여 다루고 있는 조약이다. 동 협약은 1992년 3월 2일 발효되었다. 동 협약을 국내법으로 이행하는 법률은 선박 및 해상구조물에 대한 위해행위의 처벌 등에 관한 법률이다. 이 법률은 2003년 5월 27일 공포되어 시행되었다. 이 법률의 목적은 선박 및 해상구조물에 대한 안전한 보호와 국제테러에 대한 근본적인 방지를 목적으로 항해의 안전에 대한 불법행위의 억제를 위한 협약 및 대륙붕상에 소재한 고정플랫폼의 안전에 대한 불법행위의 억제를 위한 의정서의 이행을 위한 기반을 조성하고, 대한민국 영역 외에서 발생한 대한민국 선박 및 해상구조물에 대한 위해행위를 한 외국인도 처벌할 수 있도록 관할권을 확대하고, 위해 행위를 한 것으로 의심되는 범죄인의 인도절차 및 위해행위의 구체적인 내용을 정하려는 것이다. 주요 골자로는 이 법률 제3조에 따라 내국인뿐 아니라, 대한민국 영역 외에서 대한민국 선박 또는 해상구조물에 대하여 이 법 위반의 죄를 범한 외국인, 대한민국 영역 외에서 이 법 위반의 죄를 범하고 현재 대한민국 영역 안에 있는 외국인에 대하여도 이 법을 적용하여 처벌할 수 있도록 하였다. 이 법률 제4조는 대한민국 선박의 선장은 선박운항의 안전과 편의를 위하여 이 법을 위반한 것으로 의심할 만한 상당한 이유가 있는 승선 중인 자를 외국에 인도할 수 있도록 범죄인의 인도에 관하여 규정하고 있다. 또한 법률 제4조는 항해안전협약의 당사국인 외국선박의 선장이 범죄인을 대한민국에 인도하려는 경우에는 검사 또는 사법경찰관은 특별한 사정이 있는 경우를 제외하고는 그 범죄인을 인수하여야 한다고 하고 있다. 이 경우 사법경찰관이 인수할 때에는 긴급히 처리하여야 할 부득이한 사유가 있는 경우를 제외하고는 검사의 지휘를 받아야 한다. 아울러 이 법률은 선박·해상구조물의 안전을 해치는 살인·상해·선박납치, 위협물건의 설치, 허위정보의 전달 및 협박 등 각종 위해행위를 구체적으로 정하고 있다 (동 법률 제5조 내지 제13조).

4) 대량살상무기 확산방지 구상

대량살상무기 확산방지 구상(PSI)의 합의문은 4가지 원칙으로 구성되어 있다. 요지는 핵무기나 생화학무기 등 대량살상무기를 적재한 혐의가 있는 선박이나 항공기에 대하여 참여국들이 공동으로 차단하고자 하는 내용이다. PSI 참여국가의 의무는 참여국 간에 정보의 긴밀한 공유를 통하여 차단 노력을 극대화하여야 하며, 관련 훈련이나 실제 작전이 벌어질 때 물자나 군대지원과 같은 협조를 해야 하고, PSI체제와 일치되도록 자국 법령을 정비해야 하며, 그리고 PSI와 관련된 국제법이 논의될 때 PSI가 강화되는 방향으로 의견을 개진해야 한다는 것이다. PSI에 따른 해양경찰권의 발동을 논하기 전에 대량살상무기 확산방지 구상의 국제법적 지위에 대하여 고찰할 필요가 있다. 분명한 것은 PSI가 국가 간의 조약체제가 아니라는 점이다. 그 차단 원칙도 국제법상 원칙이 아니기 때문에 PSI의 국제법적인 근거가 확실하여 전혀 문제가 없는 제도라고 말할 수는 없다(정서용, 2007: 2). 왜냐하면 PSI는 참가국들이 영해 또는 공해에서 대량살상무기를 싣고 항해하는 선박을 정선시켜서 검색하는 제도인데 공해상에서 국적이 분명한 선박을 멈추어 검색하는 것은 전통 국제법에 위배되는 행위가 되기 때문이다.

현행 국제법상 공해상에서는 해적행위와 같은 국제법상 특정한 범죄행위를 저지르지 않는 선박을 검색할 수는 없는 것이다. 또한 유엔해양법협약상 선박은 연안국의 영해에서 조업이나 해양조사, 정보수집, 오염, 선전활동, 군사훈련, 항공기 이착륙 등의 행동을 하지 않는 한 무해통항권을 행사할 수 있는 권리가 있음을 앞서 보았다. 이와 같은 국제법의 법리를 염두에 두고 PSI가 작동하는 상황을 바라보면 PSI가 실제로 실행되기가 그리 쉽지 않다는 점을 인식 가능하다. 2009년 5월 26일 한국은 95번째로 PSI에 가입을 했다. 따라서 우리의 영해, 공해 및 인도양 등 먼바다를 항해하는 모든 참가국의 선박에 대하여 한국의 해양경찰이나 해군이 자유롭게 수색 및 압수할 수 있는 국제관계상 일종의 근거를 가지게 되었다.

5) 국제선박 및 항만시설 보안규칙

국제선박 및 항만시설 보안규칙(International Ship and Port Facility Security Code 이하 'ISPS Code'라 함)이 탄생하게 된 배경은 미국의 9.11테러 사건이었다. 국제선박 및 항만시설 보안규칙은 2004년 7월 1일 국제적으로 발효되었다. 통상적으로 국제협약은 채택에서 발효까지 약 3년에서 5년간의 준비기간을 두어 왔으나, 동 규칙은 IMO 설립 이래 약 1년 6개월의 묵시적 발효 절차에 필요한 극히 짧은 기간을 통하여 전 세계 모든 국제항해 선박과 동 선박이 이용하는 항만시설에 대하여 보안체제를 강제적으로 수립·이행하도록 규정하고 있다. 9.11 미국 항공기 테러사건 이후 국제해사기구(IMO)에서는 선박 및 항만시설(정박지 등을 포함하여 기존의 항만 개념보다 광범위 함)에 대한 테러의 방지를 위해 2002년 12월 12일 IMO 외교회의를 개최하였으며, 동 회의에 참가한 113개국 정부대표는 만장일치로 기존의 해상인명안전협약(SOLAS)을 개정하여 제11장을 제11-1장(해상안전 강화를 위한 특별조치)으로 하고 해상보안 강화를 위한 특별조치를 규정하고 있는 제11-2장을 신설하였다. ISPS 코드는 2004년 1974 SOLAS협약의 제11-2장 해상보안 강화를 위한 특별조치에 삽입됨으로써 국제법적 구속력 있는 규범이 되었다. ISPS 코드는 표준화되고 일정한 틀을 제공하여 위험요인을 평가하고, 관계 당국이 적합한 보안 등급을 결정하고 그에 수반되는 상응하는 보안 조치를 취하여 선박과 항만보안에 대한 위협을 없애려 탄생된 것이다. 날로 증가하는 테러사건 등 국제적인 해상보안의 위협에 효과적으로 대응하고 국제항해에서 차지하는 우리나라 해운회사, 선박 및 항만 시설의 위상에 걸맞은 선박보안 및 항만보안 책임을 확립할 수 있도록 '국제항해선박 및 항만시설의 보안에 관한 법률'이 제정되었다(방호삼 외, 2013: 12).

나. 해양에서의 수색·구조와 국제법규

선박이 해상에서 조난(distress)을 당했을 경우, 인명과 재산 및 해양환경보호를 위해 조난자 및 조난선박을 신속히 수색·구조하여 해양사고로 인한 인적, 물적 피해 및 해양환경의 피해를 최소화할 필요성이 대두되었다. 이에 따라 IMO는 1979년에 해양 수색 및 구조에 관한 협약(International Convention on Maritime Search and Rescue 1979 : SAR)을 채택하였다. 한국에서는 1995년 발효되었고 국제적으로는 해양경찰청이 SAR협약의 이행기관이 되었다.

이 협약은 1979년 4월 27일 채택되어 1985년 6월 22일에 발효되었다. 1979년의 이 협약은 함부르크 회의에서 채택되었는데 국제적인 해상수색 및 구조 계획을 개발하여 해난사고가 어디에서 발생하든지 해상에서 조난한 사람의 구조작업이 해상수색 및 구조기관에 의하여 조정되고 필요하다면 인근의 SAR기관 상호 간의 협력에 의하여 이루어지도록 하는 데 그 목적이 있다. 선박으로 하여금 조난당한 선박의 인명구조를 하도록 하는 의무는 해상관습과 1974 SOLAS 등 국제협약에 의하여 부과되고 있었으나 SAR협약이 채택될 때까지 해상수색과 구조작업에 대하여 아무런 국제적 제도가 마련되지 못한 실정이었다. 일부지역에서는 즉각적이고 효율적인 원조를 제공할 수 있는 확립된 기구가 있는 반면 다른 지역에서는 전혀 아무런 기구도 존재하지 않는 실정이었다.

이 SAR협약을 국내 법제화한 것이 「수상에서의 수색 · 구조 등에 관한 법률」이다. 이 법은 해수면과 내수면에서 조난된 사람, 조난선박, 항공기, 수상레저기구 등의 수색·구조·구난 및 보호에 필요한 사항을 규정하여 조난사고로부터 국민의 생명과 신체 및 재산을 보호하고 공공안녕을 꾀하고자 입법되었다. 수난구호법은 해양경찰권의 행사를 예정하고 있는데 수난구호법 제10조는 선박의 이동 및 대피명령에 관한 규정인데, 구조본부장은 태풍 등 해상기상의 악화로 조난이 우려되는 어선 및 선박구난현장에서 구난작업에 방해가 되는 선박에 대하여 (이동 및 대피사유, 대피해역 및 대피기간을 고지하여) 당해 선박의 이동 및 대피를 명할 수 있다. 이는 법률유보에 따른 경찰하명에 해당하는 법 규정이다. 아울러 법 제18조는 인근 선박 등의 구조지원에 관한 사항을 규정하고 있는데 이는 경찰상 긴급시태에 관한 내용으로 해석 가능하다.

즉, 조난현장의 부근에 있는 선박 등의 선장·기장 등은 조난된 선박 등이나 구조본부의 장 또는 소방관서의 장으로부터 구조요청을 받은 때에는 가능한 한 조난된 사람을 신속히 구조할 수 있도록 최대한 지원을 제공하여야 한다. 다만, 조난사고의 원인을 제공한 선박의 선장 및 승무원은 요청이 없더라도 조난된 사람을 신속히 구조하는 데 필요한 조치를 하여야 한다. 또한 구조본부의 장 또는 소방관서의 장으로부터 구조요청을 받은 선박 등의 선장·기장 등은 구조에 착수하지 못할 경우에는 지체 없이 그 사유를 구조본부의 장 또는 소방관서의 장에게 통보하여야 한다고 규정되어 있다. 법 제22조는 외국구조대의 영해진입 허가와 관련된 사항을 규정하고 있는데, 외국의 구조대가 신속한 수난구호활동을 위하여 우리나라와 체결한 조약에 따라 우리나라의 영해·영토 또는 그 상공에의 진입허가를 요청하는 때에는 중앙구조본부의 장은 지체 없이 이를 허가하고 그 사실을 관계 기관에 통보한다. 물론 중앙구조본부장의 영해 진입 허가가 없을 시, 외국구조대는 한국의 영해에 출입할 수 없음이다.

다. 해양오염에 대한 규제와 국제법규

1) 선박으로부터의 오염을 방지하기 위한 국제협약 (MARPOL 73/78)

1967년 3월의 라이베리아 선적의 대형 유조선 토리 캐년(Torry Canyon)호의 영국 남서해상에서의 좌초사고를 계기로 선박의 해양사고로 인한 유류의 해양오염문제에 관심이 집중되었고, 또한 다양한 해상물동량의 급격한 증가로 유류오염만을 규제할 수 있는 기존의

'1954 기름에 의한 해양오염방지를 위한 국제협약(OILPOL협약)'은 한계에 이르렀다. 이에 따라 1969년의 정부간해사자문기구(IMCO) 총회에서는 완전히 새로운 협약을 심의하기 위한 국제회의를 소집하기로 결의하였다. 이 결의에 따라 1973년 10월 영국의 런던에서 회의에서 '선박으로부터의 오염을 방지하기 위한 국제협약 (International Convention for Preventing Pollution from Ships, MARPOL 1973)'이 채택되었다. 이 협약은 1954년 협약과는 달리 유류오염 뿐만 아니라 선박에서 기인하는 모든 형태의 오염을 규제대상으로 했다. 이 협약은 1954년 협약을 수정·확대한 것으로 OILPOL협약의 당사국인 동시에 MARPOL협약의 당사국인 국가에 대해서는 이 협약이 발효한 후에 OILPOL을 대체하게 된다(MARPOL 73/78 협약 제9조제1항). MARPOL 73/78 협약의 주요 규정을 국내법화한 것이 구 해양오염방지법이다. 구 해양오염방지법은 1977년 제정 이후 매우 빈번한 법 개정을 통하여 다양하고 이질적인 해양환경 보호 조항들이 추가로 규정되었다. 그동안의 법 개정 과정에서 수질기준, 특별관리해역 및 환경보전해역, 오염총량제, 해양환경보전종합대책, 수질측정망 등 총론적 성격의 규정들이 다수 추가되었다. 구 해양오염방지법은 선박으로부터의 유류오염방지를 주 대상으로 하고 있으나 해양오염원에 대한 종합적이고도 체계적인 규제가 필요한 시점이었고, 또한 구법으로는 하천 및 하구역 등의 장소에서 유입되는 육상기인오염물질에 대한 감시를 하기에는 부적절하였다(이윤철 외, 2012: 378). 이를 보완하기 위해 현행 기름, 폐기물, 유해액체물질 등 물질별 규제체계를 '오염물질'로 통합 규정하기 위하여 현행 해양환경관리법으로 개칭 및 개편되게 되었다. 해양오염방지 법규범을 위반하였거나 위반하고 있다는 객관적이고 합리적인 혐의가 있는 선박, 해양시설 및 육상오염원에 대하여「해양환경관리법」규정에 따라 해양경찰권의 행사가 이루어질 수 있다.

2) 유류오염사고에 대한 공해상 개입에 관한 협약(International Convention Relating to Intervention on the High Seas of Oil Pollution Casualties, 1969)

유류오염사고에 대한 공해상 개입에 관한 협약은 공해상에서 해양사고 후 발생한 유류오염 내지는 유류오염의 위협으로부터 당해 연안국의 연안 또는 이익에 반하는 위험을 방지, 경감 또는 제거하기 위해 필요한 공해상에서의 조치를 연안국이 취할 수 있도록 하고 있다. 그러나 군함 또는 국가가 소유하거나 운항하는 정부선박에 대해서는 이 협약에 의거한 조치를 취할 수 없다(협약 제1조). 이는 공해에서의 유류오염 또는 유류오염의 위협으로부터의 위험방지를 위한 당사국 정부의 경찰권 발동을 예정하고 있다. 주의해야 할 점은 연안국의 개입 조치는 반드시 필요한 경우로 한정하고 있다는 데 있으며, 아울러 당해 기국, 선박소유자, 화주 및 가능하다면 독립된 전문가로부터의 협의를 거친 후에 개입 조치가 이루어져야 한다는 것이다. 개인 또는 회사가 영향을 받는다고 예상될 시에는 그 개인 또는 법인에 대하여 취하려고 하는 조치를 통지해야 하며, 그들의 의견을 고려하여야 한다(동 협약 제3조).

물론 연안국이 이 협약이 허용하는 범위를 넘어서는 위법적인 개입 조치를 취한 경우에는 당해 조치에 의해 초래된 손해에 대하여 배상하여야 한다.

연안국이 취한 조치는 실제로 입은 손해와의 균형을 유지하여야 한다. 이러한 조치는 목적을 달성하기 위하여 합리적으로 필요한 한도를 넘어서는 아니 되며 그 목적을 달성하는 즉시 중지되어야 한다. 또한, 그 조치는 기국, 제3국 또는 관계인이나 회사의 관리 및 이익을 필요 이상으로 침해하여서는 안 된다(동 협약 제5조). 이 협약에는 이 협약의 적용과 관련된 분쟁의 해결을 위한 규정도 마련되어 있다. 이 협약은 군함과 비상업적 목적에 이용되는 국유선을 제외한 모든 항해선에 적용된다.

1969년 공해상 개입 협약은 당초 기름오염 사고에 적용되었던 바, 시간의 흐름에 따라 기름 이외의 화학물질에 의해서도 심각한 해양오염이 발생할 수 있다는 인식에 따라서 기름 이외에도 여타 오염물질을 포함하도록 할 필요성이 제기되었다. 그리하여 이 협약은 영문 명칭과는 달리, 기름 외에도 화학물질 등 기타 오염유발 물질의 유출사고에도 개입할 수 있도록 범위를 확장하였는데, 이는 1973년 의정서(Protocol Relating to Intervention on the High Seas in Cases of Marine Pollution by Substances other than Oil)에 따라 가능해졌다. [71]

---

71) 국제해사기구(IMO) 웹사이트 참조(2020. 02. 29.)
http://www.imo.org/About/Conventions/ListOfConventions/Pages/Default.aspx

제4장 해양경찰 기관

제1절 해양경찰기관

1. 해양경찰기관의 의의

가. 해양경찰기관의 개념

국가는 행정주체로서 공법인에 해당한다. 공법적인 국가가 그 자체로서 국가의 행정사무를 직접 담당하거나 수행할 수는 없다. 그렇기 때문에 행정주체인 국가의 행정사무를 현실적으로 담당·수행하기 위하여 국가는 일정한 행정기구를 설치하고, 이로 하여금 국가의 행정사무를 담당·수행하도록 한다. 법률 및 명령에 의하여 부여된 행정기구의 각종 행위와 효과는 행정기구 자신이 아니라 국가에 귀속하게 되는데, 그 행정기구가 행정주체인 국가의 기관이다. 그러한 행정기관 중 해양경찰권한을 행사하거나 해양경찰 사무를 수행하는 기관이 해양경찰기관이다(윤성현·박주상·김경락, 2018: 66).

나. 해양경찰공무원과의 구별

해양경찰기관은 해양경찰권한을 행사하거나 해양경찰사무를 수행하는 해양경찰조직의 구성단위이다. 해양경찰기관은 그를 구성하는 자연인인 해양경찰공무원과는 구별된다. 해양경찰기관은 행정주체인 국가의 기관으로서 독립적인 법인격을 가진 권리 주체가 아니고, 법률 및 명령(법규명령)에 의하여 부여된 일정한 권한의 범위 내에서 행정주체인 국가의 사무를 담당·수행할 뿐이다. 반면 해양경찰 공무원은 독립적인 권리주체로서 국가에 대하여 일정한 권리의무관계를 맺고 있다(김동희, 2017: 9).

해양경찰기관은 그를 구성하는 자연인인 해양경찰공무원의 변경과 상관없이 통일적인 일체로서 존속한다(박균성·김재광, 2014: 99).

〈표 3-22〉 경찰의 종류와 해양경찰기관

<table>
<tr><td colspan="3">사법경찰</td><td rowspan="2">육상경찰기관
해양경찰기관</td></tr>
<tr><td rowspan="3">행정경찰(광의)</td><td colspan="2">보안경찰</td></tr>
<tr><td rowspan="2">행정경찰(협의)</td><td>노동경찰</td><td rowspan="2">일반행정기관</td></tr>
<tr><td>위생경찰</td></tr>
<tr><td rowspan="4"></td><td rowspan="4"></td><td>건축경찰</td><td rowspan="4"></td></tr>
<tr><td>산업경찰</td></tr>
<tr><td>관세경찰</td></tr>
<tr><td>기타</td></tr>
</table>

2. 해양경찰기관의 종류

해양경찰기관에는 ① 해양경찰관청 ② 해양경찰의결기관 ③ 해양경찰자문기관 ④ 해양경찰보조기관 ⑤ 해양경찰보좌기관 ⑥ 해양경찰집행기관 ⑦ 해양경찰부속기관 등이 있다.

가. 해양경찰관청

해양경찰관청이란 법률상 주어진 권한의 범위 내에서 해양경찰에 관한 대외적 구속력 있는 국가의 의사를 결정하고 이를 외부에 표시하는 권한을 가진 해양경찰기관을 말한다. 현재 해양경찰관청은 해양경찰청장을 국가중앙해양경찰관청으로 하여 지방해양경찰청장인 국가지방상급해양경찰관청과 해양경찰서장인 국가지방하급해양경찰관청으로 구성되어 있다.

1) 국가중앙해양경찰관청 : 해양경찰청장

해양에서의 경찰 및 오염방제에 관한 사무를 관장하기 위하여 해양수산부장관 소속으로 해양경찰청을 둔다(정부조직법 제44조제2항). 해양경찰청은 해양에서의 경찰 및 오염방제에 관한 사무를 관장한다(해양경찰청과 그 소속기관 직제 제3조). 해양경찰청에 청장 1명과 차장 1명을 두되, 청장 및 차장은 경찰공무원으로 보한다(정부조직법 제44조제3항). 해양경찰청장은 치안총감으로 보한다(해양경찰청과 그 소속기관 직제 제4조).

해양경찰은 해양에서의 경찰사무를 전반적으로 관장하므로 일반·보통경찰로 볼 것이며, 특별경찰(협의의 행정경찰)로 볼 것은 아니다. 따라서 해양경찰청의 장 역시 육상 경찰청의 장과 같이 국가중앙경찰관청의 지위를 갖는다 (홍정선, 2007: 99).

2) 국가지방상급해양경찰관청 : 지방해양경찰청장

해양경찰청장의 관장사무를 분장하기 위하여 해양경찰청장 소속으로 지방해양경찰청을 두고, 지방해양경찰청장 소속으로 해양경찰서를 둔다(해양경찰청과 그 소속기관 직제 제2조제2항). 지방해양경찰청은 관할 해양에서의 경찰 및 오염방제에 관한 사무를 수행한다

(해양경찰청과 그 소속기관 직제 제24조). 해양경찰청과 그 소속기관 직제 제26조 지방해양경찰청에 청장 1명을 둔다. 그리고 중부지방해양경찰청장은 치안정감으로, 서해지방해양경찰청장·남해지방해양경찰청장 및 동해지방해양경찰청장은 치안감으로, 제주지방해양경찰청장은 경무관으로 보한다(해양경찰청과 그 소속기관 직제 제26조제2항). 지방해양경찰청장은 해양경찰청장의 명을 받아 소관사무를 총괄하고, 소속 공무원을 지휘·감독한다(해양경찰청과 그 소속기관 직제 제26조제3항).

3) 국가지방하급해양경찰관청 : 해양경찰서장

해양경찰청장의 관장사무를 분장하기 위하여 해양경찰청장 소속으로 지방해양경찰청을 두고, 지방해양경찰청장 소속으로 해양경찰서를 둔다(해양경찰청과 그 소속기관 직제 제2조제2항). 해양경찰서에 서장 1명을 둔다(해양경찰청과 그 소속기관 직제 제30조제1항). 서장은 총경으로 보한다(해양경찰청과 그 소속기관 직제 제30조제2항). 서장은 지방해양경찰청장의 명을 받아 소관사무를 총괄하고, 소속 공무원을 지휘·감독한다(해양경찰청과 그 소속기관 직제 제30조제3항).

나. 해양경찰의결기관

해양경찰의결기관이란 행정주체의 의사를 결정할 권한 만 갖고 이를 외부에 표시할 권한은 갖지 못하는 해양경찰기관을 말한다. 해양경찰의결기관으로 경찰공무원법 제32조에 규정된 해양경찰공무원 징계위원회가 있다.[72] 해양경찰관청은 해양경찰의결기관의 의결에 기속된다. 따라서 의결기관의 의결이 없거나, 그 의결에 반한 해양경찰관청의 의사표시는 하자있는 행위로서 무효가 된다(홍정선, 2013: 12).

다. 해양경찰자문기관

해양경찰자문기관이란 해양경찰관청의 자문신청이 있는 경우 또는 자문신청이 없는 경우라도 자진하여 해양경찰관청에 대하여 의견을 제시하는 것을 그 임무로 하는 해양경찰기관을 말한다. 해양경찰자문기관으로 경찰공무원법 제5조 및 제6조에 규정된 해양경찰공무원인사위원회가 있다.[73] 자문기관의 의견은 해양경찰관청의 의사를 구속하지 않지만, 법률상 자문절차가 규정되어 있는 경우에 이를 거치지 않으면 그 행위는 절차상 하자 있는 행위가 되며, 그 하자는 원칙적으로 취소사유에 해당한다(김동희, 2017: 11).

---

72) 경찰공무원법 제32조(징계위원회) ① 경무관 이상의 경찰공무원에 대한 징계의결은 「국가공무원법」에 따라 국무총리 소속으로 설치된 징계위원회에서 한다. ② 총경 이하의 경찰공무원에 대한 징계의결을 하기 위하여 대통령령으로 정하는 경찰기관 및 해양경찰관서에 경찰공무원 징계위원회를 둔다.

73) 경찰공무원법 제5조(경찰공무원인사위원회의 설치) ① 경찰공무원의 인사(人事)에 관한 중요 사항에 대하여 경찰청장 또는 해양경찰청장의 자문에 응하게 하기 위하여 경찰청과 해양경찰청에 경찰공무원인사위원회(이하 "인사위원회"라 한다)를 둔다.

라. 해양경찰보조기관

해양경찰보조기관이란 해양경찰조직 내의 내부기관으로서 독자적으로 해양경찰사무에 관한 국가 등의 의사를 결정 또는 표시하는 권한은 없고, 해양경찰관청의 권한행사를 보조하는 것을 임무로 하는 해양경찰기관을 말한다. 해양경찰보조기관으로 ① 해양경찰청차장, ② 해양경찰청 각 국의 국장 및 각 과의 과장, ③ 서해·남해지방해양경찰청 안전총괄부장, ④ 지방해양경찰청과 해양경찰서 각 과의 과장, ⑤ 파출소와 출장소의 장, ⑥ 해상교통관제센터장이 있다.[74]

마. 해양경찰보좌기관

해양경찰보좌기관이란 정책의 기획 또는 계획의 입안 등을 통하여 해양경찰관청 또는 그 보조기관을 보좌하는 해양경찰기관을 말한다.[75] 해양경찰보좌기관으로 ① 국가중앙해양경찰관청의 청장을 보좌하는 대변인, ② 해양경찰청 차장을 보좌하는 기획조정관과 감사담당관, ③ 기획조정관을 보좌하여 해양경찰청 차장의 업무를 보좌하는 기획재정담당관 · 혁신행정법무담당관 · 인사담당관 · 교육훈련담당관 및 해양치안빅데이터팀장, ④ 지방해양경찰청장을 보좌하는 청문감사담당관 및 종합상황실장, ⑤ 중부 · 서해 및 남해지방해양경찰청은 안전총괄부장 밑에 종합상황실장, ⑥ 직할단의 장과 직할대의 장이 있다.

바. 해양경찰집행기관

해양경찰집행기관이란 소속 해양경찰관청의 명을 받아 해양경찰에 관한 국가의 의사를 실력으로써 구체적으로 집행하는 해양경찰기관을 말한다. 해양경찰집행기관은 그 직무의 일관성 여부에 따라 보통해양경찰집행기관과 특별해양경찰집행기관으로 구분할 수 있다.

1) 보통해양경찰집행기관

보통해양경찰집행기관이란 일반적인 해양경찰업무를 집행하는 해양경찰기관을 말한다. 보통해양경찰집행기관을 구성하는 해양경찰공무원의 계급에는 계급은 치안총감 · 치안정감 · 치안감 · 경무관 · 총경 · 경정 · 경감 · 경위 · 경사 · 경장 · 순경으로 한다(경찰공무원법 제3조, 해양경찰법 제13조). 보통해양경찰집행기관인 해양경찰공무원은 원칙적으로 관할구역 안의 경찰업무를 담당한다. 돌발 사태를 진압하거나 특수지구를 경비할 때 필요한 경우 다른 지방 해양경찰관서의 장의 요구 또는 해양경찰청장의 명에 의하여 관할구역이 아닌

---

74) 정부조직법 제2조(중앙행정기관의 설치와 조직 등) ③ 중앙행정기관의 보조기관은 이 법과 다른 법률에 특별한 규정이 있는 경우를 제외하고는 차관 · 차장 · 실장 · 국장 및 과장으로 한다. 다만, 실장 · 국장 및 과장의 명칭은 대통령령으로 정하는 바에 따라 본부장 · 단장 · 부장 · 팀장 등으로 달리 정할 수 있으며, 실장 · 국장 및 과장의 명칭을 달리 정한 보조기관은 이 법을 적용할 때 실장 · 국장 및 과장으로 본다.

75) 보조기관은 행정청을 보조하면서 행정업무에 직접 참여하지만, 보좌기관은 행정청 또는 보조기관을 지원함으로써 행정업무에 간접적으로 참여한다는 점에서 양자는 구별된다. 그러나 실제에 있어서는 양자의 구별이 엄격하지 않다.

곳으로 파견될 수 있다(경찰응원법 제1조).

보통해양경찰집행기관인 해양경찰공무원은 보안경찰 이외에 사법경찰에 관한 사무도 담당하며, 이러한 사무를 담당하는 해양경찰공무원을 사법경찰관리(일반사법경찰관리)라고 한다.

2) 특별해양경찰집행기관

특별사법집행기관이란 해양경찰업무 중에서도 특정한 분야의 해양경찰업무를 수행하는 해양경찰기관을 말한다. 특별해양경찰집행기관으로 의무경찰대 설치 및 운영에 관한 법률에 규정된 의무해양경찰대가 있다.[76] 의무해양경찰대는 그 조직과 임무는 군대와 비슷하지만 그 임무가 치안유지의 일환이며, 그 구성원이 군인이 아닌 점에서 군대는 아니다. 이들에 대하여는 일부 「경찰공무원법」과 경찰공무원에게 적용되는 「국가공무원법」을 의무경찰에게도 준용한다.

사. 해양경찰 부속기관

해양경찰청장의 관장사무를 지원하기 위하여 해양경찰청장 소속으로 해양경찰교육원, 중앙해양특수구조단, 해양경찰정비창을 두고 있다. 이를 해양경찰 부속기관이라 한다.

제2절 해양경찰 조직과 임무

경찰청이 육상에서의 모든 경찰사무를 관장하는 것과 마찬가지로 해양경찰청은 해양수산부장관이 관장하는 행정작용에 부수하여 일어나는 질서유지에 관한 사무만을 담당하는 것이 아니고, 해양에서의 모든 경찰사무를 담당하며 그 구성원도 경찰청의 구성원과 동일한 경찰공무원법에 따른 경찰공무원이다.

해양경찰 조직은 해양경찰청, 5개의 지방해양경찰청, 20개의 해양경찰서, 1개의 특별경비단(서해 5도 특별경비단)과 해양경찰청장의 관장사무를 지원하기 위한 해양경찰청장 소속 부속기관인 해양경찰교육원, 중앙해양특수구조단, 해양경찰정비창(책임운영기관)으로 구성되어 있다.

1. 해양경찰청

해양에서의 경찰 및 오염방제에 관한 사무를 관장하기 위하여 해양수산부장관 소속으로 해

---

76) 의무경찰대 설치 및 운영에 관한 법률 제1조(설치 및 임무) ① 간첩(무장공비를 포함한다)의 침투거부(浸透拒否), 포착(捕捉), 섬멸(殲滅), 그 밖의 대(對)간첩작전을 수행하고 치안업무를 보조하기 위하여 지방경찰청장 및 대통령령으로 정하는 국가경찰기관의 장 또는 해양경찰기관의 장 소속으로 의무경찰대를 둔다.

양경찰청을 둔다(정부조직법 제44조제2항). 해양경찰청은 해양에서의 경찰 및 오염방제에 관한 사무를 관장한다(해양경찰청과 그 소속기관 직제 제3조). 해양경찰청은 국가해양경찰관청인 해양경찰청장을 정점으로 하여 해양경찰보조기관인 해양경찰청 차장, 운영지원과장, 경비국장, 구조안전국장, 수사국장, 국제정보국장, 해양오염방제국장, 장비기술국장으로 구성되어 있다. 또한 해양경찰보좌기관으로 대변인, 기획조정관, 감사담당관, 양성평등정책팀이 있다.

가. 국가중앙해양경찰관청 : 해양경찰청장

해양경찰청에 청장 1명을 두되, 청장은 경찰공무원으로 보한다(정부조직법 제44조제3항). 해양경찰청장은 치안총감으로 보한다(해양경찰청과 그 소속기관 직제 제4조). 해양경찰청장 직무는 해양수산부장관 소속의 국가중앙해양경찰관청으로 해양에서의 경찰 및 오염방제에 관한 사무를 통합하고 해양경찰청의 사무를 관장하며, 소속해양경찰공무원 및 각급 해양경찰기관의 장을 지휘·감독한다(정부조직법 제7조제1항 참조). 해양경찰청과 그 소속기관 직제 제26조제3항은 '지방해양경찰청장은 해양경찰청장의 명을 받아 소관사무를 총괄하고, 소속 공무원을 지휘 · 감독한다.'라고 규정하고, 제30조제3항은 '서장은 지방해양경찰청장의 명을 받아 소관사무를 총괄하고, 소속 공무원을 지휘 · 감독한다.'라고 규정하여 해양경찰청장의 지휘·감독권을 명확히 밝히고 있다.

나. 해양경찰 보조기관

1) 해양경찰청 차장

해양경찰청에 차장 1명을 두되, 차장은 경찰공무원인 치안정감으로 보한다. 차장 하부조직으로 기획조정관과 감사담당관을 둔다. 차장은 스마트해양경찰추진단, 선박교통관제기술개발단, 양성평등정책팀의 보좌를 받아 행하는 업무와 해양경찰청장에 대한 보좌 및 그 직무에 대한 대행업무[77]를 담당한다.

2) 운영지원과장

운영지원과장은 총경으로 보한다.

3) 경비국장

경비국에 국장 1명을 둔다. 국장은 치안감 또는 경무관으로 보한다. 경비국에 경비과 · 종합상황실 및 해상교통관제과, 해양경비기획팀을 두되, 경비과장 · 종합상황실장은 총경으로 보하고, 해상교통관제과장은 서기관 또는 기술서기관, 해양경비기획팀장은 경정으로 보한다.

---

77) 국가의 행정조직에 관한 기본법인 정부조직법 제7조제2항은 '차장은 그 기관의 장을 보좌하여 소관사무를 처리하고 소속공무원을 지휘·감독하며, 그 기관의 장이 사고로 직무를 수행할 수 없으면 그 직무를 대행한다.'고 규정하고 있다.

4) 구조안전국장

구조안전국에 국장 1명을 둔다. 국장은 치안감 또는 경무관으로 보한다. 구조안전국에 해양안전과 · 수색구조과 및 수상레저과를 두며, 각 과장은 총경으로 보한다.

5) 수사국장

수사국에 국장 1명을 둔다. 국장은 치안감 또는 경무관으로 보한다. 수사국에 수사기획과 · 수사심사과 · 형사과 및 과학수사팀을 두며, 수사기획과장 · 수사심사과장 · 형사과장은 총경으로, 과학수사팀장은 경정으로 보한다.

6) 국제정보국장

국제정보국에 국장 1명을 둔다. 국장은 치안감 또는 경무관으로 보한다. 국제정보국에 정보과 · 외사과 · 보안과 및 국제협력과를 두며, 정보과장 · 외사과장 · 보안과장 및 국제협력과장은 총경으로 보한다

7) 오염방제국장

해양오염방제국에 국장 1명을 둔다. 국장은 고위공무원단에 속하는 일반직공무원으로 보한다. 해양오염방제국장은 고위공무원단에 속하는 일반직공무원으로 보하되, 그 직위의 직무등급은 나등급으로 한다. 해양오염방제국에 방제기획과 · 기동방제과 및 해양오염예방과를 두며, 방제기획과장은 부이사관 또는 기술서기관으로, 기동방제과장 및 해양오염예방과장은 기술서기관으로 보한다

8) 장비기술국장

장비기술국에 국장 1명을 둔다. 국장은 치안감 또는 경무관으로 보한다. 장비기술국에 장비기획과 · 장비관리과 · 항공과 및 정보통신과를 두되, 장비기획과장 · 장비관리과장 · 항공과장은 총경으로, 정보통신과장은 서기관 · 기술서기관 또는 총경으로 보한다.

다. 해양경찰 보좌기관

1) 해양경찰청장 보좌기관 : 대변인

청장 밑에 대변인 1명을 둔다. 대변인은 서기관 또는 총경으로 보한다. 대변인은 다음 사항에 관하여 청장을 보좌한다. 주요정책에 관한 대언론 홍보 계획의 수립 · 조정 및 소속기관의 대언론 정책홍보 지원 · 조정, 보도계획의 수립, 보도자료 작성 · 배포, 인터뷰 등 언론과 관련된 업무, 온라인대변인 지정 · 운영 등 소셜 미디어 정책소통 총괄 · 점검 및 평가를 한다.

2) 해양경찰청 차장 보좌기관

가) 기획조정관

차장 밑에 기획조정관 및 감사담당관 각 1명을 둔다. 기획조정관은 치안감으로 차장을 보좌한다. 기획조정관 밑에 기획재정담당관 · 혁신행정법무담당관 · 인사담당관 · 교육훈련담당관

및 해양치안빅데이터팀장을 두되, 기획재정담당관·혁신행정법무담당관 및 인사담당관은 총경으로, 교육담당관은 서기관 또는 총경, 해양치안빅데이터팀장은 전산사무관으로 보한다. 모두 기획조정관을 보좌한다.

나) 감사담당관

감사담당관은 4급 또는 총경으로 보한다. 감사담당관은 차장을 보좌한다.

다) 양성평등정책팀

차장 밑에 양성평등정책팀을 둔다. 양성평등정책팀에 팀장 1명을 두며, 팀장은 경정으로 보한다, 다음 사항에 관하여 차장을 보좌한다.

① 해양경찰 분야 양성평등 관련 정책의 수립 및 이행 관리
② 해양경찰 분야 성주류화(性主流化) 제도 운영 및 지도
③ 해양경찰청과 그 소속기관 내 성희롱·성폭력 예방 대책 수립
④ 해양경찰청과 그 소속기관 내 양성평등 관련 제도 및 문화의 개선 방안 수립·조정

2. 지방해양경찰청

해양경찰청장의 관장사무를 분장하기 위하여 해양경찰청장 소속으로 지방해양경찰청을 두고, 지방해양경찰청장 소속으로 해양경찰서를 둔다(해양경찰청과 그 소속기관 직제 제2조제2항). 지방해양경찰청은 관할 해양에서의 경찰 및 오염방제에 관한 사무를 수행한다(해양경찰청과 그 소속기관 직제 제24조).

지방해양경찰청은 중부지방해양경찰청, 서해지방해양경찰청, 남해지방해양경찰청, 동해지방해양경찰청, 제주지방해양경찰청 등 5개 지방청이 있다. 그 관할구역은 해양수산부령으로 정한다(해양경찰청과 그 소속기관 직제 제25조). 중부지방해양경찰청, 서해지방해양경찰청 및 남해지방해양경찰청에 각각 안전총괄부를 두고 부장은 경무관으로 보한다. 해양경찰청과 그 소속기관 직제 시행규칙 제20조는 지방해양경찰청장 밑에 청문감사담당관 및 종합상황실장을 둔다. 다만, 중부·서해 및 남해지방해양경찰청은 안전총괄부장 밑에 종합상황실장을 둔다.

1) 중부·서해 및 남해지방해양경찰청: 안전총괄부 및 기획운영과. 이 경우 안전총괄부에 경비과·구조안전과·수사과·정보외사과 및 해양오염방제과를 둔다.
2) 동해 및 제주지방해양경찰청: 기획운영과·경비안전과·수사과·정보외사과 및 해양오염방제과
3) 기획운영과장·경비과장·구조안전과장·경비안전과장 및 수사과장은 총경으로, 정보외사과장은 총경 또는 경정으로, 해양오염방제과장은 기술서기관·공업사무관·보건사무관·환경사무관·해양수산사무관 또는 방재안전사무관으로, 청문감사담당관은 총경 또는 경정으로, 종합상황실장은 경정으로 보한다.
4) 지방해양경찰청장 밑에 항공단을 직할단으로 두고, 특공대를 직할대로 둔다. 다만, 중

부지방해양경찰청장 밑에는 서해5도 특별경비단 및 항공단을 직할단으로 두고, 특공대를 직할대로 둔다.

5) 서해5도 특별경비단장은 총경으로, 항공단장은 총경 또는 경정으로, 특공대장은 경정 또는 경감으로 보한다.

6) 각 직할단(서해5도 특별경비단은 제외한다)의 장 및 직할대의 장의 보좌사무는 해양경찰청장이 정하는 기준에 따라 지방해양경찰청장이 정한다.

가. 국가지방상급해양경찰관청 : 지방해양경찰청장

지방해양경찰청에 청장 1명을 둔다. 중부지방해양경찰청장은 치안정감으로, 서해·남해·동해지방해양경찰청장은 치안감으로, 제주지방해양경찰청장은 경무관으로 보한다. 지방해양경찰청장은 해양경찰청장의 명을 받아 소관사무를 총괄하고, 소속 공무원을 지휘 · 감독한다.

나. 지방해양경찰청 보조기관

1) 안전총괄부장

중부지방해양경찰청, 서해지방해양경찰청 및 남해지방해양경찰청에 각각 안전총괄부를 둔다. 부장은 경무관으로 보한다.

2) 기획운영과장, 경비과장, 구조안전과장, 경비안전과장, 수사과장

기획운영과장 · 경비과장 · 구조안전과장 및 경비안전과장, 수시과장은 총경으로 보한다.

3) 정보외사과장

정보외사과장은 총경 또는 경정으로 보한다.

4) 해양오염방제과장

해양오염방제과장은 기술서기관 · 공업사무관 · 보건사무관 · 환경사무관 · 해양수산사무관 또는 방재안전사무관으로 보한다.

5) 해상교통안전센터장

지방해양경찰청의 소관 사무를 분장하기 위하여 지방해양경찰청장 소속으로 해상교통관제센터를 둔다. 해상교통관제센터는 연안교통관제센터와 항만교통관제센터로 구분한다. 해상교통관제센터의 명칭 및 위치는 해양수산부령으로 정하고, 관할구역 등 그 밖에 필요한 사항은 지방해양경찰청장이 정한다. 기술서기관 · 방송통신사무관 · 해양수산사무관 또는 경정으로 보한다.

다. 지방해양경찰청 보좌기관

1) 직할단의 장과 직할대의 장

지방해양경찰청장 밑에 항공단을 직할단으로 두고, 특공대를 직할대로 둔다. 다만, 중부지방해양경찰청장 밑에는 서해5도 특별경비단 및 항공단을 직할단으로 두고, 특공대를 직할대로 둔다. 서해5도 특별경비단장은 총경으로, 항공단장은 총경 또는 경정으로, 특공대장은 경정 또는 경감으로 보한다. 각 직할단(서해5도 특별경비단은 제외한다)의 장 및 직할대의 장의 보좌사무는 해양경찰청장이 정하는 기준에 따라 지방해양경찰청장이 정한다.

2) 청문감사관

지방해양경찰청장 밑에 청문감사담당관을 둔다. 청문감사담당관은 지방해양경찰청장을 보좌한다. 청문감사담당관은 총경 또는 경정으로 보한다.

3) 지방해양경찰청장 및 안전총괄부장 보좌기관 : 종합상황실장

종합상황실장은 지방해양경찰청장을 보좌한다. 다만, 중부·서해 및 남해지방해양경찰청 종합상황실장은 안전총괄부장을 보좌한다. 종합상황실장은 경정으로 보한다.

4) 서해5도특별경비단

서해5도 특별경비단장은 다음 사항에 관하여 중부지방해양경찰청장을 보좌한다.

3. 해양경찰서

해양경찰청장의 관장사무를 분장하기 위하여 해양경찰청장 소속으로 지방해양경찰청을 두고, 지방해양경찰청장 소속으로 해양경찰서를 둔다.

지방해양경찰서는 국가지방하급해양경찰관청인 해양경찰서장을 정점으로 하여 지방해양경찰보조기관인 각 과의 과장과 파출소장 및 출장소장으로 구성되어 있다. 해양경찰서의 하부조직·관할구역, 그 밖에 필요한 사항은 해양수산부령으로 정한다(해양경찰청과 그 소속기관 직제 제30조).

가. 국가지방하급해양경찰관청 : 해양경찰서장

해양경찰서에 서장 1명을 둔다. 서장은 총경으로 보한다. 서장은 지방해양경찰청장의 명을 받아 소관사무를 총괄하고, 소속 공무원을 지휘·감독한다.

나. 지방해양경찰 보조기관

1) 각 과의 과장

해양경찰서에 기획운영과·경비구조과·해양안전과·수사과·정보외사과·해양오염방제과 및 장비관리과를 둔다. 다만, 인천해양경찰서 및 동해해양경찰서에는 기획운영과·경비구조과·해양안전과·수사과·정보외사과·해양오염방제과·장비관리과 및 보안팀을 두고, 태안해양경찰서 · 완도해양경찰서 · 울산해양경찰서 · 포항해양경찰서 · 속초해양경찰서 · 보령해양경찰서 · 부안해양경찰서 · 울진해양경찰서 및 사천해양경찰서에는 기획운영과 · 경비구조과 · 해양안전과 · 수사과 · 정보외사과 · 해양오염방제과 및 장비관리운영팀을 둔다. 각 과장 및 팀장은 경정 또는 경감으로 보한다. 다만, 해양오염방제과장은 공업사무관 · 보건사무관 · 환경사무관 · 해양수산사무관 · 방재안전사무관으로 보한다. 각 과장 및 팀장의 분장사무는 해양경찰청장이 정하는 기준에 따라 지방해양경찰청장이 정한다.

2) 파출소장 및 출장소장

지방해양경찰청장은 해양경찰서장의 소관 사무를 분장하기 위하여 해양수산부령으로 정하는 바에 따라 해양경찰서장 소속으로 파출소를 두되, 다음 각 호의 어느 하나에 해당하는 경우에는 출장소를 둘 수 있다.

가) 도서, 농 · 어촌 벽지 등 교통 · 지리적 원격지로 인접 해양경찰관서에서의 출동이 용이하지 아니한 경우
나) 관할구역에 국가중요시설 등 특별한 경계가 요구되는 경우
다) 휴전선 인근 등 보안상 취약지역을 관할하는 경우
라) 제1호부터 제3호까지에서 규정한 사항 외에 치안수요가 특수하여 파출소를 운영하는 것이 적당하지 아니한 경우

파출소 및 출장소의 명칭 · 위치와 관할구역, 그 밖에 필요한 사항은 지방해양경찰청장이 정한다.

4. 해양경찰 부속기관

가. 해양경찰교육원

교육원에 원장 1명을 두며, 원장은 경무관으로 보한다. 원장은 해양경찰청장의 명을 받아 소관 사무를 총괄하고, 소속 공무원을 지휘 · 감독한다. 해양경찰교육원(이 장에서 "교육원"이라 한다)에 운영지원과 · 교무과 · 교수과 · 직무교육훈련센터 및 학생과를 두며, 운영지원과장 · 교무과장 · 교수과장 및 직무교육훈련센터장은 총경으로, 학생과장은 경정으로 보한다

해양에서의 경찰 및 오염방제 업무에 관한 연구 · 분석 · 장비개발 등에 관한 사무를 관장하기 위하여 해양경찰교육원장 소속으로 해양경찰연구센터(이하 "연구센터"라 한다)를 둔다. 연구센터에 센터장 1명을 두며, 센터장은 4급으로 보한다. 센터장은 해양경찰교육원장의 명을 받아 소관사무를 총괄하고, 소속 공무원을 지휘 · 감독한다.

해양경찰연구센터장은 기술서기관으로 보한다. 해양경찰연구센터(이하 "연구센터"라 한다)에 운영지원팀 · 장비연구팀 · 화학분석연구팀 및 정책연구팀을 두며, 각 팀장은 공업사무관 ·

보건사무관·환경사무관·해양수산사무관·방재안전사무관·공업연구관·환경연구관·경정 또는 경감으로 보한다. 「행정기관의 조직과 정원에 관한 통칙」 제12조제3항 및 제14조제4항에 따라 연구센터에 두는 보좌기관 또는 보조기관은 해양경찰청의 소속기관(해양경찰정비창은 제외한다)에 두는 정원의 범위에서 해양수산부령으로 정한다.

나. 중앙해양특수구조단

특수구조단에 단장 1명을 두며, 단장은 총경으로 보한다. 단장은 해양경찰청장의 명을 받아 소관사무를 총괄하고, 소속 공무원을 지휘·감독한다. 특수구조단의 소관 사무를 분장하기 위하여 특수구조단장 소속으로 서해해양특수구조대 및 동해해양특수구조대를 둔다.

서해해양특수구조대 및 동해해양특수구조대에 대장 각 1명을 두며, 대장은 경정으로 보한다. 서해해양특수구조대장 및 동해해양특수구조대장은 특수구조단장의 명을 받아 소관 사무를 총괄하고, 소속 공무원을 지휘·감독한다.

다. 해양경찰정비창

해양경찰정비창은 함정의 정비 및 수리에 관한 사무를 관장한다. 해양경찰정비창의 하부조직의 설치와 분장사무는 「책임운영기관의 설치·운영에 관한 법률」 제15조제2항에 따라 같은 법 제10조에 따른 기본운영규정으로 정한다. 해양경찰정비창에 창장 1인을 두되, 창장은 임기제공무원으로 보한다. 창장은 해양경찰정비창의 사무를 총괄하고, 소속 공무원을 지휘 감독한다.

라. 중부지방청의 서해5도 특별경비단

서해5도 특별경비단장은 다음 사항에 관하여 중부지방해양경찰청장을 보좌한다. ① 불법외국어선 단속, 수사 및 사후처리에 관한 사항 ② 서해5도 해역에서의 경비 및 작전 업무에 관한 사항 ③ 서해5도 해역에서의 경비·작전 관련 위기관리 업무에 관한 사항 ④ 서해5도 해역에서의 수색 및 구조 업무에 관한 사항

제3절 해양경찰청 소속 공무원

1. 국가공무원법상의 국가공무원의 구분

〈표 3-23〉 국가공무원의 구분

경력직	일반직(행정·기술·관리운영직, 우정직, 연구·지도직, 전문직)
	특정직(경찰, 검사, 소방, 군인, 법관, 국가정보원직원 등)
특수경력직	정무직(국무총리, 대법원장, 감사원장, 국정원장 등)
	별정직(국회 수석전문위원, 장관정책보좌관 등)

가. 경력직공무원

경력직공무원은 실적과 자격에 의하여 임용되고 그 신분이 보장되며, 평생 동안 공무원으로 근무할 것이 예정되는 공무원을 말한다.

1) 일반직공무원 : 기술·연구 또는 행정 일반에 대한 업무를 담당하는 공무원

2) 특정직공무원 : 법관·검사·외무공무원·경찰공무원·소방공무원·교육공무원·군인·군무원·헌법재판소 헌법연구관·국가정보원의 직원과 특수 분야의 업무를 담당하는 공무원으로서 다른 법률에서 특정직공무원으로 지정하는 공무원이다.

3) 다만, 전문지식·기술이 요구되거나 임용관리에 특수성이 요구되는 업무를 담당하게 하기 위하여 경력직공무원을 임용할 때에 일정 기간을 정하여 근무하는 "임기제공무원"은 근무기간 동안 근무할 것이 예정되어 있다.

> 국가공무원법 제26조의5
> 제26조의5(근무기간을 정하여 임용하는 공무원) ① 임용권자는 전문지식・기술이 요구되거나 임용관리에 특수성이 요구되는 업무를 담당하게 하기 위하여 경력직공무원을 임용할 때에 일정 기간을 정하여 근무하는 공무원(이하 "임기제공무원"이라 한다)을 임용할 수 있다

나. 특수경력직공무원

특수경력직공무원은 경력직공무원 외의 공무원으로서 정무직 및 별정직으로 분류한다.

1) 정무직공무원 : 선거, 국회 동의에 의하여 임용되는 공무원, 고도의 정책결정업무를 담당하거나 이를 보조하는 공무원으로서 법령으로 정무직으로 지정하는 공무원이다.

2) 별정직공무원 : 비서관·비서 등 보좌업무 등을 수행하거나 특정한 업무수행을 위하여 법령에서 별정직공무원으로 지정하는 공무원이다.

2. 경력직 공무원의 종류

가. 일반직 공무원

기술·연구·행정업무를 담당하는 공무원이다.

1) 행정·기술·관리운영직

「공무원임용령」 별표 1의 각 직군·직별에 해당하는 공무원으로 1급 ~ 9급 다만, 행정부 소속 공무원은 고위공무원 및 3급 ~ 9급으로 구분한다.

2) 우정직

인사관리의 효율성과 기관성과를 높이기 위해 계급·직군·직렬의 분류를 달리 적용하여 「공무원임용령」 별표 2에 따라 우정1급 ~ 우정9급으로 구분한다.

3) 연구직

기록연구 · 해양수산연구 · 환경연구 등 「연구직 및 지도직공무원의 임용 등에관한 규정」 별표 1 제1호의 각 직렬에 해당하는 공무원(연구관 · 연구사)이다.

4) 지도직

농촌 · 어촌지도 등 「연구직 및 지도직공무원의 임용 등에 관한 규정」 별표 1 제2호의 각 직렬에 해당하는 공무원(지도관 · 지도사)이다.

5) 전문직

「전문직공무원 인사규정」에 따라 전보의 범위가 특정 전문 분야로 제한되어 인사관리되는 공무원(수석전문관 · 전문관)이다.

6) 전문경력관

일반직공무원 직위 중 순환보직이 곤란하거나 장기 재직 등이 필요한 특수업무 분야의 직위를 "전문경력관직위"로 지정하고, 직무의 특성 난이도 및 직무에 요구되는 숙련도 등에 따라 가군 · 나군 · 다군으로 구분한다.

나. 임기제공무원

1) 전문지식·기술이 요구되거나 임용관리에 특수성이 요구되는 업무를 담당하게 하기 위하여 근무 기간을 정하여 임용되는 경력직공무원을 말한다.

2) 임기 동안 신분이 보장되는 경력직공무원에 해당하며, 일반직과 동일한 직급·직위 명칭 사용 가능하다.

3) 개방형 직위에 임용되는 공무원(외부에서 임용되는 경우) 또는 책임운영기관장(해양경찰정비창장)이 임기직공무원에 해당한다.

> "공무직근로자"는 상시적·지속적 업무에 종사하며 기간의 정함이 없이 근로계약을 체결한 사람이며, "기간제근로자"는 기간의 정함이 있는 근로계약을 체결한 근로자로서 양자 모두 공무원이 아니다.

다. 특정직공무원

1) 담당업무가 특수하여 자격 · 신분보장 · 복무 등에서 특별법이 우선 적용되는 공무원으로 법관 · 검사 · 외무공무원 · 경찰공무원 · 소방공무원 · 교육공무원 · 군인 · 군무원 · 국가정보원 직원 · 경호공무원 · 헌법재판소 헌법연구관 등으로 계급, 임용 등에 관한 사항은 개별법(국가공무원법의 특례법)으로 규정한다. 단, 개별법이 규정하지 아니한 사항(인사업무의 전문성 확보, 파견근무, 제7장 복무 등)에 대하여는 특별한 사정이 없는 한 국가공무원법 적용한다.

> 경찰공무원법 제1조
> 제1조(목적) 이 법은 경찰공무원의 책임 및 직무의 중요성과 신분 및 근무 조건의 특수성에 비추어 그 임용, 교육훈련, 복무, 신분보장 등에 관하여 「국가공무원법」에 대한 특례를 규정함을 목적으로 한다.

2) 특정직공무원의 분류 및 개별법

〈표 3-24〉 특정직공무원 분류

구분	분류	개별법
법관	▶대법원장-대법관-판사	법원조직법제4조, 제5조
검사	▶검찰총장-검사	검찰청법 제6조
외무 공무원	▶고위외무공무원(공사급 이상 직위) ▶외무공무원 *외교통상직렬, 외무영사직렬, 외교정보기술직렬로 구분하되 대통령령으로 정하는 참사관급 이상 직위는 직렬 미구분	외무공무원법 제2조
경찰 공무원	▶치안총감-치안정감-치안감-경무관-총경-경정경감-경위-경사-경장-순경	경찰공무원법 제3조
소방 공무원	▶소방총감-소방정감-소방감-소방준감-소방정소방령-소방경-소방위-소방장-소방교-소방사	소방공무원법 제2조
교육 공무원	▶교 원 -유치원, 초·중·고등학교: 교장(원장), 교감(원감), 수석교사, 교사 -대학: 교수, 부교수, 조교수, 조교 ▶장학관, 장학사 ▶교육연구관, 교육연구사	교육공무원법 제2조, 제6조, 제6조의2, 제7조, 제8조
군인	▶장교: 장성(원수, 대장, 중장, 소장, 준장), 영관(대령, 중령, 소령), 위관(대위, 중위, 소위) ▶준사관: 준위 ▶부사관: 원사, 상사, 중사, 하사	군인사법 제3조
군무원	▶일반군무원: 1~9급	군무원인사법 제3조
국가정보원 직원	▶특정직 직원: 1~9급	국가정보원직원법 제2조
경호 공무원	▶경호공무원: 1~9급	대통령 등의 경호에 관한 법률 제6조

제5장 해양경찰에 대한 통제

제1절 해양경찰통제의 의의

1. 행정책임

행정책임이란 행정조직이 직무를 수행할 때 주권자인 국민의 기대와 요구에 부응하여 공익, 근무 규율 등 일정한 기준에 따라 행동해야 할 의무를 말한다. 행정책임은 그것을 확보하는 수단이 강구될 때 그 실효가 있다. 행정책임은 행정통제를 통해 보장되며 행정통제는 행정의 책임성을 확보하는 수단이다. 한국의 경우 종래 권위적 정치문화로 인해 행정기관은 폐쇄적으로 운영되어 외부 통제가 적절히 이루어지지 못했다고 볼 수 있다.

2. 해양경찰 책임

민주국가에서 해양경찰은 국민의 이익을 위해 봉사해야 할 책임이 있으며, 해양경찰 활동은 국민의 의사에 따라 통제되어야 한다. 해양경찰 책임이란 해양경찰기관 또는 해양경찰관이 주권자인 국민의 기대·요망에 부응하여 공익·직업윤리·법령과 해양경찰 목표 등 일정한 기준에 따라 행동해야 할 의무를 말한다.

3. 해양경찰통제의 의의

해양경찰통제는 해양경찰책임을 보장하기 위한 사전적·사후적 제어장치로서 해양경찰조직의 구성원들이 공공의 안녕과 질서유지 및 국민에 대한 봉사정신 등의 법적·가치적 규범을 일탈하지 않도록 제재와 보상 등을 하는 활동이라고 할 수 있다. 즉, 해양경찰통제는 해양경찰의 조직과 활동을 점검하고 감시함으로써 해양경찰조직과 해양경찰활동의 적정을 도모하기 위한 제도적 장치 또는 활동을 말한다. 통제는 자기 통제가 바람직하나 조직의 자기 비호와 변화를 거부하는 속성상 외부통제가 필요하다. 그러나 외부 기관에 의한 업무의 상시적인 지휘는 조직의 자율성을 저해하는 등의 문제점이 있으므로 바람직하지 못하다(강용길 외, 2010: 359).

4. 해양경찰통제의 필요성

가. 해양경찰의 민주적 운영

민주주의를 기본이념으로 하는 국가에서의 해양경찰은 민주주의를 수호하기 위한 조직으로서 민주적으로 조직되고 운영·관리되어야 한다. 이를 위해 해양경찰통제가 필요하다. 해양경찰법은 해양경찰위원회 제도를 도입함으로써 해양경찰의 민주적 통제를 시도하고 있다.

나. 해양경찰의 정치적 중립성 보장

해양경찰은 국민 전체에 대한 봉사자이므로 특정 정당이나 특정 집단의 이익이나 이념을 위해 활동해서는 안 되며, 전체 국민과 국가의 이익을 위해 활동해야 한다. 이를 확보하기 위해 해양경찰통제가 필요하다.

다. 법치주의의 확립

해양경찰활동이 법이 수권한 범위 내에서 이루어졌는지 여부도 해양경찰통제의 대상이다.

라. 국민의 인권 보호

해양경찰 업무의 성격 자체가 해양에서 사회공공의 안녕과 질서유지라고 하는 해양경찰의 기본적 임무를 수행하기 위해 국민의 인권을 침해할 가능성이 많으므로 국민의 인권을 보호하기 위해 해양경찰통제가 필요하다.

마. 해양경찰 조직의 부패 방지

해양경찰의 조직, 예산, 인력, 장비 등의 운영 시에 낭비나 부조리 등을 방지하고 조직을 건전하게 유지하기 위해 해양경찰통제가 필요하다.

제2절 해양경찰통제의 기본요소

1. 권한의 분산

권한의 분산은 해양경찰에 대한 국민의 통제 내지 참여를 촉진시킬 수 있다. 권한의 분산은 지방으로의 권한분산인 자치경찰제의 시행만을 의미하는 것은 아니며, 해양경찰의 중앙조직과 지방조직 간의 권한의 분산, 상위 계급자와 하위 계급자 간의 권한의 분산 등이 더욱 필요하다.

2. 공개

종래 행정기관은 비밀주의에 입각하여 행정이 가지고 있는 각종 정보를 폐쇄적으로 관리해 왔다. 그러나 오늘날 국민의 알 권리 충족, 행정의 민주화, 국민의 권리·이익의 보호, 행정권한 남용 방지, 국정 운영의 투명성을 확보하여 국정에 대한 국민의 신뢰성 확보 등을 목적으로 행정기관의 정보공개가 강력히 요청되고 있으며, 정보의 공개는 행정통제의 근본이 되고 있다. 이를 법적으로 뒷받침하기 위해 「공공기관의 정보공개에 관한 법률」이 제정되어 시행되고 있다.

특히, 해양경찰행정은 공개를 전제로 투명하게 처리하려는 자서 전환이 필요하다. 다만 해양경찰이 보유하고 있는 정보 중에는 공개 시 개인의 인권을 침해할 우려가 있는 부분이 있으므로 공개 대상이 아닌 정보를 제외하고 공개해야 한다 (신현기 외, 2012: 338).

3. 참여

오늘날에는 시민이 공청회·행정자문위원회에의 참여와 서명운동, 집단교섭, 데모 등을 통해 행정에 참여하여 행정을 통제하는 경향이 두드러지고 있다. 행정의 전문화·복잡화와 재량권의 확대 등으로 입법통제가 약화됨으로써 행정의 민주통제가 어렵게 되어 시민이 직접 행정에 참여하여 통제기능을 담당하지 않을 수 없게 된 것이다. 행정 참여의 보장을 통해 행정의 공공성, 투명성 및 신뢰성을 확보할 수 있다.

국민의 행정 참여를 보장하기 위해 「행정절차법」에 의한 절차적 권리가 보편적으로 인정되었으며, 이와 같은 요구는 해양경찰기관에 대해서도 마찬가지로 작용하고 있다. 특히, 민주적 통제장치의 일환으로서 국민의 해양경찰행정에 대한 참여를 도모하기 위한 목적으로 간접적 참여의 장치인 해양경찰위원회가 구성되어 있지만 국민의 요구와 해양에서의 여러 분야의 문제를 해결하기 위해 시민단체 등 각 분야 단체 대표가 해양경찰행정에 더욱 참여하여야 할 필요가 있다.

4. 책임

해양경찰에 대한 통제의 과정에서 잘못으로 드러난 문제에 대해서는 분명히 책임을 추궁해야 한다. 해양경찰은 그 구성원 개인의 위법행위나 비위에 대해 형사책임·민사책임이나 징계책임 등의 책임을 져야 할 뿐만 아니라 해양경찰기관의 행정에 대해 조직으로서 책임을 져야 할 경우가 있다. 여기서 '조직으로서 책임'이라는 말은 해양경찰행정기관의 설명 책임이라고도 해석될 수 있는바, 조직의 과오에 대해 우리는 흔히 공무원 개인의 책임으로 돌리는 경우가 많으나 조직의 구조적인 정책 결정의 과오나 구조적인 문제점 등에 대해서는 아무도 책임지려고 하지 않는 경향이 있다.

민주국가에서 행정책임은 ① 국민의 수임자로서 지는 도의적·규범적 책임, ② 법령에 따라야 하는 법적 책임, ③ 국민과 국회에 대한 민주적·정치적 책임, ④ 국민의 여론에 따라야 하는 응답적 책임, ⑤ 직업윤리에 충실해야 하는 기능적 책임을 의미한다.

한편, 행정책임은 행정인이 자기의 임무에 대해, 소속 조직에 대해 지는 책임과 행정기관이 그 활동에 관해 시민·국민에게 지는 책임으로 대별된다 (신현기 외, 2012: 339).

5. 환류

해양경찰통제는 해양경찰 행정의 목표와 관련하여 그 수행과정의 적정 여부를 확인하는 과정으로 그 확인 결과에 따라 책임을 추궁해야 한다. 그러나 책임 추중에 그쳐서는 안 되고 환류 과정을 통해 순환적으로 개선·발전을 유도해야 한다 (최영규, 2004: 352-361).

제3절 통제의 유형 및 장치

1. 민주적 통제와 사법적 통제

가. 민주적 통제

민주적 통제란 시민 또는 그 대표기관을 통해 행정에 참여하고 감시함으로써 행정의 민주성을 확보하는 제도로 영·미법계 국가에서 채택하고 있다. 해양경찰 분야의 경우는 해양경찰조직의 민주성을 확보하기 위해 해양경찰위원회 등 제도적 장치를 통해 통제하고 있다. 우리나라의 경우 해양경찰조직의 민주성 확보를 위한 통제로 해양경찰위원회 제도와 국민감사청구제도가 실시되고 있다. '국민감사청구제'는 「부패방지법」에 의해 공공기관의 사무 처리가 법령위반 또는 부패행위로 공익을 해칠 경우 감사원에 감사를 요청할 수 있는 제도이다.

나. 사법적 통제

사법적 통제란 국민이 행정에 의해 위법 또는 부당하게 권익을 침해당할 경우 법원이 행정소송이나 국가배상제도 등을 통해 행정부의 행위를 심사함으로써 행정을 통제하는 제도로서 대륙법계 국가가 주로 채택하고 있다. 대륙법계 국가에서는 초기에는 행정소송의 열기주의를 채택했으나 개괄주의로 전환함으로써 행정에 대한 법원의 통제를 확대하고 있다. 우리나라에서는 행정소송법과 국가배상법을 통해 행정의 위법한 처분 등에 대해 통제를 가하고 있다. 따라서 국민은 해양경찰관청의 위법한 처분 등 공권력 행사 또는 불행사로 인해 권리 또는 이익을 침해를 받은 경우에는 항고소송 등의 행정소송을 통해 구제를 받을 수 있고, 해양경찰공무원의 위법한 행위로 손해를 입은 국민은 국가를 상대로 손해배상을 청구할 수 있다.

다. 양 제도의 혼합적 채택

종래 영·미법계 국가에서는 민주적 통제에 중점을 두었고, 대륙법계 국가에서는 사법적 통제에 치중했으나 오늘날에는 모든 국가에서 양 통제 시스템을 모두 채택하는 혼합적 시스템이 구축되고 있다.

2. 사전적 통제와 사후적 통제

가. 사전적 통제

행정으로 국민의 권리나 이익이 침해받기 전에 행정에 절차적으로 참여하여 통제하는 방법이다. 법적 근거로는 「행정절차법」이 있다. 「행정절차법」은 행정에 대한 사전통제를 규정하고 있는데, 동법은 행정청이 불이익처분 등을 행할 경우에 상대방에 대해 청문 등의 절차에 참여케 하여 자기의 이익에 관해 변명할 기회를 부여하고 있다. 또한 입법이나 행정계획 등을 수립할 경우에도 관계자의 권리나 이익을 고려하여 입법예고제나 행정예고제 등을 통해 미리 입법 등의 수립에 이해관계인의 참여 권리를 인정하고 있다. 그런데, 행정계획 절차는 계획마다 성질 자체가 지나치게 다양하여 일률적으로 규정하기 곤란하여 개별법에 맡기고 있다. 그리고 국회에 의한 사전통제도 있는바, 해양경찰 관계 법령이나 국정감사·조사 등의 행정 감독 기능 행사, 해양경찰예산의 편성 과정 등을 통해 통제할 수 있다.

나. 사후적 통제

사후통제는 행정청의 행위로 국민의 권리·이익이 침해를 받은 후에 사법부가 사범심사에 의해 구제하는 방법으로 행정통제를 하는 제도이다. 사법부의 사법심사에 의한 통제 외에도 행정부 내에서의 징계책임, 하급기관에 대한 감사권, 행정심판과 국회의 예산결산권, 국정감사·조사권 등의 행사 등도 사후통제의 방법이다 (허경미, 2013: 257-263).

다. 통제방법의 변화

과거에는 주로 실체적 권리를 중심으로 국민이 자기의 권리나 이익이 침해를 받은 후에 법원 등을 통해 구제를 청구하는 사후통제 중심이었으나 오늘날은 행정청에 대해 권리나 이익이 침해받기 전에 절차적으로 참여하는 등 사전통제가 강화되고 있다.

3. 내부적 통제와 외부적 통제

가. 내부적 통제

1) 감사관 제도

해양경찰 조직 내 자체 통제를 통해 해양경찰청에 감사담당관, 지방해양경찰청에 청문감사담당관, 각 해양경찰서에 청문감사계를 두고 해양경찰기관 공무원에 대한 진정이나 비위사항의 조사·처리 등의 업무를 처리하게 하면서 해양경찰 업무의 내부통제를 하고 있다. 감사담당관의 직무범위는 ① 행정감사제도의 운영 및 행정감사계획 · 부패방지종합대책의 수립 · 조정, ② 해양경찰청 및 그 소속기관에 대한 감사, ③ 해양경찰청 및 그 소속기관에 대한 다른 기관의 감사결과 처리, ④ 소속 공무원의 재산등록 · 선물 신고 및 취업제한에 관한 업무, ⑤ 사정업무 및 징계위원회의 운영, ⑥ 진정 · 민원 및 비위사실의 조사 · 처리, ⑦ 해양수색구조 안전성 등에 대한 감사 등이고 지방해양경찰청의 청문감사담당관은 ① 지방해양경찰청과 그 소속기관에 대한 감사, ② 지방해양경찰청과 그 소속기관에 대한 다른 기관의 감사결과의 처리, ③ 진정 및 비위사항의 조사 · 처리 등 사정업무에 관한 사항, ④ 징계위원회 운영에 관한 사항, ⑤ 청렴도 향상, 부패방지시책, 공무원 행동강령 운영에 관한 사항, ⑥ 소속 공무원의 재산등록 및 심사에 관한 업무, ⑦ 민원실 운영에 관한 사항, ⑧ 그 밖에 지방해양경찰청장이 감사에 관하여 지시한 사항의 처리 등을 하고 있다.

2) 훈령권, 직무명령권

상급관청은 하급관청에 대해 지시권이나 감독권 등의 훈령권을 행사함으로써 하급 관청의 위법이나 재량권 행사의 오류를 시정하는 등 통제를 가할 수 있다. 또한 상급자는 하급 해양경찰공무원에 대해 직무명령을 통해 그 행위를 통제하기도 한다.

3) 행정심판의 재결권

행정청의 처분 또는 부작위에 대해 행정심판을 하는 경우 해당 행정청의 직근 상급 행정청이 재결청이 되므로 하급 경찰관청의 위법 또는 부당한 처분에 대해 통제를 가할 수 있다. 그러나 경찰공무원의 징계 등 불이익 처분에 관한 심사청구는 소청심사위원회에서 심사하므로 외부적 통제에 해당한다.

나. 외부적 통제

1) 입법부에 의한 통제

국회는 해양경찰 관련 입법활동을 통한 통제, 재정에 대한 통제(예산·결산권 행사), 국정감사·조사권의 행사를 통한 통제를 통해 해양경찰을 통제한다. 입법부에 의한 통제는 행정통제 방법 중에서 가장 역사가 오래되었으나 오늘날에는 행정의 전문화·기술화에 따라 그 효과가 제한되고 있다. 그러나 국민의 대표기관에 의한 공식적 외부 통제라는 점에서 결코 과소평가할 수 없다.

2) 사법부에 의한 통제

사법부에 의한 통제는 국민이 행정에 의해 위법하게 권익을 침해당한 경우 이를 구제하거나 또는 법률·명령의 위헌·위법 여부를 심사함으로써 사법부가 행정을 통제하는 것을 말한다. 사법부는 행정소송의 심판, 위헌·위법 명령·규칙의 심사 등을 통해 위법한 처분을 취소케 하거나 해양경찰공무원 개인에게 형사·민사책임을 물음으로써 해양경찰행정을 통제한다. 사법부에 의한 통제는 사후통제이기 때문에 행정 결정에 대해 효과적인 구제책이 되지 못한다는 점, 법관이 행정에 대한 전문지식을 갖고 있지 않다는 점, 많은 시간과 비용이 소요된다는 점, 위법성 여부만을 다룰 수 있을 뿐 행정의 비능률성이나 부당한 재량행사는 다룰 수 없다는 점 등의 단점이 있다.

3) 행정부에 의한 통제

가) 대통령

대통령은 행정부의 수반으로서 해양경찰청장 임명권이나 해양경찰의 주요 정책결정 등을 통해 해양경찰을 통제한다.

나) 해양수산부장관

해양경찰청은 해양수산부장관 소속 하에 두게 되어 있고, 해양수산부장관은 해양경찰청장과 해양경찰위원원회 위원의 임명제청권을 가지므로 상급관청으로서의 권한 행사를 통해 해양경찰을 통제할 수 있다.

다) 국민권익위원회의 통제

국민권익위원회 내 경찰특별소위원회에 경찰 옴부즈맨이 설치되고, 경찰 관련 고충민원을 처리하고 있다.

4) 감사원에 의한 통제

감사 기능은 전문성이 상당히 높으며 사후통제적 성격을 갖고 있다. 통제와 관련된 감사원의 기본적 기능은 해양경찰기관과 해양경찰관에 대한 직무감찰과 회계감사로 구분되는데 최근에는 여기에 추가하여 성과감사의 강화가 요청되고 있다. 즉, 기본적으로 수행하던 감사와 더불어 행정부가 추진하는 각종 정책에 대한 성과 중심의 감사를 강화하고 있다.

5) 해양경찰위원회에 의한 통제

해양경찰위원회는 해양경찰행정에 관하여 다음 사항을 심의·의결하기 위하여 해양수산부에 해양경찰위원회(이하 "위원회"라 한다)를 둔다.

가) 해양경찰청 소관 법령 또는 행정규칙의 제정·개정·폐지, 소관 법령에 따른 기본계획·관리계획 등의 수립 및 이와 관련된 사항

나) 인권보호와 부패방지 및 청렴도 향상에 관한 주요 정책사항

다) 해양경찰청 소속 공무원의 채용·승진 등 인사운영 기준과 교육 및 복지증진에 관한 사항

라) 해양경찰장비·시설의 도입·운영에 관한 사항

마) 그 밖에 주요 정책과 제도 개선 및 업무발전에 관하여 필요하다고 인정되어 위원회 의결로 회의에 부치는 사항

위의 사항을 심의·의결하는 권한을 가지고 있으므로 해양경찰에 대한 통제를 할 수 있으나 해양수산부장관은 재의요구권이 있어서 실질적으로는 심의회 수준에 머물고 있을 것으로 판단된다.

6) 국가인권위원회에 의한 통제

국가인권위원회는 인권침해 행위에 대한 조사와 구제 등의 업무를 수행하게 되는데, 특히 해양경찰서 유치장이나 사법경찰관리가 그 직무수행을 위해 사람을 조사·유치 또는 수용하는 시설에 대한 방문조사권을 가진다. 또한 해양경찰청장은 인권의 보호와 향상에 영향을 미치는 내용을 포함하고 있는 법령을 제정 또는 개정하고자 하는 경우 미리 위원회에 통보해야 한다.

7) 민중통제

민중통제란 일반 국민 또는 시민에 의한 통제로서 선거권 행사, 이익단체의 구성·활동, 시민단체 활동, 여론의 조성·작용 등을 통해 행정에 영향을 주고 간접적·비공식적으로 통제하는 것을 말한다.

현재 우리나라에서는 국민이 직접 감사를 청구할 수 있는 제도가 「부패방지 및 국민권익위원회의 설치와 운영에 관한 법률(부패방지권익위법)」으로 마련되어 있다.

> ▶부패방지 및 국민권익위원회의 설치와 운영에 관한 법률(부패방지권익위법) 제72조(감사청구권) ① 18세 이상의 국민은 공공기관의 사무처리가 법령위반 또는 부패행위로 인하여 공익을 현저히 해하는 경우 대통령령으로 정하는 일정한 수 이상의 국민의 연서로 감사원에 감사를 청구할 수 있다.
> ▶부패방지 및 국민권익위원회의 설치와 운영에 관한 법률 시행령 제84조(감사청구인) 법 제72조제1항 본문에서 "대통령령으로 정하는 일정한 수"란 300명을 말한다.

제 4 편

해양경찰

행정관리론

제1장 해양경찰 관리론

제1절 해양경찰 관리

1. 해양경찰 관리의 의의

관리에 대해서는 이것을 접근하는 방법이나 연구자에 따라서 여러 가지로 제시되고 있다. 여기서 해양경찰 관리는"해양경찰 조직목표를 달성하기 위해 해양경찰을 구성하고 있는 제 요소들인 인력·장비·시설·예산·정보 등 모든 자원을 운용하는 행동이나 과정"으로 정의하고자 한다. 이를 세분화하면 첫째, 관리의 주체는 조직 내의 관리자이다. 관리자(manager)는 작업자(operatives)와 구분된다. 작업자는 조직 내에서 직접 일을 하지만 다른 사람들에 대한 책임을 지지 않는다. 그러나 관리자는 다른 사람들에게 지시하거나 운영에 대한 계획을 세우거나 평가하면서 책임을 진다. 관리자는 그 계층의 높낮이에 따라 최고관리자, 중간관리자, 그리고 일선관리자로 구분될 수 있으나 그들 모두 관리자이다.

둘째, 관리자의 목적은 조직목표를 효율적으로 달성하는 데 있다. 목표의 수준이나 내용이 무엇이든 간에 목표를 '효율적'으로 달성하려는 것이 관리가 추구해야 할 기본 사명이다.

셋째, 관리의 대상은 인력, 물자(장비), 시설, 예산, 정보 등의 자원이다. 관리의 대상은 해양경찰 조직이 보유하고 있는 모든 자원을 대상으로 한다.

넷째, 관리의 기능과 과정은 기획, 조직, 지휘 및 통제다. 기획(planning)은 조직의 목표를 규정하며, 이 목표를 달성하기 위해 전반적인 전략을 만들어, 조직 내의 모든 활동을 통합하고 조정하기 위해 포괄적인 계획의 사다리를 만드는 것이다. 조직(organizing)이란 업무의 결정, 분류, 분담과 보고 등을 포함하는 활동이다. 지휘(leading)란 부하에게 동기를 부여하고, 행동을 지시하며, 갈등을 해결하고 효과적인 의사소통 채널을 선택하는 활동이다. 통제(controlling)는 조직의 업적을 감시하고, 조직원의 일탈을 방지하는 활동이다.

2. 해양경찰 관리자

해양경찰 관리자는 조직목적을 달성하기 위해서 조직의 인적·물적 자원을 활용하여 업무를 추진해 가는 사람을 말한다. 즉, 관리자는 조직목적 달성을 위해 인적·물적 자원을 잘 활용하고 조직을 발전시켜 나가는 사람을 말한다. 경찰에서 관리자란 보통 총경급 이상을 지칭하며, 총경급 이상의 관리자들을 고위관리자로, 그 이하의 과장이나 계장(팀장), 반장 등의 관리자는 중간관리자로 부른다. 경찰관리자는 부하직원의 업무수행에 있어서 과업을 수행할 수 있다는 자신감을 심어주는 것이 매우 중요하다.

가. 관리자의 계층

조직에서 관리적 업무를 수행하는 자를 보통 관리자라 한다. 관리적 업무란 조직의 목표를 직접적으로 달성하기 위한 업무가 아니라 간접적으로 목표 달성을 지원하는 업무다. 다시 말해, 조직의 대외적 활동을 위한 조직 내부의 분업·조정·통제작용을 의미한다. 관리자란 이런 작용을 하는 자를 말한다. 관리자는 계층에 따라서 최고관리자, 중간관리자 그리고 하급관리자로 구분할 수 있다.

1) 최고(고위)관리층

해양경찰조직의 계층적 구조에 있어서 해양경찰행정의 기본적인 정책 및 방향을 결정한다. 또한 해양경찰 조직의 문제를 장·단기적으로 해결하고 조직을 발전시키기 위해 조직의 기본 목표를 설정하고, 정책과 전략을 채택하고 결정해 조직이 나아가야 할 방향을 제시하는 것이다. 국가수준에서는 대통령 및 수상을 포함해 장·차관, 해양경찰조직은 중앙에서 해양경찰청장, 차장이이 있으며, 지방에서는 지방해양경찰청장과 부장, 해양경찰서장 등 총경급 이상이 있다.

최고관리의 기능을 살펴보면, POSDCoRB 라고 하여 기획(Planning), 조직(Organizing), 인사(Staffing), 지휘(Directing), 조정(Coordinating), 보고(Reporting), 예산(Budgeting) 등을 담당한다. 이를 구체적으로 살펴보면 첫째, 조직의 목표·정책의 결정 및 비전을 제시한다. 둘째, 인적·물적 자원 등을 동원한다. 최고관리자는 자원의 확보를 위하여 정치적 자원과 국민들의 협조를 얻도록 노력한다. 셋째, 이익의 통합과 조정을 한다. 넷째, 직원들을 지도·육성한다. 직원들이 스스로 성장하고 발전하도록 노력한다. 다섯째, 직원들의 사기 관리 및 생활지도를 한다. 고위관리자는 근무시간 외에 부하관리나 배려에도 노력해야 한다. 마지막으로 환경에 대한 적응성을 확보해야 한다.

2) 중간관리층

중간관리층은 최고관리층과 하급관리층의 중간에 위치한 관리계층으로 목표와 정책을 각 소관 분야에 구체화시켜 주며 하급관리층의 업무를 연결해 주는 계층으로서 해당 부분에 대해서는 포괄적인 관리를 하는 계층이다. 해양경찰 계층 구조상 최고관리층 아래에서 정책결정에 참여하고 업무의 보조적 역할을 수행하며 정책을 집행하는 계층이다. 중간관리층은 기획, 평가, 예산, 리더십과 같은 관리도구를 사용하여 최고관리층을 성실히 보좌하고 조언하며 부문 목표를 달성할 수 있도록 부하를 아끼며 지도하고, 자기가 맡은 업무를 사랑하는 성실한 관리자로서의 책임이 요구된다. 중간관리층은 경정·경감급의 과장, 계장 및 파출소장 등이 있다.

3) 하위관리층(일선관리층)

하위관리층은 대민(고객)활동 계층이나 작업계층과 직접적으로 접촉해 그들의 대민활동 사무나 작업을 지도하고 촉진하는 역할을 담당하는 관리계층을 말한다. 하급관리층은 일이나 활동의 시작을 준비하고, 실시를 촉진하며, 직접 현장에서 지휘하기도 하며, 일의 끝을 확인하고 일의 개선을 추진한다. 주로 중간관리자의 지시와 통제를 받으며 최일선에서 해양경찰 업무에 대한 감독책임을 지는 계층을 말한다. 하위관리자에는 반장, 출장소장 등이 있다. 예컨대 해양경찰서의 수사반장은 그가 담당하는 범죄 수사에 대해 수사 계획을 세우고, 수사를 지휘하며, 보고를 받고 보고를 하며, 수사의 완료를 확인하고 수사의 개선을 상부에 건의한다. 기능을 수행하기 위해 좀 더 구체적이고 실무적인 지식이나 기술이 필요하며, 대민(고객)관계 능력도 요구된다.

나. 관리자의 요건

1) 넓은 시야

해양경찰 관리자는 우선 조직을 전체적인 시야와 감각에서 파악하는 능력이 필요하다. 해양경찰조직을 둘러싸고 있는 환경의 변화를 적시하여 조직이 활력 있게 기능하도록 개혁의 큰 흐름과 틀 속에서 해양경찰을 이끌어 나가야 하며, 이러한 환경변화에 적응하도록 조직 구성원의 윤리와 성숙한 조직문화의 형성에 노력해야 한다.

2) 기획능력

기획능력은 조직에서뿐만 아니라 관리자 개개인 능력 면에서도 강하게 요구된다. 급속히 변화하는 환경 속에서 조직 목표를 달성하기 위해서는 기획능력의 중요성이 커지고 있다.

3) 리더십

해양경찰 관리자는 단지 지시하고 명령하는 것만으로는 직원들이 자발적으로 창의와 열성을 가지고 업무를 수행하게 할 수 없다. 관리자가 솔성수범하면서 통소함으로써 직원들을 움직이게 하는 능력이 필요하다.

4) 집행력

아무리 지식이 풍부하고 두뇌가 명석한 관리자라 할지라도 방침이나 결정을 강력하게 추진하는 능력이 없다면 해양경찰업무를 효율적으로 수행해 나갈 수 없다. 조직목표를 달성하기 위해서 결정된 사항에 대하여 어떠한 난관을 무릅쓰고라도 적극적으로 실행하는 조직적 활동이 필요하다.

5) 대외교섭력

상위 관리층으로 오를수록 조직 내·외의 접촉면이 확대되고 관리기능 면에서도 대인적 관리기술이나 개념적 관리기술이 더 필요로 한다. 대인적 기술이란 개인 및 집단을 이해하고 동기를 부여하는 기술을 말한다. 보통 많은 관리자는 조직 내·외에서 사람들과 상호작용하면서 지내는 시간이 50% 이상을 차지한다. 개념적 기술은 조직 내 여러 인과관계를 이해할 수 있는 정신적 능력, 부분을 전체적으로 조정할 수 있는 능력 등을 뜻한다(민진, 2013: 34). 해양경찰 관리자는 다른 기관, 다른 부처의 사람은 물론이고 관할구역 내의 시민들과 협조하고 협력을 받아내는 능력이 필요하다.

6) 판단력

해양경찰에 예상치 못한 돌발 사건·사고가 발생하는 경우가 많으며, 그때마다 신속하고 정확히 판단하여 결단을 내려야 한다. 또한 단시간 내에 많은 정보가 해양경찰 관리자에게 집중되는 경우도 있다. 따라서 정확한 실태를 파악한 후 적절한 조치를 취하기 위해 정확한 판단을 내려야 한다(강욱 외 2014: 191).

7) 업무지식

해양경찰 관리자는 소관업무에 대해 정통하여야 한다. 관리자는 자신의 약점을 보완하기 위해 자기 계발 노력을 지속해 나가야 한다. 개인의 노력과 체계적인 교육훈련을 통하여 유능한 리더가 양성되는 것이다.

제2절 해양경찰 기획

1. 기획의 개념

기획(planning)이라는 용어에 대해 학자들에 따라 그 정의를 각각 다르게 내리고 있다. 그러나 여러 학자들의 기획개념을 종합하여 볼 때 "기획이란 여러 가지 정보를 종합하여 목표의 달성을 위한 여러 가지 대안을 모색하고 그중에서 최적의 대안을 선택하는 의사결정을 구체화하는 미래지향적이고 지속적이며 능동적인 과정"이라고 할 수 있다. 즉 기획이란 최적의 수단으로 행정이 추구하는 목표를 달성할 수 있도록 장래에 취할 행동을 위한 일련의 결정을 준비하는 의도적 과정이라고 정의할 수 있다(Y. Dror의 정의). 기획은 행정기관이나 기타 조직이 사업의 목표와 그 목표를 달성할 수 있는 최선의 수단에 대한 해답을 추구하는 것으로서 정보와 지식을 종합하여 목표의 정확한 소재를 파악하고 그 목표의 달성을 위한 여러 가지 대안을 모색하여 그 가운데서 최선의 대안을 선택하는 전망적·계속적 의사결정과정을 뜻한다(김신복, 2003: 17).

기획과 구별되는 개념으로 계획(plan)이 있는데, 기획은 계획을 만드는 과정이며, 계획은 기획을 통해 이루어지는 구체적, 개별적 개념으로 기획의 결과라고 할 수 있다. 계획과 기획을 이렇게 구분하더라도 이와 유사한 용어 또는 개념들이 많이 있다. 우선 같은 계획이면서 수준이 다른 개념으로서 프로그램(program)과 프로젝트(project)가 있다. 프로그램은 흔히 사업계획으로 번역되며 농어민소득증대사업, 낙동강유역개발사업 등 비교적 대단위의 복합적인 계획을 가리키는 것으로 사용된다. 한편 프로젝트는 세부사업계획 혹은 단위사업계획으로서 예를 들면 댐(dam)이나 공장을 건설하는 사업의 수준에서 수립되는 계획이라 볼 수 있다. 따라서 이들은 계획의 하위개념이라 볼 수 있는데 이렇게 구분하지 않고 모두 계획이라고 부르는 경우도 가끔 있다(최신융·강제상·김선엽·임영제, 2006: 7).

2. 기획의 본질

가. 기획은 하나의 과정, 즉 계속적인 활동이다.

계획(plan)은 장래의 행동을 위한 설계(design) 그 자체이며 따라서 과정으로서의 기획(planning)과 구별되어야 한다. 기획의 과정은 하나의 계획을 작성하는 데 그치지 않고 그 집행결과를 평가하여 차기계획에 반영하는 계속적이고 순환적인 활동인 것이다.

나. 기획은 준비과정이다.

기획은 보다 나은 결정을 위한 시안을 작성하는 과정으로서 그것을 채택하고 집행하는 것은 별개의 기능이며, 따라서 기획기능은 대표적인 참모기능(staff function)에 속한다. 설령 동일부서에서 기획기능과 그것을 승인하고 집행하는 권한을 아울러 갖는다 하더라도 분석상 별도로 취급되어야 할 것이다.

다. 기획은 일단의 복합적인 결정을 대상으로 한다.

이 점이 일반적으로 기획과 의사결정 혹은 정책결정과의 차이점이다. 즉 기획이 의사결정 또는 정책결정의 일종이기는 하지만, 기획은 단일의 결정을 대상으로 하는 것이 아니라 한 묶음(a set)의 결정을 다룬다는 점이 특징이다. 그러한 결정들은 대부분 체계적으로 연결되어 있고 투자나 추진 일정 면에서 우선순위가 요청되는 것들이 대부분이다.

라. 기획은 행동 지향적인 활동이다.

기획은 실천과 행동을 통한 문제의 해결이나 현실의 개선에 목적이 있으며, 이런 의미에서 순수연구나 교육훈련활동과 구별되어야 한다. 기획은 바람직한 목표를 실현하기 위해 앞으로의 행동대안을 설계하여 그것을 실현하고자 하는 노력이다. 그러한 의도적이고 인위적인 노력을 통해서 장래의 행동노선을 조정하려는 것이다.

마. 기획은 미래지향적 활동이다.

기획에서는 과거의 경험과 현실분석을 바탕으로 하지만 장래에 취할 행동 방안을 강구하는 것이 핵심이다. 기획은 불확실한 미래를 대상으로 하기 때문에 예측과 판단 등 고도의 전문성을 필요로 하는 것이다.

바. 기획은 목표를 성취하기 위한 활동이다.

장래에 달성하려고 하는 목표가 어느 정도 명시되지 않고서는 기획이 이루어 질수 없다. 그렇다고 해서 아주 구체적이고 명확한 목표가 제시되어야 기획에 착수할 수 있다는 것은 아니다. 오히려 정책탐색단계에서 제시된 모호하고 불분명한 목표들을 구체화·명료화하는 작업이 곧 기획의 첫 단계인 것이다.

사. 기획은 효율적인 수단을 강구하는 과정이다.

목표·수단단계는 기획과정의 기초가 된다. 기획은 자료의 모집과 체계적이고 종합적인 분석 등 합리적인 과정을 통해서 소망하는 목표를 효율적으로 달성할 수 있는 수단을 제시하려는 활동인 것이다. 따라서 기획의 질차와 기법은 이러한 실현 가능하고 바람직한 수단을 모색하는 데 초점을 두지 않으면 안 된다.

3. 기획의 필요성

행정에 있어 기획이 필요한 이유는 여러 가지가 있겠으나, 다음과 같이 네 가지로 요약할 수 있다(최신용·강제상·김선엽·임영제, 2006: 10).

첫째, 조직목표의 구체적 실현을 위해서 기획이 필요하다. 행정기획은 사회목적의 구체화를 위한 수단으로써 목표성취 행동의 출발점이 되는 것이다.

둘째, 행정기능은 그 자체가 기획을 필요로 한다. 기획에 의해서 행동지침이 확립되지 않는다면 필요 불가결한 제반 행정활동 간에 유기적인 조화를 유지할 수가 없는 것이다.

셋째, 변동관리의 수단으로서 기획이 필요하다. 다양한 사회변화가 의미 있는 변화로 되기 위해서는 행정이 스스로 사회의 변혁과정을 기획화할 필요가 있는 것이다. 이것이 변동관리의 적극적 기능이며 행정은 이러한 기능을 통하여 공공의 복지를 향상시키지 않으면 안 된다.

넷째, 합리적 협동행위는 기획을 필요로 한다. 조직의 각 구성원에 의하여 분담된 업무는 통일적 목적 실현을 위한 목적과 수단의 연쇄관계 형성은 적절한 기획을 통해서 가능한 것이다. 또한 현대사회의 복잡성, 미래에의 대비 및 행정목표의 구체화, 자원의 최적 활용, 그리고 지휘 및 통제수단으로 기술하고 있다.

4. 기획의 원칙

가. 목적성의 원칙

비능률과 낭비를 피하고 그 효과성을 높이기 위하여 명확하고 구체적인 목적이 제시되어야 한다.

나. 단순성(간결성)의 원칙

기획이 간명하여야 하며 난해하거나 전문적인 용어는 피해야 한다.

다. 표준화의 원칙

기획의 대상이 되는 재화, 서비스 및 작업방법 등의 표준화를 통하여 기획을 용이하게 수립할 수 있다.

라. 신축성의 원칙

행정상황은 매우 유동적이므로 이에 대응할 수 있도록 하여야 한다.

마. 안정성의 원칙

기획은 정확한 정보에 의해 수집된 가정의 설정이 전제되어야 한다. 또한 불필요한 수정을 피하고 일관성과 안정감이 있어야 한다.

바. 미래예측성의 원칙

장래에 대한 정확한 예측진단에 기초를 두어야 한다. 이러한 정확성은 계획의 성공에 결정적인 영향을 미친다.

사. 경제성의 원칙

기획에는 막대한 경비와 시간이 투입되므로, 인적·물적 자원의 효율적인 배분이 선정되어야 한다.

아. 계속성(단계성)의 원칙

상위·중위·하위 기획이 단계적으로 연결되어야 한다. 이외에 포괄성(모든 요소 포함)과 필요성(정당한 이유가 있어야 함)도 언급된다.

5. 해양경찰 기획의 유형

〈표 4-1〉 해양경찰 기획의 유형

절차기획 (procedural plan)	평상시 근무절차와 특수근무에 있어서 해양경찰의 일반적 지침이 되는 표준 행정절차에 관한 기획이다.
용병(전술)기획 (tactical plan)	기동계획이라고 한다. 해상시위나 중국어선 단속 등 다중범죄 진압대책, 대공작전, 시위집회나 행사경비 대책 등이다.
활동기획 (operation plan)	각 해양경찰관서, 각 과의 목표활동에 관한 기획이다. 기본운영계획에 입각하여 분기별, 월간, 주간, 일일근무 계획 등이다.
해양경찰외부계획 (exterior departmental plan)	해상사고나 질병 등 비상재해 등에 있어서 긴급히 대처할 수 있는 비상동원계획 및 관계 기관이나 주민의 협조확보를 위한 기획이다
관리기획 (managemental plan)	해양경찰 조직의 기구, 정원, 예산, 시설의 관리 및 자금의 획득과 지출 등에 포함되어 있는 모든 활동에 관한 기획이다.

6. 기획의 과정

기획과정은 세 가지 측면과 연계시켜 살펴볼 수 있다. 첫째, 정치과정과 관련시켜 합리성의 제고를 실현시키려는 측면이다. 즉, 공공행정의 입장에서 정치과정에 다양한 이해관계집단이 참여하며 이 과정에 합리성을 제고시키려는 것이다. 둘째, 정책과정과 관련시켜 기획의 수단을 접근시켜 정책과정에 접근하는 것이다. 셋째, 조직단위의 POSDCoRB 입장에서 기획과정이 설정되는 것이다. 조직의 목표를 설정하고 설정된 목표를 효과적으로 성취하기 위한 접근을 의미한다. 여기에는 공공 및 민간조직이 포함된다(김종선, 2011: 26).

가. 목표설정(문제인지)

기획의 첫 단계로서 달성하고자 하는 궁극적인 목표를 구체화하는 것을 말한다. 목표의 요건으로는 ①표방된 목표와 실제목표 사이의 비 괴리성 ②계획목표의 타당성, ③계획목표들 사이의 일관성 유지 ④계획목표의 구체성·실체성 ⑤계획목표의 실현 가능성 등을 들 수 있다.

나. 상황분석

기획에 필요한 목표가 정해지면 기획대상의 실태를 파악하여 목표를 달성하는데 예상되는 장애요인과 문제점을 규명해야 한다. 즉 기획대상의 현 상태와 이용 가능한 여러 가지 자원에 대하여 물적인 것뿐만 아니라 권한·정세에 관한 지식·행정기술 등까지 포함하여 충분히 파악하고, 여러 가지 제약조건들에 관해서도 파악해야 하는데, 이러한 제약조건을 제거하는 방법이 바로 목표를 달성하기 위한 대안이 될 수 있기 때문이다.

다. 기획전제의 설정

현황 파악이 끝나면 목표를 구체화하여 실천목표를 설정하고 기획에 대한 가정이나 전제를 정하여야 한다. 기획 전제란 계획을 수립하는 과정에서 토대로 삼아야 할 주요 가정 또는 전망을 말한다. 예컨대 경제개발계획에 있어서 유가 등 주요 원자재의 확보전망 및 가격에 대한 가정 등 국제정세의 움직임에 관해서 일정한 전제를 필요로 하는 것이다.

라. 대안의 탐색·평가

기획에 있어서 하나의 완전한 행동방안만이 존재하는 경우는 거의 없다. 실제로는 몇 가지의 상이한 방안들이 있게 마련이며 각기 장단점을 갖고 있는 것이 보통이다. 그러므로 기획담당자는 될 수 있는 한 많은 대안(alternative)을 찾아서 비교·검토하고 평가하여야 한다.

마. 최적안의 선택

이 단계에서는 여러 가지 대안 가운데서 최선의 대안을 선택하여야 하는데, 그러기 위해서는 각 대안에 대한 비교와 평가가 선행되어야 하고, 대안을 합리적으로 비교하기 위해서는 비용-편익의 관점에서 대안의 결과에 대한 예측이 있어야 한다.

제3절 해양경찰 조직관리

1. 서설

가. 조직의 정의

조직(Organization)이란 "일정한 목표를 달성하기 위해 형성된 분업과 통합의 활동 체계를 갖춘 사회적 단위"로 정의한다. 좀 더 자세하게 설명하면 첫째, 조직은 목표 지향적이다. 모든 조직체는 나름대로의 달성해야 할 개별적 목표를 가지고 있는데 목표 없는 조직은 생각조차 할 수 없다.

둘째, 조직은 분업과 통합의 합리적 활동 체계다. 모든 조직의 업무를 기능별·활동별·부서별로 구분하고, 개인에게 이를 할당하는 분업체계를 갖고 있으며, 이들을 공통의 목표를 향해 통합·조정·통제하기 위해 피라미드형의 계층제, 위원회형 조직, 네트워크 체제 등을 활용한다.

셋째, 조직은 사회적 단위다. 조직은 두 사람 이상으로 구성된 사회적 집합체이지만 구성원과는 별도의 실체인 것이다. 조직은 활동을 위한 공식화 수준에 따라서 비공식조직과 공식조직으로 나뉘는데, 보통 조직이라고 하면 공식조직을 일컫는 것이며, 이것은 인간관계를 기초적 내용으로 한 비공식조직과 서로 갈등을 일으키기도 하고 서로 보완이 되기도 한다.

넷째, 조직은 구조와 과정을 포함한다. 조직은 역할 분담이나 권한 배열과 같은 구조적 측면과 관리나 동기와 같은 과정적 측면을 동시에 포함한다.

다섯째, 조직은 경계가 있으며 환경과 상호작용을 한다. 다른 조직이나 환경과 구분될 수 있으며 환경과 조직은 끊임없이 상호작용을 계속한다. 즉 조직이 환경에 영향을 주기도 하고 환경이 조직에 영향을 주기도 한다.

여섯째, 조직은 일정한 기간 존속한다. 그것은 일시적으로 모이는 군중집회나. 우연히 모였다가 흩어지는 운동장이나 극장의 관객들의 집합과는 구분된다.

나. 해양경찰조직의 기본이념

해양경찰법은 조직의 이념을 '해양주권을 수호하고 해양 안전과 치안 확립을 위하여 해양경찰의 직무와 민주적이고 효율적인 운영에 필요한 사항을 규정함을 목적'이라고 규정하고 있다. 따라서 해양경찰의 해양경찰 조직의 운영은 민주적이어야 하고, 효율적인 임무수행에 적합하게 조직되어야 한다. 해양경찰의 기본이념은 경찰에 있어서 철학적인 요소라고 할 수 있으며, 조직은 왜 존재하며 어떤 방향으로 나가야 하는가? 조직이 궁극적으로 지향하는 목적지는 어디인가? 사람에게 인생관이 있듯이 조직에도 조직이 추구해야 할 가치나 규범이 있다. 여기서는 조직의 이념, 조직의 임무와 비전, 조직의 목표를 살펴본다.

1) 조직이념

조직의 이념이란 조직이 지향해야 할 가치, 규범 및 지침을 나타내는 것으로 이해할 수 있다. 조직의 이념은 조직이 한 사회의 유기체로서 어떠한 모습을 가져야 하는가에 대한 신념이나 가치 체계라 할 수 있다. 따라서 조직의 이념은 조직의 유형이나 기능에 따라서 달라진다. 조직의 이념은 그것을 인식하는 방법이나 범위에 따라서 다르게 정할 수 있으나 여기서는 조직의 이념을 '조직 활동의 일반적인 지도 정신이나 지도 지침'이라고 정의하고자 한다.

조직의 이념이 존재하는 모습은 매우 다양하다. 조직의 유형, 기능, 문화적 배경에 따라 조직의 이념은 달라질 수 있다는 것이다.

〈표 4-2〉 경찰조직 기본이념

경찰조직 기본이념의 종류	
민주성	▶경찰조직은 국민을 위한 봉사조직으로서 국민을 위한 경찰행정을 해야 함을 의미한다.
합법성	▶경찰조직은 경찰행정과정이 법률적합성을 지녀야 한다는 것을 의미하고 모든 경찰행정이 객관적인 법률에 의해서 지배된다는 원칙이다.

능률성	▶능률성이란 적은 투입으로 산출을 극대화하는 것을 의미한다. ▶능률성은 민주성과 상대적·상반적인 성격을 가지고 있기 때문에 능률성과 민주성을 조화시키는 것이 중요하다.
효과성	▶효과성은 목표와 수단을 연결한 상태에서 현실적인 산출이 당초의 목표를 어느 정도 충족시켰는가 하는 목표의 달성도를 의미하는 동태적·기능적·사회학적 개념이다. ▶능률성은 수단을 목표로부터 절단한 상태 하에서 제한된 자원과 중립적인 수단을 사용하여 산출의 극대화를 기하는 것을 의미하는 정태적·기계적·경제학적 개념이다. ▶따라서 능률성을 전제로 하지 않은 효과성이란 어렵기 때문에 양자를 조화시킨 효율성 즉, 생산성이란 개념이 전개되고 있다.·
정치적 중립성	▶경찰조직의 정치적 중립성이란 경찰이 어떤 정당이나 특수계층의 이익을 위해서 봉사하는 기관이 되어서는 안 된다는 것을 의미한다.
사회적 형평성	▶전통적 행정학은 능률성을 강조하였고, 발전행정은 효과성을 강조하였다. 그러나 능률성은 인간의 수단화·기계화·소외화를 가중시켰고, 효과성은 배분된 정의를 실현하지 못했기 때문에 제기된 이념이 사회적 형평성이다. 신행정학에서 강조되는 사회적 형평성은 적극적인 분배의 평등을 함축하고 있다.

(자료: 김창윤 외 24인, 경찰학, 박영사. 2015: 569).

한편 주요 조직들은 조직이념과는 별도로 핵심가치(core values)를 제시하면서 행동의 기준으로 삼고 있다. 핵심가치는 영속적이고 내재적인 신념의 정체성, 사고행동의 기준을 의미한다. 해양경찰은 '존중, 정의, 소통, 공감'을 해양경찰 4대 핵심가치로 정하였다.[78]

2) 조직임무(mission)[79]

조직의 임무 혹은 사명은 조직이 하는 일, 조직에게 부여된 역할과 기능을 나타낸다. 조직이 해야 할 일이 사업의 영역을 나타내기도 한다. 조직의 임무와 기능은 조직의 상위 목표이며 핵심적 기능이다. 따라서 그것은 조직의 존재 이유이며 다른 관리과정의 중심에 서 있다. 즉 조직의 임무나 사명에는 조직이 추구하는 가치와 정신이 놓여 있으며, 그것이 명확하지 않을 때 존재 이유를 상실한다. 해양경찰청 조직임무(mission)은 "안전하고 깨끗한 희망의 바다" 이다.

3) 조직비전(vision)

비전(vision)은 전략적 관리(strategic management)가 강조되면서 조직관리에서 중요한 관심 주체로 등장한다. 비전은 조직에서 추구해야 할 가치 영역에 해당한다. 비전의 사전적 의미는 시력, 시각, 상상력, 보이지 않는 것을 마음 속에 그리는 통찰력, 직감을 통한 상상

78) 해양경찰은 '존중, 정의, 소통, 공감'을 해양경찰 4대 핵심가치로 정하고, 해양경찰청 재출범 1주년인 2018년 7월 26일 「해양경찰 비전 선포식」을 개최하였다.
79) 해양경찰청 조직임무(mission)은 "안전하고 깨끗한 희망의 바다" 이다.

도, 미래도, 보이는 것, 눈에 띄는 광경을 의미한다. 조직에서 비전이란 조직의 미래를 전망하는 힘으로서 조직이 되고자 하는 바람직한 모습, 변화해야 할 방향을 제시한다. 해양경찰 비전(vision)은 '기본에 충실하고 현장에 강한, 국민의 해양경찰'로 정하였다.[80]

4) 조직목표

버스나 배 비행기에 출발지가 있다면 반드시 도착지가 있듯이 인생에도 목표가 있고 조직에도 목표가 있다. 조직은 목표를 향해 운영되며 목표를 달성하고자 한다. 조직목표는 '조직이 달성하려는 미래의 바람직한 상태, 조건이나 산물'로 정의된다. 그러면 목표는 왜 필요한가? 목표가 조직에 주는 역할이나 기능은 무엇인가? 라는 물음에는 ①조직 활동에 대한 방향 제시 ②조직 활동의 정당성 근거 ③조직의 효과성 평가 기준이라는 세 가지 기능으로 요약할 수 있다.

그리고 조직목표의 구조를 보면 목표와 수단의 연쇄(ends-means chain)관계를 바탕으로 하고 있다. 즉 특정 목표는 바로 상위 목표를 달성하기 위한 수단이 되고 바로 아래 하위목표에 대해서는 상위목표가 되며, 하위목표는 다시 차하위 목표로 이어진다. 이처럼 조직의 목표들 간에 계층제적 위계질서를 이루고 있다. 실제로 정부조직 및 기업조직에서는 미션(임무)과 비전→전략목표→전략계획 순으로 목표-연쇄 관계를 이룬다.

다. 해양경찰 조직업무의 특수성

경찰은 권력을 행사하는 작용이라는 점에서 일반 행정조직과는 다른 성격을 지니다. 경찰의 본질을 정확히 이해하기 위해서는 경찰조직의 특수성을 규명할 필요가 있다. 국가와 사회의 존립·유지라는 관점에서 보면 경찰조직은 강한 조직일 필요가 있으나 국민의 자유와 권리보호라는 관점에서 보면 경찰조직은 약화되어야 한다. 이러한 특수성을 다음과 같이 정리하고자 한다.

1) 위험성 : 경찰관은 인간의 신체 및 재산에 대한 공격에 대처할 것이 요청되고 있다.

2) 돌발성 : 돌발적인 사건을 합리적으로 해결할 수 있도록 고도의 민활성과 유기적인 공조 체제를 갖추어야 한다.

3) 기동성 : 경찰의 업무는 대부분 시급히 해결하지 않으면 그 피해를 회복하기 곤란하여 구제의 기회를 상실하게 된다.

4) 권력성 : 경찰작용은 사회공공의 안녕과 질서를 유지하기 위하여 국민에게 명령·강제하는 권력작용이다.

5) 조직성 : 경찰조직은 안정되고 능률적이며 군대식으로 조직화 되어 기동성·협동성 발휘할 수 있도록 되어있으며 계급사회로 제복을 착용하고 있다.

6) 고립성 : 경찰관은 일반시민과 동일한 위치에 있는 것이 아니다. 시민들이 회피하고 비

---

80) 2023년 8월 기준.

협조적일 때 경찰관은 소외되어 있다.

7) 보수성 : 경찰은 사회공공의 안녕과 질서를 유지하는 것을 업무로 하기 때문에 본질적으로 쇄신적인 변화를 추구하기보다는 현상유지적인 형태를 지니고 있다.

2. 해양경찰 조직의 설계

조직구조의 설계와 기본 개념으로는 직위, 권한 그리고 역할 등을 들 수 있다. 조직의 기본 구성단위는 직위(position)이다. 직위는 조직의 직능구조 및 지배구조의 기초단위인 것이다. 그리고 권한(authority)은 보통 합법적인 권력을 말한다. 권한은 행위에 정당성을 부여하고 권한이 있으면 영향력이 생긴다.

가. 조직구조 편성(설계)의 원리

1) 계층제의 원리

계층제(hierarchy)는 해양경찰 조직의 목표 달성에 필요한 권한·책임에 따라 직무를 등급화함으로써 형성된 피라미드형 구조를 의미한다. 너무 지나친 계층제 확대는 오히려 역기능을 초래한다. 정부조직이나 해양경찰 조직도 필요 이상으로 계층의 수가 많아 성과와 능률이 저하되어 있다고 할 수 있으므로 가급적 계층 수를 줄이는 것이 바람직하다.

2) 통솔범위의 원리

통솔범위의 원리는 한 사람의 상관이 직접 지휘·감독할 수 있는 부하의 수에는 한계가 있다는 의미이다. 따라서 감독자는 적정한 범위의 부하를 관리해야 한다는 것이다. 통솔의 범위를 좁게 하면 계층이 많아지고 엄격한 관리로 구성원의 창의성을 위축시킬 우려가 있다. 그래서 통솔의 범위를 넓혀 계층 수를 줄이는 조직의 평면화가 현대조직의 일반적인 추세이다.

3) 명령통일의 원리

명령통일의 원리는 부하는 한 사람의 감독자 또는 상관으로부터 명령을 받고 그에게 보고하도록 해야 한다는 원칙이다. 이를 통해 명령의 중복을 피하며, 계층제를 확립시키고, 책임의 소재를 분명히 할 수 있다. 따라서 명령통일의 원리는 계층제를 보다 확고히 해주는 것으로 해석된다. 명령통일을 강조하다 보면, 조직 구성원들은 참모조직들의 제안을 받아들일 수 없으며, 이는 또 하나의 전통적인 원리인 전문화의 원리에 위배된다. 그리고 모든 지시 또는 제안이 반드시 공식적 명령계통을 통해서만 수행된다면 공식적 커뮤니케이션의 통로가 과중한 부담을 지게 되며 시간을 낭비하게 될 것이다(신현기 외, 2012: 232).

4) 전문화의 원리

전문화 또는 분업의 원리는 해양경찰조직의 전체기능을 성질별로 나누어 가급적 한 사람에게 동일한 업무를 분담시키는 것을 의미한다. 이 원리는 전통적으로 기술적 과정에 치중하였으나, 현대조직에서는 차츰 사회적 과정으로 인식이 커지고 있다. 분업의 방법에는 수평적 분업과 수직적 분업으로 나눌 수 있는데 수평적 분업은 행정사무의 각 부처별, 각 국별, 각 과별 업무를 분담하는 것이며, 수직적 분업은 해양경찰청, 지방해양경찰청 그리고 해양경찰서의 업무분담과 같은 것이다.

5) 조정의 원리

조정의 원리는 공동의 목표를 달성하기 위하여 하위체계 간의 노력의 통일을 기하기 위한 과정이라고 할 수 있다. 조직의 모든 구성체가 조직목표의 효율적인 달성을 위해 질서정연한 행동을 모색하는 것이다. 조정은 조직이 조직의 대규모성과 업무의 이질성, 복잡성, 다양성의 증가, 전문화의 증대, 할거주의[81]로 인하여 그 필요성이 더욱 요구되고 있다.

나. 조직구조의 설계모형

1) 기계적 구조와 유기적 구조

가) 기계적 구조(mechanistic structure)

기계적 구조는 기능별로 업무를 전문화하고, 복잡한 부문화를 거치며, 개인의 직무 전문화를 시킨다. 또한 권한과 책임을 명백하고 세밀하게 규정한다. 조직은 환경 변화에 대해 기민하게 적응하지 못하기 때문에 경직적이라 할 수 있다. 기계적 구조 아래서는 상사와 부하 간에 수직적인 인간관계가 강조되며 수직적 의사전달이 활발하다. 즉 상사는 명령하고 부하는 이에 복종한다. 기계적 구조모형은 관료제 모형(bureaucracy model)에서 가장 잘 나타난다.

나) 유기적 구조(organic structure)

유기적 구조 아래서는 각자의 직무, 권한, 책임이 명확하고 상세하게 규정되어 있지 않다. 명령통일과 계서제의 원칙이 엄밀하게 적용되지도 않는다. 유기적 조직은 환경변화에 신축적으로 대응하고 문제해결을 위한 각 부문 간의 협조를 강조한다. 따라서 수평적 인간관계가 강조되고, 수평적 의사전달이 좀 더 활발하게 전개되며 정보와 조언이 전달된다. 유기적 구조는 애드호크라시 모형(adhocracy model)에서 가장 잘 나타난다.

2) 관료제와 애드호크라시

가) 관료제(bureaucracy)

관료제는 근대사회가 산업사회로 발전되어 가는 과정에서 만들어진 개념으로 근대사회의 구조가 복잡해지고 기술이 고도화되며, 그리고 이에 수반해 관리사무의 질적 변화 및 양적 확대 등에 대응하기 위한 대규모 조직으로 합리적·합법적 지배가 제도화된 조직을 의미한다. 베버(M. Weber)의 관료제 모형은 기계적 조직관에 입각한

81) 한 부서 안에서 분파를 일삼거나 자기 분파의 이익과 주장만을 내세우고 남을 배척하는 경향을 말한다.

것이다. 관료제의 역기능으로는 관료제의 병리적 형태, 환경 적응 능력의 부족과 관료제의 관료에 대한 억압과 좌절을 든다. 관료제의 병리적 관료형태로는 동조과잉, 서면주의, 무사안일주의, 할거주의, 그리고 전문화로 인한 무능을 들고 있다. 그러나 역기능도 있지만 그것보다는 긍정적 측면인 순기능 때문에 더욱 존재의 의의가 있는 것이다. 그것은 관료들은 권위, 직위, 계급 등에 근거를 둔 계층제의 명령에 따라 조직되어야 하고 엄격한 규칙의 지배체제를 가져야 한다. 관료제 형태는 정확성·안정성·규율성·신뢰성에 있어서 어떤 다른 형태보다 우위에 있다고 강조하였다. 특징으로는 법규의 지배, 권한의 명확성, 직위 계층제, 공사의 구별, 전문적 자격, 문서주의 등이 있지만 이러한 특징들이 순기능과 역기능으로 작용한다.

나) 애드호크라시(adhocracy)

애드호크라시는 관료제의 반대 개념이라 할 수 있다. 애드호크라시는 관료제 조직과는 달리 유연성, 적응성, 대응성 그리고 혁신성이 높은 유기적 조직이다. 애드호크라시의 장점은 조직의 환경 적응력이 우수하고 문제해결 지향적이어서 주어진 목표를 해결하는 데 매우 효율적이다. 또한 혁신적인 사업을 하는 데 매우 유익하다. 애드호크라시 단점은 구성원들 간에 갈등이 일어날 가능성이 크다. 즉 명백하게 역할을 규정하지 않기 때문에 역할갈등을 일으킬 가능성이 크다. 애드호크라시 조직형태로 가장 많이 소개되는 것은 매트릭스 조직과 태스크 포스, 팀형 조직, 위원회조직 그리고 동료형 조직 등이다.

3. 조직형태

조직구조의 형태는 분류기준에 따라 다양하게 제시할 수 있다. 분류기준으로는 복잡성, 집권성과 분권성, 공식성 그리고 기타 기준 등을 들 수 있다. 여기서는 공식성에 따라 공식조직과 비공식조직, 그리고 조직의 분업화인 조직업무 수행관계에 따라 계선조직과 참모조직으로 구분하고자 한다.

가. 공식조직과 비공식조직

공식조직(formal organization)은 조직목표를 달성하기 위해 법령이나 정관 등에 의해 공식적으로 업무와 역할을 할당하고, 권한과 책임을 부여하는 조직이다.

비공식조직(informal organization)은 구성원 상호 간의 접촉이나 친근 관계로 인해 형성되는 조직으로서 구조가 명확하지 않은 조직인데 비공식집단으로 표현되기도 한다. 공식조직은 인위적·문서화·조직 지향·능률의 논리·가시적·체제적 질서를 특성으로 하는 데 반해, 비공식조직은 자연적·비문서화·개인 지향·감정의 논리·불가시적·부분적 질서를 특징으로 한다. 비공식조직이 공식조직 내에서 어떤 역할과 기능을 행사하는지 살펴보면, 비공식조직은 구성원들에게 심리적으로 안정감을 누릴 수 있게 하고, 조직 구성원들에게 서로의 행동 기준을 제시해 줄 수 있다. 그리고 융통성과 느슨함을 통해 계층제의 경직성을 완화해 준다. 또한 공식적 의사소통을 통해 보완함으로써 의사소통을 좀 더 원활하게 한다. 다음으로 비공식조직의 역기능을 보면 그것은 부분적 이익을 강조해 정실 행위가 만연하며, 구성원 간에 적대 감정을 부추기고 유언비어 등 헛소문을 퍼뜨리는 등 전체적 질서를 해칠 수 있다. 때로는 비공식조직 간에 갈등과 대립이 격화해 전체 조직의 분위기가 크게 손상될 때가 있다. 이런 경우에는 주로 조직 내의 자원의 할당이나 인사 문제에서 비롯된다.

특히 해양경찰은 업무의 특수성으로 인하여 과거의 인맥, 군대 관계, 출신 학교, 출신 지역, 혈연 등으로 인해 비공식 조직이 형성될 가능성이 많이 존재한다. 그런데 비공식조직을 완전히 제거한 것은 비경제적이고 무모하다. 따라서 비공식조직에 대한 적절한 통제와 지휘감독이 요청된다. 비공식조직을 통제하려면 먼저 그것의 존재 유무를 확인해야 한다. 다음으로 비공식조직 활동을 분석한 뒤 그것이 공식조직의 활동을 방해하는지 기여하는지 구분해야 한다. 그런 다음에 비우호적인 비공식 지도자를 발견해 통제하는 것이 효율적이다. 한국의 조직에서 비공식조직은 긍정적 측면과 부정적 측면이 공존한다. 특히 정적문화의 유산으로 인해 지연·혈연·학연 등 귀속적 요인들에 의해 비공식 조직이 인사 부문에 많은 영향을 주고 있으므로 조직의 관리자는 비공식조직의 기능을 존중하고 인정하면서도 그 폐해를 최소화할 수 있는 인간관계적 노력이 요구된다.

나. 계선조직과 참모조직

계선조직(line organization)이란 상하의 명령-복종관계를 가진 수직적·계층적 구조의 계열을 형성하는 것으로 조직의 근간을 이루고 있다. 예컨대 중앙행정기관의 경우 장관-차관-국장-과장-담당 순으로, 기업의 경우 사장-부사장-전무이사-이사-부장-차장-과장으로 이어지는 것이 그것이다. 한편 참모조직(staff organization)은 막료조직이라고 하는데, 계선조직이 그 기능을 원활하게 수행할 수 있도록 지원, 조성, 그리고 촉진하는 조직으로서 자문, 권고, 협의, 조정, 정보의 수집과 분석, 연구, 기획과 통제, 인사, 회계, 법무, 공보, 조달 등의 기능을 행사한다. 예컨대 총무과, 차관보, 기획관리실, 담당관, 비서관, 각종 정책자문회의, 교육기관, 연구소 등이 그것이다.

계선조직의 장점으로는 권한과 책임의 한계가 명확하며, 활동이 매우 신속하고 능률적이며, 조직의 안정성을 확보해 준다. 한편 계선조직의 단점은 계선조직의 장이 독단적인 의사결정을 할 수 있으며 전문지식의 활용이 제한된다는 점이다. 계선조직은 소규모 조직에 적합하다. 그리고 참모조직의 장점은 기관장의 통솔의 범위를 확대시키고, 수평적 업무의 조정이 용이하며, 전문지식을 합리적으로 이용할 수 있고, 조직의 신축성과 동태성을 확보해 준다. 참모조직의 단점으로는 참모는 최종적인 책임을 지지 않으며 의사전달상에 혼란이 있을 수 있다. 참모조직은 대규모 조직에 적합하다. 해양경찰은 계선조직(경비국, 구조안전국 등)과 참모조직(기획재정담관, 인사담당관, 교육담당관 등)이 혼합된 조직이다.

4. 조직행위

가. 조직과 조직인의 관계

'조직'은 자신의 유지와 보존 그리고 성장과 발전을 도모하려 하며, 조직을 통해 조직의 생산적 목표를 달성하고자 한다. 조직을 구성하는 변수 중 '조직인'은 조직구조와 함께 가장 중요한 비중을 차지해 왔다. 조직인은 조직의 구성원이면서도 조직을 실질적으로 운영하고 관리하는 인자(因子)이기 때문이다. 조직 속의 개인 역시 조직에서 개인의 욕구나 목표를 달성하려 한다. 강조해 표현하면 '조직'은 조직의 목표 달성을 극대화하려는 경향을 보이는 데 반해 '조직인'은 개인의 욕구 만족을 극대화하려는 경향이 있다. 따라서 조직 속에서 조직목표와 개인목표는 서로 갈등과 대립의 관계가 있다고 생각될 수 있으나 반드시 그렇지만은 않고 서로 조화·공존의 관계도 있다고 하였다(민진, 2018: 180).

나. 동기부여

조직관리에서 개인적 특성을 살펴보는 중요한 이유는 조직인의 동기를 유발해 직무수행 수준을 높임으로써 조직의 효과성을 높이려는 것이다. 왜냐하면 인간이 일정한 행동을 하도록 하는 근원이 바로 동기(motive)이기 때문이다. 동기는 인간이 행동하도록 촉발하고 그 방향을 설정하고 지속시키는 정신적인 힘 또는 정신작용의 과정을 말한다. 동기를 부여하는 방법은 여러 가지이고 이론도 다양하지만 여기서는 동기부여에 관한 접근 방법들을 동기부여의 내용이론과 과정이론으로 구분해 설명하기로 한다.

내용이론은 동기를 유발하는 원인의 내용을 설명하는 것으로 욕구이론인 머슬로(A. H. Maslow)의 욕구 5단계설, 허즈버그(F. Herzberg)의 욕구충족이원론이 그 중심을 이룬다. 과정이론은 어떤 과정을 거쳐서 어떻게 동기가 유발되는가를 설명하며 이 과정에 관여하는 변수들 간에 어떤 상호작용이 있는지에 관한 이론으로 브룸(Vroom)의 기대이론, 애덤스(J. S. Adams)의 공정성이론 등을 들 수 있다.

다. 조직인의 욕구

조직인의 욕구란 성격과 더불어 동기부여이론의 기초를 이루고 있다. 인간은 자신의 욕구를 충족시키기 위해 행동하며 자신의 욕구충족과 관련이 없는 일들은 가능한 한 회피한다. 욕구가 충족되면 만족하고 욕구가 충족되지 않으면 불만족한다. 욕구(needs)란 인간이 어떤 시점에서 지각하는 결핍에서 비롯된 필요 또는 갈망이다(Aldag & Kuzuhara, 2002). 욕구는 강한 것도 있고 약한 것도 있으며, 일시적인 것 지속적인 것도 있다. 욕구는 힘을 만들어 내는 요인이다.

1) 머슬로의 욕구 5단계설

머슬로(Maslow, 1970)는 인간의 욕구가 단계를 이루고 있다고 한다. 그가 제시한 욕구 5단계는 ①생리적 욕구 ②안전의 욕구 ③사회적 욕구 ④존경의 욕구 ⑤자아실현의 욕구인데, 이들은 순차적으로 발현된다. 즉 생리적 욕구가 어느 정도 충족되어야 안전의 욕구가 나타나는 식으로 차상위의 욕구가 나타나고 충족된다. 생리적 욕구가 가장 하위의 동물적 욕구라면 자아실현욕구는 가장 상위의 인간의 욕구다. 그리고 일단 충족된 욕구는 동기유발 요인으로서 의미를 상실한다(민진, 2018: 192).

이들 욕구를 간단히 설명하면 다음과 같다.

가) 생리적 욕구 : 인간이 삶을 영위하는데 가장 필수적인 욕구로서 의식주에 관한 욕구, 호흡·배설·성생활 등에 관한 욕구를 들 수 있다.

나) 안전의 욕구 : 공포나 혼란으로부터 오는 정신적·육체적 위험으로부터의 보호, 경제적·사회적 안정의 지속, 현재 상태의 보전 등과 관련된 욕구다.

다) 사회적 욕구(애정의 욕구) : 가족·친구·애인·동료 등 이웃과 친근하게 사랑을 나누면서 살고자 하는 욕구와 어느 집단·조직·사회에 속하고자 하는 욕구다.

라) 존경의 욕구 : 다른 사람들로부터 인정을 받고자 하고 스스로 긍지나 자존심을 가지려 하는 욕구를 뜻한다.

마) 자아실현 욕구 : 자신의 잠재력을 최대한 이용하고 발휘하며 개발하고, 자신의 이상이나 목표를 실현하려는 욕구다.

2) 허즈버그의 욕구충족요인 이원론

허즈버그(F. Herzberg)는 조직에서 불만족요인과 만족요인을 구분하면서 불만족스러운 요인이 해소되었다고 해서 꼭 만족의 상태에 이르는 것이 아니라고 한다. 그리고 불만족요인을 위생요인으로, 만족요인을 동기부여요인으로 지칭하기 때문에 그의 이론은 동기위생 요인이론이라고 불리기도 한다.

불만족요인(위생요인)은 조직 구성원의 불만을 야기하는데 작용하는 요인으로, 대체로 그들이 일하는 근무환경에 관련되며, 구체적으로는 정책·임금·근로조건·감독자와의 관계·동료와의 관계 들이 포함된다. 따라서 불만요인을 제거한다고 해서 만족을 보장하는 것은 아니다. 만족요인(동기부여요인)은 그들이 담당하는 직무의 성취·인정·업무 자체·책임·승진 등에 관련된 것으로 직무에 흥미를 느끼고 몰입해 그것을 통해 자아실현이나 성취를 해야만 만족에 이른다는 것이다.

3) 브룸의 기대이론

브룸(Vroom, 1965)은 특정한 원인 행위와 결과 행위의 연결 가능성(즉 기대)과 결과 행위에 대한 선호도에 따라서 직무 수행상 동기부여의 정도가 결정된다고 한다. 예컨대 승진을 중요하다고 생각할 때 열심히 일을 하면 승진이 될 것이라는 기대(조직인 혼자 생각하는 주관적 확률임)에 따라서 일을 열심히 할 것이냐 말 것이냐가 결정된다는 것이다. 다시 말해 열심히 일해도 승진할 가능성이나 기회가 없다면 일할 의욕이 상실된다. 한편 조직인이 승진에 대해 중요하게 생각하지 않는다면 승진한다 하더라도 열심히 일할 의욕이 생기지 않는다. 따라서 동기의 강도는 기대(직무수행 노력과 승진·진보·보수인상·기타 혜택 정도나 가능성)와 선호(개인적 선호도나 가치)에 따라서 좌우되는 것이다.

4) 애덤스의 공정성이론

애덤스(J. S. Adams, 1965)는 개인의 행위는 타인과의 관계에서 공정성을 유지하는 방향으로 동기가 부여된다는 것이다. 여기서 공정성(equity)이란 자신의 투입과 산출과의 비율을 타인의 그것과 비교해 그들이 대등하면 공정하다고 지각하고, 대응하지 못하면 불공정을 느끼는 것이다. 이때 타인보다 상대적으로 적게 보상받는 과소 보상의 경우 개인은 부당하게 대우받는다고 느낄 것이며, 타인보다 상대적으로 많이 보상을 받는 과잉 보상의 경우 일종의 죄책감을 느낀다. 따라서 조직관리자는 조직들을 공정하게 보상해야 한다는 것이다.

5. 리더십과 조직문화

가. 리더십

리더십이란 리더가 일정한 상황에서 다른 구성원들로 하여금 조직이나 집단의 공통목표를 달성하는 데 영향력을 행사하는 모든 과정이다. 리더(leader, 지도자)는 lead(앞선다, 앞지른다, 지도한다, 선도한다)의 명사형으로 앞선 사람, 지도하는 사람, 선도하는 사람이란 뜻이다.

리더란 엄밀한 의미로 집단에서의 리더십(지도적 기능)이라는 관점에서 규정되어야 하며, 어떤 인기 있는 사람이나 대표자, 또는 문화영역의 권위자 등과는 구별되어야 한다. 일반적으로 리더는 목표관리, 종업원의 동기부여 및 목표 설정 시 조언, 조직 구성원들의 지속적인 행동을 이해해야 한다. 즉, 리더란 목표를 제시하고, 이 목표에 대해 구체적으로 설명하고 왜 이 목표를 달성해야 하는가를 의사소통을 통해 설득하고 납득시키며, 리더 자신이 그 목표달성을 위하여 솔선수범하여 열심히 일하는 것이라는 뜻이다. 결론적으로 리더십의 본질은 공동 목표를 달성하기 위하여 리더가 집단 또는 조직의 구성원들에게 영향을 미치는 과정이다. 이러한 리더십의 정의가 실현되려면 리더는 조직의 구성원들이 자원하여 목표 성취에 헌신하도록 동기를 부여해야 한다. 또한, 리더는 구성원들에게 활력소를 불어 넣으며, 탁월성을 추구하고, 조직을 발전시켜 나가야 한다.

리더의 역할로는 ①대인관계의 역할에서 조직의 대표로서의 역할, 리더로서의 역할, 연결자로서의 역할을 담당 ②리더로서의 역할은 조직을 관리하고 조직의 목표를 수행 ③연결자

(liaison)로서의 역할로는 외부와의 관계에서 조직의 내부와 연결을 수행 ④정보처리의 역할로는 정보를 모니터링하는 역할, 정보를 확산시키는 역할, 내부의 정보를 외부로 전할 때 대변인의 역할을 수행 ⑤의사결정 시 리더의 역할은 기업가 역할, 문제 해결자 역할, 자원 분배자 역할, 중재자 역할을 수행하는 역할을 해야 한다.

나. 조직문화

조직문화는 조직 구성원이 공유하는 가치관과 신념, 이념과 관습, 규범과 전통, 기술과 지식 등을 포함한 종합적인 개념으로서 조직 구성원과 조직체 전체의 행동에 영향을 주는 기본 요소이다. 최근 정부조직이나 기업의 경영 활동 중에서 조직문화가 중요한 요소로 등장한 것은 조직의 지속적인 존속을 위해서이다. 즉 환경 변화에 적응할 수 있는 조직만이 지속가능성을 가질 수 있으며, 이는 조직문화에 의해서 결정된다.

조직문화를 이해하는 데 가장 실질적인 도움을 주는 개념. 일본 기업과 미국 우수 기업의 조직문화 연구에서 제시되었는데, 조직문화를 구성하고 있는 일곱 가지의 중요 요소들이 모두 S자로 시작되기 때문에 조직 문화의 7S 개념으로 불린다.

① 가치 공유 (Shared value) : 조직체의 구성원 모두가 공동으로 소유하는 가치관, 이념, 전통 가치 등을 말한다. 가치 공유는 다른 조직 문화 구성 요소에 지배적인 영향을 주므로 조직 문화 형성에 가장 중요하다. ② 전략 (Strategy) : 조직체의 장기적인 방향과 기본 성격을 결정한다. 전략은 기업의 이념과 목적을 달성하기 위한 장기적인 방향을 제고함으로써 다른 조직 문화 구성 요소에 많은 영향을 준다. ③ 기술 (Skill) : 기술도 조직문화를 형성하고 있는 중요 요소로서 각종 기계 장치 및 첨단 산업 분야의 물리적 하드웨어 기술과 소프트웨어 기술을 포함한다. 그뿐만 아니라 구성원에 대한 동기부여와 행동 강화, 갈등 관리와 변화 관리, 목표 관리와 예산 관리 등 조직체 경영에 적용되는 관리 기술과 기법도 포함한다. ④ 구조 (Structure) : 조직체의 전략을 수행하는 데 필요한 틀로서 조직구조나 권한 관계 등을 포함한다. 구조는 관리 시스템과 더불어 구성원의 일상 업무수행과 행동에 많은 영향을 준다. ⑤ 관리 시스템 (System) : 조직체 경영의 의사결정과 일상 운영에 틀이 되는 관리제도 등 각종 시스템을 말한다. 보상 제도와 조정책, 경영 정보와 의사 결정 시스템, 경영 계획과 목표 설정 시스템 등 경영 각 분야의 경영 관리 제도와 절차를 포함한다. ⑥ 구성원 (Staff) : 조직 문화는 조직체 구성원의 행동을 통하여 실제로 나타난다. ⑦ 리더십 스타일 (Style) : 구성원을 이끌어 나가는 전반적인 조직 관리 스타일로써 구성원의 행동 조성과 상호 관계, 기업의 조직 분위기에 직접적인 영향을 주는 중요 요소이다.

조직문화의 기능으로는 조직문화는 기업의 밑바닥에 내재되어 있는 정신적 기반으로써 구성원의 사고와 행동에 방향과 힘을 주는 역할을 한다. 따라서 조직문화는 강하든 약하든 긍정적이든 부정적이든 조직의 전반에 걸쳐 영향을 미치며 그 결과는 장기적으로 기업의 성과를 좌우할 수 있다.

1) 조직문화는 조직 내의 구성원에게 일제감(identity)과 정체성(sense of identity)을

부여한다. 이와 같은 일체감과 정체성은 외부 상황이 급변할 때 조직 구성원의 결속력을 강화시켜 주고 일체화된 조직으로 뭉치게 하는 힘이 된다.

2) 조직문화는 개인보다는 조직 전체의 전념도(commitment)를 높이게 한다. 조직의 전념도란 조직 구성원이 조직에 대해 갖게 되는 충성심과 조직의 목표를 달성하기 위해 자신의 모든 노력과 능력을 기꺼이 바치고자 하는 마음 자세를 의미하는데, 일단 조직에 소속하게 되면 시간이 지남에 따라 동질감을 느끼게 되고 공유의식과 문화의 수용은 집단의 번영 내지는 영속적 활동을 위해 전념하도록 만들어 준다.

3) 조직문화는 조직 전체의 안정성을 높여 준다. 강한 조직문화를 보유한 조직은 조직의 전념도가 향상되며 따라서 결근율과 이직률이 줄어들며 구성원의 사기는 증대된다. 이와 같은 조직의 안정적인 상태는 구성원의 단결심과 일체감을 높여준다.

4) 조직문화는 구성원에게 상징적인 의미를 부여하여 행동의 지침을 제공한다. 일반적으로 특별한 문제가 없는 경우 평소 해왔던 방식으로 일을 처리하며, 또한 위기 상황에 닥쳤을 때에는 공유된 문화가 해야 할 것과 하지 말아야 할 것에 대해 해답을 제공해 준다.

6. 정책

가. 의의

정책(public policy)이란 개념에 대해서도 학자들 간의 일관된 정의는 존재하지 않지만 대체적으로 정책 학자들은 정책을 "정책문제를 해결하기 위하여 정부가 달성하여야 할 목표와 그것의 실현을 위한 행동방안에 관한 지침"으로 보고 있다(남궁근, 2012: 15). 또한 "바람직한 사회 상태를 이룩하려는 정책목표와 이를 달성하기 위한 정책수단에 대하여 권위 있는 정부기관이 공식적으로 결정한 기본방침"으로 정의하고 있다(정정길, 2002: 52).

이상의 개념 정의를 바탕으로 해양경찰 정책이란 해양에서의 경찰 및 오염방제에 관한 기능을 달성하기 위해서 해양경찰기관에 의하여 권위 있게 결정된 기본방침을 의미한다고 할 수 있다. 이러한 설명을 기초로 정책의 개념을 상세하게 확장시키면 다음과 같이 정의할 수 있다. "정책은 현재 일어나고 있는, 혹은 일어날 사회문제를 해결하거나 완화하기 위하여 정부가 내리는 중대한 결정"을 의미한다.

나. 정책의 구성요소

1) 정책목표

정책목표(policy goals)란 정책을 통하여 달성하고자 하는 바람직한 미래 상태이다. 모든 정책은 정책목표를 갖고 있다. 정책목표 역할은 정책형성 과정과 정책집행 과정에서 지침을 제공하고 정책평가 과정에서 소기의 정책목표가 얼마나 달성되었는지에 대한 평가기준을 제공하는 데 있다.

2) 정책수단(정책도구)

정책수단(policy means)이란, 정책목표를 달성하기 위하여 정부가 사용되는 각종 방안(수단)을 의미한다. 정책수단은 국민들의 이해관계에 직접 영향을 미친다는 점에서 구성요소들 중 가장 중요하며, 정책수단의 선택을 둘러싼 이해관계집단들 간의 갈등이 심하다

3) 정책대상집단(policy target group)

정책대상자 내지 정책대상집단은 정책을 통하여 어떠한 형태로든 혜택을 받는 수혜집단과 정책으로 인하여 손해를 입는 피해 집단(정책비용부담집단)으로 구분해 볼 수 있다.

다. 정책과정(policy process)

1) 정책의제설정

정책의제설정(agenda setting)이란 사회문제가 정책문제로 전환되는 과정 또는 행위를 의미한다. 즉, 정책의제설정이란 사회에 있는 개인 및 집단의 요구들이 정부의 진지한 관심 대상으로 전환되어 가는 과정으로서, 정부가 사회문제를 정책적으로 해결하기 위하여 심각하게 검토하기로 결정하는 행위 또는 과정을 의미하는 것이다.

가) 의제설정과정

사회문제가 정책문제로 채택되는 데에는 여러 단계를 거치게 된다. 일반적으로 정책의제설정과정을 '사회문제→사회적 이슈→공증의제→공식의제'단계로 채택되어 종결된다고 설명한다.

나) 정책분석의 절차(합리적인 정책결정의 단계)

'어떻게 하면 보다 바람직한 정책을 결정할 것인가?'바람직한 정책결정이 무엇인가? 합리주의자들은 합리적·분석적 정책결정이 바람직하다고 주장하지만, 점증주의자들은 점증적 정책결정이 바람직하다고 주장한다. 여기서는 합리적·분석적 정책결정을 바람직한 정책결정이라고 부르기로 한다. 합리적인 정책결정의 단계는 '정책문제의 분석과 정책목표의 설정→정책대안의 탐색과 개발→정책대안의 결과예측→정책대안의 비교·평가→정책결정(최적대안의 선택)'순이다.

2) 정책결정

정책결정은 어떤 문제의 해결 또는 목표달성을 위해 정부가 정책분석을 통해 제시된 여러 대안 가운데 하나를 선택하는 과정이다. 정책대안의 비교, 평가를 수반 하고 평가기준을 무엇으로 선정하느냐에 따라 선택되는 대안이 달라질 수 있다. 먼저 실현 가능성을 따져본 후 실현 가능성이 없거나 낮은 정책대안은 버리고, 나머지 대안 가운데 가장 바람직한 대안을 선택하는 기준은 궁극적으로 공익이다. 그러나 공익이란 개념은 너무 애매모호하고 추상적이어서 실제 적용에 한계가 있어 좀 더 구체적인 능률성, 효과성, 공평성(형평성) 등의 기준

이 많이 활용된다. 보통 재정사업은 경제성을 따지는데 이를 위한 분석 도구가 비용·편익분석(cost-benefit analysis)이나 비용·효과분석(cost-effectiveness analysis)이다. 그러나 현실에서의 정책결정은 합리적·분석적 정책결정의 절차나 논리를 그대로 따르기 어렵다. 이유는 정책결정자(대통령, 해양수산부장관, 해양경찰청장 등)의 능력부족이나 잘못된 가치관, 편견, 권위주의, 그리고 정치적 활동이 복합적으로 작용하여 정책결정이 이루어다. 정책결정을 설명하기 위한 다양한 이론 모형들이 많아 어느 한 가지 기준에 의해서 분류하고 설명하기는 매우 어렵다. 모형으로는 ① 합리모형(rational model) ② 만족모형(satisfaction model) ③ 점증모형(incrementalism) ④ 혼합주사모형(mixed-scanning model) ⑤ 최적모형(optimal model) ⑥ 조직모형 ⑦ 회사모형 ⑧ 쓰레기통 모형(garbage can model) ⑨ 앨리슨 모형 등이 있다.

3) 정책집행(policy implementation)

정책집행이란 일련의 전체 정책 과정 가운데 정책결정과 정책평가단계 사이에서 이루어지는 실천적 단계로서, 정책내용을 구체화하기 위한 실현 활동으로 이해할 수 있다. 즉, 권위있게 결정된 정책내용을 실현하는 활동 또는 과정을 말한다.

4) 정책평가

정책이란 공공문제를 해결하기 위한 정부의 활동이다. 정부의 활동은 공공문제를 해결한다는 목표지향적인 성격을 지니고 있다. 그런데 정부의 활동은 국민의 세금으로 이루어지고 정책비용이 수반된다. 따라서 정부의 활동인 정책이 정당성을 지니기 위해서는 과연 정책이 당초 기대한 성과를 제대로 달성하였는지의 여부를 확인해 보아야 한다. 정책이 좋은지 나쁜지를 비판적으로 검토하는 활동이 바로 정책평가이다. 평가기준의 종류로는 효과성, 능률성, 형평성, 대응성, 적절성, 충분성 등이 일반적인 기준이다.

5) 정책변동

정책과정은 정책의제설정, 정책결정, 정책집행 및 정책평가 등 단계로 구분해 보았는데 이러한 단계의 정책과정에서 일어나는 정책 활동들은 상호 간에 영향을 미치기 때문에 정책과정은 순환적이고 동태적이며 복합적인 과정이다. 즉, 정책과정의 각 단계에서 일어나는 정책 활동들은 다양한 정보를 산출하고, 이러한 정보는 다른 정책 활동에 영향을 미친다. 가령, 정책집행단계에서 예상치 못한 문제들에 부딪치게 되면 이를 해결하기 위해 정책지침을 다시 수정·보완하게 되고, 정책평가과정에서 도출된 정보를 토대로 정책이 종결된다든가 아니면 집행전략이 달라지게 된다. 이처럼 정책과정의 모든 단계에서 산출된 정보들은 전단계로 환류되어 정책 활동의 변화를 야기하는데, 이러한 과정을 통해 정책은 변동하게 된다. 넓은 의미의 정책변동은 정책의 혁신, 정책의 유지, 정책의 승계, 정책의 종결 등으로 구분해 볼 수 있다.

제4절 해양경찰 복무

1. 복무의 본질

복무란 해양경찰관으로서 맡은 바 직무에 복종함에 관한 상태를 포괄하는 의미로서 해양경찰관의 복무는 법령에 근거를 두고 있으며, 경찰공무원법・경찰공무원 복무규정・국가공무원 복무규정 등에 규정하고 있다. 경찰 활동은 국민의 생명과 재산을 보호하고 공공의 안녕과 질서를 유지하기 위하여 실력을 행사하는 작용이므로, 경찰관의 복무규율 확립이 특별히 강조되고 있다.

「헌법」 제7조제1항에 공무원은 국민 전체에 대한 봉사자이며 국민에 대하여 책임을 진다. 또한 제2항에 공무원의 신분과 정치적 중립성은 법률에 정하는 바에 의하여 보장된다고 하였고, 이와 같은 기본원칙에 입각하여 「경찰관 직무집행법」 제1조제2항에 경찰관의 직권은 그 직무수행에 필요한 최소한도 내에서 행사되어야 하며 이를 남용하여서는 아니 된다고 규정하였고, 「국가공무원복무규정」[82]에 의하여 공무원의 근무기강확립 등이 복무의 본질 즉 복무제도의 기본 지도원리가 되고 있다. 해양경찰은 그 직무를 수행할 때 국민 전체에 대한 봉사자로서 공정・중립을 지켜야 하고, 헌법과 법률에 따라 국민의 자유와 권리를 존중하며, 부여된 권한을 남용하여서는 아니 된다(해양경찰법 제3조). 해양경찰관이 일반 공무원과 구별되는 것은 해양경찰관의 직무집행에는 실력을 행사하여 국민의 자유를 제한하는 데 있다. 따라서 해양경찰관은 규율을 생명으로 하여 일사불란한 지휘계통을 엄수하고 그 직무를 민주적이며 능률적으로 수행하지 않으면 안 된다. 그러기 위해서는 해양경찰관은 항상 인격의 함양에 힘써야 할 것이다.

2. 복무상 의무・책임

공무원은 일반 국민으로서 지위와 국가기관의 구성원으로서 지위의 이중적 지위를 가진다. 따라서 공무원은 국민의 지위에서 권리와 의무를 가짐은 물론 국가기관의 구성원으로서 국가의 사무를 성실히 수행할 의무와 책임을 진다.

가. 선서의 의무

국가공무원법 제55조 및 국가공무원 복무규정 제2조제1항에 공무원은 취임할 때 소속 기관장 앞에서 선서를 해야 한다. 해양경찰관은 소정의 신규교육기간을 마치고 해양경찰관으

82) 「국가공무원 복무규정」 제3조(근무기강의 확립) ① 공무원은 법령과 직무상 명령을 준수하여 근무기강을 확립하고 질서를 존중하여야 한다. ② 공무원(「국가공무원법 제3조제3항의 공무원의 범위에 관한 규정」에 따른 공무원은 제외한다)은 집단・연명으로 또는 단체의 명의를 사용하여 국가의 정책을 반대하거나 국가정책의 수립・집행을 방해해서는 아니 된다.

로 임용된 때에는 국가공무원법에 의하여 각 소속기관장 앞에서 다음과 같이 선서를 하여야 한다.

> **선 서**
>
> 나는 대한민국 공무원으로서 헌법과 법령을 준수하고, 국가를 수호하며, 국민에 대한 봉사자로서의 임무를 성실히 수행할 것을 엄숙히 선서합니다.

나. 성실의 의무

모든 공무원은 법령을 준수하며 성실히 직무를 수행하여야 한다(국가공무원법 제56조).

다. 직무상의 의무

〈표 4-3〉 공무원 직무상 의무

<table>
<tr><th colspan="2">의무</th><th>내용</th></tr>
<tr><td colspan="2">복종의 의무</td><td>공무원은 직무를 수행할 때 소속 상관의 직무상 명령에 복종하여야 한다(국가공무원법 제57조).</td></tr>
<tr><td colspan="2">친절공정의 의무</td><td>공무원은 국민 전체의 봉사자로서 친절하고 공정하게 직무를 수행하여야 한다(동법 59조).</td></tr>
<tr><td colspan="2">종교중립의 의무</td><td>① 공무원은 종교에 따른 차별 없이 직무를 수행하여야 한다.
② 공무원은 소속 상관이 제1항에 위배되는 직무상 명령을 한 경우에는 이에 따르지 아니할 수 있다(동법 제59조의 2).</td></tr>
<tr><td rowspan="2">직무 전념 의무</td><td>직장이탈 금지</td><td>① 공무원은 소속 상관의 허가 또는 정당한 사유가 없으면 직장을 이탈하지 못한다(동법 58조).
② 수사기관이 공무원을 구속하려면 그 소속기관의 장에게 미리 통보하여야 한다. 다만, 현행범은 그러하지 아니하다(동법 제58조제2항).</td></tr>
<tr><td>영리업무 및 겸직금지</td><td>공무원은 공무 외에 영리를 목적으로 하는 업무에 종사하지 못하며 소속 기관장의 허가 없이 다른 직무를 겸할 수 없다(동법 제64조)</td></tr>
<tr><th colspan="3">경찰공무원법상의 의무</th></tr>
<tr><td colspan="2">거짓보고 등의 금지</td><td>① 경찰공무원은 직무에 관하여 거짓으로 보고나 통보를 하여서는 아니 된다.
② 경찰공무원은 직무를 게을리하거나 유기(遺棄)해서는 아니 된다(경찰공무원법 제24조).</td></tr>
<tr><td colspan="2">지휘권 남용 등의 금지</td><td>전시·사변, 그 밖에 이에 준하는 비상사태이거나 작전수행 중인 경우 또는 많은 인명 손상이나 국가재산 손실의 우려가 있는 위급한 사태가 발생한 경우, 경찰공무원을 지휘·감독하는 사람은 정당한 사유 없이 그 직무 수행을 거부 또는 유기하거나 경찰공무원을 지정된 근무지에서 진출·퇴각 또는 이탈하게 하여서는 아니 된다(동법 제25조).</td></tr>
<tr><td colspan="2">제복 착용의 의무</td><td>경찰공무원은 제복을 착용하여야 한다(동법 제26조제1항).</td></tr>
</table>

라. 신분상의 의무

〈표 4-4〉 공무원 신분상 의무

비밀 엄수의 의무	공무원은 재직 중은 물론 퇴직 후에도 직무상 알게 된 비밀을 엄수(嚴守)하여야 한다(국가공무원법 제60조). * 비밀누설은 징계사유가 될 뿐만 아니라 형사상 피의사실 공표죄 및 공무상 비밀누설죄를 구성한다.
청렴의 의무	① 공무원은 직무와 관련하여 직접적이든 간접적이든 사례·증여 또는 향응을 주거나 받을 수 없다. ② 공무원은 직무상의 관계가 있든 없든 그 소속 상관에게 증여하거나 소속 공무원으로부터 증여를 받아서는 아니 된다(동법 제61조).
품위유지 의무	공무원은 직무의 내외를 불문하고 그 품위가 손상되는 행위를 하여서는 아니 된다(동법 제63조).
외국 정부의 영예 등을 받을 경우	공무원이 외국 정부로부터 영예나 증여를 받을 경우에는 대통령의 허가를 받아야 한다(동법 제62조).
정치 운동의 금지	① 공무원은 정당이나 그 밖의 정치단체의 결성에 관여하거나 이에 가입할 수 없다. ② 공무원은 선거에서 특정 정당 또는 특정인을 지지 또는 반대하기 위한 행위를 하여서는 아니 된다. ③ 공무원은 다른 공무원에게 위배되는 행위를 하도록 요구하거나, 정치적 행위에 대한 보상 또는 보복으로서 이익 또는 불이익을 약속하여서는 아니 된다(동법 제65조).
집단행위의 금지	공무원은 노동운동이나 그 밖에 공무 외의 일을 위한 집단 행위를 하여서는 아니 된다. 다만, 사실상 노무에 종사하는 공무원은 예외로 한다(동법 제66조).

마. 해양경찰공무원의 책임

해양경찰공무원이 그 의무에 위반함으로써 법률상의 제재 또는 불이익을 받게 되는 것으로는 행정상의 책임, 형사상의 책임, 민사상의 책임으로 나누어진다.

〈표 4-5〉 해양경찰공무원의 책임

구분	내 용
행정상의 책임	◈징계책임 해양경찰공무원의 의무위반에 대하여 공법상의 특별권력관계의 내부 질서유지를 위하여 과하는 제재이다(국가공무원법 제78조제1항) ◈변상책임 해양경찰공무원이 고의 또는 중과실로 의무를 위반함으로써 『국가배상법』에 의한 변상책임과 『회계관계직원 등의 책임에 관한 법률』에 의한 변상책임으로 구분됨.

형사상의 책임	해양경찰공무원의 행위가 공무원으로서 의무위반에 그치지 않고 일반 사회법익을 침해한 경우에 형사상의 책임을 진다.
민사상의 책임	공무원이 직무상 불법행위로 개인에게 재산상의 손해를 가한 경우에 공무원에게 고의 · 중과실이 있는 경우에는 국가구상에 의해 변상책임이 있다.

3. 경찰공무원의 복무규정

경찰공무원의 복무를 일반적으로 규율하기 위한 일반규정으로서 「경찰공무원 복무규정」[83] 이 있는바, 주요 내용은 제1장 총칙, 제2장 복무자세, 제3장 복무 등, 제4장 사기진작 및 휴가, 제5장 보칙 등으로 되어 있다. 이 규정은 경찰공무원으로 복무하는 데 있어서 사고 및 행동의 기본지침 및 근본이념을 말하며 경찰관은 다음의 기본강령에 따라 복무하여야 한다.

〈표 4-6〉 경찰공무원 기본강령

구 분	기본강령의 내용
경찰사명	경찰공무원은 국가와 민족을 위하여 충성과 봉사를 다하며, 국민의 생명 · 신체 및 재산을 보호하고, 공공의 안녕과 질서를 유지함을 그 사명으로 한다.
경찰정신	경찰공무원은 국민의 수임자로서 일상의 직무수행에 있어서 국민의 자유와 권리를 존중하는 호국 · 봉사 · 정의의 정신을 그 바탕으로 삼는다.
규율	경찰공무원은 법령을 준수하고 직무상의 명령에 복종하며, 상사에 대한 존경과 부하에 대한 신애로써 규율을 지켜야 한다.
단결	경찰공무원은 주어진 사명을 다하기 위하여 긍지를 가지고 한마음 한뜻으로 굳게 뭉쳐 임무수행에 모든 역량을 기울여야 한다.
책임	경찰공무원은 창의와 노력으로써 소임을 완수하여야 하며, 직무수행의 결과에 대하여 책임을 진다.
성실·청렴	경찰공무원은 성실하고 청렴한 생활 태도로 국민의 모범이 되어야 한다.

가. 복무자세

경찰공무원은 고운 말을 사용하도록 노력하여야 하며, 국민에게 겸손하고 친절하여야 하고, 상 · 하급자 및 동료 간에도 서로 예절을 지켜야 한다. 그리고 용모와 복장을 단정히 하여 품위를 유지하고, 사무실과 그 주변 환경을 항상 깨끗하게 정리 · 정돈하여 명랑한 분위기를 유지하여야 한다. 또한 경찰공무원은 공 · 사생활을 막론하고 국민의 모범이 되어야 하며, 다음과 같이 행동하여야 한다. ① 상 · 하급자 및 동료를 비난 · 악평하거나 서로 다투는

83) 대통령령 제31380호, 2021. 1. 5., 타법개정] 참조.

행위를 하여서는 아니 되며, 항상 협동심과 상부상조의 동료애를 발휘하여야 한다. ② 경솔하거나 난폭한 행동을 하여서는 아니 되며, 항상 명랑·활달하여야 한다. ③ 건전하지 못한 오락행위를 하여서는 아니 된다.

나. 복무

1) 지정장소 외에서의 직무수행금지

경찰공무원은 상사의 허가를 받거나 그 명령에 의한 경우를 제외하고는 직무와 관계없는 장소에서 직무수행을 하여서는 아니 된다.

2) 근무시간 중 음주금지

경찰공무원은 근무시간 중 음주를 하여서는 아니 된다. 다만, 특별한 사정이 있는 경우에는 예외로 하되, 이 경우 주기가 있는 상태에서 직무를 수행하여서는 아니 된다.

3) 민사 분쟁에의 부당개입금지

경찰공무원은 직위 또는 직권을 이용하여 부당하게 타인의 민사 분쟁에 개입하여서는 아니 된다.

4) 상관에 대한 신고

경찰공무원은 신규채용·승진·전보·파견·출장·연가·교육훈련기관에의 입교 기타 신분관계 또는 근무관계 또는 근무관계의 변동이 있는 때에는 소속 상관에게 신고를 하여야 한다.

5) 보고 및 통보

경찰공무원은 치안상 필요한 상황의 보고 및 통보를 신속·정확·간결하게 하여야 한다.

6) 여행의 제한

경찰공무원은 휴무일 또는 근무시간외에 2시간 이내에 직무에 복귀하기 어려운 지역으로 여행을 하고자 할 때에는 소속 경찰기관의 장에게 신고를 하여야 한다. 다만, 치안상 특별한 사정이 있어 경찰청장, 해양경찰청장 또는 경찰기관의 장이 지정하는 기간 중에는 소속경찰기관의 장의 허가를 받아야 한다.

7) 비상소집

가) 경찰기관의 장은 비상사태에 대처하기 위하여 필요하다고 인정할 때에는 소속경찰공무원을 긴급히 소집(이하 "비상소집"이라 한다)하거나 일정한 장소에 대기하게 할 수 있다.

나) 제1항의 규정에 의한 비상소집의 요건·종류·절차 등에 관하여 필요한 사항은 경찰청장 또는 해양경찰청장이 정한다.

8) 특수근무자의 근무수칙 등

가) 경찰청장 또는 해양경찰청장은 대간첩작전을 주 임무로 하는 경찰공무원, 해양경찰

청의 해상근무경찰공무원, 경찰기동대의 대원 기타 특수근무경찰공무원에 대한 근무 수칙·내무생활 기타 복무에 관하여 필요한 사항을 따로 정하여 실시할 수 있다.

나) 경찰청장 또는 해양경찰청장은 필요하다고 인정할 때에는 제1항의 규정에 의한 복무에 필요한 사항의 일부를 당해 경찰기관의 장이 정하여 실시하게 할 수 있다.

다. 사기진작 및 휴가 등

1) 사기진작

경찰기관의 장은 소속 경찰공무원에 대한 인사상담·고충처리 기타의 방법으로 직무의욕을 고취시키고 사기진작에 노력하여야 한다.

2) 건강관리

가) 경찰기관의 장은 소속 경찰공무원의 건강유지와 체력향상에 관한 보건대책을 강구하여야 한다.

나) 경찰공무원은 항상 보건위생에 유의하여 건강을 유지하고 체력을 증진하는데 노력하여야 한다.

3) 포상휴가

경찰기관의 장은 근무성적이 탁월하거나 다른 경찰공무원의 모범이 될 공적이 있는 경찰공무원에 대하여 1회 10일 이내의 포상휴가를 허가할 수 있다. 이 경우의 포상휴가 기간은 연가일수에 산입하지 아니한다.

4) 연일근무자 등의 휴무

경찰기관의 장은 특별한 사정이 없는 한 다음과 같이 휴무를 허가하여야 한다.

가) 연일근무자 및 공휴일근무자에 대하여는 그 다음날 1일의 휴무

나) 당직 또는 철야근무자에 대하여는 다음 날 오후 2시를 기준으로 하여 오전 또는 오후의 휴무

4. 해양경찰공무원 행동강령[84]

가. 공정한 직무수행

1) 공정한 직무수행을 해치는 지시에 대한 처리

공무원은 상급자가 자기나 타인의 부당한 이익을 위하여 공정한 직무수행을 현저하게 해

84) 해양경찰청 공무원 행동강령 [해양경찰청훈령 제297호, 2022. 9. 21. 일부개정]. 이 행동강령은 「부패방지 및 국민권익위원회의 설치와 운영에 관한 법률」 제8조 및 「공무원 행동강령」 제24조에 따라 해양경찰청 소속 공무원이 지켜야 할 행동 기준을 규정하는 것을 목적으로 한다.

치는 지시를 하였을 때에는 그 사유를 그 상급자에게 서면 또는 전자우편 등의 방법으로 소명하고 그 지시에 따르지 아니하거나, 서면 또는 전자우편 등으로 "행동강령책임관"과 상담할 수 있다.

2) 특혜의 배제

공무원은 직무를 수행함에 있어 지연·혈연·학연·종교 등을 이유로 특정인에게 특혜를 주거나 특정인을 차별하여서는 아니 된다.

3) 예산의 목적 외 사용 금지

공무원은 여비, 업무추진비 등 공무 활동을 위한 예산을 목적 외의 용도로 사용하여 소속기관에 재산상 손해를 입혀서는 아니 된다.

4) 정치인 등의 부당한 요구에 대한 처리

공무원은 정치인이나 정당 등으로부터 부당한 직무수행을 강요받거나 청탁을 받은 경우에는 서식 또는 전자우편 등의 방법으로 소속기관의 장에게 보고하거나 행동강령책임관과 상담한 후 처리하여야 한다.

5) 인사청탁 등의 금지

공무원은 자신의 임용·승진·전보 등 인사에 부당한 영향을 미치기 위하여 타인으로 하여금 인사업무 담당자에게 청탁을 하도록 해서는 아니 된다. 공무원은 직위를 이용하여 다른 공무원의 임용·승진·전보 등 인사에 부당하게 개입하여서는 아니 된다.

6) 투명한 회계 관리

공무원은 관련 법령과 일반적으로 인정된 회계원칙 등에 따라 사실에 근거하여 정확하고 투명하게 회계를 관리하여야 한다.

나. 부당 이득의 수수 금지 등

1) 이권 개입 등의 금지

공무원은 자신의 직위를 직접 이용하여 부당한 이익을 얻거나 타인이 부당한 이익을 얻도록 해서는 아니 된다.

2) 직위의 사적 이용 금지

공무원은 직무의 범위를 벗어나 사적 이익을 위하여 소속기관의 명칭이나 직위를 공표·게시하는 등의 방법으로 이용하거나 이용하게 해서는 아니 된다.

3) 알선·청탁 등의 금지

가) 공무원은 자기나 타인의 부당한 이익을 위하여 다른 공직자(「부패방지 및 국민권익위원회의 설치와 운영에 관한 법률」 제2조제3호가목 및 나목에 따른 공직자를 말한다. 이하 같다)의 공정한 직무수행을 해치는 알선·청탁 등을 해서는 아니 된다.

나) 공무원은 직무수행과 관련하여 자기나 타인의 부당한 이익을 위하여 직무관련자를 다른 직무관련자나 공직자에게 소개해서는 아니 된다.

다) 공무원은 자기 또는 타인의 부당한 이익을 위하여 자신의 직무권한을 행사하거나 지위·직책 등에서 유래되는 사실상 영향력을 행사하여 공직자가 아닌 자에게 다음 각 호의 어느 하나에 해당하는 알선·청탁 등을 해서는 아니 된다.

① 특정 개인·법인·단체에 투자·예치·대여·출연·출자·기부·후원·협찬 등을 하도록 개입하거나 영향을 미치도록 하는 행위

② 채용·승진·전보 등 인사업무나 징계업무에 관하여 개입하거나 영향을 미치도록 하는 행위

③ 입찰·경매·연구개발·시험·특허 등에 관한 업무상 비밀을 누설하도록 하는 행위

④ 계약 당사자 선정, 계약 체결 여부 등에 관하여 개입하거나 영향을 미치도록 하는 행위

⑤ 특정 개인·법인·단체에 재화 또는 용역을 정상적인 관행에서 벗어나 매각·교환·사용·수익·점유·제공 등을 하도록 하는 행위

⑥ 각 급 학교의 입학·성적·수행평가 등의 업무에 관하여 개입하거나 영향을 미치도록 하는 행위

⑦ 각종 수상, 포상, 우수기관 또는 우수자 선정, 장학생 선발 등에 관하여 개입하거나 영향을 미치도록 하는 행위

⑧ 감사·조사 대상에서 특정 개인·법인·단체가 선정·배제되도록 하거나 감사·조사 결과를 조작하거나 또는 그 위반사항을 묵인하도록 하는 행위

⑨ 그 밖에 소속기관의 장이 공직자가 아닌 자의 공정한 업무수행을 저해하는 알선·청탁 등에 해당한다고 판단하는 행위

4) 직무관련 정보를 이용한 거래 등의 제한

가) 공무원은 직무수행 중 알게 된 정보를 이용하여 유가증권, 부동산 등과 관련된 재산상 거래 또는 투자를 하거나 타인에게 그러한 정보를 제공하여 재산상 거래 또는 투자를 돕는 행위를 해서는 아니 된다.

나) 제1항에 따라 이용 또는 제공이 제한되는 정보란 공무원이 다음 각 호의 사항에 관한 직무를 수행하던 중 알게 된 미공개 정보를 말한다.

① 경비함정 및 항공기 등 주요 장비도입·관리 계획의 수립 및 조정

② 해양경비기본계획 및 시행계획의 수립 및 조정

③ 수난대비기본계획 및 집행계획의 수립 및 조정

④ 연안사고예방기본계획 및 시행계획의 수립 및 조정

⑤ 동력수상레저기구 조종면허시험 업무대행 기관 및 면허시험 면제교육기관, 수상안전교육 업무위탁기관 지정에 관한 계획 수립 및 조정

⑥ 유·도선의 면허·신고, 수상레저사업 등록에 관한 계획 수립 및 조정

⑦ 해양환경관리업의 등록에 관한 계획 수립 및 조정

⑧ 해양오염물질 방제 자재·약제의 형식승인·성능인증에 관한 계획 수립 및 조정

⑨ 그 밖에 제1호부터 제8호에 준하는 업무의 계획 수립 및 조정

5) 사적 노무 요구 금지

공무원은 자신의 직무권한을 행사하거나 지위·직책 등에서 유래되는 사실상 영향력을 행사하여 직무관련자 또는 직무관련공무원으로부터 사적 노무를 제공받거나 요구 또는 약속해서는 아니 된다. 다만, 다른 법령 또는 사회상규에 따라 허용되는 경우에는 그러하지 아니하다.

6) 직무권한 등을 행사한 부당 행위의 금지

공무원은 자신의 직무권한을 행사하거나 지위·직책 등에서 유래되는 사실상 영향력을 행사하여 다음 각 호의 어느 하나에 해당하는 부당한 행위를 해서는 안 된다.

가) 인가·허가 등을 담당하는 공무원이 그 신청인에게 불이익을 주거나 제3자에게 이익 또는 불이익을 주기 위하여 부당하게 그 신청의 접수를 지연하거나 거부하는 행위

나) 직무관련공무원에게 직무와 관련이 없거나 직무의 범위를 벗어나 부당한 지시·요구를 하는 행위

다) 공무원 자신이 소속된 기관이 체결하는 물품·용역·공사 등 계약에 관하여 직무관련자에게 자신이 소속된 기관의 의무 또는 부담의 이행을 부당하게 전가하거나 자신이 소속된 기관이 집행해야 할 업무를 부당하게 지연하는 행위

라) 공무원 자신이 소속된 기관 또는 산하기관에 자신이 소속된 기관의 업무를 부당하게 전가하거나 그 업무에 관한 비용·인력을 부담하도록 부당하게 전가하는 행위

마) 그 밖에 직무관련자, 직무관련공무원, 공무원 자신이 소속된 기관 또는 산하기관의 권리·권한을 부당하게 제한하거나 의무가 없는 일을 부당하게 요구하는 행위

7) 금품 등의 수수 금지

가) 공무원은 직무 관련 여부 및 기부·후원·증여 등 그 명목에 관계없이 동일인으로부터 1회에 100만원 또는 매 회계연도에 300만원을 초과하는 금품 등을 받거나 요구 또는 약속해서는 아니 된다.

나) 공무원은 직무와 관련하여 대가성 여부를 불문하고 가)항에서 정한 금액 이하의 금품 등을 받거나 요구 또는 약속해서는 아니 된다.

다) 외부강의 등에 관한 사례금 또는 다음 각 호의 어느 하나에 해당하는 금품 등은 가)항 또는 나)항에서 수수(收受)를 금지하는 금품 등에 해당하지 아니한다.

① 해양경찰관서장이 소속 공무원이나 파견 공무원에게 지급하거나 상급자가 위로·격려·포상 등의 목적으로 하급자에게 제공하는 금품 등

② 원활한 직무수행 또는 사교·의례 또는 부조의 목적으로 제공되는 음식물·경조사비·선물 등으로서 정하는 가액 범위 안의 금품 등

③ 사적 거래(증여는 제외한다)로 인한 채무의 이행 등 정당한 권원(權原)에 의하여

제공되는 금품 등

④ 공무원의 친족(「민법」 제777조)이 제공하는 금품 등

⑤ 공무원과 관련된 직원상조회·동호인회·동창회·향우회·친목회·종교단체·사회단체 등이 정하는 기준에 따라 구성원에게 제공하는 금품 등 및 그 소속 구성원 등 공무원과 특별히 장기적·지속적인 친분관계를 맺고 있는 자가 질병·재난 등으로 어려운 처지에 있는 공무원에게 제공하는 금품 등

⑥ 공무원의 직무와 관련된 공식적인 행사에서 주최자가 참석자에게 통상적인 범위에서 일률적으로 제공하는 교통, 숙박, 음식물 등의 금품 등

⑦ 불특정 다수인에게 배포하기 위한 기념품 또는 홍보용품 등이나 경연·추첨을 통하여 받는 보상 또는 상품 등

⑧ 그 밖에 사회상규(社會常規)에 따라 허용되는 금품 등

공무원은 특별히 장기적·지속적인 친분관계를 맺고 있는 자가 직무관련자 또는 직무관련공무원으로서 금품 등을 제공한 경우에는 그 수수 사실을 서식에 따라 지체 없이 소속기관의 장에게 신고하여야 한다. 공무원은 자신의 배우자나 직계 존속·비속이 자신의 직무와 관련하여 공무원이 받는 것이 금지되는 금품 등(이하 "수수 금지 금품 등"이라 한다)을 받거나 요구하거나 제공받기로 약속하지 아니하도록 하여야 한다.

8) 감독기관의 부당한 요구 금지

감독·감사·조사·평가를 하는 기관(감독기관)에 소속된 공무원은 자신이 소속된 기관의 출장·행사·연수 등과 관련하여 감독·감사·조사·평가를 받는 기관(피감기관)에 다음 각 호의 어느 하나에 해당하는 부당한 요구를 해서는 안 된다.

가) 법령에 근거가 없거나 예산의 목적·용도에 부합하지 않는 금품 등의 제공 요구

나) 감독기관 소속 공무원에 대하여 정상적인 관행을 벗어난 예우·의전의 요구

9) 청렴한 계약의 체결 및 이행

공무원은 해양경찰관서에서 시행하는 입찰, 계약 및 계약이행 등에 있어서 관계 법령에서 정한 절차에 따라 공정하고 투명하게 업무를 수행하여야 한다. 입찰, 계약 및 계약이행 과정에서 거래상의 우월적인 지위를 이용하여 금지된 금품 등을 요구하거나 불공정한 거래 조건의 강요, 경영간섭 등 부당한 요구를 해서는 아니 된다.

다. 건전한 공직풍토의 조성

1) 외부강의 등의 사례금 수수 제한

공무원은 자신의 직무와 관련되거나 그 지위·직책 등에서 유래되는 사실상의 영향력을 통하여 요청받은 교육·홍보·토론회·세미나·공청회 또는 그 밖의 회의 등에서 한 강의·강연·기고

등(이하 "외부강의 등"이라 한다)의 대가로서 정하는 금액을 초과하는 사례금을 받아서는 아니 된다. 공무원은 외부강의 등을 할 때에는 소속기관의 장에게 마친 날로부터 10일 이내에 전자인사관리 시스템 또는 서면으로 신고하여야 한다. 다만, 외부강의 등을 요청한 자가 국가나 지방자치단체인 경우에는 그러하지 아니하다. 사례금 총액 등을 미리 알 수 없는 경우에는 신고한 후 외부강의 등을 마친 날부터 5일 이내에 보완하여야 한다. 또한, 공무원은 월 3회 또는 월 6시간을 초과하여 대가를 받고 외부강의 등을 하려는 경우에는 미리 소속기관의 장의 승인을 받아야 한다. 다만, 국가나 지방자치단체에서 요청하거나 겸직허가를 받고 수행하는 외부강의 등은 그 제한 횟수나 시간을 포함하지 아니한다. 금액을 초과하는 사례금을 받은 경우에는 초과사례금을 받은 사실을 안 날부터 2일 이내에 소속기관의 장에게 신고하고, 신고를 받은 소속기관의 장은 초과사례금을 반환하지 아니한 공무원에 대하여 신고사항을 확인한 후 7일 이내에 반환하여야 할 초과사례금의 액수를 산정하여 해당 임직원에게 통지하여야 한다.

2) 직무관련자와 골프 및 사적여행 제한

공무원은 직무관련자와는 비용 부담 여부와 관계없이 골프나 사적인 여행을 같이 하여서는 아니 된다. 다만, 다음 각 호와 같은 부득이한 사정에 따라 골프를 같이 하는 경우에는 소속관서 행동강령 책임관에게 서면으로 사전에 신고하여야 하며 사전에 신고하기 어려운 특별한 사유가 있는 경우에는 사후에 즉시 신고하여야 한다.

가) 정책의 수립·시행을 위한 의견교환 또는 업무협의 등 공적인 목적을 위하여 필요한 경우

나) 직무관련자인 친족과 골프를 하는 경우

다) 동창회 등 친목단체에 직무관련자가 있어 부득이 골프를 하는 경우

라) 그 밖에 위 각 호와 유사한 사유로 부득이하다고 인정되는 경우

3) 건전한 경조사 문화의 정착

공무원은 건전한 경조사 문화의 정착을 위하여 솔선수범하여야 한다. 직무관련자나 직무관련공무원에게 경조사를 알려서는 아니 된다. 다만, 다음 각 호의 어느 하나에 해당하는 경우에는 경조사를 알릴 수 있다.

가) 친족(「민법」 제767조)에게 알리는 경우

나) 현재 근무하고 있거나 과거에 근무하였던 기관의 소속 직원에게 알리는 경우

다) 신문, 방송 또는 제2호에 따른 직원에게만 열람이 허용되는 내부통신망 등을 통하여 알리는 경우

라) 공무원 자신이 소속된 종교단체·친목단체 등의 회원에게 알리는 경우

라. 위반 시의 조치

1) 위반 여부에 대한 상담

공무원은 알선·청탁, 금품 등의 수수, 외부강의 등의 사례금 수수, 경조사의 통지, 직무권한 등을 행사한 부당행위, 감독기관의 부당한 요구 등에 대하여 이 훈령을 위반하는 지가 분명하지 아니할 때에는 행동강령책임관과 상담한 후 처리하여야 하며, 행동강령책임관은 상담이 원활하게 이루어질 수 있도록 전용전화·상담실 설치 등의 필요한 조치를 취하여야 한다.

2) 위반행위의 신고 및 확인

누구든지 공무원이 「공무원 행동강령」이나 이 훈령을 위반한 사실을 알게 되었을 때에는 그 공무원이 소속된 기관의 장, 그 기관의 행동강령책임관 또는 국민권익위원회에 신고할 수 있다.

3) 신고인의 신분보장

소속기관의 장과 행동강령책임관은 신고인과 신고내용에 대하여 비밀을 보장하여야 하며, 신고인이 신고에 따른 불이익을 받지 아니하도록 하여야 한다.

불이익을 받은 신고인은 행동강령책임관·소속 기관의 장 또는 국민권익위원회에 보호조치 및 불이익의 구제 등을 요청할 수 있으며, 이 경우 소속기관의 장과 행동강령책임관은 그에 필요한 적절한 조치를 취하여야 한다.

4) 행동강령 위반행위 조사위원회

소속기관의 장은 소속 공무원의 행동강령 위반행위에 대한 공정한 조사를 위하여 필요한 경우에는 행동강령책임관을 장으로 하는 조사위원회를 구성하여 운영할 수 있다. 조사위원회는 3인 이상으로 구성하여야 한다.

5) 징계

소속 기관의 장은 이 훈령에 위반된 행위를 한 공무원에 대하여는 징계 등 필요한 조치를 하여야 한다. 징계의 종류, 절차, 효력 등은 「국가공무원법」 및 「공무원 징계령」, 「경찰공무원 징계령」, 「해양경찰 공무원 징계양정 등에 관한 규칙」에 따른다. 다만, 제30조를 위반하여 신고자에게 불이익 등을 가한 경우에는 가중하여 징계할 수 있다.

6) 수수 금지 금품 등의 신고 및 처리

금품 등을 제공한 자(제공자) 또는 제공의 약속이나 의사표시를 한 자에게 그 제공받은 금품 등을 지체 없이 반환하거나 거부의 의사를 밝히거나 밝히도록 하여야 한다. 공무원은 다음 각 호의 어느 하나에 해당하는 경우에는 소속기관의 장에게 지체 서식에 따라 신고하여야 한다.

가) 공무원 자신이 수수 금지 금품 등을 받거나 그 제공의 약속 또는 의사표시를 받은 경우

나) 공무원이 자신의 배우자나 직계 존속·비속이 수수 금지 금품 등을 받거나 그 제공의 약속 또는 의사표시를 받은 사실을 알게 된 경우

공무원은 반환하거나 반환하도록 하여야 하는 금품 등이 다음 각 호의 어느 하나에 해당하는 경우에는 소속기관의 장에게 인도하거나 인도하도록 하여야 한다.

가) 멸실·부패·변질 등의 우려가 있는 경우
나) 제공자나 제공자의 주소를 알 수 없는 경우
다) 그 밖에 제공자에게 반환하기 어려운 사정이 있는 경우

소속기관의 장은 금품 등을 인도받은 경우에는 즉시 사진으로 촬영하거나 영상으로 녹화하고 서식에 따라 관리하여야 하며, 다른 법령에 특별한 규정이 있는 경우를 제외하고는 다음 각 호에 따라 처리한다.

가) 수수 금지 금품 등이 아닌 것으로 확인된 경우 : 금품 등을 인도한 자에게 반환
나) 수수 금지 금품 등에 해당하는 것으로 확인된 경우로서 추가적인 조사·감사·수사 또는 징계 등 후속조치를 위하여 필요한 경우 : 관계 기관에 증거자료로 제출하거나 후속조치가 완료될 때까지 보관
다) 멸실·부패·변질 등으로 인하여 반환·제출·보관이 어렵다고 판단되는 경우 : 금품 등을 인도한 자의 동의를 받아 폐기처분
라) 그 밖의 경우에는 세입조치 또는 사회복지시설·공익단체 등에 기증하거나 소속기관의 장이 정하는 기준에 따라 처리

5. 경찰의 일탈(경찰부패)

일탈(deviance)이란 '길이나 기준으로부터 빗나가는 것'으로 해석되나, 사회적 의미를 부여한다면 사회적 규범을 벗어난 즉, 사회적으로 용납되기 어려운 행동을 말한다. 가아디너(John A. Gardiner)는 공직자의 일탈행위를 크게 3가지 유형으로 구분하였는데, 의무불이행(nonfeasance), 불법행위(malfeasance), 부당행위(misfeasane)가 그것이다.

경찰일탈이란 경찰인에게 요구되는 조직적, 윤리적, 법적 표준에서 벗어나거나 이러한 표준에 적응하지 못하는 것으로써 내부적 일탈과 외부적 일탈로 구분할 수 있다. 내부적 일탈의 대표적인 경우는 공금횡령, 근무시간 잠자는 것, 관용물 사적사용 등이 해당되며, 외부적 일탈은 일탈과 비일탈의 경계인 시민의 호의를 비롯하여 시민으로부터 뇌물수수, 고문 등 경찰업무 집행 시 공권력 남용 등이 대표적인 경우이다. 홍태경 외(2011)은 경찰관의 일탈행동을 '직업경찰관으로서 기대되는 행동규범을 벗어난 행위로'정의했다. 경찰일탈은 경찰조직 차원에서 관리할 필요성이 있는 모든 문제행위를 포함하는 광범위한 개념이며, 구체적으로는 경찰부패를 비롯하여 과도한 경찰장구나 무기의 사용, 강압적이고 권위적인 태도, 불친절한 민원응대, 근무태만, 명령불복종, 음주운전, 절도, 성범죄까지 포함한다.

가. 작은 호의(gratuity)

작은 호의는 경찰활동에 대하여 시민이 커피·선물·식사 등 작은 호의나 사례를 표시하는 것을 말한다. 작은 호의가 부패에 해당하지는 않지만 이것이 반복됨으로써 발생할 수 있는 문제는 존재하기 때문에 작은 호의를 허용할 것인가 금지할 것인가에 대한 찬·반론이 있다.

나. 셔먼의 미끄러운 경사이론(slippret slope theory)

셔먼의 미끄러지기 쉬운 경사로 이론은 부패에 해당하지 않는 작은호의(gratuity)가 습관화될 경우 미끄러운 경사로를 타고 내려오듯이 점점 더 큰 부패와 범죄로 빠진다는 가설이다. 파출소에 근무하는 경찰관이 순찰 도중 동네 슈퍼마켓 주인으로부터 음료수를 얻어 마시면서 친분을 유지하다가 나중에는 폭행사건 처리 무마 청탁을 받고 큰돈까지 받게 된 경우가 그 예에 해당한다. 특히 '바늘 도둑이 소도둑 된다.'라는 우리 속담과 유사하다.

펠드버그는 작은 호의를 받았다고 해서 반드시 경찰이 큰 부패를 범하는 것은 아니므로 이는 관념적 가설에 지나지 않는다며 대부분의 경찰관들은 사소한 호의와 뇌물을 구별할 수 있으므로 '미끄러지기 쉬운 경사로 이론'은 비현실적이고, 더 나아가 경찰관의 지능에 대한 모독이다. 라고 했다.

델라트르(Delattre)는 경찰조직의 정책이 모든 작은 호의를 금지하는 것이어야 한다고 주장하면서 펠트버그의 주장에 반대한다. 공짜 커피를 마시는 모든 경찰인이 미끄러지기 쉬운 경사로를 통해 더 큰 부패행위에 빠져드는 것은 아니지만 일부 경찰인이 그렇게 되는 것은 사실이므로 비록 일부라 하더라도 결코 무시하거나 간과할 수 없다는 점에서 호의를 금지하는 논거의 타당성을 찾는다. 경찰이 작은 호의를 수용한다는 것은 전문가로서의 대우를 받고자 하는 경찰의 직업적 희망에 역행한다고 주장 하였다.

다. 경찰부패의 원인 가설

델라트르는 경찰부패원인에 대해 다음과 같이 정리하였다.

1) 썩은 사과 가설

"한 개의 썩은 사과가 상자 안에 있는 신선한 사과를 모두 썩게 한다." 애치슨의 말은 '썩은 사과 이론'이라 불리며 지금까지 즐겨 사용되고 있다. 썩은 사과 한 개가 상자에 있는 모든 사과를 썩게 만들 듯이 부패할 가능성이 있는 경찰관 일부가 조직에 유입되어 전체가 부패된다는 이론으로 자질이 없는 경찰관들이 모집단계에서 배제되지 못하고 조직 내에 유입됨으로써 경찰부패가 나타난다고 보아 모집단계에서 부패 가능자의 배제를 중시한다. 경찰부패의 원인을 조직체계보다는 '이미 형성된 개인의 성격'에서 찾고자 하는 이론이다.

2) 구조원인가설

경찰부패 중 부패의 원인을 개인적 결함보다는 조직의 체제적인 측면을 비리 원인으로 보는 것이 '구조원인 가설'이다 이것은 경찰관들 사이에서 끼리끼리 알아서 도와주고 눈감아주는 '침묵의 규범'으로 받아들여지고 있고 조직 내부에서 묵시적 관행으로 내려온 것이 사실이다. 로벅(Roebuck), 니더호퍼(Niederhoffer), 바커(Barker)는 부패의 원인을 조직의 체계적 원인에서 찾는다. 신임 경찰이 기존의 부패한 선임 경찰로부터 조직의 부패 전통 내에서 사회화되어 부패의 길에 들어선다는 이론이다. 정직하고 청렴하였던 신임 형사가 동료 경찰로부터 관내 유흥업소 업자들을 소개받고, 이후 동료 경찰과 함께 활동을 해가면서 동료 경찰이 유흥업소 업자들로부터 월정금을 받는 것을 보고 점점 그 방식 등을 답습하는 경우가 그 예이다. 또 부패가 구조화된 조직에서는 '법규 및 예산과 현실의 괴리' 현상이 발생한다. 실제로는 혼자 출장을 가면서 두 사람의 출장비를 청구하는 경우가 그 예이다.

3) 전체사회 가설

시민사회의 부패와 경찰부패에 대한 묵인·조장을 경찰부패의 주원인이라고 본다. 윌슨은 '시카고 시민이 경찰을 부패하게 했다.'라고 주장하였다. 시민들의 호의에 길들여져 부패로 빠질 수 있다는 측면에서 '미끄러지기 쉬운 경사로 이론'과 유사하다.

라. 경찰부패에 대한 내부고발

1) 휘슬블로잉(whistle-blowing)

동료나 상사의 부정에 대해 감찰이나 외부의 언론매체를 통하여 공표하는 내부고발 행위로 침묵의 규범과는 반대되는 개념이다.

2) 딥스로트(Deep throat)

미국의 워터게이트사건에서 워싱턴포스트 기자에게 제보한 익명의 제보자를 의미하는 말로서 휘슬블로잉의 일종이다.

3) 내부고발 정당화 요건(클라이니히)

가) 적절한 도덕적 동기에 의하여 이루어져야 한다. 개인

나) 내부고발자는 공표하기 전에 다른 채널을 통하여 자신의 이견을 표시하기 위한 모든 내부적 채널을 다 사용했어야 한다.(보충성)

다) 자신의 신념이 합리적 증거에 근거하였는지 확인해야 한다.

라) 위반사항에 대한 중대성·급박성

마) 어느 정도 성공할 가능성이 있어야 한다.

구분	내용
전체사회가설	-미국 시카고 경찰의 부패원인을 분석하던 윌슨이 내린 결론으로 사회 전체가 경찰의 부패를 묵인하거나 조장할 때 경찰관은 자연스럽게 부패행위를 하게 되며 처음 단계에는 부패를 하지 않더라도 작은 호의와 같은 것에 길들여져 나중에는 명백한 부정부패로 빠져들게 된다는 것

구조원인가설	-니더호퍼, 로벅, 바커 등이 주장한 가설로 신참 경찰관들이 그들의 고참 동료들에 의해 조직의 부패 전통 내에서 사회화됨으로써 부패의 길로 들어선다는 것 -이런 부패의 관행은 경찰관들 사이에서 '침묵의 규범'으로 받아들여짐
썩은사과 이론	-부패의 원인은 자질이 없는 경찰관들이 모집단계에서 배제되지 못하고 조직 내에 유입됨으로써 경찰의 부패가 나타난다는 이론 -부패의 원인은 조직의 체계적 원인보다는 개인적 결함에 두고 있음
미끄러운 경사로이론	-작은 호의가 시간이 지남에 따라 큰 부패로 이어진다는 이론 -셔먼 등에 의하여 주장된 이론으로 공짜 커피, 작은 선물 등의 사소한 호의가 나중에는 엄청난 부패로 이어진다는 것 -펠드버그는 작은 호의를 받았다고 해서 반드시 경찰이 큰 부패를 범하는 것은 아니라고 비판
카오스 이론	-인도에서 나비가 날면 유럽에서 태풍이 몰아친다는 나비효과 이론
깨진 유리창이론	-지하철의 깨진 유리창을 방치할 경우 시민의 준법의식이 결여되어서 더 큰 범죄를 야기한다는 이론

마. 기타개념

1) 비지 바디니스 (busy bodyness)

남의 비행에 대하여 일일이 참견하여 도덕적 충고를 하는 것

2) 모럴 해저드(moral hazard)

경찰공무원이 국민의 감시·통제가 적절히 이루어지지 않는 상황에서 국민의 이익이 아니라 자신의 이익을 위해 도덕적으로 불성실한 행태를 보이는 부정부패와도 관련된 표현이다. 즉 정보를 많이 갖고 있는 집단이 정보력이 부족한 집단에 대해서 정보를 충분히 제공하지 않거나 잘못된 정보를 제공하여 불합리하게 이익을 취하는 비윤리적인 태도.

3) 침묵의 규범 - A 경찰서장은 부정부패를 척결하기 위해 동료의 비위에 대하여 사정첩보를 제출하도록 지시하였으나, 한 건의 사정첩보도 제출되지 않았다. 이런 현상의 원인이 침묵의 규범

6. 국가공무원법상 직위해제(제73조의3)

1) 임용권자는 다음 각 호의 어느 하나에 해당하는 자에게는 직위를 부여하지 아니할 수 있다.

가) 직무수행 능력이 부족하거나 근무성적이 극히 나쁜 자

나) 파면·해임·강등 또는 정직에 해당하는 징계 의결이 요구 중인 자

다) 형사 사건으로 기소된 자(약식명령이 청구된 자는 제외한다)

라) 고위공무원단에 속하는 일반직공무원으로서 第70조의2제1항제2호부터 제5호까지의 사유로 적격심사를 요구받은 자

> 第70조의2(적격심사) ① 고위공무원단에 속하는 일반직공무원은 다음 각 호의 어느 하나에 해당하면 고위공무원으로서 적격한지 여부에 대한 심사(이하 "적격심사"라 한다)를 받아야 한다.
> 1. 삭제
> 2. 근무성적평정에서 최하위 등급의 평정을 총 2년 이상 받은 때. 이 경우 고위공무원단에 속하는 일반직공무원으로 임용되기 전에 고위공무원단에 속하는 별정직공무원으로 재직한 경우에는 그 재직기간 중에 받은 최하위등급의 평정을 포함한다.
> 3. 대통령령으로 정하는 정당한 사유 없이 직위를 부여받지 못한 기간이 총 1년에 이른 때
> 4. 다음 각목의 경우에 모두 해당할 때
>   가. 근무성적평정에서 최하위 등급을 1년 이상 받은 사실이 있는 경우. 이 경우 고위공무원단에 속하는 일반직공무원으로 임용되기 전에 고위공무원단에 속하는 별정직공무원으로 재직한 경우에는 그 재직기간 중에 받은 최하위 등급을 포함한다.
>   나. 대통령령으로 정하는 정당한 사유 없이 6개월 이상 직위를 부여받지 못한 사실이 있는 경우
> 5. 제3항 단서에 따른 조건부 적격자가 교육훈련을 이수하지 아니하거나 연구과제를 수행하지 아니한 때

마) 금품비위, 성범죄 등 대통령령으로 정하는 비위행위로 인하여 감사원 및 검찰·경찰 등 수사기관에서 조사나 수사 중인 자로서 비위의 정도가 중대하고 이로 인하여 정상적인 업무수행을 기대하기 현저히 어려운 자

2) 직위를 부여하지 아니한 경우에 그 사유가 소멸되면 임용권자는 지체 없이 직위를 부여하여야 한다.

3) 임용권자는 직무수행 능력이 부족하거나 근무성적이 극히 나빠서 직위해제된 자에게 3개월의 범위에서 대기를 명한다.

4) 임용권자 또는 임용제청권자는 대기 명령을 받은 자에게 능력 회복이나 근무성적의 향상을 위한 교육훈련 또는 특별한 연구과제의 부여 등 필요한 조치를 하여야 한다.

5) 공무원에 대하여 제1항제2호(직무수행 능력이 부족하거나 근무성적이 극히 나쁜 자)의 직위해제 사유와 같은 항 제3호(파면·해임·강등 또는 정직에 해당하는 징계 의결이 요구 중인 자)·제4호(형사 사건으로 기소된 자(약식명령이 청구된 자는 제외한다)) 또는 제6호(금품비위, 성범죄 등 대통령령으로 정하는 비위행위로 인하여 감사원 및 검찰·경찰 등 수사기관에서 조사나 수사 중인 자로서 비위의 정도가 중대하고 이로 인하여 정상적인 업무수행을 기대하기 현저히 어려운 자)의 직위해제 사유가 경합(競合)할 때에는 같은 항 제3호·제4호 또는 제6호의 직위해제 처분을 하여야 한다.

제5절 상훈

1. 상훈제도

인간은 벌보다는 상을 원하는 성향을 갖고 있다. 특히 상은 인간행동을 결정하는 중요한 요소라는 데서 조직은 상벌제도에 관심을 기울인다. 조직은 구성원이 어떤 공적을 올렸을 때 당사자에게는 그러한 행동을 강화시키고 타인들에게는 모방 자극을 주어 동일한 행동을 이끌어 낼 수 있는 방향으로 상벌제도를 운용한다. 해양경찰의 상훈제도는 이러한 맥락에서 이해되고 운용되어야 할 것이다. 상벌의 공평성과 정확한 공적과 과오에 따른 분명한 부과는 신상필벌의 기초가 된다. 상훈법은 대한민국 국민이나 우방 국민에게 대한민국에 공적이 뚜렷한 자에 대한 서훈에 관한 사항을 규정하고 있으며, 서훈은 대한민국 훈장·포장(이하 "훈장"이라 한다)을 말한다. 관련근거는 상훈법 및 동법 시행령, 정부 표창 규정(대통령령), 정부포상업무지침(행정안전부 상훈담당관실) 이 있다.

2. 포상의 종류

가. 훈장

1) 무궁화대훈장

우리나라의 최고훈장으로써 대통령에게 수여하며 대통령의 배우자·우방원수 및 그 배우자 또는 우리나라의 발전과 안전보장에 기여한 공적이 뚜렷한 전직 우방원수 및 그 배우자에게도 수여할 수 있다.

2) 건국훈장

건국훈장은 대한민국의 건국에 공로가 뚜렷하거나, 국기를 공고히 함에 기여한 공적이 뚜렷한 자에게 수여하며, 이를 5등급으로 한다.

3) 국민훈장

국민훈장은 정치·경제·사회·교육·학술 분야에 공을 세워 국민의 복지향상과 국가 발전에 기여한 공적이 뚜렷한 자에게 수여하며, 이를 5등급으로 한다.

4) 무공훈장

무공훈장은 전시 또는 이에 준하는 비상사태 하에서 전투에 참가하여 뚜렷한 무공을 세운 자에게 수여하며, 이를 5등급으로 한다.

5) 근정훈장

근정훈장은 공무원(군인·군무원을 제외) 및 사립학교의 교원으로서 그 직무에 정려하여 공적이 뚜렷한 자에게 수여하며, 이를 5등급으로 한다.

6) 보국훈장

보국훈장은 국가안전보장에 뚜렷한 공을 세운 자에게 수여하며, 이를 5등급으로 한다.

7) 수교훈장

가) 수교훈장은 국권의 신장 및 우방과의 친선에 공헌이 뚜렷한 자에게 수여하며, 이를 5등급으로 한다.

나) 새로이 임명되어 임지로 부임하는 외교관과 정부대표·특별사절 및 정부에서 필요하다고 인정하는 수행원에게는 외교행사 시 품위유지의 의례적 장식용으로 수교훈장을 패용하게 한다.

8) 산업훈장

산업훈장은 국가산업발전에 기여한 공적이 뚜렷한 자에게 수여하며, 이를 5등급으로 한다.

9) 새마을훈장

새마을훈장은 새마을운동을 통하여 국가사회발전에 기여한 공적이 뚜렷한 자에게 수여하며, 이를 5등급으로 한다.

10) 문화훈장

문화훈장은 문화예술발전에 공을 세워 국민문화향상과 국가발전에 기여한 공적이 뚜렷한 자에게 수여하며, 이를 5등급으로 한다.

11) 체육훈장

체육훈장은 체육발전에 공을 세워 국민체위향상과 국가발전에 기여한 공적이 뚜렷한 자에게 수여하며, 이를 5등급으로 한다.

12) 과학기술훈장

과학기술훈장은 과학기술발전에 기여한 공적이 뚜렷한 자에게 수여하며, 이를 5등급으로 한다.

나. 포장

1) 건국포장

건국포장은 대한민국의 건국과 국기를 공고히 하는데 헌신 진력하여 그 공적이 뚜렷한 자에게 수여한다.

2) 국민포장

국민포장은 정치 · 경제 · 사회 · 교육 · 학술 분야의 발전에 이바지한 공적이 뚜렷한 사람, 생명의 위험을 무릅쓰고 인명을 구조하였거나 재산을 보호한 사람, 재산을 기부하는 등 선행을 한 사람, 그 밖에 공익사업에 종사하여 국민의 복리증진에 이바지한 공적이 뚜렷한 사람에게 수여한다.

3) 무공포장

무공포장은 국토방위에 헌신 노력하여 그 공적이 뚜렷한 자에게 수여한다.

4) 근정포장

근정포장은 공무원, 사립학교 교원 또는 「별정우체국법」 제2조에 따른 별정우체국 직원으로서 직무에 부지런히 힘써 국가의 이익과 국민의 행복에 이바지한 공적이 뚜렷한 사람에게 수여한다.

5) 보국포장·예비군포장

보국포장은 국가안전보장 및 사회의 안녕과 질서유지에 공적이 뚜렷한 사람에게 수여한다. 예비군포장은 예비군의 육성 · 발전에 이바지한 공적이 뚜렷한 사람과 예비군으로서 직무에 부지런히 힘쓴 사람에게 수여한다.

6) 수교포장

수교포장은 국권의 신장 및 우방과의 친선에 뚜렷한 공을 세운 자 또는 국위 선양에 크게 이바지한 자에게 수여한다.

7) 산업포장

산업포장은 산업의 개발 또는 발전에 기여하거나 실업에 정려하여 그 공적이 뚜렷한 자 또는 공장·사업장·기타 직장에 근무하는 근로자로서 그 직무에 정려하여 국가발전에 기여한 공적이 뚜렷한 자에게 수여한다.

8) 새마을포장

새마을포장은 새마을운동을 통하여 새마을정신을 구현함으로써 지역사회개발과 주민복리증진에 기여한 공적이 뚜렷한 자에게 수여한다.

9) 문화포장

문화포장은 문화예술 활동을 통하여 문화발전에 기여한 공적이 뚜렷한 자 및 문화예술활동을 통하여 국위를 선양한 자에게 수여한다.

10) 체육포장

체육포장은 체육활동을 통하여 국민체육발전에 기여한 공적이 뚜렷한 자 및 체육활동을 통하여 국위를 선양한 자에게 수여한다.

11) 과학기술포장

과학기술포장은 과학기술의 연구개발 활동 등을 통하여 과학기술발전에 기여한 공적이 뚜렷한 자 또는 과학기술의 연구개발 활동 등을 통하여 국위를 선양한 자에게 수여한다.

훈장은 본인에 한하여 종신 이를 패용하며, 사후에는 그 유족이 보존하되, 이를 패용하지 못한다. 훈장은 국경일, 법령으로 정한 기념일, 열병식, 사열식 등의 식에 참석할 때에 패용함을 원칙으로 하되 축일과 제일, 시무식·종무식·학교의 입학식·졸업식·개교기념일 기타 공식행사에 참석할 때에도 이를 패용할 수 있다. 다만, 금장은 평일에도 패용할 수 있다. 훈장은 예복·약식예복 및 정복(복제령에 의한 정복을 말한다)에는 정장 및 부장을, 야회복, 약식야회복, 평복 및 한복에는 정장 및 부장 또는 축소훈장을 패용한다. 다만, 특별한 경우에 한하여 전투복(군인·군무원·경찰공무원 또는 예비군이 착용하는 경우에 한한다)에도 훈장을 패용할 수 있다. 훈장과 포장을 함께 패용할 때에는 훈장을 선순위로 한다.

다. 표창

경찰업무를 성실히 수행하거나 적극적으로 협조함으로써 경찰업무발전에 뚜렷한 공적을 세운 자 및 경찰기관에서 시행하는 교육·경기 등에서 우수한 성적을 얻은 자에 대한 표창에 관하여 필요한 사항을 규정함을 목적으로 한다. 표창의 종류는 표창장, 상장 및 감사장으로 구분한다.

1) 해수부장관표창

해양경찰의 날(9월 10일), 해양경찰 창설 기념일(12월 23일)날 정기표창 수여가 원칙이고, 특별히 필요한 경우 해양수산부(운영지원과)와 협의하여 수시표창을 실시할 수 있다. 표창 대상의 공적은 해양수산업무 발전에 현저한 공적이 있는 공무원과 내외국인, 단체 또는 교육, 경기 및 작품경연에서 우수한 성적을 발휘한 자와 단체이다.

2) 해양경찰청장 이하 표창

해당 분야에서 뚜렷한 공적(실적)이 있는 사람으로 표창 추천일 현재 실근무기간이 1년 이상인 자(의무경찰의 경우 6월)에 대하여 표창을 수여할 수 있다. 배정은 해양경찰청장 표창은 소속기관 정원의 10% 이내, 교육원장·지방청장 표창은 소속기관 정원의 20% 이내이다. 단 교육원장은 교육과정 우수자에 대하여 상장을 별도 운영가능(과정당 2매 기준)하고, 중부청장은 서특단 정원의 40% 추가발급이 가능하다. 그리고 경찰서장·정비창장·중특단장·연구센터장 표창은 소속기관 정원의 35% 이내이고, 250톤급 이상의 함장의 표창은 소속 함정 정원의 20% 이내이다.

3) 표창자격 및 제한사유

다음 각 호의 자격기준을 충족하며 제한사유에 해당하지 않는 경우에 한해 표창대상자로 추천할 수 있다.

가) 자격기준

① 해당분야에서 뚜렷한 공적(실적)이 있는 사람

② 표창추천일 현재 실 근무기간이 1년 이상인 사람(의무경찰의 경우 6월)

나) 추천 제한사유

① 징계절차가 진행 중이거나 징계의결 요구 중인 사람

② 징계 또는 불문경고 처분을 받고 일정한 기간이 경과하지 않은 사람

③ 전 표창 수여일부터 현 표창 추천일까지 동종동급 이상의 표창을 받고 일정한 기간이 경과하지 않은 사람

④ 공사생활을 통하여 흠결이 있거나 사회로부터 지탄을 받는 사람

라. 상장

상장의 수여 대상은 해양경찰교육기관에서 시행하는 교육 성적이 우수하거나 타의 모범이 되는 자나 해양경찰청장 또는 소속기관장이 주관 또는 후원하는 경연 등에서 우수한 성적을 얻은 개인 및 단체에게 수여한다.

마. 감사장

감사장 수여 대상은 경찰업무수행에 적극적으로 협조하여 뚜렷한 공적을 세운 개인 및 단체이다. 제외 대상은 각종 비위·부조리 및 도덕성에 흠이 있거나 사회적으로 지탄을 받는 행위 등으로 물의를 일으켜 포상이 합당치 않다고 판단되는 자이다.

3. 모범공무원

5년 이상 재직한 경감 이하 경찰관 및 6급 이하 공무원으로서, 국가관·사명감·공직관이 투철하여 국가 발전에 기여한 자, 관련분야 핵심 업무를 직접 담당하는 자, 청렴·성실한 자세로 봉사와 선행이 타의 모범이 되는 자에게 모범공무원규정(대통령령), 정부표창규정(대통령령), 모범공무원 포상계획(행정안전부)에 의거하여 매년 5월경 행정안전부(상훈담당관실)에서 부처별 인원배정·통보하여 각 기관은 모범공무원을 선발한다. 모범공무원으로 선발되면 특전으로는 3년간 모범공무원수당 지급과 국무총리 명의 모범공무원증 및 표장(메달)을 수여한다.

4. 특별승급

공무원보수규정 제16조(특별승급), 공무원보수 등의 업무지침 제2장 공무원 특별승급제

도 운영기준에 의거 특별승급제도가 있다. 대상은 경찰관과 일반직공무원으로 경감·6급 이하 공무원으로서 실제 근무경력 3년 이상인 직원 중에서 해양에서의 인명 및 재산 등 긴급구조 실적 우수자, 국정과제 추진 성과 우수자, 최근 2년간 탁월한 업무수행으로 행정발전에 크게 기여한 자, 규제개혁 또는 적극적이고 신속한 민원처리로 공무원의 업무형태 개선에 크게 기여한 자에 대하여 특별승급 할 수 있다.

그러나 징계처분, 직위해제 또는 휴직(공무상 질병 또는 부상으로 인한 휴직은 제외) 중인 사람, 징계처분의 집행이 끝난 날부터 강등·정직 18개월, 감봉 12개월, 견책은 6개월이 지나지 아니한 사람은 제외된다. 심사결과 결정이 나면 승급권자는 특별승급 결정 후 다음달 1일자로 1호봉 승급 발령을 하고, 특별승급일이 해당 공무원의 정기 승급일인 경우 2호봉을 승급한다.

제6절 징계제도

1. 징계

징계란 공무원의 법령 위반, 의무위반, 직무태만 또는 품위손상에 대하여 국가가 그 사용자로서 특별권력관계 내부의 질서를 유지하기 위해 가하는 제재를 말한다. 이는 행정벌·형사벌 등과 같이 일종의 벌에 해당되므로 징계벌이라고도 하며, 그 처벌을 징계처분이라고 한다.

가. 징계사유

1) 국가공무원법 또는 경찰공무원법에 의한 명령에 위반한 때
2) 직무상 의무에 위반하거나 직무를 태만히 한 때
3) 직무의 내외를 불문하고 그 체면 또는 위신을 손상하는 행위를 한 때

※ 공무원의 8대 의무
① 선서 의무, ② 성실 의무, ③ 복종의 의무, ④ 친절·공정의 의무, ⑤ 종교 중립의 의무, ⑥ 비밀 엄수의 의무, ⑦ 청렴의 의무, ⑧ 품위 유지의 의무
※ 공무원의 4대 금지
① 직장이탈 금지, ② 영리 업무 및 겸직 금지, ③ 정치 운동의 금지, ④ 집단 행위의 금지

나. 징계의 종류(국가공무원법 제79조)

징계는 파면, 해임, 강등, 정직, 감봉, 견책으로 이루어진다(의무경찰대 설치 및 운영에 관한 법률상 종류 : 의무경찰에 대한 징계는 강등, 정직, 영창, 휴가 제한 및 근신). 또한 징계

는 중징계와 경징계가 구분하고 중징계에는 파면, 해임, 강등, 정직이 해당되고 경징계에는 감봉, 견책이 있다.

파면·해임은 공무원 신분을 완전히 해제함을 내용으로 하는 배제징계이고, 강등·정직·감봉·견책은 공무원의 신분을 보유하면서 신분상·보수상 이익의 일부를 제한함을 내용으로 하는 교정징계이다.

강등은 1계급 아래로 직급을 내리고(고위공무원단에 속하는 공무원은 3급으로 임용하고, 연구관 및 지도관은 연구사 및 지도사로 한다) 공무원 신분은 보유하나 3개월간 직무에 종사하지 못하며 그 기간 중 보수는 전액을 감한다. 다만, 따라 계급을 구분하지 아니하는 공무원과 임기제공무원에 대해서는 강등을 적용하지 아니한다.

정직은 1개월 이상 3개월 이하의 기간으로 하고, 정직 처분을 받은 자는 그 기간 중 공무원의 신분은 보유하나 직무에 종사하지 못하며 보수는 전액을 감한다. 감봉은 1개월 이상 3개월 이하의 기간 동안 보수의 3분의 1을 감한다. 견책(譴責)은 전과(前過)에 대하여 훈계하고 회개하게 한다.

파면은 공무원 신분에서 제외되며, 5년간 공직재임용에 제한이 생기고, 퇴직급여(수당)는 1/2 감액된다(이때 재직기간이 5년 미만인 공무원은 1/4를 감액). 해임 역시 중징계로서 공무원 신분에서 제외가 되며, 3년간 공직재임용이 제한되지만, 퇴직급여(수당)는 전액 지급이 된다.

단, 금품, 향응수수, 공금횡령, 유용으로 해임된 경우는 재직기간이 5년 이상은 퇴직급여(수당)은 1/4 감액(5년 미만은 1/8 감액)된다.

공무원으로서 징계처분을 받은 자에 대하여는 그 처분을 받은 날 또는 그 집행이 끝난 날부터 대통령령 등으로 정하는 기간 동안 승진임용 또는 승급할 수 없다. 다만, 징계처분을 받은 후 직무수행의 공적으로 포상 등을 받은 공무원에 대하여는 대통령령 등으로 정하는 바에 따라 승진임용이나 승급을 제한하는 기간을 단축하거나 면제할 수 있다. 징계에 관하여 다른 법률의 적용을 받는 공무원이 이 법의 징계에 관한 규정을 적용받는 공무원이 된 경우에는 다른 법률에 따라 받은 징계처분은 그 처분일부터 이 법에 따른 징계처분을 받은 것으로 본다.

〈표 4-7〉 공무원 징계 종류와 성격

종류 / 구분	파면	해임	강등	정직	감봉	견책
성격	공무원 관계로부터 배제	공무원 관계로부터 배제	1계급 강등 3월 정직	신분은 보유 직무종사불가	보수 감액	훈계하고 회개하게 함
처분기간	5년간 공직 임용제한	3년간 공직 임용제한	3월	1-3월	1-3월	

다. 소청 및 행정소송

처분을 받은 혐의자가 징계처분 등에 불복할 경우 징계처분 등의 사유설명서를 받은 날로부터 30일 이내 소청심사위원회에 심사를 청구할 수 있다. 소청심사위원회의 결정에도 불복할 경우 결정을 받은 날로부터 90일 이내에 행정소송을 제기할 수 있다.

<국가공무원법> **제9조(소청심사위원회의 설치)** ① 행정기관 소속 공무원의 징계처분, 그 밖에 그 의사에 반하는 불리한 처분이나 부작위에 대한 소청을 심사·결정하게 하기 위하여 인사혁신처에 소청심사위원회를 둔다. ② 인사혁신처에 설치된 소청심사위원회는 위원장 1명을 포함한 5명 이상 7명 이하의 상임위원과 상임위원 수의 2분의 1 이상인 비상임위원으로 구성하되, 위원장은 정무직으로 보한다. ③ 소청심사위원회의 상임위원의 임기는 3년으로 하며, 한 번만 연임할 수 있다. ④ 소청심사위원회의 상임위원은 다른 직무를 겸할 수 없다. ⑤ 소청심사위원회의 공무원이 아닌 위원은 「형법」이나 그 밖의 법률에 따른 벌칙을 적용할 때 공무원으로 본다. **제10조의2(소청심사위원회위원의 결격사유)** ① 다음 각 호의 어느 하나에 해당하는 자는 소청심사위원회의 위원이 될 수 없다. 1. 제33조 각 호의 어느 하나에 해당하는 자 2. 「정당법」에 따른 정당의 당원 3. 「공직선거법」에 따라 실시하는 선거에 후보자로 등록한 자 **제11조(소청심사위원회위원의 신분 보장)** 소청심사위원회의 위원은 금고 이상의 형벌이나 장기의 심신 쇠약으로 직무를 수행할 수 없게 된 경우 외에는 본인의 의사에 반하여 면직되지 아니한다. **제12조(소청심사위원회의 심사)** ① 소청심사위원회는 이 법에 따른 소청을 접수하면 지체 없이 심사하여야 한다. **제13조(소청인의 진술권)** ① 소청심사위원회가 소청 사건을 심사할 때에는 대통령령등으로 정하는 바에 따라 소청인 또는 제76조제1항 후단에 따른 대리인에게 진술 기회를 주어야 한다. ② 제1항에 따른 진술 기회를 주지 아니한 결정은 무효로 한다. 제14조(소청심사위원회의 결정) ① 소청 사건의 결정은 재적 위원 3분의 2 이상의 출석과 출석 위원 과반수의 합의에 따르되, 의견이 나뉠 경우에는 출석 위원 과반수에 이를 때까지 소청인에게 가장 불리한 의견에 차례로 유리한 의견을 더하여 그 중 가장 유리한 의견을 합의된 의견으로 본다. 제15조(결정의 효력) 제14조에 따른 소청심사위원회의 결정은 처분 행정청을 기속(羈束)한다. 제16조(행정소송과의 관계) ① 제75조에 따른 처분, 그 밖에 본인의 의사에 반한 불리한 처분이나 부작위(不作爲)에 관한 행정소송은 소청심사위원회의 심사·결정을 거치지 아니하면 제기할 수 없다.

라. 심사·재심사 청구

징계의결요구권자가 징계위원회의 의결에 불복할 경우 징계의결서를 통보받은 날로부터 15일 이내 직근 상급기관에 설치된 징계위원회(직근 상급기관이 없는 징계위원회 의결에 대해서는 그 징계위원회)에 심사 또는 재심사를 청구할 수 있다.

※ 재징계 의결 요구
소청 또는 행정소송에서 징계처분에 대해 무효·취소 결정 또는 판결이 있었던 경우 처분권자가 청구
1) 소청심사위원회의 결정 또는 법원의 판결이 확정된 날로부터 3개월 이내
2) 징계양정이 과다하다는 이유로 무효·취소 결정 또는 판결을 받은 견책·감봉처분에 대해서는 징계의결을 요구하지 않을 수 있다.

2. 징계위원회(경찰공무원법 제32조)

경무관 이상의 경찰공무원에 대한 징계의결은 「국가공무원법」에 따라 국무총리 소속으로 설치된 징계위원회에서 한다. 총경 이하의 경찰공무원에 대한 징계의결을 하기 위하여 대통령령으로 정하는 경찰기관 및 해양경찰관서에 경찰공무원 징계위원회를 둔다. 경찰공무원 징계위원회의 구성 · 관할 · 운영, 징계의결의 요구 절차, 그 밖에 필요한 사항은 대통령령으로 정한다.

징계절차는 경찰공무원의 징계는 징계위원회의 의결을 거쳐 징계위원회가 설치된 소속 기관의 장이 하되, 「국가공무원법」에 따라 국무총리 소속으로 설치된 징계위원회에서 의결한 징계는 경찰청장 또는 해양경찰청장이 한다.

다만, 파면 · 해임 · 강등 및 정직은 징계위원회의 의결을 거쳐 해당 경찰공무원의 임용권자가 하되, 경무관 이상의 강등 및 정직과 경정 이상의 파면 및 해임은 경찰청장 또는 해양경찰청장의 제청으로 행정안전부장관 또는 해양수산부장관과 국무총리를 거쳐 대통령이 하고, 총경 및 경정의 강등 및 정직은 경찰청장 또는 해양경찰청장이 한다.

3. 경찰공무원 징계령

이 영은 「경찰공무원법」 제32조 및 제33조에 따른 경찰공무원의 징계와 「국가공무원법」 제78조의2에 따른 징계부가금 부과에 필요한 사항을 규정함을 목적으로 한다. 이 영에서 사용하는 용어에서 "중징계"란 파면, 해임, 강등 및 정직을 말하고, "경징계"는 감봉 및 견책을 말한다.

「경찰공무원 징계령」 제3조(징계위원회의 종류 및 설치) ① 경찰공무원 징계위원회는 경찰공무원 중앙징계위원회와 경찰공무원 보통징계위원회로 구분한다.

중앙징계위원회는 경찰청 및 해양경찰청에 두고, 보통징계위원회는 경찰청, 해양경찰청, 시 · 도경찰청, 지방해양경찰청, 경찰대학, 경찰인재개발원, 중앙경찰학교, 경찰수사연수원, 해양경찰교육원, 경찰병원, 경찰서, 경찰기동대, 의무경찰대, 해양경찰서, 해양경찰정비창, 경비함정 및 경찰청장 또는 해양경찰청장이 지정하는 경감 이상의 경찰공무원을 장으로 하는 기관(이하 "경찰기관"이라 한다)에 둔다.

가. 징계위원회의 관할 및 구성

중앙징계위원회는 총경 및 경정에 대한 징계 또는 「국가공무원법」 제78조의2에 따른 징계부가금 부과(이하 "징계등"이라 한다) 사건을 심의 · 의결한다. 보통징계위원회는 해당 징계위원회가 설치된 경찰기관 소속 경감 이하 경찰공무원에 대한 징계등 사건을 심의 · 의결한다. 상위 계급과 하위 계급의 경찰공무원이 관련된 징계등 사건은 제4조에도 불구하고 상위 계급의 경찰공무원을 관할하는 징계위원회에서 심의 · 의결하고, 상급 경찰기관과 하급경찰기관에 소속된 경찰공무원이 관련된 징계등 사건은 상급 경찰기관에 설치된 징계위원회에서 심의 · 의결한다. 다만, 상위 계급의 경찰공무원이 감독상 과실책임만으로 관련된 경우에는 제4조에 따른 관할 징계위원회에서 각각 심의 · 의결할 수 있다.

각 징계위원회는 위원장 1명을 포함하여 11명 이상 51명 이하의 공무원위원과 민간위원으로 구성한다. 위촉되는 민간위원의 임기는 2년으로 하며, 한 차례만 연임할 수 있다.

나. 징계위원회의 의결

징계위원회의 의결은 위원장을 포함한 위원 과반수의 출석과 출석위원 과반수의 찬성으로 의결하되, 의견이 나뉘어 출석위원 과반수의 찬성을 얻지 못한 경우에는 출석위원 과반수가 될 때까지 징계등 심의 대상자에게 가장 불리한 의견을 제시한 위원의 수를 그다음으로 불리한 의견을 제시한 위원의 수에 차례로 더하여 그 의견을 합의된 의견으로 본다.

다. 집행

경징계(감봉 및 견책) 등의 집행은 경징계 의결을 통지받았을 때에는 통지받은 날부터 15일 이내에 징계 등을 집행하여야 한다.

중징계(파면, 해임, 강등 및 정직)의 제청과 집행은 파면·해임 또는 정직의 의결을 통고받은 때에는 지체 없이 임용권자에게 파면·해임 또는 정직처분을 제청한다. 다만 경무관 이상의 강등 및 정직, 경정 이상의 파면 및 해임 처분의 제청, 총경 및 경정의 강등 및 정직의 집행은 경찰청장 또는 해양경찰청장이 한다.

중징계 처분의 제청을 받은 임용권자는 15일 이내에 징계처분 사유 설명서를 징계의결이 된 자에게 교부한다.

제7절 보수 및 연금

1. 보수

가. 의의

보수라 함은 봉급과 기타 각종 수당을 합산한 금액을 말한다. 다만, 연봉제 적용대상공무원은 연봉과 기타 각종 수당을 합산한 금액을 말한다. '봉급'은 직무의 곤란성, 책임도에 따라 직책별로 지급되는 기본급여 또는 직무의 곤란성, 책임도, 재직기간에 따라 계급별, 호봉별로 지급되는 기본급여를 말한다. '연봉'은 매년 1월 1일부터 12월 31일까지 1년간 지급되는 기본연봉과 성과연봉을 합산한 금액으로서, 해당 직책과 계급 및 개인의 누적성과를 반영하여 지급되는 기본연봉과 전년도 업무실적의 평가결과를 반영하여 지급되는 성과연봉으로 구성된다. '연봉월액'이라함은 매월 지급되는 연봉액으로서 연봉을 12로 나눈 금액이다. '수당'은 직무여건 및 생활여건 등에 따라 지급되는 부가급여를 말한다. 수당의 종류는 공통수당, 특수수당, 초과근무수당, 기타수당 및 실비변상 등으로 구성되어 있다.

나. 공무원의 보수 특징

1) 노무에 대한 반대급부
2) 공무원과 그 가족의 최저생활 보장
3) 일반 표준 생계비를 고려 압류 제한
4) 공무수행 전념할 것을 의무화한 대신 최소한의 생활 유지
5) 근무가치를 계량화 곤란
6) 경직성 강하다.
7) 정부의 일방적 결정

2. 해양경찰 보수체계

가. 보수체계

1) 연봉제 : 경정 이상 경찰공무원, 5급 이상 일반직공무원
   가) 고정급적 연봉제 : 정무직 대상으로 직위별로 고정액 지급
      ① 기본연봉(기준급+직무급), 성과연봉으로 구성
      ② 개인별 경력, 직무, 성과등급에 따라 연봉수준 차이
   나) 성과급적 연봉제
      ① 기본연봉 : 기본급, 정근수당(가산금 포함), 관리업무수당, 명절휴가비 등의 연액, 5급(상당) 공무원에게는 관리업무수당을 지급하지 않는다.
      ② 성과연봉 : 전년도 업무실적를 토대로 개인별 차등 지급
2) 호봉제 : 경감 이하 경찰공무원, 6급 이하 일반직공무원
   가) 봉급 : 직무의 곤란성, 책임도, 재직기간 등에 따라 계급별, 호봉별로 지급되는 기

본급여

나) 수당 : 직무 및 생활여건 등에 따라 부가적으로 지급

다) 성과급 : 전년도 업무실적에 따라 개인별·부서별 또는 개인별+부서별 차등 지급

<용어의 정의>
- (보수) 봉급<연봉> + 기타 각종 수당
- (승급) 현재의 호봉보다 높은 호봉을 부여하는 것
- (연봉) 매년 1.1~12.31까지 1년 동안 지급되는 기본연봉과 성과연봉을 합산한 금액
※ 기본연봉 : 해당 직책과 계급 및 개인의 누적성과를 반영하여 지급되는 기본 급여의 연액
※ 성과연봉 : 전년도 업무실적의 평가결과를 반영하여 지급되는 급여의 연액
- (연봉월액) 연봉에서 매월 지급되는 금액으로서 연봉을 12로 나눈 금액

나. 성과급(성과연봉, 성과상여금)

성과상여금의 평가 및 지급 횟수는 연 1회로 전년도 12월 31일 현재를 지급기준일로 하여 이전 1년간(1.1~12.31)의 성과를 평가한 후 지급한다. 단, 해양경찰청장은 종전의 성과상여금 평가대상기간, 기관의 성과평가 주기 등을 감안하여 필요한 경우 평가대상기간과 지급기준일을 달리 정할 수 있다. 지급방법으로는 부서성과평가 및 근무성적을 반영하여 개인별 차등 지급한다. 총경(4급) 이상은 부서성과평가(80%)+근무성적평정(20%)로 하고, 경정(5급) 이하는 부서성과평가(50%)+근무성적평정(50%)으로 하여 기관별, 계급·직급·직렬별 구분하여 평가 및 지급한다.

3. 연금

가. 공무원연금의 제도적 의의

공무원연금제도는 「공무원연금법」 제1조에서 명시하고 있는 바와 같이 "공무원의 퇴직 또는 사망과 공무로 인한 부상·질병·장애에 대하여 적절한 급여를 지급함으로써 공무원 및 그 유족의 생활안정과 복리향상에 이바지"하는데 그 목적이 있다. 이것이 재직 중의 사고나 퇴직 후의 소득상실에 대비하는 공무원연금제도가 갖는 사회보장적 측면이라 할 수 있다.

나. 공무원연금제도의 성격

공적연금제도는 사회보험의 원리에 의하여 작동되는 장기성 보험제도이며, 공무원연금제도가 공적연금제도의 일환으로 실시되고 있다는 것은 분명하다. 그럼에도 불구하고 공무원연금제도가 하나의 사회보험이라는 점은 반드시 명확한 것은 아니다. 국가가 시행하는 공무원연금제도가 사회보험의 원리를 반드시 고수하여야 할 어떠한 절대적인 논거도 없다. 그

이유는 공무원연금제도가 가지고 있는 부양제도로서의 성격 때문이다. 부양제도란 국가 고용주로서 근로자인 공무원들에게 연금 지급을 책임지는 역할에 초점이 맞추어진 제도이다. 즉 보험방식이 아닌 국가 예산을 주된 재원으로 공무원에게 노령연금을 지급하는 것이 부양제도이다. 우리나라의 공무원연금제도는 1960년에 제도가 도입된 이래 그 비용을 공무원과 정부가 50:50으로 균등 부담하는 사회보험방식을 채택하여 왔다. 그러나 2000년 개정으로 매 회계연도의 연금 적자를 정부예산으로 추가 보전하게 됨으로써 부양제도로서의 성격을 가미하게 되었다.

다. 적용대상 공무원

공무원연금제도의 적용을 받는 공무원은 「국가공무원법」 및 「지방공무원법」에 의한 공무원과 대통령이 정하는 다음의 국가 또는 지방자치단체의 기타 직원을 말한다.

1) 「청원경찰법」에 의하여 국가 또는 지방자치단체에 근무하는 청원경찰

2) 「청원산림보호직원 배치에 관한 법률」에 의하여 국가 또는 지방자치단체에 근무하는 청원산림보호직원

3) 국가 또는 지방자치단체의 위원회 등의 상임위원과 전임직원으로서 매월 정액의 보수 또는 이에 준하는 급여를 받는 자. 다만, 한시적인 자문위원회와 법령에 의하지 아니하는 위원회 등의 상임위원과 전임직원은 제외

4) 기타 국가 또는 지방자치단체의 정규공무원 외의 직원으로서 수행업무의 계속성과 매월 정액의 보수지급여부 등을 참작하여 인사혁신처장이 인정하는 자

라. 연금재정 운영

1) 연금재정 운영방식

공무원연금제도는 「공무원연금법」 제65조제1항에서 "퇴직급여 및 유족급여에 드는 비용은 공무원과 국가 또는 지방자치단체가 부담한다.

2) 비용부담방식

우리나라 공무원연금제도의 경우 제도 가입자인 공무원과 사용자인 국가나 지방자치단체가 공동으로 비용을 부담하는 기여제를 채택하고 있다. 다만, 2000년 개정으로 종전까지 공무원과 정부가 50:50으로 부담해 오던 균등부담방식이 바뀌었다. 즉 공무원이 매월 기준소득의 9%(2020년 이후)를 기여금으로 납부하고 국가와 지방자치단체가 같은 수준의 부담금을 납부하지만, 기여금과 부담금을 초과해서 발생하는 연금 적자에 대해서 국가와 지방자치단체가 추가로 보전하도록 하고 있기 때문에 사실상 균등부담원칙이 깨지고 정부책임이 강화되었다. 한편, 연금급여 비용과는 달리 사용자 책임의 급여에 드는 비용은 공무원 기여 없이 국가와 지방자치단체가 전액을 부담한다. 공무상 질병·부상·장애 또는 사망 및 위험직무

순직유족급여에 드는 비용과 재해부조금·사망조위금 같은 부조급여에 드는 비용, 그리고 퇴직수당에 드는 비용이 여기에 해당된다.

제8절 해양경찰 홍보

1. 홍보의 의의

홍보란 Public Relation(PR)을 말하는데 우리나라에서는 홍보 이외에도 공공관계, 공중관계 등으로 번역되고 있으며 일반적으로 "널리 알린다."의 뜻으로 공중관계를 원활하게 하기 위한 모든 커뮤니케이션 활동을 말한다. 가장 넓은 의미의 「널리 알리는 활동」으로서 정부홍보, 기업홍보, 단체홍보, 개인 홍보 등이 있다.

경찰홍보란 경찰의 활동이나 업무와 관련된 사항을 널리 알려서 경찰 목적 달성에 유리한 환경을 조성하는 행위(협의)를 말한다. 지역주민의 경찰활동에 대한 참여를 확대하고 각종 기관·단체 및 언론 등과의 상호 협조체제를 강화하여 이를 경찰이 수행하는 모든 업무에 연계시키는 것까지를 포함(광의)한다. 지역사회와 유기적 협조체제를 구축, 지역사회의 요구에 부응하고 긍정적인 측면을 알리는 활동으로 조직 이미지를 고양하고 주민 지지도를 제고하기 위한 방법으로 친근한 상징물을 전파하는 것도 하나의 방법이다(하상균·김종길·조성택, 2013: 539). 경찰홍보의 취지는 경찰의 목적 수행을 용이하게 하기 위해 경찰의 시책 · 업무 · 관계 법규 등을 일반 국민에게 공개함으로써 경찰에 대한 국민의 신뢰와 협조를 구하는 적극적이고 지속적인 활동을 말한다(김영환, 2006: 418).

2. 홍보의 세부내용

가. 공공관계

공공관계(PR)란 조직의 활동에 대한 공중의 태도를 평가하고 조직의 정책·사업에 대한 공중의 이해, 협력과 신뢰를 확보하여 이를 유지·증진시키기 위한 관리활동을 의미한다. 조직과 그를 둘러싸고 있는 사람들과의 우호적인 관계를 유지하려는 조직화된 노력이라고 볼 수 있다. 협의의 홍보(PR)란 유인물, 팸플릿 등 각종 매체를 통해 개인이나 단체의 좋은 점을 일방적으로 알리는 활동이다. PR의 필요성은 국민의 알 권리를 충족시켜주고, 국민의 요구를 정책에 반영시킬 수 있다. 또한 공공성과 객관성을 제고시키고 행정과 국민과의 오해와 불신을 제거함으로써 양자 간의 거리를 좁혀준다. 특히 선전과는 구별로 상대방의 지지를 얻기 위한 노력이나 활동, 집단의견에 영향을 미치려는 활동은 공통점을 가지고 있으나 선전은 선전자의 이익이나 특정 목적을 위하여 선전자 입장에서 호의적인 정보만을 일방적으로 제공하고 왜곡된 사실을 단순화시켜 감정에 호소하면서 반복적으로 알리는 것이다. 하지만, PR은 쌍방적인 교류를 통하여 상호 간에 영향을 미치고 왜곡 없이 사실상의 정보만을 제공한다.

나. 지역공동체 관계(CR: community relations)

지역사회 내의 각종 기관단체 및 주민들과 유기적인 연락 및 협조체제를 구축·유지하여 지역사회 각계각층의 요구에 부응하는 동시에 경찰활동의 긍정적인 측면을 널리 알리는 종합적인 지역사회 홍보체계를 의미한다. 지역사회 내의 경찰, 공사기관 그리고 각 개인들이 그들의 공통된 문제, 욕구, 책임을 발견하고 지역사회의 문제해결과 적극적인 지역사회 프로그램을 위해 공동 노력하는 것이다.

다. 언론관계

언론관계란 신문, TV 등 뉴스 프로그램의 보도 기능에 대응하는 활동으로 대개 사건·사고에 대한 기자들의 질의에 답하는 대응적이고 소극적인 홍보활동을 말한다.

라. 대중매체 관계

대중매체 관계란 언론관계의 대상과 범위가 확대·발전한 보다 종합적인 홍보활동을 말한다. 각종 대중매체 제작자와 긴밀한 협조관계를 구축·유지하여 대중매체의 필요를 충족시키는 한편, 경찰의 긍정적인 측면을 널리 알리는 홍보활동이다. 대중매체에 대한 종합적인 이해와 전문적인 지식이 필요한 적극적 홍보활동으로 전직 언론인, 문화산업 종사자 등 전문가를 채용하여 활용하는 추세이다.

마. 기업 이미지식 경찰홍보

소비자 주권시대를 맞아 경찰업무의 서비스 개념, 즉 주민을 소비자로 보는 관점에서 발달한 개념이다. 일반기업이 행하는 것과 같이 유료광고를 내고 친근한 상징물(캐릭터)을 개발·전파하는 등 조직 이미지를 고양하여 높아진 주민 지지도를 바탕으로 예산 획득, 형사사법 환경하의 협력 확보 등의 목적을 달성하는 종합적이고 계획적인 홍보활동을 의미한다. 즉 경찰청의 '포돌이', 해양경찰청의 '해우리와 해누리'의 경우처럼 주민에게 친근한 상징물을 개발·전파하는 활동과 관계가 깊다.

3. 홍보의 중요성

경찰은 국민의 생명 · 재산의 보호와 공공의 안녕 · 질서유지를 기본 임무로 하는 만큼 그 업무의 효과적인 수행을 위해서는 국민의 경찰에 대한 깊은 이해와 신뢰에 바탕을 둔 협력이 필요 불가결한 것인바, 경찰공보는 경찰 활동 상황을 국민에게 바르게 전달하여 국민의 이해와 협력을 얻으려는 중요한 활동이다.

4. 해양경찰 홍보의 특성 및 원칙

국민은 정부가 현재 및 장래에 대해 어떠한 정책(계획)을 수행해 나가려는 지에 대해 알 권리가 있고, 대민홍보의 주체는 이를 국민에게가 알려줄 의무가 있다. 대민홍보의 주체가 일방적으로 국민에게 알리는 정도로 홍보 기능을 수행해서는 안 되고 국민의 의견을 수렴하여 정책이나 각종 계획에 반영하는 것도 포함되어야 한다. 그리고 대민홍보의 주체인 국가는 객체인 국민을 계도 · 설득 · 교육하여 건전한 여론이 조성될 수 있도록 노력해야 한다. 또한 그 사업의 성과나 업무 및 정책과 관련한 내용을 객체에게 사실 그대로 홍보해야 한다(남재성·이정덕, 2013: 241-242).

경찰홍보의 원칙으로는 첫째, 공중이 알고 싶어 하는 것을 알려야 한다. 둘째, 언론 환경 및 사회 분위기를 고려, 적절한 시기에 보도자료를 제공해야 한다. 셋째, 경찰의 공신력을 유지할 수 있도록 해야 한다. 넷째, 설득적이어야 하며, 다섯째, 정보전달 채널은 많을수록 좋으며, 평소에 유지 및 관리를 철저히 해야 한다(이황우, 2002: 600-606).

5. 해양경찰대훈(隊訓)과 해양경찰가(歌) 제정

해양주권을 수호하고 해상치안을 확립하며 해양환경을 보전하는 등 해양 전문기관으로서 폭넓은 역할을 수행하게 된 해양경찰대(隊)는 해양경찰 구성원 모두가 공유하는 공통의 가치관을 정립하고 이를 바탕으로 고유의 조직문화를 구축하기 위하여 '해양경찰대훈'과 '해양경찰가'를 1985년 5월 13일 제정하였다. 대훈은 '굳센 체력과 강인한 정신력으로 조국수호에 신명을 다하는 역사적인 해양경찰이 되자'로 정하고, 의미는 '역사적인 해양경찰'이라 함은 해양경찰을 보다 정확하게 이해하기 위하여 유구한 역사의 흐름 속에서 해양경찰이 이룩한 빛난 업적과 전과, 그리고 진취적인 기상과 전통을 발굴하고 실패했던 역사적 경험을 분석하여 그 속에서 값진 교훈을 찾아 역사적 맥락에서 현재의 위치를 확인하고 현실에 맞서 과감하게 도전하며 미래의 행동방향을 더욱 명확히 인식할 줄 아는 주체적이고 능동적이며 미래지향적인 해양경찰을 뜻한다.

따라서 '역사적인 해양경찰이 되자'라는 의미는 해양경찰 개개인의 일거수일투족에서 비롯하여 오늘의 모든 상황이 사실이 된다는 현실인식과 가치판단 그리고 해양경찰다운 전통정신을 토대로 하여 미래에 대한 전망을 결정 지우는 역사인식으로 우리의 나아갈 바 행동지표를 명확히 하여 군센 체력과 정신력으로 위대한 역사를 창조하는 영광된 해양경찰이 되자는 것이다.

해양경찰가 (서정주 작사, 김동진 작곡)
제1절: 내 조국을 지키는 마음이 넘쳐 바다와 하늘 따라 한정이 없이 우리는 밤낮으로 달려갑니다. 이 겨레의 역사여 평안하소서 해와 달과 별들과 한 친구 되어 우리들 해양경찰 여기 있나니 제2절: 우리들의 소원은 겨레의 평화보다 더 큰 소원은 겨레의 번영 그래서 우리들이 바다 지키니 겨레여 하는 일에 꾸준하소서 해와 달과 별들과 한 친구 되어 우리들 해양경찰 여기 있나니

6. 해양경찰 영문명칭 변경

2004년 11월에는 해양경찰의 영문 표기를 종전에 사용하던 'Korea National Maritime Police Agency'에서 'Korea Coast Guard (KCG)'로 변경하였다. 이는 Maritime Police라는 표현이 독립기관을 나타내기보다는 해양을 담당하는 경찰청 소속기관이라는 이미지가 강해 중앙행정기관으로서의 위상에 맞지 않아 미국 등 세계적으로 유사한 해상치안기관의 명칭이 Coast Guard인데 비해 해양경찰청의 명칭이 달라 이들 해외기관과 국제협력을 확대하는 데에도 어려움이 따랐기 때문이었다. 이에 따라 일선 해양경찰서의 영문 표기도 ○○Maritime Police Station에서 ○○Coast Guard 로 바뀌었다. 2014년 세월호 사고 이후 해양경찰청이라는 명칭이 2014년 11월 19일부로 해양경비안전본부로 조직 명칭이 변경이 있었으나 영문 명칭은 그대로 Korea Coast Guard로 사용되었다.

7. 해양경찰의 날 제정 및 변경

1998년 12월 23일 처음으로 '해양경찰의 날'이 제정되어 첫 기념식을 거행하였다. 그동안 해양경찰청은 매년 10월 21일인 경찰의 날에 육상경찰과 함께 기념식을 가져왔다. 그러나 해양경찰청이 독립 외청으로 승격한 것을 계기로 해양가치에 대한 국민의 인식을 제고하면서 해양경찰의 독자적인 위상을 확립할 필요성이 커짐에 따라 해양경찰 역량강화 방안의 하나로 해양경찰 창립기념일인 12월 23일을 해양경찰의 날로 한 것이다. 한편으로는 외국어선의 불법조업에 대응하여 해양주권 수호와 국민의 안전을 위해 노력하는 해양경찰의 노고를 치하하고 해양자원보호 및 관리의 중요성을 널리 알리고자 하는 정부의 뜻도 반영돼 있었다.

해양경찰의 날이 제정됨으로써 해양경찰청은 발족 45년 만인 1998년 12월 23일 독자적인 기념일의 첫 기념식을 거행하였다. 그러나 2011년부터 배타적 경제수역 발효일인 9월10

일로 변경하였다. 해양경찰의 날을 배타적 경제수역 발효일로 변경한 것은 해양경찰의 날을 단순히 해양경찰만의 기념일로 끝내지 않고 다양하고 급변하는 국제적 해양문제와 해양의 중요성을 국민들에 대하여 관심을 높이고 국민과 함께하는 기념일로 발전시킨다는 취지에서 변경하여 2013년에는 해양경찰의 날이 법정기념일로 발전하였다. 정부가 해양경찰의 날을 법정기념일로 지정한 것은 3면이 바다인 우리나라에서 바다의 중요성을 부각하고 해양주권 수호에 대한 강력한 의지를 천명하기 위해서였다. 이와 관련하여 2012년 11월에는 9월 10일을 해양경찰의 날로 지정하는 내용의 「해양경비법 개정안」이 국회에서 발의돼 2013년 4월 국회를 통과하였고, 5월 22일 공포돼 2013년부터 법정기념일로 치러지게 되었다. 다시 해양경찰법이 2019년 8월 20일 제정되고, 2020년 2월 21일 시행됨에 따라 기존 해양경비법 제5조의 2(해양경찰의 날)를 삭제하고 「해양경찰법」 제4조에 해양경찰의 날로 개정되었다.

제9절 법무업무와 송무

1. 법무업무

해양경찰에서 직접 법령을 제정, 개정, 폐지하기 위하여 입안하고 국회에 제출하기까지에 관련된 활동을 법무업무라고 한다. 예를 들면, 법령·행정규칙안의 심사 및 정비, 법령질의회시, 법령집의 관리, 지방해양경찰청 규칙 심사 등을 법무업무에 포함되고 있다.

가. 법령의 체계

1) 법제의 종류

우선 법무업무의 수행에 관련된 법규의 종류를 알아보고 입법 활동을 설명한다.

가) 법령

국회에서 의결하고 대통령이 공포한 법률과 법규명령(행정규칙의 제외)에 해당하는 대통령령과 부령을 말한다.

나) 훈령

상급기관이 하급기관의 권한 행사를 상당한 기간에 걸쳐 일반적으로 지시하기 위하여 발하는 명령 및 지시문서이다.

다) 예규

행정사무의 통일성을 기하기 위하여 반복적인 사무의 처리기준을 제시하는 명령 및 지시문서이다.

라) 고시

법령이 정하는 바에 따라 일정한 사항을 일반에게 알리기 위한 문서이다.

마) 행정규칙

법령에 속하지 않은 훈령·예규 등으로 각급 경찰관서에서 정립 발령한 것을 말한다.

2) 법령체계의 단계적 구조

〈표 4-8〉 법령체계 구조

<table>
<tr><td>1군</td><td colspan="3">헌법</td></tr>
<tr><td>2군</td><td colspan="2">법률, 대통령긴급재정경제명령, 대통령긴급명령,</td><td>조약</td></tr>
<tr><td>3군</td><td>대통령령</td><td colspan="2">국회규칙, 대법원규칙, 헌법재판소규칙 등</td></tr>
<tr><td>4군</td><td>총리령, 부령</td><td colspan="2"></td></tr>
<tr><td>5군</td><td>행정규칙(훈령, 예규, 지침, 고시 등)</td><td>조례·규칙</td><td>감사원규칙</td></tr>
</table>

3) 법령 구성 형식

가) 본칙과 부칙의 구분

법령은 본칙과 부칙으로 구성된다. 본칙은 법령의 본체가 되는 부분이고, 부칙은 본칙에 부수하여 법령의 시행일, 적용관계, 기존의 법률관계와 새로운 법률관계 간의 연결 및 조정관계, 새로운 법률과 모순 저촉되는 기존법령의 개폐 등을 정하는 부대적 부분이다. 부칙과 구별되어야 할 것으로 보칙이 있다. 보칙은 본칙 중에서 보충적 규정을 정하는 부분의 장이나 절의 표제로 사용된다. 본칙부분에 대하여는 본칙이라는 표시를 하지 아니하나 부칙부문은 맨 앞에 반드시 "부칙"이라고 표시한다.

나) 장·절

법령 본칙의 조문수가 많고(통상 조문수가 30조 이상이 되는 경우) 이를 그 성질에 따라 몇 개의 군으로 나누는 것이 법문의 이해에 편리한 때에는 이를 몇 개의 장으로 구분할 수 있다. 장은 다시 절·관·목의 순서로 세분할 수 있다. 특히 조문수가 많은 경우에는 장(章)위에 편(編)을 둘 수 있다.

장·절의 구분은 본칙규정에 한정되고, 부칙에서는 장·절 등으로 구분하지 아니한다. 장·을 등을 둘 경우에는 그 장·절 등의 내용을 대표할 수 있는 제목을 붙인다.

다) 총칙과 통칙의 구분

어떤 법령 전체에 대한 총칙적 규정을 모은 부분의 표제는 "총칙"으로 하고, 법령이 장·절 등으로 구분되어 있는 경우 구분된 어느 부분 중의 총칙적 규정을 모든 것의 표제는 "통칙"으로 한다.

4) 법령의 각 조항(條項) 사용법(조(條), 항(項), 호(號), 목(目) 등의 구분)

법령의 본칙은 조「條」로 구분하되, 법령이 아주 간단하여 조「條」로 구분할 필요가 없는 경우에는 조「條」로 구분하지 아니할 수 있다. 하나의 조문 중 다시 내용을 구분할 필요가 있는 경우에는 조문을 항「項」으로 구분하며, 항「項」의 표시는 ①, ② 등으로 아라비아 숫자에 동그란 테를 둘러 표시한다.

조(條), 또는 항(項) 중에서 어떤 사항을 열거할 필요가 있는 경우에는 호「號」로 나누되, 호「號」의 표시는 1., 2., 3. 등으로 표시한다. 호「號」를 다시 세분화 필요가 있는 경우에는 목「目」으로 나누되 목「目」의 표시는 가., 나., 다. 등으로 표시한다(目을 다시 세분화 필요가 있는 때에는 (1), (2) 등으로 표시한다).

부치은 1개항일 경우에는 조항을 구분하지 아니하고 2개 이상일 경우에만 구분하되 2개 이상 5개항 이하일 경우에는 항(項)으로, 5개항을 초과할 경우에는 조(條)로 구분한다. 그러나 5개항을 초과하지 아니하더라도 각 항의 전부 또는 일부를 세분하여 규정할 필요가 있는 경우에는 조로 구분하고 항으로 세분한다. 부칙을 조(條)로 구분하는 경우에는 본칙과 부칙을 연번으로 표시하지 아니하고 따로 제1조, 제2조 ....로 한다.

나. 해양경찰청이 제안하는 입법절차

1) 법령안의 입안

어떤 정책을 결정한 후에 그 정책의 시행과 관련하여 입법이 필요하다고 판단되면, 정책의 주관부서인 중앙행정기관이 그 소관 사항에 대하여 법령안을 입안한다. 해양경찰청 주관부서는 법령안을 입안하는 경우 「법제업무 운영규정」 제3조제2항에 따라 법제처가 마련한 법령의 입안과 심사에 적용되는 일반적 기준(이하 "법령 입안·심사 기준"이라 한다)에 따라 법령안을 작성하여야 한다.

2) 법령안에 대한 자체 법제심사

해양경찰청 주관부서는 법령안을 입안하면 다음 각 호의 서류를 첨부하여 혁신행정법무담당관에게 자체 법제심사를 요청하여야 한다. 다만, 법령안을 긴급하게 추진하여야 할 사유가 있는 경우에는 혁신행정법무담당관과 협의하여 자체 법제심사를 생략할 수 있다.

3) 법령안의 결재

심사결과를 통보받은 주관부서는 「해양경찰청 위임전결규칙」에 따라 법령안에 대한 결재를 받아야 한다. 법령안의 결재 과정에서 내용에 중요한 변경이 발생하는 경우에는 해당 변경사항에 대하여 혁신행정법무담당관과 협의하여 수정하고 법령안에 대한 결재가 완료되면 그 결과를 혁신행정법무담당관에게 통보하여야 한다.

4) 해양경찰위원회 심의·의결

법령 주관부서는 입법예고가 완료된 법령안이 「해양경찰법」 제5조제1항 각 호 어느 하나에 해당되는 경우에는 법제처 심사 전 해양경찰위원회의 심의·의결을 거쳐야 한다. 해양경찰위원회의 심의·의결 대상인 법령을 정비하고자 하는 주관부서는 혁신행정법무담당관과 사전협의 후 기획재정담당관에게 안건으로 제출하여야 한다.

5) 부패영향평가

행정기관이 법령을 제정 · 개정하고자 하는 경우에는 법령에 내재하는 부패 유발 요인을 체계적으로 분석 · 평가하여 그에 대한 사전정비 및 종합적인 개선 대책을 강구하는 과정이다.

6) 관계 기관과의 협의

법령안 주관기관이 법령안을 입안하면 그 법령안에 대하여 발생할 수 있는 이견을 사전에 조정하기 위하여 그 내용과 관련이 있는 관계 기관과의 협의과정을 거치게 된다.

관계 기관과의 협의 기간은 10일 이상이 되어야 하지만, 법령안을 긴급하게 추진하여야 할 사유가 발생하는 등 특별한 사정이 있는 경우에는 법제처장과 협의하여 10일 미만으로 단축할 수 있다.

7) 입법예고

입법예고제도는 모든 법령을 제정·개정 또는 폐지하고자 할 때에 법령안의 내용을 국민에게 미리 예고하여 국민의 다양한 의견을 수렴하여 입법에 반영함으로써 입법과정에 대한 국민의 참여기회를 확대하고 입법내용의 민주화를 도모하며 법령의 실효성을 높여 국가정책을 효율적으로 수행하기 위한 제도이다.

입법예고는 법령안의 주요내용, 의견제출기관, 의견제출기간, 홈페이지 주소 등을 명시하여 관보 및 통합입법예고시스템(http://opinion.lawmaking.go.kr)에 공고하고, 그 밖에 신문·방송·인터넷 등의 매체를 이용한다. 입법예고기간은 40일 이상으로 하여야 하고, 입법내용이 국민의 권리의무 또는 일상생활과 관련이 없는 경우, 입법내용의 성질 기타 사유로 예고의 필요가 없거나 곤란하다고 판단되는 등의 경우에는 법제처장과 협의하여 예고를 생략하거나 예고기간을 단축할 수 있다.

8) 규제심사

법령안 주관기관의 장은 규제를 신설 또는 강화하는 내용의 법령을 제정하거나 개정하려는 경우에는 법제처에 법령안 심사를 요청하기 전에 규제영향분석서, 자체 심사의견 등을 첨부하여 규제개혁위원회에 규제심사를 받아야 합니다.

9) 법제처 심사

법제처는 국무회의에 상정될 법령안 · 조약안과 총리령안 및 부령안의 심사와 그 밖에 법제에 관한 사무를 전문적으로 관장한다.

법령안 주관기관의 장이 법령안 원안을 확정하면 법제처에 법령안 심사를 의뢰하게 되는데, 법제처에서는 법령안의 자구 · 체계 등의 형식적 사항뿐만 아니라 헌법이념 및 상위법과의 위반여부, 다른 법령과의 중복 · 충돌여부, 입법내용의 적법성 등 실질적인 사항에 대하여도 심사를 하여 원안을 수정 · 보완하게 된다.

법제처의 법령심사제도는 국민의 자유와 권리에 밀접한 관련이 있고 국가운영에 기틀이 되는 법률이나 그 하위법령이 공포 · 시행되기 전에 헌법과 상위규범에 위반되거나 부적정한 내용의 규범이 되지 않도록 사전에 심사 · 조정하는 사전적 규범통제제도로서의 역할을 수행하고 있다.

10) 차관회의 · 국무회의 심의

법률안과 대통령령안에 대한 법제처의 심사가 완료되면 그 법령안은 차관회의 및 국무회의의 심의를 거치게 된다. 차관회의는 국무회의에 상정될 의안의 중요사항을 사전에 심의하는 기능을 수행하고 있는데, 긴급한 경우에는 차관회의를 생략하고 바로 국무회의에 상정하여 심의할 수 있다.

11) 대통령 재가 및 국무총리와 관계 국무위원의 부서

국무회의의 심의를 마친 법령안(법률안 · 대통령령안)은 국무총리 및 관계 국무위원이 부서하고, 대통령이 재가한다.

부서(副署) : 법령이나 대통령의 국무에 관한 문서에 대통령이 서명한 다음, 국무총리와 관계 국무위원이 따라 서명하는 것 재가(裁可) : 결재권을 가진 사람이나 단체가 안건을 허락하여 승인하는 것

12) 국회 제출

대통령의 재가를 받은 법률안은 법제처에서 지체 없이 대통령 명의로 국회에 제출한다.

13) 국회의 심의 · 의결

국회에 제출된 정부제출 법률안은 국회의장이 본회의에 보고한 후 소관 상임위원회에 회부하고, 소관 상임위원회에서는 전체회의 또는 소위원회를 구성하여 법률안을 심사하며, 필요한 경우에는 공청회를 개최하여 이해관계인의 의견을 듣고 심사를 하기도 한다. 소관 상임위원회 전체회의의 의결을 거친 법률안은 다시 법률안의 자구와 체계 심사를 위하여 법제사법위원회에 회부한다. 법제사법위원회에서 자구 · 체계가 정리된 법률안은 다시 국회 본회의에 회부된다.

14) 공포안 정부 이송

국회 본회의를 통과한 법률안은 공포를 위하여 정부에 이송된다.

15) 국무회의 상정

법률안이 정부에 이송되어 오면 법제처는 국무회의 상정 안건의 작성요령에 따라 법률공포안을 작성하여 국무회의에 상정한다. 국무회의의 심의를 마치면 국무총리 및 관계 국무위원이 부서하고, 대통령이 재가한다. 다만, 대통령은 국회에서 이송되어 온 법률안에 이의가 있을 때에는 이송되어 온 후 15일 이내에 이의서를 붙여 국회로 환부하고 재의를 요구할 수 있다. 재의 요구된 법률안은 국회에서 재의에 부친 결과 재적의원 과반수의 출석과 출석의원 3분의 2 이상의 찬성으로 전과 같은 의결을 하면 법률로 확정되고, 대통령은 확정된 법률이 정부로 이송된 후 지체 없이 공포하여야 한다.

16) 공포

법률안이 국회에서 정부로 이송되어 국무회의의 심의를 거쳐 대통령의 재가를 받거나, 대통령령안이 국무회의의 심의를 거쳐 대통령의 재가를 받은 경우에는 그 법률안 및 대통령령안은 법제처에서 공포번호를 부여한 후 행정안전부에 공포를 위한 관보게재 의뢰를 하여 공포하게 된다. 법률안 및 대통령령안은 관보에 게재되어 공포됨으로써 각각 법률 및 대통령령으로서 성립하게 된다. 부령 및 총리령은 법제처 심사가 완료된 후 소관 부처에서 해당 부령의 공포번호를 부여하고(총리령의 경우에는 국무총리의 결재를 받고, 법제처에서 공포번호를 부여한다) 행정안전부에 공포를 위한 관보게재 의뢰를 하여 공포하게 된다.

다. 훈령·예규 등의 발령

1) 훈령·예규 등의 입안

주관부서가 훈령·예규 등을 제정·개정 또는 폐지하려는 때에는 다음 각 호의 사항을 포함하여 작성하여야 한다.

가) 훈령·예규 등의 발령안(제정·개정 또는 폐지 이유, 주요내용 등을 포함한다)
나) 신·구조문대비표(일부개정의 경우에 한정한다)
다) 그 밖의 참고사항

주관부서는 훈령·예규 등을 제정하는 경우 「훈령·예규 등의 발령 및 관리에 관한 규정」에 따라 훈령·예규 등의 존속기한 또는 재검토기한을 설정하여야 한다. 다만, 인사, 기록관리, 복무규율과 위원회 구성·운영 등 행정기관의 내부운영에 관한 훈령·예규 등에 대하여는 존속기한이나 재검토기한을 설정하지 아니할 수 있다. 설정된 존속기한이나 재검토기한이 만료되기 전에 관련 법령이나 현실여건의 변화 등을 검토하여 훈령·예규 등을 개정하거나 폐지하는 등의 조치를 하여야 한다.

2) 내부 의견수렴 등

주관부서는 제27조에 따라 훈령·예규 등을 입안하면 관계부서에 보내 그 의견을 들어야 한다. 이 경우 의견회신 기간은 특별한 사정이 없으면 10일 이상으로 한다.

3) 외부 의견수렴 등

주관부서는 「법제업무 운영규정」 제27조 및 제28조에 따른 절차가 끝나면 해당 훈령·예규 등의 발령안의 내용을 관계기관에 보내 그 의견을 들을 수 있다. 훈령·예규 등의 발령안이 「행정절차법」 제46조에 따른 행정예고의 대상에 해당하는 경우에는 특별한 사정이 없으면 20일 이상의 기간을 정하여 행정예고를 하여야 한다.

4) 규제심사 등

가) 주관부서는 훈령·예규 등의 제정·개정안에 규제를 신설하거나 강화하려면 「규제업무 운영 훈령」에 따라 규제영향분석 절차를 거쳐야 한다.

나) 주관부서는 「행정규제기본법」 제10조에 따라 규제개혁위원회에 훈령·예규 등의 발령안에 대한 규제심사를 요청할 경우에는 「법제업무 운영규정」 제25조에 따라 법제처에도 그 검토를 요청하여야 한다.

5) 훈령·예규 등의 발령안에 대한 자체 법제심사

주관부서는 훈령·예규 등을 입안하면 혁신행정법무담당관에게 자체 법제심사를 요청하여야 하고, 훈령·예규 등의 발령안에 대한 자체 법제심사에 관해서는 제8조를 준용한다.

6) 해양경찰위원회 심의·의결

주관부서는 자체 법제심사가 완료된 훈령·예규 등의 제·개정안이 「해양경찰법」 제5조제1항 각 호 어느 하나에 해당되는 경우에는 해양경찰위원회의 심의·의결을 거쳐야 한다. 해양경찰위원회의 심의·의결 대상인 법령을 정비하고자 하는 주관부서는 혁신행정법무담당관과 사전협의 후 기획재정담당관에게 안건으로 제출하여야 한다.

7) 훈령·예규 등의 발령 등

주관부서는 훈령·예규 등의 발령안에 대한 행정예고, 의견수렴 및 규제심사 등이 완료된 경우 혁신행정법무담당관으로부터 발령번호(훈령·예규는 누년번호, 고시는 연도 표시 일련번호)를 부여받아 훈령·예규 등을 발령하여야 한다. 다만, 관보에 게시하려는 경우 관보 게재하려는 날의 3일 전까지 행정안전부에 관보 게재를 의뢰하여야 한다. 훈령·예규 등을 발령한 후 10일 이내에 「법제업무 운영규정」에 따라 해당 훈령·예규 등을 법제정보시스템에 등재하여야 한다. 그리고 혁신행정법무담당관은 훈령·예규 등을 발령한 후 10일 이내에 「국회법」 제98조의2제1항에 따라 국회 소관 상임위원회에 제출하여야 한다.

8) 규칙의 명칭

훈령·예규 등의 제명은 "○○규칙"으로 하는 것을 원칙으로 하며, 그 외에는 내용이나 각 형식에 따라 지시·지침 등으로 할 수 있다.

9) 소속기관 행정규칙 자체심사

소속기관의 자체 행정규칙 제정·개정 등 법제사무에 관하여는 소속기관의 장이 별도로 정하여 운영한다. 자체심사를 위하여 필요한 경우 본청 또는 지방청 소속 변호사 특채자에게 자문을 요청할 수 있다.

2. 송무

송무는 소송사무 즉, 국가를 당사자로 하는 소송의 수행 및 지도업무를 말한다. 송무에는 소송에 앞서 행해지는 행정심판 업무도 포함된다. 행정심판에 관한 사항기관장의 처분에 대한 행정심판청구사건 재결, 행정심판업무의 지도를 포함한다. 이 밖에도 해양경찰청장을 피청구인으로 하는 헌법소원의 수행업무도 있다.

가. 행정심판 및 행정소송

1) 행정심판의 의의

행정상 법률관계에 분쟁이 있는 경우 당사자의 청구에 의하여 행정청에서 이를 심판하는 행정쟁송절차를 총칭한다. 경찰의 위법·부당한 처분 그 밖의 공권력 작위·부작위 등으로 인하여 권리와 이익을 침해당한 자가 그 권리구제를 위하여 행정청에 시정을 요구하고 행정청에서 이를 심판하는 쟁송절차로서 행정소송의 전심절차(前審節次)이다.

2) 행정심판 절차예시

수상레저 면허취소를 받고 이에 대해 이의를 제기하는 청구인의 행정심판절차를 예로 들면 다음과 같다.

가) 청구인

수상레저면허취소 통지서를 받은 송달일로부터 90일 이내 해양경찰청장에게 면허취소의 부당 또는 불법함에 대해 심판을 요구하는 심판청구서를 제출한다.

나) 해양경찰청장

면허취소의 취소를 구하는 청구가 이유 있으면 바로 시정조치 한다. 즉, 면허취소를 취소해 준다. 만일 청구가 이유 없으면 답변서 3부, 심판청구서를 송부한다. 국무총리행정심판위원회의결에 따라 재결처분 한다. 처리기간은 심판청구일로부터 60일 이내이지만 30일간 연장이 가능하다. 청구인은 재결서를 받은 날로부터 60일 이내에 행정소송을 제기할 수 있다.

나. 국가소송의 수행

「국가를 당사자로 하는 소송에 관한 법률」에 의거 국가를 당사자로 하는 소송 및 행정소송의 수행에 있어서 법무부장관의 지휘를 받으면서 당해 행정청의 장은 그 행정청의 직원 또는 상급행정청의 직원을 지정하여 행정소송을 수행하게 하는 것을 말한다.

제10절 공공기관의 정보공개(정보공개법)

1. 목적

「공공기관의 정보공개에 관한 법률 : 정보공개법」[85]은 공공기관이 보유·관리하는 정보에 대한 국민의 공개 청구 및 공공기관의 공개 의무에 관하여 필요한 사항을 정함으로써 국민의 알 권리를 보장하고 국정(國政)에 대한 국민의 참여와 국정 운영의 투명성을 확보함을 목적으로 한다.

2. 정의

1) "정보"란 공공기관이 직무상 작성 또는 취득하여 관리하고 있는 문서(전자문서를 포함한다. 이하 같다) 및 전자매체를 비롯한 모든 형태의 매체 등에 기록된 사항을 말한다.

2) "공개"란 공공기관이 이 법에 따라 정보를 열람하게 하거나 그 사본·복제물을 제공하는 것 또는 「전자정부법」 제2조제10호에 따른 정보통신망(이하 "정보통신망"이라 한다)을 통하여 정보를 제공하는 것 등을 말한다.

3) "공공기관"이란 다음 각 목의 기관을 말한다.

가) 국가기관

① 국회, 법원, 헌법재판소, 중앙선거관리위원회

② 중앙행정기관(대통령 소속기관과 국무총리 소속기관을 포함) 및 그 소속기관

③ 「행정기관 소속 위원회의 설치·운영에 관한 법률」에 따른 위원회

나) 지방자치단체

다) 「공공기관의 운영에 관한 법률」 제2조에 따른 공공기관

라) 「지방공기업법」에 따른 지방공사 및 지방공단

마) 그 밖에 대통령령령으로 정하는 기관

3. 정보공개의 원칙(제3조)

공공기관이 보유·관리하는 정보는 국민의 알 권리 보장 등을 위하여 이 법에서 정하는 바에 따라 적극적으로 공개하여야 한다.

4. 적용 범위

1) 정보의 공개에 관하여는 다른 법률에 특별한 규정이 있는 경우를 제외하고는 이 법에서 정하는 바에 따른다.

---

85) 공공기관의 정보공개에 관한 법률 (약칭: 정보공개법),[법률 제17690호, 2020. 12. 22., 일부개정], 행정안전부(정보공개정책과).

2) 지방자치단체는 그 소관 사무에 관하여 법령의 범위에서 정보공개에 관한 조례를 정할 수 있다.

3) 국가안전보장에 관련되는 정보 및 보안 업무를 관장하는 기관에서 국가안전보장과 관련된 정보의 분석을 목적으로 수집하거나 작성한 정보에 대해서는 이 법을 적용하지 아니한다. 다만, 제8조제1항에 따른 정보목록의 작성·비치 및 공개에 대해서는 그러하지 아니한다.

5. 정보공개 청구권자와 공공기관의 의무

가. 정보공개 청구권자(제5조)

1) 모든 국민은 정보의 공개를 청구할 권리를 가진다.

2) 외국인의 정보공개 청구에 관하여는 대통령령으로 정한다.

정보공개법 시행령 제3조(외국인의 정보공개 청구) 법 제5조제2항에 따라 정보공개를 청구할 수 있는 외국인은 다음 각 호의 어느 하나에 해당하는 자로 한다. 1. 국내에 일정한 주소를 두고 거주하거나 학술·연구를 위하여 일시적으로 체류하는 사람 2. 국내에 사무소를 두고 있는 법인 또는 단체

나. 공공기관의 의무(제6조)

1) 공공기관은 정보의 공개를 청구하는 국민의 권리가 존중될 수 있도록 이 법을 운영하고 소관 관계 법령을 정비하며, 정보를 투명하고 적극적으로 공개하는 조직문화 형성에 노력하여야 한다.

2) 공공기관은 정보의 적절한 보존 및 신속한 검색과 국민에게 유용한 정보의 분석 및 공개 등이 이루어지도록 정보관리체계를 정비하고, 정보공개 업무를 주관하는 부서 및 담당하는 인력을 적정하게 두어야 하며, 정보통신망을 활용한 정보공개시스템 등을 구축하도록 노력하여야 한다.

3) 행정안전부장관은 공공기관의 정보공개에 관한 업무를 종합적·체계적·효율적으로 지원하기 위하여 통합정보공개시스템을 구축·운영하여야 한다.

4) 공공기관(국회·법원·헌법재판소·중앙선거관리위원회는 제외한다)이 제2항에 따른 정보공개시스템을 구축하지 아니한 경우에는 제3항에 따라 행정안전부장관이 구축·운영하는 통합정보공개시스템을 통하여 정보공개 청구 등을 처리하여야 한다.

5) 공공기관은 소속 공무원 또는 임직원 전체를 대상으로 국회규칙·대법원규칙·헌법재판소규칙·중앙선거관리위원회규칙 및 대통령령으로 정하는 바에 따라 이 법 및 정보공개 제도 운영에 관한 교육을 실시하여야 한다.

다. 정보공개 담당자의 의무(제6조의2)

공공기관의 정보공개 담당자(정보공개 청구 대상 정보와 관련된 업무 담당자를 포함한다)는 정보공개 업무를 성실하게 수행하여야 하며, 공개 여부의 자의적인 결정, 고의적인 처리 지연 또는 위법한 공개 거부 및 회피 등 부당한 행위를 하여서는 아니 된다.

라. 행정정보의 사전적 공개 등(제7조)

1) 공공기관은 다음 각 호의 어느 하나에 해당하는 정보에 대해서는 공개의 구체적 범위, 주기, 시기 및 방법 등을 미리 정하여 정보통신망 등을 통하여 알리고, 이에 따라 정기적으로 공개하여야 한다. 다만, 제9조제1항 각 호의 어느 하나에 해당하는 정보에 대해서는 그러하지 아니하다. 〈개정 2020. 12. 22.〉

가) 국민생활에 매우 큰 영향을 미치는 정책에 관한 정보

나) 국가의 시책으로 시행하는 공사(工事) 등 대규모 예산이 투입되는 사업에 관한 정보

다) 예산집행의 내용과 사업평가 결과 등 행정감시를 위하여 필요한 정보

라) 그 밖에 공공기관의 장이 정하는 정보

2) 공공기관은 제1항에 규정된 사항 외에도 국민이 알아야 할 필요가 있는 정보를 국민에게 공개하도록 적극적으로 노력하여야 한다.

마. 정보목록의 작성 · 비치 등(제8조)

1) 공공기관은 그 기관이 보유 · 관리하는 정보에 대하여 국민이 쉽게 알 수 있도록 정보목록을 작성하여 갖추어 두고, 그 목록을 정보통신망을 활용한 정보공개시스템 등을 통하여 공개하여야 한다. 다만, 정보목록 중 제9조제1항에 따라 공개하지 아니할 수 있는 정보가 포함되어 있는 경우에는 해당 부분을 갖추어 두지 아니하거나 공개하지 아니할 수 있다.

2) 공공기관은 정보의 공개에 관한 사무를 신속하고 원활하게 수행하기 위하여 정보공개 장소를 확보하고 공개에 필요한 시설을 갖추어야 한다.

바. 공개대상 정보의 원문공개(제8조의2)

공공기관 중 중앙행정기관 및 대통령령으로 정하는 기관은 전자적 형태로 보유 · 관리하는 정보 중 공개대상으로 분류된 정보를 국민의 정보공개 청구가 없더라도 정보통신망을 활용한 정보공개시스템 등을 통하여 공개하여야 한다.

6. 정보공개의 절차

가. 비공개 대상 정보(제9조)

1) 공공기관이 보유·관리하는 정보는 공개 대상이 된다. 다만, 다음 각 호의 어느 하나에 해당하는 정보는 공개하지 아니할 수 있다.

가) 다른 법률 또는 법률에서 위임한 명령(국회규칙·대법원규칙·헌법재판소규칙·중앙선거관리위원회규칙·대통령령 및 조례로 한정한다)에 따라 비밀이나 비공개 사항으로 규정된 정보

나) 국가안전보장·국방·통일·외교관계 등에 관한 사항으로서 공개될 경우 국가의 중대한 이익을 현저히 해칠 우려가 있다고 인정되는 정보

다) 공개될 경우 국민의 생명·신체 및 재산의 보호에 현저한 지장을 초래할 우려가 있다고 인정되는 정보

라) 진행 중인 재판에 관련된 정보와 범죄의 예방, 수사, 공소의 제기 및 유지, 형의 집행, 교정(矯正), 보안처분에 관한 사항으로서 공개될 경우 그 직무수행을 현저히 곤란하게 하거나 형사피고인의 공정한 재판을 받을 권리를 침해한다고 인정할 만한 상당한 이유가 있는 정보

마) 감사·감독·검사·시험·규제·입찰계약·기술개발·인사관리에 관한 사항이나 의사결정 과정 또는 내부검토 과정에 있는 사항 등으로서 공개될 경우 업무의 공정한 수행이나 연구·개발에 현저한 지장을 초래한다고 인정할 만한 상당한 이유가 있는 정보. 다만, 의사결정 과정 또는 내부검토 과정을 이유로 비공개할 경우에는 의사결정 과정 및 내부검토 과정이 종료되면 제10조에 따른 청구인에게 이를 통지하여야 한다.

바) 해당 정보에 포함되어 있는 성명·주민등록번호 등 개인에 관한 사항으로서 공개될 경우 사생활의 비밀 또는 자유를 침해할 우려가 있다고 인정되는 정보. 다만, 다음 각목에 열거한 개인에 관한 정보는 제외한다.

① 법령에서 정하는 바에 따라 열람할 수 있는 정보

② 공공기관이 공표를 목적으로 작성하거나 취득한 정보로서 사생활의 비밀 또는 자유를 부당하게 침해하지 아니하는 정보

③ 공공기관이 작성하거나 취득한 정보로서 공개하는 것이 공익이나 개인의 권리 구제를 위하여 필요하다고 인정되는 정보

④ 직무를 수행한 공무원의 성명·직위

⑤ 공개하는 것이 공익을 위하여 필요한 경우로서 법령에 따라 국가 또는 지방자치단체가 업무의 일부를 위탁 또는 위촉한 개인의 성명·직업

사) 법인·단체 또는 개인(이하 "법인등"이라 한다)의 경영상·영업상 비밀에 관한 사항으로서 공개될 경우 법인 등의 정당한 이익을 현저히 해칠 우려가 있다고 인정되는 정보. 다만, 다음 각목에 열거한 정보는 제외한다.

① 사업활동에 의하여 발생하는 위해(危害)로부터 사람의 생명·신체 또는 건강을 보호하기 위하여 공개할 필요가 있는 정보

② 위법 · 부당한 사업활동으로부터 국민의 재산 또는 생활을 보호하기 위하여 공개할 필요가 있는 정보

아) 공개될 경우 부동산 투기, 매점매석 등으로 특정인에게 이익 또는 불이익을 줄 우려가 있다고 인정되는 정보

2) 공공기관은 제1항 각 호의 어느 하나에 해당하는 정보가 기간의 경과 등으로 인하여 비공개의 필요성이 없어진 경우에는 그 정보를 공개 대상으로 하여야 한다.

3) 공공기관은 제1항 각 호의 범위에서 해당 공공기관의 업무 성격을 고려하여 비공개 대상 정보의 범위에 관한 세부 기준(이하 "비공개 세부 기준"이라 한다)을 수립하고 이를 정보통신망을 활용한 정보공개시스템 등을 통하여 공개하여야 한다.

4) 공공기관(국회 · 법원 · 헌법재판소 및 중앙선거관리위원회는 제외한다)은 제3항에 따라 수립된 비공개 세부 기준이 제1항 각 호의 비공개 요건에 부합하는지 3년마다 점검하고 필요한 경우 비공개 세부 기준을 개선하여 그 점검 및 개선 결과를 행정안전부장관에게 제출하여야 한다.

나. 정보공개의 청구방법(제10조)

1) 정보의 공개를 청구하는 자(이하 "청구인"이라 한다)는 해당 정보를 보유하거나 관리하고 있는 공공기관에 다음 각 호의 사항을 적은 정보공개 청구서를 제출하거나 말로써 정보의 공개를 청구할 수 있다.

가) 청구인의 성명 · 주민등록번호 · 주소 및 연락처(전화번호 · 전자우편주소 등을 말한다). 다만, 청구인이 법인 또는 단체인 경우에는 그 명칭, 대표자의 성명, 사업자등록번호 또는 이에 준하는 번호, 주된 사무소의 소재지 및 연락처를 말한다.

나) 청구인의 주민등록번호(본인임을 확인하고 공개 여부를 결정할 필요가 있는 정보를 청구하는 경우로 한정한다)

다) 공개를 청구하는 정보의 내용 및 공개방법

2) 제1항에 따라 청구인이 말로써 정보의 공개를 청구할 때에는 담당 공무원 또는 담당 임직원(이하 "담당공무원등"이라 한다)의 앞에서 진술하여야 하고, 담당 공무원등은 정보공개 청구조서를 작성하여 이에 청구인과 함께 기명날인하거나 서명하여야 한다.

3) 제1항과 제2항에서 규정한 사항 외에 정보공개의 청구방법 등에 관하여 필요한 사항은 국회규칙 · 대법원규칙 · 헌법재판소규칙 · 중앙선거관리위원회규칙 및 대통령령으로 정한다.

다. 정보공개 여부의 결정(제11조)

1) 공공기관은 제10조에 따라 정보공개의 청구를 받으면 그 청구를 받은 날부터 10일 이내에 공개 여부를 결정하여야 한다.

2) 공공기관은 부득이한 사유로 제1항에 따른 기간 이내에 공개 여부를 결정할 수 없을 때에는 그 기간이 끝나는 날의 다음 날부터 기산(起算)하여 10일의 범위에서 공개 여부 결정기간을 연장할 수 있다. 이 경우 공공기관은 연장된 사실과 연장 사유를 청구인에게 지체 없이 문서로 통지하여야 한다.

3) 공공기관은 공개 청구된 공개 대상 정보의 전부 또는 일부가 제3자와 관련이 있다고 인정할 때에는 그 사실을 제3자에게 지체 없이 통지하여야 하며, 필요한 경우에는 그의 의견을 들을 수 있다.

4) 공공기관은 다른 공공기관이 보유·관리하는 정보의 공개 청구를 받았을 때에는 지체 없이 이를 소관 기관으로 이송하여야 하며, 이송한 후에는 지체 없이 소관 기관 및 이송 사유 등을 분명히 밝혀 청구인에게 문서로 통지하여야 한다.

5) 공공기관은 정보공개 청구가 다음 각 호의 어느 하나에 해당하는 경우로서 「민원 처리에 관한 법률」에 따른 민원으로 처리할 수 있는 경우에는 민원으로 처리할 수 있다.

가) 공개 청구된 정보가 공공기관이 보유·관리하지 아니하는 정보인 경우

나) 공개 청구의 내용이 진정·질의 등으로 이 법에 따른 정보공개 청구로 보기 어려운 경우

라. 즉시처리가 가능한 정보 공개(제16조)

다음 각 호의 어느 하나에 해당하는 정보로서 즉시 또는 말로 처리가 가능한 정보에 대해서는 제11조에 따른 절차를 거치지 아니하고 공개하여야 한다.

1) 법령 등에 따라 공개를 목적으로 작성된 정보

2) 일반국민에게 알리기 위하여 작성된 각종 홍보자료

3) 공개하기로 결정된 정보로서 공개에 오랜 시간이 걸리지 아니하는 정보

4) 그 밖에 공공기관의 장이 정하는 정보

마. 비용부담(제17조)

정보의 공개 및 우송 등에 드는 비용은 실비(實費)의 범위에서 청구인이 부담한다. 공개를 청구하는 정보의 사용 목적이 공공복리의 유지·증진을 위하여 필요하다고 인정되는 경우에는 비용을 감면할 수 있다.

바. 이의신청(제18조)

1) 청구인이 정보공개와 관련한 공공기관의 비공개 결정 또는 부분 공개 결정에 대하여 불복이 있거나 정보공개 청구 후 20일이 경과하도록 정보공개 결정이 없는 때에는 공공기관으로부터 정보공개 여부의 결정 통지를 받은 날 또는 정보공개 청구 후 20일이 경과한 날부터 30일 이내에 해당 공공기관에 문서로 이의신청을 할 수 있다.

2) 국가기관등은 이의신청이 있는 경우에는 심의회를 개최하여야 한다. 다만, 다음 각 호

의 어느 하나에 해당하는 경우에는 심의회를 개최하지 아니할 수 있으며 개최하지 아니하는 사유를 청구인에게 문서로 통지하여야 한다.

가) 심의회의 심의를 이미 거친 사항

나) 단순·반복적인 청구

다) 법령에 따라 비밀로 규정된 정보에 대한 청구

3) 공공기관은 이의신청을 받은 날부터 7일 이내에 그 이의신청에 대하여 결정하고 그 결과를 청구인에게 지체 없이 문서로 통지하여야 한다. 다만, 부득이한 사유로 정하여진 기간 이내에 결정할 수 없을 때에는 그 기간이 끝나는 날의 다음 날부터 기산하여 7일의 범위에서 연장할 수 있으며, 연장 사유를 청구인에게 통지하여야 한다.

4) 공공기관은 이의신청을 각하(却下) 또는 기각(棄却)하는 결정을 한 경우에는 청구인에게 행정심판 또는 행정소송을 제기할 수 있다는 사실을 결과 통지와 함께 알려야 한다.

사. 행정심판(제19조)

1) 청구인이 정보공개와 관련한 공공기관의 결정에 대하여 불복이 있거나 정보공개 청구 후 20일이 경과하도록 정보공개 결정이 없는 때에는 「행정심판법」에서 정하는 바에 따라 행정심판을 청구할 수 있다. 이 경우 국가기관 및 지방자치단체 외의 공공기관의 결정에 대한 감독행정기관은 관계 중앙행정기관의 장 또는 지방자치단체의 장으로 한다.

2) 청구인은 이의신청 절차를 거치지 아니하고 행정심판을 청구할 수 있다.

3) 행정심판위원회의 위원 중 정보공개 여부의 결정에 관한 행정심판에 관여하는 위원은 재직 중은 물론 퇴직 후에도 그 직무상 알게 된 비밀을 누설하여서는 아니 된다.

4) 제3항의 위원은 「형법」이나 그 밖의 법률에 따른 벌칙을 적용할 때에는 공무원으로 본다.

아. 행정소송(제20조)

1) 청구인이 정보공개와 관련한 공공기관의 결정에 대하여 불복이 있거나 정보공개 청구 후 20일이 경과하도록 정보공개 결정이 없는 때에는 「행정소송법」에서 정하는 바에 따라 행정소송을 제기할 수 있다.

2) 재판장은 필요하다고 인정하면 당사자를 참여시키지 아니하고 제출된 공개 청구 정보를 비공개로 열람·심사할 수 있다.

3) 재판장은 행정소송의 대상이 제9조제1항제2호에 따른 정보 중 국가안전보장·국방 또는 외교관계에 관한 정보의 비공개 또는 부분 공개 결정처분인 경우에 공공기관이 그 정보에 대한 비밀 지정의 절차, 비밀의 등급·종류 및 성질과 이를 비밀로 취급하게 된 실질적인 이유 및 공개를 하지 아니하는 사유 등을 입증하면 해당 정보를 제출하지 아니하게 할 수 있다.

제11절 개인정보 보호(개인정보 보호법)

1. 개인정보

"개인정보"란 살아 있는 개인에 관한 정보로서 다음 각 목의 어느 하나에 해당하는 정보를 말한다.

가) 성명, 주민등록번호 및 영상 등을 통하여 개인을 알아볼 수 있는 정보

나) 해당 정보만으로는 특정 개인을 알아볼 수 없더라도 다른 정보와 쉽게 결합하여 알아볼 수 있는 정보. 이 경우 쉽게 결합할 수 있는지 여부는 다른 정보의 입수 가능성 등 개인을 알아보는 데 소요되는 시간, 비용, 기술 등을 합리적으로 고려하여야 한다.

다) 가)목 또는 나)목을 가명처리함으로써 원래의 상태로 복원하기 위한 추가 정보의 사용·결합 없이는 특정 개인을 알아볼 수 없는 정보(이하 "가명정보"라 한다)

"가명처리"란 개인정보의 일부를 삭제하거나 일부 또는 전부를 대체하는 등의 방법으로 추가 정보가 없이는 특정 개인을 알아볼 수 없도록 처리하는 것을 말한다.

2. 개인정보 보호 원칙(제3조)

가) 개인정보처리자는 개인정보의 처리 목적을 명확하게 하여야 하고 그 목적에 필요한 범위에서 최소한의 개인정보만을 적법하고 정당하게 수집하여야 한다.

나) 개인정보처리자는 개인정보의 처리 목적에 필요한 범위에서 적합하게 개인정보를 처리하여야 하며, 그 목적 외의 용도로 활용하여서는 아니 된다.

다) 개인정보처리자는 개인정보의 처리 목적에 필요한 범위에서 개인정보의 정확성, 완전성 및 최신성이 보장되도록 하여야 한다.

라) 개인정보처리자는 개인정보의 처리 방법 및 종류 등에 따라 정보주체의 권리가 침해받을 가능성과 그 위험 정도를 고려하여 개인정보를 안전하게 관리하여야 한다.

마) 개인정보처리자는 제30조에 따른 개인정보 처리방침 등 개인정보의 처리에 관한 사항을 공개하여야 하며, 열람청구권 등 정보주체의 권리를 보장하여야 한다.

바) 개인정보처리자는 정보주체의 사생활 침해를 최소화하는 방법으로 개인정보를 처리하여야 한다.

사) 개인정보처리자는 개인정보를 익명 또는 가명으로 처리하여도 개인정보 수집목적을 달성할 수 있는 경우 익명처리가 가능한 경우에는 익명에 의하여, 익명처리로 목적을 달성할 수 없는 경우에는 가명에 의하여 처리될 수 있도록 하여야 한다.

아) 개인정보처리자는 이 법 및 관계 법령에서 규정하고 있는 책임과 의무를 준수하고 실

천함으로써 정보주체의 신뢰를 얻기 위하여 노력하여야 한다.

3. 정보주체의 권리(제4조)

정보주체는 자신의 개인정보 처리와 관련하여 다음 각 호의 권리를 가진다.

가) 개인정보의 처리에 관한 정보를 제공받을 권리
나) 개인정보의 처리에 관한 동의 여부, 동의 범위 등을 선택하고 결정할 권리
다) 개인정보의 처리 여부를 확인하고 개인정보에 대한 열람(사본의 발급을 포함한다. 이하 같다) 및 전송을 요구할 권리
라) 개인정보의 처리 정지, 정정 · 삭제 및 파기를 요구할 권리
마) 개인정보의 처리로 인하여 발생한 피해를 신속하고 공정한 절차에 따라 구제받을 권리
바) 완전히 자동화된 개인정보 처리에 따른 결정을 거부하거나 그에 대한 설명 등을 요구할 권리

4. 국가 등의 책무(제5조)

가) 국가와 지방자치단체는 개인정보의 목적 외 수집, 오용 · 남용 및 무분별한 감시 · 추적 등에 따른 폐해를 방지하여 인간의 존엄과 개인의 사생활 보호를 도모하기 위한 시책을 강구하여야 한다.

나) 국가와 지방자치단체는 제4조에 따른 정보주체의 권리를 보호하기 위하여 법령의 개선 등 필요한 시책을 마련하여야 한다.

다) 국가와 지방자치단체는 만 14세 미만 아동이 개인정보 처리가 미치는 영향과 정보주체의 권리 등을 명확하게 알 수 있도록 만 14세 미만 아동의 개인정보 보호에 필요한 시책을 마련하여야 한다.

라) 국가와 지방자치단체는 개인정보의 처리에 관한 불합리한 사회적 관행을 개선하기 위하여 개인정보처리자의 자율적인 개인정보 보호활동을 존중하고 촉진 · 지원하여야 한다.

마) 국가와 지방자치단체는 개인정보의 처리에 관한 법령 또는 조례를 적용할 때에는 정보주체의 권리가 보장될 수 있도록 개인정보 보호 원칙에 맞게 적용하여야 한다.

5. 개인정보의 수집·이용 및 제한

가. 개인정보의 수집 · 이용(제15조)

1) 개인정보처리자는 다음 각 호의 어느 하나에 해당하는 경우에는 개인정보를 수집할 수

있으며 그 수집 목적의 범위에서 이용할 수 있다. 〈개정 2023. 3. 14.〉

① 정보주체의 동의를 받은 경우
② 법률에 특별한 규정이 있거나 법령상 의무를 준수하기 위하여 불가피한 경우
③ 공공기관이 법령 등에서 정하는 소관 업무의 수행을 위하여 불가피한 경우
④ 정보주체와 체결한 계약을 이행하거나 계약을 체결하는 과정에서 정보주체의 요청에 따른 조치를 이행하기 위하여 필요한 경우
⑤ 명백히 정보주체 또는 제3자의 급박한 생명, 신체, 재산의 이익을 위하여 필요하다고 인정되는 경우
⑥ 개인정보처리자의 정당한 이익을 달성하기 위하여 필요한 경우로서 명백하게 정보주체의 권리보다 우선하는 경우. 이 경우 개인정보처리자의 정당한 이익과 상당한 관련이 있고 합리적인 범위를 초과하지 아니하는 경우에 한한다.
⑦ 공중위생 등 공공의 안전과 안녕을 위하여 긴급히 필요한 경우

2) 개인정보처리자는 제1항제1호에 따른 동의를 받을 때에는 다음 각 호의 사항을 정보주체에게 알려야 한다. 다음 각 호의 어느 하나의 사항을 변경하는 경우에도 이를 알리고 동의를 받아야 한다.

① 개인정보의 수집·이용 목적
② 수집하려는 개인정보의 항목
③ 개인정보의 보유 및 이용 기간
④ 동의를 거부할 권리가 있다는 사실 및 동의 거부에 따른 불이익이 있는 경우에는 그 불이익의 내용

3) 개인정보처리자는 당초 수집 목적과 합리적으로 관련된 범위에서 정보주체에게 불이익이 발생하는지 여부, 암호화 등 안전성 확보에 필요한 조치를 하였는지 여부 등을 고려하여 대통령령으로 정하는 바에 따라 정보주체의 동의 없이 개인정보를 이용할 수 있다.

나. 개인정보의 수집 제한(제16조)

1) 개인정보처리자는 제15조제1항 각 호의 어느 하나에 해당하여 개인정보를 수집하는 경우에는 그 목적에 필요한 최소한의 개인정보를 수집하여야 한다. 이 경우 최소한의 개인정보 수집이라는 입증책임은 개인정보처리자가 부담한다.

2) 개인정보처리자는 정보주체의 동의를 받아 개인정보를 수집하는 경우 필요한 최소한의 정보 외의 개인정보 수집에는 동의하지 아니할 수 있다는 사실을 구체적으로 알리고 개인정보를 수집하여야 한다.

3) 개인정보처리자는 정보주체가 필요한 최소한의 정보 외의 개인정보 수집에 동의하지 아니한다는 이유로 정보주체에게 재화 또는 서비스의 제공을 거부하여서는 아니 된다.

다. 개인정보의 제공(제17조)

1) 개인정보처리자는 다음 각 호의 어느 하나에 해당되는 경우에는 정보주체의 개인정보를 제3자에게 제공(공유를 포함한다. 이하 같다)할 수 있다.

① 정보주체의 동의를 받은 경우

② 제15조제1항제2호, 제3호 및 제5호부터 제7호까지에 따라 개인정보를 수집한 목적 범위에서 개인정보를 제공하는 경우

2) 개인정보처리자는 제1항제1호에 따른 동의를 받을 때에는 다음 각 호의 사항을 정보주체에게 알려야 한다. 다음 각 호의 어느 하나의 사항을 변경하는 경우에도 이를 알리고 동의를 받아야 한다.

① 개인정보를 제공받는 자

② 개인정보를 제공받는 자의 개인정보 이용 목적

③ 제공하는 개인정보의 항목

④ 개인정보를 제공받는 자의 개인정보 보유 및 이용 기간

⑤ 동의를 거부할 권리가 있다는 사실 및 동의 거부에 따른 불이익이 있는 경우에는 그 불이익의 내용

3) 개인정보처리자는 당초 수집 목적과 합리적으로 관련된 범위에서 정보주체에게 불이익이 발생하는지 여부, 암호화 등 안전성 확보에 필요한 조치를 하였는지 여부 등을 고려하여 대통령령으로 정하는 바에 따라 정보주체의 동의 없이 개인정보를 제공할 수 있다.

라. 개인정보의 목적 외 이용 · 제공 제한(제18조)

1) 개인정보처리자는 개인정보를 제15조제1항에 따른 범위를 초과하여 이용하거나 제17조제1항 및 제28조의8제1항에 따른 범위를 초과하여 제3자에게 제공하여서는 아니 된다.

2) 제1항에도 불구하고 개인정보처리자는 다음 각 호의 어느 하나에 해당하는 경우에는 정보주체 또는 제3자의 이익을 부당하게 침해할 우려가 있을 때를 제외하고는 개인정보를 목적 외의 용도로 이용하거나 이를 제3자에게 제공할 수 있다. 다만, 제4호부터 제8호까지에 따른 경우는 공공기관의 경우로 한정한다.

① 정보주체로부터 별도의 동의를 받은 경우

② 다른 법률에 특별한 규정이 있는 경우

③ 명백히 정보주체 또는 제3자의 급박한 생명, 신체, 재산의 이익을 위하여 필요하다고 인정되는 경우

④ 개인정보를 목적 외의 용도로 이용하거나 이를 제3자에게 제공하지 아니하면 다른 법률에서 정하는 소관 업무를 수행할 수 없는 경우로서 보호위원회의 심의 · 의결을 거친 경우

⑤ 조약, 그 밖의 국제협정의 이행을 위하여 외국정부 또는 국제기구에 제공하기 위하여 필요한 경우
⑥ 범죄의 수사와 공소의 제기 및 유지를 위하여 필요한 경우
⑦ 법원의 재판업무 수행을 위하여 필요한 경우
⑧ 형(刑) 및 감호, 보호처분의 집행을 위하여 필요한 경우
⑨ 공중위생 등 공공의 안전과 안녕을 위하여 긴급히 필요한 경우

3) 개인정보처리자는 제2항제1호에 따른 동의를 받을 때에는 다음 각 호의 사항을 정보주체에게 알려야 한다. 다음 각 호의 어느 하나의 사항을 변경하는 경우에도 이를 알리고 동의를 받아야 한다.

① 개인정보를 제공받는 자
② 개인정보의 이용 목적(제공 시에는 제공받는 자의 이용 목적을 말한다)
③ 이용 또는 제공하는 개인정보의 항목
④ 개인정보의 보유 및 이용 기간(제공 시에는 제공받는 자의 보유 및 이용 기간을 말한다)
⑤ 동의를 거부할 권리가 있다는 사실 및 동의 거부에 따른 불이익이 있는 경우에는 그 불이익의 내용

4) 공공기관은 제2항제2호부터 제5호까지, 제7호부터 제9호까지에 따라 개인정보를 목적 외의 용도로 이용하거나 이를 제3자에게 제공하는 경우에는 그 이용 또는 제공의 법적 근거, 목적 및 범위 등에 관하여 필요한 사항을 보호위원회가 고시로 정하는 바에 따라 관보 또는 인터넷 홈페이지 등에 게재하여야 한다.

5) 개인정보처리자는 제2항 각 호의 어느 하나의 경우에 해당하여 개인정보를 목적 외의 용도로 제3자에게 제공하는 경우에는 개인정보를 제공받는 자에게 이용 목적, 이용 방법, 그 밖에 필요한 사항에 대하여 제한을 하거나, 개인정보의 안전성 확보를 위하여 필요한 조치를 마련하도록 요청하여야 한다. 이 경우 요청을 받은 자는 개인정보의 안전성 확보를 위하여 필요한 조치를 하여야 한다.

마. 개인정보를 제공받은 자의 이용·제공 제한(제19조)

개인정보처리자로부터 개인정보를 제공받은 자는 다음 각 호의 어느 하나에 해당하는 경우를 제외하고는 개인정보를 제공받은 목적 외의 용도로 이용하거나 이를 제3자에게 제공하여서는 아니 된다.

1) 정보주체로부터 별도의 동의를 받은 경우
2) 다른 법률에 특별한 규정이 있는 경우

바. 개인정보의 파기(제21조)

1) 개인정보처리자는 보유기간의 경과, 개인정보의 처리 목적 달성, 가명정보의 처리 기간 경과 등 그 개인정보가 불필요하게 되었을 때에는 지체 없이 그 개인정보를 파기하여야 한다. 다만, 다른 법령에 따라 보존하여야 하는 경우에는 그러하지 아니하다.

2) 개인정보처리자가 제1항에 따라 개인정보를 파기할 때에는 복구 또는 재생되지 아니하도록 조치하여야 한다.

3) 개인정보처리자가 제1항 단서에 따라 개인정보를 파기하지 아니하고 보존하여야 하는 경우에는 해당 개인정보 또는 개인정보파일을 다른 개인정보와 분리하여서 저장·관리하여야 한다.

4) 개인정보의 파기방법 및 절차 등에 필요한 사항은 대통령령으로 정한다.

사. 아동의 개인정보 보호(제22조의2)

1) 개인정보처리자는 만 14세 미만 아동의 개인정보를 처리하기 위하여 이 법에 따른 동의를 받아야 할 때에는 그 법정대리인의 동의를 받아야 하며, 법정대리인이 동의하였는지를 확인하여야 한다.

2) 제1항에도 불구하고 법정대리인의 동의를 받기 위하여 필요한 최소한의 정보로서 대통령령으로 정하는 정보는 법정대리인의 동의 없이 해당 아동으로부터 직접 수집할 수 있다.

3) 개인정보처리자는 만 14세 미만의 아동에게 개인정보 처리와 관련한 사항의 고지 등을 할 때에는 이해하기 쉬운 양식과 명확하고 알기 쉬운 언어를 사용하여야 한다.

제12절 언론중재 및 피해구제 등에 관한 법률

1. 언론중재 및 피해구제 일반

가. 목적

이 법[86]은 언론사 등의 언론보도 또는 그 매개(媒介)로 인하여 침해되는 명예 또는 권리나 그 밖의 법익(法益)에 관한 다툼이 있는 경우 이를 조정하고 중재하는 등의 실효성 있는 구제제도를 확립함으로써 언론의 자유와 공적(公的) 책임을 조화함을 목적으로 한다.

86) 언론중재 및 피해구제 등에 관한 법률(언론중재법), [시행 2023. 8. 8.] [법률 제19592호, 2023. 8. 8., 타법개정].

나. 용어정의

1) "언론"이란 방송, 신문, 잡지 등 정기간행물, 뉴스통신 및 인터넷신문을 말한다.

2) "방송"이란 「방송법」 제2조제1호에 따른 텔레비전방송, 라디오방송, 데이터방송 및 이동멀티미디어방송을 말한다.

3) "신문"이란 「신문 등의 진흥에 관한 법률」 제2조제1호에 따른 신문을 말한다.

4) "잡지 등 정기간행물"이란 「잡지 등 정기간행물의 진흥에 관한 법률」 제2조제1호가목 및 라목에 따른 잡지 및 기타간행물을 말한다.

5) "뉴스통신"이란 「뉴스통신 진흥에 관한 법률」 제2조제1호에 따른 뉴스통신을 말한다.

6) "인터넷신문"이란 「신문 등의 진흥에 관한 법률」 제2조제2호에 따른 인터넷신문을 말한다.

7). "언론사"란 방송사업자, 신문사업자, 잡지 등 정기간행물사업자, 뉴스통신사업자 및 인터넷신문사업자를 말한다.

8) "사실적 주장"이란 증거에 의하여 그 존재 여부를 판단할 수 있는 사실관계에 관한 주장을 말한다.

9) "언론보도"란 언론의 사실적 주장에 관한 보도를 말한다.

10) "정정보도"란 언론의 보도 내용의 전부 또는 일부가 진실하지 아니한 경우 이를 진실에 부합되게 고쳐서 보도하는 것을 말한다.

11) "반론보도"란 언론의 보도 내용의 진실 여부와 관계없이 그와 대립되는 반박적 주장을 보도하는 것을 말한다.

12) "인터넷뉴스서비스"란 언론의 기사를 인터넷을 통하여 계속적으로 제공하거나 매개하는 전자간행물을 말한다. 다만, 인터넷신문 및 인터넷 멀티미디어 방송, 그 밖에 대통령령으로 정하는 것은 제외한다.

13) "인터넷 멀티미디어 방송"이란 「인터넷 멀티미디어 방송사업법」 제2조제1호에 따른 인터넷 멀티미디어 방송을 말한다.

다. 언론자유와 독립

언론의 자유와 독립은 보장된다. 누구든지 언론의 자유와 독립에 관하여 어떠한 규제나 간섭을 할 수 없다. 언론은 정보원(情報源)에 대하여 자유로이 접근할 권리와 그 취재한 정보를 자유로이 공표할 자유를 갖는다. 자유와 권리는 헌법과 법률에 의하지 아니하고는 제한받지 아니한다.

라. 언론의 사회적 책임

언론의 보도는 공정하고 객관적이어야 하고, 국민의 알권리와 표현의 자유를 보호·신장하여야 한다. 그리고 인간의 존엄과 가치를 존중하여야 하고, 타인의 명예를 훼손하거나 타인의 권리나 공중도덕 또는 사회윤리를 침해하여서는 아니 된다. 공적인 관심사에 대하여 공익을 대변하며, 취재 · 보도 · 논평 또는 그 밖의 방법으로 민주적 여론형성에 이바지함으로써 그 공적 임무를 수행한다.

마. 언론등에 의한 피해구제 원칙

1) 언론, 인터넷뉴스서비스 및 인터넷 멀티미디어 방송(이하 "언론등"이라 한다)은 타인의 생명, 자유, 신체, 건강, 명예, 사생활의 비밀과 자유, 초상(肖像), 성명, 음성, 대화, 저작물 및 사적(私的) 문서, 그 밖의 인격적 가치 등에 관한 권리(이하 "인격권"이라 한다)를 침해하여서는 아니 되며, 언론등이 타인의 인격권을 침해한 경우에는 이 법에서 정한 절차에 따라 그 피해를 신속하게 구제하여야 한다.

2) 인격권 침해가 사회상규(社會常規)에 반하지 아니하는 한도에서 다음 각 호의 어느 하나에 해당하는 경우에는 법률에 특별한 규정이 없으면 언론등은 그 보도 내용과 관련하여 책임을 지지 아니한다.

① 피해자의 동의를 받아 이루어진 경우
② 언론등의 보도가 공공의 이익에 관한 것으로서, 진실한 것이거나 진실하다고 믿는 데에 정당한 사유가 있는 경우

바. 언론중재위원회 설치

언론등의 보도 또는 매개(이하 "언론보도등"이라 한다)로 인한 분쟁의 조정 · 중재 및 침해사항을 심의하기 위하여 언론중재위원회(이하 "중재위원회"라 한다)를 둔다. 중재위원회는 40명 이상 90명 이내의 중재위원으로 구성하며, 중재위원은 문화체육관광부장관이 위촉한다. 중재위원은 법률과 양심에 따라 독립하여 직무를 수행하며, 직무상 어떠한 지시나 간섭도 받지 아니한다.

2. 침해에 대한 구제

가. 정정보도 청구 요건

1) 사실적 주장에 관한 언론보도등이 진실하지 아니함으로 인하여 피해를 입은 자(이하 "피해자"라 한다)는 해당 언론보도등이 있음을 안 날부터 3개월 이내에 언론사, 인터넷뉴스서비스사업자 및 인터넷 멀티미디어 방송사업자(이하 "언론사등"이라 한다)에게 그 언론보도등의 내용에 관한 정정보도를 청구할 수 있다. 다만, 해당 언론보도등이 있은 후 6개월이 지났을 때에는 그러하지 아니하다.

2) 청구에는 언론사등의 고의 · 과실이나 위법성을 필요로 하지 아니한다.

3) 국가 · 지방자치단체, 기관 또는 단체의 장은 해당 업무에 대하여 그 기관 또는 단체를 대표하여 정정보도를 청구할 수 있다.

4) 「민사소송법」상 당사자능력이 없는 기관 또는 단체라도 하나의 생활단위를 구성하고 보도 내용과 직접적인 이해관계가 있을 때에는 그 대표자가 정정보도를 청구할 수 있다.

나. 반론보도청구권

사실적 주장에 관한 언론보도등으로 인하여 피해를 입은 자는 그 보도 내용에 관한 반론보도를 언론사등에 청구할 수 있다. 청구에는 언론사등의 고의 · 과실이나 위법성을 필요로 하지 아니하며, 보도 내용의 진실 여부와 상관없이 그 청구를 할 수 있다. 반론보도 청구에 관하여는 따로 규정된 것을 제외하고는 정정보도 청구에 관한 이 법의 규정을 준용한다.

다. 추후보도청구권

언론등에 의하여 범죄혐의가 있거나 형사상의 조치를 받았다고 보도 또는 공표된 자는 그에 대한 형사절차가 무죄판결 또는 이와 동등한 형태로 종결되었을 때에는 그 사실을 안 날부터 3개월 이내에 언론사등에 이 사실에 관한 추후보도의 게재를 청구할 수 있다. 추후보도에는 청구인의 명예나 권리 회복에 필요한 설명 또는 해명이 포함되어야 한다.

라. 시정권고

중재위원회는 언론의 보도 내용에 의한 국가적 법익, 사회적 법익 또는 타인의 법익 침해사항을 심의하여 필요한 경우 해당 언론사에 서면으로 그 시정을 권고할 수 있다.

제2장 인적자원관리론

제1절 해양경찰 인사관리

1. 인사관리

가. 개념

인사관리란 조직의 목표달성을 효율적으로 지원하기 위하여 그에 적합한 인재를 충원하고, 적소에 배치하며, 능력발전을 도모하고, 근무 의욕을 고취시키는 활동을 수행하는 것으로 임용, 교육훈련, 성과평가, 동기부여 등 주요 활동을 말한다. 해양경찰 인사관리는 해양경찰 활동의 수행에 필요한 인적자원의 효율적 관리활동을 의미한다. 해양경찰관을 체계적이고 합리적인 기준에 따라 분류하고 모집, 채용, 내부관리 등을 해나가는 과정이다. 해양경찰 인력은 계속해서 증가하고 있으며 이들을 합리적 기준에 의해 공정하게 관리해 나가는 것은 해양경찰 목적달성에 가장 중요한 기능이라고 할 수 있다.

인사관리의 구체적인 과정을 보면 해양경찰 활동의 수요와 공급에 관한 예측을 통해 최적의 수급방안을 수립하는 것부터 시작한다. 적정한 해양경찰관 수급계획을 세우는 것은 현재 해양경찰이 수행하고 있는 업무의 증가나 감소에 대한 예측과 장래에 필요한 경찰활동의 내용 및 전문성에 대한 예측을 통해 이루어진다.

나. 목적

인사가 만사라는 말이 있듯이 해양경찰에서 개개인의 능력을 최고로 발휘하고 공정한 보상을 받게 인사를 관리해 주면 해양안전과 해상치안 대응을 해나가는 기능은 순조롭게 이루어지지만 인사기준이나 관리가 불합리하거나 부정이 개입된다면 아무리 유능한 인재가 해양경찰이 되더라도 해양경찰 목적을 이루는 데 기여하지 못하고 해양경찰조직을 불신하게 될 것이다.

인사관리의 첫째, 효율적인 해양경찰인력의 운영이다. 즉, 해양경찰관을 적재적소에 필요한 때에 지원해주고 이들의 근무의욕과 사기가 높은 수준을 유지하도록 하는 데 있다. 수많은 해양경찰관을 효율적으로 관리하기 위해서는 개개인의 능력과 자격 및 경력을 고려하여 합리적인 수급계획을 세우고 적정한 분류에 의해 관리해 나가야 한다.

둘째, 인사운영을 합리적이고 객관적인 기준을 중심으로 공정하게 하는 데 있다. 임기응변식, 정실주의, 연고주의보다는 객관적이고 실적에 기반을 둔 인사관리가 해양경찰관의 동기부여나 사기관리에 기여하게 된다. 인사권자에 따라서 구성원의 욕구충족, 동기부여, 그리고 능력발전이 좌우된다면 인사관리가 공정하다고 할 수 없다. 관리자는 유사한 조건에 있는 사람은 동일한 규칙과 적용, 기회균등을 위해 노력해야 한다. 사람들은 서로 비교하고 평가할 때, 그들 나름대로 준거집단을 갖고 있다. 그 준거집단에 적용되는 평가기준과 자신에 대한 평가기준이 다를 때, 즉 정실이나 연분이 작용하여 평가가 이루어질 때, 개인은 불만이나 좌절상태에 빠져 근무의욕을 잃어버리거나 때로는 극한적인 공격성 형태를 나타내 보이기도 한다. 따라서 인력관리는 정원관리 및 채용, 교육훈련, 보직, 근무성적의 평가, 그리고 승진관리에 이르게까지 적용규칙이나 기준은 공평하고 일관성이 있어야 한다.

셋째, 해양경찰조직과 개개인의 요구를 잘 조화시키는 것이다. 해양경찰조직은 조직을 구성하고 있는 해양경찰관들 사이의 협동을 통해 임무를 수행할 수 있는 것이지 조직도표와 명령에 의해서 임무를 수행하는 것은 아니라고 할 수 있다. 어떤 특정 조직의 구성원들을 한꺼번에 모두 교체해 보라. 그러면 그 조직의 업무성취도나 효과성은 아주 달라질 것이다. 그 조직의 명칭이나 조직구조는 동일하게 존재하는 데도 왜 이러한 현상이 나타날까? 그것은 바로 그 조직을 구성하는 인간들이 바뀌어졌기 때문이다. 따라서 조직에서는 조직체계 그 자체보다는 해양경찰관 개인의 능력과 의욕이 더 중요하다고 볼 수 있다. 그래서 조직의 경우에 인력관리가 무엇보다 중요하다. 조직에 있어서 개인의 만족을 좌우하는 요인은 성취감, 안정감, 일 그 자체, 책임, 승진, 그리고 성장으로 밝혀지고 있다. 인간의 욕구이론에 의하면, 인간은 대체로 성취욕구, 권력욕구, 그리고 친교욕구를 가지고 있다는 것이다. 해양경찰관도 이러한 욕구를 가진다고 할 수 있다. 따라서 해양경찰관의 욕구와 해상범죄예방과 수사 등의 경찰활동을 조화시켜 나가는 것이 해양경찰 인사관리의 중요한 목적인 것이다.

넷째, 인사관리의 목적은 우수한 사람들을 확보하여 그들의 능력을 계속적으로 발전시키고, 또한 그들이 근무의욕을 갖고 열심히 일하게 함으로써 조직의 효과성을 높이는데 있다. 개인의 성장과 조직의 효과를 조화시켜 가는 작업이 인사관리의 핵심이라고 할 수 있다.

다섯째, 목적은 환경에 변화에 대한 적응성이다. 인간은 과거의 규칙에 매달리는 속성이 있다. 사회 환경은 과거와 엄청나게 달라지고 있고 변화의 속도도 매우 빠르다. 현재의 규칙이 과거에 만들어졌고 미래에는 적합하지 않게 될 것이 예견되는데도 그 규칙에 구속된다면 유능한 인재의 선발과 보유가 어렵게 되고 이들은 경찰을 떠날 것이다. 이러한 상황 속에서는 과거의 규칙에 의문을 제기하여 현재의 사회변동에 적합한 인사기준을 만드는 작업을 하여야 할 것이다.

다. 과정

해양경찰인력의 수급계획에 의해 해양경찰공무원을 모집, 채용, 내부관리를 해나가게 된다, 내부관리는 배치전환, 교육훈련, 동기부여, 행정통제 등을 통해 채용된 해양경찰공무원이 직업인으로서의 해양경찰업무를 의욕적으로 수행할 수 있게 하는 것을 말한다. 해양경찰

인사관리는 해양경찰공무원으로 채용하는 외부임용과 채용 후의 관리를 의미하는 내부임용으로 나눌 수 있다.

2. 해양경찰공무원 분류

해양경찰공무원의 분류는 채용에서부터 승진 및 인사이동의 경로 등 인적자원관리의 모든 활동에 직·간접으로 영향을 미치는 것이다. 해양경찰공무원을 분류하는 것은 수많은 구성원을 하나의 기준으로 관리할 수 없을 뿐만 아니라 개인별로 따로따로 관리할 수도 없기 때문이다. 즉, 모든 해양경찰관을 동일하게 대우하고 관리하면 개인의 특성이나 능력이 무시된다. 또한 모든 해양경찰관의 개인 특성을 고려하여 개인별로 관리한다는 것은 인사관리상 불가능하고 비효율적인 것이다. 따라서 대규모의 인력을 관리하는 조직에서는 거의 모두 일정한 인력분류제를 채택하여 효율적이면서 개개인의 특성과 능력을 살려나가는 운영을 하고 있다. 해양경찰관의 분류는 계급, 경과와 특기 등 3가지 기준을 정하고 있다. 계급은 직책의 난이도와 보수의 차이를 두기 위한 것이고 경과와 특기는 개인의 능력, 적성, 자격 등을 활용하기 위한 목적을 가지고 있다.

가. 계급제

계급제는 공무원이 가지는 개인의 특성, 즉 학력, 경력, 자격을 기준으로 하여 유사한 개인적 특성을 가진 공무원을 여러 범주와 집단으로 구분하여 계층을 구분하는 것을 말한다. 국가공무원 중 경력직공무원은 1급에서 9급까지 계층을 두고 있다. 해양경찰관은 순경에서 치안총감까지 11개 계급(순경, 경장, 경사, 경위, 경감, 경정, 총경, 경무관, 치안감, 치안정감, 치안총감)으로 상하로 체계화되어있다. 해양경찰관의 신분상의 지위나 자격에 중점을 두고 개인의 특성을 고려하여 계급체계를 만들고 있으며 임용의 중요한 기준이 된다.

즉, 계급이 높을수록 직무수행의 곤란도, 책임도가 높은 직책에 배치된다. 계급제를 유지하는 해양경찰 인사관리에서는 개인의 능력이나 자격보다 개인의 계급을 보직의 기준으로 삼기 때문에 맡는 직책의 특성에 따른 자격이나 능력보다는 계급수준이 더 중요한 기준이 된다. 다시 말해서 능력이 있더라도 계급이 맞지 않으면 보직을 주지 않는다는 것이다.

이러한 계급제는 직무수행에 요구되는 능력이나 자격과 계급수준의 조화가 이루어질 때에는 운영의 효율을 기할 수 있으나 계급수준에 능력이나 자격이 적합하지 않은 경우에는 관리의 효율을 떨어트리게 된다.

나. 경과

해양경찰공무원의 경과(警科)에 따라서 하는 일이 달라진다. 인사관리의 중요한 기준으로 이용하고 있는 경과는 해양경찰업무의 여러 가지 특성을 구분하고 그에 적합한 해양경찰관을 모집채용하고 있다. 능력과 경력을 해양경찰에서 전문화시키고 발전시킴으로써 해양경찰 업무의 효율성을 높이기 위한 제도이다. 해양경찰청 소속 총경 이하 경찰공무원에게 부여하는 경과(警科)는 다음 각 호와 같다. 다만, 제2호부터 제5호까지의 경과는 경정 이하 경찰공무원에게만 부여한다.87)

1) 해양경과: 홍보 · 기획 · 국제협력 · 감사 · 운영지원 · 경비 · 해상교통관제 · 해양안전 · 수색구조 · 수상레저 · 정보 · 장비기술 · 해양오염방제나 그 밖에 수사경과, 항공경과, 정보통신경과 및 특임경과에 속하지 않은 직무
2) 수사경과: 범죄수사에 관한 직무
3) 항공경과: 경찰항공기의 운영 · 관리에 관한 직무
4) 정보통신경과: 경찰정보통신 · 전산의 운영 · 관리에 관한 직무
5) 특임경과: 특공, 구조 또는 응급구조에 관한 직무

그러나 해양경찰은 경과를 변경할 수가 있는데 이를 전과라 한다. 전과는 해양경과에서 수사경과, 항공경과, 정보통신경과 또는 특임경과로 전과만 인정한다. 다만, 정원감축 등 해양경찰청장이 정하는 사유가 있는 경우 수사경과, 항공경과, 정보통신경과 또는 특임경과에서 해양경과로의 전과를 인정할 수 있다. 그러나 다음 각 호의 어느 하나에 해당하는 사람은 전과를 할 수 없다.

1) 현재 경과를 부여받고 1년이 지나지 아니한 사람
2) 특정한 직무분야에 근무할 것을 조건으로 채용된 해양경찰청 소속 경찰공무원으로서 채용 후 5년이 지나지 아니한 사람

3. 우리나라 공직분류 체계

공직분류라 함은 공무원(사람) 또는 직위(일)를 일정한 기준에 따라 구분하여 정부조직 내의 작업구조를 형성하는 과정 및 그 결과를 말한다. 또한 공직분류는 계급제적 인사행정체계에서의 주된 분류방식인 계급구조를 수직적 분류로 직위분류제적인 인사행정체계에서의 직위분류방식을 수평적 분류라고 지칭하고, 양자를 포괄하는 넓은 의미로 사용하기도 한다. 이러한 정의는 기존의 인사행정관련 문헌에서 지칭하는 직위분류제와 계급제 이념이 지향하는 바를 모두 수용하고자 하는 의도가 담겨 있다.

공직의 분류는 공무원의 채용에서부터 보직관리, 승진, 교육훈련, 보수 등 인력관리의 모든 국면에 직·간접으로 영향을 미치며, 이를 통하여 정부관료제의 성격을 규정할 뿐만 아니라 생산성과 경쟁력에도 상당한 영향을 미친다. 이와 같이 공직분류체계는 사회의 잠재적인 유능한 인력을 공직에 유인하고, 시험의 타당성을 제고시키는 주요한 수단적 가치를 띠면서

---

87) 해양경찰청 소속 경찰공무원 임용에 관한 규정[시행 2023. 3. 7.] [대통령령 제33320호, 2023. 3. 7., 일부개정].

도 임용 후의 합리적인 인력관리의 근거와 이론을 제공해 준다는 점에서 인사행정의 기초라 할 수 있다.

가. 직위분류제

직위분류제는 직무의 곤란성이나 책임도를 기준으로 직위를 분류해 그 직위에 맞는 조건을 갖춘 사람을 임용하는 제도로 미국과 캐나다 등에서 택하고 있으며. 우리나라는 1981년 국가공무원법 조문개정으로 보직관리의 원칙, 직군·직렬·직류의 분류와 승진, 시험 등에 직위분류제적 요소(분류법채택)를 가미하고 있다.

1) "직위"라 함은 1인의 공무원에게 부여할 수 있는 직무와 책임을 말한다.
2) "직급"이라 함은 직무의 종류·곤란성과 책임도가 상당히 유사한 직위의 군을 말한다.
3) "직렬"이라 함은 직무의 종류가 유사하고 그 책임과 곤란성의 정도가 상이한 직급의 군을 말한다.
4) "직군"이라 함은 직무의 성질이 유사한 직렬의 군을 말한다.
5) "직류"라 함은 동일한 직렬 내에서의 담당분야가 동일한 직무의 군을 말한다.
6) "등급"이라 함은 직무의 종류는 상이하나 그 책임과 곤란성의 정도가 유사한 직위의 군을 말한다(공무원임용령상 '계급'에 해당).

※ "직무등급"이라 함은 직무의 곤란성과 책임의 정도가 유사하여 해당 직무 담당자에게 비슷한 보수를 지급할 필요가 있는 직위의 군을 말한다.

〈표 4-9〉 직위분류제 장·단점

장점	단점
가) 인사행정 및 보수관계의 합리화, 공정성, 객관성(직무급, 즉 동일직무 동일보수)확립 나) 행정의 전문화. 분업화의 촉진 : 전문행정가 양성 다) 공직분류와 조직구조의 연계 : 공직분류 결과가 조직의 피라미드 구조를 형성 라) 종적, 횡적으로 권한과 책임한계의 명확화 마) 분화된 산업사회의 인사행정에 개입 바) 노동시장의 안정화	가) 협조, 조정의 곤란 : 지나친 직무의 세분화로 인해 협조와 조정이 곤란 나) 인사배치의 융통성 및 신축성 부족 : 다른 직렬 등으로의 이동곤란 다) 직공의 확립곤란 라) 신분의 임의적 보장으로 행정의 안정성 저해 마) 넓은 시야를 가진 일반 행정가의 양성곤란 : 전문가 양성에 치중

나. 계급제

개인적 특성(신분, 학력, 경력, 자격 등)을 기준으로 유사한 특성을 가진 사람들을 동일 범주 혹은 집단으로 구분하여 계급을 형성하는 제도이다. 계급제는 직위분류제에 상대되는 용어로 직무의 곤란성(어려움)이나 책임도를 계급에 부여하는 제도로 영국, 독일 등 유럽국가, 일본 등 많은 국가들이 택하고 있으며 우리나라도 계급제의 바탕 위에 직위분류제요소를 가미하여 사용하고 있다. 예를 들자면 중앙부처 국장이라는 직위에 2급 이사관이나 3급 부이사관을 임명하고 과장 직위에는 4급 서기관이 임명되는데 이것이 계급제이다. 쉽게 말하면 국장급에 아래 계급인 4급 서기관이 배치될 수 없는 것이다.

〈표 4-10〉 계급제 장·단점

장점	단점
가) 유능한 인재 임용 가능성(발전가능성과 잠재력) 나) 인사관리의 탄력성, 폭넓은 시각과 이해력, 일반 행정가 다) 신분보장과 직업공무원제 확립 라) 인사관리의 용이성 및 비용절감	가) 동일직무 동일보수 확립의 어려움 나) 행정 전문화의 어려움 다) 불합리한 의사결정의 가능성 라) 행정의 능률 저하 마) 책임전가로 인한 지연 바) 관료주의화, 특권집단화

대개 직위분류제와 계급제는 장단점으로 인해 직위분류제는 계급제를 가미하고, 계급제는 직위분류제를 가미하는 것이 세계적인 추세이다. 우리나라도 직위분류제요소를 사용하는데 직군을 행정직군, 공안직군, 농림수산직군 등으로 나누고 각 직군은 여러 직렬로 나눈다. 행정직군의 경우 행정직렬, 세무직렬, 사회복지직렬 등으로 나눠 채용하고 있다.

우리나라는 사실상 계급제 위주에다가 직위분류제 요소가 부분적으로 가미된 절충형으로 해양경찰도 마찬가지 형태를 띠고 있다.

〈표 4-11〉 직위분류제와 계급제의 비교

구분	직위분류제	계급제
분류 단위	직무의 종류. 책임도. 곤란도 (종적분류+ 횡적분류), 직위	개개인의 자격. 능력. 신분 (횡적분류), 계급
채용기준	전문 능력	잠재적·일반적 능력
경력발전	전문행정가	일반행정가
충원체계	개방형	폐쇄형
보수정책	직무급(동일직무 동일보수의 합리적 보수제도)	동일계급 동일보수, 생활급(생계유지 수준을 지급하는 비합리적 보수제도)
인사배치	비신축성(횡적교류 곤란), 제한적, 경직적	신축성(횡적이동 용이), 광범위, 신축적
공무원의 시각	부분적, 협소	종합적, 광범
인사관리(교육훈련, 승진, 평가, 보상 등)	능력·실적 중심, 객관적 기준 제공 전문지식 강조	연공서열 중심, 상관의 자의성 개입용이, 일반지식 교양 강조

조정.협조	곤란(할거주의 초래 우려)	원활(할거주의 초래 우려)
개방형, 폐쇄형	개방형	폐쇄형
신분보장	약함	강함
직업공무원제	확립곤란	확립용이
조직구조와의 관계	연계성 높음	연계성 부족
탄력성	낮음	높음

제2절 임용제도

1. 임용이란?

임용이란 특정인에게 공무원의 신분을 부여하거나 박탈하는 공법행위를 말한다. 해양경찰 공무원의 임용의 정의는 신규채용·승진·전보·파견·휴직·직위해제·정직·강등·복직·면직·해임 및 파면을 말한다(경찰공무원법 제2조). 즉, 경찰공무원 신분 관계의 발생, 변경, 소멸 등을 임용의 정의에 포함시키고 있는 것이다.

전보란 경찰공무원의 동일 직위 및 자격 내에서의 근무기관이나 부서를 달리하는 임용을 말한다. 그리고 복직은 휴직·직위해제 또는 정직(강등에 따른 정직을 포함한다) 중에 있는 경찰공무원을 직위에 복귀시키는 것을 말한다.

- "임용"이란 신규채용·승진임용·전직·전보·겸임·파견·강임·휴직·직위해제·정직·강등·복직·면직·해임 및 파면
- "전보"란 동일한 직급·직렬 내에서의 보직 변경, 즉 직무의 성격이 같은 동일한 직급 내의 인사이동
- "복직"이란 휴직·직위해제, 정직 중이거나 강등으로 직무에 종사하지 못한 공무원을 직위에 복귀시키는 것

2. 임용의 기준

계급, 경과는 해양경찰 인사관리의 중요한 기준이지만 광범위한 기준으로 개개인의 보직과 배치전환을 하는데 적용하는 큰 틀이라고 할 수 있다. 실제 해양경찰관 개인을 배치하고 활용하기 위해서는 더 구체적인 기준이 각 계급, 경과의 범위 내에서 합리적으로 정해져야 한다. 그러한 구체적인 기준은 개인의 능력과 자격을 중심으로 하는 실적주의와 개인의 연고나 정치적 관계를 고려하는 정실주의, 엽관주의가 있다. 또한 우수한 젊은 인재들을 공직

에 유치하고, 그들이 공직에 근무하는 것을 명예로 인식하고 정년퇴임까지 장기간에 걸쳐 성실하게 근무하도록 하는 직업공무원제도와 사회를 구성하는 모든 주요 집단으로부터 인구 비례에 따라 관료를 충원하고 그들을 정부 관료제 내의 모든 직무분야와 계급에 비례적으로 배치하게 하는 즉, 모든 계층과 집단에 공평하게 대응하도록 하는 대표관료제의 인사제도가 있다. 이러한 제도는 각기 특성과 장단점을 가지고 있으며 인사권자의 철학과 인력운용 현실이 복합적으로 작용하여 결정되는 것이다.

현재 해양경찰은 법과 제도상으로는 공개경쟁시험에 의한 채용, 승진시험, 근무성적과 경력의 평정제도, 강한 신분보장을 통해 실적주의 인사제도를 채택하고 있다고 할 수 있다. 그렇지만 여러 가지 정실주의 요소가 가미될 수 있는 운영을 하고 있다. 예를 들면 승진에 있어서 심사에 의한 승진제도를 채택하고 고위직에 대한 객관적인 평가를 하지 않는 것 등이다. 그러므로 해양경찰임용에는 실적과 정실이 혼합된 기준을 사용하고 있으며 중하위계급에서는 실적기준이 많이 적용된다고 할 수 있다.

가. 정실주의

정실주의(情實主義, patronage)는 인사권자의 개인적인 연고 관계, 즉 학연, 혈연, 지연 등을 기준으로 공무원을 임용하는 인사행정을 의미한다. 원래 절대군주국가 시대의 유럽에서 왕이나 귀족이 자신의 측근을 관직에 등용하던 관행을 통칭하는 용어에서 유래하였다. 영국에서 정실주의는 국왕이 자신의 정치세력을 확장하거나, 반대세력을 회유하기 위하여 개인적으로 신임할 수 있는 의원들에게 국왕의 특권으로 고위관직 혹은 고액연금을 주는 수단으로 이용되었다. 국왕의 이러한 인사권은 장관과 고위관료의 하위공무원에 대한 임명에서도 적용되고, 마찬가지로 장관들도 하급관리의 임명권을 이권화함으로써 정실주의를 확대하였다. 이러한 형태의 정실주의를 은혜적 정실주의라 부르기도 한다(박연호, 1983: 46-47).

나. 엽관주의

엽관주의(獵官主義, spoils system)는 범위를 좁혀서 인사권자의 정치적인 연고 관계나 정치적 충성도를 기준으로 공무원을 임용하여 집권자 혹은 집권당의 정책을 효과적으로 수행하고 인사권자에 대한 공무원의 대응성을 높이기 위한 제도로서 미국에서 처음 발달하였다. 미국에서 엽관주의는 대통령이 바뀜에 따라 정치성향을 같이하는 사람들을 대거 공직에 임명함으로써 정부의 역할이나 기능을 획기적으로 전환시키는 수단으로 이용되었다(강성철·김판석·이종수·진재구·최근열, 2013: 43-46).

현대의 엽관주의는 정당에 대한 공헌이나 인사권자의 개인적인 관계를 기준으로 공무원을 임용하는 제도이다. 개인적인 관계를 정하는 것으로는 주로 혈연, 학연, 지연, 종교, 취미, 특수한 소집단의 멤버십 등이라고 할 수 있다. 엽관주의는 관료에 대한 정치가들의 통제력을 높여준다. 그리고 정당정치가 활성화된 상태에서 집권당이 국민의 여론을 반영한다고 할 때 관료가 국민의 요구에 부응하는 대응성(responsiveness)을 높여줄 수 있다. 그러나 정권이 바뀌면서 인사이동이 잦아지고 행정의 계속성, 일관성, 안전성이 훼손될 수 있다. 나아가 인사의 기준이 객관적이지 않으므로 인상의 공정성이 약하게 되고 인사부패와 연관되기 쉽다.

다. 실적주의

실적주의(merit system)는 엽관주의 부패와 행정의 비효율성에 대한 비판에서 출발하였다. 실적주의는 당파성이나 혈연, 지연, 학연, 종교와 같은 정치 및 개인의 귀속적 요인을 인사행정의 기준에서 제거하고 개인의 능력이나 실적을 인사행정의 기준으로 삼는다. 따라서 실적주의는 공직에의 기회균등, 실적과 능력에 의한 임용, 정치적 해고로부터의 신분보장과 정치적 중립을 중요한 요소로 한다. 이러한 실적주의를 제도적으로 뒷받침하는 것이 공개채용시험, 승진시험, 근무성적의 평가, 경력평가, 그리고 신분보장이라고 할 수 있다. 이러한 실적주의는 엽관주의 혹은 정실주의의 폐해를 줄이고 공직의 기회균등, 행정능률의 향상, 행정의 정치적 중립과 공정성을 확보하는 데 기여한다. 또한 신분보장을 통해 행정의 안정성과 계속성을 높이고 전문적인 직업공무원을 양성할 수 있게 된다. 실적주의는 직업공무원제도의 선행조건이라고 할 수 있다. 1883년 미국의 팬들턴법[88]은 기회균등의 보장, 능력·자격·실적 중시·정치적 중립, 공무원의 신분보장을 규정한 바 있다.

하지만 실적주의를 강하게 지키는 경우에는 인사관리의 경직성을 초래하고 고위직에 대한 정치적 통제가 약화될 수 있다. 또한 강력한 신분보장으로 인해 공무원이 국민의 요구에 적극적으로 대응하지 않고 무사안일, 복지부동과 같은 보신주의 행태로 흐르는 경우가 많다.

라. 대표관료제

대표관료제란 그 사회를 구성하는 모든 주요 집단으로부터 인구 비례에 따라 관료를 충원하고 그들을 정부관료제 내의 모든 직무 분야와 계급에 비례적으로 배치함으로써, 정부관료제가 그 사회 모든 계층과 집단에 공평하게 대응하도록 하는 인사제도라고 할 수 있다.

마. 직업공무원제

현대적 의미의 직업고무원제란 우수한 젊은 인재들을 공직에 유치하고, 그들이 공직에 근무하는 것을 명예로 인식하고 정년퇴임까지 장기간에 걸쳐 성실하게 근무하도록 하는 임용제도이다. 직업공무원제는 원칙적으로 젊은 인재를 최하위 직급으로 임용하여, 장기간에 걸쳐 근무하도록 하면서 단계적으로 승진시킨다. 응시자의 학력과 연령을 엄격히 제한되며, 선발 기준으로는 전문적인 직무수행 능력보다는 장기적인 발전 가능성을 중시한다. 그리고 상

88) 실적주의 인사행정의 기초를 확립한 미국 최초(1883년 제정)의 연방공무원법(Federal Civil Service Act)을 말한다. 제안자인 G. H. Pendleton 상원의원 이름을 따 팬들턴법으로 불린다.

위 직급은 원칙적으로 승진에 의하여 충원되며, 외부로부터의 유입은 허용하지 않는다. 따라서 직업공무원제는 계급제와 폐쇄형 임용체계 및 일반적인 전문가를 중시하는 본질적인 특성을 지니고 있다(강성철 외, 2013: 42).

현대적 의미의 직업공무원제는 대체로 실적주의에 입각하여 운영되고 있다. 따라서 직업공무원제는 당연히 실적주의를 전제로 하는 것으로 인식되고 있으며, 실적주의와 같은 의미로 사용되기도 한다. 그러나 직업공무원제는 실적주의와는 개념적으로나 제도적으로 분명히 다르다.

3. 임용권자(경찰공무원법 제7조)

경찰공무원의 임명은 특별행정법관계의 설정인 처분행위라 보아야 할 것이다. 임용권자 절차로 총경 이상의 경찰공무원은 경찰청장 또는 해양경찰청장의 추천을 받아 행정안전부장관 또는 해양수산부장관의 제청으로 국무총리를 거쳐 대통령이 임용한다. 다만, 총경의 전보, 휴직, 직위해제, 강등, 정직 및 복직은 경찰청장 또는 해양경찰청장이 한다.

경정 이하의 경찰공무원은 경찰청장 또는 해양경찰청장이 임용한다. 다만, 경정으로의 신규채용, 승진임용 및 면직은 경찰청장 또는 해양경찰청장의 제청으로 국무총리를 거쳐 대통령이 한다. 경찰청장 또는 해양경찰청장은 대통령령으로 정하는 바에 따라 경찰공무원의 임용에 관한 권한의 일부를 소속기관의 장, 지방경찰청장 또는 지방해양경찰관서의 장에게 위임할 수 있다. 경찰공무원은 신체 및 사상이 건전하고 품행이 방정(方正)한 사람 중에서 임용한다.

4. 해양경찰 임용제도

가. 임용권 관련근거

1) 경찰공무원법 제7조(임용권자)
2) 해양경찰청 소속 경찰공무원 임용에 관한 규정 제4조(임용권의 위임)

나. 임용권자

1) 총경 이상 경찰공무원은 해양경찰청장의 추천을 받아 해양수산부장관의 제청으로 국무총리를 거쳐 대통령이 임용한다. 다만, 총경의 전보, 휴직, 직위해제, 강등, 정직 및 복직은 해양경찰청장이 한다.

2) 경정 이하의 경찰공무원은 해양경찰청장이 임용한다. 다만, 경정으로의 신규채용, 승진임용 및 면직은 해양경찰청장의 제청으로 국무총리를 거쳐 대통령이 한다.

3) 임용(효력발생) 시기

가) 공무원은 임용장 또는 임용통지서에 기재된 일자에 임용된 것으로 본다.

나) 사망으로 인한 면직은 사망한 다음 날에 면직된 것으로 간주한다.

다) 임용일자는 원칙적으로 소급할 수 없으나, 다음의 경우 특례가 인정된다.

<임용시기의 특례>

- 재직 중 공적이 현저한 자가 공무로 사망하여 특별승진임용하는 경우로서, 재직 중 사망한 경우는 사망일의 전날에, 퇴직 후 사망하는 경우는 퇴직일 전 날에 임용된 것으로 봄
- 휴직기간 만료 또는 휴직사유가 소멸된 공무원이 직무를 감당할 수 없거나 30일 이내에 복직을 신청하지 아니하는 등 직무에 복귀지 않는 경우 해당 공무원을 휴직기간 만료일 또는 휴직사유 소멸일로 직권면직된 것으로 봄
- 시보임용이 될 사람이 공무원의 직무수행과 관련된 실무수습 중 사망한 경우에는 사망일의 전날 시보임용된 것으로 봄

다. 임용자격 및 결격사유

경찰공무원은 신체 및 사상이 건전하고 품행이 방정(方正)한 사람 중에서 임용한다. 공무원은 국민 전체에 대한 봉사자로서 그 자질에 흠결이 있거나 사무를 처리할 능력이 부족한 사람까지 공무원 신분을 취득하게 할 수는 없으므로, 공무담임의 기본권 행사가 제한되는 일정한 사유를 「경찰공무원법」 제8조에서 규정하고 있다. 다음 각 호의 어느 하나에 해당하는 사람은 경찰공무원으로 임용될 수 없다.

1) 대한민국 국적을 가지지 아니한 사람
2) 「국적법」 제11조의2제1항에 따른 복수국적자
3) 피성년후견인 또는 피한정후견인
4) 파산선고를 받고 복권되지 아니한 사람
5) 자격정지 이상의 형(刑)을 선고받은 사람
6) 자격정지 이상의 형의 선고유예를 선고받고 그 유예기간 중에 있는 사람
7) 공무원으로 재직기간 중 직무와 관련하여 「형법」 제355조 및 제356조에 규정된 죄를 범한 자로서 300만원 이상의 벌금형을 선고받고 그 형이 확정된 후 2년이 지나지 아니한 사람
8) 「성폭력범죄의 처벌 등에 관한 특례법」 제2조에 규정된 죄를 범한 사람으로서 100만원 이상의 벌금형을 선고받고 그 형이 확정된 후 3년이 지나지 아니한 사람
9) 미성년자에 대한 다음 각 목의 어느 하나에 해당하는 죄를 저질러 형 또는 치료감호가 확정된 사람(집행유예를 선고받은 후 그 집행유예기간이 경과한 사람을 포함한다)
   가) 「성폭력범죄의 처벌 등에 관한 특례법」 제2조에 따른 성폭력범죄
   나) 「아동·청소년의 성보호에 관한 법률」 제2조제2호에 따른 아동·청소년대상 성범죄
10) 징계에 의하여 파면 또는 해임처분을 받은 사람

제3절 해양경찰 채용

1. 해양경찰 채용제도

해양경찰공무원에 임용될 수 있는 자격을 갖춘 자에게 균등한 기회를 제공하여 공정한 선발과정을 적재적소에 배치하는 것을 의미한다. 해양경찰공무원의 채용과정은 모집, 채용시험, 교육훈련, 시보임용 순으로 이루어지며 채용과정은 공개경쟁채용과 경력경쟁채용이 있다. 해양경찰은 매년 말 다음 연도 공무원 충원계획을 수립 시행함으로써 정년, 명예퇴직 및 자연감소 등으로 인한 결원을 적기 충원하여 안정적이고 효율적인 인력운용을 도모하기 위하여 충원계획을 수립하고, 공개경쟁채용을 원칙으로 하고 있으나 특수기술보유자, 직무 관련 자격증소지자 등 전문인력은 경력경쟁채용을 한다. 신규인력 충원은 신임교육 수료 후 결원범위 내에서 성적순 임용한다.

가. 응시자격

1) 자격요건

남자는 병역을 필하였거나 면제된 자(교육원 입교일까지 전역예정자)와 최종시험예정일 기준「경찰공무원법」제8조제2항 각 호의 결격사유가 없어야 하며,「경찰공무원임용령」제46조(부정행위자에 대한 조치) 등 관계법령에 의하여 응시자격을 정지당한 자는 응시할 수 없습니다.

2) 결격사유

경찰공무원법 제8조(임용자격 및 결격사유)는 경찰공무원은 신체 및 사상이 건전하고 품행이 방정(方正)한 사람 중에서 임용한다. 그러나 경찰공무원법 제8조제2항 어느 하나에 해당하는 사람은 경찰공무원으로 임용될 수 없다.

3) 연령

해양경찰공무원의 자격요건으로서 연령은 매우 중요하다. 오늘날 일반적인 경향은 연령조건을 관대하게 하고 있다. 현재 해양경찰 순경으로 입직하기 위해서는 18세 이상 40세 이하로 연령이 제한되어 있다. 그러나 항공경위는 45세 이하로 하고 있다.[89]

---

89) 응시 상한연령 연장 : 군복무기간 1년 미만은 1세, 1년 이상 2년 미만은 2세, 2년 이상은 3세로 연장된다. 간부후보생(경위)은 21세 이상 40세 이하, 항공조종(경위)은 23세 이상 45세 이하, 함정요원(순경)에서 해양경찰의무경찰 출신은 20세 이상 30세 이하, 해기사나 해군경력자는 18세 이상 40세 이하, 변호사(경감) 23세 이상 40세 이하, 해양경찰학과, 구조와 구급, 교통관제(순경)는 20세 이상 40세 이하, 공채(순경) 18세 이상 40세이하로 나이가 다양한다(2022년 모집기준).

4) 신체조건

과거에는 선발과정에 신체적 적합성 검사로 신장과 체중을 중시하였으나. 최근에는 해양경찰업무에 필요한 신체조건을 요구하고 있다.

5) 학력

사회의 복잡성과 그에 따른 해양경찰의 봉사기능 확대와 요구는 보다 지성적이고 성숙된 해양경찰 인력을 필요로 한다. 해양경찰업무를 효과적으로 달성하기 위해서는 앞으로 해양경찰직에 응시할 수 있는 최저학력을 점차 대졸자로 상향 조정할 필요가 있다.

나. 신규채용

채용은 특정인에게 해양경찰로서의 신분을 부여하여 근무관계를 설정하는 행위를 말한다. 이러한 채용은 임용권자와 당사자 모두의 동의를 요하는 쌍방적 행정행위라고 할 수 있다. 현행법상 해양경찰의 신규채용은 크게 공개경쟁채용과 경력경쟁채용으로 구분하고 있다.

1) 공개경쟁채용

공무원 결원보충의 일환으로서 불특정 다수인을 대상으로 경쟁시험을 실시하여 공무원으로 채용하는 제도로서 헌법상의 공무담임권을 보장하고, 능력과 자질이 뛰어난 우수 인재를 공직에 유치하는 데 있다. 해양경찰도 공개채용은 공개경쟁시험에 의한 채용을 의미한다. 현행법상 경정 및 순경의 신규채용은 공개경쟁시험으로 규정되어 있다. 그리고 경위의 신규채용은 대통령령으로 정하는 자격을 갖추고 공개경쟁시험으로 선발된 사람 즉, 경찰간부후보생으로서 교육훈련을 마치고 정하여진 시험에 합격한 사람 중에서 한다고 규정하고 있다(경찰공무원법 제10조(신규채용), 경찰공무원 임용령 제5장 채용시험, 해양경찰청 소속 경찰공무원 임용에 관한 규정 제31조(채용시험 과목), 해양경찰청 소속 경찰공무원 임용에 관한 규정 시행규칙(제6장 채용시험).

가) 일반순경

① 채용인원 : 인력충원계획 의거 결정

② 모집시기 : 해양경찰교육원 교육인원을 고려하여 분할 모집·입교

③ 임용시기 : 결원 시 성적순 임용

④ 배치 : 임용과 동시에 순환근무(3년 이내 함정 및 육상 각 1년 이상)

나) 간부후보생

① 채용인원 : 인력충원계획 의거 결정

② 임용시기 : 간부후보생으로서 정하여진 교육을 마친 후 경위로 임용

③ 배치 : 임용과 동시에 순환근무(함정 1년, 파출소 1년 포함 육상 2년)

2) 경력경쟁채용

공개경쟁채용에 의하여 충원이 곤란한 경우, 일정한 자격요건을 갖춘 사람을 공무원으로

채용하는 제도로서, 임용예정 직위와 관련된 자격증 소지자, 유경험자 등 우수 전문인력을 채용하는 방식이다. 실적주의를 근간으로 하는 현대 해양경찰 인사관리에서 해양경찰공무원의 신규채용은 공개경쟁시험에 의하는 것을 원칙으로 하고 있으나 해양경찰의 업무특성상 경력경쟁채용의 비율이 더 높기도 하다.

> **<해양경찰 관련 학과 경력경쟁채용 요건에 관한 고시[해양경찰청고시 제2017-1호]>**
>
> 1. 해양경찰 관련 학과 : 「해양경찰청 소속 경찰공무원 임용에 관한 규정」 제3조 제1·2호에 따른 "해양경찰 관련 학과"란 다음 각 호의 어느 하나에 해당하는 학과를 말한다.
>
> ① 해양경찰학과 ② 해양경찰시스템학과 ③ 해양산업경찰학과
> ④ 해양경찰학 전공 ⑤ 해양경찰안전정책학 전공 ⑥ 해양경찰과
>
> 2. 인정과목 : 「해양경찰청 소속 경찰공무원 임용에 관한 규정」 별표 1의 인정과목 및 "해양경찰청장이 인정하는 과목"은 별표 1과 같다.
> 3. 해양경찰학 전공이수 유사과목 : 「해양경찰청 소속 경찰공무원 임용에 관한 규정」 별표 1에 따른 인정과목별 유사과목은 별표 2와 같다.
> 4. 학점인정 절차 : ①학점인정을 받고자 하는 사람은 총장 명의의 성적증명서(과목명·이수학점·평점 등 명시)를 해양경찰청장에게 제출하여야 한다. ②인정과목을 기준으로 학점을 산정하되, 유사과목을 포함하여 평점이 C학점 이상인 과목에 한하여 인정과목별로 최대 3학점까지 인정할 수 있다.

2. 시보임용

시보임용이란 채용후보자로 하여금 그 직무에 종사하게 하여 실무를 익히게 하는 한편 직무담당의 적격성 여부를 심사하기 위하여 채용후보자를 정규 경찰공무원으로 임용하기 전에 일정한 기간 동안 시보로 임용하는 것을 말한다. 따라서 시보기간에 근무하는 채용후보자는 아직 정식으로 임용된 것이 아니므로 「국가공무원법」상의 신분보장을 받지 못한다. 경찰공무원법 제13조(시보임용)에서 경정 이하의 경찰공무원을 신규 채용할 때에는 1년간 시보(試補)로 임용하고, 그 기간이 만료된 다음 날에 정규 경찰공무원으로 임용한다. 시보기간은 승진소요 최저근무연수, 경력평정대상기간에 산입한다. 그러나 휴직기간, 직위해제기간, 징계에 의한 정직 또는 감봉처분을 받은 기간은 시보임용기간에 산입하지 아니한다. 시보임용기간 중에 있는 경찰공무원이 근무성적 또는 교육훈련성적이 불량할 때에는 「국가공무원법」 제68조 및 이 법 제22조에도 불구하고 면직시키거나 면직을 제청할 수 있다.

가. 시보임용 예외

다음 각 호의 어느 하나에 해당하는 경우에는 시보임용을 거치지 아니한다.

1) 경찰간부후보생으로서 정하여진 교육을 마친 사람을 경위로 임용하는 경우
2) 경찰공무원으로서 대통령령으로 정하는 상위계급으로의 승진에 필요한 자격요건을

갖추고 임용예정 계급에 상응하는 공개경쟁채용시험에 합격한 사람을 해당 계급의 경찰공무원으로 임용하는 경우

3) 퇴직한 경찰공무원으로서 퇴직 시에 재직하였던 계급의 채용시험에 합격한 사람을 재임용하는 경우

나. 시보임용 기간 중의 신분

1) 근무성적 또는 교육훈련성적이 불량한 경우 면직 가능

※ 면직 시 임용권자(임용제청권자)별로 심사위원회를 구성하여 의결을 거쳐야 함

2) 신분보장 규정 일부 적용(휴직·직위해제·징계에 관한 규정은 적용)

3) 징계위원회의 의결을 거쳐 징계 가능

4) 승진임용 제한 : 시보임용 기간 중에 있는 경우 승진 제한

제4절 해양경찰 승진제도

1. 의의

승진은 상위직급의 직위, 즉 권한과 책임수준이 높은 직위로 이동하는 것을 말한다. 승진은 대체로 상위직에 있던 자의 승진이나 퇴직 등으로 결원이 생기거나 조직규모의 확장으로 상위직의 자리가 증가될 경우에 실시한다.

승진제도는 직업공무원제도의 발전을 위한 가장 중요한 수단으로써 공무원의 승진과정은 능력발전과 인사행정의 가장 가치 있는 요소 중의 하나이다. 해양경찰의 승진제도는(경찰공무원법 제15조) 바로 하위계급에 있는 경찰공무원 중에서 근무성적평정, 경력평정, 그 밖의 능력을 실증(實證)하여 승진 임용한다. 다만, 해양경찰청장을 보하는 경우 치안감을 치안총감으로 승진임용할 수 있다. 해양경찰 승진제도에 관한 근거로 경찰공무원법 제15조(승진), 경찰공무원 승진임용규정, 해양경찰청소속 경찰공무원 임용에 관한 규정, 해양경찰청 소속 경찰공무원 승진임용규정 시행규칙, 경찰공무원 승진업무 처리지침, 경찰공무원 승진심사 지침이 있다.

2. 승진제도 일반

가. 종류 및 대상계급

1) 심사승진임용 : 경무관 이하 승진
2) 시험승진임용 : 경정 이하 승진
3) 특별승진임용 : 치안정감 이하 승진
4) 근속승진임용 : 경감 이하 승진

나. 승진임용 절차

1) 총경 이상 : 해양경찰청장 추천 → 해양수산부장관 제청 → 국무총리 → 대통령 임용
2) 경정 : 해양경찰청장 제청 → 국무총리 → 대통령 임용
3) 경감 이하 : 해양경찰청장 임용
4) 해양경찰청장은 중앙해양특수구조단 · 해양경찰교육원 · 해양경찰정비창 및 지방해양경찰청의 장에게 임용권 권한을 위임할 수 있다.

다. 승진소요 최저근무연수〈개정 2023. 3. 7.〉

1) 총경 (→ 경무관) : 3년 이상
2) 경정·경감 (→ 총경·경정) : 2년 이상
3) 경위·경사·경장·순경 (→ 경감·경위·경사·경장) : 1년 이상

라. 승진임용 제한

1) 제한 대상자는 징계의결 요구, 징계처분, 직위해제, 휴직(공무상 질병 또는 부상으로 휴직한 사람은 특별승진임용의 경우는 제외) 또는 시보임용기간 중에 있는 사람
2) 징계처분의 집행 종료일로부터 다음의 기간 미 경과자이다.
   가) 강등·정직 18개월
   나) 감봉 12개월
   다) 견책 6개월

마. 해양경찰 승진제도 구별

1) 심사승진

심사승진은 승진에 필요한 요건을 갖춘 총경 이하의 해양경찰공무원에 대하여 경험한 직책, 승진기록, 현 계급에서의 연도별 근무성적, 상벌, 소속 부서 또는 해양경찰기관의 장의 평가 · 추천, 적성에 따라 계급별로 승진대상자명부를 작성한다. 승진임용 인원의 비율은 다음 각 호의 구분에 따른다.

가) 경정 · 경감 계급으로의 승진: 심사승진후보자 70퍼센트, 시험승진후보자 30퍼센트
나) 경위 이하 계급으로의 승진: 심사승진후보자 60퍼센트, 시험승진후보자 40퍼센트 승

진대상자 명부의 점수가 같을 때에는 다음 각 호의 순서에 따라 순위를 결정한다.

① 근무성적이 우수한 사람

② 해당 계급에서 장기간 근무한 사람

③ 바로 아래 계급에서 장기간 근무한 사람

④ 그 밖에 해양경찰청장이 별도로 정한 기준에 해당하는 사람

2) 시험승진

시험승진은 승진소요 최저근무연수의 기준에 도달한 해양경찰공무원을 대상으로 계급별로 실시하되, 해양경찰청장이 필요하다고 인정할 때에는 경과별 또는 특수분야별로 구분하여 실시할 수 있다. 경과별 또는 특수분야별로 승진시험을 실시하는 경우에는 승진임용 후 2년 이상 5년 이하의 범위에서 해양경찰청장이 정하는 기간 동안 해양경찰청장이 지정하는 직무부서에서 근무할 것을 조건으로 할 수 있다. 시험승진은 인사권자의 정실이 개입될 여지가 낮고, 승진의 공정성을 확보할 수 있다는 장점도 있지만, 시험시기가 다가오면 시험공부로 업무에 소홀하는 현상이 나타나는 경향이 있다.

3) 특별승진

「경찰공무원법」 제19조는 해양경찰공무원으로서 다음 각 호의 어느 하나에 해당되는 사람에 대하여는 일반적인 승진에도 불구하고 1계급 특별승진 시킬 수 있다. 다만, 경위 이하의 경찰공무원으로서 모든 경찰공무원의 귀감이 되는 공을 세우고 전사하거나 순직한 사람에 대하여는 2계급 특별승진 시킬 수 있다.

가) 수시특진

천재지변·재난 발생 시 위험을 무릅 쓰고 인명을 구조하거나 재산을 보호한 유공, 살인·강도 등 중한 범죄의 범인 검거 유공 등인 자를 수시 특진한다.

나) 행정발전유공 특진

공적은 행정능률을 향상시키고 예산을 절감하는 등 직무수행능력이 탁월하여 해양경찰행정발전에 기여한 사람이고, 선발방법은 경감과 경위는 특별승진 규모가 소수인 점을 감안하여 본청 통합 심사하고, 경사와 경장은 지방청별 인원 배정 후 자체 계획 수립하여 연간 횟수 제한 없이 또는 해양경찰의 날 실시한다.

4) 근속승진

「경찰공무원법」 제16조에서 해양경찰청장은 해당 계급에서 근속승진 기간 동안 재직한 사람을 경장, 경사, 경위, 경감으로 각각 근속승진임용 할 수 있다.

가) 순경을 경장으로 근속승진임용하려는 경우: 해당 계급에서 4년 이상 근속자

나) 경장을 경사로 근속승진임용하려는 경우: 해당 계급에서 5년 이상 근속자

다) 경사를 경위로 근속승진임용하려는 경우: 해당 계급에서 6년 6개월 이상 근속자
라) 경위를 경감으로 근속승진임용하려는 경우: 해당 계급에서 8년 이상 근속자

제5절 해양경찰 교육훈련

1. 교육훈련 일반

교육훈련이란 개인의 일반적인 잠재능력을 종합적으로 개발하는 것을 뜻하는 교육(Education)과 직무수행에 필요한 기술과 능력을 보충하는 의미의 훈련(Training)이 합쳐진 말이다. 「경찰공무원교육훈련규정」 제6조(교육훈련실시의 의무)에 "경찰기관의 장은 소속경찰공무원에게 그 직무와 관련된 학식·기술 및 응용능력을 배양할 수 있도록 교육훈련계획과 교육순기에 따라 교육훈련을 시켜야 한다."그리고 해양경찰청장은 "모든 경찰공무원들에게 균등한 교육훈련의 기회가 주어지도록 교육훈련에 관한 종합적인 기획 및 조정을 해야 한다"[90]고 규정하고 있다. 해양경찰 교육훈련이란 해양경찰관이 해양경찰 조직의 목적달성에 민주적이며 능률적으로 기여할 수 있도록 경찰관의 능력을 개발하는 기능이라고 할 수 있다.

2. 해양경찰 교육훈련의 유형

경찰공무원의 교육훈련은 학교교육·위탁교육·직장훈련 및 기타교육훈련으로 구분한다. 해양경찰공무원에 대한 교육훈련은 모든 해양경찰공무원들에게 균등한 교육훈련의 기회가 주어지도록 교육훈련에 관한 종합적인 기획 및 조정을 해야 한다고 되어있고, 또한 경찰기관의 장은 소속경찰공무원에게 그 직무와 관련된 학식·기술 및 응용능력을 배양할 수 있도록 교육훈련계획과 교육순기에 따라 교육훈련을 시켜야 한다고 규정되어있다.

이처럼 해양경찰 교육훈련에 대한 중요성과 체계적인 운영을 해양경찰청장 장에 대한 법적의무로 명시하고 있다. 「경찰공무원 교육훈련규정」 제7조에는 경찰공무원의 교육훈련은 학교교육·위탁교육·직장훈련 및 기타교육훈련으로 구분하고, 제8조에서는 신임·기본·전문교육으로 구분하고 있다.

가. 학교교육(해양경찰교육원)

1) 신임과정

90) 경찰공무원법 제22조(교육훈련)

해양경찰교육기관인 해양경찰교육원에서 신규로 채용된 순경과 경찰간부후보생 등에게 실시하는 기초교육훈련으로서 신임교육과정이라고 한다. 신규채용자 교육훈련은 일반적으로 해양경찰의 조직·구조·기능·규칙 등을 포함하여 임용 후 직무수행에 요구되는 기초적 전문지식과 능력, 현장에서 직접 활용할 수 있는 실용적인 교육을 위해 훈련시설, 훈련함, 관서실습교육을 통한 현장적응능력 향상을 갖추도록 하는 것이 목적이다.

2) 기본과정

경정·경감·경위 및 경사(승진예정자 포함)는 해당 계급별 기본교육을 받아야 한다. 또한 교육훈련대상자로 선발된 총경(승진예정자 포함)이 기본교육으로 치안정책교육을 받아야 한다.

3) 전문과정

경정 이하 해양경찰공무원을 대상으로 현장에서 상황대응능력을 향상하기 위해 상황관리, 해양경비, 해상교통레저, 해양오염 등 각 분야별 현장 전문성을 강화하기 위한 교육을 실시하고 있다. 교육기간은 과정별로 1주~3주이다.

4) 외부과정

해양경찰공무원이 아닌 일반인을 대상으로 실시하는 교육프로그램으로 국민들에게 해양안전문화 확산과 해양영토의 소중함을 체험할 수 있는 해양특성화 프로그램(바다로 캠프, 해양영토순례, 해양안전관리자 과정 등) 및 해양조사자(유도선사업자, 수상레저 종사자 등)를 대상으로 안전교육 등을 실시하고 있다.

5) 온라인과정

업무의 부담과 집합교육의 기회 제한으로 교육 참여가 어려운 해양경찰공무원을 대상으로 시간과 장소에 구애받지 않고 개인별 수준에 맞춰 학습할 수 있는 과정이다(사이버외국어 과정, 액션러닝역량개발 과정, 사무관리실무, 인사실무, 정부규제개혁, 행정업무운영실무 등).

나. 위탁교육

재직 해양경찰공무원들을 국·내외의 교육기관 등에 위탁하여 특수한 교육훈련을 실시하며, 교육훈련기관의 성격에 따라 국외파견교육과 국내위탁교육으로 나누어진다. 위탁교육 이수자는 교육훈련결과보고서를 그 이수 후 출근하는 날로부터 30일 안에 해양경찰청장에게 제출하여야 한다.

다. 직장훈련

해양경찰기관의 장이 소속 해양경찰공무원의 직무 수행능력을 향상시키기 위하여 일상업무를 통하여 행하는 훈련으로 「해양경찰청 소속 경찰공무원 직장훈련 규칙」에 의해 경정이하의 해양경찰공무원을 대상으로 한다. 직장훈련은 체력검정, 구조역량, 사격훈련으로 구분한다.

제6절 공무원 신분 및 권익보장

1. 휴직

공무원이 재직 중 일정한 사유로 직무에 종사할 수 없는 경우에 면직시키지 아니하고 일정한 기간 동안 신분을 유지하면서 직무에 종사하지 않아도 되도록 조치하여 공무원의 신분을 보장하기 위한 것이다. 휴직기간은 국가공무원법 제73조제2항에 의한 복직발령 전일까지는 같은 법 제72조의 휴직 기간으로 본다. 직권휴직 종류로는 질병휴직, 병역휴직(병역복무), 행방불명(천재지변·전시·사변 등), 법률 규정에 따른 무수행이 있고, 청원휴직은 다음과 같다.

1) 고용휴직

국제기구·외국기관, 국내외 대학·연구기관, 다른 국가기관 또는 대통령령이 정하는 민간기업 그 밖의 기관에 임시로 채용될 때 사용하는 휴직이다. 기간은 채용하는 기간 동안이다. 단, 민간근무 휴직은 2년 이내이고 봉급이나 수당은 지급하지 아니한다.

2) 유학휴직

해외유학을 하게된 때 사용하는 휴직이다. 기간은 3년이 내이고 2년 범위내 연장이 가능하다. 봉급과 수당은 2년 이내만 50%를 지급한다.

3) 연수휴직

중앙인사기관의 장이 지정하는 연구·교육기관 등에서 연수하게 된 때 사용하는 휴직이고 기간은 2년 이내이다. 봉급이나 수당은 지급하지 아니한다.

4) 육아휴직

만 8세 이하 또는 취학 중인 경우에는 초등학교 2학년 이하의 자녀를 양육하기 위하여 필요하거나, 여성공무원이 임신 또는 출산하게 된 때(친생자, 양자 포함)사용하는 휴직이다. 휴직 기간은 자녀 1명에 대하여 3년 이내로 한다. 봉급은 지급하지 아니하고 수당은 50% 지급(1년 이내)한다.

5) 가사휴직

조부모, 부모(배우자의 부모를 포함한다), 배우자, 자녀 또는 손자녀를 부양하거나 돌보기 위하여 필요한 경우. 다만, 조부모나 손자녀의 돌봄을 위하여 휴직할 수 있는 경우는 본인 외에 돌볼 사람이 없는 등 대통령령으로 정하는 요건을 갖춘 경우로 한정한다. 휴직 기간은 1년 이내로 하되, 재직 기간 중 총 3년을 넘을 수 없다. 봉급이나 수당은 지급하지 아니한다.

6) 해외동반휴직

외국에서 근무·유학 또는 연수하는 배우자를 동반하게 된 때 사용하는 휴직으로 기간은 3

년 이내이지만 2년 범위 내 연장이 가능하다. 봉급이나 수당은 지급하지 아니한다.

7) 자기개발휴직

대통령령으로 정하는 기간 동안 재직한 공무원이 직무관련연구 과제수행 또는 자기개발을 위하여 학습·연구 등을 하게 된 때 사용하는 휴직으로 기간은 1년 이내다. 봉급이나 수당은 지급하지 아니한다.

2. 직위해제

직위해제는 공무원이 일정한 사유에 해당되면 일시적으로 직위를 부여하지 아니하여 사유에 따라 능력회복 및 재판업무 등에 전념할 기회를 부여하고 직무수행의 공정성을 확보하기 위함이다. 관련근거 규정으로는 국가공무원법 제73조의3(직위해제), 공무원보수 규정 제29조(직위해제기간 중의 봉급 감액)가 있다. 국가공무원법 제73조의3 제1항의 직위해제 요건으로는 다음과 같다.

1) 직무수행능력이 부족하거나 근무성적이 극히 나쁜 자, 봉급은 80% 지급한다.

① 3월 이내 대기발령 → 능력회복이나 근무성적의 향상을 위한 교육훈련 또는 연구과제 부여, 연구과제는 즉시 부여하고 그 결과를 받아야 한다.

② 3월 이내 직위부여 또는 징계위원회의 동의를 얻어 직권면직 가능

2) 파면·해임·강등 또는 정직에 해당하는 징계의결이 요구 중인 자, 봉급은 50% 지급(단, 직위해제 기간이 3개월 경과된 경우 30% 지급)한다.

3) 형사사건으로 기소된 자(약식명령 청구자 제외), 봉급은 50% 지급(단, 직위해제 기간이 3개월 경과된 경우 30% 지급)한다.

4) 고위공무원단에 속하는 일반직공무원으로서 제70조의2제1항제2호부터 제5호까지의 사유로 적격심사를 요구받은 자, 봉급은 70% 지급한다(단, 직위해제 기간이 3개월 경과된 경우 40% 지급).

※ 근무성적평정 최하위 등급 총 2년 이상, 정당한 사유 없는 무보직기간 총 1년 이상 등

5) 금품비위, 성범죄 등 비위행위로 인하여 감사원 및 검찰·경찰 등 수사기관에서 조사나 수사 중인 자로서 비위의 정도가 중대하고 이로 인하여 정상적인 업무수행을 기대하기 현저히 어려운 자, 봉급은 50% 지급(단, 직위해제 기간이 3개월 경과된 경우 30% 지급)한다.

① 국가공무원법 제78조의2제1항 각 호의 행위

② 「성폭력범죄의 처벌 등에 관한 특례법」 제2조에 따른 성폭력범죄

③ 「성매매알선 등 행위의 처벌에 관한 법률」 제4조에 따른 금지행위

④ 공무원으로서의 품위를 크게 손상하여 그 직위를 유지하는 것이 부적절하다고 판단되는 행위

3. 면직

면직이란 공무원 관계를 소멸시키는 임용행위를 말한다. 면직에는 본인의 의사에 의하는 의원면직과 임용권자의 일방적 의사에 의하는 직권면직 및 징계처분으로 행하여지는 징계면직으로서의 해임 및 파면이 있다.

직권면직이란 임용권자의 일방적 의사와 직권에 의해 행해지는 면직행위를 말한다. 국가공무원법은 제70조(직권 면직)에 의거 임용권자는 공무원이 다음 각 호의 어느 하나에 해당하면 직권으로 면직시킬 수 있다.

1) 직제와 정원의 개폐 또는 예산의 감소 등에 따라 폐직(廢職) 또는 과원(過員)이 되었을 때
2) 휴직 기간이 끝나거나 휴직 사유가 소멸된 후에도 직무에 복귀하지 아니하거나 직무를 감당할 수 없을 때
   ▸ 직권 면직일은 휴직 기간이 끝난 날 또는 휴직 사유가 소멸한 날로 한다.
3) 제73조의3제3항에 따라 대기 명령을 받은 자가 그 기간에 능력 또는 근무성적의 향상을 기대하기 어렵다고 인정된 때
4) 전직시험에서 세 번 이상 불합격한 자로서 직무수행 능력이 부족하다고 인정된 때
5) 병역판정검사 · 입영 또는 소집의 명령을 받고 정당한 사유 없이 이를 기피하거나 군복무를 위하여 휴직 중에 있는 자가 군복무 중 군무(軍務)를 이탈하였을 때
6) 해당 직급 · 직위에서 직무를 수행하는데 필요한 자격증의 효력이 없어지거나 면허가 취소되어 담당 직무를 수행할 수 없게 된 때
7) 고위공무원단에 속하는 공무원이 제70조의2에 따른 적격심사 결과 부적격 결정을 받은 때

임용권자는 위의 1)호 - 6)호까지 면직시킬 경우에는 미리 관할 징계위원회의 의견을 들어야 한다. 다만, 3)호를 면직시킬 경우에는 징계위원회의 동의를 받아야 한다. 또한, 임용권자나 임용제청권자는 위의 1)호에 의거 소속 공무원을 면직시킬 때에는 임용 형태, 업무실적, 직무수행 능력, 징계처분 사실 등을 고려하여 면직 기준을 정하여야 한다.

경찰공무원은 「경찰공무원법」 제28조(직권면직)에서 임용권자는 경찰공무원이 다음 각 호의 어느 하나에 해당될 때에는 직권으로 면직시킬 수 있다.

1) 「국가공무원법」 제70조제1항제3호부터 제5호까지의 규정 중 어느 하나에 해당될 때
2) 경찰공무원으로는 부적합할 정도로 직무 수행능력이나 성실성이 현저하게 결여된 사람으로서 대통령령으로 정하는 사유에 해당된다고 인정될 때

① 경찰공무원법 제28조제1항제2호에서 "대통령령으로 정하는 사유"란 다음 각 호의 경우를 말한다. 1. 지능 저하 또는 판단력 부족으로 해양경찰업무를 감당할 수 없는 경우 2. 책임감의 결여로 직무수행에 성의가 없고 위험한 직무를 고의로 기피하거나 포기하는 경우

3) 직무를 수행하는 데에 위험을 일으킬 우려가 있을 정도의 성격적 또는 도덕적 결함이 있는 사람으로서 대통령령으로 정하는 사유에 해당된다고 인정될 때

② 법 제28조제1항제3호에서 "대통령령으로 정하는 사유"란 다음 각 호의 경우를 말한다. 1. 인격장애, 알코올・약물중독 또는 그 밖의 정신장애로 인해 해양경찰업무를 감당할 수 없는 경우 2. 사행행위 또는 재산의 낭비로 인한 채무과다, 부정한 이성관계 등 도덕적 결함이 현저하여 타인의 비난을 받는 경우

4) 해당 경과에서 직무를 수행하는 데 필요한 자격증의 효력이 상실되거나 면허가 취소되어 담당 직무를 수행할 수 없게 되었을 때이다.

시보임용 경찰관 면직 사유는 징계사유에 해당하는 경우, 교육훈련성적이 만점의 60% 미만이거나 생활기록이 극히 불량한 경우, 근무평정요소 중 제2평정요소에 대한 평정점이 만점의 50% 미만인 경우이다.

4. 명예퇴직

명예퇴직은 장기근속 공무원에 대한 명예로운 사회진출기회 부여 및 경제적 보상과 공직사회 신진대사 촉진 및 조직 활성화를 위함이다. 대상으로는 치안정감 이하 경찰공무원과 일반직공무원이고 정무직공무원 및 임기제공무원은 명예퇴직 대상이 아니다.

5. 고충처리

고충처리란 공무원이 자신의 근무조건, 인사관리 기타 신상문제에 대하여 고충이 있는 경우에 고충심사를 청구하거나, 고충상담을 신청하여 적절한 해결책을 강구하는 제도이다.

고충상담으로는 근무조건에 관한 사항(근무시간, 수당, 업무량, 주거, 승진, 근무성적평정, 상훈 등)과 기타 신상문제에 관한 사항(성별·종교별·연령별 등에 관한 차별대우, 개인의 정신적·심리적·신체적 장애 등)이 있다.

6. 공로연수

해양경찰청과 소속기관 경찰공무원 정년퇴직예정자의 사회 적응능력 배양과 기관의 원활한 인사운영을 위하여 공로연수를 실시한다. 인사발령 형식은 '공로연수 파견근무를 명함'으로 한다.

제3장 재무관리론

제1절 경찰예산관리

재무관리 분야는 조직 및 인사관리와 더불어 관리 분야의 중요한 주제로 논의되고 있지만, 해양경찰을 비롯한 공공조직에서의 재무관리는 오랫동안 그 중요성이 과소평가되어 왔다. 예산의 흐름과 관리는 해양경찰활동의 생명선이다. 아무리 근사한 정책도 적절한 자금제공이 이루어지지 않으면 무용지물이 되기 때문이다(김상호, 2015: 233).

1. 예산의 개념

예산이란 일정 기간 내에 있어서 국가의 수입과 지출의 예정적 계획을 말한다. 국가의 주요 정책이나 사업계획은 예산을 통하여 구체화되고 실제 행동에 옮겨지게 된다. 예산은 국가의 정책이념이나 사업계획을 구체화하는 일련의 계획과정이라 할 수 있다. 예산을 통한 재정활동은 그 규모의 방대성과 기능의 다양성으로 말미암아 국민경제 전체에 대하여 커다란 영향을 미치게 된다.

예산은 항상 국민의 조세부담을 전제로 편성·운영되며 한정된 재원을 가지고 사회 각 부문의 공공욕구를 우선순위에 따라 골고루 배분시켜야 하기 때문에 각 부문의 재정수요에 비하여 재원은 항상 미흡한 상태에 있게 된다. 또한 국민이 납부한 세금이 어느 부문에 어떻게 쓰이느냐 하는 것은 국민의 큰 관심사가 되고 있어서 국민의 이해와 설득을 필요로 하게 된다. 경찰예산관리는 국민이 부담하는 조세의 효율적 활용과 낭비의 제거 및 경찰활동을 뒷받침하는 재원동원과 경찰활동에 대한 재정적 지원을 효과적으로 수행하는 활동이다.

2. 경찰예산의 기능

경찰예산은 국민의 세 부담을 전제로 하여 적정 재원을 동원하고 동원된 재원의 배분을 통하여 경찰의 범죄예방과 수사 등 범죄에 대처하는 경찰활동을 조장하고 유도하는 역할을 한다. 한편 경찰의 보수, 교육훈련, 물적 시설제공, 근무환경 개선 등 기본 수요를 충족시켜 나감으로써 범죄에 대한 대응력을 높이면서 궁극적으로는 국민생활의 안정과 질서유지를 지원하게 된다.

경찰예산 관리자는 경찰활동을 위한 재원의 확보는 물론이고 배정된 예산의 효율적인 배분과 조정을 통하여 재정지출의 생산성을 최대한 높여야 한다. 나아가 세금을 부담하고 있는 국민으로부터 예산운용에 있어서 공정하고 능률적이라는 신뢰와 지지를 얻어야 할 것이다.

3. 예산의 제도

예산은 국가활동의 예정계획을 금액으로 나타내는 것으로 효율적 사용이 이루어질 수 있도록 계획·조정하고 통제할 필요가 있다. 예산편성 및 집행에 있어서 합리적이고 이상과 현실을 조화시킬 수 있는 기준과 절차를 모색하려는 것이 예산제도이다.

대표적인 예산제도는 품목별예산, 성과주의예산, 계획예산, 영점기준예산 등이 있다. 예산제도는 초기에는 단순한 품목별 예산제도에 의존하다가 점차 이 제도에서 탈피하여 사업에 대한 성과를 연결할 수 있는 성과주의 예산제도로, 계획과 예산의 연계를 이룰 수 있는 계획예산제도로, 그리고 모든 것을 영점으로부터 출발하여 다시 예산을 편성한다는 영점기준 예산제도 등으로 변천해 왔다. 최근에 영점기준예산제도가 한때 유행했었으나 실무상 적용이 쉽지 않아 예산제도로서 정착되지 못하고 있다.

가. 품목별예산제도

품목별예산제도(Line-Item Budget System)란 예산을 품목별로 분류하는 방식으로서 행정책임의 소재와 회계책임에 대한 감독부서 및 국회의 통제가 용이하도록 하기 위한 제도이다. 즉 이 제도는 예산집행의 낭비와 부당집행 방지를 위해서 예산을 품목별로 구체적으로 명시하여 그 집행결과를 결산으로 확인하려는 제도이다. 현재 경찰예산도 품목별예산제도에 따른 것이라고 할 수 있다. 이 제도는 경비주체 및 집행이 품목별로 표시되어 작성이 용이하고 회계집행내용 및 책임소재가 명확해진다는 장점이 있는 반면에 다음과 같은 문제점이 나타날 수 있다.

1) 계획과 지출이 일치하지 않은 경우가 많다. 계획을 효과적으로 수행하려면 계획과 지출이 밀접한 관계를 가져야 하는데 품목별예산제도는 기존의 조직과 활동 때문에 제정구조의 경직화를 초래하는 경향이 있어 계획에 맞도록 지출하기에 어려움이 있다.
2) 기능의 중복을 피할 수 없다. 즉 조직별로 일을 추진할 때에는 사업활동이 중복될 가능성이 많으므로 사업의 효율적 추진 및 타 사업과의 연계성에 문제점이 있다.
3) 의사결정을 위한 충분한 자료를 제시하지 못한다. 의사결정의 기준은 자원의 효율적 이용인데 품목별예산제도는 지출만을 문제 삼기 때문에 효율성을 따지기에는 문제점이 많다.

나. 성과주의 예산제도

성과주의예산제도(Performance Budget System)는 종래의 품목별 예산제도를 보완하기 위하여 하나의 전기를 마련해준 제도이다. 성과주의예산제도는 경비지출에 의한 성과와 실적에 그 역점을 두고 있다. 즉, 경비를 지출하기 위한 사업이나 기능에 대하여 그 사업이나 기능을 수행하기 위하여 어느 정도의 예산이 소요되는지를 명백하게 나타내기 위한 예산제도이다. 성과주의예산제도는 사업수행 성과와 그 책임을 명백히 하는 예산제도로서 ① 예산과목을 사업별, 활동별로 분류하여 편성하고 ② 목표달성에 적절한 경비를 계산할 수 있도록 사전에 사업별, 활동별로 업무량을 측정하고 업무단위당의 원가를 산출하며 ③ 정부계획의 성과 및 그 수행에 상태를 미리 설정된 성과표준에 의하여 분석·평가한다.

1) 장점

국민의 입장에서 볼 때 예산을 통하여 경찰의 활동을 쉽게 이해할 수 있고, 예산편성에 있어서 자원배분을 합리화할 수 있으며 예산의 집행에 있어서도 신축성을 부여할 수 있다. 정부정책이나 계획수립을 용이하게 할 뿐 아니라 입법부의 예산 심의를 간편케 하는 장점이 있다. 또한 예산집행 결과에 대한 평가를 통하여 해당 부서의 업무능률을 측정할 수 있으며 다음 연도의 예산에 반영할 수 있다.

2) 단점

업무측정단위 선정의 어려운 문제와 단위 원가를 계산하는 데 어려움이 있다. 투자사업 등에 소요되는 예산에는 적용이 용이하나 공무원의 봉급 등 인건비에 들어가는 행정 기본경비에 대해서는 적용이 어려운 점이 있다.

다. 계획예산제도(PPB)

계획예산제도(Planning Programming Budgeting)는 상당히 혁신적인 개념으로 종래의 관리중심의 예산기능을 지양하고 상대적으로 경시되어 왔던 예산편성에 있어서의 계획기능을 중시하는 예산제도이다. 이는 일명 프로그램 예산이라고도 한다. 계획예산제도는 한마디로 정책결정자의 욕구를 충족시키기 위한 제도이다. 재정에 대한 수요는 많고 이를 뒷받침해 줄 수 있는 재원은 한정된 상태에서 예산을 편성하자면 최소의 비용으로 최대의 정책효과를 거둘 수 있는 사업에 재원이 할당되어야 하는데 이러한 과제를 계획예산제도가 충족시킬 수 있다는 것이다. 장점은 예산의 기획과 통합, 자원배분의 합리화 등이다. 단점은 예산편성의 집권화로 의회의 통제기능이 약화되고, 계량화가 불가능한 경우 적용가치가 저하된다는 점이다.

라. 영점기준예산제도(ZBB)

영점기준예산제도(Zero-Base Budgeting)는 예산편성을 할 때 전년도 예산을 기준으로 하여 점증적으로 예산액을 책정하는 폐단을 시정하려는 데서 나온 예산제도로서 전년도 예산대비 개념을 탈피하기 위하여 전년도와 유사한 사업이라도 그 사업의 수행목적, 수행방법, 수행효과, 소요경비 등을 새로 사업을 시작하는 수준 즉, 영의 수준에서 판단하여 우선순위를 새롭게 결정하고 그에 따라 예산을 책정하는 방법을 의미한다. 우선순위를 매년 새로 결정하므로 사업의 필요성이 적은 것은 이제까지 계속되어 오던 것이라도 중단하고 더 필요한 사업에 자원을 집중하여 배정하게 된다. 따라서 사업의 무계획성과 비효율성을 줄이는 획기적인 예산제도라고 할 수 있다.

영점기준예산제도는 종래의 점증주의적 예산편성 방식과 비교할 때 자원의 효율적 배분과 예산의 합리적 소멸에 기여하고, 그 원리가 일선담당자로부터 상부로 올라가면서 의사결정이 이루어지게 되어 있어 지금까지 예산결정과정에서 도외시되었던 실무계층의 참여를 증대시키는 장점을 갖는다. 그러나 이러한 영점기준예산제도를 적용하는 데 있어서의 어려움 또한 적지 않다. 우선 제도상으로서 ZBB의 핵심이라 할 수 있는 우선순위의 결정에 많은 어려움이 있다. 정치적으로 인기 있는 사업은 우선순위가 낮아도 채택될 확률이 많기 때문에 정치적인 흥정에 의해서 결정될 수 가 있다. 그리고 그 우선순위가 어떤 한 가지 측면에 따라 고려되어 결정되었을 경우에 다른 상반된 요인의 고려가 요구될 경우 우선순위가 바뀔 수도 있으므로 절대적인 기준이 되기 어렵다.

마. 프로그램 예산

프로그램 예산(program budget)은 프로그램을 통해 정책과 예산을 연계하는 예산구조를 의미한다. 다시 말해, 예산의 계획·편성·배정·집행·결산·평가·환류의 전 과정을 프로그램 중심으로 구조화하고 그것을 성과평가체계와 연계시켜 성과를 관리하는 예산기법을 일컫는다(김상호, 2015: 256).

바. 일몰법

일몰법(sun-set law)이란 특정 행정기관이나 사업이 일정 기간이 지나면 의무적·자동적으로 폐지되게 하는 법률적 방법이다(남재성·이정덕, 2013: 239).

사. 자본예산

정부 예산을 경상지출과 자본지출로 구분하고 경상지출은 경상수입으로 충당시켜 균형을 이루도록 하지만, 자본지출은 적자재정과 공채발행으로 그 수입에 충당케 함으로써 불균형 예산을 편성하는 제도이다 (신현기 외, 2011: 305-308).

제2절 경찰예산의 분류

일반적으로 국가의 회계는 재정 전반을 일목요연하게 알 수 있도록 하는 것이 바람직하다. 이에 따라 회계방법은 단일회계주의(單一會計主義)를 채택하고, 이에 수반하여 예산면에서 총계예산주의(總計豫算主義)를 원칙으로 하고 있다. 이것은 재정상태의 파악, 수입과 지출의 조정 등을 용이하게 하고, 건전재정의 유지에 적합하기 때문이다. 그러나 행정활동의 비대화와 다양화·복잡화로 국가의 예산규모가 커지고 있어, 일반 행정과 성질이 다른 기업적 성격의 사업은 그 책임의 소재를 명확히 하고, 예산집행의 탄력성을 높이기 위하여 일반회계와 구분하여 특별회계를 운영하고 있다.

1. 일반회계와 특별회계

가. 일반회계

일반회계는 중앙정부 예산의 중심회계로서 치안, 사법, 국토방위 등 국가의 안녕과 질서유지를 위한 기본적인 기능은 물론 교육, 주택, 사회보장, 보건의료 등의 사회개발과 농수산개발, 국토자원 보존개발, 수송, 전력 및 동력, 과학기술 등의 경제개발사업이 거의 모두 일반회계를 통하여 이루어지고 있다. 경찰예산의 대부분은 이 일반회계에 속한다.

나. 특별회계

국가재정법 제4조는 다음과 같은 경우 일반회계와 구분하여 별도의 특별회계를 설치 운영할 수 있는 근거를 두고 있다. 특별회계는 ① 국가에서 특정한 목적의 사업을 운영하고자 할 때, ② 특정한 자금을 보유하여 운용하고자 할 때, ③ 기타 특정한 세입으로 특정한 세출에 충당함으로써 일반회계와 구분하여 계리할 필요가 있을 때에 법률로서 설치하는 회계를 말한다.

2. 예산의 성립과정에 의한 분류

가. 본예산

본예산은 당초에 국회의 의결을 얻어 확정 성립된 예산을 말한다. 정부는 회계연도마다 예산안을 편성하여 회계연도 개시 90일 전까지 국회에 제출하고, 국회는 이를 회계연도 개시 30일 전까지 의결하여야 한다.

나. 수정예산

수정예산은 정부가 예산안을 국회에 제출한 이후 성립·확정되기 전에 국제정세나 국내외의 여건의 변동으로 예산안의 일부 내용을 변경하여 다시 국회에 제출한 예산을 말한다. 수정예산은 예산금액의 감소, 예산목적이나 예산총칙의 변경 등 예산 전반에 걸친 수정을 가져올 수 있으나, 예산금액의 합계를 증가시킬 수는 없다 (조철옥, 2012: 388).

다. 추가경정예산

추가경정예산은 예산 성립 후에 생긴 이유로 인하여 필요한 경비의 부족이 생길 때 본예산에 추가 또는 변경을 가한 예산을 말한다. 수정예산은 예산안을 국회에 제출한 후 국회의 심의·확정 전에 내용을 수정하는 예산인데 반해 추가경정예산은 예산 성립 후에 생긴 사유로 예산금액을 추가 또는 변경시킨다는 점에서 다르다.

라. 준예산

헌법 제54조제3항은 새로운 회계연도가 개시될 때까지 예산안이 성립되지 못할 경우 정부는 국회에서 예산안이 의결·확정될 때까지 헌법이나 법률에 의하여 설치된 기관 또는 시설의 유지·운영과 법률상 지출의무의 이행, 그리고 이미 예산으로 승인된 사업을 계속하기 위한 경비는 전년도 예산에 준하여 집행할 수 있도록 규정하고 있는데 이를 준예산이라고 한다.

제3절 경찰예산의 편성과 집행

1. 예산편성 과정

중기사업 계획서 제출	⇒	예산안편성 지침 통보	⇒	예산요구서 제출	⇒	예산안의 편성	⇒	국무회의 심의	⇒	예산안 국회의결

가. 1단계 : 사업계획서의 제출

중앙관서의 장은 매년 1월 31일까지 당해 회계연도부터 5회계연도 이상의 기간 동안의 신규사업 및 기획재정부장관이 정하는 주요 계속사업에 대한 중기사업계획서를 기획재정부장관에게 제출한다.

나. 2단계 : 예산안편성지침 및 지출한도 통보

기획재정부장관은 국무회의 심의를 거쳐 대통령의 승인을 얻은 다음 연도의 예산편성지침을 매년 4월 30일까지 각 중앙관서의 장에게 통보한다.

1) 예산안편성지침

예산안편성지침(일반지침과 사업별·비목별 기본지침), 예산 요구 양식, 세입세출예산 과목구분 및 기준단가(봉급, 상여금, 기타직 보수, 수당, 급량비, 여비, 기관운영경비, 시설부대경비 등)

2) 지출한도

단연도 예산편성방식에서 재정당국이 경제사회 여건변화와 국가발전전략에 입각한 5개년 국가재정운영계획에 근거하여 연도별 재정 규모, 분야별·중앙관서별·부문별 지출한도를 제시하여 정책과 우선순위에 입각한 전략적 재원배분을 목적으로 예산총액배분 자율편성제도(Top-down제도)를 도입하여 그 한도 내에서 각 부처가 예산을 자율적으로 편성한다.

다. 3단계 : 예산요구서의 제출

각 중앙관서의 장은 예산편성지침에 따라 다음 연도의 세입·세출예산·계속비·명시이월비 및 국고채무부담행위 요구서를 작성 매년 6월 30일까지 기획재정부 장관에게 제출해야 한다.

라. 4단계 : 예산안의 국회제출 및 의결

정부는 대통령의 승인을 얻은 예산안을 회계연도 개시 90일 전까지 국회에 제출하고, 국회는 회계연도 개시 30일 전까지 이를 의결하여야 한다.

마. 5단계 : 국회심의, 의결

예산안의 심의를 위한 국회가 개회되고 예산안의 종합심사를 위해 예산결산특별위원회가 구성되고 여기서의 종합심사를 거쳐 국회 본회의의 의결을 거친다. 국회는 정부의 동의 없이 정부가 제출한 지출예산 각 항의 금액을 증가하거나 새 비목(費目)을 설치하지 못하며, 회계연도 개시 30일 전까지 예산을 의결해야 한다 (남재성·이정덕, 2013: 235).

바. 6단계 : 대통령의 예산 공포

예산이 국회에서 심의·확정되어 정부에 이송된 경우에는 대통령은 그 예산을 공포한다. 대통령은 예산에 대한 국회의 의결에 대해서는 거부권을 행사할 수 없다.

2. 경찰예산의 집행

예산의 집행이란 국회에서 의결·확정된 예산에 따라 재원을 조달하고 경비를 지출하는 재정활동을 의미한다. 정부는 세출예산을 집행할 때 원칙적으로 표시된 목적과 금액의 한도 내에서 지출을 하여야 하며, 세입예산의 집행에 있어서도 법률에 정하여진 세율 및 징수방식을 엄격히 준수하여야 한다. 예산이 국회에서 성립되면 해양경찰청장은 사업운영계획 및 이에 의한 세입·세출예산, 계속비와 국고채무부담행위를 포함한 예산배정요구서를 기획재정부장관에게 제출하여야 한다. 기획재정부장관은 예산배정요구서와 기획재정부장관이 작성한 월별자금계획에 의하여 분기별 예산배정계획을 작성하고 이를 국무회의의 심의를 거쳐 대통령의 승인을 얻어야 한다. 예산배정은 위의 배정계획을 토대로 하여 기획재정부장관이 하게 된다.

이와 같이 예산집행은 예산의 배정으로 시작된다. 현행 예산회계제도에 의하면 각종 정부예산사업의 수행과 경비지출을 위한 지출원인행위(대부분 계약형태)는 배정된 예산의 범위 내에서 하도록 되어 있다. 따라서 국회를 통과하여 예산이 확정되었더라도 해당예산이 배정되지 않은 상태에서는 지출원인행위를 할 수 없다.

가. 예산의 배정

실제 사업시행 부서가 조달청에 계약을 의뢰할 때는 예산이 배정되어 있거나 배정잔액이 남아 있음을 확인하기 위해 예산 배정서를 첨부하도록 하고 있다. 이와 같은 예산의 배정은 국가의 예산을 회계체계에 따라 질서 있게 집행하도록 하는 조정·통제기능도 한다. 기획재정부의 예산배정방법은 정기배정, 긴급배정, 조기배정, 당겨배정, 배정유보, 수시배정, 감액배정의 형태로 구분할 수 있다.

1) 정기배정

분기별 연간배정계획에 의거 정기적으로 예산을 배정하는 것을 말한다. 즉, 예산이 국회에서 의결·확정되면 해양경찰청장은 기획재정부장관에게 예산배정 요구서를 제출하여야 한다. 기획재정부장관은 예산배정요구서와 월별 자금계획에 의거 4분기별 예산배정계획을 작성하여 국무회의의 심의를 거쳐 대통령의 승인을 얻어 각 부처에 시달한다. 이와 같이 작성된 연간예산배정계획에 의거 기획재정부장관은 정기배정을 한다.

2) 긴급배정

회계연도 개시 전에 예산을 배정하는 것으로써 각 중앙관서의 장의 요구에 의해 기획재정부장관이 행하며, ① 외국에서 지급하는 경비 ② 선박에 속하는 경비 ③ 교통·통신이 불편한 지방에서 지급하는 경비 ④ 각 관서에서 필요한 부식물의 매입경비 ⑤ 정보비, 여비 ⑥ 경제정책상 조기집행을 필요로 하는 공공사업비에 한하여 적용된다. 그러나 실제운용에 있어서는 도서벽지의 인건비, 외국으로의 출항 중인 선박비, 재외공관의 정보비 등의 경비에 대하여 상당히 제한적으로 적용하고 있다.

3) 조기배정

경제 정책상의 필요에 의하여 사업을 조기에 집행하고자 할 때 연간 정기배정계획 자체를 1/4 또는 2/4분기에 앞당겨 집중 배정하는 제도이다.

4) 당겨배정

사업의 실제 집행과정에서 계획의 변동이나 여건 변화로 인하여 당초의 연간 정기배정계획보다 지출원인행위를 앞당겨 할 필요가 있을 경우 해당 사업에 대한 예산을 분기별 정기배정계획에 관계없이 앞당겨 배정하는 제도이다.

5) 배정유보

정기 배정계획에 의하여 어떤 사업에 대한 분기별 배정계획이 확정되어 있다 하더라도 경제정책이나 재정운용상의 필요에 의하여 그 사업에 대한 예산배정을 유보하는 제도로써 재정운용 여건의 변동에 따라 이를 검토하여 유보를 해제하고 다시 배정할 수 있다.

6) 수시배정

예산편성 시 사업계획의 미확정이나 또는 사업시행의 점검이 필요한 사업에 대하여 분기별 정기배정에 관계없이 수시배정의 요구를 받아 해당사업의 추진상황, 문제점 등을 분석 검토한 후 예산을 배정하는 제도로서, 수시배정 대상사업은 보통 정기배정에서 제외되며 이는 예산집행관리의 수단으로 활용된다.

7) 감액배정

일단 배정된 예산에 대하여 사업계획의 변동 또는 차질이나 재정운용상의 필요에 의하여 배정을 감액하는 경우를 말한다. 이때는 이미 지출원인행위를 통하여 집행된 예산에 대하여는 사실상 감액배정이 어려우며 배정잔액에 대하여만 할 수 있다.

나. 예산의 탄력적 집행제도

1) 예산집행의 원칙

정부는 예산을 편성하거나 집행할 때 다음 각 호의 원칙을 준수하여야 한다.[91]

가) 정부는 재정건전성의 확보와 국민부담의 최소화를 위하여 최선을 다하여야 한다.

나) 정부는 재정을 운용할 때 재정지출 및 「조세특례제한법」 제142조의2제1항에 따른 조세지출의 성과를 제고하여야 한다.

다) 정부는 예산과정의 투명성과 예산과정에의 국민참여를 제고하기 위하여 노력하여야 한다.

라) 정부는 「성별영향평가법」 제2조제1호에 따른 성별영향평가의 결과를 포함하여 예산이 여성과 남성에게 미치는 효과를 평가하고, 그 결과를 정부의 예산편성에 반영하기

91) 국가재정법 제16조(예산의 원칙) [법률 제19430호, 2023. 6. 9., 타법개정]

위하여 노력하여야 한다.

마) 정부는 예산이 「기후위기 대응을 위한 탄소중립·녹색성장 기본법」 제2조제5호에 따른 온실가스 감축에 미치는 효과를 평가하고, 그 결과를 정부의 예산편성에 반영하기 위하여 노력하여야 한다.

예산을 집행함에 있어서 원칙적으로 품목별체계에 따라 예산에 정한 목적 이외에 경비를 사용하거나 각 기관간, 각 분야, 부문, 프로그램 간에 상호 사용할 수 없다. 그러나 예산집행에 탄력성을 부여함으로써 사업계획이나 여건 변화에 따른 집행의 신축성을 확보하기 위한 몇 가지 제도를 국가재정법은 인정하고 있다.

2) 예산의 탄력적 집행제도

가) 예산의 이용

예산편제의 입법과목인 분야, 부문, 프로그램간의 상호사용을 말한다. 예산 집행상의 필요에 의하여 미리 국회의 승인을 얻은 부분에 한하여 기획재정부장관의 승인을 얻어 분야, 부문, 프로그램 간에 예산금액을 상호 이용할 수 있다.

나) 예산의 전용

예산의 행정과목인 단위사업 또는 목간의 경비를 기획재정부장관의 승인을 얻어 상호 전용할 수 있다(기획재정부장관의 위임 범위 내 중앙관서의장 자율전용).

다) 예산의 이체

정부조직 등에 관한 법령의 제정, 개정 또는 폐지로 인하여 직무와 권한에 변동이 있을 때에 예산을 정부기관 간 이체하여 사용할 수 있다.

라) 예산의 이월

세출예산을 다음 연도로 넘겨서 사용하는 것을 말하며, 이에는 명시이월과 사고이월이 있다. 명시이월은 세출예산 중 연도 내에 그 지출을 하지 못할 것이 예측될 때에 미리 국회의 승인을 얻어 예산을 다음 연도에 넘겨서 사용하는 것을 말하며, 사고이월은 연도 내에 지출원인행위를 하고 불가피한 사유로 인하여 연도 내에 지출하지 못한 경비와 지출원인행위를 하지 아니한 그 부대경비의 금액을 다음 연도에 이월하여 사용하는 것을 말한다. 이월은 1년도에 한하므로 한 번 사고 이월한 경비는 다시 다음 연도에 재차 이월하여 사용할 수 없다.

〈표 4-12〉 명시이월과 사고이월

명시이월	사고이월
-회계연도 내에 지출을 마치지 못할 것으로 예상될 때	-지출원인행위(계약)후 불가피한 사유로 지출하지 못한 경비와 지출원인행위를 하지 못한 부대경비
-다음 회계연도에 걸친 지출원인행위를 할수 있음	-해당연도에 지출원인행위 하여야 함(부대경비 제외)

-이월예산 확정 : 회계연도 완료 후 10일 이내(요구는 회계연도 내에 하여야 함)	-이월예산확정 : 회계연도 완료 후 10일 이내(요구는 회계연도 완료되는 날까지)
-재이월할 수 있음	-재이월할 수 없음

예산의 이용과 전용은 어떤 사업의 예산을 집행하고 남은 잔액을 사용하기 위한 것이 아니라 사업계획이나 여건변동에 따라 예산집행을 탄력적으로 운용함으로써 사업을 보다 효율적으로 추진하고 예산의 적정한 사용을 도모하기 위한 제도로서 국가재정법에 규정된 목적 외 예산사용금지원칙의 예외적인 제도라 할 수 있다. 예산을 전용하고자 할 때는 원칙적으로 기획재정부장관의 승인을 얻어야 하나, 국가재정법 제46조제2항은 매 회계연도마다 기획재정부장관이 정하는 범위 안에서 각 단위사업 또는 목의 금액을 자체 전용할 수 있도록 하고 있다. 이와 같이 전용권을 위임한 것은 세출예산을 집행함에 있어서 주무장관의 책임 아래 사업을 보다 효율적이며 탄력적으로 운용하기 위한 조치 중의 하나이다. 자체 전용권의 위임범위는 매 회계연도마다 별도로 정하여 시달하며 그 범위는 각 연도마다 조금씩 다르게 조정하고 있다.

다. 예비비 배정과 사용

예비비의 경우 국가재정법 제22조에 예비비로서 상당하다고 인정되는 금액을 세입세출예산에 계상될 수 있도록 규정하고 있다. 이러한 예비비는 근본적으로 국가 활동을 수행함에 있어서 예측할 수 없는 불가피한 지출소요에 대비케 함으로써 예산운용의 탄력성을 부여함은 물론 국가사업의 효율적인 추진을 도모하기 위한 제도이므로 그 사용과 관리를 엄격히 하여야 하며, 세출예산에 반영되지 아니한 특정사업을 임의적으로 수행하기 위해서 또는 불요불급한 사업 등에는 사용되지 않도록 하여야 한다.

예비비는 예측할 수 없는 예산외의 지출 또는 예산초과지출에 충당하기 위하여 세입세출예산에 계상한 금액을 말하며, 일반회계 총액의 100분의 1 이내로 제한하고 있다.

제4장 장비관리 및 보안관리

제1절 장비관리

1. 장비관리 개념

경찰장비란 무기, 경찰장구, 최류세 및 그 발사장치, 감식기구, 해안감시기구, 통신기계, 차령, 선박, 항공기 등 경찰의 직무수행을 위하여 필요한 장치와 그 기구를 말한다. 이러한 경찰의 장비관리 목표는 능률성·효과성·경제성에 있으므로, 경찰업무수행에 낭비적 요소가 없도록 국가 예산과 물자를 절약하여야 한다.

〈표 4-13〉 경찰장비의 종류

경찰장비의 종류	
경찰장구	-수갑, 포승, 호승용포승, 경찰봉, 호신용경봉, 전자충격기, 방패 및 전자 방패 등
무기	-권총, 소총, 기관총(기관단총을 포함), 산탄총, 유탄발사기, 박격포, 3인치포, 함포, 크레모아, 수류탄, 폭약류 및 도검 등
분사기·최류탄 등	-근접분사기, 가스분사기, 가스발사총, 최류탄을 말한다.
기타장비	-가스차, 살수차, 특수진압차, 물포, 석궁, 다목적발사기 및 도주차량차단 장비 등

2. 무기 및 탄약관리 일반

무기라 함은 인명 또는 신체에 위해를 가할 수 있도록 제작된 권총·소총·도검 등을 말하고 탄약은 인원, 장비, 구조물, 기타 표적에 손상을 입힐 목적으로 제작된 폭발물 및 화학·생물학·방사선 작용제 등을 총칭한다. 무기를 구분하면 개인화기로는 권총, 소총(자동소총 및 기관단총을 포함한다) 등이 있고, 공용화기로는 유탄발사기, 중기관총, 함포(부대장비 포함한다) 등이 있다. 탄약은 각 무기별 특성, 성능 및 사용 용도에 따라 구분하고 있다. 용도별로 구분하면 기수탄, 전시 비축탄, 교육훈련탄이 있고, 특성 및 성능별로 구분하면 철갑탄, 방화탄, 예광탄, 보통탄, 공포탄, 항공조명탄, 최루탄, 섬광폭음탄 등이 있다. 무기·탄약류 등 관리 규칙(해양경찰청 훈령)은 「물품관리법」, 「경찰관 직무집행법」, 「위해성 경찰장비의 사용기준 등에 관한 규정」의 무기·탄약류 시행을 위하여 필요한 사항을 정하고 효율적

관리·유지를 목적으로 한다. 이 규칙에서 사용하는 용어의 정의는 다음과 같다.

1) "무기"란 인명 또는 신체에 위해를 가할 수 있도록 제작된 장비를 말한다.

2) "개인화기"란 해양경찰청 소속 경찰공무원(의무경찰을 포함한다) 개인이 휴대하며 운용할 수 있는 무기를 말한다.

3) "공용화기"란 경비함정 등에서 공동 임무를 수행하기 위하여 사용하는 무기를 말한다.

4) "무기고"란 해양경찰기관에 배정된 개인화기와 공용화기를 보관하기 위하여 설치된 시설을 말한다.

5) "간이무기고"란 해양경찰기관의 각 기능별 운용부서에서 효율적 사용을 위하여 무기고로부터 무기·탄약의 일부를 대여받아 별도 보관 관리하는 시설을 말한다.

6) "탄약고"란 경찰탄약 및 최루탄을 집중 보관하기 위하여 다른 용도의 사무실, 무기고 등과 분리 설치된 보관시설을 말한다.

7) "기수탄"이란 탄약 중에서 각 무기별로 지정된 기본 정수량을 말한다.

8) "전시 비축탄"이란 전시에 대비해 보유하고 있는 탄약을 말한다.

9) "교육훈련탄"이란 교육훈련 계획에 따라 실시되는 각종 교육훈련에 소요되는 탄약을 말한다.

10) "항공조명탄"이란 항공기를 이용해 해상항공순찰, 야간 비상착륙, 수색·구조 활동을 위해 사용되는 탄약을 말한다.

11) "무기·탄약 관리책임자"란 해양경찰기관의 장으로부터 무기·탄약 관리업무를 위임받아 무기고, 탄약고 및 간이무기고에 보관된 무기·탄약을 총괄하여 관리 감독하는 자를 말한다.

12) "무기·탄약 취급담당자"란 무기·탄약관리에 관한 사무를 분장 받아 해당 해양경찰기관 무기·탄약의 보관·운반·수리·입출고 등 무기·탄약 관리에 종사하는 자를 말한다.

가. 무기·탄약 구분

1) 무기의 구분

가) 개인화기 : 권총, 소총(자동소총 및 기관단총을 포함한다) 등

나) 공용화기 : 유탄발사기, 중기관총, 함포(부대장비를 포함한다) 등

다) 도검 등

2) 탄약의 구분

가) 용도별 구분 : 기수탄, 전시 비축탄, 교육훈련탄등

나) 특성 및 성능별 구분 : 철갑탄, 방화탄, 예광탄, 보통탄, 공포탄 등

나. 무기사용 규정

경찰관 직무집행법(제10조의4)의 무기의 사용에 대한 규정으로 ① 범인의 체포·도주의 방

지를 위해 필요한 때 ② 자기 또는 타인의 생명·신체에 대한 방호를 위하여 필요한 때 ③ 공무집행에 대한 항거를 억제하기 위해 필요한 때 ④ 필요하다고 인정되는 상당한 이유가 있을 때이다.

위해의 수반이 허용되는 무기의 사용으로는 ① 정당방위의 경우로 자기 또는 타인의 법익에 대한 현재의 부당한 침해를 방위하기 위한 상당한 이유가 있는 때(형법 제21조1항), ② 긴급피난의 경우로는 자기 또는 타인의 법익에 대한 현재의 위난을 피하기 위한 행위는 상당한 이유가 있는 때(형법 제22조1항), ③ 중범인의 체포와 이를 위한 경찰관의 직무집행에 항거할 때(사형·무기 또는 장기 3년 이상의 징역이나 금고에 해당하는 죄를 범하였거나 범하였다고 의심할 만한 충분한 이유가 있는 자와 범죄자를 도주시키려고 경찰관에게 항거하는 제3자 포함) ④ 영장집행의 경우로 체포·구속영장과 압수·수색영장 집행 시 경찰관의 직무집행에 대하여 항거하거나 도주하려고 할 때(제3자가 그를 도주시키려고 경찰관에게 항거할 때), ⑤ 위험한 물건을 소지한 범인의 경우(3회 이상의 투기명령 또는 투항명령을 받고도 이에 불응하면서 계속 항거하여 이를 방지 또는 체포하기 위하여 무기를 사용하지 않고는 다른 수단이 없다고 인정되는 경우) ⑥ 대간첩작전을 수행하는 경우(개인화기 외에 공용화기 사용 가능) ⑦「무기를 사용하지 아니하고는 다른 수단이 없는」 경우이다.

다. 해양경찰 무기탄약 안전관리

〈표 4-14〉 권총, 소총 등 총기 휴대 및 사용시 안전수칙

권 총	소총·기관총·유탄발사기	20밀리 이상 함포	탄약류
① 총구는 공중(안전지역)을 향할 것 ② 실탄 장전할 때는 반드시 안전장치(방아쇠울에 설치사용) ③ 1탄은 공포탄 2탄 이하는 실탄장전. 다만, 대간첩작전, 살인강도 등 중요범인이나 무기·흉기 등을 사용하는 범인의 체포 및 위해의 방호를 위하여 불가피한 경우에는 1탄부터 실탄을 장전 할 수 있다. ④ 조준할 때는 대퇴부 이하	① 실탄은 분리휴대 및 보관 ② 실탄 장전시 조정간 안전위치 ③ 사용 후 보관할 때는 약실과 총강을 점검할 것 ④ 공포탄약은 총구에서 6미터 이내의 사람을 향해 사격하지	① 실탄은 사격목적 이외는 장전금지 ② 실탄 장전할 때는 안전장치 안전위치 ③ 사용 전·후에는 약실과 총강을 점검할 것 ④ 작동전에는 포대 주위의 안전저해 요소 사전제거	① 실탄 및 폭발류 등의 임의 변형금지 ② 마찰·충격 금지 ③ 취급 및 사용할 때는 안전수칙 준수
- 총기를 손질한 후 검사총을 실시할 때는 총구를 공중 또는 지면을 향하도록 할 것 - 총기를 사용한 경우에는 지체 없이 무기사용보고서를 작성하여 소속관서의 장에게 보고하고, 소속관서 장은 해양경찰청장에게 보고 할 것. 다만, 훈련의 경우에는 그러하지 아니한다. - 대여 받은 총기를 다른 직원에게 임시로 인계할 때에는 검사총을 반드시 실시하여야 한다.			

그리고 다음 사항 발생 시에는 무기 탄약 회수 및 보관하여야 한다.

1) 직무상의 비위로 인하여 징계대상이 된 자	2) 형사사건으로 인하여 조사의 대상이 된 자
3) 사의를 표명한 자	4) 평소에 불평이 심하고 염세비관 하는 자
5) 주벽이 심한 자	6) 변태 성벽이 있는 자
7) 가정환경이 불화한 자	8) 그 밖에 해양경찰관서의 장이 부적합하다고 판단한 자
9) 술자리 또는 연회장소에 출입할 경우	10) 상사의 사무실을 출입할 경우
11) 그 밖에 정황을 판단하여 필요하다고 인정되는 경우	

해양경찰기관의 장은 무기·탄약 보유실태를 매 분기 말 현재 증감사항을 다음분기 10일한 해양경찰청장에게 보고하여야 한다.

라. 해양경찰 진압장비 관리

진압장비 등 관리규칙(해양경찰청훈령)[92]에 의거 해양경찰청 소속 해양경찰기관에서 운용하는 진압장비, 진압 및 보호장구, 진압용 채증장비 등의 효율적 관리·유지를 목적으로 한다.

① "진압장비"란 해양경찰청 소속 해양경찰기관 경찰공무원(의무경찰을 포함한다, 이하 같다)이 해상·육상에서 경찰임무 수행 중 공권력에 저항하는 집단행동을 제압하기 위해 사용하는 경찰장비를 말한다.

② "진압 및 보호장구"란 경찰관 진압요원의 신체 보호를 위해 착용 및 휴대할 수 있는 물품을 총칭한다.

③ "진압용 채증장비"란 경찰관 진압요원의 작전임무 수행 시 상황을 녹화할 수 있는 장비를 총칭한다.

④ "해양경찰기관"이란 해양경찰청, 동해·서해·남해·중부·제주지방해양경찰청(이하 "지방해양경찰청"이라 한다), 해양경찰교육원, 해양경찰정비창, 해양경찰서, 함정, 파출소·출장소, 특공대, 항공단, 그 밖에 해양경찰청장이 지정하는 기관을 말한다.

⑤ "관리책임자"란 해양경찰기관의 장으로부터 진압장비, 진압 및 보호장구, 진압용 채증장비 등의 관리업무를 위임받은 자를 말한다.

⑥ "경비함정"과 "특수함정"이란 「함정 운영관리 규칙」 제3조제2호 및 제3호에 규정된 각 함정을 말한다.

1) 진압장비 종류

해양경찰청 소속 해양경찰기관 경찰공무원(이하 "경찰관"이라 한다)이 사용하는 진압장비의 종류는 다음 각 호와 같다.

① 장비류 : 가스발사총, 40mm 다목적발사기, 12게이지 비살상탄발사기, 전자충격기 등

② 탄약류 : 40mm 스폰지탄, 12게이지 비살상탄, 섬광폭음탄 등

---

92) 진압장비 등 관리규칙, [해양경찰청훈령 제237호, 2021. 6. 25., 일부개정], 해양경찰청(장비관리과).

③ 최루장비 : 최루액 분사기, 최루탄, 단정소화포, 휴대용 최루액분사기 등

2) 진압 및 보호장구

① 진압장구류 : 4단봉, "ㅏ"자봉, 장봉 등

② 보호장구류 : 안전화, 방패, 방호장갑, 안전헬멧, 무릎 보호대, 팔꿈치 보호대, 방검부력조끼, 사격용 장갑, 헤드랜턴, 해상 진압복 등

3) 진압용 채증장비

진압용 채증장비는 탈부착식 카메라와 헬멧형 카메라로 구분한다.

제2절 함정정비

1. 해양경찰청 함정 정비규칙[93]

가. 용어 정의

1) "경비함정"과 "특수함정"이란 「함정 운영관리 규칙」 제3조제2호 및 제3호에 규정된 각 함정을 말한다.

2) "부선"이란 유류·방제·계류바지를 말한다.

3) "부선거"란 특수함정 중 수리지원정에 해당하며 수리지원업무(상가)를 주임무로 하는 함정을 말한다.

4) "연안구조장비"란 해양경찰 파출소 및 출장소에 배치하여 운용하는 연안구조정 및 수상오토바이, 해경구조대 배치하여 운용하는 고속보트를 말한다.

5) "함정정비"란 경비함정과 특수함정, 부선 및 부선거(이하 "함정"이라 한다.)의 선체와 장비의 성능유지 및 수명연장을 위하여 손질, 검사, 수리, 재생, 개조, 개장, 교정하는 등의 일체 행위를 말한다.

6) "함정 수리"란 함정의 선체 혹은 장비의 설계, 자재, 수량, 위치 또는 구성부품의 상호관계를 변경하지 아니하고 본래의 선체 또는 장비를 사용할 수 있도록 유지하는데 필요한 작업을 말한다.

7) "함정 개조"란 함정의 성능이나 특성에 영향을 미치는 선체, 장비, 설비 및 의장에 있어서 설계상의 기재 수량, 위치 또는 함정구조를 변경하는 작업을 말한다.

8) "선저외판 검사"란 씨체스트를 포함한 수선하부 선저외판 및 선미 격벽 외판의 두께를 계측하여 마모도를 계측하여 확인하는 작업을 말한다.

---

93) 해양경찰청 함정 정비규칙.[시행 2021. 10. 12.] [해양경찰청예규 제77호, 2021. 10. 12., 일부개정] 해양경찰청(장비관리과).

9) "중대복구 수리"란 추산가 1억원 이상 수리를 말한다.

나. 함정정비의 책임

1) 함정이 설계된 성능을 발휘하도록 정비 유지에 대한 총괄책임은 함(정)장에게 있다.

2) 함정의 부서장은 소관장비의 정비유지, 보수의 1차적 책임을 진다.

3) 해양경찰서 장비관리과장은 함정의 자체정비능력을 초과하는 수리사항에 대하여 함(정)장의 요청에 따라 할당된 수리자금 한도 내에서 정비지원을 제공한다.

다. 함정 정비의 종류 및 범위

1) 자체정비 : 함정을 정상적으로 운용하면서 운전시간에 따라 정기적으로 함정 승조원이 직접 부속품의 교환과 고장방지를 위한 예방적 정비 및 경미한 수리를 실시하는 정비이다.

2) 예방정비 : PMS에 따라 함정에서 실시하는 정비로서 함정에 설치된 장비의 성능 유지를 위하여 제반 장비에 대한 주기적인 정비계획을 수립·시행하는 정비이다.

3) 경찰서 정비 : 함정 자체정비의 범위를 초과한 고장 발생으로 해양경찰서 장비관리과에서 함정정비반 또는 민간업체에 의뢰하여 수리를 실시하는 정비이다.

4) 계획정비 : 함정 운용시간 및 수리주기에 맞춰 연간 수리계획에 따라 시행하는 수리로 정기수리와 상가수리가 있다.

① 정기수리 : 일정 기간 운영 후 함정 전반에 걸친 검사, 정비사항을 해양경찰정비창, 해군정비창(수리창) 또는 민간업체에 의뢰하여 실시하는 정비로서 주기관 총 분해수리 및 부품교환 등을 통한 함정의 성능회복을 위한 수리를 말한다.

② 상가수리 : 수면 하 선체 및 구조물의 검사수리를 위하여 상가시설을 구비한 해양경찰정비창, 해군 정비창(수리창) 또는 민간업체에 의뢰하여 실시하는 정비로서 주기적으로 실시하는 정기상가, 중간상가 및 긴급소요에 의해 실시하는 긴급 상가가 있다.

5) 창 정비 : 계획정비 이외의 긴급한 수리를 위해 해양경찰정비창 및 해군정비창(수리창)에 의뢰하여 수리를 실시하는 정비이다.

2. 함정정비 집행절차

가. 집행절차

함정정비의 집행절차는 다음 각 호와 같다.

1) 정기 또는 상가수리

해양경찰서장은 수리 대상함정의 수리신청 목록을 수리실시 30일 전까지 해양경찰정비창 또는 해군정비창(군수전대), 14일 전까지 지방해양경찰청장, 7일 전까지 해양경찰청장에게 보고하여야 한다.

2) 경찰서 정비

가) 함(정)장, 파출소장은 경찰서 정비가 필요한 경우 입항 전 또는 입항 직후 수리 목록을 작성하여 제출하며, 수리 완료 후 그 결과를 해양경찰서장에게 보고하여야 한다.

나) 해양경찰서장은 소속 함정의 정비계획을 조정, 집행한다.

다) 경찰서 정비는 중·대형 함정의 경우 함정출동 종료 후 차기 출동 전까지의 정박기간 중에 실시함을 원칙으로 하고, 소형함정(100톤 이하 함정)은 4일(96시간) 이내 실시함을 원칙으로 한다. 다만, 수리기간을 초과하여 함정 불가동이 발생하거나 예상될 경우 해양경찰서장의 승인을 받아 수리를 실시하고 그 결과를 지방해양경찰청장에게 보고한다.

라) 외주수리는 해양경찰서 관할지역 민간수리업체에 의뢰하여 실시하는 것을 원칙으로 한다. 다만, 지역 수리업체의 수리 불가 시 타 지역 수리업체에 의뢰할 수 있다.

마) 함정 주기관의 단계별 정비 및 총 분해수리와 1000톤급 이상 함정의 발전기관 단계별 정비 및 총 분해수리는 해양경찰정비창에서 실시한다.

바) 경찰서 정비의 개별 장비에 대한 수리비용이 500만원 미만인 경우에는 「관서운영경비 집행처리지침」에 따라 처리한다.

3) 예방정비

가) 함(정)장은 PMS 등재된 함정 장비에 대해 담당자를 지정하여 시행한다.

나) PMS 시행여부에 대해 부서장, 연안구조정 담당자는 1차 책임을 지며 함(정)장, 파출소장은 2차 책임자이다.

다) 부서장, 연안구조정 담당자는 PMS를 이행하지 못할 사유가 있을 시 함(정)장, 파출소장에게 문서로 보고하여야 한다.

라) 함(정)장, 파출소장은 장비고장 발생 시 반드시 PMS 이행 여부를 확인하여 보고내용에 첨부하여야 한다.

4) 장비관리 실태점검

가) 점검단 구성은 제4조제2호에 해당하는 자를 단장으로 하며 부단장은 지방해양경찰청 훈련단장 또는 장비관리계장(해양경찰교육원 훈련기획팀장 또는 창조운영팀장)으로 한다. 또한 단원은 전문 분야별 실무경험이 풍부한 자 중 경사 이상인 자로 구성하여야 한다.

나) 점검대상은 장비나라(통합 장비관리시스템) 등록 장비와 해양오염 방제장비 및 부두시설로 하며 매년 1회 실시하여야 한다.

다) 점검단은 장비별 표준 체크리스트에 의한 관능 및 작동시험을 통해 장비 점검을 실시하여야 한다.

나. 개조수리

함정 성능향상과 승조원 근무편의를 도모하기 위하여 필요시 개조수리를 할 수 있으며, 함정 안전 및 성능에 영향을 미칠 수 있는 중요한 개조수리는 사전에 해양경찰정비창의 타당성, 안전성, 경제성을 검토 후 지방해양경찰청장의 승인을 받아야 하고, 간단한 구조변경은 해양경찰서에서 지방해양경찰청 승인 후 실시할 수 있다.

다. 선저외판 검사

해양경찰정비창장은 해양경찰정비창 및 해군정비창 상가수리 함정에 대해서 선저외판 검사를 실시하여야 한다.

1) 선령 15년 이상 함정은 매 상가수리 시 선저외판 검사 시행한다.
2) 선령 15년 미만 함정은 준공일로부터 5년 주기로 시행한다. 단, 선령 15년 미만 함정에도 불구하고, 상가수리 시 선정외판 파공 · 균열 함정은 그 상가수리 시점부터 매 상가수리 시 검사 시행한다.

제3절 해양경찰장비도입 및 관리에 관한 법률

1. 제정배경 및 목적

급변하는 해양 치안환경과 국제 해양질서 재편에 따라 해양경찰의 기능·업무가 해상경비, 어로보호, 해양안보, 해양경찰, 범죄수사, 해양오염방지, 해상교통안전, 자원보호, 해양레저관광 등으로 확대되면서 이에 따라 함정과 항공기 등 해양경찰장비도 급격히 증가하였다. 또한 세계 주요 해양 국가들은 국내외의 해양자원안보를 강화하고 해양안전 · 안보의 영역을 확대하며 해양안보를 위한 국제협력을 강화하고 있다. 또한, 이들 업무를 추진하기 위한 해양경찰 장비를 강화하고 있는 실정이었다.

우리나라의 해양경찰장비는 도입과 관리에 대규모 국가 예산이 투입됨에도 불구하고 「국유재산법」과 「물품관리법」 등 일반법을 따라왔고 세부적인 사항은 해양경찰 장비도입 업무규칙(예규)등 행정규칙에 따라 규율되어 오고 있었다. 이에 해양경찰청 임무와 기능의 특수성을 반영할 수 있는 법적 근거를 마련하여 종합적 · 체계적으로 관리할 필요성이 지속해서 제기되어 왔다.[94] 이러한 문제점을 해결하기 위해 2019년부터 법률제정을 위한 연구용역과 공청회를 개최하는 등 노력한 결과 「해양경찰장비 도입 및 관리에 관한 법률」이 2021년 3

94) 군은 방위사업법, 군수품관리법, 경찰은 경찰제복 및 경찰장비의 규제에 관한 법률, 소방은 소방장비법으로 관리하고 있다.

월 국회 본회의를 통과하고 같은 해 4월 공포되어 2022년 4월부터 시행하고 있다.

2. 주요내용

가. 용어정의

1) "해양경찰장비"란 「해양경찰법」 제14조에 따른 해양경찰의 직무를 수행하는 데 필요한 함정 · 항공기 및 탑재장비를 말한다.

2) "탑재장비"란 함정 또는 항공기에 탑재하여 사용하는 장비로서 대통령령으로 정하는 것을 말한다.

3) "도입"이란 해양경찰장비를 구매하거나 건조 · 제작하여 해양경찰장비관리자에게 인계하는 것을 말한다.

4) "관리"란 해양경찰장비관리자가 해양경찰장비를 인수하여 그 본래의 성능을 발휘할 수 있도록 하기 위한 점검 · 정비 · 처분 등의 행위를 말한다.

5) "운용"이란 해양경찰장비를 그 기능 및 목적에 맞도록 안전하게 사용하는 것을 말한다.

6) "처분"이란 매각, 양여 등의 방법으로 해양경찰장비의 소유권이 국가 외의 자에게 이전되거나 다른 기관에 관리권이 이전되는 것을 말한다.

7) "내용연수"(耐用年數)란 해양경찰장비의 운용에 지장이 없는 상태에서 해양경찰의 직무를 원활하게 수행할 수 있을 것으로 예측한 해양경찰장비의 경제적 사용연수를 말한다.

8) "해양경찰장비관리자"란 해양경찰장비를 직접 관리 · 운용하는 해양경찰청 소속 공무원을 말한다.

나. 해양경찰장비 도입 및 관리 기본 및 시행계획의 수립

해양경찰청장은 해양경찰의 직무를 효율적으로 수행하기 위하여 해양경찰장비 도입 및 관리에 관한 기본계획(이하 "기본계획"이라 한다)을 5년마다 수립하여 시행하여야 하고,

기본계획을 효율적으로 추진하기 위하여 매년 해양경찰장비 도입 및 관리에 관한 시행계획(이하 "시행계획"이라 한다)을 수립하여 시행하여야 한다. 해양경찰청장은 수립된 기본계획 및 시행계획을 국회 소관 상임위원회에 제출하여야 한다.

다. 해양경찰장비 도입의 기본원칙

해양경찰청장은 다음 각 호의 원칙을 고려하여 해양경찰장비를 도입할 수 있다.

1) 해양경찰장비 도입 사업의 투명성과 효율성을 확보할 것
2) 최신 기술을 활용한 우수 장비를 도입할 것
3) 장비 간의 호환성 확보를 통한 해양경찰장비의 운용성을 증진할 것

4) 해양경찰장비관리자 및 전문가들의 의견을 충분히 수렴할 것

라. 계약의 특례

해양경찰청장은 「통합방위법」에 따른 해상경비작전 임무를 수행하는 해양경찰 함정과 항공기 도입에 관한 계약을 체결하는 경우 그 성질상 착수금 및 중도금을 지급할 필요가 있다고 인정되는 때에는 「국가를 당사자로 하는 계약에 관한 법률」 및 관계 법령의 규정에도 불구하고 해당 연도의 예산에 계상된 범위에서 착수금 및 중도금을 지급할 수 있다. 이 경우 지급된 착수금 및 중도금은 해당 계약의 이행을 위한 용도를 벗어나서 사용하여서는 아니 된다. 착수금 및 중도금의 지급에 관한 기준·방법 및 절차는 해양수산부령으로 정한다. 이 경우 해양경찰청장은 미리 기획재정부장관과 협의하여야 한다.

마. 중요탑재 장비의 선정

해양경찰청장은 함정·항공기를 도입하려는 경우 해당 장비의 성능 확보에 중대한 영향을 미치는 탑재장비(이하 "중요탑재장비"라 한다)를 선정하고 탑재하도록 할 수 있다.

바. 해양경찰장비의 관리

장비의 기록, 안전도 평가, 처분·양여, 함정건조감독관 등 장비의 전주기를 체계적으로 관리할 수 있도록 규정하고, 장비의 도장 및 표시, 경광등 설치 근거를 마련하였다. 특히 내용연수 초과 함정에 대한 안전도 평가에 관한 사항을 법률로 명확히 규정하여 관련 예산확보 및 철저한 안전도 검사를 가능케 하고 함정 노후화로 인한 안전사고를 예방하도록 하였다. 또한, 용도폐지된 해양경찰장비에 대하여 개발도상국에 무상으로 양여할 수 있도록 하여 국제관계에서 해양안전협력을 강화하는 등 외국 해역에서 우리나라 선박의 사고로 인한 수색과 구조, 해적 대응 등의 업무를 원활하게 수행할 수 있도록 하였다

사. 과태료

다음 각 호의 어느 하나에 해당하는 자에게는 500만원 이하의 과태료를 부과한다. 과태료는 대통령령으로 정하는 바에 따라 해양경찰청장이 부과·징수한다.

1) 제20조제3항을 위반하여 도장 및 표시를 하거나 이와 유사한 도장 및 표시를 한 자
2) 제21조제2항을 위반하여 선박에 경광등을 설치한 자

제4절 보안관리

1. 보안의 개념

보안은 국가의 안전보장을 위하여 국가가 보호를 필요로 하는 비밀[95]이나 인원, 문서, 자재, 시설 및 지역 등을 보호하는 소극적 예방활동과 국가안전보장을 해치고자 하는 간첩, 태업이나 전복으로 국가를 위태롭게 하는 불순분자에 대하여 이를 탐지, 조사, 체포하는 등의 적극적인 예방활동을 말한다. 최근 통신과 컴퓨터의 발달로 더욱 중요해진 정보통신과 컴퓨터 보안을 포함하고 있다.

2. 보안의 법적 근거

1) 보안업무규정(대통령령)
2) 보안업무규정 시행규칙(대통형훈령)
3) 해양경찰청 보안업무시행세칙(해양경찰청 훈령)

3. 보안의 원칙

비밀보호를 효과적으로 하기 위하여 보안 대상에 대한 최소한의 접근 허용방법과 보안 업무수행 상 지켜야 할 준칙을 보안의 원칙이라 한다.

〈표 4-15〉 보안의 원칙

보안의 원칙	
알 사람만 알아야 하는 원칙	보안에 있어서 가장 기본이며 중요한 원칙이다. 보안의 대상이 되는 사실을 전파할 때 전파가 꼭 필요 한가 또는 피전파자가 반드시 전달받아야 하며 필요한 것인가를 검토하여야 한다.
부분화의 원칙	알 사람만 알게 하고 한 번에 다량의 비밀이나 정보가 유출되지 않도록 하는 원칙을 말한다. 조직에 있어서는 종적 분화와 횡적 분화의 방법이 있고, 문서에 있어서는 내용과 가치의 정도에 따라서 다른 비밀과 관련되지 않게 독립시키거나 부분적으로 있게 하는 원칙을 말한다.

95) "비밀"이란 그 내용이 누설될 경우 국가안전보장에 해를 끼칠 우려가 있는 국가 기밀로서 이 영에 따라 비밀로 분류된 것을 말한다. 국가 기밀(국가의 안전에 대한 중대한 불이익을 피하기 위하여 한정된 인원만이 알 수 있도록 허용되고 다른 국가 또는 집단에 대하여 비밀로 할 사실 · 물건 또는 지식으로서 국가 기밀로 분류된 사항만을 말한다)에 속하는 문서 · 자재 · 시설 · 지역 및 국가안전보장에 한정된 국가 기밀을 취급하는 인원에 대한 보안 업무. 다만, 각급 기관에 대한 보안감사는 제외한다.

보안과 능률의 원칙	보안과 업무효율이 균형을 유지하여야 된다는 원칙을 말한다. 통상 보안과 업무효율은 반비례관계에 있으므로 양자의 적절한 조화를 유지하는 방법을 강구해야 할 것이다. 지나친 비밀주의는 꼭 알 필요가 있는 사람이 알지 못하게 되는 문제점을 낳는다.

4. 비밀의 보호

가. 비밀의 구분

비밀은 그 중요성과 가치의 정도에 따라 다음 각 호와 같이 구분한다.

〈표 4-16〉 비밀의 구분

Ⅰ급비밀	-누설될 경우 대한민국과 외교관계가 단절되고 전쟁을 일으키며, 국가의 방위계획·정보활동 및 국가방위에 반드시 필요한 과학과 기술의 개발을 위태롭게 하는 등의 우려가 있는 비밀
Ⅱ급비밀	-누설될 경우 국가안전보장에 막대한 지장을 끼칠 우려가 있는 비밀
Ⅲ급비밀	-누설될 경우 국가안전보장에 해를 끼칠 우려가 있는 비밀

나. 비밀의 보호와 관리 원칙

각급기관의 장은 비밀의 작성·분류·취급·유통 및 이관 등의 모든 과정에서 비밀이 누설되거나 유출되지 아니하도록 보안대책을 수립하여 시행하여야 한다. 이 경우 비밀의 제목 등 해당 비밀의 내용을 유추할 수 있는 정보가 포함된 자료는 공개하지 않는다.

다. 비밀·암호자재[96]의 취급

비밀은 해당 등급의 비밀취급 인가를 받은 사람만 취급할 수 있으며, 암호자재는 해당 등급의 비밀 소통용 암호자재취급 인가를 받은 사람만 취급할 수 있다.

1) Ⅰ급 비밀 취급 인가권자와 Ⅰ급 및 Ⅱ급 비밀 소통용 암호자재취급 인가권자는 대통령, 국무총리, 감사원장, 국가인권위원회 위원장, 고위공직자범죄수사처장, 각 부·처의 장, 국무조정실장, 방송통신위원회 위원장, 공정거래위원회 위원장, 금융위원회 위원장, 국민권익위원회 위원장, 개인정보 보호위원회 위원장 및 원자력안전위원회 위원장, 대통령 비서실장, 국가안보실장, 대통령경호처장, 국가정보원장, 검찰총장, 합동참모의장, 각군 참모총장, 지상작전사령관 및 육군제2작전사령관, 국방부장관이 지정하는 각군 부대장이다.

96) "암호자재"란 비밀의 보호 및 정보통신 보안을 위하여 암호기술이 적용된 장치나 수단으로서 Ⅰ급, Ⅱ급 및 Ⅲ급 비밀 소통용 암호자재로 구분되는 장치나 수단을 말한다.

2) Ⅱ급 및 Ⅲ급 비밀 취급 인가권자와 Ⅲ급 비밀 소통용 암호자재 취급 인가권자는 위의 1)항의 사람, 중앙행정기관등인 청의 장, 지방자치단체의 장, 특별시 · 광역시 · 도 및 특별자치시 · 특별자치도의 교육감, 위의 각 사람이 지정한 기관의 장이다.

3) 비밀취급 인가권자는 비밀을 취급하거나 비밀에 접근할 사람에게 해당 등급의 비밀취급을 인가하고, 필요한 경우에는 인가 등급을 변경한다. 그리고 비밀취급 인가는 인가 대상자의 직책에 따라 필요한 최소한의 인원으로 제한하여야 한다. 암호자재취급 인가권자는 비밀취급 인가를 받은 사람 중에서 암호자재취급이 필요한 사람에게 해당 등급의 비밀 소통용 암호자재취급을 인가하고, 필요한 경우에는 인가 등급을 변경한다. 이 경우 암호자재취급 인가 등급은 비밀취급 인가 등급보다 높을 수 없다.

라. 비밀의 분류

1) 비밀취급 인가를 받은 사람은 인가받은 비밀 및 그 이하 등급 비밀의 분류권을 가진다.

2) 같은 등급 이상의 비밀취급 인가를 받은 사람 중 직속 상급직위에 있는 사람은 그 하급직위에 있는 사람이 분류한 비밀등급을 조정할 수 있다.

3) 비밀을 생산하거나 관리하는 사람은 비밀의 작성을 완료하거나 비밀을 접수하는 즉시 그 비밀을 분류하거나 재분류할 책임이 있다.

마. 비밀분류의 원칙

각급기관의 장은 비밀 분류를 통일성 있고 적절하게 하기 위하여 세부 분류지침을 작성하여 시행하여야 한다. 이 경우 세부 분류지침은 공개하지 않는다.

〈표 4-17〉 비밀분류의 원칙

비밀분류의 원칙	
과도 또는 과소분류 금지의 원칙	비밀은 적절히 보호할 수 있는 최저 등급으로 분류하여야 하며 과도 또는 과소하게 분류하여서는 아니 된다.
독립분류의 원칙	비밀은 그 자체의 내용과 가치의 정도에 따라 분류하여야 하며, 다른 비밀과 관련하여 분류해서는 아니 된다.
외국비밀 존중의 원칙	외국 정부나 국제기구로부터 접수한 비밀은 그 생산기관이 필요로 하는 정도로 보호할 수 있도록 분류하여야 한다.

5. 해양경찰 보안관리

해양경찰 보안업무는 해양경찰청 보안업무시행세칙(해양경찰청 훈령)[97]에 근거하여 실시한다. 해양경찰청 보안업무시행세칙은 해양경찰청과 그 소속기관(이하 "해양경찰관서"라 한다)에 적용한다. 단, 정보통신분야는 해양경찰청 정보보안업무시행세칙에 따른다.

1) 다음 각 호에 해당하는 사람은 보직과 동시에 해당기관의 보안담당관이 된다.

① 해양경찰청: 운영지원과장
② 해양경찰교육원: 운영지원과장(해양경찰연구센터는 연구기획팀장)
③ 중앙해양특수구조단장: 행정지원팀장
④ 지방해양경찰청: 기획운영과장
⑤ 해양경찰서: 기획운영과장(서해5도 특별경비단은 경비지원과장)
⑥ 해양경찰정비창: 기획운영과장

2) 보안담당관의 업무를 보좌하기 위해 분임보안담당관을 두며, 다음 각 호의 사람은 해당직위에 보직과 동시에 해당기관의 분임보안담당관이 된다.

① 해양경찰청: 각 과장, 담당관, 단장, 대변인, 종합상황실장
② 해양경찰교육원: 각 과장, 단장(해양경찰연구센터는 각 팀장)
③ 중앙해양특수구조단: 팀장, 지역구조대장
④ 지방해양경찰청: 각 과장, 담당관, 종합상황실장, 특공대장, 항공단장, VTS센터장
⑤ 해양경찰서: 각 과장, 함·정장, 파출소장
⑥ 해양경찰정비창: 각 과장

3) 분임보안담당관은 소속부서의 경사 또는 그에 상당하는 직급 이상의 직원을 보안업무 담당자로 지정할 수 있다. 이 경우 지정된 보안업무 담당자는 보안담당관 또는 분임보안담당관을 보좌하여 다음 각 호의 업무를 수행한다.

① 비밀의 보관, 반출, 대출 및 파기에 관한 사항
② 비밀의 누설, 도난, 분실 및 그 밖의 손괴 방지를 위한 사항
③ 비밀 소유현황 조사 및 재분류 검토에 관한 사항
④ 비밀과 관련된 서류의 보관 관리
⑤ 그 밖에 보안업무 수행에 필요한 사항

가. 인원보안

비밀취급인가 등 인원보안에 관한 사무는 인사업무 취급부서에서 관장한다. 의무경찰에 대한 인원보안 업무는 의무경찰의 인사업무를 담당하는 부서에서 처리한다.

97) 해양경찰청 보안업무시행세칙, [해양경찰청훈령 제233호, 2021. 6. 1., 일부개정], 해양경찰청(운영지원과).

〈표 4-18〉 인원보안 수단

인원보안 수단	
신원조사	-조사 대상자의 국가에 대한 충성심, 성실성, 신뢰성을 조사하여 국가의 안전보장을 확보하는 것으로 인원보안의 중요한 대상이다.
근무태도 파악	-임용시의 신원조사는 장기재직자에게는 별 의미가 없음으로 효율적인 인원보안 관리를 위해 평소의 면담, 애로사항 청취, 근무태도 파악 등을 통해 각종 불순한 기도나 유혹으로부터 보호하는 것이다.
보안교육	-모든 경찰기관의 장은 보안진단의 날 등을 통해서 소속 직원에 대해 반복적인 보안직무교육 및 보안정신교육을 실시하여 평소 철저한 보안관리가 이루어지도록 해야하며, 신임직원, 비밀취급인가자, 해외여행자, 중요업무 동원자 등에 대해서는 대상자에게 적합한 별도의 보안교육을 시켜야 한다.

1) 비밀취급 인가

보안업무규정 제9조제2항에 따라 Ⅱ급 및 Ⅲ급 비밀 취급 인가권자와 Ⅲ급 비밀 소통용 암호자재 취급 인가권자로 지정된 해양경찰청장은 다음 각 호의 사람을 비밀 및 암호자재 취급 인가권자로 지정한다. 비밀취급인가권을 위임받은 기관의 장은 이를 다시 위임할 수 없다.

1) 해양경찰교육원장(해양경찰연구센터장 포함)	
2) 중앙해양특수구조단장	3) 지방해양경찰청장
4) 해양경찰서장(서해5도 특별경비단장 포함)	5) 해양경찰정비창장

2) 비밀취급의 인가 및 해제

비밀취급 인가권자는 임무 및 직책상 상시적으로 비밀을 취급하거나 비밀에 접근할 사람에게 해당 등급의 비밀취급을 인가하여야 하고, 비밀·암호자재 취급 인가는 인가 대상자의 직책에 따라 필요한 최소한의 인원으로 제한하여야 한다.

3) 특별인가

해양경찰청 소속 경찰공무원(의무경찰을 포함)은 임용과 동시에 Ⅱ급 비밀 및 Ⅲ급 비밀 소통용 암호자재 취급인가를 받는다. 경찰공무원 중 신원특이자에 대해서는 위원회에서 인가 여부를 심의 · 의결하고, 인가 거부로 결정된 경우 보직결정 등 보안상 적합성을 판단하는 자료로 활용한다.

4) 서약 및 교육

임용권자 또는 인사업무 담당부서장은 비밀 · 암호자재 취급을 인가할 때에는 서약서를 받고 보안교육을 실시해야 한다. 각 분임보안담당관은 소속직원이 임용되거나 퇴직할 경우에는 근무 중 알 수 있거나 알게 된 비밀의 누설 방지를 위하여 보안교육을 실시하고, 그 대상자로부터 서약서 또는 퇴직자 보안서약서를 제출받아야 한다.

나. 문서보안

1) 예고문 및 비밀분류

① 모든 비밀에는 「공공기록물 관리에 관한 법률」 제33조에 따라 비밀보호기간과 보존기간을 정하여 다음과 같이 기재해야 한다. 이 경우 보존기간은 비밀보호기간 이상의 기간으로 책정해야 한다.

원본	보호기간: (일자 / 경우) 이관 / 일반문서로 재분류	보존기간: 년
사본	보호기간: (일자 / 경우) 파기 / 일반문서로 재분류	

② 비밀기록물 원본은 「공공기록물 관리에 관한 법률 시행령」 제68조제1항 각 호에 따라 일반문서로 재분류 되거나 예고문에 따라 보호기간이 만료 또는 생산 후 30년이 지난 경우에는 「공공기록물 관리에 관한 법률」 제3조에 따른 기록물관리기관으로 이관해야 한다.

③ 예고문 수정은 원예고문을 붉은색 대각선으로 삭제하고 변경 예고문을 기록하는 방법으로 한다.

④ 비밀관리기록부의 수정은 원예고문을 붉은색 두 줄로 삭제 후 처리담당란의 적당한 여백에 변경 예고문을 붉은색으로 기록하는 방법으로 한다. 비밀관리시스템 전자문서 예고문은 비밀관리시스템 처리절차에 따른다.

⑤ 분임보안담당관은 비밀의 검토 및 결재과정에서 비밀의 분류여부, 분류등급의 타당성 등을 검토해야 한다. 분류 착오로 인한 보안사고에 대해서는 기안책임자 및 이를 결재한 관계자가 모두 책임을 진다.

⑥ 누구든지 행정상 과오나 업무상 과실의 은닉 및 법령 위반 사실의 은폐 또는 보호가치가 없는 정보의 공개를 제한할 목적으로 비밀이 아닌 사항을 비밀로 분류할 수 없다. 비밀의 제목을 표시할 때에는 비밀의 내용을 포함해서는 안 된다.

⑦ 비공개 대상 정보 중 직무 수행상 특별히 보호가 필요한 사항은 "대외비"[98]로 한다. 분임보안담당관은 보유 중인 대외비가 업무와 관련성이 없는 사람에게 열람, 복제·복사, 배부되지 않도록 보안관리를 철저히 해야 한다.

⑧ 보호기간이 만료된 대외비는 일반문서로 재분류한다. 대외비는 그 문서의 표면 중앙 상단에 다음과 같은 예고문을 붉은색으로 기재해야 한다.

98) 비밀 외에 「공공기관의 정보공개에 관한 법률」 제9조제1항제3호부터 제8호까지의 비공개 대상 정보 중 직무수행상 특별히 보호가 필요한 사항은 이를 "대외비"로 한다.

대 외 비
20 . . . 까지

2) 비밀의 수발

비밀을 기관 내부에서 부서 간에 수발할 때에는 보안업무 담당자 간 직접 접촉을 통해 행한다. 다만, 독립건물을 사용하는 등 보안업무 담당자의 직접 접촉이 매우 곤란한 경우에는 대외수발 절차를 준용할 수 있다. 비밀관리시스템에서 전자문서로 수발한 경우에는 비밀관리시스템의 처리절차에 따른다.

3) 비밀의 발송심사

대외기관으로 발송하는 비밀문서는 사전에 비밀심사관의 심사를 받아야 한다. 비밀문서의 발송심사 사항은 다음과 같다.

① 비밀분류의 적정여부
② 예고문의 누락 또는 적정여부
③ 배부처의 적정여부
④ 비밀의 형식(열람기록 전의 첨부 등)의 적정여부

4) 비밀의 보관 및 관리

① 비밀은 각 부서(과 · 실 · 담당관 · 팀 등) 단위로 보관하는 것을 원칙으로 하되 사무실이 분실단위로 분산되어 있을 경우에는 분실단위로 보관한다. 다만, 비밀관리시스템에서 비밀관리기록부를 관리하는 경우에는 예외로 한다.
② 파출소, 함정은 단위기관별로 집중 보관한다. 다만, 함정에 보안실이나 통신실이 별도로 설치된 경우에는 별도 보관 · 관리할 수 있다.
③ 비밀은 보관하는 실별로 비밀관리기록부를 별도로 작성하여 관리해야 한다. 다만, 비밀관리시스템에서 전자문서로 처리한 경우는 예외로 한다.
④ 업무참고를 위해 을지연습 비밀을 다음 연도까지 보관하고자 할 때는 을지연습 비밀보관 목록을 작성하여 목록과 함께 해당 등급의 비밀함에 보관하되, 비밀과는 위치를 구분하여 보관해야 한다. 다만, 다른 기관에서 접수한 비밀은 임의로 보관할 수 없으며 예고문에 따라 처리해야 한다. 을지연습 비밀관리기록부의 보존기간은 1년(다음연도 말까지를 의미한다.)으로 하며, 다음 해 을지연습 비밀관리기록부에 옮겨적는 절차는 생략한다.
⑤ 비밀문서는 분리하여 취급할 수 없다. 다만, Ⅲ급 비밀인 첩보 및 정보문서에 신속한 처리 등 시간적 여유가 없는 때에는 예외로 한다. 비밀을 분리하여 취급한 경우에는 처리가 끝난 즉시 원상태로 취합하여 비밀 예고문에 따라 처리한다.
⑥ 모든 비밀은 생산 및 접수와 동시에 전시 또는 비상사태 발생 시 후송할 비밀을 선

별하고 전시비밀은 "Ⓐ"자를 표시하여 관리해야 한다. 후송대상으로 결정된 비밀은 해당문건에 다음과 같이 붉은 색으로 표시해야 한다.

Ⅱ급비밀 SECRET

Ⓐ 직경 1cm원형

⑦ 국회에서 요구하는 자료는 "국회 의정자료전자유통시스템"을 통해서 제공해야 하며, 이메일 등 인터넷을 이용한 자료의 송수신을 금지한다. 국회에서 요구하는 자료 중 비밀 또는 대외비는 전자유통시스템을 이용하여 제출할 수 없다.

다. 시설보안

시설보안에 관한 일반적 업무는 보안담당관 및 청사관리 담당자가 수행한다. 다만, 보호지역에 대한 운용 및 관리는 각 보호지역 분임보안담당관이 수행한다. 청사관리 담당자는 보안담당관이 정하는 시설보안에 관한 기본지침을 이행해야 한다. 보안담당관은 청사 내 상시 근무하는 사람에게는 상시출입증을 발급하고, 업무와 관련하여 임시 출입하는 사람은 임시 출입증을 발급한다. 해양경찰관서의 장은 외부인으로부터 시찰·견학을 요청 받은 경우 출입자 신원사항 및 출입목적·장소 등을 확인하고 허가여부를 결정하며 허가 때 보안대책을 강구하여야 한다.

1) 보호구역 설정

각급 기관의 장과 국가중요시설 장비 및 자재를 관리하는 자는 국가비밀의 보호와 국가중요시설 장비 및 자재의 보호를 위하여 필요한 장소에 일정한 범위를 정하여 보호구역을 설정할 수 있으며, 보호구역 설정자는 보안상 불필요한 인원의 접근 또는 출입을 제한하거나 금지시킬 수 있다.

〈표 4-19〉 보호구역 설정

보호구역 설정	
제한지역	"제한지역"이라 함은 비밀 또는 정부재산·공유재산의 보호를 위하여 울타리 또는 방호·경비인력에 의하여 일반인의 접근이나 출입의 감시가 필요한 지역을 말한다.
제한구역	"제한구역"이라 함은 비밀 또는 주요시설 및 소통용 암호자재에 대한 비인가자의 접근을 방지하기 위하여 그 출입에 안내가 요구되는 구역을 말한다.
통제구역	"통제구역"이라 함은 비인가자의 출입이 금지되는 보안상 극히 중요한 구역을 말한다.

〈표 4-20〉 해양경찰 보호구역 설정

제한구역	통제구역
① 기록관, 문서고, 발간실 ② 인사기록카드 보관시설(장소) ③ 중앙망관리센터 내 통합지휘무선통신망 및 정보보안 관제시스템 운용실 ④ 송·수신소 ⑤ 함정 및 항공대 ⑥ 작전·경호 및 정보·보안·외사 업무 담당부서 전역 ⑦ 중앙감시실(CCTV 감시 및 저장 장소) ⑧ 수상레저조정면허 발급실 ⑨ 해상교통관제센터와 VTS 레이더 사이트 및 중계소 ⑩ 그 밖에 해양경찰청장이 필요하다고 인정한 곳	① 을지연습 및 전시 종합상황실 ② 중앙망관리센터 내 통합지휘무선통신망 장비실 ③ 보안실(암호취급소) ④ 무기고 및 탄약고 ⑤ 종합상황실 ⑥ 비밀발간실 ⑦ 사이버보안 관제센터, 행정전산실 ⑧ 백업센터 및 중요 정보통신시설을 집중 제어 하는 국소 ⑨ 그 밖에 해양경찰청장이 필요하다고 인정한 곳

2) 제한구역 및 통제구역의 표시

통제구역에는 출입 인가자 명단(상주자 및 상시출입자)을 출입문 내부에 게시하되 가림막을 쳐야한다. 보호구역에는 출입자 명부를 비치하고 인가자 이외의 출입상황을 기록·유지하여야 하며 제한구역 및 통제구역에는 표찰을 게시하여야 한다.

구분	표시
제한구역	제한구역 공무외출입금지 ① 백색바탕에 청색 글씨, 청색 테 ② 규격은 출입문 크기에 따라 조정 제작
통제구역	통제구역 인가자외출입금지 ① 백색바탕에 적색 글씨 ② 적색 테 및 대각선 ③ 규격은 출입문의 크기에 따라 조정제작

3) 보호구역 출입절차

통제구역에는 출입인가자 명단(상주자 및 상시출입자)을 출입문 내부에 게시하고 가림막을 쳐야 한다. 출입자명부를 비치하고 인가자 이외의 출입상황을 기록·유지한다. 제한구역 및 통제구역에는 출입자명부를 비치하고 고정출입자 이외의 자 출입상황을 기록 유지하여야 한다.

① 제한구역을 출입하고자할 때는 사전에 제한구역을 관리하는 분임보안담당관의 승인을 받아야 하며, 승인을 받은 사람은 제한구역을 관리하는 분임보안담당관 또는 출입이 승인된 직원의 인솔 하에 출입해야 한다. 다만, 해상교통관제(VTS) 센터의 레이더 사이트 및 중계소에서의 경우 담당 분임보안담당관의 승인 하에 별도의 인솔 없이 출입할 수 있다.

② 통제구역을 출입하고자 할 때에는 사전에 통제구역을 관리하는 분임보안담당관에게 승인을 받아야 하며, 승인을 받은 사람은 통제구역을 관리하는 분임보안담당관 또는 출입이 승인된 직원의 인솔 하에 출입해야 한다.

③ 통제구역 및 제한구역 중 24시간 운용하는 시설에 대하여는 과학보안 장비(CCTV 등)를 설치 · 운영해야 하며, 비상상황이 발생한 경우 출입자에 대한 추적 검색이 가능하도록 관리하는 등 보안대책을 마련해야 한다.

④ 보호지역 내에 외부인 출입 시에는 각종 시설물을 촬영, 녹음할 수 있는 기기(카메라 및 녹음기능이 내장된 휴대전화, 카메라, 녹음기 등)의 반입을 차단해야 한다. 다만, 부득이하게 촬영, 녹음이 필요한 경우 보호지역을 관리하는 분임보안담당관 입회하에 필요한 부분만 촬영, 녹음하고 그 외의 상주시간 내에는 반입 차단에 상응하는 조치를 취해야 한다.

4) 사이버·보안 진단의 날

해양경찰관서의 장은 매월 세 번째 수요일을 '사이버·보안 진단의 날'로 지정하여 운영하여야 한다. 다만, 해당 기관의 실정에 따라 달리 지정하여 운영할 수 있다.

제 5 편
해양경찰
경비론

제1장 해양경찰 경비

제1절 해양경비의 일반

1. 해양경비 개념

해양경찰은 함정, 항공기 등 각종 경비세력을 이용하여 바다에서 종합적인 법집행을 수행하는 기관으로써, '해양경비' 임무는 해양경찰의 핵심임무로 인식되어 왔다. 하지만 해양경찰 창설 이래 제대로 된 법률체계가 존재하지 않아 작용법적 근거가 매우 미흡하여 '해양경비'가 무엇을 의미하는지 정확히 정의하기가 쉽지 않다. 2012년 2월 22일 「해양경비법」이 제정되고 동년 8월 23일 시행되면서 법률상 정의 및 활동의 범위가 명확히 규정되어 해양에서의 법집행 활동에 새로운 전기를 맞이하게 되었다.

가. 사전적 의미

'해양경비(海洋警備)'를 글자 그대로 풀이해 보면 '해양' 즉 바다에서, '경(警)' 즉 경계하고, '비(備)' 즉 준비하는 행동을 의미한다. 경찰(警察)이란 용어가 '경(警)' 즉 경계하고, '찰(察)' 즉 살피는 행동을 의미하는 것과 비교해 보면, 준비태세를 갖추는 의미가 더해져 있다고 쉽게 생각할 수 있다.

해양경찰의 영문 명칭인 'KOREA COAST GUARD'에서 사용하는 'GUARD'는 '경비'를 의미하는 단어로 사전적으로는 '지키다, 보호하다, 감시하다'라는 의미를 가진다. 그러나 보다 능동적이고 적극적인 표현으로는 '관리하다'라는 의미로도 해석이 가능할 것이다. 그리하여 해양경찰의 주요임무가 'GUARD(경비)'로 함축되어 표현되고 있으며, '해양경비(海洋警備)'는 'COAST GUARD' 즉 해양경찰(海洋警察)과 유사한 의미로 풀이된다고도 할 수 있는 것이다(김종선 외, 2016: 167).

나. 법률적 의미

「해양경비법」 제2조(정의)에서 '해양경비'란 해양경찰청장이 경비수역에서 해양주권의 수호를 목적으로 행하는 해양안보 및 해양치안의 확보, 해양수산자원 및 해양시설의 보호를 위한 경찰권의 행사를 말한다고 기술하고 있다.

한편, 「정부조직법」 제44조(해양수산부)에서는 '해양에서의 경찰 및 오염방제에 관한 사무를 관장하기 위하여 해양수산부장관 소속으로 해양경찰청을 둔다.'라고 규정하였으므로, 해양경비 임무가 '해양에서의 경찰' 활동의 범주에 포함된다고 할 수 있으며, 「해양경비법」 제7조(해양경비활동의 범위)에 규정된 '해양오염 방제에 관한 조치'는 '해양에서의 오염방제' 사무의 범주에 포함된다고 할 수 있어 사실상 수사 및 정보활동을 제외한 모든 경찰작용이 '해양경비'의 범위에 속하여 있다고 할 수 있다.

2. 해양경비 활동의 범위

해양경비의 개념을 광의적 개념과 협의적 개념으로 분류하여 '광의적 경비개념'은 관할해역에서 공공의 안녕과 질서를 피괴하는 상황이 발생하거나, 사태가 발생할 우려가 있는 경우, 또는 개인이나 단체가 불법행위를 하면서 공공의 질서를 파괴하는 경우를 예방하기 위하여 경비세력 준비과정, 예방·대비과정, 사고·사건 대응 등 처리과정 전 과정의 활동으로 정의하고 있다. 반면 '협의적 경비개념'은 관할해역에서 해양사고·사건 예방, 대비과정으로 첩보수집, 순찰, 감시 활동이 중심이고 해양경비 위험과 위협에 대비하는 행위로 정의할 수 있다. 「해양경비법」 제7조에서는 다음과 같이 해양경찰 경비활동의 범위를 크게 6가지로 규정하고 있다.

① 해양 관련 범죄에 대한 예방 ② 해양오염 방제 및 해양자원 보호에 관한 조치 ③ 해상경호·대테러·대간첩작전 수행 ④ 해양시설의 보호에 관한 조치 ⑤ 해상항행 보호에 관한 조치 ⑥ 그 밖에 경비수역에서 해양경비를 위한 공공의 안녕과 질서유지

가. 해양경찰 경비부서 활동업무

「해양경찰청과 그 소속기관 직제(제11조제3항)」 및 시행규칙(제6조제2항)상 실무 해양경비 부서에서 관장하고 있는 업무는 다음과 같다.

1) 해양경비에 관한 계획의 수립 · 조정 및 지도
2) 경비함정 · 항공기 등의 운용 및 지도 · 감독
3) 동 · 서해 특정해역에서의 조업 경비
4) 해양에서의 경호, 대테러 예방 · 진압
5) 통합방위 및 비상대비 업무의 기획 및 지도 · 감독
6) 해양상황의 처리와 관련된 주요업무계획의 수립 · 조정 및 지도
7) 해양상황의 접수 · 처리 · 전파 및 보고
8) 해상교통관제(VTS) 정책 수립 및 기술개발

9) 해상교통관제센터의 설치 · 운영
10) 해상교통관제센터의 항만운영 정보 제공
11) 해상교통관제 관련 국제교류 · 협력
12) 「해양경비법」 제7조제4호 및 제5호에 따른 해양시설 보호 및 해상항행 보호에 관한 조치
13) 불법외국어선 단속지침 수립 및 단속 관련 행정지원에 관한 사항
14) 해상에서의 집단행동에 관한 사항
15) 경비함정 해외파견 및 파견 관계 부처와의 협의에 관한 사항
15) 해상에서의 경비 · 작전 관련 위기관리 업무에 관한 사항
16) 대량살상무기 확산방지구상(PSI)에 따른 해상 승선 및 검색에 관한 사항
17) 특공대 운영지원 및 교육 · 훈련에 관한 사항
18) 그 밖에 국 내 다른 과 및 팀의 주관에 속하지 아니하는 사항

〈표 5-1〉 해양경찰청 해양경비부서 주요 업무현황

경비	1	함정·항공기 운용
	2	불법 중국어선 단속
	3	독도·이어도 등 해양주권 수호 활동
해상 교통	4	해상교통관제(VTS) 정책수립 및 설치운용, 국제교류와 협력
	5	해상교통관제(VTS)센터 항만운영 정보제공
작전	6	국가 위기관리
	7	접적해역 어로보호 및 통합방위
	8	을지연습 등 비상대비 업무
	9	대북 제재 관련 업무
대테러	10	대테러 업무
	11	PSI(확산방지구상) 업무
	12	해상경호 업무

〈표 5-2〉 일반적인 경비용어

일반적 '경비'용어	
구 분	예 시
영해 경비	- 독도 경비 - 영해선 경비 - 밀입국 경비
배타적 경제수역 경비	- 이어도 경비 - 외국어선 경비 - 해양자원 경비 - 해양시설 경비

	- 해양조사 경비 - 해양환경 경비
해양안보 경비	- 대테러·경호 경비 - 어로보호 경비 - NLL 경비
함정운용	- 경비 함정 - 경비 세력 - 거점·표류 경비

나. 육상경찰 경비와의 차이

육상경찰은 대부분 영토 내의 국내적 문제를 다루고 있는 데 반해, 해양경찰은 해양을 기반으로 임무를 수행하는 특성으로 인해 국제적 문제에 대한 비중이 상대적으로 크다고 할 수 있다. 특히, 해양경비 측면에서는 UN해양법협약을 기초로 하여 다양한 국내외적 법령과 협약에 근거한 법집행 활동을 수행하고 있기 때문에 국제관계에 더욱 민감하며, 국민의 생명·신체 및 재산의 보호라는 일반적 경찰임무에 부가하여 국익에 직접적으로 연계된 해양권익의 확보라는 중요한 사명을 지니고 있다. 이러한 해양경비의 특징을 몇 가지로 요약해 보면 다음과 같다.

1) 해양에서의 국가안보, 주권수호, 권익보호, 환경보호, 안전관리 등 바다로부터 파생되고 바다를 이용할 수 있는 다양한 권리·이익과 관련되어 복합적인 성격을 갖는다.

2) 함정, 항공기 등 경비세력을 이용한 활동으로 장비의 의존성 및 특수성이 요구된다.

3) 해양경계 미획정, 대륙붕 연장 등 유동적인 해양공간에서의 활동으로써, 주변국과의 경쟁적인 영역 갈등과 마찰이 발생할 소지가 높으며 미래지향적 성격을 갖는다.

4) 국제적으로 비군사적 해양 분쟁에 대비하고 대응하기 위한 일련의 활동이다.

5) 관할구역이 광범위하고 해양여건 등 외부 환경영향으로 유동성이 강하다.

6) 경비대상이 국내·외적인 특성에 의해 좌우되며 국제법적 성질이 강하다.

7) 국가안보, 해양자원 등 국익에 직결되는 중요한 가치를 보호하기 위한 활동으로 주로 국가 해양세력에 의해 이루어진다.

다. 해양경찰과 해군의 경비차이

해양경찰은 업무 성격상 경찰이면서 바다를 관할구역으로 하고 있기 때문에 육상경찰뿐만 아니라 해군과도 긴밀한 관계를 가지고 있지만, 우리나라 해군은 치안조직이 아닌 군사조직이다. 외국의 해양경찰(해양경비대)도 준군사조직으로 편성되어 우리나라의 해양경찰 역할인 치안유지와는 완전히 별개의 기관으로서 임무와 목적에 차이가 있다.

일반적으로 해양경찰의 국제법적 신분은 민간인으로서 국가 간의 전투행위에 참전하는 교전권이 부여되지 않지만, 국가 내무행정의 일환으로 치안확보를 위한 대간첩작전과 같은 교전권은 일반적 경찰권으로 분류되어 가능하다 할 것이다. 특히 우리나라 해양경찰은 남한과 북한의 분단국가라는 특수한 상황으로 군조직과 유기적이고 협력적인 관계를 유지하고 있다. 이렇듯 해군과 해양경찰은 그 근본이 다른 조직이며, 이에 따라 파생되는 임무 및 권한의 범위에 있어 생래적인 차이가 존재한다. 해군의 경우 국방의 목적을 일탈하는 행위에 대하여 국제적으로나 국내적으로 부정적인 여론에 놓일 수 있어 활동에 제한이 되지만, 해양경찰은 비군사적 수준의 대한민국 해양권익과 관련된 모든 사안과 관련하여 임무 및 권한이 점차 확대되어 가고 있다.

제2절 해양경비의 대상

1. 해양의 구분

가. 국가의 일반적 관할권에 종속되는 해양

1) 국내수역(Internal Waters : **內水**)

국가영토에 의해 폐쇄되거나 그 영토 위에 흐르는 수역(운하, 강, 호수 등)을 말한다.

2) 군도수역(Archipelagic Waters)

다수의 도서로 형성된 군도국가의 외곽을 직선으로 연결하여 이루어지는 내측수역을 말한다.

3) 영해(Territorial Sea)

국내수역을 넘어서 일정 범위까지의 수역으로 국제법이 정하는 조건에 따라 연안국이 영토관할권에 준하는 배타적 관할권(경찰권, 관세권, 보건위생권, 안보권등)을 행사하는 수역을 말한다. 영해는 영해기준선으로부터 12해리가 원칙(UN해양법협약 제3조)이고, 우리나라 대한해협의 일부수역에 대해서는 예외적으로 3해리로 하고 있다. 영해기준선을 정하는 방법에는 통상기준선과 직선기준선 등의 방법이 있다. 영해기준선은 간조선 또는 저조선으로 한다.

4) 해협(Straits)

두 개의 해양을 연결하는 좁은 자연적 통항로를 말한다. 우리나라에는 대한해협과 제주해협 등 2개 해협이 있다.

5) 접속수역(Contiguous Zone)

영해기준선에서 24해리가 넘지 않는 범위 내에서 그 영토 및 영해상의 관세. 조세. 출입국. 보건관계 규칙위반을 예방하거나 처벌하기 위하여 필요한 국가관할권을 행사하는 수역을 말한다. 우리나라 접속수역 범위는 기선으로부터 측정하여 그 외측 24해리의 선까지에 이르는 수역에서 대한민국 영해를 제외한 수역이다.

나. 국가의 경제적 관할권에 종속되는 해양

1) 어업전관수역(Exclusive Fishery Zone)

양자조약이나 다자조약 또는 연안국의 일방적인 선언에 의해 연안국이 어업에 관한 배타적 관할권을 행사하는 영해와 접속한 "공해의 수역"을 말한다(배타적 경제수역의 폭이 200해리로 확립된 현시점에서는 그 실용성이 상실되었다고 볼 수 있다).

2) 배타적 경제수역(Exclusive Economic Zone)

영해를 넘어서 그에 인접한 200해리 이내에서 그 해저, 지하, 상부지역의 자원개발 및 보존 그리고 공해방지에 관한 연안국의 배타적 권한이 인정되는 수역을 말한다(해양법 협약 제57조). 우리나라의 경우 배타적 경제수역의 범위는 기선으로부터 그 외측 200해리의 선까지에 이르는 수역 중 대한민국의 영해를 제외한 수역이다(배타적 경제수역법 제2조제1항).

3) 대륙붕(Continental Shelf)

해안에 인접하되 영해 밖으로 뻗친 해저지역의 해상 및 그 지하로서 대륙변계 외연(大陸邊界 外延)이 영해기선으로부터 200해리 내에 있는 경우에는 200해리까지이고, 200해리 밖에 있는 경우에는 350해리 또는 2,500m 등심선으로부터 100해리까지를 말한다(해양법 협약 제76조).

다. 국가의 관할권 밖에 있는 해양

1) 공해(High Seas)

경제수역, 영해, 국내수역, 군도수역이 아닌 수역을 말한다. 공해의 개념에서 해저는 포함되지 않고 상부수역 및 바다 위를 의미하고 공해 밑의 해저는 심해저라 한다.

2) 심해저(Deep Sea-Beg)

국가관할권 밖에 있는 공해의 해저(Sea-Bed) 및 해상(海床 : Ocean Floor)과 그 지하인 하층토를 말한다.

2. 영해 및 접속수역 경비

가. 영해와 접속수역 개념

1) 영해 (領海, territorial sea)

영해란 국가의 영토에 접속하고 있는 일정 범위의 수역으로서 연안국의 주권이 미치는 국가영역의 일부를 말하며, 모든 국가는 UN해양법협약에 따라 결정된 기선으로부터 12해리를 초과하지 않는 한계까지 영해의 폭을 설정할 권리를 갖는다. 영해는 영토관할권에 준하는 경찰권, 관세권, 보건위생권, 안보권 등을 행사하는 수역으로 영해기선으로부터 12해리가 원칙이며, 외국선박은 무해통항을 할 수 있다. 우리나라는 대한해협을 제외하고 영해를 12해리, 대한해협은 3해리로 범위를 정하고 있다. 영해의 폭을 측정하기 위한 기준이 되는 선을 기선이라 하며 통상기선과 직선기선이 있다.

가) 통상기선
연안국이 공인하는 대축척해도에 기재되어 있는 해안의 저조선을 말하며, 여기서 저조선이라 함은 간조 시 육지와 해수가 접하는 선을 말한다. 통상기선은 통상적으로 사용되는 기준선으로, 썰물 때의 해안선인 최저위선을 기준으로 한다. 해안선이 단조롭거나 섬이 해안에서 멀리 떨어져 있는 경우에 적용한다. 우리나라의 경우, 동해안, 제주도, 울릉도, 독도에서 통상 기선을 기준으로 영해를 설정한다.

나) 직선기선
직선 기선은 최 외곽의 섬을 직선으로 연결하여 설정한 기선이다. 해안선이 복잡하거나 섬이 많을 경우에 적용하는데, 해안선이 복잡할 경우 일일이 해안선을 설정하기가 힘들기 때문이다. 우리나라의 경우, 서해안과 남해안, 동해안의 영일만과 울산만에서 직선기선을 기준으로 영해를 설정한다.

2) 접속수역(接續水域 : Contiguous Sea Zone)

영해 기준선에서 24해리가 넘지 않는 범위 내에서 관세, 조세, 출입국, 보건관계규칙 위반을 예방하거나 처벌하기 위하여 필요한 국가관할권을 행사하는 수역을 말한다. 우리나라 접속수역 범위는 영해기선으로부터 24해리의 선에 이르는 수역에서 영해를 제외한 수역으로 관련 법률은 '영해 및 접속수역법'이다.

나. 영해에서 외국선박의 통항(영해 및 접속수역법 제5조)

1) 무해통항권 (無害通航權 : Right Of Innocent Passage)

외국선박은 대한민국의 평화·공공질서 또는 안전보장을 해치지 아니하는 범위에서 대한민국의 영해를 무해통항(無害通航)할 수 있다. 외국의 군함 또는 비상업용 정부선박이 영해를 통항하려는 경우에는 대통령령으로 정하는 바에 따라 관계 당국에 미리 알려야 한다(사전통고). 영해 및 접속수역법 시행령 제4조는 외국의 군함 또는 비상업용 정부선박이 영해를 통항하려는 경우에는 법 제5조제1항 후단에 따라 그 통항 3일 전까지(공휴일은 제외한다) 외교부장관에게 다음 각 호의 사항을 통고해야 한다. 다만, 해당 군함 또는 선박이 통과하는 수역이 국제항행에 이용되는 해협으로서 해당 수역에 공해대(公海帶)가 없을 경우에는 그렇지 않다.

가) 당해 선박의 선명·종류 및 번호
나) 통항목적
다) 통항항로 및 일정

2) 제외 사유

외국선박이 통항할 때 다음 각 호의 행위를 하는 경우에는 대한민국의 평화·공공질서 또는 안전보장을 해치는 것으로 본다(다만, 제2호부터 제5호까지, 제11호 및 제13호의 행위로서 관계 당국의 허가·승인 또는 동의를 받은 경우 제외).

① 대한민국의 주권·영토보전 또는 독립에 대한 어떠한 힘의 위협이나 행사(行使), 그 밖에 국제연합헌장에 구현된 국제법원칙을 위반한 방법으로 하는 어떠한 힘의 위협이나 행사 ② 무기를 사용하여 하는 훈련 또는 연습 ③ 항공기의 이함(離艦)·착함(着艦) 또는 탑재 ④ 군사기기의 발진(發進)·착함 또는 탑재 ⑤ 잠수항행 ⑥ 대한민국의 안전보장에 유해한 정보의 수집 ⑦ 대한민국의 안전보장에 유해한 선전·선동 ⑧ 대한민국의 관세·재정·출입국관리 또는 보건·위생에 관한 법규에 위반 되는 물품이나 통화(通貨)의 양하(揚荷)·적하(積荷) 또는 사람의 승선·하선 ⑨ 대통령령으로 정하는 기준을 초과하는 오염물질의 배출 ⑩ 어로(漁撈) ⑪ 조사 또는 측량 ⑫ 대한민국 통신체제의 방해 또는 설비 및 시설물의 훼손 ⑬ 통항과 직접 관련 없는 행위로서 대통령령으로 정하는 것

3) 일시 정지

안전보장을 위하여 필요하다고 인정되는 경우에는 대통령령으로 정하는 바에 따라 일정수역을 정하여 외국선박의 무해통항을 일시적으로 정지시킬 수 있다.

다. 관계 당국의 권한(법 제6조, 제6조의2)

1) 영해

외국선박(외국의 군함 및 비상업용 정부선박은 제외)이 영해 및 접속수역법 제5조[99]를 위반한 혐의가 있다고 인정될 때에는 정선(停船)·검색·나포(拿捕), 그 밖에 필요한 명령이나 조치를 할 수 있다.

2) 접속수역

대한민국의 접속수역에서 관계 당국은 다음 각 호의 목적에 필요한 범위에서 법령이 정하는 바에 따라 그 직무권한을 행사할 수 있다.

① 대한민국의 영토 또는 영해에서 관세·재정·출입국관리 또는 보건·위생에 관한 대한민국의 법규를 위반하는 행위의 방지

---

99) 영해 및 접속수역법 제5조(외국선박의 통항) ① 외국선박은 대한민국의 평화·공공질서 또는 안전보장을 해치지 아니하는 범위에서 대한민국의 영해를 무해통항(無害通航)할 수 있다. ② 외국선박이 통항할 때 다음 각 호(제외사유인 1호부터 13호까지)의 행위를 하는 경우에는 대한민국의 평화·공공질서 또는 안전보장을 해치는 것으로 본다.

② 대한민국의 영토 또는 영해에서 관세 · 재정 · 출입국관리 또는 보건 · 위생에 관한 대한민국의 법규를 위반한 행위의 제재

라. 군함 등에 대한 특례

외국의 군함이나 비상업용 정부선박 또는 그 승무원이나 그 밖의 승선자가 이 법이나 그 밖의 다른 법령을 위반하였을 때에는 이의 시정이나 영해로부터의 퇴거를 요구할 수 있다. 독도 등에 대해 국제 분쟁화를 이유로 주변국이 불법·부당하게 영해 침범 등의 조치를 취할 경우에는 특별히 별도의 대응 매뉴얼에 의거하여 조치한다. 다만, 대응에 대한 사항은 전략상의 이유로 비밀로 수립하여 대외 노출을 금한다.

마. 벌칙(법 제8조)

영해 및 접속수역법 제5조(외국선박의 통항)를 위반한 외국선박의 승무원이나 그 밖의 승선자는 5년 이하의 징역 또는 3억원 이하의 벌금에 처하고, 정상을 고려하여 필요할 때에는 해당 선박, 기재(器材), 채포물(採捕物) 또는 그 밖의 위반물품을 몰수할 수 있다.

영해 및 접속수역법 제6조(정선 등)에 따른 명령이나 조치를 거부 · 방해 또는 기피한 외국선박의 승무원이나 그 밖의 승선자는 2년 이하의 징역 또는 1억원 이하의 벌금에 처한다. 징역형과 벌금형은 병과(併科)할 수 있으며 그 행위가 이 법 외의 다른 법률에 규정된 죄에 해당하는 경우에는 그 중 가장 무거운 형으로 처벌한다.

3. 배타적 경제수역(EEZ) 경비

가. 배타적 경제수역 경비

배타적 경제수역(EEZ : Exclusive Economic Zone)이란 영해를 넘어서 그에 인접한 200해리 이내에서 자원의 탐사·개발·보전 및 관리에 관해 연안국의 주권적 권리가 인정되는 수역을 말한다. 우리나라의 경우 배타적 경제수역(EEZ)의 범위는 영해기선으로부터 그 외측 200해리의 선까지에 이르는 수역이나 인접국간 EEZ경계가 확정되지 아니한 상태이다. 외국어선의 불법조업은 EEZ어업주권법[100], 무허가 해양조사는 해양과학조사법으로 처벌을 한다.

나. 배타적 경제수역(EEZ)에서의 권리

1) 주권적 권리

100) 원래의 명칭은 '배타적 경제수역에서의 외국인어업 등에 대한 주권적 권리의 행사에 관한 법률(약칭: 경제수역어업주권법)'이라고 한다.

해저의 상부 수역, 해저 및 그 하층토에 있는 생물이나 무생물 등 천연자원의 탐사·개발·보존 및 관리를 목적으로 하는 주권적 권리와 해수, 해류 및 해풍을 이용한 에너지 생산 등 경제적 개발 및 탐사를 위한 그 밖의 활동에 관한 주권적 권리가 있다.

2) 협약에 규정된 관할권

① 인공섬·시설 및 구조물의 설치·이용

② 해양과학 조사

③ 해양환경의 보호 및 보전

3) 협약에 규정된 그 밖의 권리

다. 해양경찰의 임무 및 권한(배타적경제수역에서의 권리보호 및 행사)

1) 「해양경비법」상 임무

해양자원 및 해양시설의 보호, 해양환경의 보전 · 관리, 해양과학조사 실시 등에 관한 국내 법령 및 대한민국이 체결 · 비준한 조약을 위반한 외국선박의 단속을 위한 경비를 중점적으로 수행한다.[101] 또한 이를 위해 해상검문검색 및 추적·나포에 대한 대상 등이 규정되어 있다.

2) 배타적 경제수역 및 대륙붕에 관한 법률 (약칭: 배타적 경제수역법) 상 권한

대한민국의 배타적 경제수역에서 제3조(배타적 경제수역과 대륙붕에서의 권리)에 따른 권리를 침해하거나 그 배타적 경제수역에 적용되는 대한민국의 법령을 위반한 혐의가 있다고 인정되는 자에 대하여 관계 기관은 유엔해양법협약 제111조에 따른 추적권(追跡權)의 행사, 정선(停船) · 승선 · 검색 · 나포 및 사법절차를 포함하여 필요한 조치를 할 수 있다.[102] 배타적 경제수역과 대륙붕의 범위는

① 대한민국의 배타적 경제수역은 협약에 따라 「영해 및 접속수역법」 제2조에 따른 기선(基線)으로부터 그 바깥쪽 200해리의 선까지에 이르는 수역 중 대한민국의 영해를 제외한 수역으로 한다.

② 대한민국의 대륙붕은 협약에 따라 영해 밖으로 영토의 자연적 연장에 따른 대륙변계(大陸邊界)의 바깥 끝까지 또는 대륙변계의 바깥 끝이 200해리에 미치지 아니하는 경우에는 기선으로부터 200해리까지의 해저지역의 해저와 그 하층토로 이루어진다. 다만, 대륙변계가 기선으로부터 200해리 밖까지 확장되는 곳에서는 협약에 따라 정한다.

---

101) 「해양경비법」 제11조(경비수역별 중점 경비사항) ① 해양경찰청장은 경비수역의 구분에 따라 경비세력의 배치와 중점 경비사항을 달리할 수 있다. ② 제1항의 구분에 따른 중점 경비사항은 다음 각 호와 같다.
1. 연안수역: 해양 관계 국내법령을 위반한 선박등의 단속 등 민생치안 확보 및 임해 중요시설의 보호 경비
2. 근해수역: 「영해 및 접속수역법」 제6조의2에 따른 법령을 위반한 외국선박의 단속을 위한 경비
3. 원해수역: 해양자원 및 해양시설의 보호, 해양환경의 보전 · 관리, 해양과학조사 실시 등에 관한 국내법령 및 대한민국이 체결 · 비준한 조약을 위반한 외국선박의 단속을 위한 경비

102) 「배타적 경제수역 및 대륙붕에 관한 법률」 제5조(대한민국의 권리 행사 등) ③항

③ 대한민국과 마주 보고 있거나 인접하고 있는 국가(이하 "관계국"이라 한다) 간의 배타적 경제수역과 대륙붕의 경계는 제1항 및 제2항에도 불구하고 국제법을 기초로 관계국과의 합의에 따라 획정한다.

3) 「배타적 경제수역에서의 외국인어업 등에 대한 주권적 권리의 행사에 관한 법률」상 권한

검사나 사법경찰관은 이 법, 이 법에 따른 명령 또는 제한이나 조건을 위반한 선박 또는 그 선박의 선장이나 그 밖의 위반자에 대하여 정선, 승선, 검색, 나포(拿捕) 등 필요한 조치를 할 수 있다.[103]

4) 「해저광물자원개발법」상 권한

채취권 또는 탐사권의 설정허가를 받지 아니하고 해저광물을 채취한 자는 처벌하며, 자료 취득현황 및 해저광업활동의 진행 상황을 확인하기 위하여 소속 공무원에게 현장조사를 하게 할 수 있다.[104]

5) 「선박 및 해상구조물에 대한 위해행위의 처벌 등에 관한 법률」상 권한

해상구조물의 안전을 위험하게 할 목적으로 해상구조물에 있는 사람을 살해, 상해 또는 폭행하거나 사람을 협박한 사람, 폭행이나 협박 또는 그 밖의 방법으로 해상구조물을 강탈한 사람, 해상구조물을 파괴하거나 해상구조물 또는 그에 적재된 화물에 그 안전을 위험하게 할 만한 손상을 입힌 사람 등에 대한 처벌 및 범죄인 인수 권한이 부여되어 있다.

6) 「해양과학조사법」상 권한

외국인 등이 제6조(영해에서의 조사에 대한 허가), 제7조(영해 외측 관할해역에서의 조사에 대한 동의), 제8조(공동조사의 허가 등)의 규정에 의한 허가나 동의를 받지 아니하고 해양과학조사를 수행한다는 혐의가 있는 때에는 관계 기관의 장은 정선, 검색, 나포 기타 필요한 명령이나 조치를 할 수 있다.[105]

7) 「해양환경관리법」상 권한

선박이 이 법의 규정을 위반한 혐의가 있다고 인정되는 경우에는 해양경찰청장은 정선, 검색, 나포, 입·출항금지 그 밖에 필요한 명령이나 조치를 할 수 있다.[106]

라. 중간선 원칙

「배타적 경제수역법」 제5조(대한민국의 권리 행사 등)제2항에 의거, 관계국(國)과의 별도의 합의[107]가 없는 경우 중간선 안쪽 수역에서는 전략적으로 행사하여야 할 것이다.

---

103) 「배타적 경제수역에서의 외국인어업 등에 대한 주권적 권리의 행사에 관한 법률」 제23조(위반선박 등에 대한 사법절차)
104) 「해저광물자원 개발법」 제26조(보고 및 조사), 제35조(벌칙), 제36조(벌칙)
105) 「해양과학조사법」 제13조(불법조사)
106) 「해양환경관리법」 제117조(정선·검색·나포·입출항금지 등)
107) 「UN 해양법협약」 제74조(대향국간 또는 인접국간의 배타적경제수역의 경계획정) 1. 서로 마주 보고 있거나

<참고> 배타적 경제수역법 제5조제2항의 해석 문제

우리나라는 아직까지 주변국과 해양경계 획정을 하지 않은 상황에서 해양경계 획정 전까지 배타적 경제수역에서의 권리 행사를 포기하여서는 안 되며, 다음과 같은 해석을 통해 해양 전략적 측면에서 중간선 내측에서의 권리를 보다 적극적으로 행사할 필요가 있을 것이다.

① 대한민국의 배타적 경제수역에서의 권리는 대한민국과 관계국 간에 별도의 합의가 없는 경우 대한민국과 관계국의 중간선 바깥쪽 수역에서는 행사하지 아니한다.
② 대한민국의 배타적 경제수역에서의 권리는 대한민국과 관계국 간에 별도의 합의가 없는 경우 대한민국과 관계국의 중간선 안쪽 수역에서는 행사한다.
③ 대한민국과 관계국 간에 별도의 합의가 없는 경우 대한민국은 중간선 원칙(가상 EEZ)에 따라 경비임무를 수행한다.

제3절 해양경비법

1. 해양경비법 목적

해양경비법은 경비수역에서의 해양안보 확보, 치안질서 유지, 해양수산자원 및 해양시설 보호를 위하여 해양경비에 관한 사항을 규정함으로써 국민의 안전과 공공질서의 유지에 이바지함을 목적으로 한다.

2. 해양경비법령 체계도

해양경찰의 창설과 함께 시작된 해양경비 임무는 해양경찰의 핵심임무로써 현재까지 인식되어 오고 있다. 다만, 현대적 경비개념이 1996년 UN해양법협약 가입으로 새롭게 전환되고 있는 상황으로 1987년 개정된 「대한민국 헌법」에 그 역할에 대한 명시적인 규정이 없고, 「정부조직법」상 해양경찰청의 임무가 "해양에서의 경찰 및 오염방제에 관한 사무"로 규정되어 다소 추상적이며 경비임무에 대한 법적근거로 상당한 제약이 있다는 점이 인정된다. 이렇게 해양경비 임무는 법적근거가 매우 미약한 상태로 오랜 기간 수행되어 왔으며, 해양경

인접한 연안을 가진 국가 간의 배타적 경제수역 경계획정은 공평한 해결에 이르기 위하여, 국제사법재판소규정 제38조에 언급된 국제법을 기초로 하는 합의에 의하여 이루어진다. 2. 상당한 기간 내에 합의에 이르지 못할 경우 관련국은 제15부에 규정된 절차에 회부한다. 3. 제1항에 규정된 합의에 이르는 동안, 관련국은 이해와 상호협력의 정신으로 실질적인 잠정약정을 체결할 수 있도록 모든 노력을 다하며, 과도적인 기간 동안 최종 합의에 이르는 것을 위태롭게 하거나 방해하지 아니한다. 이러한 약정은 최종적인 경계획정에 영향을 미치지 아니한다. 4. 관련국 간에 발효 중인 협정이 있는 경우, 배타적 경제수역의 경계획정에 관련된 사항은 그 협정의 규정에 따라 결정된다.

찰법 등 조직·작용법적 근거가 없는 상황에서 직무의 기본으로 작용하는 「경찰관 직무집행법」 상 직무의 범위에 '경비'는 요인경호와 병렬 기술되어 있는 것을 보면 육상에서의 경비 임무는 상당히 제한적인 의미에서 사용되고 있으며 해양에서의 경비활동과는 의미상 많은 차이가 있음을 짐작해 볼 수 있다.

2012년 2월 22일 「해양경비법」이 제정·공포되고 같은 해 8월 23일 자로 시행되면서 해양경비에 대한 법적기반이 처음으로 마련되었으며, 이에 근거한 기본계획의 수립 및 하위법령의 제정과 관련 훈령이 이행되고 있어 해양경비 분야 법령체계가 정립되었다.

3. 해양경비 관련 법령과 조약

「해양경비법」의 제정·시행으로 해양경비 분야에 대한 기본 법체계가 마련되었고 구체적인 집행은 기존의 각종 국내법령, 조약 등 국제법적 근거 및 해양경찰청 내부 행정규칙에 규정된 사항을 기준으로 활동을 수행하고 있다. 이러한 법적 근거들을 강학상(講學上)의 분류기준인 4가지 ① 영해 경비 ② 배타적 경제수역 경비 ③ 해양안보 경비 ④ 경비세력 운영 측면에서 정리해 보면 아래 표와 같다.

〈표 5-3〉 해양경비 관련 법령과 조약

구분	국내법령	조약 등 국제법적 근거	행정규칙
영해 경비	▶해양경비법 ▶영해 및 접속수역법 ▶출입국관리법, 관세법, 마약법, 밀항단속법 ▶해상교통안전법, 개항질서법 ▶무인도서의 보전 및 관리에 관한 법률	▶UN해양법협약 ▶한·일/한·중 어업협정 ▶UN헌장 ▶해양환경보호를 위한 각종 국제환경규범 ▶각종 공해어족 보호협약 ▶국제형사법 ▶범죄인 인도 조약 〈기타 ICJ규정 제38조〉 ▶국제관습법 ▶법의 일반원칙 ▶판결과 학설 ▶형평과 선	▶함정 운영관리 규칙 ▶해양경찰청 항공운영규칙 ▶함정 기본조직에 관한 규칙 ▶해상특수기동대 운영규칙 ▶국가위기관리 세부운영규칙 ▶해상경호규칙 ▶특공대 운용규칙 ▶국가대테러활동 세부운영규칙 ▶해상치안상황실 운영규칙 ▶비상소집 및 근무규칙 ▶계선부표 관리 규칙 ▶기타 각종 지침 및 매뉴얼 ☞ 행정규칙은 주로 경비세력 운영과 관련된 사항을 규정하고 있음
EEZ 경비	▶배타적 경제수역 및 대륙붕에 관한 법률 ▶배타적경제수역에서의외국인어업등에대한주권적권리의행사에관한법률 ▶해저광물자원개발법 ▶해양과학조사법 ▶해양환경관리법 ▶수산업법, 안전조업규칙		
해양 안보 경비	▶경찰관 직무집행법 ▶의무경찰대 설치 및 운영에 관한 법률 ▶통합방위법 ▶비상대비자원관리법 ▶국제항해선박 및 항만시설의 보안에 관한 법률 ▶선박 및 해상구조물에 대한 위해행	▶남북해운합의서 ▶UN안보리 대북제재결의 1718·1874·2094호 등 ▶해상항행의 안전에 대한 불법적 행위의 억제를 위한 협약 ▶대륙붕에 위치한 고정플랫폼의 안전에 대한 불법적 행위의 억제를 위한 의정서	

	위의 처벌에 관한 법률 ▶국가대테러활동지침 ▶대통령 등의 경호에 관한 법률 ▶대외무역법	▶외교관등 국제적 보호인물에 대한 범죄의 방지 및 처벌에 관한 협약 ▶인질억류방지에 관한 국제협약 ▶폭탄테러행위의 억제를 위한 국제 협약	
경비 세력 운영	▶재난 및 안전관리 기본법 ▶수상구조법 ▶수상레저안전법 ▶선박교통관제에 관한 법률	▶SAR 협약 ▶ICAO 협약	

4. 해양경비법 용어

가. 해양경비

해양경비란 해양경찰청장이 경비수역에서 해양주권의 수호를 목적으로 행하는 해양안보 및 해양치안의 확보, 해양수산자원 및 해양시설의 보호를 위한 경찰권의 행사를 말한다.

「경찰관 직무집행법」 제2조(직무의 범위)에서 말하는 경비의 개념은 인명과 재산을 인위적·자연적 위해로부터 보호하기 위하여 특정한 지역, 국가시설 및 중요시설을 경계·순찰·경비하는 것이라고 하고 있다. 이 법에서 해양경비는 「경찰관 직무집행법」상의 경비의 개념과 유사하지만 기본적인 내용인 해양주권의 수호 및 해양안보 치안 뿐 아니라 해양수산자원 및 해양시설의 보호까지 함으로써 그 범위를 해양으로까지 확장시켰다.

나. 경비수역

경비수역이란 대한민국의 법령과 국제법에 따라 대한민국의 권리가 미치는 수역으로서 연안수역, 근해수역 및 원해수역을 말한다. '대한민국의 법령'은 「영해 및 접속수역법」 등이 해당하고 '국제법'은 「유엔해양협약」과 같이 헌법에 의하여 체결, 공포된 조약 및 일반적으로 승인된 국제법규 등이 해당된다.

1) 연안수역

연안수역이란 「영해 및 접속수역법」 제1조 및 제3조에 따른 영해 및 내수(「내수면어업법」 제2조제1호에 따른 내수면은 제외한다)를 말한다. 「영해 및 접속수역법」 제1조는 기선으로부터 그 외측 12해리까지 이르는 수역을 영해라고 규정하고 제3조에서는 기선으로부터 육지측의 수역은 내수라고 규정하고 있는 바, 위 영역이 연안수역이 된다. 다만 「내수면어업법」 제2조제1호의 내수면은 제외한다고 규정하고 있는 바, 하천, 댐, 호수, 늪, 저수지 및 그 외 인공적으로 조성된 담수, 기수의 물 흐름 또는 수면은 이 법의 적용범위에서 제외된다.

2) 근해수역

근해수역이란 「영해 및 접속수역법」 제3조의2에 따른 접속수역을 말한다. 대한민국의 접속수역은 기선으로부터 측정하여 그 바깥쪽 24해리의 선까지에 이르는 수역에서 대한민국의 영해를 제외한 수역을 말하며, 이 수역을 이 법에서는 근해수역으로 규정하였다.

3) 원해수역

원해수역이란 「해양수산발전 기본법」 제3조제1호에 따른 해양 중 연안수역과 근해수역을 제외한 수역을 말한다. 「해양수산발전기본법」 제3조제1호의 '해양'은 대한민국의 내수, 영해, 배타적 경제수역, 대륙붕 등 대한민국의 주권, 주권적 권리 또는 관할권이 미치는 해역과 헌법에 의하여 체결, 공포된 조약 또는 일반적으로 승인된 국제법규에 의하여 대한민국의 정부 또는 국민이 개발 이용 보전에 참여할 수 있는 해역을 의미하고 이때의 '해양'에서 연안수역과 근해수역을 제외한 부분을 이 법에서 원해수역으로 규정하고 있다.

다. 해양수산자원

해양수산자원이란 「해양수산발전 기본법」 제3조제2호에 따른 해양수산자원을 말한다. 「해양수산발전기본법」 제3조제2호에서 규정한 해양수산자원은 개발 · 이용이 가능한 해양생물자원 · 해양광물자원 · 해양에너지 · 해양관광자원 및 해양공간자원 등 국가경제 및 국민생활에 유용한 자원을 말한다.

라. 해양시설

해양시설이란 「해양환경관리법」 제2조제17호에 따른 해양시설을 말한다. 해양환경관리법 제2조제17호에서 규정한 해양시설은 해역(「항만법」 제2조제1호의 규정에 따른 항만을 포함한다. 이하 같다)의 안 또는 해역과 육지 사이에 연속하여 설치 · 배치하거나 투입되는 시설 또는 구조물로서 해양수산부령이 정하는 것을 말한다.

마. 경비세력

경비세력이란 해양경찰청장이 해양경비를 목적으로 투입하는 인력, 함정, 항공기 및 전기통신설비 등을 말한다. 이 조항은 예시규정에 해당하며 이 법에서 의미하는 경비세력이란 해양경비업무를 위해 일반적으로 투입되는 모든 해양경찰청의 인력과 설비 등을 총칭하는 것이다. 또한 경비세력의 운용에 있어서 구체적으로 해양경찰청장의 지시가 필요한 것은 아니다.

바. 해상검문검색

해상검문검색이란 해양경찰청장이 경비세력을 사용하여 경비수역에서 선박 등을 대상으로 정선(停船) 요구, 승선(乘船), 질문, 사실 확인, 선체(船體) 수색이나 그 밖에 필요한 조치를 하는 것을 말한다.

이는 경찰관 직무집행법에서 사용되고 있는 불심검문[108]에 해당하는 것이지만, 해양의 특수성을 고려하여 이보다 폭넓은 권한을 부여한 것이다. 따라서 해상검문검색은 정선요구, 승선, 질문, 사실 확인, 선체 수색, 그 밖의 조치를 집행할 수 있는 포괄적 의미의 용어이다. 다만, '그 밖에 필요한 조치'라 함은 이 법 제8조 등의 규정을 고려할 때, 해상검문검색에 필요한 범위, 즉 본법 제12조 각호의 의심 사유를 확인하는 범위 내에서 제한적으로 해석되어야 할 것이다. 왜냐하면 '필요한 조치'라는 법문은 법령상 불확정개념에 해당하여, 자의적인 공권력 행사 또는 재량권의 남용에 원인이 될 수 있고, 이는 국민의 재산과 권리의 불법적 침해로 이어질 수 있기 때문이다(최영규, 2007: 292).

사. 선박 등

"선박 등"이란 「선박법」 제1조의2제1항에 따른 선박(이하 "선박"이라 한다), 「수상레저안전법」 제2조제3호에 따른 수상레저기구, 「어선법」 제2조제1호에 따른 어선, 그 밖에 수상에서 사람이 탑승하여 이동 가능한 기구를 말한다.

여기서 '선박 등'이란 「선박법」 제1조의2 각 호에서 규정한 기선, 범선, 부선과 「수상레저안전법」 제2조 제3호의 것으로서 모터보트, 동력요트, 수상 오토바이, 고무보트, 스쿠터 호버크래프트, 수상스키, 패러세일, 조정, 카약, 카누, 워터슬레드, 수상자전거, 서프보드, 노보트(「수상레저안전법 시행령」 제2조 각 호), 무동력 요트, 윈드서핑, 웨이크보드, 카이트보드, 케이블수상스키, 케이블웨이크보드, 수면비행선박, 수륙양용기구(「수상레저안전법 시행규칙」 제1조의2 제1항 각 호) 및 이와 유사한 방식을 가진 수상에서의 탈 것이 모두 포함된다 할 것이다. 그리고 「어선법」 제2조제1호에 따른 "어선"이란 다음 각 목의 어느 하나에 해당하는 선박을 말한다.

① 어업(「양식산업발전법」에 따른 양식업을 포함한다. 이하 같다), 어획물운반업 또는 수산물가공업(이하 "수산업"이라 한다)에 종사하는 선박
② 수산업에 관한 시험 · 조사 · 지도 · 단속 또는 교습에 종사하는 선박
③ 제8조제1항에 따른 건조허가를 받아 건조 중이거나 건조한 선박
④ 제13조제1항에 따라 어선의 등록을 한 선박

아. 임해 중요시설

임해 중요시설이란 바다와 인접하고 있는 공공기관, 공항, 항만, 발전소, 조선소 및 저유소(貯油所) 등 국민경제의 기간(基幹)이 되는 주요 산업시설로서 대통령령으로 정하는 시설을 말한다. 이 법 시행령 제2조(임해 중요시설의 범위)는 '임해 중요시설의 범위'를 아래와 같

108) 불심검문이란 거동이 수상한 자를 정지시켜 조사하는 것을 말한다. 질문 외에 경찰관서에의 동행과 흉기 소지 여부의 조사가 포함된다.

이 규정하고 있다.

1) 국가, 지방자치단체 또는「공공기관의 운영에 관한 법률」제4조에 따른 공공기관의 청사
2)「공항시설법」에 따른 비행장 및 공항
3)「항만법」에 따른 항만 및 항만시설
4) 발전소·조선소·제철소 및 저유소(貯油所) 등 국가기간(基幹) 산업시설

「항공법」에 따른 '비행장'은「항공법」제2조(정의) 제6호에 따라 항공기의 이·착륙을 위하여 사용되는 육지 또는 수면(水面)의 일정한 구역으로서 대통령령으로 정하는 것을 말하고 대통령령인「항공법 시행령」9조의3(비행장의 구분)는 1. 육상 비행장, 2. 육상 헬기장, 3. 수상 비행장, 4. 수상 헬기장, 5. 옥상 헬기장, 5의2. 선상(船上) 헬기장, 6. 해상 구조물 헬기장이 해당된다. 또한,「항공법」제2조(정의) 제7호 따른 '공항'이란 공항시설을 갖춘 공공용 비행장으로서 국토교통부장관이 그 명칭·위치 및 구역을 지정·고시한 것을 말한다.

「항만법」에 따른 '항만'은「항만법」제2조(정의) 제1호에 따라 '선박의 출입, 사람의 승선·하선, 화물의 하역·보관 및 처리, 해양친수활동 등을 위한 시설과 화물의 조립·가공·포장·제조 등 부가가치 창출을 위한 시설이 갖추어진 곳'이며, '항만시설'은 같은 법 제2조(정의) 제5호에 따라 항만구역 안과 밖의 시설로 항로·방파제 등 기본시설과, 대합실·하역시설 등 기능시설, 보관창고·후생복지시설 등 지원시설과 해양레저용 시설·해양공원시설 등 항만친수시설 및 해양수산부장관이 지정·고시한 시설을 말한다.

「임해 중요시설 지정 고시 (해양경찰청고시 [제2021-3호, 2021. 4. 19., 일부개정]) 에는 다음 세 가지 기준에 해당하는 임해 중요시설 149개를 정하여 고시하였다. 지정된 임해 중요시설은

① 해양경비법시행령 제2조 1~4호에 열거된 국가 중요시설일 것
② 장소적으로 시설이 바다와 인접(1㎞이내)해야 하며, 해상집단행동으로 직·간접적인 영향을 받을 수 있는 시설일 것
③ '국가의 안전보장 또는 공공의 이익'을 위해 특별히 보호가 필요한 국가 중요시설일 것 등 3가지 기준으로 적용하여 지정하였다.

5. 적용범위

이 법은 다음 각 호의 어느 하나에 해당하는 선박등이나 해양시설에 대하여 적용한다.
1. 경비수역에 있는 선박등이나 해양시설
2. 경비수역을 제외한 수역에 있는「선박법」제2조에 따른 대한민국 선박

선박법 제2조에 따른 대한민국 선박(이하 "한국선박"이라 한다)은 다음과 같다.
① 국유 또는 공유의 선박
② 대한민국 국민이 소유하는 선박
③ 대한민국의 법률에 따라 설립된 상사법인(商事法人)이 소유하는 선박
④ 대한민국에 주된 사무소를 둔 제3호 외의 법인으로서 그 대표자(공동대표인 경우에는 그 전원)가 대한민국 국민인 경우에 그 법인이 소유하는 선박

6. 해양경비기본계획의 수립(제6조)

가. 중·장기 해양경비기본계획 수립·추진

해양경찰청장은 제6조(해양경비기본계획의 수립)에 따라 5년마다 해양경비 기본계획을 수립하고 추진하여야 한다. 계획에 포함되어야 할 사항으로는

1) 주변정세의 변화에 따른 해양치안 수요 분석에 관한 사항
2) 해양치안 수요에 따른 경비세력의 운용방안 및 국제공조에 관한 사항
3) 경비세력 증감에 대한 전망 및 인력·재원의 조달에 관한 사항
4) 경비수역별 특성에 알맞은 경비 방법에 관한 사항
5) 그 밖에 해양경비 운용에 필요한 사항에 대한 계획을 수립하고 추진하여야 한다.

기본계획을 수립 시에 필요한 경우 외교부장관, 국방부장관, 경찰청장 등 관계 중앙행정기관의 장 및 특별시장·광역시장·특별자치시장·도지사·특별자치도지사의 의견을 들을 수 있다.

나. 해양경비계획 수립·추진

해양경찰청장은 중·장기 해양경비기본계획에 따라 매년 전년도 해양경비 실적이나 치안여건 등을 분석하여 당해 연도 중점 경비대상과 달성목표 등을 포함한 연간 해양경비계획을 매년 수립·시행하여야 한다.

7. 해양경비 활동의 범위(제7조)

해양경찰청 소속 경찰공무원(이하 "해양경찰관"이라 한다)은 다음 각 호의 어느 하나에 해당하는 해양경비 활동을 수행한다.

1. 해양관련 범죄에 대한 예방
2. 해양오염 방제 및 해양자원 보호에 관한 조치
3. 해상경호, 대테러 및 대간첩작전 수행
4. 해상시설의 보호에 관한 조치
5. 해상항행 보호에 관한 조치
6. 그밖에 경비수역에서 해양경비를 위한 공공의 안녕과 질서유지

8. 권한남용의 금지와 국제협력(제8, 9조)

해양경찰관은 이 법에 따른 직무를 수행할 때 권한을 남용하여 개인의 권리 및 자유를 침해하여서는 아니 된다. 그리고 해양경찰청장은 국제협력을 위한 국가 간 합동훈련 및 구호활동을 위하여 대통령령으로 정하는 바에 따라 경비세력의 일부를 외국에 파견할 수 있다. 국제협력 증진을 위하여 용도폐지 된 함정을 「국제개발협력기본법」 제2조제2호에 따른 개발도상국에 무상으로 양여할 수 있다.

9. 협의체 설치 및 운영(제10조)

해양경찰청장은 해양경비 활동과 관련하여 긴급한 사안이 있을 경우 신속한 정보의 수집·전파 등 업무협조를 위하여 외교부, 해양수산부 및 경찰청 등 관계 기관과 협의체를 설치하여 운영할 수 있다.

협의체(이하 "협의체"라 한다)는 해양경찰청에 설치하고, 협의체는 다음 각 호의 사항을 협의·조정한다. 1. 해양경비 활동과 관련된 긴급 대책의 협의에 관한 사항 2. 관계 기관 간 신속한 정보 교류 및 활용 등에 관한 사항 3. 외국과의 분쟁 발생 가능성이 높은 사안에 대한 긴급한 업무협조에 관한 사항 4. 그 밖에 위원장이 긴급한 업무협조가 필요하다고 인정하여 회의에 부치는 사항 협의체는 위원장 1명을 포함한 10명 이내의 위원으로 구성한다. 협의체의 위원장은 해양경찰청 경비국장이 되며, 협의체의 위원은 다음 각 호의 중앙행정기관의 과장급 또는 이에 상응하는 공무원 중에서 그 소속 기관의 장이 지명하는 사람이 된다. ① 외교부 ② 해양수산부 ③ 경찰청 ④ 해양경찰청 ⑤ 그 밖에 해양경비와 관련된 업무협조와 관련하여 해양경찰청장이 필요하다고 인정하는 중앙행정기관

10. 경비수역별 중점 경비사항(제11조)

해양경찰청은 구역별 중점 경비사항을 연안수역, 근해수역 및 원해수역으로 분류하여 각 구역별 특수성에 따른 맞춤형 경비를 규정하고 아울러 해양경찰청의 활동범위를 명확히 하였다.

1) 연안수역 : 해양 관계 국내법령을 위반한 선박의 단속 등 민생치안 확보 및 임해 중요시설의 보호 경비
2) 근해수역 : 영해 및 접속수역 제6조의2에 따른 법령을 위반한 외국선박의 단속을 위한 경비
3) 원해수역 : 해양수산자원 및 해양시설의 보호, 해양환경의 보전·관리, 해양과학조사

실시 등에 관한 국내법령 및 대한민국이 체결하고 비준한 조약을 위반한 외국선박의 단속을 위한 경비

이렇게 활동범위를 정하여 경비세력의 낭비를 최소화하고 효율적인 경비 활동을 수행할 수 있도록 하였다. 다만, 세부경비사항에 대해서는 해양경비의 핵심인 경비전략이 외부에 노출되지 않도록 방지해야 한다.

11. 해상검문검색(제12조)

가. 정의

'해상검문검색'의 정의는 법 제2조 제9호에 '해양경찰청장이 경비세력을 사용하여 경비수역에서 선박등을 대상으로 정선요구, 승선, 질문, 사실 확인, 선체 수색이나 그 밖에 필요한 조치를 하는 것을 말한다.'라고 정의하고 있다. 이는 「경찰관 직무집행법」에서 사용되고 있는 불심검문에 비하여 폭 넓은 권한을 부여한 것으로 해상검문검색은 정선요구, 승선, 질문, 사실 확인, 선체 수색, 그 밖의 조치를 집행할 수 있는 포괄적 의미의 용어이다.

나. 대상

해양경찰관은 해양경비 활동 중 다음 각 호의 어느 하나에 해당하는 선박등에 대하여 주위의 사정을 합리적으로 판단하여 상당한 이유가 있는 경우 해상검문검색을 실시할 수 있다. 다만, 외국선박에 대한 해상검문검색은 대한민국이 체결·비준한 조약 또는 일반적으로 승인된 국제법규에 따라 실시한다.

1) 다른 선박의 항행 안전에 지장을 주거나 진로 등 항행상태가 일정하지 아니하고 정상적인 항법을 일탈하여 운항되는 선박등
2) 대량파괴 무기 및 그 밖의 무기류 또는 관련 물자의 수송에 사용되고 있다고 의심되는 선박등
3) 국내법령 및 대한민국이 체결·비준한 조약을 위반하거나 위반행위가 의심되는 선박등

다. 판단요소

해상검문검색의 필요 여부에 대한 판단기준은 대상선박에 대한 주의사정을 합리적으로 판단하여 상당한 이유가 있는 경우로 한정한다.

제1호에 해당하는 선박의 경우, 항행상태로 미루어볼 때 해당 선박에 문제가 발생한 것으로 보아 선박 자체에 대한 안전을 유지하는 측면과 해당선박으로 인해 발생되는 항행안전에 대한 위험 제거 등의 측면을 모두 고려한 것으로 볼 것이다. 따라서 다른 선박의 항행 안전이 위협받는 경우는 물론, 다른 선박의 항행 안전을 위협하지 않는 경우라도 항행상태로 신

박 자체의 안전성이 의심이 가면 해상검문검색이 가능할 것이다.

제2호에 해당하는 선박의 경우, 대량파괴 무기 및 그 밖의 무기, 관련 물자의 수송이 의심되는 선박으로 의심되는 것으로 이때의 판단은 추상적, 주관적으로 이루어질 것이 아니라 구체적이고 객관적인 근거에 의할 것이다. 「경찰관 직무집행법」 제3조제1항은 '경찰관은 수상한 거동 기타 주위의 사정을 합리적으로 판단하여 어떠한 죄를 범하였거나 범하려 하고 있다고 의심할 만한 상당한 이유가 있는 자 또는 이미 행하여진 범죄나 행하여지려고 하는 범죄행위에 관하여 그 사실을 안다고 인정되는 자를 정지시켜 질문할 수 있다.'라고 규정하고 있는 것과 유사하게 본 조항에서의 '의심'도 주위 사정을 합리적으로 판단하여 해당선박에 대량파괴 무기나 그 밖의 무기, 관련 물자 등이 선적되었다고 의심할 만한 상당한 이유가 있는 경우로 해석되어야 할 것이다.

제3호에 해당하는 선박의 경우, 국내법령 및 대한민국이 체결 비준한 조약을 위반하거나 위반이 의심되는 선박으로 이때의 국내법령은 단순히 해양 관련한 법률뿐만 아니라 형법, 행정법, 세법 등 국내법의 포괄적 적용이 가능할 것이다.

라. 방법

본 조의 제2항은 해상검문검색 시 해양경찰청의 절차준수에 대해 규정하고 있다. 이는 「경찰직무집행법」 제3조제4항과 같은 취지의 것으로 헌법상 요구되는 적법절차의 원칙을 명문화한 것이다. 이 법에서 해양경찰청의 경찰관이 선박에 승선할 때에는 선장에게 소속, 성명, 해상검문검색의 목적과 이유를 고지할 것만을 규정하고 있으나 그 외의 부분은 이법의 일반법 관계에 있는 경찰관 직무집행법을 준용할 수 있을 것이다.

「경찰관 직무집행법」은 제3조제1항에 우선 정지시킨 뒤 질문을 할 수 있다고 규정하고 있고, 이때의 정지 및 질문은 임의수단일 뿐 실력행사는 부적법한 것이라 해석한다. 다만 해상검문검색에 따르지 않고 도주하는 선박의 경우는 이 법 제13조의 추적, 나포에 의해 해결할 수 있을 것이다.

선박을 검문검색의 과정에 확성기나 무전기를 사용하여 정선명령을 내리고 선박이 정지한 후에 승선하여 소속, 성명, 목적 및 이유를 고지하면 될 것으로 보인다. 그러나 해상검문검색은 적법한 사전영장 없이 선박 또는 사람의 신체를 수색하는 것이므로 헌법에서 인정하고 있는 신체의 자유와 인권의 보장을 위하여 형사소송에 관한 법률에 따르지 아니하고는 신체를 구속당하거나 그 의사에 반하여 답변을 강요할 수 없는 한계가 있다.

마. 외국선박에 대한 해상검문검색

외국 선박에 대한 해상검문검색은 본조 제1항 각호에 해당되는 선박이나 또는 「유엔해양법협약」 제110조제1항에 규정된 선박에 대하여 행사할 수 있으며, 해상검문검색의 방법은 영해 내에서는 「해양경비법」 제1항 단서 규정을 적용 무해통항권을 침해하지 않도록 국제법규에 따를 것을 명시하였다.

임검권에 대한「유엔해양법협약」제110조를 살펴보면, 함정은 임검의 결과로 만족할 만한 혐의의 제거가 이루어지지 않을 때에 혐의선박에 대하여 장교의 지휘 아래 보조선을 파견할 수 있도록 하고 있다. 또한 서류를 검열한 후에도 혐의가 남아있는 경우, 가능한 한 신중하게 그 선박 내에서 계속하여 검사를 진행할 수 있도록 하고 있다(제2항). 이때 혐의선박의 선장이나 승무원은 적극적으로 검색에 협조할 의무는 없으나 선박 내의 각 결실을 개방하여야 한다. 또한 선박의 검색은 질서정연하고 효율적으로 실시되어야 하며 그 선박의 기물이나 탑재된 화물에 손해를 주지 않게 하여야 하고 검색이 완료된 후에는 모든 기재와 화물을 제자리에 복귀해 놓아야 한다. 검색의 결과, 혐의 없음이 판명된 때는 검색실시의 증명을 교부하거나 그 선박의 항해일지에 이를 기록하게 하고 본래의 항해에 복귀하게 한다. 항해 지체와 기타 검색 실시 과정 등에서 손해가 발생한 것이 증명될 수 있을 때에는 정부는 그 선박이나 혐의선박의 기국의 요청에 따라 그 선박이 입은 손실이나 피해에 대하여 보상을 하여야 한다(협약 제110조제3항).

바. 벌칙

제12조제1항에 따른 해상검문검색을 정당한 사유 없이 거부, 방해 또는 기피한 자는 1년 이하의 징역 또는 1천만원 이하의 벌금에 처하도록 규정하여 해상검문검색에 대한 실효성을 담보하고 있다.

12. 추적 · 나포(제13조)

가. 의의

해양경찰청 소속 경찰공무원은 다음 각 호의 어느 하나에 해당하는 선박등에 대하여 추적·나포(拿捕)할 수 있다. 다만, 외국선박에 대한 추적권의 행사는「해양법에 관한 국제연합협약」제111조에 따른다.

1) 제12조에 따른 해상검문검색에 따르지 아니하고 도주하는 선박등
2) 해당 경비수역에서 적용되는 국내법령 및 대한민국이 체결·비준한 조약을 위반하거나 위반행위가 발생하려 하고 있다고 확실시되는 상당한 이유가 있는 선박등

이 조는 선박의 추적, 나포와 관한 규정으로서 각 호에서 추적, 나포할 수 있는 사유를 제한적으로 규정하였다. 이는 효과적인 해양경비를 수행하기 위하여 강제적인 수단 사용에 대한 법적 근거를 명시한 것이다. 단순히 해상검문검색에 따르지 아니하고 도주하는 선박(제1호)과 국내법령 및 대한민국이 체결, 비준한 조약을 위반하거나 위반할 우려가 있는 선박(제2호)에 대한 추적, 나포권을 인정하고 있으며 혐의선박에 대한 사후적인 처분은 물론 사

전 예방적인 처분도 가능하도록 규정하였다.

나. 형법 및 특별법 위반 시의 형사처리절차

형법 및 「EEZ어업주권법」[109]을 제외한 특별법 위반에 대한 형사소송절차 적용에 대하여 「경찰관 직무집행법」 제3조의 규정을 적용 상대방의 승낙 하에 임의동행을 할 수 있다. 그러나 임의동행을 거절할 경우에는 현행범이나 긴급체포의 요건이 되는 때에는 영장 없이 현행범 체포[110] 또는 긴급체포를 할 수 있고, 체포한 현행범인을 구속하고자 할 때에는 체포한 때로부터 48시간 이내에 영장을 청구하여야 하며, 그 기간 내에 구속영장을 청구하지 아니한 때에는 즉시 석방하여야 한다(「형사소송법」 제213조의2, 제200조의2제5항). 다만 48시간 이내에 구속영장을 청구하면 족하고 그 기간 내에 구속영장이 발부되어야 하는 것은 아니다(이재상, 2011: 244). 그리고 구속영장이 청구된 피의자는 「형사소송법」 제201조의2에 의거 판사에게 구속전 피의자심문 절차를 거쳐야 하는데 영장을 청구 받은 판사는 특별한 사정이 없는 한 구속영장이 청구된 다음 날까지 심문하여야 한다(동조 제1항). 이때 원거리로 인하여 피의자의 법원 인치시간이 장시간 소요될 경우에는 「형사소송법」 제201조의2 제1항에서 규정하고 있는 '특별한 사정'의 이유를 들어 법원 인치 시간의 예외를 적용하거나 「형사소송규칙」 제96조의13제1항[111]에 의거 피의자 출석 없이 구속영장을 발부 받을 수 있도록 형사절차를 진행할 수 있다.

다. 「EEZ어업주권법」 위반 선박에 대한 형사처리절차

「배타적 경제수역에서의 외국인어업 등에 대한 주권적 권리의 행사에 관한 법률(이하 'EEZ어업주권법'이라 한다)」을 위반한 외국선박을 나포한 경우에는 형사소송법의 현행범인에 해당한다고 보아야 할 것이다. 그러므로 현행범인이 구속을 필요로 하는 경우에는 48시간 이내 구속영장을 청구하는 것이 필요한 것으로 본다. 다만, 체포 시점을 「EEZ어업주권법」 제23조제1항에 따른 '나포 등 필요한 조치'한 후의 시점을 적용하여 '경찰서 도착' 또는 '담보금납부 거부의사 표명 시'를 영장청구 기산점으로 적용할 수 있는 것으로 판단된다. 그 근거로 '나포 등 필요한 조치'의 의미는 나포한 선박이 수사 가능한 상태로 예인 조치가 필요한 것으로 해석할 수 있기 때문이다.

※ 일본의 경우에도 현행범체포 후 48시간 내 영장청구 규정이 있으나, 외국 어선 담보금 납부 시까지 48시간 경과 후에도 석방하지 않고 있음

---

109) 배타적 경제수역에서의 외국인어업 등에 대한 주권적 권리의 행사에 관한 법률(약칭: 경제수역어업주권법).

110) 현행범인을 체포하기 위하여 범죄와 범인의 명백성이 인정되어야 하고 비례성의 원칙이 요구되나 체포의 필요성에 대하여는 견해 대립이 있다(이재상. 신형사소송법. 2011. 242-243면 참조).

111) 「형사소송규칙」 제96조의13(피의자의 심문절차) ① 판사는 피의자가 심문기일에의 출석을 거부하거나 질병 그 밖의 사유로 출석이 현저하게 곤란하고, 피의자를 심문 법정에 인치할 수 없다고 인정되는 때에는 피의자의 출석 없이 심문절차를 진행할 수 있다.

라. 외국 선박에 대한 추적권 행사

본 조 단서에서는 '외국 선박에 대한 추적권의 행사는 「유엔해양법협약」 제111조를 따른다.'라고 하여 위 협약을 국내법으로 수용하였다. 이에 따라 종래 협약으로만 인정되던 외국 선박에 대한 추적, 나포권에 대한 국내법적 근거가 마련되었다. 다만 추적의 대상이 된 선박이 다른 국가의 영해나 선적국에 들어갔을 때는 그 국가의 관할권을 존중해야 하기 때문에 추적권이 소멸한다고 함이 타당할 것이다.

13. 해상항행 보호조치(제14조)

가. 의의

해상에서는 위험의 발생에 대한 사후조치보다는 사전예방이 보다 중요하다는 현실적 요청과 이와 같은 요청이 국민의 일반적 행동 자유권 내지 직업수행의 자유를 침해할 우려가 있다는 사정을 감안하여, 제한적인 경우에만 해양경찰이 특정선박에 대하여 경고, 이동, 해산 등을 명령하거나 보호조치를 수행하고자 규정하였다.

1) 해양경찰관은 경비수역에서 다음 각 호의 어느 하나에 해당하는 행위를 하는 선박등의 선장에 대하여 경고, 이동·해산 명령 등 해상항행 보호조치를 할 수 있다. 다만, 외국선박에 대한 해상항행 보호조치는 연안수역에서만 실시한다.

① 선박등이 본래의 목적을 벗어나 다른 선박등의 항행 또는 입항·출항 등에 현저히 지장을 주는 행위

② 선박등이 항구·포구 내외의 수역과 지정된 항로에서 무리를 지어 장시간 점거하거나 항법상 정상적인 횡단방법을 일탈하여 다른 선박등의 항행에 지장을 주는 행위

③ 임해 중요시설 경계 바깥쪽으로부터 1킬로미터 이내 경비수역에서 선박등이 무리를 지어 위력적인 방법으로 항행 또는 점거함으로써 안전사고가 발생할 우려가 높은 행위

2) 해양경찰관은 경비수역(이 항에서 「선박의 입항 및 출항 등에 관한 법률」에 따른 무역항의 수상구역등의 수역은 제외한다)에서 다음 각 호의 어느 하나에 해당하는 사유로 선박등이 좌초·충돌·침몰·파손 등의 위험에 처하여 인명·신체에 대한 위해나 중대한 재산상 손해의 발생 또는 해양오염의 우려가 현저한 경우에는 그 선박등의 선장에 대하여 경고, 이동·피난 명령 등 안전조치를 할 수 있다. 다만, 외국선박에 대한 안전조치는 연안 수역에서만 실시한다.

① 태풍, 해일 등 천재(天災)

② 위험물의 폭발 또는 선박의 화재

③ 해상구조물의 파손

3) 해양경찰관은 선박등의 통신장치 고장 등의 사유로 제2항에 따른 명령을 할 수 없거나

선박등의 선장이 제2항에 따른 명령에 불응하는 경우로서 인명 · 신체에 대한 위해, 중대한 재산상 손해 또는 해양오염을 방지하기 위하여 긴급하거나 불가피하다고 인정할 때에는 합리적으로 판단하여 필요한 한도에서 다음 각 호의 조치를 할 수 있다.

> 1. 선박등을 안전한 곳으로 이동시키는 조치
> 2. 선박등의 선장, 해원(海員) 또는 승객을 하선하게 하여 안전한 곳으로 피난시키는 조치
> 3. 그 밖에 대통령령으로 정하는 조치

4) 해양경찰관은 제3항에 따른 조치를 하려는 경우에는 선박등의 선장에게 자신의 신분을 표시하는 증표를 제시하고 조치의 목적 · 이유 및 이동 · 피난 장소를 알려야 한다. 다만, 기상상황 등으로 선박에 승선할 수 없는 경우에는 무선통신 등을 이용하여 자신의 신분 고지 등을 할 수 있다. 해양경찰서장은 이동조치와 관련하여 발생한 비용을 대통령령으로 정하는 선박등의 소유자에게 부담하게 할 수 있다.

나. 적용대상 및 방법

이 법 제14조는 불특정 선박이 고의 또는 과실로 해상교통 및 타 선박들의 안전을 위협할 경우에 대비한 규정으로서 해상에서는 육상의 경우보다 특히 사건, 사고발생에 대한 사전예방이 중요하므로 이 점을 고려한 것이다. 「집회 및 시위에 관한 법률」상 집회 및 시위는 여러 사람이 공동의 목적을 가지고 도로 · 광장 · 공원 등 일반인이 자유로이 통행할 수 있는 장소에서 행하여 져야 한다. 일반인이 자유로이 통행할 수 있는 장소가 아닌 곳에서는 아무리 다수인이 행진을 한다고 해도 집시법상의 시위가 아닌 것으로 본다. 이에 따르면, 해상에서의 집단적 행동을 하는 경우에는 집시법의 적용대상에서 제외된다는 주장과 적용된다고 보는 견해가 대립하고 있다.

그러나 본 조항이 신설됨으로 인하여 더 이상 이러한 논란 없이 해상에서의 집단행동에 대하여 본 조항을 적용하여 이동 · 해산·피난 명령 등을 발동할 수 있게 되었다. 해양경찰관은 경비수역에서 ① 선박 등이 본래의 목적을 벗어나 다른 선박등의 항행 또는 입항·출항 등에 현저히 지장을 주는 행위를 하거나 ② 선박등이 항구·포구 내외의 수역과 지정된 항로에서 무리를 지어 장시간 점거하거나 항법상 정상적인 횡단방법을 일탈하여 다른 선박 등의 항행에 지장을 주는 행위를 하거나 ③ 임해 중요시설 경계 바깥쪽으로부터 1킬로미터 이내 경비수역에서 선박등이 무리를 지어 위력적인 방법으로 항행 또는 점거함으로써 안전사고가 발생할 우려가 높은 행위에 대하여 선장에 대하여 경고, 이동·해산 명령 등 해상항행 보호조치를 할 수 있도록 규정하고 있다.

본 시행규칙 제2조(해상항행 보호조치 등의 순서)는 해양경찰청 소속 경찰공무원(해양경찰관)은 「해양경비법」 14조제1항부터 제3항까지에 따른 해상항행 보호조치 등을 하는 경우 다음 각 호의 순서에 따라야 한다.

1) **경고** : 법 제14조제1항 각 호의 어느 하나의 행위를 하는 선박등의 선장(선박등을 운용하는 자를 포함한다)에게 그 행위를 중단할 것과 해양경찰관의 이동・해산・피난 명령 또는 이동・피난 조치를 따르지 아니하는 경우 벌칙이 부과된다는 내용을 경고할 것.
2) **이동・해산・피난 명령** : 제1호에 따른 경고에도 불구하고 법 제14조제1항 각 호의 행위를 멈추지 아니하거나, 법 제14조제2항에 따른 인명・신체에 대한 위해나 중대한 재산상 손해의 발생 또는 해양오염의 우려가 현저한 경우에는 선박등을 이동・해산하거나 선장, 해원(海員) 또는 승객에게 피난할 것을 세 번 이상 명령할 것.
3) **이동・해산・피난 실행** : 제2호에 따른 이동・해산・피난 명령을 따르지 아니하는 경우에는 직접 선박등을 이동・ 해산시키거나 선장, 해원(海員) 또는 승객을 피난시킬 것

이러한 해상항행 보호조치를 하는 경우에 해양경찰관은 필요한 최소한의 범위에서 행사되어야 함을 규정하고 있다. 한편, ① 태풍, 해일 등 천재(天災) ② 위험물의 폭발 또는 선박의 화재 ③ 해상구조물의 파손 등의 사유로 선박등이 좌초・충돌・침몰・파손 등의 위험에 처하여 인명·신체에 대한 위해나 중대한 재산상 손해의 발생 또는 해양오염의 우려가 현저한 경우에는 그 선박등의 선장에 대하여 경고, 이동・피난 명령 등 안전조치를 할 수 있다. 다만, 외국선박에 대한 안전조치는 연안 수역에서만 실시한다. 선박 이동・피난명령에 불응할 경우 인명・재산에 대한 위해・손해 방지를 위해 불가피하다고 인정될 경우 선박・선원 등에 대하여 강제이동・피난 조치를 취할 수 있게 하였다.

다. 벌칙

제14조(해상항행 보호조치)에 따른 이동・피난 명령 또는 이동・피난 조치를 거부, 방해 또는 기피한 자는 6개월 이하의 징역 또는 500만원 이하의 벌금에 처하도록 규정함으로써 해상항행보호조치에 대한 실효성을 확보하였다.

14. 지원요청(제15조)

해양경찰관서의 장은 해양경비 활동 중 긴급하게 지원이 필요한 경우에는 인근에 있는 행정기관에 선박 및 항공기 등의 지원을 요청할 수 있다. 지원요청을 받은 행정기관의 장은 정당한 사유가 없는 한 이에 따라야 한다.

15. 해양 대테러 계획의 수립(제16조의2)

해양경찰청장은 제7조제3호에 따른 대테러작전의 수행 및 「국민보호와 공공안전을 위한 테러방지법」 제10조에 따른 테러예방대책의 원활한 수립과 해양에서의 효율적인 테러 예방·대응을 위하여 5년마다 해양 대테러 계획을 수립하여야 한다. 해양경찰관서의 장은 해양 대테러 계획의 원활한 시행을 위하여 매년 유관기관과의 협의를 통하여 해양 테러 예방 및

대응 활동계획을 수립·시행하여야 한다. 해양 대테러 계획과 해양 테러 예방 및 대응 활동 계획에는 다음 각 호에 관한 사항이 포함되어야 한다.

1) 국내외 테러 정세 및 전망 분석
2) 해양 대테러 조직·인력·시설·장비의 확충·관리
3) 해양 대테러 역량 강화를 위한 교육·훈련 및 제도 개선
4) 해양테러 관련 정보의 수집·교환
5) 국내외 대테러 유관기관과의 유기적 협력체제 구축
6) 그 밖에 해양 테러 예방 및 대응역량 강화를 위해 필요한 내용

16. 무기의 사용(제17조)

가. 의의

육상과 달리 해상은 해양경비의 과정에 있어서 해당 선박이 소극적인 저항만 하더라도 그 목적을 달성하기가 쉽지 않으므로 해당 선박의 저항 등에 맞설 수 있는 강한 유형력 사용이 요청되었다. 이에 따라 제17조에서 무기사용에 대한 법적 근거를 마련하였다. 다만, 이 경우 해양경찰의 유형력 행사의 남용이 우려될 수 있으므로 무기를 사용할 수 있는 특수한 경우를 제한적으로 설시하고 그 사용 기준은 「경찰관 직무집행법」 제10조의4 규정을 따른다고 규정하였다.

> 第17조(무기의 사용) ① 해양경찰관은 해양경비 활동 중 다음 각 호의 어느 하나에 해당하는 경우에는 무기를 사용할 수 있다. 이 경우 무기사용의 기준은 「경찰관 직무집행법」 제10조의4에 따른다.
> 1. 선박등의 나포와 범인을 체포하기 위한 경우
> 2. 선박등과 범인의 도주를 방지하기 위한 경우
> 3. 자기 또는 다른 사람의 생명·신체에 대한 위해(危害)를 방지하기 위한 경우
> 4. 공무집행에 대한 저항을 억제하기 위한 경우
>
> ② 다음 각 호의 어느 하나에 해당하는 경우에는 개인화기(個人火器) 외에 공용화기를 사용할 수 있다.
> 1. 대간첩·대테러 작전 등 국가안보와 관련되는 작전을 수행하는 경우
> 2. 제1항 각 호의 어느 하나에 해당하는 경우로서 선박등과 범인이 선체나 무기·흉기 등 위험한 물건을 사용하여 경비세력을 공격하거나 공격하려는 경우
> 3. 선박등이 3회 이상 정선 또는 이동 명령에 따르지 아니하고 경비세력에게 집단으로 위해를 끼치거나 끼치려는 경우

나. 요건

1) 선박 등의 나포와 범인의 체포하기 위한 경우

선박등의 나포와 범인을 체포하기 위한 경우는 같은 법 제13조(추적 · 나포)에서 선박의 나포를 제한적으로 규정하였는바 이러한 나포의 사유가 인정될 정도면 무기사용의 유형력이 필요할 것으로 충분히 인정되므로 무기 사용을 규정한 것이다.

또한 범인체포의 경우도 해상의 경우는 선박의 나포가 선행되어야 할 것이므로 선박의 나포와 함께 본 호에 규정되었다. 이때의 '범인'은 포괄적인 의미의 것으로서 비단 해상 관련 법률 및 조약을 위반한 자로 한정되게 해석할 것이 아니다.

2) 선박 등과 범인의 도주를 방지하기 위한 경우

선박등과 범인의 도주를 방지하기 위한 경우는 해상에서는 도주의 경우 선박이나 기계, 설비의 성능의 우월성으로 이를 제압하기가 어렵다. 그렇기 때문에 도주를 사전에 방지하기 위해서 무기사용의 필요성이 인정되므로 본 호를 규정하였다. 따라서 통상적인 추적행위만으로 해상 도주를 방지하기 어려운 경우 무기를 사용할 수 있다.

3) 자기 또는 다른 사람의 생명 · 신체에 대한 위해를 방지하기 위한 경우

자기 또는 다른 사람의 생명 · 신체에 대한 위해(危害)를 방지하기 위한 경우는 형법 제21조의 정당방위를 고려한 규정이다. 형법상 정당당위의 요건을 충족하기 위해서는 상대방 위해의 정도를 고려하여야 하고 경우에 따라 무기 사용의 방위행위는 자칫 과잉방위가 될 수 있는 것이나 해상에서는 그 특성상 작은 유형력 행사가 큰 위험으로 이어질 수 있으므로 본 규정으로서 해양경찰관의 무기사용 요건을 형법보다 완화한 것이다.

4) 공무집행에 대한 저항을 억제하기 위한 경우

공무집행에 대한 저항을 억제하기 위한 경우는 역시 해상이라는 장소적 특성상 무기 사용의 요건을 완화시킨 것이라 할 것이다.

다. 개인화기 외에 공용화기의 사용

직무수행의 난이도가 높거나 위험성이 큰 사안에 대해 공용화기를 사용할 수 있다고 규정하여 실효성 있는 해양경비임무 수행을 꾀하고자 한다. 공용화기 사용 요건은 다음과 같다.

1) 대간첩·대테러 작전 등 국가안보와 관련되는 작전을 수행하는 경우 2) 제1항 각 호의 어느 하나에 해당하는 경우로서 선박등과 범인이 선체나 무기·흉기 등 위험한 물건을 사용하여 경비세력을 공격하거나 공격하려는 경우 3) 선박등이 3회 이상 정선 또는 이동 명령에 따르지 아니하고 경비세력에게 집단으로 위해를 끼치거나 끼치려는 경우

이는 불법 외국어선 단속 시 공용화기사용 정책 추진과 함께, 기존 "선박등과 범인이 선체나 무기·흉기 등 위험한 물건을 사용하여 경비세력을 공격한 때"에 제한되었던 공용화기 사용범위를 확대한 것이다.

라. 「경찰관 직무집행법」상의 무기사용[112]의 기준에 대한 준용

같은 조에서 무기사용의 기준에 대하여 「경찰관 직무집행법」 제10조의4에 따른다고 규정하였는 바 그 기준을 살펴보면

〈위해를 수반하지 않는 경우로서〉

1) 범인의 체포, 도주 방지를 위한 때 2) 자기 또는 타인의 생명, 신체에 대한 방호가 필요한 때 3) 공무집행에 대한 항거의 억제를 위한 때 4) 필요하다고 인정되는 상당한 이유가 있는 때

〈위해를 수반하는 경우로서는〉

① 정당방위 ② 긴급피난 ③ 중범인의 체포시 및 체포에 대한 경찰관의 직무집행에 항거할 때 ④ 영장 집행의 경우 ⑤ 위험한 물건을 소지한 범인의 경우 ⑥ 대간첩작전 수행의 경우 ⑦ 무기를 사용하지 아니하고는 다른 수단이 없는 경우를 들 수 있다.

17. 해양경찰장비 및 장구의 사용(제18조)

가. 의의

제18조는 해양경찰관의 직무수행을 위해 필요한 경찰장비의 사용근거를 규정하기 위해

---

112) [경찰관 직무집행법] 제10조의4 (무기의 사용)

① 경찰관은 범인의 체포·도주의 방지, 자기 또는 타인의 생명·신체에 대한 방호, 공무집행에 대한 항거의 억제를 위하여 필요하다고 인정되는 상당한 이유가 있을 때에는 그 사태를 합리적으로 판단하여 필요한 한도 내에서 무기를 사용할 수 있다. 다만, 형법에 규정한 정당방위와 긴급피난에 해당하는 때 또는 다음 각호의 1에 해당하는 때를 제외하고는 사람에게 위해를 주어서는 아니 된다.

1. 사형·무기 또는 장기 3년 이상의 징역이나 금고에 해당하는 죄를 범하거나 범하였다고 의심할 만한 충분한 이유가 있는 자가 경찰관의 직무집행에 대하여 항거하거나 도주하려고 할 때 또는 제삼자가 그를 도주시키려고 경찰관에게 항거할 때에 이를 방지 또는 체포하기 위하여 무기를 사용하지 아니하고는 다른 수단이 없다고 인정되는 상당한 이유가 있을 때
2. 체포·구속영장과 압수·수색영장을 집행할 때에 본인이 경찰관의 직무집행에 대하여 항거하거나 도주하려고 할 때 또는 제삼자가 그를 도주시키려고 경찰관에게 항거할 때 이를 방지 또는 체포하기 위하여 무기를 사용하지 아니하고는 다른 수단이 없다고 인정되는 상당한 이유가 있을 때
3. 범인 또는 소요행위자가 무기·흉기등 위험한 물건을 소지하고 경찰관으로부터 3회 이상의 투기명령 또는 투항명령을 받고도 이에 불응하면서 계속 항거하여 이를 방지 또는 체포하기 위하여 무기를 사용하지 아니하고는 다른 수단이 없다고 인정되는 상당한 이유가 있을 때
4. 대간첩작전수행에 있어 무장간첩이 경찰관의 투항명령을 받고도 이에 불응하는 경우

② 제1항의 "무기"라 함은 인명 또는 신체에 위해를 가할 수 있도록 제작된 권총·소총·도검등을 말한다.

③ 대간첩·대테러작전등 국가안전에 관련되는 작전을 수행할 때에는 개인화기외에 공용화기를 사용할 수 있다.

설치하였으며, 다만 「경찰관 직무집행법」의 규정과 같이 장비와 장구는 그 사용요건이 다르기에 장구의 경우 별개의 조문으로 규정하도록 하였다.

> 第18조(해양경찰장비 및 장구의 사용) ① 해양경찰관은 「경찰관 직무집행법」 제10조제2항 및 제10조의2제2항에 따른 경찰장비 및 경찰장구 외에 다음 각 호의 어느 하나에 따른 경찰장비 및 경찰장구를 사용할 수 있다.
> 1. 해상검문검색 및 추적・나포 시 선박 등을 강제 정선, 차단 또는 검색하는 경우 경비세력에 부수되어 운용하는 경찰장비 및 경찰장구
> 2. 선박등에 대한 이동・해산 명령 등 해상항행 보호조치에 필요한 경찰장비 및 경찰장구
> 3. 제1호 및 제2호에 따른 경찰장비 및 경찰장구 외에 정당한 직무수행 중 경비세력에 부당하게 저항하거나 위해를 가하려 하는 경우 경비세력의 자체 방호를 위한 경찰장비 및 경찰장구
> ② 제1항에 따른 경찰장비 및 경찰장구의 종류 및 사용기준은 대통령령으로 정한다.

나. 종류 및 사용기준

해상에서의 경비는 육상과 다른 특수한 어려움이 있고 나날이 과격해지는 중국 어선이나 시위 양상에 대항하여 해양경비를 수호하기 위해서는 경찰장비, 장구의 사용이 필요하므로 이에 대한 법적 근거를 별도로 마련하여, 이 법에 규정된 경찰장비 및 경찰장구는 제18조에 따르고, 그 외 경찰장비 및 경찰장구는 「경찰관 직무집행법」 제10조제2항 및 제10조의2제2항에 따라 사용하도록 규정하였다.

다. 「경찰관 직무집행법」에 의한 경찰장비 및 장구 종류 및 사용기준

「경찰관 직무집행법」 제10조제2항의 경찰장비는 무기, 경찰장구, 최루제 및 그 발사장치, 감식기구, 해안감시기구, 통신기기, 차량·선박·항공기등 경찰의 직무수행을 위하여 필요한 장치와 기구이며, 경찰장비의 종류 및 사용기준 등은 「경찰관 직무집행법」 제10조제4항에 의해 대통령령인 「경찰장비의 사용기준 등에 관한 규정」으로 위임되어 있는바 동 규정을 엄격하게 준수할 것이 요구된다.

또한 같은 법 제10조의2제2항의 경찰장구는 경찰관이 휴대하여 직무수행에 사용할 수 있는 수갑·포승·경찰봉·방패 등이 해당된다. 위 장구들은 동 조항에 따라

① 사형, 무기 또는 장기 3년 이상의 징역, 금고에 해당하는 죄를 범한 범인의 체포, 도주의 방지
② 자기 또는 타인의 생명 신체에 대한 방호
③ 공무집행에 대한 항거의 억제를 위해 필요한 경우
④ 상당한 이유가 있을 때 사용할 수 있다.

특히 '상당한 이유가 있을 때'의 의미가 문제가 될 수 있는데 다른 사유와 상응할 정도의 필요성이 인정되어야 할 것이므로 장구를 사용하지 않고는 다른 수단이 없는 경우에 한한다고 해석할 것이다.

라. 「해양경비법」 제18조에 의한 경찰장비 및 장구 종류 및 사용기준

「해양경비법」 제18조는 「경찰관 직무집행법」에서 언급된 경찰장비 및 경찰장구를 사용하도록 규정하였을 뿐만 아니라, 해상에서의 경찰작용을 위해 필요한 경찰장비 및 경찰장구를 별도로 규정 사용할 수 있도록 하였다.

> 해양경비법 시행령
> 제5조(경찰장비 · 경찰장구의 종류 및 사용기준)
> ① 법 제18조제1항에 따른 경찰장비 및 경찰장구의 종류는 다음 각 호와 같다.
> 1. 경찰장비: 소화포(消火砲)
> 2. 경찰장구: 페인트볼 및 투색총(줄을 쏘도록 만든 특수총을 말한다)
>
> ② 법 제18조제1항에 따른 경찰장비 및 경찰장구의 사용기준은 다음 각 호와 같다.
> 1. 통상의 용법에 따라 사용할 것
> 2. 목적 달성에 필요한 최소한의 범위에서 사용할 것
> 3. 다른 사람의 생명 · 신체에 대한 위해(危害)를 최소화할 것

이에 따라 ① 해상검문검색 및 추적·나포 시 선박 등을 강제 정선, 차단 또는 검색하는 경우 경비세력에 부수되어 운용하는 경찰장비 및 경찰장구와 ② 선박등에 대한 이동·해산 명령 등 해상항행 보호조치에 필요한 경찰장비 및 경찰장구를 사용할 수 있도록 규정하였다. 그리고 그에 따른 경찰장비 및 경찰장구의 종류 및 사용기준은 제18조제2항에서 하위법령에 위임토록 규정, 이 법 시행령 제5조제1항에서 경찰장비 및 경찰장구의 종료와 사용기준을 정하였다. 경찰장비는 소화포로, 경찰장구는 페인트볼 및 투색총을 열거하고 있으며, 사용기준에 대하여는 제5조제2항에 ① 통상의 용법에 따라 사용할 것 ② 목적 달성에 필요한 최소한의 범위에서 사용할 것 ③ 다른 사람의 생명 · 신체에 대한 위해를 최소화할 것 등 3가지 기준을 충족시켜 사용하도록 규정하였다.

제2장 불법 외국선박 단속 및 경비활동

제1절 불법 선박 단속

1. 불법 외국선박 단속 근거

가. 국제법적 근거

1) UN 해양법 협약(제111조 추적권 등)

2) 한 · 중 어업협정, 한 · 일 어업협정 등 주변국과의 어업협정

나. 국내법적 근거

1) 영해 및 접속수역법(제5조 외국선박의 통항, 제6조 정선 등, 제8조 벌칙)

> 제6조 : 외국선박이 제5조를 위반한 혐의가 있다고 인정될 때에는 관계 당국은 정선(停船)·검색·나포(拿捕), 그 밖에 필요한 명령이나 조치를 할 수 있다.

2) 배타적 경제수역법(제5조 대한민국의 권리행사 등)

> 제5조3항 : 대한민국의 배타적 경제수역에서 제3조에 따른 권리를 침해하거나 그 배타적 경제수역에 적용되는 대한민국의 법령을 위반한 혐의가 있다고 인정되는 자에 대하여 관계 기관은 협약 제111조에 따른 추적권(追跡權)의 행사, 정선(停船)·승선·검색·나포 및 사법절차를 포함하여 필요한 조치를 할 수 있다.

3) 배타적 경제수역에서의 외국인어업 등에 대한 주권적권리의 행사에 관한 법률
(제5조 어업등의 허가, 제6조의2 불법 어업활동 혐의 선박에 대한 정선명령)

4) 배타적 경제수역에서의 외국인어업제한 위반선박등에 대한 사법절차에 관한 규칙

5) 형사소송법(제211조 현행범인과 준현행범인, 제212조 현행범인의 체포)

6) 경찰관 직무집행법(제10조의4 무기의 사용)

7) 해양경비법(제12조 해상검문검색, 제13조 추적 · 나포, 제17조 무기의 사용 및 제18조 경찰장비 및 장구의 사용)

2. 불법 외국어선 단속 개요

가. 불법조업 외국어선 단속 절차

〈표 5-4〉 불법조업 외국어선 단속절차

단계	내용
1단계 (준비·채증)	① 가용 탐지수단을 활용, 불법조업 혐의 외국어선 식별 ② 검문검색 사전회의 실시 및 나포계획 보고 ③ 본함 채증요원 R/D, ECDIS, ENG.카메라 채증 시작 ④ 총원상황배치 및 검색팀 '주요임무 장비' 지급 ⑤ 검색팀 안전교육 및 단정하강 준비
2단계 (추적·정선)	① 피검선박 적정거리에서 단정(2척) 하강, 합동 추적 ② 본함 정선명령 실시(1차) ③ 단정 정선명령 실시(2차) 및 선수횡단 차단기동 ④ 저항 없을 경우 1번 단정 접근·등선(2번 단정:엄호) ⑤ 정선명령 불응시 소화포, 경고사격 등으로 정선경고
3단계 (진압·검색)	① 경고사격 등에도 계속 도주시 단정이용 강제승선 시도 ※ 선체충돌 시도 또는 위험물 사용 공격시는 승선보류 ② 단정 또는 모함 개인/공용화기 경고사격 및 사격 ③ 1번 단정 강제 등선검색, 2번 단정 엄호 ※ 선(先) 안전확보, 후(後) 등선검색 원칙 준수 ④ 조타실 장악 통신기 차단 및 검색 실시 ⑤ 안전해역 이동조치
4단계 (나포·조사)	① 추가저항 우려 시, 선원 선수 집결 후 포승·감시 ② 선내 정밀검색 실시하여 흉기 등 위해물품 색출 ③ 집단저항 우려 시, 본함에 나포어선 계류(또는 접근) ※ ①~③은 폭력저항 등 특수 상황에 적용 ④ 조업형태별로 관련법규 위반사항 확인·조사 ⑤ 1차 결과보고 후, 본함으로 조사대상자 이송·상세조사
5단계 (압송·처리)	① 현장조사자의 경우, 석방 시까지 조타실 장악·관리 ② 2차 나포결과보고 및 육상(전용부두) 압송여부 결정 ③ 최소 인력을 제외한 모든 선원 본함 이송(방역 실시) ④ 압송인력 배치하여 압송 시작(기관고장 外 예인 금지) ⑤ 검색팀 부상여부 정밀 확인 및 사후 강평회의 실시

나. 해상특수기동대

1) 중·대형 경비함에서 불법 외국어선 단속 등 특수임무 수행을 위해 편성 및 운영되는 기능을 말한다.

2) 대상 함정

가) 서해 특정해역과 NLL 해역 단속에 투입되는 함정(300톤 이상 중·대형함정)

나) 한·중, 한・일 간 어업협정수역 경비를 위해 투입되는 함정(대형함정)

※ 기타 함정은 특수직무분담표에 의거하여 검문검색을 이행하고, 단속절차 등에 대해서는 기본적으로 본 교범에 의거하여 임무 수행

3) 구성 원칙

대상 함정의 함정은 소속 직원 중 해상경력, 체력, 외국어 능력, 개인의사 등을 종합적으로 고려하여 외국 어선 단속 최정예요원을 선발한다.

> [1] 편성 : 단속임무를 부여 받은 경찰관
> ※ 검색팀은 현장경험 및 체력조건 등을 고려, 가능한 한 45세 이하로 편성
> [2] 인력 구성 : 각 단정별 9명 1개팀으로 구성
> (단정이 2척인 때 가능한 경우 편대장 1명 추가편성)
> [3] 편성 기준
> – 검색팀장 : 해상특수임무 수행경력, 지휘・통솔 및 위기상황 대처능력 보유자
> – 단정장 : 단정운용 경력, 관련 교육이수 또는 자격증 보유자
> ※ 사전 교육・훈련을 통해, 가능한 특임직별 이외의 자로 편성
> – 기타 검색팀 주요임무 및 편성은 '세부 편성기준'에 의거하여 지정・운영
> – 의무 경찰순경을 단속활동에 투입시 채증·통역 등 보조임무 부여

제2절 해양경찰 해상검문검색

1. 일반 사항

가. 방침

1) 검문검색 시 근거법령에 의거 필요한 최소한도 내에서 행사되어야 하며, 이를 남용하여서는 아니 된다.

2) 해상에서의 검문검색 시는 인적・물적 안전 확보를 최우선으로 한다.

3) 현장지휘관은 상황에 따라 합리적인 판단 하에 실시하여야 한다.

나. 근거

1) 해양경비법 제12조(해상검문검색)
2) 경찰관 직무집행법 제3조(불심검문)
3) 주민등록법 제26조(주민등록증의 제시요구)
4) 영해 및 접속수역법 제6조(정선 등)
5) 어선안전조업법 제23조(정선 등)
6) 배타적경제수역법 및 해양과학조사법
7) 한・일 어업협정 및 한・중 어업협정 등(남북해운합의서 포함)
8) 유엔해양법협약 제111조(추적권행사)

2. 해상 검문검색

해양경비법 제12조에 해양경찰청 소속 경찰공무원은 해양경비 활동 중 다음 각 호의 어느 하나에 해당하는 선박등에 대하여 주위의 사정을 합리적으로 판단하여 상당한 이유가 있는 경우 해상검문검색을 실시할 수 있다. 다만, 외국선박에 대한 해상검문검색은 대한민국이 체결·비준한 조약 또는 일반적으로 승인된 국제법규에 따라 실시한다.

1) 다른 선박의 항행 안전에 지장을 주거나 진로 등 항행상태가 일정하지 아니하고 정상적인 항법을 일탈하여 운항되는 선박등
2) 대량파괴무기나 그 밖의 무기류 또는 관련 물자의 수송에 사용되고 있다고 의심되는 선박등
3) 국내법령 및 대한민국이 체결·비준한 조약을 위반하거나 위반행위가 발생하려 하고 있다고 의심되는 선박등

▶ "선박등"이란 선박법 제1조의2제1항에 따른 선박(이하 "선박"이라 한다), 수상레저안전법 제2조제3호에 따른 수상레저기구, 그 밖에 수상에서 사람이 탑승하여 이동 가능한 기구를 말한다.

해양경찰청 소속 경찰공무원은 해상검문검색을 목적으로 선박등에 승선하는 경우 선장(선박등을 운용하는 자 포함)에게 소속, 성명, 해상검문검색의 목적과 이유를 고지하여야 한다.

3. 검문검색의 기본원칙

1) 여건이 허락하면, 인근함정과 편대 검색을 실시한다.
2) 단독검색시 피검색선박이 검문 불응할 것을 인식하고 충분한 거리에서 관찰하면서 접근한다.
3) 선원들의 저항에 대비 즉각적인 대응이 가능하도록 한다.
4) 편대검색시 기동성이 양호한 함정이 검색임무를 수행하고 대형함정이 지원함이 된다.
5) 위치, 시간, 유기물표 등을 배경으로 위반사실에 대한 채증을 실시한다.

4. 검문검색의 절차

탐지・감시단계 ⇨ 검문·접근 및 정선 ⇨ 승선 검색 ⇨ 사후조치

가. 1단계(탐지・감시)

가) 레이다, 시각, 인근 작전요소 간 정보교환 등을 통해 관할 해역 내 검문검색 대상 선박을 탐지·식별한다.
나) 현재 자함 위치와 상대선박의 위치 및 행동사항을 기점 및 확인한다.
다) 현 위치에서의 국내·외 법적 지위를 확인한다.
라) 전탐기지 및 해안부대, 유관기관 출동함정의 정보를 최대 활용하여 대상선박의 진 이동항로와 행동사항 등을 파악한다.
마) 대상선박의 행동사항과 혐의점을 면밀히 관찰하여 검색 시 착안사항 및 유의사항을 사전식별 확인한다.
바) 상황실에 보고 및 필요한 사항을 요청한다.
사) 인근 경비함정 또는 협조 가능한 해군함정 등을 파악하여 협조체제를 구축하여 검색의 효율성을 높인다.
아) 예상도주로를 차단하여 외해 도주를 방지하고 연안으로 유도시켜 소형정 또는 육상에서 검거할 수 있도록 사전 준비한다.
자) 통항선박, 수심, 장애물 등을 고려하여 1, 2차 검색지점을 결정한다.

나. 2단계 : 검문·접근 및 정선요구

가) 통신기, 확성기 등을 이용하여 선박명, 선적, 입출항지, 적재물, 입항예정시간, 선주, 선원 등 검색대상 선박의 정보를 확인한다.
나) 통신검색 결과 검색의 필요성이 확인되면 검색대상 선박에 접근한다.
다) 총원 상황배치로 검색대상 선박의 저항 등 돌발 상황에 대비한다.
라) 채증 요원을 배치하여 검문검색 전 과정과 검색대상 선박의 행동사항, 위치 등을 채증한다.
※ GPS에 표시된 위치와 시간을 채증 후 육지물표 등을 배경으로 촬영하여 증거자료로 활용될 수 있도록 한다.
마) 검색요원은 경찰장구 및 검색장비를 지참하고 검색 선박에 투입준비 한다.
바) 3회 이상 검색대상 선박이 인지할 때 까지 정선명령을 실시한다.
① 기적(단성 6발), 발광(AA), 기류(L기) 및 경광등 점등 등
② 통신기(VHF, SSB) 확성기, 문자전광판 이용 정선요구
사) 정선불응 선박에 대해서는 규정된 절차에 따라 단계별 물리력을 사용하여 강제 정선시킨다.
아) 본함 계류시에는 계류현측에 계류요원을 배치하고 휀다를 설치하여 안전 확보 후 계류의사를 전달한다.
자) 단정을 이용한 검색은 다음 장에 규정된 절차에 따라 시행한다.
차) 검색대상 선박에 계류하기 전에 함정의 소속, 검문사유를 고지하고 협조를 요청한다.
타) 검색대상 선박의 선원 총원을 선수 등 잘 보이는 곳에 집결시켜 행동을 통제한다.

다. 3단계 : 승선 검색

가) 검색요원은 안전이 확보된 후 검색대상 선박에 승선하여야 한다.
나) 검색대상 선박의 효과적인 통제를 위해 선장과 기관장의 신병을 먼저 확보한다.
다) 검색대상 선박 선원이 저항하는 경우에는 전자봉, 가스총, 섬광폭음탄 등 경찰장비 및 장구를 사용하여 기선을 제압한다.
※ 경찰장비 및 장구의 사용은 해양경비법, 경찰관 직무집행법의 규정에 의한다.
① 검색대상 선박 승선 후 조타실과 기관실을 장악하여 선박 정지
② 선원을 통제가 용이한 곳에 집결시키고 감시조 배치
③ 격렬 저항선원은 격리조치
④ 비저항 선원에 대해서는 총구를 겨냥하는 등 위화감 조성 금지
라) 인원과 서류에 대한 검색을 먼저 실시한 후 선내 정밀검색을 실시한다.
마) 선내 정밀검색은 선장의 안내에 따라 실시되어야 하며, 검색전 선장에게 협조를 구하여야 한다.
바) 검색시에는 선장 또는 간부선원으로 하여금 각종 격실, 창고 등을 개방토록 하고 검색요원은 이들 뒤에 위치하여 돌발사항에 대비한다.
사) 밀입국, 밀수 용의선박은 각 창고(어창), 격벽 등 밀폐부분, 기관실 바닥, 구석진 곳, 그릇, 식음료, 부식, 이불수량 등을 면밀히 검색한다.
아) 고의성 육체적 충돌 및 무기피탈 방지를 위해 선원 및 승객과 안전거리를 유지한다.
자) 검색이 길어지면 선원 또는 승객들이 침실, 갑판 또는 다른 통제 가능한 구역으로 이동하여 지정된 장소에 머무를 수 있도록 조치하며, 통로에서 안전을 감시한다.
차) 검색대상 선박의 권리와 검색의 적법성 한도 내에서 검색을 실시한다.

라. 4단계 : 사후 조치

가) 검색결과 혐의가 없으면 검색 협조에 대한 감사인사를 하고, 검색요원은 본함으로 철수한다.
나) 혐의가 확인되면 증거물에 대한 채증 및 선장 등에 대한 초동수사를 실시한다.
다) 현장지휘관은 위반내용에 따라 항로변경, 회항, 강제입항, 퇴거 등의 조치와 필요시에는 지휘계통에 보고 후 지시에 따라 나포 등의 조치를 실시한다.

5. 검문검색 시 유의사항

1) 검문검색은 국내법 및 국제법에 근거하여 대상선박을 선별하여 실시하여야 하며, 정상적인 선박은 특별한 사정이 있는 경우를 제외하고는 실시하지 않는다.

가) 통신검문 및 시각검색 후 용의점 발견시 승선검색을 실시한다.
나) 기상불량, 환자수송 등 입항시간이 촉박한 선박은 파출소, 출장소에서 검색하도록 한다.
다) 신속한 검문검색으로 검색대상 선박의 대기시간을 최소화한다.
라) 안전과 합법성 확보에 최대 유의한다.

2) 검문이유 고지 등 사전·사후 절차를 준수한다.

가) 검문검색 대상선박에 접근 시에는 경비함정의 소속과 검문이유 등을 고지한다.
나) 검문검색을 실시하기 전에는 협조를 요청하고 종료 시에는 협조에 대한 감사의 뜻을

전한다.

다) 승선 검색 시 검색대상선박과의 위화감을 최소화한다.

> ▶ 「해양경비법」 제12조제2항은 "해양경찰관은 해상검문검색을 목적으로 선박 등에 승선하는 경우 선장에게 소속, 성명, 해상검문검색의 목적과 이유를 고지하여야 한다."고 규정하고, 제3조제2항은 "해양경비에 관하여 이 법에서 규정한 것을 제외하고는 「경찰관 직무집행법」을 적용한다."고 규정하고 있다.

3) 검색대상 선박 선원들의 저항 등 돌발 상황에 대비하여 경계태세를 유지해야 하며, 협력하는 경우에도 위장된 협력일 수도 있으므로 경계를 늦추지 않는다.

가) 흉기소지 저항 범인 진압요령

① 권총을 뽑아들고 1명은 흉기 대항자들의 정면, 1명은 측면으로 경계 접근한다.

② 상대가 다수인 경우 다른 요원들은 선박 내 우발적 도발자를 경계하고, 대항에 가담하지 않는 선원들을 분리 조치한다.

③ "꼼짝마, 흉기버려, 안 버리면 쏜다." 등 경고를 하고, 불응시 공포탄을 발사하며 재차 경고한다.

④ 재차 경고에도 불응하며 저항 등 위해 행동 시에는 실탄을 대퇴부 이하에 사격하여 제압한 후 범인을 엎드리게 하고 수갑을 채운다.

⑤ 총기는 무기사용 이외 다른 수단이 없을 때 사용해야 하며, 반드시 요건과 절차를 준수해야 한다.

나) 흉기난동 범인 제압 후 수갑 채우는 요령

① 1명은 총을 겨누며 경계를 유지하는 가운데 범인 제압 후 여유를 주지 말고 단시간 내 수갑을 채운다.

② 1명은 범인에게 "엎드려, 다리 벌려, 두 손 모두 등 뒤로 내밀어"라고 명령하고 체포준비를 한 후 무릎으로 상대방의 등을 누르고 수갑은 오른손부터 먼저 제압하여 채운다.

③ 수갑을 채운 뒤 완전히 채워졌는지 확인하고 흉기소지 여부를 확인한다.

다) 총기피탈 방지를 위한 총기휴대·관리 기본규칙

① 경찰혁대를 절대 풀지 말고 권총집 똑딱 단추, 연결 줄, 안전고무판을 수시 확인한다.

② 권총 연결 줄을 권총과 절대로 분리하지 않는다.

③ 권총은 손에 든 상태로 상대와 근거리 접근 또는 신체접촉을 하지 않는다.

④ 권총 사용 후 다시 권총집에 넣을 때에는 반드시 안전고무판을 끼우고 단추를 잠근 후 확인한다.

⑤ 상대와 불시에 몸싸움이 벌어졌을 때에는 가급적 거리를 유지한다.

6. 총기의 안전사용 관련 법규

1) 경찰관 직무집행법(제10조의4 무기의 사용)

가) 경찰관 직무집행법상 무기의 개념

사람을 살상하는 성능을 가진 기구로 주로 사람을 살상하는 용도에 제공할 목적으로 제작된 것으로 통상 경찰관이 직무수행 중 휴대하도록 되어 있는 소형 총기를 말한다.

나) 무기 사용의 요건

① 위해를 수반하지 않는 무기의 사용

ⓐ 범인의 체포・도주의 방지를 위해 필요한 때

ⓑ 자기 또는 타인의 생명・신체에 대한 방호를 위하여 필요한 때

ⓒ 공무집행에 대한 항거를 억제하기 위해 필요한 때

ⓓ 필요하다고 인정되는 상당한 이유가 있을 때

※ 범인의 체포 등 현장의 사태에 직면한 경찰관이 사회통념에 비추어 객관적으로 그 필요성이 인정되는 것

ⓔ 무기 사용의 정도

※ 「사람에게 위해를 주지 않는 사용」으로 총기 등을 겨누거나 공포탄 발사, 실탄 위협사격을 하는 것으로 사람의 신체에 직접적인 위해를 가하지 않는 것

② 위해의 수반이 허용되는 무기의 사용

ⓐ 형법에 규정된 정당방위와 긴급피난에 해당할 때

- 정당방위의 경우 : 자기 또는 타인의 법익에 대한 현재의 부당한 침해를 방위하기 위한 상당한 이유가 있는 때(형법 제21조1항)
- 긴급피난의 경우 : 자기 또는 타인의 법익에 대한 현재의 위난을 피하기 위한 행위는 상당한 이유가 있는 때(형법 제22조1항)

ⓑ 다음 어느 하나에 해당하는 때에 그 행위를 방지하거나 그 행위자를 체포하기 위하여 무기를 사용하지 아니하고는 다른 수단이 없다고 인정되는 상당한 이유가 있을 때

- 사형·무기 또는 장기 3년 이상의 징역이나 금고에 해당하는 죄를 범하거나 범하였다고 의심할 만한 충분한 이유가 있는 사람이 경찰관의 직무집행에 항거하거나 도주하려고 할 때
  ※ 누구나 위에 해당하는 범인이라고 의심할 수 있는 정도로 충분할 것으로 족하고 공소를 제기할 수 있을 정도일 필요는 없음
- 체포·구속영장과 압수·수색영장을 집행하는 과정에서 경찰관의 직무집행에 항거하거나 도주하려고 할 때
- 제3자가 가목 또는 나목에 해당하는 사람을 도주시키려고 경찰관에게 항거할 때
- 범인이나 소요를 일으킨 사람이 무기·흉기 등 위험한 물건을 지니고 경찰관으로부터 3회 이상 물건을 버리라는 명령이나 항복하라는 명령을 받고도 따르지 아니하면서 계속 항거할 때
  ※ 3회 이상의 투기・투항 명령은 시간적 간격을 두어야 함

ⓒ 대간첩 작전 수행 과정에서 무장간첩이 항복하라는 경찰관의 명령을 받고도 따르지 아니 할 때이다. 대간첩・대테러 작전 등 국가안전에 관련되는 작전을 수행할 때에는 개인화기(個人火器) 외에 공용화기(共用火器)를 사용할 수 있다.

〈표 5-5〉 경찰관 직무집행법(제10조의4 무기의 사용)

구분	경직법 제10조의4 본문	경직법 제10조의4 단서 및 각호
성질	위해를 주지 않는 무기사용	위해를 수반한 무기사용
사용 요건	① 범인의 체포・도주의 방지 ② 자기 또는 타인의 생명・신체의 방호 ③ 공무집행에 대한 항거억제	① 좌측 ①~③이 정당방위·긴급피난에 해당하는 경우 ② 장기 3년 이상의 죄를 범한 자가 항거・도주하는 경우 ③ 구속영장등 집행에 항거・도주하는 경우 ④ 무기・흉기 등 위험한 물건 소지자가 3회 이상 투기・투항 명령에 불응한 경우 ⑤ 대간첩작전 시 무장간첩이 투항명령에 불응하는 경우
사용 한계	① 합리성(합리적 판단) ② 필요성(필요한 한도 내) ③ 상당성(상당한 이유)	① 합리성(합리적 판단) ② 필요성(필요한 한도 내) ③ 상당성(상당한 이유) ④ 보충성(다른 수단이 없음)
사용 요령	3회 이상의 경고를 하고 이에 불응할 경우 공중이나 안전한 곳을 향하여 발사	공포탄 1발 발사 후 범인의 대퇴부 이하를 조준 하여 발사

2) 위해성 경찰장비의 사용기준 등에 관한 규정(대통령령, 제9조 및 제10조)

가) 총기 사용의 경고(규정 제9조), 사람을 향하여 권총 또는 소총을 발사하고자 하는 때에는 미리 구두 또는 공포탄에 의한 사격으로 상대방에게 경고하여야 한다. 다만, 다음 각 호의 어느 하나에 해당하는 경우로서 부득이한 때에는 경고하지 아니할 수 있다.

① 경찰관을 급습하거나 타인의 생명·신체에 대한 중대한 위험을 야기하는 범행이 목전에 실행되고 있는 등 상황이 급박하여 특히 경고할 시간적 여유가 없는 경우

② 인질·간첩 또는 테러사건에 있어서 은밀히 작전을 수행하는 경우

나) 권총 또는 소총의 사용 제한(규정 제10조),

① 경찰관은 법 제10조의4의 규정에 의하여 권총 또는 소총을 사용하는 경우에 있어서 범죄와 무관한 다중의 생명·신체에 위해를 가할 우려가 있는 때에는 이를 사용하여서는 아니 된다. 다만, 권총 또는 소총을 사용하지 아니하고는 타인 또는 경찰관의 생명·신체에 대한 중대한 위험을 방지할 수 없다고 인정되는 때에는 필요한 최소한의 범위 안에서 이를 사용할 수 있다.

> 제10조의4(무기의 사용)
> ① 경찰관은 범인의 체포, 범인의 도주 방지, 자신이나 다른 사람의 생명・신체의 방어 및 보호, 공무집행에 대한 항거의 제지를 위하여 필요하다고 인정되는 상당한 이유가 있을 때에는 그 사태를 합리적으로 판단하여 필요한 한도에서 무기를 사용할 수 있다. 다만, 다음 각 호의 어느 하나에 해당할 때를 제외하고는 사람에게 위해를 끼쳐서는 아니 된다.

1. 「형법」에 규정된 정당방위와 긴급피난에 해당할 때
2. 다음 각 목의 어느 하나에 해당하는 때에 그 행위를 방지하거나 그 행위자를 체포하기 위하여 무기를 사용하지 아니하고는 다른 수단이 없다고 인정되는 상당한 이유가 있을 때
   가. 사형·무기 또는 장기 3년 이상의 징역이나 금고에 해당하는 죄를 범하거나 범하였다고 의심할 만한 충분한 이유가 있는 사람이 경찰관의 직무집행에 항거하거나 도주하려고 할 때
   나. 체포·구속영장과 압수·수색영장을 집행하는 과정에서 경찰관의 직무집행에 항거하거나 도주하려고 할 때
   다. 제3자가 가목 또는 나목에 해당하는 사람을 도주시키려고 경찰관에게 항거할 때
   라. 범인이나 소요를 일으킨 사람이 무기·흉기 등 위험한 물건을 지니고 경찰관으로부터 3회 이상 물건을 버리라는 명령이나 항복하라는 명령을 받고도 따르지 아니하면서 계속 항거할 때
3. 대간첩 작전 수행 과정에서 무장간첩이 항복하라는 경찰관의 명령을 받고도 따르지 아니할 때

② 제1항에서 "무기"란 사람의 생명이나 신체에 위해를 끼칠 수 있도록 제작된 권총·소총·도검 등을 말한다.
③ 대간첩·대테러 작전 등 국가안전에 관련되는 작전을 수행할 때에는 개인화기(個人火器) 외에 공용화기(共用火器)를 사용할 수 있다.

② 경찰관은 총기 또는 폭발물을 가지고 대항하는 경우를 제외하고는 14세 미만의 자 또는 임산부에 대하여 권총 또는 소총을 발사하여서는 아니 된다.

3) 위해성 경찰장비 사용을 위한 안전교육(규정 제17조)

제17조(위해성 경찰장비 사용을 위한 안전교육) 법 제10조제1항 단서에 따라 직무수행 중 위해성 경찰장비를 사용하는 경찰관은 기준에 따라 위해성 경찰장비 사용을 위한 안전교육을 받아야 한다.

제10조(경찰장비의 사용 등)
① 경찰관은 직무수행 중 경찰장비를 사용할 수 있다. 다만, 사람의 생명이나 신체에 위해를 끼칠 수 있는 경찰장비(이하 이 조에서 "위해성 경찰장비"라 한다)를 사용할 때에는 필요한 **안전교육**과 **안전검사를 받은 후 사용하여야 한다.**
② 제1항 본문에서 "경찰장비"란 무기, 경찰장구(警察裝具), 최루제(催淚劑)와 그 발사장치, 살수차, 감식기구(鑑識機具), 해안 감시기구, 통신기기, 차량·선박·항공기 등 경찰이 직무를 수행할 때 필요한 장치와 기구를 말한다.
③ 경찰관은 경찰장비를 함부로 개조하거나 경찰장비에 임의의 장비를 부착하여 일반적인 사용법과 달리 사용함으로써 다른 사람의 생명·신체에 위해를 끼쳐서는 아니 된다.
④ 위해성 경찰장비는 필요한 최소한도에서 사용하여야 한다.
⑤ 경찰청장은 위해성 경찰장비를 새로 도입하려는 경우에는 대통령령으로 정하는 바에 따라 안전성 검사를 실시하여 그 안전성 검사의 결과보고서를 국회 소관 상임위원회에 제출하여야 한다. 이 경우 안전성 검사에는 외부 전문가를 참여시켜야 한다.
⑥ 위해성 경찰장비의 종류 및 그 사용기준, 안전교육·안전검사의 기준 등은 대통령령으로 정한다.

4) 총기사용 관련 판례

가) 경찰관은 범인의 체포, 도주의 방지, 자기 또는 타인의 생명, 신체에 대한 방호, 공무집행에 대한 항거의 억제를 위하여 상당한 이유가 있을 때에는 필요한 한도 내에서 무기를 사용할 수 있다.

나) 무기 사용이 이러한 요건을 충족하는지 여부는 범죄의 종류, 죄질, 피해법익의 경중, 위해의 급박성, 저항의 강약, 범인과 경찰관의 수, 무기의 종류, 무기사용의 행태, 주변의 상황 등을 고려하여 사회통념상 상당하다고 평가되는지 여부에 따라 판단하여야 한다.

다) 검문불응 등으로 도주하는 상대방에 대한 총기사용은 특별한 경우(공포탄 발사)를 제외하고는 사용한계를 벗어난 위법이다.

라) 흉기 등을 소지한 상대방이 난동을 부리더라도 그 목적이 타인 또는 경찰관에 대한 적극적 위해 의사가 아닌 단순한 접근을 저지하려는 소극적 위해 의사로 볼 수 있다면 이에 대한 총기 사용은 일반적으로 위법이다.

※ 공포탄 발사, 가스총, 경찰봉 등 보충적 수단 우선 사용하며 부득이 총기 사용 시 대퇴부 이하 조준으로 위해 최소화

제3절 해양경비 무선통신망

1. 무선통신망 운용

가. 무선통신의 원칙

1) 무선통신은 필요한 최소 내용만을 교신하여야 한다.

2) 무선통신에 사용하는 용어는 간명하여야 한다.

3) 무선통신을 할 때에는 자국의 호출부호, 호출명칭 등을 붙여 그 출처를 명확히 하여야 한다.

4) 통신 중에 오류를 인지한 때에는 즉시 정정하여야 한다.

5) 무선통신은 통신보안에 취약한 통신망이므로 비밀 등 중요사항은 암호장비 또는 음어자재 등을 이용하여 교신하여야 한다.

6) 무선국은 신속하고 원활한 통신소통을 위하여 다음의 통신을 하여서는 아니 된다.

가) 지휘관의 허가 없는 전문소통

나) 목적 외 사용

다) 임의약호 제정사용

라) 과도한 호출 및 전파발사

나. 무선통신망의 소통 및 통제

1) 긴급 사태가 발생된 경우를 제외하고는 중간 개입과 같은 타국의 교신을 방해하는 통신을 하여서는 아니 된다.

2) 3개국 이상이 통신할 경우에는 통제 통신소에서 통제를 하여 통신질서를 유지하여야 한다.

3) 통제 통신소는 최상급 부서 또는 선임 함정의 무선국이 된다.

4) 통제 통신소는 예하 통신소에 대하여 사용 통신망 및 통신 순위 등을 지정하여 통신망을 통제하여야 한다.

다. 전보의 우선순위 및 처리시간

1) 전보의 우선순위

가) 위급전보(FLASH) : "Z"

① 최초 직접 상황 또는 작전에 최고도로 긴급을 요하는 전보에 부여하며 전보의 내용은 지극히 간단명료하여야 한다.

② 긴급히 필요한 전술 전략, 아군간 상호교전 발생대비 등 중요한 전보의 처리는 최우선하여야 한다.

③ "Z"전보는 처리자가 직접 송신, 전파하여야 하며 모든 전보의 우선순위에 앞서 최단 시간내 처리하여야 하고 모든 하급전보의 처리를 중단하여야 한다.

나) 긴급전보(IMMEDIATE) : "O"

① 국가 및 연합군 또는 주민의 안전에 중요한 영향을 미칠 사항에 관계되는 주요 작전전보에 부여하며 전보의 내용은 간단명료하여야 한다.

② 즉시 행동하여야 할 긴급한 지시전보 및 중요작전에 관한 전보는 신속히 처리할 것

③ "P"전보 이하의 모든 전보에 앞서 처리하여야 하며 필요시는 송신 중인 우선순위의 전보도 중단하여야 한다.

다) 지급전보(PRIORITY) : "P"

① 수신인으로 하여금 어떤 행동을 요구하는 전보이며 우선순위는 보통 전보에 우선하며 중요한 작전에 관계되는 전보는 신속히 처리하여야 한다.

② 전투의 예상 및 육·해·공 부대 상호 간의 긴급한 행동에 관한 전보는 즉시 보고 및 전파하여야 한다.

③ 모든 "R"전보에 앞서 처리되어야 하며 특별한 경우를 제외하고 "R" 전보가 전송 중이라도 이를 중단하고 "P"를 전송하여야 한다.

라) 보통전보(ROUTINE) : “R”

① 우선순위의 적용이 필요 없는 보통전보이나 가능한 한 신속히 처리하여야 한다.

② 평시작전계획, 해상 대간첩 작전훈련 등 해상치안에 관계되는 전보는 특별한 경우의 전보에 영향을 주지 아니하는 범위 내에서 취급하여야 한다.

2) 처리시간

전보의 처리시간은 규정된 시간은 아니며 단순히 표준치만을 나타낸 것으로서 단일 고정회선에서 지점대 지점간 국문 100자, 영문 80자 이내의 본문을 가진 평문전보를 발신국의 접수시간으로부터 수신인에 전달되는 전체 경과시간을 수치로 나타낸 것이다.

가) 위급(“Z”)전보 - 규정한 시간 없이 인간 능력으로써 가능한 한 최단 시간으로 신속히 처리하되 10분 이내를 목표로 할 것.

나) 긴급(“O”)전보 - 60분 이내

다) 지급(“P”)전보 - 360분 이내

라) 보통(“R”)전보 - 다음날 과업 시까지

라. 무선통신 순서

해상이동업무에 있어서의 통신의 우선순위는 조난통신, 긴급통신, 안전통신 및 그 밖의 통신 순이다. 조난사고 시 통신의 종류와 규칙은 다음과 같다.

1) 조난신호(Distress signal)

조난신호는 선박, 항공기 등이 중대하고 급박한 위험에 처하여, 즉각적인 구조를 요구한다는 것을 표시하는 것으로 조난호출의 앞에 송신하는 신호이다.

① 무선전신의 조난신호

단일 신호로서 송신하는 “SOS (…– – –…)"의 3회 반복으로 구성

② 무선전화의 조난신호

“MAY DAY"의 3회 반복으로 구성

2) 긴급신호(Urgency signal)

긴급신호는 호출국이 선박, 항공기 혹은 기타 이동체의 안전, 또는 사람의 안전에 관한 긴급한 통보를 전송하고자 하는 것을 표시한다. 즉, 선박이 비교적 위험한 상태에 있으나 조난신호를 발하기까지는 되지 않았을 때, 승객 또는 승무원이 물에 빠져 다른 선박의 원조를 필요로 할 때, 선내에 위급 환자가 발생하여 그 의료처치에 관한 지시를 받기 위하여 의사통보를 보내기 전 등 다른 선박과의 긴급한 연락이 필요할 때 사용한다.

① 무선전신의 긴급신호

“XXX (–‥––‥––‥–)"의 3회 반복으로 구성

② 무선전화의 긴급신호

“PAN PAN"의 3회 반복으로 구성

3) 안전신호(Safety message)

안전신호는 국이 중요한 항해경보 또는 중요한 기상경보를 포함하는 통보를 전송하고자 하는 것을 표시한다. 즉, 항행의 안전에 관한 통보(등대 고장, 표류물, 유기물, 기뢰, 빙산 등에 관한 정보 등)나, 중요한 기상 경보를 전송하고자 할 때 사용한다.

> ① 무선전신의 긴급신호
> "TTT (– – –)"의 3회 반복으로 구성
> ② 무선전화의 긴급신호
> "SECURITY"의 3회 반복으로 구성

조난통신에 관련한 규정에서 무선통신규칙((Radio Regulations: RR)[113])은

> 1) 조난통신을 인지한 선박이, 스스로 조난국을 구조할 수 없는 경우는, 구조가 행해지고 있다는 것이 명백하게 될 때까지 그 통신을 추종하여야 한다.
> 2) 조난통신을 인지하고 조난통신에 참가하지 아니하는 모든 국은 통상 업무를 재개하여도 좋다는 통보를 수신할 때까지, 조난통신에 사용되고 있는 주파수로 송신하는 것을 금지한다.
> 3) 다만, 현재 조난통신이 행해지고 있는 경우에, 조난통신에 사용 중인 주파수를 사용하지 아니하고, 또한 조난통신을 방해하지 아니하는 것을 조건으로, 조난통신을 추종하면서 그의 통상 업무를 계속할 수 있다.
> 4) 조난 선박국이 그 선체를 포기하고자 할 때는 사정이 허락하는 한 그 송신설비를 계속하여 전파를 발사하는 상태로 두어야 한다.

SOLAS 규정의 조난신호의 남용 금지에서 선박 또는 항공기가 조난 중에 있다는 것을 나타내는 목적 이외의 조난신호의 사용 및 국제 조난신호와 혼동될 염려가 있는 각종 신호의 사용은 모든 선박 또는 항공기에 금지한다.

> 1) 조난신호를 수신한 선박의 선장은 가능하면 구조하러 간다는 것을 조난자에게 통보하고 전속력으로 조난자를 구조하기 위하여 항진해야 한다. 이것이 불가능하거나, 특수한 사정에 의해 구조하러 가는 것이 불합리하거나, 불필요하다고 인정되는 때에는 조난자를 구조하러 가지 못하는 이유를 항해일지에 기입하여야 한다.
> 2) 조난선박의 선장은 구조를 위한 호출에 응답한 여러 선박 중 구조하기에 가장 적당한 한 척 또는 두 척 이상의 선박을 요청하는 권리를 가지며, 이때 요청된 선박의 선장은 조난자의 구조를 위하여 전속력으로 항행을 계속하여 요청에 따를 의무가 있다.
> 3) 기타 선박의 선장은 자선 이외에 한 척 또는 두 척 이상의 선박이 요청되고, 또 그 구조의 요청에 따르고 있다는 것을 인지한 때는, ①에 의한 의무를 면제받는다. 또한 조난자 또는 조난자의 소재지에 도착한 다른 선박의 선장에 의해 이미 구조가 필요 없다는 통보를 받은 선박의 선장은 ①의 경우 및 ②에 의한 의무를 면제 받는다.

그리고 조난 통보의 의무 및 조치에서 전파관리법은 조난통신, 긴급통신 또는 안전통신의 발신 명령을 받고 불이행한 자 및 조난통신의 불취급 혹은 지연시킨 자 또는 누구를 막론하고 조난통신의 취급을 방해하는 자는 1년 이상의 유기징역에 처하며 이의 미수범도 처벌한다고 규정하고 있고 선원법 제12조(선박 충돌 시의 조치)에서 선박이 서로 충돌한 경우에는 각 선박의 선장은 서로 인명과 선박을 구조하는데 필요한 조치를 다하여야 하며, 선박의 명칭, 소유자, 선적항, 출항항 및 도착항을 상대방에게 통보하여야 한다. 다만, 자기가 지휘하는 선박에 급박한 위험이 있는 경우에는 그러하지 아니한다. 선장이 이 규정에 위반하여 인명과 선박의 구조에 필요한 조치를 다하지 아니한 때에는 징역 또는 벌금에 처한다고 규정

113) 국제전파규칙(Radio Regulations)의 제·개정, 신규 주파수 분배, 인접국가간 전파간섭 방지를 위한 보호기준 등을 결정 등을 위하여 전파통신총회(RA)와 연계하여 3~4년 주기로 개최한다. 전파 올림픽이라 불릴 만큼 전 세계 190여개 회원국 3,000여 명이 4주간 치열한 경쟁을 통하여 범세계적인 모든 전파통신 문제를 논의한다.

하고 있고, 제13조(조난 선박의 구조)에서 선장은 다른 선박 또는 항공기의 조난을 안 경우에는 인명을 구조하는데 필요한 조치를 다하여야 한다. 다만, 자기가 지휘하는 선박에 급박한 위험이 있는 경우와 교통부령이 정하는 경우에는 그러하지 아니한다. 선장이 이 규정에 위반한 때에도 징역 또는 벌금에 처한다고 규정하고 있다.

2. 해양경찰 무선통신

해양경찰청 정보통신망은 LTE통신망, 위성통신망(KOSNET), 전용통신망, 관공선망, SSB망, 항무통신망, 군경합동망(J-101망), 항공기유도망(J-201망), 항무용 워키토키, 소형정 업무망으로 구분한다.

〈표 5-6〉 해양경찰 무선통신망 특징

통 신 망	통신망의 특징
LTE통신망	동시 상황보고, 전파 및 지시등을 위한 통신망, 상용무선통신망을 이용하여 함정, 파출소, 상황실, 항공기 등에 사용하는 휴대통신망을 말한다.
위성통신망(KOSNET)	무궁화위성을 이용하여 본부·소속기관·함정 간 지휘·데이터·영상통신 등 다기능 통신망을 말한다. 주요기능은 음성, 화상전화, 데이터통신(전자결재), 함정위치표시, ENG영상전송 등 다양하다. 육상에서는 본청, 지방청 및 해경서에 설치 운용하고 해상에서는 100톤 이상 함정에 설치 운용
전용통신망	해양경찰 기본업무 수행을 위한 전용 아날로그 통신망, VHF대역의 전파를 이용하여 해상 및 상황실에서 기본임무 수행을 위한 해양경찰 전용 무선통신망
군경합동망	군(해군, 육군, 육경)세력과 비화 통신망(J-101망, J-201망)
관공선망	VHF대역의 전파를 이용하여 해군함정 및 다른 행정기관 선박과의 교신하기 위한 통신망
SSB망	어선 및 상선 등 조난통신 및 어업정보통신국과 정보교환, 특정·조업자제·일반해역에서 어선과 통신하는 통신망이고 설치대상은 해경서 상황실 및 전 경비함정(형사기동정). VHF전용통신망 불가 시 대체수단으로 사용
항무통신망	조난통신 및 항행업무 수행 시 사용하는 해상이동통신망, 설치대상은 해경서 전 함정, 채널 16번(156.8MHz)은 조난 구조 비상주파수, 채널 70(156.525MHz)은 DSC 조난 주파수로 사용해야 함.
군경합동망(J-101)	해군함정 및 해안레이더기지, 항공기 등 육해공 합동 통신망, 설치대상은 전 경비함정(형사기동정 포함)
항공기유도망(J-201)	함정에 설치되어 항공기와 이착륙 및 유사시 전투기 유도망, 설치대상은 1,500톤 이상 함정으로 헬기 이·착륙이 가능한 함정에 설치
항무용 워키토키	근거리 업무연락 및 조난선 구조를 위한 통신망
소형정 업무망(모바일네트워크)	100톤 미만 내부망용 데이터 전용 통신망, 모바일 네트워크와 모바일 현장 영상지휘 카메라 및 모바일오피스 조회기 등에 사용.

제3장 해양경찰 경비세력 운용

제1절 함정운영[114)]

1. 함정운영 관리

가. 용어 정의

1) "함정"이란 해양경찰 업무수행을 위하여 운용되는 선박(부선 및 부선거를 제외한다)을 말한다.

2) "경비함정"이란 해상경비를 주임무로 하는 함정을 말한다.

3) "특수함정"이란 해양경찰 특수목적 수행을 위해 운용되는 함정을 말한다.

4) "배속함정"이란 해양경찰서 또는 서해5도특별경비단 소속 함정을 일정한 기간 다른 해양경찰서 또는 서해5도특별경비단에 소속시키는 것을 말한다.

5) "당직함정"이란 전용부두 안전관리 및 각종 상황에 대한 조치 목적으로 매일 09:00부터 다음날 09:00까지 특별히 임무가 부여된 함정을 말한다.

6) "예비당직함정"이란 당직함정이 긴급 출동 시 당직함정 임무를 수행하기 위해 매일 09:00부터 다음날 09:00까지 지정된 함정을 말한다.

7) "전용부두(기지)"란 함정운항의 근거지로서 평상시 정박장소로 지정된 항·포구의 부두를 말한다.

8) "출동"이란 함정이 출동 지시서를 받고 임무수행을 위하여 전용부두(기지)를 출항하는 경우를 말한다(기상악화로 인하여 피항 중인 경우를 포함한다).

9) "정박"이란 출동임무를 마치고 모항(전진기지를 포함한다)에 입항하는 것을 말한다.

10) "모항"이란 함정운항의 근거지로서 평상시 관할 해양경찰서 소속 함정의 정박장소로 지정된 전용부두가 있는 항·포구를 말한다.

11) "정박당직"이란 정박 중인 함정의 화재·도난 또는 그 밖의 사고의 경계와 문서처리 및 업무연락 등을 하기 위해 함정에서 휴일 또는 근무시간 외에 근무하는 것을 말한다.

12) "해상종합훈련"이란 함정직원의 정신자세와 근무기강 확립으로 함정의 안전운항, 긴급상황의 효과적 대처, 해상사격 등 직무수행 능력의 향상을 위하여, 해양경찰교육원 종합훈련지원단에서 수립하는 연간 함정 교육훈련계획에 따라 실시하는 훈련을 말한다.

---

114) 함정 운영관리 규칙[해양경찰청훈령, 제319호, 2023. 1. 25., 일부개정].

13) “지방해양경찰청 주관 함정훈련”이란 함정의 안전운항과 대형 해양사고 등 긴급상황 대응, 해상 대간첩 작전 등 직무수행 능력의 향상을 위하여 지방해양경찰청 자체 계획에 따라 실시하는 종합적인 훈련을 말한다.

14) “직무훈련”이란 지방해양경찰청 훈련단 및 해양경찰서에서 정기수리를 완료한 함정에 대하여 수리기간 동안 침체된 임무수행 능력을 정상수준으로 향상시키기 위하여 실시하는 훈련을 말한다.

15) “취역훈련”이란 지방해양경찰청 훈련단 및 해양경찰서에서 신조함정에 대하여 장비운용 및 함정 안전운항능력 확보와 해상치안 임무수행 능력의 향상을 위하여 실시하는 훈련을 말한다.

16) “함정자체훈련”이란 함정 승무원의 기본임무 수행에 필요한 지식 및 기술의 습득과 행동요령의 숙달을 위하여 해양경찰교육원 종합훈련지원단에서 수립하는 연간 함정 교육훈련계획에 따른 함정별 자체계획에 따라 실시하는 훈련을 말한다.

17) “특수직무”란 함정의 출·입항, 상황배치, 그 밖의 특정한 상황에 따라 승무원에게 부여되는 직무를 말한다.

18) “통합정박당직”이란 중형함정, 소형함정 또는 특수함정이 전용부두에 2척 이상, 동일한 장소에 정박계류시 통합하여 정박당직을 편성·운용하는 것을 말한다.

19) “복수승조원제”란 경비함정 출동률을 향상시키기 위해 2개 팀 이상의 승조원이 1척 이상의 함정에서 교대근무를 실시하는 인력 중심의 제도를 말한다.

20) “대외지원”이란 관련 법령 및 행정규칙에 따라 해상경비 등 해양경찰 고유임무 수행을 제외한 국가기관, 지방자치단체, 공공기관, 언론사, 민간단체 등의 요청에 따라 관련 사람을 편승하여 함정이 출항하는것을 말한다.

21) “운용부서”란 함정 운항일정을 수립하는 부서로 해양경찰청은 경비과(형사기동정은 형사과, 방제정 및 화학방제함은 방제기획과), 지방해양경찰청은 경비과 및 경비안전과, 해양오염방제과, 해양경찰교육원은 교육훈련과, 해양경찰서는 경비구조과(형사기동정은 형사과, 방제정 및 화학방제함은 해양오염방제과, 순찰정은 해양안전과)를 말한다.

나. 소속 및 지휘

1) 함정은 해양경찰청장(해경청장), 지방해양경찰청장(지방청장), 해양경찰서장(해경서장), 서해5도특별경비단장(서특단장), 해양경찰교육원장(교육원장), 중앙해양특수구조단장(중특단장), 해양경찰정비창장(정비창장)이 지휘한다.

2) 해양경찰 파출소에 대한 함정의 배치는 해경서장이 한다.

3) 파출소에 배치된 함정에 대한 지휘권은 파출소장에게 위임할 수 있다.

4) 배속함정에 대한 지휘권은 배속받은 해양경찰관서의 장, 서특단장에게 있다.

5) 해경청장 및 지방청장은 구난사항과 그 밖에 임무수행을 위하여 필요한 경우에는 제3)항의 규정에도 불구하고 함정을 직접 지휘할 수 있다.

다. 함정호칭 및 분류

1) 경비함정의 호칭에 있어서는 250톤 이상 함정은 "함", 250톤 미만 함정은 "정"이라고 하며, 특수함정은 500톤 이상은 "함", 500톤 미만은 "정"이라 한다.

2) 함정은 그 운용목적에 따라 경비함정과 특수함정으로 구분한다.

3) 경비함정은 톤수에 따라 다음 각 호와 같이 경비함과 경비정으로 구분한다.

가) 대형 경비함(영문표기 MPL): 1,000톤급 이상

나) 중형 경비함(영문표기 MPM): 1,000톤급 미만 250톤 이상

다) 소형 경비정(영문표기 MPS): 250톤 미만

4) 경비함정은 해상경비 및 민생치안 업무 등 해상에서의 전반적인 업무를 수행하는 함정을 말한다.

5) 특수함정은 그 운용목적에 따라 다음 각 호와 같이 구분한다.

가) 형사기동정: 해상범죄의 예방과 단속활동을 주 임무로 하는 함정

나) 순찰정: 항·포구를 중심으로 해상교통 및 민생치안 업무를 주 임무로 하는 함정

다) 소방정: 해상화재 진압업무를 주 임무로 하는 함정

라) 방제정: 해양오염 예방활동 및 방제업무를 주 임무로 하는 함정

마) 예인정(영문표기 T): 예인업무를 주 임무로 하는 함정

바) 수리지원정: 함정수리 지원업무를 주 임무로 하는 함정

사) 공기부양정(영문표기 H): 천해, 갯벌, 사주 등 특수해역에서 해난구조와 테러예방 및 진압 임무를 수행하는 함정

아) 훈련함: 해양경찰교육원에서 실시하는 신임·기본·전문교육 및 대형 해양오염 방제 업무 등을 수행하는 함정

자) 훈련정: 불법외국어선 단속 훈련용으로 사용되는 함정

차) 잠수지원함(영문표기 D): 해상 수색구조 및 잠수 지원업무를 수행하는 함정

카) 화학방제함: 해상 화학사고 대비·대응 업무를 주 임무로 하는 함정

타) 특수기동정(영문표기 S): 불법조업 외국어선 단속 임무, 해양사고 대응 임무, 해양테러 및 PSI 상황 대응 임무를 수행하는 함정

〈표 5-7〉 특수기동정(영문표기 S)

구 분	영문표기	톤 수
중형특수기동정	SM (Special Medium)	50톤 이상
소형특수기동정	SS (Special small)	50톤 미만

라. 함정 명명

1) 경비함정은 톤급별 명칭을 지정 취역순서(또는 함정번호순서)로 다음 각호와 같이 부여한다.

가) 5000톤급 : 역사적 지명, 인물 나) 3000톤급 : 태평양 1호, 2호, ... 다) 1500톤급 : 제민 1호, 2호, ... 라) 1000톤급 : 한강 1호, 2호, ... 마) 500톤급 : 태극 1호, 2호, ... 바) 500톤급 미만 250톤급 이상 : 해우리 1호, 2호, ... 사) 250톤급 미만 50톤급 이상 : 해누리 1호, 2호, ... 아) 50톤급 미만 : 함정번호를 사용

2) 경비함정의 번호는 톤급별로 구분하여 취역일자 순으로 부여하되, 번호부여 방법은 해경청장이 따로 정하여 시행한다.

3) 특수함정의 명칭 및 번호는 그 용도와 취역 순위에 상응하도록 따로 부여한다.

4) 함정의 명명은 해경청장이 행한다.

5) 함정을 명명할 때에는 ① 함정번호 및 명칭 ② 소속 ③ 톤수 ④ 건조회사 ⑤ 건조번호 ⑥ 건조년·월·일을 명명장에 기재하고, 함정에 교부하여야 한다.

마. 함정운용

1) 편제

가) 신조 또는 편입된 함정의 배치와 운용 중인 함정의 지방해양경찰청 간 이동배치는 해경청장의 편제명령에 따르고, 지방해양경찰청 소속 해양경찰관서 간 이동배치(대형함정 제외)는 지방청장의 편제명령에 따른다.

나) 해경청장과 지방청장은 해역별 특성 및 치안수요를 감안하여 함정의 편제를 조정한다. 다만, 지방청장이 함정의 편제를 조정할 경우 서면으로 해경청장에게 보고해야 한다.

다) 지방청장 또는 해경서장은 함정의 배속이 필요한 경우 서면으로 해양경찰청장의 승인을 받아야 한다.

2) 증가배치

지방청장 또는 해경서장, 서특단장이 함정 증가배치를 하는 경우는 다음 각호와 같다.

가) 간첩선 출현 등 적정상황 발생시 나) 대형 해양오염사고 발생시 다) 대형 해양사고 발생시 라) 해상 집단 행동 발생시 마) 중앙언론매체 보도 등 사회적 이목이 집중되는 사고 바) 그 외의 중요 긴급 상황으로 함정증가 배치가 불가피한 경우라고 판단될 때

긴급상황 발생 시 1차 초동조치는 인근 출동함정이 2차는 상황에 따라 연인해역 출동함

정, 특수함정, 당직함정이 대응하도록 한다.

3) 당직함정 및 예비당직함정

가) 해경서장, 서특단장은 당직함정, 예비당직함정을 매일 1척씩 09:00시부터 다음날 09:00시까지 지정하여 운용한다.

나) 관할해역, 서특단 구역 내 상황발생시 인근 출동함정이 초동조치하고, 상황에 따라 2차 대응을 위해 당직함정은 긴급출동에 대비해야 한다.

다) 당직함정이 긴급 출동 시 예비당직함정이 당직함정 임무를 수행한다.

라) 출동함정이 전용부두로 피항 시에는 피항함정이 당직함정 임무를 겸하여 수행하며 총원대기 긴급출동에 대비한다. 다만, 출동함정 2척 이상이 전용부두에 피항한 경우 당직함정 임무를 겸하는 함정을 제외한 피항함정은 기상, 치안수요 등을 고려하여 해경서장, 서특단장이 대기여부를 적의 조정할 수 있다.

마) 경비함정에 복수승조원제 운영 시 당직함정의 정박당직근무자는 복수승조원 팀 중 정박함정에 근무하는 승조원 팀 직원으로 한다.

바) 당직함정의 정박당직근무자 또는 통합정박당직근무자(이하 '당직근무자'라 한다)를 제외한 다른 직원은 일과시간 후 긴급출동에 대비하여 자가대기를 원칙으로 한다.

4) 안전 운항

함·정장은 함정의 안전을 위하여 필요한 예방조치와 인명 및 재산의 보호에 최선을 다하여야 한다. 기상악화나 농무 등으로 인하여 임무수행이 불가능하거나 함정안전에 위험이 있다고 판단될 때에는 해경서장, 서특단장, 해양경찰교육원장의 승인을 받아 안전해역으로 피항하여야 한다. 다만, 사전승인을 받을 시간적 여유가 없는 경우에는 먼저 피항조치를 한 후 지체 없이 보고하여 승인을 받아야 한다. 함·정장이 직접 함정을 지휘하는 경우는 다음 각호와 같다.

가) 출입항, 투양묘, 해상에서 다른 선박과 계류할 때 나) 협수로를 통과하거나 저시정 상태에서 항해할 때 다) 함정 승무원 전원을 특수직무 분담표에 따라 배치할 때 라) 그 밖에 함정에 위험이 있거나 위험하다고 판단될 때

바. 공기부양정 운용

공기부양정은 중형공기부양정과 대형공기부양정의 구분하고 대형공기부양정은 서해5도 위기상황 발생 시 도서주민 안전후송, 대응전력 및 복구물자 이송 지원에 관한 임무를 수행하며, 평상시에는 대체세력이 없고 긴급한 상황인 경우 저수심, 갯벌 등 연안해역 해양사고 시 구조활동 및 안전관리 임무를 수행한다. 중형공기부양정은 저수심, 갯벌 등 연안해역 해양사고 시 구조활동 및 안전관리 임무를 수행한다. 중·대형 공기부양정을 운용하는 해경서장은 필요한 경우 「해양경비법」에 따른 해양경비 활동을 수행하게 할 수 있다.

〈표 5-8〉 공기부양정 영문표기(톤수별)

구 분	영문표기	톤 수	비 고
대형공기부양정	HL (Hovercraft Large)	80톤 이상	200인승
중형공기부양정	HM (Hovercraft Medium)	25 ~ 80톤	70인승

사. 예인정 운용

예인정의 주요임무는 다음 각 호와 같다.

1) 함정 출·입항 보조 및 수리함정 예인 이동

2) 연안 구조활동 및 구조선박의 항·포구 등 안전지대 예인 이동

3) 유류바지 및 전용부두 압송선박(외국선박) 등 예인 이동

주요 임무 이외에도 상황발생시 선박화재 진압 및 해양오염 방제활동 등을 지원할 수 있다. 그리고 예인정을 운용하는 해경서장은 필요한 경우 「해양경비법」에 따른 해양경비활동을 수행하게 할 수 있다.

2. 함정 근무방법

가. 출동 중 근무

1) 함정이 출동 시에는 함 · 정장의 허가 없이 하선하여서는 아니 된다.

2) 함정이 항해 중에는 항해 · 기관 · 통신부서 등 항해 당직을 편성 운용한다.

3) 항해 당직근무는 함 · 정장을 제외한 총원에 대하여 각 기능별로 00:00시 기준으로 4시간씩 3직제로 편성하여 윤번제로 근무함을 원칙으로 하며, 항해목적 및 근무인원 등을 고려하여 함 · 정장이 적의 조정할 수 있다.

4) 기상악화 등으로 출동 중 전용부두 이외의 항 · 포구 또는 연안해역에서 피항 중인 함정은 항해 당직조를 편성하여 배치해야 한다. 다만, 전용부두로 피항 시는 총원 대기하되 긴급출동에 대비한다.

5) 중형 경비함정 이상의 출동 중 함정근무는 표준일과표에 의한다.

6) 출동 중 표준일과표 근무의 적용 배제 사항은 다음 각 호와 같다

가) 기상 불량, 미세먼지 · 혹서기 · 혹한기 · 대설 등 기상 이변 발생시

나) 해상종합훈련, 함정 행사 지원 등으로 표준일과표대로 운영이 불가하다고 함 · 정장이 판단할 시

다) 다수의 승조원들이 외국어선 단속 · 해양사고 대응 등 상황 발생으로 휴식을 하지 못하여 표준일과표대로 운영이 불가하다고 함 · 정장이 판단할 시

나. 휴무일의 지정

해경서장, 서특단장은 함정이 출동으로 인하여 연일 근무한 경우에는 출동에 따른 피로를 감안하여 출동임무를 종료하고 모항에 입항한 후 정박 기간 중에 근무일 및 휴무일을 지정하여 운용한다. 경비함정에 복수승조원제 운영 시 소속기관장은 승조원 팀별 휴무일을 지정하여 운용할 수 있다. 경비함정의 함정 휴무에 관한 사항은 다음 각 호와 같다.

1) 함·정장은 출동결과 보고 시 근무일을 포함(복수승조원 운영 함정을 제외한 경비함정의 근무일은 차기 출동 전 정박기간의 최대 2분의 1 비율을 지정한다)한 업무계획을 해경서장, 서특단장에게 보고하고 이를 시행한다.

2) 함·정장이 보고한 근무일 외 기간(복수승조원제 함정은 팀별 휴무 기간)을 추가적으로 근무하려면 업무계획서를 제출하여, 해경서장 및 서특단장의 승인을 받은 후 추가적으로 근무를 실시하고 실시 후 결과를 보고해야 한다.

3) 휴무일은 출동임무 종료 후 근무일을 제외한 나머지 일수를 실시하는 것을 원칙으로 한다.

4) 특수함정의 휴무는 해경서 자체계획에 따른다.

5) 해경서장, 서특단장은 긴급 출동상황 발생, 해상종합훈련 수검 등 불가피한 경우를 제외하고는 휴무실시를 보장한다. 휴무를 실시하는 함정은 비상소집 체제를 유지해야 한다. 지정한 근무일 외 추가로 더 근무가 필요한 사항은 다음 각 호와 같다.

① 각종 훈련 수검 및 준비
② 긴급수리 발생으로 추가 정비 필요
③ 해상 안전관리 등 업무 지원
④ 그 밖에 함·정장이 필요하다고 판단할때

다. 정박중 근무

함·정장은 일과 시 함정 직원을 지휘 감독하고 각 부서장은 함·정장을 보좌하여 소관업무를 관장 집행하며 제반사항을 기록·유지해야 한다. 태풍내습, 해상 대간첩작전 등 비상시 정박당직 근무인원은 해경서장, 서특단장 또는 함·정장의 지시에 따라 편성한다.

라. 정박당직

함정 정박당직업무는 부장이 관장한다. 함·정장은 토요일, 공휴일, 휴무일 및 정상근무가 종료된 때부터 다음날 정상근무나 통합정박당직근무가 개시될 때까지 정박당직을 편성·운용한다. 정박당직의 효율성을 기하기 위하여 신규채용자 및 전입자는 7일간, 그 밖의 유예승인을 받은 자는 그 기간 중 정박당직을 유예할 수 있다. 함·정장은 출동명령서에 의한 출동 임무 수행, 해상종합훈련 수검 등 불가피한 경우를 제외하고는 당직근무자에 대하여 다음날 1일 휴무하게 해야 한다. 정박당직의 기본 근무요령은 다음과 같다.

1) 정박당직 중에는 함정 내 근무를 원칙으로 한다(통합정박당직근무자의 순찰, 전용부두 순찰 등은 예외로 한다).
2) 함·정장은 당직근무자를 2조로 편성, 1조씩 당직실 근무를 명한다.[조별 교대시간: 13:00, 02:00(1시간 내외 조정 가능)]
3) 당직실 당직근무자는 순찰, 출입자 관리, 장비 점검 등 임무를 수행하며, 그 밖의 인원은 함정 내에서 자율 복장으로 취침 등 휴식을 취할 수 있다.

당직근무자의 인원은 함정의 크기 및 함정 승조원(의무경찰 제외)의 수를 고려하여 다음 각 호와 같이 편성하되, 당직관은 당직원과 함께 당직 근무를 편성 운용한다. 단 예인정은 톤급에 관계없이 250톤급 미만 기준에 따른다.

1) 5,000톤급 이상 : 4명 이내(당직함정은 4명) 2) 3,000톤급 이상 : 3명 이내(당직함정은 4명) 3) 1,000톤급 이상 : 3명 이내(당직함정은 3명) 4) 250톤급 이상 : 2명 이내(당직함정은 2명) 5) 250톤급 미만 : 1명

중형함정, 250톤 미만의 소형함정 또는 특수함정이 전용부두에 2척 이상이 동일한 장소에 정박 계류 중일 때에는 다음 각 호와 같이 통합정박당직 근무를 편성·운용할 수 있다.

1) 중형함정 : 척당 2명 이내 2) 소형함정 : 척당 1명 이내

함정의 현문에는 현문근무자를 배치·운용한다. 다만, 통합정박당직 근무를 편성하는 소형함정은 통합하여 현문근무자를 배치·운용할 수 있다.

당직관의 주요 임무는 다음 각 호와 같다.

1) 당직근무 중 발생한 사고에 대한 필요한 조치 2) 의무경찰 관리 및 무기·탄약고 관리 3) 당직원 지휘통솔 및 근무지정 4) 일지기록 유지 등 제반 안전관리 5) 그 밖에 함·정장이 지시하는 사항

당직원의 주요 임무는 다음 각 호와 같다.

1) 출입자 통제 및 함내 보안점검 2) 함정 자체경비 및 화재, 총기 등의 안전사고 예방 순찰 3) 통신망 관리, 함정 계류상태 및 기상변화에 따른 안전관리 확인 4) 누전, 침수 등 함정 전반에 대한 안전관리 및 기관실 화재 예방 5) 그 밖에 당직관이 지시하는 사항

당직원의 근무요령은 다음 각 호와 같다.

1) 정박당직 중 발생된 중요 사건·사고에 대한 초동조치 및 관련사항은 당직관에게 보고한다.
2) 당직원은 당직근무 시간 외에는 함정안에서 휴식 할 수 있으며 근무지를 이탈하여서는 아니 된다.
3) 당직원은 함내외 전반을 순찰하여 화재 및 침수 등 각종 사고를 미연에 방지한다.
4) 정박당직에 관한 서류, 그 밖의 정박당직 관련 업무사항을 차기 당직원에게 인계해야 한다.

당직근무자는 손전등, 경적등을 휴대하여 함정내외를 매 3시간마다 1회 이상 순찰하고 순찰표에 이상유무를 기록해야 하며 특이사항 발견 시 초동조치 후 당직관에게 즉시 보고한다. 단, 전자순찰시스템일 경우 순찰 리더기를 전자태그에 접촉함으로써 순찰표 기록을 대신한다.

함정의 순찰함 비치 장소는 다음 각호와 같다. 단, 소형정은 4호, 5호 장소에 대해 정장이 판단하여 조정할 수 있다.

1) 무기·탄약고
2) 기관실
3) 조타실(전탐·통신)
4) 함수·함미의 포대 또는 상비상자
5) 타기실 등
6) 그 밖의 함·정장이 필요하다고 판단되는 장소

마. 함정근무자의 복무

함정소속에서 근무하는 공무원은 현업 공무원으로 본다. 교육원장·지방청장·해경서장, 서특단장은 함정 승조원에 대한 인사상담·고충처리 및 근무여건 등을 파악하여 직무의욕을 고취시키고 사기진작에 노력해야 한다. 함정근무자의 출동기간 중의 연가는 그 일수로(공휴일 포함) 산정하고, 출동기간 중 연가를 원하는 때에는 출동기간과 동일한 연가일수를 신청해야 한다. 다만, 개인 사정 등이 있는 경우 출동기간 일부에 대하여 연가를 신청할 수 있다. 출동기간 중 일부의 기간에 대하여 연가, 공가(출장·교육을 포함한다), 병가 또는 특별휴가를 받은 경우, 함정에서는 이를 소속기관의 장에게 보고해야 한다. 소속기관의 장은 출동기간의 나머지 기간에 대하여 해당 근무자를 파출소 등 다른 부서에 근무하도록 할 수 있다. 다만, 해당 함정근무자가 출동기간 중 함정에 복귀하는 경우에는 그러하지 아니하다. 그리고 함정근무자의 특별휴가·공가·병가 및 정박 중의 연가에 대해서는 일반근무자와 동일하게 처리한다.

바. 함정의 대외지원

함정을 대외기관 업무에 지원할 수 있는 경우는 다음 각 호와 같다.

1) 국가기관, 지방자치단체가 추진하는 공익성 업무 지원

2) 해양경찰 홍보와 직접적으로 관련된 사항
3) 해양경찰 기관과 업무 협력에 관한 협정서(양해각서)가 체결된 경우
4) 해양경찰 정책추진에 부합하는 대외기관의 업무

제2절 해상 특수기동대 운영[115)]

1. 특수기동대 운영 일반

「해상특수기동대(특수기동대)」란 해양경찰청 소속 경비함정에 특수임무 수행을 위해 편성·운영되는 기능을 말한다. 「특수진압대」는 서해5도 특별경비단 소속으로 NLL을 침범한 불법조업 외국어선 단속 및 퇴거를 주 임무로 하고 그 밖에 특수임무를 수행하기 위해 편성·운영되는 단위조직을 말한다.(단, 특수진압대의 운영에 있어서 제3조1항의 "특수기동대"로 간주하며, 중부지방해양경찰청장은 특수진압대 세부 운영규칙을 별도 수립 할 수 있다.)

2. 편성·운영

1) 각 지방해양경찰청 소속 대형 경비함과 인천해양경찰서 및 서해5도 특별경비단(이하 "서특단"이라 한다) 소속 중형 경비함에 특수기동대를 운영하고, 편성기준은 다음 각 호와 같다.
가) 중부·서해·제주지방청 소속 대형 경비함 : 18명(2개팀 × 9명)
나) 동해·남해지방청 소속 대형 경비함 : 9명(1개팀)
다) 서특단 소속 특수진압대 : 6명 (1개팀)
2) 특수기동대원은 함정 구조팀과 그 외 부서 경찰관으로 구성하되, 구조·특공직별 경찰관은 함정 구조팀에 우선 지정한다.

3. 임무

1) 불법외국어선의 단속
2) 해상 대테러 임무 수행
3) 해상 범죄 단속
4) 해상집단 행동 대응
5) 그 밖에 함정의 임무 수행을 위해 실시하는 검문검색 등 필요한 사항

115) 해상특수기동대 운영 규칙, [해양경찰청훈령 제252호, 2021. 10. 12., 일부개정], 해양경찰청(경비과).

4. 지휘·감독

1) 함장은 특수기동대 편성, 운영, 관리, 교육·훈련 및 복무 상황 등을 지휘·감독한다.(단, 서특단 소속 특수기동대 및 특수진압대의 지휘·감독은 「서해5도 특별경비단 운영규칙」에 따른다)

2) 구조팀장 또는 선임 특수기동대원은 함장을 보좌하여 특수기동대원 편성, 운영 및 교육· 훈련에 관한 사항과 그 외 특수기동대 운영에 관한 사항을 담당한다.

제3절 서해5도특별경비단 운영(서특단)116)

1. 조직 및 임무

가. 조직

1) 서특단에는 경비지원과, 경비작전과, 특수진압대를 두고, 경비지원과에는 기획운영계 · 교육훈련계 · 경리계 · 정비보급계 · 정보통신계, 경비작전과에는 경비작전계 · 외사계 · 상황실, 특수진압대에는 교육훈련지원팀 · (연평 · 대청)특수진압팀 · 특수기동정운영팀을 둔다.

2) 서특단 소속 함정은 해양경찰청장의 편제명령에 따른다.

나. 서특단 임무

가) 전담임무
① 불법조업 외국어선 단속
② 불법조업 외국어선과 필요시 기타 외사사범의 수사 및 사후처리
③ 북한 국지도발에 대비 우리국민 보호활동
④ 접적해역 관할 군부대와 업무협조

나)지원임무
① 월선 북어선 또는 귀순어선·어민에 대한 초동조치
② 각종 해양사고 및 해양오염 사고에 관한 초동조치
③ 그 밖에 전담임무 이외의 초동조치

116) 서해5도특별경비단 운영규칙, [중부지방해양경찰청훈령 제37호, 2021. 5. 28., 일부개정, 중부지방해양경찰청(서해5도특별경비단).

2. 지휘

1) 서해5도특별경비단장(이하 "서특단장"이라 한다)은 배속 함정의 지휘권을 갖는다. 다만, 연평 · 대청 · 백령전진기지에 배치된 특수진압대의 지휘권은 특수진압대장에게 위임할 수 있다.

2) 중부지방해양경찰청장(이하 "중부지방해경청장"이라한다)은 구난사항과 그 밖의 임무수행을 위하여 필요한 경우에는 제1항의 규정에도 불구하고 서해5도특별경비단 배속함정을 지휘 할 수 있다.

3) 서특단장은 경비구역 내에서 제4조(임무) 제1항에 명시된 전담임무 이외 제2항의 지원임무 상황 발생 시 권한의 범위 내에서 초동조치 후 지체 없이 인천해양경찰서장(이하 "인천해경서장"이라 한다)에게 상황 지휘권을 인계한다.

3. 해양경비 활동

가. 해양경비구역

서특단의 경비구역은 해양경비규칙에 의하여 지정된 구역으로 하고, 함성의 출동은 월산함정운용계획에 따라 서특단장의 출동명령에 따른다. 다만 긴급상황이 발생한 경우에는 유·무선 전화 등을 이용하여 구두로 지시할 수 있다.

나. 경비방법

1) 광역구역은 서특단장 지휘 하에 대형함정을 운영하여 경비한다. 다만, 치안수요 증가 등 필요시에는 중형함정도 경비 하게 할 수 있다.

2) 서특단 구역은 서특단장 지휘 하에 중형함정을 운영하여 경비한다. 다만, 치안수요 증가 등 필요시에는 대형함정도 경비 하게 할 수 있다.

3) 광역구역 경비함정은 항공순찰 결과를 공유하여 해 · 공 입체적 경비활동이 이루어질 수 있도록 한다.

4) 광역구역에서는 우리어선 NLL 월선 · 조업 방지, 외국어선 불법조업 감시 · 단속, 북한상선 감시, 수색구조, 한중간 EEZ 경계획정 및 대륙붕 관련 분쟁 대응에 중점을 두고, 경비단 구역에서는 우리어선 NLL 월선 · 조업 방지, 외국어선 불법조업 감시 · 단속 등에 중점을 두고 경비활동을 수행한다.

다. 경비함정 배치

1) 서특단장은 경비구역별 1일 1척씩 경비함정을 배치하고 긴급수리·상황발생·치안수요 등을 고려, 중부지방해경청장의 승인을 얻은 경우에는 경비구역 및 경비함정 배치를 조정할

수 있다.

2) 서특단장은 해상치안상황 및 외국어선 분포도 등에 따라 중부지방해경청장의 승인을 얻어 중부지방해양경찰청 관할 내에서 경비단 임무를 수행할 수 있다.

4. 함정 운용

가. 함정운용

서특단 소속 함정은 출동, 정비, 출동대기(훈련 · 휴무)의 3교대 개념으로 운용함을 원칙으로 한다. 다만, 중형함정은 별도 지침을 수립하여 복수승조원을 운용할 수 있다. 긴급한 사유 및 함정수리 등 필요시에는 3교대 근무를 변경하여 실시할 수 있다. 정박 중인 함정은 계획된 정비와 교육 · 훈련을 실시하여야 하며, 복수승조원을 운영하는 중형함정은 교대팀과 인계팀이 공동으로 정비하여야 한다.

나. 대기함정지정·지휘

서특단장은 서특단 및 인천해경서 소속 함정 중 대기함정을 매일 1척씩 지정하여 통합 운용하고, 대기함정은 불법조업 외국어선 관련 상황발생 시에는 서특단장이, 그 외 상황발생 시에는 인천해경서장이 지휘할 수 있다. 대기함 · 정장은 전용부두 정문당직자 운용, 나포 불법외국어선 감시 등 전용부두 전반적인 안전관리 임무수행 및 전용부두에서 발생하는 상황에 대하여 초동조치를 하여야 한다.

5. 서해5도특별경비단 특수진압대 운영[117)]

서해5도특별경비단 운영규칙[118)] 제18조에 따라 서해5도특별경비단(서특단) 소속 특수진압대의 편성·운영한다. 사용하는 용어의 뜻은 다음 각 호와 같다.

1) 「특수진압대」란 NLL을 침범한 불법조업 외국어선 나포단속 및 퇴거를 주 임무로 하고 그 밖에 특수임무를 수행하기 위해 편성·운영되는 단위조직을 말한다.

2) 「특수진압팀」이란 본조 1)호의 임무를 수행하기 위해 단정1척을 운영하는 최소단위 조직을 말한다.

3) 「특수임무」란 주 임무 외에 해상특수범죄 초동조치 및 진압 지원, 해상경호, 해상대테러 지원 및 해난구조 초동조치 등의 임무를 말한다.

4) 「방탄정」이란 불법외국어선 단속활동, 해난구조와 테러예방 및 진압 임무를 수행하는

117) 서해5도특별경비단 특수진압대 운영규칙, [중부지방해양경찰청훈령 제40호, 2021. 8. 23., 일부개정]
118) 서해5도특별경비단 운영규칙, [중부지방해양경찰청훈령 제37호, 2021. 5. 28., 일부개정]

고속단정을 말한다.

5) 「특수기동정」이란 불법조업 외국어선 단속 임무, 해양사고 대응 임무, 해양테러 및 PSI 상황 대응 임무를 수행하는 함정을 말한다.

가. 특수진압팀 임무

1) NLL 침범 불법 외국어선 검문검색 및 검거 2) 해상특수범죄 단속 등 초동조치 및 지원 3) 해양관련 경호경비 및 국가중요행사의 안전 활동 지원 4) 해상대테러 지원에 관한 사항 5) 자체 교육훈련 계획 수립 및 집행에 관한 사항 6) 해난구조・구급 초동조치 및 지원과 관련 장비 관리・운영 7) 특수기동정 항해 안전을 위하여 필요시 운용팀장은 진압팀장 협조하에 견시 등 임무를 부여

나. 지휘·감독

서특단장은 특수진압대 편성, 운영, 관리, 교육·훈련 및 복무 상황 등을 지휘·감독한다. 특수진압대장은 서특단장을 보좌하여 특수진압대원 편성, 운영 및 교육·훈련에 관한 사항과 그 외 특수진압대 운영에 관한 사항을 담당하고, 각 특수진압팀장은 각각의 진압팀을 지휘하여 임무를 수행하며, 특수기동정 운용팀장은 운용팀을 지휘하여 임무를 수행한다.

다. 작전구역

특수진압대의 활동구역은 서특단의 작전구역으로 한다. 단, 서특단장은 특수기동정, 방탄정의 안정성을 고려하여 활동구역을 제한할 수 있다.

라. 임무수행방법

1) 연평특수진압팀은 불법외국어선 나포, 퇴거 및 차단 작전 시 해군함정 및 규칙 제16조의 규정에 따른 서특단 구역을 담당하는 경비함정과 합동작전을 수행함을 원칙으로 한다.

2) 대청특수진압팀은 불법외국어선 나포, 퇴거 및 차단을 위한 단독작전을 지양하며, 규칙 제16조의 규정에 따른 서특단 구역 및 중부광역 1구역을 담당하는 경비함정과 합동작전을 수행함을 원칙으로 한다.

3) 서특단장은 필요시 특수진압대를 대형함정에 편승시켜 단속임무를 수행토록 할 수 있다.

4) 특수진압대는 NLL주변해역의 외국어선 불법조업 감시·단속 등에 중점을 두고 임무를 수행한다. 각 특수진압팀은 서특단 구역을 담당하는 경비함정과 수시로 정보교환을 통해 유기적인 협력체계를 유지하여야 한다.

제4절 함정교육훈련[119)]

1. 훈련실시 및 용어

함정 교육훈련에 관한 규정은 함정운영관리 규칙 제22조, 제23조, 제24조 에 따라 실시한다. 교육훈련은 「해양경찰 현장부서 훈련 규칙」 및 해양경찰교육원 종합훈련지원단의 연간 함정 교육훈련 계획에 따라 실시하고, 함정의 훈련은 해양경찰교육원 종합훈련지원단 주관 해상종합훈련, 지방해양경찰청 및 해양경찰서, 서특단 주관 함정훈련, 직무훈련, 취역훈련 및 함정자체 훈련으로 구분하며, 함정요원의 직무수행 능력 향상에 필요한 훈련 위주로 실시한다. 해상훈련에 관한 세부 사항은 해양경찰교육원 종합훈련지원단의 연간 함정 교육훈련 계획 및 함정훈련교범에 따른다.

출동 중 함정장은 경비작전 임무 수행을 위한 교육훈련을 실시해야 하고, 교육훈련은 치안여건, 상황 고려하여 함정장이 적의 실시 · 조정할 수 있다. 그리고 특수함정에 대한 훈련은 그 사용목적에 따라 해양경찰교육원 종합훈련지원단의 연간 함정 교육훈련 계획에 따라 실시한다. 함정 용어의 뜻은 다음과 같다.

① "함정"이란 해양경찰 업무수행을 위하여 운용되는 선박(부선 및 부선거를 제외한다)을 말한다.
② "경비함정"이란 해상경비를 주임무로 하는 함정을 말한다.
③ "특수함정"이란 해양경찰 특수목적 수행을 위해 운용되는 함정을 말한다.
④ "배속함정"이란 해양경찰서 또는 서해5도특별경비단 소속 함정을 일정한 기간 다른 해양경찰서 또는 서해5도특별경비단에 소속시키는 것을 말한다.

2. 함정훈련의 종류

가. 해상종합훈련

"해상종합훈련"이란 함정직원의 정신자세와 근무기강 확립으로 함정의 안전운항, 긴급상황의 효과적 대처, 해상사격 등 직무수행 능력의 향상을 위하여, 해양경찰교육원 종합훈련지원단에서 수립하는 연간 함정 교육훈련계획에 따라 실시하는 훈련을 말한다.

나. 취역훈련

"취역훈련"이란 지방해양경찰청 훈련단 및 해양경찰서에서 신조함정에 대하여 장비 운용 및 함정 안전운항능력 확보와 해상치안 임무수행 능력의 향상을 위하여 실시하는 훈련을 말한다.

---

119) 함정 운영관리 규칙. [해양경찰청훈령 제319호, 2023. 1. 25., 일부개정]

다. 직무훈련

"직무훈련"이란 지방해양경찰청 훈련단 및 해양경찰서에서 정기수리를 완료한 함정에 대하여 수리기간 동안 침체된 임무수행 능력을 정상수준으로 향상시키기 위하여 실시하는 훈련을 말한다.

라. 자체교육훈련

"함정자체훈련"이란 함정 승무원의 기본임무 수행에 필요한 지식 및 기술의 습득과 행동요령의 숙달을 위하여 해양경찰교육원 종합훈련지원단에서 수립하는 연간 함정 교육훈련계획에 따른 함정별 자체계획에 따라 실시하는 훈련을 말한다.

마. 지방청 주관 함정훈련

"지방해양경찰청 주관 함정훈련"이란 함정의 안전운항과 대형 해양사고 등 긴급 상황 대응, 해상 대간첩 작전 등 직무수행 능력의 향상을 위하여 지방해양경찰청 자체 계획에 따라 실시하는 종합적인 훈련을 말한다.

제5절 해양경찰 비상소집

1. 비상소집 일반

비상소집이라 함은 비상상황이 발생하거나 발생할 우려가 있어 현행 근무인력으로 상황조치가 어려운 경우 소속 공무원을 해당 소집장소로 집결하게 하는 것을 말한다. 다만, 비상상황에 미치는 상황은 아니나 현행 근무인력으로 상황처리가 어려운 경우도 포함한다. 해양경찰청 비상소집 및 근무규칙(해양경찰청훈령)[120]은 「경찰공무원 복무규칙」 제14조에 따라 가용인력과 가용경비세력을 동원하여 해상치안상의 비상상황에 효율적으로 대처함을 그 목적으로 하고 이 규칙에서 사용하는 용어의 정의는 다음 각 호와 같다.

1) "비상상황"이라 함은 해양주권·안보·안전·치안·오염과 관련하여 중요상황이 발생하거나 발생할 우려가 있어 다수의 경력을 동원할 필요가 있는 때를 말한다.
2) "비상소집"이라 함은 비상상황이 발생하거나 발생할 우려가 있어 현행 근무인력으로 상황조치가 어려운 경우 소속 공무원을 해당 소집장소로 집결하게 하는 것을 말한다. 다만, 비상상황에 미치는 상황은 아니나 현행 근무인력으로 상황처리가 어려운 경우도 포함한다.

120) 해양경찰청 비상소집 및 근무규칙[해양경찰청훈령 제252호, 2021. 10. 12., 일부개정], 해양경찰청(경비과).

3) "비상근무"라 함은 비상상황 하에서 업무수행의 계속성을 유지하는 것을 말한다.
4) "해상경계강화"라 함은 관내 취약요소에 대한 순찰과 감시를 강화하고 유관기관 간 정보교환을 철저히 하는 등 즉응태세를 유지하는 것을 말한다.
5) "지휘통제선상 위치"라 함은 지휘관이 유사시 통신으로 즉시 상황지휘가 가능하고 1시간 내 상황지휘 및 상황근무가 가능한 위치에서 대기하는 것을 말한다.
6) "비상대기 태세 유지"라 함은 지휘관을 제외한 공무원이 비상연락체계를 유지하면서 비상소집이 가능한 위치에서 대기하는 것을 말한다.
7) "비상업무 주무부서"라 함은 기관 전체의 비상연락망을 유지하고 비상업무를 관리·감독하는 부서로 종합상황실을 포함한 경비업무를 담당하는 부서(해양경찰교육원과 해양경찰정비창은 총무기능)를 말한다.
8) "가용인력"이라 함은 출장·휴직·휴가·파견·교육 중(이하 사고)인 인원과 가용경비세력 운용인력을 제외하고 실제 동원될 수 있는 인원을 말한다.
9) "가용경비세력"이라 함은 수리중인 함정 및 항공기를 제외하고 실제 동원될 수 있는 함정 및 항공기와 그 운용인력을 말한다.
10) "필수요원"이라 함은 비상발령권자가 지정한 자로 비상소집 시 1시간 이내에 응소하여야 할 공무원을 말한다.
11) "일반요원"이라 함은 필수요원을 제외한 공무원으로 비상소집 시 2시간 이내에 응소하여야 할 공무원을 말한다.

2. 비상근무

가. 비상근무의 종류

1) 경비비상
2) 구조비상
3) 정보수사비상
4) 방제비상

나. 비상근무의 등급

1) 갑호비상
2) 을호비상
3) 병호비상
4) 해상경계강화

각종 비상상황의 긴급성 및 중요도에 따라 비상발령권자가 비상등급을 설정하여 운용한다.

〈표 5-9〉 비상근무 종류 및 세부사항

비상근무 종류에 따른 등급별 세부상황	
▌경비비상	
갑호	1. 전시, 사변 또는 이에 준하는 비상사태가 발생하였거나 발생이 임박하여 긴장이 최고조에 이른 경우 2. 대규모 집단사태·테러 등의 발생으로 사회가 극도로 혼란하게 되었거나 그 징후가 현저한 경우 3. 국제행사·기념일 등을 전후하여 해상경비수요가 증가하여 가용 경력을 100% 동원할 필요가 있는 경우
을호	1. 전시, 사변 또는 이에 준하는 비상사태와 관련된 긴장이 고조된 경우 2. 대규모 집단사태·테러 등의 발생으로 사회가 혼란하게 되었거나 그 징후가 예상되는 경우 3. 국제행사·기념일 등을 전후하여 해상경비수요가 증가하여 가용 경력을 50% 동원할 필요가 있는 경우
병호	1. 전시, 사변 또는 이에 준하는 비상사태와 관련된 징후가 현저히 증가된 경우 2. 적의 국지도발이 있는 경우로서 경비비상 "갑호" 또는 "을호"의 발령 단계에 이르지 아니한 경우 3. 집단사태·테러 등의 발생으로 사회적 혼란 발생이 예상되는 경우 4. 국제행사·기념일 등을 전후하여 해상경비수요가 증가하여 가용 경력을 30% 동원할 필요가 있는 경우
▌구조비상	
갑호	재난으로 인명 또는 재산의 피해정도가 매우 크거나 재난의 영향이 사회적·경제적으로 광범위한 경우
을호	재난으로 인명 또는 재산의 피해정도가 현저히 증가되거나 재난의 영향이 사회적·경제적으로 미치는 경우
병호	재난으로 인명 또는 재산의 피해정도가 크고 재난이 사회적·경제적으로 영향을 미칠것으로 예상되는 경우
▌정보수사비상	
갑호	사회 이목을 집중시킬만한 중대범죄 발생 시
을호	중요범죄 사건발생 시
▌방제비상	
갑호	전시 또는 재난적 해양오염사고로 인명, 재산 및 환경피해가 심각한 수준으로 확대된 경우
을호	전시 또는 재난적 해양오염사고로 인명, 재산 및 환경피해가 발생한 경우
병호	전시 또는 재난적 해양오염사고가 발생하거나, 발생될 우려가 있는 경우
▌해상경계강화	
별도의 경력 동원이 없는 "병호"비상보다 낮은 단계로, 적 활동징후 및 취약시기를 고려 적정수준의 경비세력을 추가 배치하여 해상 경계를 강화할 필요가 있을 때	

다. 비상근무발령권자

1) 전국 또는 2개 이상 지방해양경찰청 관할구역 : 해양경찰청장
2) 지방해양경찰청 또는 2개 이상 해양경찰서 관할구역 : 관할 지방해양경찰청장
3) 단일 해양경찰서 관할구역 : 관할 해양경찰서장

라. 인력동원과 근무요령

비상근무발령권자는 다음 각 호에 따라 인력을 동원하여 비상근무를 실시한다. 다만 상황의 특성을 고려하여 주무기능과 관련기능만 비상근무를 발령하여 비상근무를 실시 할 수 있다.

1) 갑호비상 : 가용인력의 100%까지 동원할 수 있다. 2) 을호비상 : 가용인력의 50%까지 동원할 수 있다. 3) 병호비상 : 가용인력의 30%까지 동원할 수 있다. 4) 해상경계강화 : 별도의 경력 동원없이 비상대기태세를 유지하되 필요에 따라 적정수준의 가용인력을 동원할 수 있다.

비상근무발령권자는 다음 각 호에 따라 경비세력을 동원하여 비상근무를 실시한다. 다만 상황을 특성을 고려하여 가용인력과 가용경비세력 동원을 다르게 지정할 수 있다.

1) 갑호비상 : 가용경비세력의 100%까지 동원할 수 있다. 2) 을호비상 : 가용경비세력의 50%까지 동원할 수 있다. 3) 병호비상 : 가용경비세력의 30%까지 동원할 수 있다. 4) 해상경계강화 : 별도의 가용경비세력 동원 없이 비상대기태세를 유지하되 필요에 따라 적정수준의 가용경비세력을 동원 할 수 있다.

<비상대기태세 유지 시 기본 근무지침>
1) 각급 지휘관은 지휘통제선상 위치로 근무기강 확립 및 취약분야에 대한 지휘감독 철저 2) 상황 발생 시 보고·지휘체계 확립 및 대응철저 3) 전 직원 비상연락망 점검 및 비상소집 체계 유지 4) 안전수칙 준수로 자체사고 예방 5) 함정·항공기·특공대·구조대 긴급 출동태세 유지

비상근무가 장기간 유지되거나 될 우려가 있는 경우 기본근무 복귀 또는 귀가하여 비상대기태세를 갖추도록 할 수 있다. 갑호비상 근무 시 연가를 중지하고, 을호 및 병호 비상시 부득이한 경우를 제외하고 연가를 억제한다.

마. 해제

비상근무발령권자는 비상상황이 종료되는 즉시 비상근무를 해제하고, 관할 지방해양경찰청장, 관할 해양경찰서장은 6시간 이내 해제일시, 사유 및 비상근무 결과 등을 차상급 기관의 장에게 보고하여야 한다. 단, 해상경계강화의 경우는 별도보고를 실시하지 않을 수 있다.

바. 비상소집

비상소집은 비상근무발령권자의 지시에 따라 종합상황실장이 실시하며, 상황대응에 필요한 인원의 전부 또는 일부를 지역별, 계급별, 기능별로 구분하여 비상소집한다. 단, 자체 상황처리를 위하여 함·정장, 파출소장, 특공대장 등 현장 지휘관이 인력을 동원할 필요가 있는 경우 비상소집을 할 수 있다.

소집발령이 하달되면 종합상황실장 및 당직근무자는 각 과 주무계 및 함정, 파출소 등 현장부서에 즉시 소집내용을 전달하여야 한다. 비상소집 자동전파장치가 구축되거나 이와 유사한 시스템을 활용할 수 있는 기관은 자동전파장치를 이용하되, 무응답으로 처리된 자에 대하여는 재전파하도록 한다.

사. 응소 및 보고

비상소집관은 비상소집응소부를 작성, 비치하여야 한다. 다만, 필요에 따라 각 과 주무계로부터 비상소집실시 결과보고로 비상소집응소부를 대체할 수 있다.

비상소집 명령을 전달받은 공무원은 소집장소로 응소함을 원칙으로 하고 함정, 항공대, 구조대, 특공대, 파출소 등 현장부서는 특별한 지시가 없을 경우 해당 근무장소로 응소한다. 단, 도서를 포함한 원거리 소재 파출소 및 출장소 근무자 등 시간 내 응소가 불가능한 경우에는 가까운 해양경찰관서에 응소 후 지시에 따른다. 비상소집시 필수요원은 1시간 이내, 일반요원은 2시간 이내 응소함을 원칙으로 하고 응소자 명부에는 응소시간별로 기록하며, 시간 내 응소자와 시간 외 응소자, 미응소자를 구분하여 기록한다.

1) 시간내 응소 : 해당시간 내 응소
2) 시간외 응소 : 해당시간 경과후 1시간 내 응소
3) 미응소 : 해당시간 경과 후 1시간 초과 응소

사고 중인 공무원은 응소에서 제외하고 사고시간이 해결되었을 경우 즉시 응소하여야 한다. 비상소집 된 부서는 비상소집 후 1시간 내에 비상소집 실시보고를 주무 부서에 통보하여야 한다. 주무부서는 비상소집 또는 비상소집 전화훈련을 실시 할 때는 비상소집 실시 결과를 지휘계통에 의거 보고하여야 한다.

아. 필수요원의 지정

경비세력의 운용인력 및 파출소, 출장소, 특공대, 구조대 인력 등 현장 집행이 필요한 인원은 필수요원으로 지정하고 사무실 일근 부서는 계장급 이상 및 과장이 지정하는 직원 2명으로 필수요원을 지정한다.

자. 비상연락망 운영

비상근무발령권자는 연1회 이상 불시 비상소집훈련을 실시한다. 비상근무발령권자는 전화확인 방식으로 반기 1회 이상 불시 비상소집 전화훈련을 실시할 수 있으며, 비상소집 전화응소는 30분 내 응소함을 원칙으로 하고, 30분 이후 응소자는 미응소로 한다.

제4장 해상대테러·해상경호

제1절 해상대테러

1. 테러 개념

국민보호와 공공안전을 위한 테러방지법 (약칭: 테러방지법)은 우리나라의 테러방지 기본법으로 제2조 정의에서 "테러"란 국가 · 지방자치단체 또는 외국 정부(외국 지방자치단체와 조약 또는 그 밖의 국제적인 협약에 따라 설립된 국제기구를 포함한다)의 권한행사를 방해하거나 의무 없는 일을 하게 할 목적 또는 공중을 협박할 목적으로 하는 행위를 말한다. 그리고 "대테러활동"이란 테러 관련 정보의 수집, 테러위험인물의 관리, 테러에 이용될 수 있는 위험물질 등 테러수단의 안전관리, 인원 · 시설 · 장비의 보호, 국제행사의 안전확보, 테러위협에의 대응 및 무력진압 등 테러 예방과 대응에 관한 제반 활동을 말한다.

2. 해상테러

해상테러(Maritime Terror) 또는 해상테러리즘(Maritime Terrorism)이라는 용어도 많이 사용되고 있지만, 아직 명확한 개념정의를 찾아보기 어렵다. 최근 들어 해상테러리즘을 해상안전 내지 해상보안에 대한 폭력적 위해행위라는 관점에서 파악하여 넓은 개념으로 이해하는 것이 일반적인 추세이다.

이에 따라 해상테러를 “해상항해의 안전에 반하는 불법적 행위(unlawful acts against the safety of maritime navigation)” 혹은 "해상안전에 대한 위협(threats to maritime security)" 이라는 관점으로 접근하여 선박에 대한 테러행위는 물론 선박 또는 적재화물을 이용한 항구 등 항만시설에 대한 테러행위까지 그 범위를 확대하고 있다.

국민보호와 공공안전을 위한 테러방지법 (약칭: 테러방지법)은 해양에 대한 테러를 제2조제1항에서 선박(「선박 및 해상구조물에 대한 위해행위의 처벌 등에 관한 법률」 제2조제1호 본문의 선박을 말한다.) 또는 해상구조물(같은 법 제2조제5호의 해상구조물을 말한다.)과 관련된 다음 각각의 어느 하나에 해당하는 행위라고 정의하였다.

1) 운항 중인 선박 또는 해상구조물을 파괴하거나, 그 안전을 위태롭게 할 만한 정도의 손상을 가하는 행위(운항 중인 선박이나 해상구조물에 실려 있는 화물에 손상을 가하는 행위를 포함)

2) 폭행이나 협박, 그 밖의 방법으로 운항 중인 선박 또는 해상구조물을 강탈하거나 선박의 운항을 강제하는 행위
3) 운항 중인 선박의 안전을 위태롭게 하기 위하여 그 선박 운항과 관련된 기기 · 시설을 파괴하거나 중대한 손상을 가하거나 기능장애 상태를 야기하는 행위

3. 테러 대책수립 및 시행

국민보호와 공공안전을 위한 테러방지법(테러방지법) 제3조(국가 및 지방자치단체의 책무)에 의거 국가 및 지방자치단체는 테러로부터 국민의 생명 · 신체 및 재산을 보호하기 위하여 데리의 예방과 대응에 필요한 제도와 여건을 조성하고 대책을 수립하여 이를 시행하여야 한다. 그리고 대책을 강구함에 있어 국민의 기본적 인권이 침해당하지 아니하도록 최선의 노력을 하여야 한다고 규정한다.

국가테러대책위원회 구성은 법 제5조제2항에서 "대통령령으로 정하는 사람"으로 기획재정부장관, 외교부장관, 통일부장관, 법무부장관, 국방부장관, 행정안전부장관, 산업통상자원부장관, 환경부장관, 국토교통부장관, 해양수산부장관, 국가정보원장, 국무조정실장, 금융위원회 위원장, 원자력안전위원회 위원장, 대통령경호처장, 관세청장, 경찰청장, 소방청장, 질병관리청장 및 해양경찰청장을 말한다. 여기서 해양경찰의 해양테러 대응 역할은 해양테러 예방대책 수립 · 시행과 임해 중요시설 인근해역 예방순찰 및 보호활동이다.

제2절 해양경찰 테러대응

1. 근거

가. 국민보호와 공공안전을 위한 테러방지법 (약칭: 테러방지법)

나. 서해5도특별경비단 특수진압대 운영규칙 (중부지방해양경찰청훈령)

서해5도특별경비단 특수진압대 운영규칙은 서해5도 특별경비단(서특단) 소속 특수진압대의 편성·운영·복무, 교육·훈련, 장비운용 등 특수진압대 운영에 필요한 사항에 대하여 규정함을 목적으로 하고, 「특수진압대」란 NLL을 침범한 불법조업 외국어선 나포단속 및 퇴거를 주 임무로 하고 기타 특수임무를 수행하기 위해 편성·운영되는 단위조직을 말한다. 여기서 「특수임무」는 주 임무 외에 해상특수범죄 초동조치 및 진압 지원, 해상경호, 해상대테러 지

원 및 해난구조 초동조치 등의 임무를 말한다.

다. 선박 및 해상구조물에 대한 위해행위의 처벌 등에 관한 법률

이 법은 운항 중인 선박 및 해상구조물에 대한 위해행위(危害行爲)를 방지함으로써 선박의 안전한 운항과 해상구조물의 안전 보호를 목적으로 한다.

2. 테러사건대책본부 설치·운영

외교부장관, 국방부장관, 국토교통부장관, 경찰청장 및 해양경찰청장은 테러가 발생하거나 발생할 우려가 현저한 경우(국외테러의 경우는 대한민국 국민에게 중대한 피해가 발생하거나 발생할 우려가 있어 긴급한 조치가 필요한 경우에 한한다)에는 다음 각 호의 구분에 따라 테러사건대책본부(이하 "대책본부"라 한다)를 설치 · 운영하여야 한다.

1) 외교부장관: 국외테러사건대책본부
2) 국방부장관: 군사시설테러사건대책본부
3) 국토교통부장관: 항공테러사건대책본부
4) 경찰청장: 국내일반 테러사건대책본부
5) 해양경찰청장: 해양테러사건대책본부

3. 대테러특공대 설치·운영

국방부장관, 경찰청장 및 해양경찰청장은 테러사건에 신속히 대응하기 위하여 대테러특공대를 설치 · 운영한다. 그러나 국방부장관, 경찰청장 및 해양경찰청장은 대테러특공대를 설치 · 운영하려는 경우에는 대책위원회의 심의 · 의결을 거쳐야 한다. 대테러특공대는 다음 각 호의 임무를 수행한다.

1) 대한민국 또는 국민과 관련된 국내외 테러사건 진압
2) 테러사건과 관련된 폭발물의 탐색 및 처리
3) 주요 요인 경호 및 국가 중요행사의 안전한 진행 지원
4) 그 밖에 테러사건의 예방 및 저지활동

4. 적용범위

여객선등 선박과 해상구조물에 대한 인질 폭파 등 해양테러사건 발생 시 해양경찰청의 대응조치 및 유관기관별 지원조치

※ 통합방위지침의 적용여부가 불분명한 사건은 그 성격이 명확히 판명될 때까지 통합방위지침의 대응활동과 병행

5. 위기 형태 및 피해 양상

가. 위기형태

1) 선박 인질테러

테러범 다수가 여객선 등 선박에 잠입, 이념의 전파 및 제3국으로의 도주 등을 목적으로 총과 흉기로 승무원을 위협, 인질로 억류하는 행위를 말한다.

2) 선박, 해상구조물 폭파테러

유조선 등 선박에 폭발물설치, 폭파, 폭발물을 적재한 소형보트로 선박, 항만시설 등에 자살폭탄테러를 말한다.

3) 공해상 선박테러

대한민국 주변 공해상에서 항해중인 선박에 대한 인질 또는 폭파테러행위를 말한다.

나. 피해양상

1) 사망자 및 부상

2) 선박, 해상구조물 손괴 등 재산피해 국민동요. 혼란 등 심리적 공황

6. 위기경보

가. 관심(Blue) - 징후활동 감시

선박 및 해상을 통한 항만, 임해 중요시설테러 관련 미확인 첩보 입수, 우리나라 등 테러위협으로 발전할 가능성이 낮은 테러사건 발생, 해상을 통한 테러 이용물질 국제유통 확산 등, 테러징후 감시활동 강화와 관계기관 비상연락체계 유지, 테러대상 시설 등 대테러 점검, 테러위험 인물 감시 강화, 공항 및 항만 보안검색율 10% 상향.

나. 주의(Yellow) - 협조체계 가동

해상을 통한 테러이용물질의 국내 반입 기도 첩보 입수, 주요 관계국가 선박 및 해상을 통한 테러발생, 국내에서 각국의 관심도가 높은 국제행사 개최 D-7, 테러발생에 대한 여론 우려 및 보도 증가 등, 관계기관 협조체계 가동, 관계기관별 자체 대비테세 점검, 지역 등

테러대책협의회 개최, 공항 및 항만보안 검색율 15% 상향, 국가중요행사 안전점검.

다. 경계(Orange) - 대비태세 점검(실전대응 준비)

해상테러관련 첩보 입수, 테러단체 관련 갈등심화에 우리나라 직접 지목 및 위협으로 주도적 개입, 국제테러조직, 분자 잠입활동 포착, 대규모 테러이용수단 적발, 테러발생 가능성이 높은 테러위협 발생, 국제행사에 대한 테러위협 및 테러첩보 등의 동향을 입수. 국가중요행사 개최 D-3, 대테러 실전대응준비, 관계기관별 상황실 가동, 테러이용 수단의 유통 통제, 테러사건대책 본부 등 가동준비, 공항 및 항만보안검색율 20% 상향.

라. 심각(Red)-즉각 대응태세 돌입

국제항해 선박 탈취 등 첩보 입수, 우리나라에 대한 테러발생 위험이나 직접적 테러위험 경고, 테러발생 가능성이 매우 높은 테러위협 발생 등의 즉각 대응테세를 돌입해야 하는 단계. 국가중요행사 대상 테러 첩보입수, 테러상황에 총력 대응, 테러사건대책본부 등 설치, 테러대응 인력, 장비 현장배치, 테러대상시설 잠정폐쇄, 테러이용수단 유통 일시정지.

※ 테러경보 발령 및 대응지침 : 국가정보원 테러정보통합센터
국가안전보장회의 (위기관리센터)는 필요시 유관기관이 참여하는 국가위기평가회의를 개최, 국제해상보안규정(ISPS Cord)와 선박 및 항만시설보안에 관한규정인 국제선박 및 항만에 설정되는 선박·항만 보안등급 상향조정 요청
※ 보안등급 : 1등급(평시), 2등급(경계), 3등급(비상주준)
해양경찰청 테러대책협의회(의장: 경비구난국장) 해양수산부에 요청

7. 업무수행 조직체계

테러대책 회의(의장: 국무총리) ⇒ 테러대책상임위(의장: 국정원장) ⇒ 해양사건테러사건대책본부(본부장: 차장) ⇒ 현장지휘본부(지방해경청장) ⇒ 특공대, 협상팀, 상항팀, 초동조치팀(관할서장), 지원팀으로 구성

8. 테러상황 구성요소 및 대응절차

가. 테러상황 3요소

1) 해소요인(구조, 진압)
2) 대상요인(주민, 시설)
3) 유발요인(테러, 재해)

나. 위기상황 대응절차

해양경찰은 테러위기 상황에 따라 어떠한 방법으로 대처할 것인지 “해양경찰청 테러 위기관리 표준매뉴얼”이 작성 운영되고 있다.

9. 해양경찰의 테러지원국 선박 감시대책

1) 테러지원국가[121] 선박이 국내 입항(국내항간 기항 포함) 시부터 출항 시까지 전 선박에 대해 전담 함정을 배치하고, 평시는 함정전담 감시에서 해·육상 연계 감시로, 테러징후 포착시 등 특수한 경우에는 전담함정 배치체제로 개선 등 비효율적 감시를 지양하고 있다.

2) 해양경찰서장은 국내 입항 또는 관할해역을 통항하는 테러지원국가 선박에 대한 특별한 정보사항이 없는 경우 항내 입항시는 상황실(AIS) 및 항만관제실를 활용하여 동향을 감시하고, 해상 통항시에는 상황실(AIS) 및 해군 전탐기지와 협조하여 전탐 감시하여 인근 경비함정은 지원체제를 유지하고 있다.

제3절 해상경호

1. 경호의 개념

경호의 개념을 정의한다면 “경호대상자의 절대적 신변안전을 보호하기 위하여 모든 사용 가능한 수단과 방법을 동원하여 위해요인을 사전에 방지 및 제거하기 위한 제반작용”이라고 정의할 수 있다. 경찰청에서는 경호의 개념을 경호대상자의 신변을 각종 위해로부터 방지하는 경찰활동으로써 경호대상자가 통과하는 연도와 숙박 장소, 열차, 선박, 항공기 등 필요하다고 인정되는 장소를 경계하여 안전을 목적으로 하는 경비 활동으로 정의하고 있다. 경호는 대통령 및 그에 준하는 중요 인물을 보호하기 위하여 정부가 경호기관을 두어 관련법에 의거하여 제공하는 경호를 말하며 법에 따라 경호대상자로 분류하여 경호를 제공하는 것을 의미한다.

가. 대통령 등의 경호에 관한 법률 제2조의 정의

경호란 경호대상자의 생명과 재산을 보호하기 위하여 신체에 가하여지는 위해를 방지 또

121) 테러 지원국은 미국 국무부에 의해 "국제 테러 행위에 반복적으로 지원을 제공한 국가"로 규정된 국가들을 말한다. 1979년 12월 29일에 처음 발표된 목록에는 리비아, 이라크, 남예멘 그리고 시리아가 포함되어 있었다. 현재는 이란과 시리아, 수단. 북한 4개 나라를 미국이 지정하고 있다.

는 제거하고(호위), 특정한 지역을 경계·순찰·방비하는 등의 모든 안전 활동을 말한다(경비). 즉, 경호란 호위와 경비를 구분하지 않고 모두 포함한 것을 말한다.

나. 경찰관 직무집행법과 전직 대통령 예우에 관한 법률상의 정의

1) 경찰관 직무집행법 제2조(직무의 범위)에서는 경비, 주요 인사(人士) 경호 그리고 전직 대통령 예우에 관한 법률 제6조(그 밖의 예우)에서는 '경호 및 경비'로 규정되는 등 법문상 표현이 약간 다르나 개념에는 차이가 없다고 본다(이 두 법은 경호와 경비를 구분하고 있으나, 기능적 측면에서 볼 때 대통령 등의 경호에 관한 법률상 경호에 해당하는 정의와 다를 바 없다고 볼 수 있다).

2) 통상 경찰기관에서 사용되고 있는 '경호 및 경비'의 개념은 정부요인, 국내·외 중요 인사 등의 신변에 대하여 가해지려는 직·간접의 위해를 방지하기 위하여 위험요소를 사전에 제거하고 사태발생 시 신속히 조치함으로써 경호대상자의 안전을 확보하는 경찰활동으로 요약될 수 있다.

2. 경호의 목적

경호업무의 주요 목표는 납치·혼란·암살 등 신체적 위해로부터 주요 요인의 경호대상자를 보호하는 것이다. 즉 주요 요인을 각종 사건·음모 등 모든 위험과 곤경으로부터 보호하고 가해자의 실질적이고 주도면밀한 범행의 성공기회를 최소화하거나 무력화하는데 있다. 이와 같은 주요목표를 달성하기 위해서 실시하는 그 목적을 세분하면 다음과 같다.

가. 질서유지

주요 요인의 행사에는 각종 행사가 병행되어 많은 군중이 모여들어 도로 및 행사장의 시설 등을 사전에 충분히 검토·분석하고, 관계기관과 긴밀히 협조함으로써 혼잡방지에 만전을 기하고, 혼잡할 우려가 있을 때에는 분산 유도하거나 사전에 운집을 저지하는 등 적절한 조치를 취하여 질서를 유지하고 주요 요인의 신변안전을 도모하는데 그 목적이 있다.

나. 신변안전보호

경호의 주요 목적은 주요 요인의 생명·신체에 대한 안전을 도모함에 있다. 이를 위하여 경호요원은 유사시에 자기 생명을 희생할 마음의 준비가 되어 있어야 한다.

다. 국위선양

국내요인, 외국원수를 비롯한 국외인사에 대한 경호를 빈틈없이 실시하여 경호경비의 완벽을 기하는 것은 경호의 우수성을 내외에 과시하는 것뿐만 아니라 국가의 의전적인 차원에서 국위를 선양하고 국제적인 지위를 향상시키는데 중요한 역할을 하기도 한다.

라. 권위유지

헌법·법률 등 합법적 규정으로 정해진 기관장의 권위를 유지시켜 주며, 기업의 회장, 정치의 지도자 등 고객의 체면 또는 기풍을 유지시켜 주는 일이기도 하다.

마. 친화도모

경호대상자와 환송영자 간에 친화를 도모할 수 있도록 경호는 질서정연하게 군중을 정리·경계하고 친절하고 겸손한 태도로써 시행하여야 하며, 특히 감정적인 언어나 행동을 삼가고 친화를 해하는 일이 없도록 해야 한다. 이와 같은 목적을 달성하기가 사실상 경호의 어려운 점이기도 하다. 특히 외국의 내빈에게 좋은 인상은 국제관계에서 협력증진과 국가이익에 직결된다.

3. 경호의 대상

가. 국내요인

1) 갑호 : 대통령, 대통령당선인, 전직대통령(퇴임 후 10년 이내)

2) 을호 : 전직대통령(퇴임 후 10년 이후), 국회의장, 국무총리, 대법원장, 헌법재판소장, 대통령후보자

3) 병호 : 해양경찰청장, 경찰청장이 필요하다고 인정한 인사

나. 외국의 귀빈

1) 외빈 A·B·C·D 등급 : 방한하는 외국의 국가원수 또는 행정수반과 그 배우자, 기타 경호실장이 인정한 요인

2) 외빈 E·F 등급 : 부총리, 왕족, 외빈 A·B·C·D 등급 배우자 단독방한, 전직 대통령, 전직총리, 국제기구 및 국제회의 중요인사, 기타 장관급 이상으로 해양경찰청장(경찰청장)이 경호가 필요하다고 인정한 외빈

4. 경호기관

〈표 5-10〉 경호기관 구분

구분	해양경찰·경찰(일반경호기관)	대통령 경호실(특별경호기관)
국내요인	- 갑호 경호대상 - 을호 경호대상 - 병호 경호대상	- 갑호 경호대상
국외요인	- 외빈 A. B. C. D 등급 - 외빈 E. F 등급	- 외빈 A. B. C. D 등급

5. 경호활동

가. 경호의 원리

〈표 5-11〉 경호의 원리

예방활동	선발경호활동을 통하여 위해요소의 사전 제거 및 접근 차단
보안유지	소극적인 활동(적극적 활동 : 경호첩보수집 및 분석 등)
즉각조치	위해요소 제거, 위해상황 발생시 즉각조치(성공적인 경호의 기본)
총력대응	경호기관, 유관기관, 국민 등

나. 경호의 특성

1) 예방성

위해의 예방은 경호의 핵심이자 경호의 목표이다. 효과적인 예방경호를 위해서는 조직적이고 체계적인 정·첩보활동, 치밀하고 기술적인 안전 활동, 적극적이고 예리한 경호활동이 이루어져야 한다.

2) 통제성

통제는 경호의 가장 강력한 수단이다. 위해요소가 경호대상자에게 접근하지 못하도록 사전에 통제하는 것이 중요하다. 시간적·공간적·대상별 통제활동을 통하여 경호위해 요소의 접근이나 침투를 방지하여 위해행위의 발생을 미연에 방지하여야 한다.

3) 상대성

경호작전과 관련된 인물(경호대상자, 위해기도자, 행사참석자 등)과 경호환경, 행사의 성격에 따라 그 방법이나 규모가 크게 달라진다. 경호조치는 다양한 요소에 의해 영향을 받기 때문에 경호원의 위기관리 능력이 요구된다.

6. 해양경찰의 해상경호 활동

가. 관련근거

1) 대통령 등의 경호에 관한 법률 (약칭: 대통령경호법)
2) 전직대통령 예우에 관한 법률
3) 경찰관 직무집행법
4) 항공보안법
5) 집회 및 시위에 관한 법률
6) 민영교도소 등의 설치·운영에 관한 법률
7) 청원경찰법
8) 경비업법
9) 대통령 등의 경호에 관한 법률 시행령
10) 대통령경호안전대책위원회규정
11) 경호규정 및 규칙
12) 해상경호대책(해양경찰청 자체계획)
13) 한미행정협정(SOFA: Status Of Forces Agreement)
  가) 양국의 대통령 경호에 관하여 한국군과 주한 미군간의 합의각서이다.
  나) 경호업무의 효율성을 위하여 한·미군 관계관 회의를 통하여 상호 정보를 교환한다.
  다) 책임사령관 임명, 안선 및 보안소지, 추가 협의사항 등에 대한 긴밀한 협조를 규정한다.

나. 해상경호의 정의

귀빈이 선박으로 이동 시 또는 해상 관련 행사 및 해상과 인접한 육상에서의 행사시 요인의 안전을 확보하기 위하여 해상에서 경비함정 등을 이용하여 행하는 경호활동을 말하고 경호는 호위와 경비로 구분한다.

1) 호위

신체에 대하여 직접적으로 가해지는 위해를 근접에서 방지 또는 제거하는 행위

2) 경비

생명 또는 재산을 보호하기 위하여 특정한 지역을 경계, 순찰, 등을 하는 행위(정보, 보안, 검측활동 포함)

다. 경호활동 범위

1) 경호지역

행사장을 포함한 일정지역을 경호지역으로 설정하여 경호활동을 통해 경호대상자의 안전을 확보하는 지역을 말한다.

가) 해상경호지역 : 안전구역(1선), 경비구역(2선), 경계구역(3선)

나) 육상경호지역: 직접경호지역(경호활동지역), 간접경호지역(치안강화지역)

다) 공중경호지역 : 우리나라 영공전체

※ 2005년 부산APEC 행사시 : 1선 (해경), 2·3선(해군)

2) 경호활동 기간

경호실로부터 경호지침을 접수한 때부터 안전 활동을 준비 및 실시하고 본대(귀빈이 탑승한 기동수단인 선박, 차량, 열차, 항공기 등을 포함한 제대)가 행사 후 관할 책임지역을 벗어나는 시점까지 순찰 등을 하는 행위이다(정보, 보안, 검측활동 포함).

※ 관할책임지역 : 행사장이 경찰관할지역일 경우 관할 지방경찰청장의 책임, 군(軍)관할지역일 경우 해당 군부대(군단급)의 책임이다.

라. 해상경호 원칙

1) 해상경호 4대 수칙

경호임무를 부여받은 해상의 경비함정 및 육상해안가 근무 경호경찰관이 업무수행시 지켜야 할 기본적인 근무수칙을 말한다.

가) 자기희생

경호대상자는 어떠한 상황 하에서도 절대 보호되어야 한다는 원칙으로 경호경찰관은 자기 자신을 희생하는 일이 있더라도 경호대상자의 안전을 반드시 보호하여야 한다는 원칙이다.

나) 담당구역 책임의 원칙

담당구역에 배치된 경비함정을 포함 경호경찰관은 담당구역을 절대 사수하여 주어진 경호임무를 완수하여야 한다는 원칙이다.

다) 효율적인 해상통제

경호 시 일원화된 지휘를 통해 각종 위해요소를 효과적으로 통제하여 국민 불편 없이 완벽한 해상경호를 수행한다.

라) 감시위주 경호

어로작업, 유·도선 운항 등 생업활동에 종사자들의 불편을 최소화하면서도 안전한 경호활동 수행을 위하여 통제보다는 감시위주의 경호를 원칙으로 하는 것이다.

2) 수행경호 기본원리

가) 자연방벽 효과의 원리

근접 경호경찰관들이 경호대상자를 중심으로 정지간 또는 이동상에서 주변의 인적. 물적 취약요소에 따라 다양한 형태의 인적방벽 형성하여 경호대상자를 최대한 방호 활동이다.

나) 대응시간의 원리

위해기도자가 총으로 위해를 가할 경우 경호경찰관은 총으로 대응하는 것보다 몸으로 대응하는 것이 경호의 목적인 경호대상자 보호에 효과적이다.

다) 대응효과의 원리

경호대상자를 보다 효과적으로 보호하기 위하여 경호대상자와 군중과의 적정거리를 4-5m 유지해야 한다는 이론이다.

※ 일반성인의 신체적 감응시간 0.3초, 이 시간에 달릴 수 있는 거리 2.14m

3) 우발상황 발생시 기본원칙

가) SCE 원칙(SCE Principle) : 경호경찰관의 행동절차 관한 원칙

① 경고(Sound off) : 가장 먼저 위기를 포착한 경호원이 육성이나 무전으로 전 경호세력에게 상황 내용을 간단명료하게 전파하는 것이다. ② 방호(Cover) : 우발상황 발생시 경고와 동시에 신속히 경호대상자를 보호하기 위하여 방벽을 형성하는 것이다. ③ 대피(Evacuate) : 경호대상자를 위험지역에서 안전지역으로 신속히 이동시키는 행위이다.

나) 촉수거리의 원칙(Arms-reach Principle)

위해 기도 시 범인과 가장 가까운 위치에 있는 경호관이 대응해야 한다는 원칙이다.

다) 체위확장의 원칙(Body-expand Principle)

상황발생 시 경호관 자신의 몸을 은폐. 엄폐하는 것이 아니라 최대한 확장노출 시켜 경호대상자에 대한 방호효과를 극대화하면서 공격방향으로 대응해야 한다는 원치이다.

제4절 통합방위법

1. 통합방위 일반

이 법은 적(敵)의 침투·도발이나 그 위협에 대응하기 위하여 국가 총력전(總力戰)의 개념을 바탕으로 국가방위요소를 통합·운용하기 위한 통합방위 대책을 수립·시행하기 위하여 필요한 사항을 규정함을 목적으로 한다.

1) "통합방위"란 적의 침투·도발이나 그 위협에 대응하기 위하여 각종 국가방위요소를 통합하고 지휘체계를 일원화하여 국가를 방위하는 것을 말한다.

2) "국가방위요소"란 통합방위작전의 수행에 필요한 다음 각 목의 방위전력(防衛戰力) 또는 그 지원 요소를 말한다.

가) 「국군조직법」 제2조에 따른 국군

나) 경찰청·해양경찰청 및 그 소속기관과 「제주특별자치도 설치 및 국제자유도시 조성을 위한 특별법」에 따른 자치경찰기구

다) 국가기관 및 지방자치단체(가목과 나목의 경우는 제외한다)

라) 「예비군법」 제1조에 따른 예비군

마) 「민방위기본법」 제17조에 따른 민방위대

바) 제6조에 따라 통합방위협의회를 두는 직장

3) "통합방위사태"란 적의 침투·도발이나 그 위협에 대응하여 제6호부터 제8호까지의 구분에 따라 선포하는 단계별 사태를 말한다.

4) "통합방위작전"이란 통합방위사태가 선포된 지역에서 제15조에 따라 통합방위본부장, 지역군사령관, 함대사령관 또는 시·도경찰청장(이하 "작전지휘관"이라 한다)이 국가방위요소를 통합하여 지휘·통제하는 방위작전을 말한다.

5) "지역군사령관"이란 통합방위작전 관할구역에 있는 군부대의 여단장급(旅團長級) 이상 지휘관 중에서 통합방위본부장이 정하는 사람을 말한다.

6) "갑종사태"란 일정한 조직체계를 갖춘 적의 대규모 병력 침투 또는 대량살상무기(大量殺傷武器) 공격 등의 도발로 발생한 비상사태로서 통합방위본부장 또는 지역군사령관의 지휘·통제 하에 통합방위작전을 수행하여야 할 사태를 말한다.

7) "을종사태"란 일부 또는 여러 지역에서 적이 침투·도발하여 단기간 내에 치안이 회복되기 어려워 지역군사령관의 지휘·통제 하에 통합방위작전을 수행하여야 할 사태를 말한다.

8) "병종사태"란 적의 침투·도발 위협이 예상되거나 소규모의 적이 침투하였을 때에 시·도경찰청장, 지역군사령관 또는 함대사령관의 지휘·통제 하에 통합방위작전을 수행하여 단기간 내에 치안이 회복될 수 있는 사태를 말한다.

9) "침투"란 적이 특정 임무를 수행하기 위하여 대한민국 영역을 침범한 상태를 말한다.

10) "도발"이란 적이 특정 임무를 수행하기 위하여 대한민국 국민 또는 영역에 위해(危害)를 가하는 모든 행위를 말한다.

11) "위협"이란 대한민국을 침투·도발할 것으로 예상되는 적의 침투·도발 능력과 기도(企圖)가 드러난 상태를 말한다.

12) "방호"란 적의 각종 도발과 위협으로부터 인원·시설 및 장비의 피해를 방지하고 모든 기능을 정상적으로 유지할 수 있도록 보호하는 작전 활동을 말한다.

13) "국가중요시설"이란 공공기관, 공항·항만, 주요 산업시설 등 적에 의하여 점령 또는 파괴되거나 기능이 마비될 경우 국가안보와 국민생활에 심각한 영향을 주게 되는 시설을 말한다.

가. 지역협의회의 구성 등에 관한 조례의 기준

지방해양경찰청장 또는 해양경찰서장은 시·도 협의회 및 법 제5조제2항에 따른 시·군·구 통합방위협의회(이하 "지역협의회"라 한다)에 구성한다.

나. 통합방위본부

중앙협의회, 지역협의회 및 직장협의회는 대통령령으로 정하는 기준에 따라 「예비군법」 제14조의3제2항에 따른 방위협의회, 「민방위기본법」 제6조 또는 제7조에 따른 중앙민방위협의회 또는 지역민방위협의회 기구와 통합·운영할 수 있다. 합동참모본부에 통합방위본부를 둔다. 행정안전부장관, 국가정보원장, 경찰청장 및 해양경찰청장은 통합방위사태가 선포된 경우 국가방위요소 간 협조체제를 유지하기 위하여 5급 이상의 공무원을 연락관으로 임명하여 통합방위본부 군사상황실에 상주시키고, 그 밖의 관련 기관은 통합방위본부장이 요청하는 경우에 연락관을 파견한다.

2. 경계태세 및 통합방위 사태

가. 경계태세

대통령령으로 정하는 군부대의 장 및 경찰관서의 장(이하 이 조에서 "발령권자"라 한다)은 적의 침투·도발이나 그 위협이 예상될 경우 통합방위작전을 준비하기 위하여 경계태세를 발령할 수 있다. 경계태세가 발령된 때에는 해당 지역의 국가방위요소는 적의 침투·도발이나 그 위협에 대응하기 위하여 필요한 지휘·협조체계를 구축하여야 한다. 발령권자는 경계태세 상황이 종료되거나 상급 지휘관의 지시가 있는 경우 경계태세를 해제하여야 하고, 제12조에 따라 통합방위사태가 선포된 때에는 경계태세는 해제된 것으로 본다.

나. 경계태세 종류

경계태세는 적의 침투·도발 상황을 고려하여 경계태세 3급, 경계태세 2급, 경계태세 1급으로 구분하여 발령할 수 있다.

다. 경계태세 발령 시의 지휘 및 협조 관계

1) 경계태세 1급 발령 시 국가방위요소 간 지휘 및 협조 관계는 다음 각 호의 구분에 따른다.

가) 경찰관할지역: 시·도경찰청장이 지역군사령관으로부터 위임받은 군 작전요소를 작전통제(지휘를 받는 부대, 부서 또는 기관에 통합방위를 위한 작전임무를 부여하고 지시하는 것을 말한다. 이하 같다)하여 군·경 합동작전을 수행한다.

나) 군관할지역: 지역군사령관이 시·도경찰청장으로부터 위임받은 경찰 작전요소를 작전통제하여 군·경 합동작전을 수행한다.

다) 특정경비지역: 지역군사령관이 해당 지역의 모든 국가방위요소를 작전통제하여 작전을 수행한다.

라) 특정경비해역 및 일반경비해역: 함대사령관이 관할해역의 해양경찰을 작전통제하여 군·경 합동작전을 수행한다.

마) 해안경계 부대의 장은 선박의 입항·출항 신고기관에 근무하는 해양경찰을 작전통제하여 임무를 수행한다.

바) 지방자치단체의 장 및 읍·면·동장은 각 통합방위 지원본부를 통하여 적진을 지원한다.

2) 경계태세 2급 또는 3급 발령 시 국가방위요소는 상호 협조하여 적의 침투·도발에 대비한다.

3) 지역군사령관, 시·도경찰청장, 함대사령관, 지방해양경찰청장은 평시(平時)부터 적의 침투·도발에 대비하여 상호 연계된 각각의 작전계획을 수립하여야 한다.

라. 검문소의 설치·운용

시·도경찰청장, 지방해양경찰청장, 지역군사령관 및 함대사령관(이하 "시·도경찰청장등"이라 한다)은 법 제18조에 따라 관할구역에서 적의 침투가 예상되는 공항·항만 등 지상과 해상의 교통 요충지에 검문소를 설치·운용할 수 있다. 이 경우 시·도경찰청장은 필요할 때에는 지역군사령관으로부터 예비군을 지원받아 취약지역에 검문소를 설치·운용할 수 있다.

제5장 선박 및 항만보안

제1절 선박 및 항만보안 제도

1. 「국제항해선박 및 항만시설의 보안에 관한 법률」 제정

날로 증가하는 테러사건 등 국제적인 해상보안상의 위협에 효과적으로 대응하고 국제항해에서 차지하는 우리나라 선사·선박 및 항만시설의 위상에 걸맞는 해상보안책임을 확립할 수 있도록 국가적인 차원의 종합적이고 장기적인 해상보안체제를 마련하는 등 국제항해에 이용되는 선박과 그 선박이 이용하는 항만시설의 보안에 관한 기본사항을 정하고, 국제해사기구(IMO)에서 2004년 7월 1일부터 국제협약에 따라 시행하고 있는 국제적인 해상보안기준에 맞추어 선박과 항만시설에 대한 보안책임자의 지정·운영, 보안평가의 실시, 보안계획서의 작성·비치 및 보안심사제도 등을 국내법 체계에 맞게 수용함으로써 국제항해와 관련한 보안상의 위협을 효과적으로 예방하여 국민의 생명과 재산을 보호하는데 이바지하려는 목적으로 우리나라는 「국제항해선박 및 항만시설의 보안에 관한 법률 (약칭: 국제선박항만보안법)」을 2008년 제정하였다. 우리나라 "국가보안기관"으로는 국가정보원·국방부·관세청·경찰청 및 해양경찰청 등 보안업무를 수행하는 국가기관을 말한다.

2. 적용범위

이 법은 다음 각 호의 국제항해 선박 및 항만시설에 대하여 적용한다. 다만, 이 법에 특별한 규정이 있으면 그 규정에 따른다.

1) 다음에 해당하는 대한민국 국적의 국제항해선박
   가) 모든 여객선
   나) 총톤수 500톤 이상의 화물선
   다) 이동식 해상구조물(천연가스 등 해저자원의 탐사·발굴 또는 채취 등에 사용되는 것을 말한다)

2) 대한민국 국적 또는 외국 국적의 국제항해선박과 선박항만연계활동이 가능한 항만시설

그러나 비상업용 목적으로 사용되는 선박으로서 국가 또는 지방자치단체가 소유하는 국제항해 선박에 대하여는 이 법을 적용하지 아니한다.

국제항해 선박과 항만시설의 보안에 관하여 국제적으로 발효된 국제협약의 보안기준과 이 법의 규정내용이 다른 때에는 국제협약의 효력을 우선한다. 다만, 이 법의 규정내용이 국제협약의 보안기준보다 강화된 기준을 포함하는 때에는 그러하지 아니하다.

3. 국가항만보안계획

해양수산부장관은 국제항해선박 및 항만시설의 보안에 관한 업무를 효율적으로 수행하기 위하여 10년마다 항만의 보안에 관한 종합계획(이하 "국가항만보안계획"이라 한다)을 수립 · 시행하여야 한다. 이 경우 해양수산부장관은 관계 행정기관의 장과 미리 협의하여야 한다.

4. 보안등급의 설정 · 조정 등

해양수산부장관은 국제항해선박 및 항만시설에 대하여 대통령령으로 정하는 바에 따라 보안등급을 설정하여야 한다. 해양수산부장관은 보안등급을 설정하거나 조정하는 경우에 다음 각 호의 사항을 고려하여야 한다.

1) 보안사건을 일으킬 수 있는 위험에 관한 정보의 구체성, 긴급성 및 신뢰성
2) 보안사건이 일어날 때 예상되는 피해 정도

보안등급은 다음 각 호로 구분한다.

1) 보안 1등급 : 국제항해선박과 항만시설이 정상적으로 운영되는 상황으로 일상적인 최소한의 보안조치가 유지되어야 하는 평상수준 **2) 보안 2등급** : 국제항해선박과 항만시설에 보안사건이 일어날 가능성이 증대되어 일정 기간 강화된 보안조치가 유지되어야 하는 경계수준 **3) 보안 3등급** : 국제항해선박과 항만시설에 보안사건이 일어날 가능성이 뚜렷하거나 임박한 상황이어서 일정 기간 최상의 보안조치가 유지되어야 하는 비상수준

해양수산부장관은 국제항해선박에 대하여는 선박의 종류 · 항로 또는 해역별로 그 운항 특성을 고려하여 보안등급을 설정하거나 조정할 수 있으며, 항만시설에 대하여는 항만별 또는 항만시설 단위별로 그 기능별 특성을 고려하여 보안등급을 설정하거나 조정할 수 있다.

5. 선박보안심사 및 국제선박보안 증서 교부

국제항해선박소유자는 그가 소유하거나 관리 · 운영하는 개별 국제항해선박에 대하여 제10조에 따른 선박보안계획서에 따른 조치 등을 적정하게 시행하고 있는지 여부를 확인받기 위하여 해양수산부장관에게 다음 각 호의 구분에 따른 보안심사(선박보안심사)를 받아야 한다.

최초보안심사 또는 갱신보안심사에 합격한 선박에 대하여 해양수산부령으로 정하는 국제선박보안증서를 교부하여야 한다. 국제선박보안증서등의 유효기간은 5년의 범위에서 대통령령으로 정하며, 임시국제선박보안증서의 유효기간은 6개월을 초과할 수 없다. 국제선박보안증서등의 유효기간을 5개월의 범위에서 대통령령으로 정하는 바에 따라 연장할 수 있다. 누구든지 국제선박보안증서등을 비치하지 아니하거나 그 효력이 정지되거나 상실된 국제선박보안증서등을 비치한 선박을 항해에 사용하여서는 아니 된다.

6. 선박보안경보장치

국제항해선박소유자는 그가 소유하거나 관리·운영하는 개별 국제항해선박에 대하여 선박에서의 보안이 침해되었거나 침해될 위험에 처한 경우 그 상황을 표시하는 발신장치(이하 "선박보안경보장치"라 한다), 제9조에 따른 선박보안평가의 결과 선박의 보안을 유지하는데 필요하다고 인정되는 시설 또는 장비를 설치하거나 구비하여야 한다.

7. 선박식별번호

다음 각 호에 해당하는 국제항해선박은 개별 선박의 식별이 가능하도록 부여된 번호(이하 "선박식별번호"라 한다)를 표시하여야 한다.

1) 총톤수 100톤 이상의 여객선

2) 총톤수 300톤 이상의 화물선

선박식별번호의 표시는 다른 표시와 구별되어 명확하게 보이도록 대비색으로 칠하고, 쉽게 변경되지 아니하도록 음각 또는 양각의 방법으로 표시한다. 선박식별번호 글자의 높이는 200밀리미터 이상이어야 하고, 선박식별번호 글자의 높이는 100밀리미터 이상이어야 하며, 글자의 폭은 높이와 비례하여 균형을 이루도록 해야 한다. 선박식별번호는 국제항해선박의 외부와 내부에 표시하되, 다음 각 호의 구분에 따른 위치에 표시하여야 한다.

1) 선박의 외부에 표시하는 경우

가) 여객선 : 상공에서 볼 수 있는 갑판의 수평면 나) 여객선 외의 선박 : 다음 위치 중 잘 보이는 어느 한 곳 ① 선미 ② 선체 중앙부의 좌현 및 우현의 만재흘수선 상부 ③ 선루(船樓)의 좌현과 우현 ④ 선루의 전방면

2) 선박의 내부에 표시하는 경우

가) 유조선 등 액체화물운반선: 화물 펌프실 또는 기관구역의 횡격벽 중 접근이 가능한 곳 중 어느 한 곳
나) 그 밖의 선박: 기관구역의 횡격벽, 화물구역 안쪽 또는 차량을 전용으로 운반하는 화물구역이 있는 선박의 경우 차량전용 화물구역의 횡격벽 중 접근이 가능한 곳 중 어느 한 곳

8. 항만국통제

1) 해양수산부장관은 대한민국의 항만 안에 있거나 대한민국의 항만에 입항하려는 외국 국적의 국제항해선박의 보안관리체제가 협약 등에서 정하는 기준에 적합한지 여부를 확인·점검하고 그에 필요한 조치(항만국통제)를 할 수 있다.

2) 항만국통제를 위한 확인·점검의 절차는 유효한 국제선박보안증서등의 비치 여부만을 확인하는데 한정되어야 한다. 다만, 해당 선박이 협약 등에서 정하는 기준에 적합하지 아니하다는 명백한 근거로서 해양수산부령으로 정하는 사유가 있는 때에는 그러하지 아니하다.

3) 확인·점검의 결과 명백한 근거가 있거나 유효한 국제선박보안증서등을 제시하지 못하는 선박에 대하여는 출항정지·이동제한·시정요구·추방 또는 이에 준하는 조치를 명할 수 있다. 조치를 취하려는 때에는 사전에 그 취지를 해당 외국 국적의 국제항해선박소유자 또는 선장에게 통지하여야 한다. 또한 국제선박보안증서등을 교부한 국가의 정부에도 그 사실을 통보하여야 하며 선박의 입항이 거부되거나 추방된 때에는 해당 선박의 다음 기항지 국가 및 그 연안국의 정부에 해양수산부령으로 정하는 사항을 통보하여야 한다.

4) 대한민국의 항만에 입항하려는 외국 국적의 국제항해선박은 그 항만에 입항하기 24시간 이전에 해양수산부령으로 정하는 바에 따라 해당 선박의 보안에 관한 정보(선박보안정보)를 해양수산부장관에게 통보하여야 한다. 다만, 기상악화 등 급박한 위험을 피하기 위하여 긴급히 입항하거나 해양수산부령으로 정하는 사유가 있는 경우에는 입항과 동시에 선박보안정보를 통보할 수 있다.

5) 해양수산부장관은 통보받은 선박보안정보를 해양수산부령으로 정하는 바에 따라 해양경찰청장에게 통보하여야 한다.

6) 외국 국적의 국제항해선박소유자 또는 선장은 출항정지·이동제한·시정요구·추방·선박점검 또는 입항거부 등의 명령(이하 "시정명령등"이라 한다)이 위법하거나 부당하다고 생각되는 경우에는 해양수산부령으로 정하는 바에 따라 시정명령등을 받은 날부터 90일 이내에 그 불복사유를 기재하여 해양수산부장관에게 이의신청을 할 수 있다. 이의신청을 받은 해양수산부장관은 소속 공무원으로 하여금 그 시정명령등의 위법·부당 여부를 직접 조사하게 하고 그 결과를 신청자에게 60일 이내에 통보하여야 한다. 다만, 부득이한 사정이 있는 때에는 30일의 범위에서 통보시한을 연장할 수 있다

7) 시정명령등에 대하여 불복하는 자는 이의신청의 절차를 거치지 아니하고는 행정소송을 제기할 수 없다.

9. 외국의 항만국통제

1) 국제항해선박소유자는 외국의 항만당국이 실시하는 항만국통제에 의하여 해당 선박의 보안관리체제의 결함이 지적되지 아니하도록 협약 등에서 정한 기준을 준수하여야 한다.

2) 해양수산부장관은 국제항해선박이 외국의 항만당국이 실시하는 항만국통제에 의하여 출항정지 · 입항거부 또는 추방의 조치를 받거나 해당 선박에 대하여 출항정지 · 입항거부 또는 추방을 예방하기 위한 조치가 필요하다고 인정되는 경우에는 해양수산부령으로 정하는 바에 따라 관련되는 선박의 보안관리체제에 대하여 점검(이하 "특별점검"이라 한다)을 할 수 있다. 특별점검의 결과 해당 선박의 보안확보를 위하여 필요하다고 인정되는 경우에는 해당 국제항해선박소유자에 대하여 대통령령으로 정하는 바에 따라 시정 · 보완의 조치 또는 항해정지를 명할 수 있다.

10. 재심사

1) 선박보안심사 · 임시선박보안심사 · 특별선박보안심사 및 특별점검을 받은 자가 그 결과에 대하여 불복하는 때에는 그 결과에 관한 통지를 받은 날부터 90일 이내에 해양수산부령으로 정하는 바에 따라 사유서를 갖추어 해양수산부장관에게 재심사를 신청할 수 있다. 재심사의 신청을 받은 해양수산부장관은 소속 공무원으로 하여금 재심사를 직접 행하게 하고 그 결과를 신청자에게 60일 이내에 통보하여야 한다. 다만, 부득이한 사정이 있는 때에는 30일의 범위에서 통보시한을 연장할 수 있다.

2) 선박보안심사 · 임시선박보안심사 및 특별선박보안심사 또는 특별점검에 대하여 불복하는 자는 재심사의 절차를 거치지 아니하고는 행정소송을 제기할 수 없다. 다만, 「행정소송법」 제18조제2항 및 제3항에 해당하는 경우에는 그러하지 아니하다.

11. 항만시설 보안책임자

항만시설소유자는 그가 소유하거나 관리 · 운영하는 항만시설의 보안업무를 효율적으로 수행하게 하기 위하여 해양수산부령으로 정하는 전문지식 등 자격요건을 갖춘 자를 보안책임자(이하 "항만시설보안책임자"라 한다)로 지정하여야 한다. 이 경우 항만시설의 구조 및 기능에 따라 필요하다고 인정되는 때에는 2개 이상의 항만시설에 대하여 1인의 항만시설보안책임자를 지정하거나 1개의 항만시설에 대하여 2인 이상의 항만시설보안책임자를 지정할 수 있다.

12. 항만시설 보안심사

항만시설소유자는 그가 소유하거나 관리 · 운영하고 있는 항만시설에 대하여 제25조에 따른 항만시설보안계획서에 따른 조치 등을 적정하게 시행하고 있는지 여부를 확인받기 위하여 해양수산부장관에게 보안심사(이하 "항만시설보안심사"라 한다)를 받아야 한다.

해양수산부장관은 최초보안심사 또는 갱신보안심사에 합격한 항만시설에 대하여 항만시설적합확인서를 교부하여야 하고, 항만시설적합확인서의 유효기간은 5년의 범위에서 대통령령으로 정하고, 임시항만시설적합확인서의 유효기간은 6개월의 범위에서 대통령령으로 정한다.

13. 국제항해여객선 승객 등의 보안검색

1) 여객선으로 사용되는 대한민국 국적 또는 외국 국적의 국제항해선박(이하 "국제항해여객선"이라 한다)에 승선하는 자는 신체 · 휴대물품 및 위탁수하물에 대한 보안검색을 받아야 한다.

2) 보안검색은 해당 국제여객터미널을 운영하는 항만시설소유자가 실시한다. 다만, 파업 등으로 항만시설소유자가 보안검색을 실시할 수 없는 경우에는 지도 · 감독기관의 장이 소속 직원으로 하여금 보안검색을 실시하게 하여야 한다.

3) 항만시설소유자가 실시하는 보안검색 중 신체 및 휴대물품의 보안검색의 업무에 대하여는 관할 경찰관서의 장이 지도 · 감독하고, 위탁수하물의 보안검색에 대하여는 관할 세관장이 지도 · 감독한다.

제2절 국제선박 및 항만시설 보안규칙(ISPS code)

1. ISPS code 제도

국제해사기구에서 채택하여 2004. 7. 1부터 국제적으로 시행중인 “국제선박 및 항만 시설보안규칙(ISPS Code: International Ship and Port Facility Security Code)으로 ISPS Code는 국제무역에 사용되는 선박 또는 항만시설에 영향을 주는 보안사건에 대해 예방조치를 취하고 보안위협을 탐지하기 위하여 당사국 정부, 정부기관, 지방관청 및 해운·항만산업체간 상호협력을 통한 국제적인 체계를 마련하기 위한 제도로 테러로부터 선박과 항만시설을 보호하기 위하여 국제산업체가 연계하여 대응조치를 마련함에 있다.

가. ISPS code 목적과 목표

1) ISPS Code 목적

가) 보안위험성(위협 및 취약사항)평가 나) 보안 적용범위의 결정 다) 선박 및 항만시설 보안수준 결정 라) 보안 대응 절차 수립

2) ISPS Code 목표

가) 당사국 정부, 정부 기관 및 지방관청과 해운/항만 산업 간에 상호협조를 포함한 국제적 체계 구축 나) 보안 위협 탐시 및 선박·항만시설에 영향을 수는 보안사건에 대한 예방조치 다) 당사국 정부의 역할 및 책임 규정 라) 보안 관련 정보의 조기 및 효율적인 수집과 교환

나. ISPS code 적용대상

1) 국제항해에 종사하는 선박으로 가) 고속여객선을 포함한 여객선 나) 총톤수 500톤 이상의 고속선을 포함한 화물선 다) 이동식 해상 구조물 2) 국제항해에 종사하는 상기의 선박이 사용하는 항만시설(수역포함)

다. ISPS code 주요내용

1) 선박은 자체보안계획을 수립하고, 기국정부의 보안심사를 받은 후 국제선박보안증서(유효기간 5년)를 비치하고 운항하여야 한다.

가) 선박마다의 고유식별번호(IMO번호)를 선체에 영구 표시토록 강제화

나) 보안증서 미소지 선박은 입항거부 또는 출항정지 등 국제항해 불가

2) 항만은 항만시설보안책임자를 임명하고 항만보안평가를 실시한 후 보안계획을 수립하여 당해국 정부의 승인을 받아야 한다. 보안계획 미 수립 항만에 기항한 선박 및 선적된 화물에 대하여는 외국항에서 별도 보안확인 절차 실시로 운항지체 등 피해 발생 우려가 있다.

3) 각국 정부는 자국의 선박과 항만의 보안계획 승인과 보안심사, 외국선박에 대한 보안점검을 실시하고, IMO에 자국의 보안관련 사항을 보고하여야 한다.

라. 주체별 조치사항

타국 입항선박에 의한 테러를 방지하기 위하여 선박의 기국 및 항만국 정부가 이행하여할

사항으로

1) 선박은 보안심사를 받은 후 국제선박보안증서를 소지하고 운항
2) 항만은 보안평가를 실시하고 보안계획 수립·시행 의무화
3) 적용대상 선박은 국제항해 취항하는 모든 여객선과 500톤 이상 화물선은 강제적으로 선박보안경보장치(Ship Security Alert System, SSAS)를 설치하도록 하는 등 선박보안 강화를 위한 구체적인 이행조치를 규정
4) 선박경보가 발령되었을 때 수신을 위한 육상기지국 설치와 조치대응 관련하여 피해선박 부근의 연안국에 신속한 전파를 위한 지정당국을 정하도록 하고 있다. ISPS Code는 2004년 7월 1일부터 전 세계적으로 동시에 시행되었다.

2. 해양경찰의 활동

가. ISPS Code 관련 해양경찰 임무

1) 항만시설 해상경비에 관한 계획의 수립 및 지도
2) 해상에서의 선박 납치, 파괴, 폭탄 또는 기타 위협 등 불법행위 발생시 진압 및 사법처리
3) 해양사고 구조업무에 관한 계획의 수립 및 지도
4) 대형 해난사고에 대비한 계획의 수립 등

나. 항만 보안등급별 해양경찰 활동사항

〈표 5-12〉 항만 보안등급별 및 활동상황

구분	내용
보안 1등급 (평시상황)	국제항해선박과 항만시설이 정상적으로 운영되는 상황으로 일상적인 최소한의 보안조치가 유지되어야 하는 평상수준
	가) 테러관련 정보수집 및 해상테러 대비 상황체제 유지 나) 해상을 통한 테러분자 잠입 방지·색출 및 테러 위해 물품 반입저지 다) 항만 및 국가 중요시설 주변해역 테러대비 경계 및 안전 활동 실시 라) 여객선 이용 승객에 대한 신원확인 및 휴대품 등 보안검색 실시
보안 2등급 (경계태세)	국제항해선박과 항만시설에 보안사건이 일어날 가능성이 증대되어 일정 기간 강화된 보안조치가 유지되어야 하는 경계수준
	가) 보안1등급 조치사항에 다음사항 추가 나) 대테러 상황실 구성·운영으로 상황체제 유지 다) 항만·국가중요시설 주변해역 경비함정 증가배치 라) 특공대·특기대 비상출동태세 유지

보안 3등급 (긴급상황)	국제항해선박과 항만시설에 보안사건이 일어날 가능성이 뚜렷하거나 임박한 상황이어서 일정 기간 최상의 보안조치가 유지되어야 하는 비상수준
	가) 보안2등급 조치사항에 다음사항 추가 나) 출입항 항로 및 취약해역 함정 및 항공기 순찰강화 다) 해당 항만 3선 차단선 개념 경비정, 순찰정 증가배치 라) 정보·수사·파출소요원 항만주변 테러정보수집활동 강화

참고로 국가대테러활동지침상 항만테러의 경우 경찰청이 주무기관으로서 대응토록 되어 있으며 해양경찰은 해상을 통한 작전지원을 행하게 된다. 하지만 해상테러인 경우 해경은 대응 주무기관으로서 각 단계별 경보를 발령하며, 상황 발생시에는 해상대테러 종합대책 수립시행, 「대책본부」·「현장지휘본부」 구성운용, 특공대·협상팀·지원팀 구성 및 현장파견, 테러범 진압 등 처리 및 조사, 현장종합·보고 및 관계기관 전파 등 필요한 조치를 취할 수 있도록 대응매뉴얼을 작성 운용하고 있다.

제6장 선박교통관제

제1절 선박교통관제에 관한 법률122)

1. 제정 배경

선박교통관제는 선박의 위치를 탐지하고 선박과 통신할 수 있는 장비를 설치 · 운영함으로써 선박에 대하여 안전에 관한 정보 및 항만운영정보를 제공하는 것으로서 선박교통의 안전과 항만운영의 효율성을 확보하기 위하여 필수적이고 중요한 요소이다. 그런데 법령이 선박교통관제에 관하여 「해상교통안전법」과 「선박의 입항 및 출항 등에 관한 법률」에서 최소 사항만을 규정하고 세부 운영규정은 하위법령에 위임되어 있으며, 그 업무도 해양수산부와 해양경찰청으로 이원화되어 있어서 선박교통관제 업무의 담당기관을 해양경찰청으로 일원화하는 등의 내용으로 「선박교통관제에 관한 법률」이 2019년 12월 제정하고 2020년 6월 4일 시행함에 따라 「해상교통안전법」과 「선박의 입항 및 출항 등에 관한 법률」로 분산되어 있는 선박교통관제 관련 사항을 이 법으로 통합하여 규정함으로써 선박교통의 안전 및 항만운영의 효율성을 높이고 해양환경을 보호하는 데 이바지하려는 것이다.

가. 용어 정의

이 법은 선박교통관제에 필요한 사항을 규정함으로써 선박교통의 안전 및 항만운영의 효율성을 높이고 해양환경을 보호하는 데 이바지함을 목적으로 한다. 사용하는 용어의 정의는 다음과 같다.

1) "선박교통관제"란 선박교통의 안전을 증진하고 해양환경과 해양시설을 보호하기 위하여 선박의 위치를 탐지하고 선박과 통신할 수 있는 설비를 설치·운영함으로써 선박의 동정을 관찰하며 선박에 대하여 안전에 관한 정보 및 항만의 효율적 운영에 필요한 항만운영정보를 제공하는 것을 말한다.
2) "선박교통관제구역"이란 선박교통관제를 시행하기 위하여 해양경찰청장이 해양수산부장관과 협의하여 고시하는 수역을 말한다.
3) "선박교통관제사"란 해양수산부령으로 정하는 자격을 갖추고 선박교통관제를 시행하는 사람을 말한다.

122) 선박교통관제에 관한 법률, [시행 2020. 6. 4.] [법률 제16700호, 2019. 12. 3., 제정], 해양경찰청(해상교통관제과).

나. 적용범위(제3조)

대한민국의 「영해 및 접속수역법」 제1조 및 제3조에 따른 영해 및 내수(해상항행선박이 항행을 계속할 수 없는 하천·호수·늪 등은 제외한다)에 있는 선박 중에서 제13조에 따른 관제대상선박에 대하여 적용한다.

> 제13조(관제대상선박) 선박교통관제를 실시하는 대상 선박(이하 "관제대상선박"이라 한다)은 다음 각 호와 같다.
> 1. 국제항해에 취항하는 선박
> 2. 총톤수 300톤 이상의 선박(다만, 「어선법」 제2조제1호에 따른 어선 중 국내항 사이만을 항행하는 내항어선은 제외한다)
> 3. 「해상교통안전법」 제2조제4호에 따른 위험화물운반선
> 4. 그 밖에 관할 선박교통관제구역에서 이동하는 선박의 특성 등에 따라 해양경찰청장이 고시하는 선박

다. 선박소유자의 책무(제5조)

선박소유자는 국가의 선박교통관제에 관한 시책에 협력하여 자기가 소유·관리하거나 운영하는 선박이 선박교통관제에 따르도록 운항자에 대하여 다음 각 호의 사항을 포함하는 교육·훈련 등을 실시하고 제반 안전규정을 준수하여야 한다.

1) 선박교통관제의 목적·용어, 통신절차 및 정보교환 방법
2) 선박교통관제의 관련 규정 및 제반 준수사항
3) 국내 선박교통관제 운영 현황
4) 그 밖에 해양수산부령으로 정하는 사항

> "해양수산부령으로 정하는 사항"이란 다음 각 호와 같다.
> 1. 「선박의 입항 및 출항 등에 관한 법률」 제10조제1항에 따라 지정·고시하는 항로에 관한 사항
> 2. 「해상교통안전법」 제10조제2항에 따른 교통안전특정해역 안에서의 항로지정제도에 관한 사항
> 3. 「해상교통안전법법」 제31조제1항에 따라 고시하는 선박의 항행안전에 필요한 사항

2. 선박교통관제 기본계획(제8조)

가. 선박교통관제 기본계획

해양경찰청장은 선박교통관제 기본계획(이하 "기본계획"이라 한다)을 5년 단위로 수립하여야 한다. 기본계획은 「해사안전기본법」 제7조제1항에 따른 국가해사안전기본계획의 내용에 부합되어야 한다.

> 제7조(국가해사안전기본계획) ① 해양수산부장관은 해사안전 증진을 위한 **국가해사안전기본계획**(이하 "기본계획"이라 한다)을 5년 단위로 수립하여야 한다. 다만, 기본계획 중 항행환경개선에 관한 계획은 10년 단위로 수립할 수 있다.

기본계획에는 다음 각 호의 사항이 포함되어야 한다.

1) 선박교통관제 정책의 기본방향 및 목표
2) 선박교통관제 운영에 관한 사항
3) 선박교통관제를 위한 시설의 구축 및 유지·관리에 관한 사항
4) 선박교통관제사의 교육·훈련에 관한 사항
5) 선박교통관제 관련 국제 협력에 관한 사항
6) 선박교통관제의 중장기 발전계획에 관한 사항
7) 그 밖에 선박교통관제에 관한 사항으로서 해양경찰청장이 필요하다고 인정하는 사항

해양경찰청장은 기본계획을 수립하거나 변경하는 경우 관계 중앙행정기관의 장과 협의하여야 하고 기본계획의 수립을 위하여 필요한 경우 관계 중앙행정기관의 장, 「공공기관의 운영에 관한 법률」 제4조에 따른 공공기관의 장, 그 밖의 관계 기관에 자료의 제출, 의견의 진술 또는 그 밖에 필요한 협력을 요청할 수 있다. 기본계획의 수립 절차·방법 등에 관한 사항은 대통령령으로 정한다.

> 시행령 제3조(선박교통관제 기본계획) ① 해양경찰청장은 법 제8조제1항에 따른 선박교통관제 기본계획(이하 "기본계획"이라 한다)의 수립을 위해 필요하면 같은 조 제5항에 따라 다음 각 호의 사항에 관한 자료의 제출, 의견의 진술 또는 그 밖에 필요한 협력을 요청할 수 있다.
> 1. 관할구역에서의 해상교통량, 선박 이동경로, 해양사고 현황
> 2. 관할구역에서의 레이더, 초단파 무선전화, 선박자동식별장치 등 무선설비의 설치·운영 현황 및 계획
> 3. 관할구역에서 선박이 접안(接岸)하거나 계류할 수 있는 시설의 설치·운영 현황 및 계획
> 4. 관할구역에서의 선박교통관제 시행의 필요성
> 5. 그 밖에 기본계획의 수립을 위해 해양경찰청장이 필요하다고 인정하는 사항
>
> ② 해양경찰청장은 기본계획을 수립 또는 변경하려는 경우에는 「해양경찰법」 제5조제1항에 따른 해양경찰위원회의 심의를 거쳐야 한다.

나. 선박교통관제 시행계획(제9조)

해양경찰청장은 기본계획을 시행하기 위하여 매년 선박교통관제 시행계획(이하 "시행계획"이라 한다)을 수립하여야 한다. 시행계획의 수립을 위하여 필요한 경우 관계 중앙행정기관의 장, 「공공기관의 운영에 관한 법률」 제4조에 따른 공공기관의 장, 그 밖의 관계 기관에 자료의 제출, 의견의 진술 또는 그 밖에 필요한 협력을 요청할 수 있고, 시행계획에 포함할 내용과 수립 절차·방법 등에 관한 사항은 대통령령으로 정한다.

다. 기본계획 및 시행계획의 국회제출(제10조)

1) 해양경찰청장은 기본계획 및 시행계획을 수립하거나 변경한 때에는 관계 중앙행정기관의 장 및 특별시장·광역시장·도지사·특별자치도지사에게 통보하고 지체 없이 국회 소관 상임위원회에 제출하여야 한다.

2) 해양경찰청장은 기본계획 및 시행계획을 수립하거나 변경한 때에는 대통령령으로 정하는 바에 따라 이를 공표하여야 한다.

3. 선박교통관제의 시행(제11조)

1) 해양경찰청장은 선박교통의 안전을 도모하기 위하여 선박교통관제를 시행하여야 한다.

2) 선박교통관제를 시행하기 위한 선박교통관제구역의 설정기준은 대통령령으로 정한다.

▶해양경찰청장은 무역항의 수상구역 등의 수역 중에서 유효한 레이더 탐지범위 내의 해상교통량 및 이동경로 등을 고려하여 선박교통관제구역을 설정하도록 함.

시행령 제6조(선박교통관제구역의 설정기준) 해양경찰청장은 법 제11조제2항에 따라 다음 각 호의 수역 중에서 유효한 레이더 탐지범위 내의 해상교통량 및 이동경로 등을 고려하여 선박교통관제구역을 설정해야 한다. 1. 「선박의 입항 및 출항 등에 관한 법률」 제2조제2호에 따른 무역항의 수상구역등 2. 「해상교통안전법」 제10조에 따른 교통안전특정해역 3. 「연안관리법」 제2조제2호에 따른 연안해역

3) 해양경찰청장은 효율적인 선박교통관제의 시행을 위하여 선박교통관제관서를 설치 및 운영할 수 있다. 선박교통관제관서(이하 "선박교통관제관서"라 한다)의 설치 및 운영에 필요한 사항은 해양수산부령으로 정한다.

4. 선박교통관제에 관한 규정(제12조)

해양경찰청장은 관할 선박교통관제구역에서 제13조에 따른 관제대상선박이 따라야 할 선박교통관제에 관한 규정을 대통령령으로 정하는 바에 따라 고시하여야 한다.

시행령 제7조(선박교통관제에 관한 규정) ① 법 제12조제1항에 따른 선박교통관제에 관한 규정에는 다음 각 호의 사항이 포함되어야 한다. 1. 선박교통관제관서의 사용명칭 2. 관제대상선박이 선박교통관제구역 안에서 이동하거나 해당 선박에 도선사가 승선·하선하는 때의 관제통신 방법 3. 기상이 악화되거나 시계(視界)가 제한된 경우의 선박운항통제에 관한 사항 4. 그 밖에 해상교통의 안전을 위해 해양경찰청장이 필요하다고 인정하는 사항

해양경찰청장이 선박교통관제에 관한 규정을 고시하는 경우 선박교통의 안전을 확보하기

위하여 관계 중앙행정기관의 의견을 들어야 한다.

5. 관제대상선박(제13조)

1) 국제항해에 취항하는 선박

2) 총톤수 300톤 이상의 선박(다만, 「어선법」 제2조제1호에 따른 어선 중 국내항 사이만을 항행하는 내항어선은 제외한다)

3) 「해상교통안전법」 제2조제6호에 따른 위험화물운반선

4) 그 밖에 관할 선박교통관제구역에서 이동하는 선박의 특성 등에 따라 해양경찰청장이 고시하는 선박

가. 선장의 의무(제14조)

1) 관제대상선박의 선장은 선박교통관제에 따라야 한다. 다만, 선박교통관제에 따를 경우 선박을 안전하게 운항할 수 없는 명백한 사유가 있는 경우에는 선박교통관제에 따르지 아니할 수 있다.

2) 관제대상선박의 선장은 선박교통관제사의 관제에도 불구하고 그 선박의 안전운항에 대한 책임을 면제받지 아니한다.

3) 관제대상선박의 선장은 선박교통관제구역을 출입하려는 때에는 해당 선박교통관제구역을 관할하는 선박교통관제관서에 신고하여야 한다.

4) 관제대상선박의 선장은 선박교통관제구역을 출입·이동하는 경우 해양수산부령으로 정하는 무선설비와 관제통신 주파수를 갖추고 관제통신을 항상 청취·응답하여야 한다. 다만, 통신의 장애로 인하여 선박교통관제사와 지정된 주파수로 통화가 불가능할 때에는 휴대전화 등 다른 통신주파수를 이용하여 보고할 수 있다.

5) 선박교통관제구역 내에서 항행 중인 관제대상선박의 선장은 항로상의 장애물이나 해양사고 발생 등으로 선박교통의 안전을 해치거나 해칠 우려가 있다고 인지한 경우에는 지체 없이 이를 선박교통관제관서에 신고하여야 한다.

6) 제1항부터 제5항까지에서 규정한 사항 외에 관제대상선박의 신고 절차, 관제구역별 관제통신의 제원(諸元) 등 필요한 사항은 대통령령으로 정한다.

시행령 제9조(관제통신의 제원) 해양경찰청장은 법 제14조제6항에 따라 다음 각 호의 사항이 포함된 선박교통관제관서별 관제통신 제원(諸元)을 고시해야 한다. 1. 호출부호 2. 관제통신시설 3. 조난·긴급·안전 통신용 채널 4. 관제통신용 채널 5. 운용시간

나. 관제대상선박의 신고(시행령 제8조)

관제대상선박의 선장은 법 제14조제3항에 따라 다음 각 호의 구분에 따른 내용을 선박교통관제관서에 신고해야 한다.

> ▶ 관제대상선박의 선박교통관제구역 출입 신고의 내용(시행령 제8조) : 관제대상선박이 선박교통관제구역으로 들어오거나 선박교통관제구역에서 나가는 경우 선박교통관제관서에 신고해야 하는 사항을 선박명, 호출부호, 통과위치 등으로 정함.
> ▶관제대상선박은 초단파 무선전화를 갖추어야 하며 「전파법」 제45조에 따른 기술기준에 적합하여야 함.

1) **진입 신고: 선박교통관제구역으로 들어오는 경우**

가) 선박명, 호출부호, 통과위치

나) 선박교통관제구역 안에 있는「항만법」제2조제5호가목(1)에 따른 정박지(이하 "정박지"라 한다) 또는 같은 목 (4)에 따른 계류시설(이하 "계류시설"이라 한다)에 입항하는 선박의 경우에는 입항 예정 시각, 입항 시각 및 입항 장소

다) 그 밖에 해양경찰청장이 정하는 사항

2) 진출 신고: 선박교통관제구역에서 나가는 경우

가) 선박명, 통과위치

나) 선박교통관제구역 안에 있는 정박지 또는 계류시설에서 출항하는 선박의 경우에는 출항 예정 시각, 출항 시각 및 출항 장소

다) 그 밖에 해양경찰청장이 정하는 사항

신고의 절차·내용 및 방법에 관한 구체적인 사항은 해양경찰청장이 선박교통관제구역별로 정하여 고시한다.

다. 관제통신의 녹음(제15조)

선박교통관제관서와 대통령령으로 정하는 선박의 선장은 제14조제4항에 따른 관제통신을 녹음하여 보존하여야 한다. 규정한 사항 외에 관제통신 녹음방법 및 보존기간 등 필요한 사항은 대통령령으로 정한다.

▶관제통신 녹음 대상 선박 및 녹음 방법 등(시행령 제10조) : 관제통신을 녹음하여 보존해야 하는 선박을 국제항해에 취항하는 13명 이상의 여객을 운송할 수 있는 선박 등으로 정하고, 해당 선박 및 선박교통관제관서는 전자적 수단을 이용하여 녹음하도록 하되, 관제통신 녹음시설의 일시적인 고장 등으로 전자적 수단을 이용한 관제통신 녹음이 불가능한 경우에는 수기(手記)로 대체할 수 있도록 하며, 녹음 등의 정보는 60일 동안 보존하도록 함.

> **시행령 제10조(관제통신 녹음)**
> ① 법 제15조제1항에서 "대통령령으로 정하는 선박"이란 관제대상선박으로서 다음 각 호의 어느 하나에 해당하는 선박을 말한다.
> 1. 국제항해에 취항하는 다음 각 목의 선박

가) 13명 이상의 여객을 운송할 수 있는 선박
나) 가목 외의 선박으로서 총톤수 3천톤 이상의 선박
2. 「해운법」 제4조에 따른 해상여객운송사업에 사용되는 선박으로서 국내항해에 종사하는 총톤수 300톤 이상의 여객선
② 선박교통관제관서와 제1항 각 호에 따른 선박의 선장(이하 "선박교통관제관서등"이라 한다)은 법 제14조제4항에 따른 관제통신을 녹음하여 관제통신을 한 날짜 및 시각과 함께 보존해야 한다.
③ 선박교통관제관서등은 제2항에 따라 관제통신을 녹음하려는 경우 전자적 수단을 이용해야 한다. 다만, 관제통신 녹음시설의 일시적인 고장 등으로 전자적 수단을 이용한 관제통신 녹음이 불가능한 경우에는 수기(手記)로 대체할 수 있다.
④ 제2항 및 제3항에 따른 정보의 보존기간은 60일로 한다. 다만, 해양사고의 조사 및 심판 등을 위해 필요한 경우에는 해양경찰청장이 정하여 고시하는 기준에 따라 보존기간을 연장할 수 있다.
⑤ 제1항부터 제4항까지에서 규정한 사항 외에 선박교통관제관서의 관제통신 녹음 및 보존 등에 필요한 사항은 해양경찰청장이 정한다.

6. 선박교통관제사

가. 자격(제16조)

관제업무는 선박교통관제사가 수행하여야 한다. 선박교통관제사는 해양수산부령으로 정하는 공무원 중에서 해양경찰청장이 시행하는 선박교통관제사 교육을 이수하고 평가를 통과한 사람으로 한다. 또한 선박교통관제사는 직무수행에 필요한 정기적인 교육 및 평가를 받아야 한다. 교육 및 평가에 필요한 사항은 대통령령으로 정한다.

선박교통관제사 전문교육기관 지정 고시(해양경찰청고시 제2020-4호, 2020. 7. 24., 제정)
제2조(전문교육기관의 지정 등) ① 「선박교통관제에 관한 법률」(이하 "법"이라 한다) 제25조제2항에 따른 전문교육기관은 다음 각 호와 같다.
1. 해양경찰교육원
2. 한국해양수산연수원
② 제1항에 따른 전문교육기관은 법 제16조제2항 및 제3항에 따른 선박교통관제사의 교육 및 평가 업무를 수행한다.

▶선박교통관제사의 교육 및 평가(시행령 제11조) : 선박교통관제사 교육의 종류를 선박교통관제사 자격을 취득하기 위한 기본교육과 선박교통관제사가 정기적으로 받아야 하는 보수교육으로 정하고, 각 교육의 이수 후 받아야 하는 평가의 통과 기준은 평균 60점 이상으로 하되, 40점 미만의 평가항목이 있는 경우 불합격 처리하도록 함.

▶선박교통관제사는 5급 해기사(항해사) 이상 면허소지자로 면허취득 후 1년 이상 선박승무경력을 갖고 있거나, 「국가기술자격법」에 따른 무선설비 · 전파전자통신 또는 정보통신 산업기사 이상의 자격을 보유하여야 함.

나. 전문교육기관의 지정(제17조)

해양경찰청장은 선박교통관제사를 육성하기 위하여 해양수산부령으로 정하는 바에 따라 선박교통관제사 전문교육기관(이하 "전문교육기관"이라 한다)을 지정할 수 있다. 전문교육기관의 장은 교육의 시행에 관한 세부적인 사항은 해양경찰청장과 협의 후 실시하여야 한다. 전문교육기관의 지정기준은 해양수산부령으로 정한다. 해양경찰청장은 제1항에 따라 전문교육기관으로 지정된 기관이 다음 각 호의 어느 하나에 해당하는 경우에는 그 지정을 취소할 수 있다. 다만, 제1호에 해당하는 경우에는 지정을 취소하여야 한다.

1) 거짓이나 그 밖의 부정한 방법으로 지정을 받은 경우
2) 지정기준을 충족하지 못하게 된 경우
3) 지정받은 내용과 다르게 교육·훈련을 실시한 경우
4) 거짓이나 그 밖의 부정한 방법으로 교육·훈련생의 교육·훈련과정 이수 처리를 한 경우

해양경찰청장은 전문교육기관의 지정을 취소하는 경우에는 청문을 하여야 한다.

다. 선박교통관제사의 업무(제18조)

1) 선박교통관제구역에서 출입하거나 이동하는 선박에 대한 관찰확인, 안전정보의 제공 및 안전에 관한 조언·권고·지시

2) 혼잡한 교통상황의 발생을 예방하기 위한 선박교통정보 및 기상청에서 발표한 기상특보 등의 제공

3) 「선박의 입항 및 출항 등에 관한 법률」 제2조제2호에 따른 무역항의 수상구역등에서 항만의 효율적 운영에 필요한 선박 출입신고·선석(船席)·정박지(碇泊地)·도선(導船)·예선(曳船) 정보 등 항만운영정보의 제공

4) 「선박의 입항 및 출항 등에 관한 법률」 제8조부터 제18조까지의 규정에 따른 무역항 질서 단속에 관한 정보의 제공

5) 「해상교통안전법」 제38조에 따른 선박 출항통제 관련 정보의 제공

6) 그 밖에 선박교통안전과 효율성 증진을 위하여 해양수산부령으로 정하는 업무

> 법 제18조제6호에서 "해양수산부령으로 정하는 업무"란 다음 각 호의 업무를 말한다.
> 1. 관제업무 관련 법규 위반의 감시·적발 및 관계기관의 위법 선박 감시·적발 지원
> 2. 선박교통관제구역 내의 해양사고 발생 사실을 최초로 접수한 경우 관할 해양경찰서에 해당 사실 전파
> 3. 「선박의 입항 및 출항 등에 관한 법률」 제50조제1항에 따른 항만운영정보시스템에의 자료 입력
> 4. 그 밖에 선박교통관제관서의 운영에 필요한 업무로서 해양경찰청장이 정하는 업무

라. 관제업무 절차

선박교통관제사가 관제업무에 종사하는 경우에는 해양수산부령으로 정하는 절차에 따라 업무수행을 하여야 한다. 다만, 선박교통관제사가 선박이 명백한 사고위험에 처할 우려가 있다고 판단하는 경우에는 관제업무 절차를 따르지 아니할 수 있다.

> **시행규칙 제8조(관제업무 절차)** ① 법 제19조에 따라 선박교통관제사는 다음 각 호의 단계별 절차에 따라 선박교통관제를 시행한다.
> 1. 1단계(관찰 · 확인): 선박교통관제구역 내에서 관제대상선박이 해양사고 위험이 있는지 관찰 · 확인
> 2. 2단계(정보제공): 선박교통관제사가 필요하다고 인정하거나 관제대상선박에서 요구하는 경우 선박교통의 안전을 위해 필요한 정보를 제공
> 3. 3단계(조언 · 권고): 관제대상선박에 선박교통의 안전을 위한 조치에 관한 조언 · 권고
> 4. 4단계(지시): 관제대상선박이 명백한 해양사고 위험에 처할 우려가 있는 경우 시정 또는 안전조치를 지시
>
> ② 제1항에 따른 단계별 절차의 세부 사항은 「선박교통관제에 관한 법률 시행령」 제6조 각 호에 따른 해역별 특성에 따라 해양경찰청장이 정한다.

마. 선박교통관제사의 권한(제20조)

1) 선박교통관제사는 선박교통관제구역 내 해상기상상태, 항로상태, 해상교통량 및 해양사고 등을 고려하여 선박의 안전 확보를 위하여 필요하다고 판단되는 경우 선박의 입항·출항 및 이동시간을 조정할 수 있다.

2) 선박교통관제사는 선박교통관제구역에서 해양사고가 발생한 경우 즉시 경비함정 출동과 도선 또는 예선의 지원을 요청할 수 있다.

7. 벌금과 과태료

가. 1년 이하 징역 또는 1천만원 이하의 벌금

제14조제1항 본문에 따른 선박교통관제에 정당한 사유 없이 따르지 아니한 사람은 1년 이하의 징역 또는 1천만원 이하의 벌금에 처한다.

나. 과태료 : 300만원 이하

1) 다음 각 호의 어느 하나에 해당하는 사람에게는 300만원 이하의 과태료를 부과한다. 과태료는 대통령령으로 정하는 바에 따라 해양경찰청장, 지방해양경찰청장 또는 해양경찰서장이 부과 · 징수한다.

① 제14조제3항에 따른 신고를 하지 아니하거나 거짓으로 신고한 사람

② 제14조제4항을 위반하여 무선설비를 갖추지 아니하거나 관제통신을 청취 · 응답하지

아니한 사람

③ 제14조제6항에 따른 관제대상선박의 신고 절차를 따르지 아니한 사람

④ 제15조제1항을 위반하여 관제통신을 녹음하여 보존하지 아니한 사람

다. 과태료 : 200만원 이하

제14조제5항에 따라 신고를 하지 아니하거나 거짓으로 신고한 사람에게는 200만원 이하의 과태료를 부과한다.

제2절 해상교통안전법

1. 해상교통안전법상 항해안전 일반

가. 해상교통안전법[123] 용어

1) "해사안전관리"란 선원·선박소유자 등 인적 요인, 선박·화물 등 물적 요인, 해상교통체계·교통시설 등 환경적 요인, 국제협약·안전제도 등 제도적 요인을 종합적·체계적으로 관리함으로써 선박의 운용과 관련된 모든 일에서 발생할 수 있는 사고로부터 사람의 생명·신체 및 재산의 안전을 확보하기 위한 모든 활동을 말한다.

2) "선박"이란 물에서 항행수단으로 사용하거나 사용할 수 있는 모든 종류의 배로 수상항공기(물 위에서 이동할 수 있는 항공기를 말한다)와 수면비행선박(표면효과 작용을 이용하여 수면 가까이 비행하는 선박을 말한다)을 포함한다.

3) "대한민국선박"이란 「선박법」 제2조 각 호에 따른 선박을 말한다.

다음 각 호의 선박을 대한민국 선박(이하 "한국선박"이라 한다)으로 한다. 1. 국유 또는 공유의 선박 2. 대한민국 국민이 소유하는 선박 3. 대한민국의 법률에 따라 설립된 상사법인(商事法人)이 소유하는 선박 4. 대한민국에 주된 사무소를 둔 제3호 외의 법인으로서 그 대표자(공동대표인 경우에는 그 전원)가 대한민국 국민인 경우에 그 법인이 소유하는 선박

4) "위험화물운반선"이란 선체의 한 부분인 화물창(貨物倉)이나 선체에 고정된 탱크 등에 해양수산부령으로 정하는 위험물을 싣고 운반하는 선박을 말한다.

5) "거대선"(巨大船)이란 길이 200미터 이상의 선박을 말한다.

6) "고속여객선"이란 시속 15노트 이상으로 항행하는 여객선을 말한다.

123) 해상교통안전법 [시행 2024. 7. 26.] [법률 제19573호, 2023. 7. 25., 제정]

7) "동력선"(動力船)이란 기관을 사용하여 추진(推進)하는 선박을 말한다. 다만, 돛을 설치한 선박이라도 주로 기관을 사용하여 추진하는 경우에는 동력선으로 본다.

8) "범선"(帆船)이란 돛을 사용하여 추진하는 선박을 말한다. 다만, 기관을 설치한 선박이라도 주로 돛을 사용하여 추진하는 경우에는 범선으로 본다.

9) "어로에 종사하고 있는 선박"이란 그물, 낚싯줄, 트롤망, 그 밖에 조종성능을 제한하는 어구(漁具)를 사용하여 어로(漁撈) 작업을 하고 있는 선박을 말한다.

10) "조종불능선"(操縱不能船)이란 선박의 조종성능을 제한하는 고장이나 그 밖의 사유로 조종을 할 수 없게 되어 다른 선박의 진로를 피할 수 없는 선박을 말한다.

11) "조종제한선"(操縱制限船)이란 다음 각 목의 작업과 그 밖에 선박의 조종성능을 제한하는 작업에 종사하고 있어 다른 선박의 진로를 피할 수 없는 선박을 말한다.

가) 항로표지, 해저전선 또는 해저파이프라인의 부설 · 보수 · 인양 작업
나) 준설(浚渫) · 측량 또는 수중 작업
다) 항행 중 보급, 사람 또는 화물의 이송 작업
라) 항공기의 발착(發着)작업
마) 기뢰(機雷)제거작업
바) 진로에서 벗어날 수 있는 능력에 제한을 많이 받는 예인(曳引)작업

12) "흘수제약선"(吃水制約船)이란 가항(可航)수역의 수심 및 폭과 선박의 흘수와의 관계에 비추어 볼 때 그 진로에서 벗어날 수 있는 능력이 매우 제한되어 있는 동력선을 말한다.

13) "해양시설"이란 「해사안전기본법」 제3조제3호에 따른 시설을 말한다.

14) "해상교통안전진단"이란 해상교통안전에 영향을 미치는 다음 각 목의 사업(이하 "안전진단대상사업"이라 한다)으로 발생할 수 있는 항행안전 위험 요인을 전문적으로 조사 · 측정하고 평가하는 것을 말한다.

가) 항로 또는 정박지의 지정 · 고시 또는 변경
나) 선박의 통항을 금지하거나 제한하는 수역(水域)의 설정 또는 변경
다) 수역에 설치되는 교량 · 터널 · 케이블 등 시설물의 건설 · 부설 또는 보수
라) 항만 또는 부두의 개발 · 재개발
마) 그 밖에 해상교통안전에 영향을 미치는 사업으로써 대통령령으로 정하는 사업

15) "항행장애물"(航行障礙物)이란 선박으로부터 떨어진 물건, 침몰 · 좌초된 선박 또는 이로부터 유실(遺失)된 물건 등 해양수산부령으로 정하는 것으로서 선박항행에 장애가 되는 물건을 말한다.

16) "통항로"(通航路)란 선박의 항행안전을 확보하기 위하여 한쪽 방향으로만 항행할 수 있도록 되어 있는 일정한 범위의 수역을 말한다.

17) "제한된 시계"란 안개 · 연기 · 눈 · 비 · 모래바람 및 그 밖에 이와 비슷한 사유로 시계(視界)가 제한되어 있는 상태를 말한다.

18) "항로지정제도"란 선박이 통항하는 항로, 속력 및 그 밖에 선박 운항에 관한 사항을 지정하는 제도를 말한다.

19) "항행 중"이란 선박이 다음 각 목의 어느 하나에 해당하지 아니하는 상태를 말한다.

가) 정박(碇泊)

나) 항만의 안벽(岸壁) 등 계류시설에 매어 놓은 상태[계선부표(繫船浮標)나 정박하고 있는 선박에 매어 놓은 경우를 포함한다]

다) 얹혀 있는 상태

20) "길이"란 선체에 고정된 돌출물을 포함하여 선수(船首)의 끝단부터 선미(船尾)의 끝단 사이의 최대 수평거리를 말한다.

21) "폭"이란 선박 길이의 횡방향 외판의 외면으로부터 반대쪽 외판의 외면 사이의 최대 수평거리를 말한다.

22) "통항분리제도"란 선박의 충돌을 방지하기 위하여 통항로를 설정하거나 그 밖의 적절한 방법으로 한쪽 방향으로만 항행할 수 있도록 항로를 분리하는 제도를 말한다.

23) "분리선"(分離線) 또는 "분리대"(分離帶)란 서로 다른 방향으로 진행하는 통항로를 나누는 선 또는 일정한 폭의 수역을 말한다.

24) "연안통항대"(沿岸通航帶)란 통항분리수역의 육지 쪽 경계선과 해안 사이의 수역을 말한다.

25) "예인선열"(曳引船列)이란 선박이 다른 선박을 끌거나 밀어 항행할 때의 선단(船團) 전체를 말한다.

26) "대수속력"(對水速力)이란 선박의 물에 대한 속력으로서 자기 선박 또는 다른 선박의 추진장치의 작용이나 그로 인한 선박의 타력(惰力)에 의하여 생기는 것을 말한다.

나. 수역 안전관리

1) 보호수역의 설정 및 입역허가(제5조)

가) 해양수산부장관은 제3조제1항제4호에 따른 해양시설 부근 해역에서 선박의 안전항행과 해양시설의 보호를 위한 수역(이하 "보호수역"이라 한다)을 설정할 수 있다.

나) 누구든지 보호수역에 입역(入域)하기 위하여는 해양수산부장관의 허가를 받아야 하며, 해양수산부장관은 해양시설의 안전 확보에 지장이 없다고 인정하거나 공익상 필요하다고 인정하는 경우 보호수역의 입역을 허가할 수 있다. 입역허가에 필요한 조건을 붙일 수 있고 입역허가에 관하여 필요하면 관계 행정기관의 장과 협의하여야 한다.

다) 보호수역의 범위는 대통령령으로 정하고, 보호수역 입역허가 등에 필요한 사항은 해양수산부령으로 정한다.

2) **보호수역의 입역(제6조)**

다음 각 호의 어느 하나에 해당하면 해양수산부장관의 허가를 받지 아니하고 보호수역에 입역할 수 있다.

가) 선박의 고장이나 그 밖의 사유로 선박 조종이 불가능한 경우
나) 해양사고를 피하기 위하여 부득이한 사유가 있는 경우
다) 인명을 구조하거나 또는 급박한 위험이 있는 선박을 구조하는 경우
라) 관계 행정기관의 장이 해상에서 안전 확보를 위한 업무를 하는 경우
마) 해양시설을 운영하거나 관리하는 기관이 그 해양시설의 보호수역에 들어가려고 하는 경우

2. 교통안전특정해역 등의 설정과 관리

가. 교통안전특정해역의 설정 등(제7조)

1) 해양수산부장관은 다음 각 호의 어느 하나에 해당하는 해역으로서 대형 해양사고가 발생할 우려가 있는 해역(교통안전특정해역)을 설정할 수 있다.

가) 해상교통량이 아주 많은 해역
나) 거대선, 위험화물운반선, 고속여객선 등의 통항이 잦은 해역

2) 해양수산부장관은 관계 행정기관의 장의 의견을 들어 해양수산부령으로 정하는 바에 따라 교통안전특정해역 안에서의 항로지정제도를 시행할 수 있다. 교통안전특정해역의 범위는 대통령령으로 정한다.

나. 거대선 등의 항행안전확보 조치(제8조)

해양경찰서장은 거대선, 위험화물운반선, 고속여객선, 그 밖에 해양수산부령으로 정하는 선박이 교통안전특정해역을 항행하려는 경우 항행안전을 확보하기 위하여 필요하다고 인정하면 선장이나 선박소유자에게 다음 각 호의 사항을 명할 수 있다.

1) 통항시각의 변경
2) 항로의 변경
3) 제한된 시계의 경우 선박의 항행 제한
4) 속력의 제한
5) 안내선의 사용
6) 그 밖에 해양수산부령으로 정하는 사항

다. 어업의 제한(제9조)

1) 교통안전특정해역에서 어로 작업에 종사하는 선박은 항로지정제도에 따라 그 교통안전특정해역을 항행하는 다른 선박의 통항에 지장을 주어서는 아니 된다.

2) 교통안전특정해역에서는 어망 또는 그 밖에 선박의 통항에 영향을 주는 어구 등을 설치하거나 양식업을 하여서는 아니 된다.

3) 교통안전특정해역으로 정하여지기 전에 그 해역에서 면허를 받은 어업권·양식업권을 행사하는 경우에는 해당 어업면허 또는 양식업 면허의 유효기간이 끝나는 날까지 제2항을 적용하지 아니한다.

4) 특별자치도지사·시장·군수·구청장(자치구의 구청장을 말한다)이 교통안전특정해역에서 어업면허, 양식업 면허, 어업허가 또는 양식업 허가(면허 또는 허가의 유효기간 연장을 포함한다)를 하려는 경우에는 미리 해양경찰청장과 협의하여야 한다.

라. 공사 또는 작업(제10조)

1) 교통안전특정해역에서 해저전선이나 해저파이프라인의 부설, 준설, 측량, 침몰선 인양작업 또는 그 밖에 선박의 항행에 지장을 줄 우려가 있는 공사나 작업을 하려는 자는 해양경찰청장의 허가를 받아야 한다. 다만, 관계 법령에 따라 국가가 시행하는 항로표지 설치, 수로 측량 등 해사안전에 관한 업무의 경우에는 그러하지 아니하다.

2) 해양경찰청장은 허가를 하면 그 사실을 해양수산부장관에게 보고하여야 하며, 해양수산부장관은 이를 고시하여야 한다.

3) 해양경찰청장은 공사 또는 작업의 허가를 받은 자가 다음 각 호의 어느 하나에 해당하면 그 허가를 취소하거나 6개월의 범위에서 공사나 작업의 전부 또는 일부의 정지를 명할 수 있다. 다만, 가)호 또는 라)호에 해당하는 경우에는 그 허가를 취소하여야 한다.

가) 거짓이나 그 밖의 부정한 방법으로 제1항에 따른 허가를 받은 경우
나) 공사나 작업이 부진하여 이를 계속할 능력이 없다고 인정되는 경우
다) 허가를 할 때 붙인 허가조건 또는 허가사항을 위반한 경우
라) 정지명령을 위반하여 정지기간 중에 공사 또는 작업을 계속한 경우

4) 허가를 받은 자는 해당 허가기간이 끝나거나 허가가 취소되었을 때에는 해당 구조물을 제거하고 원래 상태로 복구하여야 한다.

3. 유조선통항금지해역 등의 설정 및 관리

가. 유조선의 통항제한(제11조)

1) 다음 각 호의 어느 하나에 해당하는 석유 또는 유해액체물질을 운송하는 선박(이하 "유

조선"이라 한다)의 선장이나 항해당직을 수행하는 항해사는 유조선의 안전운항을 확보하고 해양사고로 인한 해양오염을 방지하기 위하여 유조선의 통항을 금지한 해역(이하 "유조선통항금지해역"이라 한다)에서 항행하여서는 아니 된다.

가) 원유, 중유, 경유 또는 이에 준하는 「석유 및 석유대체연료 사업법」 제2조제2호가목에 따른 탄화수소유, 같은 조 제10호에 따른 가짜석유제품, 같은 조 제11호에 따른 석유대체연료 중 원유 · 중유 · 경유에 준하는 것으로 해양수산부령으로 정하는 기름 1천500킬로리터 이상을 화물로 싣고 운반하는 선박

나) 「해양환경관리법」 제2조제7호에 따른 유해액체물질을 1천500톤 이상 싣고 운반하는 선박

2) 유조선은 다음 각 호의 어느 하나에 해당하면 유조선통항금지해역에서 항행할 수 있다.

가) 기상상황의 악화로 선박의 안전에 현저한 위험이 발생할 우려가 있는 경우

나) 인명이나 선박을 구조하여야 하는 경우

다) 응급환자가 생긴 경우

라) 항만을 입항 · 출항하는 경우. 이 경우 유조선은 출입해역의 기상 및 수심, 그 밖의 해상상황 등 항행여건을 충분히 헤아려 유조선통항금지해역의 바깥쪽 해역에서부터 항구까지의 거리가 가장 가까운 항로를 이용하여 입항 · 출항하여야 한다.

나. 시운전금지해역의 설정(제12조)

누구든지 충돌 등 해양사고를 방지하기 위하여 시운전(조선소 등에서 선박을 건조 · 개조 · 수리 후 인도 전까지 또는 건조 · 개조 · 수리 중 시험운전하는 것을 말한다)을 금지한 해역(시운전금지해역)에서 길이 100미터 이상의 선박에 대하여 해양수산부령으로 정하는 시운전을 하여서는 아니 된다. 시운전금지해역의 범위는 대통령령으로 정한다.

4. 항해 안전관리

가. 항로의 지정(제30조)

1) 해양수산부장관은 선박이 통항하는 수역의 지형 · 조류, 그 밖에 자연적 조건 또는 선박 교통량 등으로 해양사고가 일어날 우려가 있다고 인정하면 관계 행정기관의 장의 의견을 들어 그 수역의 범위, 선박의 항로 및 속력 등 선박의 항행안전에 필요한 사항을 해양수산부령으로 정하는 바에 따라 고시할 수 있다.

2) 해양수산부장관은 태풍 등 악천후를 피하려는 선박이나 해양사고 등으로 자유롭게 조종되지 아니하는 선박을 위한 수역 등을 지정 · 운영할 수 있다.

나. 외국선박의 통항(제31)

1) 외국선박은 해양수산부장관의 허가를 받지 아니하고는 대한민국의 내수에서 통항할 수 없다.

2) 1)항에도 불구하고 「영해 및 접속수역법」 제2조제2항에 따른 직선기선에 따라 내수에 포함된 해역에서는 정박 · 정류(停留) · 계류 또는 배회(徘徊)함이 없이 계속적이고 신속하게 통항할 수 있다. 다만, 다음 각 호의 경우에는 그러하지 아니하다.

가) 불가항력이나 조난으로 인하여 필요한 경우

나) 위험하거나 조난상태에 있는 인명 · 선박 · 항공기를 구조하기 위한 경우

다) 그 밖에 대한민국 항만에의 입항 등 해양수산부령으로 정하는 경우

다. 특정선박에 대한 안전조치(제32조)

1) 대한민국의 영해 또는 내수를 통항하는 외국선박 중 다음 각 호의 선박(이하 "특정선박"이라 한다)은 「해상에서의 인명안전을 위한 국제협약」 등 관련 국제협약에서 정하는 문서를 휴대하거나 해양수산부령으로 정하는 특별예방조치를 준수하여야 한다.

가) 핵추진선박

나) 핵물질 등 위험화물운반선

2) 해양수산부장관은 특정선박에 의한 해양오염 방지, 경감 및 통제를 위하여 필요하면 통항로를 지정하는 등 안전조치를 명할 수 있다.

라. 항로 등의 보전(제33조)

1) 누구든지 항로에서 다음 각 호의 어느 하나에 해당하는 행위를 하여서는 아니 된다.

가) 선박의 방치

나) 어망 등 어구의 설치나 투기

2) 해양경찰서장은 제1항을 위반한 자에게 방치된 선박의 이동 · 인양 또는 어망 등 어구의 제거를 명할 수 있다.

3) 누구든지 「항만법」 제2조제1호에 따른 항만의 수역 또는 「어촌 · 어항법」 제2조제3호에 따른 어항의 수역 중 대통령령으로 정하는 수역에서는 해상교통의 안전에 장애가 되는 스킨다이빙, 스쿠버다이빙, 윈드서핑 등 대통령령으로 정하는 행위를 하여서는 아니 된다. 다만, 해상교통안전에 장애가 되지 아니한다고 인정되어 해양경찰서장의 허가를 받은 경우와 「체육시설의 설치 · 이용에 관한 법률」 제20조에 따라 신고한 체육시설업과 관련된 해상에서 행위를 하는 경우에는 그러하지 아니하다.

법 제33조제3항 본문에서 "대통령령으로 정하는 수역"이란 해상안전 및 해상교통 여건 등을 고려하여 해양경찰서장이 정하여 고시하는 수역을 말한다.
해양경찰서장은 따른 수역을 정하여 고시하는 경우에는 해당 수역을 이용하는 사람이 보기 쉬운 장소에 그 사실을 게시하여야 한다.
③ 법 제33조제3항 본문에서 "스킨다이빙, 스쿠버다이빙, 윈드서핑 등 대통령령으로 정하는 행위"란 다음 각 호의 어느 하나에 해당하는 행위를 말한다. 다만, 선박 및 레저기구가 제1항의 수역을 통과하기 위하여 침로(針路)나 속력의 급격한 변경 등이 없이 다른 선박의 항행안전을 저해하지 않고 항행하는 경우는 제외한다.
1. 「수상레저안전법」 제2조제1호에 따른 수상레저활동
2. 「수중레저활동의 안전 및 활성화 등에 관한 법률」 제2조제2호에 따른 수중레저활동
3. 「마리나항만의 조성 및 관리 등에 관한 법률」 제2조제3호에 따른 마리나선박을 이용한 유람, 스포츠 또는 여가 행위
4. 「유선 및 도선 사업법」 제2조제1호에 따른 유선사업에 사용되는 선박을 이용한 고기잡이, 관광 또는 그 밖의 유락 행위

4) 해양경찰서장은 제3항에 따라 허가를 받은 사람이 다음 각 호의 어느 하나에 해당하면 그 허가를 취소하거나 해상교통안전에 장애가 되지 아니하도록 시정할 것을 명할 수 있다. 다만, 제3호에 해당하는 경우에는 그 허가를 취소하여야 한다.

가) 항로나 정박지 등 해상교통 여건이 달라진 경우
나) 허가 조건을 위반한 경우
다) 거짓이나 그 밖의 부정한 방법으로 허가를 받은 경우

마. 수역등 및 항로의 안전 확보(제34조)

1) 누구든지 수역등 또는 수역등의 밖으로부터 10킬로미터 이내의 수역에서 선박 등을 이용하여 수역등이나 항로를 점거하거나 차단하는 행위를 함으로써 선박 통항을 방해하여서는 아니 된다.
2) 해양경찰서장은 제1항을 위반하여 선박 통항을 방해한 자 또는 방해할 우려가 있는 자에게 일정한 시간 내에 스스로 해산할 것을 요청하고, 이에 따르지 아니하면 해산을 명할 수 있다. 해산명령을 받은 자는 지체 없이 물러가야 한다.

바. 선박위치정보의 공개 제한(제35조)

1) 항해자료기록장치 등 해양수산부령으로 정하는 전자적 수단으로 선박의 항적(航跡) 등을 기록한 정보(이하 "선박위치정보"라 한다)를 보유한 자는 다음 각 호의 경우를 제외하고는 선박위치정보를 공개하여서는 아니 된다.

가) 선박위치정보의 보유권자가 그 보유 목적에 따라 사용하려는 경우
나) 「해양사고의 조사 및 심판에 관한 법률」 제16조에 따른 조사관 등이 해양사고의 원인을 조사하기 위하여 요청하는 경우
다) 「재난 및 안전관리 기본법」 제3조제7호에 따른 긴급구조기관이 급박한 위험에 처한

선박 또는 승선자를 구조하기 위하여 요청하는 경우

라) 중앙행정기관의 장 또는 공공기관의 장이 항만시설의 보안, 여객선의 안전운항 관리, 「통합방위법」 제2조제4호에 따른 통합방위작전의 수행 또는 관세의 부과·징수 등에 관한 소관 업무를 수행하기 위하여 요청하는 경우

마) 선박소유자의 동의를 받은 경우

바) 6개월 이상의 기간이 지난 선박위치정보로서 해양수산부령으로 정하는 경우

2) 직무상 선박위치정보를 알게 된 선박소유자, 선장 및 해원(海員) 등은 선박위치정보를 누설·변조·훼손하여서는 아니 된다.

사. 선박 출항통제(제36조)

해양수산부장관은 해상에 대하여 기상특보가 발표되거나 제한된 시계 등으로 선박의 안전운항에 지장을 줄 우려가 있다고 판단할 경우에는 선박소유자나 선장에게 선박의 출항통제를 명할 수 있다. 출항통제의 기준·방법 및 절차 등에 필요한 사항은 해양수산부령으로 정한다.

아. 순찰(제37조)

해양경찰서장은 선박 통항의 안전과 질서를 유지하기 위하여 소속 경찰공무원에게 수역등·항로 또는 보호수역을 순찰하게 하여야 한다.

자. 정선(제38조)

해양경찰서장은 이 법 또는 이 법에 따른 명령을 위반하였거나 위반한 혐의가 있는 사람이 승선하고 있는 선박에 대하여 정선(停船)하거나 회항(回航)할 것을 명할 수 있다. 정선명령이나 회항명령은 대통령령으로 정하는 방법으로 그 선박에서 항해당직을 수행하고 있는 사람에게 알려야 한다.

5. 위험방지 조치

가. 술에 취한 상태에서의 조타기 조작 등 금지(제39조)

1) 술에 취한 상태에 있는 사람은 운항을 하기 위하여 「선박직원법」 제2조제1호에 따른 선박[총톤수 5톤 미만의 선박과 같은 호 나목 및 다목에 해당하는 외국선박 및 시운전선박(국내 조선소에서 건조 또는 개조하여 진수 후 인도 전까지 시운전하는 선박을 말한다)을 포함한다. 이하 이 조 및 제40조에서 같다]의 조타기(操舵機)를 조작하거나 조작할 것을 지시하는 행위 또는 「도선법」 제2조제1호에 따른 도선(이하 "도선"이라 한다)을 하여서는 아니 된다.

2) 해양경찰청 소속 경찰공무원은 다음 각 호의 어느 하나에 해당하는 경우에는 운항을 하기 위하여 조타기를 조작하거나 조작할 것을 지시하는 사람(이하 "운항자"라 한다) 또는 도선을 하는 사람(이하 "도선사"라 한다)이 술에 취하였는지 측정할 수 있으며, 해당 운항자 또는 도선사는 해양경찰청 소속 경찰공무원의 측정 요구에 따라야 한다. 다만, 제3호에 해당하는 경우에는 반드시 술에 취하였는지를 측정하여야 한다.

가) 다른 선박의 안전운항을 해치거나 해칠 우려가 있는 등 해상교통의 안전과 위험방지를 위하여 필요하다고 인정되는 경우

나) 제1항을 위반하여 술에 취한 상태에서 조타기를 조작하거나 조작할 것을 지시하였거나 도선을 하였다고 인정할 만한 충분한 이유가 있는 경우

다) 해양사고가 발생한 경우

3) 술에 취하였는지를 측정한 결과에 불복하는 사람에 대하여는 해당 운항자 또는 도선사의 동의를 받아 혈액채취 등의 방법으로 다시 측정할 수 있다.

4) 술에 취한 상태의 기준은 혈중알코올농도 0.03퍼센트 이상으로 한다.

나. 약물복용 등의 상태에서 조타기 조작 등 금지(제40조)

약물(「마약류 관리에 관한 법률」 제2조제1호에 따른 마약류를 말한다. 이하 같다)·환각물질(「화학물질관리법」 제22조제1항에 따른 환각물질을 말한다. 이하 같다)의 영향으로 인하여 정상적으로 다음 각 호의 행위를 하지 못할 우려가 있는 상태에서는 해당 행위를 하여서는 아니 된다.

1) 「선박직원법」 제2조제1호에 따른 선박의 조타기를 조작하거나 조작할 것을 지시하는 행위

2) 「선박직원법」 제2조제1호에 따른 선박의 도선

다. 위험방지를 위한 조치(제41조)

해양경찰서장은 운항자 또는 도선사가 제39조(음주운항) 및 제40조(약물복용)를 위반한 경우에는 그 운항자 또는 도선사가 정상적으로 조타기를 조작하거나 조작할 것을 지시할 수 있는 상태가 될 때까지 조타기 조작 또는 조작 지시를 하지 못하게 명령하거나 도선을 하지 못하게 명령하는 등 필요한 조치를 취할 수 있다.

라. 해기사면허의 취소·정지 요청(제42조)

해양경찰청장은 「선박직원법」 제4조에 따른 해기사면허를 받은 자가 다음 각 호의 어느 하나에 해당하는 경우 해양수산부장관에게 해당 해기사면허를 취소하거나 1년의 범위에서 해기사면허의 효력을 정지할 것을 요청할 수 있다.

1) 술에 취한 상태에서 운항을 하기 위하여 조타기를 조작하거나 그 조작을 지시한 경우

2) 술에 취한 상태에서 조타기를 조작하거나 조작할 것을 지시하였다고 인정할 만한 상당한 이유가 있음에도 불구하고 해양경찰청 소속 경찰공무원의 측정요구에 따르지 아니한 경우

3) 약물·환각물질의 영향으로 인하여 정상적으로 조타기를 조작하거나 그 조작을 지시하지 못할 우려가 있는 상태에서 조타기를 조작하거나 그 조작을 지시한 경우

마. 해양사고가 일어난 경우의 조치(제43조)

1) 선장이나 선박소유자는 해양사고가 일어나 선박이 위험하게 되거나 다른 선박의 항행안전에 위험을 줄 우려가 있는 경우에는 위험을 방지하기 위하여 신속하게 필요한 조치를 취하고, 해양사고의 발생 사실과 조치 사실을 지체 없이 해양경찰서장이나 지방해양수산청장에게 신고하여야 한다.

2) 지방해양수산청장은 신고를 받으면 지체 없이 그 사실을 해양경찰서장에게 통보하여야 한다.

3) 해양경찰서장은 선장이나 선박소유자가 신고한 조치 사실을 적절한 수단을 사용하여 확인하고, 조치를 취하지 아니하였거나 취한 조치가 적당하지 아니하다고 인정하는 경우에는 그 선박의 선장이나 선박소유자에게 해양사고를 신속하게 수습하고 해상교통의 안전을 확보하기 위하여 필요한 조치를 취할 것을 명하여야 한다.

4) 해양경찰서장은 해양사고가 일어나 선박이 위험하게 되거나 다른 선박의 항행안전에 위험을 줄 우려가 있는 경우 필요하면 구역을 정하여 다른 선박에 대하여 선박의 이동·항행 제한 또는 조업중지를 명할 수 있다.

바. 항행보조시설의 설치와 관리(제44조)

1) 해양수산부장관은 선박의 항행안전에 필요한 항로표지·신호·조명 등 항행보조시설을 설치하고 관리·운영하여야 한다.

2) 해양경찰청장, 지방자치단체의 장 또는 운항자는 다음 각 호의 수역에 「항로표지법」 제2조제1호에 따른 항로표지를 설치할 필요가 있다고 인정하면 해양수산부장관에게 그 설치를 요청할 수 있다.

가) 선박교통량이 아주 많은 수역

나) 항행상 위험한 수역

6. 선박의 안전관리체제

가. 선장의 권한(제45조)

1) 누구든지 선박의 안전을 위한 선장의 전문적인 판단을 방해하거나 간섭하여서는 아니 된다.

2) 선장은 선박의 안전관리를 위하여 제47조에 따라 선임된 안전관리책임자에게 선박과 그 시설의 정비·수리, 선박운항일정의 변경 등을 요구할 수 있고, 그 요구를 받은 안전관리책임자는 타당성 여부를 검토하여 그 결과를 10일 이내에 선박소유자에게 알려야 한다. 다만, 안전관리책임자가 선임되지 아니하거나 선박소유자가 안전관리책임자로 선임된 경우에는 선장이 선박소유자에게 직접 요구할 수 있다.

3) 제2항에 따른 요구를 통보받은 선박소유자는 해당 요구에 따른 필요한 조치를 하여야 한다.

4) 해양수산부장관은 선박소유자가 제3항에 따른 필요한 조치를 하지 아니할 경우 공중의 안전에 위해를 끼칠 수 있어 긴급한 조치가 필요하다고 판단하면 선박소유자에게 필요한 조치를 하도록 명할 수 있다.

나. 선박의 안전관리체제 수립(제46조)

1) 해양수산부장관은 선박소유자가 그 선박과 사업장에 대하여 선박의 안전운항 등을 위한 관리체제(이하 "안전관리체제"라 한다)를 수립하고 시행하는 데 필요한 시책을 강구하여야 한다.

2) 다음 각 호의 어느 하나에 해당하는 선박(해저자원을 채취·탐사 또는 발굴하는 작업에 종사하는 이동식 해상구조물을 포함한다. 이하 이 조 및 제49조부터 제56조까지 같다)을 운항하는 선박소유자는 안전관리체제를 수립하고 시행하여야 한다. 다만, 「해운법」 제21조에 따른 운항관리규정을 작성하여 해양수산부장관으로부터 심사를 받고 시행하는 경우에는 안전관리체제를 수립하여 시행하는 것으로 본다.

가) 「해운법」 제3조에 따른 해상여객운송사업에 종사하는 선박

나) 「해운법」 제23조에 따른 해상화물운송사업에 종사하는 선박으로서 총톤수 500톤 이상의 선박[기선(機船)과 밀착된 상태로 결합된 부선(艀船)을 포함한다]

다) 국제항해에 종사하는 총톤수 500톤 이상의 어획물운반선과 이동식 해상구조물

라) 수면비행선박

마) 그 밖에 대통령령으로 정하는 선박

3) 안전관리체제를 수립·시행하여야 하는 선박소유자는 안전관리대행업을 등록한 자에게 이를 위탁할 수 있다. 이 경우 선박소유자는 그 사실을 10일 이내에 해양수산부장관에게 알려야 한다.

다. 인증심사(제49조)

1) 선박소유자는 제46조제2항에 따라 안전관리체제를 수립·시행하여야 하는 선박이나 사

업장에 대하여 다음 각 호의 구분에 따라 해양수산부장관으로부터 안전관리체제에 대한 인증심사(이하 “인증심사”라 한다)를 받아야 한다.

가) 최초인증심사: 안전관리체제의 수립·시행에 관한 사항을 확인하기 위하여 처음으로 하는 심사

나) 갱신인증심사: 제51조에 따른 선박안전관리증서 또는 안전관리적합증서의 유효기간이 만료되기 전에 해양수산부령으로 정하는 시기에 행하는 심사

다) 중간인증심사: 최초인증심사와 갱신인증심사 사이 또는 갱신인증심사와 갱신인증심사 사이에 해양수산부령으로 정하는 시기에 행하는 심사

라) 임시인증심사: 최초인증심사를 받기 전에 임시로 선박을 운항하기 위하여 다음 각 목의 어느 하나에 대하여 하는 심사

① 새로운 종류의 선박을 추가하거나 신설한 사업장

② 개조 등으로 선종(船種)이 변경되거나 신규로 도입한 선박

마) 수시인증심사: 제1호부터 제4호까지의 인증심사 외에 선박의 해양사고 및 외국항에서의 항행정지 예방 등을 위하여 해양수산부령으로 정하는 경우에 선박 또는 사업장에 대하여 하는 심사

2) 선박소유자는 인증심사에 합격하지 아니한 선박을 항행에 사용하여서는 아니 된다. 다만, 천재지변 등으로 인하여 인증심사를 받을 수 없다고 인정되는 등 해양수산부령으로 정하는 경우에는 그러하지 아니하다.

3) 인증심사를 받으려는 자는 해양수산부령으로 정하는 바에 따라 수수료를 내야 한다.

라. 항만국 통제(제57조)

1) 해양수산부장관은 대한민국의 영해에 있는 외국선박 중 대한민국의 항만에 입항하였거나 입항할 예정인 선박에 대하여 선박의 안전관리체제, 선박의 구조·시설, 선원의 선박운항지식 등이 대통령령으로 정하는 해사안전에 관한 국제협약의 기준에 맞는지를 확인(이하 “항만국통제”라 한다)할 수 있다.

2) 해양수산부장관은 항만국통제 결과 외국선박의 안전관리체제, 선박의 구조·시설, 선원의 선박운항지식 등이 국제협약의 기준에 미치지 못하는 경우로서, 해당 선박의 크기·종류·상태 및 항행기간을 고려할 때 항행을 계속하는 것이 인명이나 재산에 위험을 불러일으키거나 해양환경 보전에 장해를 미칠 우려가 있다고 인정되는 경우에는 그 선박에 대하여 항행정지를 명하는 등 필요한 조치를 할 수 있다.

3) 해양수산부장관은 제2항에 따른 위험과 장해가 없어졌다고 인정할 때에는 지체 없이 해당 선박에 대한 조치를 해제하여야 한다.

마. 외국의 항만국 통제(제58조)

1) 해양수산부장관은 대한민국선박이 외국 정부의 항만국통제에 따라 항행정지 처분을 받은 경우에는 그 선박의 사업장에 대하여 안전관리체제의 적합성 여부를 점검하거나 그 선박이 국내항에 입항할 경우 해양수산부령으로 정하는 바에 따라 관련되는 선박의 안전관리체제, 선박의 구조·시설, 선원의 선박운항지식 등에 대하여 점검을 할 수 있다. 다만, 외국 정부에서 확인을 요청하는 경우 등 필요한 경우에는 외국에서 점검을 할 수 있다.

2) 해양수산부장관은 외국 정부의 항만국통제에 따른 항행정지를 예방하기 위한 조치가 필요하다고 인정하는 경우 해양수산부령으로 정하는 바에 따라 관련되는 선박에 대하여 제1항에 따른 점검(이하 "특별점검"이라 한다)을 할 수 있다. 특별점검의 결과 선박의 안전 확보를 위하여 필요하다고 인정하면 그 선박의 소유자 또는 해당 사업장에 대하여 해양수산부령으로 정하는 바에 따라 시정·보완 또는 항행정지를 명할 수 있다.

바. 선박안전관리사 제도(제64조)

해양수산부장관은 해사안전 및 선박·사업장 안전관리를 효과적이고 전문적으로 하기 위하여 선박안전관리사 자격제도를 관리·운영한다. 선박안전관리사는 다음 각 호의 업무를 수행한다.

1) 안전관리체제의 수립·시행 및 개선·지도
2) 선박에 대한 안전관리 점검·개선 및 지도·조언
3) 선박과 사업장 종사자의 안전을 위한 교육 및 점검
4) 선박과 사업장에 대한 작업환경의 점검 및 개선
5) 해양사고 예방 및 재발방지에 관한 지도·조언
6) 여객관리 및 화물관리에 관한 업무
7) 선박안전·보안기술의 연구개발 및 해상교통안전진단에 관한 참여·조언
8) 그 밖에 해사안전관리 및 보안관리에 필요한 업무

선박안전관리사가 되려는 자는 대통령령으로 정하는 응시자격을 갖추고 해양수산부장관이 실시하는 자격시험에 합격하여야 한다. 다만, 「국가기술자격법」 또는 다른 법률에 따른 선박안전관리와 관련된 자격의 보유자 등 대통령령으로 정하는 자에 대해서는 자격시험의 일부를 면제할 수 있다. 선박안전관리사는 다른 사람에게 자격증을 대여하거나 그 명의를 사용하게 하여서는 아니 된다. 이 법에 따른 선박안전관리사가 아니면 선박안전관리사 또는 이와 유사한 명칭을 사용하지 못한다. 선박안전관리사의 등급, 자격시험의 과목·합격기준 및 자격증의 발급 등 그 밖에 자격시험에 관하여 필요한 사항은 대통령령으로 정한다.

7. 선박의 항법

가. 모든 시계상태에서의 항법

1) 경계(제70조)

선박은 주위의 상황 및 다른 선박과 충돌할 수 있는 위험성을 충분히 파악할 수 있도록 시각·청각 및 당시의 상황에 맞게 이용할 수 있는 모든 수단을 이용하여 항상 적절한 경계를 하여야 한다.

2) 안전한 속력(제71조)

선박은 다른 선박과의 충돌을 피하기 위하여 적절하고 효과적인 동작을 취하거나 당시의 상황에 알맞은 거리에서 선박을 멈출 수 있도록 항상 안전한 속력으로 항행하여야 한다. 안전한 속력을 결정할 때에는 다음 각 호(레이더를 사용하고 있지 아니한 선박의 경우에는 제1호부터 제6호까지의 사항을 고려하여야 한다.

① 시계의 상태
② 해상교통량의 밀도
③ 선박의 정지거리·선회성능, 그 밖의 조종성능
④ 야간의 경우에는 항해에 지장을 주는 불빛의 유무
⑤ 바람·해면 및 조류의 상태와 항행장애물의 근접상태
⑥ 선박의 흘수와 수심과의 관계
⑦ 레이더의 특성 및 성능
⑧ 해면상태·기상, 그 밖의 장애요인이 레이더 탐지에 미치는 영향
⑨ 레이더로 탐지한 선박의 수·위치 및 동향

3) 충돌 위험(제72조)

선박은 다른 선박과 충돌할 위험이 있는지를 판단하기 위하여 당시의 상황에 알맞은 모든 수단을 활용하여야 한다. 레이더를 설치한 선박은 다른 선박과 충돌할 위험성 유무를 미리 파악하기 위하여 레이더를 이용하여 장거리 주사(走査), 탐지된 물체에 대한 작도(作圖), 그 밖의 체계적인 관측을 하여야 하며, 불충분한 레이더 정보나 그 밖의 불충분한 정보에 의존하여 다른 선박과의 충돌 위험 여부를 판단하여서는 아니 된다. 접근하여 오는 다른 선박의 나침방위에 뚜렷한 변화가 일어나지 아니하면 충돌할 위험성이 있다고 보고 필요한 조치를 하여야 한다. 접근하여 오는 다른 선박의 나침방위에 뚜렷한 변화가 있더라도 거대선 또는 예인작업에 종사하고 있는 선박에 접근하거나, 가까이 있는 다른 선박에 접근하는 경우에는 충돌을 방지하기 위하여 필요한 조치를 하여야 한다.

4) 충돌을 피하기 위한 동작(제73조)

가) 선박은 항법에 따라 다른 선박과 충돌을 피하기 위한 동작을 취하되, 이 법에서 정하는 바가 없는 경우에는 될 수 있으면 충분한 시간적 여유를 두고 적극적으로 조치하여 선박을 적절하게 운용하는 관행에 따라야 한다.

나) 선박은 다른 선박과 충돌을 피하기 위하여 침로(針路)나 속력을 변경할 때에는 될 수 있으면 다른 선박이 그 변경을 쉽게 알아볼 수 있도록 충분히 크게 변경하여야 하며, 침로나 속력을 소폭으로 연속적으로 변경하여서는 아니 된다.

다) 선박은 넓은 수역에서 충돌을 피하기 위하여 침로를 변경하는 경우에는 적절한 시기에 큰 각도로 침로를 변경하여야 하며, 그에 따라 다른 선박에 접근하지 아니하도록 하여야 한다.

라) 선박은 다른 선박과의 충돌을 피하기 위하여 동작을 취할 때에는 다른 선박과의 사이에 안전한 거리를 두고 통과할 수 있도록 그 동작을 취하여야 한다. 이 경우 그 동작의 효과를 다른 선박이 완전히 통과할 때까지 주의 깊게 확인하여야 한다.

마) 선박은 다른 선박과의 충돌을 피하거나 상황을 판단하기 위한 시간적 여유를 얻기 위하여 필요하면 속력을 줄이거나 기관의 작동을 정지하거나 후진하여 선박의 진행을 완전히 멈추어야 한다.

바) 이 법에 따라 다른 선박의 통항이나 통항의 안전을 방해하여서는 아니 되는 선박은 다음 각 호의 사항을 준수하고 유의하여야 한다.

① 다른 선박이 안전하게 지나갈 수 있는 여유 수역이 충분히 확보될 수 있도록 조기에 동작을 취할 것

② 다른 선박에 접근하여 충돌할 위험이 생긴 경우에는 그 책임을 면할 수 없으며, 피항동작(避航動作)을 취할 때에는 이 장(章)에서 요구하는 동작에 대하여 충분히 고려할 것

사) 이 법에 따라 통항할 때에 다른 선박의 방해를 받지 아니하도록 되어 있는 선박은 다른 선박과 서로 접근하여 충돌할 위험이 생긴 경우 이 장의 규정에 따라야 한다.

5) 좁은 수로등(제74조)

가) 좁은 수로나 항로(이하 "좁은 수로등"이라 한다)를 따라 항행하는 선박은 항행의 안전을 고려하여 될 수 있으면 좁은 수로등의 오른편 끝 쪽에서 항행하여야 한다. 다만, 제30조제1항에 따라 해양수산부장관이 특별히 지정한 수역 또는 제75조제1항에 따라 통항분리제도가 적용되는 수역에서는 좁은 수로등의 오른편 끝 쪽에서 항행하지 아니하여도 된다.

나) 길이 20미터 미만의 선박이나 범선은 좁은 수로등의 안쪽에서만 안전하게 항행할 수 있는 다른 선박의 통행을 방해하여서는 아니 된다.

다) 어로에 종사하고 있는 선박은 좁은 수로등의 안쪽에서 항행하고 있는 다른 선박의

통항을 방해하여서는 아니 된다.

라) 선박이 좁은 수로등의 안쪽에서만 안전하게 항행할 수 있는 다른 선박의 통항을 방해하게 되는 경우에는 좁은 수로등을 횡단하여서는 아니 된다.

마) 앞지르기하는 배는 좁은 수로등에서 앞지르기당하는 선박이 앞지르기하는 배를 안전하게 통과시키기 위한 동작을 취하지 아니하면 앞지르기할 수 없는 경우에는 기적신호를 하여 앞지르기하겠다는 의사를 나타내야 한다. 이 경우 앞지르기당하는 선박은 그 의도에 동의하면 기적신호를 하여 그 의사를 표현하고, 앞지르기하는 배를 안전하게 통과시키기 위한 동작을 취하여야 한다.

바) 선박이 좁은 수로등의 굽은 부분이나 항로에 있는 장애물 때문에 다른 선박을 볼 수 없는 수역에 접근하는 경우에는 특히 주의하여 항행하여야 한다.

사) 선박은 좁은 수로등에서 정박(정박 중인 선박에 매어 있는 것을 포함한다)을 하여서는 아니 된다. 다만, 해양사고를 피하거나 인명이나 그 밖의 선박을 구조하기 위하여 부득이하다고 인정되는 경우에는 그러하지 아니하다.

6) 통항분리제도(제75조)

가) 이 조는 다음 각 호의 수역(이하 "통항분리수역"이라 한다)에 대하여 적용한다.

① 국제해사기구가 채택하여 통항분리제도가 적용되는 수역

② 해상교통량이 아주 많아 충돌사고 발생의 위험성이 있어 통항분리제도를 적용할 필요성이 있는 수역으로서 해양수산부령으로 정하는 수역

나) 선박이 통항분리수역을 항행하는 경우에는 다음 각 호의 사항을 준수하여야 한다.

① 통항로 안에서는 정하여진 진행방향으로 항행할 것

② 분리선이나 분리대에서 될 수 있으면 떨어져서 항행할 것

③ 통항로의 출입구를 통하여 출입하는 것을 원칙으로 하되, 통항로의 옆쪽으로 출입하는 경우에는 그 통항로에 대하여 정하여진 선박의 진행방향에 대하여 될 수 있으면 작은 각도로 출입할 것

다) 선박은 통항로를 횡단하여서는 아니 된다. 다만, 부득이한 사유로 그 통항로를 횡단하여야 하는 경우에는 그 통항로와 선수방향(船首方向)이 직각에 가까운 각도로 횡단하여야 한다.

라) 선박은 연안통항대에 인접한 통항분리수역의 통항로를 안전하게 통과할 수 있는 경우에는 연안통항대를 따라 항행하여서는 아니 된다. 다만, 다음 각 호의 선박의 경우에는 연안통항대를 따라 항행할 수 있다.

① 길이 20미터 미만의 선박

② 범선

③ 어로에 종사하고 있는 선바

④ 인접한 항구로 입항·출항하는 선박
⑤ 연안통항대 안에 있는 해양시설 또는 도선사의 승하선(乘下船) 장소에 출입하는 선박
⑥ 급박한 위험을 피하기 위한 선박

마) 통항로를 횡단하거나 통항로에 출입하는 선박 외의 선박은 급박한 위험을 피하기 위한 경우나 분리대 안에서 어로에 종사하고 있는 경우 외에는 분리대에 들어가거나 분리선을 횡단하여서는 아니 된다.

바) 통항분리수역에서 어로에 종사하고 있는 선박은 통항로를 따라 항행하는 다른 선박의 항행을 방해하여서는 아니 된다.

사) 모든 선박은 통항분리수역의 출입구 부근에서는 특히 주의하여 항행하여야 한다.

아) 선박은 통항분리수역과 그 출입구 부근에 정박(정박하고 있는 선박에 매어 있는 것을 포함한다)하여서는 아니 된다. 다만, 해양사고를 피하거나 인명이나 선박을 구조하기 위하여 부득이하다고 인정되는 사유가 있는 경우에는 그러하지 아니하다.

자) 통항분리수역을 이용하지 아니하는 선박은 될 수 있으면 통항분리수역에서 멀리 떨어져서 항행하여야 한다.

차) 길이 20미터 미만의 선박이나 범선은 통항로를 따라 항행하고 있는 다른 선박의 항행을 방해하여서는 아니 된다.

카) 통항분리수역 안에서 해저전선을 부설·보수 및 인양하는 작업을 하거나 항행안전을 유지하기 위한 작업을 하는 중이어서 조종능력이 제한되고 있는 선박은 그 작업을 하는 데에 필요한 범위에서 가)항부터 차)항까지의 규정을 적용하지 아니한다.

나. 선박이 서로 시계 안에 있는 때의 항법

1) 범선(제77조)

가) 2척의 범선이 서로 접근하여 충돌할 위험이 있는 경우에는 다음 각 호에 따른 항행방법에 따라 항행하여야 한다.

① 각 범선이 다른 쪽 현(舷)에 바람을 받고 있는 경우에는 좌현(左舷)에 바람을 받고 있는 범선이 다른 범선의 진로를 피하여야 한다.
② 두 범선이 서로 같은 현에 바람을 받고 있는 경우에는 바람이 불어오는 쪽의 범선이 바람이 불어가는 쪽의 범선의 진로를 피하여야 한다.
③ 좌현에 바람을 받고 있는 범선은 바람이 불어오는 쪽에 있는 다른 범선을 본 경우로서 그 범선이 바람을 좌우 어느 쪽에 받고 있는지 확인할 수 없는 때에는 그 범선의 진로를 피하여야 한다.

나) 바람이 불어오는 쪽이란 종범선(縱帆船)에서는 주범(主帆)을 펴고 있는 쪽의 반대쪽을 말하고, 횡범선(橫帆船)에서는 최대의 종범(縱帆)을 펴고 있는 쪽의 반대쪽을 말하며, 바람이 불어가는 쪽이란 바람이 불어오는 쪽의 반대쪽을 말한다.

2) 앞지르기(제78조)

① 앞지르기하는 배는 다른 규정에도 불구하고 앞지르기당하고 있는 선박을 완전히 앞지르기하거나 그 선박에서 충분히 멀어질 때까지 그 선박의 진로를 피하여야 한다.

② 다른 선박의 양쪽 현의 정횡(正横)으로부터 22.5도를 넘는 뒤쪽[밤에는 다른 선박의 선미등(船尾燈)만을 볼 수 있고 어느 쪽의 현등(舷燈)도 볼 수 없는 위치를 말한다]에서 그 선박을 앞지르는 선박은 앞지르기하는 배로 보고 필요한 조치를 취하여야 한다.

③ 선박은 스스로 다른 선박을 앞지르기하고 있는지 분명하지 아니한 경우에는 앞지르기하는 배로 보고 필요한 조치를 취하여야 한다.

④ 앞지르기하는 경우 2척의 선박 사이의 방위가 어떻게 변경되더라도 앞지르기하는 선박은 앞지르기가 완전히 끝날 때까지 앞지르기당하는 선박의 진로를 피하여야 한다.

3) 마주치는 상태(제79조)

가) 2척의 동력선이 마주치거나 거의 마주치게 되어 충돌의 위험이 있을 때에는 각 동력선은 서로 다른 선박의 좌현 쪽을 지나갈 수 있도록 침로를 우현(右舷) 쪽으로 변경하여야 한다.

나) 선박은 다른 선박을 선수(船首) 방향에서 볼 수 있는 경우로서 다음 각 호의 어느 하나에 해당하면 마주치는 상태에 있다고 보아야 한다.

① 밤에는 2개의 마스트등을 일직선으로 또는 거의 일직선으로 볼 수 있거나 양쪽의 현등을 볼 수 있는 경우

② 낮에는 2척의 선박의 마스트가 선수에서 선미(船尾)까지 일직선이 되거나 거의 일직선이 되는 경우

다) 선박은 마주치는 상태에 있는지가 분명하지 아니한 경우에는 마주치는 상태에 있다고 보고 필요한 조치를 취하여야 한다.

4) 횡단하는 상태(제80조)

2척의 동력선이 상대의 진로를 횡단하는 경우로서 충돌의 위험이 있을 때에는 다른 선박을 우현 쪽에 두고 있는 선박이 그 다른 선박의 진로를 피하여야 한다. 이 경우 다른 선박의 진로를 피하여야 하는 선박은 부득이한 경우 외에는 그 다른 선박의 선수 방향을 횡단하여서는 아니 된다.

5) 피항선의 동작(제81조)

이 법에 따라 다른 선박의 진로를 피하여야 하는 모든 선박[이하 "피항선"(避航船)이라 한다]은 될 수 있으면 미리 동작을 크게 취하여 다른 선박으로부터 충분히 멀리 떨어져야 한다.

6) 유지선의 동작(제82조)

가) 2척의 선박 중 1척의 선박이 다른 선박의 진로를 피하여야 할 경우 다른 선박은 그 침로와 속력을 유지하여야 한다.

나) 침로와 속력을 유지하여야 하는 선박[이하 "유지선"(維持船)이라 한다]은 피항선이 이 법에 따른 적절한 조치를 취하고 있지 아니하다고 판단하면 스스로의 조종만으로 피항선과 충돌하지 아니하도록 조치를 취할 수 있다. 이 경우 유지선은 부득이하다고 판단하는 경우 외에는 자기 선박의 좌현 쪽에 있는 선박을 향하여 침로를 왼쪽으로 변경하여서는 아니 된다.

다) 유지선은 피항선과 매우 가깝게 접근하여 해당 피항선의 동작만으로는 충돌을 피할 수 없다고 판단하는 경우에는 충돌을 피하기 위하여 충분한 협력을 하여야 한다.

라) 피항선에게 진로를 피하여야 할 의무를 면제하는 것은 아니다.

7) 선박 사이의 책무(제83조)

가) 항행 중인 동력선은 다음 각 호에 따른 선박의 진로를 피하여야 한다.

① 조종불능선	② 조종제한선	③ 어로에 종사하고 있는 선박	④ 범선

나) 항행 중인 범선은 다음 각 호에 따른 선박의 진로를 피하여야 한다.

① 조종불능선	② 조종제한선	③ 어로에 종사하고 있는 선박

다) 어로에 종사하고 있는 선박 중 항행 중인 선박은 될 수 있으면 다음 각 호에 따른 선박의 진로를 피하여야 한다.

① 조종불능선	② 조종제한선

라) 조종불능선이나 조종제한선이 아닌 선박은 부득이하다고 인정하는 경우 외에는 제93조에 따른 등화나 형상물을 표시하고 있는 흘수제약선의 통항을 방해하여서는 아니 된다.

마) 수상항공기는 될 수 있으면 모든 선박으로부터 충분히 떨어져서 선박의 통항을 방해하지 아니하도록 하되, 충돌할 위험이 있는 경우에는 이 법에서 정하는 바에 따라야 한다.

바) 수면비행선박은 선박의 통항을 방해하지 아니하도록 모든 선박으로부터 충분히 떨어져서 비행(이륙 및 착륙을 포함한다. 이하 같다)하여야 한다. 다만, 수면에서 항행하는 때에는 이 법에서 정하는 동력선의 항법을 따라야 한다.

다. 제한된 시계에서 선박의 항법(제84조)

1) 이 조는 시계가 제한된 수역 또는 그 부근을 항행하고 있는 선박이 서로 시계 안에 있

지 아니한 경우에 적용한다.

2) 모든 선박은 시계가 제한된 그 당시의 사정과 조건에 적합한 안전한 속력으로 항행하여야 하며, 동력선은 제한된 시계 안에 있는 경우 기관을 즉시 조작할 수 있도록 준비하고 있어야 한다.

3) 선박은 조치를 취할 때에는 시계가 제한되어 있는 당시의 상황에 충분히 유의하여 항행하여야 한다.

4) 레이더만으로 다른 선박이 있는 것을 탐지한 선박은 해당 선박과 얼마나 가까이 있는지 또는 충돌할 위험이 있는지를 판단하여야 한다. 이 경우 해당 선박과 매우 가까이 있거나 그 선박과 충돌할 위험이 있다고 판단한 경우에는 충분한 시간적 여유를 두고 피항동작을 취하여야 한다.

5) 4)에 따른 피항동작이 침로를 변경하는 것만으로 이루어질 경우에는 될 수 있으면 다음 각 호의 동작은 피하여야 한다.

가) 다른 선박이 자기 선박의 양쪽 현의 정횡 앞쪽에 있는 경우 좌현 쪽으로 침로를 변경하는 행위(앞지르기당하고 있는 선박에 대한 경우는 제외한다)

나) 자기 선박의 양쪽 현의 정횡 또는 그곳으로부터 뒤쪽에 있는 선박의 방향으로 침로를 변경하는 행위

6) 충돌할 위험성이 없다고 판단한 경우 외에는 다음 각 호의 어느 하나에 해당하는 경우 모든 선박은 자기 배의 침로를 유지하는 데에 필요한 최소한으로 속력을 줄여야 한다. 이 경우 필요하다고 인정되면 자기 선박의 진행을 완전히 멈추어야 하며, 어떠한 경우에도 충돌할 위험성이 사라질 때까지 주의하여 항행하여야 한다.

가) 자기 선박의 양쪽 현의 정횡 앞쪽에 있는 다른 선박에서 무중신호(霧中信號)를 듣는 경우

나) 자기 선박의 양쪽 현의 정횡으로부터 앞쪽에 있는 다른 선박과 매우 근접한 것을 피할 수 없는 경우

제3절 긴급피난 선박관리

1. 목적

기상악화 또는 긴급사태로 인하여 우리나라 영해내에 긴급피난하는 외국선박에 대한 적절한 보호와 감시로써 피난선박의 안전과 편익을 도모하는 한편, 긴급피난을 빙자한 영해침범, 무력행사 및 불순분자 침투 등의 불법행위를 방지하는 것을 목적으로 해양경찰청은 「긴급피

난 선박관리규칙」[124]을 훈령으로 제정하여 긴급피난선박을 관리하고 있다.

이 규칙의 적용범위는 개항장 이외의 항포구와 해역에 피난한 선박에 대하여 적용한다. 그러나 지방해양항만청장의 허가·신고사항인 개항(무역항, 지정항을 포함한다) 피난선박은 관계기관의 지원요청 및 별도 지시 등 특별한 사유가 있는 경우에 적용한다.

2. 긴급피난

가. 선박의 긴급피난

1) 선박의 긴급피난이란 선박이 불가항력 또는 조난에 의해 외국의 영해 또는 내수로 들어가는 것을 말한다. 이 경우 선박은 무해통항으로 인정되어 피난국의 관할권으로부터 면제당하나 피난국에 체재 중 피난국의 법령을 위반했을 경우는 피난국의 관할권으로부터 면제가 인정되지 않는다(UN 해양법협약 제18조)

2) 긴급피난의 권리는 절대적인 것은 아니다. 즉 선박의 조난상태가 피난처를 구하는 과정에서 항만에 중대한 위험을 미칠 수 있기 때문에 그 선박의 입항을 거절할 수도 있다(예 : 위험물 적재 선박, 전염병 확산 위험이 있는 선박)

3) 긴급피난한 선박은 불가항력 또는 조난 등의 피난 이유를 다음 각 호를 증명할 의무를 갖는다.

가) 현실의 긴급성

나) 해당 피난항 이외에 다른 피난 가능한 장소가 없었던 사실

다) 불가항력 또는 조난 등의 피난이유를 자신이 조작하여 제출하지 아니한 사실 위험이 있는 경우

나. 요건

1) 선체 및 기관의 중대한 손상 등의 사고에 의하여 선박에 급박한 위험이 있는 경우

2) 태풍 등의 황천 때문에 선박에 급박한 위험이 있는 경우

3) 연료, 청수 또는 식료품 등이 불의의 사태로 결핍되어 선박의 안전 또는 승무원의 생명에 급박한 위험이 있는 경우

4) 해적 및 폭동 등의 위험으로부터 피난할 경우

5) 선박내에 있는 사람이 중상 또는 위급한 병에 걸려 신속히 전문의의 치료를 필요로 하는 경우

6) 긴급피난은 아니지만 이에 준하여 피난이 인정되는 경우

가) 조난선 구조 때문에 입항하는 경우

---

124) 긴급피난 선박 관리규칙, [해양경찰청훈령 제130호, 2019. 7. 1., 일부개정], 해양경찰청(경비과).

나) 공해상에서 구조한 조난자를 인도하기 위하여 그 조난자의 국가 영해나 내수에 입항하는 경우

다. 외국선박의 긴급피난

긴급피난한 일본국선박과 중화인민공화국 선박은 다음 각 호에 따라 우리나라에 긴급피난할 수 있다.

1) 「대한민국정부와 일본국 정부간의 해상에서의 수색, 구조 및 선박의 긴급피난에 관한 협정」 (제1004호 1990. 5. 25 발효)

2) 「대한민국 정부와 중화인민공화국정부간의 어업에 관한 협정」(제1567호 2001. 6. 30. 발효)

3) 「대한민국 정부와 중화인민공화국 정부 간의 해상 수색 및 구조에 관한 협정」(제1849호 2007. 5. 16발효)

라. 북한선박의 긴급피난

「남북해운합의서」에 근거하여 대한민국의 관할해역을 통항하는 북한선박의 긴급피난은 「남북해운합의서 부속합의서」 제2조제7항에 따른다.

> 제2조제7항. 남과 북의 선박은 상대측 해역을 항행하는 동안 정지 또는 정박할 수 없다. 다만, 긴급 인명구조를 위한 경우와 기관고장수리, 기상 악화로 인한 피항 등을 위해 사전에 상대측 해사당국에 통보를 한 경우는 예외로 한다.

마. 긴급피난 해역

1) 선박의 긴급피난해역은 지정되어 있지 않으나, 안보 등 우리나라 안전을 위하여 테러지원국가 선박 및 중국어선의 긴급피난은 불법행위의 감시가 쉬운 해역으로 유도한다.

2) 관할 해양경찰서장은 안전관리 및 긴급상황 발생 시 신속한 대응을 위해 긴급피난 안전해역을 운영할 수 있다.

3) 긴급피난 안전 해역은 육지로부터 원거리 해상으로 하되, 피난장소 주변에 임해산업시설 및 군사시설이 없는 해역으로 한다.

바. 긴급피난 절차

1) 긴급피난은 허가나 사전통보를 필요로 하지 않으나 일본·중국어선은 협정에 따라 사전통보를 접수하며 전후에 확인하여야 한다. 다만, 「수상에서의 수색 · 구조 등에 관한 법률」 제12조에 따라 조난된 선박이 긴급피난을 하려는 때에는 허가를 신청하여야 한다.

2) 「수상에서의 수색 · 구조 등에 관한 법률」 제12조에 따라 조난된 선박의 긴급피난 허가

신청이 있는 경우 관할 해양경찰서장이 허가여부를 결정한다. 이 경우 유관기관과 협의하여 결정할 수 있다.

3) 제2항의 규정에도 불구하고, 사안의 중대성을 감안하여 지방해양경찰청장 또는 해양경찰청장이 결정할 수 있다.

4) 긴급피난 선박을 인지(접수)한 해양경찰서장은 이 사실을 관할경찰서장과 인근 군부대에 통보하고, 다음 각 호의 사항을 파악하여 해양경찰청장 및 지방해양경찰청장에게 보고하여야 한다.

5) 긴급피난 요건을 구비하지 않은 선박은 해당 선박에 알리고 퇴거를 요청한다. 퇴거에 불응시 필요한 경우에는 가용수단을 활용하여 퇴거한다.

사. 긴급피난중인 선박의 준수사항

긴급피난중인 선박은 「영해 및 접속수역법」, 「출입국관리법」, 「해양환경관리법」, 「관세법」 등 관련법을 준수하여야 한다.

제 6 편

해양경찰

수색구조론

제1장 해양경찰 수색구조

제1절 수색구조 제도

1. 수색구조

수색구조(搜索救助: search-and-rescue, SAR)란 조난자를 수색 구조하기 위하여 항공기, 수상 함정(선박), 잠수함 및 기타 특수 장치 등을 사용하여 인원 등을 수색 및 구조하는 것을 말한다. 최근 들어 세계적으로 국제 무역량이 증가하고 해상레저 활동이 대중화 되면서 해양사고가 자주 발생함에 따라 이로 인한 인명 및 재산피해가 급증하게 되었다. 이 같은 해양사고로 인한 인적·물적 피해 손실을 최소화하기 위하여 국제적인 해상수색 및 구조협약 [International Convention on Maritime Search And Rescue, 1979]체제를 확립함으로써 수색 및 구조작업에 참여하는 전 세계의 수색 및 구조기구 사이의 협력을 촉진하기 위하여, 국제해사기구(International Maritime Organization, IMO)에서는 1979년 4월 27일에 해상수색구조(SAR)협약을 채택하였고, 1985년 6월 22일에 발효되었다.

수색 및 구조는 해난, 또는 항공기 사고 등에 대해 조난 위치를 식별하고, 인명을 구조하는 노력과 활동, 항공기의 조난 또는 사고 발생 시 조기 구조작업으로 인명 피해를 최소화하는데 목적을 두고 있다. 인접 국가 간 수색구조구역은 비행정보구역 내를 원칙으로 하고 있으며, 수색구조 작업 시에는 국적과 관계없이 구조 작업을 하여야 한다.

우리나라는 1995년 SAR협약에 가입하여 책임기관을 '해양경찰청'으로 지정하고 점진적으로 SAR체계를 구축해 나가고 있는 상황이다. 다만, 해양경찰은 역사를 가지고 있는 기관으로서 'IAMSAR매뉴얼'의 SAR 조직체계를 그대로 수용하기 보다는 기존 조직체계에 SAR업무 수행체계의 기본 틀을 일부 적용시키는 방식으로 운영하고 있다. 예를 들어, 구조조정본부(RCC)와 구조지부(RSC)는 상·하의 지휘관계가 아닌 별도의 구조조직으로서, RCC의 위치상 SAR시설의 조정이 어려운 경우에 RSC를 설치하여 운영하는 체계이나, 우리나라에서는 대부분의 SAR 조정업무는 RSC(해양경찰서)를 중심으로 이루어지고 RCC(지방해양경찰청)는 다소 규모가 큰 SAR 상황에만 관여하는 계층적 체계를 운영하고 있다(김종선, 2018: 69).

2. 수색구역과 적용범위

가. 수색구역

「수상에서의 수색 · 구조 등에 관한 법률」은 수상에서 조난된 사람, 선박, 항공기, 수상레저기구 등의 수색·구조·구난 및 보호에 필요한 사항을 규정하고 있어 여기서 "수상"이란 해수면과 내수면을 말한다. "해수면"이란 「수상레저안전법」 제2조제7호에 따른 바다의 수류나 수면을 말하고, "내수면"이란 「수상레저안전법」 제2조제8호에 따른 하천, 댐, 호수, 늪, 저수지, 그 밖에 인공으로 조성된 담수나 기수(汽水)의 수류 또는 수면을 말한다.[125] 우리나라의 수색구조 관할수역의 적용범위는 다음과 같다.

1) 우리나라 영해를 포함한 주변해역에서 발생한 수색구조 사건 중 다음의 경우에 적용한다.
   ① 수색구조구역(SRR, Search & Rescue Region) 내 모든 사고
   ② 수색구조구역 외에서는 대한민국 국적선박 및 국민과 관련된 해상사고 중 해양경찰 수색구조 자원을 파견한 경우에 주변국가간 수색구조 협정(업무협약) 등에 따른 협력범위의 사고
2) 해양경찰의 함정, 항공기 등 해양경찰 인력과 장비가 해양사고 현장에서 사용되는 모든 수색구조 활동에 대해 적용된다.
3) 북한 관할수역 내에서 발생한 해양사고는『북한 관할수역 내 민간선박 조난대응매뉴얼』을 우선 적용한다.
4) 기상이 양호하고, 인명 및 선체의 안전에 위험이 없는 단순한 조난선박을 예인할 경우에는 『조난선박 예인매뉴얼』을 우선 적용한다.

나. 적용범위

이 법 또는 이 법에 따른 명령 중 선박소유자에 관한 규정은 선박을 공유하는 경우로서 선박관리인을 임명하였을 때에는 그 선박관리인에게 적용하고, 선박을 임차하였을 때에는 그 선박임차인에게 적용하며, 선장에 관한 규정은 선장을 대신하여 그 직무를 수행하는 사람이 있는 경우 그 사람에게 적용한다.

---

125) 수상에서의 수색 · 구조 등에 관한 법률(수상구조법) [법률 제18958호, 2022. 6. 10., 타법개정, 시행 2023. 6. 11.].

〈표 6-1〉 수색구조의 내용과 구조범위

관련법	관련 내용	수색구조 범위
SAR 협약 제4장	▶수색구조 활동의 종료 - 수색 및 구조 활동은 실행 가능한, 생존자 구조에 대한 모든 합리적인 희망이 사라질 때까지 - 구조조정본부가 신뢰할 수 있는 정보를 근거로 긴급 상황이 더 이상 존재하지 않는다고 판단 할 때	▶수색구조의 대상 - 생존희망과 긴급상황이 존재 할 경우 ▶깊은 수심 - 생존가능성 희박 - 긴급 상황 존재하지 않음 ※ 협약 적용 안 됨
수상 구조법 (제2조)	▶수난구호의 대상은 해상에서 선박, 사람, 항공기, 수상레저기구 등이 침몰 등으로 인하여 안전이 위험에 처한 상태를 수색·구조·구난	▶수색구조의 대상 - 수상에서 안전이 위험에 처한 상태(사람) ▶깊은 수심 실종자 수색 ※ 수난구호 대상에 정의 안 됨

3. 해상수색구조 용어

가. 법령상 용어

1) "수상"이란 해수면과 내수면을 말한다.

2) "해수면"이란 「수상레저안전법」 제2조제7호에 따른 바다의 수류나 수면을 말한다.

3) "내수면"이란 「수상레저안전법」 제2조제8에 따른 하천, 댐, 호수, 늪, 저수지, 그 밖에 인공으로 조성된 담수나 기수(汽水)의 수류 또는 수면을 말한다.

4)"수난구호"란 수상에서 조난된 사람 및 선박, 항공기, 수상레저기구 등(이하 "선박등"이라 한다)의 수색·구조·구난과 구조된 사람·선박등 및 물건의 보호·관리·사후처리에 관한 업무를 말한다.

5) "조난사고"란 수상에서 다음 각 목의 사유로 인하여 사람의 생명·신체 또는 선박등의 안전이 위험에 처한 상태를 말한다.

가) 사람의 익수·추락·고립·표류 등의 사고

나) 선박등의 침몰·좌초·전복·충돌·화재·기관고장 또는 추락 등의 사고

6) "수난구호협력기관"이란 수난구호를 위하여 협력하는 중앙행정기관·지방자치단체, 「재난 및 안전관리 기본법」 제3조제8호에 따른 긴급구조지원기관, 대통령령으로 정하는 공공단체를 말한다.

7) "수색"이란 인원 및 장비를 사용하여 조난을 당한 사람 또는 사람이 탑승하였을 것으로 추정되는 선박등을 찾는 활동을 말한다.

8) “구조”란 조난을 당한 사람을 구출하여 응급조치 또는 그 밖의 필요한 것을 제공하고 안전한 장소로 인도하기 위한 활동을 말한다.

9) “구난”이란 조난을 당한 선박등 또는 그 밖의 다른 재산(선박등에 실린 화물을 포함한다)에 관한 원조를 위하여 행하여진 행위 또는 활동을 말한다.

10) “구조대”란 수색 및 구조활동을 신속히 수행할 수 있도록 훈련된 인원으로 편성되고 적절한 장비를 보유한 단위조직을 말한다.

11) “민간해양구조대원”이란 지역해역에 정통한 주민 등 해양경찰관서에 등록되어 해양경찰의 해상구조 활동을 보조하는 사람을 말한다.

12) “표류물”이란 점유를 이탈하여 수상에 떠 있거나 떠내려가고 있는 물건을 말한다.

13) “침몰품”이란 점유를 이탈하여 수상에 가라앉은 물건을 말한다.

나. 국제 항공 및 해상 수색구조 매뉴얼 용어

1) 구조조정본부 (RCC, Rescue Co-ordination Center)

수색구조 서비스의 효율적인 조직화와 수색구조 구역 내에서 수색구조작업의 수행을 조정하는데 책임이 있는 기관을 말한다.

2) 구조지부(RSC, Rescue Sub-Center)

책임이 있는 당국의 특정한 규정에 따라서 구조조정본부를 보완하기 위하여 설립된 기관이다.

3) 수색구조 임무조정관(SMC, Search & rescue Mission Co-ordinator)

실질적인 또는 명백한 조난상황의 대응을 조정하기 위하여 임시적으로 임명된 관리이다.

4) 현장조정관(OSC, On-Scene Co-ordinator)

특정구역 내에서 수색구조 작전을 조정하기 위하여 지명된 사람이다.

5) 항공조정관(ACO, Aircraft Co-Ordinator)

수색구조 작전시 수색구조 임무조정관 및 현장조정관을 지원하여 다수의 항공기의 개입을 조정하는 사람이다.

6) 대형인명구조작전 (MRO, Mass Rescue Operation)

다수의 조난자들에 대한 즉각적인 대응의 필요성에 따라 특성화된 수색구조업무로서, 수색구조 당국이 통상적으로 이용 가능한 능력으로는 불충분한 경우를 말한다.

7) 수색구조구역(SRR, Search & Rescue Region)

수색구조 서비스가 제공되고 구조조정본부(또는 구조지부)가 개입되어 있는 한정된 넓이의 지역이다.

제2절 수색구조 법적 근거

1. 국제법

가. UN해양법협약(UNCLOS / 1994. 11. 16 우리나라 비준)

제98조(지원제공 의무), 2. 모든 연안국은 해상안전에 관한 적절하고도 실효적인 수색·구조기관의 설치·운영 및 유지를 촉진시키고, 필요한 경우 이를 위하여 지역 약정의 형태로 인접국과 서로 협력한다.

나. 해상에서의 인명안전을 위한 국제협약(SOLAS 1974 / 1983. 3. 31. 국내 발효)

제5장, 제7규칙(수색 및 구조업무) 1. 각 당사국 정부는 책임구역에서 조난통신 및 조정업무를 위하여 또는 연안 해상에서 조난된 사람의 구조를 위하여 필요한 조치를 취할 것을 약속한다. 이들 조치는 실행 가능하고 필요하다고 간주되는 수색 및 구조시설의 설치, 운영 및 보수 업무를 포함하여야 하며, 항행 교통량과 항행 상의 위험을 고려하여 가능하면 원해 조난자의 위치 파악과 수색구조를 위한 수단을 제공하여야 한다.

다. 해상수색 및 구조에 관한 국제협약(SAR 1979 / 1995. 10. 4. 국내 발효)

제2장(조직 및 조정), 2.1(수색 및 구조업무의 실시 및 조정을 위한 제도), 2.1.1 (생략)해상에서 조난 중이거나 조난으로 보이는 정보를 입수한 때는 당사국의 책임 있는 당국은 필요한 원조의 제공을 보장하기 위한 긴급조치를 취한다.

제3장(국가 간의 협력), 3.1(국가간의 협력), 3.1.2 관계 당사국 간에 달리 합의되지 않는 한, 일방 당사국은 타방 당사국의 구조대가 적용 가능한 국내법, 규정 및 규칙을 따르는 것을 조건으로 오로지 해난위치 수색 및 해난 생존자 구조의 목적을 위해 자국의 영해, 영토 또는 그 상부공역에 즉각적으로 입역하는 것을 허가하여야 한다. 3.1.3 관련 국가 간 별도의 합의가 없는 한, 일방 당사국의 당국이 오로지 해난위치의 수색 및 당해 해난의 생존자를 구조하는 목적으로 자국의 구조대를 타방 당사국의 영해, 영토 또는 그 상부공역에 입역시키기를 희망하는 경우, 예정된 임무의 충분한 상세 및 그 필요성을 분명히 하여 타방 당사국의 구조조정본부 또는 그 당사국이 지정한 기타의 당국에 입역허가 요청서를 송부한다.

라. 국제항공 및 해상수색구조 매뉴얼(IAMSAR MANUAL)

IMO(국제해사기구)와 ICAO(국제민간항공기구)가 공동으로 작성, 제3권 운항선박(항공기), 제1절(개요) 운항선박(항공기)을 위한 국제 항공 및 해상 수색구조 매뉴얼은 수색구조 선박

(항공기)의 이동과 민간 항공기 및 선박에 승선하는 다음의 인원에게 지침을 제공한다.

1) 항공기, 선박 또는 기타 이동체를 운영하고, SAR 업무를 수행하기 위하여 선박(항공기)을 사용하도록 요구할 수 있는 인원
2) 조난상황 부근에서 다수의 선박(항공기)에 대해 현장조정관 기능을 수행할 필요가 있는 인원.

수색구조와 관련한 국제법령은 국제민간항공기구(ICAO)와 국제해사기구(IMO)에서 제정한 규정이 주를 이루며, 대표적인 규정이 국제민간항공조약 부속서 12. 수색 및 구조(ANNEX 12 Search And Rescue)와 국제 항공 및 해양 수색구조편람(IAMSAR Manual)이 있다.

세계 각 나라 항공기의 안전 운항을 위하여 국제민간항공기구(ICAO)에서 채택한 국가 간 의정서가 국제민간항공조약으로 국제민간항공조약 제25조와 그 부속서 12(수색구조)는 체약국의 영토와 영공, 영해 그리고 공해에서 조난당한 항공기의 수색구조 절차를 규정하고 있다. 국제 항공 및 해양 수색구조편람(IAMSAR Manual)은 육상 및 해상에서 항공기 및 선박에 비상상황이 발생하였을 경우에 사용할 수 있는 조난자와 구조자의 수색구조 활동 절차를 명시한 지침서로서 세계 각 나라가 국제 민간항공조약, 해양 수색구조에 관한 국제협정, 해상에서 생명의 안전에 관한 국제협정에서 승인한 의무를 다할 수 있도록 지원하고, 해상과 항공수색구조업무의 일치와 조화를 위하여 국제민간항공기구(ICAO)와 국제해사기구(IMO)가 합동으로 채택하였다.

마. IMO 대형 인명구조활동(MRO) 지침서(2003. 2. 6)

MRO(Mass Rescue Operation)란 "해양에서 다수의 조난자가 연루된 인명사고가 발생하여 신속한 구조 활동이 필요하나, SAR 책임기관의 능력만으로는 이 업무를 성공적으로 수행하기 어려운 대규모 수색구조 활동"을 말한다.

2. 국내법

가. 수상에서의 수색·구조 등에 관한 법률

1) 해양경찰청장은 해수면에서 자연적·인위적 원인으로 발생하는 조난사고로부터 사람의 생명과 신체 및 재산을 보호하고 효율적인 수난구호를 위하여 수난대비기본계획을 5년 단위로 수립하여야 한다.

2) 해양경찰청장은 제1항의 수난대비기본계획을 집행하기 위하여 수난대비집행계획을 매년 수립·시행하여야 한다.

3) 해수면에서의 수난구호에 관한 사항의 총괄·조정, 수난구호협력기관과 수난구호 민간단체 등이 행하는 수난구호 활동의 역할조정과 지휘·통제 및 수난구호활동의 국제적인 협력을

위하여 해양경찰청에 중앙구조본부를 둔다.

4) 해역별 수난구호에 관한 사항의 총괄·조정, 해당 지역에 소재하는 수난구호협력기관과 수난구호 민간단체 등이 행하는 수난구호활동의 역할조정과 지휘·통제 및 수난현장에서의 지휘·통제를 위하여 지방해양경찰청에 광역구조본부를 두고, 해양경찰서에 지역구조본부를 둔다.

5) 중앙구조본부, 광역구조본부 및 지역구조본부(이하 "구조본부"라 한다)의 장은 신속한 수난구호를 위하여 수난구호협력기관에게 소속 직원의 파견 및 장비의 지원을 요청할 수 있다. 이 경우 요청을 받은 기관·단체의 장은 특별한 사유가 없는 한 이에 응하여야 한다. 구조본부의 구성·운영 등에 필요한 사항은 대통령령으로 정한다.

나. 재난 및 안전관리 기본법

"긴급구조기관"이란 소방청·소방본부 및 소방서를 말한다. 다만, 해양에서 발생한 재난의 경우에는 해양경찰청·지방해양경찰청 및 해양경찰서를 말한다.

1) 재난현장에서는 시 · 군 · 구긴급구조통제단장이 긴급구조 활동을 지휘한다. 다만, 치안활동과 관련된 사항은 관할 경찰관서의 장과 협의하여야 한다.
2) 해양에서 발생한 재난의 긴급구조활동에 관하여는 시 · 군 · 구긴급구조통제단장, 시 · 도긴급구조통제단장, 중앙긴급구조통제단장은 「수상에서의 수색 · 구조 등에 관한 법률」 제7조에 따른 지역구조본부의 장, 광역구조본부의 장, 중앙구조본부의 장으로 각각 본다.
3) 해상에서 발생한 선박이나 항공기 등의 조난사고의 긴급구조 활동에 관하여는 수상에서의 수색·구조 등에 관한 법률 등 관계 법령에 따른다.

재난유형 및 사고유형별 재난관리 주관기관(재난 및 안전관리기본법 제3조의2) **▶ 해양경찰청 : 해양에서 발생한 유도선 등의 수난사고**

다. 해상교통안전법

해상교통안전법 제43조에서 해양사고가 일어난 경우의 조치는 다음과 같다.

1) 선장이나 선박소유자는 해양사고가 일어나 선박이 위험하게 되거나 다른 선박의 항행안전에 위험을 줄 우려가 있는 경우에는 위험을 방지하기 위하여 신속하게 필요한 조치를 취하고, 해양사고의 발생 사실과 조치 사실을 지체 없이 해양경찰서장이나 지방해양수산청장에게 신고하여야 한다.
2) 지방해양수산청장은 1)에 따른 신고를 받으면 지체 없이 그 사실을 해양경찰서장에게 통보하여야 한다.
3) 해양경찰서장은 선장이나 선박소유자가 1)에 따라 신고한 조치 사실을 적절한 수단을

사용하여 확인하고, 조치를 취하지 아니하였거나 취한 조치가 적당하지 아니하다고 인정하는 경우에는 그 선박의 선장이나 선박소유자에게 해양사고를 신속하게 수습하고 해상교통의 안전을 확보하기 위하여 필요한 조치를 취할 것을 명하여야 한다.

4) 해양경찰서장은 해양사고가 일어나 선박이 위험하게 되거나 다른 선박의 항행안전에 위험을 줄 우려가 있는 경우 필요하면 구역을 정하여 다른 선박에 대하여 선박의 이동·항행제한 또는 조업중지를 명할 수 있다.

3. 해상수색과 구조에 관한 국제협약(SAR협약)

세계화·국세화로 인한 해상을 통한 물동량이 크게 증가함에 따라 각종 해난사고도 급증하고 있다. 해난사고의 규모가 대형화됨에 따라 인명 및 재산피해는 물론이고, 해상오염사고 또한 상상을 초월할 정도가 되었다. 이런 대형 사건사고는 사고 당사국만의 힘으로는 대처하기가 매우 어렵다. 또한 언제 발생할지 모르는 사건사고에 대비하는 것 역시 경제적으로는 실익이 없는 경우가 많다. 이에 해난사고 발생의 사전억제와 사고발생 시 신속한 수색·구조작업을 실시함으로써 인적·물적 손해를 최소화하기 위한 각국의 준비와 범국제적인 수색·구조제도가 필요하게 되었다.

해난사고에 대한 국제적인 수색 및 구조체제를 확립함으로써 수색 및 구조작업에 참여하는 전 세계 수색 및 구조기구간의 협력을 촉진할 목적으로 1979년 4월 27일 함부르크에서 개최된 정부 간 해사자문기구 총회(IMO의 전신)에서 「SAR협약」을 채택하여 1985년 6월 22일 발효되었다. 이에 따라 많은 국가들이 이 협약에 가입하여 자국에 알맞은 구조 및 수색체계를 수립하여 각종 해난사고 시 인접국과 협조하고 있다.

SAR협약의 원명은 「해상수색과 구조에 관한 국제협약(International Convention on Maritime Search and Rescue)」이며, 이 협약은 협약본문과 부속서로 구성되어 있다. 협약본문은 「SAR협약」의 목적을 규정한 전문과 협약시행을 위한 일반규정으로 되어 있다. 일반규정에는 협약시행에 필요한 당사국의 의무, 이 협약의 개정 및 발효절차, 발효요건 및 기탁 등이 포함되어 있다. 부속서에는 「SAR협약」 시행을 위한 당사국의 구체적 의무사항이 규정되어 있다. 즉, 당사국은 자국의 연안 해역에서 SAR업무를 수행할 수 있는 적절한 조치(SAR조직, 장비 비치 등)를 취하여야 하며, 인접국가와 SAR구역의 설정, 시설의 상호이용, 요원에 대한 훈련에 관하여 협정을 체결하도록 권고하고 있다. 또한 당사국은 효율적인 SAR업무 수행을 위하여 SAR업무의 조정을 위한 국가기관, 구조조정본부 및 구조지부를 설치하여야 한다. 아울러 당사국은 조난선의 조기 위치파악 및 구조세력의 조기투입을 위하여 자국의 SAR구역 내에서 선박위치통보제도를 실시할 수 있다.

4. 수색구조 국제협력 관계

현재 「SAR협약」에는 일본, 중국, 미국, 러시아 등 세계 80여 개 국가가 가입하고 있으며, 체약국은 「SAR협약」에 따라 조난선박·인명에 대한 수색구조 의무와 구조조정본부, 구조대 등을 설치·운영하여야 한다. 또 인접국가 간 수색구조 책임구역 획정과 국제적인 지원·협조 체제를 강화하는 한편, 선박위치통보제도 실시 및 필요시 일정한 조건 하에서 자국해역 내 외국구조세력과 장비 등의 진입허가에 대한 의무를 지게 된다.

해양경찰은 「SAR협약」에 따라 인접국간 수색구조 구역을 획정하고, 책임해역 내에서 조난선박 및 인명을 신속하게 구조하기 위하여 지난 1990년 5월에 일본과 '수색구조협정'을 체결하였고, 2007년 4월에는 '한·중 수색구조 협정' 그리고 2016년 9월 "대한민국 정부와 러시아연방 정부 간의 해상 수색 및 구조 분야에서의 협력에 관한 협정'을 체결하였다.

제2장 해양경찰 수색구조 운영

제1절 해상수색구조 체계

1. 수색구조 조직체계

국제기준(SAR 협약 및 IAMSAR 매뉴얼 등)과 우리나라의 운영체계는 다소 차이가 있으며, 보통 국가별로 기존 조직체계에서 국제기준을 일부 수용하여 운영

가. 국제적인 수색구조 조직체계

1) 해상구조조정본부(MRCC : Maritime Rescue Co-ordination Center)

해상에서의 수색구조 서비스의 효율적인 조직화와, 수색구조구역 내에서 수색구조 작업의 수행을 조정하는데 책임이 있는 기관이다.

2) 구조지부(RSC : Rescue Sub-Center)

책임 있는 당국의 특정한 규정에 따라서 구조조정본부를 보완하기 위하여 설립된 기관이다.

RSC는 RCC가 수색구조 조정업무를 수행하기 곤란한 원격지(원거리 도서 등)에 설치하는 것이 보통이며, RCC와 상하관계가 아닌 동일한 업무를 수행하는 기관이며, 보통 RCC와 RSC의 수색구조구역(SRR)은 중첩되지 않고 개별적으로 운영함

3) 수색구조 조정관(SC : SAR Coordinator)

SAR 조정관은 최고위급의 SAR 관리자이며, 각 국가는 통상적으로 1인 이상의 인원 또는 기관을 두고 있다.

【SAR 조정관의 책임】 - SAR 시스템을 구축하고 직원을 두며, 장비를 갖추고 관리하는 일 - RCC 및 RSC를 설립하는 일 - SAR 세력 및 시설 등을 제공하고 배치하는 일 - SAR 정책개발 및 훈련을 조정하는 일

4) 수색구조 임무 조정관(SMC : SAR Mission Coordinator)

특정한 수색구조 사건 동안만 존재하는 기능으로, 보통 RCC나 RSC의 장이나 지명자에 의해 수행되며, 복잡한 사건들이나 오랜 기간 진행되는 사건들의 경우에는 일반적으로 지원팀을 가지고 구조가 달성되거나 외관상으로 추가적인 노력이 소용이 없게 될 때까지 수색구조 임무조정관은 수색구조 업무를 지도한다. 수색구조 임무 조정관은 수색구조 과정에 대해 잘 훈련되어야 하고, 다음을 포함하여 적용 가능한 수색구조계획을 철저히 숙지하여야 한다.

【SMC의 숙지사항】
- 조난상황에 대한 정보 수집
- 정확하고 실행할 수 있는 수색구조 업무계획의 개발
- 수색구조 임무를 수행하기 위한 자원의 파견과 조정

【SMC의 임무】
- 조난상황에 대한 모든 자료를 얻고 평가
- 실종되거나 조난당한 선박이 비치하고 있는 비상장비의 형태를 확인
- 극복할 수 있는 환경상태의 정보를 유지
- 필요시 선박의 움직임과 위치를 확인하고, 구조, 경계, 무선당직을 위하여 수색지역에 있는 선박에 경보 송신
- 수색해역을 표시하고 사용할 방법 및 선박(항공기)을 결정
- 수색 및 구조 활동계획을 적절히 개발
- 필요시 인근 RCC와 업무를 조정
- SAR 인원의 상황설명 및 업무보고를 주선
- 필요시 모든 보고서를 평가하고 수색활동계획을 수정
- 항공기에 연료를 주선하고, 수색 연장을 계획하며, SAR 인원의 거주시설 준비
- 생존자의 생명을 유지하기 위하여 구급품 공급을 주선
- 정확하고 최신화된 기록을 연대순으로 보관
- 진도보고서를 발행
- 수색을 중지하거나 종결할 시점을 결정
- 도움이 더 이상 필요하지 않을 때 SAR 선박(항공기)의 업무를 해제
- 사고조사 당국에게 보고
- 적용가능한 경우 항공기의 등록국가에게 보고
- 최종보고서 준비

5) 현장조정관(OSC : On-Scene Coordinator)

2척(대) 이상의 함정 또는 항공기 등 구조세력이 수색구조 활동을 수행하는 경우에는 수색구조 임무 조정관(SMC)은 현장조정관(OSC)을 임명 하여야 한다. 이것이 실행 불가능하면 참여한 함정 또는 항공기가 상호 협의하여 OSC를 지명한다. OSC의 임명은 실행 가능한 조속히 도착하기 전에 이루어져야 하고, 만약 OSC가 임명되기 전에 사고현장에 최초로 도착한 함·정장 또는 항공기 기장은 OSC 임무를 수행해야 한다. OSC에게 얼마나 많은 책임을 위임할 것인가를 결정할 때 SMC는 참여한 수색구조세력의 통신 및 인적 능력을 일반적으로 고려하여야 한다. 훈련, 통신능력, 동원가능기간 등을 종합적으로 고려하여 이용할 수 있는 유능한 사람이어야 하며, OSC의 잦은 변경은 피해야 한다.

【OSC의 임무】
- 현장에 있는 모든 수색구조세력의 활동을 조정
- SMC로부터 수색계획 또는 구조계획을 접수하거나, 달리 이용할 계획서가 없다면 수색 또는 구조계획을 수립
- SMC의 권고를 따르면서, 현장 상황에 따라 수색계획 또는 구조계획을 수정 (실행가능한 경우 SMC와 협의하여 이행)
- 현장통신 조정
- 참여하고 있는 다른 시설의 업무수행을 감시
- 수상 및 항공에서 모든 수색구조세력이 안전한 거리를 유지하는데 특별히 신경을 쓰면서 활동이 안전하게 수행하도록 함
- 다음의 내용을 포함하여 SMC에게 정기적인 상황보고
  ① 기상 및 해상조건, ② 현재까지 수색결과, ③ 조치사항, ④ 향후계획 및 권고
- 활동의 상세기록 유지
  ① 수색구조세력의 현장도착 및 이탈시각, ② 수색된 범위, ③ 사용된 항적구간, ④ 보고된 관찰사항 및 근거, ⑤ 조치사항 및 얻은 결론
- SMC에게 권고하여 더 이상 필요하지 아니한 시설을 돌려보내게 함
- 생존자의 수 및 성명을 SMC에게 보고
- SMC에게 생존자가 탑승한 시설의 이름과 지정 사실을 제공
- 어느 생존자가 어느 시설에 있는가를 보고
- 필요시 추가적인 SMC지원 요청(예를 들면 중상을 입은 생존자의 의료적 후송)

6) 항공조정관(ACO : Aircraft Coordinator)

다수의 헬기 등 항공기가 수색구조 작업을 수행할 경우, 수색구조 임무조정관(SMC)은 항공조정관(ACO, Aircraft Coordinator)을 지정할 수 있다. 이것이 실행 불가능하면 OSC가 ACO 지명 가능하다. 일반적으로 ACO는 SMC에 대하여 책임이 있고, OSC와 밀접하게 조정한다. 얼마나 많은 책임을 ACO에게 부여할 것인가를 결정할 때, SMC는 참여한 시설의 통신장비, 레이더 및 훈련된 인력의 능력을 종합하여 검토한다.

나. 우리나라의 수색구조 조직체계

1) '중앙구조본부' - '광역구조본부' - '지역구조본부'

대부분의 국가들이 구조조정본부(RCC)를 별도의 기관으로 운영하는 것과는 달리, 우리나라는 기존의 해양경찰 조직체계 속에 수색구조 조직을 수용함에 따라 국제기준과는 다소 상이한 조직체계를 운영하고 있다.

「수상에서의 수색·구조 등에 관한 법률」에 의거, 해양경찰청을 '중앙구조본부'로, 지방해양경찰청을 '광역구조본부'로, 해양경찰서를 '지역구조본부'로 운영한다. 실제 국제기준에 따라서는 해당 수색구조 사건에 대한 조정업무는 구조조정본부의 고유 업무로서 책임과 지휘권이 일원화되어 있는데 반해 우리나라는 구조본부라는 별도의 조직체계를 가짐에 따라 일부 지휘체계에 대한 이해가 쉽지 않을 수 있다.

다만, SAR 협약 등에 따라 국제적으로는 RCC(구조조정본부)와 RSC(구조지부)를 지정하여 운영해야 하므로, 광역구조본부를 'RCC'로, 지역구조본부를 'RSC'로 지정하고 있으나, 실제로는 지역구조본부가 국제기준에 따라서는 'RCC' 임무를 수행하고 있다고 생각하면 된다. 따라서 국제기준을 이행하는데 있어서 'RCC', 'SMC' 등의 조직체계는 지역구조본부를 지칭하는 것이며, 일부 대규모 수난사고에 대해서만 '광역' 및 '중앙' 구조본부에서 수색구조 지원 및 재난대응 업무를 수행하고, 필요시 현장지휘를 할 수 있는 체계이다.

2) 'SC(수색구조 조정관)' 및 'SMC(수색구조 임무 조정관)'

우리나라의 수색구조 조직체계 상 SC는 해양경찰청장이 되며, SMC는 별도의 지정이 없는 한 지역구조본부의 수색구조 담당과장이 된다. 한편, 대부분의 수색구조 사건 대응은 지역구조본부장의 지휘 하에 SMC가 조정업무를 수행하며, 사안에 따라 '광역' 및 '중앙' 구조본부장이 지역구조본부장을 지휘하는 체계로 운영된다. 단, 광역구조본부장 이상에서 지휘할 경우, 지역구조본부의 능력을 감안하여 SMC의 변경 지정 가능하다. '수색구조'와 '재난관리'는 다소 차이가 있는 개념이며, SMC는 수색구조 업무에 대한 전문성을 가진 사람이 '수색'과 '구조' 임무에 집중하여 임무를 수행하는 것이다.

'예방→대비→대응→복구' 과정으로 이어지는 재난관리는 재난관리 주관 기관을 중심으로 전개되는 것으로, 별도의 재난관리 위기대응체계에 따라 다수의 유관기관 간 협력을 통해 이루어지고 있다.

우리나라는 수색구조 임무만을 전문적으로 수행하는 구조조정본부(RCC)를 별도로 운영하지 않음에 따라 수색구조 조정 업무와 재난관리 업무가 혼재되어 있는 특성을 가지고 있다. 따라서 지역구조본부장은 일반적인 해양사고의 경우에는 SAR 상황실을 통해 수색구조 임무(SMC의 역할)를 수행하고 대형 해양사고 등이 발생할 경우에는 SMC를 통해 해양 수색구조 임무를 체계적으로 수행할 수 있도록 하여야 할 것이며, 「수상에서의 수색·구조 등에 관한 법률」 및 「재난 및 안전관리 기본법」에 따라 본부장(해경경찰서장)이 재난 현장에 대한 총괄적인 현장지휘를 수행할 수 있도록 평상시 훈련 등을 통해 역할 조정업무를 실시하여야 한다.

3) '현장조정관(OSC)' 및 '항공조정관(ACO)'

일반적으로 OSC 임무는 사고현장에 가장 먼저 도착하는 함정장, 기장 또는 선장이 수행을 하게 되는데, 수색구조 세력별로 인력 · 장비 등 수색구조 능력에 상당한 차이가 있으므로 대형사고 등 해양재난이 발생할 경우에는 OSC의 능력을 고려하여 SMC가 이를 지원할 수 있는 체계를 강구하여야 할 것이다. 다만, OSC는 '조난자의 구조'와 '구조인력의 안전'을 모두 고려하여야 하며, SMC가 제공한 수색구조계획은 지침일 뿐이므로 현장 상황에 근거하여 이 계획을 조정할 수 있다.

ACO는 다수의 항공기가 동원된 상황에서 비행의 안전에 대한 조정 임무를 수행하며, 인력 및 통신 등 여건을 고려하여 '고정익항공기 → 회전익 항공기 → 지원세력' 순으로 지정을 검토하는 것이 바람직하며 OSC와 협력하여 임무를 수행하여야 한다.

4) 수난구호활동 현장지휘

수상에서 수색·구조 등에 관한 법률 제17조에 의하면 조난현장에서 수난구호활동 현장지휘는 지역구조본부의 장이 행하며, 둘 이상의 지역구조본부장의 공동대응이 필요하다고 인정하는 경우에는 광역구조본부장이, 대규모 수난이 발생하거나 그 밖에 필요하다고 인정하는 경우에는 중앙구조본부장이 직접 현장지휘를 할 수 있다. 따라서 때에 따라서는 현장지휘를 사고현장을 관할하는 해양경찰서장이 구조본부장이 될 수도 있지만 사고의 규모나 사회적 파장이 미칠 수 있는 중요사고가 발생하였을 경우에는 상급관청인 지방해양경찰청장 또는 해양경찰청장이 구조본부장이 되어 수색 및 구조활동을 총괄하게 된다.

2. 해상수색구조 기본체계

가. 수색구조의 최우선 순위

수난구호는 사람의 생명을 최우선으로 한다(수상에서의 수색 · 구조 등에 관한 법률 시행령 제3조). 해양 수색구조 성패는 신속한 계획과 실행에 달려 있으며 어떠한 해난상황에서도 신속한 구조는 생존자가 있다고 보고 즉시 착수하는 것이 필요하다. 부상자들은 해상 생존 가능성은 최초 24시간 동안 80%까지 감소하고, 부상당하지 않는 사람들의 생존 가능성도 최초 3일 이후에 급속히 감소하는 것으로 알려지고 있다. 해양사고가 발생하면 부상당하지 않는 정상적인 사람들도 해상에서는 간단한 구조 업무조차 수행하기 힘들고 구조를 지연시키거나 방해한다고 알려져 있다.

나. 조난사고 통신의 종류와 규칙

1) 조난신호(Distress signal) 통신

조난신호는 선박, 항공기 등이 중대하고 급박한 위험에 처하여, 즉각적인 구조를 요구한다는 것을 표시하는 것으로 조난호출의 앞에 송신하는 신호이다.

① 무선전신의 조난신호
단일 신호로서 송신하는 "SOS (···- - -···)"의 3회 반복으로 구성

② 무선전화의 조난신호
"MAY DAY"의 3회 반복으로 구성

2) 긴급신호(Urgency signal) 통신

긴급신호는 호출국이 선박, 항공기 혹은 기타 이동체의 안전, 또는 사람의 안전에 관한 긴급한 통보를 전송하고자 하는 것을 표시한다. 즉, 선박이 비교적 위험한 상태에 있으나 조난신호를 발하기까지는 되지 않았을 때, 승객 또는 승무원이 물에 빠져 다른 선박의 원조를 필요로 할 때, 선내에 위급 환자가 발생하여 그 의료처지에 관한 지시를 받기 위하여 의사 통보를 보내기 전 등 다른 선박과의 긴급한 연락이 필요할 때 사용한다.

① 무선전신의 긴급신호
"XXX (-··-·-··-··-)"의 3회 반복으로 구성

② 무선전화의 긴급신호
"PAN PAN"의 3회 반복으로 구성

3) 안전신호(Safety message) 통신

안전신호는 국이 중요한 항해경보 또는 중요한 기상경보를 포함하는 통보를 전송하고자 하는 것을 표시한다. 즉, 항행의 안전에 관한 통보(등대 고장, 표류물, 유기물, 기뢰, 빙산 등에 관한 정보 등)나, 중요한 기상 경보를 전송하고자 할 때 사용한다.

① 무선전신의 긴급신호
"TTT (- - -)"의 3회 반복으로 구성

② 무선전화의 긴급신호
"SECURITY"의 3회 반복으로 구성

조난통신에 관련한 규정에서 무선통신규칙((Radio Regulations: RR)[126]은

가) 조난통신을 인지한 선박이, 스스로 조난국을 구조할 수 없는 경우는, 구조가 행해지고 있다는 것이 명백하게 될 때까지 그 통신을 추종하여야 한다.

나) 조난통신을 인지하고 조난통신에 참가하지 아니하는 모든 국은 통상 업무를 재개하여도 좋다는 통보를 수신할 때까지, 조난통신에 사용되고 있는 주파수로 송신하는 것을 금지한다.

다) 다만, 현재 조난통신이 행해지고 있는 경우에, 조난통신에 사용 중인 주파수를 사용하지 아니하고, 또한 조난통신을 방해하지 아니하는 것을 조건으로, 조난통신을 추종하면서 그의 통상 업무를 계속할 수 있다.

라) 조난 선박국이 그 선체를 포기하고자 할 때는 사정이 허락하는 한 그 송신설비를 계속하여 전파를 발사하는 상태로 두어야 한다.

---

126) 국제전파규칙(Radio Regulations)의 제·개정, 신규 주파수 분배, 인접국가간 전파간섭 방지를 위한 보호기준 등을 결정 등을 위하여 전파통신총회(RA)와 연계하여 3~4년 주기로 개최한다. 전파 올림픽이라 불릴 만큼 전 세계 190여개 회원국 3,000여 명이 4주간 치열한 경쟁을 통하여 범세계적인 모든 전파통신 문제를 논의한다.

SOLAS 규정의 조난신호의 남용 금지에서 선박 또는 항공기가 조난 중에 있다는 것을 나타내는 목적 이외의 조난신호의 사용 및 국제 조난신호와 혼동될 염려가 있는 각종 신호의 사용은 모든 선박 또는 항공기에 금지한다. 그리고 조난 통보의 의무 및 조치에서

가) 조난신호를 수신한 선박의 선장은 가능하면 구조하러 간다는 것을 조난자에게 통보하고 전속력으로 조난자를 구조하기 위하여 항진해야 한다. 이것이 불가능하거나, 특수한 사정에 의해 구조하러 가는 것이 불합리하거나, 불필요하다고 인정되는 때에는 조난자를 구조하러 가지 못하는 이유를 항해일지에 기입하여야 한다.

나) 조난선박의 선장은 구조를 위한 호출에 응답한 여러 선박 중 구조하기에 가장 적당한 한 척 또는 두 척 이상의 선박을 요청하는 권리를 가지며, 이때 요청된 선박의 선장은 조난자의 구조를 위하여 전속력으로 항행을 계속하여 요청에 따를 의무가 있다.

다) 기타 선박의 선장은 자선 이외에 한 척 또는 두 척 이상의 선박이 요청되고, 또 그 구조의 요청에 따르고 있다는 것을 인지한 때는, 1)에 의한 의무를 면제받는다. 또한 조난자 또는 조난자의 소재지에 도착한 다른 선박의 선장에 의해 이미 구조가 필요 없다는 통보를 받은 선박의 선장은 1)의 경우 및 2)에 의한 의무를 면제 받는다.

전파법에서는 조난통신, 긴급통신 또는 안전통신의 발신 명령을 받고 불이행한 자 및 조난통신의 불취급 혹은 지연시킨 자 또는 누구를 막론하고 조난통신의 취급을 방해하는 자는 10년 이하의 징역 또는 1억원 이하의 벌금에 처하며 이의 미수범도 처벌한다고 규정하고 있고, 선원법의 ①선박 충돌시의 조치에서 선박이 서로 충돌한 경우에는 각 선박의 선장은 서로 인명과 선박을 구조하는데 필요한 조치를 다하여야 하며, 선박의 명칭, 소유자, 선적항, 출항항 및 도착항을 상대방에게 통보하여야 한다. 다만, 자기가 지휘하는 선박에 급박한 위험이 있는 경우에는 그러하지 아니한다. 선장이 이 규정에 위반하여 인명과 선박의 구조에 필요한 조치를 다하지 아니한 때에는 징역 또는 벌금에 처한다고 규정하고 있다. ②조난선박의 구조에서 선장은 다른 선박 또는 항공기의 조난을 안 경우에는 인명을 구조하는데 필요한 조치를 다하여야 한다. 다만, 자기가 지휘하는 선박에 급박한 위험이 있는 경우와 교통부령이 정하는 경우에는 그러하지 아니한다. 선장이 이 규정에 위반한 때에도 징역 또는 벌금에 처한다고 규정하고 있다.

다. 수난구호 관할

해수면의 수난구호는 구조본부의 장이 수행하고, 내수면의 수난구호는 소방관서의 장이 수행한다. 다만, 국제항행에 종사하는 내수면 운항선박에 대한 수난구호는 구조본부의 장과 소방관서의 장이 상호 협조하여 수행(수상에서의 수색 · 구조 등에 관한 법률 제13조)한다. 외국해역에서의 우리나라 선박이나 항공기의 수색구조는 SAR협약 또는 외국과 체결한 당사국간 협정 등 관련 조약에 따라 실시한다.

라. 수색구조 활동 개시

해양사고를 최초로 인지한 구조본부장은 즉시 위험에 처한 상황을 분석하여 사고 현장으로 인력과 장비 등 구조세력을 신속하게 이동 조치하고 관련기관에 상황을 전파한다.

마. 수색구조 활동의 종료 또는 중지

1) 수색구조협약(SAR협약)

4.8 수색 및 구조 활동의 종료와 중지 4.8.1 수색 및 구조 활동은 실행 가능한 한, 생존자 구조에 대한 모든 합리적인 희망이 사라질 때까지 계속된다. 4.8.2 책임 있는 관계 구조조정본부 또는 지부는 일반적으로 수색 및 구조 활동의 중단 시기를 결정한다. 수색 및 구조 활동에 관계되는 구조조정본부 또는 지부가 없는 경우, 현장조정관이 이러한 결정을 할 수 있다.
4.8 Termination and suspension of search and rescue operations 4.8.1 Search and rescue operations shall continue, when practicable, until all resonable hope of rescuing survivors has passed. 4.8.2 The responsible rescue co-ordination center or rescue sub-center concerned shall normally decide when to discontinue search and rescue operations. If no such centre is involved in co-ordinating the operations, the on scene co-ordinator may take this decision.

2) 국제항공해상수색구조매뉴얼(IAMSAR Manual)

○ 현장조정관은 생존자를 구조하는 모든 합당한 희망이 사라질 때까지 수색을 계속해야 한다. ○ 현장조정관은 수색이 실패하였을 경우, 수색을 종결할 것인가를 결정할 필요가 있을 경우(실행 가능하다면 수색구조임무조정관과 상의하여 결정), 다음 요소를 고려하여야 한다. - 만약 생존해 있다면 생존자가 수색지역 내에 존재할 가능성 - 수색 목표물이 수색된 지역 내에 있다면 그것을 탐지할 가능성 - 생존자가 아직 생존해 있을 가능성

3) 수상에서의 수색·구조 등에 관한 법률(수상구조법) 제24조★

제24조(구조활동의 종료 또는 중지) 구조본부의 장은 다음 각 호의 어느 하나에 해당하는 경우에는 구조 활동을 종료 또는 중지할 수 있다. ★ 1. 구조 활동을 완료한 경우 2. 생존자를 구조할 모든 가능성이 사라지는 등 더 이상 구조 활동을 계속할 필요가 없다고 인정되는 경우

3. 해양경찰 구조대 운영

가. 해양경찰 구조본부 구성과 운영[127)]

「수상에서의 수색·구조 등에 관한 법률」 제5조, 같은 법 시행령 제4조, 제5조에 따라 해양경찰청, 지방해양경찰청, 해양경찰서에 설치되는 중앙·광역·지역구조본부의 구성 및 운영에 필요한 사항을 규정함을 목적으로 한다.

▶수상에서의 수색・구조 등에 관한 법률 제5조(중앙구조본부 등의 설치) ① 해수면에서의 수난구호에 관한 사항의 총괄・조정, 수난구호협력기관과 수난구호민간단체 등이 행하는 수난구호활동의 역할조정과 지휘・통제 및 수난구호활동의 국제적인 협력을 위하여 **해양경찰청에 중앙구조본부**를 둔다. ② 해역별 수난구호에 관한 사항의 총괄・조정, 해당 지역에 소재하는 수난구호협력기관과 수난구호민간단체 등이 행하는 수난구호활동의 역할조정과 지휘・통제 및 수난현장에서의 지휘・통제를 위하여 **지방해양경찰청에 광역구조본부**를 두고, **해양경찰서에 지역구조본부**를 둔다. ▶수상에서의 수색・구조 등에 관한 법률 시행령 제4조(중앙구조본부의 구성・운영) ① 법 제5조 제1항에 따른 중앙구조본부(이하 "중앙구조본부"라 한다)에는 본부장・부본부장 각 1명과 중앙조정관 1명 및 업무 수행에 필요한 직원을 둔다. ② **중앙구조본부의 본부장은 해양경찰청장**이 되고, 부본부장・중앙조정관 및 직원은 해양경찰청장이 소속 공무원 중에서 지명하는 사람이 된다. 제5조(광역 및 지역 구조본부의 구성・운영) ① 광역구조본부에는 본부장 1명과 광역조정관 1명을 두고, 지역구조본부에는 본부장 1명과 지역조정관 1명을 두며, 광역 및 지역 구조본부별로 업무 수행에 필요한 직원을 둔다. ② **광역구조본부의 본부장은 해당 지방해양경찰청장**이 되고, 광역조정관 및 광역구조본부 직원은 해당 지방해양경찰청장이 소속 공무원 중에서 지명하는 사람이 되며, **지역구조본부의 본부장은 해당 해양경찰서장**이 되고, 지역조정관 및 지역구조본부 직원은 해당 해양경찰서장이 소속 공무원 중에서 지명하는 사람이 된다.

나. 해상구조조정본부 지정

「1979년 해상 수색 및 구조에 관한 국제협약」 및 「1944년 국제민간항공협약」 상의 해상구조조정본부 및 해상구조조정지부를 지정하여 수색 및 구조 구역 내에서 수색 및 구조업무의 효율적인 조직화를 촉진하고, 선박위치통보에 필요한 사항을 규정하도록 하고 있다.

1) 해상구조조정본부 등의 지정

해상구조조정본부(구조조정본부)는 지방해양경찰청으로 하고 해상구조조정지부(구조조정지부)는 해양경찰서로 한다.

2) 구조조정본부 및 구조조정지부의 관할해역

구조조정본부의 관할해역은 따로 지정된 해역으로 하고, 구조조정지부의 관할해역은 해당

127) 구조본부 구성 및 운영 등에 관한 훈령[해양경찰청훈령 제151호, 2019. 10. 21., 일부개정.], 해양경찰청(수색구조과).

해양경찰서의 관할해역으로 한다.

3) 선박위치통보 해역 및 통보

수상에서의 수색·구조 등에 관한 법률」 제33조의 선박위치통보(이하 "선위통보"라 한다) 해역은 「수상에서의 수색·구조 등에 관한 법률 시행규칙」에 의한 해역으로 하고, 광역구조본부의 장 및 구조조정본부장에게 통보할 수 있다.

다. 해양경찰구조대 운영규칙(훈령)128)

해양경찰서장은 해수면에서 수색 및 구조를 효율적으로 수행하기 위하여 구조대를 설치할 수 있다. 해양경찰서에 설치된 구조대의 명칭은 해당 해양경찰서의 기관명을 표기한 "00해양경찰구조대"로 한다.

1) 임무

가) 해양사고 등에 필요한 수색 및 구조 활동
나) 응급환자에 대한 응급처치활동
다) 구조·구급장비의 관리·운영
라) 해양안전 및 치안유지 활동 등의 지원
마) 그 밖에 해양경찰청장 등이 지정하는 임무

2) 임무수행지역

구조대의 임무수행지역은 각 해양경찰서 관할 해역으로 한다. 다만, 임무수행을 위해 불가피하다고 판단되어 상급기관장의 지시가 있을 때와 비상상황일 경우에는 예외로 한다.

라. 중앙해양특수구조단 운영129)

해양경찰은 대형·특수 해양사고의 구조·수중수색에 관한 임무를 수행하기 중앙해양특수구조단(특수구조단)을 운영하고 있으며, 중앙해양특수구조단의 조직과 기능·운영 및 특수구조단 대원의 교육·훈련 등에 관한 사항을 규정하고 있다.

1) 특수구조단의 임무

가) 대형·특수 해양사고의 구조·수중수색에 관한 사항
나) 잠수·구조 기법개발·교육·훈련 및 장비관리 등에 관한 사항
다) 인명구조 등 관련 국내·외 기관과의 교류 협력에 관한 사항
라) 수중수색구조 활동 및 잠수구조 인력 교육·훈련 등 잠수지원함 운영에 관한 사항
마) 중·대형 해양오염사고 발생 또는 우려시 긴급방제조치에 관한 사항

---

128) 해양경찰구조대 운영규칙, [해양경찰청훈령 제130호, 2019. 7. 10., 일부개정.], 해양경찰청(수색구조과).
129) 중앙해양특수구조단 운영규칙, [해양경찰청훈령 제147호, 2019. 9. 27., 일부개정.], 해양경찰청(중앙해양특수구조단).

바) 오염물질에 대한 방제기술 습득 및 훈련에 관한 사항

2) 조직과 기능

중앙해양특수구조단장(이하 "단장"이라 한다)은 해양경찰청장의 명을 받아 소관 업무를 총괄하고, 소속대원을 지휘·감독한다. 특수구조단에 행정·지원팀과 특수구조팀, 교육·훈련팀, 긴급방제팀 및 잠수지원함을 두며, 특수구조단 소속으로 지역 특수구조대를 둘 수 있다.

3) 관할구역

가) 특수구조단의 관할구역은 「수상구조법」에서 규정하는 우리나라 관할해역의 전체 범위로 한다. 「해양경찰청과 그 소속기관 직제 시행규칙」에서 정하는 바에 따른다.

나) 관련 국제법에 저촉되지 않는 한 필요한 경우 외국해역에서 구조임무를 수행할 수 있다.

4) 대원 선발기준

가) 특수구조요원은 대원 후보자 훈련을 이수한 사람을 우선 선발하는 것을 원칙으로 한다. 다만, 다음 각 호의 어느 하나에 해당하는 사람 가운데 체력 측정, 기술 검증 및 면접 등의 선발절차를 거쳐 선발할 수 있다.

① 특임경과로 채용되어 현장 실무 경력 2년 이상인 자

② 군 특수부대 병장 이상 만기전역자로서 구조 능력 보유자

③ 해기사 면허, 잠수기능사 및 잠수산업기사 면허 또는 자동차 특수면허 소지자

④ 「의료법」 제2조에 따른 의료인 또는 「응급의료에 관한 법률」 제36조에 따른 응급구조사

나) 긴급방제요원은 해양오염방제 관련 업무를 하는 자 중 실무 경력 2년 이상인 사람 가운데 선발하는 것을 원칙으로 한다.

제2절 해상수색구조 절차

1. 수색구조 기본 5단계 절차

수색구조 대응 기본절차는 '(1단계) 사고인지 → (2단계) 초동 조치 → (3단계) 수색 → (4단계) 구조 → (5단계) 사후 조치'로 단계적으로 진행 되는 것이 보통이며, 1·2단계는 일반적으로 상황계통의 대응매뉴얼(해상치안 상황처리 매뉴얼 등)을 적용하되 수색구조 상황에는 동 매뉴얼을 보조적으로 활용할 수 있을 것이다. '국제항공 및 해상수색구조 매뉴얼(IAMSAR 매뉴얼)'은 수색구조 단계를 '(1단계) 사고인지 → (2단계) 초동 조치 → (3단계)

계획 → (4단계) 작전 → (5단계) 종결'로 구분하고 있지만, 현실적 업무수행 상 '수색'이후에 '구조'로 이어지는 수색구조의 특성을 고려하고 '종결' 대신 '사후 조치'라는 용어를 사용하여 수색구조 활동 이후의 조치활동을 적극적 개념으로 표현한다.

가. 사고인지

조난상황 또는 긴급사태 등 상황이 존재하거나 가능성을 개인이나 기관이 인식하는 단계이다. 해양사고는 전국적으로 매일 10여 건이 발생하고 있으며, 해양사고의 대응(수색구조)은 사고 발생 사실을 수색구조기관 등에서 인지함으로써 시작된다.

【사고 인지방법】 - 해상에 있는 타 선박으로부터 경고신호 또는 조난신호를 직접 또는 경유하여 수신 - 항공기로부터 조난신호 또는 메시지를 수신 - 선박의 조난경보장치로부터 육상국을 경유하여 중계 받는 정보 - 인근의 조난선박으로부터 시각신호 또는 음향신호 - 경비함정 등 구조기관이 현장에서 직접 인지 - 선주(船主) 등 조난선박 관계자 또는 목격자에 의한 신고

▶해양사고의 조사 및 심판에 관한 법률 제2조(정의) "해양사고"란 해양 및 내수면에서 발생한 다음 각 목의 어느 하나에 해당하는 사고를 말함 가. 선박의 구조·설비 또는 운용과 관련하여 사람이 사망 또는 실종되거나 부상을 입은 사고 나. 선박의 운용과 관련하여 선박이나 육상시설·해상시설이 손상된 사고 다. 선박이 멸실·유기되거나 행방불명된 사고 라. 선박이 충돌·좌초·전복·침몰되거나 선박을 조종할 수 없게 된 사고 마. 선박의 운용과 관련하여 해양오염 피해가 발생한 사고

나. 초동조치

함정·항공기 등 수색구조세력에 하달하여 추가 정보를 획득하기 위해 취해진 예비조치, 이 단계는 정보의 평가와 분류, 수색구조 함정·항공기에 대한 경보(출동 명령 등), 통신점검, 긴급 상황시 다른 단계의 관련 활동들을 즉시 수행하는 것을 포함하는 단계이다.

사고 사실을 여러 경로를 통해 인지한 경우, 수색구조기관은 신속한 초동조치를 이행해야 하며, 해양사고의 특성상 초동조치는 수색구조 활동의 성패를 가름하는 매우 중요한 요소이다. 초동조치란 사고 사실을 함정 · 항공기 등 수색구조세력에 전파하여 추가정보를 획득하기 위해 취해진 예비조치를 말한다.

【정보수집 대상】 -조난선박의 위치, 선명, 선적국, 승선원 수, 화물의 종류 및 양 -조난의 종류, 요구되는 지원의 형태, 희생자 수 -조난선박의 침로 및 속도, 선박의 형태, 통신수단 등 -청취하고 있는 조치사항 등

다. 수색

수색구조세력을 해양사고 현장으로 이동, 수색계획에 따라 조난선박 또는 실종자 등을 찾는 활동 단계이다. 수색구조세력이 조난현장에 도착하였을 때부터 수색은 개시되지만 모든 조난상황에서 수색단계가 존재하는 것은 아니다.

선박자동식별장치(AIS: Automatic Identification System)[130] 등의 활용으로 대부분 조난선박의 위치를 사전에 확인할 수 있게 되어 수색단계가 없이 곧바로 구조단계로 넘어가게 된다. 다만, 해양사고를 통해 익수자가 발생하였거나 조난위치를 특정하지 못하는 경우 등에 있어서는 수색이 반드시 필요하며, 신속하고 체계적인 수색이 인명구조의 성패를 좌우하게 된다. 기본적으로 수색계획을 수립할 때 다음의 사항을 고려해야 한다.

표류의 영향을 고려하여 조난선박 또는 생존자의 존재 가능성이 가장 높은 위치의 추정 - 수색구역 결정 - 이용할 수색구조세력(장비 포함)의 선택 - 현장조정 계획

라. 구조

조난선박(항공기) 또는 실종자를 발견하여 생존자 구조, 지원, 생존자들에게 필요한 응급진료 제공, 사상자들을 의료시설로 이송단계이다. 수색을 통해 조난선박이나 생존자를 찾았거나, 처음부터 조난위치가 특정되어 수색이 필요 없는 상황에서는 곧바로 구조단계가 시작된다. 일반적으로 '구조'를 조난자를 구출하는 활동으로 좁게 해석하는 경우가 많으나, 실제 '구조'는 「해상에서의 수색구조에 관한 법률」상 '조난을 당한 사람을 구출하여 응급조치 또는 그 밖의 필요한 것을 제공하고 안전한 장소로 인도하기 위한 활동'으로, 「SAR 협약」상 '조난 중인 사람을 구하고, 초기 의료지원 또는 기타 필요한 것을 제공하고 안전한 장소까지 후송하는 활동'으로 정의된 바와 같이, 초기 응급조치, 지원제공 및 안전 후송까지 포괄하는 개념임을 명심해야 한다. 구조 활동의 범위를 좁게 해석할 경우, 구조계획 수립단계에서 응급조치 및 후송 등을 간과하여 필요한 조치를 제대로 이행하지 않을 수 있으므로, SMC(수색구조 임무조정관) 및 OSC(현장조정관)는 구조계획 수립 및 구조작전 수행에 있어 상시 부상자가 발생할 수 있다고 가정하고 의료지원에 대한 대책을 구조계획에 포함시켜야 한다. 기본적인 구조계획 수립에는 다음과 같은 사항들이 고려되어야 하며, 상황이 긴박한 경우 등 구조계획 수립에 시간적 여유가 없는 경우에는 체크리스트 등을 보조수단으로 활용하여야 한다.

130) 선박의 항해안전 및 보안강화를 위하여 선박의 선명, 제원, 속력 등의 정보를 무선통신을 통하여 선박-선박, 선박-육상간 자동송수신할 수 있는 항해장비로 선박의 정확한 위치정보 수집 및 제공으로 항만관제에 활용하고 해양사고 발생 시 수색, 구조 등을 지원하는 시스템입니다.

- 수색구조 대원에 대한 위험
- 생존자의 수, 위치 및 분포
- 생존자의 상태 및 의료적인 고려사항
- 관찰되거나 예상되는 기상 등 환경조건
- 이용 가능한 수색구조세력 및 장비 등의 준비상태
- 기상요건이 구조작전에 미치는 영향
- 주간시간(잔여 일광시간) 및 시정과 관련된 기타 요소들

의료시설로 이송하는 방법을 선택할 경우에는 다음의 사항들이 고려되어야 한다.

- 생존자의 상태
- 가장 짧은 시간에 생존자를 이송가능한 구조세력의 능력
- 의료 교육, 자격 및 수술 능력
- 생존자 부상이 악화되지 않고 합병증 유발 없이 이송할 수 있는 구조세력의 능력
- 생존자 중에 있는 의사 또는 인근 선박에 있는 의사의 이용 가능성
- SMC와 통신을 유지할 방법

마. 사후 조치

수색구조 종료(중단) 후 결과보고, 사례연구, 사고기록의 관리 등의 조치 활동 단계이다. 수색구조 작전은 다음의 경우 사후 조치(종료)단계로 들어간다.

- 조난선박(항공기), 조난자들이 더 이상 조난의 상태에 있지 않다는 정보를 입수하였을 때
- 수색구조세력이 조난선박(항공기), 조난자들의 위치를 확인하여 생존자들이 구조되었을 때
- 생존자 구조에 대한 더 이상의 합당한 희망이 없을 때

다만, SMC(수색구조 임무조정관)는 수색구조 작전을 종료하기 전에 다음의 사항들을 다시 고려하여야 한다.

- 모든 선정된 지역이 완벽하게 수색되었는지 여부
- 모든 예상되는 장소들이 조사되었는지 여부
- 수색구조세력을 포함하여 생존자에 대한 정보를 입수하기 위한 모든 적절한 수단들이 사용되었는지 여부
- 수색계획에 사용된 모든 가정 및 계산 결과가 검토되었는지 여부

한편 여러 가지 사정에 의해 일시 중단된 상황에서 중요한 새로운 정보나 단서들이 밝혀지면 수색구조 작전을 재개할 수 있는데, 이 경우에도 자원의 부당한 사용, 수색구조대원들의 부상에 대한 위험, 다른 비상사태에 대응하지 못할 수도 있을 가능성 또는 실종자 가족들에게 잘못된 희망을 심어주는 등의 일이 발생할 수 있음을 신중하게 고려해야 한다.

2. SAR 협약상 사고초기 긴급사태의 단계 분류 및 조치사항

1) 불확실 단계 : 인명·선박 또는 항공기 등의 안전이 불확실한 상태
2) 경계단계 : 인명·선박 또는 항공기의 안전이 우려되는 상태

3) 조난단계 : 인명·선박 또는 항공기 등에 중대하고 절박한 위험이 발생되었거나 즉시 원조를 필요로 하는 상태

〈표 6-2〉 긴급사태 구분 및 조치

긴급사태	상태	조 치
불확실 단계	1. 선박의 입항이 지연되거나 승선자 행방이 불명확하여 인명 또는 재산의 안전이 확실하지 않는 경우 2. 선박 등으로부터 예정된 위치 통보나 안전하다는 보고가 없는 경우	1. 선주, 대리점, 관계 행정기관 등의 관계자에게 조회를 하고 선박 등의 상황에 대하여 확인 한다. 2. 필요한 경우 부근에 활동중인 함정, 항공기 등에 조사를 지시한다. 3. 필요한 경우 함정, 항공기, 구조대 등에 대하여 출동 준비를 지시한다. 4. 조난통신의 청취 등 정보의 수집에 노력한다. 5. 기타 필요한 모든 조치를 다 한다.
경계 단계	1. 선박 등에 연락을 시도하였으나 실패하였거나 관계 당국에 문의한 조회의 회신을 받지 못한 경우 2. 선박의 운항능력이 저해된 경우(조난단계에 해당하는 경우 제외)	1. 필요한 경우 함정, 항공기 등에 출동지시를 한다. 2. 현장부근 수색을 불확실 단계에 이어서 확대 실시한다. 3. 선박 소유자, 대리점, 관계 당국 등의 관계자와 필요한 연락을 취한다. 4. 필요한 경우 부근의 선박, 항공기 등에 대하여 추가 협조를 요청한다. 5. 조난통신의 청취 등 관계정보 수집 보강에 노력한다. 6. 기타 필요한 모든 조치를 취한다.
조난 단계	1. 인명 또는 재산에 중대하고 급박한 위험이 발생하였거나 또는 즉시 원조를 필요로 하는 경우 2. 경계단계에서의 조치를 취하여도 안전하다는 내용의 확인 불가능한 경우	1. 구조함정, 항공기 등에 구조지시를 한다. 2. 필요한 경우 적절한 수색구역의 범위를 결정 한다. 3. 선주, 대리점, 관계 행정기관 등의 관계자와 필요한 연락을 취한다. 4. 필요한 경우 부근의 선박, 항공기 등에 대하여 협조를 요청한다. 5. 조난통신의 청취 등 관계정보의 입수에 노력한다. 6. 기타 필요한 모든 조치를 취한다.

제3장 해상조난 및 안전제도(GMDSS)

제1절 세계 해상조난 및 안전제도

1. 개요

GMDSS(Global Maritime Distress and Safety System)는 현재 다른 분야에서 이용되고 있는 위성통신기술을 선박의 조난 및 안전통신업무에 도입하고자 하는 것으로서, 인공위성의 중계, 디지털통신, 무선전화, 무선텔렉스 등의 새로운 통신기술을 해상통신과 육상통신에 구체적으로 통합시키기 위한 것으로, 해상통신체제에 일대 변혁을 가져오게 되는 "세계적인 해상의 조난 및 안전통신제도"인 것이다. GMDSS는 선박에서 첨단장비를 이용하여 조난신호를 보내면 국제해사위성기구(INMARSAT)의 인공위성이 신호를 지상의 통합구조센터로 중계한다.

국제해사기구(IMO)는 SAR(International Convention On Maritime Search and Rescue : 해상에 있어서 수색 및 구조에 관한 국제조약)조약에 따라 국제항해에 취항하는 모든 여객선과 총톤수 300톤 이상의 모든 선박에 1992년 2월 1일 이후 건조선부터 적용하여 1999년 1월 31일까지 7년간에 걸쳐 단계적으로 이행완료 하여 1999년 2월 1일 전면 실시에 들어갔다. SOLAS(International Convention for the Safety of Life at Sea, 해상에서의 인명안전을 위한 국제협약)에 의하여 해상에서 조난사고 예방과 신속한 구조 활동을 위하여 전 세계를 커버하는 해상통신체계이다. 이 제도의 기본개념은 조난선박이 조난경보를 발신하면 조난 중인 선박 바로 근처의 선박과 육상의 수색 및 구조 당국이 신속 정확하게 조난경보를 감지토록 하여 지체 없이 합동수색 및 구조작업에 임할 수 있도록 하며, 또한 긴급 및 안전통신, 항행경보 및 기상경보를 포함한 해사안전정보(MSI)의 유포에 제공되고, 아울러 선박의 운항관리에 관한 일반 무선통신과 선박 간 항행안전통신에도 이용되고 있는 것이다(김종선, 2018: 106).

2. GMDSS의 주요 기능

모든 선박은 해상에 있는 동안 다음의 기능을 수행할 수 있어야 한다.

1) 조난경보의 송신 및 수신	2) 수색 및 구조(SAR)의 조정통신
3) 현장 통신	4) 위치측정을 위한 신호
5) 해사안전정보(MSI)의 유포	6) 일반 무선통신
7) 선교간 통신	

3. GMDSS 관련 무선설비의 탑재요건

GMDSS와 관련된 각종 무선설비는 지리적인 유효범위 및 제공하는 서비스 등에 따라 각기 한계성이 있음을 고려하여, 각 선박의 항행구역별로 탑재할 설비를 결정한다.

가. 선박의 항행구역의 구분

1) "A1해역"이라 함은 체약정부가 정의하는 바에 따라 계속적인 DSC경보(Digital Selective Call: 디지털 선택 호출)를 이용할 수 있는 최소한 하나의 VHF(초단파)의 무선전화 및 디지털 선택호출장치에 의하여 VHF연안국과 통신이 가능한 범위해역(연안국으로부터 25해리 정도)을 말한다.

2) "A2해역"이라 함은 체약정부가 정의하는 바에 따라 계속적인 DSC경보를 이용할 수 있는 최소한 하나의 MF(중파) 무선전화 및 디지털호출장치에 의하여 MF연안국과 통신이 가능한 범위해역(연안국으로부터 150해리 정도) 중 A1해역을 제외한 해역을 말한다.

3) "A3해역"이라 함은 계속적인 경보를 이용할 수 있는 인마세트(INMARSAT) 정지위성을 이용하여 육상과 통신이 가능한 대략 북위 70도에서 남위 70도까지의 해역으로 A1 및 A2 해역 제외한 해역을 말한다.

4) "A4해역"이라 함은 A1해역, A2해역 및 A3해역 이외의 해역으로 HF(단파)의 텔렉스 또는 무선전화에 육상과 통신할 수 있는 해역을 말한다.

① A1 해역 : 해안국의 단 무선화 통신권의 해역(30마일 이내) ② A2 해역 : 해안국의 단 무선화 통신권의 해역(150마일 이내) ③ A3 해역 : A1, A2 해역을 제외한 북위 70도와 남위 70도 사이 해역 ④ A4 해역 : A1, A2, A3 해역을 제외한 해역(남극, 북극)

나. 항행구역별 무선설비 탑재요건

GMDSS 적용선박은 항행구역별로 다음의 표에 의한 무선설비를 탑재하여야 한다.

〈표 6-3〉 항행구역별 무선설비 탑재요건

구역	거리	조난신호 수신가능 장비
A1	20~50NM	HF·MF·VHF DSC, SART, EPIRB
A2	50~250NM	HF·MF, SART, EPIRB
A3	76°N° ~ 76°S	MF DSC, SART, EPIRB
A4	전 세계	SART, EPIRB

다. 무선설비 설치기준

「선박안전법」 제29조(무선설비)제1항에서 다음 각 호의 어느 하나에 해당하는 선박소유자는 「해상에서의 인명안전을 위한 국제협약」에 따른 세계 해상조난 및 안전제도의 시행에 필요한 무선설비를 갖추어야 한다. 이 경우 무선설비는 「전파법」에 따른 성능과 기준에 적합하여야 한다.

1) 국제항해에 취항하는 여객선
2) 제1호의 선박 외에 국제항해에 취항하는 총톤수 300톤 이상의 선박

위의 규정에 따른 선박 외에 '해양수산부령으로 정하는 선박'에 대하여는 해양수산부령으로 정하는 기준에 따른 무선설비를 갖추어야 한다. 이 경우 무선설비는 「전파법」에 따른 성능과 기준에 적합하여야 한다. "해양수산부령이 정하는 선박"이란 다음 각 호의 선박을 제외한 선박을 말한다.

1) 총톤수 2톤 미만의 선박
2) 추진기관을 설치하지 아니한 선박
3) 호소·하천 및 항내의 수역에서만 항해하는 선박
4) 「유선 및 도선사업법」에 따른 도선으로서 출발항으로부터 도착항까지의 항해거리(경유지를 포함한다)가 2해리 이내인 선박

누구든지 규정에 따른 무선설비를 갖추지 아니하고 선박을 항해에 사용하여서는 아니 된다. 다만, 임시항해검사증서를 가지고 1회의 항해에 사용하는 경우 또는 시운전을 하는 경우에는 그러하지 아니한다. 선박이 갖추어야 하는 무선설비의 설치기준은 다음 표와 같다.

〈표 6-4〉 무선설비의 설치기준

■ 선박안전법 시행규칙 [별표 30]

무선설비의 설치기준(제72조제2항 관련)

무선설비의 종류 / 적용 선박	초단파대 무선설비 (무선전화 및 디지털선택호출 장치)	중단파대 또는 중단파대 및 단파대무선설비 (무선전화 및 디지털선택호출 장치)	네비텍스수신기	위성비상위치지시용무선표지설비(EPIRB)	수색 및 구조 위치확인 장치 (SART 또는 AIS-SART)	양방향초단파대 무선전화장치(2-way VHF)
가. 평수구역을 항해구역으로 하는 선박	1					
나. 연해구역 이상을 항해구역으로 하는 선박						
1) 국제항해에 취항하지 아니하는 총톤수 300톤 미만의 것	1			1		
2) 국제항해에 취항하는 총톤수 300톤 미만의 것	1	1		1		
3) 총톤수 300톤 이상의 것	1		1	1	1	1

비고
1. 외국에서 같은 국가 내의 항구 간 또는 외국의 호소·하천 및 항내의 수역에서만 항해하는 선박으로서 해당 국가의 무선국허가를 받은 선박은 해당 국가의 관계 규정에 따른 무선설비를 설치할 수 있다.
2. 중단파대 및 단파대무선전화를 설치한 선박은 중단파대무선전화를 설치하지 아니할 수 있다.
3. 「해운법」 제4조제1항에 따라 해상여객운송사업에 사용되는 여객선이 초단파대무선설비를 이용하여 위치보고 등을 하는 것이 곤란한 경우에는 초단파대무선설비 외에 중단파대무선전화를 설치하여야 한다.
4. 「선박안전법」 제30조제2항에 따라 선박위치발신장치 기능을 갖춘 무선설비란 위의 무선설비가 통신망으로 제어되어 각 단말기끼리 신호충돌 없이 자동으로 위치가 보고되는 기능을 갖춘 것을 말한다.
5. 위성휴대전화기를 설치한 수면비행선박은 중단파대무선설비 또는 중단파대 및 단파대무선설비의 설치를 생략할 수 있다.

「어선법」 제5조(무선설비) ① 어선의 소유자는 해양수산부장관이 정하여 고시하는 기준에 따라 「전파법」에 따른 무선설비를 어선에 갖추어야 한다. 다만, 국제항해에 종사하는 총톤수 300톤 이상의 어선으로서 어획물운반업에 종사하는 어선 등 해양수산부령으로 정하는 어선에는 「해상에서의 인명안전을 위한 국제협약」에 따른 세계해상조난 및 안전제도의 시행에 필요한 무선설비를 갖추어야 한다. 이 경우 무선설비는 「전파법」에 따른 성능과 기준에 적합하여야 한다. ② 제1항에 따라 무선설비를 갖춘 어선의 소유자는 안전운항과 해양사고 발생 시 신속한 대응을 위하여 어선을 항행하거나 조업에 사용하는 경우 무선설비를 작동하여야 한다. ③ 제1항에도 불구하고 어선이 해양수산부령으로 정하는 항행의 목적에 사용되는 경우에는 무선설비를 갖추지 아니하고 항행할 수 있다.

제2절 GMDSS 무선설비 장치

선박에는 전파관련법령 및 국제협약인 해상인명안전협약(SOLAS)과 국가별로 인정된 선급협회의 규정에 따라 크게는 통신장비(GMDSS, 조난구조장비, MF, HF, VHF, SSB 송수신기, 전파수신기, 위성통신기, SSAS,[131] 선내지령장치)와 항해장비(RADAR, 기상수신기, GPS,[132] 전자해도장치, RDF,[133] 측심기, NAVTEX, AIS, VDR,[134] 풍속계, 선속계, 콤파스, 자동조타장치 등)로 분류되어 있으며, 조업을 위하여 별도의 전자 어로 장비들이 설치되어 운영되고 있다.

---

131) SSAS(Ship Security Alert System: 선박보안 경보장치), 2004년 7월 1일 이후에 건조되는 국제항해에 종사하는 선박에 대해 설치를 의무화 하고 있다. 해적 등으로 부터 선박이 위협에 봉착 당했을 때 육상기관에 경보를 발생하는 장치이다.

132) GPS(Global Positioning System: 글로벌 포지셔닝 시스템) 또는 범지구위치결정시스템은 현재 GLONASS와 함께 완전하게 운용되고 있는 범지구위성항법시스템이다.

133) RDF(Radio Direction Finder) 현재 RDF라는 단어는 레이더가 아니라 전파발신원을 찾는 장비의 명칭으로 쓰이고 있다.

134) VDR(Voyage Data Recorder: 항해기록장치) 갑작스러운 선박 사고시 운항 관련된 자료가 기록되어 사고원인분석을 할 수 있다. 비행기의 블랙박스와 같은 역할을 한다.

1. GMDSS 관련 무선설비

가. VHF 무선설비

VHF 채널 70(156.525 MHz)에 의한 DSC와 채널 6, 13 및 16에 의한 무선전화의 송수신이 가능하고, 선박의 통상 조선위치에서 조난경보신호를 발신할 수 있어야 하고. 채널 70에 의한 DSC 청수당직을 계속 유지할 수 있는 장치가 있어야 한다. 또한 VHF대(156~174MHz)에서 무선전화로 일반 무선통신도 할 수 있어야 한다.

나. MF 무선설비

중단파대 2,187.5kHz의 DSC 및 2,182kHz의 무선전화로 송수신이 가능하고, 선박의 통상 조선 위치에서 조난경보신호를 발신할 수 있어야 하고, 2,187.5kHz로 DSC 청수당직을 계속 유지할 수 있는 장치가 있어야 한다. 또한 MF대(1,606.5~4,000 kHz)에서 무선전화나 NBDP로 일반 무선통신도 할 수 있어야 한다.

다. MF/HF 무선설비

중단파대(1606.5~4000 kHz)와 단파대(4000~27500 kHz)의 DSC, 무선전화 및 NBDP를 사용하여 조난 및 안전주파수로 송수신이 가능하고, 선박의 통상 조선위치에서 조난경보신호를 발신할 수 있어야 한다. 또한 위의 주파수대에서 무선 전화나 NBDP로 일반 무선통신의 송수신도 가능하여야 한다.

그리고 2187.5 kHz 및 8414.5 kHz의 DSC 청수당직을 유지할 수 있는 설비가 있어야 하고, 추가로 단파대 DSC주파수 중 어느 1개를 항시 선택할 수 있어야 한다. 이러한 주파수는 계속하여 청취하거나 스캐닝 수신기로 청취하여야 한다.

라. DSC (Digital Selective Calling; 디지털 선택호출)장치

DSC(Digital Selective Calling) 장치는 MF(중파)대, HF(단파)대 및 VHF(초단파)대의 무선설비에 부가된 것으로, 일정한 형태의 디지털신호로 처리된 호출부호를 사용하여 각종의 선택호출을 자동적으로 하며, 통신자체는 그 후 적당한 채널(또는 주파수)을 이용하여 무선전화 또는 직접 인쇄전신에 의하여 행한다. DSC 조난 주파수는 MF(2187.5 KHz), HF(4207.5 KHz, 6312 KHz, 8414.5 KHz, 12577.0 KHz, 16804.5 KHz) HF(156.525 MHz)이다.

〈DSC로 할 수 있는 호출 기능〉

1) Individual Call (개별호출)
2) Group Call (그룹호출)
3) Geographical Call (해역호출)
4) All station Call (일괄호출)
5) Distress Call (조난호출)
6) Urgency Call (긴급호출)
7) Safety Call (안전호출)
8) Auto/Semi-Auto Call (전화호출) 등

※ DSC에서 사용하는 식별부호는 MMSI(Maritime Mobile Service Identity: 해상이동업무식별부호)로서 9자리 숫자로 구성되어 있다.

※ DSC에 의한 조난신호 수신 시 함정 조치사항

1. 조난통신주파수(VHF CH 16, 또는 2182㎑,)를 사용 다음과 같이 조난 응답을 전송한다.
   ① **"MAYDAY"**
   ② **조난선박의 MMSI** : 3회
   ③ "This is"
   ④ 본선의 MMSI 또는 호출부호 또는 기타 식별부호 : 3회
   ⑤ **"RECEIVED MAYDAY"**
2. 사고 해점이 관할해역인 경우 즉시 이동한다.
3. 상황실로 조난신호 수신 상황을 보고한다.

⇒ 위의 상황들이 동시에 이루어져야 한다.

마. NBDP(Narrow Band Direct Printing Telegraphy; 협대역 직접인쇄전신)

NBDP(Narrow Band Direct Printing Telegraphy)는 MF대 및 HF대을 사용하는 무선 텔렉스이다. 이 시스템은 종래의 모르스 전신에 대신하는 통신수단으로서 키이 보드를 조작하여 송신하며 통보는 수신자가 없어도 자동적으로 수신되어 기록 보관된다. 그러나 대부분 인근해역의 비정규적인 해사안전정보 수신용으로 주로 사용되어지고 있으며 일반통신 목적의 통신은 교신량이 매우 적은 편이다.

바. NAVTEX(해상교통문자방송) 수신기

NAVTEX는 518kHz 및 490kHz로 NBDP(Narrow Band Direct Printing: 협대역직접인쇄전신) 기술을 사용하여 해사안전정보(MSI: Maritime Safety Information)를 수신하는 장치로서, 국제 NAVTEX 업무에는 518kHz를 사용하여 영문으로 방송 및 수신을 하고, 지역(국내) NAVTEX 업무에는 490kHz를 사용하여 국문(우리말)으로 방송 및 수신을 하게 됩니다. 각각 방송시간은 10분씩 할당되어 있다.

NAVTEX는 SAR(수색 및 구조)정보, 항행경보, 기상경보와 긴급정보를 선박에 제공하고,

해상이나 연안에서 선박에 MSI(Maritime Safety Information: 항행경보, 기상경보, 수색 및 구조에 관계되는 모든 정보)의 수신을 저렴하고 간단하게 자동화된 수단으로 제공하기 위하여 개발되었다. NAVTEX 해안국에 의해 전송되어진 이들 정보는 곧바로 각 선박에 전해지며 선박의 NAVTEX 수신기는 선박이 필요한 정보를 수신, 선택하고 수신기에 의해 수신된 것이 국제 영문방송 및 한글방송과 같이 자동적으로 인쇄된다. 그리고 조난 통신을 수신하면 경보를 발한다. 1993년 8월 이후부터 선박의무국의 특정선박에 관하여 GMDSS의 의무탑재설비의 하나가 되었다. NAVTEX는 제공서비스에 따라 영어를 사용하여 협대역 직접 인쇄전신에 의해 518Khz 주파수의 해상안전정보를 조정 방송하고 자동 수신하는 국제 NAVTEX 서비스와 관련 주관청에 의해 결정된 언어로 518Khz 이외의 다른 주파수를 사용하여 협대역 직접 인쇄전신에 의해 해상안전정보를 방송하고 자동 수신하는 국내 NAVTEX 서비스로 분류된다. 국내 NAVTEX 수신기는 국제 NAVTEX 서비스의 영문수신은 물론 국내 NAVTEX 서비스의 한글을 동시에 수신할 수 있도록 설계되었다.

<NAVTEX 메시지> 1. 시작 기호 : ZCZC 2. 종료부호 : NNNN 3. 기술코드 : 2개 문자와 2개 숫자로 구성 [ZCZC B1B2B3B4]된 가. 첫 번째 자리 기술코드(B1 코드 : 송신국 식별코드 나. 두 번째 자리 기술코드(B2코드) : 메시지의 종류 1) A : 항행경보 2) B : 기상경보 3) D : 수색 및 구조정보 4) E : 기상예보 등 ※ 이외의 다른 정보 종류도 많이 있다. 다. 세 번째와 네 번째 자리 기술코드(B3B4코드) : 메시지의 연속번호, B3B4 코드가 00번이면 긴급방송으로 수신될 때마다 자동 인쇄

1) NAVTEX 메시지 중 수신자의 인쇄제어를 받지 않고 수신 거부를 할 수 없는 메시지는 항행경보(A), 기상경보(B), 수색 및 구조정보(D) 등이다.
2) NAVTEX 메시지에 오류가 발생할 경우에는 “*”로 표시되어 나타나며, “End on Message Err = 0.6%"라고 표시되어 나타나면 메시지 수신시 오류 문자가 0.6% 있다는 뜻이다.
3) 우리나라의 NAVTEX 송신국은 죽변과 변산에 설치되어 있다. 죽변 송신국 식별코드는 영문 V, 국문 J 이고, 변산 송신국 식별코드는 영문 W, 국문 K 이다.
4) 공해상이나 원양해역 및 NAVTEX업무가 제공되지 않는 해역을 항행하는 선박을 위한 해사안전정보의 방송에는 단파대의 NBDP(8개 주파수가 지정되어 있다) 또는 INMARSAT가 제공하는 고기능 그룹호출(EGC) 시스템을 이용한다.

사. EGC 수신기

INMARSAT가 시행하는 EGC(Enhanced Group Call)는 독특한 전 세계 자동업무제도로서 전 해역 또는 특정 해역의 항행경보, 기상경보와 기상예보 및 육상대 선박의 조난경보를 자동수신하는 장치이다. EGC 시스템은 대양의 중앙부분은 물론이고 NAVTEX업무가 제공되지 않거나 선박밀도가 너무 낮아서 시행하기 곤란한 연안수역에서도 자동업무를 제공할 수 있다.

EGC 메시지는 세계 모든 곳의 인정된 정보수집자로 부터 제공되면 해안지구국을 경유하여 해당 대양구역에 방송하게 되는데, INMARSAT 표준-A형을 탑재한 선박지구국에서는 부가 장치된 EGC 수신기로, 그리고 표준-C형을 탑재한 선박지구국에서는 내장된 EGC 기능에 의하여 EGC 메시지를 수신하게 된다.

아. EPRIB (위성비상위치지시용 무선표지설비)

EPIRB(Emergency Position Indicating Radio Beacon)는 선박이 조난 침몰 시에 수압에 의해 자동으로 부양되어 조난신호를 발신하도록 되어 있는 선박에서 사용되어지는 비콘을 말한다. 따라서 EPIRB는 선박이 침몰 시에 자동으로 부양될 수 있도록 윙브릿지(조타실 양현) 또는 톱브릿지(조타실 옥상)에 개방된 장소에 설치하도록 되어 있다. EPIRB는 VHF용 및 위성용 EPIRB로 구분되며 위성용 EPIRB는 다시 Inmarsat 위성용 EPIRB와 COSPAS-SARSAT 위성용 EPIRB로 구분된다.

VHF EPIRB는 156.525Mhz(VHF 채널 70번)를 사용하며 통신 거리는 통상 30마일이지만 위치정보를 찾아내지 못하기 때문에 거의 사용이 되지 않는다.

Inmarsat 위성용 EPIRB는 지구 적도상공 약 36,000km 높이에 있는 정지궤도 위성을 사용하고 1.6Ghz대의 주파수를 사용하며 지구상의 남북위 70도 이내에서 사용이 가능하지만 장비에서 위치정보를 송신하지 않으면 역시 위치를 파악할 수 없기 때문에 선박에서는 거의 사용되지 않는다. COSPAS-SARSAT 위성용 EPIRB는 지상 약 800km~1,000km 상공에 있는 극궤도위성(지구의 남북과 북극을 통과하여 선회하는 위성)과 정지궤도 위성을 모두 사용하여 전 세계 어디서든지 신호를 수신할 수 있으며 406Mhz를 사용하여 조난신호를 발사하면 도플러 효과를 이용하여 위치를 계산해낼 수 있기 때문에 대부분의 선박에서는 이러한 406Mhz COSPAS-SARSAT 위성용 EPIRB를 사용하고 있다.

또한 선박의 조난신호를 항공기에서도 수신할 수 있도록 하기 위하여 121.5Mhz로도 조난신호를 발사하도록 되어 있다.

※ 코스파스-살샛트(COSPAS-SARSAT)는 미국, 러시아, 캐나다, 프랑스가 121.5MHz, 243MHz 및 406MHz 주파수로 전송하는 비상무선표지를 찾기 위해 설립 한 국제위성 기반 검색 및 구조시스템 임.

EPIRB는 선박이 침몰할 경우 수심 4m 이하에서(통상 수심 1.5m~4m 사이)에서 자동으로 부양하도록 되어 있으며, EPRIB가 부양되면 장비에 입력돼 있는 고유의 16진수 코드(HEXA 코드)가 50초마다 발사되며 이를 분석하면 선박의 MID(Mobile Identification

Digit, MMSI 등)를 알아낼 수 있다. EPIRB에서 발사된 조난신호는 위성에서 수신하여 육상에 있는 LUT(Local User Terminal: 지역단말기)로 전송되며 여기를 거쳐 RCC(구조조정본부)로 전달된다. 우리나라에는 LUT가 대전(대덕연구단지의 한국항공우주연구소 내)에 있으며 위성조난통신소라고 명명되어 있다. EPIRB의 통상 출력은 5W이며 직선편파 또는 원편파를 사용하고 통상 1대를 탑재하도록 되어 있다. EPIRB의 수압풀림장치의 유효기간은 통상 2년이고 배터리(전지)의 용량은 통상 48시간이다.

EPIRB는 「선박안전법」 제4조에 의해 근해어업 이상 종사하는 길이 24m 이상의 선박과 원양어업에 종사하는 어선 그밖에 연해구역 이상을 항해구역으로 하는 선박에 의무적으로 설치하고 있으며, 선박의 침몰시 수심 4m 이상에서 수압풀림장치가 수중이탈 되어 수면 상으로 부상 406MHz 조난신호를 발사하여 해양경찰청 위성조난통신소 LUT 모니터 상에 신호가 감지되며 최신 업데이트된 선박 데이터베이스를 통해 신속히 선박의 소재를 파악, 중앙구조조정본부와 사고선박의 선적지 및 사고 해점에서 가장 근접한 구조조정본부(RCC) 및 구조지부(RSC)로 선박의 정보를 전파한다.

▶ 선박안전법 제30조(선박위치발신장치)

① 선박의 안전운항을 확보하고 해양사고 발생시 신속한 대응을 위하여 해양수산부령으로 정하는 선박의 소유자는 해양수산부장관이 정하여 고시하는 기준에 따라 선박의 위치를 자동으로 발신하는 장치(이하 "선박위치발신장치"라 한다)를 갖추고 이를 작동하여야 한다.<개정 2020.2.18>

② 제29조제1항 또는 제2항의 규정에 따른 무선설비가 선박위치발신장치의 기능을 가지고 있는 때에는 선박위치발신장치를 갖춘 것으로 본다.

③ 선박의 선장은 해적 또는 해상강도의 출몰 등으로 인하여 선박의 안전을 위협할 수 있다고 판단되는 경우 선박위치발신장치의 작동을 중단할 수 있다. 이 경우 선장은 그 상황을 항해일지 등에 기재하여야 한다.

▶선박안전법 시행규칙 제73조(선박위치발신장치 설치 대상선박)

법 제30조제1항에서 "해양수산부령이 정하는 선박"이란 다음 각 호의 선박을 말한다. 다만, 호소·하천에서만 항해하는 선박은 제외한다.

1. 총톤수 2톤 이상의 다음 각 목의 선박
   가. 「해운법」 에 따른 여객선
   나. 「유선 및 도선사업법」 에 따른 유선. 다만, 해가 뜨기 30분 전부터 해가 진 후 30분까지 사이에 운항하는 선박으로서 제15조제1항제1호에 따른 평수구역만을 항해하는 항해예정시간이 2시간 미만인 선박은 그러하지 아니하다.
2. 여객선이 아닌 선박으로서 국제항해에 취항하는 총톤수 300톤 이상의 선박
3. 여객선이 아닌 선박으로서 국제항해에 취항하지 아니하는 총톤수 500톤 이상의 선박
4. 연해구역 이상을 항해하는 총톤수 50톤 이상의 예선, 유조선 및 위험물산적운송선

자. SART (9GHz대 레이다 트랜스폰더) : 수색구조 위치확인 장치

선박의 조난시에 생존자의 위치를 부근 선박의 9GHz대(X-Band) 레이다의 화면에 표시해 주는 것으로, 수색 및 구조용 레이다 트랜스폰더(Search and Rescue Radar Transponder; SART)라고도 한다. SART는 선박이 조난하여 퇴선할 경우 조난자의 위치를

8마일권 내의 구조선의 레이더 화면에 12개의 점선으로 표시하여 수색을 용이하게 해주는 장치로 이 같은 독특한 레이다 신호는 쉽게 인식할 수 있으므로 구조선이 접근하여 생존자를 구조할 수 있게 된다.

GMDSS에서는 여객선 및 총톤수 500톤 이상의 화물선에 최소한 양현에 1대씩, 총톤수 300톤 이상 500톤 미만의 화물선에는 최소한 1대의 SART를 비치하도록 규정하고 있다. 이 장비는 퇴선할 경우 쉽게 휴대가 가능하도록 선교(브릿지) 내에 설치가 되는 것이 일반적이다. SART의 동작 주파수는 9.2Ghz~9.5Ghz(9,200Mhz~9,500Mhz) 이며 수평편파를 사용하고 9Ghz대 X-band 레이더 화면에 표시되어 나타나도록 되어 있다.

SART를 설치할 경우에는 안테나의 높이가 수면에서 최소 1m 이상 되어야 하며 이 경우 유효 통달거리는 통상 8마일(8 nm)이다. SART 장비의 배터리(전지)는 동작 대기상태에서 96시간, 송신상태에서 8시간 이상 지속될 수 있다.

SART 신호의 유효거리가 8마일이기 때문에 레이더의 탐지거리는 통상 12마일에 맞추는 것이 적절하며 조난선의 위치에 따라 탐지거리를 주의하여 조정하여야 한다. 레이더 상의 SART 신호가 파도로 인하여 명확하게 나타나지 않을 경우에는 해면반사 억제기를 조절하고, 비나 눈 등으로 인하여 신호가 잘 나타나지 않을 경우에는 우설반사 억제기를 조정해야 한다. 또한 SART 신호가 강한 것과 약한 것 2개로 겹쳐져서 나타나는 것은 탐지거리가 짧기 때문이며 이때에는 레이더의 탐지거리를 더 늘려야 한다.

1) 선박의 조난 시에 생존자의 위치를 부근 선박의 9㎓대(X-Band) 레이다의 화면에 표시
2) 조난선박, 라이프보트 또는 생존자의 위치에서 작동하면, 구조 선박이나 항공기의 X-밴드 레이다 펄스신호를 수신하여 즉시 응답신호를 발사
3) 상대방 레이다 화면에 8마일 범위 내에서 12 내지 20개의 점선으로 위치가 표시
4) 비상시 구명정 또는 구명뗏목으로 신속히 운반할 수 있도록 적절한 장소에 비치(보통 조타실에 비치).

차. 양방향 VHF 무선전화장치

조난현장에서 생존정과 구조정 상호간 또는 생존정과 구조항공기 상호간에 조난자의 구조에 관한 통신에 사용되는 휴대형 VHF무선전화기이다. 2-way VHF (양방향 VHF 무선설비)는 선박이 조난사고 시에 조난자들과 구조선들 사이에서 조난현장통신을 하기 위하여 만들어진 것으로서 쉽게 조작할 수 있어야 하며, 휴대가 편리해야 하고 예리한 모서리 등이 없어야 한다. 또한 옷에 붙이거나 목에 걸 수 있는 장치가 되어 있어야 하며 전원공급 후 5초 이내에 작동이 되어야 한다. 이 장비는 작고 가벼우며 방수처리가 되어야 하며 작동 방법이 표시되어 있어야 하고 취급 방법이 물에 지워지지 않도록 해야 한다. 2-way VHF에는 채널 16(156.8Mhz)번이 반드시 있어야 하며, 수직편파를 사용한다. 모든 여객선 및 총톤수 500톤 이상의 화물선에는 최소한 3대를 비치하도록 규정되어 있다. 통상 출력이 1W이며 전지

의 용량은 8시간이다.

카. SSAS(Ship Security Alarm System)

선박보안경보시스템으로 해적선으로부터 본선의 납치 시 경보를 발하는 장비이다.

2. NAVAREA(Navigational Area)

GMDSS(세계해상조난 및 안전제도)의 일환으로 전 세계를 16개 구역으로 구분하여 각 구역마다 조정국을 두어 회원국으로부터 등대소등·항로변경·해상사격훈련·새로운 암초발견·해적행위 기타 항로상 장해물 등 정보를 수집하여 기상정보, SAR(수색 및 구조) 관련사항과 함께 INMARSAT(국제해사위성)를 통하여 자동직접인쇄 방식으로 정보를 제공하는 제도를 말한다.

NAVAREA XI구역의 조정국은 일본이며, 구역 내 회원국과의 정보교환을 통하여 북태평양 서부와 동중국해, 남중국해 및 말라카·싱가폴 해협을 통항하는 원양선박을 대상으로 통보하고 있다. 회원국은 한국을 포함하여 일본·중국·말레이시아·인도네시아·싱가폴·태국·필리핀·미국(괌)·베트남 등 10개국이다.

* WWNWS(World-Wide Navigational Warning Service)
* SAR(Search and Rescue), INMARSAT(International Maritime Satellite),
* NAVAREA X VI 구역

영어를 사용하는 NBDP(Narrow Band Direct Printing : 협대역직접인쇄)에 의하여 주파수 518kHz에서의 해사안전정보의 방송 및 자동수신을 말한다. SOLAS 제2규칙(용어의 정의 - 제7항) NAVAREA와 함께 GMDSS(세계해상조난 및 안전제도)의 일환으로써 우리나라 근해를 항행하는 300톤급 이상의 선박을 대상으로 항행경보·기상정보 및 수색·구조정보로 구성된 해양안전정보(MSI : Maritime Safety Information)를 정해진 방송계획에 따라 직접인쇄 전신방식으로 송출하는 시스템이다. 우리나라는 1999년 4월 19일 동해안 죽변과 서해안 변산송신소를 통하여 국제 공통주파수인 518kHz로 영문·419kHz로 한글 문자방송을 시작하였으며, 해양경찰청에 NAVTEX운영실을 두고 있다.

3. 해상교통문자방송(NAVTEX, NAVigation TEleX) 운용

가. 개요

전 세계의 해역을 NAVAREA(Navigational Area)로 구분하여 각 해당지역 연안국에서 인근을 통항하는 선박에 항행 안전정보를 제공하는 제도이다.

나. NAVTEX 수신기 설치 대상 선박

선박안전법 제29조제2항 및 동 시행규칙 제72조제2항 별표 30(무선설비의 설치기준)에 의하여

1) 국제항해에 취항하는 여객선 2) 총톤수 300톤 이상의 선박(어선제외) 3) 원양어업에 종사하는 어선

다. 제공 정보

1) 기상정보 : 기상청 제공 2) 항행정보 : 해양조사원 제공 3) 사격 및 훈련정보 : 해군작전사령부, 합동참모본부, 해양경찰 4) 수색구조정보 : 해양경찰 5) 기타 선박의 항행안전에 도움이 되는 사항

라. 방송시간 및 방송해역

1) 송신소(무인)별 가) 동해 죽변 송신소로부터 200마일 해역 나) 서해 변산 송신소로부터 200마일 해역 2) 방송시간별 가) 0030시부터 4시간 간격 6회 영문방송 나) 0230시부터 4시간 간격 6회 국문방송

마. 함정근무자의 주의사항

1) 함정근무자는 근무 중 해상교통 문자방송를 지속적으로 청취하여야 한다.

2) 수신기설치대상선박이 아닌 국내어선 등의 항행안전를 위하여 관할내 NAVEX정보입수시 가용 통신기를 이용하여 항행안전정보를 전파하여야 한다.

4. 선위통보(KOSREP : Korea Ship Reporting System) 제도

가. 목적

선박의 위치를 주기적으로 보고받아 이를 결락할 경우 신속히 사실을 확인하여 조기에 인명을 구조코자 하는 것이다.

나. 대상해역 및 지정해안국 배치도

선위통보 대상해역은 각 구조조정본부의 수난구호 관할해역인 북위30도 이북 및 북위40도 이남과 동경121도 이동 및 동경135도 이서 해역이다.

다. 대상선박

1) 국제항해에 취항하는 여객선 2) 국제항해에 취항하는 총톤수 300톤 이상의 선박중 항해시간이 12시간 이상인 선박 3) 해상교통안전법 제2조의 규정에 의한 조정불능선·조정제한선 및 흘수 제약선 4) 예인선열의 길이가 200미터를 초과하는 예인선 5) 원유·제품류·케미칼등 위험물을 운송하고 있는 선박 단, 3)내지 5)항에 규정하는 선박의 경우에는 「해상인명안전국제협약」 에 따른 세계해상조난 및 안전제도(GMDSS)에 의한 통신설비를 설치하고 있는 선박에 한한다.

라. 근거

1) 수상에서의 수색·구조 등에 관한 법률 제33조(선박위치통보 등)
2) 해상구조조정본부 지정 등에 관한 고시 제4조(해양경찰청고시 제2021-7호)

▶수상에서의 수색 · 구조 등에 관한 법률 (약칭: 수상구조법) 제33조(선박위치통보 등) ① 선장은 선박이 항구 또는 포구로부터 출항하거나 해양경찰청장이 지정 · 고시하는 선박위치통보해역에 진입한 때에는 해상구조조정본부의 장에게 다음 각 호의 통보를 하여야 한다. 1. 항해계획통보 2. 위치통보 3. 변경통보 4. 최종통보 ② 제1항에 따른 통보를 하여야 하는 선박의 범위, 통보 세부기준, 그 밖에 필요한 사항은 해양수산부령으로 정한다. ③ 「선박안전법」 제30조에 따라 선박위치발신장치를 갖추고 항행하는 선박의 경우에는 제1항제2호의 위치통보를 생략할 수 있다. ▶해상구조조정본부 지정 및 운영 등에 관한 고시**(해양경찰청고시 제2021-7호, 2021. 12. 15)** 제5조(선박위치통보 해역) 「수상에서의 수색·구조 등에 관한 법률」 제33조의 선박위치통보(이하 "선위통보"라 한다) 해역은 「수상에서의 수색·구조 등에 관한 법률 시행규칙」 별표 1에 의한 해역으로 하고, 광역구조본부의 장 및 구조조정본부장에게 통보할 수 있다.

마. 통보의 종류 및 시기

선위통보제도에서 사용되는 통보는 항해계획통보(관할해역 입역 또는 해역 내에서 출항 시), 위치통보(해역 입역 후 12시간마다 통보), 변경통보(예정위치가 25마일 이상 떨어졌거나 목적지를 변경하였을 때 통보), 최종통보(입항 시 또는 해역 출역 시) 등 4가지 종류로 구성한다.

※「선박안전법」 제30조에 따라 선박위치발신장치(AIS)를 갖추고 항행하는 선박은 위치통보를 생략 가능

1) 항해계획

항해계획이란 선박의 위치를 추정하기 위한 기본정보로서, 본 제도에 참가할 때에 통보하는 것이므로 대상해역내의 항구에서 출항 또는 대상해역내로 입역할 때에 통보한다.

☞항해계획을 출항 후 또는 입역 후 통보할 때에는 가급적 신속히 통보하여야 하며, 출항 전 통보할 경우에는 서면 등으로 제출할 수 있다.

2) 위치통보(선위통보)

위치(선위)통보란 항해계획에서 입력된 선위가 정확한 것인지 여부를 확인하기 위한 정보이므로 출항 또는 입역한 후 12시간 이내에 첫 번째 통보를 하고 이후 최종통보를 행할 때까지는 약 12시간 간격으로 통보한다.

☞통신사의 근무시간 등의 이유로 사전에 통보가 늦어질 것이 예상될 때에는 가급적 예정 시간 전에 통보하여야 하고, 악천후 기타 악조건 하에 있을 때에는 가급적 통보간격을 단축하여 통보한다.

3) 변경통보

변경통보란 항해계획에 변경이 생겼을 때에 그 내용을 수정하기 위한 정보이므로 예정위치가 25마일 이상 떨어졌거나 목적지를 변경하였을 때 통보하여야 한다.

4) 최종통보

최종통보란 선위통보제도의 참가를 끝내기 위한 정보이므로 대상해역내의 목적항에 도착하기 직전 또는 도착 후 통보하여야 한다.

☞최종통보를 출역한 후에 통보를 할 때에는 가급적 신속히 통보하여야 하며, 입항 후에 통보하는 경우에는 서면 등으로도 통보할 수 있다.

바. 선위통보의 방법

1) 통보시기 : 선박이 항구 또는 포구로부터 출항하거나 해양경찰청장이 지정·고시하는 선박위치통보해역에 진입한 때
2) 통보처 : 광역구조본부장 및 구조조정본부장
3) 통보장비 : 무선전화(VHF 16번), 무선전화(SSB 2182khz), 직접인쇄전신(NBDP), 위성전화, 텔렉스 등

5. 해상 이동업무 식별번호(MMSI)

가. 개요

MMSI(Maritime Mobile Service Identity: 해상이동업무식별번호)는 선박국, 이동지구국, 해안국, 육상지구국 및 집단 호출을 유일하게 식별하기 위하여 무선경로를 통하여 송신되는 9개의 숫자로 구성된 번호를 말한다.

나. 식별부호

1) 해상식별부호: MID(Maritime Identification Digits)

국가별로 3자리의 숫자로 표시 (한국 440, 441. 일본 431, 432. 중국 412, 413)

2) 선박국 식별번호(MMSI)

가) 국제항해 선박국 MMSI : 41 42 03 X4 X5 X6 07 08 09
A3 해역 또는 A4해역의 국제항해를 하는 원양어선, 여객선, 화물선 등에 부여되는 해상이동업무 식별번호는 끝의 세자리가 “000”이 할당된다.

나) 국내항해 선박국 MMSI : 41 42 03 X4 X5 X6 X7 08 09

다) 국내 전기통신업무 선박국 MMSI : 41 42 03 X4 X5 X6 X7 X8 09.

라) 기타 선박국 MMSI : 41 42 03 X4 X5 X6 X7 X8 X9

상기 이외의 전기통신업무를 하지 않는 선박국, 무선항행 이동국, 비상위치지시용무선표지설비(EPIRB) 등에 부여되는 해상이동업무 식별번호는 끝의 한자리가 “0”이 아닌 번호를 할당한다.

3) 해안국 식별번호

가) 공중통신업무를 하는 해안국의 MMSI : 01 02 43 44 05 06 X7 X8 X9
한국통신 등의 공중통신업무를 하는 해안국의 식별번호로 6번째 자리의 숫자를 “0”으로 할당하고 있다.

나) 해양경비통신을 하는 해안국의 MMSI : 01 02 43 44 05 16 X7 X8 X9
해양경찰청 등 해양경비통신을 하는 해안국의 식별번호로 6번째 자리의 숫자를 “1”로 할당하고 있다.

다) 어업통신을 하는 해안국의 MMSI : 01 02 43 44 05 26 X7 X8 X9
수협 등 어업통신을 하는 해안국의 식별번호로 6번째 자리의 숫자를 “2”로 할당하고 있다.

라) 기타 항무통신을 하는 해안국의 MMSI : 01 02 43 44 05 36(96) X7 X8 X9
해양수산청 등 항무통신을 하는 해안국의 식별번호로 6번째 자리의 숫자를 “3”에서

"9"까지 할당하고 있다.

다. 선박 조회

1) 국적선박의 확인

가) 국적선박은 방송통신위원회 선박무선국 자료를 검색하거나,

나) 국토해양부의 GICOMS선박조회를 활용하여 선박제원 확인가능

2) 외국적 선박의 확인

외국적선의 경우 다음 사이트를 통하여 확인 가능

가) 국제전기통신연합(ITU) Site

나) 인마세트(inmarsat) Site 2개소

다) 406㎒ EPIRB 등록 데이터 베이스(IBRD) Site

※ 해양경찰 위성통신망(KOSNET)

1) 'Korea Coast Guard Satellite Communication Network'의 약자

2) 무궁화위성을 이용한 『위성통신체제』로 약 450마일권역까지 통신가능

3) 음성·FAX·인터넷·동영상 전송 등 종합적인 기능을 갖춘 디지털 통신방식으로

4) 통화품질이 양호하고 전파 교신 시 자체암호화 기능으로 통신의 보안성도 우수한 특징을 가지고 있다.

제4장 수색구조방법 및 법률체계

제1절 수색구조방법

1. 수색계획

가. 수난대비기본계획의 수립

해양경찰청장은 해수면에서 자연적 · 인위적 원인으로 발생하는 조난사고로부터 사람의 생명과 신체 및 재산을 보호하고 효율적인 수난구호를 위하여 수난대비기본계획을 5년 단위로 수립하여야 한다. 그리고 수난대비기본계획을 집행하기 위하여 수난대비집행계획을 매년 수립 · 시행하여야 한다.

나. 수색계획 6개 구성부분

1). 상황(Situation)
2) 수색 구역(Search areas)
3) 실행(Execution)
4) 조정(Co-ordination)
5) 통신(Communications)
6) 보고(Reports)

2. 수색방법 종류

가. 확대 사각수색(SS, Expanding Square Search)

1) 수색 목표물의 위치가 비교적 상대적으로 가까운 한계 내에 있는 것으로 알려져 있을 때 효과적인 수색방법이다.

2) 수색 개시시점은 항상 기준위치이다.

3) 물속에 있는 사람 또는 풍압차가 거의 없거나 전혀 없는 다른 수색 목표물을 수색할 때 방법이며, 선박이나 소형보트 사용하여 수색할 시 적절할 때가 있다.

4) 수색구역이 좁으므로 비슷한 고도에서 다수의 항공기 또는 다수의 함정이 동시에 절차

를 사용해서는 안 된다.

5) 정확한 항해가 요구되고, 첫 번째 직행구간은 항해오차를 최소화하기 위해 바람이 불어오는 쪽으로 방향을 맞추어야 한다.

6) 2차 수색 시 최초방위에서 45도 변침하여 수색하면 수색의 효과성을 증대시킨다.

나. 부채꼴 수색 또는 원형수색(VS, Sector Search)

1) 수색 목표물의 위치를 정확하게 알고 있고 수색구역이 소규모일 때 가장 효과적인 수색방법이다.

2) 기준점을 중심으로 원구역을 수색하기 위해 사용한다.

3) 적용 수색구역이 좁으므로 비슷한 고도에서 다수의 항공기 또는 다수의 함정이 동시에 이 방법을 사용해서는 안 된다.

4) 함정과 항공기를 동시에 사용하여 동일 해역에 대한 독립된 부채꼴 수색을 실시할 수 있다.

5) 적절한 표지(연기 부표 또는 무선비콘)를 기준점 위치에 투하하여 수색패턴의 중심점을 만드는 참조점 또는 항로표지로 사용 가능하다.

6) 항공기의 경우에는 수색패턴 반경은 일반적으로 5해리에서 20해리 사이이며, 함정의 경우에는 반경 2해리에서 5해리 사이이며, 각 회전은 120도이고 통상적으로 우현으로 선회한다.

다. 항적선 수색(TS, Track Line Search) : “ㄷ”자형 수색

1) 알려진 경로를 따라가지 않고 항공기 또는 선박이 실종되었을 때 일반적으로 사용된다.

2) 계획 수립 및 시행이 용이하므로 일반적으로 초기 수색활동에 사용한다.

3) 조난 항공기의 의도된 항로를 따라서 신속하고 합리적으로 철저히 수색하여야 한다.

4) 항적선의 한쪽을 따라서 수색이 이루어지고 반대방향으로 되돌아 올 때 다른 쪽을 수색한다.

5) 의도된 항적을 따라서 일단 양 쪽을 수색하며, 수색세력은 계속 자신의 경로를 따라 수색해 나가고 되돌아오지 안는다.

6) 항공기는 빠른 속도 때문에 항적선 수색을 사용한다.

7) 항공기 수색 고도는 일반적으로 주간에는 300m~600m(1,000~2,000ft) 또는 야간은 600~900m(2,000~3,000ft) 정도이다.

라. 평행선 수색(PS, Parallel Sweep Search) : “ㄹ”자형 수색

1) 생존자 위치가 불확실할 때 광범위한 해역을 수색하기 위해 사용한다.

2) 수상 또는 평지에서 가장 효과적이다.

3) 현장에 있는 각 수색세력에게 동시에 넓은 수색지역을 분할하여 할당할 때 주로 사용한다.

4) 수색 개시시점은 소구획의 한 가장자리에 있으며, 이곳은 가장자리를 형성하는 각 양면의 직사각형 내 항적간격의 중간이다.

5) 수색진행 구진은 서로 평행이고 소구획의 긴 측면에 평행이다.

마. 등고선 수색(OS, Contour Search)

1) 고도가 가파르게 변화하여 다른 패턴을 실행할 수 없는 산 주위 및 계곡에서 사용된다.

2) 가장 높은 산 꼭대기부터 수색을 시작하여 각 선회시마다 새로운 수색고도로 꼭대기부터 바닥까지 수색한다.

3) 수색고도의 간격은 150~300m(500~1,000ft)이다.

4) 가장 낮은 고도에서 등고선 수색을 재개하기 전에 항공기는 산으로 부터 하강하는 궤도를 만들 수 있다.

5) 수색의 방향과 반대되는 비행로를 만들만큼 충분한 여유가 없는 경우에 항공기는 낮게 거의 일정한 비율의 강하률로 산 주위를 돌아서 나선형으로 아래 방향으로 수색 가능하다.

6) 산을 회전할 수 없으면 동일한 고도간격으로 연속적인 범위로 산의 측면을 따라서 비행한다.

7) 각 비행로 수색 후, 한 항적 간격만큼 중심을 이동하면서 계곡을 원형으로 수색한다.

바. 지그재그 수색 : 크리핑라인 수색(Creeping line search)(CS)

1) 기본적으로 평행수색과 같으나 "ㄹ" 자형을 세운 형태의 수색방법이다.

2) 길이가 길고 폭이 좁은 해역의 수색에 사용 된다

3) 목표물이 통상 항로를 크게 벗어나서 표류할 것으로 추정되는 경우에 사용되며 통상 항로를 따라 광범위한 수색을 한다.

사. 해공(海空) 합동수색 : Creeping line Search, Co-ordinated(CSC)

1) 공중과 해상에서의 조화를 이룬 수색방법이다.

2) 항공기는 크리핑라인(Creeping line)수색을 하고, 선박은 수색구역의 중심축을 따라서 수색하는 기법이다.

3) 항공기에서 조난자를 발견하고 선박에서 구조하며, 항공기 불시착의 경우 승무원에 대한 신속구조가 가능하다.

아. 야간수색

1) 야간수색장비를 갖춘 항공기만이 야간 수색구조 업무를 수행한다.

2) 야간임무를 수행하기 위해서 야간 비행 조종장치 점검이 필요하므로 이륙시간이 약 10분 이상 지체된다.

3) 야간수색 시 유의사항

가) 근처에 있는 함정은 탐조등을 헬기에 비추어서는 안 된다.

나) 조종사가 탐조등을 소등하라고 하는 경우 즉시 소등할 수 있도록 통신을 유지하고 있어야 한다.

다) 함정과 헬기는 항상 통신망을 유지하되, 승무원 상호간 계속적 정보교환과 주의집중을 위하여 안전에 기다란 문제가 있는 경우에만 헬기사용 통신망으로 정보사항을 제공한다.

라) 항공기가 조난자를 발견하였을 경우 탐조등으로 조난자를 계속 비추고 함정을 유도하여 조난자를 구조할 수 있도록 한다.

3. 익수자 구조

선박에서 승객이나 선원이 바다로 떨어졌을 경우 행하는 긴급 선박 조종방법으로 먼저
① 추진기로 인한 부상방지를 위하여 사람이 물에 빠진 현측으로 타를 전타 한다.
② 등화와 발연신호가 부착된 구명부환을 설치장소에서 이탈시킨다.
③ 윌리엄스 턴 등과 같은 선박 선회 조치를 취한다.
④ 자기점화등이 부착된 구명부환 또는 다른 구명부환을 투하한다.
⑤ 사람이 물에 빠진 곳을 계속하여 주시할 당직자를 배치한다.
⑥ 180도 선회해서 원 침로와 반대의 침로가 되면 구조절차에 따라 구조정을 이용하여 인명을 구조한다.

가. 익수자 구조를 위한 선박조종 방법

1) 윌리엄선 턴(Williamson turn)

인명구조 및 회항조선의 대표적인 선박조종 방법은 윌리엄선 턴(Willianson Turn)이 있다. 익수자 발생 시 정침중인 선수침로 (Heading: Hdg)로 부터 익수자 현측으로 긴급전타(Rudder hard over)하여 60도 선회 후 반대 현측으로 전타하여 반대침로 선상으로 회항하는 조종방법이 윌리암슨 턴이다. 윌리암슨 턴은 익수자 등이 선교에 보고되고 긴급하게 조치를 취하여야 하는 긴급조치 상황(immediate action), 익수자 등을 선교에서 목격할 수 있고 일정한 시간이 지연된 후에 조치가 취하여지는 지연조치 상황(Delayed action), 사람

이 실종되었다고 선교에 보고되는 상태에서 조치가 취하여 지는 실종자 상황(person missing) 등에서 많이 사용된다.

가) 방법

① 사람이 물에 빠진 현측으로 타를 전타한다.

② 이후 원래 침로로 부터 60°선회 후 반대방향으로 전타한다.

③ 선수 방위가 반대방향으로 20°로 줄어들면, 타를 중앙으로 하고 선박을 침로 반대 방향으로 선회시킨다(최찬문·안장영: 2012: 310).

나) 장점

① 원래의 항적선으로 양호하게 복귀한다.

② 시계가 불량할 때 유리하고, 조선이 간단하다.

③ 함정을 익수 해점으로 부터 멀리 보내 익수자를 보호한다.

다) 단점 : 절차가 느리다.

2) 싱글턴 또는 원턴, 앤더슨턴 : Single turn, Anderson turn)

가) 방법

① 사람이 물에 빠진 현측(익수자 현측) 타를 전타한다.

② 원래의 침로에서 250°선회하면 타를 중앙위치에 놓는다.

나) 장점

가장 빠른 구출방법이고, 선회성능이 좋지 않는 선박도 유리하다.

다) 단점

① 추진기 1기를 탑재한 선박은 적용하기가 힘들다.

② 사람에 대한 접근이 일직선이 아니므로 애로가 있다.

③ 상당한 출력을 가진 선박에서 주로 많이 이용한다.

3) 샤노브 턴(Scharnov turn)

긴급 전타 후 240도 선회 위치에서 반대현으로 전타하여 반대침로로 회항하는 것이 샤노브 턴이다. 샤노브턴은 전타 후 익수자 등에 추락위치로 복귀할 수 없어 긴급조치 상황에서는 사용할 수 없는 단점도 있지만 그러나 다른 상황에서는 초기 침로선상으로 적절히 회항할 수 있어 회항조선에는 매우 효과적으로 사용할 수 있다.

가) 방법

① 타를 전타한다.

② 원래의 침로로부터 240°선회하면 반대 방향으로 타를 전타한다.

③ 선수침로가 반대방향으로부터 20°줄어들면 타를 중간위치에 두면 선박은 반대 방향으로 선회할 것이다.

나) 장점 : 선박의 항적을 따라 회항하고, 거리가 짧아 시간이 절약된다.

다) 단점 : 사고발생 시간과 조종의 시작 간에 경과된 시간을 알 수 없으면 효과적으로 시행할 수 없다.

나. 함정으로 직접 익수자 구조방법

1) 현측 인명구조

가) 해상에 실족 추락한 인명을 구조함정이 직접 접근하여 현측으로 인양 구조하는 방법으로 고도의 조함술이 요구되며 신속하게 인명을 구조할 수 있다.

나) 현측 인명 구조 시 필요 장구류

① 구명환 및 구명볼

② 구명줄 및 구명혁대

③ 해상 들 것(모포 포함)

④ 보트 후크

⑤ 쌍안경 및 수기

2) 구명정 인명구조

가) 익수자가 암초 부근, 협수해역에 위치하여 구조 선박 접근이 곤란한 경우의 구조 방법으로 안전하고 효과적인 구조를 할 수 있으나 시간이 많이 소요되며, 해상상태가 불량한 경우에는 사용하기가 곤란하다.

나) 구명정(단정) 하강요령

① 단정은 함정이 정지 또는 2노트 이하 속력에서 강하

② 탑승자 전원 구명동의(구명조끼) 착용

③ 풍하 현측 구명정을 하강

④ 구명정이 수면에 완전히 내려지면 신속히 강하줄을 분리

⑤ 기상이 불량하면, 방현대 설치로 충격 방지

⑥ 충격이 심하면 본선에서 이탈하여 안전해역에서 대기

3) 다수 인명구조

가) 부환부 구명줄에 의한 구조법(Buoyed line method)은 다수의 인명이 넓은 해역에 산재되어 있는 경우에 효과적인 방법이다.

나) 로프(지름 약 3inch, 길이 200m)의 끝에 구명 뗏목이나 드럼통을 달고 로프의 중간 중간에 구명동의나 구명부환을 여러개 설치한다.

다) 로프를 달고 조난자의 풍하측에서 풍상측으로 저속으로 한 바퀴 돌아 조이면서 끌어낭긴다.

라) 익수자가 로프나 구명부환을 잡으면 로프를 감아올려 구조(풍하현측에서 인양)한다.

4) 표류 구조법(Drifting method)

다수의 인명이 집단으로 운집한 경우에 효과적인 방법이나 해상상태가 불량할 경우에는 실행에 불편이 많다. 사용하는 방법은 다음과 같다.

가) 구조함정의 풍하 현측에 그물이나 로프, 줄사다리 등을 수면에 잠길 정도로 늘여뜨린다.

나) 익수자의 풍상측에 구조함정을 위치시켜 표류한다.

다) 구조함정이 표류하여 익수자에 접근하면 익수자를 구조한다.

4. 침수·침몰중인 선박의 접근 위험성

침몰중인 선박에서 물속에 뛰어든 후에는 일반적으로 안전한 거리(선측 500m, 선수미 200~300m)까지 신속하게 수영하여 본선이 침몰할 때 생기는 소용돌이에 휘말리지 않도록 하고 폭발 또는 화재에 대비하여야 한다.

조난선박이 침몰 직전에 있을 때, 구명정은 조난선의 풍상 측으로 접근하여서는 안 되고, 또한 직접 풍하측 한복판으로 가서 조난선의 선체에 바로 붙어서도 아니 된다. 조난선 갑판상으로부터 여러 물건이 낙하할 것이며 경우에 따라서 조난선에서 빨리 떼어낼 수 없고, 조난선의 Rolling에 의하여 구명정이 파손될 우려가 있기 때문이다. 조난선의 위치에 대하여 구명정은 풍하 측의 끝단으로부터 접근하되 조난선에 접촉하지 말고 로프로써 연결한다.

가. 美 해군 '기초 군사 요구사항(Basic Military Requirements)'

> 제15장(수상에서의 생존) <Chapter 15. Survival - In the Water>
> 물에 뛰어들었을 때 가장 먼저 유의해야할 것은 선박으로부터 가능한 빨리 멀어지는 것이다. 안정을 취하기 전 선박으로부터 150~200야드(137~183m) 떨어져야 한다. 선박에 너무 가까이에 있다면 선박이 침몰할 때 강한 소용돌이로 인하여 선박과 함께 물 아래로 끌려들어갈 수 있다.
>
> Once you are in the water, you immediate concern is to clear the ship as quickly as possible. Before you rest, you should try to be 150 to 200 yards away from the ship. When the ship goes down, it may create a strong whirlpool effect, which might draw you down with the ship if you are too close.

나. 美 코스트가드 '구조 및 생존 매뉴얼(Rescue and Survival Systems Manual)'

제2장 개인 생존능력 <Chapter 2. Personal Survival Ability> 멀리 헤엄치기. 해상에서 생존자는 가능한 경우 최대한 빨리 사고 선박으로부터 멀리 수영하여 구명정 또는 구명뗏목에 승선하여야 한다. Swiming Away. When in the water, survivors shall swim away from the ship as rapidly as possible and, if available, climb into a lifeboat or life raft.

5. 민간구조자원 동원

가. 인근 선박 등의 구조지원

1) MRO 상황에서 사고초기 가장 중요한 것은 조난선박(항공기) 인근에 있는 선박 등에 신속하게 구조지원을 요청하는 것이다.

2) 전문 수색구조세력이 현장에 도착하는 데는 시간이 많이 소요될 수 있으므로 조난현장에 가장 빨리 도착하여 구조작업을 수행할 수 있는 인근 선박을 확인하여 동원하는 것이 무엇보다 중요하다.

◈ 수상에서의 수색·구조 등에 관한 법률 제16조(구조본부 등의 조치) ① 제15조에 따라 조난사실을 신고 또는 통보받거나 인지한 관할 구조본부의 장이나 소방관서의 장은 구조대에 구조를 지시 또는 요청하거나 조난현장의 부근에 있는 선박등에게 구조를 요청하는 등 수난구호에 필요한 조치를 취하여야 한다. **◈ 수상에서의 수색·구조 등에 관한 법률 제18조(인근 선박 등의 구조지원)** ① 조난현장의 부근에 있는 선박등의 선장·기장 등은 조난된 선박등이나 구조본부의 장 또는 소방관서의 장으로부터 구조요청을 받은 때에는 가능한 한 조난된 사람을 신속히 구조할 수 있도록 최대한 지원을 제공하여야 한다. 다만, 조난된 선박 또는 조난사고의 원인을 제공한 선박의 선장 및 승무원은 요청이 없더라도 조난된 사람을 신속히 구조하는 데 필요한 조치를 하여야 한다.

나. '민간해양구조대원'의 구조지원

지역해역에 정통한 주민 등을 평상시 '민간해양구조대원'으로 관리하여 국가 수색구조세력의 지원세력으로 적극 활용한다.

◈ 수상에서의 수색·구조 등에 관한 법률 제2조(정의) 11. "민간해양구조대원"이란 지역해역에 정통한 주민 등 해양경찰관서에 등록되어 해양경찰의 해상구조활동을 보조하는 사람을 말한다. **◈ 수상에서의 수색·구조 등에 관한 법률 제30조(민간해양구조대원의 처우 등)** ① 민간해양구조대원은 해양경찰의 해상구조활동을 지원할 수 있다. ② 민간해양구조대원이 제1항에 따라 해상구조활동을 지원한 때에는 해양수산부령으로 정하는 바에 따라 수당 및 실비를 지급할 수 있다. ③ 지방자치단체의 장은 필요한 경우 관할 구역에서 민간해양구조대원등이 수난구호활동에 참

여하는 데 소요되는 경비의 일부를 지원할 수 있다.
④ 민간해양구조대원등이 구조업무 및 구조 관련 교육·훈련으로 인하여 질병에 걸리거나 부상(신체에 장애)을 입거나 사망한 경우의 치료 또는 보상금의 규정을 준용한다.

다. 수난구호 종사명령(시설·물자 등 사용통지 포함)

1) MRO의 경우, 인력 및 장비 측면에서 국가구조자원만으로 대응하기에는 한계가 있으므로, 민간구조자원을 구조 초기부터 적극 활용이 필요하다.

※ 민간구조자원 :인력(민간잠수사, 구난전문가 등), 장비(해상크레인, 잠수바지 등)

2) 평상시 관내 민간구조자원 기본현황을 파악하여 MRO훈련 등에 가능한 범위 내에 참여시켜 최고의 전문가 등 인력·자원 풀을 지속적으로 업데이트 관리가 필요하다.

◈ 수상에서의 수색·구조 등에 관한 법률 제29조(수난구호를 위한 종사명령 등)
① 구조본부의 장 및 소방관서의 장은 수난구호를 위하여 부득이하다고 인정할 때에는 필요한 범위에서 사람 또는 단체를 수난구호업무에 종사하게 하거나 선박, 자동차, 항공기, 다른 사람의 토지·건물 또는 그 밖의 물건 등을 일시적으로 사용할 수 있다. 다만, 노약자, 정신적 장애인, 신체장애인, 그 밖에 대통령령으로 정하는 사람에 대하여는 제외한다.
② 제1항에 따라 수난구호업무에의 종사명령을 받은 자는 구조본부의 장 및 소방관서의 장의 지휘를 받아 수난구호업무에 종사하여야 한다.
◈ 수상에서의 수색·구조 등에 관한 법률 제45조(벌칙)
정당한 사유 없이 제29조제1항에 따른 구조본부의 장 또는 소방관서의 장의 수난구호업무에의 종사명령에 불응하거나 선박·자동차·항공기·토지·건물, 그 밖의 물건 등의 일시사용을 거부한 자는 300만원 이하의 벌금에 처한다.
◈ 수상에서의 수색·구조 등에 관한 법률 시행규칙 제10조(수난구호업무 종사명령서 등)
① 구조본부의 장 및 소방관서의 장은 법 제29조제1항에 따라 수난구호를 위한 종사명령을 할 때에는 수난구호업무 종사명령서를 발급하여야 한다.
② 구조본부의 장 및 소방관서의 장은 법 제29조제1항에 따라 선박, 자동차, 항공기, 다른 사람의 토지, 건물 또는 그 밖의 물건 등을 사용할 때에는 시설·물자 등 사용통지서를 발급하여야 한다. 다만, 긴급한 경우에는 시설·물자 등 사용통지서를 발급하지 아니하고 구술로 통지하며, 사용이 끝난 후에 시설·물자 등 사용증명서를 발급할 수 있다.

6. 수중 수색구조

가. 개요

수중수색은 바다에 침몰된 수색 대상이 선박이나 어떤 물체이건 간에 정확한 위치를 파악하는 한편 생존자를 구조하는 전형적인 수난구호 업무에 해당한다. 이러한 수색 및 구조 작업이 위해방지를 위한 경찰활동의 영역에 속한다.

해양경찰의 수중 수색활동은 국제법과 국내법에 의해 적용받는다. 먼저 국제법적으로 '국제수색구조협약'은 "수색 및 구조 활동은 생존자 구조에 대한 모든 합리적 희망이 사라질 때까지, 그리고 구조조정본부가 신뢰할 수 있는 정보를 근거로 긴급 상황이 더 이상 존재하지 않는다고 판단할 때까지" 수색구조 활동을 계속해야 한다고 규정하고 있다.

수색구조 대상은 "생존 희망과 긴급 상황이 존재하는 경우"라면 모두 해당된다. 이에 반해 수중 수색활동의 국내법적 근거가 되는 '수상에서의 수색·구조 등에 관한 법률' 제2조에 의거하면, 수색 및 구조 대상은 해상에서 안전이 위험에 처한 상태에 해당된다. 수중 수색활동에 관한 국제·국내법규 내용은 다음과 같다.

〈표 6-5〉 수색활동 법적 적용

구분	협약, 법령	관련내용	수색구조 범위
국제법	국제수색구조협약 (부속서4장)	○ 수색구조 활동의 종료 -수색 및 구조활동은 실행 가능한 한, 생존사 구소에 내한 보는 합리적인 희망이 사라질 때까지 -구조조정본부가 신뢰할 수 있는 정보를 근거로 긴급 상황이 더 이상 존재하지 않는다고 판단 할 때	○ 수색구조의 대상 -생존희망과 긴급 상황이 존재할 경우 ※ 미국, 일본, 유럽 등 대부분 국가구조시스템
국내법	수상에서의 수색·구조 등에 관한 법률(제2조)	○ 수난구호의 대상은 해상에서 선박, 사람, 항공기, 수상레저기구 등이 침몰 등으로 인하여 안전이 위험에 처한 상태를 수색·구조·구난	○ 수색구조의 대상 -해상에서 안전이 위험에 처한 상태

수중 수색구조에는 잠수작업이 반드시 필요하다. 잠수는 크게 일반 잠수와 혼합기체 잠수로 분류된다. 일반잠수는 공기를 압축해 투입하는 형식을 취하며, 수심 약 40m 이내의 잠수에 해당된다. 혼합기체 잠수는 공기 중 질소를 빼고 인체에 무해한 헬륨을 보강해 질소의 위험성을 최소화한 혼합기체를 이용한 잠수형태로서 수심 약 40-80m 이내의 잠수에 적용된다.

〈표 6-6〉 잠수의 구분

구분	일반잠수	혼합기체잠수	심해포화잠수
형태	일반압축공기	산소+헬륨	산소+헬륨(감압)
가능수심	40m 이내	40-80m 이내	50m 이상
국내기관	해경, 해군	해경, 해군	해군

(자료: 해양경찰청 내부자료)

나. 수중 수색구조 법적 문제

해양경찰의 수중수색 활동은 생존자를 구조하는 전형적인 수난구호 업무이면서 동시에 위해방지를 위한 경찰의 기본활동에 속한다고 볼 수 있다. 또한 해양경찰의 수중 수색활동은 국제법과 국내법에 의해 적용받는다. 그러나 수중 수색활동은의 대상과 관련한 국제법과 국내법의 적용규정이 다르기 때문에 국내법의 보완이 필요한 실상이다. 국제법의 근거가 되는 '국제수색구조협약' 부속서 제4장에 따르면 "수색 및 구조 활동은 생존자 구조에 대한 모든 합리적 희망이 사라질 때까지, 그리고 구조조정본부가 신뢰할 수 있는 정보를 근거로 긴급 상황이 더 이상 존재하지 않는다고 판단할 때까지"계속해야 한다고 규정되어 있다. 수색구조 활동은 "생존 가능성과 긴급 상황이 존재하는 경우"에 이뤄지는 것이다.

반면 수중 수색활동의 국내법적 근거인 '수상에서의 수색·구조 등에 관한 법률' 제2조에 따르면 수색 및 구조의 대상은 해상에서 안전이 위험에 처한 상태에 해당된다. 생존가능성과 긴급 상황이 존재하는 경우가 아니라도 안전이 위험해지는 상황이 발생하면 수색구조 활동을 벌여야 하는 것이다. 해양경찰의 수색구조 요원들은 더욱 위험하게 하고 불필요한 수색구조 활동으로 인해 막상 수색구조 활동이 긴급하게 필요할 때 적시에 활동에 나서지 못하는 문제점으로 작용할 수 있기 때문이다. 따라서 해양경찰의 수색구조 활동의 근거가 되는 '수상에서의 수색·구조 등에 관한 법률'을 국제법규와 일치하도록 개정하는 노력이 필요하다.

7. 항공기 수색구조

○ 항공기를 이용하여 생존자들을 구조하려고 할 때는 다음 사항들을 유의해야 한다. <국제항공 및 해상수색구조 매뉴얼 Ⅱ권 제6장(구조계획 및 작전운영)>

항공기는 운항상 또는 기술상의 제한사항이 있으며 각 항공기에 적합하지 않은 작업에 사용되어서는 안된다. 항공기에 의한 구조작업은 특히 다수의 생존자가 존재하는 경우에 가능한 범위 내에서 해상수색구조에 의해 지원되어야 한다.

고정익 항공기는 기종에 따라 생존 장비를 조난자에게 투하할 수도 있고, 수색구조 세력을 구조현장으로 이송하는 임무를 수행 가능하게 한다. 또한 항공기가 현장에 있는 동안 조명탄을 낙하하고 무선신호를 제공함으로써 해상 수색구조 세력에게 조난위치를 확인시켜 주는 등의 지원이 가능하다.

〈표 6-7〉 해양경찰 항공기 구조의 장·단점

	고정익(Fixed-wing)	회전익(Rotary-wing)
장점	-긴 비행시간(30분 이상) -넓은 지역 조사 가능 -바람에 강함	-이착륙에 좁은 공간 필요 -다양한 장비 탑재 가능-호버링(정지비행) 가능
단점	-이착륙에 넓은 공간 필요(반경 30m이상) -카메라 및 소형장비 탑재 가능 -호버링(정지비행) 불가능	-짧은 비행시간(30분 이하) -바람에 약함 -이륙시 배터리 소모가 많음

제2절 수상에서의 수색 · 구조 등에 관한 법률(수상구조법)

1. 수색구조 일반

조난선박과 인명의 구호 및 표류물·침몰품등의 인양과 이에 수반한 업무처리에 관한 사항을 규정하여, 수난구호업무에 신속·적절한 처리를 기하며, 인명·재산의 보전에 기여하도록 1961년 11월 1일 「수난구호법」으로 제정되어 2014년까지 수회 개정을 통하여 시행되었다. 2014년 세월호 침몰참사 이후 조난사고로부터 국민의 생명과 신체 및 재산을 보호하기 위하여 사고의 재발 방지를 위한 안전관리의 강화, 사고 발생 시 신속한 구호조치 실시, 사고에 대응하기 위한 시스템 개선 등 대책 마련의 필요성이 강조되어 이에 따라, 구조본부의 장으로 하여금 "풍랑"으로 조난사고가 우려되는 경우에도 이동 및 대피명령을 명할 수 있도록 하면서 그 대상을 어선에서 모든 선박으로 확대하고, 구난작업을 실시하기 위해 신고된 내용이 구난작업을 실시하는데 미흡하다고 인정되는 경우 필요한 사항을 보완한 후 다시 신고하게 할 수 있도록 하며, 구난작업 현장의 안전관리와 환경오염 방지를 위하여 필요한 경우 안전관리 조치를 명할 수 있도록 하고, 민간해양구조대원으로 하여금 해양경찰청의 조난사고 예방 · 대응활동을 지원할 수 있도록 하여 조난사고의 재발 방지를 위한 안전관리를 강화하려는 것이었다.

이에 2015년에 법률 제13440호(2015. 7. 24., 일부개정)로 「수난구호법」의 법률의 제명을 「수상에서의 수색 · 구조 등에 관한 법률」(시행 2016. 1. 25.) 로 변경하였다.

「수상에서의 수색 · 구조 등에 관한 법률」은 수상에서 조난된 사람, 선박, 항공기, 수상레저기구 등의 수색 · 구조 · 구난 및 보호에 필요한 사항을 규정함으로써 조난사고로부터 국민의 생명과 신체 및 재산을 보호하고 공공의 복리증진에 이바지하는 것을 목적으로 한다.

가. 목적

이 법은 수상에서 조난된 사람, 선박, 항공기, 수상레저기구 등의 수색 · 구조 · 구난 및 보호에 필요한 사항을 규정함으로써 조난사고로부터 국민의 생명과 신체 및 재산을 보호하고 공공의 복리증진에 이바지하는 것을 목적으로 한다.

나. 용어정의

1) “수상”이란 해수면과 내수면을 말한다.

2) “해수면”이란 「수상레저안전법」 제2조제7호에 따른 바다의 수류나 수면을 말한다.

3) “내수면”이란 「수상레저안전법」 제2조제8호에 따른 하천, 댐, 호수, 늪, 저수지, 그 밖에 인공으로 조성된 담수나 기수(汽水)의 수류 또는 수면을 말한다.

4) “수난구호”란 수상에서 조난된 사람 및 선박, 항공기, 수상레저기구 등(이하 “선박등”이라 한다)의 수색 · 구조 · 구난과 구조된 사람 · 선박등 및 물건의 보호 · 관리 · 사후처리에 관한 업무를 말한다.

5) “조난사고”란 수상에서 다음 각 목의 사유로 인하여 사람의 생명 · 신체 또는 선박등의 안전이 위험에 처한 상태를 말한다.

가) 사람의 익수 · 추락 · 고립 · 표류 등의 사고

나) 선박등의 침몰 · 좌초 · 전복 · 충돌 · 화재 · 기관고장 또는 추락 등의 사고

6) “수난구호협력기관”이란 수난구호를 위하여 협력하는 중앙행정기관 · 지방자치단체, 「재난 및 안전관리 기본법」 제3조제8호에 따른 긴급구조지원기관, 대통령령으로 정하는 공공단체를 말한다.

7) “수색”이란 인원 및 장비를 사용하여 조난을 당한 사람 또는 사람이 탑승하였을 것으로 추정되는 선박등을 찾는 활동을 말한다.

8) “구조”란 조난을 당한 사람을 구출하여 응급조치 또는 그 밖의 필요한 것을 제공하고 안전한 장소로 인도하기 위한 활동을 말한다.

9) “구난”이란 조난을 당한 선박등 또는 그 밖의 다른 재산(선박등에 실린 화물을 포함한다)에 관한 원조를 위하여 행하여진 행위 또는 활동을 말한다.

10) “구조대”란 수색 및 구조활동을 신속히 수행할 수 있도록 훈련된 인원으로 편성되고 적절한 장비를 보유한 단위조직을 말한다.

11) “민간해양구조대원”이란 지역해역에 정통한 주민 등 해양경찰관서에 등록되어 해양경찰의 해상구조활동을 보조하는 사람을 말한다.

12) “표류물”이란 점유를 이탈하여 수상에 떠 있거나 떠내려가고 있는 물건을 말한다.

13) “침몰품”이란 점유를 이탈하여 수상에 가라앉은 물건을 말한다.

다. 적용범위

이 법 또는 이 법에 따른 명령 중 선박소유자에 관한 규정은 선박을 공유하는 경우로서 선박관리인을 임명하였을 때에는 그 선박관리인에게 적용하고, 선박을 임차하였을 때에는 그 선박임차인에게 적용하며, 선장에 관한 규정은 선장을 대신하여 그 직무를 수행하는 사람이 있는 경우 그 사람에게 적용한다.

라. 수난대비기본계획의 수립 등(제4조)

1) 해양경찰청장은 해수면에서 자연적 · 인위적 원인으로 발생하는 조난사고로부터 사람의 생명과 신체 및 재산을 보호하고 효율적인 수난구호를 위하여 수난대비기본계획을 5년 단위로 수립하여야 한다.

2) 해양경찰청장은 제1항의 수난대비기본계획을 집행하기 위하여 수난대비집행계획을 매

년 수립 · 시행하여야 한다.

마. 중앙구조본부 설치 및 해양수색구조기술위원회의 설치(제5조, 제6조))

1) 해수면에서의 수난구호에 관한 사항의 총괄 · 조정, 수난구호협력기관과 수난구호민간단체 등이 행하는 수난구호활동의 역할조정과 지휘 · 통제 및 수난구호활동의 국제적인 협력을 위하여 해양경찰청에 중앙구조본부를 둔다.

2) 해역별 수난구호에 관한 사항의 총괄 · 조정, 해당 지역에 소재하는 수난구호협력기관과 수난구호민간단체 등이 행하는 수난구호활동의 역할조정과 지휘 · 통제 및 수난현장에서의 지휘 · 통제를 위하여 지방해양경찰청에 광역구조본부를 두고, 해양경찰서에 지역구조본부를 둔다.

3) 해양에서의 수색구조활동을 신속하고 효과적으로 지원하고, 수색구조 관련 정책조정과 유관기관 및 민간단체와의 협력체제를 구축하기 위하여 중앙구조본부의 장, 광역구조본부의 장 및 지역구조본부의 장(이하 "구조본부의 장"이라 한다) 소속으로 각각 중앙, 광역 및 지역 해양수색구조기술위원회를 둔다.

바. 수난대비기본훈련의 실시(제5조의2)

1) 중앙구조본부는 수상에서 자연적 · 인위적 원인으로 발생하는 조난사고로부터 사람의 생명과 신체 및 재산을 보호하기 위하여 수난구호협력기관 및 수난구호민간단체 등과 공동으로 매년 수난대비기본훈련을 실시하여야 한다.

2) 해양경찰청장은 수난대비기본훈련의 실시결과를 매년 국회 소관상임위원회에 보고하여야 하고 수난대비기본훈련의 실시 범위 및 방법 등 구체적인 사항은 대통령령으로 정한다.

> 1) 중앙구조본부의 장은 수난대비기본훈련을 연 1회 이상 실시하여야 한다.
> 2) 중앙구조본부의 장은 수난대비기본훈련을 효율적으로 실시하기 위하여 다음 각 호의 사항이 포함된 해당 연도 수난대비기본훈련계획을 수립하고, 법 제5조의2제1항에 따른 수난구호협력기관 및 수난구호민간단체 등(훈련참여기관)의 장에게 통보할 수 있다.
> ① 수난대비기본훈련의 6목표
> ② 훈련참여기관의 범위
> ③ 수난대비기본훈련의 유형
> ④ 그 밖에 수난대비기본훈련의 실시에 관한 사항
> 3) 중앙구조본부의 장은 필요한 경우 훈련참여기관이 아닌 선박소유자(여객선, 어선 등을 소유한 자)에게 선박 및 해당 선박의 선장 · 선원 등을 수난대비기본훈련에 참여시킬 것을 요청할 수 있다. 수난대비기본훈련 실시 7일 전까지 훈련일시, 훈련장소, 훈련방법, 그 밖에 수난대비기본훈련에 필요한 사항을 훈련참여기관의 장(선박 및 해당 선박의 선장 · 선원 등이 수난대비기본훈련에 참여하는 경우에는 해당 선박소유자)에게 통보하여야 한다. 다만, 부득이한 사유가 있는 경우에는 훈련 실시 전날까지 통보할 수 있다.
> 4) 중앙구조본부의 장은 수난대비기본훈련 참여자에게 수난대비기본훈련을 위한 사전교육을 실시할 수 있다. 그리고 수난대비기본훈련에 참여하는 선박의 소유자에게 훈련에 참여하는 데 필요한 비용을 예산의 범위에서 지급할 수 있다.

5) 규정한 사항 외에 수난대비기본훈련의 방법 등에 관하여 필요한 사항은 중앙구조본부의 장이 정한다.
6) 해양경찰청장은 수난대비기본훈련의 실시결과를 다음 해 2월 말일까지 국회 소관상임위원회에 서면으로 보고하여야 한다.

사. 구조대 및 구급대의 편성·운영(제7조)

1) 중앙구조본부의 장, 광역구조본부의 장 및 지역구조본부의 장은 해수면에서 수난구호를 효율적으로 수행하기 위하여 구조대를 편성·운영하고, 해수면과 연육로로 연결되지 아니한 도서(소방관서가 설치된 도서는 제외한다)에서 발생하는 응급환자를 응급처치하거나 의료기관에 긴급히 이송하기 위하여 구급대를 편성·운영하여야 한다.

2) 소방청장, 소방본부장 및 소방서장은 내수면에서의 수난구호를 위하여 구조대를 편성·운영하고, 내수면에서 발생하는 응급환자를 응급처치하거나 의료기관에 긴급히 이송하기 위하여 구급대를 편성·운영하여야 한다.

아. 여객선 비상수색구조계획서의 작성 등(제9조)

1) 국제항해에 취항하는 여객선(「해운법」 제6조제1항에 따라 승인을 받은 외국의 해상여객운송사업자가 운영하는 여객선을 포함한다. 이하 "여객선"이라 한다) 소유자는 비상시 여객선의 수색구조를 위하여 구조본부의 비상연락망, 비상훈련계획 및 구명설비배치도 등이 기재된 계획서(이하 "여객선비상수색구조계획서"라 한다)를 작성하여 관할 해양경찰서장에게 신고하고 확인을 받아 해당 여객선 및 선박 소유자의 주된 사무실에 비치하여야 한다.

2) 여객선 소유자는 여객선비상수색구조계획서의 내용에 변경이 있는 경우 지체 없이 변경된 내용을 관할 해양경찰서장에게 신고하여야 한다.

3) 여객선 및 「해운법」 제2조제1호의2에 따른 여객선 소유자는 해양수산부령으로 정하는 바에 따라 여객선비상수색구조 훈련을 연 1회 이상 선장의 지휘하에 실시하여야 하며, 훈련의 시기와 방법은 관할 해양경찰서장 또는 소방서장과 협의하여 정한다.

자. 선박의 이동 및 대피 명령(제10조)

구조본부의 장은 다음 각 호의 어느 하나에 해당하는 선박의 경우에는 해양수산부령으로 정하는 바에 따라 해당 선박의 이동 및 대피를 명할 수 있다. 다만, 외국선박에 대한 이동 및 대피명령은 「영해 및 접속수역법」 제1조 및 제3조에 따른 영해 및 내수(「내수면어업법」 제2조제1호에 따른 내수면은 제외한다)에서만 실시한다.

1) 태풍, 풍랑 등 해상기상의 악화로 조난이 우려되는 선박
2) 선박구난현장에서 구난작업에 방해가 되는 선박

차. 조난된 선박의 긴급피난(제11, 12조)

1) 인명이나 해양환경에 손상을 초래할 수 있는 조난된 선박의 선장 또는 소유자는 계속 항해 시의 위험을 줄이기 위하여 긴급피난을 할 수 있다.

2) 긴급피난을 하려는 조난된 선박의 선장 또는 소유자는 구조본부의 장에게 긴급피난의 허가를 신청하여야 한다. 긴급피난의 허가신청을 받은 구조본부의 장은 지체 없이 그 허가 여부를 결정하여야 한다. 허가를 하는 경우 구조본부의 장은 조난된 선박이 초래할 수 있는 인명이나 해양환경에 미치는 영향을 고려하여 조건을 붙여 허가를 할 수 있다.

3) 구조본부의 장은 해상기상 또는 선박의 상태 등을 고려하여 긴급피난의 허가를 하지 아니한 때에는 즉시 신청자에게 알리고, 선박의 안전에 필요한 조치를 하여야 한다.

2. 수난구호

가. 수난구호의 관할(제13조)

해수면에서의 수난구호는 구조본부의 장이 수행하고, 내수면에서의 수난구호는 소방관서의 장이 수행한다. 다만, 국제항행에 종사하는 내수면 운항선박에 대한 수난구호는 구조본부의 장과 소방관서의 장이 상호 협조하여 수행하여야 한다.

나. 수난구호현력기관과의 협조(제14조)

1) 수난구호협력기관의 장은 수난구호활동을 위하여 구조본부의 장 또는 소방관서의 장으로부터 필요한 지원과 협조 요청이 있을 경우 특별한 사정이 없으면 이에 응하여야 한다. 구조본부의 장 또는 소방관서의 장은 수난구호협력기관의 장과 협의하여 구조대 및 구급대의 합동훈련 또는 합동교육을 실시하거나 구조대 및 구급대에 관한 정보교환 및 상호연락체제를 구축할 수 있다.

2) 특별자치도지사 또는 시장 · 군수 · 구청장(자치구의 구청장을 말한다. 이하 같다)은 구조된 사람의 보호와 습득한 물건의 보관 · 반환 · 공매 및 구호비용의 산정 · 지급 · 징수, 그 밖에 사후처리에 관한 일체의 사무를 담당한다.

다. 조난사실의 신고(제15조)

수상에서 조난사고가 발생한 때에는 다음 각 호의 어느 하나에 해당하는 자는 즉시 가까운 구조본부의 장이나 소방관서의 장에게 조난사실을 신고하여야 한다.

1) 조난된 선박등의 선장 · 기장 또는 소유자

2) 수상에서 조난사실을 발견한 자

3) 조난된 선박등으로부터 조난신호나 조난통신을 수신한 자

4) 조난사고 원인을 제공한 선박의 선장 및 승무원

라. 구조본부 등의 조치(제16조)

1) 조난사실을 신고 또는 통보받거나 인지한 관할 구조본부의 장이나 소방관서의 장은 구조대에 구조를 지시 또는 요청하거나 조난현장의 부근에 있는 선박등에게 구조를 요청하는 등 수난구호에 필요한 조치를 취하여야 한다.

2) 구조의 지시 또는 요청을 받은 구조대의 장은 구조상황을 수시로 관할 구조본부의 장 또는 소방관서의 장에게 보고 하거나 통보하여야 한다.

3) 수난구호를 위하여 필요하다고 인정할 때에는 구조본부의 장 또는 소방관서의 장은 수난구호협력기관의 장, 수난구호민간단체에게 소속 구조지원요원 및 선박을 현장에 출동시키는 등 구조활동(조난된 선박등의 예인을 포함한다)을 지원할 것을 요청할 수 있다. 이 경우 요청을 받은 수난구호협력기관의 장과 수난구호민간단체는 특별한 사유가 없는 한 즉시 이에 응하여야 한다.

4) 구조본부의 장 또는 소방관서의 장은 생존자의 구조를 위하여 필요한 경우 수중 수색구조활동을 실시할 수 있다. 다만, 그 업무를 수행하는 사람의 건강이나 생명에 중대한 위험을 초래할 우려가 있다고 판단되는 경우에는 실시하지 아니하거나 중지할 수 있다.

마. 현장지휘(제17조)

조난현장에서의 수난구호활동의 지휘는 지역구조본부의 장 또는 소방서장이 행한다. 다만, 응급의료 및 이송 등과 관련된 사항에 대하여는 관련 수난구호협력기관의 장과 협의하여야 한다.

1) 조난현장에서의 수난구호활동
2) 수난구호협력기관, 수난구호민간단체, 자원봉사자 등의 임무 부여와 인력 및 장비의 배치와 운용
3) 추가 조난의 방지를 위한 응급조치
4) 사상자의 응급처치 및 의료기관으로의 이송
5) 수난구호에 필요한 물자 및 장비의 관리
6) 수난구호요원의 안전확보를 위한 조치
7) 현장접근 통제, 조난현장의 질서유지 등 효율적인 수난구호활동을 위하여 필요한 사항

광역구조본부의 장 또는 소방본부장은 둘 이상의 지역구조본부의 장 또는 소방서장의 공동대응 등이 필요하다고 인정하는 경우에는 제1항에도 불구하고 직접 현장지휘를 할 수 있다. 중앙구조본부의 장 또는 소방청장은 대통령령으로 정하는 대규모의 수난이 발생하거나 그 밖에 필요하다고 인정하는 경우에는 직접 현장지휘를 할 수 있다.

바. 인근 선박등의 구조지원(제18조)

조난현장의 부근에 있는 선박등의 선장·기장 등은 조난된 선박등이나 구조본부의 장 또는 소방관서의 장으로부터 구조요청을 받은 때에는 가능한 한 조난된 사람을 신속히 구조할 수 있도록 최대한 지원을 제공하여야 한다. 다만, 조난된 선박 또는 조난사고의 원인을 제공한 선박의 선장 및 승무원은 요청이 없더라도 조난된 사람을 신속히 구조하는 데 필요한 조치를 하여야 한다.

사. 조난된 선박등의 구난작업 신고(제19조)

1) 누구든지 다음 각 호의 장소에서 조난된 선박등을 구난하려는 자는 구난작업을 시작하기 전에 구조본부의 장 또는 소방관서의 장에게 그 사실을 신고하여야 한다. 다만, 대통령령으로 정하는 소형선박을 구난하려는 경우, 제16조제3항에 따른 구조본부의 장 또는 소방관서의 장의 요청으로 구난을 하려는 경우에는 그러하지 아니하며, 긴급구난을 하려는 경우에는 구난작업을 시작한 후 지체 없이 구조본부의 장 또는 소방관서의 장에게 알려야 한다.

가) 「영해 및 접속수역법」 제1조 및 제3조에 따른 영해 및 내수

나) 「배타적 경제수역 및 대륙붕에 관한 법률」에 따른 배타적 경제수역

2) 구조본부의 장 또는 소방관서의 장은 구난작업 현장의 안전관리와 환경오염 방지를 위하여 필요한 경우 구난작업 관계자에게 인력 및 장비의 보강, 인근 선박의 항행안전을 위한 조치 등을 할 것을 명할 수 있다.

아. 조난된 선박등의 예인 시 책임(제21조)

조난된 선박등을 예인하는 자는 다음 각 호의 어느 하나에 해당하는 예인으로 인하여 조난된 선박등이 파손되거나 멸실되더라도 고의 또는 중대한 과실이 없는 경우에는 민사상·형사상 책임을 지지 아니한다. 이 경우 조난된 선박등을 예인하는 자는 피예인선의 선장이나 소유자에게 그 뜻을 미리 알려주어야 한다.

1) 수난구호민간단체에 소속된 선박이 제16조제3항에 따른 구조본부의 장 또는 소방관서의 장의 요청을 받고 예인하는 경우
2) 민간에 소속된 선박이 보수(실비의 지급은 보수로 보지 아니한다)를 받지 아니하고 예인하는 경우. 이 경우 실비의 범위는 대통령령으로 한다.
3) 국가기관에 소속된 선박이 조난된 선박등을 긴급히 구난하기 위하여 예인하는 경우

자. 외국구조대의 영해진입 허가와 해외 수난 발생 시 수색구조(제22, 23조)

1) 외국의 구조대가 신속한 수난구호활동을 위하여 우리나라와 체결한 조약에 따라 우리나라의 영해·영토 또는 그 상공에의 진입허가를 요청하는 때에는 중앙구조본부의 장은 지

체 없이 이를 허가하고 그 사실을 관계 기관에 통보한다.

2) 해외에서 우리나라 국민과 선박등의 수난과 다른 나라 국민과 선박등의 수난에 대하여 수색·구조가 필요한 경우 중앙구조본부의 장은 구조대를 파견할 수 있다.

자. 구조활동의 종료 또는 중지(제24조)

구조본부의 장은 다음 각 호의 어느 하나에 해당하는 경우에는 구조활동을 종료 또는 중지할 수 있다.

1) 구조활동을 완료한 경우
2) 생존자를 구조할 모든 가능성이 사라지는 등 더 이상 구조활동을 계속할 필요가 없다고 인정되는 경우

카. 국내 조난사고의 조사(제25조)

해양경찰청장은 해양에서 대규모의 조난사고가 발생한 경우에 관계 수난구호협력기관과 합동으로 사고조사단을 편성하여 사고원인과 피해상황에 관한 조사를 실시할 수 있다. 다만, 「해양사고의 조사 및 심판에 관한 법률」에 따라 조사하는 경우에는 그러하지 아니하다.

3. 민간구조활동 지원

가. 구난활동 종사명령(제29조)

1) 구조본부의 장 및 소방관서의 장은 수난구호를 위하여 부득이하다고 인정할 때에는 필요한 범위에서 사람 또는 단체를 수난구호업무에 종사하게 하거나 선박, 자동차, 항공기, 다른 사람의 토지·건물 또는 그 밖의 물건 등을 일시적으로 사용할 수 있다. 다만, 노약자, 정신적 장애인, 신체장애인, 그 밖에 대통령령으로 정하는 사람에 대하여는 제외한다. 수난구호업무에의 종사명령을 받은 자는 구조본부의 장 및 소방관서의 장의 지휘를 받아 수난구호업무에 종사하여야 한다.

2) 국가 또는 지방자치단체는 수난구호 업무에 종사한 사람이 부상(신체에 장애를 입은 경우를 포함한다)을 입거나 사망(부상으로 인하여 사망한 경우를 포함한다)한 경우에는 그 부상자 또는 유족에게 보상금을 지급하여야 한다. 다만, 다른 법령에 따라 국가 또는 지방자치단체의 부담에 의한 같은 종류의 보상금을 지급받은 사람에 대하여는 그 보상금에 상당하는 금액은 지급하지 아니한다.

3) 구조본부의 장 또는 소방관서의 장은 제1항에 따라 수난구호 업무에 종사한 사람이 「의사상자 등 예우 및 지원에 관한 법률」의 적용대상자인 경우에는 같은 법에 따른 보상을 받을 수 있도록 적극 지원하여야 한다.

나. 민간해양구조대원등의 처우(제30조)

민간해양구조대원은 해양경찰의 해상구조 및 조난사고 예방·대응 활동을 지원할 수 있다. 민간해양구조대원 및 수난구호참여자 중 해양수산부령으로 정하는 요건을 갖춘 자(이하 이 조에서 "민간해양구조대원등"이라 한다)가 해상구조 및 조난사고 예방·대응 활동을 지원한 때에는 해양수산부령으로 정하는 바에 따라 수당 및 실비를 지급할 수 있다.

다. 수상구조사

해양경찰청장은 수상에서 조난된 사람을 구조하기 위한 전문적인 능력을 갖추었다고 인정되는 사람에게 수상구조사 자격을 부여할 수 있다. 수상구조사가 되려는 사람은 해양경찰청장이 지정하는 관련 단체 또는 기관(이하 "교육기관"이라 한다)에서 교육과정을 이수한 후 해양경찰청장이 실시하는 시험에 합격하여야 한다. 그리고 수상구조사는 다음 각 호에서 정하는 사항을 준수하여야 한다.

1) 구조 완료 후 구조된 사람에게 법령에 의하지 않은 금품 등의 대가를 요구하지 않을 것
2) 다른 사람에게 자기의 명의를 사용하게 하거나 그 자격증을 대여(貸與)하지 않을 것

누구든지 수상구조사 자격을 취득하지 아니하고 그 명의를 사용하거나 자격증을 대여받아서는 아니 되며, 명의의 사용이나 자격증의 대여를 알선하여서도 아니되고, 특히 조난된 사람의 구조 과정에서 알게 된 비밀을 누설하거나 공개하여서는 아니 된다.

4. 조난통신

가. 해상구조조정본부 등(제31조)

해양경찰청장은 「1979년 해상수색 및 구조에 관한 국제협약」과 「1944년 국제민간항공협약」에 따른 해상구조조정본부와 해상구조조정지부를 지정·운영하여야 한다. 해상구조조정본부(이하 "구조조정본부"라 한다)는 지방해양경찰청으로 하고 해상구조조정지부(이하 "구조조정지부"라 한다)는 해양경찰서로 한다.

나. 조난통신 수신과 시설(제32조)

해상구조조정본부의 장은 조난통신을 수신할 수 있는 통신시설을 갖추고 조난사실을 신속히 알 수 있도록 항상 조난통신을 청취하여야 한다. 조난통신의 청취를 위하여 필요한 주파수 및 통신설비는 「선박안전법」 제29조에서 정하는 바에 따른다.

통신시설은 다음 각 호의 어느 하나에 해당하는 것으로서 해수면에서의 인명 안전을 위한 국제협약 및 관련 의정서에 따른 세계 해상조난 및 안전제도에 따른 것이어야 한다.

1) 「전파법 시행령」 제29조에 따른 무선국으로서 선박과 무선통신할 수 있는 무선국 및 위성조난신호 수신장치로부터 해상수난구호업무에 관한 정보를 수용하여 처리할 수 있는 장치
2) 중앙구조본부로부터 해상조난에 관한 정보를 수용하여 처리할 수 있는 장치
3) 「전파법 시행령」 제29조제4호에 따른 해안국(이하 "해안국"이라 한다)에서 수신한 조난 및 선박의 위치 통보에 관한 정보를 수용하여 처리할 수 있는 장치

중앙구조본부의 장은 법 제32조제2항에 따라 조난통신을 수신하기 위하여 다음 각 호의 구간에 대한 통신망을 구축하여야 한다.

1) 해안국 및 「전파법 시행령」 제29조제32호에 따른 해안지구국과 중앙구조본부 간
2) 위성조난신호 수신장치와 중앙구조본부 간
3) 광역 및 지역 구조본부 및 지정된 구조대와 중앙구조본부 간
4) 수난구호협력기관·단체와 중앙구조본부 간
5) 그 밖에 조난통신망 구성에 필요한 구간

다. 선박위치통보(제33조)

선장은 선박이 항구 또는 포구로부터 출항하거나 해양경찰청장이 지정·고시하는 선박위치통보해역에 진입한 때에는 해상구조조정본부의 장에게 통보를 하여야 한다. 선박위치발신장치를 갖추고 항행하는 선박의 경우에는 위치통보를 생략할 수 있고, 선박위치통보는 서면제출 또는 유선·무선통신 등의 방법으로 할 수 있다. 무선통신으로 선박위치통보를 할 때에는 「전파법」에 따라 선박에 개설된 무선국에 지정된 주파수 중에서 해양경찰청장이 고시하는 주파수를 이용하여야 한다.

1) 선박위치 통보시기

가) 항해계획통보 : 선박이 항구 또는 포구를 출항하기 직전 또는 그 직후나 해양경찰청장이 지정·고시하는 선박위치통보해역에 진입한 때
나) 위치통보 : 항해계획 통보 후 약 12시간마다
다) 변경통보 : 항해계획의 내용을 변경한 때, 선박이 예정위치에서 25해리 이상 벗어난 때 또는 목적지를 변경한 때
라) 최종통보 : 목적지에 도착하기 직전이나 도착한 때 또는 해양경찰청장이 지정·고시하는 선박위치통보해역을 벗어난 때

2) 선박위치 통보 선박

선박의 위치를 통보하여야 하는 선박의 범위는 다음 각 호와 같다. 다만, 다)호부터 마)호까지의 규정에 해당하는 선박의 경우에는 해수면에서의 인명 안전을 위한 국제협약 및 관련

의정서에 따른 세계 해상조난 및 안전제도의 시행에 필요한 통신설비를 설치하고 있는 선박으로 한정한다.

가) 국제항해에 취항하는 여객선

나) 국제항해에 취항하는 총톤수 300톤 이상의 선박 중 항행시간이 12시간 이상인 선박

다) 「해상교통안전법」 제2조제12호부터 제14호까지의 규정에 따른 조종불능선(操縱不能船)·조종제한선(操縱制限船) 및 흘수제약선(吃水制約船)

라) 예인선열(曳引船列)의 길이가 200미터를 초과하는 예인선

마) 석유류 액체화학물질 등 위험화물을 운송하고 있는 선박

<해상교통문자방송(NAVTEX)>

해상교통문자방송 운영자는 다음 각 호의 임무를 수행한다.

1) 해상교통문자방송 운영업무에 관한 사항
2) 국내·외 해상교통문자방송 조정과 협력 업무
3) 해상교통문자방송 정보 수집 및 정규·긴급 방송 실시
4) 수집자료 방송우선순위 평가
5) 방송문 영문, 국문 작성 및 편집
6) 관련 장비의 운영 관리(별지 제7호서식)

해상교통문자방송(NAVTEX) 시스템은 운영실과 송신소로 구성된다. 운영실은 해경청 종합상황실 내에 위치하고, 송신소(죽변, 변산)는 무인 원격제어 시스템으로 운영한다.

가. 정규방송

1) 1일 12회(영문 6회, 국문 6회)로 국제해사기구에서 승인된 송신소 식별부호 및 정규방송시간에 따라 방송한다.

2) 방송구분 : 방송은 정규방송과 긴급방송으로 구분하고 우선순위는 Vital(최중요), Important(중요), Routine(일반)으로 한다.

나. 긴급방송

1) 긴급사항 발생시 인접국가 방송시간 중의 전파간섭을 고려하여 방송할 수 있다.
2) 인접국가의 방송시간은 별도로 정해져있다.

다. 해상문자방송 자료

1) 수색구조정보
2) 해양기상정보(기상특보 및 기상예보)
3) 항로 및 항만정보
4) 해양조사정보
5) 해상사격 및 훈련정보
6) 그 밖에 인접국 해상안전정보 등

라. 방송절차

1) 각 정보 제공처에서 수집된 정보의 방송 우선순위 조정
2) 수집 자료의 자체 편집
3) 동해 죽변 및 서해 변산송신소로 방송시간 15분전까지 방송자료 전송
4) 10분간 방송시간 설정 및 송출

※ 무인화 송신소 관리 : 동해(죽변)송신소 : 포항해양경찰서 장비관리과장,
서해(변산)송신소 : 부안해양경찰서 기획운영과장

라. 통신설비 등의 이용(제34조)

구조본부의 장 또는 소방관서의 장은 수난구호활동을 위하여 필요한 경우에는 「전기통신사업법」 제2조제8호에 따른 전기통신사업자에게 전기통신 업무의 전부 또는 일부를 제한하거나 정지할 것을 요청하거나 「방송법」 제2조제3호에 따른 방송사업자에 대하여 필요한 정보의 신속한 방송을 요청할 수 있다. 요청받은 기관의 장은 특별한 사유가 없는 한 이에 응하여야 한다.

5. 사후처리

가. 구조된 사람 · 선박등 · 물건의 인계(제35조)

1) 구조본부의 장 또는 소방관서의 장은 구조된 사람이나 사망자에 대하여는 그 신원을 확인하고 보호자 또는 유족이 있는 경우에는 보호자 또는 유족에게 인계하여야 하며, 구조된 선박등이나 물건에 대하여는 소유자가 확인된 경우에는 소유자에게 인계할 수 있다.

2) 구조본부의 장 또는 소방관서의 장은 구조된 사람이나 사망자의 신원이 확인되지 아니하거나 인계받을 보호자 또는 유족이 없는 경우 및 구조된 선박등이나 물건의 소유자가 확인되지 아니한 경우에는 구조된 사람, 사망자, 구조된 선박등 및 물건을 특별자치도지사 또는 시장 · 군수 · 구청장에게 인계한다.

3) 표류물 또는 침몰품(이하 "표류물등"이라 한다)을 습득한 자는 지체 없이 이를 특별자치도지사 또는 시장 · 군수 · 구청장에게 인도하여야 한다. 다만, 그 표류물등의 소유자가 분명하고 그 표류물등이 법률에 따라 소유 또는 소지가 금지된 물건이 아닌 경우에는 습득한 날부터 7일 이내에 직접 그 소유자에게 인도할 수 있다.

4) 구조된 사람 등을 인계받은 특별자치도지사 또는 시장 · 군수 · 구청장은 구조된 사람에게 신속히 숙소 · 급식 · 의류의 제공과 치료 등 필요한 보호조치를 취하여야 하며, 사망자에 대하여는 영안실에 안치하는 등 적절한 조치를 취하여야 한다.

5) 구조된 선박등 또는 물건을 인계받거나 습득한 표류물등을 인도받은 특별자치도지사 또는 시장 · 군수 · 구청장은 이를 안전하게 보관하여야 한다.

6) 인계받은 물건이 다음 각 호의 어느 하나에 해당하여 보관이 부적당하다고 인정될 경우에는 대통령령으로 정하는 바에 따라 이를 공매하여 그 대금을 보관할 수 있다.

- 가) 멸실 · 손상 또는 부패의 염려가 있거나 가격이 현저히 감소될 우려가 있는 것
- 나) 폭발물, 가연성의 물건, 보건상 유해한 물건, 그 밖에 보관상 위험이 발생할 우려가 있는 것
- 다) 보관비용이 그 물건의 가격에 비하여 현저히 고가인 것

나. 수난구호비용의 지급(제39조)

수난구호에 종사한 자와 일시적으로 사용된 토지 · 건물 등의 소유자 · 임차인 또는 사용인은 특별자치도지사 또는 시장 · 군수 · 구청장으로부터 수난구호비용을 지급받을 수 있다. 다만, 다음 각 호의 어느 하나에 해당하는 자의 경우에는 그러하지 아니하다.

1) 구조된 선박등의 선장등 및 선원 등
2) 고의 또는 과실로 인하여 조난을 야기한 자
3) 정당한 거부에도 불구하고 구조를 강행한 자
4) 조난된 물건을 가져간 자

6. 벌칙

가. 7년 이하의 징역 또는 7천만원 이하의 벌금(제43조)

1) 다음 각 호의 어느 하나에 해당하는 자는 7년 이하의 징역 또는 7천만원 이하의 벌금에 처한다.

가) 제15조제1항제4호에 해당하는 자로서 조난사실을 신고하지 아니한 자
나) 제18조제1항 단서에 위반하여 구조에 필요한 조치를 하지 아니한 자

2) 제1항의 죄를 범하여 피해자를 죽게 하거나 상해에 이르게 한 경우에는 다음 각 호의 구분에 따라 가중 처벌한다.

가) 피해자를 사망에 이르게 한 경우에는 무기 또는 3년 이상의 징역에 처한다.
나) 피해자를 상해에 이르게 한 경우에는 10년 이하의 징역 또는 1억원 이하의 벌금에 처한다.

나. 5년 이하의 징역 또는 5천만원 이하의 벌금(제44조)

구조본부의 장 또는 소방관서의 장이 행하는 수난구호를 방해한 자는 5년 이하의 징역 또는 5천만원 이하의 벌금에 처한다.

다. 1년 이하의 징역 또는 1천만원 이하의 벌금(제44조의2)

다음 각 호의 어느 하나에 해당하는 자는 1년 이하의 징역 또는 1천만원 이하의 벌금에 처한다.

1) 제30조의5제1항제2호를 위반하여 다른 사람에게 수상구조사의 명의를 사용하게 하거나 자격증을 대여한 사람
2) 제30조의5제2항을 위반하여 수상구조사의 명의를 사용하거나 자격증을 대여받은 자

또는 명의의 사용이나 자격증의 대여를 알선한 자

라. 300만원 이하의 벌금(제45조)

정당한 사유 없이 제29조제1항에 따른 구조본부의 장 또는 소방관서의 장의 수난구호업무에의 종사명령에 불응하거나 선박 · 자동차 · 항공기 · 토지 · 건물, 그 밖의 물건 등의 일시사용을 거부한 자는 300만원 이하의 벌금에 처한다.

마. 과태료 : 200만원 이하의 과태료(제46조)

1) 다음 각 호의 어느 하나에 해당하는 자에게는 200만원 이하의 과태료를 부과한다.

가) 제9조제1항에 따른 여객선비상수색구조계획서를 신고 또는 비치하지 아니한 자

나) 제9조제5항에 따른 여객선비상수색구조 훈련을 실시하지 아니한 자

다) 제10조에 따른 이동 및 대피 명령을 이행하지 아니한 자

라) 정당한 사유 없이 제15조제1항제1호 · 제3호 또는 같은 조 제2항에 따른 신고를 하지 아니하거나 거짓으로 신고한 자

마) 정당한 사유 없이 제18조제2항에 따른 통보를 하지 아니하고 같은 조 제1항에 따른 구조요청을 받았을 때 지원을 제공하지 아니한 자

바) 제30조의9제1항을 위반하여 보험등에 가입하지 아니한 자

사) 정당한 사유 없이 제30조의9제2항을 위반하여 보험등의 가입 여부에 관한 정보를 알리지 아니하거나 거짓의 정보를 알린 자

2) 과태료는 대통령령으로 정하는 바에 따라 구조본부의 장 또는 소방관서의 장이 부과 · 징수한다.

제5장 재난 및 안전관리

제1절 재난 및 안전관리 일반

1. 한국의 재난관리체계 변화

우리나라는 1948년 정부 수립 후 내무부상관 소속 하에 건설국을 신설하면서 국가적으로 재난관리가 시작되었다고 보는 것이 타당할 것이다. 이 당시에는 주로 홍수, 태풍 등의 자연재해를 관장 하였고, 이후 90년대에 접어들면서 삼풍백화점사고, 성수대교 붕괴 등의 수많은 인적 재난이 발생하면서 '재난관리법'이 제정되어 총리실에서 재난관리업무를 총괄하게 되었고, 2004년에는 '재난 및 안전관리기본법'이 제정되어 재난관리 전담기구로서 소방방재청이 개청되었으나, 2014년 세월호 침몰사고 후 국가조직을 개편하여 소방방재청과 해양경찰청이 해체되고 국민안전처가 발족·운영되었지만 2017년 폐지되고 해양경찰청과 소방청은 원위치로 복귀되었다.

2. 한국의 재난관련 법률과 문제점

재난과 관련하여 대한민국 헌법 제34조제6항에서는 '국가는 재해를 예방하고 그 위험으로부터 국민을 보호하기 위하여 노력하여야 한다.'고 명시되어 있다. 이러한 헌법정신을 구현하기 위하여 국가재난 및 안전을 총괄하는 기본법으로서 재난관리의 기본적인 사항을 규정한 '재난 및 안전관리 기본법'이 제정되었지만 재난관리에 있어 기본이 되는 '재난 및 안전관리 기본법' 외에 안전관리와 관련된 법률이 정부조직의 각 부처에 개별법으로 운영되고 있고, 재난 종류와 상황에 따라 각 정부 부처별로 관장하는 개별법에 따른 각 부처의 고유업무로 이원화되어 있어 정부 부처별 타 부처의 안전관련 개별법과 연계성이 미약하고 타 부처의 소관 법률과 내용을 알지 못한다는 것이 문제로 대두되고 있다. 이러한 이원화는 현대사회에서 발생하는 재난의 종류가 복합적인 양상을 가지고 있어, 실제 재난이 발생했을 경우에 재난의 원인을 규정하는데 시간이 걸리거나 여러 가지 원인이 복합되어 발생한 경우 원인에 따라 담당부처가 달라지게 되고, 이 경우에 정부 각 부처는 부처별 소관법률에 따라 관리와 대응을 해야 하므로 대응에 있어 시간이 지연됨은 물론 책임소재가 불분명해지고 책임소재를 두고 부처 간에 책임 떠넘기기가 발생하게 되는 요인이 되고 있다(유인술, 2015: 157-173).

3. 한국의 재난관리 운영체계

'재난 및 안전관리기본법'에 따르면 재난관리를 위해 중앙에 국무총리가 위원장인 중앙안전관리위원회를 두고 산하에 행정안전부장관이 위원장인 안전정책조정위원회와 재난의 종류에 따라 해당부처의 차관이 위원장이 되는 분과위원회를 운영하고 있으며, 지역에는 시·도 안전관리위원회와 시·군·구 안전관리위원회를 두도록 규정되어 있어 위에서부터 아래로 내려오는 수직적 행정조직을 이루고 있다. 이러한 체계는 재난의 종류에 따라 업무를 관장하는 부처가 나뉘어지게 되어 복합적인 요인으로 발생한 재난이나, 재난의 원인이 명확해질 때까지 책임부처가 정해지지 않아 사고수습에 지연이 발생하고 서로에게 책임을 회피하게 되는 원인이 되고 있는 경향이 있다. 현장의 책임자에게 재난 수습의 모든 권한과 책임을 부여하고, 재난의 종류와 관계없이 일차적으로 대응할 수 있는 조직을 갖출 필요성이 있다.

제2절 재난 및 안전관리 기본법(재난안전법)

1. 총칙

가. 목적

이 법[135]은 각종 재난으로부터 국토를 보존하고 국민의 생명·신체 및 재산을 보호하기 위하여 국가와 지방자치단체의 재난 및 안전관리체제를 확립하고, 재난의 예방·대비·대응·복구와 안전문화 활동, 그 밖에 재난 및 안전관리에 필요한 사항을 규정함을 목적으로 한다.

나. 기본이념

이 법은 재난을 예방하고 재난이 발생한 경우 그 피해를 최소화하여 일상으로 회복할 수 있도록 지원하는 것이 국가와 지방자치단체의 기본적 의무임을 확인하고, 모든 국민과 국가·지방자치단체가 국민의 생명 및 신체의 안전과 재산보호에 관련된 행위를 할 때에는 안전을 우선적으로 고려함으로써 국민이 재난으로부터 안전한 사회에서 생활할 수 있도록 함을 기본이념으로 한다.

135) 재난 및 안전관리 기본법(재난안전법),[시행 2023. 8. 17.] [법률 제19406호, 2023. 5. 16., 일부개정], 행정안전부, 소방청, 해양경찰청.

다. 용어 정의

1) "재난"이란 국민의 생명 · 신체 · 재산과 국가에 피해를 주거나 줄 수 있는 것으로서 다음 각 목의 것을 말한다.

가) 자연재난: 태풍, 홍수, 호우(豪雨), 강풍, 풍랑, 해일(海溢), 대설, 한파, 낙뢰, 가뭄, 폭염, 지진, 황사(黃砂), 조류(藻類) 대발생, 조수(潮水), 화산활동, 소행성 · 유성체 등 자연우주물체의 추락 · 충돌, 그 밖에 이에 준하는 자연현상으로 인하여 발생하는 재해

나) 사회재난: 화재 · 붕괴 · 폭발 · 교통사고(항공사고 및 해상사고를 포함한다) · 화생방사고 · 환경오염사고 등으로 인하여 발생하는 대통령령으로 정하는 규모 이상의 피해와 국가핵심기반의 마비, 「감염병의 예방 및 관리에 관한 법률」에 따른 감염병 또는 「가축전염병예방법」에 따른 가축전염병의 확산, 「미세먼지 저감 및 관리에 관한 특별법」에 따른 미세먼지 등으로 인한 피해

2) "해외재난"이란 대한민국의 영역 밖에서 대한민국 국민의 생명 · 신체 및 재산에 피해를 주거나 줄 수 있는 재난으로서 정부차원에서 대처할 필요가 있는 재난을 말한다.

3) "재난관리"란 재난의 예방 · 대비 · 대응 및 복구를 위하여 하는 모든 활동을 말한다.

4) "안전관리"란 재난이나 그 밖의 각종 사고로부터 사람의 생명 · 신체 및 재산의 안전을 확보하기 위하여 하는 모든 활동을 말한다.

4의2) "안전기준"이란 각종 시설 및 물질 등의 제작, 유지관리 과정에서 안전을 확보할 수 있도록 적용하여야 할 기술적 기준을 체계화한 것을 말하며, 안전기준의 분야, 범위 등에 관하여는 대통령령으로 정한다.

5) "재난관리책임기관"이란 재난관리업무를 하는 다음 각 목의 기관을 말한다.

가) 중앙행정기관 및 지방자치단체(「제주특별자치도 설치 및 국제자유도시 조성을 위한 특별법」 제10조제2항에 따른 행정시를 포함한다)

나) 지방행정기관 · 공공기관 · 공공단체(공공기관 및 공공단체의 지부 등 지방조직을 포함한다) 및 재난관리의 대상이 되는 중요시설의 관리기관 등으로서 대통령령으로 정하는 기관

5의2) "재난관리주관기관"이란 재난이나 그 밖의 각종 사고에 대하여 그 유형별로 예방 · 대비 · 대응 및 복구 등의 업무를 주관하여 수행하도록 대통령령으로 정하는 관계 중앙행정기관을 말한다.

6) "긴급구조"란 재난이 발생할 우려가 현저하거나 재난이 발생하였을 때에 국민의 생명 · 신체 및 재산을 보호하기 위하여 긴급구조기관과 긴급구조지원기관이 하는 인명구조, 응급처치, 그 밖에 필요한 모든 긴급한 조치를 말한다.

7) "긴급구조기관"이란 소방청 · 소방본부 및 소방서를 말한다. 다만, 해양에서 발생한 재난의 경우에는 해양경찰청 · 지방해양경찰청 및 해양경찰서를 말한다.

8) "긴급구조지원기관"이란 긴급구조에 필요한 인력 · 시설 및 장비, 운영체계 등 긴급구조

능력을 보유한 기관이나 단체로서 대통령령으로 정하는 기관과 단체를 말한다.

9) "국가재난관리기준"이란 모든 유형의 재난에 공통적으로 활용할 수 있도록 재난관리의 전 과정을 통일적으로 단순화·체계화한 것으로서 행정안전부장관이 고시한 것을 말한다.

9의2) "안전문화활동"이란 안전교육, 안전훈련, 홍보 등을 통하여 안전에 관한 가치와 인식을 높이고 안전을 생활화하도록 하는 등 재난이나 그 밖의 각종 사고로부터 안전한 사회를 만들어가기 위한 활동을 말한다.

9의3) "안전취약계층"이란 어린이, 노인, 장애인, 저소득층 등 신체적·사회적·경제적 요인으로 인하여 재난에 취약한 사람을 말한다.

10) "재난관리정보"란 재난관리를 위하여 필요한 재난상황정보, 동원가능 자원정보, 시설물정보, 지리정보를 말한다.

10의2) "재난안전의무보험"이란 재난이나 그 밖의 각종 사고로 사람의 생명·신체 또는 재산에 피해가 발생한 경우 그 피해를 보상하기 위한 보험 또는 공제(共濟)로서 이 법 또는 다른 법률에 따라 일정한 자에 대하여 가입을 강제하는 보험 또는 공제를 말한다.

11) "재난안전통신망"이란 재난관리책임기관·긴급구조기관 및 긴급구조지원기관이 재난 및 안전관리업무에 이용하거나 재난현장에서의 통합지휘에 활용하기 위하여 구축·운영하는 통신망을 말한다.

12) "국가핵심기반"이란 에너지, 정보통신, 교통수송, 보건의료 등 국가경제, 국민의 안전·건강 및 정부의 핵심기능에 중대한 영향을 미칠 수 있는 시설, 정보기술시스템 및 자산 등을 말한다.

13) "재난안전데이터"란 정보처리능력을 갖춘 장치를 통하여 생성 또는 처리가 가능한 형태로 존재하는 재난 및 안전관리에 관한 정형 또는 비정형의 모든 자료를 말한다.

라. 국가 등의 책무(제4조)

1) 국가와 지방자치단체는 재난이나 그 밖의 각종 사고로부터 국민의 생명·신체 및 재산을 보호할 책무를 지고, 재난이나 그 밖의 각종 사고를 예방하고 피해를 줄이기 위하여 노력하여야 하며, 발생한 피해를 신속히 대응·복구하여 일상으로 회복할 수 있도록 지원하기 위한 계획을 수립·시행하여야 한다. 〈개정 2013. 8. 6., 2023. 5. 16.〉

2) 국가와 지방자치단체는 안전에 관한 정보를 적극적으로 공개하여야 하며, 누구든지 이를 편리하게 이용할 수 있도록 하여야 한다. 〈신설 2019. 12. 3.〉

3) 제3조제5호나목에 따른 재난관리책임기관의 장은 소관 업무와 관련된 안전관리에 관한 계획을 수립하고 시행하여야 하며, 그 소재지를 관할하는 특별시·광역시·특별자치시·도·특별자치도(이하 "시·도"라 한다)와 시(「제주특별자치도 설치 및 국제자유도시 조성을 위한 특별법」 제10조제2항에 따른 행정시를 포함한다. 이하 같다)·군·구(자치구를 말한다. 이하 같다)의 재난 및 안전관리업무에 협조하여야 한다.

마. 국민의 책무(제5조)

국민은 국가와 지방자치단체가 재난 및 안전관리업무를 수행할 때 최대한 협조하여야 하고, 자기가 소유하거나 사용하는 건물·시설 등으로부터 재난이나 그 밖의 각종 사고가 발생하지 아니하도록 노력하여야 한다.

바. 재난 및 안전관리 업무의 총괄·조정(제6조)

행정안전부장관은 국가 및 지방자치단체가 행하는 재난 및 안전관리 업무를 총괄·조정한다.

2. 국가재난안전관리 체계

가. 중앙재난안전대책본부(제14조)

1) 대통령령으로 정하는 대규모 재난(이하 "대규모재난"이라 한다)의 대응·복구(이하 "수습"이라 한다) 등에 관한 사항을 총괄·조정하고 필요한 조치를 하기 위하여 행정안전부에 중앙재난안전대책본부(중앙대책본부)를 둔다.

2) 중앙대책본부에 본부장과 차장을 둔다.

3) 중앙대책본부의 본부장(중앙대책본부장)은 행정안전부장관이 되며, 중앙대책본부장은 중앙대책본부의 업무를 총괄하고 필요하다고 인정하면 중앙재난안전대책본부회의를 소집할 수 있다. 다만, 해외재난의 경우에는 외교부장관이, 「원자력시설 등의 방호 및 방사능 방재대책법」에 따른 방사능재난의 경우에는 중앙방사능방재대책본부의 장이 각각 중앙대책본부장의 권한을 행사한다.

4) 각 호의 어느 하나에 해당하는 경우에는 국무총리가 중앙대책본부장의 권한을 행사할 수 있다. 이 경우 행정안전부장관, 외교부장관(해외재난의 경우에 한정) 또는 원자력안전위원회 위원장(방사능 재난의 경우에 한정한다)이 차장이 된다.

가) 국무총리가 범정부적 차원의 통합 대응이 필요하다고 인정하는 경우

나) 행정안전부장관이 국무총리에게 건의하는 경우

나. 수습지원단 파견

중앙대책본부장은 국내 또는 해외에서 발생하였거나 발생할 우려가 있는 대규모재난의 수습을 지원하기 위하여 관계 중앙행정기관 및 관계 기관·단체의 재난관리에 관한 전문가 등으로 수습지원단을 구성하여 현지에 파견할 수 있고, 구조·구급·수색 등의 활동을 신속하게 지원하기 위하여 행정안전부·소방청 또는 해양경찰청 소속의 전문 인력으로 구성된 특수기동구조대를 편성하여 재난현장에 파견할 수 있다.

3. 재난의 대비

가. 재난관리자원의 비축 · 관리(제34조)

재난관리책임기관의 장은 재난관리를 위하여 필요한 물품, 재산 및 인력 등의 물적 · 인적 자원(이하 "재난관리자원"이라 한다)을 비축하거나 지정하는 등 체계적이고 효율적으로 관리하여야 한다. 재난관리자원의 관리에 관하여는 따로 법률로 정한다.

나. 재난분야 위기관리 매뉴얼 작성 · 운용

1) 재난관리책임기관의 장은 재난을 효율적으로 관리하기 위하여 재난유형에 따라 다음 각 호의 위기관리 매뉴얼을 작성 · 운용하여야 한다. 이 경우 재난대응활동계획과 위기관리 매뉴얼이 서로 연계되도록 하여야 한다.

가) 위기관리 표준매뉴얼: 국가적 차원에서 관리가 필요한 재난에 대하여 재난관리 체계와 관계 기관의 임무와 역할을 규정한 문서로 위기대응 실무매뉴얼의 작성 기준이 되며, 재난관리주관기관의 장이 작성한다. 다만, 다수의 재난관리주관기관이 관련되는 재난에 대해서는 관계 재난관리주관기관의 장과 협의하여 행정안전부장관이 위기관리 표준매뉴얼을 작성할 수 있다.

나) 위기대응 실무매뉴얼: 위기관리 표준매뉴얼에서 규정하는 기능과 역할에 따라 실제 재난대응에 필요한 조치사항 및 절차를 규정한 문서로 재난관리주관기관의 장과 관계 기관의 장이 작성한다. 이 경우 재난관리주관기관의 장은 위기대응 실무매뉴얼과 제1호에 따른 위기관리 표준매뉴얼을 통합하여 작성할 수 있다.

다) 현장조치 행동매뉴얼: 재난현장에서 임무를 직접 수행하는 기관의 행동조치 절차를 구체적으로 수록한 문서로 위기대응 실무매뉴얼을 작성한 기관의 장이 지정한 기관의 장이 작성하되, 시장 · 군수 · 구청장은 재난유형별 현장조치 행동매뉴얼을 통합하여 작성할 수 있다. 다만, 현장조치 행동매뉴얼 작성 기관의 장이 다른 법령에 따라 작성한 계획 · 매뉴얼 등에 재난유형별 현장조치 행동매뉴얼에 포함될 사항이 모두 포함되어 있는 경우 해당 재난유형에 대해서는 현장조치 행동매뉴얼이 작성된 것으로 본다.

2) 행정안전부장관은 재난유형별 위기관리 매뉴얼의 작성 및 운용기준을 정하여 재난관리책임기관의 장에게 통보할 수 있다

3) 재난관리주관기관의 장이 작성한 위기관리 표준매뉴얼은 행정안전부장관의 승인을 받아 이를 확정하고, 위기대응 실무매뉴얼과 연계하여 운용하여야 한다.

4) 재난관리주관기관의 장은 위기관리 표준매뉴얼 및 위기대응 실무매뉴얼을 정기적으로 점검하여야 한다.

5) 행정안전부장관은 재난유형별 위기관리 매뉴얼의 표준화 및 실효성 제고를 위하여 대

통령령으로 정하는 위기관리 매뉴얼협의회를 구성·운영할 수 있다.

6) 재난관리주관기관의 장은 소관 분야 재난유형의 위기대응 실무매뉴얼 및 현장조치 행동매뉴얼을 조정·승인하고 지도·관리를 하여야 하며, 소관분야 위기관리 매뉴얼을 새로이 작성하거나 변경한 때에는 이를 행정안전부장관에게 통보하여야 한다.

〈표 6-8〉 위기관리 매뉴얼의 종류

매뉴얼	작성기관	주요내용
위기관리 표준매뉴얼	재난관리주관기관 (중앙부처)	재난관리체계 및 기관별 임무와 역할
위기대응 실무매뉴얼	주관기관 및 유관기관	재난대응에 필요한 조치사항 및 절차 규정
현장조치 행동매뉴얼	실무매뉴얼 작성기관의 장이 지정한 기관	재난현장 임무 수행기관의 행동 절차 수록

■ 재난 및 안전관리 기본법 시행령 [별표1의3] 〈개정 2021. 1. 5.〉 재난 및 사고유형별 재난관리주관기관(제3조의2 관련)	
재난관리주관기관	재난 및 사고의 유형
교육부	학교 및 학교시설에서 발생한 사고
과학기술정보통신부	1. 우주전파 재난 2. 정보통신 사고 3. 위성항법장치(GPS) 전파혼신 4. 자연우주물체의 추락·충돌
외교부	해외에서 발생한 재난
법무부	법무시설에서 발생한 사고
국방부	국방시설에서 발생한 사고
행정안전부	1. 정부중요시설 사고 2. 공동구 재난(국토교통부가 관장하는 공동구는 제외한다) 3. 내륙에서 발생한 유도선 등의 수난 사고 4. 풍수해(조수는 제외한다)·지진·화산·낙뢰·가뭄·한파·폭염으로 인한 재난 및 사고로서 다른 재난관리주관기관에 속하지 아니하는 재난 및 사고
문화체육관광부	경기장 및 공연장에서 발생한 사고
농림축산식품부	1. 가축 질병 2. 저수지 사고
산업통상자원부	1. 가스 수급 및 누출 사고 2. 원유수급 사고 3. 원자력안전 사고(파업에 따른 가동중단으로 한정한다)

	4. 전력 사고 5. 전력생산용 댐의 사고
보건복지부	보건의료 사고
보건복지부 질병관리청	감염병 재난
환경부	1. 수질분야 대규모 환경오염 사고 2. 식용수 사고 3. 유해화학물질 유출 사고 4. 조류(藻類) 대발생(녹조에 한정한다) 5. 황사 6. 환경부가 관장하는 댐의 사고 7. 미세먼지
고용노동부	사업장에서 발생한 대규모 인적 사고
국토교통부	1. 국토교통부가 관장하는 공동구 재난 2. 고속철도 사고 3. 도로터널 사고 4. 육상화물운송 사고 5. 도시철도 사고 6. 항공기 사고 7. 항공운송 마비 및 항행안전시설 장애 8. 다중밀집건축물 붕괴 대형사고로서 다른 재난관리주관기관에 속하지 아니하는 재난 및 사고
해양수산부	1. 조류 대발생(적조에 한정한다) 2. 조수(潮水) 3. 해양 분야 환경오염 사고 4. 해양 선박 사고
금융위원회	금융 전산 및 시설 사고
원자력안전위원회	1. 원자력안전 사고(파업에 따른 가동중단은 제외한다) 2. 인접국가 방사능 누출 사고
소방청	1. 화재·위험물 사고 2. 다중 밀집시설 대형화재
문화재청	문화재 시설 사고
산림청	1. 산불 2. 산사태
해양경찰청	해양에서 발생한 유도선 등의 수난 사고

비고
1. 재난관리주관기관이 지정되지 않았거나 분명하지 않은 경우에는 행정안전부장관이 「정부조직법」에 따른 관장 사무와 피해 시설의 기능 또는 재난 및 사고 유형 등을 고려하여 재난관리주관기관을 정한다.
2. 감염병 재난 발생 시 중앙사고수습본부는 법 제34조의5제1항제1호에 따른 위기관리 표준매뉴얼에 따라 설치·운영 한다.

다. 다중이용시설 등의 위기상황 매뉴얼 작성 · 관리 및 훈련

대통령령으로 정하는 다중이용시설 등의 소유자 · 관리자 또는 점유자는 대통령령으로 정하는 바에 따라 위기상황에 대비한 매뉴얼("위기상황 매뉴얼")을 작성 · 관리하여야 한다. 다만, 다른 법령에서 위기상황에 대비한 대응계획 등의 작성 · 관리에 관하여 규정하고 있는 경우에는 그 법령에서 정하는 바에 따른다.

그리고 위기상황 매뉴얼에 따른 훈련을 주기적으로 실시하여야 한다. 행정안전부장관, 관계 중앙행정기관의 장 또는 지방자치단체의 장은 위기상황 매뉴얼의 작성 · 관리 및 훈련실태를 점검하고 필요한 경우에는 개선명령을 할 수 있다.

라. 재난대비훈련 기본계획 수립

1) 행정안전부장관은 매년 재난대비훈련 기본계획을 수립하고 재난관리책임기관의 장에게 통보하여야 한다. 재난관리책임기관의 장은 재난대비훈련 기본계획에 따라 소관분야별로 자체계획을 수립하여야 한다. 행정안전부장관은 수립한 재난대비훈련 기본계획을 국회 소관상임위원회에 보고하여야 한다.

2) 행정안전부장관, 중앙행정기관의 장, 시 · 도지사, 시장 · 군수 · 구청장 및 긴급구조기관("훈련주관기관")의 장은 대통령령으로 정하는 바에 따라 매년 정기적으로 또는 수시로 재난관리책임기관, 긴급구조지원기관 및 군부대 등 관계 기관("훈련참여기관")과 합동으로 재난대비훈련 (제34조의5에 따른 위기관리 매뉴얼의 숙달훈련을 포함한다)을 실시하여야 한다.

3) 훈련주관기관의 장은 재난대비훈련을 실시하려면 자체계획을 토대로 재난대비훈련 실시계획을 수립하여 훈련참여기관의 장에게 통보하여야 한다. 훈련참여기관의 장은 재난대비훈련을 실시하면 훈련상황을 점검하고, 그 결과를 대통령령으로 정하는 바에 따라 훈련주관기관의 장에게 제출하여야 한다.

마. 긴급구조 현장지휘(제52조)

1) 재난현장에서는 시 · 군 · 구긴급구조통제단장이 긴급구조활동을 지휘한다. 다만, 치안활동과 관련된 사항은 관할 경찰관서의 장과 협의하여야 한다.

2) 제1)항에 따른 현장지휘는 다음 각 호의 사항에 관하여 한다.

① 재난현장에서 인명의 탐색 · 구조

② 긴급구조기관 및 긴급구조지원기관의 긴급구조요원 · 긴급구조지원요원 및 재난관리자원의 배치와 운용

③ 추가 재난의 방지를 위한 응급조치

④ 긴급구조지원기관 및 자원봉사자 등에 대한 임무의 부여

⑤ 사상자의 응급처치 및 의료기관으로의 이송

⑥ 긴급구조에 필요한 재난관리자원의 관리

⑦ 현장접근 통제, 현장 주변의 교통정리, 그 밖에 긴급구조활동을 효율적으로 하기 위하여 필요한 사항

3) 시 · 도긴급구조통제단장은 필요하다고 인정하면 제1항에도 불구하고 직접 현장지휘를 할 수 있다.

4) 중앙통제단장은 대통령령으로 정하는 대규모 재난이 발생하거나 그 밖에 필요하다고 인정하면 제1항 및 제3항에도 불구하고 직접 현장지휘를 할 수 있다.

5) 재난현장에서 긴급구조활동을 하는 긴급구조요원과 긴급구조지원기관의 긴급구조지원요원 및 재난관리자원에 대한 운용은 제1항 · 제3항 및 제4항에 따라 현장지휘를 하는 긴급구조통제단장(이하 "각급통제단장"이라 한다)의 지휘 · 통제에 따라야 한다.

5) 제16조제2항에 따른 지역대책본부장은 각급통제단장이 수행하는 긴급구조활동에 적극 협력하여야 한다.

7) 시 · 군 · 구긴급구조통제단장은 제16조제3항에 따라 설치 · 운영하는 통합지원본부의 장에게 긴급구조에 필요한 인력이나 물자 등의 지원을 요청할 수 있다. 이 경우 요청받은 기관의 장은 최대한 협조하여야 한다.

8) 재난현장의 구조활동 등 초동 조치상황에 대한 언론 발표 등은 각급통제단장이 지명하는 자가 한다.

9) 각급통제단장은 재난현장의 긴급구조 등 현장지휘를 효과적으로 하기 위하여 재난현장에 현장지휘소를 설치 · 운영할 수 있다. 이 경우 긴급구조활동에 참여하는 긴급구조지원기관의 현장지휘자는 현장지휘소에 대통령령으로 정하는 바에 따라 연락관을 파견하여야 한다.

10) 각급통제단장은 긴급구조 활동을 종료하려는 때에는 재난현장에 참여한 지역사고수습본부장, 통합지원본부의 장 등과 협의를 거쳐 결정하여야 한다. 이 경우 각급통제단장은 긴급구조 활동 종료 사실을 지역대책본부장 및 제5항에 따른 긴급구조지원기관의 장에게 통보하여야 한다.

11) 해양에서 발생한 재난의 긴급구조활동에 관하여는 제1)항부터 제10)항까지의 규정을 준용한다. 이 경우 시 · 군 · 구긴급구조통제단장, 시 · 도긴급구조통제단장, 중앙긴급구조통제단장은 「수상에서의 수색 · 구조 등에 관한 법률」 제7조에 따른 지역구조본부의 장, 광역구조본부의 장, 중앙구조본부의 장으로 각각 본다.

바. 해상에서의 긴급구조(제56조)

해상에서 발생한 선박이나 항공기 등의 조난사고의 긴급구조 활동에 관하여는 「수상에서의 수색 · 구조 등에 관한 법률」 등 관계 법령에 따른다.

제3절 해양선박사고(유·도선 수난사고) 위기대응 실무 매뉴얼136)

1. 관련근거

1) 재난 및 안전관리기본법 제34조의5(재난분야 위기관리 매뉴얼작성·운용)
2) 재난 및 안전관리기본법 시행령 제43조의7(위기관리 매뉴얼의 작성 · 운용)

2. 재난 유형

다음 유형의 해양 선박·항공기 사고로 인하여 국가 또는 지방자치단체 차원의 대처가 필요한 대규모 인명 피해 및 재산 피해가 발생 또는 예상되는 경우

▶ 경미한 선박 간 충돌 및 부두 접촉 등으로 인한 경상자 발생 등 현장에서 즉각적인 수습이 가능하거나 위험성이 낮은 사고는 제외

1) 여객선, 유・도선 등 다중이용 선박의 화재·충돌 등 제반 유형의 사고
2) 유조선, 케미컬선 등 위험물 운반선의 화재·폭발 사고
3) 선박 대 선박 또는 선박 대 해상부유물 등 과의 충돌·접촉 사고
4) 컨테이너, 원목 등 선박 적재화물의 유실·유출 사고
5) 어선 간 또는 어선과 기타 선박 간 충돌사고 및 어선의 침몰·화재 사고
6) 항공기의 해상 불시착 또는 추락사고

▶ 상기 재난 유형에 준하는 사항은 재난의 유형, 상황, 확산 속도 등을 고려하여 탄력적으로 대응

---

136) 해양경찰청. 「해양선박사고 위기대응 실무매뉴얼: 해양 유·도선 위기대응 실무매뉴얼 통합」, 2018.

3. 재난관리 체계도 및 절차도

〈그림 6-1〉 재난관리 체계도

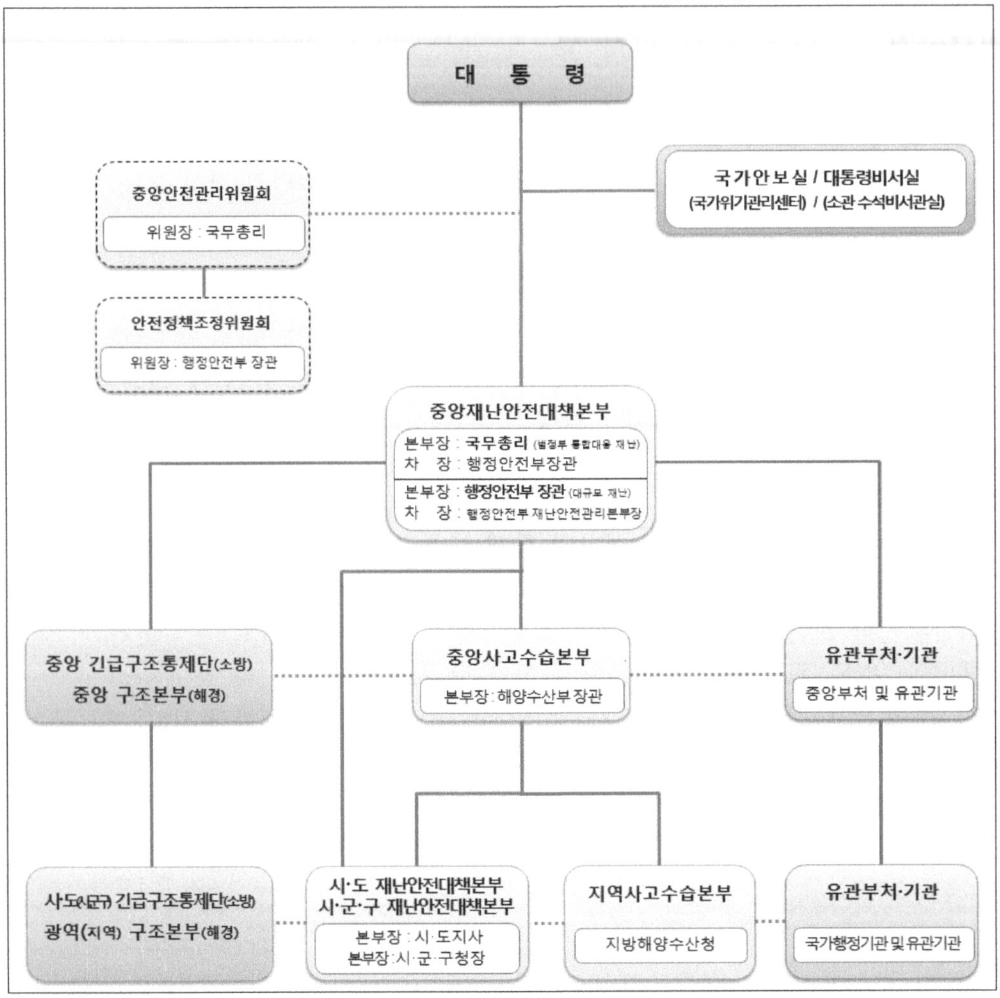

(출처 : 해양경찰청(2018), 해양 선박 사고 위기대응 실무매뉴얼)

〈그림 6-2〉 해양경찰청의 해양선박사고 구조대응 표준절차

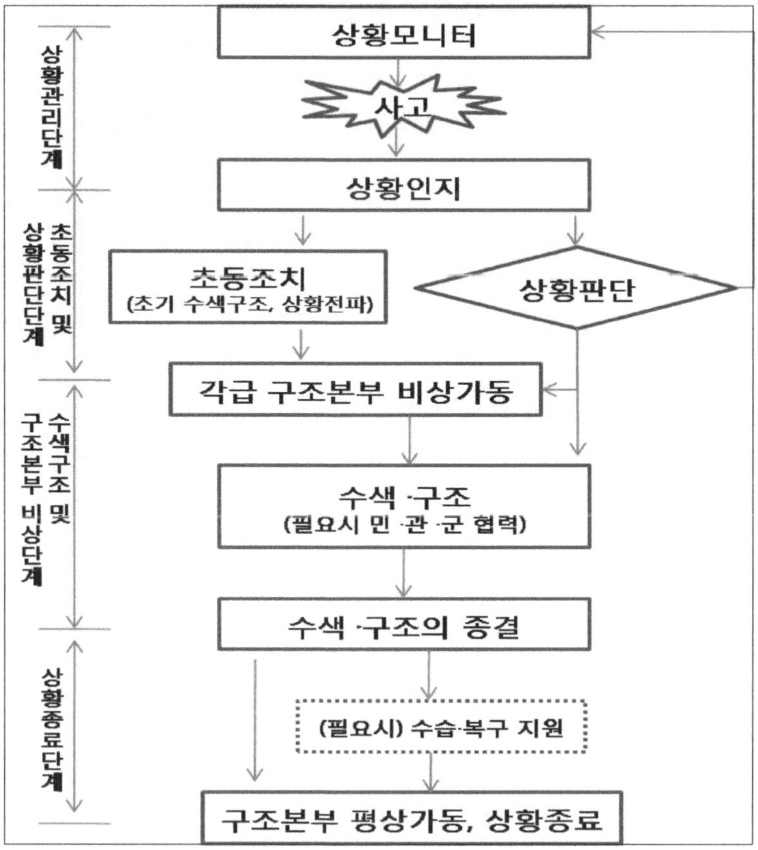

(출처 : 해양경찰청(2018), 해양 선박 사고 위기대응 실무매뉴얼)

※ 해양경찰(해양경찰관서)은 ;
- 재난 및 안전관리 기본법 상 해상에서의 **긴급구조기관**으로서,
- 수상에서의 수색구조에 관한 법률 상 (중앙/광역/지역)**구조본부**로서,
- 국제해상수색구조협약 상 RCC(**구조조정본부**)로서의 역할과 임무를 수행함

4. 적용 범위

1) 「재난 및 안전관리 기본법」 제3조제1호나목 및 같은 법 시행령 제2조에서 정하는 규모 이상의 피해가 발생하거나 발생이 예상되는 경우로서 아래 상황의 경우에 적용

<재난 및 안전관리 기본법 제3조>

1. "재난"이란 국민의 생명·신체·재산과 국가에 피해를 주거나 줄 수 있는 것으로서 다음 각 목의 것을 말한다
   나. 사회재난 : 화재·붕괴·폭발·교통사고(항공사고 및 해상사고를 포함한다)·화생방사고·환경오염사고 등으로 인하여 발생하는 **대통령령으로 정하는 규모** 이상의 피해와 국가기반체계의 마비

<재난 및 안전관리 기본법 시행령 제2조>

1. 국가 또는 지방자치단체 차원의 대처가 필요한 인명 또는 재산의 피해
2. 그 밖에 제1호의 피해에 준하는 것으로서 행정안전부장관이 재난관리를 위하여 필요하다고 인정하는 피해

가) 선박(유·도선 포함)이 충돌, 접촉, 좌초, 전복, 침몰, 화재 및 폭발 등으로 대규모의 사상자가 발생하거나 발생이 예상되는 경우

나) 항공기의 해상 불시착 또는 추락으로 인하여 대규모 사상자가 발생하거나 발생이 예상되는 경우

다) 그 밖의 해양 선박사고로서 사회적 관심이 집중된 재난

2) 「수상에서의 수색 · 구조 등에 관한 법률」에 규정된 대한민국의 해상 수색구조 관할구역 내에서 대형 해양사고 발생 시 해양경찰청 및 소속 해양경찰관서와 유관기관의 위기대응 협업 활동

3) 해양 선박사고가 대규모 해양오염사고로 이어져 전개되거나 전개될 우려가 있는 경우 인명구조 및 인명피해 최소화를 최우선으로 한 구조본부 중심으로 先운영하고, 방제대책본부의 별도 설치 운영 여부와 시기는 소관기능에서 상황판단회의를 통해 결정

4) 「재난 및 안전관리 기본법 시행령」 별표1의3에 따라 해외에서 발생한 선박사고 재난에 대한 주관부처(외교부)의 협조 · 지원에 관한 사항은 재외국민보호 위기관리 표준매뉴얼이 정하는 바에 따르고 해양선박사고 표준매뉴얼 준용 가능

5. 관련 법령

1) 수상에서의 수색 · 구조 등에 관한 법률
2) 재난 및 안전관리 기본법
3) 국가위기관리기본지침(대통령 훈령 제388호)
4) 구조본부의 구성 및 운영 등에 관한 훈령(해양경찰청 훈령)
5) 1979년 해상 수색 및 구조에 관한 국제협약 및 부속서
6) 국제민간항공협약 부속서 12 등

6. 관련 매뉴얼

1) 해양 선박사고 위기관리 표준 매뉴얼
2) 해양 유・도선사고 위기관리 표준 매뉴얼
3) 항공기사고 위기대응 실무매뉴얼

7. 용어의 정의

〈표 6-9〉 재난관련 용어

구 분	내 용
재 난	국민의 생명·신체·재산과 국가에 피해를 주거나 줄 수 있는 것으로서 자연재난과 사회재난으로 분류
자연재난	**태풍**, 홍수, 호우(豪雨), 강풍, **풍랑, 해일**(海溢), 대설, 낙뢰, 가뭄, 지진, 황사(黃砂), 조류(藻類) 대발생, 조수(潮水), 화산활동, 소행성·유성체 등 자연우주물체의 추락·충돌, 그 밖에 이에 준하는 자연현상으로 인하여 발생하는 재해
사회재난	화재·붕괴·폭발·교통사고(항공사고 및 해상사고를 포함한다)·화생방사고·환경오염사고 등으로 인하여 발생하는 대통령령*으로 정하는 규모 이상의 피해와 에너지·통신·교통·금융·의료·수도 등 국가기반체계의 마비 등 ※ 대통령령으로 정하는 규모 이상의 피해란? 1. **국가 또는 지방자치단체 차원의 대처가 필요한 인명 또는 재산의 피해** 2. 그 밖에 제1호의 피해에 준하는 것으로서 행정안전부장관이 재난관리를 위하여 필요하다고 인정하는 피해
해외재난	대한민국의 영역 밖에서 대한민국 국민의 생명·신체 및 재산에 피해를 주거나 줄 수 있는 재난으로서 정부차원에서 대처할 필요가 있는 재난
재난관리	재난의 **예방·대비·대응 및 복구**를 위하여 하는 모든 활동
재난관리 주관기관	재난이나 그 밖의 각종 사고에 대하여 그 유형별로 예방・대비・대응・복구 등의 업무를 주관하여 수행하는 중앙행정기관 * 「재난 및 안전관리 기본법」제3조제5의2호 및 같은 법 시행령 제3조의2 (별표1의3)에 따라 「해양 선박사고」의 재난관리 **주관기관은 해양수산부, 유도선사고의 재난관리 주관기관은 해양경찰청(해양안전과)** * 단, 해외에서 발생한 재난의 **주관기관은 외교부** ‣**주관기관에 중앙사고수습본부를 설치(본부장: 주관기관의 장)**
재난관리 책임기관	재난관리업무를 하는 중앙행정기관, 지방자치단체, 지방행정 기관, 공공기관 및 공공단체 * 「재난 및 안전관리 기본법」 제3조제5호 및 같은 법 시행령 제3조 (별표1의 2)에 따라 해양수산 관련 재난관리책임기관은 지방해양수산청, 항만공사, 수산업협동조합중앙회, 국립수산과학원, 국립해양조사원, 선박안전기술공단, 해양환경관리공단, 한국선급 단, 유도선사고 관련 재난관리책임기관은 해양경찰청

재난관리 단계	• **예방** : 재난발생요인을 사전에 제거하거나 감소시킴으로써 재난의 발생 자체를 억제하거나 방지하기 위한 일련의 활동 • **대비** : 재난상황 하에서 수행해야 할 제반 사항을 사전에 계획, 준비, 교육, 훈련함으로써 재난 대응능력을 제고시키고 재난 발생 시 즉각적으로 대응할 수 있도록 태세를 강화시켜 나가는 일련의 활동 • **대응** : 재난발생 시 국가의 자원과 역량을 효율적으로 활용 하고 신속하게 대처함으로써 피해를 최소화하고 추가적인 피해 발생 가능성을 감소시키는 일련의 활동 • **복구** : 재난으로 인해 발생한 피해를 재난 이전의 상태로 회복시키고, 평가 등에 의한 제도 개선과 운영체계 보완을 통해 재발을 방지하고 재난관리 능력을 향상시키고자 하는 일련의 활동
긴급구조	재난이 발생할 우려가 현저하거나 재난이 발생하였을 때에 국민의 생명·신체 및 재산을 보호하기 위하여 긴급구조기관과 긴급구조지원기관이 하는 인명구조, 응급처치, 그 밖에 필요한 모든 긴급한 조치
긴급구조 기관	• **해양경찰청** 및 소방청 • **지방해양경찰청** 및 소방본부 • **해양경찰서** 및 소방서
긴급구조 지원기관	긴급구조에 필요한 인력·시설 및 장비, 운영체계 등 긴급구조능력을 보유한 기관이나 단체로서 대통령령*으로 정하는 기관 · 단체 ※ 대통령령(재난안전법 시행령)으로 정하는 기관과 단체 ; 1. 교육부, 미래창조과학부, 국방부, 산업통상자원부, 보건복지부, 환경부, 국토교통부, 해양수산부, 방송통신위원회, 경찰청, 기상청 및 산림청 2. 국방부장관이 법 제57조제3항제2호에 따른 탐색구조부대로 지정하는 군부대와 그 밖에 긴급구조지원을 위하여 국방부장관이 지정하는 군부대 3. 「대한적십자사 조직법」에 따른 대한적십자사 4. 「의료법」 제3조제2항제3호마목에 따른 종합병원 4의2. 「응급의료에 관한 법률」 제2조제5호에 따른 응급의료기관, 같은 법 제27조에 따른 응급의료정보센터 및 같은 법 제44조제1항제1호·제2호에 따른 구급차등의 운용자 5. 「재해구호법」 제29조에 따른 전국재해구호협회 6. 법 제3조제7호에 따른 긴급구조기관과 긴급구조활동에 관한 응원협정을 체결한 기관 및 단체 7. 그 밖에 긴급구조에 필요한 인력과 장비를 갖춘 기관 및 단체로서 총리령으로 정하는 기관 및 단체
유관기관	해당 재난에 대한 정부의 재난관리 활동에 있어 주관기관의 활동을 지원하고 협조하는 중앙행정기관 및 그 소속기관
실무기관	재난관리의 대상이 되는 기능·시설을 직접 관리하거나 해당 지역을 관할하는 지방자치단체, 공공기관 및 단체
국가위기	국가의 주권, 영토와 국민의 생명·재산 등 국가의 핵심요소와 가치에 중대한 위해가 가해질 가능성이 있거나 가해지고 있는 상태

위기관리	국가위기를 효과적으로 예방·대비하고 대응·복구하기 위하여 국가가 자원을 기획·조직·집행·조정·통제하는 제반 활동과정
위기경보 수준	• **관심(Blue)** : 위기징후와 관련된 현상이 나타나고 있으나 그 활동수준이 낮아서 국가 위기로 발전할 가능성이 적은 상태 * 징후 감시활동, 비상연락망 등 관련기관 간 협조체계 점검 • **주의(Yellow)** : 위기징후의 활동이 비교적 활발하여 국가 위기로 발전할 수 있는 일정 수준의 경향이 나타나는 상태 * 정보수집 및 정보공유 활동을 강화하여 관련기관과의 협조체계 가동 • **경계(Orange)** : 위기징후의 활동이 활발하여 국가위기로 발전할 가능성이 농후한 상태 * 조치계획 점검 및 관련기관과 함께 인적·물적 자원 동원 준비 • **심각(Red)** : 위기징후의 활동이 매우 활발하여 국가위기의 발생이 확실시 되는 상태 * 관계기관과 함께 관련 역량최대 투입, 위기발생에 즉각적 대응태세 유지 ※위기경보 수준은 사고수습본부인 재난관리주관기관이 재난피해의 전개속도, 확대 가능성 등 재난상황의 심각성을 종합적으로 고려하여 설정하는 것으로서,**긴급구조기관이 현장에서 구조측면에서 위험수준을 판단하고 대응수준을 설정하는 것과는 다른 것이며, 각급 구조본부장은 수습본부장이 설정한 위기경보의 수준을 참고는 하되 현장의 인명피해 위험성을 기준으로 하여 구조대응의 수준을 탄력적으로 운영할 필요 있음.**
해양 선박사고	「해양사고의 조사 및 심판에 관한 법률 사무처리 요령」 13조제1항1호에 규정된 충돌, 접촉, 좌초, 전복, 화재, 폭발, 침몰, 침수, 행방불명, 기관손상, 추진축계 손상, 조타장치 손상, 속구손상, 기타 사유로 인하여 인명 손실이나 선박 손상이 발생하거나 발생할 우려가 있는 경우 **※해양선박사고 위기관리 표준매뉴얼상의 정의임**

8. 위기경보

〈표 6-10〉 재난 위기경보 구분

구분	판단 기준	비고
관심 (Blue)	○ 선박의 충돌, 화재, 폭발, 좌초, 전복, 침몰, 적재화물의 유실·유출, 기타 선체 손상 등 해양 선박사고로 인하여 **재난으로 발전할 가능성이 예상될 때**	징후활동 감시 해수부, 행안부 중앙재난안전상황실, **해경 상황센터(실) 및 VTS**
주의 (Yellow)	○ 선박의 충돌, 화재, 폭발, 좌초, 전복, 침몰, 적재화물의 유실·유출, 기타 선체 손상 등 해양 선박사고로 인하여 **재난으로 발전할 수 있는 경향이 나타날 때** ○ 기상특보 발표 등 해상·기상이 악화되는 상황에서 선박이 기관고장 등 자력 운항이 불가하여 구조 활동이 필요한 경우	협조체제 가동 해수부, 행안부 중앙재난안전상황실, **해경 상황센터(실) 및 VTS**

경계 (Orange)	ㅇ 선박의 충돌, 화재, 폭발, 좌초, 전복, 침몰, 적재화물의 유실·유출, 기타 선체 손상 등 해양 선박사고로 인하여 **재난으로 발전할 가능성이 농후할 때** ㅇ 기상특보 발효 등 해상·기상이 악화된 상황에서 선박의 조난상황을 접수·확인하는 등 긴급구조가 필요한 경우	대응태세 강화 지역사고수습본부 구성·운영, 본부는 필요 시 ①중앙사고수습본부 또는 ②사고수습대책반 또는 ③긴급대응반 구성·운영 **필요 시** **구조본부 비상가동**
심각 (Red)	ㅇ 선박의 충돌, 화재, 폭발, 좌초, 전복, 침몰, 적재화물의 유실·유출, 기타 선체 손상 등 해양 선박사고로 인하여 **재난이 발생하였거나 발생할 가능성이 확실할 때**	총력대응 **구조본부 비상가동,** 중앙사고수습본부 구성·운영 등

▶ 판단기준은 재난에 대한 위기경보 수준 판단을 위한 기준 제시이며, 실제 경보발령은 상황의 전개 속도, 파급효과 및 인명피해 추가발생 가능성(실종, 중상 등) 등을 감안하여 주관기관에서 결정

9. 재난관리 단계별 활동

가. 예방

◈ 해사안전관리 종합대책 추진(해수부 소관) 및 유·도선 안전관리지침 수립
◈ 유·도선 분야 국가안전대진단 추진
◈ 사업자(유·도선), 선박 종사자의 안전역량 제고(해수부 소관)
◈ 해양재난 감시 및 사전차단 강화(해수부, 해경 등)

나. 대비

◈ 유관기관 등과 공조·협력체계 구축·유지
◈ 해양재난 발생 대비태세 확립
◈ 해양재난 대비 분야별 교육 및 훈련 실시

＊「대비」는 재난상황 하에서 수행해야 할 제반 사항을 사전에 계획, 준비, 교육, 훈련하는 활동이므로 재난의 발생 전 단계로 이해되나,

＊ 해양선박사고 주관기관의 표준매뉴얼은 「대비」단계에서 「관심」위기경보를 내릴 수 있으므로, 이 실무매뉴얼은 표준매뉴얼 체계에 따르도록 함

＊ 따라서, 위에서 언급한 「대비」단계 세부 활동내용을 기본적으로 이행하되, 「관심」위기경보 시에는 사고발생을 전제로 하여 이해하고 '긴급구조기관'으로서의 임무를 수행함

다. 대응

◈ 선박사고 대응체계가동, 가용장비·인력 신속투입, 피해 최소화
◈ 2차사고 대비 대응활동 전개

▶해양경찰관서는 재난안전법 상 해상에서의 긴급구조기관, 수상구조법 상 해수면에서의 구조본부, 국제해상수색구조협약 상 RCC(구조조정본부)로서의 역할과 임무를 수행해야 하는 '구조기관'의 임무 특성상, 사고가 발생한 상태에서 재난의 '예상(관심)', '경향(주의)', '농후(경계)', '확실(심각)' 등의 위기경보 설정에 따라 현장 구조대응 수준까지 차이를 두기는 곤란함.

▶따라서, 현장에서 판단하는 사고규모와 사고양상의 변화에 따라 탄력적으로 구조세력의 규모와 대응방향을 정하되, 주관기관에서 설정한 위기경보에 주목함.

라. 복구

◈ 2차 사고 예방을 위한 안전대책 이행
◈ 수난구호 종사자 수난구호 비용 처리
◈ 수난구호 종사자 중 사상자에 대한 예우 조치
◈ 해양오염 방제 활동으로 해양환경 복구

제 7 편

해양경찰

안전관리론

제1장 해양안전관리

제1절 해양안전관리 일반

1. 안전관리 개념

해양안전(海洋安全)이란 사전적 의미는 바다에서 위험이 생기거나 일어날 염려가 없는 그런 상태를 말한다. 해양에서의 안전과 관련된 분야는 매우 다양하다. 먼저 선박의 안전을 들 수 있다. 선박 항행 시 발생 할 수 있는 충돌, 좌초, 침수, 침몰, 화재 등에 대한 안전과 해안에서 발생할 수 있는 임해 산업시설물, 해수욕장, 방파제, 갯골 등 해안에서 발생할 수 있는 해양안전 분야를 말할 수 있다. 이처럼 해양안전은 매우 포괄적인 의미로 사용되고 있다. 정부기관 이나 산업체, 대학에서도 통일된 해양안전 개념 정리가 되어 있지 않고 각 기관 및 단체별로 세부적인 규정이나 지침 또는 해사 관련법규의 일부분을 해양안전이란 의미로 표현하고 있다. 하지만 어떤 기관이나 단체, 개인이든 해양안전(海洋安全)이란 표현을 해양에서 생명이나 재산에 대한 위험이 없는 자유로운 상태 즉, 해양활동을 저해하는 요소들이 없는 상태를 말하는 것으로 해상에서의 안전정책의 수립과 집행 기타 이에 관련된 활동을 통하여 안전한 해상수송, 항로, 해상관광, 수상레저활동 등이 보장될 수 있도록 해상에서 일어나는 모든 위험과 장애로부터 국민을 보호하는 법 집행 활동이라고 할 수 있다.

2. 해양안전관리 대상

국가는 해양의 이용자들에게 안전한 활동을 보장해 주어야 할 책임이 있으며 해양사고의 방지를 위하여 장소적, 인적, 물적 요소에 대한 기준을 정하고 이에 대한 규제를 필요로 한다.

가. 장소적 대상

1) 해양안전은 해양과 육상의 내수면이라는 장소를 대상으로 수행되는 현장 법 집행활동 및 정책집행 등 규제활동이다.

2) 해양의 물리적 특성으로는 격리·소외성, 광활·위험성 등 인위적으로 경계 설정 및 분리가 곤란하다.

3) 해양은 천연자원(어업자원, 해저자원 등)의 보고인 동시에 해상교통로와 생활공간(해양

레포츠 공간 등) 등으로 활용된다.

나. 인적 대상

해양안전과 관련된 인적대상으로는 해양을 자신들의 목적을 위하여 이용하는 자들이다.

1) 해양이용 인구 : 어민, 선원, 해양관광객, 해상교통이용객 등
2) 해양수산관련 산업체 : 유도선업, 잠수산업, 연안수송업, 폐유처리업, 유창 .청소업, 선박청소업, 수상레저사업자 등

※ 해양관리행정의 인적 대상이 과거에는 해양·수산인 등으로 한정되어 있었으나, 현재는 해양을 찾는 레저·관광객 등 일반국민들까지로 확대되고 있다.

다. 물적 대상

해양안전과 관련된 물적 대상으로는 해양을 이용하는 선박, 수상레저기구, 항로 표시 등이 있다.

1) 선박 : 어선, 유선, 도선, 여객선, 유조선, 폐기물 운반선 등
2) 수상레저기구 : 모터보트, 요트, 고무보트, 스쿠터 등
3) 도서 및 등대
4) 항만 및 어항
5) 어장 : 양식어장, 정치어장, 1종 공동어장, 2종 공동어장, 3종 공동 어장
6) 주요시설 : 임해산업시설, 해양시설, 유도선 선착장, 해수욕장, 해상 국립공원

※ 선박은 해양안전의 핵심 물적 대상이며 특히 수상레저기구, 여객선 등은 해양안전관리의 핵심 대상이라고 할 수 있다.

3. 해양경찰 해양안전관리 조직과 임무

가. 해양안전관리 조직 체계

1) 해양경찰청 : 구조안전국(해양안전과, 수색구조과, 수상레저과)
2) 지방해양경찰청 : 구조안전과(해양안전, 수색구조)
3) 해양경찰서 : 해양안전과(안전관리계, 교통레저계, 해양구조대)
4) 파출소 및 출장소

나. 해양안전관리 임무[137)]

1) 안전관리

① 파출소·출장소 및 선박출입항 신고기관 운영에 관한 사항
② 선박출입항 신고 및 통제에 관한 사항
③ 순찰정(1톤급 포함) 등 운영에 관한 사항
④ 즉결심판 및 통고처분에 관한 사항
⑤ 불법무기류 신고·접수처리에 관한 사항
⑥ 해상방범에 관한 사항
⑦ 파출소 및 출장소 청사관리(신축에 한함)
⑧ 선박 프리패스 시스템 운영에 관한 사항
⑨ 해수욕장 안전관리에 관한 사항
⑩ 해양 안전사고 예방대책 수립 및 관리에 관한 사항
⑪ 방파제·갯바위 등 연안해역 안전사고 예방에 관한 사항
⑫ 그 밖에 과내 다른 계의 주관에 속하지 아니하는 사항
⑬ 과내 서무에 관한 사항

2) 해상교통

① 유·도선 안전관리 업무
② 유·도선 사업면허 발급, 운임·요금에 관한 사항
③ 음주운항 단속(음주측정기 관리포함)에 관한 사항
④ 낚시어선의 유관기관 협력에 관한 사항
⑤ 그 밖에 해상교통 안전에 관한 사항

3) 수상레저

① 조종면허 발급·갱신·취소·정지 등에 관한 사항
② 시험대행기관 및 수상레저안전교육 위탁기관의 지도·감독
③ 수상레저사업자 등록관리 및 시설·기구 등 안전점검
④ 수상레저관련 법인·단체 지도·감독업무
⑤ 수상레저 종합정보시스템 운영업무
⑥ 수상레저 안전관리에 관한 사항

137) 해양경찰 각 지방청과 소속경찰서 임무는 동일하지만 지역적 여건에 따라 조금 차이가 나고 있다.

4. 해양안전관리 변천

가. 해양안전의 시대별 특성

1) 1950년대

한국전쟁 이후 의식주 해결이 급선무였던 시기로 안전은 우선순위에서 밀려나 국민들의 의식도 국가가 전쟁의 위협으로부터 지켜주기를 바라고 해상 활동도 어업활동이 전부였다.

> ※ 1953.1.9. 여수-부산간 여객선 창경호 침몰(선령20년, 146톤, 승선정원 243명, 화물적재량 100톤)로 양곡 450가마, 승객 300여명 정도 부산 다대포 앞바다에서 강풍으로 풍랑을 만나 침몰하고 인양 시신은 269명이다.

2) 1960년대

전후 복구사업이 진행된 시기로 새로운 전환기를 맞이하지만 해상의 활동은 규모가 소형인 선박이 대부분으로 유람선은 없었으며 일부 항로에 도서주민의 교통수단인 여객선이 운항되고 있었다.

3) 1970년대

산업경제발전 급속화로 해상 물동량 증가, 유람선과 여객선의 운항이 빈번해 지고 선박의 규모도 대형화·고속화가 되었다. 국민소득 증가로 인한 해상과 육상의 안전욕구가 증대되기 시작되었고 각종 재난발생에 언론이 집중되고 보도되어 국민들이 정부에 대하여 안전을 위해 무한 봉사를 요구하기 시작한 시기였다. 이 시기에 해상에서 발생하는 재난이 대형화되었다.

> ※ 1970. 12.14. 제주-부산간 여객선 남영호(362톤급) 침몰, 제주도를 출발해 부산으로 향하던 중 새벽1시27분, 여수 인근 소리도 앞바다에서 침몰한 사고로 여객 및 선원 338명중 323명이 사망하여 사상 최악의 연안 해난사고로 기록되었다. 침몰 원인은 화물 과중 적재, 승객 과승으로 인한 선박복원력 상실. 이 사건을 계기로 여객선 운항관리제도가 도입되는 계기가 되었다.

4) 1980년대

1980년대부터 정부는 70년대 사고를 교훈으로 해양안전관리의 중요성을 인식하고 체계적인 안전시스템을 구축하던 시기이며 또한 국민소득 증가로 유람선 운항이 빈번해지고 사업자들은 늘어나는 해사 물동량 수요를 감당하기 위해 선박이 고속화되던 시기이다.

5) 1990년대

이 시기에는 80년대 구축된 해양안전관리시스템이 시험을 받는 시기였다고 볼 수 있다.

> ※ 1993. 10. 10 여객선 서해훼리호 침몰, 전북 군산 위도 파장금 등대 인근 해상에서 110톤급 여객선 서해훼리호가 전복 침몰되면서 여객 및 선원 292명 사망하였다.

서해훼리호 침몰사고 계기로 해양안전체계의 전면 재검토와 해양안전을 위한 현장집행능력을 위해 경찰권을 가진 해양경찰이 안전점검과 교육, 질서유지 등을 담당해야 한다는 결론이 도출되었다. EEZ법 제정 등으로 1996년 해양경찰청이 해수부 독립외청의 해양종합치안기관으로 발전하였다.

6) 2000년대

2000. 2. 10. 수상레저 담당부서가 신설되어 국민이용 해상교통의 안전관리가 강화되었다. 2005년 해양경찰청이 차관급으로 격상되고 2006년부터 지방청 시대를 열어 현재와 같은 해양안전 관리조직과 시스템으로 정착하였다.

7) 2010년대 이후

2014년 세월호 사고를 계기로 해양경찰청이 폐지되고 국민안전처 소속 해양경비안전본부 체제로 조직이 변경되어 운영되다 2017. 7. 26. 다시 해양경찰청으로 복원되어 해양안전관리 조직과 시스템은 더욱 고도화 단계로 발전하고 있다.

> ※ 2014. 4. 16. 여객선 세월호 침몰
> 2014. 4. 16. 전라남도 진도군 관매도 부근 해상(맹골수도)에서 청해진 해운 소속 인천항-제주항 정기 여객선 '세월호'가 침몰해 전체 승객 476명 중 304명이 사망과 실종. 해난사고 중 남영호 사고에 뒤이어 두 번째로 많은 사상자를 낸 사고.이다.
> ※ 2015. 9. 5. 제주 추자도 낚시어선(돌고래호) 전복사고(15명 사망, 3명 실종), 2017.12. 영흥도 낚시어선(선창1호) 충돌사고(15명 사망, 7명 구조)

이러한 해양사고 등을 계기로 구명조끼 착용 의무화, 음주운항, 과속 등 규제 및 처벌이 강화되었을 뿐만 아니라 인적, 물적 장비의 강화와 더불어 출동시간 목표제, 도착시간 관리제, 안전지수관리제도 시행 등 해양안전관리 조직과 시스템에 많은 변화가 있었다.

> **<해양경찰 다중이용 선박에 대한 안전관리 업무 수행 >**
> ○ 1994. 1. 1 유선 및 도선 안전관리업무 인수
> 1996. 10. 9 여객선안전관리업무 인수
> ○ 2001. 12. 13 국내여객선 임검임무를 일반경찰로부터 인수. 해양안전관리란 표현이 표면화되기 시작한 것은 서해 훼리호 사고 이후 90년대 후반부터 본격적으로 각종 해양정책에 도입.
> ○ 2014. 11. 19. 여객선 세월호 사고로 여객선 안전관리업무 해양수산부로 이관(기상 악화 시 선박 통제권 제외)

나. 해양경찰 해양안전관리 조직의 연혁

1) 1989. 8. 7 : 경비과 보안계 신설 → 1992. 8. 1 보안계를 방범계로 개칭

- 해양경찰청 직제개정 (대통령령 제1277호)

2) 1992. 1. 1 : 즉심 및 통고처분 업무 개시
   - 즉결심판에관한절차법 개정(법률 제4398호, 1991. 11. 22)

3) 1994. 1. 1 : 유·도선사업 면허, 안전관리업무 인수(내무부)
   - 유선및도선사업법 개정 (법률 제4610호, 1993. 12. 27)
   - 해수면(해양경찰청), 내수면(행정자치부)

4) 1996. 8. 8 : 방범계를 해양안전과로 승격(해양수산부 외청으로 승격)
   - 정부조직법 개정 (법률 제5153호, 1996. 8. 8)

5) 1996. 10. 9 : 여객선 안전관리업무 인수(해양수산부)

6) 1999. 2. 8 : 수상레저안전법 제정 공포 → 2000. 2. 9 시행
   - 수상레저안전법 (법률 제5910호, 1999. 2. 8)

7) 1999. 4. 29 : 해상교통문자방송 업무인수(해양수산부)
   - 1998. 8.28 해양경찰청으로 업무이관 결정

8) 1999. 5.24 : 해상교통문자방송 업무 이관(정보통신과)

9) 2000. 2.10 : 해양안전과 내 수상레저계 신설, 안전지도계를 해상교통계로 개칭

10) 2001. 9. 1 : 경찰청관장 민간대행신고소 인수(399개소)

11) 2001. 12. 13 : 여객선 임검업무 인수(인천여객선 터미널 등)

12) 2002. 7. 8 : 지서·신고소 명칭변경(지서→파출소, 신고소→출장소)

13) 2005. 8. 16 : 해양경찰청 해양안전과 수상레저계 → 수상레저과 승격

14) 2005. 10. 12 : 해양경찰 파출소 신설 3(74개), 출장소 폐쇄 3(263개)

15) 2014. 11. 19 : 해양경찰청 해체 →국민안전처에 통합·흡수(여객선업무→해양수산부 이관)

16) 2017. 07. 26 : 국민안전처 폐지 →해양수산부 산하 외청으로 독립

17) 2018. 11. 27 : 해양경찰청 본청 인천 송도 신청사 이전

제2절 연안사고예방에 관한 법률

1. 제정 배경

국민소득의 증가와 주 5일제 근무 등 사회적 여건변화로 각종 해양체험 캠프활동, 관광, 해양스포츠 등 주말 레저활동을 비롯한 연안활동이 증가하고, 해수면 상승과 지구 기상이변으로 해양환경이 변화되어 연안사고가 다발적으로 증가하고 있다. 2014년 태안해병태 사설캠프 사고를 계기로 연안 해역에서 발생하는 각종 연안사고의 예방에 필요한 사항을 법률로

규정함으로써 연안에서의 국민의 생명·신체 및 재산을 보호하고 공공의 안전에 관한 법률적 토대가 필요하여 법률 제12657호로 2014. 5. 21. 연안사고 예방에 관한 법률(약칭: 연안사고예방법)을 제정하고 8월 22일부터 시행되었고, 해양경찰청은 「연안사고 예방에 관한 법률」[138] 제9조, 같은 법 시행규칙 제4조에 따라 연안사고 안전관리에 필요한 사항에 대하여 「연안사고 안전관리규정」을 국민안전처훈령 제55호로 2015. 5. 15. 제정되어 시행 운영되어 오다가 2020. 11. 15. 해양경찰청훈령 제197호로 일부 개정되어 현재까지 사용되고 있다.

가. 용어의 정의

1) 연안해역

"연안해역"이란 「연안관리법」 제2조제2호의 지역(「무인도서의 보전 및 관리에 관한 법률」 제2조제1호에 따른 무인도서를 포함한다)을 말한다. 「연안관리법」 제2조제2호의 지역이란 바닷가[「해양조사와 해양정보 활용에 관한 법률」 제8조제1항제3호에 따른 해안선으로부터 지적공부(地籍公簿)에 등록된 지역까지의 사이를 말한다]와 바다[「해양조사와 해양정보 활용에 관한 법률」 제8조제1항제3호에 따른 해안선으로부터 영해(領海)의 외측한계(外側限界)까지의 사이를 말한다]를 말한다. 그리고 「무인도서의 보전 및 관리에 관한 법률」 제2조제1호에 따른 무인도서란 바다로 둘러싸여 있고 만조 시에 해수면 위로 드러나는 자연적으로 형성된 땅으로서 사람이 거주(정착하여 지속적으로 경제활동을 하는 것을 말한다. 이하 같다)하지 아니하는 곳을 말한다. 다만, 등대관리 등 대통령령으로 정하는 사유로 인하여 제한적 지역에만 사람이 거주하는 도서는 무인도서로 본다.

1. 바닷가 : 해양조사와 해양정보 활용에 관한 법률 제8조제1항제3호에 따른 해안선으로부터 지적공부(地籍公簿)에 등록된 지역까지의 사이 **2. 바다** : 해양조사와 해양정보 활용에 관한 법률 제8조제1항제3호에 따른 해안선으로부터 영해(領海)의 외측한계(外側限界)까지의 사이 **3. 무인도서** ; 바다로 둘러싸여 있고 만조 시에 해수면 위로 드러나는 자연적으로 형성된 땅으로 사람이 거주하지 아니하는 곳

※ 연안관리법 제2조제3항에서는 "무인도서가 연안육역에 해당한다. "연안육역"이란 다음 각 목의 지역을 말한다. 가. 무인도서(無人島嶼) 나. 연안해역의 육지쪽 경계선으로부터 500미터(「항만법」 제2조제1호에 따른 항만, 「어촌·어항법」 제2조제3호가목에 따른 국가어항 또는 「산업입지 및 개발에 관한 법률」 제2조제8호에 따른 산업단지의 경우에는 1천미터) 이내의 육지지역(「하천법」 제2조제2호에 따른 하천구역은 제외한다)

138) 연안사고 예방에 관한 법률(연안사고예방법), [시행 2021. 10. 14.] [법률 제18062호, 2021. 4. 13., 일부개정].

2) 연안사고

"연안사고"란 연안해역에서 발생하는 인명에 위해를 끼치는 다음 각 목의 사고를 말한다. 다만, 「해양사고의 조사 및 심판에 관한 법률」 제2조제1호[139]에 따른 해양사고는 제외한다.

가) 갯벌·갯바위·방파제·연육교·선착장·무인도서 등에서 바다에 빠지거나 추락·고립 등으로 발생한 사고

나) 연안체험활동 중에 발생한 사고

※「해양사고의 조사 및 심판에 관한 법률」 제2조제1호에 따른 '해양사고'는 제외

3) 연안체험활동

"연안체험활동"이란 연안해역에서 이루어지는 체험활동으로서 해양수산부령으로 정하는 활동을 말한다.

시행규칙 제2조(연안체험활동) 「연안사고 예방에 관한 법률」(이하 "법"이라 한다) 제2조제3호에서 "해양수산부령으로 정하는 활동"이란 다음 각 호의 어느 하나에 해당하는 체험활동을 말한다. **1. 수상(水上)형 체험활동:** 선박 · 수상레저기구 등을 이용하지 아니하고 수상에서 이루어지는 체험활동. 다만, 체험활동 과정의 일부가 수중에서 이루어지는 경우에도 활동 내용의 주된 부분이 수상에서 이루어지는 체험활동은 전체를 수상형 체험활동으로 본다. **2. 수중(水中)형 체험활동**: 수중에서 이루어지는 체험활동. 다만, 체험활동 과정의 일부가 수상에서 이루어지는 경우에도 활동 내용의 주된 부분이 수중에서 이루어지는 체험활동은 전체를 수중형 체험활동으로 본다. **3. 일반형 체험활동**: 제1호 또는 제2호에 따른 체험활동 외에 연안해역에서 이루어지는 체험활동

나. 국가 등의 책무

1) 국가와 지방자치단체는 연안사고로부터 국민의 생명 · 신체 및 재산을 보호하기 위하여 필요한 시책을 강구하고 추진하여야 한다.

2) 국가와 지방자치단체는 연안사고를 효과적으로 예방하기 위한 안전체계 구축 및 기반 조성에 노력하여야 한다.

3) 국가와 지방자치단체는 연안사고의 예방을 위하여 필요한 안전교육이 실시될 수 있도록 노력하여야 한다.

---

139) "해양사고"란 해양 및 내수면(內水面)에서 발생한 다음 각 목의 어느 하나에 해당하는 사고를 말한다.
가. 선박의 구조 · 설비 또는 운용과 관련하여 사람이 사망 또는 실종되거나 부상을 입은 사고
나. 선박의 운용과 관련하여 선박이나 육상시설 · 해상시설이 손상된 사고
다. 선박이 멸실 · 유기되거나 행방불명된 사고
라. 선박이 충돌 · 좌초 · 전복 · 침몰되거나 선박을 조종할 수 없게 된 사고
마. 선박의 운용과 관련하여 해양오염 피해가 발생한 사고 1의2. "준해양사고"란 선박의 구조 · 설비 또는 운용과 관련하여 시정 또는 개선되지 아니하면 선박과 사람의 안전 및 해양환경 등에 위해를 끼칠 수 있는 사태로서 해양수산부령으로 정하는 사고를 말한다.

2. 연안사고 예방 기본계획

가. 연안사고 예방 기본계획의 수립

1) 해양경찰청장은 연안사고 예방을 위하여 5년마다 연안사고 예방 기본계획(이하 "기본계획"이라 한다)을 수립·추진하여야 한다. 기본계획을 수립하려는 경우 미리 소방청장, 광역시장·도지사·특별자치도지사 및 특별시·광역시·특별자치시·도·특별자치도의 교육감(이하 "시·도교육감"이라 한다)의 의견을 들어야 한다. 대통령령으로 정하는 중요한 사항을 변경하려는 경우에도 또한 같다.

"대통령령으로 정하는 중요한 사항"이란 다음 각 호의 사항을 말한다. 1. 연안사고 예방에 필요한 안전체계 구축에 관한 사항 2. 연안사고 예방을 위한 전문인력 양성 및 운영에 관한 사항

2) 해양경찰청장은 기본계획의 수립 또는 변경에 필요한 경우에는 관계 행정기관의 장에게 관련 자료의 제출을 요청할 수 있다. 이 경우 자료의 제출을 요청받은 관계 행정기관의 장은 특별한 사유가 없으면 이에 따라야 한다. 기본계획에는 다음 각 호의 사항이 포함되어야 한다.

① 연안사고 예방에 관한 정책의 기본방향
② 연안사고 예방에 필요한 안전체계 구축에 관한 사항
③ 연안해역의 특성을 고려한 연안사고 예방 방안에 관한 사항
④ 연안사고 예방을 위한 전문인력의 양성 및 운영에 관한 사항
⑤ 연안사고 예방에 필요한 재원의 조달방안에 관한 사항
⑥ 그 밖에 연안사고 예방에 필요한 사항

나. 시행계획의 수립·시행

해양경찰청장은 기본계획에 따라 매년 연안사고 예방 시행계획(이하 이 조에서 "시행계획"이라 한다)을 수립·시행하여야 한다. 시행계획의 수립·시행에 필요한 사항은 해양수산부령으로 정한다.

시행규칙 제3조(연안사고 예방 시행계획의 수립) ① 해양경찰청장은 법 제7조제1항에 따른 연안사고 예방 시행계획(이하 "시행계획"이라 한다)을 법 제8조제1항에 따른 중앙연안사고예방협의회의 협의를 거쳐 수립하여야 한다. ② 시행계획에는 다음 각 호의 사항이 포함되어야 한다. 1. 법 제5조제1항에 따른 연안사고 예방 기본계획의 시행을 위하여 필요한 사항 2. 그 밖에 연안사고 예방 활동과 관련하여 필요한 사항 ③ 해양경찰청장은 시행계획을 수립한 경우 관계 중앙행정기관의 장, 지방자치단체의 장 및 교육감에게 그 내용을 알려야 한다.

다. 연안사고예방협의회

연안사고 예방에 관하여 필요한 사항을 협의하기 위하여 해양경찰청장 소속으로 중앙연안사고예방협의회를 두고, 지방해양경찰청 및 해양경찰서에 각각 광역연안사고예방협의회 및 지역연안사고예방협의회를 둔다.

3. 연안사고 안전관리규정

가. 연안사고 안전관리규정의 작성 · 시행(제9조)

해양경찰청장은 연안사고를 예방하기 위하여 소방청장, 특별자치도지사 · 시장 · 군수 · 구청장(자치구의 구청장을 말한다. 이하 같다) 및 시 · 도교육감의 의견을 들어 연안사고 안전관리규정(이하 이 조에서 "안전관리규정"이라 한다)을 작성하여 시행하여야 한다. 안전관리규정을 변경하려는 때에도 또한 같다. 안전관리규정에는 다음 각 호의 사항이 포함되어야 한다.

1) 인명사고가 자주 발생하는 연안해역에 관한 사항
2) 인명사고 예방조치에 관한 사항
3) 인명사고 위험구역 설정 및 위험경보에 관한 사항
4) 위험표지판 등 안전관리 시설물의 설치에 관한 사항
5) 연안해역 안전점검 주기 및 안전점검 결과에 따른 응급조치에 관한 사항
6) 그 밖에 해양수산부령으로 정하는 사항
   가) 연안사고 예방 업무 종사자의 관리에 관한 사항
   나) 연안사고 원인의 조사·보고 및 처리에 관한 사항
   다) 그 밖에 연안사고 예방 교육에 관한 사항

나. 출입통제 등(제10조)

해양경찰청장은 연안사고 예방을 위하여 특별자치도지사 · 시장 · 군수 · 구청장, 소방서장 및 항만에 관한 업무를 관장하는 해양수산부 소속 기관의 장의 의견을 들어 인명사고가 자주 발생하거나 발생할 우려가 높은 다음 각 호의 장소에 대하여 출입통제를 할 수 있다.

1) 너울성 파도가 잦은 해안가 또는 방파제
2) 물살이 빠르고 갯골이 깊은 갯벌 지역
3) 사고발생이 빈번하고 구조활동이 용이하지 아니한 섬 또는 갯바위
4) 연안절벽 등 해상추락이 우려되는 지역
5) 그 밖에 연안사고가 자주 발생하는 장소

해양경찰청장은 출입통제를 하려는 경우에는 그 사유와 기간 등 해양수산부령으로 정하는

사항을 포함하여 공고하고, 정보통신매체를 통하여 이를 적극 알려야 한다. 출입통제 사유가 없어졌거나 필요가 없다고 인정하는 경우에는 즉시 출입통제 조치를 해제하고 제2항에 따른 공고 등을 하여야 한다. 출입통제의 공고 절차와 방법 등에 필요한 사항은 해양수산부령으로 정한다.

> 시행규칙 제5조(출입통제장소의 지정·해제) 해양경찰서장은 법 제10조제2항 및 제3항에 따라 법 제10조제1항 각 호의 장소에 대하여 출입통제를 하거나 출입통제를 해제하려는 때에는 그 출입통제 개시일 또는 출입통제 해제일 20일 전까지 다음 각 호의 내용이 포함된 사항을 표지판으로 제작하여 해당 장소 입구 등 일반인이 잘 볼 수 있는 곳에 설치하여야 하고, 해당 해양경찰서 게시판·인터넷 홈페이지 등에 공고하여야 한다.
> 1. 출입통제 장소의 지정 또는 해제 사유
> 2. 출입통제 장소의 소재지
> 3. 출입통제 장소의 범위
> 4. 출입통제 기간(출입통제장소를 지정하는 경우에만 해당한다)
> 5. 출입통제의 지정일 또는 해제일
> 6. 그 밖에 출입통제와 관련하여 필요한 사항

다. 연안체험활동 안전수칙과 안전교육(제11조)

연안체험활동은 「연안사고 예방에 관한 법률」 제2조제3호에서 "해양수산부령으로 정하는 활동"이란 수상(水上)형 체험활동, 수중(水中)형 체험활동, 일반형 체험활동으로 구분한다. 해양경찰청장은 연안체험활동 중 발생할 수 있는 사고를 예방하기 위하여 다음 각 호의 사항이 포함된 연안체험활동 안전수칙을 정하여야 한다.

① 안전관리요원의 자격과 배치기준

② 안전장비의 종류와 배치기준

③ 그 밖에 해양수산부령으로 정하는 사항

연안체험활동에 참가하려는 자(연안체험활동 참가자)를 모집하여 연안체험 프로그램을 운영하려는 자(연안체험활동 운영자)는 안전수칙을 준수하여야 한다.

〈표7-1〉 안전교육내용 및 교육시간

연안사고 예방에 관한 법률 시행규칙 [별표 3] 〈개정 2021. 10. 14.〉

안전교육 내용 및 교육시간(제6조의2제1항 관련)

교 육 구 분	교 육 내 용	교 육 시 간
가. 수상형 체험활동	수상안전 수칙	6시간
	관련 법령 등	
	응급처치	
	인명구조	

나. 수중형 체험활동	수중안전 수칙	6시간
	관련 법령 등	
	응급처치	
	인명구조	
다. 일반형 체험활동	관련 법령 등	4시간
	응급처치	
	인명구조	
라. 수상형 · 수중형 체험활동 통합교육	수상 · 수중안전 수칙	8시간
	관련 법령 등	
	응급처치	
	인명구조	

비 고
1. 안전교육의 유효기간은 교육을 이수한 날부터 2년으로 한다.
2. 안전교육은 연안체험활동 신규 종사일 전 6개월 이내에 1회 이상 이수하여야 한다.
3. 이직 등으로 연안체험활동에 1년 이상 종사하지 아니하였다가 다시 연안체험활동에 종사하려는 경우에는 신규 종사자로 보아 안전교육을 다시 이수하여야 한다.
4. 수상형 · 수중형 체험활동 통합교육을 이수한 경우에는 수상형 체험활동 및 수중형 체험활동 교육을 모두 이수한 것으로 본다.

연안사고 예방에 관한 법률 시행규칙 [별표 2] 〈개정 2023. 7. 6.〉

안전관리요원의 자격과 배치기준 및 안전장비의 종류와 배치기준(제6조제2항 관련)

1. 안전관리요원의 자격

가. 일반형 체험활동: 해양경찰청, 영 제11조제2항에 따른 안전교육 위탁기관 또는 이 규칙 제6조의3제3항에 따른 위탁기관에서 안전교육을 이수한 자

나. 수상형 체험활동: 「수상레저안전법 시행령」 제26조제1항제1호에 따른 인명구조요원 또는 「수상에서의 수색 · 구조 등에 관한 법률」 제30조의2에 따른 수상구조사의 자격을 갖춘 자

다. 수중형 체험활동: 해양수산부장관 또는 해양경찰청장이 고시하는 수중 관련 단체에서 인정하는 자격을 갖춘 자

2. 안전관리요원의 배치기준

가. 수상형 체험활동: 1명 이상의 안전관리요원을 두고, 연안체험활동 참가자 10명 당 안전관리요원 1명 이상을 추가로 배치할 것. 이 경우 비상구조선마다 1명 이상의 안전관리요원이 배치되어야 한다.

나. 수중형 체험활동: 1명 이상의 안전관리요원을 두고, 연안체험활동 참가자 8명 당 안전관리요원 1명 이상을 추가로 배치할 것. 이 경우 비상구조선마다 1명 이상의 안전관리요원이 배치되어야 한다.

다. 일반형 체험활동: 1명 이상의 안전관리요원을 두고, 연안체험활동 참가자 20명 당 안전관리요원 1명 이상을 추가로 배치할 것

3. 안전장비의 종류 및 배치기준

가. 수상형 체험활동

1) 비상구조선(무동력 비상구조선을 포함한다. 이하 같다): 탑승정원이 연안체험활동 참가자 인원의 100퍼센트 이상인 비상구조선을 갖출 것

2) 구명조끼(구명자켓 또는 구명슈트를 포함한다. 이하 같다): 연안체험활동 참가자를 성인 및 어린이로 구분하여 각 참가자 수의 110퍼센트 이상에 해당하는 수의 구명조끼를 갖출 것

3) 구명튜브: 1개 이상의 구명튜브를 갖추고, 연안체험활동 참가자 10명 당 구명튜브 1개 이상을 추가로 갖출 것
4) 구명줄: 지름 10밀리미터 이상, 길이 30미터 이상의 구명줄을 1개 이상 갖추고, 연안체험활동 참가자 10명 당 구명줄 1개 이상을 추가로 갖출 것
5) 구급장비: 구급장비와 구급약품을 갖출 것

나. 수중형 체험활동
1) 비상구조선: 탑승정원이 연안체험활동 참가자 인원의 100퍼센트 이상인 비상구조선을 갖출 것
2) 구명조끼: 연안체험활동 참가자를 성인 및 어린이로 구분하여 각 참가자 수의 110퍼센트 이상에 해당하는 수의 구명조끼를 갖출 것
3) 구명튜브: 1개 이상의 구명튜브를 갖추고, 연안체험활동 참가자 10명 당 구명튜브 1개 이상을 추가로 갖출 것
4) 구명줄: 지름 10밀리미터 이상, 길이 30미터 이상의 구명줄을 1개 이상 갖추고, 연안체험활동 참가자 5명 당 구명줄 1개 이상을 추가로 갖출 것
5) 구급장비: 구급장비와 구급약품을 갖출 것

다. 일반형 체험활동
1) 구명튜브: 1개 이상의 구명튜브를 갖추고, 연안체험활동 참가자 20명 당 구명튜브 1개 이상을 추가로 갖출 것
2) 구명줄: 지름 10밀리미터 이상, 길이 30미터 이상의 구명줄을 1개 이상 갖추고, 연안체험활동 참가자 20명 당 구명줄 1개 이상을 추가로 갖출 것
3) 구급장비: 구급장비와 구급약품을 갖출 것

비 고
1. 안전장비는 연안체험활동 중 즉시 사용이 가능하도록 유지·관리하여야 한다.
2. 수중형 체험활동의 경우 연안체험활동 참가자가 선박에 승선하여 연안체험활동을 하는 때에는 그 선박을 비상구조선으로 볼 수 있다. 이 경우 해당 선박은 제3호나목1)의 기준에 적합하여야 한다.
3. 제3호가목2) 및 같은 호 나목2)에 따른 성인 및 어린이용 구명조끼의 규격 등에 관한 사항은 해양경찰청장이 정하여 고시한다.

라. 연안체험활동 신고(제12조)

1) 연안체험활동 운영자는 해양수산부령으로 정하는 절차와 방법에 따라 해양경찰서장에게 연안체험활동 안전관리 계획서(이하 "계획서"라 한다)를 작성하여 신고하여야 한다. 다만, 다음 각 호의 경우는 제외한다.

가) 「수상레저안전법」, 「유선 및 도선 사업법」, 「낚시 관리 및 육성법」, 「수중레저활동의 안전 및 활성화 등에 관한 법률」, 「청소년활동 진흥법」, 「체육시설의 설치 · 이용에 관한 법률」, 「도시와 농어촌 간의 교류촉진에 관한 법률」, 「수산업법」, 「양식산업발전법」 등 다른 법률에서 지도 · 감독 등을 받는 법인 또는 단체가 운영하는 경우

나) 연안체험활동 참가자 수가 해양수산부령으로 정하는 규모 이하인 경우

*** 해양수산부령으로 정하는 규모이하**
1. 연안체험활동 참가자가 10명 미만인 수상형 체험활동
2. 연안체험활동 참가자가 5명 미만인 수중형 체험활동
3. 연안체험활동 참가자가 20명 미만인 일반형 체험활동

2) 계획서에는 다음 각 호의 사항이 포함되어야 한다.
가) 연안체험활동의 기간과 장소 및 유형
나) 안전수칙 준수에 관한 사항
다) 보험 또는 공제(이하 "보험등"이라 한다)의 가입사실
라) 연안체험활동 중 사고발생 시 연안체험활동 운영자의 관계 기관에 대한 신고의무 부과 등 대처계획에 관한 사항

3) 연안체험활동 운영자는 계획서의 신고가 수리되기 전에는 연안체험활동 참가자의 모집을 하여서는 아니 된다.

4) 해양경찰서장은 신고를 받은 날부터 7일 이내에 신고수리 여부를 신고인에게 통지하여야 한다.

5) 해양경찰서장이 제4항에서 정한 기간 내에 신고수리 여부 또는 민원 처리 관련 법령에 따른 처리기간의 연장을 신고인에게 통지하지 아니하면 그 기간(민원 처리 관련 법령에 따라 처리기간이 연장 또는 재연장된 경우에는 해당 처리기간을 말한다)이 끝난 날의 다음 날에 신고를 수리한 것으로 본다.

6) 해양경찰서장은 계획서의 신고를 수리한 경우 그 사실을 특별자치도지사 · 시장 · 군수 · 구청장에게 통보하여야 한다

7) 연안체험활동 운영자 또는 안전관리요원은 연안체험활동 관련 사고로 사람이 사망하거나 실종된 경우 또는 중상을 입은 경우에는 해양수산부령으로 정하는 바에 따라 지체 없이 해양경찰관서나 소방관서 또는 경찰관서 등 관계 행정기관에 신고하여야 한다.

마. 연안체험활동의 제한(제14조)

관할 해양경찰서장은 다음 각 호의 어느 하나에 해당하는 경우로서 연안체험활동이 곤란하거나 연안체험활동 참가자의 안전에 위해를 끼칠 우려가 있다고 인정하는 때에는 연안체험활동의 전부 또는 일부를 금지하거나 제한할 수 있다.

1) 자연재해의 예보 · 경보 등이 발령된 경우
2) 유류오염 · 적조 · 부유물질 · 유해생물이 발생하거나 출현하는 경우
3) 어망 등 해상장애물이 많은 경우
4) 그 밖에 연안사고 예방을 위하여 대통령령으로 정하는 경우

> "대통령령으로 정하는 경우"란 다음 각 호의 어느 하나에 해당하는 경우를 말한다.
> ① 연안체험활동 중 사망자나 실종자가 발생한 경우
> ② 연안체험활동이 이루어지는 연안해역의 인근 해상에서 조난사고 또는 해양사고가 발생하여 이를 수습하기 위하여 필요한 경우
> ※ 조난사고 : 「수상에서의 수색 · 구조 등에 관한 법률」 제2조제5호에 따른 조난사고
> ※ 해양사고 : 「해양사고의 조사 및 심판에 관한 법률」 제2조제1호에 따른 해양사고
> ③ 연안체험활동이 이루어지는 연안해역에 해상교통량이 많은 경우
> ④ 그 밖에 해양경찰서장이 연안사고 예방을 위하여 연안체험활동을 제한할 필요가 있다고 인정하는 경우

바. 연안체험활동 안전점검(제15조)

관할 해양경찰서장은 소속 경찰공무원으로 하여금 연안사고 예방을 위하여 연안체험활동 장소에 출입하여 안전점검을 하게 할 수 있다. 안전점검의 결과 안전수칙을 위반하였거나 ㄴ안전확보에 중대한 문제가 있다고 판단되는 경우에는 해양수산부령으로 정하는 바에 따라 시정명령 등 필요한 조치를 하거나 관계 법률에 따른 영업정지 등의 조치를 관계 행정기관의 장에게 요청할 수 있다. 안전점검을 하는 경찰공무원은 그 신분을 나타내는 증표를 지니고 이를 관계인에게 내보여야 한다.

사. 연안순찰대 운영(제16조) 및 연안안전 지킴이(제17)

해양경찰청장은 연안사고 예방을 위한 순찰·지도 등의 업무를 수행하기 위하여 연안순찰대를 편성하여 운영할 수 있다. 연안순찰대원의 자격기준, 복무 등에 필요한 사항은 대통령령으로 정한다.

> 연안순찰대원은 인명구조요원의 자격을 갖춘 해양경찰청 및 그 소속기관의 경찰공무원(해양경찰공무원)으로서 다음 각 호의 요건을 모두 갖춘 사람으로 한다.
> 1. 다음 각 목의 어느 하나에 해당하는 사람일 것
>   가. 연안순찰대원으로 배치하려는 지역을 관할하는 해양경찰 파출소·출장소에서 2년 이상 근무한 사람
>   나. 연안순찰대원으로 배치하려는 지역을 관할하는「수상에서의 수색·구조 등에 관한 법률 시행령」제16조제1항제1호에 따른 해양경찰구조대의 구조대원으로 2년 이상 근무한 사람
>   다. 100톤 미만의 함정으로서 해양경찰청 소속 함정에서 2년 이상 근무한 사람
>   라.「응급의료에 관한 법률」제36조에 따른 응급구조사 자격을 갖춘 사람
> 2. 다음 각 목의 어느 하나에 해당하는 면허가 있는 사람일 것
>   가.「도로교통법」제80조제2항제1호에 따른 제1종 운전면허 중 대형면허 또는 보통면허
>   나.「수상레저안전법」제5조제2항제1호에 따른 일반조종면허
>
> 제9조(연안순찰대원의 임무 등) ① 연안순찰대원의 임무는 다음 각 호와 같다.
> 1. 연안해역의 순찰 및 연안사고 예방 활동 등 안전관리규정의 시행
> 2. 법 제10조에 따른 출입통제 장소의 관리
> 3. 법 제14조에 따른 연안체험활동의 금지 또는 제한
> 4. 법 제15조에 따른 연안체험활동 안전점검
> 5. 연안사고 발생 시 긴급구조 등의 조치
> 6. 그 밖에 연안사고 예방과 연안사고 발생 시 구호(救護)에 관한 업무

해양경찰청장은 지역주민으로서 연안해역의 특성을 잘 아는 사람 등을 연안안전지킴이로 위촉하여 연안사고예방을 위한 순찰·지도업무를 보조하게 할 수 있다.

4. 벌칙

가. 1년 이하 징역 또는 1천만원 이하의 벌금

다음 각 호의 어느 하나에 해당하는 자는 1년 이하의 징역 또는 1천만원 이하의 벌금에 처한다.

1) 제11조제2항을 위반하여 안전수칙을 준수하지 아니한 자
2) 제12조제1항에 따른 계획서를 신고하지 아니하거나 거짓이나 그 밖의 부정한 방법으로 신고하고 연안체험활동을 실시한 연안체험활동 운영자
3) 제14조제1항에 따른 연안체험활동 금지 등의 조치를 따르지 아니한 자
4) 제15조제1항에 따른 공무원의 출입을 거부 · 방해 또는 기피한 자

나. 양벌규정

법인의 대표자나 법인 또는 개인의 대리인, 사용인, 그 밖의 종업원이 그 법인 또는 개인의 업무에 관하여 제23조의 위반행위를 하면 그 행위자를 벌하는 외에 그 법인 또는 개인에게도 해당 조문의 벌금형을 과(科)한다. 다만, 법인 또는 개인이 그 위반행위를 방지하기 위하여 해당 업무에 관하여 상당한 주의와 감독을 게을리하지 아니한 경우에는 그러하지 아니하다.

다. 300만원 이하 과태료

다음 각 호의 어느 하나에 해당하는 자에게는 300만원 이하의 과태료를 부과한다.

1) 제11조의2제1항에 따른 안전교육에 응하지 아니한 자
2) 제12조제1항에 따른 계획서를 신고하지 아니하거나 거짓이나 그 밖의 부정한 방법으로 신고한 자
3) 제12조제3항을 위반하여 모집을 한 자
4) 제13조를 위반하여 보험등에 가입하지 아니한 자
5) 제15조제2항에 따른 시정명령 등의 조치에 따르지 아니한 자

라. 100만원 이하 과태료

다음 각 호의 어느 하나에 해당하는 자에게는 100만원 이하의 과태료를 부과한다.

1) 제10조제1항에 따른 출입통제 지역을 출입한 사람
2) 제12조제7항에 따른 신고를 하지 아니한 자
3) 정당한 사유 없이 제13조의2제1항을 위반하여 보험등의 가입 정보를 알리지 아니하거나 거짓의 정보를 알린 연안체험활동 운영자

과태료는 대통령령으로 정하는 바에 따라 해양경찰청장 · 특별자치도지사 · 시장 · 군수 · 구청장이 부과 · 징수한다.

제3절 연안사고 안전관리 규정

1. 목적

이 규정140)은 「연안사고 예방에 관한 법률」 제9조, 같은 법 시행규칙 제4조에 따라 연안사고 안전관리에 필요한 사항에 대하여 규정함을 목적으로 하고, 적용은 연안사고 예방 및 안전관리에 관하여 다른 법령에서 특별히 규정한 경우를 제외하고는 이 규정에 따른다.

2. 용어 정의

가. 위험성조사

위험성조사"란 「연안사고 예방에 관한 법률」 제2조제1호의 연안해역 중 인명에 위해를 끼치는 사고가 발생한 장소 및 발생할 우려가 높은 장소를 조사하는 것을 말한다.

나. 위험구역

연안사고로 인해 직접적으로 인명피해가 발생했거나 발생할 우려가 있는 지점(길이×폭)을 말한다.

다. 위험도 평가

"위험구역평가"란 위험성조사 결과를 바탕으로 다음 각 목와 같이 평가·분류하는 것을 말한다.

1) 사망사고 발생구역
2) 연안사고 다발구역
3) 연안사고 위험구역

라. 출입통제장소

"출입통제장소"란 인명사고가 자주 발생하거나 발생 우려가 높은 위험구역에 대해 특별자치도지사·시장·군수·구청장, 소방서장, 지방해양수산청장의 의견을 들어 해양경찰서장이 출입을 통제하기 위하여 지정한 장소를 말한다.

---

140) 연안사고 안전관리규정, [해양경찰청훈령 제197호, 2020. 11. 15., 일부개정], 해양경찰청(해양안전과).

마. 위험예보제

"위험예보제"란 연안해역에서의 안전사고가 반복·지속적으로 발생했거나 발생할 우려가 있는 경우에 그 위험성을 "관심", "주의보", "경보"로 구분하여 국민에게 알리는 것을 말한다.

바. 안전관리시설물

"안전관리시설물"이란 위험한 장소에 대하여 안전사고 위험성을 국민들이 인식하여 사전에 위험에 대비할 수 있도록 설치하는 "위험표지판", "위험알림판", "인명구조장비함" 등을 말한다.

사. 인명구조장비함

"인명구조장비함"이란 연안사고 발생 시 신속한 인명구조를 목적으로 누구나 사용할 수 있도록 연안해역 위험한 장소에 설치하는 장비 보관함을 말한다.

3. 안전사고 위험성 조사 및 위험도 평가

가. 위험성조사(제4조)

해양경찰서장은 인명사고가 자주 발생하는 관할 연안 해역에 대하여 연간 1회 이상 위험성조사를 실시하여야 한다. 위험성조사는 연안 해역에서 인명에 위해를 끼치는 사고가 발생된 장소 및 발생할 우려가 높은 다음 각 호의 장소를 대상으로 한다.

1) 법 제2조제3호의 연안체험활동 운영시설
2) 갯벌 : 갯골이 깊고 조류의 흐름이 빠른 지역
3) 갯바위 : 육상에 근접한 바위로 간조 시 건너갔다가 만조 시 육상으로 퇴출이 어렵거나 다수의 물이끼 형성으로 낙상 및 추락 위험이 있는 지역
4) 간출암 : 간조 시 드러났다가 만조 시 해수에 잠기는 바위
5) 방파제 : 너울성파도가 잦고 다수의 물이끼가 형성되어 낙상 및 해상추락의 위험이 높은 장소
6) 연육교 : 육지와 섬을 이어주는 다리로 안전시설이 설치되어 있지 않거나 불량하여 해상 추락 가능성이 높은 다리
7) 선착장 : 선박이 계류하는 장소로 안전시설이 설치되어 있지 않거나 물이끼 등으로 미끄러운 선착장
8) 무인도서 : 안전기반이 확보되지 않은 무인도서에서 「연안사고 예방에 관한 법률 시행규칙」 제2조의 연안체험활동이 이루어지는 장소

나. 위험성조사 계획서 작성 및 방법(제5조)

해양경찰서장은 위험성조사를 실시할 경우에는 위험성조사 계획서를 작성하여야 한다. 위험성조사를 위하여 필요한 경우 지방자치단체의 장에게 합동조사 및 관련서류 제출을 요청할 수 있고, 지방자치단체의 장은 특별한 사유가 없는 한 이에 응해야 한다. 위험성조사는 객관적인 방법에 의하되, 객관적인 방법이 확립되지 아니한 경우에는 기존의 사례 또는 사료를 참조한다. 위험성조사는 다음 각 호의 사항을 종합적으로 고려하여 실시한다.

1) 계절(시기)별로 찾아오는 행락객(관광·체험인원 포함) 수
2) 이상기후 등 자연재해에 대비한 안전시설물 미흡 또는 부적합 여부
3) 안전관리시설물, 인명구조장비함 설치 여부
4) 위험성에 대한 지역주민들이 전하는 정보 및 여론

다. 위험도평가 및 안전관리카드 작성·관리(제6조)

해양경찰서장은 위험성조사 결과보고서를 작성하여 위험구역을 평가하고 개별 안전관리카드 및 총괄 안전관리카드를 작성·관리해야 한다. 위험구역평가·분류할 경우에는 기준에 따라야 한다.

〈표 7-2〉 위험구역 평가기준(제6조 관련)

위험 구역	분류 기준
사망사고 발생구역	▸ 최근 3년간 연안 인명(사망·실종)사고가 발생한 구역 ▸ 근거: 연안사고 통계 결과 기준
연안사고 다발구역	▸ 최근 3년간 3건 이상 연안사고가 발생한 구역 ▸ 근거: 연안사고 통계 결과 기준, 사망사고 발생구역 제외
연안사고 위험구역	▸ 연안 사망·실종사고 및 연안사고 발생 위험성이 높은 구역 ▸ 근거: 연안사고 발생 위험성 평가 항목

4. 위험구역 및 출입통제구역 지정관리

가. 위험구역 지정관리(제7조)

해양경찰서장 및 지방자치단체의 장은 위험성조사 결과를 바탕으로 위험한 장소에 대하여 인명사고 위험구역으로 지정·관리할 수 있다. 위험구역으로 지정·관리할 경우 사전에 다음 각 호의 사항을 고려하여 지방자치단체의 장의 의견을 들어야 한다.

1) 최근 3년간 인명사고가 발생했던 지점
2) 위험요소가 많아 사고발생 가능성이 높은 지역
3) 사고 발생 시 다수의 인명피해가 우려되는 지역

4) 그 밖에 지역주민들의 요청에 따라 위험하다고 판단되는 지역

나. 출입통제장소 지정(제8조)

해양경찰서장은 지방자치단체의 장, 소방서장, 지방해양수산청장의 의견을 들어 관할 연안 해역 중 인명사고가 자주 발생하거나 발생 우려가 높은 위험구역을 출입통제 장소로 지정 운용할 수 있다. 출입통제장소 설정 요건, 지정·해제, 공고 절차는 법 제10조 및 시행규칙 제5조에 따른다.

5. 안전사고 위험예보제(제9조)

해양경찰서장은 연안 해역의 위험한 장소 또는 위험구역에서 특정시기에 기상악화 또는 자연재난 등으로 인하여 같은 유형의 안전사고가 반복·지속적으로 발생할 우려가 있거나 발생되는 경우 그 위험성을 국민에게 미리 알리는 안전사고 위험 예보제를 운용하여야 한다.

가. 예보의 종류

안전사고 예보는 "관심", "주의보", "경보"로 하며 다음 각 호의 구분에 따라 발령한다.

1) 안전사고 "관심"

연안 해역에 안전사고가 과거 특정시기에 집중·반복적으로 발생하여 사전에 대비가 필요한 경우에 발하는 예보를 말한다.

2) 안전사고 "주의보"

안전사고가 발생될 우려가 높거나 발생되고 있어 피해확산이 우려되는 경우에 발하는 예보를 말한다.

3) 안전사고 "경보"

안전사고 "주의보"를 발령했음에도 안전사고가 확산되는 경우에 피해상황과 전망, 및 예방요령을 반복적으로 알리는 경우에 발하는 예보를 말한다.

나. 예보 발령대상 안전사고(제11조)

연안해역의 안전사고 위험예보는 해양경찰서 종합상황실과 지방자치단체 재난상황실 또는 해당 부서에서 발령 여부를 분석·판단하여 상호 협의를 거쳐 관할 해양경찰서장이 발령한다. 예보의 발령대상이 되는 안전사고는 다음 각 호와 같다.

1) 특정시기에 같은 유형의 피해사례가 반복·지속적으로 발생한 안전사고

2) 태풍, 집중호우, 너울성 파도, 저시정(안개 등) 등과 같은 기상특보 또는 자연재난으로

인하여 피해발생이 예상되는 안전사고

3) 그 밖에 국민의 생명과 안전을 보호 하기위하여 예방이 시급하다고 판단되는 안전사고

다. 위험예보 발령절차(제12조)

연안해역의 안전사고 위험예보는 해양경찰서 종합상황실과 지방자치단체 재난상황실 또는 해당 부서에서 발령 여부를 분석·판단하여 상호 협의를 거쳐 관할 해양경찰서장이 발령한다. 다만, 다음 각 호의 경우에는 협의를 생략할 수 있다.

1) 안전사고의 단기간 급증으로 긴급하게 위험예보 발령이 필요한 경우
2) 안전사고가 발생되고 있어 피해확산을 방지할 필요가 있는 경우

6. 안전관리시설물의 설치·관리

가. 안전관리시설물의 설치(제16~19조)

지방자치단체의 장 및 지방해양수산청장은 제7조에 따라 지정된 연안 해역 위험구역에서의 위험을 방지하고 체계적인 안전관리를 위하여 위험표지판, 위험알림판, 인명구조장비함(이하 "안전관리시설물"이라 한다) 등을 설치·관리하여야 한다.

위험표지는 다음 각 호와 같이 구분한다. 2개 이상의 복합적인 위험이 있는 장소에는 해당 위험표지판을 모두 설치할 수 있다.

1) 주의표지: 제7조에서 위험구역으로 지정된 장소에 대해 위험상황을 표시하여 위험에 주의할 수 있도록 알리는 표지
2) 규제표지: 법 제10조의 인명사고가 자주 발생하거나 발생 우려가 높은 장소에 법 제10조에 따라 출입통제 등의 규제를 하는 경우에 알리는 표지
3) 보조표지: 주의표지, 규제표지의 주 기능을 보충하여 알리는 표지

위험알림판은 다음 각 호와 같이 구분한다. 2개 이상의 복합적인 위험상황을 알리기 위하여 1개의 위험알림판에 모두 표시하여 설치할 수 있다.

1) 주의알림판: 주의표지와 안내하는 글을 함께 표시하여 특별한 위험상황을 주의할 수 있도록 알리는 표지
2) 규제알림판: 규제표지와 법 제10조에 따라 출입통제 사유 등을 함께 표시하여 알리는 표지

인명구조장비함에는 위험한 상황에 처했을 경우 인명을 구조하는데 필요한 장비를 비치해야 한다.

나. 안전관리시설물의 관리(제20조)

지방자치단체의 장 및 지방해양수산청장은 안전관리시설물 관리자를 지정하여 관리하여야 한다. 해양경찰서장은 안전관리시설물이 훼손·망실 또는 사용 불가능함을 발견했을 때에는 해당 지방자치단체의 장 및 지방해양수산청장에게 통보하여야 한다.

7. 연안해역 안전점검

가. 연안해역 안전점검(제21조)

해양경찰서장은 연안해역에 대한 안전관리를 체계적으로 추진하기 위하여 안전관리 실태를 점검해야 한다. 안전관리 실태 점검은 다음 각 호와 같이 실시한다.

1) 일상점검

일상적인 경찰활동을 통하여 연안해역 안전관리 실태에 대한 적정여부를 수시로 점검하는 것을 말한다.

가) 안전관리시설물의 상태, 훼손, 파손, 오염 정도

나) 인명구조장비함 내에 비치된 인명구조장비 상태 및 수량

2) 정기점검

해양경찰서장 및 지방자치단체의 장이 합동으로 행락시기 이전, 이후 2회 점검을 말한다.

가) 위험성조사 결과 인명에 위해를 끼치는 사고가 발생된 장소 및 발생할 우려가 높은 장소가 전부 포함되어 있는지 여부

나) 위험구역평가 및 설정의 적절성

다) 개별 안전관리카드 및 총괄 안전관리카드 작성·관리 상태

라) 안전관리시설물 기능이 제대로 국민들에게 전달되고 있는지 여부

3) 특별점검

자연재해 발생이 예상되는 경우와 해양경찰서장 또는 지방자치단체의 장이 필요하다고 인정할 경우 합동으로 일제 점검하는 것을 말한다. 점검사항은 자연재해 이후 달라진 환경 및 정보전달 시설상태 등이다.

나. 확인·점검(제23조)

해양경찰청장은 연 1회 전국 연안해역 안전관리 실태를 확인·점검해야 한다. 다만, 지방해양경찰청장 또는 해양경찰서장으로 하여금 실시하게 하고 그 결과를 보고받음으로써 확인·점검을 대신할 수 있다.

다. 예방업무종사자 지정 및 담당자 교육(제24, 25조)

해양경찰서장 및 지방자치단체의 장은 체계적으로 연안사고 예방업무를 수행하기 위하여 업무담당자를 지정해야 한다. 그리고 해양경찰청장은 매년 소속기관 및 지방자치단체의 예방업무 담당자가 이 규칙의 시행에 필요한 전문적인 지식을 습득하게 하고 예방업무를 원활하게 수행할 수 있도록 예방업무 담당자 교육·훈련(워크숍, 간담회 포함한다)을 실시해야 한다.

제2장 어선 안전조업과 출입항신고

제1절 어선안전조업법

1. 제정 이유

이 법은 그 동안 해양수산부령으로 규정된 「선박안전 조업규칙」을 법제화하여 2019년 8월 27일 제정하고 2020년 8월 28일부터 시행하게 된 것이다. 기존「선박안전 조업규칙」은 총톤수 100톤 미만 선박(어선, 정부나 공공단체 선박, 여객선 및 국외취항선박 제외)의 출항 및 입항에 관한 사항만 적용하고, 「어선법」에서 적용한 모든 '어선'의 안전한 조업에 관한 사항은 「어선안전조업법」에서 적용하고 있다.

제정이유는 해상에서 어선의 조업과 항행 중 부주의 등으로 인한 충돌, 침몰 등의 사고가 빈발하고 있고, 서해 5도 해역에서는 남·북한 대치상황으로 인한 사고위험이 상존하고 있으며, 중국어선의 불법조업 등도 우리 어선의 안전조업에 위험요소가 되고 있는바, 어선사고의 예방과 사고 발생 시 신속한 대응을 위한 국가의 지원과 노력이 필요한 상황이지만 체계적인 법률적·제도적 장치가 미흡한 실정이었다. 이에 이 법률의 제정을 통해 어선의 안전한 조업과 항행을 위하여 필요한 규범체계를 구축함으로써 건전한 어업질서 확립 및 국민의 생명·신체·재산의 보호에 이바지하려는 것이다.

2. 주요 내용

1) 이 법은 대한민국 국민과 대한민국 정부가 소유하는 모든 어선에 대하여 적용하되, 일정한 범위의 어업지도선이나 원양어업에 종사하는 어선 등은 적용대상에서 제외한다(제3조).

2) 항포구에 출입항하려는 어선의 소유자 또는 선장은 신고기관에 신고를 하도록 하되, 해양경찰청장이 정하는 어선위치발신장치를 갖추고 이를 정상적으로 작동하여 출입항하는 어선은 신고를 한 것으로 보도록 한다(제8조).

3) 어선은 기상 악화에 따른 피항, 기관 고장 등으로 인한 표류 등 부득이한 사정이 있는 경우를 제외하고는 신고기관이 설치되지 아니한 항포구에는 출입항하지 못하도록 한다(제9조).

4) 신고기관의 장은 해상에 대하여 기상예비특보 또는 기상특보가 발효된 때에는 어선의 출항 및 조업을 제한할 수 있도록 한다(제10조).

5) 어선은 조업한계선 또는 조업자제선을 넘어 조업 또는 항행을 하지 못하도록 하고, 특

정해역 또는 조업자제해역에서 조업하려는 어선의 소유자 또는 선장은 신고기관에 출어등록을 하도록 한다(제11조 및 제12조).

6) 해양수산부장관은 어선의 안전한 조업과 항행을 위하여 필요한 경우 특정해역에서의 어업별 조역구역 및 기간 등을 제한할 수 있도록 하고, 특정해역 외의 해역에서의 조업 또는 항행을 제한할 수 있도록 한다(제13조 및 제14조).

7) 특정해역 또는 조업자제해역에서 조업하려는 어선은 선단(선船)을 편성하여 출항하고 조업하도록 한다(제15조).

8) 국방부장관 또는 해양경찰청장은 국가안전보장 또는 질서유지를 위하여 필요한 경우 해양수산부장관 또는 시·도지사에게 일정한 해역에서 지정된 기간 동안 조업 또는 항행의 제한을 요청할 수 있도록 하고, 서해 북방한계선과 잇닿아 있는 접경해역 중 일부 어장에 대한 출입항은 그 지역 관할 군부대장이 통제할 수 있도록 한다(제16조 및 제17조).

9) 무선설비가 설치된 어선의 소유자는 어선이 주로 출입항하는 항포구를 관할하는 안전본부에 교신 가입하도록 하고, 그 어선이 출항할 때에는 지정된 시간에 맞추어 어선안전조업본부에 그 위치를 통지하도록 하며, 지정된 시간까지 위치통지 의무를 이행하지 아니한 경우 해양수산부장관은 해당 어선의 위치 확인 등의 조치를 하도록 한다(제21조).

10) 어선의 선장은 긴급사태에 관한 경보를 청취하도록 하고, 어선에 승선하는 자는 기상특보 발효 등이 있는 경우 구명조끼 또는 구명의를 착용하도록 한다(제22조 및 제24조).

3. 어선안전 조업법 일반

가. 목적 및 적용범위

이 법[141]은 어선의 안전한 조업(操業)과 항행(航行)을 위하여 필요한 사항을 정함으로써 건전한 어업질서를 확립하고 국민의 생명·신체·재산을 보호함을 목적으로 하고 적용범위는 대한민국 국민(국내법에 따라 설립된 법인과 국내 어업허가 등을 받은 외국인·외국법인을 포함한다)과 대한민국 정부가 소유하는 모든 어선에 대하여 적용한다. 다만, 어업지도선, 원양어업에 종사하는 어선 등 대통령령으로 정하는 어선은 그러하지 아니하다.

<적용제외 선박>
① 어업지도선 ② 원양어업에 종사하는 어선 ③ 대통령령으로 정하는 어선, 다음 각 호의 어선을 말한다. 1. 「어선법」 제2조제1호나목에 따른 수산업에 관한 시험·조사·지도·단속 또는 교습에 종사하는 선박 2. 「원양산업발전법」 제2조제2호에 따른 원양어업에 종사하는 어선

141) 어선안전조업법 [시행 2025. 10. 19.] [법률 제19011호, 2022. 10. 18., 일부개정]

3. 「내수면어업법」 제2조제5호에 따른 내수면어업에 종사하는 어선
4. 「양식산업발전법」 제10조제1항제7호에 따른 내수면양식업에 종사하는 어선

나. 용어정의

1) "어선"이란 「어선법」 제2조제1호 각 목의 어느 하나에 해당하는 선박을 말한다.

2) "조업"이란 해상에서 어선·어구를 사용하여 수산동식물을 포획·채취하는 행위와 이를 목적으로 어구 등 시설물을 설치하는 행위를 말한다.

3) "조업한계선"이란 조업을 할 수 있는 동해 및 서해의 북쪽한계선으로서 대통령령으로 정하는 선을 말한다.

〈그림 7-1〉 동해조업한계선도

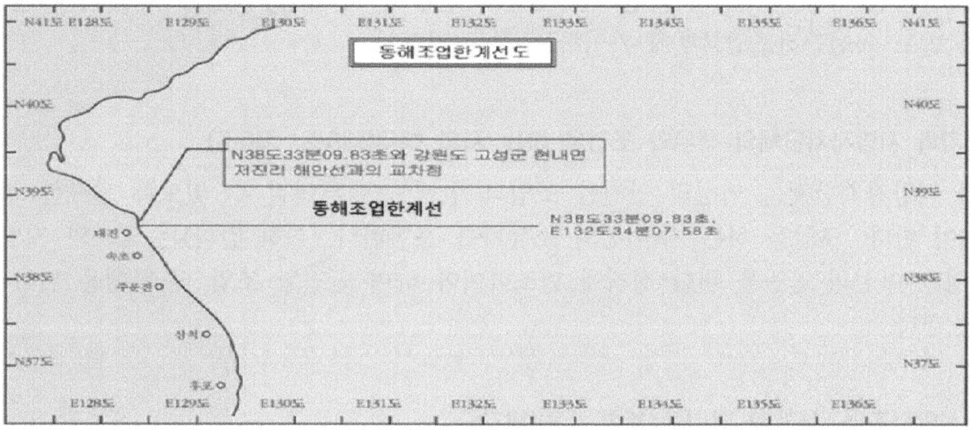

〈그림 7-2〉 서해조업한계선도

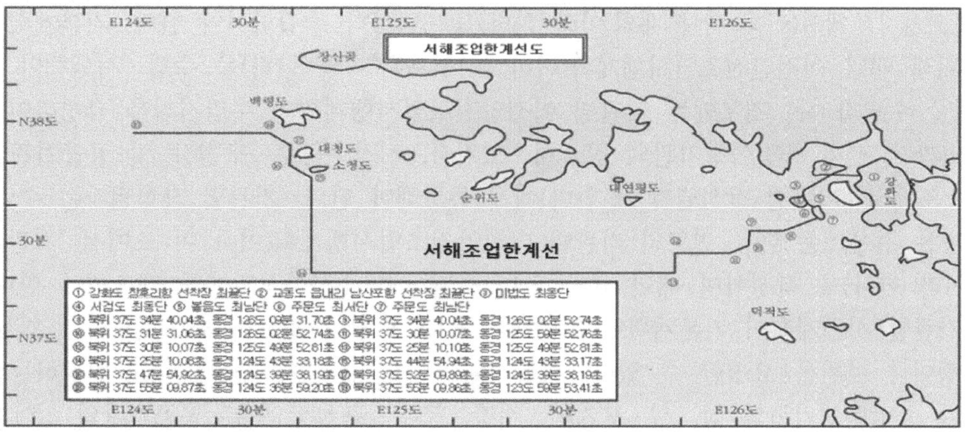

4) "특정해역"이란 동해 및 서해의 조업한계선 이남(以南)해역 중 어선의 조업과 항행이 제한된 해역으로서 대통령령으로 정하는 범위의 해역을 말한다.

5) “조업자제선”이란 조업자제해역의 동해 및 서해의 북쪽한계선으로서 대통령령으로 정하는 선을 말한다.

6) “조업자제해역”이란 북한 및 러시아 등의 배타적 경제수역(EEZ)과 인접한 동해특정해역의 이동(以東)해역 및 서해특정해역의 이서(以西)해역 중 어선의 조업과 항행이 제한된 해역으로서 대통령령으로 정하는 범위의 해역을 말한다.

7) “일반해역”이란 「원양산업발전법」 제2조제10호에 따른 해외수역을 제외한 해역 중 특정해역 및 조업자제해역을 제외한 모든 해역을 말한다.

8) “항포구”란 어선이 조업 또는 항행 등을 위하여 출항 또는 입항(이하 “출입항”이라 한다)하는 항구 또는 포구를 말한다.

9) “신고기관”이란 어선의 출입항 신고업무를 담당하는 해양경찰서 소속 파출소, 출장소 및 해양경찰서장이 민간인으로 하여금 출입항 신고업무를 대행하게 하는 대행신고소를 말한다.

10) “교신가입”이란 무선설비가 설치된 어선의 선주가 「전파법」 제19조에 따라 무선국 개설허가를 받고 어선안전조업본부에 가입하는 것을 말한다.

다. 국가와 지방자치단체의 책무와 조업을 하는 자의 책무(제5조, 제6조)

국가와 지방자치단체는 어선의 안전한 조업과 항행이 이루어질 수 있도록 필요한 정책을 마련하여야 한다. 조업을 하는 자(어선의 소유자를 포함한다. 이하 같다)는 국가와 지방자치단체가 정한 어선의 안전을 위한 정책에 협조하여야 하며 안전한 조업 및 항행을 위하여 노력하여야 한다.

라. 어선안전조업기본계획 및 시행계획 수립(제7조)

1) 해양수산부장관은 관계 행정기관의 장과 협의하여 어선의 안전한 조업과 항행을 위한 어선안전조업기본계획(이하 "기본계획"이라 한다)을 5년마다 수립하여야 한다. 기본계획을 시행하기 위해 매년 어선안전조업시행계획(이하 "시행계획"이라 한다)을 수립 · 시행해야 한다. 시행계획을 수립하려는 경우에는 기관별 어선안전조업시행계획의 수립지침을 작성하여 매년 8월 31일까지 관계 중앙행정기관의 장, 시 · 도지사, 시장 · 군수 · 구청장 및 공공기관의 장(이하 이 조에서 "기관별 작성권자"라 한다)에게 통보해야 한다. 기관별 작성권자는 수립지침을 통보받은 경우에는 다음 연도의 기관별 어선안전조업시행계획(이하 이 조에서 "기관별 시행계획"이라 한다)을 작성하여 매년 10월 31일까지 해양수산부장관에게 제출해야 한다. 제출받은 기관별 시행계획이 기본계획에 위반되거나 그 보완이 필요하다고 인정하는 경우에는 해당 수정이나 보완을 요청할 수 있다. 시행계획의 수립을 위해 필요하다고 인정하는 경우에는 관계 중앙행정기관의 장, 시 · 도지사, 시장 · 군수 · 구청장 또는 공공기관의 장에게 자료의 제출, 의견의 진술 또는 그 밖에 필요한 협력을 요청할 수 있다.

2) 기관별 작성권자는 매년 2월 말일까지 전년도의 기관별 시행계획의 추진실적을 해양수

산부장관에게 제출해야 한다.

마. 출입항신고(제8조)

1) 항포구에 출입항하려는 어선의 소유자 또는 선장은 신고기관에 신고하여야 한다. 다만, 「수산업법」 제27조제1항에 따라 관리선 사용지정을 받은 어선 또는 같은 조 제3항에 따라 사용승인을 받은 어선은 다음 각 호의 어느 하나에 해당하는 해역에 출어하는 경우에만 신고한다.

가) 특정해역

나) 조업자제해역

다) 관할 해양경찰서장이 치안유지나 국방을 위하여 필요하다고 인정하여 관계 기관의 장과 협의를 거쳐 지정한 해역

2) 해양경찰청장이 정하는 어선위치발신장치를 갖추고 이를 정상적으로 작동하여 출입항하는 어선은 출입항 신고를 한 것으로 본다. 다만, 다음 각 호의 어느 하나에 해당하는 경우에는 그러하지 아니하다.

가) 최조로 신고하는 경우

나) 승선원 명부 등 어선출입항신고서의 내용에 변동이 있는 경우

다) 특정해역이나 조업자제해역에 출어하는 경우

3) 출입항 신고를 하려는 어선의 소유자 또는 선장은 신고인 인적사항, 승선원 명부 등 해양수산부령으로 정하는 사항을 기재한 어선출입항신고서를 제출하여야 한다. 출입항 신고의 절차 및 방법과 그 밖에 필요한 사항은 다음과 같다.

시행규칙 제2조(출입항 신고의 절차 및 방법 등) ① 「어선안전조업법」 제8조제1항에 따라 출입항 신고를 하려는 어선의 소유자 또는 선장은 어선출입항신고(확인)서를 출입항하려는 항포구를 관할하는 신고기관(관할 해양경찰서 소속 파출소 및 출장소로 한정)에 제출하여 확인을 받은 후 해당 확인서를 어선에 갖춰 두어야 한다. 1. 최초로 출입항 신고를 하는 경우 2. 승선원 명부 등 어선출입항신고(확인)서의 기재 내용에 변동이 있는 경우 3. 특정해역이나 조업자제해역에 출어하는 경우 ② 제1항에도 불구하고 총톤수 5톤 미만 어선의 소유자 또는 선장은 제1항 각 호의 경우 외에는 제1항에 따른 어선출입항신고(확인)서 제출을 갈음하여 전화 등으로 출입항 신고를 할 수 있다.

바. 항포구의 출입항 제한(제9조)

어선은 신고기관이 설치되지 아니한 항포구에는 출입항하여서는 아니 된다. 다만, 기상 악화에 따른 피항, 기관 고장 등으로 인한 표류, 그 밖의 부득이한 사정이 있는 경우에는 그러하지 아니하다. 단서에 따라 어선이 항포구에 입항한 경우 어선의 선장은 입항한 항포구 인근에 있는 신고기관에 신고하여야 한다.

사. 출항등의 제한(제10조)

신고기관의 장은 해상에 대하여 기상특보가 발효된 때에는 어선의 출항 및 조업을 제한할 수 있다. 어선의 선장은 해상에 대하여 기상예비특보(기상특보를 발표할 것으로 예상될 때 이를 사전에 알리는 것을 말한다) 또는 기상특보가 발표되거나 발효된 때에는 해양수산부령으로 정하는 어선의 안전조치 및 준수사항에 따라야 한다.

〈표 7-3〉 어선의 출항제한의 기준

■ 어선안전조업법 시행규칙 [별표 1]
어선의 출항제한의 기준, 안전조치 및 준수사항(제4조제1항 관련)

<table>
<tr><th>구분</th><th>출항제한</th><th>어선의 안전조치 및 준수사항</th></tr>
<tr><td>1. 태풍주의보
태풍경보
풍랑경보</td><td>모든 어선
출항 금지</td><td rowspan="2">가. 조업 또는 항행 중인 어선은 해양수산부 또는 지방자치단체의 어업지도선, 해양경찰관서 함정의 안전해역으로의 이동 및 항·만으로의 대피 명령을 준수할 것
나. 조업 또는 항행 중인 어선(「어선법」 제5조에 따른 무선설비가 설치된 어선으로 한정한다)은 무선설비를 상시 켜고 경보를 청취할 것</td></tr>
<tr><td>2. 풍랑주의보</td><td>총톤수 15톤 (태풍으로 인한 풍랑주의보 발효시에는 30 톤) 미만 어선 출항 금지</td></tr>
<tr><td>3. 폭풍해일주의보
폭풍해일경보</td><td>-</td><td>가. 조업 또는 항행 중인 어선은 해양수산부 또는 지방자치단체의 어업지도선, 해양경찰관서 함정의 항내 정박선 안전지대로의 대피 명령을 준수할 것
나. 조업 또는 항행 중인 어선(「어선법」 제5조에 따른 무선설비가 설치된 어선으로 한정한다)은 무선설비를 상시 켜고 경보를 청취할 것</td></tr>
</table>

비고
1. 신고기관의 장은 기상특보가 발효될 것으로 예상되는 경우에는 기상 상황 및 예상항로 등을 고려하여 어선의 출항을 제한할 수 있다.
2. 해양수산부 또는 지방자치단체의 어업지도선, 해양경찰관서의 함정은 기상특보가 발효될 것으로 예상되는 경우에는 기상 상황 및 대피 시간 등을 고려하여 이동 및 대피 명령을 내릴 수 있다.
3. 안전본부는 기상특보가 발효된 경우 기상특보의 내용과 어선의 안전조치 및 준수사항 등을 1시간마다 방송하여 조업 또는 항행 중인 어선이 신속히 대피하도록 해야 하며, 어선의 대피 상황을 4시간마다 해양수산부장관에게 보고하고, 필요 시 해양경찰서, 시·군 등 관계기관에 통보해야 한다.

4. 특정해역 등에서의 조업 또는 항행제한

가. 조업한계선 또는 조업자제선의 이탈 금지(제11조)

어선은 조업한계선 또는 조업자제선을 넘어 조업 또는 항행을 하여서는 아니 된다. 다만, 조업한계선 또는 조업자제선 인근지역의 어선 등 대통령령으로 정하는 경우에는 그러하지 아니하다.

대통령령으로 정하는 경우"란 다음 각 호의 경우를 말한다. 1. 조업한계선 또는 조업자제선 인근 지역・도서의 어선이 해양수산부령으로 정하는 해역에서 해양수산부령으로 정하는 기간 및 조업 조건을 준수하여 조업 또는 항행하는 경우 2. 「남북교류협력에 관한 법률」 제20조제1항에 따라 통일부장관의 승인을 받은 어선 또는 외국정부의 입어 허가를 받아 해당 외국수역으로 출어하는 어선이 해양수산부령으로 정하는 항로를 항행하는 경우 ▶ "해양수산부령으로 정하는 항로를 항행하는 경우"란 동경 133도 44분 50.12초선을 기준으로 동쪽에 있는 조업자제선을 넘어서 항행하는 경우를 말한다.

나. 출어등록(제12조)

1) 특정해역 또는 조업자제해역에서 조업하려는 어선의 소유자 또는 선장은 신고기관에 출어등록을 하여야 한다. 이 경우 출어등록의 유효기간은 등록일부터 1년으로 한다.

2) 출어등록을 하려는 경우에는 출어등록신청서 및 신분증 사본을 관할 해양경찰서 신고기관의 장에게 제출해야 한다.

다. 특정해역에서의 조업 또는 항행의 제한(제13조)

해양수산부장관은 어선의 안전한 조업과 항행을 위하여 필요한 경우 관계 중앙행정기관의 장과 협의를 거쳐 특정해역에서의 어업별 조업구역 및 기간 등을 제한할 수 있다. 특정해역에서의 어업별 조업구역 및 기간 등은 해양수산부장관이 정하여 고시한다. 특정해역에서 조업을 하는 자는 해양수산부령으로 정하는 안전장비를 갖춘 어선으로 조업 또는 항행을 하여야 한다.

"해양수산부령으로 정하는 안전장비"란 「어선법」 제3조에 따른 구명설비, 같은 법 제5조에 따른 무선설비와 나침반 및 해도를 말한다. 다만, 특정해역에 인접한 지역(고성군 아야진항 이북 지역을 말한다)의 어업인이 보유하는 무동력어선은 본문의 안전장비를 갖추지 않고 조업 또는 항행을 할 수 있다.

라. 특정해역 외의 해역에서의 조업 또는 항행의 제한(제14조)

해양수산부장관은 어선의 안전한 조업과 항행을 위하여 필요한 경우 관계 중앙행정기관의 장과 협의하여 특정해역 외의 해역에서의 조업 또는 항행을 제한할 수 있다. 동해 조업자제해역에 출어하는 어선은 해양수산부령으로 정하는 바에 따라 특정해역 이남의 일반해역으로 항행하여야 한다.

① 동해 조업자제해역에 출어하는 어선은 해양수산부장관이 고시하는 장비를 갖추고 이를 작동해야 한다. ② 주문진항 이북에 위치한 항포구를 출항하는 어선으로서 동해 조업자제해역에 출어하는 어선은 주

문진항 방향으로 남하한 후 특정해역 이남의 일반해역으로 항행해야 한다. 입항하는 경우에도 또한 같다.
③ 제2항에도 불구하고 다음 각 호의 어느 하나에 해당하여 어선이 입항하는 경우에는 안전본부에 통보하고 특정해역을 항행할 수 있다.
1. 선원의 심각한 부상, 사망 또는 실종 등 인명사고가 발생한 경우
2. 기상특보 발효에 따라 대피하는 경우
3. 어선의 기관 고장으로 긴급한 수리가 필요한 경우
4. 전시·사변 또는 이에 준하는 비상사태나 천재지변이 발생한 경우

마. 어선의 선단 편성 조업(제15조)

특정해역 또는 조업자제해역에서 조업하려는 어선은 선단을 편성하여 출항하고 조업하여야 한다. 다만, 어선장비의 고장, 인명사고 등 불가피한 경우에는 선단 편성 조업에서 이탈할 수 있다. 무선설비가 없는 어선으로서 「영해 및 접속수역법」 제2조에 따른 영해 내 기선으로부터 12해리 밖의 일반해역에서 조업하려는 어선은 무선설비가 있는 어선과 선단을 편성하여 신고기관에 신고하여야 한다. 선단 편성 방법 및 선단 조업, 선단 이탈 등에 관하여 필요한 사항은 해양수산부령으로 정한다.

<선단 편성>

① 어선의 소유자 또는 선장은 선단을 편성한 경우에는 선단의 대표자를 선정해야 하며, 선단의 대표자는 해양경찰서 신고기관의 장에게 선단의 편성 사실을 신고해야 한다.
② 선단을 편성할 수 있는 다른 어선이 없어 제1항에 따른 선단 편성이 불가능한 어선의 경우에는 이미 조업 중인 선단에 편입할 수 있으며, 어획물운반선의 경우에는 선단을 편성하지 않고 출항할 수 있다.
③ 제1항에 따라 선단에 편성된 각 어선의 선장은 조업 중 안전본부의 안전조업 지도에 협조해야 한다.
④ 선단에 편성된 각 어선은 가시거리 내의 같은 어장에서 조업해야 하며, 해양사고 발생 시 구조활동에 협조해야 한다.
⑤ 선단에 편성된 어선은 같은 항 단서에 따라 다음 각 호의 어느 하나에 해당하는 경우에는 선단에서 이탈할 수 있다. 이 경우 이탈하려는 어선의 선장은 그 사실을 안전본부에 통보해야 한다.
1. 어선설비가 고장난 경우
2. 선원의 심각한 부상, 사망 또는 실종 등 인명사고가 발생한 경우
3. 만선 등으로 조업을 계속할 수 없는 경우
4. 일반해역으로 이동하려는 경우
5. 기상특보 발효에 따라 대피하는 경우
6. 어구·어법의 특성상 선단의 다른 어선과 가시거리 내에서 조업하는 것이 현저히 곤란한 경우
⑥ 안전본부는 제5항에 따른 통보를 받은 경우 관할 해양경찰서 신고기관 및 어업관리단에 그 사실을 지체 없이 알려야 하고, 어선의 이탈로 선단에 1척의 어선만 남는 경우에는 해당 어선을 다른 선단에 편입시켜야 한다. 다만, 제5항제5호 및 제6호에 해당하는 사유로 어선이 이탈한 경우에는 남은 어선을 다른 선단에 편입시키지 않을 수 있다.

바. 일시적인 조업 또는 항행의 제한(제16조)

국방부장관 또는 해양경찰청장은 국가안전보장 또는 질서유지를 위하여 필요한 경우 해양수산부장관, 광역시장·도지사·특별자치도지사(이하 "시·도지사"라 한다)와 협의하여 해양수산부장관 또는 시·도지사에게 일정한 해역에서 지정된 기간 동안 조업 또는 항행의 제한을 요청할 수 있다. 다만, 국방부장관 또는 해양경찰청장은 조업 또는 항행을 즉시 제한하지 아니하면 어선의 안전한 조업 또는 항행에 중대한 영향이 있다고 판단하는 경우 조업 또는 항행을 제한할 수 있다. 이 경우 국방부장관 또는 해양경찰청장은 해양수산부장관, 해당 시·도지사 및 관계기관에 즉시 통보하여야 한다.

> **<일시적으로 조업 또는 항행의 제한을 하는 경우>**
> 다음 각 호의 사항을 해양수산부 또는 시·도의 인터넷 홈페이지에 게재하고, 해당 해역에서 조업 또는 항행하는 어선에 다음 각 호의 사항을 무선설비, 팩스 등을 활용하여 알려야 한다. 이 경우 어선에 대한 통지를 수산업협동조합중앙회("중앙회")에 위탁한 경우에는 중앙회 또는 어선안전조업본부("안전본부")가 알려야 한다.
> 1. 조업 또는 항행 제한의 목적
> 2. 조업 또는 항행 제한의 시간, 기간 및 해역 범위
> 3. 그 밖에 어선의 안전을 위해 필요한 사항
>
> ② 해양수산부장관 또는 시·도지사는 일시적인 조업 또는 항행 제한의 필요성이 없어진 때에는 국방부장관 또는 해양경찰청장과 협의하여 지체 없이 조업 또는 항행의 제한을 해제하고, 이를 해양수산부 또는 시·도의 인터넷 홈페이지에 게재해야 한다.

사. 서해 접경해역의 통제(제17조)

1) 서해 북방한계선과 잇닿아 있는 접경해역 중 대통령령으로 정하는 어장에 대한 출입항은 신고기관의 협조를 받아 그 지역 관할 군부대장이 통제할 수 있다.

> "대통령령으로 정하는 어장"이란 다음 각 호의 도서 주변의 어장을 말한다.
> 1. 백령도 2. 대청도 3. 소청도 4. 연평도 5. 강화도

2) 제 1)항에서 정하는 어장을 관할하는 관계 기관의 장은 어선의 불법조업 및 조업구역 이탈 방지 등 안전조업 지도에 노력하여야 한다.

3) 제1)항 및 제 2)항에 따른 출입항 통제 및 안전조업 지도 등의 범위 및 방법 등에 관하여 필요한 사항은 다음과 같다.

> ① 관할 군부대장은 법 제17조제1항에 따라 국가안전보장 또는 군사작전 수행을 위해 제9조에 따른 서해 접경해역의 어장에서의 어선의 출항 또는 입항(이하 "출입항"이라 한다) 통제가 필요한 경우에는 신고기관의 장에게 그 사실을 통보해야 하고, 통보를 받은 신고기관의 장은 신고기관이 위치한 항포구에서의 출입항 통제에 협조해야 한다.
> ② 관할 군부대장은 국가안전보장 또는 군사작전 수행을 위해 제9조에 따른 서해 접경해역의 어장에서의 어선 안전조업 지도가 필요한 경우에는 관할 어업관리단장 및 시장·군수·구청장에게 관련된 사항의 협조를 요청할 수 있으며, 요청을 받은 기관의 장은 이에 따라야 한다.

아. 조업보호본부의 설치 · 운영(제18조)

1) 해양경찰청장은 특정해역의 조업보호에 관한 다음 각 호의 사무를 처리하기 위하여 해양경찰관서에 조업보호본부를 설치 · 운영할 수 있다.

① 조업보호를 위한 경비 및 단속
② 어선의 출입항 및 출어등록의 현황 파악과 출어선(出漁船)의 동태 파악
③ 해양사고 구조
④ 조업을 하는 자의 위법행위의 적발 · 처리 및 관계 기관 통보
⑤ 특정해역에 출입하는 어획물운반선의 통제

2) 조업보호본부의 설치 및 운영에 관하여 필요한 사항은 다음과 같다.

> ▶속초해양경찰서 : 동해조업보호본부 설치
> ▶인천해양경찰서 : 서해조업보호본부 설치
> - 조업보호본부의 장("조업보호본부장")은 관할 해양경찰서장으로 하고, 그 구성원은 관할 해양경찰서 소속 경찰공무원 중 조업보호본부장이 지명하는 사람으로 한다.
> - 조업보호본부장은 특정해역 조업 어선의 어장이탈 방지, 나포 · 피랍 예방 등 특정해역에서의 조업질서 및 조업안전 유지를 위한 관계기관 간 협조를 위해 조업보호협의회를 설치 · 운영할 수 있다.
> - 조업보호협의회의 구성 · 기능 및 운영에 관해 필요한 사항은 조업보호본부장이 관할 어업관리단장, 시장 · 군수 · 구청장, 군부대장, 안전본부의 장 등 관계기관의 장과 협의하여 정한다

5. 어선의 안전한 조업과 항행

가. 어선 교신가입 및 위치통지(제21조)

1) 「어선법」 제5조에 따른 무선설비가 설치된 어선의 소유자는 어선이 주로 출입항하는 항포구를 관할하는 안전본부에 교신가입하여야 하고, 교신가입한 어선이 출항할 때에는 지정된 시간에 맞추어 안전본부에 그 위치를 통지하여야 한다.

2) 어선이 지정된 시간까지 위치통지 의무를 이행하지 않는 경우 해양수산부장관은 해당 어선의 위치를 확인하고, 수색 · 구조기관 등에 통보하는 등 필요한 조치를 하여야 한다.

3) 해역별 위치통지 횟수 및 절차, 위치확인 방법, 수색 · 구조기관 등에의 통보방법 및 절차에 관한 사항은 대통령령으로 정한다.

> **시행령 제12조(위치통지의 횟수 및 절차 등)**
> ① 법 제21조제2항에 따른 위치통지(이하 "위치통지"라 한다)는 위도와 경도를 통지하는 방법으로 다음 각 호의 구분에 따른 안전본부에 해야 한다. 다만, 각 호의 구분에 따른 안전본부와 교신이 불가능한 경우에는 인근 안전본부에 위치통지를 해야 한다.
> 1. 특정해역에 출어하는 경우: 해당 특정해역을 관할하는 안전본부
> 2. 제1호 외의 경우: 출항지를 관할하는 안전본부
>
> ② 위치통지의 횟수는 다음 각 호의 구분에 따른다. 이 경우 출항시각을 기준으로 매 24시간을 1일로 한다.

1. **특정해역에 출어하는 어선** : 1일 3회(매일 최초의 위치통지는 출항시각에 해당하는 시각을 기준으로 6시간이 경과한 이후에 하고, 두 번째 및 세 번째 통지는 직전의 통지와 6시간 이상의 간격을 두어야 한다)
2. **조업자제해역에 출어하는 어선** : 1일 2회(매일 최초의 위치통지는 출항시각에 해당하는 시각을 기준으로 8시간이 경과한 이후에 하고, 두 번째 통지는 직전의 통지와 8시간 이상의 간격을 두어야 한다)
3. **일반해역에 출어하는 어선** : 1일 1회(매일 위치통지는 출항시각에 해당하는 시각을 기준으로 12시간이 경과한 이후에 해야 한다)

③ 기상특보가 발효된 경우에는 제2항에 따른 통지 외에 다음 각 호의 구분에 따라 추가로 위치통지를 해야 한다. 이 경우 기상특보 발효 당시 조업 또는 항행 중인 어선은 기상특보 발효시각을, 기상특보 발효 이후 출항한 어선은 출항시각을 각각 기준으로 하여 최초로 다음 각 호에 따른 간격이 되었을 때 최초 통지를 해야 한다.

1. **풍랑특보 발효 시** : 매 12시간 간격(12시간 전후로 30분의 간격은 허용한다)
2. **태풍특보 발효 시** : 매 4시간 간격(4시간 전후로 30분의 간격은 허용한다)

제13조(위치 확인의 방법 등)

① 어선의 위치 확인은 무선통신을 이용한 방송 및 어선안전종합관리시스템 등을 활용하여 한다.

② 통보는 해양수산부장관이 정하는 시간이 지날 때까지 위치통지를 하지 않은 어선을 관할 해양경찰서 및 어업관리단에 알리는 방법으로 한다.

나. 선장의 의무(제22조)

1) 어선의 선장(이하 "선장"이라 한다)은 해양수산부령으로 정하는 방법으로 긴급사태에 관한 경보를 청취하여야 한다. 무선설비가 설치된 어선의 선장은 긴급사태가 발생한 경우에는 매시 정각부터 3분 이상 무선설비를 통해 긴급사태에 관한 경보를 청취해야 한다.

2) 선장은 다음 각 호의 선박 또는 안전본부로부터 위험상황을 전파받거나 대피하도록 통보를 받은 경우에 즉시 이에 따라야 하며, 무선설비가 설치된 어선은 대피상황을 지체 없이 안전본부에 통보하여야 한다.

① 해양수산부 또는 지방자치단체의 어업지도선

② 해양경찰관서 함정

③ 해군함정

다. 정선(제23조)

1) 해양수산부장관, 국방부장관 및 해양경찰청장은 어선이 이 법을 위반하였다고 인정되는 경우에는 정선(停船)·승선조사 등 필요한 명령이나 조치를 할 수 있다.

2) 정선명령을 위한 정선신호 방법 및 승선조사 등에 관하여 필요한 사항은 다음과 같다.

시행규칙 제12조(정선신호 방법 등) ① 법 제23조제1항에 따른 정선명령을 위한 정선신호는 다음 각 호의 구분에 따른 방법으로 한다.

1. **주간** : 노란색과 검은색 표지를 교차하여 연결한 정선명령신호기를 게양하는 방법 또는 통신·방송을 이용하거나 육성으로 명령하는 방법
2. **야간** : 기적을 짧게 한 번, 길게 한 번 연이어 울리거나 빛을 짧게 한 번, 길게 한 번 연이어 비

추는 방법 또는 통신·방송을 이용하거나 육성으로 명령하는 방법
② 승선조사를 할 때에는 승선조사를 받는 어선의 선장에게 조사자의 소속 및 성명, 승선조사의 목적 및 이유를 알려야 한다.

라. 구명조끼 등의 착용(제24조)

어선에 승선하는 사람은 기상특보가 발효되거나 승선 인원이 소규모인 경우 등 해양수산부령으로 정하는 경우 안전한 조업과 항행을 위하여 구명조끼 또는 구명의(救命衣)를 착용하여야 한다. 어선의 선장은 어선에 승선하는 사람에게 구명조끼 또는 구명의를 착용하게 하여야 한다. 해양수산부장관은 해양수산부령으로 정하는 사람으로 하여금 어선에 승선하는 사람이 구명조끼 또는 구명의를 착용하였는지를 확인하게 할 수 있다.

마. 안전조업교육(제25조)

어선의 소유자와 선장, 기관장, 통신장 또는 그 직무를 대행하는 자는 조업질서의 유지 및 안전한 조업을 위하여 필요한 교육(이하 "안전조업교육"이라 한다)을 이수하여야 한다.

① 어선의 소유자와 선장, 기관장, 통신장 또는 그 직무를 대행하는 자(이하 "교육대상자"라 한다)는 안전조업교육을 다음 각 호의 구분에 따라 이수해야 한다.
1. 정기교육
가. 어선의 소유자 : 어업허가 또는 어업·양식업 면허를 받은 날부터 6개월 이내 및 직전 교육 이수 후 1년 이내에 이수
나. 어선의 소유자를 제외한 교육대상자 : 선장, 기관장, 통신장 또는 그 직무를 대행하는 자로 승선하여 최초로 출입항 신고를 한 날부터 6개월 이내 및 직전 교육 이수 후 1년 이내에 이수

2. 특별교육
특정해역에 출어하는 경우 출어하기 전 및 직전 교육 이수 후 1년 이내(1년 이상 특정해역에 출어하는 경우만 해당한다)에 이수
② 다음 각 호의 어느 하나에 해당하여 안전조업교육을 이수하지 못한 경우, 그 사유가 해소될 때까지의 기간은 제1항 각 호의 기간 계산에 산입하지 않는다.
1. 질병·사고 등의 사유로 교육대상자가 안전조업교육을 받을 수 없다고 인정되는 경우
2. 천재지변 또는 감염병 확산 등의 사유로 안전조업교육을 실시하지 않는 경우
③ 정기교육은 수산업협동조합중앙회의 회장("중앙회장")이 실시하며, 특별교육은 조업보호본부("조업보호본부")의 장이 실시한다.
④ 중앙회장과 조업보호본부의 장은 안전조업교육 이수자에게 안전조업교육 이수증을 발급하고, 안전조업교육 이수자 관리대장에 그 내용을 기록·관리해야 한다.

〈표 7-4〉 안전조업교육의 내용 및 시간

■ 어선안전조업법 시행규칙 [별표 4]

안전조업교육의 내용 및 시간(제14조제7항 관련)

교육과정	교육내용	교육시간
정기교육	질서유지 및 안전한 조업 등	연 1회(4시간)
특별교육	월선·피랍 대비 안전사항 등	연 1회(2시간)

비고

법 제25조제1항에 따른 안전조업교육 대상자 외의 선원에게는 어선의 소유자 또는 선장이 그 교육받은 내용을 전달하는 전달교육을 해야 한다.

6. 특정해역 외의 해역에서 조업·항행 제한(제7조) 142)

특정해역 외의 해역에서의 조업 또는 항행을 제한할 수 있는 해역 및 기간은 다음 각 호와 같다.

1) 동해 조업한계선 동쪽 끝단에서 정동(正東)으로 연결한 선의 이북해역에는 20톤 미만의 어선은 출어할 수 없다.

2) 서해 조업한계선과 다음의 각 목의 점을 차례로 연결한 선내의 해역(만도리어장을 말한다)에서는 3월 1일부터 11월 30일까지 조업할 수 있으며, 12월 1일부터 다음 해 2월 말일까지는 「어선안전조업법 시행령」 제11조제1항 및 제2항에 따른 서해조업보호본부장이 조업보호에 지장이 없다고 판단하여 조업을 허용하는 경우 주간에 한정하여 조업할 수 있음. 다만, 같은 어장에서 조업하려는 어선은 법 시행규칙 제7조에 따른 요건을 갖추어야 한다.

   가) 북위37도30분10.07초, 동경125도59분52.76초(동경측지계 : 북위37도30분, 동경126도00분)
   나) 북위37도30분10.07초, 동경126도15분52.67초(동경측지계 : 북위37도30분, 동경126도16분)
   다) 석모도 최남단
   라) 주문도 최남단

3) 강화도 서방의 조업한계선과 다음 각 목의 점 및 선을 차례로 연결한 선내의 해역에 대해서는 지역어선에 한정해 주간 조업을 할 수 있음

   가) 주문도 최남단
   나) 석모도 최남단
   다) 석모도 최북단에서 정동으로 연장하여 강화도 서단에 이르는 선

142) 어신인진조입규징[시행 2022. 7. 1.] [해양수산부고시 제2022-94호, 2022. 7. 1., 일부개정], 해양수산부.

4) 법 시행령 제2조제4항에 따른 서해 조업자제해역에서는 10월 1일부터 다음 해 4월 30일까지 조업 또는 항해를 할 수 있음
5) 법 시행규칙 제8조제1항에 따라 동해 대화퇴 조업자제해역에 출어를 희망하는 어선은 해당 해역에서 실시간으로 위치를 확인할 수 있는 위성위치발신장치[인마세트(INMARSAT) -D] 또는 중단파대 무선전화 및 단파대 디지털 송수신 장치를 갖추고 이를 작동해야 함

제2절 해양경찰 출입항 신고

1. 해양경찰 출입항 신고143)

"출입항 신고"란 항포구에 총톤수 100톤 미만 선박의 출항 및 입항하려는 어선의 소유자 또는 선장이「어선안전조업법」제2조제9호에 따른 신고기관에 어선의 출입항 사항을 신고하는 것을 말한다.「어선법」제2조제1호에 따른 어선, 정부나 공공단체가 소유하는 선박, 여객선 및 국외에 취항하는 선박은 제외한다.

제2조제9호 "신고기관"이란 어선의 출입항 신고업무를 담당하는 해양경찰서 소속 파출소, 출장소 및 해양경찰서장이 민간인으로 하여금 출입항 신고업무를 대행하게 하는 대행신고소를 말한다.

어선용 선박패스(V-Pass)장치란「어선법」제5조의2제1항 단서에 따라 어선의 위치를 자동으로 발신하고 출입항 신고를 자동으로 처리할 수 있는 장치를 말한다. 해양경찰서장은 관내 항포구에서 어선의 자동출입항 신고처리를 위하여 선박패스(V-Pass) 시스템에 어선 출입항구역을 설정해야 한다.

> 1. **"선박패스<V-Pass> 장치"**란 선박의 위치를 자동으로 발신하는 기능을 가진 무선설비 장치로서 897㎒대역의 주파수를 사용하며 종류는 다음 각 목과 같다.
>   가. **"어선용 선박패스 장치"**란 「어선법」 제5조의2제1항 단서에 따라 해양사고 발생 시 신속한 대응을 위해 어선의 위치 및 긴급구조신호를 발신하며, 「선박안전조업규칙」 제15조에 따른 어선의 출항·입항 신고를 자동으로 처리할 수 있는 장치를 말한다.
>   나. **"함정용 선박패스 장치"**란 해양경찰청 및 군 함정 등에 설치하는 장치를 말한다.
>   다. **"관공선용 선박패스 장치"**란 선박의 안전운항 등을 위하여 나목의 기관을 제외한 국가 및 지방 공공단체 소속 선박에 설치하는 장치를 말한다.
>   라. **"상선용 선박패스 장치"**란 선박의 안전운항을 위하여 가목을 제외한 상업의 목적으로 국내를 운항하는 선박에 설치하는 장치를 말한다.
> 2. **"선박패스 시스템"**이란 선박패스 장치를 통해 선박의 위치정보를 활용하는 시스템을 말한다.

143) 어선 출입항신고 관리 규칙, [시행 2020. 8. 28.] [해양경찰청훈령 제188호, 2020. 8. 28., 전부개정], 해양경찰청(해양안전과)

3. **"어선위치발신장치"**라 함은 어선의 위치를 자동으로 발신하는 기능을 가진 장치로서 「어선설비기준」 제191조에서 정하는 요건에 적합하여야한다.

1) 항포구에 출입항 하려는 어선의 소유자 또는 선장은 출입항신고서를 작성하여 신고기관[144]에 제출한 후에 신고기관 장의 확인을 받아야 하며, 출항 시에는 출입항신고서를 어선에 보관해야 한다.

수산업법에 의한 관리선(어업권자는 그 어업의 어장관리에 필요한 어선)과 어장에 관리선을 갖추지 못한 어업권자는 시장・군수・구청장의 승인을 받을 경우 ①특정해역 ②조업자제해역 ③관할 해양경찰서장이 치안유지나 국방을 위하여 필요하다고 인정하여 관계 기관의 장과 협의를 거쳐 지정한 해역에 출어하는 경우에만 신고한다.

2) 신고기관의 장은 출입항신고서를 접수한 때에는 그 사실을 확인하여 어선출입항 종합정보시스템에 입력하고 신고인에게 교부해야 한다.
3) 신고기관의 장은 전화 또는 정보통신망의 방법으로 출입항신고를 접수한 때에는 지체없이 그 사실을 어선출입항 종합정보시스템에 입력해야 한다. 다만, 대행신고소에서 접수한 출입항 신고사항은 관할 파출소 및 출장소(이하 "해양경찰서 신고기관"이라 한다)에서 매월 1회 이상(해양경찰서 신고기관이 없는 도서지역은 분기 1회 이상) 입력할 수 있다.
4) 출항지의 신고기관의 장은 입항하지 않는 어선이 발생한 경우에는 그 어선의 소재를 파악하고 소재가 확인되지 않을 때에는 지체 없이 관할 해양경찰서장에게 보고해야 하며, 보고를 받은 해양경찰서장은 해당 어선을 전국에 수배한다. 다만, 5톤 미만의 어선은 인접 시·도까지만 수배할 수 있다.
5) 입항하지 않는 어선의 발생통보를 받은 해양경찰서장은 관내 신고기관 및 출동 중인 함정에 어선의 소재를 파악하도록 조치해야 한다. 이 경우 입항하지 않은 어선의 소재가 확인되었을 때에는 출항지 관할 해양경찰서장에게 통보해야 한다.
6) 입항하지 않는 어선이 발생한 경우의 보고 및 수배내용은 다음 각 호와 같다.
   ① 출항일시 및 장소
   ② 어선제원(선명·톤수·마력수·승선인원) 및 어선의 특징
   ③ 조업해역 또는 항해구역
   ④ 입항 예정일시 및 장소

144) 어선의 출입항 신고업무를 담당하는 해양경찰서 소속 파출소, 출장소 및 해양경찰서장이 민간인으로 하여금 출입항 신고업무를 대행하게 하는 대행신고소를 말한다.

2. 대행신고소 지정과 출입항 관리

가. 대행신고소 지정(제7조)

해양경찰서장은 일반해역[145]에 출입항하는 어선의 신고관리 업무를 위하여 다음 각 호의 어느 하나에 해당하는 경우를 제외하고는 해양경찰서 신고기관이 설치되지 않은 항포구에 대행신고소를 지정할 수 있다.

1) 해당 항포구에 출입항 하는 어선이 모두 5톤 미만인 경우
2) 해당 항포구에 출입항 하는 어선 중 5톤 이상 어선이 모두 어선용 선박패스(V-Pass) 장치나 지능형 해상교통정보서비스 단말기(e-Nav) 장치를 갖추고 출입하는 경우

"일반해역"이란 「원양산업발전법」 제2조제10호에 따른 해외수역을 제외한 해역 중 특정해역 및 조업자제해역을 제외한 모든 해역을 말한다. 여기서 "해외수역"이란 동해·서해 및 동중국해와 북위 25도선 이북(以北), 동경 140도선 이서(以西)의 태평양해역을 제외한 해역을 말한다.

나. 대행신고소 설치 절차(제8조)

해양경찰서장은 대행신고소를 지정 할 때에는 대행신고서 설치 승인신청서를 작성하여 지방해양경찰청장의 승인을 받아야 한다. 지방해양경찰청장은 대행신고소의 설치승인을 한 때에는 그 내용을 해양경찰청장에게 보고하고, 각 지방해양경찰청장에게 통보해야 한다.

다. 대행신고소장의 위촉(제9조)

1) 해양경찰서장은 항포구에서 출입항 신고 업무를 대행할 사람("대행신고소장")을 위촉해야 하며 대행신고소장이 상주하거나 주로 위치하는 사무실 또는 주택을 대행신고소로 한다.

2) 대행신고소장은 이장·어촌계장·수협직원·향토예비군의 중대장 또는 소대장, 그 밖에 책임감이 투철한 주민 중에서 본인의 동의를 받아 위촉한다.

3) 관할 해양경찰서장은 위촉한 대행신고소장이 다음 각 호의 어느 하나에 해당하는 경우에는 이를 해촉할 수 있다.

① 업무를 위반하거나 부당한 행위를 하였을 경우
② 주민의 신망을 잃고 민원의 대상이 되었을 경우
③ 대행신고소를 폐쇄하는 경우
④ 그 밖의 사유로 직무를 수행하지 못하는 경우

145) "일반해역"이란 「원양산업발전법」 제2조제10호에 따른 해외수역을 제외한 해역 중 특정해역 및 조업자제해역을 제외한 모든 해역을 말한다.

라. 대행신고소장의 위촉장 및 신분증 발급(제10조)

1) 해양경찰서장은 대행신고소장을 위촉할 때에는 위촉장과 신분증을 발급해야 한다.

2) 해양경찰서장은 대행신고소장 신분증을 발급할 때에는 신분증 발급 대장에 등록해야 한다.

3) 대행신고소장은 해촉된 경우 발급받은 위촉장 및 신분증을 즉시 관할 해양경찰서장에게 반납해야 한다.

마. 대행신고소 출입항 업무(제11조)

대행신고소장은 관할 항포구를 근거지로 하는 어선의 현황을 어선 기본대장에 기록·유지해야 한다. 관할 항포구에 출입항하는 어선 현황을 출입항 기록부에 기록한다.

바. 대행신고소장의 교육(제12조)

해양경찰서 신고기관의 장은 관할 구역 내 대행신고소장의 출입항 신고 업무를 매월 1회 이상 (해양경찰서 신고기관이 없는 도서지역은 분기 1회 이상) 확인하고 업무처리에 필요한 교육을 해야 한다.

사. 대행신고소장 수당, 인장, 현판, 서류(제13조, 14조, 15조, 16조)

1) 해양경찰서장은 출입항 신고업무의 효율적 수행을 위하여 확보된 예산의 범위에서 대행신고소장에게 수당을 지급할 수 있다. 대행신고소의 인장·현판 및 사무용품은 해양경찰서장이 지급할 수 있다.

2) 신고기관의 장은 출입항 신고사무를 처리할 때에는 인장을 사용해야 하고, 인장을 새로 제작하는 경우에는 해양경찰서장이 이를 교부한다. 관리는 신고기관의 장이 한다. 대행신고소에 게시하는 현판의 규격 및 게시위치는 규격에 따른다.

3) 신고기관의 장은 다음 각 호의 부책을 갖추어 두어야 한다. 다만, 어선출입항 종합정보시스템을 구축하여 운영할 경우에는 이를 갈음한다.

가) 어선기본대장

나) 출입항기록부 및 출입항신고서

제3장 파·출장소 운영 및 경범죄 단속

제1절 파출소 및 출장소 운영

1. 파출소 및 출장소 운영규칙

가. 운영 목적

파출소 및 출장소 운영규칙[146]은 체계적이고 효율적인 안전관리와 치안활동을 위해 파출소 출장소의 조직과 운영 등에 필요한 사항을 규정함을 목적으로 한다.

나. 용어의 정의

1) "파출소"란 해양경찰서장의 소관 사무를 분장하기 위하여 해양경찰서장 소속하에 설치하는 지방관서를 말한다.

2) "출장소"란 해양경찰서장의 소관 사무를 분장하기 위하여 파출소장 소속하에 설치한다.

3) "지역경찰 활동"이란 지역사회의 주민과 기관·단체 등과 협력을 통해 범죄와 안전사고를 예방하고 민원사항이나 지역주민의 의견을 청취하여 치안활동에 반영하며 해양경찰활동에 지역주민의 이해와 참여를 이끌어내어 함께하는 해양경찰 활동을 말한다.

4) "연안구조정"이란 연안해역의 안전관리와 해상치안활동을 위해 파출소 및 출장소에 배치하여 운용하는 선박 등을 말한다.

5) "연안구조장비"란 파출소 및 출장소에 배치하여 운용하는 연안구조정 및 수상오토바이 등을 말한다.

6) "교대근무"란 근무조를 나누어 일정한 계획에 의한 반복 주기에 따라 교대로 업무를 수행하는 근무형태를 말한다.

7) "일근"이란 「국가공무원 복무규정」 제9조제1항에 규정된 근무형태를 말한다.

8) "당번"이란 교대근무자가 일정한 계획에 따라 근무하는 날 또는 시간을 말하며, 주간근무와 야간근무를 포함한다.

9) "상황대기근무"란 파출소장이 파출소의 전반적 안전관리와 긴급상황에 대응하기 위해 토요일·공휴일 및 일과시간 후에 근무하는 것을 말한다.

10) "휴무"란 근무일에 해당함에도 불구하고 누적된 피로 회복 등 건강 유지를 위하여 근

---

146) 파출소 및 출장소 운영 규칙 [시행 2021. 10. 12.] [해양경찰청훈령 제252호, 2021. 10. 12., 일부개정].

무에서 벗어나 자유롭게 쉬는 것을 말한다.

11) "비번"이란 교대근무자가 다음 근무시작 전까지 자유롭게 쉬는 것을 말한다.

12) "휴게"란 교대근무자 또는 연일 근무자 등을 대상으로 근무 중 청사 내에서 자유롭게 쉬는 시간을 말한다.

2. 조직의 구성

가. 파출소, 출장소의 설치 및 폐지

1) 지방해양경찰청장은 인구, 선박, 해수욕장, 해상교통, 범죄, 해양사고 등 치안수요 및 지리적 여건 등을 고려하여 해양경찰서의 관할구역을 나누고, 해양경찰청장의 승인을 얻어 파출소 또는 출장소를 설치, 폐지한다.

2) 출장소는 파출소 소속 하에 설치한다.

3) 출장소의 관할구역은 파출소 관할구역의 일부로 하되 해양경찰서장이 지정한다.

나. 현황

1) 파출소

파출소는 전국 주요 항·포구 및 연안 해역에서의 범죄예방 활동, 여객선, 유·도선, 수상레저 활동 안전관리, 사건·사고 초동조치 등의 업무를 수행하고 있으며, 전국에 파출소가 설치·운영되고 있다. 파출소장은 경감 또는 경위로 보하고 파출소의 하부조직은 다음과 같다.

가) 파출소에는 상시·교대근무로 운영하는 복수의 순찰구조팀을 둔다.

나) 순찰구조팀의 수와 구성인원은 파출소의 안전관리 등 치안·안전 수요 및 인력여건 등을 고려하여 파출소장이 정한다.

다) 순찰구조팀은 범죄, 안전사고 예방과 각종 사건사고에 대한 초동조치 등 현장의 치안 및 안전관리 활동을 담당하며, 순찰구조팀장은 파출소장이 지정한다.

2) 구조거점파출소(제11조)

가) 해양경찰서 구조대와 원거리에 위치하고 해양사고 빈발해역, 선박통항량, 다중이용선박 등 치안여건을 종합 고려하여 잠수구조 전문인력을 배치하는 구조거점파출소 지정·운영할 수 있다.

나) 구조거점파출소장은 경정 또는 경감으로 보한다.

다) 구조거점파출소에는 잠수구조요원을 배치·운영할 수 있다.

3) 출장소(제12조)

파출소의 관할 구역을 나누어 출장소를 설치·운영하며 안전관리 등 치안수요 및 인력 여건 등을 고려하여 "탄력근무형 출장소", "순찰형 출장소"를 운영할 수 있다.

가) 탄력근무형 출장소는 상주 근무자를 두지 않고, 해당 출장소를 관할하는 파출소 경찰관이 출장소에 일정 시간 근무하다, 파출소로 귀소 하는 방법으로 운영한다. 해양경찰서장은 지역의 치안·안전 수요와 인력운영 여건 등을 고려하여 탄력근무형 출장소의 근무시간을 탄력적으로 조정할 수 있고 탄력근무형 출장소의 관할은 따로 지정하지 아니한다.

나) 순찰형 출장소는 상주 근무자를 배치하지 않고, 관할 파출소에서 탄력적으로 기동순찰하며 치안업무를 수행하는 출장소를 말한다. 파출소장은 치안·안전 수요를 고려하여 순찰형 출장소에 대하여 구체적으로 순찰지시 하여야 한다. 순찰형 출장소에 원활한 선박출입항 업무를 위하여 대행신고소를 병행하여 운영할 수 있다.

3. 임무와 주요업무

가. 파출소 임무(제6조)

1) 범죄의 예방, 단속 및 치안·안전 정보의 수집
2) 다중이용선박 및 수상레저활동 안전관리
3) 선박 출입항 신고 접수 및 통제
4) 연안해역 안전관리
5) 각종 해양사고 예방 및 초동조치
6) 민원, 주민협력체계 구축 등 지역경찰 활동
7) 국가기관, 지방자치단체 등의 공익을 위한 행정지원
8) 그 밖에 해양경찰서장이 지시하는 업무처리 등

나. 출장소의 임무(제7조)

1) 선박 출입항 신고 접수 및 통제
2) 각종 해양사고 초동조치
3) 민원, 주민협력체계 구축 등 지역경찰 활동
4) 그 밖에 파출소장이 지시하는 업무처리 등

다. 지휘 및 감독(제16조)

1) 해양경찰서장 : 파출소 및 출장소 운영에 관하여 총괄 지휘 및 감독

2) 해양경찰서 각 과장 : 해양안전과장 협조 하에 각 과의 소관업무와 관련된 파출소 및 출장소 업무에 대한 지휘, 감독

3) 파출소장 : 소속 파출소와 출장소(월 1회 이상) 근무에 관한 제반사항 지휘·감독. 다만, 도서지역 출장소는 기상, 선박운항 등 입도여건 감안 자체 조정 가능

4) 순찰구조팀장 : 근무시간 중 파출소 근무자에 대한 지휘 및 감독

라. 선박출입항 업무

1) 선박 출입항 신고에 관한 업무는 「선박안전 조업규칙」 및 「선박통제규정」 등 관련 규정에 따른다.

2) 선박출입항 신고 접수 시에는 신속하게 선박출입항관리 종합정보시스템에 입력을 하여야 한다. 단, 대행신고소의 선박출입항 신고 자료는 30일 이내에 입력하여야 한다.

마. 민원 접수·처리

1) 파출소 및 출장소에서는 고소, 고발, 진정 및 탄원과 범죄 또는 피해신고에 관한 민원 등을 접수하였을 때에는 신속하게 해양경찰서에 이송한다. 다만, 출장소에서 접수한 경우에는 파출소장을 경유하여야 한다.

2) 파출소 및 출장소에서 발급할 수 있는 민원서류는 다음 각 호와 같다.

가) 선원 승선신고 사실 확인서(별지 제3호 서식)

나) 선박 출항·입항신고 사실 확인서(별지 제4호 서식, 별지 제5호 서식)

3) 파출소 및 출장소에서 민원서류를 발급하는 경우에는 신청인에게 발급신청서를 작성하게 하고, 주민등록증·여권·자동차운전면허증 등 신청인의 신분증을 확인한 후 발급하여야 한다. 발급신청서의 보존기간은 3년으로 하고, 파출소 및 출장소에서 2년간 보관한 다음 소속 해양경찰서로 이관한다.

바. 사건·사고 처리 및 수사

1) 범죄현장의 보존, 증거의 수집, 피해현황과 범죄 실황조사 등 범죄 현장을 중심으로 필요한 초동조치와 수사를 행한다.

2) 해양경찰서의 수사 전문경찰관이 현장에 도착하면 이를 인계하고 사건 조사에 협조하여야 한다.

3) 해양사고 또는 해양오염사고의 신고를 받았거나, 사고 발생사항을 인지하였을 때에는 다음 각 호에 정하는 바에 따른다.

가) 해양경찰서장에게 즉시 보고와 동시에 현장에 임하여 인명과 재산피해의 확대 방지와 필요한 초동조치를 취하여야 한다.

나) 사고현장을 보존하고 조사를 행하여야 한다.

다) 해양경찰서 구조담당자 또는 해양오염방제 담당자 등이 현장에 도착하면 상황을 인

계하고, 사고처리에 협조하여야 한다.

라) 경미한 사건·사고에 대하여는 파출소장이 직접 처리할 수 있으며, 이 경우에는 조사 또는 처리사항을 해양경찰서장에게 보고하여야 한다.

4) 변사사건이 발생하였을 때에는 변사체의 발견 연월일시, 변사자의 인적사항, 변사체 발견 장소와 그 상황, 변사체 발견자의 성명, 그 밖의 참고사항을 조사하여 보고하여야 한다.

4. 근무

파출소 및 출장소 근무자는 「해양경찰청 소속 경찰공무원 복제에 관한 규칙」 제14조에 규정된 근무복장을 단정하게 착용하여야 한다. 다만 해양경찰서장이 특별히 지정한 경우에는 별도의 복장을 할 수 있다. 그리고 파출소 및 출장소 근무 경찰관은 다음 각 호의 장비를 연안구조정에 비치하거나 개인 휴대하여야 한다. 다만, 1)호에 해당하는 장비는 필요시에만 휴대한다.

1) 경찰장비 : 권총 및 가스총 등 무기와 경찰봉, 수갑, 포승 등의 경찰장구

2) 인명구조장비 : 구명조끼, 구명줄 및 구조 튜브 등

3) 통신장비 : LTE 통신기, 모바일오피스 등

가. 근무방법

1) 파출소장은 일근을 원칙으로 한다. 다만, 도서지역 파출소장의 근무는 교대근무로 운영할 수 있다.

2) 해양경찰서장은 매월 일정한 계획에 따라 파출소장의 상황대기근무를 명할 수 있다.

3) 파출소의 순찰구조팀 및 출장소의 근무는 3교대 근무를 원칙으로 한다.

4) 해양경찰서장은 파출소 및 출장소의 근무방법(교대시간, 근무시간 주기 등)을 치안·안전 수요와 인력운영 여건 등을 고려하여 지역별 취약시간에 인력을 집중할 수 있도록 운영하여야 한다. 다만, 도서지역 파출소 및 출장소 교대근무제는 지역별 실정에 맞게 해양경찰서장이 정할 수 있다.

5) 지방해양경찰청장은 지역별 취약시간에 인력을 집중하기 위하여 교대근무 운영 취지에 부합하는 범위 내에서 파출소의 교대근무제를 변형하여 운영할 수 있다.

6) 파출소 및 출장소에 근무하는 의무경찰은 「해양경찰청 의무경찰 관리규칙」에 규정한 범위 내에서 파출소장 및 출장소장이 인력운영 및 치안여건을 고려하여 지정하되, 주간근무 종료 이후 시간에는 휴식이 최대한 보장되도록 하여야 한다.

나. 근무의 종류

파출소 및 출장소의 근무는 행정근무, 상황근무, 순찰근무, 대기근무 및 그 밖에 근무로 구분 한다. 근무교대는 매일 근무시작 전 30분 내에서 파출소장 또는 출장소장 책임 하에 주요 취급사항, 중요업무 지시사항, 장비 등을 정확하게 인계인수하여 업무의 연속성을 유지하고, 업무처리에 차질이 없도록 하여야 한다.

1) 행정근무

가) 문서의 접수 및 처리

나) 시설·장비의 관리 및 예산의 집행

다) 각종 현황, 통계, 자료 등 관리

라) 그 밖에 파출소장이 지시한 업무 등 행정업무

2) 상황근무

가) 민간구조세력 등 관내 안전관리 및 치안상황 파악, 전파

나) 중요사건·사고 및 수배사항 전파

다) 민원 및 사건의 접수, 조사, 처리

라) 피보호자 또는 피의자, 수배자에 대힌 보호·감시

마) 순찰 근무자와의 무전상황 유지 및 자체경비

바) 그 밖에 파출소장이 지시한 업무

3) 순찰근무

가) 순찰근무는 파출소장 및 출장소장의 지시에 따라 파출소 또는 출장소의 관내를 순회하는 근무를 말하며, 해상순찰과 해안순찰로 구분하되 주로 해상순찰을 중심으로 하여야 한다.

나) 파출소장 및 출장소장은 관내의 순찰요점, 순찰코스, 순찰방법, 순찰근무 중 착안사항 등을 구체적으로 지시 하여야 한다.

다) 순찰근무자는 순찰활동 사항, 검문검색 등 순찰근무 중 취급사항을 근무일지에 기록한다.

라) 파출소장 및 출장소장은 관내 사건사고 현황 분석, 조치사항 및 사건사고 유형별 처리요령과 관내 지리적·인문적 참고자료 등을 담은 순찰자료집을 파출소, 순찰차 및 순찰정 내에 비치하여 순찰근무에 활용하여야 한다.

4) 대기근무

가) 각종 사건사고 또는 신고에 따른 출동 등 안전·치안상황에 대응하기 위하여 일정시간 지정된 장소에서 근무태세를 갖추고 있는 형태의 근무를 말한다.

나) 대기근무의 장소는 파출소 및 출장소 내로 한다.

다) 대기근무를 지정받은 경찰관은 지정된 장소에서 대기하되, 통신기기를 청취하며 5분 이내 출동이 가능한 상태를 유지하여야 한다.

5) 기타 근무

가) 그 밖에 근무는 안전관리 및 치안상황에 효과적으로 대응하기 위하여 제22조부터 제25조까지 해당되지 않는 근무 형태를 말한다.

나) 그 밖에 근무의 근무내용 및 방법 등은 파출소장이 정한다.

다. 휴게 및 휴무 등 지정

1) 파출소 및 출장소 근무자의 업무효율과 건강관리를 위하여 치안수요 등을 감안하여 휴게를 실시하여야 한다.

가) 3교대 근무자는 8시간 당 1시간씩 야간 3시간 이내(2교대 근무 시에는 24시간 당 야간 4시간 이내)

나) 도서, 벽지 연일근무자는 1일 8시간(주간 4시간, 야간 4시간) 이내

2) 휴게 방법, 휴게 시간, 휴무 횟수 등 구체적인 사항은 해양경찰서장이 정한다.

3) 파출소장은 2교대 근무자에 대하여 별도로 매월 정기적으로 휴무일을 지정할 수 있다.

라. 경찰관 등 동원

지방해양경찰청장 또는 해양경찰서장은 다음 각 호 중 특히, 필요하다고 인정되는 경우에 한하여 파출소 및 출장소의 기본근무에 지장을 초래하지 않은 범위 내에서 근무자를 다른 근무에 동원할 수 있다.

1) 해상집단행동 및 다중범죄의 진압
2) 대간첩작전 수행 및 통합방위사태 선포 등 그 밖의 비상사태
3) 경호경비 또는 각종 경기, 대회의 경비
4) 중요범인 체포 및 밀입국 등의 차단, 검거
5) 해양사고 및 해양오염 등 중요사건의 발생
6) 그 밖의 다수 경찰관의 동원을 필요로 하는 행사 또는 업무

파출소 및 출장소 동원은 근무자 동원을 원칙으로 하고, 불가피한 경우에 한하여 비번자, 휴무자 순으로 동원할 수 있다. 지방해양경찰청장 또는 해양경찰서장은 비번자와 휴무자를 동원한 경우에는 초과근무수당을 지급하거나 추가 휴무를 부여하여야 한다.

5. 장비

가. 순찰차 등

1) 파출소장 및 출장소장은 순찰차 및 이륜차량 등을 항상 안전관리 및 치안활동에 투입

할 수 있도록 선량한 관리자로서의 의무를 다하여야 한다.

2) 순찰차 등의 활동 구역은 담당 파출소 관내로 한정함을 원칙으로 하나, 해양경찰서장은 관내 치안여건 등을 감안하여 순찰 권역별로 통합 운영할 수 있다.

3) 순찰차는 불가피한 경우를 제외하고는 2명 이상 탑승을 원칙으로 하고, 순찰차 운전요원은 제2종 보통운전면허 이상, 이륜차량 운전요원은 원동기장치 자전거면허 이상을 소지하여야 한다.

4) 순찰차 등은 순찰 이외에 경찰관서 출입, 출장소 감독순시 등 파출소 및 출장소의 효율적인 업무수행을 위하여 운용할 수 있다.

나. 연안구조정

1) 연안구조정은 파출소 및 출장소의 임무수행을 위하여 파출소 및 출장소에 배치하며, 소속 해양경찰서장의 지시를 받아 파출소장이 운용한다.

2) 연안구조정의 활동구역은 파출소 관할해역으로 한정함을 원칙으로 한다. 다만, 해양사고 등 그 밖의 상황에 대처하기 위하여 필요하다고 인정될 때에는 관할해역 밖의 해역에서도 임무를 수행할 수 있다.

3) 연안구조정은 상시 운용하여야 한다. 다만, 항해·야간 장비의 보유여부, 장비의 성능, 치안수요 및 기상 등을 고려하여 소속 파출소장이 변경하여 운용할 수 있다.

4) 파출소장은 연안구조정을 근무자들이 원활하게 운용할 수 있도록 교육훈련을 실시하고 관내 지형과 특성을 숙지시켜야 한다.

5) 연안구조정 근무자는 출·입항 및 해상순찰 근무 시에는 1시간 간격으로 파출소에 위치 및 해상상황을 보고하고, 연안구조정의 행동사항, 검문검색 등 중요 순찰결과를 입항 즉시 파출소장에게 보고 및 근무일지에 기록한다.

6) 연안구조정의 근무자는 기상악화나 농무 등으로 인하여 임무수행이 불가능하거나 안전에 위험이 있다고 판단될 때에는 파출소장의 승인을 받아 안전해역으로 피항 또는 양육하여야 한다. 다만, 사전승인을 받을 시간적 여유가 없는 경우에는 먼저 조치 후, 지체 없이 보고하여 승인을 받아야 한다.

7) 연안구조정의 근무자는 연안구조정 운용 시에 구명조끼, 구명환 등 인명구조장비와 무전기, LTE 통신기 등 통신장비를 필히 적재하여야 한다.

다. 무기·탄약 및 장비관리

파출소 순찰구조팀장 및 출장소장은 근무교대 전에 무기·탄약 및 순찰차, 연안구조정, 구조장비 등 주요장비의 이상유무를 확인 후, 인계인수를 하여야 한다.

6. 인사관리 및 교육

지방해양경찰청장 및 해양경찰서장은 파출소 및 출장소의 정원은 다른 부서에 우선하여 충원하며, 인명구조관련 자격취득, 경력경쟁채용 또는 전문교육(5년 이내) 이수자가 파출소 근무자의 30% 이상 유지되도록 하여야 한다. 지방해양경찰청장은 파출소 및 출장소의 충원 현황을 연 2회 점검하고, 현원이 정원에 미달할 경우, 별도의 충원 대책을 수립, 시행하여야 한다. 해양경찰교육원장은 파출소 및 출장소 경찰관의 역량 강화를 위하여 파출소 및 출장소 근무에 필요한 교목을 편성한 전문과정을 운영하여야 한다.

7. 사무관리

파출소 및 출장소에는 다음 각 호와 법령 또는 다른 행정규칙에 정한 경우에만 문서 및 부책을 비치한다. 다만, 관련 시스템을 구축·운영할 경우 이를 갈음할 수 있다.

1) 근무일지
2) 관서운영경비 지출증명서류
3) 보안자재관리 기록부
4) 통고처분 처리부
5) 사건사고 처리대장(별지 제2호 서식)

다른 행정규칙에 의하여 비치하는 문서 및 부책은 법령이나 현실여건의 변화 등을 검토하여 이 규칙 시행 후 3년이 경과되기 전에 비치여부를 재검토 하여야 한다. 해양경찰청장은 파출소의 사무를 효율적으로 관리하기 위하여 파출소 관리시스템을 구축·운영할 수 있다. 파출소 근무일지의 보존기간을 3년으로 하고 매월 일자별로 편철하여 2년간 파출소에 보관한 다음 소속 해양경찰서로 이관한다. 출장소 근무일지의 보존기간은 3년으로 하고 매월 일자별로 편철하여 다음달 5일까지 파출소장의 결재를 받아 2년간 출장소에 보관한 다음 소속 해양경찰서로 이관한다.

8. 파출소·출장소 주요업무

가. 지역경찰활동

지역 경찰활동은 지역사회의 주민과 기관·단체 등과 협력을 통해 범죄와 안전사고를 예방하고 민원사항이나 지역주민의 의견을 청취하여 치안활동에 반영하며 해양경찰활동에 지역주민의 이해와 참여를 이끌어내어 함께하는 해양경찰활동을 말한다.

나. 순찰

1) 파·출장소 순찰

파출소 및 출장소 기본근무의 하나로 파출소 또는 출장소의 관내를 순회하는 근무를 말하며. 해상순찰과 육상순찰로 구분하되 주로 해상순찰을 중심으로 하여야 한다.

가) 순찰의 목적

① 불심검문 및 해상에서의 범죄예방과 제지
② 현행범 또는 피의자의 체포
③ 위험발생의 방지 또는 위험방지를 위한 출입
④ 해양오염방지를 위한 선박 또는 해양시설의 출입
⑤ 출입항 선박에 대한 임장·임검
⑥ 방범 또는 보안의 지도·홍보
⑦ 우범자 관찰보호 및 수배 또는 경찰사범의 단속
⑧ 기타 순찰중 인지한 사건의 취급 및 처리
⑨ 방범진단 등 기타 다양한 치안서비스 활동 수행

나) 순찰의 기능

① 범죄예방 기능
② 법령집행 기능
③ 국민보호 및 지도계몽 기능
④ 관내 정황관찰 기능

다) 순찰 시 중점 점검사항

① 지역사회 경찰활동
② 어선, 레저형 선박 등 안전관리 대상 관리 철저
③ 유도선 등 다수인명 이용선박 안전 및 치안관리
④ 연안안전관리 등 레저활동 해안가 안전지도 및 단속
⑤ 해양성 범죄 예방·단속 및 해양환경 관리

2) 해상순찰

가) 해상순찰의 의의

각 파출소에는 관할해역의 다음사항의 임무를 수행하기 위해 연안구조정이 배치되어 있으며 주기적으로 해상순찰을 실시한다.

① 해양레저활동 및 연안해역 안전관리
② 해상교통질서 유지 및 해상치안 확보
③ 항·포구 순찰 등 해상방범 활동
④ 여객선, 유도선 및 선박통제 업무지원
⑤ 각종 사건·사고에 대한 초동조치
⑥ 해양오염 감시·단속 등 해양오염에 관한사항
⑦ 기타 해상에서의 경찰에 관한 사항

나) 해상순찰 착안사항

① 경제속력으로 순찰하며 관할 해역 이상 유무를 확인하며 매 2시간마다 파출소와 해양경찰서 상황실에 해상정황보고를 한다.

② 순찰 중 급히 그물을 걷거나 도주하는 선박은 반드시 검문검색을 실시하며 피검문 선박이 파손되지 않도록 최대한 안전에 유의하여 접안한다.

③ 항해등을 켜지 않거나 어로작업 한 흔적이 없는데도 흘수가 낮은 선박은 밀수밀입국 등을 의심한다.

④ 유·도선, 낚시어선의 정원초과, 음주운항, 영업구역위반, 무신고 영업 등 고질적인 안전위해사범에 대해서는 중점 단속하되 경미한 사항은 지도·계몽토록 한다.

⑤ 해상관광객 및 갯바위, 방파제 낚시객의 안전을 위하여 필요한 예방조치를 취하고 기타 인명 및 재산의 보호에 최선을 다하여야 한다.

⑥ 순찰 중 기상악화나 안개 등으로 인하여 임무수행이 불가능하거나 안전에 위험이 있다고 판단될 때에는 파출소장의 승인을 받아 안전해역으로 피항하여야 한다. 사전승인을 받을 시간적 여유가 없는 경우에는 먼저 피항 조치를 한 후 지체 없이 보고하여 승인을 받는다.

다. 연안사고 안전관리

해양경찰의 업무 영역인 연안해역에서 안전관리를 위한 법령인 「연안사고에 예방에 관한 법률」과 「연안사고 안전관리규정」은 연안해역에서 발생하는 연안사고의 예방에 필요한 사항을 규정하여 국민의 생명·신체 및 재산 보호와 공공의 안전을 도모하는 것을 목적으로 하고 있다.

라. 선박출입항 업무

해양경찰 파출소와 출장소의 업무인 선박출입항 신고에 관한 업무는 「어선안전조업법」 제8조 및 「선박안전조업규칙」[147] 제15조, 「어선출입항신고관리규칙」[148] 제4조 등 관련 규정에 따르도록 되어있다. 일반적으로 선박출입항 신고 접수 시에는 신속하게 선박출입항관리종합정보시스템에 입력하여야 한다. 다만, 대행신고소에서 접수한 출입항 신고사항은 관할 파출소 및 출장소(이하 "해양경찰서 신고기관"이라 한다)에서 매월 1회 이상(해양경찰서 신고기관이 없는 도서지역은 분기 1회 이상) 입력할 수 있다.

147) 선박안전 조업규칙[시행 2020. 8. 28.] [해양수산부령 제433호, 2020. 8. 28 타법개정]
148) 어선 출입항신고 관리 규칙[시행 2020. 8. 28.] [해양경찰청훈령 제188호, 2020. 8. 28., 전부개정]

마. 음주운항 단속

1) 음주운항(주취운항)의 개념

음주운항은 혈중알코올농도와 상관없이 술을 먹은 상태에서 선박의 조타기를 조작 또는 지시(도선의 경우를 포함)하는 일체의 경우로 혈중알코올농도 0.03% 이상인 주취운항을 포함하는 넓은 개념을 말한다. 해상교통안전법 제41조 등에서는 술에 취한 상태에서의 조타기 조작 등을 금지하고 있고, 이 근거에 따라 해양경찰청에서는 음주운항 단속을 실시하여 단속 결과 주취운항에 해당할 경우 형사입건 처리한다.

2) 단속 법령 및 적용범위

〈표 7-5〉 음주운항 단속 법적근거 및 처벌내용

법적근거	처 벌 내 용	
해상교통 안전법 제 39조, 113조, 115조	5톤 이상	▶음주운항 1. 혈중알콜농도 0.2% 이상 : 2년 이상 5년 이하의 징역, 2천만원 이상 3천만원 이하의 벌금 2. 혈중알콜농도 0.08% 이상 0.2퍼센트 미만 : 1년 이상 2년 이하의 징역이나 1천만원 이상 2천만원 이하의 벌금 3. 혈중알콜농도 0.03% 이상 0.08퍼센트 미만 : 1년 이하의 징역이나 1천만원 이하의 벌금 ▶벌금 이상의 형을 선고받고 그 형이 확정된 날부터 10년 내에 다시 위반한 사람(형이 실효된 사람도 포함한다)은 다음 각 호의 구분에 따라 처벌한다. 1. 혈중알코올농도가 0.2퍼센트 이상인 사람은 2년 이상 6년 이하의 징역이나 2천만원 이상 4천만원 이하의 벌금 2. 혈중알코올농도가 0.03퍼센트 이상 0.2퍼센트 미만인 사람은 1년 이상 5년 이하의 징역이나 1천만원 이상 3천만원 이하의 벌금 ▶해양경찰청 소속 경찰공무원의 측정거부 선박(외국선박 포함) ① 측정 요구에 1회 따르지 아니한 사람은 3년 이하의 징역이나 3천만원 이하의 벌금 ② 측정 요구를 따르지 아니하여 벌금 이상의 형을 선고받고 그 형이 확정된 날부터 10년 내에 다시 측정 요구를 따르지 아니한 사람(형이 실효된 사람도 포함한다)은 1년 이상 6년 이하의 징역이나 1천만원 이상 4천만원 이하의 벌금 ※ 5톤 미만 선박 중 낚시어선, 유선 및 도선, 여객정원 13인 이상 선박, 수면비행선박 포함
	5톤 미만 (한국선박 한정)	○ 500만원 이하 벌금 ① 조타기를 조작하거나 그 조작을 지시한 운항자 ② 음주측정 거부한 조타기를 조작 또는 그 조작을 지시한 운항자

유선 및 도선 사업법 제12조제3항, 제16조제3항, 제40조	▶유선사업자 등의 안전운항 의무(음주, 약물중독, 그 밖의 사유) ○ 1년 이하의 징역 또는 1,000만원 이하의 벌금
수상레저안전법 제27조, 제61조	▶주취 중 조종 금지 ○ 1년 이하의 징역 또는 1000만원 이하의 벌금

3) 음주운항 단속

가) 중점단속대상

① 주취운항이 의심되거나 주취 상태로 운항(항해)하는 선박

> **운항(항해중) 용어 정의 : 해상교통안전법 제2조(정의) 제19호**
> 항해중이란 다음 어느 하나에 해당하지 아니하는 상태를 말한다.
> ① 정박
> ② 항만의 안벽 등 계류시설에 매어 놓은 상태(계선부표나 정박하고 있는 선박에 매어 놓은 경우를 포함한다)
> ③ 얹혀 있는 상태

② 민원발생으로 인해 음주측정을 필요로 하는 선박

③ 기타 선박의 안전 운항을 해치거나 해칠 우려가 있는 선박

④ 해양사고가 발생한 경우

> **현장적용 방안**
>
> –인명의 사망··사상 및 선박의 충돌··좌초··해양오염 등 인적··물적 피해가 발생한 사고에 대해 음주측정을 실시하되,
> –인명구조가 수반된 사고나 대규모 해양오염 사고 등으로 인하여 환경이나 국민의 생명·신체 등에 중대한 영향을 미칠 것이 예상되는 경우 필요한 조치 후 음주측정을 할 수 있다(선박교통관제의 시행 등에 관한 규칙 제14조).

나) 단속장소 선정

피검선박의 안전이 확보되고 타선박의 해상교통을 방해하지 않는 해역으로 한다. 주취운항자로 확인된 자에 대해서는 정상적으로 조타기를 조작 또는 지시할 수 있는 상태가 될 때까지 운항을 금하여야 한다. 선단선을 이용하거나 가까운 항·포구 선박을 이용하여 예인토록 선주(선장)에게 지시한다. 경찰관 편승하여 피단속자가 운항하여 입항하는 행위는 금지하여야 한다.

※ 단, 제반여건 고려 승무기준에 맞는 항해사에 의한 대리조선 가능

바. 범죄자 수배 및 검거

1) 기소중지자 검거 시

가) 선박에서 검거하였을 때

① 범죄사실의 요지와 변호인 선임권을 알린다.
② 파출소 또는 출장소로 동행하여 신변보호 조치한다.
③ 해양경찰서 해상수사정보과에 기소중지자 검거 보고를 한다.

나) 신병보호 및 인계

① 해양경찰서 해상수사정보과에서 신병인수 경찰관이 도착할 때까지 기소중지자가 자해 또는 도망가지 못하도록 신병을 철저히 감시한다.
② 인수 경찰관 도착 시 신병을 인계 조치하고, 위 사실을 파출소·출장소 근무일지 취급사항 란에 시간대별로 정확히 기재한다.

2) 지명수배

사법경찰관리는 다음 각 호의 어느 하나에 해당하는 사람의 소재를 알 수 없을 때에는 지명수배[149]를 할 수 있다.

① 법정형이 사형, 무기 또는 장기 3년 이상의 징역이나 금고에 해당하는 죄를 범했다고 의심할 만한 상당한 이유가 있어 체포영장 또는 구속영장이 발부된 사람
② 지명통보의 대상인 사람 중 지명수배를 할 필요가 있어 체포영장 또는 구속영장이 발부된 사람
③ 긴급체포를 하지 않으면 수사에 현저한 지장을 초래하는 경우에는 영장을 발부받지 않고 지명수배할 수 있다. 이 경우 지명수배 후 신속히 체포영장을 발부받아야 하며, 체포영장을 발부받지 못한 때에는 즉시 지명수배를 해제해야 한다.

3) 지명통보

사법경찰관리는 다음 각 호의 어느 하나에 해당하는 사람의 소재를 알 수 없을 때에는 지명통보를 할 수 있다.

① 법정형이 장기 3년 미만의 징역 또는 금고, 벌금에 해당하는 죄를 범했다고 의심할 만한 상당한 이유가 있고, 출석요구에 응하지 않은 사람
② 법정형이 장기 3년 이상의 징역이나 금고에 해당하는 죄를 범했다고 의심되더라도 사안이 경미하고, 출석요구에 응하지 않은 사람

4) 밀입국자 발생 시

가) 초동조치

① 신고자 인적사항, 성명, 주소, 연락처, 발견 경위(발견일시, 장소 및 밀입국자 수, 선박특징 등)등을 기록한다.
※ 신고에 의해 밀입국자(선박)을 검거한 경우 신고포상금 지급기준이 되므로 기록유지 철저

149) 해양경찰수사규칙[시행 2022. 11. 15.] [해양수산부령 제567호, 2022. 11. 15., 일부개정]

② 접수시간은 밀입국자를 검거하는데 있어서 현장출동 사항등에 대해 중대한 관건이 된다(신속한 조치사항 등 기록유지 철저)

나) 발생보고 및 현장출동

① 밀입국자(선박) 발견 시

ⓐ 도주방지를 위해 인근 주민들에게 도움을 요청하고 즉시 해양경찰서 해상수사정보과 또는 상황실에 보고 한다.

ⓑ 다수인 밀입국인 경우인근 경찰서, 파출소 등에 신속히 통보

※ 한족일 경우 언어소통이 불가하므로 즉시 보고하여 사건개요를 파악토록 조치.

ⓒ 밀입국 환승선박을 발견하였을 때는 도주방지에 최선을 다 하고 선박의 특징을 파악, 신속히 보고하여 경비함정이 차단할 수 있도록 조치를 취한다.

② 신고 접수 시

ⓐ 전직원 및 의경은 신속히 현장에 출동 한다(도주방지를 위해 즉시 대처).

ⓑ 밀입국(선박)자 발견 시 현장에서 해양경찰서 및 해상수사정보과장에게 즉보(인근 해양경찰서, 파출소, 군부대 등 통보).

ⓒ 집단 밀입국인 경우, 경적을 준비하여 도주예방에 철저를 기하고 인근 주민에게 낯선 사람을 발견하였을 때 신고하도록 요청.

ⓓ 밀입국 운송선박 발견 시 경찰서 요원이 도착시까지 도주방지에 철저를 기해야 한다.

사. 변사자 처리

1) 신고의 접수

가) 접수시간의 기록

접수시간은 접수경찰관 뿐만 아니라 신고자에게도 간접적인 방법으로 알게 하는 것이 좋다.("지금 시간이 02 : 10분이죠?"라고 묻는 등)

나) 신고자에게 시체가 표류하지 않도록 필요한 조치를 의뢰한다.

① 사건현장이 조류가 심한 곳이라면 익사체가 다른 곳으로 표류할 수 있으므로 신고자가 선박을 소유하고 있다면 한곳에 고정될 수 있도록 필요한 조치를 부탁한다.

② 땅 위로 인양은 반드시 경찰관이 현장에 입회한 후 행하여 시체의 손상이 발생하지 않도록 주의를 기울여야 한다.

다) 파출소장의 조치

① 해양경찰서장에게 지휘보고 및 주무과장에게 참모보고(야간 상황실장)

② 해상수사정보과 당직에게 보고

③ 현장 출동하여 현장보존범위를 설정하는 등 본서 해당 간부가 현장도착시까지 현

장지휘 및 기타 필요한 조치

2) 발생보고 현장출동

가) 발생보고

① 신고접수와 동시에 해양경찰서 해상수사정보과(야간에는 상황실)에 발생보고.

② 수사요원의 출동 시 참고가 될 사항도 함께 보고한다.

나) 현장출동

신속하게 현장에 출동하되 신고인이 파출소에 방문 신고 시에는 현장 지리감이 있는 신고인과 동행하며 현장상황을 청취한다.

다) 현장보존용 장비의 휴대

파출소에 비치된 카메라 등 당시 상황에 따른 필요장비의 추가휴대

① 구명조끼, 밧줄 등 익사자 인양에 필요한 장비

② 익사체를 인양 후 바닥에 깔 수 있는 대형 비닐천, 시체를 덮어 둘 수 있는 시체포, 현장을 촬영할 수 있는 카메라 등

3) 현장보존 및 초동조치

가) 현장보존

익사사건 특히 표류익사체의 경우 현장보존의 중요성은 여타의 사건 현장에 비해서 낮다고 생각하기 쉽다. 그러나 부근을 잘 살펴서 조금이라도 이상한 흔적등을 철저히 보존하여 감식을 할 수 있어야 한다.

나) 초동조치

① 익사 현장을 직접 목격한 목격자를 신속히 확보하여 그 진술을 들을 수 있도록 한다.

② 사고 위험이 높은 곳이라면 추가 익사자가 발생하지 않도록 위험 방지조치 등을 취하도록 관련기관에 신속히 통보하고 출동 경찰관 자신의 안전에 유의하여야 한다.

※ 변사체 처리 시 유의점
▶타인에겐 혐오스러울지라도 유족에게는 소중한 가족의 시신이라는 것을 잊어서는 안 된다.
▶시체는 결례가 되지 않도록 정중하게 다루어서 유가족으로부터 원성을 듣지 않도록 하여야 한다.
▶시체에 손상을 입힐 경우 타살인지의 여부를 가리는데 심각한 장해를 유발할 수도 있다.
▶땅위로 올린 시체는 깨끗한 사체포를 밑에 깔고 관찰을 실시하면 보다 용이한 관찰이 가능하다.

아. 고래류 처리 및 단속

1) 고래류 사체처리

가) 「해양생태계의 보전 및 관리에 관한 법률(해양생태계법)」)에 따라 77종을 보호대상해양생물로 지정·관리 중이며, 고래류는 10종이 지정되고 있다.

① 대형(8종) : 혹등고래, 북방긴수염고래, 귀신고래, 브라이드고래, 보리고래, 참고래, 대왕고래, 향고래 ② 소형(2종) : 남방큰돌고래, 상괭이

나) 보호대상해양생물은 혼획의 경우라도 가공·유통·보관이 금지되므로 고래류 유통증명서를 발급해서는 아니된다(「해양생태계법」 제20조제1항, 「고래자원의 보존과 관리에 관한 고시」 제10조제2항).

다) 어업활동 중 불가피하게 혼획 되었다 하더라도 48시간 이내에 해양수산부장관에게 신고해야 포획·채취 금지에 관한 규정의 적용이 배제된다(「해양생태계법」 제20조제3항).

2) 보호대상 고래류 혼획 시 처리 방안

가) (신고접수) 고래류 혼획 신고 접수 시 불법포획 여부 및 보호대상 고래류인지 여부에 대하여 확인한다.

※ 보호대상인지 여부를 판단하기 모호한 경우 국립수산과학원 고래연구센터에 문의

나) (해양수산부장관에게 신고) 보호대상 고래류로 확인된 경우 유통증명서를 발급하지 말고, 해양수산부 장관에게 신고·처리 하도록 안내한다.

① 신고주체 및 방법 : 고래류를 혼획한 어업인이 유선으로 신고기관에 신고

② 신고기관 : 해양수산부 해양생태과 또는 국립수산과학원 고래연구센터

③ 보호대상 고래사체의 처리 : 신고기관의 결정에 따라 보전가치가 있는 경우에는 국립수산과학원·국립해양생물자원관에서 인수, 보전가치가 없는 경우에는 폐기결정(관할 시군구에서 인수·처리)

다) 사건처리 : 신고기관의 결정에 따른 처리결과를 확인한 후 내사보고서 작성 및 내사종결 처리

3) 불법포획 고래유통 등 단속

가) 불법포획 유통행위 수법

① 포획선 : 자망 허가어선 등이 작살로 고래 불법포획 후 해상에서 해체하여 어구부이에 매달아 해중 은닉

② 운반선 : 고출력(마력) 선외기 엔진장착 어선, 고무보트 등이 심야시간에 출항 은닉 고래를 우범 항·포구 반입

③ 육상 운반책 : 우범 항·포구에서 운반선과 접선하여 냉동탑차, 화물칸 개조 승합차량 이용 보관창고, 식당 등지로 운반

④ 유통·판매책 : 고래 고기 전문점 또는 중간 판매책, 고래 고기 수집 중간상인 등을

포함 직간접적인 고래 고기 구매자가 고래 고기를 최종 시중 유통·판매

나) 중점 단속 사항

① 인접 해상 고래 불법포획, 관내 항·포구 반입 유통행위

② 해상 운반선 운송, 육상 운반차량(탑차, 활어차량 등) 이동, 창고 보관 등 유통행위

ⓐ 선박 운송 : 어선, 낚시어선, 수상레저기구(레저 보트) 이용 운반

ⓑ 차량 운반 : 냉동탑차, 활어차량, 화물차량(더블캡 등) 이용 육상 운반

ⓒ 보관 창고 : 육상 은밀한 창고 이동 보관 또는 고래전문점으로 배달

③ 입항 어선에 대한 검문검색 및 취약 항포구 순찰 강화

자. 해양오염발생 처리

1) 해양오염 발생보고

가) 최초 접수내용 신속 보고

나) 상황보고서 이용, 상황계통 보고(파악된 사항부터 수시로 보고)

▶ 보고처 : 상황실 및 해양오염관리과

다) 긴급상황은 구두 또는 전화로 간략 보고 후 전문 송신

라) 보고내용

가) 오염원 현황
(1) 선박 제원 : 총톤수, 선종, 선적, 선주, 선령, 대리점등
(2) 적재유종 및 적재량
(3) 선체상태 : 좌초·침수·침몰·전복·파손 등 선체상태와 안전성
(4) 보험관련 사항 파악 : 보험회사 및 보험금 등 가입사항

나) 오염 상태
(1) 유출량 : 선체상태를 감안하여 유출량을 추정
(1,000L 미만은 L 단위, 1,000L 이상은 kl 단위로 보고)
(2) 오염물질의 확산범위(폭·길이)
(1,000m 미만은 m 단위, 1,000m 이상은 km 단위로 보고)
(3) 이동방향 및 속도
(4) 유막의 색깔 및 두께 등

다) 사고해역의 기상 및 해역상태
(1) 해류, 조류 (2) 풍향, 풍속
(3) 파고, 시정, 기상 특보사항 (4) 조석, 수심
(5) 어장·양식장 등 민감지역 분포현황

2) 초동조치

가) 오염상태 및 확산상황 파악

나) 오염원으로부터의 계속배출 방지조치

다) 사고현장 주변 선박통제

3) 방제조치

가) 오염물질의 확산방지 및 제거조치 등

나) 유처리제 살포 등 유출유의 분산조치 작업은 반드시 해양경찰서장에게 사전보고, 승인을 득한 후 지시에 따라 실시

4) 기타

가) 증거품 확보 : 기름시료는 해상유출유와 오염선박 탱크에서 각 2점씩 채취, 기름시료 채취 확인서를 작성하여 선주나 선원의 확인서명

나) 사진촬영 : 오염원의 식별이 가능한 배경사진, 오염피해를 입은 어장·양식장, 어구 등의 사진

9. 불심검문

불심검문은 주로 범죄의 예방, 치안유지라는 행정목적을 달성하기 위한 경찰활동으로서 행정경찰 작용으로 수사와는 엄격히 구분된다.

1) 근거법령

경찰관 직무집행법 제3조(불심검문), 주민등록법 제26조(주민등록증의 제시요구) 의무경찰대설치 및 운영에 관한 법률제 2조의2(의무경찰의 검문) 통합방위법 제15조(통합방위작전), 해양경비법 12조(해상검문검색) 등이 있다.

▶경찰관 직무집행법 제3조(불심검문)

경찰관은 다음 각 호의 어느 하나에 해당하는 사람을 정지시켜 질문할 수 있다. 1) 수상한 행동이나 그 밖의 주위 사정을 합리적으로 판단하여 볼 때 어떠한 죄를 범하였거나 범하려 하고 있다고 의심할 만한 상당한 이유가 있는 사람 2) 이미 행하여진 범죄나 행하여지려고 하는 범죄행위에 관한 사실을 안다고 인정되는 사람

경찰관은 정지시킨 장소에서 질문을 하는 것이 그 사람에게 불리하거나 교통에 방해가 된다고 인정될 때에는 질문을 하기 위하여 가까운 경찰서·지구대·파출소 또는 출장소(지방해양경찰관서)로 동행할 것을 요구할 수 있고, 동행을 요구받은 사람은 그 요구를 거절할 수 있다. 또한 경찰관은 사람에게 질문을 할 때에 그 사람이 흉기를 가지고 있는지를 조사할 수 있다. 그리고 질문을 하거나 동행을 요구할 경우 자신의 신분을 표시하는 증표를 제시하면서 소속과 성명을 밝히고 질문이나 동행의 목적과 이유를 설명하여야 하며, 동행을 요구하는 경우에는 동행 장소를 밝혀야 한다.

또한 경찰관은 동행한 사람의 가족이나 친지 등에게 동행한 경찰관의 신분, 동행 장소, 동행 목적과 이유를 알리거나 본인으로 하여금 즉시 연락할 수 있는 기회를 주어야 하며, 변호인의 도움을 받을 권리가 있음을 알려야 한다. 동행한 사람을 6시간을 초과하여 경찰관서에 머물게 할 수 없으며 질문을 받거나 동행을 요구받은 사람은 형사소송에 관한 법률에 따르지 아니하고는 신체를 구속당하지 아니하며, 그 의사에 반하여 답변을 강요당하지 아니한다.

▶**해양경비법 제12조(해상검문검색)**
해양경찰관은 해양경비 활동 중 다음 각 호의 어느 하나에 해당하는 선박등에 대하여 주위의 사정을 합리적으로 판단하여 상당한 이유가 있는 경우 해상검문검색을 실시할 수 있다. 다만, 외국선박에 대한 해상검문검색은 대한민국이 체결·비준한 조약 또는 일반적으로 승인된 국제법규에 따라 실시한다.
1) 다른 선박의 항행 안전에 지장을 주거나 진로 등 항행상태가 일정하지 아니하고 정상적인 항법을 일탈하여 운항되는 선박등
2) 대량파괴무기나 그 밖의 무기류 또는 관련 물자의 수송에 사용되고 있다고 의심되는 선박등
3) 국내법령 및 대한민국이 체결·비준한 조약을 위반하거나 위반행위가 발생하려 하고 있다고 의심되는 선박등 해양경찰관은 해상검문검색을 목적으로 선박등에 승선하는 경우 선장(선박등을 운용하는 자를 포함)에게 소속, 성명, 해상검문검색의 목적과 이유를 고지하여야 한다.

2) 불심검문 판단요소·대상자·판단기준

가) 판단요소

① 수상한 거동
비정상적이고 자연스럽지 못한 언어, 동작, 태도, 착의, 휴대품 등으로 판단하고 경찰관을 보고 급히 도주하거나 빈 선박을 기웃거리는 행위 등

② 주위의 사정
대상자의 직접적인 거동이외의 사정 즉 인적·물적·시간적·장소적 상황을 의미한다.

나) 대상자 선정

① 어떠한 죄를 범하였거나 범하려 하고 있다고 의심할 만한 상당한 이유가 있는 자

② 행하여진 범죄 행위에 관하여 그 사실을 안다고 인정되는 자

다) 판단기준
직무를 행하는 경찰관의 주관적이고 독단적인 판단이 아닌 객관적이고 합리성이 담보되어야 한다.

3) 질문 시 착안사항

가) 불심자로 부터 눈은 떼지 말고 그 언어, 동작, 표정의 변화를 충분히 관찰할 것.

나) 질문의 속도는 거짓말과 거짓이름을 생각할 여유를 주지 않도록 연달아 행할 것.

다) 진술의 모순점을 빨리 발견하고 모순이 밝혀질 때까지 추궁해야 하며, 경찰관의 끈기에 포기할 때까지 최선을 다할 것.

4) 위조주민등록증 식별 요령

가) 바탕무늬와 홀로그램이 본인이 소지한 주민등록증과 같은지 확인

나) 앞면 사진 위 가운데(사진왼쪽에 1cm, 오른쪽에서 2cm) 부분에 숨겨진「민」자가

있는지 확인

다) 홀로그램 큰 태극의 안쪽 테두리에 '대한민국 KOREA'라는 원형의 미세문자 띠가 있는지 확인

라) 홀로그램 바탕에 21개, 사진에 8개의 크고 작은 태극문양이 있는지 확인

5) 임의동행 시 유의사항

가) 동행 시엔 상대의 우측 일보 뒤에 위치하며, 불의의 기습공격에 유의한다.

나) 동행 시 인권침해나 자해를 방지토록 하고 하천변이나 교량 위, 절벽, 철로변 등 자살, 도주 우려가 있는 장소는 가급적 피한다.

다) 흉기나 증거물은 경찰관이 직접 휴대하여 가지고 간다.

라) 최종에 이르기까지 방심하지 않는다.

마) 혼자서 둘 이상을 동행할 경우는 지원받아 동행토록 한다.

6) 불심검문방법(절차·요령)

가) 정중하게 접근	거수경례 (상대방 우측 앞 2~3보 거리)

⇩

나) 소속·성명 고지	"저는 ◦◦해양경찰서 순경 ◦◦◦입니다. (검문경찰관의 신분증 제시)

⇩

다) 검문의 목적과 이유를 설명	"지명수배자 검거를 위한 수배여부 확인을 위해 잠시 검문을 하겠습니다. 협조하여 주시기 바랍니다." (상대방 정지시켜 검문하게 된 이유를 설명)

⇩

라) 신분증 제시요구	"신분증을 좀 보여주십시오." (신분증 위조여부 확인 및 사진과 얼굴대조)

⇩

마) 질문 및 흉기조사	"가방을 잠시 열어 주시겠습니까" (내용물을 직접 만지지 말고 육안으로 확인) "포장된 물건은 무엇입니까?" "잠시 보여주시겠습니까?" "예, 확인이 되었습니다. 꺼내신 물건을 넣으셔도 됩니다. 도와 드릴까요?" ※ 질문·조사순서 ① 주소 ② 성명, 연령 ③ 직업 ④ 본적(출생지) ⑤ 행선지 ⑥ 용건 ⑦ 출발지 ⑧ 경유지 ⑨ 휴대품 ⑩ 불심점

⇩

바) 검문 종료	거수경례 "협조해 주셔서 대단히 감사합니다." "즐거운 하루 보내시기 바랍니다."

제2절 경범죄단속과 즉결심판

1. 경범죄 단속

경범죄란 국민의 일상생활에 있어서 도덕률에 위반하는 비교적 경미한 범죄를 지칭하며, 이것에 대한 형벌을 규정한 형사실체법을 「경범죄 처벌법」이라고 한다. 경범죄 처벌법은 경범죄의 종류 및 처벌에 필요한 사항을 정함으로써 국민의 자유와 권리를 보호하고 공공의 질서유지에 이바지함을 목적으로 한다.

가. 단속수단 및 절차

1) 위반사범 단속요령

가) 친절하고 따뜻한 언행으로 인권 존중

나) 증거자료(목격자, 참고인 등) 수집 철저로 무죄선고 사례 방지

다) 외근 경찰관은 통고처분 스티커 항상 휴대

라) 주민등록증, 신분증 등 확인, 허무인에 대한 통고처분서 발부 방지

마) 친절·공정·신속한 처리로 서민보호와 시민의 공감대 형성

2) 현장에서의 처리

가) 현장계도(지도장 발부)

나) 통고처분 : 적발현장이 혼잡하거나 주위사정이 범칙자의 인권에 불리하다고 인정될 때 경찰관서에 동행

다) 즉심대상 파출소 동행

① 임의동행 원칙

② 주거를 밝히지 않거나 확인한 주거가 불분명한 현행범 강제연행

3) 파출소에서의 처리

파출소장은 파출소에 동행된 위반자에 대하여 1시간 이내에 훈계방면 또는 통고처분의 대상 여부, 즉심 또는 형사입건 대상 여부를 심사 처리하여 해양경찰서에 인계한다.

가) 훈계방면

훈방요건에 해당되면 일시, 장소와 인적사항, 위반내용, 훈방사유를 근무일지에 기록하고 즉시 방면한다.

나) 통고처분

경범죄 처벌법 제6조에 규정한 범칙자로 인정될 때에는 범칙금 납부통고서를 발부한다.

다) 즉심회부

① 비보호처리 : 주거 및 신원이 확실한 자로서 형 집행에 지장이 없다고 인정되는 자는 즉결심판사범적발보고서 등을 작성한 후 위반자가 법원에 자진출석하여 심판을 받도록 즉결심판 출석통지서를 교부하고 귀가 조치한다.

② 보호처리 : 비보호처리 대상이 아닌 자는 즉결심판사범처리부에 등재 후 해양경찰서에 신병 인계한다.

나. 경범죄 처벌법의 유형(범칙행위 및 범칙금액 (제2조 관련)

〈표 7-6〉 경범죄처벌 근거 법조문

근거 법조문	범칙행위	범칙금액	
법 제3조제1항제1호 (빈집 등에의 침입)	다른 사람이 살지 않고 관리하지 않는 집 또는 그 울타리·건조물(建造物)·배·자동차 안에 정당한 이유 없이 들어간 경우	10만원 이하의 벌금, 구류 또는 과료	8만원
법 제3조제1항제2호 (흉기의 은닉휴대)	칼·쇠몽둥이·쇠톱 등 사람의 생명 또는 신체에 중대한 위해를 끼치거나 집이나 그 밖의 건조물에 침입하는 데에 사용될 수 있는 연장이나 기구를 정당한 이유 없이 숨겨서 지니고 다니는 경우		8만원
법 제3조제1항제3호 (폭행 등 예비)	다른 사람의 신체에 위해를 끼칠 것을 공모(共謀)하여 예비행위를 한 사람이 있는 경우 그 공모를 한 경우		8만원
법 제3조제1항제5호 (시체 현장변경 등)	사산아(死産兒)를 감추거나 정당한 이유 없이 변사체 또는 사산아가 있는 현장을 바꾸어 놓은 경우		8만원
법 제3조제1항제6호 (도움이 필요한 사람 등의 신고불이행)	자기가 관리하고 있는 곳에 도움을 받아야 할 노인, 어린이, 장애인, 다친 사람 또는 병든 사람이 있거나 시체 또는 사산아가 있는 것을 알면서 이를 관계 공무원에게 지체 없이 신고하지 않은 경우		8만원
법 제3조제1항제7호 (관명사칭 등)	국내외의 공직(公職), 계급, 훈장, 학위 또는 그 밖에 법령에 따라 정해진 명칭이나 칭호 등을 거짓으로 꾸며 대거나 자격이 없으면서 법령에 따라 정해진 제복, 훈장, 기장 또는 기념장(記念章), 그 밖의 표장(標章) 또는 이와 비슷한 것을 사용한 경우		8만원
법 제3조제1항제8호 (물품강매·호객행위)	가. 요청하지 않은 물품을 억지로 사라고 한 사람, 요청 하지 않은 일을 해주거나 재주 등을 부리고 그 대가로 돈을 달라고 한 경우		8만원
	나. 여러 사람이 모이거나 다니는 곳에서 영업을 목적으로 떠들썩하게 손님을 부른 경우		5만원
법 제3조제1항제9호 (광고물 무단부착 등)	가. 다른 사람 또는 단체의 집이나 그 밖의 인공구조물과 자동차 등에 함부로 광고물 등을 붙이거나 내걸거나 끼우거나 글씨 또는 그림을 쓰거나 그리거나 새기는 행위 등을 한 사람 또는 공공장소에서 광고물 등을 함부로 뿌린 경우		5만원
	나. 다른 사람이나 단체의 간판, 그 밖의 표시물 또는 인공구조물을 함부로 옮기거나 더럽히거나 훼손한 경우		8만원

법 제3조제1항제10호 (마시는 물 사용방해)	사람이 마시는 물을 더럽히거나 사용하는 것을 방해한 경우	10만원 이하의 벌금, 구류 또는 과료	8만원
법 제3조제1항제11호 (쓰레기 등 투기)	가. 쓰레기, 죽은 짐승, 그 밖의 더러운 물건(나목에 규정된 것은 제외한다)이나 못쓰게 된 물건을 함부로 아무 곳에나 버린 경우		5만원
	나. 담배꽁초, 껌, 휴지를 아무 곳에나 버린 경우		3만원
법 제3조제1항제12호 (노상방뇨 등)	가. 길, 공원, 그 밖에 여러 사람이 모이거나 다니는 곳에서 대소변을 보거나 또는 그렇게 하도록 시키거나 개 등 짐승을 끌고 와서 대변을 보게 하고 이를 치우지 않은 경우		5만원
	나. 길, 공원, 그 밖에 여러 사람이 모이거나 다니는 곳에서 함부로 침을 뱉은 경우		3만원
법 제3조제1항제13호 (의식방해)	공공기관이나 그 밖의 단체 또는 개인이 하는 행사나 의식을 못된 장난 등으로 방해하거나 행사나 의식을 하는 경우 또는 그 밖에 관계있는 사람이 말려도 듣지 않고 행사나 의식을 방해할 우려가 뚜렷한 물건을 가지고 행사장 등에 들어간 경우		8만원
법 제3조제1항제14호 (단체가입 강요)	싫다고 하는데도 되풀이하여 단체 가입을 억지로 강요한 경우		5만원
법 제3조제1항제15호 (자연훼손)	공원·명승지·유원지나 그 밖의 녹지구역 등에서 풀·꽃·나무·돌 등을 함부로 꺾거나 캔 경우 또는 바위·나무 등에 글씨를 새기거나 하여 자연을 훼손한 경우		5만원
법 제3조제1항제16호 (타인의 가축·기계 등 무단조작)	다른 사람 또는 단체의 소나 말, 그 밖의 짐승 또는 매어 놓은 배·뗏목 등을 함부로 풀어 놓거나 자동차 등의 기계를 조작한 경우	10만원 이하의 벌금, 구류 또는 과료	8만원
법 제3조제1항제17호 (물길의 흐름 방해)	개천·도랑이나 그 밖의 물길의 흐름에 방해될 행위를 한 경우		2만원
법 제3조제1항제18호 (구걸행위 등)	가. 다른 사람에게 구걸하도록 시켜 올바르지 않은 이익을 얻은 경우		8만원
	나. 공공장소에서 구걸을 하여 다른 사람의 통행을 방해하거나 귀찮게 한 경우		5만원
법 제3조제1항제19호 (불안감조성)	정당한 이유 없이 길을 막거나 시비를 걸거나 주위에 모여 들거나 뒤따르거나 몹시 거칠게 겁을 주는 말이나 행동으로 다른 사람을 불안하게 하거나 귀찮고 불쾌하게 한 경우 또는 여러 사람이 이용하거나 다니는 도로·공원 등 공공장소에서 고의로 험악한 문신(文身)을 드러내어 다른 사람에게 혐오감을 준 경우		5만원
법 제3조제1항제20호 (음주소란 등)	공회당·극장·음식점 등 여러 사람이 모이거나 다니는 곳 또는 여러 사람이 타는 기차·자동차·배 등에서 몹시 거친 말이나 행동으로 주위를 시끄럽게 하거나 술에 취하여 이유 없이 다른 사람에게 주정한 경우		5만원
법 제3조제1항제21호 (인근소란 등)	악기·라디오·텔레비전·전축·종·확성기·전동기(電動機) 등의 소리를 지나치게 크게 내거나 큰소리로 떠들거나 노래를 불러 이웃을 시끄럽게 한 경우		3만원
법 제3조제1항제22호 (위험한 불씨 사용)	충분한 주의를 하지 않고 건조물, 수풀, 그 밖에 불붙기 쉬운 물건 가까이에서 불을 피우거나 휘발유 또는 그 밖에 불이 옮아붙기 쉬운 물건 가까이에서 불씨를 사용한 경우		8만원
법 제3조제1항제23호 (물건 던지기 등 위험행위)	다른 사람의 신체나 다른 사람 또는 단체의 물건에 해를 끼칠 우려가 있는 곳에 충분한 주의를 하지 않고 물건을 던지거나 붓거나 또는 쏜 경우		3만원
법 제3조제1항제24호 (인공구조물등의 관리소홀)	무너지거나 넘어지거나 떨어질 우려가 있는 인공구조물이나 그 밖의 물건에 대하여 관계 공무원으로부터 고칠 것을 요구받고도 필요한 조치를 게을리하여 여러 사람을 위험에 빠트릴 우려가 있게 한 경우		5만원

법 제3조제1항제25호 (위험한 동물의 관리 소홀)	사람이나 가축에 해를 끼치는 버릇이 있는 개나 그 밖의 동물을 함부로 풀어놓거나 제대로 살피지 않아 나다니게 한 경우		5만원
법 제3조제1항제26호 (동물등에 의한 행패 등)	가. 소나 말을 놀라게 하여 달아나게 한 경우		5만원
	나. 개나 그 밖의 동물을 시켜 사람이나 가축에게 달려들게 한 경우		8만원
법 제3조제1항제27호 (무단소등)	여러 사람이 다니거나 모이는 곳에 켜 놓은 등불이나 다른 사람 또는 단체가 표시를 하기 위하여 켜 놓은 등불을 함부로 끈 경우		5만원
법 제3조제1항제28호 (공중통로 안전관리소홀)	여러 사람이 다니는 곳에서 위험한 사고가 발생하는 것을 막을 의무가 있으면서도 등불을 켜 놓지 않거나 그 밖의 예방조치를 게을리 한 경우		5만원
법 제3조제1항제29호 (공무원 원조불응)	눈·비·바람·해일·지진 등으로 인한 재해, 화재·교통사고·범죄, 그 밖의 급작스러운 사고가 발생하였을 때에 현장에 있으면서도 정당한 이유 없이 관계 공무원 또는 이를 돕는 사람의 현장출입에 관한 지시에 따르지 않거나 공무원이 도움을 요청하여도 도움을 주지 않은 경우		5만원
법 제3조제1항제30호 (거짓 인적사항사용)	성명, 주민등록번호, 등록기준지, 주소, 직업 등을 거짓으로 꾸며대고 배나 비행기를 타거나 인적사항을 물을 권한이 있는 공무원이 적법한 절차를 거쳐 묻는 상황에서 정당한 이유 없이 다른 사람의 인적사항을 자기의 것으로 거짓으로 꾸며댄 경우		8만원
법 제3조제1항제31호 (미신요법)	근거 없이 신기하고 용한 약방문인 것처럼 내세우거나 그 밖의 미신적인 방법으로 병을 진찰·치료·예방한다고 하여 사람들의 마음을 홀리게 한 경우		2만원
법 제3조제1항제32호 (야간통행제한위반)	전시·사변·천재지변, 그 밖에 사회에 위험이 생길 우려가 있을 경우에 국민안전장관이나 경찰청장이나 정하는 야간통행제한을 위반한 경우		3만원
법 제3조제1항제33호 (과다노출)	"공개된 장소에서 공공연하게 성기·엉덩이 등 신체의 주요한 부위를 노출하여 다른 사람에게 부끄러운 느낌이나 불쾌감을 준 경우		5만원
법 제3조제1항제34호 (지문채취 불응)	범죄 피의자로 입건된 사람의 신원을 지문조사 외의 다른 방법으로는 확인할 수 없어 경찰공무원이나 검사가 지문을 채취하려고 할 때에 정당한 이유 없이 이를 거부한 경우		5만원
법 제3조제1항제35호 (자릿세 징수 등)	여러 사람이 모이거나 쓸 수 있도록 개방된 시설 또는 장소에서 좌석이나 주차할 자리를 잡아 주기로 하거나 잡아주면서, 돈을 받거나 요구하거나 돈을 받으려고 다른 사람을 귀찮게 따라다니는 경우		8만원
법 제3조제1항제36호 (행렬방해)	공공장소에서 승차승선, 입장·매표 등을 위한 행렬에 끼어들거나 떠밀거나 하여 그 행렬의 질서를 어지럽힌 경우		5만원
법 제3조제1항제37호 (무단 출입)	출입이 금지된 구역이나 시설 또는 장소에 정당한 이유 없이 들어간 경우	10만원 이하의 벌금, 구류 또는 과료	2만원
법 제3조제1항제38호 (총포 등 조작장난)	여러 사람이 모이거나 다니는 곳에서 충분한 주의를 하지 않고 총포, 화약류, 그 밖에 폭발의 우려가 있는 물건을 다루거나 이를 가지고 장난한 경우		8만원
법 제3조제1항제39호 (무임승차 및 무전취식)	영업용 차 또는 배 등을 타거나 다른 사람이 파는 음식을 먹고 정당한 이유 없이 제 값을 치르지 않은 경우		5만원
법 제3조제1항제40호 (장난전화 등)	정당한 이유 없이 다른 사람에게 전화·문자메시지·편지·전자우편·전자문서 등을 여러 차례 되풀이하여 괴롭힌 경우		8만원
법 제3조제1항제41호 (지속적 괴롭힘)	상대방의 명시적 의사에 반하여 지속적으로 접근을 시도하여 면회 또는 교제를 요구하거나 지켜보기, 따라다니기, 잠복하여 기다리기 등의 행위를 반복하여 하는 경우		8만원
법제3조제2항제1호 (출판물의 부당게재 등)	올바르지 않은 이익을 얻을 목적으로 다른 사람 또는 단체의 사업이나 사사로운 일에 관하여 신문, 잡지, 그 밖의 출판물에 어떤 사항을 싣거나 싣지 않을 것을 약속하고 돈이나 물건을 받은 경우	20만원 이하의 벌금,	16 만원

법제3조제2항제2호 (거짓 광고)	여러 사람에게 물품을 팔거나 나누어 주거나 일을 해주면서 다른 사람을 속이거나 잘못 알게 할 만한 사실을 들어 광고한 경우	구류 또는 과료	16 만원
법제3조제2항제3호 (업무방해)	못된 장난 등으로 다른 사람, 단체 또는 공무수행 중인 자의 업무를 방해한 경우		16 만원
법제3조제2항제4호 (암표매매)	흥행장, 경기장, 역, 나루터, 정류장, 그 밖에 정해진 요금을 받고 입장시키거나 승차 또는 승선시키는 곳에서 웃돈을 받고 입장권·승차권 또는 승선권을 다른 사람에게 되판 경우		16 만원

비고 : 범칙금의 납부 통고를 받은 사람이 통고처분을 불이행하여 법 제9조제1항에 따라 통고받은 범칙금에 가산금을 더하여 납부할 경우에 최대 납부할 금액은 법 제3조제1항 각 호의 행위로 인한 경우에는 10만원으로 하고, 법 제3조제2항 각 호의 행위로 인한 경우에는 20만원으로 한다.

다음 각 호의 어느 하나에 해당하는 사람은 60만원 이하의 벌금, 구류 또는 과료의 형으로 처벌한다. 1. (관공서에서의 주취소란) 술에 취한 채로 관공서에서 몹시 거친 말과 행동으로 주정하거나 시끄럽게 한 사람 2. (거짓신고) 있지 아니한 범죄나 재해 사실을 공무원에게 거짓으로 신고한 사람
제4조(교사·방조) 제3조의 죄를 짓도록 시키거나 도와준 사람은 죄를 지은 사람에 준하여 벌한다. 제5조(형의 면제와 병과) 제3조에 따라 사람을 벌할 때에는 그 사정과 형편을 헤아려서 그 형을 면제하거나 구류와 과료를 함께 과(科)할 수 있다.

다. 경범죄 처벌법상 통고처분

1) 통고처분

법률이 정하는 일정한 행정범을 범한 심증이 확실할 때에 그에 대한 벌금·과료·몰수 또는 추징금에 상당하는 금액을 일정한 장소에 납부하도록 통고하는 행정행위이다.

가) 범칙행위 : 경범죄 처벌법상 유형에 해당하는 위반행위

나) 범칙자 : 범칙행위를 행한 사람으로 다음에 해당하지 아니한 사람

① 범칙행위를 상습적으로 행하는 사람

② 죄를 범한 동기나 수단 및 결과를 헤아려 구류처분을 하는 것이 적절하다고 인정되는 사람

③ 피해자가 있는 행위를 한 사람

④ 18세 미만인 사람

다) 범칙금 : 범칙자가 통고처분 규정에 의하여 국고 또는 제주특별자치도의 금고에 납부하여야 할 금전

2) 통고처분 절차

범칙행위를 행한 자에 대하여 범칙금이라는 금전적 제재를 통보하고 이를 기한 내에 이행할 경우 당해 위반행위에 대한 형사소추를 면하게 하고, 불이행 시는 즉결심판을 청구하는 절차이다.

가) 처분권자

해양경찰서장, 경찰서장, 제주특별시도지사, 철도특별사법경찰대장 범칙자로 인정되는 사람에 대하여 그 이유를 명백히 나타낸 서면으로 범칙금을 납부할 것을 통보 할 수 있다. 다만, 다음 사람에 대하여는 그러하지 아니 한다.

① 통고처분서 받기를 거부한 사람
② 주거 또는 신원이 확실하지 아니한 사람
③ 그 밖에 통고처분 하기가 매우 어려운 사람

나) 범칙금 납부

① 1차 : 통고처분 받은 다음 날로부터 10일 이내 경찰청장 또는 해양경찰청장이 지정하는 은행, 그 지점이나 대리점, 우체국 또는 제주특별자치도지사가 지정하는 금융기관이나 그 지점에 범칙금을 납부(천재지변 등 부득이한 일로 미납부 시 사유 종료일로부터 5일 이내)
② 2차 : 1차 납부기간의 마지막 날의 다음 날부터 20일 이내에 통고받은 범칙금의 20/100을 더한 금액을 납부

※ 범칙금 납부대행기관을 통하여 신용카드, 직불카드 등(신용카드등)으로 낼 수 있다. 그리고 범칙금은 분할하여 납부할 수 없다.

다) 통고처분 불이행자 등 처리

① 경찰서장 또는 해양경찰서장은 지체없이 즉결심판을 청구 한다
  - 통고처분 제외 대상자
  - 범칙금 미납자

  다만, 범칙금 미납자는 즉결심판선고 전까지 통고받은 범칙금액의 그 100분의50을 더한 금액을 납부하고 증명서를 제출한 때에는 그 피고인에 대하여 즉결심판 청구를 취소하여야 한다.
② 범칙금을 납부한 사람은 그 범칙행위에 대하여 다시 벌 받지 않는다.
③ 철도특별사법경찰대장은 즉결심판 사유가 발생한 사람이 있는 경우에는 경찰서장 또는 해양경찰서장에게 그 사실을 통보하고 관련서류를 이첩하여야 한다. 이 경우 통보받은 경찰서장 또는 해양경찰서장은 관련 규정에 따라 처리 한다.
④ 즉결심판을 위한 출석일은 범칙금납부기간 만료일부터 40일을 초과 할 수 없다(법원사정상 부득이한 경우 60일).

라) 처리절차

① 범칙자 신분확인 → 범칙내용 고지 → 범칙금 납부통고서 발부
② 세부사항
  ⓐ 현장에서 발부함이 원칙 : 권한의 남용이나 오해의 소지가 없도록 신중한 처리
  ⓑ 범칙금납부통고서·범칙금영수증 및 납부고지서에 해당사항 기재, 범칙행위 다음

날까지 범칙금액표와 함께 교부하고 범칙자적발보고서 등 작성하여 서장에게 보고 한다.

ⓒ 수납기관으로부터 수납사실을 통보받은 때마다 징수사항을 기록 정리하고, 범칙금은 분할 납부할 수 없음

ⓓ 납부통고서를 발부한 사건→ 즉결심판으로 정정하거나 훈계방면 안됨.

ⓔ 범칙금을 납부한자는 당해 범칙행위에 대하여 소추할 수 없다.

마) 미제사건 처리

경찰서장은 범칙금미납자에게 즉결심판 및 범칙금등납부통지서를 월1회 송부하고 2월마다 1회 소재수사를 한다.

바) 통고처분 스티커 분실자 재교부 조치

주소지 경찰서장은 범칙금 납부기간 내에 범칙금 납부통고서를 분실하여 재 발부 요청을 할 때에는 분실한 범칙금 납부통고서의 내용을 확인한 후 재 발부 하여야 한다.

2. 즉결심판

가. 근거 : 즉결심판에 관한 절차법

범증이 명백하고 죄질이 경미한 범죄사건을 신속·적정한 절차로 심판하기 위하여 즉결심판에 관한 절차를 정한다. 지방법원·지원 또는 시·군법원의 판사는 즉결심판절차에 의하여 피고인에게 20만원 이하의 벌금, 구류 또는 과료에 처할 수 있다.

나. 청구권자

즉결심판은 관할 경찰서장 또는 관할 해양경찰서장(이하 경찰서장이라 한다)이 관할법원에 청구한다.

※ 관할에 대한 특례 지방법원 또는 그 지원의 판사는 소속 지방법원장의 명령을 받아 소속 법원의 관할 판사와 관계없이 즉결심판청구권을 심사할 수 있다.

다. 청구의 방식 및 청구의 기각

1) 즉결심판의 청구는 서면으로 하여야 하며, 이 즉결심판청구서에는 피고인의 성명 기타 피고인을 특정할 수 있는 사항, 죄명, 범죄사실과 적용 법조를 기재하여야 한다.

2) 경찰서장은 즉결심판의 청구와 동시에 즉결심판을 함에 필요한 서류 또는 증거물을 판사에게 제출하여야 한다.

3) 판사는 사건이 즉결심판을 할 수 없거나 즉결심판 절차에 의하여 심판함이 적당하지

아니하다고 인정할 때에는 결정으로 즉결심판의 청구를 기각한다. 이 경우 경찰서장은 사건을 관할지방검찰청 또는 지청장에게 송치한다.

라. 개정

1) 즉결심판절차에 의한 심리와 재판의 선고는 공개된 법정에서 행하되, 그 법정은 경찰관서 외의 장소에 설치되어야 한다.

※ 배석자 : 판사, 법원서기관, 법원사무관, 법원주사 또는 법원주사보

2) 판사는 상당한 이유가 있는 경우에는 개정 없이 피고인의 진술서와 서류 또는 증거물에 의하여 심판할 수 있다. 다만 구류에 처하는 경우에는 그러하지 아니한다.

마. 피고인의 출석

1) 피고인이 기일에 출석하지 아니한 때에는 특별한 규정이 있는 경우를 제외 하고는 개정할 수 없다.

2) 벌금 또는 과료를 선고하는 경우에는 피고인이 출석하지 않아도 심판 할 수 있다.

3) 피고인 또는 즉결심판출석통지서를 받은 자는 법원에 불출석심판을 청구 할 수 있고, 법원이 이를 허가한 때에는 피고인이 출석하지 않아도 심판할 수 있다.

바. 정식재판 청구 : 7일 이내

1) 즉결심판으로 유죄를 선고할 때에는 형, 범죄사실과 적용법조를 명시하고 피고인은 7일 이내에 정식재판을 청구할 수 있다는 것을 고지하여야 한다.

2) 정식재판을 청구하고자 하는 피고인은 즉결심판의 선고·고지를 받은 날부터 7일 이내에 정식재판청구서를 경찰서장에게 제출하여야 한다. 정식재판청구서를 받은 경찰서장은 지체 없이 판사에게 이를 송부하여야 한다.

3) 즉결심판은 정식재판의 청구에 의한 판결이 있는 때에는 그 효력을 잃는다.

사. 유치명령

판사는 구류의 선고를 받은 피고인이 일정한 주소가 없거나 또는 도망할 염려가 있을 때에는 5일을 초과하지 아니하는 기간 경찰서유치장(지방해양경찰관서의 유치장을 포함한다. 이하 같다)에 유치할 것을 명령할 수 있다. 다만, 이 기간은 선고기간을 초과할 수 없다.

제4장 수상레저 안전관리

제1절 수상레저안전법 일반

1. 수상레저안전법150) 개요

「수상레저안전법」은 제1장 총칙, 제2장 조종면허, 제3장 안전준수의무, 제4장 안전관리, 제5장 수상레저사업, 제6장 보험과 제7장 보칙, 제8장 벌칙으로 구성되어 있다. 일반적으로 「해상교통안전법」, 「선박의 입항 및 출항 등에 관한 법률」과 달리 「수상레저안전법」은 해양경찰청이 수상레저 조종면허 총괄관리청이며 해상에서의 수상레저안전 및 질서유지업무를 전담하고 있다.

2. 수상레저안전법 제정 및 용어 정의

가. 제정배경

1) 국민의 생활수준 향상과 다양한 레저활동 욕구 증대
2) 수상레저기구의 충돌·전복 등 잦은 안전사고 발생
3) 수상레저기구의 관리 및 레저활동의 안전을 위한 제도권 수용 필요

나. 제정목적

1) 수상레저활동의 안전과 질서 확보 - 안전관리 측면
2) 수상레저사업의 건전한 발전 도모 - 사업자 측면

다. 용어의 정의

1) 수상레저활동 : 수상에서 수상레저기구를 이용하여 취미·오락·체육·교육 등의 목적으로 이루어지는 활동

2) 래프팅(rafting) : 무동력 수상레저기구를 이용하여 계곡이나 하천에서 노를 저으며 급류 또는 물의 흐름 등을 타는 수상레저활동

150) 수상레저안전법, [시행 2023. 6. 11.] [법률 제18958호, 2022. 6. 10., 전부개정], 해양경찰청(수상레저과).

3) 수상레저기구 : 수상레저활동에 이용되는 선박이나 기구로서 동력수상레저기구와 무동력수상레저기구로 구분된다.

가) "동력수상레저기구"란 추진기관이 부착되어 있거나 추진기관을 부착하거나 분리하는 것이 수시로 가능한 수상레저기구로서 수상오토바이, 모터보트, 고무보트, 세일링요트(돛과 기관이 설치된 것을 말한다) 등 대통령령으로 정하는 것을 말한다.

1. 수상오토바이
2. 모터보트
3. 고무보트
4. 세일링요트(돛과 기관이 설치된 것을 말한다. 이하 같다)
5. 스쿠터
6. 공기부양정(호버크라프트)
7. 수륙양용기구
8. 그 밖에 제1호부터 제7호까지의 규정에 따른 수상레저기구와 비슷한 구조・형태・추진기관 또는 운전방식을 가진 것으로서 해양경찰청장이 정하여 고시하는 수상레저기구

나) "무동력수상레저기구"란 동력수상레저기구 외의 수상레저기구로서 대통령령으로 정하는 것을 말한다.

1. 수상스키(케이블 수상스키를 포함한다. 이하 같다)
2. 파라세일
3. 조정
4. 카약
5. 카누
6. 워터슬레이드
7. 수상자전거
8. 서프보드
9. 노보트
10. 무동력 요트
11. 윈드서핑
12. 웨이크보드(케이블 웨이크보드를 포함한다)
13. 카이트보드
14. 공기주입형 고정식 튜브
15. 플라이보드
16. 패들보드
17. 그 밖에 제1호부터 제16호까지의 규정에 따른 수상레저기구와 비슷한 구조・형태 또는 운전방식을 가진 것으로서 해양경찰청장이 정하여 고시하는 수상레저기구

4) "수상"이란 해수면과 내수면을 말한다.

가) "해수면"이란 바다의 수류나 수면을 말한다.

나) "내수면"이란 하천, 댐, 호수, 늪, 저수지, 그 밖에 인공으로 조성된 담수나 기수(汽水)의 수류 또는 수면을 말한다.

3. 수상레저안전법 적용배제

1) 「유선 및 도선 사업법」에 따른 유·도선사업 및 그 사업과 관련된 수상에서의 행위를 하는 경우
2) 「체육시설의설치·이용에관한법률」에 따른 체육시설업 및 그 사업과 관련된 수상에서의 행위를 하는 경우
3) 「낚시관리 및 육성법」에 의한 낚시어선업 및 그 사업과 관련된 수상에서의 행위를 하는 경우

위의 사항에도 불구하고 다른 법률에서 제5조의 조종면허를 자격요건으로 규정한 경우에는 제16조(면허증 휴대의무) 및 제17조(조종면허의 취소·정비)를 적용한다.

4. 수상레저 안전관리

가. 수상레저안전관리 기본계획 수립(제4조)

1) 해양경찰청장은 수상레저활동의 안전과 질서 확보를 위하여 대통령령으로 정하는 바에 따라 5년마다 수상레저안전관리 기본계획(이하 "기본계획"이라 한다)을 수립 · 시행하여야 한다.

2) 해양경찰청장은 제1항에 따라 수립된 기본계획을 관계 중앙행정기관의 장, 특별시장 · 광역시장 · 특별자치시장 · 도지사 · 특별자치도지사(이하 "시 · 도지사"라 한다)에게 통보하여야 한다.

3) 시 · 도지사 또는 해양경찰서장은 기본계획을 바탕으로 해양수산부령으로 정하는 바에 따라 매년 수상레저안전관리 시행계획을 수립 · 시행하여야 한다. 해양경찰청장은 시행계획의 수립 · 시행에 관하여 필요한 지도 · 감독을 할 수 있다.

나. 안전준수 의무

1) 안전장비의 착용(제20조)

수상레저활동을 하는 사람은 구명조끼 등 인명안전에 필요한 장비를 해양수산부령으로 정하는 바에 따라 착용하여야 한다.

2) 운항규칙 등의 준수(제21조)

수상레저활동을 하는 사람은 대통령령으로 정하는 바에 따라 운항방법, 기구의 속도 및 「수상레저기구의 등록 및 검사에 관한 법률」 제16조제2항에 따른 운항구역 등에 관한 사항을 준수하여야 한다.

3) 기상에 따른 수상레저활동의 제한(제22조)

누구든지 수상레저활동을 하려는 구역이 다음 각 호의 어느 하나에 해당하는 경우에는 수상레저활동을 하여서는 아니 된다. 다만, 파도 또는 바람만을 이용하는 수상레저기구의 특성을 고려하여 대통령령으로 정하는 경우에는 그러하지 아니하다.

가) 태풍 · 풍랑 · 폭풍해일 · 호우 · 대설 · 강풍과 관련된 주의보 이상의 기상특보가 발효된 경우

나) 안개 등으로 가시거리가 0.5킬로미터 이내로 제한되는 경우

4) 원거리 수상레저활동의 신고(제23조)

가) 출발항으로부터 10해리 이상 떨어진 곳에서 수상레저활동을 하려는 사람은 해양수산부령으로 정하는 바에 따라 해양경찰관서나 경찰관서에 신고하여야 한다. 다만, 「선박의 입항 및 출항 등에 관한 법률」 제4조에 따른 출입 신고를 하거나 「선박안전 조업규칙」 제15조에 따른 출항 · 입항 신고를 한 선박인 경우에는 그러하지 아니하다.

나) 제1항에도 불구하고 「수상레저기구의 등록 및 검사에 관한 법률」 제3조에 따른 동력수상레저기구(이하 "등록 대상 동력수상레저기구"라 한다)가 아닌 수상레저기구로 수상레저활동을 하려는 사람은 출발항으로부터 10해리 이상 떨어진 곳에서 수상레저활동을 하여서는 아니 된다. 다만, 안전관리 선박의 동행, 선단의 구성 등 해양수산부령으로 정하는 경우에는 그러하지 아니하다.

> 제26조(원거리 수상레저활동의 신고) ① 법 제23조제1항 본문에 따라 원거리 수상레저활동을 하려는 사람은 별지 제23호서식의 원거리 수상레저활동 신고서를 해양경찰관서나 경찰관서에 제출(팩스나 정보통신망을 이용한 전자문서의 제출을 포함한다)해야 한다.
> ② 법 제23조제2항 단서에서 "안전관리 선박의 동행, 선단의 구성 등 해양수산부령으로 정하는 경우"란 다음 각 호의 어느 하나에 해당하는 경우를 말한다.
> 1. 「수상레저기구의 등록 및 검사에 관한 법률 시행령」 제2조제1호가목에 따른 연해구역, 근해구역 또는 원양구역을 운항구역으로 하는 동력수상레저기구와 500미터 이내의 거리에서 동행하여 수상레저활동을 하는 경우
> 2. 위치를 확인할 수 있는 통신기기를 갖춘 수상레저기구 2대 이상으로 선단(船團)을 구성하여 선단 내의 수상레저기구 간에 500미터(무동력수상레저기구 간에는 200미터를 말한다) 이내의 거리를 유지하며 수상레저활동을 하는 경우

5) 사고의 신고(제24조)

가) 수상레저활동을 하는 사람은 다음 각 호의 어느 하나에 해당할 때에는 해양수산부령으로 정하는 바에 따라 지체 없이 해양경찰관서, 경찰관서 또는 소방관서 등 관계 행정기관에 신고하여야 한다.

① 수상레저기구에 동승한 사람이 사고로 사망 · 실종 또는 중상을 입은 경우

② 충돌, 좌초 또는 그 밖에 수상레저기구의 안전운항에 영향을 미치거나 미칠 우려가 있는 사고가 발생하였을 경우

나) 제1항에 따른 신고를 받은 관계 행정기관의 장은 인명구조, 사고 수습 등을 위하여 필요한 조치를 하여야 한다.

다) 제1항에 따른 신고를 받은 경찰서장 또는 소방서장은 제2항에 따른 필요한 조치 후에 사고 장소가 해수면인 경우에는 관할 해양경찰서장에게, 내수면인 경우에는 관할 특별자치시장·특별자치도지사·시장·군수 및 구청장(구청장은 자치구의 구청장을, 서울특별시의 관할구역에 있는 한강의 경우에는 서울특별시의 한강 관리에 관한 업무를 관장하는 기관의 장을 말한다. 이하 "시장·군수·구청장"이라 한다)에게 그 결과를 통보하여야 한다.

6) 무면허조종의 금지(제25조)

누구든지 조종면허를 받아야 조종할 수 있는 동력수상레저기구를 조종면허를 받지 아니하고(조종면허의 효력이 정지된 경우를 포함한다) 조종하여서는 아니 된다. 다만, 다음 각 호의 어느 하나에 해당하는 경우에는 그러하지 아니하다.

가) 제1급 조종면허를 가진 사람의 감독하에 수상레저활동을 하는 경우로서 해양수산부령으로 정하는 경우

> 1. 제1급 동력수상레저기구 조종면허를 가진 사람이 동시에 감독하는 수상레저기구가 3대 이하인 경우
> 2. 해당 수상레저기구가 다른 수상레저기구를 견인하고 있지 않은 경우
> 3. 면허시험을 위하여 수상레저기구를 조종하는 경우
> 4. 수상레저사업을 등록한 자("수상레저사업자")의 사업장 안에서 탑승 정원이 4명 이하인 수상레저기구를 조종하는 경우(수상레저사업자 또는 그 종사자가 이용객을 탑승시켜 조종하는 경우는 제외한다)
> 5. 학교에서 실시하는 교육·훈련을 위하여 수상레저기구를 조종하는 경우
> 6. 수상레저활동 관련 단체로서 해양경찰청장이 정하여 고시하는 단체가 실시하는 비영리목적의 교육·훈련을 위하여 수상레저기구를 조종하는 경우

나) 조종면허를 가진 사람과 동승하여 조종하는 경우로서 해양수산부령으로 정하는 경우

> 제1급 동력수상레저기구 조종면허 또는 요트조종면허를 가진 사람과 함께 탑승하여 조종하는 경우. 다만, 면허를 가진 사람이 위반하여 술에 취한 상태나 약물복용 상태에서 탑승하는 경우는 제외한다.

7) 야간 수상레저활동의 금지(제26조)

가) 누구든지 해진 후 30분부터 해뜨기 전 30분까지는 수상레저활동을 하여서는 아니 된다. 다만, 해양수산부령으로 정하는 바에 따라 야간 운항장비를 갖춘 수상레저기구를 사용하는 경우에는 그러하지 아니하다.

> (야간 운항장비) ① 법 제26조제1항 단서에 따라 야간 수상레저활동을 하려는 사람이 갖춰야 하는 운항장비는 다음 각 호와 같다.
> 1. 항해등 2. 전등 3. 야간 조난신호장비 4. 등(燈)이 부착된 구명조끼
> 5. 통신기기 6. 구명부환 7. 소화기 8. 자기점화등 9. 나침반 10. 위성항법장치
> ② 제1항에도 불구하고 수상레저활동을 하려는 구역이 내수면인 경우 관할 시장·군수·구청장이 수면의 넓이, 물의 깊이, 유속(流速) 등을 고려하여 야간 운항을 하는 데에 위험성이 없다고 인정

할 때에는 제1항제6호부터 제10호까지에 해당하는 운항장비 중 일부를 갖추지 않게 할 수 있다.
③ 시장・군수・구청장은 제2항에 따라 야간 운항장비의 일부를 갖추지 않게 한 경우에는 수상레저활동을 하는 사람이 보기 쉬운 장소에 그 내용을 게시해야 한다.

〈표 7-7〉 야간운항장비 세부기준

■ **수상레저안전법 시행규칙 [별표 7]**

야간 운항장비의 세부 기준(제29조제1항 관련)

운항장비	세부 기준	수량
1. 항해등	가. 동력수상레저기구(세일링요트는 제외한다)의 항해등은 「해상교통안전법」 제81조제1항 및 제4항부터 제6항까지의 규정에 따른 항행 중인 동력선의 등화로 표시할 것 나. 세일링요트의 항해등은 「해상교통안전법」 제83조제1항부터 제4항까지의 규정에 따른 항행 중인 범선의 등화로 표시할 것 다. 무동력수상레저기구의 항해등은 「해상교통안전법」 제83조제5항에 따른 노도선(櫓櫂船)의 등화로 표시할 것 라. 수상레저기구의 운항구역이 내수면인 경우에는 1개의 백색 전주등만을 설치할 수 있다.	-
2. 전등	서치라이트(search Light) 또는 방수형 랜턴일 것	1
3. 야간 조난 신호장비	로켓낙하산 신호, 신호홍염(전자식 장비를 포함한다) 또는 불꽃신호기(전자식 장비를 포함한다)일 것	1
4. 등(燈)이 부착된 구명조끼	구명조끼 표시등(life jacket light)이 부착되어 있을 것	정원의 수
5. 통신기기	초단파 무선설비(VHF), 초고속 해상무선통신(LTE-M) 송수신기 또는 휴대전화. 이 경우 휴대전화를 통신기기로 사용할 때에는 운항하는 동안 통화 또는 문자메시지의 송수신이 가능한 상태를 항상 유지해야 한다.	1
6. 구명부환	해양수산부장관이 정하여 고시하는 기준에 적합한 제품일 것. 다만, 수상레저기구의 운항구역이 내수면이거나 무동력수상레저기구인 경우에는 레스큐(rescue) 튜브로 구명부환을 대체할 수 있다.	1
7. 소화기	수상레저기구(무동력수상레저기구는 제외한다)에 화재사고 발생 시 화재의 확산방지 및 진압에 적합한 휴대식 또는 간이식 소화기를 갖출 것	1
8. 자기점화등	해양수산부장관이 정하여 고시하는 기준에 적합한 제품일 것	1
9. 나침반	조타 자기컴퍼스 또는 휴대용 자기컴퍼스일 것	1
10. 위성항법 장치	보정위성항법장치(DGPS), 위성항법장치(GPS) 또는 이동통신단말장치에서 사용되는 애플리케이션(application)을 갖출 것. 이 경우 이동통신단말장치를 사용할 때에는 운항하는 동안 해당 애플리케이션이 항상 작동되도록 해야 한다.	1

나) 해양경찰서장이나 시장・군수・구청장은 필요하다고 인정하면 일정한 구역에 대하여 해양수산부령으로 정하는 바에 따라 제1항 본문에 따른 시간을 조정할 수 있다.

(야간 수상레저활동시간의 조정) 해양경찰서장이나 시장 · 군수 · 구청장은 법 제26조제2항에 따라 해가 진 후 30분부터 24시까지의 범위에서 야간 수상레저활동의 시간을 조정해야 한다.

다) 해양경찰서장이나 시장 · 군수 · 구청장은 제2항에 따라 시간을 조정한 경우에는 수상레저활동을 하는 사람이 보기 쉬운 장소에 그 사실을 공고하여야 한다.

8) 주취 중 조종 금지(제27조)

가) 누구든지 술에 취한 상태(「해상교통안전법」 제39조제4항에 따른 술에 취한 상태를 말한다. 이하 같다)에서 동력수상레저기구를 조종하여서는 아니 된다.

나) 다음 각 호에 해당하는 사람(이하 “관계공무원”이라 한다)은 동력수상레저기구를 조종한 사람이 제1항을 위반하였다고 인정할 만한 상당한 이유가 있는 경우에는 술에 취하였는지를 측정할 수 있다. 이 경우 동력수상레저기구를 조종한 사람은 그 측정에 따라야 한다.

① 경찰공무원

② 시 · 군 · 구 소속 공무원 중 수상레저안전업무에 종사하는 사람

다) 제2항에 따라 관계공무원(근무복을 착용한 경찰공무원은 제외한다)이 술에 취하였는지 여부를 측정하는 때에는 그 권한을 표시하는 증표를 지니고 이를 해당 동력수상레저기구를 조종한 사람에게 제시하여야 한다. 술에 취하였는지 여부를 측정한 결과에 불복하는 사람에 대해서는 본인의 동의를 받아 혈액채취 등의 방법으로 다시 측정할 수 있다.

9) 약물복용 등의 상태에서 조종 금지(제28조)

누구든지 「마약류 관리에 관한 법률」 제2조에 따른 마약 · 향정신성의약품 · 대마의 영향, 「화학물질관리법」 제22조에 따른 환각물질의 영향, 그 밖의 사유로 인하여 정상적으로 조종하지 못할 우려가 있는 상태에서 동력수상레저기구를 조종하여서는 아니 된다.

10) 정원 초과 금지(제29조)

누구든지 대통령령으로 정하는 바에 따라 그 수상레저기구의 정원을 초과하여 사람을 태우고 운항하여서는 아니 된다.

다. 안전관리

1) 수상레저활동 금지구역의 지정(제30조)

가) 해양경찰서장 또는 시장 · 군수 · 구청장은 수상레저활동의 안전을 위하여 필요하다고 인정하면 수상레저활동 금지구역(수상레저기구별 수상레저활동 금지구역을 포함한다)을 지정할 수 있다.

나) 누구든지 제1항에 따라 지정된 금지구역에서 수상레저활동을 하여서는 아니 된다.

2) 시정명령(제31조)

해양경찰서장 또는 시장 · 군수 · 구청장은 수상레저활동의 안전을 위하여 필요하다고 인정하면 수상레저활동을 하는 사람 또는 수상레저활동을 하려는 사람에게 다음 각 호의 사항을 명할 수 있다. 다만, 수상레저활동을 하려는 사람에 대한 시정명령은 사고의 발생이 명백히 예견되는 경우로 한정한다.

가) 수상레저기구의 탑승(수상레저기구에 의하여 밀리거나 끌리는 경우를 포함한다. 이하 같다) 인원의 제한 또는 조종자의 교체

나) 수상레저활동의 일시정지

다) 수상레저기구의 개선 및 교체

3) 일시정지 · 확인(제32조)

가) 관계공무원은 수상레저기구를 타고 있는 사람이 이 법 또는 이 법에 따른 명령을 위반하였다고 인정하는 경우에는 수상레저기구를 멈추게 하고 이를 확인하거나 그 수상레저활동을 하는 사람에게 면허증이나 신분증의 제시를 요구할 수 있다.

나) 관계공무원은 제1항에 따라 수상레저기구를 멈추게 하고 면허증 등의 제시를 요구하는 경우에는 그 권한을 표시하는 증표를 지니고 이를 관계인에게 내보여야 한다.

4) 관계 행정기관의 협조(제33조)

가) 해양경찰청장, 지방해양경찰청장, 해양경찰서장, 시 · 도지사 또는 시장 · 군수 · 구청장은 수상레저활동의 안전을 위하여 필요하다고 인정하면 관계 행정기관의 장에게 협조를 요청할 수 있다. 이 경우 협조 요청을 받은 관계 행정기관의 장은 특별한 사유가 없으면 그 요청에 따라야 한다.

나) 시 · 도지사 또는 시장 · 군수 · 구청장은 관할 내수면에서의 수상레저활동의 효율적인 안전관리를 위하여 필요하다고 인정하면 해양경찰청장, 지방해양경찰청장 또는 해양경찰서장에게 관계 경찰공무원을 파견하거나 일정 구역의 수상레저활동에 관한 안전관리 업무를 담당하여 줄 것을 요청할 수 있다. 이 경우 요청을 받은 해양경찰청장, 지방해양경찰청장 또는 해양경찰서장은 특별한 사유가 없으면 그 요청에 따라야 한다.

5) 한국수상레저안전협회의 설립(제34조)

수상레저활동 안전관리에 대한 연구 · 개발, 홍보 및 교육훈련 등 해양경찰청장 등의 행정기관이 위탁하는 업무의 수행과 수상레저산업의 건전한 발전 및 수상레저 관련 종사자의 안전관리 업무능력 향상을 위하여 한국수상레저안전협회(이하 "협회"라 한다)를 설립할 수 있다.

6) 수상레저활동안전협의회의 운영(제35조)

시 · 도지사는 수상레저활동의 효율적인 안전관리를 위한 협조체제를 마련하기 위하여 해당 지역을 관할하는 관계 행정기관 및 단체 등의 대표자로 구성된 수상레저활동안전협

의회를 구성·운영할 수 있다.

제2절 수상레저 조종면허 및 수상레저사업

1. 조종면허

동력수상레저기구를 조종하는 사람은 제8조에 따른 면허시험에 합격한 후 해양경찰청장의 동력수상레저기구 조종면허(이하 "조종면허"라 한다)를 받아야 한다. 조종면허는 다음 각 호와 같이 구분한다.

1) 일반조종면허 : 제1급 조종면허, 제2급 조종면허

2) 요트조종면허

일반조종면허의 경우 제2급 조종면허를 받은 사람이 제1급 조종면허를 받은 때에는 제2급 조종면허의 효력은 상실된다.

가. 조종면허 대상·기준★

제4조(조종면허 대상 및 기준) ① 동력수상레저기구를 조종하는 사람이 법 제5조제1항에 따라 동력수상레저기구 조종면허(이하 "조종면허"라 한다)를 받아야 하는 동력수상레저기구는 제2조제1항 각 호에 해당하는 동력수상레저기구로서 추진기관의 최대 출력이 5마력 이상(출력 단위가 킬로와트인 경우에는 3.75킬로와트 이상을 말한다)인 동력수상레저기구로 한다. ② 조종면허의 발급대상은 다음 각 호의 구분과 같다.

1. 일반조종면허

1) **제1급 조종면허**: 수상레저사업의 종사자, 시험대행기관의 시험관

2) **제2급 조종면허**: 조종면허를 받아야 하는 동력수상레저기구(세일링요트는 제외한다)를 조종하려는 사람

2. 요트조종면허: 세일링요트를 조종하려는 사람

※ 외국인에 대한 조종면허의 특례(규칙 제1조의4)

- 수상레저기구의 종류 : 수상오토바이, 모터보트, 고무보트, 세일링요트(돛과 기관이 설치된 것을 말한다. 이하 같다), 스쿠터, 공기부양정(호버크라프트), 수륙양용기구, 그 밖에 제1호부터 제7호까지의 규정에 따른 수상레저기구와 비슷한 구조·형태·추진기관 또는 운전방식을 가진 것으로서 해양경찰청장이 정하여 고시하는 수상레저기구
- 조종기간 : 국제경기대회 개최일 10일 전부터 국제경기대회 기간까지
- 조종지역 : 국내 수역
- 국제경기대회 종류 및 규모 : 2개국 이상이 참여하는 국제경기대회

나. 조종면허 결격사유

1) 14세 미만(제1급 조종면허의 경우에는 18세 미만)인 사람. 다만, 제9조제1항제1호에 해당하는 자는 제외한다.
2) 정신질환자(「정신건강증진 및 정신질환자 복지서비스 지원에 관한 법률」 제3조제1호의 정신질환자를 말한다. 이하 같다) 중 수상레저활동을 할 수 없다고 인정되어 대통령령으로 정하는 사람
3) 마약·향정신성의약품 또는 대마(「마약류 관리에 관한 법률」 제2조제2호부터 제4호까지의 규정의 마약·향정신성의약품·대마를 말한다. 이하 같다) 중독자 중 수상레저활동을 할 수 없다고 인정되어 대통령령으로 정하는 사람
4) 제17조제1항에 따라 조종면허가 취소된 날부터 1년이 지나지 아니한 사람
5) 제25조 각 호 외의 부분 본문을 위반하여 조종면허를 받지 아니하고 동력수상레저기구를 조종한 사람으로서 그 위반한 날부터 1년(사람을 사상한 후 구호 등 필요한 조치를 하지 아니하고 달아난 사람은 이를 위반한 날부터 4년)이 지나지 아니한 사람

개인정보를 가지고 있는 기관 중 대통령령으로 정하는 기관의 장은 조종면허의 결격사유와 관련이 있는 개인정보를 해양경찰청장에게 통보하여야 한다.

다. 면허시험

1) 조종면허를 받으려는 사람은 해양경찰청장이 실시하는 시험(이하 "면허시험"이라 한다)에 합격하여야 한다. 면허시험은 필기시험·실기시험으로 구분하여 실시한다.

2) 면허시험의 실기시험 시행일을 기준으로 결격사유에 해당하는 사람은 면허시험에 응시할 수 없다.

〈표 7-8〉 필기시험 과목(제8조제1항 관련)

1. 일반조종면허

과목	출제 범위	과목별 배점
가. 수상레저안전	1) 수상환경(조석 및 해류) 2) 기상학 기초(주의보·경보 등의 기상통보 및 일기도 읽기) 3) 구급법(생존술·응급처치 및 심폐소생술) 4) 각종 사고 시 대처방법 5) 안전장비 및 인명구조	20점
나. 수상레저기구 운항 및 운용	1) 운항 계기 2) 수상레저기구 조종술 3) 신호음향 및 조난 4) 모터보트·견인기구·수상오토바이의 원리 및 운용	20점
다. 기관	1) 내연기관 및 추진장치의 구조 2) 기구의 정비 및 취급방법	10점

	3) 기구의 연료유·윤활유·냉각수 계통 관리	
라. 법규	1) 「수상레저안전법」 2) 「수상레저기구의 등록 및 검사에 관한 법률」 3) 「선박의 입항 및 출항 등에 관한 법률」 4) 「해상교통안전법」 5) 「해양환경관리법」 6) 「전파법」	50점

2. 요트조종면허

과목	출제 범위	과목별 배점
가. 요트활동 개요	1) 해양학 기초(조석·해류 및 파랑의 이해) 2) 해양기상학 기초(해양기상의 특성, 기상통보 및 일기도 읽기)	10점
나. 요트	1) 선체와 의장 2) 돛[범장(帆裝)]과 기관 3) 전기시설 및 설비 4) 항해장비, 안전장비 및 인명구조 5) 생존술	20점
다. 항해 및 범주	1) 항해계획과 항해(항해정보, 각종 항법) 2) 범주 및 피항(避航) 3) 식량과 조리·위생	20점
라. 법규	1) 「수상레저안전법」 2) 「수상레저기구의 등록 및 검사에 관한 법률」 3) 「선박의 입항 및 출항 등에 관한 법률」 4) 「해상교통안전법」 5) 「해양환경관리법」 6) 「전파법」	50점

〈표 7-9〉 실기시험 합격점수

구 분	합격자 결정
일반조종면허 1급	80점 이상
일반조종면허 2급	60점 이상
요트조종면허	60점 이상

라. 면허시험 면제

해양경찰청장은 다음 각 호의 어느 하나에 해당하는 사람에 대하여 면허시험 과목의 전부 또는 일부를 면제할 수 있다. 다만, 제5호에 해당하는 때에는 면허시험(제2급 조종면허와 요트조종면허에 한정한다) 과목의 전부를 면제한다.

1) 대통령령으로 정하는 체육 관련 단체에 동력수상레저기구의 선수로 등록된 사람

2) 다음 각 목의 요건을 모두 갖춘 사람
   가) 「고등교육법」 제2조에 따른 학교에서 대통령령으로 정하는 동력수상레저기구 관련 학과를 졸업하였을 것(법령에 따라 이와 같은 수준의 학력이 있다고 인정되는 경우를 포함한다)
   나) 해당 면허와 관련된 동력수상레저기구에 관한 과목을 이수하였을 것
3) 「선박직원법」 제4조제2항 각 호에 따른 해기사 면허 중 대통령령으로 정하는 면허를 가진 사람
4) 「한국해양소년단연맹 육성에 관한 법률」에 따른 한국해양소년단연맹 또는 「국민체육진흥법」 제2조제11호에 따른 경기단체에서 동력수상레저기구의 사용 등에 관한 교육·훈련업무에 1년 이상 종사한 사람으로서 해당 단체의 장의 추천을 받은 사람
5) 해양경찰청장이 지정·고시하는 기관이나 단체(이하 "면허시험 면제교육기관"이라 한다)에서 실시하는 교육을 이수한 사람
6) 제1급 조종면허 필기시험에 합격한 후 제2급 조종면허 실기시험으로 변경하여 응시하려는 사람

마. 부정행위자 제재

해양경찰청장은 면허시험에서 부정행위를 한 사람에 대하여 그 시험을 중지하게 하거나 무효로 할 수 있다. 해당 시험의 중지 또는 무효의 처분을 받은 사람은 그 처분이 있는 날부터 2년간 면허시험에 응시할 수 없다.

바. 조종면허증 갱신

조종면허를 받은 사람은 다음 각 호에 따른 동력수상레저기구 조종면허증(이하 "면허증"이라 한다) 갱신 기간 이내에 해양경찰청장으로부터 면허증을 갱신하여야 한다. 다만, 면허증을 갱신하려는 사람이 군복무 등 대통령령으로 정하는 사유로 인하여 그 기간 이내에 면허증을 갱신할 수 없는 경우에는 대통령령으로 정하는 바에 따라 갱신을 미리 하거나 연기할 수 있다.

1) 최초의 면허증 갱신 기간은 면허증 발급일부터 기산하여 7년이 되는 날부터 6개월 이내
2) 제1호 외의 면허증 갱신 기간은 직전의 면허증 갱신 기간이 시작되는 날부터 기산하여 7년이 되는 날부터 6개월 이내

면허증을 갱신하지 아니한 경우에는 갱신기간이 만료한 다음 날부터 조종면허의 효력은 정지된다. 다만, 조종면허의 효력이 정지된 후 면허증을 갱신한 경우에는 갱신한 날부터 조종면허의 효력이 다시 발생한다.

사. 수상안전교육

조종면허를 받으려는 사람은 제8조에 따라 면허시험 응시원서를 접수한 후부터, 면허증을 갱신하려는 사람은 제12조에 따른 면허증 갱신 기간 이내에 각각 해양경찰청장이 실시하는 다음 각 호의 수상안전교육(이하 "안전교육"이라 한다)을 받아야 한다. 다만, 최초 면허시험 합격 전의 안전교육의 유효기간은 6개월로 하며, 대통령령으로 정하는 사람에 대해서는 안전교육을 면제할 수 있다.

1) 수상안전에 관한 법령
2) 수상레저기구의 사용과 관리에 관한 사항
3) 그 밖에 수상안전을 위하여 필요한 사항

해양경찰청장은 안전교육 위탁기관이 다음 각 호의 어느 하나에 해당하는 경우 그 지정을 취소하거나 6개월의 범위에서 기간을 정하여 업무를 정지할 수 있다. 다만, 제1호에 해당하면 그 지정을 취소하여야 한다.

1) 거짓이나 그 밖의 부정한 방법으로 지정을 받은 경우
2) 거짓이나 그 밖의 부정한 방법으로 안전교육 수료에 관한 증서를 발급한 경우
3) 제13조제3항에 따른 지정 기준에 미치지 못하게 된 경우

아. 면허증 발급

해양경찰청장은 다음 각 호의 어느 하나에 해당하는 경우에는 면허증을 발급하여야 한다.

1) 제8조제1항에 따른 면허시험에 합격하여 면허증을 발급하는 경우
2) 제12조에 따라 면허증을 갱신하는 경우

조종면허의 효력은 면허증을 본인이나 그 대리인에게 발급한 때부터 발생한다. 면허증을 잃어버렸거나 면허증이 헐어 못쓰게 된 경우 해양경찰청장에게 신고하고 다시 발급받을 수 있다.

동력수상레저기구를 조종하는 사람은 면허증을 지니고 있어야 한다. 조종자는 조종 중에 관계 공무원이 면허증의 제시를 요구하면 면허증을 내보여야 한다. 누구든지 면허증을 빌리거나 빌려주거나 이를 알선하는 행위를 하여서는 아니 된다.

자. 면허증 취소·정비

해양경찰청장은 조종면허를 받은 사람이 다음 각 호의 어느 하나에 해당하는 경우에는 해양수산부령으로 정하는 바에 따라 조종면허를 취소하거나 1년의 범위에서 기간을 정하여 그 조종면허의 효력을 정지할 수 있다. 다만, 제1호, 제2호 또는 제4호부터 제6호까지에 해당하면 조종면허를 취소하여야 한다.

1) 거짓이나 그 밖의 부정한 방법으로 조종면허를 받은 경우

2) 조종면허 효력정지 기간에 조종을 한 경우
3) 조종면허를 받은 사람이 동력수상레저기구를 사용하여 살인 또는 강도 등 해양수산부령으로 정하는 범죄행위를 한 경우
4) 제7조제1항제2호 또는 제3호에 따라 조종면허를 받을 수 없는 사람에 해당된 경우
5) 제7조제1항에 따라 조종면허를 받을 수 없는 사람이 조종면허를 받은 경우
6) 제27조제1항 또는 제2항을 위반하여 술에 취한 상태에서 조종을 하거나 술에 취한 상태라고 인정할 만한 상당한 이유가 있음에도 불구하고 관계공무원의 측정에 따르지 아니한 경우
7) 조종 중 고의 또는 과실로 사람을 사상하거나 다른 사람의 재산에 중대한 손해를 입힌 경우
8) 면허증을 다른 사람에게 빌려주어 조종하게 한 경우
9) 제28조를 위반하여 약물의 영향으로 인하여 정상적으로 조종하지 못할 염려가 있는 상태에서 동력수상레저기구를 조종한 경우
10) 그 밖에 이 법 또는 이 법에 따른 수상레저활동의 안전과 질서 유지를 위한 명령을 위반한 경우

조종면허가 취소되거나 그 효력이 정지된 사람은 조종면허가 취소되거나 그 효력이 정지된 날부터 7일 이내에 해양경찰청장에게 면허증을 반납하여야 한다.

2. 수상레저사업

가. 수상레저사업 등록

수상레저기구를 빌려 주는 사업 또는 수상레저활동을 하는 사람을 수상레저기구에 태우는 사업(이하 "수상레저사업"이라 한다)을 경영하려는 자는 하천이나 그 밖의 공유수면의 점용 또는 사용의 허가 등에 관한 사항을 다음 각 호의 구분에 따른 자에게 등록을 하여야 한다. 이 경우 수상레저기구를 빌려 주는 사업을 경영하려는 수상레저사업자에게는 해양수산부령으로 정하는 바에 따라 등록기준을 완화할 수 있다.

1) 영업구역이 해수면인 경우: 해당 지역을 관할하는 해양경찰서장
2) 영업구역이 내수면인 경우: 해당 지역을 관할하는 시장 · 군수 · 구청장
3) 영업구역이 둘 이상의 해양경찰서장 또는 시장 · 군수 · 구청장의 관할 지역에 걸쳐 있는 경우: 수상레저사업에 사용되는 수상레저기구를 주로 매어두는 장소를 관할하는 해양경찰서장 또는 시장 · 군수 · 구청장

나. 사업등록 유효기간

수상레저사업의 등록 유효기간은 10년으로 하되, 10년 미만으로 영업하려는 경우에는 해당 영업기간을 등록 유효기간으로 한다. 등록 유효기간이 지난 후 계속하여 수상레저사업을 하려는 자는 해양수산부령으로 정하는 바에 따라 등록을 갱신하여야 한다.

다. 수상레저사업 등록 결격사유

다음 각 호의 어느 하나에 해당하는 자는 수상레저사업 등록을 할 수 없다.

1) 미성년자, 피성년후견인, 피한정후견인

2) 이 법을 위반하여 징역 이상의 실형(實刑)을 선고받고 그 집행이 끝나거나 집행이 면제된 날부터 2년이 지나지 아니한 사람

3) 이 법을 위반하여 징역 이상의 형의 집행유예를 선고받고 그 유예기간 중에 있는 사람

4) 제48조에 따라 등록이 취소(이 조 제1호에 해당하여 등록이 취소된 경우는 제외한다)된 날부터 2년이 지나지 아니한 자

라. 권리·의무 승계

다음 각 호의 어느 하나에 해당하는 자는 수상레저사업 등록에 따른 수상레저사업자의 권리 · 의무를 승계한다.

1) 수상레저사업자가 사망한 경우 그 상속인
2) 수상레저사업자가 그 사업을 양도한 경우 그 양수인
3) 법인인 수상레저사업자가 합병한 경우 합병 후 존속하는 법인이나 합병에 따라 설립되는 법인

마. 안전점검 및 조치

해양경찰서장 또는 시장 · 군수 · 구청장은 수상레저활동의 안전을 위하여 관계공무원으로 하여금 수상레저기구와 선착장 등 수상레저시설에 대하여 안전점검을 실시하도록 하여야 하고, 그 결과를 공개할 수 있다. 안전점검 결과 해양수산부령으로 정하는 바에 따라 정비 또는 원상복구를 명할 수 있다. 이 경우 정비 또는 원상복구에 필요한 기간을 정하여 해당 수상레저기구의 사용정지를 함께 명할 수 있다. 점검을 하는 공무원은 그 권한을 표시하는 증표를 지니고 이를 관계인에게 내보여야 한다.

수상레저사업자와 그 종사자는 수상레저활동의 안전을 위하여 다음 각 호의 조치를 하여야 한다.

1) 수상레저기구와 시설의 안전점검
2) 영업구역의 기상 · 수상 상태의 확인

3) 영업구역에서 사고가 발생하는 경우 구호조치 및 해양경찰관서·경찰관서·소방관서 등 관계 행정기관에 통보
4) 이용자에 대한 안전장비 착용조치 및 탑승 전 안전교육
5) 사업장 내 인명구조요원이나 래프팅가이드의 배치 또는 탑승
6) 비상구조선(수상레저사업장과 그 영업구역의 순시 및 인명구조를 위하여 사용되는 동력수상레저기구를 말한다. 이하 이 조에서 같다)의 배치

수상레저사업자와 그 종사자는 영업구역에서 다음 각 호의 행위를 하여서는 아니 된다.

1) 14세 미만인 사람(보호자를 동반하지 아니한 사람으로 한정한다), 술에 취한 사람 또는 정신질환자를 수상레저기구에 태우거나 이들에게 수상레저기구를 빌려 주는 행위
2) 수상레저기구의 정원을 초과하여 태우는 행위
3) 수상레저기구 안에서 술을 판매·제공하거나 수상레저기구 이용자가 수상레저기구 안으로 이를 반입하도록 하는 행위
4) 영업구역을 벗어나 영업을 하는 행위
5) 제26조에 따른 수상레저활동시간 외에 영업을 하는 행위
6) 대통령령으로 정하는 폭발물·인화물질 등의 위험물을 이용자가 타고 있는 수상레저기구로 반입·운송하는 행위
7) 「수상레저기구의 등록 및 검사에 관한 법률」 제15조에 따른 안전검사를 받지 아니한 동력수상레저기구를 영업에 사용하는 행위
8) 비상구조선을 그 목적과 다르게 사용하는 행위

바. 영업제한

해양경찰서장 또는 시장·군수·구청장은 다음 각 호의 어느 하나에 해당하는 경우에는 수상레저사업자에게 영업구역이나 시간의 제한 또는 영업의 일시정지를 명할 수 있다. 다만, 제3호부터 제5호까지에 해당하는 경우에는 이용자의 신체가 직접 수면에 닿는 수상레저기구 등 대통령령으로 정하는 수상레저기구를 이용한 영업행위에 대해서만 이를 명할 수 있다.

1) 기상·수상 상태가 악화된 경우
2) 수상사고가 발생한 경우
3) 유류·화학물질 등의 유출 또는 녹조·적조 등의 발생으로 수질이 오염된 경우
4) 부유물질 등 장애물이 발생한 경우
5) 사람의 신체나 생명에 피해를 줄 수 있는 유해생물이 발생한 경우
6) 그 밖에 대통령령으로 정하는 사유가 발생한 경우

사. 수상레저사업의 등록취소

해양경찰서장 또는 시장·군수·구청장은 수상레저사업자가 다음 각 호의 어느 하나에 해당하는 경우에는 해양수산부령으로 정하는 바에 따라 수상레저사업의 등록을 취소하거나 3개월의 범위에서 영업의 전부 또는 일부의 정지를 명할 수 있다. 다만, 제1호부터 제3호까지에 해당하면 수상레저사업의 등록을 취소하여야 한다.

1) 거짓이나 그 밖의 부정한 방법으로 등록을 한 경우
2) 제39조 각 호의 어느 하나에 해당하게 된 경우
3) 공유수면의 점용 또는 사용 허가기간 만료 이후에도 사업을 계속하는 경우
4) 수상레저사업자 또는 그 종사자의 고의 또는 과실로 사람을 사상한 경우
5) 수상레저사업자가 「수상레저기구의 등록 및 검사에 관한 법률」 제6조, 제9조, 제10조, 제13조, 제15조, 제17조의 규정을 위반한 수상레저기구를 수상레저사업에 이용한 경우
6) 제37조제2항에 따라 변경등록을 하지 아니한 경우
7) 제42조부터 제46조까지, 제49조제2항, 제50조의 규정 또는 명령을 위반한 경우

아. 보험등의 가입

등록 대상 동력수상레저기구의 소유자는 동력수상레저기구의 사용으로 다른 사람이 사망하거나 부상한 경우에 피해자(피해자가 사망한 경우에는 손해배상을 받을 권리를 가진 자를 말한다)에 대한 보상을 위하여 소유한 날로부터 1개월 이내에 대통령령으로 정하는 바에 따라 보험이나 공제(이하 "보험등"이라 한다)에 가입하여야 한다. 수상레저사업자는 대통령령으로 정하는 바에 따라 그 종사자와 이용자의 피해를 보전하기 위하여 보험등에 가입하여야 한다. 보험등의 가입에 관한 정보를 대통령령으로 정하는 바에 따라 종사자 및 이용자에게 알려야 한다.

3. 벌칙

가. 1년 이하 징역 또는 1천만원 이하의 벌금

1) 제16조제3항을 위반하여 면허증을 빌리거나 빌려주거나 이를 알선한 자
2) 제25조 각 호 외의 부분 본문을 위반하여 조종면허를 받지 아니하고 동력수상레저기구를 조종한 사람
3) 제27조제1항을 위반하여 술에 취한 상태에서 동력수상레저기구를 조종한 사람
4) 술에 취한 상태라고 인정할 만한 상당한 이유가 있는데도 제27조제2항에 따른 관계 공무원의 측정에 따르지 아니한 사람

5) 제28조를 위반하여 약물복용 등으로 인하여 정상적으로 조종하지 못할 우려가 있는 상태에서 동력수상레저기구를 조종한 사람
6) 제37조제1항 및 제2항을 위반하여 등록 또는 변경등록을 하지 아니하고 수상레저사업을 한 자
7) 제48조에 따른 수상레저사업 등록취소 후 또는 영업정지기간에 수상레저사업을 한 자

나. 6개월 이하 징역 또는 500만원 이하의 벌금

1) 제43조제2항에 따른 정비 · 원상복구의 명령을 위반한 수상레저사업자
2) 제44조를 위반하여 안전을 위하여 필요한 조치를 하지 아니하거나 금지된 행위를 한 수상레저사업자와 그 종사자
3) 제46조에 따른 영업구역이나 시간의 제한 또는 영업의 일시정지 명령을 위반한 수상레저사업자

다. 양벌규정

법인의 대표자나 법인 또는 개인의 대리인, 사용인, 그 밖의 종업원이 그 법인 또는 개인의 업무에 관하여 제61조 및 제62조의 어느 하나에 해당하는 위반행위를 하면 그 행위자를 벌하는 외에 그 법인 또는 개인에게도 해당 조문의 벌금형을 과한다. 다만, 법인 또는 개인이 그 위반행위를 방지하기 위하여 해당 업무에 관하여 상당한 주의와 감독을 게을리하지 아니한 경우에는 그러하지 아니하다.

라. 과태료(100만원 이하 과태료)

과태료는 대통령령으로 정하는 바에 따라 해수면의 경우에는 해양경찰청장, 지방해양경찰청장 또는 해양경찰서장이, 내수면의 경우에는 시장 · 군수 · 구청장이 부과 · 징수한다. 과태료의 부과 · 징수, 재판 및 집행 등의 절차에 관한 사항은 「질서위반행위규제법」을 따른다.

1) 제19조제1항을 위반하여 교육을 받지 아니한 사람
2) 제26조제1항 및 제2항에 따른 수상레저활동 시간 외에 수상레저활동을 한 사람
3) 제29조를 위반하여 정원을 초과하여 조종한 사람
4) 제30조제2항을 위반하여 수상레저활동 금지구역에서 수상레저활동을 한 사람
5) 제41조제1항 및 제2항을 위반하여 휴업, 폐업 또는 재개업의 신고를 하지 아니한 수상레저사업자
6) 제42조에 따라 신고한 이용요금 외의 금품을 받거나 신고사항을 게시하지 아니한 수상레저사업자
7) 제45조에 따른 등록 대상이 아닌 수상레저기구 운영 사업자 등의 준수사항을 위반한

수상레저사업자와 그 종사자
8) 제47조에 따른 서류나 자료를 제출하지 아니하거나 거짓의 서류 또는 자료를 제출한 수상레저사업자
9) 제49조제2항을 위반하여 보험등에 가입하지 아니한 수상레저사업자
10) 정당한 사유 없이 제50조를 위반하여 보험등의 가입 여부에 관한 정보를 알리지 아니하거나 거짓의 정보를 알린 수상레저사업자
11) 제53조제1항을 위반하여 통지를 하지 아니한 보험회사등

마. 과태료(50만원 이하 과태료)

1) 제17조제2항을 위반하여 면허증을 반납하지 아니한 사람
2) 제20조를 위반하여 인명안전장비를 착용하지 아니한 사람
3) 제21조를 위반하여 운항규칙 등을 준수하지 아니한 사람
4) 제22조를 위반하여 기상에 따른 수상레저활동이 제한되는 구역에서 수상레저활동을 한 사람
5) 제23조제1항을 위반하여 원거리 수상레저활동 신고를 하지 아니한 사람
6) 제23조제2항을 위반하여 등록 대상이 아닌 수상레저기구로 출발항으로부터 10해리 이상 떨어진 곳에서 수상레저활동을 한 사람
7) 제24조제1항을 위반하여 사고의 신고를 하지 아니한 사람
8) 제31조에 따른 시정명령을 이행하지 아니한 사람
9) 제32조에 따른 일시정지나 면허증·신분증의 제시명령을 거부한 사람
10) 제49조제1항을 위반하여 보험 등에 가입하지 아니한 자

제3절 수상레저기구의 등록 및 검사에 관한 법률

1. 제정이유와 주요내용

최근 일과 삶의 균형을 중시하는 사회 분위기 속에서 수상레저활동을 즐기는 인구가 급속히 증가하고 있으며, 이에 따라 수상레저기구의 등록 대수 및 수상레저사업장의 증가, 새로운 수상레저기구의 등장 등으로 수상레저 기반이 확대되고 수상레저 환경이 급변하고 있으나, 현행 「수상레저안전법」은 수상레저기구의 안전기준, 안전검사 등의 규정이 미비하여 변화되는 수상레저 환경에 대한 대응과 안전사고 예방에 한계가 있다. 또한, 「수상레저안전법」은 1999년 제정된 이후 여러 차례 개정을 통하여 조문이 복잡해지고, 법률 체계의 일관성이 부족하여 국민이 쉽게 이해하기 어려운 측면이 있다. 이에 기술적이고 전문적인 동력수

상레저기구의 등록 및 검사에 관한 사항을 현행 「수상레저안전법」에서 분리하여 「수상레저기구의 등록 및 검사에 관한 법률」로 제정함으로써 국민의 법률 이해도를 제고하고, 수상레저 안전사고 예방을 위한 기반을 구축하려는 것이다.

1) 해양경찰청장은 동력수상레저기구의 등록에 관한 적절하고 효율적인 제도를 확립하고, 관련 행정의 합리적인 발전을 도모하기 위하여 특별자치시장 · 특별자치도지사 · 시장 · 군수 및 구청장의 권한인 동력수상레저기구 등록에 관한 사무를 지도 · 감독할 수 있도록 한다(제5조).
2) 해양경찰청장등은 안전검사에 합격한 동력수상레저기구의 소유자에게 안전검사증과 안전검사필증을 발급하도록 하고, 안전검사필증을 발급받은 자는 그 안전검사필증을 동력수상레저기구에 부착하도록 한다(제16조 및 제17조).
3) 동력수상레저기구가 갖추어야 하는 구조 · 설비, 무선설비, 위치발신장치 등의 안전 기준을 규정한다(제21조부터 제24조까지).
4) 법인의 대표자나 법인 또는 개인의 대리인, 사용인, 그 밖의 종업원이 법인 또는 개인의 업무에 관하여 위반행위를 한 경우 해당 법인 또는 개인에게도 해당 조문의 벌금형을 부과하는 양벌규정을 도입한다(제31조).

가. 목적

이 법은 수상레저기구의 등록 및 검사에 관한 사항을 정하여 수상레저기구의 성능 및 안전을 확보함으로써 공공의 복리를 증진함을 목적으로 한다.

나. 적용범위

이 법은 수상레저활동에 사용하거나 사용하려는 것으로서 다음 각 호의 어느 하나에 해당하는 동력수상레저기구에 대하여 적용한다. 다만, 동력수상레저기구의 총톤수, 출력 등을 고려하여 대통령령으로 정하는 경우에는 그러하지 아니하다.

1) 수상오토바이
2) 모터보트
3) 고무보트
4) 세일링요트(돛과 기관이 설치된 것을 말한다. 이하 같다)

이 법은 다음 각 호의 경우에는 적용하지 아니한다.

1) 「유선 및 도선 사업법」에 따른 유 · 도선사업 및 그 사업과 관련된 수상에서의 행위를 하는 경우
2) 「체육시설의 설치 · 이용에 관한 법률」에 따른 체육시설업 및 그 사업과 관련된 수상에서의 행위를 하는 경우

3) 「낚시 관리 및 육성법」에 따른 낚시어선업 및 그 사업과 관련된 수상에서의 행위를 하는 경우

다. 사무의 지도·감독

해양경찰청장은 동력수상레저기구의 등록에 관한 적절하고 효율적인 제도를 확립하고, 관련 행정의 합리적인 발전을 도모하기 위하여 이 법에서 특별자치시장 · 특별자치도지사 · 시장 · 군수 및 구청장(구청장은 자치구의 구청장을, 서울특별시 한강의 경우에는 서울특별시의 한강 관리에 관한 업무를 관장하는 기관의 장을 말하며, 이하 “시장 · 군수 · 구청장”이라 한다)의 권한으로 규정한 동력수상레저기구의 등록에 관한 사무를 지도 · 감독할 수 있다.

2. 동력수상레저기구의 등록

가. 등록

1) 동력수상레저기구(「선박법」 제8조에 따라 등록된 선박은 제외한다. 이하 이 조에서 같다)를 취득한 자는 주소지를 관할하는 시장 · 군수 · 구청장에게 동력수상레저기구를 취득한 날부터 1개월 이내에 등록신청을 하여야 하고, 등록되지 아니한 동력수상레저기구를 운항하여서는 아니 된다.

2) 시장 · 군수 · 구청장은 다음 각 호의 어느 하나에 해당하는 경우 등록신청을 거부할 수 있다.

가) 등록신청 사항에 거짓이 있는 경우

나) 동력수상레저기구의 구조, 설비 및 장치가 제15조제1항제1호 및 같은 조 제5항에 따른 신규검사 기준에 맞지 아니한 경우

나. 등록증·등록번호판 발급

1) 시장 · 군수 · 구청장은 제7조제1항에 따른 소유자에게 동력수상레저기구 등록증(이하 “등록증”이라 한다)과 등록번호판을 발급하여야 한다.

2) 동력수상레저기구의 소유자는 등록증 또는 등록번호판이 없어지거나, 알아보기 곤란하게 된 경우에는 시장 · 군수 · 구청장에게 신고하고 다시 발급받을 수 있다.

다. 말소등록

1) 소유자는 등록된 동력수상레저기구가 다음 각 호의 어느 하나에 해당하는 경우에는 해양수산부령으로 정하는 바에 따라 등록증 및 등록번호판을 반납하고 시장 · 군수 · 구청장에게 말소등록을 신청하여야 한다. 다만, 등록증 및 등록번호판을 분실 등의 사유로 반납할 수

없는 경우에는 그 사유서를 제출하고 등록증 및 등록번호판을 반납하지 아니할 수 있다.

가) 동력수상레저기구가 멸실되거나 수상사고 등으로 본래의 기능을 상실한 경우

나) 동력수상레저기구의 존재 여부가 3개월간 분명하지 아니한 경우

다) 총톤수 · 추진기관의 변경 등 해양수산부령으로 정하는 사유로 동력수상레저기구에서 제외된 경우

라) 동력수상레저기구를 수출하는 경우

마) 수상레저활동 외의 목적으로 사용하게 된 경우

2) 소유자가 말소등록 신청을 하지 아니하는 경우에는 관할 시장 · 군수 · 구청장은 1개월 이내의 기간을 정하여 소유자에게 해당 동력수상레저기구의 말소등록을 신청할 것을 최고하고, 그 기간 이내에 말소등록 신청을 하지 아니하면 직권으로 그 동력수상레저기구의 등록을 말소할 수 있다. 시장 · 군수 · 구청장은 등록번호판을 반납 받은 경우에는 다시 사용할 수 없는 상태로 폐기하여야 한다.

라. 등록번호판 부착

동력수상레저기구의 소유자는 동력수상레저기구의 잘 보이는 곳에 등록번호판을 부착하여야 한다. 누구든지 등록번호판을 부착하지 아니한 동력수상레저기구를 운항하여서는 아니된다.

마. 시험운항 허가

신규검사를 받기 전에 국내에서 동력수상레저기구로 시험운항(조선소 등에서 건조 · 개조 · 수리 중 운항하는 것을 말한다)을 하고자 하는 자는 해양수산부령으로 정하는 안전장비를 비치 또는 보유하고, 해양경찰서장 또는 시장 · 군수 · 구청장(이하 "시험운항허가 관서의 장"이라 한다)의 허가(이하 "시험운항허가"라 한다)를 받아야 한다.

시험운항허가 관서의 장은 시험운항허가의 신청을 받은 경우에는 시험운항의 목적, 기간 및 운항구역을 정하여 시험운항을 허가할 수 있다. 이 경우 시험운항을 허가하는 때에는 허가사항이 기재된 시험운항허가증을 발급하여야 한다.

3. 동력수상레저기구의 검사

가. 안전검사

동력수상레저기구의 소유자는 해양경찰청장이 실시하는 다음 각 호의 구분에 따른 검사(이하 "안전검사"라 한다)를 받아야 한다.

1) 신규검사: 제6조에 따른 등록을 하려는 경우 실시하는 검사

신규검사의 대상 및 시기 1. 국내에서 건조되는 경우로서 다음 각 목의 어느 하나에 해당하는 모터보트 또는 세일링요트: 건조에 착수한 때 가. 총톤수가 5톤 이상인 모터보트 또는 세일링요트 나. 운항구역이 연해구역(沿海區域) 이상인 모터보트 또는 세일링요트 다. 승선정원이 13명 이상인 모터보트 또는 세일링요트 2. 다음 각 목의 어느 하나에 해당하는 동력수상레저기구: 건조가 완료된 이후부터 법 제6조에 따른 등록을 하기 전까지 가. 제1호에 해당하지 않는 모터보트 또는 세일링요트(「선박안전법」 또는 「어선법」에 따른 검사를 받아오던 선박 또는 어선을 모터보트 또는 세일링요트로 사용하려는 경우를 포함한다. 이하 제12조 및 별표 4에서 같다) 나. 수상오토바이 또는 고무보트 다. 외국에서 수입된 동력수상레저기구로서 법 제6조에 따라 등록해야 하는 동력수상레저기구

2) 정기검사: 제6조에 따른 등록 이후 일정 기간마다 정기적으로 실시하는 검사

정기검사를 받아야 하는 기간은 정기검사의 유효기간 만료일 전후 각각 30일 이내의 기간으로 하며, 해당 검사기간 내에 정기검사에 합격한 경우에는 검사유효기간 만료일에 정기검사를 받은 것으로 본다. 다만, 동력수상레저기구 소유자가 요청하는 경우에는 검사유효기간 만료일 전 30일이 되기 전에 정기검사를 받을 수 있다.

3) 임시검사: 다음 각 목의 사항을 변경하려는 경우 실시하는 검사

가) 정원 또는 운항구역. 이 경우 정원의 변경은 해양경찰청장이 정하여 고시하는 최대 승선정원의 범위 내로 한정한다.

나) 해양수산부령으로 정하는 구조, 설비 또는 장치

"해양수산부령으로 정하는 구조, 설비 또는 장치"란 동력수상레저기구의 감항성(堪航性)·수밀성(水密性: 물이 통과하는 것을 막을 수 있는 성질)·부양성·복원성·선체강도·추진성능 또는 조종성능에 영향을 미치는 구조 및 구조물, 길이·너비·깊이, 총톤수 또는 추진기관을 말한다.

안전검사의 대상 동력수상레저기구 중 「수상레저안전법」 제37조에 따른 수상레저사업에 이용되는 동력수상레저기구는 1년마다, 그 밖의 동력수상레저기구는 5년마다 정기검사를 받아야 한다. 동력수상레저기구의 소유자는 안전검사를 받지 아니하거나 검사에 합격하지 못한 동력수상레저기구를 운항하여서는 아니 된다. 임시검사를 받는 시기가 정기검사 시기와 중복되는 경우에는 정기검사로 대체할 수 있다.

나. 검사유효기간

검사유효기간은 다음 각 호의 구분에 따른 날부터 계산한다.

1) 최초로 신규검사에 합격한 경우: 안전검사증을 발급받은 날
2) 검사기간 내에 정기검사에 합격한 경우: 종전 안전검사증 유효기간 만료일의 다음 날
3) 검사기간이 아닌 때에 정기검사에 합격한 경우: 안전검사증을 발급받은 날

다. 안전검사증·안전검사필증

해양경찰청장 또는 검사대행자(이하 "해양경찰청장등"이라 한다)는 안전검사에 합격한 동력수상레저기구의 소유자에게 안전검사증 및 안전검사필증을 발급하여야 한다. 안전검사필증을 발급 또는 재발급받은 동력수상레저기구의 소유자는 동력수상레저기구의 잘 보이는 곳에 안전검사필증을 부착하여야 한다. 검사대행자에 소속되어 검사업무에 종사하는 사람(이하 "안전검사원"이라 한다)은 해양경찰청장이 실시하는 교육을 받아야 한다.

4. 동력수상레저기구의 안전기준

가. 동력수상제저기구의 구조·설비

동력수상레저기구는 해양경찰청장이 정하여 고시하는 성능 및 안전 기준에 적합한 다음 각 호에 따른 구조 · 설비 또는 장치의 전부 또는 일부를 갖추어야 한다.

1) 선체
2) 추진기관
3) 배수설비
4) 돛대
5) 조타 · 계선 · 양묘설비
6) 전기설비
7) 구명 · 소방설비
8) 그 밖에 해양수산부령으로 정하는 설비

"해양수산부령으로 정하는 설비"란 다음 각 호의 설비를 말한다. 1. 탈출설비 2. 거주설비 3. 위생설비 4. 동력수상레저기구의 종류 또는 기능에 따라 설치되는 특수한 설비로서 해양경찰청장이 정하여 고시하는 설비

나. 무선설비

동력수상레저기구의 소유자는 「전파법」과 해양경찰청장이 정하여 고시하는 성능 및 안전 기준에 적합한 무선설비를 동력수상레저기구에 갖추어야 한다. 다만, 동력수상레저기구의 구조, 정원 및 운항구역 등을 고려하여 해양수산부령으로 정하는 동력수상레저기구는 그러하지 아니하다. 무선설비를 갖춘 동력수상레저기구의 소유자 또는 사용자는 안전운항과 해양사고 발생 시 신속한 대응을 위하여 동력수상레저기구를 운항하는 경우 무선설비를 작동하여야 한다.

"해양수산부령으로 정하는 동력수상레저기구"란 다음 각 호에 해당하는 구역을 운항구역으로 지정받은 동력수상레저기구를 말한다.
1. 평수구역 2. 내수면

※"운항구역"이란 수상레저기구 운항의 안전확보를 위하여 운항할 수 있는 최대구역으로서 기구의 종류, 크기, 구조, 설비 등을 고려하여 대통령령으로 정하는 구역을 말한다. 여기서 "대통령령으로 정하는 구역"이란 다음 각 호의 구분에 따른 구역을 말한다.
1. 해수면: 다음 각 목의 어느 하나에 해당하는 구역
 가. 「선박안전법」 제8조제2항에 따라 지정되는 항해구역으로서 평수구역(平水區域), 연해구역(沿海區域), 근해구역 또는 원양구역
 나. 한정연해구역(가목에 따른 평수구역으로부터 수상레저기구별 최고 속력으로 2시간 이내에 왕복할 수 있는 구역을 말한다)
2. 내수면: 내수면 전체 구역

다. 위치발신장치

동력수상레저기구의 소유자는 해양경찰청장이 정하여 고시하는 성능 및 안전 기준에 적합한 위치발신장치(동력수상레저기구의 위치 및 제원 등에 관한 정보를 자동으로 발신하는 장치를 말한다. 이하 같다)를 동력수상레저기구에 갖추어야 한다. 다만, 동력수상레저기구의 구조, 정원 및 운항구역 등을 고려하여 해양수산부령으로 정하는 동력수상레저기구는 그러하지 아니하다. 위치발신장치를 갖춘 동력수상레저기구의 소유자 또는 사용자는 안전운항과 해양사고 발생 시 신속한 대응을 위하여 동력수상레저기구를 운항하는 경우 위치발신장치를 작동하여야 한다. 무선설비가 위치발신장치의 기능을 가지고 있는 때에는 위치발신장치를 갖춘 것으로 본다.

여기서 "해양수산부령으로 정하는 동력수상레저기구"란 다음 각 호에 해당하는 구역을 운항구역으로 지정받은 동력수상레저기구를 말한다.
1. 평수구역
2. 영 제2조제1호나목에 따른 한정연해구역
3. 내수면

5. 벌칙

가. 6개월 이하 징역 또는 500만원 이하 벌금

1) 제6조제1항을 위반하여 등록되지 아니한 동력수상레저기구를 운항한 자
2) 제14조제1항을 위반하여 시험운항허가를 받지 아니하고 동력수상레저기구를 운항한 자
3) 제15조제3항 본문을 위반하여 안전검사를 받지 아니하거나 검사에 합격하지 못한 동력수상레저기구를 운항한 자

나. 양벌규정

법인의 대표자나 법인 또는 개인의 대리인, 사용인, 그 밖의 종업원이 그 법인 또는 개인의 업무에 관하여 제30조의 어느 하나에 해당하는 위반행위를 하면 그 행위자를 벌하는 외에 그 법인 또는 개인에게도 해당 조문의 벌금형을 과한다. 다만, 법인 또는 개인이 그 위반행위를 방지하기 위하여 해당 업무에 관하여 상당한 주의와 감독을 게을리하지 아니한 경우에는 그러하지 아니하다.

다. 과태료(100만원 이하)

1) 제6조제1항을 위반하여 동력수상레저기구를 취득한 날부터 1개월 이내에 등록신청을 하지 아니한 자
2) 제13조제2항을 위반하여 등록번호판을 부착하지 아니한 동력수상레저기구를 운항한 자
3) 정당한 사유 없이 제15조제1항을 위반하여 동력수상레저기구의 안전검사를 받지 아니한 수상레저사업자
4) 거짓이나 그 밖의 부정한 방법으로 제18조제1항에 따른 검사대행자로 지정을 받은 자
5) 제19조제1항제2호에 따라 고의 또는 중대한 과실로 사실과 다르게 안전검사를 한 자
6) 제20조를 위반하여 교육을 받지 아니한 사람

라. 과태료(50만원 이하)

1) 제9조를 위반하여 변경등록을 하지 아니한 자
2) 제10조제2항에 따른 말소등록의 최고를 받고 그 기간 이내에 이를 이행하지 아니한 자
3) 제13조제1항을 위반하여 등록번호판을 부착하지 아니한 자
4) 제14조제3항을 위반하여 시험운항의 목적 및 운항구역을 준수하지 아니하거나, 안전장비를 비치 또는 보유하지 아니하고 동력수상레저기구를 운항한 자
5) 제14조제4항을 위반하여 시험운항허가증을 반납하지 아니한 자
6) 정당한 사유 없이 제15조제1항을 위반하여 동력수상레저기구의 안전검사를 받지 아니한 자(제32조제1항제3호에 해당되는 수상레저사업자는 제외한다)
7) 제17조를 위반하여 안전검사필증을 부착하지 아니한 자
8) 정당한 사유 없이 제22조제2항을 위반하여 무선설비를 작동하지 아니한 자
9) 정당한 사유 없이 제23조제2항을 위반하여 위치발신장치를 작동하지 아니한 자

과태료는 대통령령으로 정하는 바에 따라 해수면의 경우에는 해양경찰청장, 지방해양경찰청장 또는 해양경찰서장이, 내수면의 경우에는 시장·군수·구청장이 부과·징수한다. 과태료의 부과·징수, 재판 및 집행 등의 절차에 관한 사항은 「질서위반행위규제법」을 따른다.

마. 과징금

해양경찰청장은 검사대행자가 제19조제1항제2호부터 제5호까지에 따른 사유에 해당하여 업무정지처분을 하여야 하는 경우로서 그 업무정지가 그 기관을 이용하는 자에게 심한 불편을 주거나 그 밖에 공익을 해칠 우려가 있다고 인정되면 업무정지처분에 갈음하여 1천만원 이하의 과징금을 부과할 수 있다. 해양경찰청장은 검사대행자가 과징금 부과처분을 받고, 그 처분을 받은 날로부터 2년 이내에 다시 과징금 부과처분의 대상이 되는 위반행위를 한 경우에는 업무정지처분을 명하여야 한다.

제5장 유·도선 및 낚시안전관리

제1절 유선 및 도선사업법 체계

1. 유선 및 도선 사업법

가. 의의

「유선 및 도선 사업법」[151]은 유선사업 및 도선사업에 관하여 필요한 사항을 정하여 유선 및 도선의 안전운항과 유선사업 및 도선사업의 건전한 발전을 도모함으로써 공공의 안전과 복리의 증진에 기여함을 목적으로 한다. 유선사업이란 유선 및 유선장(遊船場)을 갖추고 수상에서 고기잡이, 관광, 그 밖의 유락(遊樂)을 위하여 선박을 대여하거나 유락하는 사람을 승선시키는 것을 영업으로 하는 것으로서 「해운법」을 적용받지 아니하는 것을 말하며, 도선사업이란 도선 및 도선장을 갖추고 내수면 또는 대통령령으로 정하는 바다목에서 사람을 운송하거나 사람과 물건을 운송하는 것을 영업으로 하는 것으로서 「해운법」을 적용받지 아니하는 것을 말한다.

「해운법」을 적용받지 아니하다는 것은 「해운법」상 도서지역의 해상여객을 운송하는 여객선이 운항하는 해역에서의 영업을 제한하기 위한 것이다.

이와 같이 유선 및 도선 법령에서 「해운법」의 적용을 받지 않는 도선사업에 대하여 바다에서의 그 영업구역을 「해운법」에 따른 여객선이 운항되지 아니하는 일정한 해역으로 제한하고 있는 취지는 육지와 비교적 가까운 해역, 육지와 도서간 또는 도서와 도서간의 거리가 비교적 가까운 해역으로서 「해운법」에 따른 여객선이 운항되지 않는 지역에 도선사업이 행해지도록 함으로써 해당 지역 주민 등의 교통불편을 해소하도록 하려는 것뿐만 아니라 육지와 도서간 또는 도서와 도서간의 거리가 비교적 가까운 해역이 아닌 해역에 대한 운송에 관하여는 「해운법」에 따른 해상여객운송사업에 맡기려는 것이며, 선박의 안전운항 등 해상교통의 안전을 도모하려는 취지도 있는 것이고, 「해운법」에 따른 해상여객운송사업은 같은 법 제13조 등에 따르면 여객 유무를 불문하고 비수기에도 일정한 항로를 정기적으로 운항하여야 하는 의무가 있는 등 도선사업보다 많은 규제를 받고 있으므로 도선사업은 「해운법」에 따른 해상여객운송사업의 영업권을 침해하지 않는 범위에서 그 영업이 행해지도록 하려는 것이다.

---

151) 유선 및 도선 사업법(유.도선법), [시행 2022. 4. 5.] [법률 제18683호, 2022. 1. 4., 일부개정]. 행정안전부(안전제도과).

나. 적용범위

「유선 및 도선 사업법」 제2조에 의하면 유선이란 유선 및 유선장을 갖추고 하천, 호소 또는 바다에서 어렵, 관광 기타 유락(遊樂)을 위하여 선박을 대여하거나 유락하는 사람을 승선시키는 것을 영업으로 하는 것으로서 「해운법」의 적용을 받지 아니하는 것을 말하며, 도선사업이란 도선 및 도선장을 갖추고 하천, 호소 또는 대통령령이 정하는 바다목에서 사람 또는 사람과 물건을 운송하는 것을 영업으로 하는 것으로서 「해운법」의 적용을 받지 아니하는 것을 말한다고 한다.

운항규칙으로는 「해상교통안전법」의 적용을 받지 아니하는 유도선의 운항규칙에 관하여 필요한 사항은 대통령령으로 정하여 유·도선 업자 및 선원이 운항규칙을 준수하도록 정하고 있다. 「해상교통안전법」 제3조에는 해상항행선박이 항행을 계속할 수 없는 하천·호수·늪 등은 제외한다라고 정하고 있다. 그러므로 연안해역을 운항하는 유선 및 도선에는 「해상교통안전법」의 항법이 적용되고, 아라뱃길 개통 후 해상항행선박이 경인항과 김포항을 거쳐 한강의 서울항으로도 항행하고 있기 때문에 적용된다고 볼 수 있다. 따라서 해상항행선박이 항행할 수 없는 충주호 등에는 「유선 및 도선 사업법」의 운항규칙이 적용된다고 하겠다.

다. 적용배제

① 「수상레저안전법」에 따른 수상레저사업 및 그 사업과 관련된 수상에서의 행위를 하는 경우 ② 「체육시설의 설치·이용에 관한 법률」에 따른 체육시설업 및 그 사업과 관련된 수상에서의 행위를 하는 경우 ③ 「낚시 관리 및 육성법」에 따른 낚시어선업 및 그 사업과 관련된 수상에서의 행위를 하는 경우 ④ 「마리나항만의 조성 및 관리 등에 관한 법률」에 따른 마리나업 및 그 사업과 관련된 수상에서의 행위를 하는 경우 ⑤ 「수중레저활동의 안전 및 활성화 등에 관한 법률」에 따른 수중레저사업 및 그 사업과 관련된 수상에서의 행위를 하는 경우, ⑥ 「항로표지법」에 따른 항로표지(사설항로표지를 포함한다)의 설치·관리, 위탁관리업 및 그 사업과 관련된 수상에서의 행위를 하는 경우이다.

라. 유선 및 도선 사업법의 개요

「유선 및 도선 사업법」은 제1장 총칙, 제2장 유선사업, 제3장 도선사업, 제4장 안전검사 및 안전관리, 제5장 보칙과 제6장 벌칙으로 구성되어 있다. 일반적으로 「해상교통안전법」, 「선박의 입항 및 출항 등에 관한 법률」과 달리 「유선 및 도선 사업법」에서는 해양경찰서가 해상에서의 전반적인 해상교통 질서유지 업무를 전담하고 있다. 「유선 및 도선 사업법」은 사업면허구역에 따라 해상은 해양경찰서장, 내수면은 자치단체장이 관리권한을 구분하고 있기 때문에 해상에서 유·도선 면허 및 안전관리 업무를 해양경찰서가 처리하고 있다.

마. 용어정의

1) "유선사업"이란 유선 및 유선장(遊船場)을 갖추고 수상에서 고기잡이, 관광, 그 밖의 유락(遊樂)을 위하여 선박을 대여하거나 유락하는 사람을 승선시키는 것을 영업으로 하는 것으로서 「해운법」을 적용받지 아니하는 것을 말한다.
2) "도선사업"이란 도선 및 도선장을 갖추고 내수면 또는 대통령령으로 정하는 바다목에서 사람을 운송하거나 사람과 물건을 운송하는 것을 영업으로 하는 것으로서 「해운법」을 적용받지 아니하는 것을 말한다.

제2조(바다목) 「유선 및 도선 사업법」(이하 "법"이라 한다) 제2조제2호에서 "대통령령으로 정하는 바다목"이란 다음 각 호의 해역을 말한다. 1. 내수면과 해수면이 접하는 하구나 해안과 해안을 잇는 만(灣)의 형태를 갖춘 해역 2. 육지와 도서(島嶼) 간 및 도서와 도서 간의 거리가 비교적 가깝고 「해운법」에 따른 여객선이 운항되지 아니하는 해역(여객선이 운항되고 있는 도서 중 한 곳과 여객선이 운항되지 아니하는 다른 도서 간의 해역을 포함한다)

3) "유선장" 및 "도선장"이란 유선 및 도선(이하 "유·도선"이라 한다)을 안전하게 매어두고 승객이 승선·하선을 할 수 있게 한 시설과 승객 편의시설을 말한다.
4) "수상"이란 내수면과 해수면을 말한다.
5) "내수면"이란 하천, 댐, 호수, 늪, 그 밖에 인공으로 조성된 담수(淡水)와 기수(汽水)의 수류(水流) 또는 수면을 말한다.
6) "해수면"이란 바다의 수류나 수면을 말한다.

2. 유도선 사업 면허

가. 사업의 면허 및 신고 관할관청

1) 유선사업 및 도선사업을 하려는 자는 대통령령으로 정하는 유·도선의 규모 또는 영업구역에 따라 다음 각 호의 구분에 따른 관할관청의 면허를 받거나 관할관청에 신고하여야 한다. 면허 또는 신고사항을 변경하려는 경우에도 또한 같다.

① 유선사업 및 도선사업(이하 "유·도선사업"이라 한다) 중 법 제3조제1항에 따라 면허를 받아야 하는 대상은 유선 및 도선(이하 "유·도선"이라 한다)의 규모 또는 영업구역이 다음 각 호의 어느 하나에 해당하는 유·도선사업으로 한다. 1. 총톤수가 5톤 이상인 선박 2. 총톤수가 5톤 미만인 선박 중 승객 정원이 13명 이상인 선박 3. 유·도선사업의 영업구역이 2해리 이상인 경우 ② 법 제3조제1항에 따라 신고를 하여야 하는 유·도선사업은 제1항에 해당하지 아니하는 유·도선사업으로 한다.

① 유선장 및 도선장 또는 영업구역이 내수면과 해수면에 걸쳐 있거나 둘 이상의 특별시·광역시·특별자치시·도 또는 특별자치도(이하 "시·도"라 한다)에 걸쳐 있는

경우: 해당 유 · 도선을 주로 매어두는 장소를 관할하는 특별시장 · 광역시장 · 특별자치시장 · 도지사 또는 특별자치도지사(이하 "시 · 도지사"라 한다) 또는 지방해양경찰청장

② 영업구역이 내수면인 경우 : 특별자치도지사 · 시장 · 군수 · 구청장. 다만, 영업구역이 둘 이상의 특별자치도 · 시 · 군 · 구의 관할구역에 걸쳐 있고 운항거리가 5해리 이상인 경우에는 시 · 도지사, 운항거리가 5해리 미만인 경우에는 해당 유 · 도선을 주로 매어두는 장소를 관할하는 시장 · 군수 · 구청장

③ 영업구역이 해수면인 경우 : 해당 유 · 도선을 주로 매어두는 장소를 관할하는 해양경찰서장

④ 서울특별시의 한강에서 운항하는 유 · 도선의 경우 : 서울특별시의 한강 관리에 관한 업무 중 유 · 도선에 관한 업무를 관장하는 기관의 장

2) 면허신청 또는 신고를 받은 관할관청은 유 · 도선사업의 면허를 발급하거나 신고를 수리(受理)할 때에 그 영업구역이 내수면과 해수면에 걸쳐 있거나 둘 이상의 시 · 도 또는 시 · 군 · 구에 걸쳐 있는 경우에는 관계 시 · 도지사나 시장 · 군수 · 구청장 또는 지방해양경찰청장이나 해양경찰서장과 미리 협의하여야 하며, 유 · 도선장이 「자연공원법」에 따른 공원구역 안에 있는 경우에는 공원관리청과 미리 협의하여야 한다.

3) 관할관청은 제1항 각 호 외의 부분 전단에 따른 신고를 받은 날부터 7일 이내, 같은 항 각 호 외의 부분 후단에 따른 변경신고를 받은 날부터 5일 이내에 신고수리 여부를 신고인에게 통지하여야 한다.

4) 관할관청은 기간 이내에 수리여부를 통지할 수 없을 때에는 그 기간이 끝나는 날의 다음 날부터 기산(起算)하여 부분 전단에 따른 신고의 경우 7일, 부분 후단에 따른 변경신고의 경우 5일의 범위에서 기간을 연장할 수 있다. 이 경우 관할관청은 연장된 사실과 연장 사유를 신청인에게 지체 없이 문서(전자문서를 포함한다)로 통지하여야 한다.

5) 관할관청은 유 · 도선사업의 면허를 발급하거나 신고를 수리하였을 때에는 그 내용을 관계 시 · 도지사나 시장 · 군수 · 구청장 또는 지방해양경찰청장이나 해양경찰서장, 공원관리청, 경찰서장, 지방해양항만관서의 장과 「도로법」 제23조에 따른 도로관리청(도선사업만 해당한다) 및 그 밖에 대통령령으로 정하는 관계 기관에 각각 통보하여야 한다.

"대통령령으로 정하는 관계 기관"이란 다음 각 호의 기관을 말한다. 1. 지방환경관서 2. 육군 및 해군의 사단급 이상 부대

6) 관할관청은 면허를 발급할 때에 유 · 도선의 안전강화 및 편의시설 확보 등을 위하여 행정안전부령 또는 해양수산부령으로 정하는 바에 따라 필요한 조건을 붙일 수 있다.

나. 면허 · 신고사업 구분

1) 면허대상

① 유 · 도선의 총톤수가 5톤 이상인 선박
② 유 · 도선의 총톤수가 5톤 미만인 선박 중 승객 정원이 13인 이상인 선박
③ 유 · 도선사업의 영업구역이 2해리 이상인 경우

※ 위 3개항 중 1개 항에만 해당되어도 면허 대상

2) 신고대상 : 면허사업대상이 아닌 선박

※ 일정한 영업구역에서 동일한 유 · 도선사업자가 면허 및 신고대상 선박을 같이 소유한 경우에는 면허대상으로 처리

다. 유선 및 도선사업 시설기준

1) 선박기준

① 「선박안전법」 제26조에 따른 선박시설기준에 적합한 선박
② 「선박안전법」를 적용받지 아니하는 경우에는 안전검사를 받은 선박

2) 시설 · 장비 · 인력기준

① 영 제18조의 규정에 의한 인명구조장비 및 시설
② 「선박직원법」에 적합한 선원 또는 규칙 제17조의 규정에 적합한 선원
③ 영 제20조의 규정에 의한 인명구조요원을 배치할 것

라. 선원의 정원 · 자격 및 명부 등

1) 「선박직원법」을 적용받지 아니하는 유 · 도선 선원의 정원 및 자격기준은 다음과 같다.

<선박직원법을 적용받지 아니하는 유 · 도선 선원의 정원 및 자격기준>

① 유 · 도선의 선원은 1명 이상, 다만, 승선 정원이 20명 이상인 유 · 도선은 2명 이상으로 한다.
② 선원은 다음 각 호의 어느 하나에 해당하는 사람이어야 한다.
1. 「선박직원법」 에 따른 항해사, 운항사 또는 소형선박조종사의 면허증을 소지한 사람
2. 승선 경력 및 능력 등을 고려하여 관할관청이 별도로 정하는 기준에 맞는 사람
3. 「수상레저안전법」 제4조에 따른 동력수상레저기구 조종면허 중 일반조종면허를 받은 사람
③ 제1항 및 제2항은 노로 젓는 보트 등 승객이 조종하는 선박에 대해서는 적용하지 아니한다.

2) 유 · 도선사업자는 행정안전부령 또는 해양수산부령으로 정하는 바에 따라 그 영업소 안에 선원의 명부를 작성하여 갖추어 두어야 한다.

마. 사업 신청자의 결격사유(제6조)

1) 면허사업 결격대상

① 미성년자 · 피성년후견인 또는 피한정후견인

② 이 법은 「선박안전법」, 「선박법」, 「선박직원법」, 「선원법」, 「해상교통안전법」, 「물환경보전법」 또는 「해양환경관리법」을 위반하여 금고 이상의 형을 선고받고 그 집행이 끝나거나 집행을 받지 아니하기로 확정된 날부터 2년이 지나지 아니한 사람

③ 이 법, 「선박안전법」, 「선박법」, 「선박직원법」, 「선원법」, 「해상교통안전법」, 「물환경보전법」 또는 「해양환경관리법」을 위반하여 금고 이상의 형의 집행유예를 선고받고 그 집행유예기간 중에 있는 사람

④ 제9조제1항에 따라 유 · 도선사업의 면허가 취소(이 항 제1호에 해당하여 면허가 취소된 경우는 제외한다)된 후 2년이 지나지 아니한 자

⑤ 임원 중 제1호부터 제4호까지의 어느 하나에 해당하는 사람이 있는 법인

2) 신고사업 결격대상

유 · 도선사업의 폐쇄명령을 받은 자는 그 사업이 폐쇄된 후 1년이 지나지 아니하고는 제3조에 따른 유 · 도선사업의 신고를 할 수 없다.

바. 면허 · 신고의 유효기간

1) 유선사업의 면허 또는 신고의 유효기간은 10년으로 하되, 연중 한시적으로 영업하는 경우에는 해당 연도로만 하며, 도선사업의 면허 또는 신고의 유효기간은 영구로 하되, 연중 한시적으로 영업하는 경우에는 5년으로 한다.

2) 면허 또는 신고의 유효기간이 지난 후 계속하여 사업을 하려는 자는 행정안전부령 또는 해양수산부령으로 정하는 바에 따라 면허를 갱신받거나 신고를 갱신하여야 한다.

3) 관할관청은 갱신신고를 받은 날부터 5일 이내에 신고수리 여부를 신고인에게 통지하여야 한다.

4) 관할관청이 정한 기간 내에 신고수리 여부 또는 민원 처리 관련 법령에 따른 처리기간의 연장을 신고인에게 통지하지 아니하면 그 기간이 끝난 날의 다음 날에 신고를 수리한 것으로 본다.

사. 영업구역 및 영업시간

1) 유 · 도선의 영업구역은 선박의 톤수 및 성능에 따라 대통령령으로 정한다.

> **※ 유 · 도선의 영업구역은 다음 각 호와 같다.**
> 1. 「선박안전법」 을 적용받는 유 · 도선의 경우에는 선박검사 시에 정해진 항해구역 내에서 관할관청이 지정한 구역 또는 거리 이내

2. 「선박안전법」을 적용받지 아니하는 유·도선의 경우에는 제13조에 따른 안전검사 시에 정해진 구역 또는 거리 이내 **※ 유·도선의 영업구역 내에 중간 기착지(寄着地)를 정하는 경우에는 다음 각 호의 요건을 갖추어야 한다.** 1. 중간 기착지로 인하여 「해운법」에 따른 해상운송여객사업자의 영업권을 침해할 우려가 없을 것 2. 유선사업의 경우 중간 기착지로 인하여 사람을 운송하거나 사람과 물건을 운송하는 목적으로 이용될 우려가 없을 것

2) 유·도선의 영업시간은 해 뜨기 전 30분부터 해 진 후 30분까지로 한다. 다만, 대통령령으로 정하는 바에 따라 야간운항에 필요한 조명시설 등 안전운항 시설과 장비를 갖춘 경우에는 해뜨기 전 30분 이전 또는 해 진 후 30분 이후에도 영업을 할 수 있다.

3) 영업구역 및 영업시간 적용제외

① 응급환자가 발생한 경우

② 공공 목적으로 운항이 필요한 경우

4) 야간운항에 필요한 안전운항 시설 및 장비

제8조(야간운항에 필요한 안전운항 시설 및 장비) 유·도선사업의 면허를 발급받은 자나 신고가 수리된 자(이하 "유·도선사업자"라 한다)가 법 제8조제2항 단서에 따라 해뜨기 전 30분 이전 또는 해 진 후 30분 이후 유·도선 영업을 하려는 경우에는 해당 유·도선 등에 다음 각 호의 구분에 따른 시설 및 장비를 모두 갖추어야 한다. 1. 해당 유·도선: 다음 각 목의 모든 장비 가. 전등 1개 이상 나. 자기점화등 1개 이상 다. 등(燈)이 부착된 승선 정원에 해당하는 수의 구명조끼 2. 해당 유선장 또는 도선장(이하 "유·도선장"이라 한다): 다음 각 목의 모든 시설 및 장비 가. 자기점화등 1개 이상 나. 승선장 및 하선장에 각각 100럭스 이상의 조도(밝기)를 갖춘 조명시설

5) 유·도선은 기상특보(「기상법」 제14조제2항에 따른 기상특보를 말한다. 이하 같다) 발효 시 운항할 수 없다. 그러나 「선박안전법」 제8조제3항에 따른 항해구역 중 평수구역(平水區域)(평수구역이 없는 해수면의 경우에는 대통령령으로 정하는 범위의 해수면을 말한다)에서 운항하는 유·도선은 행정안전부령 또는 해양수산부령으로 정하는 기준 및 절차에 따라 기상특보(대통령령으로 정하는 기상특보에 한정한다) 발효 시에도 운항할 수 있다.

"대통령령으로 정하는 기상특보"란 기상청장이 다음 각 호의 어느 하나에 해당하는 기상현상에 대하여 「기상법」 제14조에 따라 발표하는 선박의 안전운항에 관한 특보(주의보에 한정한다)를 말한다. 1. 호우 2. 대설 3. 폭풍해일 4. 강풍 5. 풍랑 6. 황사 7. 건조 8. 한파 9. 폭염

시장·군수·구청장 또는 해양경찰서장은 운항이 허용된 경우에도 해당 영업구역의 실제 기상상태를 확인하여 안전운항에 지장이 있다고 판단할 때에는 유·도선의 운항을 제한할

수 있다.

3. 사업의 변경, 갱신, 휴 · 폐업, 운항 휴지

가. 면허 · 신고사항의 변경

사업면허 · 신고사항을 변경하고자 할 때에는 변경사항이 발생한 날부터 7일 이내에 변경신청 · 신고서를 관할 시 · 도지사(시장 · 군수 · 구청장), 해양경찰서장에게 제출한다. 변경신청 · 신고사항이 법 · 령 · 규칙에 적합하다고 인정할 때에 5일 이내에 사업면허증 또는 사업신고필증을 개서(고쳐씀)하거나 재작성 교부한다.

> ▶ **개서와 재작성이 다른 점**
> **개서는** 면허증에 고쳐 쓰는 것이고 **재작성은** 면허증을 다시 작성(면허번호는 종전번호 그대로 사용)하고 면허증 우측 상단에 "재작성" 표기

나. 면허 · 신고의 갱신

사업면허 · 신고의 유효기간 종료일 1개월 전까지 해당 사업자에게 갱신에 관한 사항을 알려야 하며, 면허를 갱신 받거나 신고를 갱신하려는 자는 면허 또는 신고의 유효기간 종료일 5일 전까지 갱신신청 · 신고서를 관할 시 · 도지사(시장 · 군수 · 구청장), 해양경찰서장에게 제출해야 한다. 갱신신청 · 신고사항이 법 · 령 · 규칙에 적합하다고 인정될 때에는 사업면허증 또는 사업신고필증을 재작성 교부한다.

다. 휴 · 폐업, 운항휴지

1) 유 · 도선사업자가 휴업 · 폐업 또는 운항을 중단하고자 할 때는 휴업일 또는 폐업일 3일 전까지 관할관청에 신고 후 지체 없이 그 휴 · 폐업기간을 유 · 도선장에 게시 다만, 기관고장 등 부득이한 경우 당일신고가 가능하다.
2) 휴 · 폐업, 운항중단에 관한 사항
   가) 휴업기간 사전 관할 면허관청에 유 · 도선은 신고(면허증 또는 신고필증 첨부)
   나) 폐업 시 사업면허증 또는 신고필증 반납 등
3) 휴업의 경우 휴업기간은 도선의 경우는 계속하여 6개월, 유선의 경우는 계속하여 1년을 넘을 수 없다.
4) 휴업 또는 운항중단신고를 한 자가 휴업 또는 운항중단 기간 중에 영업을 다시 시작하려는 경우에는 사업 재개신고서를 영업재개일 3일 전까지 관할관청에 제출
5) 도선이 휴 · 폐업으로 교통수요를 충족 못할 시 관할 행정관청과 협의하여 대체선 투입, 증회 등 사전대책 강구

6) 도선 사업정지가 국민에게 심함 불편을 주거나 공익을 해칠 우려가 있을때에는 과징금(1천만원 이하)부과

7) 도선사업자의 영업시간 중 언제든지 도선을 운항할 수 있도록 필요한 준비를 하여야 하며, 승객의 출선요구 거부 또는 출선지연 금지

〈적용제외〉

① 폭풍우・홍수・기타의 사유로 운항이 위험한 때

② 당해 운항이 공공의 안녕질서에 위반한 때

③ 선체의 고장 기타 정당한 사유가 있는 때

※ **폐업** : 면허(신고)필증 반납, 행정행위(허가) 효력상실 **휴업** : 면허(신고)필증 사업자보유, 비교적 장기간 사업의 정지 **중단** : 부득이한 사유로 단기간 사업의 일시정지

4. 선박의 안전검사

가. 선박검사의 구분

1) 유선 및 도선 사업법 적용 검사대상 유・도선 ⇒ 안전검사

▶ 선박안전법 적용제외 선박 : 노와 상앗대만으로 운전하는 선박

2) 선박안전법 적용대상 유・도선 ⇒ 선박검사

3) 검사의 종류

가) 건조검사(선박안전법 제7조)

선박을 건조하고자 하는 자는 선박에 설치되는 선박시설에 대하여 해양수산부령이 정하는 바에 따라 검사를 받아야 한다.

나) 정기검사(선박안전법 제8조)

최초로 항행에 사용할 때 및 선박검사증서의 유효기간(5년)이 만료한 때 행하는 정밀한 검사

다) 중간검사(선박안전법 제9조)

정기검사와 정기검사의 사이에 해양수산부령이 정하는 바에 따른 중간검사

라) 임시검사(선박안전법 제10조)

선박의 시설 또는 선박의 무선설비에 대하여 해양수산부령이 정하는 개조 또는 수리를 행할 때, 선박검사증서에 기재된 내용을 변경하고자 할 때 기타 해양수산부령이 정하는 경우에 행하는 검사

마) 임시항행검사(선박안전법 제11조)

정기검사를 받기 전에 임시로 선박을 항해에 사용하고자 하는 때 등

4) 선박검사 기관

선박안전기술공단(KST) 및 한국선급협회(KR)

나. 유 · 도선 안전검사

1) 안전검사

가) 안전검사 실시기관 (법 제20조)

시 · 도지사(시장 · 군수 · 구청장) 또는 해양경찰서장 ⇒ 안전검사요원 임명

나) 안전검사의 시기(영 제12조제1항) : 사업면허의 신청 또는 사업신고 시

다) 안전검사의 신청(영 12조제2항, 제4항, 제5항, 규칙 제16조제1항)

① 선체구조를 변경하거나 기관을 교체한 때 10일 이내

② 사업면허 또는 사업 신고 후 1년마다 (유효기간 1년)

③ 유 · 도선사업자는 안전검사 신청서를 관할 시 · 도지사(시장 · 군수 · 구청장) 또는 해양경찰서장에게 제출

④ 안전검사 신청서의 첨부서류

ⓐ 선박의 구조도면 1부(구조가 동일한 선박이 2척 이상일 경우에는 그 대표되는 선박의 구조도면 1부만 제출)

ⓑ 인명구조용 장비에 대한 명세서 1부

라) 안전검사의 기준(영 제13조, 제17조 내지 제18조)

① 선박의 선령에 따른 안전성 여부

② 인명구조용장비 및 시설기준 적합여부

③ 승선정원 등 기준에의 적합여부

④ 도선의 적재중량 등 산정기준에의 적합여부

⑤ 선원 정원 등의 기준에 적합여부

⑥ 기준 적용의 예외(영 제19조)

ⓐ 시 · 도지사(시장 · 군수 · 구청장) 또는 해양경찰서장은 당해 유 · 도선장의 수심 · 수세 · 운항거리 및 교통량 등을 고려하여 위험방지에 지장이 없다고 인정되는 경우

ⓑ 영 제14조제1항(유 · 도선의 규격), 제17조제1항 및 제2항(유선의 인명구조용 장비), 영 제18조제1항(도선의 인명구조용 장비)의 규정에 의한 기준의 일부를 조정할 수 있음

마) 안전검사증 교부(영 제12조)

① 시 · 도지사(시장 · 군수 · 구청장) 또는 해양경찰서장은 신청일로부터 7일 이내에 검사기준에 의하여 적합여부를 검사하고, 검사에 합격한 선박마다, 안전검사증을 교부

② 안전검사증은 그 기재사항이 폭풍우에 훼손 · 마멸되지 아니하는 것으로 제작하고,

선내의 보기 쉬운 곳에 고정 부착, 안전검사증 기재사항 : 신청인, 선박의 명세, 영업구역, 영업시간, 유효기간 등

바) 유·도선의 선령기준(영 제6조)

【선령의 일반 기준】 ① 「선박안전법」 의 적용을 받는 유선 또는 도선(각각 비상구조선을 포함한다): 20년 이하 ② 「선박안전법」 의 적용을 받지 않는 유선 또는 도선: 다음의 구분에 따른 선령 ⓐ 목선(木船) 및 합성수지선: 15년 이하 ⓑ 강선(鋼船): 20년 이하

2) 안전검사요원

해양경찰청 검사업무규칙(예규) 제4조제1항의 규정을 준용하여 해양경찰서장이 법 제20조, 영 제13조 내지 제19조의 규정에 의한 안전검사의 능력이 있다고 인정되는 공무원중에서 임명한다. 유·도선의 안전검사요원으로 임명된 공무원은 안전검사를 의뢰 받았을 때 현지에 임장하여 충실히 검사하여야 한다. 검사내용은

① 안전검사기준에 따른 선박의 안전검사 : 항행안전성, 인명구조장비 설비 등

② 안전검사 기준에 따른 적합성 여부 : 안전검사 기준에 의한 세부검사

③ 기타 운항상 안전위해 요소 검사 : 선령, 선체상태, 조종상태 등이다.

3) 인명구조장비·시설 및 인명구조요원

가) 유선의 인명구조장비·시설기준(영 제17조)

① 구명조끼 : 승선정원의 120% 이상(20%는 소아용)

② 비상구조선(통신장비를 갖춘 5톤 이상 선박제외)

ⓐ 유선 30척 이하인 경우에는 1척 이상

ⓑ 유선 31척 이상 50척 이하인 경우에는 2척 이상

ⓒ 유선 51척 이상인 경우에는 50척을 초과하는 50척마다 1척씩 더한 수 이상의 비상구조선을 갖출 것

▶ 비상구조선은 승선 정원 4명 이상 시속 20노트 이상의 성능을 가진 것으로 사고발생 시 인명구조용으로만 사용 (망원경 1개, 자기점화등 1개 이상, 구명조끼 4개, 구명부환 2개 이상, 드로우 백 1개 이상)

③ 구명부환 : 승선정원 5명 이상이거나 추진기관설치 유선은 승선정원의 30% 이상. 다만, 승선정원의 50% 이상(영업구역이 내수면인 경우에는 25% 이상)을 태울 수 있는 수의 구명정, 구명뗏목 또는 구명부기를 갖춘 경우에는 승선정원 15% 이상에 해당하는 수의 의 구명부환 비치

④ 구명줄 : 승선 정원이 13인 이상 유선에는 유선마다 지름 10㎜ 이상, 길이 30m 이

상 구명줄 1개 이상이나 드로우 백(throw bag) 1개 이상 비치

⑤ 예비노도 : 노도가 있는 유선 수의 10% 이상에 해당하는 수의 선박에 필요한 예비 노도

⑥ 통신장비 : 2해리 이상 운항하는 유선은 유선장 또는 가까운 무선국과 연락 할 수 있는 통신장비

⑦ 소화기 : 승선 정원이 13인 이상인 유선에는 매 척마다 선실·조타실 및 기관실에 각 1개 이상

⑧ 유선을 안전하게 매어두는 시설과 승객의 승·하선에 필요한 1개 이상의 구명부환을 갖춘 승강장 설비

⑨ 승객이 이용하기에 적정한 규모의 대기시설, 매표소, 화장실

⑩ 야간운항을 하는 유선에는 1개 이상의 전등, 자기점화등, 등(燈)이 부착된 승선 정원에 해당하는 수의 구명조끼, 당해 유선장에는 1개 이상의 자기점화등과 승선장 및 하선장에 각각 100럭스 이상의 조도(照度)를 갖춘 조명시설

나) 도선의 인명구조장비·시설기준(영 제18조)

① 구명조끼 : 승선정원의 120% 이상(20%는 소아용)

② 구명부환 : 승선정원 5인 이상이거나 추진기관을 설치한 도선은 승선정원의 30%이상

③ 구명줄 : 도선마다 1개 이상 (직경 10㎜ 이상, 길이 30m 이상)

④ 승객을 주로 운송하는 도선에는 매척마다 선실·조타실 및 기관실에 각 1개 이상의 소화기, 화물을 주로 운송하는 도선에는 취급화물의 성질에 적응 할 수 있는 소화설비

⑤ 예비노도 : 당해 노선에 적응 할 수 있는 필요한 수

⑥ 승객을 주로 운송하는 도선은 난간 등 위험방지 설비

⑦ 도선장에는 도선장 간의 연락설비를 갖출 것

⑧ 도선을 안전하게 매어두는 시설 및 1개 이상의 구명부환이 비치된 승객이 승·하선 할 수 있는 승강장설비

⑨ 승객이 이용하기에 적정한 규모의 대기시설, 매표소, 화장실

⑩ 야간운항을 하는 유선에는 1개 이상의 전등, 자기점화등, 등(燈)이 부착된 승선 정원에 해당하는 수의 구명조끼, 당해 유선장에는 1개 이상의 자기점화등과 승선장 및 하선장에 각각 100럭스 이상의 조도(照度)를 갖춘 조명시설

다) 인명구조요원 배치기준(영 제20조)

① 유선사업
- ⓐ 승객 정원 13명 미만 유선
  - 30척까지 : 1인
  - 31척초과 : 1인 + 매 20척마다 1인 추가
- ⓑ 승객 정원 13명 이상 유선
  - 승객 정원 50명까지 : 1인

- 승객 정원 51명~100명까지 : 2인
- 승객 정원 100명초과 : 2인 + 매 100명마다 1인 추가

② 도선사업

ⓐ 승객 정원 50명까지 : 1인
ⓑ 승객 정원 51명~100명까지 : 2인
ⓒ 승객 정원 100명 초과 : 2인 + 매 100명마다 1인 추가
※ 유·도선의 선원이 인명구조요원의 자격이 있는 경우 인명구조 요원의 겸직 가능

4) 유·도선 사업자 등의 안전교육

가) 교육대상 : 유·도선사업자, 선원, 기타 종사자
나) 유도선의 안전운항에 필요한 교육시간을 매년 8시간 이내로 실시
다) 안전교육 과목
① 운항규칙 등 수상교통의 안전에 관한사항
② 생존기술, 응급조치, 인명구조용장비 사용법 등 수난구호에 관한과목
③ 그 밖에 유·도선사업 및 유·도선의 안전운항에 관하여 필요한 과목

5) 주류 판매·반입허용 유·도선

가) 관광진흥법에 따라 등록한 관광유람선(유선)
나) 길이 24m 이상으로서 총톤수 50톤 이상인 선박(유선, 도선)
다) 도선의 경우 운송의 목적으로 싣는 것은 가능(도선)
▶주세법 등 관계법령 위반여부까지 검토 필요

다. 승선정원

1) 선박안전법 적용제외 선박의 승선정원

가) 승객 및 선원이 안전하게 탑승 할 수 있는 장소의 제곱미터 단위의 면적을 0.35제곱미터로 나눈 수
나) 도선의 경우 화물과 사람 혼재 시 화물 55㎏을 1인으로 함
다) 승선 정원은 선원 정원을 포함한다.

해양경찰서장은 상기기준에 불구하고 위의 기준에 의한 승선 정원에 의할 경우 선박안전운항에 지장이 있다고 인정되는 때 또는 유·도선 사업을 하는 자가 기준보다 적은 인원의 승선 정원을 신청하는 때는 안전운항과 승객수송에 지장이 없다고 인정되는 범위 까지 승선 정원을 감축 할 수 있다.

2) 선박안전법 적용선박의 승선 정원

가) 1세 미만의 유아는 승선 인원에 산입되지 아니함(승선신고서 보호자 밑에 기록 유지)

나) 1세 이상 12세 미만인 자는 2명을 1명으로 산정(단, 국제항해에 종사하지 아니하는 경우)

다) 승선신고서에 성명과 소인을 확인 할 수 있는 근거 기록

라) 최대 승선 인원은 여객, 선원 및 임시승선자를 기준으로 산정

▶임시승선자 : 정박중 선내관람자, 하역작업원, 선원교대자, 항에서만 승선하는자, 도선사, 세관원, 검역공무원

3) 선원의 자격

가) 적용범위

「유선 및 도선사업법」 제3조의 규정에 따라 영업구역을 바다로 하여 면허를 받거나 신고된 유·도선은 선박직원법(제2조) 적용 대상

▶주로 노와 상앗대로 운전하는 선박은 선박직원법 미 적용

나) 자격

<선박직원법 제2조제1호>
▸5톤 이상 선박에 해기사면허 필요함
▸5톤 미만의 선박일지라도 다음 선박은 해기사면허가 필요함
- 여객정원 13인 이상인 선박
- 낚시 관리 및 육성법 제25조에 따라 낚시어선업 신고된 어선
- 유선 및 도선사업법 제3조의 규정에 따라 영업구역을 바다로 하여 면허 또는 신고된 유선과 도선

▶소형선박조종사 면허 적용 선박(선박직원법시행령 제2조제5호)
① **25톤 미만의 선박**에 소형선박조종사 면허로 승무가능
② 단, 2008.9.30 이전에 건조된 30톤 미만 선박은 소형선박조종사로 면허로 승무가능(25톤 이상 30톤 미만의 선박의 경우 소형선박으로 보아 소형선박조종사면허 소지자 1인으로 선박운항이 가능함), 그러나 2008. 10. 1 이후 건조되는 "25톤 이상 30톤 미만의 선박"은 소형선박이 아니므로 6급 항해사 및 기관사 면허를 소지한 자(2명)가 승선하여야 선박운항이 가능하다.

라. 도선의 적재정량 산정기준

1) 산정기준

가) 적재중량 : 선박의 길이·너비·깊이를 미터단위로 측정하고 이를 서로 곱하여 얻은 수의 10분의 7에 0.39를 곱하여 얻은 수로 하되, 그 단위는 톤으로 한다.

나) 적재용량 : 선박의 길이·넓이·깊이를 미터단위로 측정하고 이를 서로 곱하여 얻은 수의 10분의 7에 0.5로 곱하여 얻은 수로 하되, 그 단위는 세제곱미터로 한다.

2) 적재정량의 조정

관할 해양경찰서장은 선박의 안전운항에 지장이 있다고 인정되는 때에는 안전운항에 지장

이 없다고 인정되는 범위까지 적재중량 및 적재용량을 감축 할 수 있다.

5. 안전검사 및 안전관리

가. 안전검사

유·도선사업자는 「선박안전법」을 적용받지 아니하는 유·도선(비상구조선을 포함한다)에 대하여 관할관청의 안전검사를 받아야 한다.

① 유·도선사업자는 유·도선(비상구조선을 포함한다)의 선체구조를 변경하거나 기관을 교체하였을 때에는 14일 이내에 안전검사를 받아야 한다. ② 유·도선사업자는 안전검사를 받은 후 1년마다 검사유효기간 만료일 후 30일 이내에 정기적으로 안전검사를 받아야 한다.

<「선박안전법」을 적용받지 아니하는 유·도선(비상구조선)의 시설기준> 1. 선박(제2항에 따른 고시로 정하는 선박은 제외한다)의 길이가 깊이의 10배 또는 너비의 6배를 초과하지 아니할 것 2. 안전운항에 지장을 주지 아니하도록 선체의 내부식성(耐腐蝕性)과 강도를 유지할 것 3. 추진기관이 설치된 선박의 경우 조타(操舵)장치가 유효하게 작동하고, 기관은 안전운항에 지장이 없도록 쉽고 확실하게 조작할 수 있는 기능을 갖추어야 하며, 점검과 보수가 쉬울 것 ② 제1항에 따른 규격 등의 기준에 관한 세부적인 사항과 그 밖에 안전운항을 위하여 갖추어야 할 시설 및 설비는 행정안전부장관과 해양경찰청장이 공동으로 정하여 고시한다.

나. 안전관리계획의 수립

시·도지사 또는 지방해양경찰청장은 매년 유·도선 안전관리계획을 수립·시행하여야 한다. 행정안전부장관 또는 해양경찰청장은 유·도선 안전관리계획의 수립에 필요한 지침을 정하고 그 시행에 필요한 지도·감독을 할 수 있다.

해양경찰청장은 유·도선 안전관리계획의 수립에 필요한 지침을 정하고, 그 시행에 필요한 지도·감독을 할 수 있다. 시·도지사 또는 지방해양경찰청장은 매년 유·도선안전관리계획 수립·시행하여야 한다. 수립시기는 매년 1월~2월에 하고, 추진 시행은 매년 3월 1일부터 익년 2월 28일까지로 한다.

다. 인명구조용 장비의 비치

유·도선사업자는 유·도선의 사고 시에 대비할 수 있는 인명구조용 장비를 갖추지 아니하거나 인명구조요원을 배치하지 아니하고는 영업을 할 수 없다.

<유선의 인명구조용 장비 등>
1. 유선에는 승선 정원의 120퍼센트 이상에 해당하는 수의 구명조끼(구명조끼 중 승선 정원의 20

퍼센트에 해당하는 수의 구명조끼는 소아용)를 갖출 것
2. 유선장에 유선(5톤 이상의 선박으로서 제6호에 따른 장비를 갖춘 유선은 제외한다)이 30척 이하인 경우에는 1척 이상, 31척 이상 50척 이하인 경우에는 2척 이상, 51척 이상인 경우에는 50척을 초과하는 50척마다 1척씩 더한 수 이상의 비상구조선을 갖출 것
3. 승선 정원이 5명 이상이거나 추진기관을 설치한 유선에는 그 승선 정원의 30퍼센트 이상에 해당하는 수의 구명부환(救命浮環)을 갖출 것. 다만, 승선 정원의 50퍼센트 이상(영업구역이 내수면인 경우에는 25퍼센트 이상)을 태울 수 있는 수의 구명정(救命艇), 구명뗏목 또는 구명부기(救命浮器)를 갖춘 경우에는 승선 정원의 15퍼센트 이상에 해당하는 수의 구명부환으로 한다.
4. 승선 정원이 13명 이상인 유선에는 유선마다 지름 10밀리미터 이상, 길이 30미터 이상의 구명줄 1개 이상이나 드로우 백(throw bag) 1개 이상을 갖출 것
5. 유선장에는 노도(櫓棹)가 있는 유선 수의 10퍼센트 이상에 해당하는 수의 선박에 필요한 예비 노도를 갖출 것
6. 2해리 이상을 운항하는 유선에는 유선장 또는 가까운 무선국과 연락할 수 있는 통신장비를 갖출 것
7. 영업구역이 내수면인 유선(2해리 미만을 운항하는 유선의 경우에는 추진기관을 설치한 유선 중 야간운항을 하는 유선만 해당한다)에는 위성항법장치(GPS)를 이용하여 위치정보를 취득할 수 있는 휴대전화를 갖출 것
8. 승선 정원이 13명 이상인 유선에는 유선마다 선실・조타실 및 기관실별로 1개 이상의 소화기를 갖출 것
9. 유선장에는 유선을 안전하게 매어두는 시설과 승객의 승선・하선에 필요한 1개 이상의 구명부환을 갖춘 승강장 설비를 갖출 것
10. 유선장에는 승객이 이용하기에 적정한 규모의 대기시설, 매표소, 화장실을 갖출 것
11. 잠수를 영업 수단으로 하는 유선의 유선장에는 그 영업에 적정한 규모의 해상선착장과 「선박안전법」 제8조부터 제12조까지의 규정에 따른 선박의 검사에 합격한 승객운송선 및 비상구조선을 갖출 것

① 비상구조선은 승선 정원 4명 이상, 시속 20노트 이상의 성능을 가진 것으로서 다음 각 호의 장비를 모두 갖추어야 하며, 영업구역의 순시와 사고발생 시의 인명구조용으로만 사용하여야 한다.
1. 망원경 1개
2. 자기점화등 1개 이상
3. 구명조끼 4개
4. 구명부환 2개 이상
5. 드로우 백 1개 이상
② 유선에 갖추어 두어야 하는 인명구조용 장비는 해양수산부장관이 고시하는 선박구명설비기준에 적합한 것이어야 한다. 다만, 제1항제1호에 따른 장비는 관할관청이 해당 영업구역의 수심・수세 및 운항거리 등을 고려하여 사용에 지장이 없다고 인정하는 경우에는 그러하지 아니하다.
③ 제1항제1호부터 제5호까지의 규정에 따른 인명구조용 장비는 승객, 선원, 인명구조요원, 그 밖의 종사자가 쉽게 이용할 수 있도록 갖추어 두어야 한다.

<도선의 인명구조용 장비 등>

① 도선 및 도선장에 갖추어야 하는 인명구조용 장비의 기준과 시설기준
1. 제17조제1항제1호 및 제3호에 해당하는 인명구조용 장비를 갖출 것
2. 도선마다 지름 10밀리미터 이상, 길이 30미터 이상의 구명줄 1개 이상이나 드로우 백 1개 이상을 갖출 것
3. 승객을 주로 운송하는 도선에는 도선마다 선실・조타실 및 기관실별로 1개 이상의 소화기를 갖추고, 화물을 주로 운송하는 도선에는 취급하는 화물에 발생한 화재를 진압할 수 있는 소화설비를 갖출 것

4. 노도가 있는 도선에는 도선마다 해당 노선에 적응하는 데 필요한 수의 예비 노도를 갖출 것
5. 승객을 주로 운송하는 도선의 경우 도선 주위에 난간 등의 위험방지 설비를 할 것
6. 도선장에는 도선장 간의 연락설비를 갖출 것
7. 제17조제1항제6호・제7호 및 제9호부터 제10호까지에 해당하는 장비와 시설을 갖출 것. 이 경우 "유선"은 "도선"으로, "유선장"은 "도선장"으로 본다.
② 도선에 갖추어 두어야 하는 인명구조용 장비에 관하여는 제17조제3항 및 제4항을 준용한다.

<인명구조요원의 최소인원수>

1. 유선사업
가. 승객 정원이 13명 미만인 유선: 30척까지는 1명으로 하되, 30척을 초과하는 경우에는 30척을 초과하는 20척마다 1명을 추가한 인원수
나. 승객 정원이 13명 이상인 유선: 승객 정원 50명 까지는 1명, 51명 이상 100명까지는 2명으로 하되, 100명을 초과하는 경우에는 100명을 초과하는 100명마다 1명을 추가한 인원수
2. 도선사업
가. 승객 정원이 50명 이하인 도선: 1명
나. 승객 정원이 51명 이상인 도선: 승객 정원이 100명까지는 2명으로 하되, 100명을 초과하는 경우에는 100명을 초과하는 100명마다 1명을 추가한 인원수

라. 출항・입항의 기록・관리 등

유・도선사업자는 유・도선의 안전운항과 위해방지를 위하여 대통령령으로 정하는 선박(휴업・휴지 중인 유・도선을 포함)의 출항・입항[내수면의 경우에는 출선 및 귀선(歸船)을 말한다] 시에 행정안전부령 또는 해양수산부령으로 정하는 바에 따라 그 출항・입항에 관한 사항을 기록・관리하여야 한다.

"대통령령으로 정하는 선박"이란 다음 각 호의 어느 하나에 해당하는 선박을 말한다.
1. 운항거리가 2해리 이상이거나 운항시간이 1시간을 초과하는 선박(내수면에 운항하는 유・도선으로서 관할관청이 정하는 유・도선은 제외한다)
2. 그 밖에 관할관청이 지정하는 선박

선박을 운항하는 유・도선사업자는 그 선박에 승선하는 승객이 행정안전부령 또는 해양수산부령으로 정하는 바에 따라 승선신고서를 작성하여 제출하도록 하여야 하고, 승선하려는 승객의 신분과 승선신고서 기재내용을 확인하여야 한다.

승객이 정당한 사유 없이 승선신고서를 작성하여 제출하지 아니하거나 신분확인 요구에 따르지 아니하는 경우에는 승선을 거부하여야 한다. 그리고 승선신고서를 3개월 동안 보관하여야 한다.

마. 정보시스템의 구축・운영

행정안전부장관 또는 해양경찰청장은 출항・입항의 기록・관리 및 승선신고서 작성・제출 등의 업무를 효율적으로 수행하기 위하여 필요한 정보시스템을 구축하여 운영할 수 있다.

바. 사고발생의 보고

유·도선사업자와 선원은 다음 각 호의 어느 하나에 해당하는 경우에는 지체 없이 인접 시장·군수·구청장과 경찰서장 또는 해양경찰서장에게 그 사실을 보고하여야 한다. 시장·군수·구청장과 경찰서장·해양경찰서장은 보고를 받으면 지체 없이 관할 시·도지사 또는 지방해양경찰청장에게 보고하고, 인명구조 활동 등 사고 수습을 위하여 필요한 조치를 하여야 한다.

1) 승객이 사망하거나 실종되거나 중상자가 발생한 때 및 승객 중에 감염병으로 인정되는 환자가 있는 경우
2) 충돌, 좌초, 그 밖의 사고로 인하여 선체가 심하게 손상되는 등 선박 운항에 장애가 생긴 경우
3) 교량, 수리시설, 수표(水標), 입표(立標), 호안(護岸), 그 밖에 수면에 설치된 인공구조물을 파손한 경우

사. 관계 기관의 협조

시·도지사와 시장·군수·구청장, 지방해양경찰청장·해양경찰서장, 지방해양수산청장 등 관계 행정기관의 장은 유·도선의 안전운항과 위해방지를 위하여 필요할 때에는 서로 협조를 요청할 수 있다. 이 경우 협조 요청을 받은 관계 행정기관의 장은 특별한 사유가 없으면 요청에 따라야 한다.

아. 운항규칙

「해상교통안전법」을 적용받지 아니하는 유·도선의 운항규칙에 관하여 필요한 사항은 대통령령으로 정한다. 유·도선사업자와 선원은 운항규칙을 준수하여야 한다.

1) 유·도선은 주위의 상황 및 다른 선박(유·도선을 포함한다. 이하 같다)과의 충돌의 위험을 충분히 판단할 수 있도록 시각·청각 및 당시의 상황에 적합하게 이용할 수 있는 모든 수단에 의하여 항상 적절한 경계를 하여야 한다.
2) 유·도선은 다른 선박과의 충돌을 피하기 위하여 적절하고 유효한 동작을 취하거나 당시의 상황에 적합한 거리에서 정선(停船)할 수 있도록 항상 안전한 속력으로 운항하여야 한다.
3) 유·도선은 시계(視界)를 제한받는 때나 교량, 유·도선장 등의 부근 및 하천 폭이 좁은 구역에서는 속도를 줄여 운항하여야 하며, 특히 추진기관이 설치되지 아니한 제10조에 따른 소형 유·도선의 운항에 지장이 없도록 그 운항구역에 접근하지 아니하거나 저속으로 운항하여야 한다.
4) 유·도선은 시계가 제한된 구역에서 앞쪽에 다른 선박이 있는 경우 왼쪽으로 진로를 변경해서는 아니 된다.

5) 유・도선이 다른 선박과 마주칠 때에는 진로를 오른쪽으로 변경하여야 한다.
6) 유・도선이 다른 선박과 같은 방향으로 운항하는 경우에는 근접하거나 경쟁적으로 운항해서는 아니 된다.
7) 유・도선이 다른 선박을 추월하려는 경우에는 추월당하는 선박을 완전히 추월하거나 그 선박에서 충분히 멀어질 때까지 그 선박의 진로를 방해해서는 아니 된다.
8) 유・도선과 다른 선박이 서로 진로를 횡단하는 경우에 충돌의 위험이 있을 때에는 다른 선박을 오른쪽에 두고 있는 선박이 그 다른 선박의 진로를 피하여야 한다.
9) 제10조에 따른 소형 유・도선이 내수면을 횡단할 때에는 다른 대형선박의 진로를 방해해서는 아니 된다.
10) 유・도선장 또는 선착장으로 들어오는 유・도선은 유・도선장 또는 선착장 밖으로 나가는 유・도선의 진로를 방해해서는 아니 된다.
11) 유・도선은 사업의 면허 또는 신고 시에 정해진 유・도선장 또는 선착장 외의 장소에 정박하거나 승객을 승선・하선시켜서는 아니 된다.
12) 야간운항을 하는 유・도선은 운항 및 승객의 승선・하선에 필요한 불빛을 표시하여야 한다.
13) 선박 길이가 12미터 이상이거나 관할 관청이 지정한 유・도선은 기적(汽笛) 또는 호종(號鐘) 등 음향신호를 설치하여 다음 각 호의 구분에 따른 방법으로 음향신호를 하여야 한다.
   가) 다른 선박과 서로 시계 내에 있는 경우 오른쪽으로 진로를 변경할 때에는 단음 1회, 왼쪽으로 진로를 변경할 때에는 단음 2회, 후진할 때에는 단음 3회
   나) 다른 선박을 오른쪽으로 추월할 때에는 장음 2회 후 단음 1회, 왼쪽으로 추월할 때에는 장음 2회 후 단음 2회
   다) 다른 선박의 주의를 환기하기 위하여 필요할 때 단음 5회 이상
14) 유・도선이 조난을 당하여 구원을 요청하는 경우에는 국제해사기구가 정하는 신호를 하여야 한다.

제2절 바다 낚시관리

1. 낚시관리 및 육성법[152] 제정

152) 낚시 관리 및 육성법 (약칭: 낚시관리법), [시행 2023. 1. 12.] [법률 제18755호, 2022. 1. 11., 타법개정]. 해양수산부(수산자원정책과),

가. 의의

낚시란 낚싯대와 낚싯줄·낚싯바늘 등 도구(이하 "낚시도구"라 한다)를 이용하여 어류·패류·갑각류, 그 밖에 대통령령으로 정하는 수산동물을 낚는 행위를 말한다.

낚시 관리 및 육성법 시행령 제2조(낚시 대상 수산동물) 1. 연체동물(軟體動物) 중 두족류(頭足類) 2. 그 밖에 해양수산부장관이 정하여 고시하는 수산동물

「낚시관리 및 육성법」은 낚시의 관리 및 육성에 관한 사항을 규정함으로써 건전한 낚시문화를 조성하고 수산자원을 보호하며, 낚시 관련 산업 및 농어촌의 발전과 국민의 삶의 질 향상에 이바지하는 것을 목적으로 종전의 「낚시어선업법」을 2011년 3월 9일 「낚시관리 및 육성법」으로 제정하였다. 제정 이유로는 낚시로 인한 수산자원 남획과 환경오염 및 낚시인의 안전사고 등을 방지하기 위하여 낚시제한기준의 설정, 유해 낚시도구의 제조 등의 금지, 낚시인의 안전관리를 위한 조치명령, 낚시터업의 허가 · 등록제도, 낚시어선업의 신고제도 등을 정하여 낚시 관련 제도를 체계화하고 낚시를 건전한 국민레저 활동으로 육성하여 농어촌의 발전과 국민의 삶의 질 향상에 기여하기 위한 것이다.

나. 적용범위

바닷가, 인공적으로 조성된 육상의 해수면, 공공용 수면 및 사유수면에서 적용한다. 바닷가란 만조수위선(滿潮水位線)과 지적공부(地籍公簿)에 등록된 토지의 바다 쪽 경계선 사이를 말한다. 육상의 해수면이란 어업을 목적으로 하여 인공적으로 조성된 육상의 해수면을 말하며, 낚시어선업에 대하여는 유선 및 도선 사업법을 적용받지 않는다. 적용범위(제3조)는 다음과 같다.

1) 바다
2) 「수산업법」 제2조제16호에 따른 바닷가
3) 「수산업법」 제3조제3호에 따른 어업을 목적으로 하여 인공적으로 조성된 육상(陸上)의 해수면
4) 「내수면어업법」 제2조제2호에 따른 공공용 수면(公共用 水面)
5) 「내수면어업법」 제2조제3호에 따른 사유수면(私有水面)
6) 낚시터업을 목적으로 인공적으로 조성된 육상의 해수면

2. 관련규정

가. 낚시 관리 및 육성법(해양수산부)

1) 낚시어선업의 신고·변경신고

2) 영업구역 및 공동영업구역 지정
3) 낚시어선업자 등의 안전운항 의무
4) 출입항 신고, 출항의 제한, 안전운항을 위한 조치 등

나. 어선법(해양수산부)

어선의 건조, 등록, 검사 등에 관한 사항

다. 어선안전조업법(국방부·해양수산부·해양경찰청 훈령)

1) 선박 출항·입항 신고기관의 설치 및 운영
2) 임검요령 등

라. 총톤수 10톤 미만 소형어선의 구조 및 설비 기준(해양수산부 고시)

1) 소형어선의 선체·기관 및 그 밖의 설비에 관한 기준
2) 최대승선인원에 관한 사항 등
3) 낚시관리 및 육성법(해양수산부)

마. 파출소 및 출장소 운영 규칙(해양경찰청 훈령)

3. 안전관리 해양경찰서 소관업무

1) 낚시인 안전관리

가) 관련근거 : 「낚시 관리 및 육성법」 제9조, 시행령 제6조

나) 내용 : 낚시인의 생명과 신체의 안전 확보를 위하여 기상악화 등 "대통령령으로 정한 경우"조치명령(호우 · 대설 · 폭풍해일 · 지진해일 · 태풍 · 강풍 · 풍랑 · 안개 주의보 또는 경보가 발표된 경우)

① 안전한 장소로의 이동

② 안전사고 방지를 위하여 시장 · 군수 · 구청장 또는 해양경찰서장이 인정하는 지역의 출입금지

2) 출입항 신고

가) 관련근거 : 「낚시 관리 및 육성법」 제33조, 시행규칙 제20조

나) 내용 : 낚시어선업자는 승객을 승선하게 하여 항구·포구 등에 출항이나 입항(이하 "출입항"이라 한다)을 하려는 경우에는 해양수산부령으로 정하는 바에 따라 어선의 출입항 신고

에 관한 업무를 담당하는 기관(이하 "출입항신고기관"이라 한다)의 장에게 신고해야 한다.

① 출항 신고를 하려는 낚시어선업자는 그 신고서에 해당 낚시어선에 승선할 선원과 승객의 명부(이하 "승선자명부"라 한다)를 첨부하여 출입항신고기관의 장에게 제출한다.

② 낚시어선업자는 해당 낚시어선에 승선자명부의 사본을 두어야 한다.

3) 출항의 제한

가) 관련근거 :「낚시 관리 및 육성법」제34조, 시행령 제19조

나) 내용 : 출입항신고기관의 장은 기상과 해상상황 등을 고려하여 낚시어선업자 · 선원 · 승객의 안전을 위하여 필요하다고 인정할 때 낚시어선의 출항을 제한할 수 있음

①「기상법 시행령」제8조제2항 제1호~제7호, 제12호에 따른 호우·대설·폭풍해일·지진해일·태풍·강풍·풍랑·안개주의보 또는 경보가 발표된 경우

② 안개 등으로 인하여 해상에서의 시계(視界)가 1킬로미터 이내인 경우

③ 출입항신고기관의 장이 해상 상황의 급작스런 악화 등으로 인하여 낚시어선의 출항이 어렵다고 판단하는 경우

4. 금지행위

1) 수면 등에서의 금지행위(제7조)

누구든지 수면 등에서 낚시를 하는 경우에는 다음의 행위를 하여서는 아니 된다.

가) 낚시도구나 미끼를 낚시 용도로 사용하지 아니하고 버리는 행위

나) 낚시제한기준을 위반하여 수산동물을 잡는 행위

2) 낚시로 포획한 수산동물의 판매 등 금지(제7조의2)

누구든지 낚시로 포획한 수산동물을 타인에게 판매하거나 판매할 목적으로 저장 · 운반 또는 진열하여서는 아니 된다

3) 유해 낚시도구의 제조 등 금지

누구든지 수생태계와 수산자원의 보호에 지장을 주거나 수산물의 안전성을 해칠 수 있는 중금속 등 유해물질이 허용기준 이상으로 함유되거나 잔류된 낚시도구를 사용 또는 판매하거나 판매할 목적으로 제조 · 수입 · 저장 · 운반 또는 진열하여서는 아니 된다.

5. 낚시어선업

가. 낚시어선업의 신고

1) 낚시어선업을 하려는 자는 낚시어선의 대상 · 규모 · 선령 · 설비 · 안전성 검사, 선장의

자격, 전문교육 이수 등 대통령령으로 정하는 요건(이하 "신고요건"이라 한다)을 갖추어 어선번호, 어선의 명칭 등 대통령령으로 정하는 사항(이하 "신고사항"이라 한다)에 관한 낚시어선업의 신고서를 작성하여 해당 낚시어선의 선적항(船籍港)을 관할하는 시장·군수·구청장에게 신고하여야 한다. 어선번호, 어선의 명칭 등 대통령령으로 정하는 중요한 신고사항을 변경하려는 때에도 같다.

"대통령령으로 정하는 요건(신고요건)"이란 다음 각 호의 요건 모두를 말한다.

가) 낚시어선이 「수산업법」 또는 「내수면어업법」에 따라 어업허가를 받은 어선으로서 총톤수 10톤 미만의 동력어선일 것
나) 낚시어선이 선령(船齡) 20년 이하인 목선(木船)이거나 선령 25년 이하인 강선(鋼船)·합성수지선·알루미늄선일 것
다) 낚시어선에 <표 7-22> 따른 설비를 갖출 것
라) 법 제25조의2제1항 본문에 따른 낚시어선의 안전성 검사를 받았을 것
마) 낚시어선의 선장은 다음 각 목에 따른 요건을 모두 갖출 것
① 「선박직원법」 제4조제2항제6호에 따른 소형선박 조종사 면허 또는 그 상위등급의 해기사 면허를 받았을 것
② 「선박직원법」 제2조제6호에 따른 승무경력이 2년 이상이거나 120일 이상의 선박 출입항 기록을 보유할 것
바) 법 제47조제2항에 따른 전문교육을 이수할 것(최초로 낚시어선업을 신고하는 경우로 한정한다)

〈표 7-10〉 낚시어선 설비규정

낚시어선이 갖추어야 하는 설비 [낚시 관리 및 육성법 시행령 별표 4]	
구 분	**설 비**
1. 구명설비	가. 최대승선인원의 120% 이상에 해당하는 수의 구명조끼. 이 중 20% 이상은 어린이용으로 하여야 한다. 나. 최대승선인원의 30% 이상에 해당하는 수의 구명부환 다. 지름 10㎜ 이상, 길이 30m 이상인 구명줄 1개 이상
2. 소화설비	가. 총톤수 5톤 미만 낚시어선의 경우: 2개 이상의 간이식 소화기 나. 총톤수 5톤 이상 낚시어선의 경우: 2개 이상의 휴대식 소화기
3. 전기설비	낚시인의 안전을 위해 사용하는 조명 등의 전기설비
4. 그 밖의 설비	가. 분뇨를 수면으로 배출하지 않는 방식의 화장실 나. 가까운 무선국 또는 출입항신고기관 등과 연락할 수 있는 통신기기 다. 핸드레일 라. 비상용 구급약품세트 마. 자기점화등 1개 이상 바. 그 밖에 시장·군수·구청장이 승객의 안전을 위하여 필요하다고 인정하여 고시하는 설비
비고: 제1호부터 제4호까지의 규정에 따른 설비 중 「어선법」 제3조에 따른 설비는 같은 조에 따라 해양수산부장관이 정하여 고시하는 기준에 맞는 것이어야 한다.	

2) 시장·군수·구청장은 신고한 내용이 신고요건에 적합하면 신고인에게 낚시어선업 신고확인증을 발급하여야 한다.

3) 낚시어선업 신고의 유효기간은 제48조에 따라 가입한 보험이나 공제의 계약기간으로 하되, 3년을 초과할 수 없다.

나. 영업구역(제27조)

1) 낚시어선업의 영업구역은 그 낚시어선의 선적항이 속한 시 · 도지사의 관할 수역으로 하되, 외측한계는 「영해 및 접속수역법」에 따른 영해로 한다. 다만, 해양수산부장관이 연접한 시 · 도 간 수역에 대하여 대통령령으로 정하는 바에 따라 공동영업구역을 지정하는 경우에는 그 공동영업구역과 해당 시 · 도지사의 관할 수역을 영업구역으로 한다.

2) 영해의 범위를 「영해 및 접속수역법」에 따라 기선으로부터 12해리 미만으로 정하고 있는 수역을 관할하는 시 · 도지사가 영해 바깥쪽 해역에서의 영업이 필요하다고 특별히 인정하는 경우에는 관할 지방해양경찰청장의 의견을 들어 해양수산부장관에게 영업구역 확대를 요청할 수 있다.

3) 시 · 도지사가 요청하는 경우 해양수산부장관은 해당 시 · 도지사 및 해양경찰청장 등 관계기관과 협의하여 영해 바깥쪽 해역을 영업구역으로 지정할 수 있다.

다. 낚시어선의 승선정원(제28조)

낚시어선의 승선정원은 「어선법」에 따른 어선검사증서에 적힌 어선원 및 어선원 외의 사람 각각의 최대승선인원으로 한다. 낚시어선업자는 승선정원 및 승객준수사항을 당해 낚시어선의 갑판실 외벽 등 누구나 볼 수 있는 장소에 게시한다.

낚시어선업자는 낚시어선의 규모, 영업시간 등이 해양수산부령으로 정하는 기준에 해당하는 경우 낚시승객의 안전을 담당하는 자(이하 "낚시어선 안전요원"이라 하며 선원에 포함한다. 이하 같다)를 승선시켜야 한다.

라. 낚시어선업자 안전운항 의무(제29조)

1) 낚시어선업자 및 선원은 낚시어선의 안전을 점검하고 기상상태를 확인하는 등 안전운항에 필요한 조치를 하여야 하며, 승객에게 위해(危害)가 없도록 수면의 상황에 따라 안전하게 낚시어선을 조종하여야 한다.

2) 낚시어선업자 및 선원은 다음 각 호의 행위를 하여서는 아니 된다.

가) 영업 중 낚시를 하는 행위

나) 보호자를 동반하지 아니한 14세 미만의 사람, 「정신건강증진 및 정신질환자 복지서비스 지원에 관한 법률」 제3조제1호에 따른 정신질환자 등 승선에 부적격한 사람을 승선하게 하는 행위

다) 그 밖에 낚시어선의 안전운항에 위해를 끼친다고 인정되는 행위

3) 낚시어선업자 및 선원은 안전운항을 위하여 낚시어선에 승선한 승객 등 승선자 전원에게 구명조끼를 착용하도록 하여야 한다. 이 경우 승객이 구명조끼를 착용하지 아니하면 승선을 거부할 수 있다.

4) 낚시어선업자 및 선원은 출항하기 전 승선한 승객에게 안전사고 예방 및 수산자원 보호, 환경오염 방지 등을 위하여 해양수산부장관이 정하는 바에 따라 다음 각 호의 사항을 안내하여야 한다.

가) 안전한 승·하선 방법, 인명구조 장비와 소화설비의 보관장소와 사용법, 비상신호, 비상시 집합장소의 위치와 피난요령, 인명구조에 관련된 기관의 유선번호 및 유사시 대처요령 등 안전에 관한 사항

나) 포획금지 체장·체중 등 수산자원보호에 관한 사항

다) 쓰레기 투기 금지 등 환경오염 방지에 관한 사항

마. 운항규칙(제29조의2)

해상항행선박이 항행을 계속할 수 없는 하천·호소 등 「해상교통안전법」을 적용받지 아니하는 장소에서의 낚시어선 운항규칙에 관하여 필요한 사항은 대통령령으로 정한다. 낚시어선업자와 선원이 준수하여야 하는 낚시어선 운항규칙은 다음 각 호와 같다.

1) 주위의 상황 및 다른 선박과의 충돌의 위험을 충분히 판단할 수 있도록 시각·청각 및 당시의 상황에 적합하게 이용할 수 있는 모든 수단을 이용하여 항상 적절한 경계를 하여야 한다.
2) 다른 선박과의 충돌을 피하기 위하여 적절하고 유효한 동작을 취하거나 당시의 상황에 적합한 거리에서 정선(停船)할 수 있도록 항상 안전한 속력으로 운항하여야 한다.
3) 시계(視界)를 제한받는 때나 교량 등의 부근 및 하천 폭이 좁은 구역에서는 속도를 줄여 운항하여야 한다.
4) 시계가 제한된 구역에서 앞쪽에 다른 선박이 있는 경우 왼쪽으로 진로를 변경해서는 아니 된다.
5) 다른 선박과 마주칠 때에는 진로를 오른쪽으로 변경하여야 한다.
6) 다른 선박과 같은 방향으로 운항하는 경우에는 근접하거나 경쟁적으로 운항해서는 아니 된다.
7) 다른 선박을 추월하려는 경우에는 추월당하는 선박을 완전히 추월하거나 그 선박에서 충분히 멀어질 때까지 그 선박의 진로를 방해해서는 아니 된다.
8) 낚시어선과 다른 선박이 서로 진로를 횡단하는 경우에 충돌의 위험이 있을 때에는 다른 선박을 오른쪽에 두고 있는 선박이 그 다른 선박의 진로를 피하여야 한다.
9) 선착장 등으로 들어오는 낚시어선은 선착장 등의 밖으로 나가는 다른 선박의 진로를 방해해서는 아니 된다.
10) 낚시가 금지되어 있는 장소에 정박하거나 승객을 승선·하선시켜서는 아니 된다.
11) 야간운항을 하는 경우 안전 운항 및 승객의 승선·하선에 필요한 불빛을 표시하여야 한다.

바. 금지사항

1) 술에 취한 상태에서의 조종 금지(제30조)

낚시어선업자 및 선원은 술에 취한 상태에서 낚시어선을 조종하거나 술에 취한 상태에 있는 낚시어선업자 또는 선원에게 낚시어선을 조종하게 하여서는 아니 된다. 이 경우 "술에 취한 상태"란 「해상교통안전법」 제39조제4항에 따른 술에 취한 상태를 말한다.

▶ 혈중알콜농도 0.03% 이상의 음주상태

다음 각 호에 해당하는 사람(이하 이 조에서 "관계 공무원"이라 한다)은 낚시어선업자 및 선원이 위반하였다고 인정할 만한 상당한 이유가 있는 경우에는 술에 취하였는지를 측정할 수 있다.

가) 경찰공무원

나) 시 · 군 · 구 소속 공무원 중 수상안전업무에 종사하는 사람

관계 공무원(근무복을 착용한 경찰공무원은 제외한다)이 술에 취하였는지 여부를 측정하는 때에는 그 권한을 표시하는 증표를 지니고 이를 해당 낚시어선업자 및 선원에게 보여 주어야 한다. 측정의 결과에 불복하는 낚시어선업자 및 선원에 대하여는 해당 낚시어선업자 및 선원의 동의를 받아 혈액채취 등의 방법으로 다시 측정할 수 있다. 측정결과가 술에 취한 상태에 해당하는 경우에는 해당 낚시어선업자 또는 선원에 대하여 조종 · 승선 제한 등 필요한 조치를 하여야 한다.

2) 약물복용의 상태에서의 조종 금지(제31조)

낚시어선업자 및 선원은 약물복용의 상태에서 낚시어선을 조종하거나 약물복용의 상태에 있는 낚시어선업자 또는 선원에게 낚시어선을 조종하게 하여서는 아니 된다. 이 경우 "약물복용의 상태"란 「마약류관리에 관한 법률」 제2조에 따른 마약 · 향정신성의약품 · 대마 또는 「화학물질관리법」 제22조에 따른 환각물질의 영향으로 정상적인 조종을 할 수 없는 우려가 있는 경우를 말한다.

사. 출입항 신고(제33조)

낚시어선업자는 승객을 승선하게 하여 항구 · 포구 등에 출항이나 입항(이하 "출입항"이라 한다)을 하려는 경우에는 어선의 출입항 신고에 관한 업무를 담당하는 기관(이하 "출입항신고기관"이라 한다)의 장에게 신고하여야 한다. 출항 신고를 하려는 낚시어선업자는 그 신고서에 해당 낚시어선에 승선할 선원과 승객의 명부(승선자명부)를 첨부하여 출입항신고기관의 장에게 제출하여야 하고, 승선하는 승객으로 하여금 승선자명부를 작성하도록 하여야 한다. 이 경우 낚시어선업자는 승객에게 신분증을 요구하여 승선자명부 기재내용을 확인하여야 한다. 승객이 정당한 사유 없이 승선자명부를 작성하지 아니하거나 신분증 제시 요구에 따르지 아니하는 경우에는 승선을 거부하여야 한다. 낚시어선에 승선자명부의 사본을 3개월 동안 갖추어 두어야 한다.

아. 출항의 제한(제34조)

출입항신고기관의 장은 시간, 기상 및 해상 상황에 관한 정보 등을 고려하여 낚시어선업자·선원·승객의 안전을 위하여 필요하다고 인정할 때에는 낚시어선의 출항을 제한할 수 있다. 낚시어선의 출항제한은 다음 각 호의 경우에 할 수 있다.

1) 「기상법 시행령」 초당 풍속 12미터 이상 또는 파고(波高) 2미터 이상으로 예보가 발표된 경우 2) 「기상법 시행령」 호우·대설·폭풍해일·태풍·강풍·풍랑 주의보 또는 경보가 발표된 경우 3) 기상청장이 주의보 또는 경보를 발표하기 전에 이를 사전에 알리기 위한 정보를 발표한 경우 4) 안개 등으로 인하여 해상에서의 시계가 1킬로미터 이내인 경우 5) 일출 전 또는 일몰 후. 다만, 설비를 갖추고 시장·군수·구청장이 영업을 제한하지 않는 시간대에 영업하는 경우는 제외한다. 6) 그 밖에 출입항신고기관의 장이 해상상황의 급작스런 악화 등으로 인하여 낚시어선의 출항이 어렵다고 판단하는 경우

자. 안전운항 등을 위한 조치(제35조)

1) 시장·군수·구청장은 낚시어선의 안전운항과 사고 방지 및 그 밖에 낚시어선업의 질서유지를 위하여 특히 필요하다고 인정할 때에는 관할 경찰서장 또는 관할 해양경찰서장의 의견을 들어 낚시어선업자에게 다음 각 호의 지시나 조치를 명할 수 있다.

가) 영업시간이나 운항 횟수의 제한
나) 영업구역의 제한 또는 영업의 일시정지
다) 인명안전에 관한 설비의 비치 및 관리
라) 그 밖에 낚시어선의 안전운항과 사고 방지 및 낚시어선업의 질서유지를 위하여 필요하다고 인정하는 사항

2) 시장·군수·구청장은 낚시어선의 안전운항, 승객의 안전사고 예방, 수질오염의 방지 및 수산자원의 보호 등을 위하여 낚시어선의 승객이 준수하여야 하는 사항을 정하여 고시하여야 한다. 그리고 낚시어선업자 또는 선원이 잘 볼 수 있는 출입항 장소에 낚시어선업자 또는 선원이 준수하여야 할 사항을 표기한 표지판을 설치하여야 한다. 이 경우 표지판에는 다음 각 호의 사항이 포함되어야 한다.

가) 안전운항 등을 위한 조치
나) 낚시어선업자 또는 선원의 준수사항 등
다) 출항제한의 기준
라) 수면 등에 유류(油類)·분뇨·폐기물을 버리는 행위 등 다른 법령에 따라 금지되는 사항

차. 낚시어선 승객의 준수사항(제36조)

낚시어선업자 또는 선원은 안전운항을 위하여 낚시어선에 승선한 승객에게 다음 각 호의

사항을 준수하도록 조치할 수 있다. 이 경우 낚시어선의 승객은 낚시어선업자 또는 선원의 조치에 협조하여야 한다.

1) 구명조끼 착용에 관한 사항
2) 승선자명부 작성 및 신분증 확인에 관한 사항
3) 낚시어선 승객이 준수하여야 하는 사항

카. 사고발생의 보고(제37조)

낚시어선업자 또는 선원은 다음 각 호의 어느 하나에 해당할 때에는 사고 장소가 내수면인 경우에는 사고발생 지점에서 가장 가까운 시장·군수·구청장에게, 해수면인 경우에는 관할 해양경찰서장에게 그 사실을 지체 없이 보고하고 사고의 수습에 필요한 조치를 하여야 한다. 보고를 받은 시장·군수·구청장 또는 해양경찰서장은 지체 없이 관할 시·도지사 또는 지방해양경찰청장에게 이를 보고하고 인명 구조 등 사고 수습을 위하여 필요한 조치를 하여야 한다.

1) 승객이 사망하거나 실종되었을 경우
2) 충돌, 좌초 또는 그 밖에 낚시어선의 안전운항에 영향을 미치거나 미칠 우려가 있는 사고가 발생하였을 경우

타. 영업의 폐쇄(제38조)

시장·군수·구청장은 낚시어선업자가 다음 각 호의 어느 하나에 해당하면 영업의 폐쇄를 명하거나 3개월 이내의 기간을 정하여 그 영업의 정지를 명할 수 있다. 다만, 제1호부터 제4호까지에 해당하는 경우에는 영업의 폐쇄를 명하여야 한다. 영업의 폐쇄명령을 받은 자는 그 영업이 폐쇄된 날부터 2년이 지나지 아니하면 낚시어선업의 신고를 할 수 없다.

1) 낚시어선업의 신고를 하지 아니하고 낚시어선업을 한 경우
2) 거짓이나 그 밖의 부정한 방법으로 낚시어선업을 신고한 경우
3) 「어선법」에 따라 어선의 등록이 말소된 경우
4) 영업정지 기간 중 영업을 한 경우
5) 낚시어선업자, 선원의 고의 또는 중대한 과실이나 주의의무 태만으로 인하여 안전사고가 발생한 경우
6) 낚시어선업의 신고요건을 충족하지 못하게 된 경우
7) 낚시어선업의 영업구역을 위반한 경우
8) 낚시승객을 승선시킨 상태에서 낚시어선업자 또는 선원이 술에 취한 상태에서 낚시어선을 조종한 경우
9) 낚시승객을 승선시킨 상태에서 낚시어선업자 또는 선원이 약물복용의 상태에서 낚시어선을 조종한 경우
10) 보험이나 공제에 가입하지 아니한 경우

제 8 편

해양경찰

정보수사론

제1장 해양경찰 정보

제1절 정보

1. 정보(情報)란?

정보라는 용어는 국가기관은 물론 기업, 교육, 심리, 정치 등 여러 분야에서 사용되고 있으며, 그 정보가 나타내는 의미 또한 일상생활 속에서 사용자를 위한 사전지식이라는 개념으로 널리 통용(민간분야 뿐만 아니라 국가기관에서도 사용)된다.

1) 국립국어원 표준국어대사전

가) 관찰이나 측정을 통하여 수집한 자료를 실제 문제에 도움이 될 수 있도록 정리한 지식 또는 그 자료.

나) 『군사』용어에서는 일차적으로 수집한 첩보를 분석·평가하여 얻은, 적의 실정에 관한 구체적인 소식이나 자료.

다)『컴퓨터』용어에서는 어떤 자료나 소식을 통하여 얻는 지식이나 상태의 총량. 정보 원천에서 발생하며 구체적 양, 즉 정보량으로 측정할 수 있다. 자동화 부문이나 응용 언어학 분야에서도 쓰인다.

▶첩보(諜報)((information) : 상대편의 정보나 형편을 몰래 알아내어 보고함. 또는 그런 보고.

2) 정보기관·군(軍)

첩보를 가공한 지식, 일차적으로 수집한 첩보를 분석•평가하여 얻은 적의 실정에 관한 구체적인 소식이나 자료를 말한다.

3) 개인정보보호법

살아 있는 개인에 관한 정보로서 성명, 주민등록번호 및 영상 등을 통하여 개인을 알아볼 수 있는 정보(해당 정보만으로는 특정 개인을 알아볼 수 없더라도 다른 정보와 쉽게 결합하여 알아볼 수 있는 것을 포함한다)를 말한다.

4) 공공기관의 정보공개에 관한 법률

"정보"란 공공기관이 직무상 작성 또는 취득하여 관리하고 있는 문서(전자문서를 포함한다. 이하 같다)·도면·사진·필름·테이프·슬라이드 및 그 밖에 이에 준하는 매체 등에 기록된 사항을 말한다.

2. 정보의 개념

가. 개념

원래 정보라는 용어는 군에서 사용하던 전문용어로서 '적국의 동정에 관하여 알림'이라는 의미가 있다. 군사용어로서 '정보'란 말은 이미 기원전 1500년 경 중세 이집트 제국의 군사기록 중에 나타나고 있으며, 근세에 이르러 프러시아군대에서 이 정보활동을 중시하였고, 나폴레옹도 이를 모방하여 「정보국(情報局)」(1800)을 설치하고 정보활동을 강화하였다. 독일의 군사학자 클라우제비츠(Clausewits)는 그의 저서 「전쟁론」(1832)에서 "정보란 적과 적국에 관한 우리들의 지식의 총체를 의미하며, 전쟁에 있어서 아군의 계획 및 행동의 기초를 이루는 것이다.

오늘날 우리 사회에서 사용하는 정보라는 용어는 일본의 메이지 정부가 프랑스식 병제(兵制)를 채택하여 舊(구) 일본 육군을 창설하면서 프랑스군이 사용하던 군사용어를 번역하여 만든 것이다. 즉, '敵情(적정)'의 情(정)과 '알림의 報(보)'를 연결하여 정보란 단어를 만든 것으로서 일제시대에 한국에 들어와 사용하게 된 것이다. 일반적으로 적정(敵情)을 파악할 임무를 가진 장교를 정보장교라고 하며, 첩보(Information)란 용어와 함께 혼용되고 있다.

나. 정보개념의 구성요소

학자에 따라 보는 관점에 따라 정보란 단어가 뜻하는 내용이 다양하므로 정보가 한마디로 무엇을 뜻하는가를 정의하기란 매우 곤란하다. 이는 정보의 종류가 너무 다양하기도 하고 또 정보를 다루는 분야에 따라 다른 정의가 내려질 수 있기 때문이다. 그러나 정보를 구성하는 요소에 대하여는 많은 학자들이 의견을 같이 하고 있으며, 이에는 대략 정보의 사용자와 제공자, 정보의 자료나 출처, 일정한 형태의 처리과정 등의 기본적인 요소를 들고 있다.

1) 정보의 사용자

정보는 어느 시기, 어느 상황을 막론하고 해당 정보를 필요로 하는 사용자가 있어야 한다. 사용자는 특정한 개인이나 조직, 단체가 될 수 있으며 경우에 따라서는 국가나 군대, 기업체가 될 수도 있다. 아무리 많은 정보가 산재해 있더라도 그것을 필요로 하는 사용자가 없다면 정보는 무가치한 자료가 될 뿐이다.

2) 고유의 가치

정보는 나름대로 고유의 가치가 있어야 한다. 아무리 훌륭한 정보라고 하더라도 그것이 필요 없는 사람에게는 아무런 가치가 없는 것이기 때문이다. 그런데 이 가치는 그 정보를 필요로 하는 사람과 상황에 따라 달리 평가 되어질 수 있다. 예를 들어 우산 장수에게 여름철의 일기예보만큼 중요한 가치가 있는 정보는 없을 것이다.

3) 일정한 처리과정

정보는 일정한 형태의 처리과정을 거쳐야 한다. 정보는 필요한 사람이나 특정한 목적에 따라 일정한 처리과정을 통하여 처리되어야 정보의 가치가 살아나며, 반드시 이와 같은 처리과정을 통하여 생산된 것만이 정보로서의 가치가 부여된다. 따라서 일정한 형태의 처리과정을 거치지 않은 정보는 자료나 첩보의 수준에 지나지 않는다고 할 수 있다.

다. 정보의 개념상 구분

1) 첩보(Information)

첩보란 "목적성을 가지고 의도적으로 수집한 데이터"를 말한다. 따라서 첩보는 의식적으로 수집하여야 하며, 아직 분석이나 평가 등의 정보처리과정을 거치지 않은 것이므로 다소 불확실한 특징을 가지고 있다. 이러한 의미에서 첩보를 「1차 정보」 또는 생정보「生情報」라고 부르는데, 생정보란 생생한 정보라는 뜻이 아니라 '날 生, 요리되지 않은, 아직 가공되지 않은 정보'라는 의미이다. 따라서 첩보는 다소 조잡하고 경우에 따라서는 용도에 맞지 않을 때도 있다. 근거가 희박한 풍문, 소문, 루머도 첩보의 일종이라고 할 수 있다. 그러므로 '...에 관한 說(설)' 등은 첩보의 일종으로 이것의 진위여부를 확인하는 것은 정보전담기관의 역할이라고 할 수 있다.

2) 자료(Data)

자료란 특정한 목적에 의해 평가되어 있지 않은 단순한 여러 사실이나 기호를 말한다. 각종 신문자료, 서적, 광고, 개개인의 신상자료 등 모든 것이 포함된다.

3) 정보(Intelligence)

정보란 "특정한 상황에서 가치가 평가되고 체계화된 지식"으로서 「2차 정보」 또는 「지식」이라고 한다. 정보는 데이터나 1차 정보로부터 끄집어 낸 에센스이며 특정한 상황에서 가장 적합한 행동을 선택할 수 있는 판단의 기준이 된다.

〈표 8-1〉 정보와 첩보의 구별

구분	정보	첩보
정확성	객관적으로 평가된 정확한 지식	부정확한 견문지식을 포함
완전성	특정한 사용목적에 맞도록 평가·분석·종합·해석하여 만든 완전한 지식	기초적·단편적·불규칙적·미확인 상태의 지식
적시성	정보사용자가 필요로 하는 적시에 제공되어야 하는 적시성이 특히 요구	시간에 구애받지 않고 과거와 현재의 것을 불문
생산과정의 특수성	일련의 처리과정을 거치면서 여러 사람의 협동작업을 통하여 생산	협동작업이 아닌 단편적이고 개인의 식견에 의한 지식

라. 정보의 정의

1) 학자들의 정의

〈표 8-2〉 정보의 정의

클라우제비츠 (Clausewits)	정보란 적과 적국에 관한 우리들의 지식의 총체를 의미하며, 전쟁에 있어서 아군의 계획 및 행동의 기초를 이루는 것이다.
데이비스 (G. B. Davis)	정보란 받아들이는 사람에게 필요한 형태로 처리된 데이터이며, 현재 또는 장래 의사결정에 있어 실현되든가 또는 가치를 인정받는 것이다.
위너 (N. Wiener)	정보란 인간이 외계에 적응하려고 행동하고, 또 그 조절행동의 결과를 외계로부터 감지할 때에 외계와 교환하는 내용이다.
셔먼 켄트 (Sherman Kent)	정보란 지식이며 조직이고 활동이다. 즉 정보의 최종산물인 지식과 이 지식을 얻거나 기타 정보수집을 하기 위한 조직체와 조직체의 정보활동 그 자체가 모두 정보이다.

2) 국가정보원 정의

국가안보에 특별히 중요한 특정첩보가 요청되고 수집·분석되며, 그리고 정책결정자에게 그 결과가 제공되는 것을 말한다. 이 과정의 산물이 정보이다.

3) 결론

정보란 정보활동의 주된 행위자가 국가기관이며, 그 목적이 특정 개인이나 어떤 세력의 이익이 아니라 국가안보와 혹은 국가이익이라는 점에서 여타 정보와 구분되고 필요하며, 국가차원에 사용되는 정보로서 내부 및 외부 적의 위협으로부터 국가안전보장을 확보하고 국가이익을 극대화하기 위한 정책결정과정에서 활용하기 위해 국가조직에서 은밀한 방법으로 마련한 지식(knowledge)이자 활동(activity)이며 조직(organization)이라고 할 수 있다.

3. 정보의 특성

가. 정보의 가치(정보의 질적 요건 : 정보의 가치에 대한 평가기준)★

1) 적실성(relevace)

가) 정보는 정보사용자의 사용목적(당면 문제)과 관련된 것이어야 한다(적합성 또는 관련성). 정보 사용자가 현재 당면하고 있거나 당면하게 될 문제와 관련되어야 한다.

나) 정보는 의사결정 상황에서 문제의 상황을 파악·진단하며 대안을 분석함에 있어서 도움이 될수록 적실성은 커지고, 그 가치도 높아진다.

2) 적시성(timeliness)-절대적 생명체

가) 정보는 정책결정이 이루어지는 시점에 비추어 가장 적절한 시기에 존재하여야 한다.

나) 정보는 사용자가 필요한 시기에 제공될 때 그 가치가 높아진다.

다) 정보제공이 너무 빠르면 불확실한 변수로 인한 오류가 있게 되고 보안성이 상실되기 쉬우며, 지나치게 늦으면 정보가치가 상실되거나 감소한다.

※ 나폴레옹이 1821년 5월 세인트헬레나 유배지에서 죽었는데, 그의 사망 소식이 파리에 전달된 것은 한 달이나 지난 6월이었음. 그동안 정적들은 불안한 가운데 하루하루를 보냈고 프랑스의 국가안보가 위태로웠음 - 이는 적시성 관련 내용임.

3) 정확성(accuracy)

가) 정보는 사실과 일치되는 것이어야 한다. 즉, 정보는 정확해야만 그 가치가 높아지는 것이다. 정확한 정보를 얻기 위해서는 정보활동을 위한 사전준비가 철저해야 하며, 정보의 객관성에 대한 평가도 있어야 한다.

나) 정확성을 기하기 위해서는 수집된 첩보가 올바를 것이어야 하며, 정보를 다루는 사람도 공적인 자세와 공정성을 잃지 말아야 한다.

다) 정보는 사용하는 사람의 자질에 따라 그 형태가 달라질 수 있다.

※ 징기스칸은 전쟁을 하기 전에 모든 계층과 여러 인종 중에서 선발된 간첩을 시킨 후 주변 각지 부족에 침투시켜 첩보를 수집했으며 공격에 앞서 입수된 첩보를 여러 경로로 확인하였음 - 이는 정확성 관련 내용임.

4) 완전성(completeness)

가) 정보는 시간이 허용하는 한 최대한 완전한 지식이어야만 그 가치가 높아진다(절대적 완전성을 뜻하는 것이 아니다).

나) 정보를 해석하거나 해당 정책과 관련된 의사결정을 하는 데 있어서 추가적인 정보를 필요로 하지 않는 상태를 뜻하는 것으로, 정보는 그 자체로서 정책결정에 필요한 모든 내용을 가능한 망라하고 있어야 한다. 부분적 단편적인 정보는 사용자가 의사결정을 하는 데 도움을 주지 못한다.

다) 보고서는 세상에서 일어난 사실을 객관적으로 묘사한 글이다. 수상문도 아니고 소설도 아니며 일기, 기행문도 아니고 또한, 특정한 입장을 주장하는 글도 아니다. 따라서 보고서는 사용자가 궁금한 사항이 없도록 6하 원칙에 의거하여 작성되어야 한다. - 이는 완전성 관련 내용임.

5) 객관성(objectivity)

가) 정보는 국익증대와 안보추구라는 차원에서 완전한 객관적 입장을 유지해야 한다.

나) 생산자나 사용자의 의도에 따라 정보가 주관적으로 왜곡되면 선호정책의 합리화 도구로 전락될 수 있다.

※ 임진왜란 직전 전쟁발발 여부를 탐지하기 위해 일본에 파견되었다 돌아온 황윤길과 김성일은 전혀 상반된 내용을 보고하였다. 당시 김성일은 전쟁이 일어난다고 보고하면 온 나라가 놀랄 것이라고 예단, 임금에게 전쟁이 일어나지 않을 것 이라고 보고하였다. - 이는 객관성 관련 내용이다.

나. 정보의 효용

정보의 효용이란 질적 요건을 갖춘 정보를 어떻게 사용하면 정책결정과정에 기여할 수 있는가에 대한 기준으로, 정책결정과정에서 정보가 효과적으로 활용될 수 있기 위해서는 다음과 같은 요소들이 고려되어야 한다.

1) 형식효용

가) 정보는 정보사용자의 요구에 맞는 형식(형태)에 부합할 때 형식효용이 높다는 평가를 받게 된다. 즉 가치 있는 정보라도 읽혀질 때 그 역할이 인정될 수 있는 것이다.

나) 정보사용자의 수준에 다른 정보 형태가 결정된다. 대통령 등 최고정책결정자에 대한 정보보고서는 '1면주의' 원칙이 요구된다.

2) 시간효용

가) 정보는 정보사용자가 정보를 필요로 하는 시점에 제공될 때 시간효용이 높다는 평가를 받는다. 시간효용은 적시성과 밀접히 관련되며 정책결정이 이루어지는 시점에 제공되어야 한다.

나) 정보사용자의 명시적 요구가 없더라도 정보생산자가 스스로 판단하여 정보사용자에게 가장 적절한 시기에 필요한 정보를 제공할 수 있어야 한다.

3) 접근효용

가) 정보는 정보사용자가 쉽게 접근할 수 있어야 한다.

나) 그러나 정보의 비밀성(통제효용)을 유지해야 할 필요와 충돌할 수 있다. 따라서 통제효용을 저해하지 않는 범위 내에서 정보자료들의 접근성을 높이는 방향으로 효율적으로 관리하여야 한다.

4) 소유효용

가) 정보는 상대적으로 많이 소유할수록 집적의 효과를 발휘할 수 있다.

나) 국가 간의 정보역량의 차이는 어떤 국가가 특정 상황에 대해 얼마나 많은 정보를 가지고 있는지에 따라 결정된다고 할 수 있다. '정보는 국력이다'라는 표현은 정보의 소유효용을 잘 나타내고 있다.

5) 통제효용

가) 정보는 정보를 필요로 하는 사람들에게 필요한 만큼 제공되도록 통제되어야 한다.

나) 정보의 통제는 국익과 안보를 위해 필요한 경우 정책판단과 정책결정의 비밀성을 유지하기 위한 것이다. 차단의 법칙이라고도 한다.

4. 정보의 분류

가. 성질에 따른 분류

〈표 8-3〉 성질에 따른 정보 분류

전략정보(국가정보)	▶국가정책지도자가 종합적인 국가정책의 국가안전보장문제에 관하여 필요로 하는 국내의 상황과 타국의 능력, 취약성, 가능한 행동방책에 관한 지식 ▶국가정책과 안전보장에 막대한 영향을 주는 상황에 대하여 각 정보기관에서 작성한 정보를 모두 토대로 하여 평상시에는 국가의 안전과 관련된 정책결정의 기초가 되며, 전시에는 군사작전계획의 기초로 사용되는 정보 ▶국가정보기관이 생산하는 정보(국정원이 대표적)
전술정보(부문정보)	▶전략정보의 기본적인 방침 하에서 이를 구체적으로 수행하기 위한 세부적이고도 부문적인 정보 ▶전략정보와 전술정보의 차이는 전략정보는 국가의 기본적 종합정보인데 비하여 전술정보는 세부적이고도 부문적이라는 점 ▶부문정보기관이 생산하는 정보(경찰정보가 대표적)
방첩정보(對정보)	▶적대적 제3국 또는 집단의 정보공작력에 대항하기 위한 정보활동 ▶전략정보와 전술정보가 적극적 정보로서의 성격을 가지는 데 반해 대정보는 소극적, 방어적 의미의 정보

<방첩업무 규정(대통령령)>

제1조(목적) 이 영은 「국가정보원법」 제3조에 따른 방첩(防諜)에 관한 업무의 수행과 이를 위한 기관 간 협조 등에 관한 사항을 규정하여 국가안보에 이바지함을 목적으로 한다.

제2조(정의)

1. "방첩"이란 국가안보와 국익에 반하는 외국의 정보활동을 찾아내고 그 정보활동을 견제·차단하기 위하여 하는 정보의 수집·작성 및 배포 등을 포함한 모든 대응활동을 말한다.
2. "외국의 정보활동"이란 외국 정부·단체 또는 외국인이 직접 하거나 내국인을 이용하여 하는 정보 수집활동과 그 밖의 활동으로서 대한민국의 국가안보와 국익에 영향을 미칠 수 있는 모든 활동을 말한다.
3. "방첩기관"이란 방첩에 관한 업무를 수행하는 다음 각 목의 기관을 말한다.
가. 국가정보원
나. 법무부
다. 관세청
라. 경찰청
마. 해양경찰청
바. 군사안보지원사령부
4. "관계기관"이란 방첩기관 외의 기관(국가기관, 지방자치단체, 국가방첩전략회의의 심의를 거쳐 지정하는 기관)

제3조(방첩업무의 범위)

1. 외국의 정보활동에 대한 정보 수집 및 색출
2. 외국의 정보활동에 대한 견제 및 차단
3. 외국의 정보활동에 대응하기 위한 기법 개발 및 제도 개선
4. 다른 방첩기관 및 관계기관에 대한 방첩 관련 정보 제공
5. 그 밖에 외국의 정보활동으로부터 국가안보 및 국익을 지키기 위한 활동

> **※ 방첩의 기본원칙 : 완전협력의 원칙, 치밀의 원칙, 계속접촉의 원칙**
> **※ 방첩의 수단★**
> 1) **적극적 방첩수단** : 대상인물의 감시, 적의 첩보공작 분석, 침투공작 전개, 간첩신문, 역용공작, 첩보수집
> 2) **소극적 방첩수단** : 인원·시설보안의 확립, 정보·자재보안의 확립, 보안업무 규정화, 입법사항 건의
> 3) **기만적 방첩수단** : 허위정보 유포, 유언비어 유포, 양동간계 시위

나. 출처에 따른 분류

1) 정보가 얻어지는 출처에 따른 분류

〈표 8-4〉 출처에 따른 정보 분류

근본출처	▶정보가 획득되는 실질적인 원천 ▶중간기관이나 전달자에 의한 변조없이 원형 그대로 입수할 수 있다.
부차적 출처	▶근본출처에서 획득한 정보를 정보작성기관에 전달해 준 사람 또는 기관 ▶진실을 위장한 역(逆)정보와 과장(誇張)·모략정보, 조작정보가 산출될 소지가 많다.

2) 정보가 획득되는 시기에 따른 분류

〈표 8-5〉 획득시기에 따른 정보 분류

정기출처	▶정기적으로 정보를 획득할 수 있는 출처 ▶정기간행물, 방송, 신문 등의 매스컴 출처와 정기적인 회의, 기타 정기적인 제보를 해주는 망원 등이 이에 해당한다.
우연출처	▶우연히 정보가 제공되는 출처 ▶사람이 많이 모인 장소, 다방이나 공원, 시장 등지에서 우연한 기회에 정보를 입수하는 소극적인 경우와 평소 주위 사람들과 원만한 인간관계를 이루어 주변사람들로 하여금 발생된 정보를 자발적으로 제공해 올 수 있도록 하는 적극적인 경우로 나눌 수 있다.

3) 비밀보호의 정도에 따른 분류

〈표 8-6 〉 비밀보호 정도에 따른 정보 분류

비밀출처	▶외부에 노출되면 출처로서의 기능을 상실하게 되는 것은 물론 출처의 입장이 난처해질 위험이 크기 때문에 외부로부터 보호를 받아야 하는 출처
공개출처	▶특별한 보호조치가 요구되지 않는 출처로서 일상적인 방법으로 첩보를 수집하는 출처 ▶신문이나 잡지, 방송, 도서관, 서적, 공식적인 외교경로 등이 있다.

다. 입수형태에 따른 분류

〈표 8-7〉 입수형태에 따른 정보 분류

직접정보	▶정보입수에 있어 어떠한 매체도 통하지 않고 직접 입수하는 형태 ▶정보의 입수자가 직접적으로 경험하거나 또는 어떤 사물을 직접 보고 듣고 느껴서 얻은 정보
간접정보	▶중간매체를 통하여 입수한 정보 ▶교통통신이 발달하면서 직접정보보다는 언론매체나 도서 등을 통하여 얻는 간접정보가 많아지는 추세이다.

라. 대상에 따른 분류

〈표 8-8〉 대상에 따른 정보 분류

적극정보	▶국가의 경찰기능에 필요한 정보 이외의 모든 정보 ▶국가이익을 증대하기 위한 정책의 입안, 계획 수립 및 정책수행에 있어서 필요한 정보(정치, 경제, 군사, 과학 및 복지행정에 필요한 정보 등)
소극정보(보안정보)	▶국가안전보장을 위태롭게 하는 간첩활동, 태업 및 전복에 대비할 국가적 취약점의 분석과 판단에 관한 정보로서 국가의 경찰기능을 위한 정보

마. 기능에 따른 분류

〈표 8-9〉 기능에 따른 정보 분류

기본정보	▶모든 사상(事象)의 정적(靜的)인 상태를 기술한 정보 ▶과거의 사례에 대한 기본적·서술적 또는 일반자료적 유형의 정보 ▶인종, 가치관, 권력구조 등 비교적 변화가 적은 정태적이고 기초적인 사항 ▶매일의 변화의 의미를 해석하는 기초가 되며, 장래의 예측이 그것 없이는 무의미하게 될 기초가 되는 정보
현용정보	▶모든 사상(事象)의 동태(動態)를 현재의 시점에서 객관적으로 기술한 정보 ▶의사결정자에게 그때그때의 상황을 알리기 위한 정보 ▶현시점에서 활용 가능한 현상 보고적 정보 ▶시사정보, 현행정보, 현상정보 등이라 하기도 한다.

바. 수집활동에 따른 분류

〈표 8-10〉 수집활동에 따른 정보 분류

인간정보 (Human Intelligence, HUMINT)	▶인적수단을 사용하여 수집한 정보, 정보관활용이 대표적 ▶인간이 정보 수집의 대상이 되는 경우도 있다. 협조자 또는 망명자, 여행객 등이 해당
기술정보 (Technical Intelligence, TECHINT)	▶기술적 수단을 사용하여 수집한 정보를 말한다. ▶첩보위성 활용한 영상정보(Imagery Intelligence, IMINT) 또는 각종 신호(인간의 음성, 레이더 신호, 방사능 반응 등)를 대상으로 신호정보(Signal Intelligence, SIGINT)
공개정보 (Open Source Intelligence, OSINT)	▶언론매체, 웹기반의 SNS·블로그, 학술자료, 정부생산보고서 등 공공자료, 일반인들의 관측보고 등

사. 분석형태(기능)에 따른 분류★

〈표 8-11〉 분석형태에 따른 정보 분류

구분	내용
기본정보	**과거의 사실이나 사건들에 대한 정적인 상태를 기술하여 놓은 정보**로서 국가안보와 정책결정에 필요한 모든 정보를 망라하여 놓음으로써 정보사용자가 이를 참고하거나 정보생산자가 정보의 평가나 분석을 위해 활용하게 됨(예: 국가정보원의 〈세계 각국 소개〉)
현용정보	① 매일매일 국내외의 주요 정세 가운데 국가안보나 정책결정에 영향을 미치는 내용을 선별하여 보고하는 형태의 정보로 **사물이나 상태의 동적인 상태를 보고하는 정보** ② 일반적으로 대부분의 국가정보기관은 현용정보를 생산하는데 역점을 두는데 이는 외교정책이나 국가안보정책을 담당하는 정책 결정자들이 현실적으로 전개되는 상황을 다루어야 하기 때문임 ③ 실시간 보고되는 **경찰의 정보상황보고(속보)**는 첩보에 가깝지만, 경찰서 → 지방청 → 경찰청을 거치면서 어느 정도 분석·평가과정을 거치게 되므로, 성질상 현용정보에 해당한다고 볼 수 있음 ④ 통상 **정보사용자는 판단정보보다 현용정보에 대한 관심도가 더 높음** → 대부분의 정책결정자들은 당장 해결해야 할 보다 긴박한 현안들에 관심을 집중하고 있기 때문
판단정보	① **과거와 현재를 바탕으로 하여 미래의 가능성을 예측한** 평가정보임 → 정보생산자의 능력과 재능을 가장 많이 필요로 함 ② 정책결정자에게 정책의 결정에 필요한 사전적인 지식을 제공하는 기능을 함 ③ 종합적인 분석과 과학적 추론을 필요로 하므로 분석형태에 따른 분류에 있어서 가장 정선된 형태의 정보라고 할 수 있음

5. 정보의 순환

가. 개념

1) 정보를 산출하기 위해서는 소요되는 정보요구를 결정하고 이 요구를 충족시키기 위한 첩보를 수집, 보고하며 수집된 첩보를 평가, 분석, 종합 및 해석하여 정보가 생산되어 사용자에게 전파하는 4개 단계가 순환하면서 이루어진다.

2) 정보의 순환은 정보생산의 여러 단계가 유기적으로 조직되어 상호보충작용에 의하여 형성된다. 이는 연속적으로 이루어지며 전 단계가 동시에 발생할 수도 있다.

3) 서로 고리로 연결되어 있기 때문에 어느 한 단계가 적절하게 또는 부적절하게 처리되었냐 에 따라 정보생산을 위한 정보활동의 성패가 결정된다.

나. 정보의 순환과정

1) 정보의 요구단계

가) 정보의 사용자가 필요성의 결정에 따라 첩보의 수집활동을 집중 지시하는 단계

나) 정보순환과정 중에서 최초의 단계, 정보활동의 기초단계

다) 첩보의 기본요소결정, 첩보수집계획서의 작성, 명령하달, 조정·검토(사후검토) 등의 소순환과정을 거쳐 이루어진다.

2) 첩보의 수집단계

가) 수집기관의 수집지시 및 요구에 의해 첩보를 수집하고 이를 지시 또는 요구한 사용자에게 제공하는 단계

나) 정보순환과정 중에서 가장 중요하고 어려운 단계

3) 정보의 생산단계

가) 수집된 첩보를 기록·평가·조사·분석·결론 도출 과정을 통해 정보로 전환하여 처리하는 단계

나) 학문적 성격이 가장 많이 지배하는 단계

4) 정보의 배포단계

생산된 정보가 정보를 필요로 하는 정보의 사용권장에게 유용한 형태(구두·서면·도식 등)로 배포되는 단계

6. 정보의 요구

가. 정보요구의 개념

1) 부여된 임무를 수행하기 위하여 언제 어떠한 정보를 필요로 할 것인가를 파악하여 각급 사용자가 필요로 하는 시기에 정확한 정보가 제공될 수 있도록 적절한 운용계획을 수립하여 개개인 정보수요를 충족시키기 위해 필요한 첩보를 입수하고 그 첩보를 처리하고 분석하여 작성된 정보를 적시에 배포할 수 있게 하는 단계이다.

2) 정보의 수요는 국가지도자 및 정책입안자가 요구하는 것과 횡적 기관에서 오는 수요, 정보생산자 자체의 판단에서 오는 수요 등 3가지이다.

나. 소순환과정

1) 기본요소의 결정

어느 부문 정보를 요구할 것인가에 대하여 먼저 기본요소를 결정한다.

2) 수집계획서의 작성

첩보수집계획서란 정보작성자가 첩보의 조직적인 수집을 위하여 작성한 논리적인 계획서로서 요소의 결정, 요구되는 정보 및 이와 관련된 배경첩보, 수집해야 할 첩보, 수집기관, 보고시기, 식별기호 등이 포함되어야 한다.

3) 명령 및 하달

임무수행에 필요한 충분한 시간을 고려하고 적절한 보안대책을 마련한다.

4) 수집활동에 대한 조정·감독

요구자는 수집기관의 활동이 지시된 첩보상의 요구방향에 맞는지 지속적으로 검토 하고 지도해 줄 필요가 있다.

다. 정보요구 방법

1) 국가정보목표우선순위(PNIO: Priority of National Intelligence Objective)

가) 국가안전보장이나 정책에 관련되는 국가정보목표의 우선순위이다.

나) 국가 정책의 수립자와 수행자의 질문에 대한 응답을 위하여 선정된 우선적인 정보목표일 뿐만 아니라 국가의 전 정보기관 활동의 기본방침이 되기도 한다.

다) 우리나라에서는 국가정보원이 국가정보원법 제3조제1항제5호에서 규정한 정보 및 보안업무의 기획·조정 권한에 따라 차년도 국가정보목표우선순위를 연간계획으로 작성하여 연말에 정보업무를 수행하는 각 부처에 배포하고 있다.

2) 기타(특정)정보요구(OIR: Other Intelligence Requirement)

가) 급변하는 정세의 변화에 따라 불가피하게 정책상 수정이 필요하거나 또는 이를 위한 자료가 절실히 요구될 때 이용하는 첩보요구방법이다.

나) 일반적으로 OIR에 의해 수립되는 정보목표는 이미 책정되어 있는 PNIO에 포함되

어 있지 않거나 포함되어 있다 할지라도 우선순위에 있어 훨씬 뒤에 책정되어 있게 된다.

다) 따라서 OIR로 책정되는 정보는 PNIO에 따른 우선순위를 변경하는 효력을 갖게 되어 PNIO에 우선하는 정보목표가 되는 것이다.

라) 국가정보목표우선순위는 국가정보원이 정보업무 수행 부처의 의견을 모아 만들고 있으나 미래에 발생할 모든 정보 상황을 예측하여 포함시키는 것은 사실상 어렵기 때문에 발생할 수 있는 일이다.

3) 첩보기본요소(EEI; Essential Element of Information)

가) 정부의 각 부서에서 맡고 있는 정책계획을 수행함에 있어 우선적으로 필요로 하는 첩보요소로서 해당부서의 정보활동을 위한 일반적인 지침이 된다.

나) EEI는 일반적인 내용으로 전체적 의미를 가진 계속적 반복적으로 수집하여야 할 필요가 있는 경우에 사전 계획서에 의하여 첩보의 수집이 명령되는 것을 말한다.

※ 위와 같이 PNIO, OIR, EEI는 일정시간에 걸친 정기계획이고 일반지침에 해당한다.

4) 특별첩보요구(SRI: Special Requirement for Information)

가) 특정 지역의 특별한 돌발사항에 대한 단기적 해결을 위하여 필요한 범위 내에서 임시적이고 단편적인 첩보를 요구하는 것이다.

나) SRI는 특별한 사전의 수집계획서가 필요하지 않으며 수시로 단편적인 사항에 대하여 명령되는 것으로서 즉흥적인 첩보요구 방법이다.

다) 정보요청을 담당하는 기관이나 부서가 국가정보 목표 우선순위나 첩보기본 요소에는 포함되어 있지 않은 특별한 첩보의 수집 필요성이 있을 때 수집기관에 수집요청을 하는 방법이다. 따라서 수지기관은 특별첩보요청을 우선적으로 처리해야 한다.

7. 첩보의 수집

가. 첩보수집의 개념

1) 첩보의 수집이란 첩보수집기관이 출처를 채척하고 수요 첩보를 입수하여 이를 정보작성 기관에 전달하는 과정이다.

2) 정보순환과정에서 가장 중요하고 어려운 단계로서 출처의 개척, 첩보의 수집, 첩보의 전달 등의 소순환 과정을 거친다.

3) 첩보의 수집계획은 어떠한 규정된 양식으로 작성되지는 않지만, 요구 첩보 획득에 사용할 기관, 방법, 첩보의 보고시간과 방법, 수집활동의 진행사항과 성과 등을 포함하여 첩보수집에 참고할 수 있도록 한다.

나. 첩보의 출처 및 종류

첩보의 출처란 첩보가 얻어지는 존재원천을 의미하며, 기관, 인물, 사물, 사건 등 여러 가지 형태로 존재할 수 있다. 첩보출처의 종류는 다음과 같다.

〈표 8-12〉 첩보출처의 종류

구분	출처	내용
입수단계에 따라	근본출처	▶첩보가 존재하는 근원에서 중간기관의 변형없이 원형 그대로의 첩보를 제공받는 출처 ▶당해 첩보가 발생한 가장 근원적인 출처
	부차적 출처	▶제2차적 출처 ▶매개체를 통하여 입수하거나 근본적인 출처에 의하여 입수된 첩보가 중간기관에 의하여 부분적으로 평가, 요약, 변형된 것을 제공받는 출처
공개여부에 따라	공개출처	▶첩보의 존재상태가 일반에게 공개되어 있는 출처 ▶일상적인 업무나 생활 속에서 쉽게 첩보입수 가능 ▶신문, 잡지, 학술논문, 서적 정부간행물, 라디오, TV 등이 해당 ▶장점 : 접근용이, 시간·비용 절감, 출처 보안대책 필요 ▶단점 : 정보의 중요성 간과, 과장되거나 허위인 정보 획득 우려
	비공개출처	▶비밀공작에 의해 비공개적으로 첩보를 입수하는 출처 ▶주도면밀한 사전계획과 고도의 접근기술 필요 ▶망원, 첩보원, 비밀공작을 통한 첩보수집 등이 해당 ▶장점 : 조작되지 않은 첩보 입수 가능 ▶단점 : 자유로운 접근 곤란
주기성 여부에 따라	정기출처	▶일정 기간 제공되거나 반복하여 제공되는 첩보의 출처
	우연출처	▶어떤 우연한 경우에 의하여 첩보가 획득되는 출처

다. 첩보의 수집방법

〈표 8-13〉 첩보수집의 우선순위 결정 시 고려해야 할 기준

원칙	내용
고이용 정보 우선의 원칙	▶달성하고자 하는 목표에 얼마나 영향을 미치는가 하는 문제이다. ▶이용가능성이 높은 정보부터 수집하는 것이 시간·비용을 줄일 수 있다.
참신성의 원칙	▶정보의 가치는 신선도에 의하여 크게 영향을 받는다. ▶이제까지 알려져 있지 않은 정보를 우선적으로 수집함으로써, 정보의 가치 창출을 확대시킬 수 있다.
긴급성의 원칙	▶정보의 신속성은 정보의 가치에 결정적인 영향을 주는 요소이다. ▶긴급한 정보일수록 우선순위를 두어 수집하여야 한다.
수집가능성의 원칙	▶아무리 중요하고 필요한 정보라 하더라도 수집 가능성이 희박하다면 곤란하다. ▶우선순위 결정 시 수집 가능성 여부를 함께 검토해 보아야 할 것이다.

경제성의 원칙	▶수집에 필요한 경비·시간·노력 등이 얼마나 소요되는지를 검토하여 우선 순위를 정함으로써 불필요한 낭비를 방지한다.

〈표 8-14〉 국내에서의 첩보수집 방법

각종인쇄물	신문	가장 비용이 적고, 쉽게 필요한 첩보를 입수할 수 있다.
	잡지·단행본	동일한 사안에 대해서도 폭넓은 자료를 얻을 수 있다.
	정부간행물	시사성이 있고, 자료로 이용하기에 풍부한 내용을 수록하고 있다.
방송(라디오·TV)		가장 신속하고 빠르게 현용정보를 입수할 수 있다.
인간정보		현대에도 인간에 의해서가 아니면 수집할 수 없는 첩보가 있다. 인간정보는 첩보수집의 시작이자 마지막이라고 할 수 있다.
영상정보		레이더, 적외선 센서 등의 기술적 수단을 이용하여 사진이나 영상을 수집하고 그것을 분석하여 얻어지는 정보
신호정보		상대방으로부터 전파·전자적 신호를 탐지하고 수집하여 얻은 정보. 신호정보는 통신정보와 전자정보를 포함하는 개념
기타		진정서나 투서, 민원성 시위의 이슈, 증권가의 풍문, 시민·사회단체의 활동 등을 통해 사회전반에 걸친 첩보를 입수할 수 있다.

라. 해외에서의 첩보수집방법

외교관의 활동, 무관의 활동, 정부 관리의 공식방문이나 민간인의 사사로운 해외여행, 특수인간정보(공작원) 등을 통해 외국의 각종 정보를 수집할 수 있다.

마. 첩보의 전달

1) 첩보를 수집했으면 첩보를 필요로 하는 기관에게 적당한 시기에 정확한 내용의 전달이 이루어져야 한다. 아무리 좋은 첩보라도 전달되지 않으면 무용지물이고, 내용이 왜곡되어 전달될 때에는 중대한 정책결정상의 오류를 가져오게 된다.

2) 수집한 첩보를 전달할 때는 다음과 같은 사항을 고려하여야 한다.

가) 첩보 사용자 : 수집된 첩보를 누가 가장 필요로 할 것인가를 판단한다.

나) 보고시기 : 첩보의 중요성·긴급성에 따라 해당 기관에 빨리 전달한다.

다) 보고행태 : 첩보를 어떠한 형태로 보고할 것인가를 결정한다.

라) 전달수단 : 첩보의 중요성·긴급성, 그 형태에 따라 적절하게 결정한다.

> ▶ 구두에 의한 전달은 직접 대면하여 전달하기 때문에 보안을 유지하면서 안전하게 전달할 수 있는 장점이 있으나, 사람의 기억력에는 한계가 있어 정확한 전달이 되지 않을 수도 있다.
> ▶ 전신 및 전화를 사용하는 것은 신속한 전달이 될 수는 있으나 보안을 유지하는 것이 곤란할 수도 있다.

> ▶ 가장 안전한 전달수단은 도표, 사진 등으로 간략하게 만들어 전달하거나 완전한 보고서를 만들어 상세하게 전달하는 것이다.

8. 정보의 생산

가. 정보생산의 개념

1) 정보의 생산이란 첩보를 정보로 산출하는 정보순환의 단계이다.

2) 수집된 첩보가 정보생산기관에 전달되면 정보생산기관에서 일정한 절차를 거쳐 보고서를 작성하여 정보를 생산하는 과정이다.

3) 학문적 성격이 가장 많이 요구되는 단계로서, 선택 - 기록 - 평가 - 분석 - 종합 - 해석의 소순환 과정을 거친다.

나. 첩보의 선택 및 기록관리

1) 첩보의 선택이란 우선 수집된 첩보 중에서 불필요한 첩보를 골라내고 긴급성, 유용성, 신뢰성, 적합성 등을 기준으로 필요한 것을 걸러내는 과정, 제1차적 평가과정이다.

2) 각 기관으로부터 전달되는 자료 중 당장 사용하지 않는 첩보이거나 사용한 첩보는 기록하여 관리한다.

3) 정보기록의 관리방법에는 자료를 한 곳에서 일괄하여 보관하는 집중관리와 자료를 필요로 하는 과·계 또는 개인별로 보관하는 분산관리가 있다. 자료의 사물화(私物化)를 방지하고, 여러 사람이 이용한다는 의미에서 집중관리가 효과적이다. 그러나 집중관리를 위해서는 많은 예산과 장비 등을 별도로 갖춰야 한다는 점이 단점으로 지적되고 있다.

4) 첩보의 분류원칙

〈표 8-15〉 첩보분류 원칙

통합의 원칙	다른 것과의 관계를 생각하여 분류
점진의 원칙	순차적으로 분류, 간단하고 일반적인 것으로부터 복잡하고 특수한 것으로 분류
일관성의 원칙	동일한 분류기준에 따라 끝까지 동일하게 분류
상호배제의 원칙	분류의 세분항목을 확실하게 하여 중복 없이 분류
병치의 원칙	유사한 것이나 관계되는 자료는 가깝게 위치할 수 있도록 분류

5) 정보기록의 분류방법

〈표 8-16〉 정보기록 분류방법

명칭별 분류	자료를 제공한 출처나 발송기관 명칭을 '가나다 … 순' 또는 'ABC … 순'으로 배열하는 방법
번호별 분류	접수되는 자료의 순차에 따라 또는 출처나 기관에 따라 일련번호를 배당하고 그 번호순으로 배열하는 방법
연대별 분류	자료를 접수하는 일자순으로 배열하는 방법으로 소규모 기관, 자료를 단기간 보관하거나 일정한 기간이 경과하면 폐기하여야 하는 기관에서 효과적
지역별 분류	자료의 내용이 발생한 지역 또는 지명별로 배열하는 방법으로 특정 지역 문제를 연구하는 기관에 효과적
주제별 분류	보관할 자료의 내용을 대표하는 주제에 의해 배열하는 방법으로 자료의 양이 많고 내용을 위주로 하는 기관에 편리하나 어렵고 고도의 분류기술 필요

다. 정보의 생산과정

1) 평가

가) 첩보의 출처 및 내용에 관하여 그 신뢰성과 사실성, 즉 타당성을 판정하는 과정

나) 첩보를 평가하는 경우 해당 첩보의 적절성, 첩보를 제공한 출처·기관에 대한 신뢰성, 그리고 내용에 대한 가망성(可望性)이 검토되어야 한다.

① 첩보의 적절성 검토
- 평가를 위하여 먼저 검토할 사항은 그 첩보에 대한 적절성을 검토하는 것이다.
- 아무리 신뢰성 있는 출처에서 정확한 첩보가 입수되었더라도 시기적으로 늦었거나 직접 관련되지 않은 내용 또는 이미 타 출처에 의해 명백히 알려진 사항을 취급하였을 때는 무가치하다.

② 출처 및 기관의 신뢰성 검토
- 첩보의 적절성을 검토하여 적당한 시기에 입수되었고 유용한 자료라고 판단될 때에는 그 자료를 제공한 출처 또는 기관에 대한 신뢰성을 검토하여야 한다.
- 신뢰성은 출처의 능력·지식, 훈련과 경험, 성실성, 수집환경, 과거업적, 문서에 의한 증거 등을 자세히 검토하여 결정한다.

③ 첩보의 가망성 검토
- 첩보항목에 대한 가망성은 내용에 대한 견실성, 그의 상세성, 일반적인 지식과 경험에 비추어 본 타당성 그리고 동일하거나 연관되는 타 첩보와의 일치성을 검토하여 판정한다.
- 이론적으로 첩보 자체의 가망성은 출처의 신뢰성과 관계없이 검토되어야 한다. 왜냐하면 과거에 상세하고 정확한 첩보를 제공하였던 노련한 수집자도 때로는 착오를 일으켜 부정확한 첩보를 제공할 수도 있기 때문이다.

2) 분석

평가단계에서 정선된 첩보를 가지고 정보요구를 해결하기 위한 가설들을 논리적으로 검증하는 일련의 과정을 말한다.

가) 자료 위주의 분석방법(data-driven analysis) : 소요가 제기된 현안문제에 대해 가능

한 모든 첩보를 종합하여 현안문제에 대한 결론을 제시하는 분석방법이다. 자료 위주의 분석방법은 분석보다는 첩보 수집에 우선을 두는 형태로 볼 수 있다.

나) 개념 위주의 분석방법(conceptually-driven analysis)

① 상황논리(situational logic) : 정보분석에 있어서 가장 일반적으로 이용되는 것으로 알려진 이론적 모형이다. 상황논리를 적용할 경우 정보분석가는 분석의 대상이 되는 현안을 구성하는 구체적인 사실들과 해당 지역 또는 시간의 특수성에서 출발하게 된다.

② 이론적용(applying theory) : 현안과 관련된 보편적인 이론들을 검토하여 가장 적합한 이론에서 제시하는 결론에 충실한 전망을 내놓게 된다.

③ 역사적 상황과의 비교(comparison with historical situations) : 현재의 분석대상이 과거의 사례들과 비교할 수 있는 유사성을 가지는지를 우선 검토하게 된다. 유사한 사안이라는 판단이 가능한 경우 현안에 관하여 과거의 사례에서 발견된 요소들을 대입한다.

3) 종합

부여된 주제에 대한 정보를 생산하기 위하여 동류(同類)의 것끼리 분류된 사실을 하나의 통일체로 결합하는 과정이다. 분석의 종합은 미리 평가된 첩보를 언제나 해석할 수 있도록 정보로 전환하는 정보 처리의 핵심으로서 흔히 동시에 이루어진다.

4) 해석

평가, 분석, 종합된 생정보에 대하여 그 의미와 중요성을 결정하여 건전한 결론도출을 가능케 하는 과정이다. 주관이 개입할 가능성이 많으므로 타당한 해석을 위해 분석관의 객관적인 관찰과 예리한 판단력이 필요하다.

5) 결론의 도출

결론이란 해석에서 나타난 여러 가정(假定)을 확정하는 것으로 최초에 부여된 문제에 대한 해답, 즉 도출된 정보를 말한다. 결론은 간단명료해야 하며 실제의 증거를 가지고 증명이 가능해야 한다.

라. 정보보고서의 작성

1) 보고서는 사용자의 요구조건, 취급하는 내용, 시간적 여유 등에 따라 양식이나 형태가 다양하지만 일반적인 학술논문이나 소설과는 근본적으로 상이하다.

2) 논문 등은 필자의 주관이 포함되어 미사여구의 문장을 사용하여 독자들로부터 호감을 받을 수 있도록 작성되지만, 정보보고서는 사용자에게 사실을 정확하게 이해시키는 것이 요체가 된다.

3) 정보보고서의 작성원칙

가) 필요성 : 사용자가 필요한 사항이어야 한다.

나) 완진성 : 형식적 요건을 갖추고, 내용 또한 관련 있는 사실을 체계적으로 정리해야

한다.

다) 정확성 : 내용이 사실과 추측이 명확히 구분되어야 하고, 결론이 명확해야 한다.

라) 간결성 : 내용을 요약하여 간결하게 작성한다.

마) 적시성 : 보고는 적시에 이루어져야 한다.

9. 정보의 배포

가. 정보배포의 개념

1) 정보의 배포란 정보를 필요로 하는 개인이나 기관에게 적합한 형태와 내용을 갖추어서 적당한 시기에 제공하는 과정이다.

2) 아무리 중요하고 정확한 정보를 생산했다 하더라도 그 정보가 필요한 사람에게 적절히 전달되지 않는다면 정보의 가치는 상실되고 만다.

나. 배포의 원칙

〈표 8-17〉 정보배포의 원칙

필요성	정보는 반드시 알아야 할 필요가 있는 대상에게만 알려야 한다. 배포기관은 누가 어떤 정보를 언제, 어떻게 사용할 것인가를 파악하고 있어야 한다.
적시성	정보는 정보사용자의 정보소요시기에 배포되어야 한다. 정확하고 완전한 정보라 할지라도 배포과정에서 지연되어 사용시기를 놓치거나 너무 일찍 전달되면 정보의 가치는 상실된다.
보안성	정보배포 시에는 보안을 갖추기 위한 장치가 필요하다. 완성된 정보연구 및 판단이 누설되면 정보로서의 가치를 상실할 수 있다.
적당성	정보는 사용자의 능력과 상황에 맞추어서 적당한 양을 조절하여 필요한 만큼만 적절한 전파수단을 통해 전달되어야 한다.
계속성	배포된 정보와 관련성을 가진 새로운 정보를 조직적이고 계속적으로 배포해야 한다.

다. 배포의 관리

1) 배포전담기관의 운용

정보생산자가 직접 배포하는 경우, 생산한 모든 정보를 전달할 수 있으나, 일관성과 균형성 있는 배포는 어려우며 집중적인 배포나 기술상의 발전을 꾀하기 어렵다. 독립된 조직체에서 배포하는 경우

① 신속한 배포를 위한 최신 기술과 장비 사용

② 일관성 있고 계속적인 배포

③ 배포대상의 관리나 배포의 우선순위 결정용이

④ 보안유지를 위한 표준적인 대책을 적용할 수 있다.

2) 배포계획의 수립

배포계획이란 현재까지 무엇이 배포되었는가에 대한 총괄적인 기록을 말한다. 배포계획의 작성 목적은 장차 무엇이 배포되어야 하는가에 대한 지침으로 활용하기 위해서이다. 배포계획에는 배포범위, 포함시켜야 할 정보주제, 사용될 도표, 비밀구분 그리고 가장 적합한 배포수단이 포함되어야 한다.

라. 배포수단

1) 배포수단의 결정 요소

가) 정보내용의 형태와 양	나) 정보의 긴급성	다) 비밀등급
라) 이용 가능한 전달방법	마) 정보의 사용 목적	바) 요구되는 부수(部數)
사) 수수기관(授受機關)의 형태 등		

2) 배포수단

〈표 8-18〉 정보배포 수단

구분	내용
비공식적 방법	▶분석관과 정책결정자, 타 기관의 대표, 분석관 동료 간에 이루어지는 수단 ▶질문에 대한 답변, 토의 형태로 직접 전달
브리핑	▶정보사용자 또는 단순 인원에 대하여 개인이 정보내용을 요약하여 구두로 설명하는 것 ▶통상 강연식이나 문답식으로 진행 ▶시간을 절약할 수 있어 현용정보의 배포수단으로 많이 이용
메모	▶긴급한 경우에 내용을 요약하여 기록을 전달하는 방법 ▶정보 분석관이 가장 많이 활용, 현용정보를 전달하는데 주로 이용 ▶브리핑과 비교할 때 필기(筆記)되기 때문에 증거를 남길 수 있고 발송자나 수신자의 서류철에 보관할 수 있다는 것이 장점
일일정보 보고서	▶매일 24시간에 걸친 제반 정세의 변화를 중점적으로 망라한 보고서 ▶대부분이 현용정보이므로 신속한 전달이 필수적
정기간행물	▶광범위한 배포를 위하여 출판되며 방대한 정보 수록 ▶최근의 중요한 진행 상황을 주·월간 등으로 발행, 배포
특별보고서	▶축적된 정보가 다수의 사람이나 기관에게 이해관계가 있거나 가치가 있을 때 사용 ▶정보의 성질과 긴급성 그리고 예정된 접수자의 필요성에 따라 장문(長文) 또는 세분되거나 개괄적으로 작성

지정된 연구 과제보고서	▶특정한 기관 또는 사용자가 요청한 문제에 대하여 정보를 작성하고 배포 ▶요구 받은 주제에 대한 중점적인 연구가 이루어져야 하며, 사안의 진행상황은 물론 향후 정책대안까지 제시하여야 하는 것이 일반적
서적	▶정보가 다수인의 참고자료나 교범을 이용될 때 이용
연구참고용 보고서	▶정보사용자에게는 배포되지 않는 보고서로서 분석관 상호간의 연구를 돕기 위하여 작성, 배포
도표 및 사진	▶내용을 쉽게 이해하는데 효과적이며 통상 타 수단의 설명을 보충하거나 요약하기 위하여 이용
필름	▶반복하여 계속적인 전달이 요구되는 경우 이용되며 특히 교육적 전달 방법으로 이용
전화(전식)	▶돌발적이고 긴급을 교하는 정보의 배포를 위하여 제1차적으로 이용 ▶해외 주재기관 등에 전달하는데 효과적, 보안유지가 특히 요구되는 방법

10. 정보와 보안

가. 보안의 의의

1) 소극적인 보안이란 국가의 안전보장을 위하여 국가가 보호를 필요로 하는 비밀이나 인원, 문서, 자재, 시설 및 지역 등을 보호하는 소극적 예방활동이다.

2) 적극적인 보안이란 국가안전보장을 해치고자 하는 간첩·태업·전복 및 불순분자에 대하여 이를 경계·방지하며, 탐지, 조사, 체포하는 등의 적극적인 예방활동이다.

나. 보안의 원칙

1) 알 사람만 알아야 하는 원칙

보안에 있어서 가장 기본이며 중요한 원칙, 보안의 대상이 되는 사실은 전파가 반드시 필요한가의 여부를 신중히 검토 요망

2) 적당성의 원칙

수집한 첩보나 생산된 정보는 사용자가 필요한 만큼 적당한 양을 전달, 사용자가 요구하는 것 이상으로 정보를 제공하는 것은 불필요한 보안상 문제 야기

3) 보안과 능률의 조화

보안을 지나치게 강조할 경우 생산한 정보가 사용자에게 제대로 전달되지 않아 정책 결정에 활용되지 못하는 불상사 초래, 무조건 보안시스템을 가동시킬 것이 아니라 생산된 정보에 대한 충분한 검토 필요

다. 보안누설의 유형

1) 보안누설의 유형은 ① 기도적인 누설 ② 보안의식 결핍으로 인한 누설 ③ 제3자의 침입으로 인한 누설 등이 있다.

2) 기도적인 누설이란 조직원 내의 인원 중 불평·불만이나 다른 동기로 인하여 의도적으로 외부에 정보를 누설시키는 것을 말한다.

라. 정보의 보안대책

1) 오늘날 대부분의 정보가 컴퓨터에 저장되어 관리되고 있으므로 컴퓨터에 대한 보안대책이 매우 중요하다.

2) 컴퓨터에 대한 보안대책으로는 ① 직무권한의 명확화 ② 패스워드 관리의 철저 ③ 데이터 취급자의 규제·감독 ④ 컴퓨터범죄에 대한 철저한 수사 등이 있다.

제2절 정보경찰

1. 정보경찰 의미

정보경찰의 실질적 의미는 국가의 안전보장, 공공의 안녕과 질서유지를 위한 위해요소를 예방 수사하는 경찰 활동을 말한다. 즉 국가의 안전을 보장하기 위해서 위해요소를 사전에 발굴 제거하는 것이며, 사회의 기본질서를 유지하여 공공의 안전을 도모하는 일련의 경찰 작용을 말한다. 형식적 의미로는 법, 제도적 의미의 정보경찰로서 해양경찰청, 지방해양경찰청 등 각급 경찰관서의 정보전담 부서의 경찰 활동을 의미한다.

가. 정보경찰 목적

경찰은 공공의 안녕과 질서의 유지를 그 기본적인 임무로 한다. 이러한 경찰의 임무는 공공의 안녕과 질서에 대한 위험이나 경찰 위반의 상태가 실현되는 시점을 전후하여 예방과 진압이라는 두 가지의 임무로 크게 나누어 볼 수 있다. 이러한 구분을 기준으로 할 때 정보경찰은 예방경찰로서의 임무로 주로 하되 진압단계에서의 정보지원이라는 사후적인 의의와 목적도 함께 가진다고 할 것이다. 먼저 예방수단으로서의 정보경찰은 경찰정책의 수립과정에서의 사전적 정보지원을 그 임무로 한다. 즉, 다중범죄를 포함한 각종 범죄와 관련된 정보를 수집하여 분석·생산함으로써 경찰정책의 결정자들에게 그 예방을 위한 대책을 강구할 수 있도록 한다는 것이다.

특히, 모든 국가정책이 그 정책과 관련된 이해당사자들 간의 갈등의 소지를 가지고 있으며 이러한 갈등의 조정이 실패할 경우 경찰작용을 필요로 하는 무질서의 상태가 야기될 수 있다. 이러한 측면에 착안한다면 결국 정치·경제·사회 등 제 분야의 경찰정보활동이 공공의 안녕과 질서의 유지라는 경찰 고유의 목적에 봉사하는 것으로 보아야 할 것이다.

나. 정보경찰의 특징

1) 목적

일반경찰은 국민의 생명, 신체, 재산보호를 목적으로 하지만, 정보경찰은 국가의 안전, 사회공공 안녕과 질서유지를 그 목적으로 삼는다.

2) 활동

일반경찰은 순찰 등 예방활동과 어울려 범죄수사 등 사후 교정적 활동이 가능하나, 정보경찰은 반드시 사전에 예방하고, 위해요소를 제거하는 예방적 활동이다.

3) 수단

일반경찰은 대체로 공개적, 명령 강제적이지만, 정보경찰은 비공개(업무, 신분) 활동인 경우가 많고, 상대방의 동의, 협력을 전제로 하는 임의적 수단을 활용한다.

4) 보호법익

일반경찰은 생명, 신체, 재산 등 개인의 법익을 보호하는 법익이지만, 정보경찰은 사회공공의 안녕과 질서유지, 국가의 안전, 사회적·국가적 법익을 대상으로 한다.

다. 정보경찰의 기본자질

1) 대인관계 능력

대부분 사람과 사람의 접촉으로부터 시작되는 것으로, 평소 인간관계를 잘 유지, 대인관계 능력이 뛰어나야 한다.

2) 주의력

미세한 일에도 철저한 주의력을 기울일 줄 알아야 하며, 모든 현상에 대해 문제의식을 가지고 깊은 관심, 호기심으로 주의 깊게 살펴볼 줄 알아야 한다.

3) 식별력

정보수집에만 급급한 나머지 과실과 오류를 범하는 예가 많으므로 입수내용에 대한 진위 여부 식별, 중요도를 가릴 줄 알아야 한다.

4) 탐구심

어떤 징후를 포착하면 중도에 그침이 없이 강한 집착력을 가지고 종결될 때까지 확인하는 집념이 필요하다.

라. 정보경찰 활동의 법적근거

1) 헌법상 규정 없다(대통령 권한 내재설이 있음)

2) 법률

가) 국가경찰과 자치경찰의 조직 및 운영에 관한 법률(구 경찰법)[153] 제3조제5호(공공안녕에 대한 위험의 예방과 대응을 위한 정보의 수집 · 작성 및 배포)

나) 경찰관 직무집행법 제2조제4호(공공안녕에 대한 위험의 예방과 대응을 위한 정보의 수집 · 작성 및 배포)

3) 대통령령 및 부령

가) 정보 및 보안업무기획 · 조정규정(대통령령)

① 제2조(정의)

(1) "국외정보"라 함은 외국의 정치·경제·사회·문화·군사·과학 및 지지등 각 부문에 관한 정보를 말한다. (2) "국내보안정보"라 함은 간첩 기타 반국가활동세력과 그 추종분자의 국가에 대한 위해 행위로부터 국가의 안전을 보장하기 위하여 취급되는 정보를 말한다. (3) "통신정보"라 함은 전기통신수단에 의하여 발신되는 통신을 수신·분석하여 산출하는 정보를 말한다. (4) "통신보안"이라 함은 통신수단에 의하여 비밀이 직접 또는 간접으로 누설되는 것을 미리 방지하거나 지연시키기 위한 방책을 말한다. (5) "정보사범 등"이라 함은 형법 제2편제1장 및 제2장의 죄, 군형법 제2편제1장 및 제2장의 죄, 동법 제80조 및 제81조의 죄, 군사기밀보호법 및 국가보안법에 규정된 죄를 범한 자와 그 혐의를 받는 자를 말한다. (6) "정보수사기관"이라 함은 제1호 내지 제5호에 규정된 정보 및 보안업무와 정보사범등의 수사업무를 취급하는 각급 국가기관을 말한다.

② 제5조(조정업무의 범위)의 제10호(해양수산부)

(1) 국내 보안정보(외사정보 포함)의 수집·작성에 관한 사항

나) 해양경찰청과 그 소속기관 직제(대통령령)

▶ 제13조(수사정보국)

4. 정보업무의 기획·지도 및 조정	5. 정보의 수집·분석 및 배포
6. 보안경찰업무의 기획·지도 및 조정	7. 범죄의 수사
8. 외사경찰업무의 기획·지도 및 조정	9. 국제형사 관련 업무

다) 해양경찰청과 그 소속기관 직제 시행규칙(해양수산부령)

▶ 제8조(수사정보국)

④ 정보과장은 다음 사항을 분장한다.

153) [시행 2021. 1. 1.] [법률 제17689호, 2020. 12. 22., 전부개정]

1. 정보업무에 관한 기획·지도 및 조정
2. 치안정보의 수집·종합·분석·작성 및 배포
3. 정책정보의 수집·종합·분석·작성 및 배포
4. 해상집회·시위 등 집단사태의 관리에 관한 지도·조정
5. 보안경찰업무에 관한 기획·지도 및 조정
6. 보안사범에 대한 수사의 기획·지도 및 조정
7. 보안과 관련된 정보의 수집·분석
⑤ 외사과장은 다음 사항을 분장한다.
1. 외사수사 및 외사정보에 관한 기획 및 지도·점검
2. 밀입·출국, 밀수 등 외사사범의 수사
3. 외사방첩업무에 관한 사항
4. 외사정보의 수집·분석 및 관리
5. 국제형사경찰기구에 관한 사항
6. 국제형사업무 공조에 관한 사항
7. 국제해항 보안활동에 관한 계획의 수립 및 지도

마. 정보활동의 한계

1) 원칙적으로 헌법과 법률이 허용하는 범위내의 활동이어야 정당성이 인정된다.

2) 정보활동의 특성상 활동 목적이나 수단 등을 모두 법제화하는 것은 불가능하므로 구체적인 비례의 원칙(필요성, 상당성, 타당성)을 고려하여 판단하여야 한다.

경찰비례의 원칙
적합성 – 수단이 경찰목적을 달성하기 위하여 적합한 것인가?
필요성 – 적합한 수단이 복수로 존재하는 경우 최소 침해를 주는 수단을 선택하여야 한다.
상당성 – 적합하고 필요한 수단이라고 하더라도 공익과 사익이 적절한 균형을 유지하여야 한다.

2. 경찰정보의 실제

가. 경찰정보활동

견문수집보고, 수집된 견문보고서를 정보경찰이 정보분석을 통하여 정보보고(①중요상황·동향정보, ②정책정보보고서)의 크게 2가지 형식으로 생산·배포되고 있다. 정보경찰은 지득한 견문을 일정한 형태의 보고서로 작성하여 보고하여야 한다. 정보보고서는 사안의 요점을 중심으로 핵심적 내용만을 기술하며 특정사안에 대한 해결책을 제시하여야 한다. 정보보고서의 작성은 일반적인 보고서의 작성과 큰 차이는 없으나 어떠한 판단이나 경찰 조치를 나타내는 특수한 용어를 사용하기도 한다.

경찰조치를 나타내는 용어로써 설득·반발 최소화, 경고, 차단, 연행, 격리연행, 검거가 있으며, 판단을 나타내는 용어로써 판단됨, 예상됨, 전망됨, 추정됨, 우려됨이 사용된다. 신원

조사 및 정보자료 기록관리과 있으며, 집회와 시위에 관한 업무를 처리한다.

나. 견문수집보고

①"견문"이란 경찰관이 공·사생활을 통하여 보고 들은 국내·외의 정치·경제·사회·문화·군사·외교·과학·노정 등 모든 분야에 관한 각종 보고 자료를 말하며, ② 경찰관은 견문을 수집하여 보고할 의무가 있으며, ※ 국가경찰과 자치경찰의 조직 및 운영에 관한 법률(구 경찰법), 경직법상의 치안정보 수집·작성·배포에 근거 견문수집 및 처리규칙의 훈령을 발령 全 경찰관 첩보수집 의무화 하고 포상 및 제재를 규정 ③ 이렇게 생산한 보고서를 '견문수집보고'라고 한다.

다. 정보상황보고

1) 중요상황정보

일반적으로 전국의 당일 집회·시위 상황 또는 개최 예정인 집회·시위나 사회갈등 양상을 수집 분석한 후 다음날 경찰 지휘부 및 관계 부서와 청와대, 국정원, 행자부 등 정부 각 기관에 전파되는 보고서이다. 사회갈등 실태나 집회·시위 상황이 많은 부분을 차지한다.

2) 정보판단(대책)서

신고된 집회계획 또는 정보관들이 입수한 미신고 집회 개최계획 등을 파악하여 이중 경찰력을 필요로 하는 중요 집회에 대해서는 미리 정보판단서를 작성하여 경비·수사 등 관련 기능에 전파하여야 하는데 이렇게 만들어진 정보판단서를 정보대책(집회시위대책)이라고 한다. 정보판단서는 집회 개최 2~3일전에 작성하여 경찰의 각 기능에 전파하여야 한다.

3) 정보상황보고(집회·시위 상황)

신속성에 비중을 두고 집회·시위 상황이 있거나 발생할 우려가 있는 등 치안 칠서유지에 영향을 미치는 사안이나 지휘부를 비롯하여 국가정책결정자가 신속한 판단 등이 필요한 경우 경찰 내부는 물론 외부에 즉시 전파하는 시스템으로 운용되고 있다. 일반적으로 '상황속보' 또는 '속보'로 불리며, 사회갈등이나 집단시위 상황, 관련첩보, 기타 우리나라에서 발생하는 모든 사건, 심지어는 발생이 우려되는 사안까지도 작성 전파되고 있다.

<중점보고사항>
① 주요 요구사항 및 핵심쟁점 ② 인원구성(남여 비율, 연령, 주도세력 등) ③ 집회시위 용품, 불법시위 용품 준비 여부 ④ 차량이용 이동 동향 ⑤ 우발상황 대비 구급차 및 소방차 등 대기 ⑥ 여론 및 언론반응 ⑦ 관계기관의 대응 등

라. 정책정보보고

전술과 같이 정부정책의 문제점을 파악하고 그 개선책을 보고하는데 주안점을 둔 정보보고이다. 경찰의 정책정보는 사회갈등이나 집회시위와 관련한 분야에 특화되어 있기 때문에 '예방적 상황정보'라고 볼 수 있으며, 따라서 정부부처에서 생산하는 일반적인 정책보고서와는 구별되는 개념이다.

〈표 8-19〉 정보(intelligence)와 정보(information)의 비교

개념	목적	기술과 절차	용 례
정보(intelligence)	안보·정책과의 연관성	처리절차의 강조	경찰청 정보국, 국가정보원, 보안정보
정보(information)	일반적인 의사결정	처리절차를 불문	경찰 정보통신, 교통정보,

정책보고는 국정전반에 걸쳐 정책결정과정 즉 정책의제 설정, 정책결정, 정책의 집행 그리고 정책의 평가 등에 활용되는 정보이다.

경찰은 사회갈등이나 집회·시위와 관련한 분야를 중심으로 정책정보를 생산하는 경향이 있으나, 법령적 차원에서 보면 특정 분야에 한정될 필요는 없으며, 실제 합리적이고 효율적인 국가정책결정을 지원하기 위하여 다양한 방면의 정책보고서가 작성되고 있다.

마. 신원조사(육경업무)

보안의 대상이 되는 인원, 즉 국가안전에 관련되는 임무에 종사하거나 이에 관련되는 행위를 하는 자 및 그 예정자에 대하여 실시하는 대인정보활동을 말한다. 신원조사는 보안의 대상이 되는 인원의 국가에 대한 충성심, 성실성, 신뢰성을 조사하여 국가의 안전보장을 확보하는데 그 목적이 있다.

바. (정보자료)기록관리

정보기록이란 정보활동의 결과 얻은 제반 자료를 경찰 목적에 사용할 수 있도록 문서화한 것으로 필요한 시기에 적절하게 사용할 수 있도록 체계적으로 관리되어야 하며, 보안을 유지하여야 한다.

사. 집회 및 시위

1) 집회

다수인(2인 이상)이 공동의 목적을 위하여 일정한 장소에 일시적으로 회합하는 것으로 사람의 집합이라는 점에서 '결사'와 같으나, '집회'는 일시적이며 일정한 장소를 전제로 하는데 대하여, '결사'는 비교적 계속적이며 장소를 전제로 하지 않는다는 점에서 상이하다.

※『집회 및 시위에 관한 법률』 제2조 제1호 : 옥외집회라 함은 천장이 없거나 사방이 폐쇄되지 않은 장소에서의 집회를 말한다.

2) 시위

다수인이 공동 목적을 가지고 도로·광장·공원 등 공중이 자유로이 통행할 수 있는 장소를 진행하거나 위력 또는 기세를 보여 불특정 다수인의 의견에 영향을 주거나 제압을 가하는 행위를 말한다.

3) 집단행동

피해보상, 임금인상, 처우개선 등의 개인·단체 의견을 관철시키기 위해 집회·시위·항의 방문 등으로 사회 이목을 집중시키는 행위이다.

4) 해상시위 특징

가) 위험성

자연 상태에서 발생하는 해상시위는 선박 등을 이용하여 인간이 통제할 수 없는 위험이 존재하며, 진압부대와 시위자 쌍방간 물리적 충돌시 좌초 등 대형사고가 불가피하고, 연안 인근의 천해, 협수로, 어장산재 등 중·대형 함정의 접근이 곤란하다.

나) 선박 필요성

육상과는 달리 선박을 이용하지 않고서는 집회, 시위가 불가능하다.

다) 생계 관련성

연근해 어자원 감소, 바다모래 채취, 매립, 공단조성, 항만개발 등 어업권 보상, 해상오염 피해보상, 부정어업 단속에 대하여 대책 및 생계대책 요구가 대부분이라 여성, 노약자 다수 참가로 강력진압이 곤란하다.

라) 시위관리 및 진압상의 특수성

검거 시 상대선박에 계류 협조 없이는 검거와 연행이 곤란하며, 연근해의 소형함정 위주의 진압세력 구성으로 효율적인 진압이 곤란하고, 적법 출항 후 해상에서 합류, 집회 시 원천적으로 차단이 곤란하다.

마) 법적·제도적 미비

해상집회 및 시위는 해석론상 집시법 적용대상이 아니라고 판단되어, 공공의 안녕질서에 위협을 가할 것이 명백하더라도 집시법 금지규정을 적용할 수 없다.

아. 채증

1) 채증 목적

집회·시위 등 치안을 위해 사태발생 시 범법정황을 촬영·녹화·녹음하는 것으로 정확한 정황을 파악하여 사법처리 시 필요한 구증자료로 활용이 가능하다.

2) 채증 종류 : 동(動)정(靜)사진촬영, 녹화 녹음 등을 말한다.

3) **채증 시 유의사항**

가) 피랍 방지 등을 위해 원거리(고성능 장비 확보 필수) 비노출 배치

나) 구역별·단체별 책임 채증조 지정, 채증 사각지대 해소

다) 돌발 상황 대비, 기동 채증조 확보 등

4) **채증 실패 요인**

가) 촬영자세 불량 시 초점 고정 및 흔들림(과도한 줌인 시 삼각대 사용 필요)

나) 자신감이나 채증대상 과소평가 등에 의한 채증 실패

다) 기타 필름·건전지 부족 등

5) **채증 활동**

가) 집회현장 촬영

나) 시위 및 사태의 전경(全景) 촬영

다) 주최, 주동, 선동자 촬영

라) 사용된 장비 및 물건 촬영

마) 주요부분 촬영

※ 촬영시간, 대상물의 개황 등 기록하여 사진첩 제작 시 활용

바) 녹음 시 : 반드시 현장음성을 채취하고 선동·선전 불순구호 문제성 발언 등을 중점 녹취

사) 피랍, 피탈방지 : 채증현장에서 요원의 피랍 또는 장비의 피탈방지에 유념, 채증요원의 신분이 노출되지 않도록 한다.

아) 채증판독

《채증의 법적 성격》

가. 학 설 : 임의수사설과 강제수사설이 대립

1) 강제수사설 : 본인이 수인하지 아니한 사진촬영은 그 의사에 반하여 초상을 촬영하는 일종의 검증으로 영장이 필요하다는 견해 ⇒ 통설

2) 임의수사설 : 물리력 또는 수인의무를 부담하는 경우만 강제수사 견해

나. 판 례 : 집회현장 등 엄격한 요건에서 영장 없는 사진촬영을 허용

1) 강제처분성을 인정하면서도 엄격한 요건 하에서 영장 없는 촬영을 허용

2) 요건으로 ①범죄의 혐의가 명백할 것, ② 증거로서의 필요성이 높을 것, ③ 증거보전의 긴급성이 있을 것, ④ 촬영방법이 상당할 것 등을 요구

제2장 해양경찰 수사

제1절 범죄수사

1. 범죄수사의 개념

가. 수사의 개념

1) 수사의 개념

수사란 범죄의 혐의 유무를 명백히 하여 공소의 제기와 유지 여부를 결정하기 위하여 범인을 발견 · 확보하고 증거를 수집 · 보전하는 수사기관의 활동을 말한다.

2) 개념적 특징

가) 수사기관의 활동이다.

나) 수사기관이 범죄의 혐의가 있다고 인정될 때 개시된다.

※ 내사, 불심검문, 변사체 검시 등은 수사가 아님.(수사개시 이전의 활동이므로)

※ 순찰 등 범죄예방활동도 수사활동이 아님.

다) 주로 공소제기 전에 행해진다.

※ 다만, 공소제기 후에도 공소유지를 위한 준비로서 행해지는 수사기관의 활동도 수사에 포함됨(피고인 조사, 참고인 조사, 임의제출물의 압수 등)

라) 피의사건에 대하여 공소제기 여부를 결정함을 목적으로 한다.

나. 수사의 목적

1) 피의사건의 진상파악

수사의 1차 목적은 수사기관이 수사의 단서를 통하여 범죄에 관한 주관적 혐의점을 발견하고 그에 관한 범인 및 범죄 사실에 관한 진의를 명백히 하여 객관적 혐의로 발전시키는데 있다.

2) 기소·불기소의 결정

수사를 통하여 파악된 진상을 토대로 이에 대한 법률적 평가를 거쳐 기소여부를 결정한다. 기소·불기소의 결정에는 범죄의 사실적 내용뿐만 아니라 법률적 내용 즉 구성요건 해당성, 위법성, 책임성 및 소송조건 등을 고려한다.

※ 불기소 처분이란 ?★

불기소 처분이란 검사가 공소를 제기하지 않는 처분을 말하며, 불기소 처분의 종류에는 기소유예, 혐의 없음, 죄가 안 됨, 공소권 없음, 각하 등이 있다.

1. 기소유예

1) 검사는 사건에 대한 피의사실이 인정되지만 다음의 사항을 참작해볼 때 소추를 필요로 하지 않는 경우에는 '기소유예' 처분을 할 수 있다.

① 범인의 연령, 성행, 지능과 환경

② 피해자와의 관계

③ 범행의 동기, 수단과 결과

④ 범행 후의 정황

2) 검사가 사건에 대해 기소유예 처분을 하는 경우에는 경미한 사건을 제외하고 피의자를 엄중히 훈계하며, 개과천선(改過遷善)할 것을 다짐하는 서약서를 받는다.

3) 검사는 소년인 피의자에 대해 '선도조건부 기소유예' 처분을 하는 경우에는 선도보호에 필요한 조치를 한다.

2. 혐의 없음

1) 혐의 없음(범죄 인정 안 됨)

검사는 사건에 대한 피의사실이 범죄를 구성하지 않거나 범죄로 인정되지 않는 경우에는 '혐의 없음(범죄 인정 안 됨)' 처분한다.

2) 혐의 없음(증거 불충분)

검사는 사건에 대한 피의사실을 인정할 만한 충분한 증거가 없는 경우에는 '혐의 없음(증거 불충분)' 처분을 한다.

3) 검사가 고소 또는 고발 사건에 대해 '혐의 없음'의 처분을 하는 경우에는 고소인 또는 고발인의 무고혐의의 유·무에 대해 판단 한다.

3. 죄가 안 됨

검사는 사건에 대한 피의사실이 범죄구성요건에 해당하지만 법률상 범죄의 성립을 조각하는 사유가 있어 범죄를 구성하지 않는 경우에는 '죄가 안 됨' 처분한다.

▶위법성 조각사유 : 형법상의 위법성조각사유로 총칙에는 정당행위(제20조), 정당방위(제21조), 긴급피난(제22조), 자구행위(제23조), 피해자의 승낙(제24조)이 있고, 각칙으로는 명예훼손죄에서 사실의 증명(제310조)이 있다. 형법상외의 위법성조각사유로는 모자보건법상의 인공임신중절수술 허용규정(제8조) 등이 있다.

4. 공소권 없음

검사는 사건이 다음 중 어느 하나에 해당하는 경우에는 '공소권 없음' 처분을 한다.

① 법원의 확정 판결이 있는 경우, ② 통고 처분이 이행된 경우, ③ 「소년법」, 「가정폭력범죄의 처벌 등에 관한 특례법」 또는 「성매매알선 등 행위의 처벌에 관한 법률」에 따른 보호 처분이 확정된 경우(보호 처분이 취소되어 검찰에 송치된 경우는 제외), ④ 사면(赦免)이 있는 경우, ⑤ 공소시효가 완성된 경우, ⑥ 범죄 후 법령의 개폐(改廢)로 형이 폐지된 경우, ⑦ 법률에 따라 형이 면제된 경우, ⑧ 피의자에 대해 재판권이 없는 경우, ⑨ 동일사건에 대해 이미 공소가 제기된 경우(다만, 다른 중요한 증거를 발견한 경우에는 기소할 수 있음), ⑩ 동일사건에 대해 공소가 제기되었으나 그 공소를 취소한 적이 있는 경우(다만, 다른 중요한 증거를 발견한 경우에는 기소할 수 있음), ⑪ 친고죄 및 공무원의 고발이 있어야 논하는 죄의 경우에 고소 또는 고발이 없거나 그 고소 또는 고발이 무효 또는 취소된 경우, ⑫ 반의사불벌죄의 경우 처벌을 희망하지 않는 의사표시가 있거나 처벌을 희망하는 의사표시가 철회된 경우, ⑬ 피의자가 사망하거나 피의자인 법인이 존속하지 않게 된 경우

5. 각하
검사는 사건이 다음 중 어느 하나에 해당하는 경우에는 각하 처분을 한다.
① 고소 또는 고발 사건에 대해 고소인 또는 고발인의 진술이나 고소장 또는 고발장에 따라 '혐의 없음'이나 '죄가 안 됨' 처분의 사유에 해당함이 명백한 경우
② 자기 또는 직계존속을 고소 또는 고발하는 경우
③ 한 번 취하한 고소사건에 대해 다시 고소하는 경우
④ 동일사건에 대해 검사의 불기소 처분이 있는 경우(다만, 새롭게 중요한 증거가 발견된 경우에 고소인 또는 고발인이 그 사유를 소명한 경우에는 각하 처분을 하지 않는다.)
⑤ 고소권자가 아닌 사람이 고소한 경우
⑥ 고소·고발장 제출 후 고소인 또는 고발인이 출석요구에 불응하거나 소재가 불명이 되어 고소·고발사실에 대한 진술을 청취할 수 없는 경우
⑦ 고소·고발 사건에 대해 사안의 경중 및 경위, 고소인·고발인과 피고소인·피고발인의 관계 등에 비추어 피고소인·피고발인의 책임이 경미하고 수사와 소추할 공공의 이익이 없거나 극히 적어 수사의 필요성이 인정되지 않은 경우
⑧ 고발이 진위 여부가 불분명한 언론 보도나 인터넷 등 정보통신망의 게시물, 익명의 제보, 고발 내용과 직접적인 관련이 없는 제3자로부터의 전문이나 풍문 또는 고발인의 추측만을 근거로 한 경우 등으로서 수사를 개시할만한 구체적인 사유나 정황이 충분하지 않은 경우

3) 공소의 제기 및 유지(1차적 목적)

전항의 단계에서 기소키로 결정된 사건에 대해서는 검거된 범인과 수집된 증거를 토대로 공소가 제기되고 수행되며 필요 시에는 공소의 유지를 위한 추가 수사가 행해지기도 한다.

4) 유죄판결(궁극적 목적)

공소의 제기 및 유지에 만전을 기한다는 것은 궁극적으로는 당해 범죄에 관하여 유죄의 판결을 받게 함에 있다.

5) 형사소송법의 목적(인권보장, 실체적 진실발견) 실현

형사소송법의 절차적 목적인 인권보장, 실체적 목적인 실체적 진실발견은 형사절차의 일환인 범죄수사에 관하여도 그대로 타당하다.

2. 범죄수사의 법적 근거

가. 형사소송법

수사의 기본법은 형사소송법이라 할 수 있다. 형사소송법은 제2편 「제1심」 중 제1장을 「수사」로 규정하여 수사에 대한 법적 토대를 이루고 있다. 동법 제195조(검사와 사법경찰관의 관계 등) ① 검사와 사법경찰관은 수사, 공소제기 및 공소유지에 관하여 서로 협력하여야 한다. ② 제1항에 따른 수사를 위하여 준수하여야 하는 일반적 수사준칙에 관한 사항은 대통령령으로 정한다. 제196조(검사의 수사) 검사는 범죄의 혐의가 있다고 사료하는 때에는 범인, 범죄사실과 증거를 수사한다. 검사는 사법경찰관으로부터 송치받은 사건에 관하여는

해당 사건과 동일성을 해치지 아니하는 범위 내에서 수사할 수 있다.

제197조(사법경찰관리) 경무관, 총경, 경정, 경감, 경위는 사법경찰관으로서 범죄의 혐의가 있다고 사료하는 때에는 범인, 범죄사실과 증거를 수사한다. 경사, 경장, 순경은 사법경찰리로서 수사의 보조를 하여야 한다.

제197조의2(보완수사요구)
① 검사는 다음 각 호의 어느 하나에 해당하는 경우에 사법경찰관에게 보완수사를 요구할 수 있다.
1. 송치사건의 공소제기 여부 결정 또는 공소의 유지에 관하여 필요한 경우
2. 사법경찰관이 신청한 영장의 청구 여부 결정에 관하여 필요한 경우
② 사법경찰관은 제1항의 요구가 있는 때에는 정당한 이유가 없는 한 지체 없이 이를 이행하고, 그 결과를 검사에게 통보하여야 한다.
③ 검찰총장 또는 각급 검찰청 검사장은 사법경찰관이 정당한 이유 없이 제1항의 요구에 따르지 아니하는 때에는 권한 있는 사람에게 해당 사법경찰관의 직무배제 또는 징계를 요구할 수 있고, 그 징계 절차는 「공무원 징계령」 또는 「경찰공무원 징계령」에 따른다.

검경 수사권 조정 형사소송법 개정(개정 2020. 2. 4.>
제197조의3(시정조치요구 등)
① 검사는 사법경찰관리의 수사과정에서 법령위반, 인권침해 또는 현저한 수사권 남용이 의심되는 사실의 신고가 있거나 그러한 사실을 인식하게 된 경우에는 사법경찰관에게 사건기록 등본의 송부를 요구할 수 있다.
② 제1항의 송부 요구를 받은 사법경찰관은 지체 없이 검사에게 사건기록 등본을 송부하여야 한다.
③ 제2항의 송부를 받은 검사는 필요하다고 인정되는 경우에는 사법경찰관에게 시정조치를 요구할 수 있다.
④ 사법경찰관은 제3항의 시정조치 요구가 있는 때에는 정당한 이유가 없으면 지체 없이 이를 이행하고, 그 결과를 검사에게 통보하여야 한다.
⑤ 제4항의 통보를 받은 검사는 제3항에 따른 시정조치 요구가 정당한 이유 없이 이행되지 않았다고 인정되는 경우에는 사법경찰관에게 사건을 송치할 것을 요구할 수 있다.
⑥ 제5항의 송치 요구를 받은 사법경찰관은 검사에게 사건을 송치하여야 한다.
⑦ 검찰총장 또는 각급 검찰청 검사장은 사법경찰관리의 수사과정에서 법령위반, 인권침해 또는 현저한 수사권 남용이 있었던 때에는 권한 있는 사람에게 해당 사법경찰관리의 징계를 요구할 수 있고, 그 징계 절차는 「공무원 징계령」 또는 「경찰공무원 징계령」에 따른다.
⑧ 사법경찰관은 피의자를 신문하기 전에 수사과정에서 법령위반, 인권침해 또는 현저한 수사권 남용이 있는 경우 검사에게 구제를 신청할 수 있음을 피의자에게 알려주어야 한다.
제197조의4(수사의 경합)
① 검사는 사법경찰관과 동일한 범죄사실을 수사하게 된 때에는 사법경찰관에게 사건을 송치할 것을 요구할 수 있다.
② 제1항의 요구를 받은 사법경찰관은 지체 없이 검사에게 사건을 송치하여야 한다. 다만, 검사가 영장을 청구하기 전에 동일한 범죄사실에 관하여 사법경찰관이 영장을 신청한 경우에는 해당 영장에 기재된 범죄사실을 계속 수사할 수 있다.

나. 수사준칙

형사소송법 제195조제2항에서 '수사를 위하여 준수하여야 하는 일반적 수사준칙에 관한 사항은 대통령령으로 정한다.'고 규정하고 있다. 여기서 말하는 대통령령이 바로 「검사와 사

법경찰관의 상호협력과 일반적 수사준칙에 관한 규정」이다.

다. 범죄수사규칙

수사에 대한 행정규칙으로는 「내사사건 처리규칙」, 「수사본부 운영규칙」, 「변호인 참여, 접견 등 규칙」, 「종합수사지휘본부 운영규칙」, 「수사긴급배치 규칙」 등 여러 규칙이 있으나 이 중 가장 기본이 되는 규칙은 「범죄수사규칙」이다. 범죄수사규칙은 경찰공무원이 범죄를 수사할 때에 지켜야 할 마음가짐, 수사의 방법과 절차 그 밖에 수사에 관하여 필요한 사항을 정함으로써 수사사무의 적정한 운영을 기함을 목적으로 한다(제1조).

3. 범죄수사의 성격

가. 과거 범죄사실의 진상을 탐지하는 활동

수사는 과거에 일어난 범죄사실의 진상을 규명하는 활동이다. 범죄사실을 규명한다 함은 과거의 범죄사실을 탐지하여 재현한다는 것을 의미한다. 그러나 수사관이나 법관이 신이 아닌 이상 과거의 사실에 대한 순수한 진상을 파악한다는 것은 사실상 불가능한 일이다. 그러므로 여기서 말하는 진상이란 진실에 가까운 개념으로서 누구에게도 의심을 불러일으키지 않고 수긍할 정도의 것을 말한다. 그런데 여기서 말하는 사실의 인정은 증거에 의한 것이어야 함은 물론이다.

나. 형사절차의 일환

수사기관은 규명한 범죄사실에 적용할 형벌을 밝혀내어야 한다. 수사는 공소의 제기를 위한 준비활동이자 공소 수행(유지)을 위한 활동으로 국가 형벌권 행사를 위한 형사절차이다. 따라서 수사는 기소 전 뿐만 아니라 기소 후에도 행하여질 수 있다.

다. 심증형성을 해나가는 활동(내적 과정)

수사는 사실의 진상을 파악하고 그것을 형사절차에 올려놓는 활동이므로 우선 수사관은 무엇보다도 자신이 사실의 진실성에 대해서(누구에게도 의심을 불러일으키지 않을 만한) 확신 있는 판단을 얻는 것이 필요하다. 왜냐하면 재판관을 비롯한 제3자에게 수사관의 심증 이상으로 사실의 진실성이 받아들여지기는 어렵기 때문이다. 이러한 의미에서 수사는 수사관이 자신의 심증을 형성하는 활동이라고 볼 수 있다. 일반적으로 수사관은 추리를 통하여 과거의 사실을 재구성하고 심증을 형성한다.

라. 범죄사실을 증명하는 활동(외적 과정)

수사관이 수사로서 확신 있는 판단에 도달했을 경우 즉 수사관 자신이 범죄사실에 심증을 얻었을 때에는 그것을 형사절차에 올려놓기 위하여 얻은 심증의 진실성을 증명하지 않으면 안 된다. 수사관의 그러한 증명(설명)이 재판관의 심증에 영향을 미쳐 유죄판결로 이어지는 것이다.

4. 범죄수사의 원리

가. 범죄흔적의 원리

1) 범죄흔적(징표)[154] 의의

범죄행위는 그 과정에서 필연적으로 범죄의 흔적(범적)을 남긴다. 즉, 범죄행위는 인간이 행하는 것이고 인간의 특성으로 인해 그러한 범죄행위가 있었다는 징표가 남게 되는 것이다. 범죄에 수반하여 나타나는 내적·외적 현상. 특히 외적징표를 범적(범죄의 흔적)이라고 한다. 내적·외적, 유형·무형, 직접적·간접적 모두 포함하는 개념이다. 범죄징표의 기능은 범인 및 범죄사실의 발견을 위한 수사자료의 기능과 수사요소의 확정에 이용된다.

2) 범죄흔적(징표)의 원인 (3대 근간)

가) 범죄는 인간의 행동이다.

범죄는 범인, 즉 인간의 수많은 행동들이 모여져 이루어진 것이다. 즉, 범죄는 범인의 사전행동, 범행과 사후행동을 통해 진행된다. 이러한 행동에는 인간의 생물학적, 심리학적 흔적을 남기게 된다. 예를 들면 생물학적 흔적은 지문, 혈흔, 타액, 정액, DNA, 족적의 크기 등이고, 심리학적 흔적은 범행동기, 범행의 결의(사전 준비 또는 우발적), 범행 수법 등이다.

나) 범죄는 사회적 행동이다.

인간은 사회적 연대관계 속에서 살고 있어 범죄도 사회관계와 관련된 범죄특징을 낳는다. 즉, 사회관계는 범행동기, 범행 계획 등에 영향을 미치거나, 반대로 범죄가 사회관계에 영향을 미쳐 사회적 파문, 소문의 형태로 흔적을 남기기도 한다. 예를 들면 직업적 특성이나 경력이 나타나는 범죄흔적, 범행 방법(관련 지식 활용), 소문 등이다.

다) 범죄는 물건 기타의 자연현상을 수반한 행동이다.

범죄는 자연 속에서 이루어지기 때문에 자연현상을 수반한다. 예를 들면 혈흔형태, 미세섬유, 사체에 나타난 증거, 사체 부패, 현장의 변화 등이다.

---

154) 범죄 징표를 내적, 외적 징표로 나누고 그 중 외적 징표를 범죄 흔적이라고 하기도 하나 범죄 징표와 범죄 흔적을 나눌만한 효용이 없어, 이하에서는 범죄 흔적과 징표를 같은 개념으로 간주하겠다.

〈표 8-20〉 범죄징표의 형태

<table>
<tr><td colspan="3">범인의 생물학적 특징에 의한 범죄징표</td><td>인상, 지문, DNA, 혈액형, 언어, 기타의 신체특징</td></tr>
<tr><td rowspan="5">범인의 심리적 특징에 의한 범죄징표</td><td rowspan="4">보통심리</td><td>범행동기</td><td>원한, 치정, 미신, 이욕</td></tr>
<tr><td>범행결의</td><td>불안, 초조, 친지와의 상담 등 심리적 갈등. 흉기용구의 준비, 현장의 사전답사 등</td></tr>
<tr><td>범행 중</td><td>목적달성에 용이한 방법, 숙지·숙달된 기술선호</td></tr>
<tr><td>범행 후</td><td>특수한 꿈·잠꼬대, 피해자에 대한 위로, 친지 등에의 고백, 자살, 도주, 증거인멸, 변명 준비 등</td></tr>
<tr><td>이상심리</td><td></td><td>심리과정에 합리적인 일관성이 결여</td></tr>
<tr><td colspan="3">범인의 사회관계에 의한 범죄징표</td><td>사회적 지문(성명, 가족, 주거, 경력, 직업 등), 목격자, 소문</td></tr>
<tr><td colspan="3">자연현상에 의한 범죄징표</td><td>지문, 족적, 일시, 물건의 특징, 물건의 이동</td></tr>
<tr><td colspan="3">문서에 의한 범죄징표</td><td>문자, 잉크, 종이의질(지질)의 감정</td></tr>
</table>

나. 추리와 사건 재구성

1) 추리

범죄수사는 범죄의 결과로 나타난 범죄흔적, 인적·물적 범죄정보 등 각종 수사 자료를 종합적으로 분석하여 범인과 범죄 사실을 추정하는 방법으로 수사가 진행되고 이러한 추정 방법을 수사에 있어 추리라고 한다. 추리는 수사 자료가 부족할 때 그 가치를 더한다. 또한 추리를 통해 수사 자료를 추가적으로 획득하기도 한다. 추리의 방법에는 연역적 추리, 귀납적 추리, 가설적 추리 등이 있다.

2) 사건의 재구성

수사관은 수사 자료와 그에 따른 추리를 통해 범죄사건에 대한 재구성을 한다. 범죄 동기는 무엇인지, 범죄행위는 어떻게 진행되었는지 등의 가설을 세우면서 재구성하게 되는 것이다. 이렇게 재구성된 사건을 개연성과 타당성 분석을 통해 수사관은 범죄 심증을 굳히거나 수사방향을 전환하게 된다.

5. 수사의 기본이념

<table>
<tr><td>실체적 진실의 발견</td><td>* 객관적인 사실의 진상을 규명하려는 절차법상의 이념.
* 당사자의 주장, 부인, 입증에 구애되지 않아야 함.
* 형사소송절차의 기본이념 중 하나.
* 한계
- 인간능력의 한계와 제도 자체에서 오는 한계</td></tr>
</table>

	- 다른 중요한 이익과 충돌하여 받는 한계 (군사상·공무상 증언 제한 등) - 인권보장적 측면에서 가해지는 절차상의 한계 - 적정절차의 요구에 의한 한계 (cf. 임의수사원칙에 기인하는 한계X)
기본적 인권의 보장	수사는 필연적으로 국민의 기본권을 제한하는 처분이 수반되므로 인권보장이 중요. → 임의수사 원칙, 강제수사법정주의, 영장주의 등

6. 수사의 조건

수사의 조건이라 함은 수사의 개시와 실행함에 있어 필요한 요건을 말한다. 다른 말로는 수사권 발동의 조건이라고 한다. 이에는 범죄혐의, 필요성, 상당성이 논의되는데 이는 강제수사의 조건이기도 한다. 강제수사는 판사가 요건을 판단하지만 그 외 수사는 수사기관이 그 조건을 판단하여 수사권을 발동한다.

가. 범죄의 혐의

수사기관은 범죄 혐의가 있다고 인식할 때는 수사를 개시할 수 있다(형사소송법 제196, 197조). 반대로 범죄 혐의가 없는 사안에 대해서는 수사 개시할 수는 없다. 범죄의 혐의는 수사기관의 주관적 혐의를 의미하며 객관적 혐의에 이르는 것을 요하지 않는다. 주관적 혐의라고 하여도 객관적 사실에 근거를 두고 있어야 한다. 반면 객관적 혐의는 제3자가 보아도 인정할 정도의 혐의를 말하며, 혐의의 상당성이라고도 하고 이는 강제수사의 조건이 된다.

나. 수사의 필요성

수사는 수사의 목적을 달성하기 위하여 필요한 때에 할 수 있다(형사소송법 제199조제1항). 이러한 필요성은 수사기관이 합리적으로 판단하여야 한다. 수사의 목적 중 하나에는 공소의 제기가 있다. 그런 점에서 공소의 조건이 결여된 경우에도 수사의 필요성을 인정할 수 있는가가 문제될 수 있다. 예를 들면, 친고죄에서 고소가 없는 때, 반의사 불벌죄에서 처벌을 희망하다는 의사가 없을 때 수사할 필요가 있겠느냐 문제된다. 고소 기간 경과 등 객관적 소송조건 결여나 고소 취소나 반의사 불벌죄에서의 처벌불원의사가 명백히 표시된 경우를 제외하고는 원칙적으로 수사가 가능하다 하겠다(대판 95.2.24. 94도252).

다. 수사의 상당성

강제수사인 경우 필요한 최소한도 범위 안에서만 하여야 한다고 규정하고 있다(형사소송법 제199조제1항 단서). 임의 수사인 경우 이러한 법 규정이 없다고 필요한 최소한도 범위를 넘어서도 된다는 것은 아니다. 왜냐하면 수사 활동은 국민에 대한 국가의 침익적 처분(침해를 주는)인 경우가 많기 때문이다. 예컨대, 피의자에 대하여 한 번에 조사할 있는 것을 피의자가 괘씸하다 하여 일부러 여러 날에 걸쳐 수차례 나누어서 조사를 받는 것은 아니 될 것이다. 이러한 이유로 임의수사의 상당성에 대해서는 수사기관의 내부 규율(행정규칙)을 통하여 통제하고 있다.

7. 수사의 지도원리

실체적 진실주의	* 공판절차뿐만 아니라 수사절차에 있어서도 지도원리로 작용하고 있음. → 진술거부권, 변호인선임권, 증거보전청구권 등 보장, 임의성 없는 자백의 증거능력 배척
무죄추정의 법리	* 피의자는 유죄판결이 확정될 때까지 무죄로 추정됨. * 피의자의 인신구속에 대한 제한 원리로 작용함. → 임의수사의 원칙, 구속적부심사제도, 접견교통권의 보장, 고문·협박·모욕 금지
필요최소한도의 법리	* 수사처분은 인권제한적 처분이므로 강제수사의 경우는 물론 임의수사의 경우도 필요최소한의 범위 내에서만 허용되어야 함.
적정절차의 법리	* 형사절차 전체의 기본원리이므로 수사의 지도원리로 작용하고 있음. * 수사절차에서 더욱 강조됨.

8. 수사의 기본원칙 (수사지도원리의 제도적 표현)

임의수사의 원칙	* 수사의 방법은 임의수사를 원칙으로 함.
강제수사법정주의	* 강제처분은 법률에 규정된 바에 의하여 예외적으로 허용됨. * 형소법(제199조제1항)뿐 아니라 헌법상의 원칙임(헌법 제12조제1항).
영장주의	* 수사기관의 강제처분은 영장주의 원칙이 적용됨. 헌법(제12조제3항)상의 원칙 * 다만, 엄격한 요건 하에 영장주의의 예외가 허용되기도 함.
수사비례의 원칙	* 수사의 결과에 따른 이익과 수사로 인한 법익침해가 부당하게 균형을 잃어서는 안 된다는 원칙. * 강제수사뿐 아니라 임의수사에도 적용됨.
수사비공개의 원칙	* 수사의 개시와 실행은 공개하지 아니한다는 원칙(=수사밀행의 원칙) * 수사는 비공개가 원칙(↔ 공판절차는 공개주의가 원칙)
자기부죄 강요금지의 원칙	* 자기부죄거부특권 : 형사상 자신에게 불리한 진술을 강요당하지 않을 권리. * 자기부죄거부 특권, 고문의 절대적 금지(헌법 제12조제2항), 피의자의 진술거부권보장(형소법 제244조의 3)

제출인환부의 원칙	* 수사기관이 압수물을 환부함에 있어서는 피압수자(제출인)에게 환부함을 원칙으로 함(∵ 형사절차는 사인 간의 실체법상 권리관계에 관여하지 않아야 하므로) * 다만, 압수물이 장물인 경우에는 피해자를 보호하기 위하여 일정 요건에 따라 피해자 환부를 허용함(형소법 제219조, 제134조)

1) 검사와 사법경찰관은 모든 수사과정에서 헌법과 법률에 따라 보장되는 피의자와 그 밖의 피해자 · 참고인 등(이하 "사건관계인"이라 한다)의 권리를 보호하고, 적법한 절차에 따라야 한다.

2) 검사와 사법경찰관은 예단(豫斷)이나 편견 없이 신속하게 수사해야 하고, 주어진 권한을 자의적으로 행사하거나 남용해서는 안 된다.

3) 검사와 사법경찰관은 수사를 할 때 다음 각 호의 사항에 유의하여 실체적 진실을 발견해야 한다.

가) 물적 증거를 기본으로 하여 객관적이고 신빙성 있는 증거를 발견하고 수집하기 위해 노력할 것

나) 과학수사 기법과 관련 지식 · 기술 및 자료를 충분히 활용하여 합리적으로 수사할 것

다) 수사과정에서 선입견을 갖지 말고, 근거 없는 추측을 배제하며, 사건관계인의 진술을 과신하지 않도록 주의할 것

라) 검사와 사법경찰관은 다른 사건의 수사를 통해 확보된 증거 또는 자료를 내세워 관련이 없는 사건에 대한 자백이나 진술을 강요해서는 안 된다.

9. 범죄수사의 원칙

범죄수사는 형사사건에 한하여 행하여야 하며, 순수한 민사사건에 관하여 수사권이 발동되어서는 안 된다. 모든 정보자료, 수사 자료를 종합하여 상황을 파악하고, 모든 기술과 지식, 조직을 동원, 체계적이고 조직적인 종합수사를 행하여야 한다.

가. 범죄수사의 3대원칙(3S의 원칙)

1) 신속착수의 원칙(Speedy Initiation)

범죄의 흔적은 시간이 경과함에 따라 자연적 또는 인위적으로 멸실 또는 변질되는 것이 본질이다. 따라서 수사는 될 수 있는 대로 급속히 착수해야 한다.

2) 현장보존의 원칙(Scene Preservation)

범죄의 현장이나 물건 등은 변화하는 본질을 가지고 있다. 그러므로 범죄현장을 잘 보존하고 관찰하지 않으면 수사는 성공하기 어렵게 된다. 그래서 범죄현장을 증거의 보고라 한다.

3) 공중(시민)협력의 원칙(Support by the Public)

범죄의 흔적은 기억에 남겨지게 되는 것이므로 민중으로부터 적극적 협력을 얻지 못하면 수사는 곤란하게 된다. 범죄의 현장을 증거의 보고라 한다면 민중이 살고 있는 이 사회는 증거의 바다라고 할 수 있으므로 수사를 성공적으로 수행하기 위해서는 개개의 사건수사에 있어서는 물론 평소 민중의 협력을 얻도록 노력해야 한다.

나. 임의수사의 원칙, 강제수사 법정(영장)주의

수사의 방법은 임의수사를 원칙(범죄수사규칙 제6조제1항)으로 하고 강제수사는 법에 특별한 규정이 있는 경우에 한한다(형사소송법 제199조제1항 단서 후단). 또한 피의자는 불구속 상태에서 수사를 함이 원칙이다(동법 제198조제1항). 이는 무죄추정의 법리 및 수사의 상당성을 제도적으로 표현한 것이다. 한편 헌법에서는 체포·구속·압수·수색 등의 강제수사는 법관이 발부하는 영장을 제시하여야 한다는 강제수사 영장주의를 천명하고 있다(헌법 제12조제3항).

〈표 8-21〉 임의수사와 강제수사

임의수사	강제수사
1) 의의 임의수사는 강제적인 수단에 의하지 않고 상대방의 동의나 승낙, 협력을 얻어서 행하는 수사를 말한다. 현행법은 임의수사가 원칙이다. 2) 종류 형사소송법, 사법경찰관리집무규칙과 범죄수사규칙은 임의수사로서 피의자 또는 피의자 아닌 자에 대한 출석요구 및 피의자신문, 참고인조사, 감정•통역•번역의 위촉, 임의제출물의 압수, 공무소 기타 공사기관의 사실조회, 실황조사, 촉탁조사 등을 규정 ※ 임의수사에서 '임의동행' 문제 - 임의수사 한계일탈 : 위법 ① 동행시간과 장소 ② 동행 방법 ③ 동행 후 신문방법 ④ 체포 또는 구속영장의 유무 ⑤ 식사, 휴식, 용변의 감시 ⑥ 퇴거희망이나 동행거부의 유무를 종합하여 판단	1) 의의 형사소송의 진행과 형벌의 집행을 확보하기 위하여 강제력을 사용하는 것을 강제처분이라 하고, 수사기관에 의한 강제처분을 강제수사라고 한다. 자유를 제한하고 인권을 침해하므로 원칙적으로 사전영장을 필요로 한다(검사의 청구-법원의 발부). 강제수사는 법정주의로 법에 정해져 있어야 할 수 있다. 일반영장(불특정 된 영장을 일단 가지고 다니다, 필요할 때 쓸 수 있는 영장)은 어떠한 경우에도 금지된다. 강제수사는 헌법 제12조제3항에 의해 '영장주의 원칙'이다. 2) 종류 체포영장에 의한 체포, 긴급체포, 현행범인의 체포, 피의자의 구속, 압수·수색·검증, 증거보전, 증인신문의 청구, 통신제한조치, 수사상의 감정유치, 감청, 사진촬영, 기타 감정에 필요한 분석

다. 수사비례의 원칙

수사의 결과와 수사로 인한 법익침해가 부당하게 균형을 잃어서는 안 된다는 원칙이다.

예컨대, 죄질과 피해가 극히 경미한 사건을 입건하는 것은 수사권의 남용이 될 수 있다.

라. 수사비공개의 원칙

수사의 개시와 실행은 원칙적으로 이를 공개하지 아니한다. 이는 수사사항이 알려져 증거가 인멸되거나 관련인이 도주할 수도 있고, 수사 관계자의 명예 등 인권 침해가 될 수도 있기 때문이다. 따라서 수사의 비공개는 원활한 수사를 위해서, 수사 관계자의 인권을 위해서 필요한 것이다.

마. 자기부죄강요금지의 원칙

헌법은 불리한 진술을 강요당하지 아니한다고 명시하고 있고(헌법 제12조제2항), 형사소송법은 피의자의 진술거부권을 보장하고 있다(형사소송법 제244조의3). 따라서 수사기관은 피의자에 대하여 자백을 강요하여서는 아니 된다.

10. 범죄수사상 준수 원칙

선증후포의 원칙 (선 증거수집 후 체포)	사건에 관하여 먼저 조사하여 증거를 확보한 후에 범인을 체포하여야 함
법령준수의 원칙	범죄수사에 있어서 관련법규를 숙지하고 이를 철저히 준수하야야 함
민사관계불간섭의 원칙	범죄수사는 형사사건에 한하여 행해질 수 있고, 민사관계는 개입금지원칙
종합수사의 원칙	모든 정보자료와 수사자료를 종합하여 상황을 파악하고, 모든 기술과 지식· 조직을 동원하여 체계적이고 조직적인 종합수사를 하여야 함.

11. 수사상 금지

1) 불이익 금지

검사와 사법경찰관은 피의자나 사건관계인이 인권침해 신고나 그 밖에 인권 구제를 위한 신고, 진정, 고소, 고발 등의 행위를 하였다는 이유로 부당한 대우를 하거나 불이익을 주어서는 안 된다.

2) 형사사건의 공개금지

① 검사와 사법경찰관은 공소제기 전의 형사사건에 관한 내용을 공개해서는 안 된다.

② 검사와 사법경찰관은 수사의 전(全) 과정에서 피의자와 사건관계인의 사생활의 비밀을 보호하고 그들의 명예나 신용이 훼손되지 않도록 노력해야 한다.

법무부장관, 경찰청장 또는 해양경찰청장은 무죄추정의 원칙과 국민의 알권리 등을 종합적으로 고려하여 형사사건 공개에 관한 준칙을 정할 수 있다.

12. 제척의 원인

경찰관은 다음 각 호의 경우에 수사직무(조사 등 직접적인 수사 및 수사지휘 포함)의 집행에서 제척된다.

1) 경찰관 본인이 피해자인 때
2) 경찰관 본인이 피의자나 피해자의 친족이거나 친족관계가 있었던 자인 때
3) 경찰관 본인이 피의자나 피해자의 법정대리인이나 후견감독인인 때

피의자, 피해자, 변호인은 다음 각 호의 경우에 해당 경찰관의 기피를 신청할 수 있다.

1) 경찰관이 전조 각 호의(제척) 사유에 해당되는 때
2) 경찰관이 사건 청탁, 인권 침해, 방어권 침해, 사건 방치 등 불공정한 수사를 할 염려가 있다고 볼만한 객관적·구체적 사정이 있는 때

기피 신청을 하려는 사람은 기피 신청을 한 날로부터 3일 이내에 기피 사유를 서면으로 소명하여야 한다. 기피 신청은 해양경찰관서에 접수된 고소, 고발, 진정, 탄원 및 신고(단, 접수 시 당사자가 특정된 사건에 한정한다) 사건에 한하여 신청할 수 있다. 이 경우 검찰에 접수되어 경찰에 수사의뢰한 사건도 신청할 수 있다.

13. 긴급체포

형사소송법 제200조의3(긴급체포)에서 ①검사 또는 사법경찰관은 피의자가 사형 · 무기 또는 장기 3년 이상의 징역이나 금고에 해당하는 죄를 범하였다고 의심할 만한 상당한 이유가 있고, 다음 각 호의 어느 하나에 해당하는 사유가 있는 경우에 긴급을 요하여 지방법원판사의 체포영장을 받을 수 없는 때에는 그 사유를 알리고 영장 없이 피의자를 체포할 수 있다. 이 경우 긴급을 요한다 함은 피의자를 우연히 발견한 경우 등과 같이 체포영장을 받을 시간적 여유가 없는 때를 말한다.

1) 피의자가 증거를 인멸할 염려가 있는 때
2) 피의자가 도망하거나 도망할 우려가 있는 때

시법법경찰관이 피의자를 체포한 경우에는 즉시 검사의 승인을 얻어야 한다. 또한 검사 또는 사법경찰관은 피의자를 체포한 경우에는 즉시 긴급체포서를 작성하여야 한다. 긴급체포서에는 범죄사실의 요지, 긴급체포의 사유등을 기재하여야 한다.

검사 또는 사법경찰관이 제200조의3의 규정에 의하여 피의자를 체포한 경우 피의자를 구속하고자 할 때에는 지체 없이 검사는 관할지방법원판사에게 구속영장을 청구하여야 하고, 사법경찰관은 검사에게 신청하여 검사의 청구로 관할지방법원판사에게 구속영장을 청구하여야 한다. 이 경우 구속영장은 피의자를 체포한 때부터 48시간 이내에 청구하여야 하며, 제200조의3제3항에 따른 긴급체포서를 첨부하여야 한다. 구속영장을 청구하지 아니하거나 발부받지 못한 때에는 피의자를 즉시 석방하여야 한다. 석방된 자는 영장 없이는 동일한 범죄사실에 관하여 체포하지 못한다.

제2절 외국인 관련 범죄 특칙

1. 외국인 등 관련 범죄에 관한 특칙

1) 외국인 관련 범죄 또는 우리나라 국민의 국외범, 대·공사관에 관한 범죄 그 외 외국에 관한 범죄(이하 "외국인 등 관련범죄"라 한다)의 수사에 관하여 조약, 협정 그 밖의 특별한 규정이 있을 때에는 그에 따른다.

2) 경찰관은 외국인 등 관련 범죄의 수사를 함에 있어서는 국제법과 국제조약에 위배되는 일이 없도록 유의하여야 한다.

3) 경찰관은 외국인 등 관련 범죄 중 중요한 범죄에 관하여는 미리 해양경찰청장에게 보고하여 그 지시를 받아 수사에 착수하여야 한다. 다만, 급속을 요하는 경우에는 필요한 처분을 한 후 신속히 해양경찰청장의 지시를 받아야 한다.

4) 외국인 등 관련 범죄를 수사함에 있어서는 다음 각호의 어느 하나에 해당하는 자의 외교 특권을 침해하는 일이 없도록 주의하여야 한다.

① 외교관 또는 외교관의 가족

② 그 밖의 외교의 특권을 가진 자

5) 사용인을 체포하거나 조사할 필요가 있다고 인정될 때에는 현행범인의 체포 그 밖의 긴급 부득이한 경우를 제외하고는 미리 해양경찰청장에게 보고하여 그 지시를 받아야 한다.

6) 경찰관은 피의자가 외교 특권을 가진 자인지 그 여부가 의심스러운 경우에는 신속히 해양경찰청장에게 보고하여 그 지시를 받아야 한다.

2. 외국 군함에의 출입

1) 경찰관은 외국 군함에 관하여는 해당 군함의 함장의 청구가 있는 경우 외에는 이에 출

입해서는 아니 된다.

2) 경찰관은 중대한 범죄를 범한 자가 도주하여 대한민국의 영해에 있는 외국 군함으로 들어갔을 때에는 신속히 해양경찰청장에게 보고하여 그 지시를 받아야 한다. 다만, 급속을 요할 때에는 해당 군함의 함장에게 범죄자의 인도를 요구할 수 있다.

3) 경찰관은 외국 군함에 속하는 군인이나 군속이 그 군함을 떠나 대한민국의 영해 또는 영토 내에서 죄를 범한 경우에는 신속히 해양경찰청장에게 보고하여 그 지시를 받아야 한다. 다만, 현행범 그 밖의 급속을 요하는 때에는 체포 그 밖의 수사상 필요한 조치를 한 후 신속히 해양경찰청장에게 보고하여 그 지시를 받아야 한다.

3. 외국 선박내의 범죄

경찰관은 대한민국의 영해에 있는 외국 선박내에서 발생한 범죄로서 다음 각호의 어느 하나에 해당하는 경우에는 수사를 하여야 한다.

① 대한민국 육상이나 항내의 안전을 해할 때

② 승무원 이외의 자나 대한민국의 국민에 관계가 있을 때

③ 중대한 범죄가 행하여졌을 때

경찰관은 외국인의 조사와 체포·구속에 있어서는 언어, 풍속과 습관의 특성을 고려하여야 하고, 사법경찰관은 「영사관계에 관한 비엔나협약」 제36조의 규정에 따라 외국인을 체포·구속하였을 때에는 체포·구속 시 고지사항 외에 해당 영사기관에 체포·구속사실의 통보와 국내법령에 위반되지 않는 한도 내에서 해당 영사기관원과 접견·교통을 요청할 수 있음을 고지하여야 한다. 피의자가 영사기관 통보 및 접견을 요청한 경우에는 영사기관 체포·구속통보서를 작성하여 해당 영사기관에 지체없이 통보하여야 한다.

4. 외국인 사망자 통보

사법경찰관은 외국인 변사사건을 접수한 때에는 「영사관계에 관한 비엔나협약」 제37조의 규정에 따라 별지 제183호 서식의 영사기관사망통보서를 작성하여 해당 영사기관에 그 사실을 지체 없이 통보하고 이를 사건관련기록에 편철하여야 한다.

제 9 편

해양경찰

국제외사론

제1장 해양경찰 외사경찰 활동

제1절 외사경찰의 개념

1. 외사경찰

가. 의의

외사경찰이란 대한민국의 안전과 사회공공의 안녕 및 질서보호를 목적으로 외국인, 외국과 관련된 기관, 단체 등 외사활동 대상에 대하여 이들의 동정을 관찰하고 이들과 관련된 범죄를 예방·단속하는 것을 주된 임무로 하는 경찰활동을 말한다.

나. 중요성

외사경찰의 중요성은 국제화, 개방화 추세 속에서 대외무역의 증가, 새로운 국가와의 교류확대, 인접국가와의 어업협정, 국제여객선을 이용한 해외여행자의 증가 등 외사치안대상은 날로 증가하는 추세에 있어 외사경찰의 활동이 더욱 중요해지고 있는 실정이다.

다. 특성

1) 대상의 특성

외사경찰은 외국인 또는 외국관련 기관·단체를 주요 대상으로 하므로, 일반 내국인과 관련된 범죄의 예방과 단속을 주 업무로 하는 일반경찰활동과 구별되며, 대상법률도 일반 형법범 사건보다는 출입국관리법, 여권법, EEZ어업법, 밀항단속법 등 주로 외국인과 관련 있는 범법행위와 내국인의 외국관련범죄를 주 단속대상으로 한다는 점에서 그 특성을 찾을 수 있다. 한편 외사경찰은 외교사절도 그 대상으로 하고 있는 바, 외교사절은 일반 체류 외국인과는 달리 특별한 지위를 누리고 있으므로 업무 취급상 특별한 주의를 요한다.

2) 활동범위의 특성

가) 외사정보 및 보안활동

외국인, 외국기관·단체 등에 대한 동향이나 이들과 직·간접으로 관계있는 내국인 등을 대상으로 해상치안질서 또는 국가안보상 위해(危害)요소 등과 관련된 첩보를 수집·판단· 분석하여 정책수립에 반영함으로써 해상치안질서 유지 및 안보상 장애요인을 예방·제거하는 자료로 제공하고자 하는 수행활동이다.

나) 외사수사 활동

① 국제조약 등에서 규정하고 있는 범죄와 국내에서 발생한 범죄가 인적·장소적으로 2개국 이상 관련되거나 조직화하여 행해지는 국제성 범죄와 출입국관리법, 밀항단속법, 경제수역어업주권법(EEZ어업법) 등 위반사범과 같은 일반외사사범 수사 활동을 수행하는 것이다.

② 외사수사의 활동범위는 해외도피사범의 강제송환을 위한 국가간 경찰공조, 인터폴을 통한 각국 수배 등 활동범위가 전 세계에 이르고 있다.

다) 국가적 경찰공조 활동

외사경찰의 국제공조 업무는 수사 분야 외에 해상치안기관간의 이해증진을 위한 상호 교류, 국제회의 참석, 정보기관과의 범죄정보교환, 경찰관의 공무국외여행 등 고유한 업무수행을 말한다.

라. 외사경찰의 대상

1) 인물별 대상

가) 외국공관원 및 준 외교관

주한외국대사 · 공사 · 영사와 국제기관의 직원 등이다.

나) 주한외국군 구성원

주한 외국군인 군속과 그 가족, 초청계약자와 그 가족, 고용원 등이다.

다) 주한외국인

거류자, 체류자, 항공기와 선박의 승무원 중 상륙 허가를 받은 자 등이다.

라) 해외교포 및 취업자

해외에 영주하는 교포, 해외 장기거주자, 취업자 등이다.

마) 외국과 관련 있는 내국인

외국공관과 외국기관의 내국인 종업원, 외국인 접객업소의 종업원, 관광안내원 등이다.

2) 기관별 대상

가) 외국공관 : 대사관, 공사관, 영사관, 국제기관 등

나) 주한외국군 기관 : 주한 UN군, 주한 미8군, 정전위원회 등

다) 외국인 사회단체 : 각종 민간단체, 봉사단체, 문화학술단체 등

라) 외국인 종교 및 구호단체 : 각종 종교·구호단체, 고아 입양단체 등

마) 외국기업체 : 선박회사, 상사, 금융기관, 여객선사 등

바) 외국 언론기관 : 외국신문, 통신사 등

사) 외국인과 관련된 국내단체와 기업체 등

3) 구별해야 할 점

일반국민은 외국인 및 외국과 관련된 단체와 연관되어 있지 않는 이상 원칙적으로 외사경찰의 대상이 되지 않는다.

2. 외사경찰의 근거

가. 외사 업무사항의 법적 조항

1) 정보 및 보안업무기획 · 조정규정(대통령령)

가) 제2조(정의)

1. "국외정보"라 함은 외국의 정치·경제·사회·문화·군사·과학 및 지지등 각 부문에 관한 정보를 말한다. 2. "국내보안정보"라 함은 간첩 기타 반국가활동세력과 그 추종분자의 국가에 대한 위해 행위로부터 국가의 안전을 보장하기 위하여 취급되는 정보를 말한다. 3. "통신정보"라 함은 전기통신수단에 의하여 발신되는 통신을 수신·분석하여 산출하는 정보를 말한다. 4. "통신보안"이라 함은 통신수단에 의하여 비밀이 직접 또는 간접으로 누설되는 것을 미리 방지하거나 지연시키기 위한 방책을 말한다. 5. "정보사범 등"이라 함은 형법 제2편제1장 및 제2장의 죄, 군형법 제2편제1장 및 제2장의 죄, 동법 제80조 및 제81조의 죄, 군사기밀보호법 및 국가보안법에 규정된 죄를 범한 자와 그 혐의를 받는 자를 말한다. 6. "정보수사기관"이라 함은 제1호 내지 제5호에 규정된 정보 및 보안업무와 정보사범등의 수사업무를 취급하는 각급 국가기관을 말한다.

나) 제5조(조정업무의 범위)의 제10호(해양수산부)

국내 보안정보(외사정보 포함)의 수집·작성에 관한 사항

2) 해양경찰청과 그 소속기관 직제(대통령령)

- 제13조의2 (국제정보국)

1. 정보업무의 기획·지도 및 조정	2. 정보의 수집·분석 및 배포
3. 보안경찰업무의 기획·지도 및 조정	4. 외사경찰업무의 기획·지도 및 조정
5. 국제사법공조 관련업무	6. 해양경찰직무와 관련된 국제협력업무의 기획·지도 및 조정

3) 해양경찰청과 그 소속기관 직제 시행규칙(해양수산부령)

- 제8조의2 (국제정보국)

1) 정보과장은 다음 사항을 분장한다.
① 정보업무에 관한 기획·지도 및 조정
② 공공안녕에 대한 위험의 예방과 대응을 위한 정보의 수집·종합·분석·작성 및 배포
③ 정책정보의 수집·종합·분석·작성 및 배포
④ 해상집회·시위 등 집단사태의 관리에 관한 지도·조정
⑤ 그 밖에 국 내 다른 과의 주관에 속하지 않는 사항
2) 외사과장은 다음 사항을 분장한다.
① 외사경찰업무에 관한 기획·지도 및 조정 ② 외사방첩업무에 관한 사항
③ 외사정보의 수집·종합·분석·작성 및 배포 ④ 국제형사경찰기구에 관한 사항
⑤ 국제사법공조에 관한 사항 ⑥ 국제해항에서의 외사활동 계획 및 지도
3) 보안과장은 다음 사항을 분장한다.
① 보안경찰업무에 관한 기획·지도 및 조정 ② 보안방첩업무에 관한 사항
③ 보안정보의 수집·종합·분석·작성 및 배포 ④ 항만에서의 보안활동 계획 및 지도
4) 국제협력과장은 다음 사항을 분장한다.
① 해양경찰직무와 관련된 국제협력 업무에 관한 계획의 수립·조정 업무
② 외국 해양치안기관 및 주한외국공관과의 교류·협력 업무
③ 해양경찰 관련 국제기구 참여 및 국제협약 등과 관련된 업무
④ 해외주재관 파견·운영 및 공무 국외여행 ⑤ 국제해양 정보 수집·분석 및 배포

나. 외사경찰의 활동과 관계가 있는 법률과 조약

1) 법률

출입국관리법, 밀항단속법, 범죄인 인도법, 국제형사사법 공조법, 여권법, 영해 및 접속수역법, 배타적 경제수역에서의 외국인어업등에 대한 주권적 권리의 행사에 관한 법률(약칭 경제수역어업주권법), 해양환경관리법, 해양과학조사법, 해저광물자원개발법 등이다.

2) 조약 및 협약

범죄인인도조약, 형사사법공조조약, 외교(영사)관계에 관한 비엔나 협약, 유엔해양법협약 등이다.

3. 외사경찰의 임무

외사경찰의 임무는 외사정보업무, 외사수사업무, 외사보안업무, 국제협력업무 등 4가지로 나눌 수 있다.

가. 외사정보 업무

주한 외국인, 주한 외교사절, 주한 외국기관, 상사단체, 해외교포 등을 대상으로 외사첩보를 수집하고, 그 분석결과를 정책수립 자료로 제공하여 경찰상 또는 국가안보상의 위해요인을 사전제거 및 대책을 마련하는 활동이다.

나. 외사보안 업무

외국인, 외국기관·상사·단체원, 외국인과 관계있는 내국인, 해외교포, 출입국자 등을 대상으로 간첩행위 등 국가보안법 위반사항이나 산업스파이 등 기타 반국가적 행위 여부를 파악하고 동향 등을 관찰하는 활동이다.

다. 외사수사 업무

외국인 또는 외국과 관련된 범죄 혐의를 탐지하고, 범죄자를 검거·조사하며, 증거를 수집·보전하는 활동이다.

라. 국제협력 업무

경찰협력약정 체결, 경찰대표단 상호방문, 교육연수, 국제회의 및 세미나 참석 등을 통하여 외국 경찰기관과의 협력관계를 증진하는 활동이다.

제2절 외사정보활동

1. 외사정보활동

가. 외사정보활동

대한민국의 안전·이익, 사회공공의 안녕·질서유지에 관계있는 정보를 수집, 분석, 판단, 보고 등을 통해 국가정책에 반영할 목적으로 행하여지는 일체의 경찰활동을 말한다.

나. 외사정보의 특성

1) 내용상 특성 : 외국, 외국인에 관한 국외정보가 주류

2) 정보활동상 특성 : 대상의 특성으로 인하여 외교마찰의 우려가 있으므로 첩보원 접촉 등에 주의를 요함

3) 전문적 지식 필요 : 국제법규, 국제관습, 국제조약, 외사 관련 법규에 대한 전문적 지식 필요

4) 정보요원의 자격요건 : 외국어 능력과 의전 및 국제예절 숙지 등 자격 필요

2. 외사정보의 대상

가. 인적 대상

1) 외교사절 및 準외교사절
2) 주한미군, 군속 및 그 가족 등
3) 국내거류 외국인 : 고용, 연구 등 사유로 90일을 초과하여 거류하는 외국인
4) 국내체류 외국인 : 관광·사업 등 사유로 입국하여 90일 이하 체류하는 외국인
5) 불법체류자
6) 재외동포 및 해외거주 내국인, 관광객
7) 외국과 관련 있는 내국인
8) 국제조직범죄 단체원 및 테러조직원

나. 물적 대상

1) 외국공관
2) 외국기관 : 외국정부나 국제기구 소속기관 또는 외국인 학교 등
3) 외국상사
4) 외국단체
5) 외국 언론기관 : 국외통신사, 외국방송사, 외국 신문·잡지사 등
6) 재외 국내단체 및 기업체
7) 국제범죄조직
8) 국제테러조직

다. 외사정보활동 시 유의사항

1) 대상의 특수성

가) 일반적 유의사항

① 공무상의 출입이어야 하며, 사전승인을 득한 후 일과 시간 내 출입을 원칙으로 한다.
② 출입 대상기관, 대상인물의 국적, 언어, 풍습, 금기사항 등을 사전에 숙지한 후 출입해야 한다.
③ 외교관의 특권 및 외국인의 법적 지위 등을 숙지한다.
④ 상주 외국인 중에는 한국어 구사 능력자가 많으므로 대화할 때 저속어를 사용하거나 보안사항을 누설해서는 안 된다.
⑤ 국익을 저해할 수 있는 무의식적 언행을 삼간다.
⑥ 외국인에 대한 지나친 우월감 표시, 지나친 예우, 저자세는 국가의 위신에 손상을 주는 것임을 유념한다. 대한민국 경찰을 대표한다는 자세로 매사에 신중히 처신한다.

나) 상호주의 존중
다) 비(非)노출 원칙
라) 긍지와 품위 유지

2) 내용상 유의사항
가) 시의성 있는 첩보수집
나) 공개첩보활동 지양
다) 경제범죄 관련 첩보수집에 주력

라. 외사정보의 종류

1) 일일 외사정보보고 : 매일 중요한 외사관련 정보를 분석한 보고 2) 외사정책보고 : 외사 관련 국가정책의 기획·시행·평가에 유용한 자료로서, 사안별로 부정기적으로 작성하는 보고 3) 별보 : 대내적 또는 필요부서에만 제한적으로 배포하는 보고 4) 속보 : 긴급한 사안에 대하여 형식에 구애받지 않고 작성되는 보고 5) 기타 : 해외 경찰주재관 제출첩보를 기초로 정기 또는 비정기적으로 작성하는 해외주재관 보고, 테마기획 보고 등

제3절 외사수사활동

1. 외사범죄 수사

가. 출입국사범 단속

1) 출입국사범에 대한 조치
가) 내국인 : 출국금지
나) 외국인 : 입국금지, 출국정지, 강제퇴거, 보호조치·일시보호, 출국권고, 출국명령
다) 내·외국인 : 고발조치, 통고처분

2) 경찰의 처리요령
가) 출입국사범에 관한 사건은 출입국관리소장의 고발이 없는 한 공소를 제기할 수 없다.
나) 출입국관리공무원 외 수사기관이 입건 시 즉시 관할출입국관리사무소장 등에 인계
다) 출입국관리법위반과 타 형사사건이 경합하는 때는 형사사건 종결 후 출입국관리사무소에 신병을 인계하는 것이 일반적이다.
라) 순수하게 출입국사범인 경우 입건하지 않고 출입국관리사무소에 통보하는 것으로 충

분하며, 입건 시에는 신병을 인계해야 한다.

<승선 중 무단이탈한 외국인 선원 검거>
해양경찰은 범죄사실이 확인되지 않으면 출입국관리법 위반 혐의로 불구속 입건하고(범죄사실 발견 시 구속영장 신청) 출입국관리 사무소로 인계, 출입국관리사무소 측은 강제추방 절차를 하게 된다.

<출입국관리법상 외국인 상륙>

▶**제14조(승무원의 상륙허가)** ① 출입국관리공무원은 다음 각 호의 어느 하나에 해당하는 외국인승무원에 대하여 선박등의 장 또는 운수업자나 본인이 신청하면 **15일의 범위**에서 승무원의 상륙을 허가할 수 있다. 다만, 제11조제1항 각 호의 어느 하나에 해당하는 외국인승무원에 대하여는 그러하지 아니하다.

1. 승선 중인 선박등이 대한민국의 출입국항에 정박하고 있는 동안 휴양 등의 목적으로 상륙하려는 외국인승무원
2. 대한민국의 출입국항에 입항할 예정이거나 정박 중인 선박등으로 옮겨 타려는 외국인승무원

▶**제14조의2(관광상륙허가)** ① 출입국관리공무원은 관광을 목적으로 대한민국과 외국 해상을 국제적으로 순회(巡廻)하여 운항하는 여객운송선박 중 법무부령으로 정하는 선박에 승선한 외국인승객에 대하여 그 선박의 장 또는 운수업자가 상륙허가를 신청하면 **3일의 범위에서** 승객의 관광상륙을 허가할 수 있다

▶**제15조(긴급상륙허가)** ① 출입국관리공무원은 선박등에 타고 있는 외국인(승무원을 포함한다)이 질병이나 그 밖의 사고로 긴급히 상륙할 필요가 있다고 인정되면 그 선박등의 장이나 운수업자의 신청을 받아 **30일의 범위에서** 긴급상륙을 허가할 수 있다.

▶**제16조(재난상륙허가)** ① 지방출입국·외국인관서의 장은 조난을 당한 선박등에 타고 있는 외국인(승무원을 포함한다)을 긴급히 구조할 필요가 있다고 인정하면 그 선박등의 장, 운수업자, 「수상에서의 수색·구조 등에 관한 법률」에 따른 구호업무 집행자 또는 그 외국인을 구조한 선박등의 장의 신청에 의하여 **30일의 범위에서** 재난상륙허가를 할 수 있다.

▶**제16조의2(난민 임시상륙허가)** ① 지방출입국·외국인관서의 장은 선박등에 타고 있는 외국인이 「난민법」 제2조제1호에 규정된 이유나 그 밖에 이에 준하는 이유로 그 생명·신체 또는 신체의 자유를 침해받을 공포가 있는 영역에서 도피하여 곧바로 대한민국에 비호(庇護)를 신청하는 경우 그 외국인을 상륙시킬 만한 상당한 이유가 있다고 인정되면 법무부장관의 승인을 받아 **90일의 범위에서** 난민 임시상륙허가를 할 수 있다. 이 경우 법무부장관은 외교부장관과 협의하여야 한다.

나. 여권법위반사범 단속

국적 상실자가 한국 여권을 사용하거나 외국인이 위·변조 여권을 사용하는 등 유효한 여권이나 사증을 소지하지 않고 입국하는 경우가 증가하고 있다.

다. 밀항사범 단속

밀수·밀입국·밀항과 내·외국인이 연계한 범죄 등 우리나라의 해양치안 질서를 흐트러뜨리는 국제성 범죄가 증가하는 현상을 보이고 있다.

라. 외국환거래법위반사범

수출입거래 및 용역거래와 관련하여 수출입가격 조작을 통한 외화 불법반출, 외화의 불법 유출입 행위 등(위조달러사범 단속 : 퍼노트(초정밀 위조 100달러 미화)의 전 세계적 유통 확산)을 말한다.

2. 국제조직범죄 수사

가. 국제조직범죄

국제조직범죄란 매우 다의적인 개념으로, 국제형사경찰기구에서는 '국경에 상관없이 경제적 이익만을 추구하기 위해 계속적으로 불법적인 활동을 일삼는 자들의 집단 또는 조직체'로 정의하고 있다.

나. 국제조직범죄의 수사

1) 수사상 한계

가) 조직원 수사 : 조직에 대하여는 침묵하므로 범죄조직의 실체를 파악하기 어려움
나) 피해자 조사 : 보복, 두려움 등으로 신고를 회피하거나 수사기관에 대한 협조 기피
다) 증인확보 : 조직원의 회유·협박으로 재판단계에서 증언을 번복하는 경우가 많음
라) 비호세력의 존재 : 조직의 비호세력이 수사관의 활동을 위축시키는 등 수사방해

2) 국제조직범죄 수사대책

가) 수사요원의 전문화와 국제조직범죄 전담기구의 설치
나) 정보관리체계 정비 : 조직의 계보, 활동 내역, 조직원 신상 등을 자료화하여 관리
다) 적극적인 수사 자세 : 비호세력, 조직 자금원 등에 대하여도 적극적으로 수사
라) 피해자 및 증인 보호대책 강구 : 피의자, 피해자, 증인에 대한 강력한 보호조치

다. 주한미군지위협정(SOFA)사건 수사

1) 주한미군지위협정

주한미군의 법적 지위를 규정한 협정으로 1953년 체결된 「한·미 상호방위조약」에 근거하고 있으며 '접수국법령 존중의 원칙'을 기본으로 하되 주한미군의 효율적 업무 수행을 위하여 편의와 배려를 제공하고 있다.

2) 주한미군지위협정 주요 내용

가) 적용 대상자
① 미국 군대의 구성원

대한민국의 영역 안에 있는 미국의 육군, 해군, 공군에 속하는 인원으로 현역에 복무하고 있는 자로서 대사관 부속 군인, 군사고문단협정 규정 인원은 제외

② 군속

미국의 국적을 가진 민간인으로서 대한민국에 있는 미국 군대에 고용되거나 동 군대에 근무하거나 또는 동반하는 자

③ 가족

배우자 및 21세 미만의 자녀, 부모 및 21세 이상의 자녀 또는 기타 친척으로서 그 생계비의 반액 이상을 미국 군대의 구성원 또는 군속에 의존하는 자

④ 초청계약자

나) 장소적 적용범위

① 대한민국 영역 안에서 범한 범죄에 대하여 적용

② 미군 당국은 미군구성원이 대한민국 영역 밖에서 범한 범죄에 대하여 대한민국 영역 안에서 형사재판권 및 징계권을 가진다.

다) 개정 절차

대한민국 또는 미합중국 어느 정부든지, 어느 조항이든지, 언제든지 개정을 요청할 수 있다.

라) 형사재판권

① 재판관할권 : 한·미 당국이 재판권행사 주체라는 '재판권 분장의 원칙' 선언

② 전속적 재판권 : 대한민국과 미군당국 중 어느 일방 국가의 법령에 의해서는 처벌할 수 있으나, 다른 일방 국가의 법령에 의해서는 처벌할 수 없는 경우에 처벌이 가능한 국가만이 배타적으로 형사재판권을 행사하는 것

③ 재판권의 경합 : 원칙적으로는 대한민국 당국이 제1차적 재판권을 보유하며, ① 오로지 미국의 재산이나 안전에 관한 범죄, 또는 오로지 미국 군대의 타 구성원이나 군속 또는 그들의 가족의 신체나 재산에 관한 범죄 ② 공무집행 중의 작위 또는 부작위에 의한 범죄의 경우에는 예외적으로 미군 당국이 제1차적 재판권을 보유한다(협정 제22조제3항(가)).

④ 재판권 포기 : 대한민국 당국은 미군 당국의 요청이 있으면 대한민국 당국이 재판권을 행사함이 특히 중요하다고 결정하는 경우를 제외하고는 재판권을 행사할 제1차적 권리를 포기한다.

제4절 외사보안활동

1. 외사보안업무

가. 외사 대테러업무

1) 의의

테러리즘으로부터 국가의 안전과 사회의 안녕·질서를 유지하기 위해 국제테러조직과 그 활동에 대한 정보를 수집하여 테러조직원의 국내잠입을 방지하고, 테러발생 시 정보를 지원하며, 인질사건 발생 시 협상을 지원하는 외사경찰의 활동을 말한다.

2) 국제테러 첩보수집활동

첩보수집대상으로 외사동향파악 대상자, 테러지원국가인을 포함한 이슬람 국가인, 국제테러혐의자, 이슬람성원 관계자, 인터폴·CIA 등 국제 정보수사기관, 상주 외국공관원, 외국상사 단체원·유학생, 해외 경찰주재관 및 해외주재 한국공관원, 외국공관·美 관련 시설 및 다중 운집시설 주변 배회자 등이 있다.

3) 테러범 신병처리

가) 형법적용이 불가능한 경우

외국인이 우리나라의 법익을 전혀 침해하지 않고 외국에서 테러를 범한 경우에는 형법 적용이 불가능

※ 우리 형법은 일반적으로 세계주의(世界主義) 원칙을 채택하고 있지 않아 문제됨.

나) 형법적용이 불가능한 경우 신병처리

① 입국금지(거부) : 출입국관리공무원은 입국심사 시에 입국금지(거부) 가능

② 강제퇴거 : 테러범 발견 시 밀착 동향파악 및 강제퇴거 조치
(대테러 업무 실무상 가장 효용성이 높은 제도)

③ 범죄인인도 : 인도구속 및 신병인도까지 절차가 복잡하고 수개월 이상 소요
(긴급성을 요하는 대테러 업무상 효율성 저하)

4) 대테러 협상요령

가) 인질협상의 기본원리

① 협상은 자신이 가진 것과 상대방이 가진 것을 나누는 합의과정

② 테러분자의 초기 심리상태는 비이성적, 불안하고 극단적인 행동을 보임

③ 초기단계에서 시간벌기에 성공하면 평화적 해결 가능성이 높아짐

④ 기본원리는 시간벌기이며, 나머지 협상과정은 그 수단

⑤ 무력진압은 준비단계 부터 협상과정 전후에 걸쳐 필요성 및 긴박성에 따라 언제든지 이루어질 수 있다.

나) 인질협상과정

① 준비단계(초동조치)

ⓐ 격리와 고립

ⓑ 협상지휘소 설치

ⓒ 정보 분석

② 인질협상 : 협상자의 선정 및 협상개시

③ 무력진압 : 협상이 난관에 봉착하거나 긴급한 경우 진압 개시

나. 외사동향관찰 활동

1) 국가안보·기밀유출 등 국익 저해요소를 사전 색출하기 위해 불순활동 우려 외국인에 대해 위해첩보 수집 및 동향파악

2) 위해도에 따라 가·나·다급으로 분류

3) 외사동향파악 대상자의 다양화 등 내실화 추구를 위해 혼인 등에 의한 국적취득자·국가보안목표시설 종사자 등 동향파악 강화

다. 외빈경호·국제행사 외사보안활동

1) 경호대상 외빈의 신변안전 확보 및 국제행사의 원활한 개최를 위하여 위해첩보 수집 및 행사장·숙소에 대한 외사보안활동 전개

2) 대테러 관련 첩보수집 및 신원특이 외국인에 대한 동향파악 및 경호처 경호안전대책위원회 실무회의 참석

3) 행사기간 중 테러 등 경호위해 첩보가 입수되는 경우나, 외사동향관찰 대상자 중 위해도가 높은 외국인에 대하여는 관찰 실시

2. 국제항해(공항) 외사보안 활동

가. 출국자 보안검색

1) 법적 근거

가) 국제항해선박 및 항만시설의 보안에 관한 법률 (약칭: 국제선박항만보안법)

나) 경비업법

다) 국가보안목표관리지침 제25조제2항

2) 경찰의 보안검색권

가) 보안검색의 개념

공항(항공기 포함) 등 국가중요시설을 보호하기 위하여 입·출국하는 승객의 신체 및 휴대물품과 위탁화물 등의 검색 등을 통한 안전 확보

나) 보안검색 지도감독 업무

① 평상시 보안검색업무 지도체제 유지

② 비상시 보안검색요원을 보조자로 보안검색 및 X-Ray 검색 과정 장악, 직접 검색

나. 입국자 외사보안활동

1) 테러혐의자 입국규제

가) 입국 시 통보요청자에 대한 조치

① 국제테러첩보 관련자에 대하여 입국 시 통보요청(경찰청)

② 대상자 입국 시 공항 출입국관리사무소에서 공항경찰대에 통보

③ 공항경찰대는 대상자의 혐의 확인 후 국정원·출입국관리사무소와 합동조사

나) 국제공항에서 테러혐의자 발견 시 조치

① 출입국관리사무소로부터 테러 의심자 발견 사실을 통보받았을 경우
출입국관리국 재심에 참여, 신원확인 및 관련 사항을 경찰청 외사보안계 즉보

② 환승장 CIQ 지역 등에서 검문검색 중 테러의심자를 발견했을 경우

ⓐ 입국 또는 환승 여부 확인(환승 시 해당편명, 시간, 목적지 확인)

ⓑ 출입국 관리사무소·세관·공항공사에 테러의심자에 대한 입국심사·수하물검색·보안검색 강화를 요청, 필요 시 직접검색 실시

ⓒ 출입국관리사무소와 협조, '입국금지' 및 '인터폴수배 여부' 등을 확인하고 테러혐의자로 판명될 경우 경찰청 외사보안계 즉보

ⓓ 테러혐의자와 동일인 여부가 불분명할 경우, 지체 없이 경찰청 외사보안계 즉보 및 신원확인 요청

2) 테러지원 국가인 입국관리

가) 입국신고서 등 관련 자료 확보 후 경찰청 외사보안계 및 체류지 관할지방경찰청장에게 보고·통보

나) 기(旣) 외사동향파악 대상자로 지정된 경우에는 해당 등급에 따라 첩보수집 및 동향파악

다) 체류지 관할지방경찰청장은 통보받은 자료와 대상자의 체류실태 등을 종합 심사하여 외사동향파악 대상자 지정 여부를 결정

라) 외사동향파악 대상자로 지정된 경우 등급에 따른 동향관찰 실시

3) 보호구역 내 불법행위 처리요령

가) 보호구역

공항시설 보안의 주체인 공항운영자가 공항시설 보안을 위해 특별한 보호가 필요하다고

인정되는 구역을 지정하여 출입이 허가된 자 이외의 자는 출입을 통제하는 지역

나) 법적 성격

① 국제 공·해항 내 보호구역은 일반인의 출입이 제한된 지역일 뿐, 치외법권 지역에는 해당되지 않아 완전한 국내법이 적용되는 지역

② 보호구역은 법무부의 입국심사가 완료되지 않은 지역으로 법무부에서는 업무편의상 보호구역 내 내·외국인은 입국하지 않은 것으로 의제

4) 보안검색이 완료된 구역 내 불법행위

가) 신병확보를 위해 법무부에 신속히 입국수속을 요청하고, 국내법이 적용되는 지역이므로 일반형사범 처리절차에 의거 처리

나) 불법행위에 대한 목격자를 현장에서 확보, 참고인 진술조서 등을 통하여 증거자료 확보에 주력

다) 경미범죄는 처벌 실익이 없어 현장에서 훈방 조치하는 것이 타당하나 피해자 처벌의사 유무 등을 고려하여 필요 시 입건조치 가능

3. 외사방첩활동

가. 외사방첩활동

국가안전보장을 위해 외사동향파악 대상자 중 혐의가 있는 자에 대하여 세부적으로 진행하는 비밀내사 및 검거를 위한 수사 활동을 말한다.

나. 내용

1) 장기간에 걸친 간첩 및 정보사범을 색출하기 위한 공작

2) 체포·자수한 간첩을 역이용하여 배후조직을 탐지·유인하여 검거 또는 정보수집

3) 체포·자수한 간첩을 활용하여 대민계몽, 대적 심리전 공작

다. 외사방첩공작

1) 체류외국인 및 외국기관·단체와 연계된 자 등의 국가기밀 탐지·수집 등 국익 저해 사범을 색출하여 위해행위 차단

2) 중요도·추진기간에 따라 ABC 급으로 구분

제5절 국제경찰공조

1. 국제형사사법공조

가. 의의

형사사건에 있어서의 수사, 기소, 재판절차와 관련하여 어느 한 국가의 요청에 의하여 다른 국가가 행하는 형사사법상 협조를 의미한다.

나. 기본원칙

1) 상호주의

외국이 사법공조를 해주는 만큼 자국도 동일하거나 유사한 범위 내에서 공조요청에 응한다는 원칙이다.

2) 쌍방가벌성의 원칙

형사사법공조의 대상이 되는 범죄는 피요청국과 요청국 모두에서 처벌 가능한 범죄여야 한다는 원칙이다.

3) 특정성의 원칙

요청국이 공조에 따라 취득한 증거를 공조요청의 대상이 된 범죄 이외의 수사나 재판에 사용해서는 안 되며, 피요청국의 증인 등이 공조요청에 따라 요청국에 출두한 경우 피요청국을 출발하기 이전의 행위로 인해 구금·소추를 비롯한 어떠한 자유도 제한받지 않는다는 원칙이다.

다. 공조의 제한(임의적 규정)

1) 대한민국의 주권, 국가안전보장, 안녕질서 또는 미풍양속을 해칠 우려가 있는 경우

2) 인종, 국적, 성별, 종교, 사회적 신분 또는 특정 사회단체에 속한다는 사실이나 정치적 견해를 달리한다는 이유로 처벌되거나 형사상 불리한 처분을 받을 우려가 있다고 인정되는 경우

3) 공조범죄가 정치적 성격을 지닌 범죄이거나, 공조요청이 정치적 성격을 지닌 다른 범죄에 대한 수사 또는 재판을 목적으로 한 것이라고 인정되는 경우

4) 공조범죄가 대한민국의 법률에 의해서는 범죄를 구성하지 아니하거나 공소를 제기할 수 없는 범죄인 경우

5) 이 법에 요청국이 보증하도록 규정되어 있음에도 불구하고 요청국의 보증이 없는 경우

2. 범죄인 인도

가. 의의

한 나라의 형법, 기타 형사관계법을 위반한 범죄인이 다른 나라에 있는 경우 범죄인의 현재지 국가가 범죄지 국가의 요청에 따라 그 범죄인을 인도하는 것을 말한다.

나. 제한 원칙

1) 상호주의

인도조약이 체결되어 있지 아니한 경우에도 범죄인의 인도를 청구하는 국가가 같은 종류 또는 유사한 인도범죄에 대한 대한민국의 범죄인 인도청구에 응한다는 보증을 하는 경우에는 범죄인 인도법을 적용한다.

2) 쌍방가벌성의 원칙

인도청구가 있는 범죄가 청구국과 피청구국 쌍방의 법률에 의하여 범죄를 구성하지 않는 경우에는 그 범죄에 관하여 범죄인을 인도하지 않는다는 원칙이다.

3) 특정성의 원칙

인도된 범죄인이 인도가 허용된 범죄 외의 범죄로 처벌받지 아니하고, 제3국에 인도되지 아니한다는 청구국의 보증이 없는 경우에는 범죄인을 인도하여서는 안 된다.

4) 자국민불인도의 원칙

자국민은 청구국에 인도하지 않는다는 원칙으로, 우리나라는 임의적 거절사유로 규정하고 있다.

5) 형사소송절차와 관련된 사유에 의한 제한

가) 대한민국 또는 청구국의 법률에 따라 인도범죄에 관한 공소시효 또는 형의 시효가 완성된 경우

나) 인도범죄에 관하여 대한민국 법원에서 재판에 계속 중이거나 재판이 확정된 경우

다) 범죄인이 인도범죄를 범하였다고 의심할 만한 상당한 이유가 없는 경우

라) 범죄인이 인종, 종교, 국적, 성별, 정치적 신념 또는 특정 사회단체에 속한 것 등을 이유로 처벌되거나 그 밖의 불리한 처분을 받을 염려가 있다고 인정되는 경우

6) 범죄의 성질에 따른 인도의 제한

가) 정치범불인도의 원칙

인도범죄가 정치적 성격을 지닌 범죄이거나 그와 관련된 범죄인 경우에는 범죄인을 인도하여서는 안 된다.

나) 군사범불인도의 원칙

군사적 의무관계에서 기인하는 범죄자는 인도하지 않는다는 원칙으로, 우리나라는 명문으로 규정하고 있지 않다.

7) 형벌의 종류에 따른 인도의 제한

가) 사형범죄

국제법상 일반적인 관행은 사형범인 범죄인의 인도에 관하여 사형을 집행하지 않는다는 보증을 받고 청구국의 인도에 응한다.

나) 비인도적 형벌

인도범죄의 성격과 범죄인의 환경에 비추어 범죄인을 인도함이 비인도적이라고 인정되는 경우에는 임의적 인도거절 사유로 한다.

3. 인터폴을 통한 공조

가. 국제형사경찰기구(인터폴)와의 협력

국제범죄의 정보 및 자료 교환, 국제범죄의 동일증명 및 전과조회, 국제범죄에 관한 사실 확인 및 그 조사에 대해 국가중앙사무국을 통하여 인터폴 사무총국 및 타 회원국과 공조한다(국제형사사법공조법 제 38조).

> 국제형사경찰기구(International Criminal Police Organization, ICPO)는 국제 범죄의 신속한 해결과 각국 경찰기관의 발전 도모를 위한 기술협력을 목적으로 1956년 설립된 국제기구로 국제적인 형사 사건의 조사, 정보, 자료의 교환, 수사협력의 일을 주로 한다. 1923년 국제형사경찰위원회가 만들어졌고 1956년, 전신 약호로 인터폴(영어: Interpol)이 등록되었다.
> 현재 가입되어 있는 194개국(2020년 기준)이 매년 약 5,900만 유로의 재정적 지원을 하고 있다. 본부는 프랑스 리옹에 있다. 회원국의 숫자로 보면 193개 회원국을 보유한 UN보다 많아 세계에서 가장 회원국수가 많은 국제기구이다. 대한민국은 1964년에 가입을 하였다.

나. 인터폴 국제수배

인터폴 사무총국에서 국외도피범죄인, 우범자 등 국제범죄와 관련된 인적·물적 대상에 관한 정보·자료를 각 회원국에 신속히 통보·정보를 공유함으로써 그 대상을 색출·감시·검거하는 국제 공조체제를 말한다.

〈표 9-1〉 인터폴 국제수배서

Red Notice (적색수배서)	체포 수배서 - 살인, 강도, 강간등 강력범 - 폭력조직 중간보스 이상 조직폭력사범 - 다액 (50억원 이상) 경제사범 - 기타 중요범죄

Yellow Notice (황색수배서)	가출인 소재확인, 기억상실자 신원파악 목적
Orange Notice (오렌지수배서)	폭발물, 테러범 신원확인 목적
Green Notice (녹색수배서)	상습 국제범죄자 신원확인 목적
Black Notice (흑색수배서)	사망자, 변사자 신원확인 목적
Blue Notice (청색수배서)	수배자의 신원확인 목적
장물수배서	장물발견 시 장물인도 목적

제2장 외국인선원 관리

제1절 외국인선원 관리

외국인선원 관리지침은 해양수산부고시 제2016-53호(2016. 4. 28.)로 「선원법」 제115조 및 같은 법 시행령 제39조의 규정에 따라 외국인 선원의 고용범위 결정, 고용절차 등을 체계적으로 마련하여 선원 수급의 안정과 관련 산업의 생산적 발전을 도모함을 그 목적으로 한다.

1. 외국인선원 관리

1) 고용 신고된 외국인선원이 출·입국하고자 하거나 국내항에서 상륙하고자 할 때에는 출입국관계법령의 규정에 따라야 하며, 선박소유자는 외국인선원이 국내에 체류하는 동안 그 선원을 보증하여야 한다.

2) 선박소유자 및 선장은 국내항에 입항하고 있는 기간 중 상륙허가를 받지 아니한 외국인 선원의 하선을 금지하여야 하며, 외국인선원과의 고용기간이 만료되거나 고용계약을 해지 또는 파기한 경우에는 즉시 선박소유자의 책임하에 본국에 귀국하도록 조치하여야 한다.

3) 선박소유자는 외국인선원과 처음으로 동승하는 선원에 대하여 외국인 인권 침해 예방교육이 포함된 자체 혼승교육을 실시하여야 하며, 해당 선박소유자 단체의 지원을 받아 교육용 교재를 제작 배부하여야 한다.

4) 선박소유자 및 선장은 선상에서 폭력 또는 폭동이 발생하지 아니하도록 출항 전에 교육을 실시하는 등 필요한 조치를 강구·시행하여야 하며, 폭력 또는 폭동이 발생하였을 경우 선장은 사고 경위 및 사고내용 등을 선박소유자에게 즉시 보고한 후 선내 징계위원회의 의결을 거쳐 가해자에 대하여 제재를 가하고 국내항에 입항한 즉시 지방해양수산청장에게 신고하여야 한다.

5) 외국인선원이 승무하고 있는 선박의 선장은 외국인선원의 근무상태를 수시로 확인하여야 하며, 특이사항을 발견 또는 인지한 즉시 선박소유자에게 보고하여야 한다.

6) 선장으로부터 선상폭행, 무단이탈 등의 선원사고와 특이사항을 보고 받은 선박소유자는 즉시 필요한 조치를 취하고, 해양수산부·해양경찰청(해양경찰서)·법무부·보안관계기관 등에 통보하여야 한다.

7) 선박소유자 및 선장은 외국인선원이 승무한 최초 1개월 동안은 선상생활에 적응할 수

있도록 무리한 임무부여를 지양하여야 하며, 외국인선원의 정착을 유도할 수 있도록 선박소유자 및 선장 책임하에 선내 가족분위기 조성지원, 외국인 개개인의 생활관습 존중, 국내선원과의 차별금지 등 인간적인 배려를 하여야 한다.

8) 한국선원과 혼승하고자 하는 외국인선원은 「선원법」에서 규정하고 있는 교육 외에 다음 각호에서 정하는 기준에 따라 선원업무 수행에 필요한 내용, 안전교육, 한국어 기본회화, 한국의 출입국관계법령, 인권 침해 예방 및 폭행·임금 체불 등 인권 침해 시 권리구제 방법 등의 교육을 이수하여야 하며, 선박소유자, 송입업체 및 선장은 외국인선원이 교육을 이수하였는지 여부를 확인하여야 한다.

가) 입국 전 교육 : 자국 교육기관에서 3일 이상(국내체류 예정인 외국인선원으로서 최초 승선인 경우는 30일 이상)

나) 입국 후 교육 : 국내 선원교육기관에서 3일 이내의 교육이수(선박운항 일정상 불가피한 경우에는 선박소유자 또는 선장 책임 하에 선상교육으로 대체)

2. 외국인 선원 무단이탈 선박 등의 무역항 출입허가

선박의 입항 및 출항 등에 관한 법률(선박입출항법) 시행령제3조(출입 허가의 대상 선박) 2의2에 따라 해양수산부장관이 국가안전보장을 위하여 무역항 출입에 특별한 관리가 필요하다고 인정하는 선박과 전시·사변이나 이에 준하는 국가비상사태 또는 국가안전보장에 필요한 경우로서 관계 중앙행정기관의 장이나 「국제항해선박 및 항만시설의 보안에 관한 법률(국제선박항만보안법)」 제2조제9호에 따른 국가보안기관의 장이 무역항 출입에 특별한 관리가 필요하다고 인정하는 선박에 대한 무역항 출입허가 업무에 관한 사항을 규정하는 것을 목적으로 한다.

가. 용어의 정의

1) "국제항해선박" 이란 「선박안전법」 제2조제1호에서 정한 국제항해선박을 말한다.

2) "무단상륙" 이란 「국제선박항만보안법」 제33조제1항제3호에 따른 행위를 하거나 「항만법」 제2조제5호가목의 기본시설 중 항로 · 정박지 등 수역시설에서 무단 하선한 외국인 선원이 승무하였던 국제항해선박의 선장 또는 운수업자가 「출입국관리법」 제96조에 따라 처벌받은 경우를 말한다.

3) "무단이탈" 무단상륙 중 「국제선박항만보안법」 제27조에 따라 항만시설적합확인서를 교부 받은 보안시설을 정당한 출입절차 없이 이탈하는 경우를 말한다.

4) "출입허가" 란 「선박입출항법」 제4조제2항에 따른 무역항 출입허가를 말한다.

5) "입항금지" 란 「선박입출항법」 제4조제2항에 따른 무역항 출입허가를 불허하는 것을 말한다.

나. 적용범위

1) 대한민국 무역항의 「국제선박항만보안법」으로 정한 시설과 「항만법」 제2조제5호 가목의 기본시설 중 항로 · 정박지 등 수역시설 및 다음 각 호의 시설을 대상으로 한다.

가) 선박을 수리하거나 건조하는 조선소의 선박계류시설
나) 석유 비축기지, 액화천연가스 생산기지 또는 화력발전소의 선박계류시설
다) 「선박법」 제6조 단서에 따라 해양수산부장관의 허가를 받아 외국 국적선박이 기항하는 불개항장의 선박계류시설

2) 제1항의 시설 내에 계류 · 운항 또는 정박 중인 국제항해선박(「선박법」 제2조에 따른 대한민국 선박과 「선박안전법」 제3조제2항제3호에 따른 국적취득조건부나용선 제외)에 승무하였던 선원의 무단상륙 또는 무단이탈 사건 발생으로 해양수산부장관이 「선박입출항법 시행령」에 따라 무역항 출입허가 대상으로 지정한 선박과 그 선박이 제1항에서 정한 시설에 출입하는 경우에 적용한다.

다. 출입허가 및 입항금지 대상 선박 지정 통보

1) 출입허가 또는 입항금지 대상 선박은 무단상륙 또는 무단이탈 사건과 관련하여 지방출입국·외국인관서의 장의 「출입국관리법」 제101조에 따른 고발 또는 같은 법 제102조에 따른 통고처분이 있는 때에 해양수산부장관이 지정한다.
2) 해양수산부장관은 지정이 있는 때에는 '무역항 출입허가(금지) 대상 선박 통보서'로 보안관계기관 등에 통보한다.

라. 출입허가 조건

1) 지방해양수산청장 또는 특별시장·광역시장·도지사·특별자치도지사가 해양수산부장관이 지정·통보한 선박에 대하여 「선박입출항법 시행령」에 따라 출입허가를 하려는 경우에는 선장 또는 선박소유자로부터 외국인 선원 무단하선 재발방지 대책을 제출받아 관계 국가보안기관의 장(지방관리무역항의 경우는 관할 지방해양수산청장을 포함한다) 및 지방출입국·외국인관서의 장과 미리 협의한 후 조건부 출입을 허가하여야 한다.
2) 지방해양수산청장은 또는 시·도지사가 해당 선박으로부터 제출 받은 선원 무단하선 재발방지 대책이 미흡하다고 인정하는 때에는 「국제선박항만보안법」에 따라 시정조치를 명하고 시정 완료 시까지 입항을 불허하여야 한다. 이 경우 시·도지사는 관할 지방해양수산청장에게 시정조치를 명할 것을 요청하여야 한다.
3) 제1항에서 따른 출입허가 조건에는 다음 각 호의 사항이 포함되어야 한다.

가) 선박 접안 즉시 청원경찰법에 의한 청원경찰, 경비업법에 따른 특수경비업체의 경비원 또는 항만운송사업법에 따른 항만용역업 중 경비업을 수행하는 업체의 경비원을

출항시까지 상시 배치하여 허가 받지 않은 선원의 무단 하선을 방지

나) 선장은 선원에 대하여 무단상륙 및 무단이탈 방지를 위한 교육을 실시하고 선박 접안 후 매 4시간마다 선원의 이탈 여부를 점검하여 관할 지방해양수산청장에게 보고

다) 선박대리점에서는 1일 2회 이상 계류 중인 선박에 직접 승선하여 선원의 이탈여부를 점검하고 이상 유무를 관할 지방해양수산청에 보고

마. 조치결과 통보

관할 지방해양수산청장 또는 시·도지사는 출입허가를 한 경우 즉시 별지 제2호서식에 따라 관할 해양경찰청, 세관 및 지방출입국·외국인관서의 장(지방관리무역항의 경우는 관할 지방해양수산청장을 포함한다)에 통보하고 해양수산부장관(항만운영과)에게 보고하여야 한다.

바. 출입허가 조건 위반자에 대한 조치

1) 제7조제3항제1호를 위반하여 경비원을 배치하지 않은 자는 「국제선박항만보안법」 제49조제5호에 따라 500만원 이하의 벌금에 처한다.

2) 관할 지방해양수산청장은 제7조제3항제2호 및 제3호를 위반한 자에게는 「국제선박항만보안법」 제52조제1항제26호에 따라 과태료를 부과한다.

제2절 남북교류협력에 관한 법률

1. 목적과 용어

남·북한간의 인적·물적교류와 협력을 원활히 할 수 있도록 하기 위하여 교류·협력에 대한 승인·신고절차 등 필요한 사항을 정하려고 1990년 8월 1일에 「남북교류협력에관한법률 (남북교류협력법)」[155]이 제정되었고, 특히 이 법은 군사분계선 이남지역과 그 이북지역 간의 상호 교류와 협력을 촉진하기 위하여 필요한 사항을 규정함으로써 한반도의 평화와 통일에 이바지하는 것을 목적으로 하고 있다. 이 법에서 사용하는 용어의 뜻은 다음과 같다.

1) "출입장소"란 군사분계선 이북지역(이하 "북한"이라 한다)으로 가거나 북한으로부터 들어올 수 있는 군사분계선 이남지역(이하 "남한"이라 한다)의 항구, 비행장, 그 밖의 장소로서 대통령령으로 정하는 곳을 말한다.

---

155) 남북교류협력에 관한 법률 (약칭: 남북교류협력법), [시행 2021. 3. 5.] [법률 제17068호, 2020. 3. 4., 타법개정, 통일부.

2) "교역"이란 남한과 북한 간의 물품, 대통령령으로 정하는 용역 및 전자적 형태의 무체물(이하 "물품등"이라 한다)의 반출·반입을 말한다.
3) "반출·반입"이란 매매, 교환, 임대차, 사용대차, 증여, 사용 등을 목적으로 하는 남한과 북한 간의 물품등의 이동(단순히 제3국을 거치는 물품등의 이동을 포함한다. 이하 같다)을 말한다.
4) "협력사업"이란 남한과 북한의 주민(법인·단체를 포함한다)이 공동으로 하는 문화, 관광, 보건의료, 체육, 학술, 경제 등에 관한 모든 활동을 말한다.

2. 남북한 방문

1) 남한의 주민이 북한을 방문하거나 북한의 주민이 남한을 방문하려면 대통령령으로 정하는 바에 따라 통일부장관의 방문승인을 받아야 하며, 통일부장관이 발급한 증명서(이하 "방문증명서"라 한다)를 소지하여야 한다.

2) 방문증명서는 유효기간을 정하여 북한방문증명서와 남한방문증명서로 나누어 발급한다.

3) 복수방문증명서의 유효기간은 5년 이내로 하며, 5년의 범위에서 연장할 수 있다.

4) 통일부장관은 방문승인을 하는 경우 대통령령으로 정하는 범위에서 북한 또는 남한에 머무를 수 있는 방문기간(이하 "방문기간"이라 한다)을 부여하여야 하고, 남북교류·협력의 원활한 추진을 위하여 대통령령으로 정하는 바에 따라 북한방문결과보고서 제출 등 조건을 붙일 수 있다.

5) 방문승인을 받은 사람은 방문기간 내에 한 차례에 한하여 북한 또는 남한을 방문할 수 있다.

6) 복수방문증명서를 발급받은 사람 중 외국을 거치지 아니하고 북한 또는 남한을 직접 방문하는 사람 등 대통령령으로 정하는 사람은 제5항에도 불구하고 방문기간 내에 횟수에 제한없이 북한 또는 남한을 방문할 수 있다. 다만, 방문기간 내에라도 방문 목적이나 경로를 달리하여 방문할 경우에는 통일부장관의 방문승인을 별도로 받아야 한다.

7) 통일부장관은 방문승인을 받은 사람이 다음 각 호의 어느 하나에 해당하는 경우에는 그 승인을 취소할 수 있다. 다만 가)의 경우에는 그 승인을 취소하여야 한다.

가) 거짓이나 그 밖의 부정한 방법으로 방문승인을 받은 경우
나) 제4항에 따른 조건을 위반한 경우
다) 남북교류·협력을 해칠 명백한 우려가 있는 경우
라) 국가안전보장, 질서유지 또는 공공복리를 해칠 명백한 우려가 있는 경우

8) 다음 각 호의 어느 하나에 해당하는 사람(이하 "재외국민"이라 한다)이 외국에서 북한을 왕래할 때에는 통일부장관이나 재외공관(在外公館)의 장에게 신고하여야 한다. 다만, 외국을 거치지 아니하고 남한과 북한을 직접 왕래할 때에는 발급된 방문증명서를 소지하여야 한다.

가) 외국정부로부터 영주권을 취득하였거나 이에 준하는 장기체류허가를 받은 사람
나) 외국에 소재하는 외국법인 등에 취업하여 업무수행의 목적으로 북한을 방문하는 사람

3. 남북한 주민 접촉

남한의 주민이 북한의 주민과 회합 · 통신, 그 밖의 방법으로 접촉하려면 통일부장관에게 미리 신고하여야 한다. 다만, 대통령령으로 정하는 부득이한 사유에 해당하는 경우에는 접촉한 후에 신고할 수 있다.

4. 외국 거주 동포의 출입 보장

외국 국적을 보유하지 아니하고 대한민국의 여권(旅券)을 소지하지 아니한 외국 거주 동포가 남한을 왕래하려면 「여권법」에 따른 여행증명서를 소지하여야 한다.

5. 남북한 거래의 원칙

남한과 북한 간의 거래는 국가 간의 거래가 아닌 민족내부의 거래로 본다.

6. 물품반출 · 반입의 승인

1) 물품 등을 반출하거나 반입하려는 자는 대통령령으로 정하는 바에 따라 그 물품등의 품목, 거래형태 및 대금결제 방법 등에 관하여 통일부장관의 승인을 받아야 한다. 승인을 받은 사항 중 대통령령으로 정하는 주요 내용을 변경할 때에도 또한 같다.
2) 남한과 북한 간에 선박 · 항공기 · 철도차량 또는 자동차 등(이하 "수송장비"라 한다)을 운행하려는 자는 통일부장관의 승인을 받아야 한다.

7. 결제 업무의 취급기관

통일부장관은 남북교류 · 협력에 필요하다고 인정할 때에는 기획재정부장관과 협의하여 결제 업무를 취급할 기관을 지정할 수 있다.

제3장 불법외국어선 사법처리

제1절 불법외국어선 사법처리 절차규칙[156)]

서해 NLL 인근 해역의 불법 외국어선 단속을 위해 해양경찰은 연평도 해역 중형함정 배치와 특수 기동정을 이용하여 야간 매복 작전 등으로 불법어선을 강력 단속하고 나포를 한다. EEZ 허가수역에서도 중국어선을 특별단속 하는 등 검문검색 강화와 무허가 조업과 조업일지 부실기재, 기관 마력 변경 미신고 등을 강력단속하여 불법조업이 많이 감소되는 실정이다. 동해에서는 북한·러시아 해역에서 조업 예정인 중국어선의 이동 및 긴급피난에 대비하여 우리수역 내 불법조업 차단과 어민 피해예방을 위한 해상경비를 강화하여 우리 어민의 안전 조업을 보호하고 있다. 그러나 불법조업은 계속되고 휴어기가 확대되는 시기에 맞추어 중국어선의 한탕주의식 불법이 이루어지고 있어 해양경찰은 나포와 불법에 대한 수사과정의 절차가 필요하기에 불법외국어선 사법처리절차 규칙을 제정하여 처리를 하고 있다.

1. 목적

이 규칙은 「영해 및 접속수역법」 및 「배타적 경제수역에서의 외국인 어업등에 대한 주권적 권리의 행사에 관한 법률」을 위반한 외국어선에 대한 수사과정에서 지켜야 할 수사의 방법과 절차 등 필요한 사항을 규정함을 목적으로 한다.

2. 용어의 정의

1) "관할 해양경찰서장"이란 해양경찰서장과 서해5도특별경비단장을 말한다.

2) "사건담당부서"란 해양경찰서 및 서해5도특별경비단의 외사계를 말한다.

3) "일반선원"이란 구속된 선원을 제외한 승선원을 말한다.

4) "수사전담요원"이란 「수사전담요원 관리·운영규칙」에 의해 경비함정 및 파출소에서 수사업무에 종사하는 사람을 말한다.

5) "영사기관"이란 모든 총영사관, 영사관, 부영사관, 영사대리사무소 또는 영사사무소를

156) 불법조업 외국어선 사법처리 절차 등에 관한 규칙, [해양경찰청훈령 제139호, 2019. 9. 3., 제정.], 해양경찰청(외사과).

말한다.

6) "영사관원"이란 총영사, 부총영사, 영사, 부영사, 영사 주재관 또는 영사대리인을 포함하여 그러한 자격으로 영사기능의 수행을 위임받은 모든 사람을 말한다.

3. 적용범위

「영해 및 접속수역법」 및 「배타적 경제수역에서의 외국인 어업등에 대한 주권적 권리의 행사에 관한 법률(경제수역어업주권법)」을 위반한 외국어선에 대한 수사 사무에 관하여 다른 법령에 특별한 규정이 있는 경우를 제외하고는 이 규칙이 정한 바에 따른다.

4. 법령 등 준수

1) 사법경찰관은 수사를 할 때에는 「형사소송법」, 「배타적 경제수역에서의 외국인어업 제한 위반 선박 등에 대한 사법절차에 관한 규칙」 등 관계 법령과 규칙을 준수하여야 한다.

2) 이 규칙에 의하여 정한 사항을 제외하고 일반적인 수사절차에 관한 사항은 「형사소송법」, 「범죄수사규칙」 등 관계 법령과 규칙을 따른다.

3) 사법경찰관은 외국어선 수사를 함에 있어서는 국제법과 국제조약을 준수하고 위배되는 일이 없도록 유의하여야 한다.

제2절 불법외국어선 나포 및 조치

1. 나포어선 등에 대한 조치

1) 사법경찰관은 「영해 및 접속수역법」을 위반한 외국어선을 나포하였을 때에는 검사에게 외국어선 나포 보고서를 통보 하여야 한다. 다만 지역에 따라 요구하는 서식이 있는 경우에는 다른 서식을 사용할 수 있다.

2) 사법경찰관은 「경제수역어업주권법」을 위반한 외국어선을 나포하였을 때에는 위반선박 및 위반자 조치 지휘건의서를 검사에게 통보하여야 한다. 다만, 급속을 요하여 미리 검사의 지휘를 받지 못한 경우에는 위반선박 및 위반자 조치결과보고서에 그 사유를 기재하여 검사의 승인을 얻어야 한다.

3) 관할 해양경찰서장은 외국어선 나포 사실을 관할 출입국·외국인청, 검역소의 장 등에게 (이하 "관계기관"이라 한다.) 통보하여야 한다.

2. 현장 조사

1) 경비함정의 수사전담요원은 「경제수역어업주권법」 제10조에 따라 허가에 붙이는 제한 또는 조건을 위반한 다음 각 호에 해당하는 중국어선에 대하여는 단속 경비함정에서 현장조사를 실시 할 수 있다. 이 경우, 관계기관에 대한 통보는 생략한다.

가) 조업수역·기간·어구·어업위반
나) 망목규제·이중그물 사용 위반
다) 어획물운반선 불법어획물 전적
라) 조업일지 허위기재
마) 승선원명부 등 선박서류 미비치
바) 그 밖에 허가에 붙이는 제한 또는 조건 위반

2) 제1항에도 불구하고 다음 각 호에 해당하는 경우에는 압송하여 사법처리하여야 한다.

가) 범죄사실을 부인하거나 담보금 납부 의사가 없는 선박
나) 망목규제 위반 등 어구·어획물의 압수가 필요한 선박의 경우
다) 그 밖에 현장조사가 곤란하거나 범죄행위가 중대하다고 판단되는 경우

3) 경비함정의 수사전담요원이 현장조사를 실시하는 경우에는 선박서류(허가증, 신분증 포함)와 선원명부, 자인서, 피의자 신문조서, 채증자료 등 수사서류 일체를 사건 담당부서에 신속하게 전달하여야 한다.

3. 외국인 선원 피의자 체포·구속 시 영사기관 통보

1) 사법경찰관은 「영사관계에 관한 비엔나협약」 제36조의 규정에 따라 중국인 선원을 제외한 외국인 선원을 체포·구속하였을 때에는 체포·구속 시 고지사항 외에 해당 영사기관에 체포·구속사실의 통보와 국내 법령에 위반되지 않는 한도 내에서 해당 영사기관원과 접견·교통을 요청할 수 있음을 고지하여야 한다.
2) 사법경찰관은 제1항의 내용을 고지하고 피의자로부터 영사기관 통보요청 확인서를 작성하여야 한다.
3) 사법경찰관은 체포·구속된 피의자가 영사기관 통보 및 접견을 요청한 경우에는 영사기관 체포·구속통보서를 작성하여 해당 영사기관에 지체 없이 통보하여야 한다.
4) 사법경찰관은 제3항에도 불구하고, 별도 외국과의 조약에 따라 피의자 의사와 관계없이 해당 영사기관에 통보하게 되어 있는 경우에는 반드시 이를 통보하여야 한다.
5) 제2항부터 제4항까지의 서류는 수사기록에 편철하여야 한다.

4. 중국어선 선원에 대한 영사기관 통보

1) 사법 경찰관은 내수 또는 영해 안에 있는 중국 어선에 대하여 강제행동을 취하거나 어선 내부에 승선하여 공식적인 조사를 시작하려는 경우에는 「대한민국과 중화인민공화국 간의 영사협정」 제10조제1항에 의해 해당 영사관원 또는 해당어선의 대리인이 동석할 수 있도록 사건통보서를 사전에 해당 영사기관에 통보하여야 하고 그 사안의 긴급성으로 인해 사전 통보를 할 수 없는 경우에는 해당 영사기관에 사후 통보를 하여야 한다.

2) 사법경찰관은 「대한민국과 중화인민공화국 간의 영사협정」 제7조제1항, 제6항에 의해 중국인 선원이 체포·구속된 경우에는 지체 없이 이름, 성별, 생년월일, 여권번호 또는 그 외의 신분확인 방식, 체포·구속 등 강제행동의 이유, 날짜와 장소, 법적근거 및 상황, 사건담당 관할경찰서, 연락처 그리고 접촉할 수 있는 정확한 장소를 해당 영사기관에 통보하여야 한다.

3) 사법경찰관은 「대한민국과 중화인민공화국 간의 영사협정」 제7조제2항에 의해 해당 영사관원이 체포·구속된 중국인 선원에 대한 접견을 요청한 경우에는 요청한 날로부터 4일 이내에 접견할 수 있도록 주선하여야 한다. 다만 체포·구속된 중국인 선원이 영사기관의 접견 요청을 거부하는 의사를 서면으로 표명하는 경우에는 이를 서식을 작성하여 해당 영사관원에게 전달한 경우에는 그러하지 아니한다.

4) 사법경찰관은 「대한민국과 중화인민공화국 간의 영사협정」 제7조제3항의 규정에 따라 영사기관과 해당 중국인 선원과의 모든 서신은 지체 없이 수신인에게 전달하여야 한다. 다만, 이를 거부할 경우에는 서식을 작성하여 수사기록에 편철하여야 한다.

5) 사법경찰관은 「대한민국과 중화인민공화국 간의 영사협정」 제7조제5항의 규정에 따라 해당 중국인 선원에 대해 제3항부터 제5항까지의 권리가 있음을 고지하여야 하고, 서식을 작성하여 수사기록에 편철하여야 한다.

5. 일반선원 처리

1) 사법 경찰관은 구속된 외국인 선원을 제외한 승선원의 신병처리에 대해서는 검사의 지휘를 받아야 한다.

2) 검사로부터 일반선원에 대한 출입국·외국인청 인계 지휘를 받은 후에는 관할 출입국·외국인청에 통보 후 인계하여야 한다.

6. 어획물 등 압수

1) 사법경찰관은 「영해 및 접속수역법」, 「경제수역어업주권법」 위반자가 소유하거나 소지하는 위반행위로 채포한 어획물 및 사용된 그 제품, 선박, 이구 또는 그 밖의 이업활동 등

에 사용한 물건(이하 이조에서 "어획물 등"이라 한다.)은 압수 할 수 있다.

2) 어획물 등을 압수할 경우 사법경찰관은 검사에게 압수·수색영장을 신청하여야 한다. 다만 소유자, 소지자 또는 보관자가 임의 제출하는 물건은 영장 없이 압수 할 수 있다.

3) 압수절차에 관한 사항은 「형사소송법」 관련 규정을 준수하여야 한다.

7. 담보금결정서 교부

사법경찰관은 「경제수역어업주권법」을 위반한 자에 한하여 동법 제23조에 따라 검사가 작성한 담보금결정서 2부를 송부 받아 그 중 1부는 사건기록에 편철하고, 다른 1부는 위반자에게 교부하여야 한다.

■ 배타적 경제수역에서의 외국인어업 등에 대한 주권적 권리의 행사에 관한 법률

★ 3억원 이하의 벌금

－제4조(특정금지구역에서의 어업활동 금지) 외국인은 배타적 경제수역 중 어업자원의 보호 또는 어업조정(漁業調整)을 위하여 대통령령으로 정하는 구역(이하 "특정금지구역"이라 한다)에서 어업활동을 하여서는 아니 된다.

－제5조(어업의 허가 등) ① 외국인은 특정금지구역이 아닌 배타적 경제수역에서 어업활동을 하려면 선박마다 해양수산부장관의 허가를 받아야 한다.

8. 위반자의 석방 등

1) 사법경찰관은 제11조의 규정에 의하여 「경제수역어업주권법」 위반자에 대한 담보금이 납입되거나 담보금보증서가 제출된 경우 검사의 지휘를 받아 석방하여야 한다. 다만, 양국간의 합의가 있거나 선박 및 선원의 안전이 우려될 경우는 예외로 한다.

2) 사법경찰관은 제1항에 따라 담보금을 납입한 대상자의 선박 및 압수물에 대한 검사의 환부지휘가 있는 경우 확인서 징구 등 관련절차를 준수하여 환부하여야 한다.

9. 긴급 시 선원 대기실 운영

1) 기상악화 등으로 인해 불법조업 외국어선 선원들의 안전상 위험이 있다고 판단되거나 숙식, 대기 공간 또는 시설이 없어 선박 내에서 대기할 수 없다고 판단되는 경우에는 선원들을 별도의 대기시설에서 생활하게 할 수 있다.

2) 다만, 이 경우에는 반드시 안전상 위험방지 등 필요성에 대한 충분한 설명을 한 뒤 선원들의 요청 또는 동의에 의하여야 하며 동의를 받은 경우에는 동의서를 징구받아야 하고 이를 주한중국대사관 등 영사기관에도 사전에 통보하여야 하고 긴급한 사정으로 사전 통보

를 할 수 없는 경우에는 사후 통보 할 수 있다.

3) 선원 대기실을 운영하는 관할경찰관서의 장은 선원들의 안전을 최대한 보장하고 선원들에 대한 강제, 인권침해 등 일체의 위법행위가 발생하지 않도록 대기시설 운영 및 관리계획을 수립하여 시행하여야 한다.

제 10 편

해양경찰

오염방제론

제1장 해양오염 및 방제

제1절 해양환경관리법 체계

1. 개념

지구상 육지에 인접한 연안 해역에는 도시가 거대화, 산업화되어 해양의 이용도 증가하고 있다. 이는 해양의 자정능력을 초과하는 오염물질을 해양에 유입시키고 있으며 파괴된 환경은 장기간 먹이사슬에 유해 작용을 하고 있으며 결국 인간에게까지 피해가 돌아오고 있다. 오염물질의 해양 유입이 차단되거나 최소화되어야 함에도 불구하고 현실적으로는 수적으로 물적으로 지속적으로 증가하고 있다. 이에 따라 국제해사기구(IMO), 정부간 해양학위원회(IOC), 국제식량농업기구(FAO), 유엔국제교육과학문화기구(UNESCO), 국제보건기구(WHO), 세계기상기구(WMO) 등에서 조사 및 연구가 진행되고 있다.

UNESCO 및 IOC 해양 학자들에 의하면 해양오염(Marine pollution)이란 인간에 의해 직·간접적으로 하구를 포함한 해양에 유입된 물질 및 에너지로 생물자원에 나쁜 영향을 미치고 사람의 건강을 해치며 어업 등의 해양활동을 방해하고 수질을 훼손시켜 쾌적함을 감소시키는 등의 해수 이용에 나쁜 영향을 초래하는 것을 말한다. 해양오염의 형태는 크게 두 가지로 분류할 수가 있는데 오염원의 유입형태를 기준하여 가장 많은 양의 오염물질을 발생시키는 것이 육지로부터의 유입되는 오염원이며 그 다음으로는 선박에서 발생되어 배출되는 오염원이다.

2. 해양환경관리법

이 법은 선박, 해양시설, 해양공간 등 해양오염물질을 발생시키는 발생원을 관리하고, 기름 및 유해액체물질 등 해양오염물질의 배출을 규제하는 등 해양오염을 예방, 개선, 대응, 복원하는 데 필요한 사항을 정함으로써 국민의 건강과 재산을 보호하는 데 이바지함을 목적으로 한다.

가. 국제협약과의 관계

해양환경 및 해양오염과 관련하여 국제적으로 발효된 국제협약에서 정하는 기준과 이 법에서 규정하는 내용이 다른 때에는 국제협약의 효력을 우선한다. 다만, 이 법의 규정내용이 국제협약의 기준보다 강화된 기준을 포함하는 때에는 그러하지 아니하다.

나. 오염물질의 배출금지(제22조)

누구든지 선박으로부터 오염물질을 해양에 배출하여서는 아니 된다.

"해양환경 보전 및 활용에 관한 법률" 제8조 (오염원인자 책임의 원칙)]
해양을 이용·개발하는 행위로 해양오염 또는 해양생태계 훼손을 발생시킨 자(이하 "오염원인자"라 한다)는 그 오염·훼손을 방지하고, 오염·훼손된 해양환경을 복원할 책임을 지며, 해양환경의 복원 및 오염·훼손으로 인한 피해의 구제에 소요되는 비용을 부담함을 원칙으로 한다.

1) 선박으로부터의 기름 배출

선박으로부터 기름을 배출하는 경우에는 다음 각 호의 요건에 모두 적합하게 배출하여야 한다.

① 선박(시추선 및 플랫폼을 제외한다)의 항해 중에 배출할 것

② 배출액 중의 기름 성분이 0.0015퍼센트(15ppm) 이하일 것. 다만, 「해저광물자원 개발법」에 따른 해저광물(석유 및 천연가스에 한한다)의 탐사·채취 과정에서 발생한 물의 경우에는 0.004퍼센트 이하여야 한다.

③ 기름오염방지설비의 작동 중에 배출할 것. 다만, 시추선 및 플랫폼에서 스킴 파일[skim pile, 분리된 기름을 수집하는 내부 칸막이(baffle plate)를 가진 바닥이 개방된 수직의 파이프]의 설치를 통하여 기름을 배출하는 경우는 제외한다.

2) 선박 안의 일상생활에서 생기는 분뇨의 배출

선박 안의 일상생활에서 생기는 분뇨의 배출해역별 처리기준 및 방법(제8조제1호 관련)

1. 제14조에 따라 분뇨오염방지설비를 설치하여야 하는 선박은 다음 각 목의 어느 하나에 해당하는 경우 해양에서 분뇨를 배출할 수 있다.
   가. 영해기선으로부터 3해리를 넘는 거리에서 지방해양항만청장이 형식승인한 분뇨마쇄소독장치를 사용하여 마쇄하고 소독한 분뇨를 선박이 4노트 이상의 속력으로 항해하면서 서서히 배출하는 경우. 다만, 국내항해에 종사하는 총톤수 400톤 미만의 선박의 경우에는 영해기선으로부터 3해리 이내의 해역에 배출할 수 있다.
   나. 영해기선으로부터 12해리를 넘는 거리에서 마쇄하지 아니하거나 소독하지 아니한 분뇨를 선박이 4노트 이상의 속력으로 항해하면서 서서히 배출하는 경우.
   다. 지방해양수산청장이 형식승인한 분뇨처리장치를 설치·운전 중인 선박의 경우
2. 분뇨처리장치를 설치한 선박은 다음 각 목의 해역에서 분뇨를 배출하여서는 아니 된다.
   가. 「국토의 계획 및 이용에 관한 법률」 제40조에 따른 수산자원 보호구역
   나. 「수산자원관리법」 제46조에 따른 보호수면 및 같은 법 제48조에 따른 수산자원관리수면
3. 분뇨마쇄소독장치 또는 분뇨저장탱크를 설치한 선박은 다음 각 목의 해역에서 분뇨를 배출하여서는 아니 된다.
   가. 「국토의 계획 및 이용에 관한 법률」 제40조에 따른 수산자원 보호구역
   나. 「수산자원관리법」 제46조에 따른 보호수면 및 같은 법 제48조에 따른 수산자원관리수면
   다. 법 제15조에 따른 환경보전해역 및 특별관리해역
   라. 「항만법」 제2조제4호에 따른 항만구역
   마. 어촌·어항법」 제2조제4호에 따른 어항구역

바. 갑문 안의 수역

4. 제14조에 따른 분뇨오염방지설비 설치 대상선박 외의 선박은 다음 각 목의 경우에는 해양에 분뇨를 배출하여서는 아니 되며, 계류시설, 어장 등으로부터 가능한 한 멀리 떨어진 해역에서 배출하여야 한다.

가. 부두에 접안 시

나. 항만의 안벽(부두 벽) 등 계류시설에 계류 시(계선부표에 계류한 경우도 포함되고, 계류시설에 계류된 선박에 계류한 선박도 포함한다)

5. 국제특별해역에서 배출하려는 경우에는 국제협약에서 정하는 바에 따른다.

6. 시추선 및 플랫폼은 항해 중이 아닌 상태에서 분뇨를 배출할 수 있다.

3) 선박 안에서 발생하는 폐기물의 배출

① 다음의 폐기물을 제외하고 모든 폐기물은 해양에 배출할 수 없다.

ⓐ 음식찌꺼기

ⓑ 해양환경에 유해하지 않은 화물잔류물

ⓒ 선박 내 거주구역에서 목욕, 세탁, 설거지 등으로 발생하는 중수(中水)[화장실 오수(汚水) 및 화물구역 오수는 제외한다. 이하 같다]

ⓓ 「수산업법」 에 따른 어업활동 중 혼획(混獲)된 수산동식물(폐사된 것을 포함한다.) 또는 어업활동으로 인하여 선박으로 유입된 자연기원물질(진흙, 퇴적물 등 해양에서 비롯된 자연상태 그대로의 물질을 말하며, 어장의 오염된 퇴적물은 제외한다.)

② 음식찌꺼기는 영해기선으로부터 최소한 12해리 이상의 해역. 다만, 분쇄기 또는 연마기를 통하여 25㎜ 이하의 개구(開口)를 가진 스크린을 통과할 수 있도록 분쇄되거나 연마된 음식찌꺼기의 경우 영해기선으로부터 3해리 이상의 해역에 버릴 수 있다.

③ 부유성 화물잔류물은 영해기선으로부터 최소한 25해리 이상의 해역

④ 가라앉는 화물잔류물은 영해기선으로부터 최소한 12해리 이상의 해역

⑤ 일반적인 하역방법으로 회수될 수 없는 화물잔류물은 영해기선으로부터 최소한 12해리 이상의 해역.

⑥ 화물창을 청소한 세정수는 영해기선으로부터 최소한 12해리 이상의 해역.

4) 유조선 화물유가 섞인 선박평형수, 세정수, 선저폐수의 배출

(1) 화물유가 섞인 선박평형수, 세정수, 선저폐수의 배출기준

유조선에서 화물유가 섞인 선박평형수, 화물창의 세정수 및 화물펌프실의 선저폐수를 배출하는 경우에는 다음 각 목의 요건에 적합하게 배출하여야 한다.

① 항해 중에 배출할 것

② 기름의 순간배출률이 1해리당 30L 이하일 것

③ 1회의 항해 중(선박평형수를 실은 후 그 배출을 완료할 때까지를 말한다)의 배출총량이 그 전에 실은 화물총량의 3만분의 1(1979년 12월 31일 이전에 인도된 선박으로서 유조선의 경우에는 1만5천분의 1)이하일 것

④ 「영해 및 접속수역법」 제2조에 따른 기선으로부터 50해리 이상 떨어진 곳에서 배출할 것

⑤ 기름오염방지설비의 작동 중에 배출할 것

(2) 선박평형수용 기름배출감시제어장치 또는 평형수농도감시장치를 통하여 선박평형수를 배출하는 경우에는 해당 장치로 측정된 배출액의 유분함유량이 0.0015%[15ppm]를 초과하지 아니할 것

(3) 분리평형수 및 맑은평형수는 해당 선박의 흘수선 위쪽에서 배출하여야 한다. 다만, 분리평형수 및 맑은평형수의 표면에서 기름이 관찰되지 아니하는 경우에는 흘수선 아래쪽에서 배출할 수 있다.

다. 선박 또는 해양시설등에서 발생하는 오염물질(폐기물 제외) 해양에 배출

① 선박 또는 해양시설등의 안전확보나 인명구조를 위하여 부득이하게 오염물질을 배출하는 경우 ② 선박 또는 해양시설등의 손상 등으로 인하여 부득이하게 오염물질이 배출되는 경우 ③ 선박 또는 해양시설등의 오염사고에 있어 해양수산부령이 정하는 방법에 따라 오염피해를 최소화하는 과정에서 부득이하게 오염물질이 배출되는 경우

라. 분뇨오염방지설비의 대상선박

① 총톤수 400톤 이상의 선박(선박검사증서 상 최대승선인원이 16인 미만인 부선은 제외한다) ② 선박검사증서 또는 어선검사증서 상 최대승선인원이 16명 이상인 선박 ③ 수상레저기구 안전검사증에 따른 승선정원이 16명 이상인 선박 ④ 소속 부대의 장 또는 경찰관서 · 해양경찰관서의 장이 정한 승선인원이 16명 이상인 군함과 경찰용 선박

마. 선박오염물질기록부의 관리(제30조)

선박의 선장(피예인선의 경우에는 선박의 소유자를 말한다)은 그 선박에서 사용하거나 운반·처리하는 폐기물·기름 및 유해액체물질에 대한 다음 각 호의 구분에 따른 기록부(선박오염물질기록부)를 그 선박(피예인선의 경우에는 선박의 소유자의 사무실을 말한다) 안에 비치하고 그 사용량·운반량 및 처리량 등을 기록하여야 한다.

가) 폐기물기록부 : 해양수산부령이 정하는 일정 규모 이상의 선박에서 발생하는 폐기물의 총량·처리량 등을 기록하는 장부. 다만, 제72조제1항의 규정에 따라 해양환경관리업자가 처리대장을 작성·비치하는 경우에는 동 처리대장으로 갈음한다.

법 제30조제1항제1호에서 "해양수산부령이 정하는 일정 규모 이상의 선박" 1. 총톤수 400톤 이상의 선박 2. 선박검사증서 상 최대승선인원이 15명 이상인 선박(운항속력으로 1시간 이내의 항해에 종사하는 선박은 제외한다) ② 법 제30조제1항제2호 단서에서 "해양수산부령이 정하는 선박"이란 유조선 외의 선박으로서 다음 각 호의 어느 하나에 해당하는 선박을 말한다. 1. 총톤수 100톤(군함과 경찰용 선박의 경우에는 경하배수톤수 200톤) 미만의 선박 2. 선저폐수가 생기지 아니하는 선박

나) 기름기록부 : 선박에서 사용하는 기름의 사용량·처리량을 기록하는 장부. 다만, 해양수산부령이 정하는 선박의 경우를 제외하며, 유조선의 경우에는 기름의 사용량·처리량 외에 운반량을 추가로 기록하여야 한다.

다) 유해액체물질기록부 : 선박에서 산적하여 운반하는 유해액체물질의 운반량·처리량을 기록하는 장부

선박오염물질기록부의 보존기간은 최종기재를 한 날부터 3년으로 하며, 그 기재사항·보존방법 등에 관하여 필요한 사항은 해양수산부령으로 정한다.

바. 전자기록부의 관리(제30조의2)

선박의 소유자는 다음 각 호의 사항을 전자적 정보기록장치나 시스템(이하 "전자기록부"라 한다)에 전자적 방법으로 기록할 수 있다. 이 경우 전자기록부에 기록한 사항은 각 호에 규정된 기록부 또는 기관일지에 기재한 것으로 본다.

1) 제30조에 따른 선박오염물질기록부에 기재하여야 할 사항
2) 제42조에 따른 오존층파괴물질기록부에 기재하여야 할 사항
3) 제43조제4항 및 제44조제3항에 따라 기관일지에 기재하여야 할 사항
4) 기타 해양수산부령으로 정한 사항

전자기록부를 사용하고자 하는 선박의 소유자는 전자기록부의 설비 및 보안사항 등에 관하여 해양수산부령으로 정하는 요건을 갖추어 해양수산부장관에게 전자기록부 검사를 신청하여야 한다. 해양수산부장관은 신청이 적합하다고 인정되는 경우에는 서면으로 전자기록부 적합확인서를 발급하여야 한다. 선박의 소유자는 전자기록부 적합확인서를 해당 선박에 비치하여야 한다.

사. 선박해양오염비상계획서(제31조)

선박의 소유자는 기름 또는 유해액체물질이 해양에 배출되는 경우에 취하여야 하는 조치사항에 대한 내용을 포함하는 기름 및 유해액체물질의 해양오염비상계획서(이하 "선박해양오염비상계획서"라 한다)를 작성하여 해양경찰청장의 검인을 받은 후 이를 그 선박에 비치하고, 선박해양오염비상계획서에 따른 조치 등을 이행하여야 한다.

기름 또는 유해액체물질의 "선박해양오염비상계획서"를 갖추어두어야 하는 선박은 다음 각 호와 같다.

1. 기름의 해양오염비상계획서를 갖추어두어야 하는 선박
   가. 총톤수 150톤 이상의 유조선
   나. 총톤수 400톤 이상의 선박(군함과 경찰용 선박 및 국내항해에만 사용하는 부선은 제외한다)
2. 유해액체물질의 해양오염비상계획서를 갖추어두어야 하는 선박 : 총톤수 150톤 이상의 선박으로서 유해액체물질을 산적하여 운송하는 선박

아. 해양오염방지관리인(제32조)

가) 해양수산부령으로 정하는 선박의 소유자는 그 선박에 승무하는 선원 중에서 선장을 보좌하여 선박으로부터의 오염물질 및 대기오염물질의 배출방지에 관한 업무를 관리하게 하기 위하여 대통령령으로 정하는 자격을 갖춘 사람을 해양오염방지관리인으로 임명하여야 한

다. 이 경우 유해액체물질을 산적하여 운반하는 선박의 경우에는 유해액체물질의 해양오염방지관리인 1명 이상을 추가로 임명하여야 한다.

"해양수산부령이 정하는 선박"
1. 총톤수 150톤 이상인 유조선 2. 총톤수 400톤 이상인 선박[국적취득조건부로 나용선(裸傭船)한 외국선박을 포함한다]. 다만, 부선 등 선박의 구조상 오염물질 및 대기오염물질을 발생하지 아니하는 선박은 제외한다.

나) 선박의 소유자는 해양오염방지관리인을 임명한 증빙서류를 선박 안에 비치하여야 한다.

다) 해양오염방지관리인을 임명한 선박의 소유자는 해양오염방지관리인이 여행·질병 또는 그 밖의 사유로 일시적으로 직무를 수행할 수 없는 경우 대통령령으로 정하는 자격을 갖춘 사람을 대리자로 지정하여 그 직무를 대행하게 하여야 한다. 이 경우 대리자가 해양오염방지관리인의 직무를 대행하는 기간은 30일을 초과할 수 없다. 선박의 소유자는 해양오염방지관리인 또는 해양오염방지관리인의 대리자에게 오염물질 및 대기오염물질을 이송 또는 배출하는 작업을 지휘·감독하게 하여야 한다.

자. 해양시설오염비상계획서의 관리(제35조)

기름 및 유해액체물질을 사용 · 저장 또는 처리하는 해양시설의 소유자는 기름 및 유해액체물질이 해양에 배출되는 경우에 취하여야 하는 조치사항에 대한 내용이 포함된 해양오염비상계획서(이하 "해양시설오염비상계획서"라 한다)를 작성하여 해양경찰청장의 검인을 받은 후 그 해양시설에 비치하고, 해양시설오염비상계획서에 따른 조치 등을 이행하여야 한다. 다만, 해양시설오염비상계획서를 그 해양시설에 비치하는 것이 곤란한 때에는 해양시설의 소유자의 사무실에 비치할 수 있다.

해양시설오염비상계획서를 갖추어야 할 대상
: **합계 용량 300kl** 이상의 기름 및 유해액체물질 저장시설

차. 국가긴급방제계획의 수립·시행(제61조)

가) 해양경찰청장은 해양수산부령으로 정하는 오염물질이 해양에 배출될 우려가 있거나 배출되는 경우를 대비하여 대통령령이 정하는 바에 따라 해양오염의 사전예방 또는 방제에 관한 국가긴급방제계획을 수립·시행하여야 한다. 이 경우 해양경찰청장은 미리 해양수산부장관의 의견을 들어야 한다.

나) 국가긴급방제계획은 「해양수산발전 기본법」 제7조에 따른 해양수산발전위원회의 심의를 거쳐 확정한다.

카. 방제대책본부 등의 설치(제62조)

해양경찰청장은 해양오염사고로 인한 긴급방제를 총괄지휘하며, 이를 위하여 해양경찰청장 소속으로 방제대책본부를 설치할 수 있다. 설치한 방제대책본부의 조치사항 및 결과에 대하여 해양수산부령으로 정하는 바에 따라 해양수산부장관에게 보고하여야 한다. 방제대책본부의 구성·운영 등에 필요한 사항은 대통령령으로 정한다.

방제대책본부 운영 규칙[157)]

제4조(방제대책본부의 설치 기준)

① 해양경찰청장은 다음 각 호의 어느 하나에 해당하는 경우에는 방제대책본부를 설치하여야 한다.

1. **지속성기름이 10kl 이상**이 유출되거나 유출될 우려가 있는 경우
2. **비지속성기름 또는 위험·유해물질이 100kl 이상**이 유출되거나 유출될 우려가 있는 경우
3. 제1호 및 제2호에서 규정한 사고 이외의 경우라도 국민의 재산이나 해양환경에 현저한 피해를 미치거나 미칠 우려가 있어 해양경찰청장이 방제대책본부의 설치가 필요하다고 인정하는 경우

② 제1항의 규정에도 불구하고 다음 각 호의 경우에는 방제대책본부를 설치하지 아니할 수 있다.

1. 육지로부터 먼 해상에서 해양오염사고가 발생하여 연안유입 우려가 없는 경우
2. 단기간 내 방제조치 완료가 예상될 경우
3. 침몰한 선박 등에서 장기간에 걸쳐 소량씩 유출되어 대규모 오염피해의 우려가 없는 경우

③ 제1항 및 제2항에 따른 방제대책본부의 설치 여부는 「해양경찰청 상황센터 및 지방해양경찰관서 상황실 운영 규칙」에 따른 상황대책팀 회의를 통해 결정한다. 다만, 긴급한 경우에는 해양경찰서장이 상황대책팀 회의 개최 이전에 설치를 지시할 수 있다.

제5조(방제대책본부의 설치 방법)

① 해양경찰청장은 오염물질의 유출 규모를 고려하여 다음 각 호의 기준에 따라 방제대책본부를 구분하여 운영할 수 있다. 다만, 유출 규모를 판단하기 곤란한 사고 초기에는 지역방제대책본부를 우선 설치하고, 이후 사고 상황을 평가하여 광역 또는 중앙방제대책본부로 전환하여 운영할 수 있다.

1. 중앙방제대책본부 : 지속성 기름이 500kl 이상 유출되거나 유출될 우려가 있는 경우
2. 광역방제대책본부 : 지속성 기름이 50kl 이상(비지속성 기름 또는 위험·유해물질은 300kl 이상) 유출되거나 유출될 우려가 있는 경우
3. 지역방제대책본부 : 지속성 기름이 10kl 이상(비지속성 기름 또는 위험·유해물질은 100kl 이상) 유출되거나 유출될 우려가 있는 경우

② 제1항의 규정에 따른 방제대책본부장(이하 '본부장'이라 한다)은 다음 각 호와 같다.

1. 중앙방제대책본부장 : 해양경찰청장
2. 광역방제대책본부장 : 지방해양경찰청장
3. 지역방제대책본부장 : 해양경찰서장

③ 제1항의 규정에 따른 방제대책본부는 사고발생 해역을 관할하는 해양경찰서에 설치하는 것을 원칙으로 한다. 다만, 사고상황에 따라 필요한 경우에는 해양경찰청, 관할 지방해양경찰청 또는 별도의 장소에 설치할 수 있다.

타. 오염물질이 배출되는 경우의 신고의무(제63조)

가) 대통령령이 정하는 배출기준을 초과하는 오염물질이 해양에 배출되거나 배출될 우려가 있다고 예상되는 경우 다음 각 호의 어느 하나에 해당하는 자는 지체 없이 해양경찰청장 또는 해양경찰서장에게 이를 신고하여야 한다.

① 배출되거나 배출될 우려가 있는 오염물질이 적재된 선박의 선장 또는 해양시설의 관

157) 방제대책본부 운영 규칙, [해양경찰청훈령 제203호, 2020. 12. 14., 일부개정], 해양경찰청(기동방제과).

리자. 이 경우 해당 선박 또는 해양시설에서 오염물질의 배출원인이 되는 행위를 한 자가 신고하는 경우에는 그러하지 아니하다.

② 오염물질의 배출원인이 되는 행위를 한 자.

③ 배출된 오염물질을 발견한 자

나) 신고절차 및 신고사항 등에 관하여 필요한 사항은 해양수산부령으로 정한다.

파. 오염물질이 배출된 경우의 방제조치(제64조)

1) 배출되거나 배출될 우려가 있는 오염물질이 적재된 선박의 선장 또는 해양시설의 관리자(이 경우 해당 선박 또는 해양시설에서 오염물질의 배출원인이 되는 행위를 한 자가 신고하는 경우에는 그러하지 아니하다), 오염물질의 배출원인이 되는 행위를 한 자(이하 "방제의무자"라 한다)는 배출된 오염물질에 대하여 대통령령이 정하는 바에 따라 다음 각 호에 해당하는 조치(이하 "방제조치"라 한다)를 하여야 한다.

① 오염물질의 배출방지

② 배출된 오염물질의 확산방지 및 제거

③ 배출된 오염물질의 수거 및 처리

2) 오염물질이 항만의 안 또는 항만의 부근 해역에 있는 선박으로부터 배출되는 경우 다음 각 호의 어느 하나에 해당하는 자는 방제의무자가 방제조치를 취하는데 적극 협조하여야 한다.

① 해당 항만이 배출된 오염물질을 싣는 항만인 경우에는 해당 오염물질을 보내는 자

② 해당 항만이 배출된 오염물질을 내리는 항만인 경우에는 해당 오염물질을 받는 자

③ 오염물질의 배출이 선박의 계류 중에 발생한 경우에는 해당 계류시설의 관리자

④ 그 밖에 오염물질의 배출원인과 관련되는 행위를 한 자

3) 해양경찰청장은 방제의무자가 자발적으로 방제조치를 행하지 아니하는 때에는 그 자에게 시한을 정하여 방제조치를 하도록 명령할 수 있다. 방제의무자가 방제조치명령에 따르지 아니하는 경우에는 직접 방제조치를 할 수 있다. 이 경우 방제조치에 소요된 비용은 대통령령이 정하는 바에 따라 방제의무자가 부담한다. 직접 방제조치에 소요된 비용의 징수에 관하여는 「행정대집행법」 제5조 및 제6조의 규정을 준용한다.

4) 오염물질의 방제조치에 사용되는 자재 및 약제는 형식승인·검정 및 인정을 받거나 검정을 받은 것이어야 한다. 다만, 오염물질의 방제조치에 사용되는 자재로서 긴급방제조치에 필요하고 해양환경에 영향을 미치지 아니한다고 해양경찰청장이 인정하는 경우에는 그러하지 아니한다.

하. 오염물질이 배출될 우려가 있는 경우의 조치(제65조)

선박의 소유자 또는 선장, 해양시설의 소유자는 선박 또는 해양시설의 좌초·충돌·침몰·화재 등의 사고로 인하여 선박 또는 해양시설로부터 오염물질이 배출될 우려가 있는 경우에는 해양수산부령이 정하는 바에 따라 오염물질의 배출방지를 위한 조치를 하여야 한다. 제64조 제3항 및 제4항의 규정은 제1항의 규정에 따른 오염물질의 배출방지를 위한 조치에 관하여 준용한다. 이 경우 "방제의무자"는 "선박의 소유자 또는 선장, 해양시설의 소유자"로 본다.

> **해양환경관리법 제64조제3항 및 제4항**
> ③ 해양경찰청장은 방제의무자가 자발적으로 방제조치를 행하지 아니하는 때에는 그 자에게 시한을 정하여 방제조치를 하도록 명령할 수 있다.
> ④ 해양경찰청장은 방제의무자가 제3항의 규정에 따른 방제조치명령에 따르지 아니하는 경우에는 직접 방제조치를 할 수 있다. 이 경우 방제조치에 소요된 비용은 대통령령이 정하는 바에 따라 방제의무자가 부담한다.

제2절 해양오염 방제

1. 유출유 확산방지

가. 오일펜스(oil fence, oil boom)

해양에 유출된 오염물질의 확산을 방지하거나 오염물질로부터 피해를 예방하기 위하여 오일펜스를 사용하고 있으며, 크기 및 구조, 용도에 따라서 다양하게 제작, 사용되고 있다.

1) 오일펜스의 용도

가) 해상에 유출된 오염물질의 확산 방지
나) 해양환경 민감해역 보호
다) 확산된 오염물질을 포집

2) 오일펜스의 종류

가) 커텐형 오일펜스 (스커트가 유연한 재질로 구성)
나) 펜스형 오일펜스 (스커트가 고정되거나 판넬로 구성)

2. 유출유 회수

가. 유회수기(oil skimmer)

해상 또는 해안에 유출된 기름의 물리적, 화학적 특성을 변화시키지 않고 유출유를 회수할 수 있도록 고안된 기계장치를 말한다. 유출유를 회수하는 원리는 물과 기름의 비중차, 기름의 점성 및 유동하는 특성을 이용하여 기름을 회수한다. 유회수기 종류 및 특성은 다음과 같다.

1) 흡착식 유회수기

기름의 점성을 이용한다. 친유성 소재로 만든 디스크, 브러시, 드럼, 몹, 벨트를 유출유가 부유하는 해면에서 회전시키면 유출유가 친유성 소재에 달라붙게 되며, 긁어내거나 짜내어 수집통에 모아 이송펌프를 이용하여 저장용기로 이송한다.

2) 위어식 유회수기(스크루 스키머)

물과 기름의 비중차를 이용한다. 위어의 상단을 유출유와 수면 사이에 위치시켜 기름이 위어의 상단을 넘어 수집통으로 흘러 가도록 유도하여 이송펌프를 이용하여 저장 용기로 이송한다.

3) 위어식 유회수기(트롤 스키머)

압축공기를 주입하여 팽창시킨 트롤 붐을 2척의 예인선으로 예인 (예인속도 약 2~3노트)하여 유출유를 포집한다. 여과기를 거쳐 부유 이물질은 걸러지고 기름만 회수되는데 파도 약 1m 정도의 해상에서 회수작업이 가능하다.

4) 진공식 유회수기

진공청소기와 같은 원리로 진공탱크를 형성(에젝터 이용)하고 진공탱크에 유출유가 유입되도록 유도하여 회수한다. 진공탱크의 진공을 해제하여 회수된 기름을 저장용기로 이송하도록 되어 있다.

5) 원심분리식 유회수기

기름의 비중을 이용하는 방식으로 기름과 물이 회오리(원심력)가 발생하는 챔버 내부로 유입되며 비중차에 의하여 물은 챔버 하부로 배출되고 기름은 챔버 상부에 모아진다. 상부에 모아진 기름은 이송펌프를 이용하여 저장탱크로 이송한다.

나. 방제자재 및 약재사용

1) 유흡착재

흡착재는 해상에 유출된 오염물질을 흡수 또는 흡착하여 회수하는 물질로서 유출량이 적거나 좁은 지역으로 회수기를 이용한 회수작업이 곤란한 경우와 양식장 및 산란지 등 민감해역에서 방제작업이 제한된 경우에 주로 사용한다.

2) 유처리제

가) 유처리제 사용목적

유처리제에 의한 분산처리 방법은 물리적인 수거가 불가능할 경우에 오염에 민감한 지역의 피해를 사전에 대응하기 위하여 사용되는 방제방법으로 유출사고로 인한 생태계의 피해를 감소시키고 예측되는 각종 위험을 최소화하려는데 그 사용목적이 있다.

나) 유처리제 작용원리

유처리제는 해상에 유출된 기름을 미립자화하여 유화분산(乳化分散) 시켜 해수와 섞이기 쉬운 상태를 만들어 자연정화작용을 촉진, 즉 박테리아에 의한 미생물분해, 일조에 의한 증발산화작용 등을 통해 기름을 소멸시키는 작용을 하는 것으로 결코 그 자체가 기름을 소멸시키거나 중화하여 다른 것으로 변화시키는 것은 아니다.

3) 유겔화제

유출유 사고처리는 확산방지가 가장 중요하며 통상 오일펜스의 전장으로 작업이 이루어지지만 겔화제를 사용하여 유출유를 응고 시키므로써 확산방지를 할 수도 있다. 즉, 해상유출유를 응고시키거나 젤리와 같은 형태로 된다면 확산을 방지하거나 최소화 시킬 수 있다. 유겔화제(油gel化劑)는 액상인 유출유를 고형화 즉, 겔화시키는데 사용되는 방제약제이다.

제2장 위험·유해물질(HNS)

제1절 HNS의 일반

1. HNS의 정의

해상으로 운송되는 화학물질은 “위험·유해물질”, “산적상태의 유해액체물질”, “포장된 상태로 운반되는 유해물질”, “위험물” 등 다양한 방식으로 정의되고 있다.

위험·유해물질은 물질 자체의 특성으로 인하여 폭발·유독성·부식성·질식 등을 일으켜 인간 및 생명체 또는 환경에 위험을 야기하는 물질이나 제품을 말하며, 영문명으로는 HNS(Hazardous and Noxious Substances)라 통칭하고, 위험물질(Dangerous Goods)과 유해물질(Harmful Substances)로 구분할 수 있다.

〈표 10-1〉 위험물질과 유해물질

위험물질(Dangerous Goods)	유해물질(Harmful Substances)
LNG, LPG, 폭죽, 유연탄 등	황산, 자일렌, 톨루엔, 벤젠, 액화 암모니아, 나프타 등

국제해사기구(IMO)의 국제해상인명안전협약(SOLAS)에서는 이를 “위험물” 이라고 정하고 위험물의 운송형태를 기준으로 포장위험물, 산적액체화학품 및 산적액체위험물, 산적고체위험물, 액화가스, 방사성물질 등으로 구별하고 있으며, 해양오염방지협약(MARPOL)에서는 산적유해액체물질과 포장된 형태로 선박에 의하여 운송되는 물질로 정하고 있다.

OPRC-HNS협약[158]에서의 “위험·유해물질(Hazardous and Noxious Substances)이란 기름을 제외한 물질로서 해양환경에 유입되면 인간의 건강에 위험을 초래하고 생물자원과 해양생물체에 해를 끼치며, 쾌적성을 손상하거나 바다의 다른 합법적인 이용에 방해가 되는 물질을 말하고 있다.

국내법령의 정의를 살펴보면, 「해양환경관리법」에서는 “유해액체물질”이란 해양환경에 해로운 결과를 미치거나 미칠 우려가 있는 액체물질(기름은 제외한다)과 그 물질이 함유된 혼합액체물질로서 해양수산부령이 정하는 것을 말하고 있으며 “포장유해물질”이란 포장된 형태로 선박에 의하여 운송되는 유해물질 중 해양에 배출되는 경우 해양환경에 해로운 결과를 미치거나 미칠 우려가 있는 물질로서 해양수산부령이 정하는 것을 말한다.

158) 위험유해물질에 의한 오염대비 · 대응 및 협력에 관한 국제협약 2000 의정서(OPRC-HNS 2000)(국제 : 채택 '00.3.15, 발효 '07.6.14 / 국내 : 가입 '08.1.11, 발효'08.4.11)

또한 동법 시행규칙에서는 "위험·유해물질"이란 '유출될 경우 해양자원이나 생명체에 중대한 위해를 미치거나 해양의 쾌적성 또는 적법한 이용에 중대한 장애를 일으키는 물질로서 유해액체물질 및 포장유해물질과 산적(散積)으로 운송되며, 화재·폭발 등의 위험이 있는 물질(액화가스류를 포함한다)을 말한다.'라고 정의하고 있다.

2. HNS의 기본 특성

위험 · 유해물질은 신체 또는 재산상의 손실 및 해양환경에 나쁜 영향을 미칠 수 있으며 다양한 물리적 · 화학적 특성을 가지고 있으므로 화재로 인한 폭발사고 시 대형 재난으로 발전할 가능성이 있다. 또한 해상으로 유출된 위험 · 유해물질은 발암성 및 독성을 띄게 되므로 장기적으로 해양 생태계를 교란시킬 수 있다.

〈표 10-2〉 HNS의 특징

구 분	특 징	품 목
고독성	삼키거나 흡입, 피부에 접촉 시 사망 또는 중상을 일으킴	살충제, 염료 등
고인화성	발화원에 의한 화재의 위험성을 갖고 있음	페인트, 접착제 등
부식성	피부나 금속표면에 부식을 일으킴	황산, 질산, 배터리 등
환경오염성	수생환경을 오염시킴	농약, 해양오염물질 등

기름 유출과 위험 · 유해물질 유출 특성을 비교하면 다음과 같다.

〈표 10-3〉 기름 VS HNS 유출 특성 비교

분 류	기 름	H N S
거동특성	부 유	증발·부유·용해·침전 등 다양한 형태
유출확인	확연히 확인가능	확인 가능한 경우가 적음
대응기술	상당히 발달	미약한 수준
대응위험	특별한 위험 없이 대응 가능	종종 상당한 위험을 수반
대응방법	비교적 단순함	기름에 비해 매우 다양함

3. 유해액체 물질의 분류

〈표 10-4〉 HNS의 분류

구 분	위험물질	유해물질
종 류	포장위험물, 산적고체위험물, 산적액체위험물, 산적가스	산적 유해액체물질, 포장 유해물질
특 성	독성, 부식성, 폭발, 화재발생	환경오염, 생태계 파괴
분 류	Class 1-9	X류, Y류, Z류 및 기타
국내법	선박안전법	해양환경관리법
국제협약	국제해상인명안전협약(SOLAS)	국제해양오염방지협약(MARPOL)

가. 관련규정

1) 해양오염방지협약 MARPOL 73/78 Annex Ⅱ : 산적 유해액체물질에 의한 오염규제를 위한 규칙 (X류, Y류, Z류, OS류 물질)

2) 해양환경관리법 제2조 : 해양환경에 해로운 결과를 미치거나 미칠 우려가 있는 액체물질(기름제외)과 그 물질이 함유된 혼합 액체물질

나. 유해액체물질 분류

1) X류 물질 : 해양에 배출되는 경우 해양자원 또는 인간의 건강에 심각한 위해를 끼치는 것으로서 해양배출을 금지하는 유해액체물질

2) Y류 물질 : 해양에 배출되는 경우 해양자원 또는 인간의 건강에 위해를 끼치거나 해양의 쾌적성 또는 해양의 적합한 이용에 위해를 끼치는 것으로서 해양배출을 제한하여야 하는 유해액체물질

3) Z류 물질 : 해양에 배출되는 경우 해양자원 또는 인간의 건강에 경미한 위해를 끼치는 것으로서 해양배출을 일부 제한하여야 하는 유해액체물질

4) 기타 물질 : 「위험화학품 산적운송선박의 구조 및 설비를 위한 국제코드」 제18장의 오염분류에서 기타 물질로 표시된 물질로서 탱크세정수 배출 작업으로 해양에 배출할 경우 현재는 해양자원, 인간의 건강, 해양의 쾌적성 그 밖에 적법한 이용에 위해가 없다고 간주되어 제1호부터 제3호까지의 규정에 따른 범주에 해당되지 아니하는 것으로 알려진 물질

5) 잠정평가물질 : 제1호부터 제4호까지의 규정에 따라 분류되어 있지 아니한 액체물질로서 산적(散積)운송하기 위한 신청이 있는 경우 해양수산부장관이 「산적된 유해액체물질에 의한 오염규제를 위한 규칙」 부록 1에 정하여진 유해액체물질의 분류를 위한 지침에 따라 잠정적으로 제1호부터 제4호까지의 어느 하나에 해당하는 것으로 평가한 물질

다. 유해액체물질 배출기준(선박에서의 오염방지에 관한 규칙 별표 5)

물질별로 영해기선에서의 거리, 배출수심, 선박의 속력 등에 의해 배출요건[159] 에 따라 규제(수면하 배출구를 통하여 최대 배출률 이하로 배출)한다.

분류	스트리핑 잔류허용량	사전조치	운항속력 (노트)	거리(해리)	수심(m)
X류	탱크당 75L 이하	0.1wt%이하농도도달시까지 수용 시설배출(예비세정)	7이상	12이상	25이상
Y류	탱크당 75L 이하	-	7이상	12이상	25이상
Z류	탱크당 75L 이하	-	7이상	12이상	25이상

제2절 HNS관련 법규

1. 기름 및 HNS 관련 국제협약 및 국내법규

〈표 10-4〉 기름 및 HNS 관련 국제협약 및 국내법규

구 분		협약명	국내법규	대 상
사고 예방	안전	SOLAS	선박안전법	위험물질
	환경보호	MARPOL	해양환경관리법	기름, 산적유해액체물질, 포장유해물질
사고대비 · 대응		OPRC[160]	해양환경관리법	기름
		OPRC-HNS	해양환경관리법	HNS
손해배상		CLC[161]	유류오염손해 배상보장법	기름
		HNS[162]	- (미발효)	HNS

159) 7노트 이상의 속력으로 운항하면서 영해기선으로부터 12해리 이상 떨어진 수심 25미터 이상의 장소에서 배출

160) 기름오염대비 · 대응 및 협력에 관한 국제협약(OPRC 1990), (국제 : 채택 '90.11.30, 발효 '95.5.13 / 국내 : 가입 '99.11.9, 발효 '00.2.9)

161) 유류오염손해에 대한 민사책임에 관한 69년 협약을 개정하는 1992년 의정서(CLC Protocol 1992) (국제 : 채택 '92.11.27, 발효 '96.5.30 / 국내 : 가입 '97.3.7, 발효 '98.5.15)

162) 위험 · 유해물질 피해보상을 위한 국제협약(HNS Convention 1996), (국제 : 채택 '96.3.3, 발효 미발효 / 국내 미가입, 발효 -)

2. HNS 해상운송과 관련된 주요 국내법규

〈표 10-5〉 HNS 관련 국내법규

관련법	하위법령	
	시행규칙(부령)	행정규칙
해양환경관리법	선박에서의 오염방지에 관한 규칙	국가긴급방제계획에 포함하는 위험 · 유해물질 지정 고시
선박안전법	위험물 선박운송 및 저장규칙 (IMDG Code)	위험물 선박운송기준
		위험물컨테이너 등의 점검에 관한 요령
	특수화물 선박운송 규칙 (IMSBC Code)	고체화물 개별운송요건
		산적액체위험물 운송선박의 시설 등에 관한 기준(IBC Code)
선박의 입항 및 출항 등에 관한 법률	선박의 입항 및 출항 등에 관한 법률 시행규칙	

참고문헌

〈국내외 도서 및 발간물〉

강성철·김판석·이종수·진재구·최근열 (2013). 「새인사행정론」(전정7판). 대영문화사.
강용길 외 (2010). 「경찰학개론Ⅰ」. 경찰공제회.
김경락 (2013). 육상경찰과 해양경찰의 직무와 관할의 범위에 관한 법적 검토.「법학논집」33(3): 295-296.
김동희 (2017). 「행정법Ⅱ」. 박영사.
김상호 (2015). 「경찰학 제2판」. 청록출판사.
김신복 (2003). 「발전기획론」, 대영문화사.
김영환 (2006). 경찰홍보 효율화를 위한 경찰조직과 군중과의 관계성 형성요인에 관한 연구. 「한국법학회 법학연구」22: 418.
김종선·정초영 (2022). 「해양안전론」. 한울출판사.
______________ (2021). 「해양경비론」. 해광출판사.
김종선 (2020). 「해양경찰학Ⅰ·Ⅱ」. 서울: 문운당.
_______(2018). 「수색구조론」. 문운당.
_______외 전국9대학해양경찰학과교수 공저 (2016). 「해양경찰학개론」. 문두사.
_______(2011). 「해양경찰경무론」. 문두사.
김창윤 외 24인 (2015). 「경찰학」. 박영사.
남궁근 (2012). 「정책학」. 서울: 법문사.
남재성·이정덕 (2013).「경찰학개론Ⅰ」. 대영문화사.
노호래 (2012). 일본 해상보안제도의 특징과 정책적 제언. 「한국공안행정학회보」49: 107-112.
민 진 (2018). 「조직관리론 제6판」. 대영문화사.
박균성·김재광(2014). 「경찰행정법입문」. 박영사.
박상희 (2007). 해양경찰법제정비의 기본방향. 「국제해양문제연구」18(1): 82.
박연호 (1983). 「인사행정신론」. 박영사.
손영태 (2013). 『해양경찰법체계』. 지식인.
신현기 외 (2012). 「새 경찰학개론」, 서울: 우공출판사.
우정열 (2004). 경찰행정 경영시스템 구축 사례.「한국산업경영시스템학회 발표자료집」: 275.
유인술 (2015). 한국의 재난관리대책, Hanyang Medical Reviews. 2015(35): 157-173.
윤성현·박주상·김경락 (2018). 「해양경찰학개론」. 박영사.
______________________ (2021). 「해양경찰학개론」. 박영사.
이재상 (2011). 「신형사소송법 제2판」. 박영사.
이정덕·남재성 (2013). 「경찰학개론 Ⅱ」. 대영문화사.
이황우 (2002). 「경찰행정학」. 법문사.
정정길 (2002). 「정책학원론」.서울: 대명출판사.
정하중 (2008). 「행정법개론」.서울: 법문사
최선우 (2013). 「경찰학」. 도서출판 그린.
최신용 · 강제상 · 김선엽 · 임영제 (2006). 「행정기획론 제3판」. 박영사.
최영규 (2004). 「경찰행정법」. 서울: 박영사..
최찬문·안장영 (2012). 「해상수색 및 구조론」. 제주대학교출판부.
하상군·김종길·조성택 (2013). 「경찰학개론」. 대영문화사.
허경미 (2003). 「경찰행정법」. 법문사.
홍정선 (2007). 「경찰행정법」. 박영사.
______ (2012). 「행정법 특강」. 박영사.
______ (2013) 「행정법원론 (하) 21판」. 박영사.

홍태경, 류준혁(2011). 경찰일탈에 영향을 미치는 요인에 관한 연구, 한국치안행정논집, 제8권 제1호. 213-242.
해양경찰교육원 (2022). 「해양경찰신임과정 경무행정·인사복무청렴」. 해양경찰교육원.
____________ (2022). 「해양경찰신임과정 해양경찰핵심(공직)가치청렴」. 해양경찰교육원.
____________ (2022). 「해상경비·상황관리·해상수색구조」.신임경찰과정교재.
____________ (2022). 「해상교통 및 파출장소업무」. 신임경찰과정교재.
____________ (2022). 「정보·외사·해양범죄수사·과학수사」신임경찰과정교재.
____________ (2022). 「해양환경보전」. 신임해양경찰교재.
해양경찰청 (2019) 「해양경찰법해설」. 2019. 해양경찰청
_________ (2018). 「해양선박사고 위기대응 매뉴얼 : 해양유도선 위기대응 실무매뉴얼 통합」. 해양경찰청.
_________ (2018). 「해양경찰백서, 해경역사, 해양경찰 60년간의 기록」. 해양경찰청.
_________ (2017). 「해양경비체계 발전방안 연구」. 해양경찰청.
_________ (2022) 「해양경찰백서」. 2022. 해양경찰청
Albert, S., & D. A. Whetten(1985), *Organizational identity*, In Research in Organizational Behavior, edited by L. L. Cummings & B. M. Staw, Greenwich, CT, JAI Press.
Hatch, M. J., & M. Schultz(2004). *Introduction*, In Organizational Identity: A Reader, edited by M. J. Hatch & M. Schultz, New York, Oxford University Press

〈웹사이트〉

국가법령정보센터 : www.law.go.kr
국제해사기구(IMO) : http://www.imo.org/
미국해안경비대 : https://www.uscg.mil/
일본해상보안청 : www.kaiho.mlit.go.jp/
한국교육학술정보원 : www.keris.or.kr/
한국해양경찰학회 : www.maritimepolice.kr/
해양경찰청 : www.kcg.go.kr/

김 종 선 (행정학박사)

- 목포해양대학교, 성균관대학교 행정대학원 졸업
- 군산대학교 사법행정대학원 졸업

〈경력〉
- 목포해양대학교 해양경찰학부 교수
- 군산대학교 해양경찰학과, 행정학과 겸임교수 및 초빙교수
- 해양경찰교육원 행정학과 교수
- 경찰종합학교(현 경찰교육원) 해양경찰학과 교수
- 서해지방해양경찰청 고충심사위원. 해양경찰정비창 운영심의회 위원
- 해양경찰교육원 교육자문위원회 위원, 해양경찰교육원 징계위원회 위원
- 한국해양경찰학회 부회장, 한국해양교통학회 고문, 한국행정학회 및 정책학회 위원, 한국해양안전학회 위원, 한국해양정책기술협의회 위원

〈저서〉
- 「해양경찰경무론」, 문두사, 2011.
- 「해양경찰학개론」, 문두사, 2016.
- 「수색구조론」, 문운당, 2018.
- 「해양경찰학개론 I , II」, 문운당, 2020.
- 「해양경비론」, 해광출판사. 2021.
- 「해양안전론」, 한울출판사. 2022.

정 초 영 (공학박사)

- 목포해양대학교, 목포해양대학교 대학원 졸업

〈경력〉
- 군산대학교 해양수산공공인재학과 교수
- 해양경찰교육원 항해 교수요원
- 해양경찰청 해상교통관제(VTS) 자문위원
- 중부지방해양경찰청 및 서해지방해양경찰청 정책자문위원
- 군산해양경찰서 해양수색구조기술위원회 위원, 부안해양경찰서 정책자문위원
- 한국해양경찰학회 편집이사, 연구이사, 관학협력위원장, 편집위원, 학술상위원
- (사)해양환경안전학회 편집위원장, 편집위원, 해사안전분과위원장
- (사)한국항해항만학회 연구이사, 편집위원

〈저서〉
- 「레이더실습」, 한울출판사, 2018.
- 「항해학실습」, 한울출판사, 2018.
- 「해양경비론」, 해광출판사. 2021.
- 「해양안전론」, 한울출판사. 2022.

해광
출판
해기

해양경찰학개론

2024년 1월 20일 인쇄 정가 42,000원
2024년 1월 31일 발행

편 저 자 김종선 정초영
편 집 송영미 ⓣ
발 행 인 조준형 http://www.hgbookpub.com
발 행 처 해광출판사 E-mail : munbookcokr@naver.com
주 소 부산광역시 중구 해관로 41-1 (중앙동2가)
전화번호 (051) 253-0001 팩스 (051) 245-1187
등 록 제 2012-000005호

해광출판사에서는 여러분의 소중한 원고와 함께 할 기회를 기다리고 있습니다. 책으로 엮을 원고나 아이디어가 있으신 분들은 이메일 munbookcokr@naver.com 로 책에 대한 간단한 개요와 원고 전체 또는 일부를 연락처와 함께 보내주십시오.

ISBN 979-11-6881-290-1